COLEÇÃO
DESVENDANDO
Bancas&Carreiras

PROMOTOR DE JUSTIÇA

MP-SP

Organizadores
LEONARDO GARCIA
ROBERVAL ROCHA

COLEÇÃO
DESVENDANDO
Bancas&Carreiras

Coordenação
Leonardo Naves Sousa

PROMOTOR DE JUSTIÇA

MP-SP

3ª edição
reformulada

2022

EDITORA JusPODIVM
www.editorajuspodivm.com.br

EDITORA *Jus*PODIVM
www.editorajuspodivm.com.br

Rua Canuto Saraiva, 131 – Mooca – CEP: 03113-010 – São Paulo – São Paulo
Tel: (11) 3582.5757
• Contato: https://www.editorajuspodivm.com.br/sac

Copyright: Edições *Jus*PODIVM

Diagramação: Luiz Fernando Romeu *(lfnando_38@hotmail.com)*

Capa: Maitê Coelho

P927 Desvendando Bancas e Carreiras – Questões Objetivas Comentadas – Ministério Público de São Paulo: Promotor de Justiça / Leonardo Barreto Moreira Alves, Rogério Sanches Cunha e Alcione Ferreira – 3. ed. rev. atual. e ampl – São Paulo: Editora JusPodivm, 2022.
784 p. (Desvendando Bancas e Carreiras – Objetivas / coordenadores Leonardo Garcia e Roberval Rocha)

Bibliografia.
ISBN 978-65-5680-862-8.

1. Concursos. 2. Provas de seleção. 3. Promotores. I. Alves, Leonardo Barreto Moreira. II. Cunha, Rogério Sanches. III. Ferreira, Alcione. IV. Garcia, Leonardo. V. Rocha, Roberval. VI. Título.

CDD 341.33312

APRESENTAÇÃO DA COLEÇÃO

A coleção **Desvendando Bancas & Carreiras**, elaborada com base na estratégia que melhor prepara para concursos públicos – a metodologia ***Questão vem primeiro*** – tem por objetivo sistematizar e direcionar seus estudos e, assim, possibilitar melhor conhecimento da banca (ou da carreira, ou de ambos) que elabora as questões de prova.

Para saber como uma banca (ou órgão de carreira jurídica) elabora as questões, é preciso conhecer de que forma os conteúdos foram cobrados nos últimos exames. Assim, disponibilizamos questões para que o candidato possa ler/estudar e ao mesmo tempo compreender como são tratados os temas que caem nas provas.

O mais importante nesta coleção não é selecionar questões de determinada banca e/ou carreira e simplesmente comentá-las. Isso faria com que o candidato desperdiçasse seu tempo lendo mais do que o necessário para entender o perfil das provas da banca e/ou carreira. Aqui, o foco está na solução das provas mais recentes.

As bancas, de maneira geral, mudam o perfil de elaboração de questões ao longo dos anos. Aquelas que antes só cobravam "letra de lei", por exemplo, passaram a cobrar jurisprudência dos tribunais superiores. Outras, que cobravam jurisprudência, passam a se centrar em recursos repetitivos, repercussão geral e súmulas, e assim por diante.

Conhecer como a banca e/ou determinada carreira elabora as questões para o concurso que você realizará é fundamental para planejar estudos e revisões. Estar alerta para a tendência mais atualizada de explorar e exigir os conteúdos do certame evita perda de tempo e maximiza o rendimento dos estudos, descartando tópicos com pouca probabilidade de serem cobrados.

Desta forma, os comentários e anotações das questões, além de servirem para o estudo/aprendizado do tema cobrado, também auxiliam na identificação do "modus operandi" da banca/carreira daquele concurso específico que será enfrentado, sempre especificando como a resposta daquela questão foi encontrada (se por letra de lei; súmula, recurso repetitivo ou repercussão geral; jurisprudência (simples) dos tribunais superiores; doutrina etc.).

Atenção: recomendamos que, antes do estudo das questões, não deixe de assistir ao vídeo indicado no *QR Code* a seguir, para que você conheça melhor a finalidade do livro e como ele poderá auxiliá-lo nos estudos e na revisão, facilitando a sua tão almejada aprovação! Assista ao vídeo do professor Leonardo Garcia explicando como utilizar este livro na sua preparação. Para acessar o conteúdo, é necessário instalar um aplicativo leitor de *QR Code* no seu smartphone ou tablet. Um exemplo de aplicativo para Android é o "*QR Code Reader*" (*http://editoraj.us/baixar-qr-android*). Para IOS (iPhone, iPad), há a opção do "*QR Code Reader and Scanner*" (*http://editoraj.us/baixar-qr-ios*). Abra o aplicativo, posicione a câmera do celular sobre o código abaixo e, em instantes, a tela do aparelho será direcionada para o vídeo.

Após a leitura deste livro, com o olhar do entendimento do perfil da banca e/ou carreira (veja no primeiro vídeo o que é dito sobre os "óculos do concurso"), certamente o candidato estará preparado para estudar com o devido foco e, também, fazer uma revisão mais afiada antes da prova, evitando perda de tempo e aumentando suas chances de aprovação.

Esperamos que gostem desta nova proposta apresentada pela coleção **Desvendando Bancas & Carreiras**.

Boa sorte e bons estudos. Contem conosco!

Roberval Rocha

Leonardo Garcia

APRESENTAÇÃO DA OBRA

Esta obra tem como objetivo a preparação de seus leitores para o concurso de Promotor de Justiça do Estado de São Paulo por meio de comentários acurados às provas de primeira fase dos últimos 6 (seis) certames.

Em tais comentários há o registro das leis aplicáveis às respectivas questões, bem como menção a entendimentos jurisprudenciais e doutrinários pertinentes à matéria.

As questões estão separadas conforme pontos do edital do concurso, por disciplina, o que facilita sobremaneira o aprendizado.

MATÉRIA	NÚMERO DE QUESTÕES
DIREITO PENAL	109
DIREITO PROCESSUAL PENAL	87
DIREITO CIVIL	69
DIREITO PROCESSUAL CIVIL	20
DIREITO CONSTITUCIONAL	88
DIREITO DA INFÂNCIA E DA JUVENTUDE	36
DIREITO COMERCIAL E EMPRESARIAL	24
TUTELA DE INTERESSES DIFUSOS E COLETIVOS	84

DIREITOS HUMANOS	23
DIREITO ADMINISTRATIVO	57
DIREITO ELEITORAL	18
TOTAL: 615 QUESTÕES	

A título de esclarecimento, como 5 (cinco) dos 6 (seis) últimos concursos realizados pelo MPE-SP ocorreram até 2015, quando ainda não estava vigente no país o atual Código de Processo Civil, foram comentadas nessa disciplina questões recentes de concursos para o cargo de Promotor de Justiça, como forma de evitar qualquer tipo de defasagem da leitura. De qualquer sorte, foi feita a tabela com as estatísticas dos temas cobrados em processo civil nas últimas seis provas do MPE-SP.

Finalmente, há um resumo sobre a forma de cobrança da banca em cada disciplina e informação sobre a quantidade de questões dedicada a cada tema, o que permite um estudo escalonado na reta final da preparação para a prova preambular.

Boa sorte, futuros colegas!

São Paulo, outubro de 2021.

Coordenadores,

Rogério Sanches Cunha

Leonardo Barreto Moreira Alves

Alcione Ferreira

SOBRE COORDENAÇÃO E AUTORIA

COORDENADORES

ALCIONE FERREIRA

Assessora Jurídica na Procuradoria-Geral de Justiça do Ministério Público de Minas Gerais - Procuradoria Criminal. Ex-coordenadora Pedagógica Adjunta do Curso Preparatório para Ingresso na Carreira do Ministério Público, na Fundação Escola Superior do Ministério Público de Minas Gerais (FESMPMG). Graduada em Direito pelo Centro Universitário de Patos de Minas (UNIPAM). Especialista em Direito Público pela FUMEC em parceria com a FESMPMG e em Direito Tributário pela Universidade de Santa Catarina (UNISUL).

LEONARDO BARRETO MOREIRA ALVES

Promotor de Justiça do Ministério Público do Estado de Minas Gerais. Bacharel em Direito pela Universidade Federal da Bahia (UFBA). Especialista em Direito Civil pela PUC/MG. Mestre em Direito Privado pela PUC/MG. Professor de Direito Processual Penal da Fundação Escola Superior do Ministério Público de Minas Gerais (FESMPMG). Professor de Direito Processual Penal dos cursos CP IURIS, Verbo Jurídico, Fundação Escola Superior do Ministério Público (FMP), Supremo Concursos, Ouse Saber e Sobredireito. Membro do Conselho Editorial do Ministério Público do Estado de Minas Gerais. Membro do Conselho Editorial da Revista de Doutrina e Jurisprudência do Tribunal de Justiça do Distrito Federal e dos Territórios.

ROGÉRIO SANCHES CUNHA

Membro do Ministério Público do Estado de São Paulo. Professor da Escola Superior do Ministério Público dos estados de São Paulo, Mato Grosso e Santa Catarina. Professor de Penal e Processo Penal do Curso RSConline. Fundador do site www.meusitejuridico.com.br. Cofundador e coordenador pedagógico do JUSPLAY. Autor de obras jurídicas.

AUTORES

ALCIONE FERREIRA (coordenadora)

Assessora Jurídica na Procuradoria-Geral de Justiça do Ministério Público de Minas Gerais - Procuradoria Criminal. Ex-coordenadora Pedagógica Adjunta do Curso Preparatório para Ingresso na Carreira do Ministério Público, na Fundação Escola Superior do Ministério Público de Minas Gerais (FESMPMG). Graduada em Direito pelo Centro Universitário de Patos de Minas (UNIPAM). Especialista em Direito Público pela FUMEC em parceria com a FESMPMG e em Direito Tributário pela Universidade de Santa Catarina (UNISUL).

ALINE DE MELO SOUZA

Direito Eleitoral e Direito Administrativo

Assessora Jurídica na Procuradoria-Geral de Justiça do Ministério Público do Estado de Minas Gerais - Procuradoria Cível, Especialista em Direito Público: Constitucional, Administrativo e Tributário pela Universidade Estácio de Sá - Unesa, Campus Menezes Cortes, Rio de Janeiro/RJ, Especialista em Direito Penal e Processo Penal pela Universidade Estácio de Sá - Unesa, Campus Prado, Belo Horizonte/MG e Especialista em Direito Civil e Processo Civil, pelo Instituto Elpídio Donizette em parceria com a FEAD, Belo Horizonte/MG.

ANA PAULA MARTINS COSTA

Direito Processual Civil

Bacharel em Direito pela Pontifícia Universidade Católica de Minas Gerais. Pós-Graduada em Direito do Trabalho e Processo do Trabalho pela Faculdade de Direito Damásio de Jesus. Pós-Graduada em Direito Público pela FUMEC em parceria com a Fundação Escola Superior do Ministério Público de Minas Gerais. Assessora Jurídica no juízo de admissibilidade dos recursos especiais e extraordinários da 3ª Vice-Presidência do Tribunal de Justiça do Estado de Minas Gerais.

CAROLINA PEREIRA DE OLIVEIRA

Direito Constitucional

Bacharel em Direito pelo Centro Universitário IESB; Pós-Graduada em Direito, Estado e Constituição pela Universidade Cândido Mendes; Analista Judiciária no Tribunal Regional Federal da 3ª Região.

DANILO DE MELLO FERRAZ

Direito Empresarial

Graduado pela Faculdade de Direito da Universidade de São Paulo (USP), Juiz de Direito no Tribunal de Justiça do Estado de Minas Gerais.

FABIANA REIS BRANDÃO NUNES CARNEIRO

Direito Civil

Bacharel em Direito pela Fundação Mineira de Educação e Cultura, Universidade FUMEC; Pós-graduada em Direito Público pelo Centro Universitário Newton Paiva em parceria com a Associação Nacional dos Magistrados Estaduais - ANAMAGES. Servidora pública efetiva do Tribunal de Justiça do Estado de Minas Gerais e assessora judiciária na 10ª Câmara Cível do Tribunal de Justiça do Estado de Minas Gerais.

GABRIELA PINHEIRO DE OLIVEIRA

Direito da Infância e da Juventude

Assessora Jurídica na Procuradoria-Geral de Justiça do Ministério Público de Minas Gerais - Procuradoria Criminal. Bacharel pela Faculdade de Direito Milton Campos. Pós-graduada em Direito Processual pelo IEC/PUC-Minas, em Direito Penal e Processual Penal pela Estácio de Sá, em Direito Público pelo Instituto Elpídio Donizetti.

JOSÉ FRANCISCO TUDÉIA JÚNIOR

Direito Penal

Advogado Criminalista. Pós-graduado em Ciências Criminais pela PUC-Minas. Palestrante e Professor de curso preparatório. Idealizador do site Questão de Informativo (www.questaodeinformativo.com)

LAURIENE AYRES DE QUEIROZ

Direitos Humanos

Advogada, Bacharel em direito pela Pontifícia Universidade Católica de Minas Gerais. Pós-Graduada em Direito Público pela Fundação Escola Superior do Ministério Público de Minas Gerais. Diploma Internacional em Justiça Restaurativa pela Queen's University Kingston/Canadá. Assessora jurídica e professora de Direitos Humanos da rede Marista. Elaboração técnica da matriz curricular "Educação em Direitos Humanos" da União Brasileira de Educação e Ensino. Elaboração das Diretrizes Institucionais de Direitos Humanos da União Marista do Brasil. Texto publicado pela Comissão Intersetorial de Enfrentamento à Violência Sexual de Crianças e Adolescentes da Secretaria Especial de Direitos Humanos da Presidência da República.

LEONARDO BARRETO MOREIRA ALVES (coordenador)

Promotor de Justiça do Ministério Público do Estado de Minas Gerais. Bacharel em Direito pela Universidade Federal da Bahia (UFBA). Especialista em Direito Civil pela PUC/MG. Mestre em Direito Privado pela PUC/MG. Professor de Direito Processual Penal dos cursos Pro Labore, Supremo Concursos e Portal IED. Professor de Direito Processual Penal da Fundação Escola Superior do Ministério Público de Minas Gerais (FESMPMG). Membro do Conselho Editorial do Ministério Público do Estado de Minas Gerais. Membro do Conselho Editorial da Revista de Doutrina e Jurisprudência do Tribunal de Justiça do Distrito Federal e dos Territórios.

PALOMA SAKALEM

Tutela de Interesses Difusos e Coletivos

Promotora de Justiça no estado do Pará, Membro auxiliar do Centro de Apoio Operacional Criminal do MPPA, Bacharel em Direito pelo Instituto Municipal de Ensino Superior de Assis (FEMA/IMESA), Licenciada em História pela Universidade Estadual Paulista Júlio de Mesquita Filho (UNESP), Pós-graduada em Direito Penal e Processual Penal pela Universidade Católica Dom Bosco.

ROGÉRIO SANCHES CUNHA (coordenador)

Promotor de Justiça no Estado de São Paulo. Professor de Direito Penal da Escola Superior do Ministério Público de São Paulo, da Fundação Escola Superior do Ministério Público do Mato Grosso e do CERS (Complexo de Ensino Renato Saraiva).

THAÍS CARNEIRO FRAGA

Direito Processual Penal

Advogada. Graduada pela Faculdade ESAMC - Uberlândia.

SUMÁRIO

ANÁLISE DE CONTEÚDO

1. TABELAS DE CONTEÚDO DAS RESPOSTAS

A tabela abaixo indica a frequência com que determinado tipo de conteúdo é exigido nas alternativas das respostas às questões destes concursos:

Tabela 01

CONTEÚDO GERAL (SINTÉTICO)	QUESTÕES	%
Lei	518	91,7%
Teoria/Doutrina	124	21,9%
Jurisprudência	98	17,3%
Súmula/OJ	48	8,5%

Essa distribuição também pode ser assim visualizada:

Gráfico 01

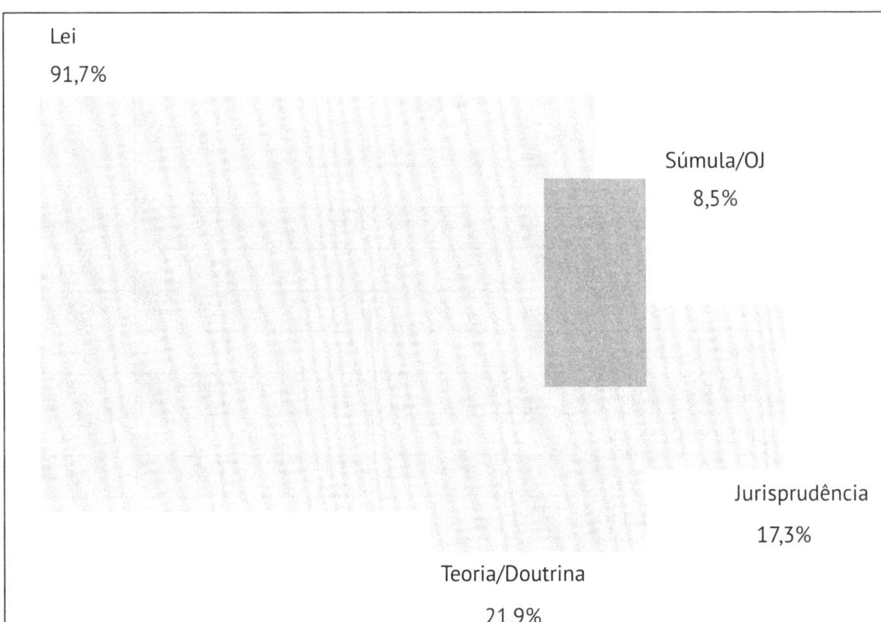

As porcentagens somam "**mais de 100%**" apenas para mostrar que existem questões de concurso que cobram mais de um tipo de conteúdo para ser respondida.

Exemplo: lei + jurisprudência; lei + teoria/doutrina; jurisprudência + súmula/OJ etc.

Conforme ilustrado, **518** questões cobraram o que está escrito em **LEI**, mas, a solução de várias dessas perguntas também exigiu outros conhecimentos concomitantes (jurisprudência, súmula/OJ e/ou teoria/doutrina).

As tabelas seguintes mostram esses conteúdos "decompostos" e, também, "combinados" entre si, na ordem de percentual dos conteúdos – isolados ou combinados – que mais aparecem nas provas.

Na tabela de conteúdo geral analítico, abaixo, percebe-se que praticamente **60%** das questões nos concursos desta carreira são elaborados com base **somente na lei**. Assim, o estudo da **letra da lei** (códigos e legislação especial) é fundamental para uma boa preparação.

Esse nível de exigência pode ser conferido logo na primeira das tabelas de distribuição (Conteúdo Geral – Sintético), acima, em que se verifica que aproximadamente **90%** das questões exigiram, de algum modo (isolada ou combinada com outros tipos de conteúdo) o conhecimento da **lei** para se acertar o gabarito.

Tabela 02

CONTEÚDO GERAL (ANALÍTICO)	QUESTÕES	%
SOMENTE LEI	353	62,48%
Lei e Teoria/Doutrina	54	9,56%
Lei e Jurisprudência	46	8,14%
SOMENTE TEORIA/DOUTRINA	27	4,78%
Lei, Jurisprudência e Teoria/Doutrina	26	4,60%
Lei e Súmula/OJ	19	3,36%
Lei, Jurisprudência e Súmula/OJ	9	1,59%
Lei, Súmula/OJ e Teoria/Doutrina	9	1,59%
SOMENTE JURISPRUDÊNCIA	8	1,42%
Jurisprudência e Súmula/OJ	3	0,53%
Jurisprudência e Teoria/Doutrina	3	0,53%
SOMENTE SÚMULA/OJ	3	0,53%
Lei, Jurisprudência, Súmula/OJ e Teoria/Doutrina	2	0,35%

CONTEÚDO GERAL (ANALÍTICO)	QUESTÕES	%
Súmula/OJ e Teoria/Doutrina	2	0,35%
Jurisprudência, Súmula/OJ e Teoria/Doutrina	1	0,18%
TOTAL	565	100%

Na tabela abaixo, analisa-se a distribuição das questões que exigem o conhecimento da jurisprudência esparsa e como os conteúdos (isolados ou combinados com outros tipos de itens) são estatisticamente exigidos nas provas.

Tabela 03

JURISPRUDÊNCIA	QUESTÕES	%
Lei e Jurisprudência	46	8,14%
Lei, Jurisprudência e Teoria/Doutrina	26	4,60%
Lei, Jurisprudência e Súmula/OJ	9	1,59%
SOMENTE JURISPRUDÊNCIA	8	1,42%
Jurisprudência e Súmula/OJ	3	0,53%
Jurisprudência e Teoria/Doutrina	3	0,53%
Lei, Jurisprudência, Súmula/OJ e Teoria/Doutrina	2	0,35%
Jurisprudência, Súmula/OJ e Teoria/Doutrina	1	0,18%
TOTAL	98	17%

Na próxima tabela, tem-se a distribuição das questões que exigem o conhecimento da lei e como os conteúdos (isolados ou combinados com outros tipos de itens) são estatisticamente exigidos nas provas.

Tabela 04

LEI	QUESTÕES	%
SOMENTE LEI	353	62,48%
Lei e Teoria/Doutrina	54	9,56%
Lei e Jurisprudência	46	8,14%
Lei, Jurisprudência e Teoria/Doutrina	26	4,60%
Lei e Súmula/OJ	19	3,36%
Lei, Jurisprudência e Súmula/OJ	9	1,59%

LEI	QUESTÕES	%
Lei, Súmula/OJ e Teoria/Doutrina	9	1,59%
Lei, Jurisprudência, Súmula/OJ e Teoria/Doutrina	2	0,35%
TOTAL	518	92%

O quadro seguinte mostra a distribuição das questões que exigem o conhecimento da jurisprudência específica e como os conteúdos (isolados ou combinados com outros tipos de itens) são estatisticamente exigidos nas provas.

Tabela 05

SÚMULA/OJ	QUESTÕES	%
Lei e Súmula/OJ	19	3,36%
Lei, Jurisprudência e Súmula/OJ	9	1,59%
Lei, Súmula/OJ e Teoria/Doutrina	9	1,59%
Jurisprudência e Súmula/OJ	3	0,53%
SOMENTE SÚMULA/OJ	3	0,53%
Lei, Jurisprudência, Súmula/OJ e Teoria/Doutrina	2	0,35%
Súmula/OJ e Teoria/Doutrina	2	0,35%
Jurisprudência, Súmula/OJ e Teoria/Doutrina	1	0,18%
TOTAL	48	8%

Na última tabela, analisa-se a distribuição das questões que exigem o conhecimento de teoria e de doutrina e como os conteúdos (isolados ou combinados com outros tipos de itens) são estatisticamente exigidos nas provas.

Tabela 06

TEORIA/DOUTRINA	QUESTÕES	%
Lei e Teoria/Doutrina	54	9,56%
SOMENTE TEORIA/DOUTRINA	27	4,78%
Lei, Jurisprudência e Teoria/Doutrina	26	4,60%
Lei, Súmula/OJ e Teoria/Doutrina	9	1,59%
Jurisprudência e Teoria/Doutrina	3	0,53%
Lei, Jurisprudência, Súmula/OJ e Teoria/Doutrina	2	0,35%

TEORIA/DOUTRINA	QUESTÕES	%
Súmula/OJ e Teoria/Doutrina	2	0,35%
Jurisprudência, Súmula/OJ e Teoria/Doutrina	1	0,18%
TOTAL	124	22%

2. GRÁFICO-RESUMO

O gráfico abaixo apresenta uma suma de todas as disciplinas, e contém dados que demonstram quais os "tipos de conteúdo da resposta" (jurisprudência esparsa; súmulas/OJ's, teoria/doutrina ou texto de lei) mais frequentes nas provas deste concurso e, também, os modos de combinação entre estes "tipos" que mais são observados nas respostas das questões.

Tudo isso para que o leitor possa melhor orientar seus estudos, calcado em estatística indicativa do perfil de exigência de conteúdo que a Organizadora mais utiliza nesse certame.

Gráfico 02

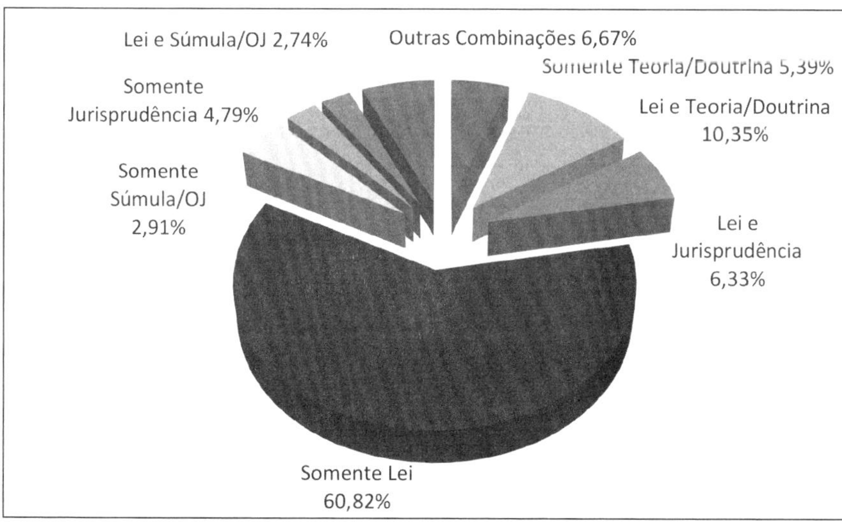

DIREITO PENAL

Autor: José Francisco Tudéia Júnior

VISÃO GERAL

PROVA DE DIREITO PENAL

Foram comentadas as provas aplicadas pelo Ministério Público do Estado de São Paulo nos seguintes anos: 2010, 2011, 2012, 2013, 2015, 2017 e 2019.

A banca examinadora demonstra uma coerência temática entre as provas. Assim sendo, é fundamental que o candidato tenha pleno domínio da Lei Seca e dos conceitos fundamentais da teoria geral do crime.

No que tange à jurisprudência foram cobradas pouquíssimas questões, as quais exigiram o conhecimento de entendimentos já consolidados e enunciados de súmulas.

No tocante à teoria geral do crime, mostrou-se recorrente a cobrança de: a) Erro Essencial: Erro de Tipo, Erro de Proibição Direto e Indireto, b) Autoria, c) Concurso de Pessoas, d) Medida de Segurança, e) Prescrição. Por fim, no último certame foram 03 questões sobre o tema reincidência.

Sobre a parte especial do Código, destaque para os seguintes tipos penais: a) Crimes contra a pessoa: Homicídio e Aborto, b) Crimes contra o patrimônio: furto, roubo e extorsão, c) Crimes contra a fé pública: falsificação de documento público, falsidade ideológica e uso de documento falso, d) Crimes contra à administração pública: concussão, corrupção ativa e passiva. O candidato deve estar atento às novidades legislativas.

No tópico legislação extravagante, destaque para as seguintes leis: a) Crimes do Código de Trânsito Brasileiro - Lei 9.503/95, b) Crimes Ambientais - Lei 9.605/98, c) Lavagem de Dinheiro - Lei 9.613/98, d) Estatuto do Desarmamento - Lei 10.826/03, e) Lei de Tóxicos - Lei 11.343/06.

Desejamos a todos ótimos estudos.

"O sucesso é a soma de pequenos esforços repetidos dia após dia." (Robert Collier).

TÓPICOS DO EDITAL	LEGISLAÇÃO	DOUTRINA	JURISPRUDÊNCIA
1. PARTE GERAL			
1.1. Princípios		06-2010	
1.2. Da Aplicação da Lei Penal	04-2011 01-2019	01-2010 01-2011 01-2015	
1.3. Do Crime	01-2011 02-2012	08-2010 01-2011 05-2012 07-2013 07-2015	
1.4. Da Imputabilidade Penal		01-2015	
1.5. Do Concurso de Pessoas		01-2012 01-2013 04-2015 01-2019	01-2015
1.6. Das Penas	05-2010 02-2011 01-2012 01-2013 01-2015 04-2017 04-2019	01-2010 01-2015 02-2017 02-2019	01-2017 02-2019
1.7. Da Medida de Segurança	01-2011 01-2012		01-2012

TÓPICOS DO EDITAL	LEGISLAÇÃO	DOUTRINA	JURISPRUDÊNCIA
1.8. Da Extinção da Punibilidade	01-2011 02-2012 01-2013 01-2015 01 - 2019	01-2010 01-2011 01-2013 01 - 2019	01-2013 01-2015
2. PARTE ESPECIAL*			
2.1. Dos Crimes contra a Pessoa	04-2010	02-2010	01-2012
	01-2011 01-2012 03-2013 06-2015 01-2017	01-2011 03-2012 01-2013	01-2013 01-2015 01-2017
2.2. Dos Crimes contra o Patrimônio	02-2010 01-2011 04-2012 01-2013 01-2017 01-2019	02-2010 06-2012 01-2019	01-2010 01-2011 01-2013 01-2017
2.3. Dos Crimes contra a Propriedade Imaterial	01-2017		
2.4. Dos Crimes contra a Dignidade Sexual	01-2013 02-2015 01-2019	02-2012 01-2013 01-2015 02-2019	01-2013 02-2015
2.5. Dos Crimes contra a Família	01-2013		
2.6. Dos Crimes contra a Incolumidade Pública	02-2010 01-2012	01-2012	
2.7. Dos Crimes contra a Paz Pública	01-2013		
2.8. Dos Crimes contra a Fé Pública	02-2010 01-2012 01-2017	01-2012	01-2017
2.9. Dos Crimes contra a Administração Pública	05-2012 05-2017	01-2010	

TÓPICOS DO EDITAL	LEGISLAÇÃO	DOUTRINA	JURISPRUDÊNCIA
3. LEI DE CONTRAVENÇÕES PENAIS	01-2010 01-2019		
4. DISPOSIÇÕES PENAIS EM LEIS ESPECIAIS			
4.1. Crimes contra a economia popular	01-2011		
4.2. Crimes de responsabilidade de prefeitos municipais			
4.3. Crimes eleitorais			
4.4. Crimes referentes ao parcelamento do solo urbano			
4.5. Crimes resultantes de preconceito de raça ou de cor			
4.6. Crimes contra pessoas com deficiência			
4.7. Crimes relativos à criança e ao adolescente	03-2010 01-2015 04-2017		01-2017
4.8. Crimes hediondos	01-2013 01-2017		
4.9. Crimes contra o consumidor			
4.10. Crimes contra a ordem tributária e as relações de consumo	01-2010 01-2019		
4.11. Crimes referentes a licitações e contratos administrativos			
4.12. Crimes de tortura	01-2010		
4.13. Crimes de trânsito	01-2011 01-2012 01-2017		01-2012
4.14. Crimes contra o meio ambiente	01-2010 01-2013 02-2019		
4.15. Crimes de lavagem ou ocultação de bens, direitos e valores	01-2010 01-2013 01-2019		
4.16. Crimes referentes ao idoso	01-2010		

TÓPICOS DO EDITAL	LEGISLAÇÃO	DOUTRINA	JURISPRUDÊNCIA
4.17. Estatuto do Desarmamento	01-2010 01-2011 02-2017	01-2017	01-2017
4.18. Crimes referentes à falência e à recuperação judicial ou extrajudicial			
4.19. Crimes referentes a drogas	02-2010 01-2011 01-2013 01-2019		01-2017
4.20. Crimes referentes ao abuso de autoridade	01-2010		
4.21. Crimes relativos à interceptação telefônica	01-2011		
4.22. Crime de organização criminosa	01-2013 01-2019		
4.23. Tratamento jurídico do tráfico de pessoas			
4.24. Lei de Execução Penal	01-2015		

**Obs.: exceção feita ao Título IV da Parte Especial (arts. 197 a 207).*

1. PARTE GERAL

1.1. Princípios

1. **(MPE/SP/Promotor/2010/87_Concurso)** Assinale a alternativa correta:
   a) ocorre a chamada adequação típica mediata quando o fato se amolda ao tipo legal sem a necessidade de qualquer outra norma.
   b) o princípio da insignificância incide diretamente sobre a punibilidade do agente.
   c) a exigência de um conteúdo material do crime não se satisfaz com a simples subsunção formal das condutas humanas.
   d) a constitucionalização do Direito Penal limita-se à valorização do princípio da legalidade estrita e ao conteúdo formal do princípio da reserva legal.
   e) a ultratividade "in mellius" da lei penal significa que a lei posterior aplica-se a eventos passados, salvo quando ela beneficia o réu.

ANOTAÇÕES/COMENTÁRIOS

(a) Na adequação típica mediata ou indireta há necessidade de outra norma para complementar o tipo penal. Exemplo: Tentativa de homicídio, art. 14, II c/c art. 121, ambos do CP. Esse complemento é chamado de norma de extensão.

(b) A insignificância incide na tipicidade material.

(c) "Atualmente, segundo predomina na doutrina penal e na jurisprudência do STF e STJ, para que ocorra o fato típico (tipicidade penal) não basta a adequação típica legal (aspecto formal/legal da tipicidade), nem a tipicidade subjetiva, devendo ainda ser analisada a tipicidade em seu aspecto material, consistente na valoração da conduta e do resultado. Ou seja: TIPICIDADE PENAL = tipicidade objetiva (tipicidade formal + tipicidade material) + tipicidade subjetiva". (Sinopses para concursos, Direito Penal. Parte Geral; Marcelo André e Alexandre Salim). Dessarte, para que o fato seja materialmente típico é preciso causar lesão ou perigo de lesão ao bem jurídico. Nesse sentido o STF "o direito penal não se deve ocupar de condutas que produzam resultado, cujo desvalor – por não importar em lesão significativa a bens jurídicos relevantes – não represente, por isso mesmo, prejuízo importante, seja ao titular do bem jurídico tutelado, seja à integridade da própria ordem social". (HC 84412)

(d) A constitucionalização do direito penal representa um efeito radiante das normas constitucionais para todo o sistema jurídico, inclusive o penal que deve se harmonizar com as liberdades, garantias e direito consagrados na constituição.

(e) A ultratividade ocorre quando a lei revogada continua a regular as condutas praticadas durante a sua vigência.

Gabarito: C

Para responder, tem que estudar: teoria/doutrina.

2. **(MPE/SP/Promotor/2010/87_Concurso)** Assinale a alternativa incorreta:
   a) segundo o princípio da especialidade, a norma específica derroga a norma geral, ainda que aquela contenha consequências penais mais gravosas.
   b) segundo o princípio da consunção, na hipótese de crime progressivo, as normas que definem crimes mais graves absorvem as de menor gravidade.
   c) o resultado da ação não pode ser atribuído ao agente na hipótese da existência de causa absolutamente independente, salvo se esta for preexistente.
   d) nos crimes comissivos por omissão, o agente, que possui o especial dever de agir, abstém-se dessa atuação.
   e) nos crimes de perigo abstrato, o perigo é objeto de presunção juris et de jure.

ANOTAÇÕES/COMENTÁRIOS

(a, b, d, e) Assertiva reflete exatamente o conceito dado pela doutrina.

(c) Quando ocorrer a causa absolutamente independente, seja na modalidade preexistente, concomitante ou superveniente, o agente da causa efetiva irá responder pelo resultado, e o agente da causa paralela irá responder pela forma tentada. Nesse sentido "em se tratando de concausa absolutamente independente, não importa a espécie (preexistente, concomitante ou superveniente), o comportamento paralelo será sempre punido na forma tentada" (Manual de Direito Penal, Rogério Sanches)

Gabarito: C

Para responder, tem que estudar: teoria/doutrina.

1.2. Da Aplicação da Lei Penal

3. **(MPE/SP/Promotor/2011/88_Concurso)** Assinale a alternativa que estiver totalmente correta.
   a) Em face do princípio da legalidade constitucionalmente consagrado, a lei penal é sempre irretroativa, nunca podendo retroagir.
   b) Se entrar em vigor lei penal mais severa, ela será aplicável a fato cometido anteriormente a sua vigência, desde que não venha a criar figura típica inexistente.
   c) Sendo a lei penal mais favorável ao réu, aplica-se ao fato cometido sob a égide de lei anterior, desde que ele ainda não tenha sido decidido por sentença condenatória transitada em julgado.
   d) A lei penal não pode retroagir para alcançar fatos ocorridos anteriormente a sua vigência, salvo no caso de "abolitio criminis" ou de se tratar de lei que, de qualquer modo, favoreça o agente.
   e) Se a lei nova for mais favorável ao réu, deixando de considerar criminosa a sua conduta, ela retroagirá mesmo que o fato tenha sido definitivamente julgado, fazendo cessar os efeitos civis e penais da sentença condenatória.

ANOTAÇÕES/COMENTÁRIOS

(a) Art. 5º, XL da CF: "a lei penal não retroagirá, salvo para beneficiar o réu".

(b) "Lex gravior" não pode retroagir.

(c) A lei penal benéfica tem o condão de desconstituir a coisa julgada. Nesse sentido o Art. 2º, Parágrafo único, do CP: "A lei posterior, que de qualquer modo favorecer o agente, aplica-se aos fatos anteriores, ainda que decididos por sentença condenatória transitada em julgado".

(d) Nesse sentido explica Marcelo André e Alexandre Salim: "Este conflito de leis penais é solucionado pelo art. 5º, XL, da CF: "a lei penal não retroagirá, salvo para beneficiar o réu". Dessa norma constitucional extraem-se os seguintes princípios: princípio da irretroatividade da lei penal mais gravosa; princípio da retroatividade da lei penal mais benéfica. Podemos ter as seguintes situações de conflito: 1) lei nova mais severa; 2) lei nova mais benéfica; 3) "abolitio criminis"; 4) lei nova incriminadora. (...). Lei nova mais benéfica ("novatio legis in mellius" – "lex mitior") Além do art. 5º, XL, da CF ("a lei penal não retroagirá, salvo para beneficiar o réu"), deve-se atentar para o art. 2º, parágrafo único, do CP: "a lei posterior, que de qualquer modo favorecer o agente, aplica-se aos fatos anteriores, ainda que decididos por sentença condenatória transitada em julgado" Nestes termos, a lei nova mais benéfica retroage aos fatos ocorridos antes de sua vigência. Para se verificar qual lei penal é mais favorável devem ser observadas as suas consequências no caso concreto. Desse modo, a análise de qual lei é mais benéfica não corre no plano abstrato, mas sim de acordo com o caso concreto (teoria da ponderação concreta). (...). "Abolitio criminis" 3.4.1. Descriminalização. Conforme o art. 2º, caput, do CP, ninguém pode ser punido por ato que lei posterior deixa de considerar crime, cessando em virtude dela a execução e os efeitos penais da sentença condenatória. Ou seja, a lei nova deixa de considerar o fato como crime. Ex.: a Lei nº 11.106, de 28.03.2005, revogou o crime de adultério. (Sinopses para concursos, Direito Penal. Parte Geral; Marcelo André e Alexandre Salim).

(e) A "abolitio criminis" opera a extinção da punibilidade, apagando os efeitos penais. Contudo, subsistem os efeitos extrapenais.

Gabarito: D

Para responder, tem que estudar: lei e teoria/doutrina.

4. (MPE/SP/Promotor/2015/91_Concurso) Os princípios que resolvem o conflito aparente de normas são:

a) especialidade, legalidade, intranscendência e alternatividade.
b) especialidade, legalidade, consunção e alternatividade.
c) especialidade, subsidiariedade, consunção e alternatividade.
d) legalidade, intranscendência, consunção e alternatividade.
e) legalidade, consunção, subsidiariedade e alternatividade.

ANOTAÇÕES/COMENTÁRIOS

(a, b, d, e) Vide comentários abaixo.

(c) A questão aborda noções fundamentais para a resolução de conflito aparente de normas penais. Em tese determinada conduta pode amoldar em mais norma penal incriminadora existente no ordenamento jurídico, criando uma situação aparente de conflito entre as normas, assim com o propósito de evitar o bis in idem, faz necessária a análise para definir a norma penal adequada já que apenas uma norma será aplicada e a outra afastada no caso concreto. Assim para a resolução do conflito aparente de normas, são utilizados os princípios da especialidade, subsidiariedade, consunção e alternatividade. PRINCÍPIO DA ESPECIALIDADE – ("lex specialis derogat generali"), Norma especial afasta a aplicação da norma geral. Majoritariamente, para os doutrinadores este é o princípio mais importante utilizado para sanar o conflito aparente de normas penais, pois, os demais princípios somente serão utilizados se o aparente conflito de normas não puder ser resolvido por este princípio. PRINCÍPIO DA SUBSIDIARIEDADE – ("lex primaria derogat subsidiariae") A norma subsidiária é considerada um "soldado de reserva" (NELSON HUNGRIA), ou seja, na ausência ou impossibilidade de aplicação da norma principal mais grave, aplica-se a norma subsidiária menos grave. A norma mais ampla engloba a norma mais específica. A norma subsidiária, portanto, descreve um grau menor de violação de um mesmo bem jurídico, ou seja, um fato menos amplo e menos grave, que definido como delito autônomo é também compreendido como fase normal de execução de um crime mais grave. Logo, só se aplica esse princípio quando a norma principal for mais grave que a subsidiária. PRINCÍPIO DA CONSUNÇÃO ("lex consumens derogat consumptae") Pelo princípio da consunção ou absorção, a norma definidora de um crime constitui meio necessário ou fase normal de preparação ou execução de outro crime. Portanto há consunção quando o fato previsto em determinada norma é compreendido em outra, mais abrangente, aplicando-se esta. Na relação consuntiva, os fatos não se apresentam em relação de gênero e espécie, mas de "minus" e "plus", de continente e conteúdo, de todo e parte, de inteiro e fração. (Cezar Roberto Bitencourt, 2007). PRINCÍPIO DA ALTERNATIVIDADE – Ocorre quando a norma descreve várias formas de realização da figura típica, em que a realização de uma ou de todas configura um único crime. São os chamados tipos mistos alternativos, os quais descrevem crimes de ação múltipla ou de conteúdo variado. O princípio da alternatividade não resolve o conflito aparente de normas, mas o conflito dentro da própria norma. PRINCÍPIO DA LEGALIDADE – O Princípio da Legalidade é princípio basilar do direito penal, previsto no artigo 5º, inciso XXXIX, da Constituição da República dispondo que "não há crime sem lei anterior que o defina, nem pena sem prévia cominação legal". O mesmo dispositivo se repete no artigo 1º do Código Penal. O princípio da legalidade ou da reserva legal constitui uma efetiva limitação ao poder punitivo estatal. Portanto, não se trata de princípio utilizado para a resolução de conflito aparente de normas penais. PRINCÍPIO DA INTRANSCENDÊNCIA – Este princípio está previsto no art. 5º, XLV da Constituição da República dispondo que "XLV – nenhuma pena passará da pessoa do condenado, podendo a obrigação de reparar o dano e a decretação do perdimento de bens ser, nos termos da lei, estendidas aos sucessores e contra eles executadas, até o limite do valor do patrimônio transferido". Também denominado princípio da responsabilidade pessoal no direito penal ou da pessoalidade ou, ainda, personalidade da pena, preconiza que somente o condenado, e mais ninguém, poderá responder pelo fato praticado, pois a pena não pode passar da pessoa do condenado. Portanto, não se trata de princípio utilizado para a resolução de conflito aparente de normas penais.

Gabarito: C

Para responder, tem que estudar: teoria/doutrina.

5. **(MPE/SP/Promotor/2015/91_Concurso)** Após leitura dos enunciados abaixo, assinale a alternativa falsa:
   a) O princípio da legalidade tem como fundamento o princípio "nullum crimen, nulla poena sine praevia lege".
   b) No tocante ao tempo do crime, o Código Penal Brasileiro adotou a teoria da atividade, que o considera como o momento da conduta comissiva ou omissiva.
   c) No tocante ao lugar do crime, o Código Penal Brasileiro adotou a teoria da atividade, que o considera como o local onde ocorreu a conduta criminosa.
   d) Lei excepcional, por ter ultratividade, pode ser aplicada a fatos praticados durante sua vigência mesmo após sua revogação.
   e) A lei penal, ao entrar em conflito com lei penal anterior, pode apresentar as seguintes situações: "novatio legis" incriminadora, abolitio criminis, "novatio legis in pejus" e "novatio legis in mellius".

ANOTAÇÕES/COMENTÁRIOS

(a, e) assertiva autoexplicativa.

(b) Art. 4º. Tempo do Crime. Considera-se praticado o crime no momento da ação ou omissão, ainda que outro seja o momento do resultado. Nos termos do artigo 4º, do Código, adotados a Teoria da Atividade para o tempo do crime.

(c) O Código Penal brasileiro adotou a teoria mista ou da ubiquidade para o lugar do crime, de acordo com o art. 6º: "Considera-se praticado o crime no lugar em que ocorreu a ação ou omissão, no todo ou em parte, bem como onde se produziu ou deveria produzir-se o resultado."

(d) As leis temporárias e excepcionais são leis intermitentes, ultrativas, pois se aplicam ao fato praticado durante sua vigência, embora decorrido o período de sua duração ou cessadas as circunstâncias que a determinaram.

Gabarito: C

Para responder, tem que estudar: teoria/doutrina.

1.3. Do Crime

6. **(MPE/SP/Promotor/2010/87_Concurso)** Assinale a alternativa correta:
   a) crime putativo por erro de tipo pressupõe a suposição errônea do agente sobre a existência da norma penal.
   b) relativamente à tentativa, o Código Penal brasileiro adotou a teoria subjetiva.

c) crimes funcionais impróprios são aqueles que podem revestir-se de parcial atipicidade.
d) crimes subsidiários são aqueles para cuja caracterização se faz imprescindível outra norma definidora de suas elementares.
e) dá-se a ocorrência de crime falho quando o agente, por interferência externa, não consegue praticar todos os atos executórios necessários à consumação.

ANOTAÇÕES/COMENTÁRIOS

(a) No crime putativo por erro de tipo, o agente quer cometer um crime, mas sua conduta é penalmente irrelevante por ignorar a ausência de uma elementar constitutiva do tipo penal. Também conhecido como delito de alucinação ou imaginário.

(b) O código penal adotou como regra a teoria objetiva.

(c) Nos crimes funcionais impróprios a ausência da condição de funcionário público desclassifica a infração para outro tipo. Ocorrendo assim a atipicidade relativa ou parcial atipicidade.

(d) Crime subsidiário é aquele que somente se configura se a conduta do agente não constituir crime mais grave.

(e) Crime falho é sinônimo de tentativa perfeita ou acabada. Nessa situação o agente esgota todos os meios de execução.

Gabarito: C

Para responder, tem que estudar: teoria/doutrina.

7. **(MPE/SP/Promotor/2011/88_Concurso)** Para que se reconheça a incidência do chamado arrependimento posterior, previsto em nossa lei penal, é indispensável que
   a) a reparação do dano, ainda que não voluntária, seja do conhecimento do agente.
   b) a reparação do dano ou a restituição da coisa seja feita até o recebimento da denúncia ou da queixa.
   c) o crime cometido seja de natureza patrimonial e sem violência à coisa.
   d) a reparação do dano ou a restituição da coisa seja feita até o trânsito em julgado da sentença.
   e) a reparação do dano ou a restituição da coisa seja feita por ato espontâneo do agente ou de terceiro.

ANOTAÇÕES/COMENTÁRIOS

(a, c, d, e) Vide comentários abaixo.

(b) Art. 16 do CP: "Nos crimes cometidos sem violência ou grave ameaça à pessoa, reparado o dano ou restituída a coisa, até o recebimento da denúncia ou da queixa, por ato voluntário do agente, a pena será reduzida de um a dois terços".

Gabarito: B

Para responder, tem que estudar: lei.

8. **(MPE/SP/Promotor/2011/88_Concurso)** Em relação ao crime culposo, é correto afirmar que:

   a) é sempre possível a tentativa.
   b) só é possível a tentativa na chamada culpa consciente.
   c) nunca é possível a tentativa.
   d) é possível a tentativa na culpa imprópria.
   e) é possível a tentativa na culpa inconsciente.

ANOTAÇÕES/COMENTÁRIOS

(a) Admite-se tentativa apenas na culpa imprópria.

(b) A culpa consciente é uma espécie da culpa própria, que não admite a tentativa.

(c, d) De acordo com Rogério Sanchez: "a culpa imprópria nada mais é do que o dolo tratado circunstancialmente como culpa, de acordo com a maioria, o crime é compatível com a tentativa. (Manual de Direito Penal, Rogério Sanches)

(e) Na culpa inconsciente é inadmissível a tentativa.

Gabarito: D

Para responder, tem que estudar: teoria/doutrina.

9. **(MPE/SP/Promotor/2012/89_Concurso)** Motorista que, em estacionamento, se apodera de veículo pertencente a terceiro supondo-o seu, em decorrência de absoluta semelhança entre os automóveis, incide em

   a) erro de proibição.
   b) erro de tipo.
   c) crime impossível.
   d) erro determinado por terceiro.
   e) erro na execução.

ANOTAÇÕES/COMENTÁRIOS

(a, c, d, e) Vide comentários abaixo.

(b) O agente errou sobre "coisa alheia móvel", e a falsa percepção da realidade é erro de tipo. Art. 20, O erro sobre elemento constitutivo do tipo legal de crime exclui o dolo, mas permite a punição por crime culposo, se previsto em lei.

Gabarito: B

Para responder, tem que estudar: lei.

10. (MPE/SP/Promotor/2012/89_Concurso) Em relação aos crimes, é incorreto afirmar:

a) Nos crimes materiais, o tipo penal descreve a conduta e o resultado naturalístico exigido.

b) Preterdoloso se diz o crime em que a totalidade do resultado representa um excesso de fim (isto é o agente quis um "minus" e ocorreu um "majus"), de modo que há uma conjugação de dolo (no antecedente) e de culpa (no subsequente).

c) Crimes de mera conduta são de consumação antecipada.

d) Crime progressivo ocorre quando, da conduta inicial que realiza um tipo de crime, o agente passa a ulterior atividade, realizando outro tipo de crime, de que aquele é etapa necessária ou elemento constitutivo.

e) Nos crimes unissubsistentes, o processo executivo da ação ou a omissão prevista no verbo núcleo do tipo consiste num só ato, coincidindo este, temporalmente com a consumação

ANOTAÇÕES/COMENTÁRIOS

(a) A assertiva reflete exatamente o conceito doutrinário, vejamos: "Crime material, crime formal e crime de mera conduta: Crime material: o tipo descreve a conduta e o resultado naturalístico. Para consumar o delito é necessário o resultado naturalístico (ex.: homicídio, furto, roubo). Crime formal (consumação antecipada): o tipo descreve uma conduta que possibilita a produção de um resultado naturalístico, mas não exige a realização deste (ex.: no crime de extorsão mediante sequestro o tipo descreve a conduta de sequestrar, bem como descreve o resultado, que é o recebimento da vantagem, mas para a sua consumação basta o sequestro com o fim de alcançar o resultado). Sobre o tema merece destaque o enunciado da Súmula 500/STJ: "A configuração do crime do art. 244-B do ECA independe da prova da efetiva corrupção do menor, por se tratar de delito formal". Crime de mera conduta: o tipo descreve apenas a conduta, da qual não decorre nenhum resultado naturalístico externo a ela (ex.: porte ilegal de arma de fogo). Obs.: para alguns autores, não existe diferença entre crimes formais e de mera conduta, já que em ambos não é exigida a produção de nenhum resultado naturalístico". (Sinopses para concursos, Direito Penal. Parte Geral; Marcelo André e Alexandre Salim).

(b) A Assertiva reflete exatamente o conceito doutrinário. Nesse sentido: "Ocorre o crime preterdoloso ou preterintencional quando o agente quer produzir um resultado (age com dolo), mas, além deste, causa um resultado mais grave que não havia pretendido. Esse resultado mais grave é causado a título de culpa, ou seja, o agente não quis nem assumiu o risco de produzi-lo, mas deu causa a ele por imprudência, negligência ou imperícia. Há dolo no antecedente (conduta e resultado menos grave pretendido) e culpa no consequente (resultado qualificador não pretendido, mas previsível). (Sinopses para concursos, Direito Penal. Parte Geral; Marcelo André e Alexandre Salim).

(c) No crime de mera conduta, o tipo penal descreve apenas a conduta criminosa sem mencionar qualquer resultado naturalístico. Já no crime formal, o tipo penal descreve a conduta que possibilita o resultado naturalístico (conduta + resultado naturalístico), sendo que a consumação ocorre com a conduta do agente. Motivo pelo qual a doutrina atribui o nome consumação antecipada. Derradeiramente, o resultado é um mero exaurimento e tem importância na aplicação da pena.

(d) A Assertiva reflete exatamente o conceito doutrinário, vejamos: "Crime progressivo: o agente desde o início de sua conduta possui a intenção de alcançar o resultado mais grave, de modo que seus atos violam o bem jurídico de forma crescente. As violações anteriores ficam absorvidas. O delito de menor gravidade trata-se de um crime de passagem obrigatória, pois os bens jurídicos devem ser conexos por estarem na mesma linha de desdobramento da ofensa. Ex.: para consumar o homicídio necessariamente haverá o crime de lesão corporal (crime de passagem). (Sinopses para concursos, Direito Penal. Parte Geral; Marcelo André e Alexandre Salim).

(e) A Assertiva reflete exatamente o conceito doutrinário. Nesse sentido: Crime unissubsistente: consuma-se com a prática de um só ato (ex,: injúria verbal); crime plurissubsistente: consuma-se com a prática de um ou vários atos (ex.: art. 121 – homicídio). (Sinopses para concursos, Direito Penal. Parte Geral; Marcelo André e Alexandre Salim).

Gabarito: C

Para responder, tem que estudar: súmula/OJ e teoria/doutrina.

11. (MPE/SP/Promotor/2012/89_Concurso) É incorreto afirmar:

a) O Código Penal Brasileiro adotou a teoria da "actio libera in causa".

b) As leis temporárias e excepcionais são ultra-ativas.

c) No crime de apropriação indébita, o dolo do agente é subsequente à posse do bem.

d) O delito de lesão corporal seguida de morte, previsto no art. 129, § 3º, do Código Penal, contempla hipótese de crime preterdoloso.

e) A imprudência, a negligência e a imperícia são modalidades da culpa consciente.

ANOTAÇÕES/COMENTÁRIOS

(a) Vejamos as lições de Marcelo André e Alexandre Salim: "(...) Assim, se o agente praticar um fato típico e ilícito sob o estado de embriaguez completa, não acidental (voluntária ou culposa), haverá a imputabilidade penal, uma vez que o Código Penal adotou a teoria da actio libera in causa (ação livre na causa), segundo a qual se responsabiliza o agente que venha a cometer um delito decorrente de embriaguez completa (estado posterior de 1incapacidade de culpabilidade), oriunda de ingestão voluntária ou culposa de álcool ou de substâncias de efeitos análogos (estado anterior de capacidade de culpabilidade). (Sinopses para concursos, Direito Penal. Parte Geral; Marcelo André e Alexandre Salim).

(b) Art. 3º, CP:"A lei excepcional ou temporária, embora decorrido o período de sua duração ou cessadas as circunstâncias que a determinaram, aplica-se ao fato praticado durante sua vigência". A aplicação da lei após a sua revogação, dar-se o nome de ultra-atividade.

(c) Vejamos as lições de Marcelo André e Alexandre Salim: "Posse ou detenção antes do dolo. O agente, em um primeiro momento, passa a ter a posse ou a detenção da coisa de modo legítimo. Em momento posterior surge o dolo (dolo subsequente) e o agente inverte o título da posse ou da detenção, passando a comportar-se como se fosse dono. Ou seja, a intenção de apropriar ("animus rem sibi habendi") deve existir após o agente ter a posse ou a detenção da coisa. (Sinopses para concursos, Direito Penal. Parte Geral; Marcelo André e Alexandre Salim).

(d) A Assertiva reflete exatamente o conceito doutrinário e jurisprudencial.

(e) O examinador utilizou de um preciosismo técnico nessa alternativa. São ELEMENTOS do tipo culposo: a) conduta voluntária; b) inobservância do dever objetivo de cuidado, que se manifesta por meio de: imperícia, imprudência ou negligência; c) previsibilidade; d) nexo causal; e) tipicidade; São MODALIDADES de culpa: a) imprudência b) imperícia c) negligência. Nesse sentido, Cleber Masson "Imprudência, negligência e imperícia são MODALIDADES, e não espécies de culpa. É por meio delas que o crime culposo se manifesta, por tais modos ele se realiza no mundo exterior" (Cleber Masson, Direito Penal Esquematizado – Parte Geral, 2016) São ESPÉCIES de Culpa: a) culpa inconsciente e culpa consciente; b) culpa própria e culpa imprópria.

Gabarito: E

Para responder, tem que estudar: lei.

12. (MPE/SP/Promotor/2012/89_Concurso) É incorreto afirmar:

a) Configura erro sobre a pessoa, a hipótese em que o agente, por erro de pontaria, ao invés de atingir a pessoa que pretendia ofender, atinge pessoa diversa.

b) Nos termos do art. 21, do Código Penal, o desconhecimento da lei é inescusável. O erro sobre a ilicitude do fato, se evitável, pode diminuir a pena de um sexto a um terço.

c) Na legítima defesa putativa, o agente supõe, por erro, situação de fato que se existisse tornaria a sua ação legítima.

d) O excesso culposo na legítima defesa tanto pode verificar-se na escolha dos meios, quanto na moderação de seu uso.

e) Os crimes de rixa (art. 137, caput, CP), associação criminosa (art. 288, caput, CP) e associação ao tráfico de drogas (art. 35 da Lei nº 11.343/2006) constituem crimes de concurso necessário.

ANOTAÇÕES/COMENTÁRIOS

(a) O erro sobre a pessoa ("error in persona") e erro na execução ("aberratio ictus") são modalidades do erro de tipo acidental. No erro sobre a pessoa, o agente confunde a vítima, respondendo pela vítima desejada ou virtual. Já no erro na execução, o agente erra na execução (mira ruim) e irá responder pelo crime considerando a vítima virtual.

(b) Art. 21, CP: "O desconhecimento da lei é inescusável. O erro sobre a ilicitude do fato, se inevitável, isenta de pena; se evitável, poderá diminuí-la de um sexto a um terço".

(c) A Assertiva reflete exatamente o conceito doutrinário, vejamos as lições de Marcelo André e Alexandre Salim: Legítima defesa putativa Trata-se de legítima defesa imaginária. O sujeito supõe encontrar-se em uma situação de defesa por supor a existência de uma agressão ou por errar acerca dos limites da excludente. Pode decorrer das hipóteses de erro de tipo permissivo (art. 20, § 1º) ou erro de proibição indireto (art. 21). (Sinopses para concursos, Direito Penal. Parte Geral, Vol. 1; Marcelo André e Alexandre Salim).

(d) De acordo com Marcele André e Alexandre Salim, (2017): "Excesso involuntário: O agente involuntariamente excede no meio utilizado e/ou no uso do meio para repelir a agressão. Se for evitável o erro, responde a título de culpa (excesso culposo). Entretanto, se for inevitável, afasta-se a culpa, de sorte que o agente não responde pelo excesso". (Sinopses para concursos, Direito Penal. Parte Geral; Marcelo André e Alexandre Salim).

(e) Concurso necessário ocorre quando o tipo penal exige o número mínimo de pessoas (pluralidades de agentes) para sua configuração.

Gabarito: A

Para responder, tem que estudar: lei e teoria/doutrina.

13. (MPE/SP/Promotor/2013/90_Concurso) Sujeito foi abordado pela polícia quando se encontrava na direção de veículo automotor, em plena via pública, apresentando sinais de alteração da capacidade psicomotora por embriaguez completa, de acordo com os procedimentos previstos na Resolução n. 432/13 - Contran, a saber: exame clínico conclusivo firmado por médicos e constatação pelo agente de trânsito. No flagrante, Sujeito admitiu que, embora o uso de bebida alcoólica tivesse sido fruto de vontade livre, ele pensou que a ingestão de meia taça de vinho não iria causar mal, não cuidando assim de perguntar ao médico que receitara o remédio por ele ingerido uma hora antes do fato, conforme sugerido na bula que lera, se tal medicamento podia interagir com álcool. Restou evidenciado na investigação que o medicamento utilizado por Sujeito, embora não fosse do tipo de causar dependência, podia potencializar os efeitos do álcool, produzindo resultado idêntico ao de embriaguez completa; e que o exame de sangue a que ele se submetera ao sair da delegacia, em laboratório particular de renome, mostrou ser a quantidade de álcool por litro de sangue de Sujeito bem inferior ao limite mínimo (seis decigramas) legal. De acordo com os dados fornecidos, assinale a alternativa que mais bem reveste a conduta perpetrada por Sujeito.

a) Inimputabilidade decorrente da ignorância.
b) Erro de tipo (ele devia ter consultado o médico) e, assim, ele só poderia responder pelo crime a título de culpa.
c) Erro de proibição por não ter consultado o médico.
d) Isenção de pena por perdão judicial.
e) Está acobertada por obstáculo invencível à condenação porque a ingestão do medicamento afastou a chamada "actio libera in causa".

ANOTAÇÕES/COMENTÁRIOS

(a) Não se trata de ignorância (erro de proibição). Nesse sentido, Marcelo André e Alexandre Salim: "ERRO DE PROIBIÇÃO DIRETO – O agente pratica a conduta desconhecendo (ignorância) ou interpretando de forma errônea a norma de proibição (crimes comissivos) ou a norma mandamental (crimes omissivos)". (Sinopses para concursos, Direito Penal. Parte Geral; Marcelo André e Alexandre Salim)

(b) O agente errou sobre elemento do tipo penal. Assim sendo, por ser vencível, afinal, bastava perguntar ao médico, responderá por culpa. Considerando a tipicidade dos crimes culposos, e diante da ausência de previsão legal, a conduta é atípica.

(c) Erro de proibição incide sobre a norma.

(d) Não há previsão de perdão judicial para o delito do Art. 306, CTB.

(c) Trata-se de erro vencível, pois, era razoável perguntar ao médico os efeitos do medicamento. Não obstante, a ingestão não causou efeito no agente a título de eliminar o seu discernimento ou eliminar a sua conduta para ingestão de bebida, que como sinalizado na questão foi voluntária e consciente.

Gabarito: B

Para responder, tem que estudar: lei e teoria/doutrina.

14. (MPE/SP/Promotor/2013/90_Concurso) É exemplo típico do chamado Direito Penal do Inimigo:

a) a caça, o sequestro e a condução do oficial nazista (Executor Chefe do III Reich) Adolf Eichmann para Israel em 1960, onde ele foi preso, julgado, condenado e executado por haver contribuído para a "solução final", que vitimou mais de cinco milhões de judeus, durante a II Guerra Mundial.
b) a prisão e o julgamento (ainda não encerrado) por Tribunal instalado no Camboja, do dirigente do Khmer Vermelho Khieu Samphan (ex-presidente do conselho de estado do Kampuchea Democrático) – que é filho de um juiz e que estudou economia e ciências políticas em Paris, pela prática de

crimes de guerra e contra a humanidade, assassinato, tortura e perseguição por razões religiosas e de raça contra a minoria muçulmana cham, a população vietnamita e o monacato, cujo resultado foi a morte de cerca de um quarto da população daquele país (mais de um milhão e meio de pessoas), entre os anos de 1975 e 1979.

c) a perseguição, prisão e submissão a julgamento (está em curso) do psiquiatra e poeta Radovan Karadzic, de origem sérvia e cristã, que presidiu a Bósnia-Herzegovina durante a Guerra dos Bálcãs, em 1992, acusado perante o Tribunal Internacional da ONU para a ex-Iugoslávia, instalado em Haia, de ter contribuído para o genocídio, a "limpeza étnica" e a prática de crimes contra a humanidade que resultaram na morte de dezenas de milhares mulçumanos bósnios e croatas.

d) a prisão, o julgamento e a condenação à prisão perpétua (pena máxima permitida), por genocídio e crimes contra a humanidade, em dezembro de 2008, pelo Tribunal Penal Internacional para Ruanda, instalado na Tanzânia, dos três principais dirigentes - Theoneste Bagosora, Aloys Ntabakuze e Anatole Nsengiyumva - do governo daquele país à época, pertencentes à etnia Hutu, que instigaram, colaboraram, permitiram e foram responsabilizados pelo massacre de cerca de oitocentas mil pessoas da etnia Tutsi, ocorrido em 1994.

e) a procura, localização e a posterior execução (por tropa militar norte-americana - SEALs) do árabe saudita e muçulmano Osama Bin Laden, líder da Al-Qaeda (A Base), ocorrida no Paquistão, em maio de 2011, por ter sido a ele atribuída a prática de crimes contra a humanidade, assassinatos em massa e terrorismo (inclusive o planejamento do ataque aéreo às chamadas "Torres Gêmeas" em Nova Iorque, EUA, em que mais de três mil pessoas morreram).

ANOTAÇÕES/COMENTÁRIOS

(a, b, c, d) Vide comentários abaixo.

(e) Ao inimigo, como por exemplo o terrorista há uma flexibilização ou eliminação de direitos e garantias constitucionais e legais. O terrorista Bin Laden foi condenado a pena de morte sem nenhum tipo de julgamento. Nas alternativas anteriores, foi garantido julgamento judicial pelas práticas dos crimes imputados, apesar da gravidade dos seus delitos, que correspondem aos delitos praticados pelo o não cidadão (o inimigo). Tal execução coaduna com a teoria do Direito Penal do Inimigo. " Direito Penal do inimigo. Segundo Gunther Jakobs (Direito Penal do Inimigo: Noções e Críticas, 2005), o Estado deve proceder de dois modos com os criminosos. Ao 'delinquente-cidadão' aplica-se o Direito Penal do cidadão, ao passo que o 'delinquente inimigo' se aplica o Direito Penal do inimigo. Para Jakobs, algumas pessoas cometem erros e devem estar sujeitas ao Direito Penal do cidadão. Nesse caso, apesar de haver danificação à vigência da norma, deve ser chamado de modo coativo, como cidadão, a equilibrar o dano. Esse equilíbrio se dá com a aplicação da pena. Por outro lado, outros delinquentes (inimigos) devem ser impedidos de destruir o ordenamento jurídico, mediante coação, utilizando o denominado Direito Penal do inimigo. Isso porque o inimigo não possui a condição de cidadão, tendo em vista que não cumpre a sua função no corpo social ao deixar de satisfazer, deforma duradoura, mínimas expectativas normativas. Assim, pode-se apontar como características do Direito Penal o inimigo: a) processo mais célere visando à aplicação da pena; b) penas desproporcionalmente altas; c) suprimento ou relativização de garantias processuais; d) o inimigo perde sua qualidade de cidadão (sujeito de direitos); e) o inimigo é identificado por sua periculosidade, de sorte que o Direito Penal deve punir a pessoa pelo que ela representa (Direito Penal prospectivo)". (Sinopses para concursos, Direito Penal. Parte Geral; Marcelo André e Alexandre Salim).

Gabarito: E

Para responder, tem que estudar: teoria/doutrina.

15. (MPE/SP/Promotor/2015/91_Concurso) O erro de tipo:

a) exclui a culpabilidade do agente pela ausência e impossibilidade de conhecimento da antijuridicidade do fato que pratica.

b) exclui a culpabilidade porque o agente, ao tempo do crime, era inteiramente incapaz de entender o caráter ilícito do fato ou de determinar-se de acordo com esse entendimento.

c) exclui o dolo, pois se trata de conduta típica justificada pela norma permissiva.

d) exclui o dolo, tendo em vista que o autor da conduta desconhece ou se engana em relação a um dos componentes da descrição legal do crime, seja ele descritivo ou normativo.

e) exclui a punibilidade por se tratar de causa de isenção de pena prevista para determinados crimes.

ANOTAÇÕES/COMENTÁRIOS

(a) A assertiva traz o Erro de Proibição, previsto no artigo 21, do Código Penal. De acordo com a teoria normativa pura, a potencial consciência da ilicitude é um dos elementos da culpabilidade. Para que haja o juízo de reprovação é necessário que o agente possua a consciência da ilicitude do fato ou que ao menos, nas circunstâncias, tenha a possibilidade de conhecê-la. O erro de proibição recai sobre a consciência da ilicitude do fato praticado. Aqui o agente tem consciência e vontade de praticar o fato, mas não possui a consciência da ilicitude desse fato. O erro de tipo afeta a tipicidade, ao passo que o erro de proibição afeta a culpabilidade (juízo de reprovação). (Salim, Alexandre; Azevedo, Marcelo André, Direito Penal – Parte Geral, 2017).

(b) A assertiva traz causa de Exclusão da Culpabilidade e não erro de tipo. O Código Penal adotou a teoria normativa pura, baseada na teoria finalista da conduta. Nesse contexto a culpabilidade é composta dos seguintes elementos: imputabilidade, potencial consciência da ilicitude e exigibilidade de conduta diversa. Assim sendo, o agente, ao tempo do crime, era inteiramente incapaz de entender o caráter ilícito do fato ou de determinar-se de acordo com esse entendimento, trata-se de inimputabilidade, prevista no artigo 26, do Código Penal, causa legal de exclusão da culpabilidade.

(c) O erro de tipo é conceituado pela doutrina como "aquele que recai sobre circunstância elementar da descrição típica. É a falsa percepção da realidade sobre um elemento constitutivo do crime (...) sempre exclui o dolo" (Cezar Roberto Bitencourt, Tratado de Direito Penal); como "o que incide sobre as elementares ou circunstâncias da figura típica" (Damásio de Jesus, Direito Penal); ou "o dolo, como foi visto, deve abranger a consciência e a vontade a respeito dos elementos objetivos do tipo. Assim estará ele excluído se o autor desconhece ou se engana a respeito de um dos componentes da descrição legal do crime..., seja ele descritivo ou normativo" (Júlio Fabbrini Mirabete e Renato Nascimento Fabbrini, Manual de Direito Penal, Parte Geral).

(d) A assertiva traz o Erro de Tipo conforme preconizado no artigo 20, do Código Penal. Erro sobre elementos do tipo. Art. 20. O erro sobre elemento constitutivo do tipo legal de crime exclui o dolo, mas permite a punição por crime culposo, se previsto em lei.

(e) o Erro de Tipo não exclui a punibilidade.

Gabarito: D

Para responder, tem que estudar: teoria/doutrina.

16. (MPE/SP/Promotor/2015/91_Concurso) São elementos do fato típico:

a) conduta, resultado, relação de causalidade e tipicidade.
b) conduta, resultado, relação de causalidade e culpabilidade.
c) conduta, resultado, antijuridicidade e culpabilidade.
d) conduta, resultado, nexo de causalidade e antijuridicidade.
e) conduta, relação de causalidade, antijuridicidade e tipicidade.

ANOTAÇÕES/COMENTÁRIOS

(a) Segundo Rogério Sanches da Cunha (Manual de Direito Penal – Parte Geral) Fato típico, pode ser conceituado como ação ou omissão humana, antissocial que, norteada pelo princípio da intervenção mínima, consiste numa conduta produtora de um resultado que se subsume ao modelo de conduta proibida pelo Direito Penal, seja crime ou contravenção penal. Do seu conceito extraímos seus elementos: conduta, nexo causal, resultado e tipicidade. Assim sendo são elementos do fato típico a CONDUTA, o RESULTADO, a RELAÇÃO DE CAUSALIDADE (nexo de causalidade, também chamado de nexo causal ou relação de causalidade, é o elo que existe entre a conduta e o resultado) e a TIPICIDADE. A CULPABILIDADE e a ANTIJURIDICIDADE juntamente com o FATO TÍPICO constituem elementos estruturais do conceito analítico de crime de acordo com a teoria tripartida, baseada na teoria finalista que é adotada pelo Código Penal.

(b, c, d, e) Vide comentários acima.

Gabarito: A

Para responder, tem que estudar: teoria/doutrina.

17. (MPE/SP/Promotor/2015/91_Concurso) Após a leitura dos enunciados abaixo, assinale a alternativa correta:

I. A teoria finalista, no conceito analítico de crime, o define como um fato típico e antijurídico, sendo a culpabilidade pressuposto da pena.

II. A teoria clássica, no conceito analítico de crime, o define como um fato típico, antijurídico e culpável.

III. A teoria clássica entende que a culpabilidade consiste em um vínculo subjetivo que liga a ação ao resultado, ou seja, no dolo ou na culpa em sentido estrito.

IV. A teoria finalista entende que, por ser o delito uma conduta humana e voluntária que tem sempre uma finalidade, o dolo e a culpa são abrangidos pela conduta.

V. A teoria finalista entende que pode existir crime sem que haja culpabilidade, isto é, censurabilidade ou reprovabilidade da conduta, inexistindo, portanto, a condição indispensável à imposição e pena.

a) Somente o II e o III são verdadeiros.

b) Somente o I e o IV são verdadeiros.

c) Somente o I, IV e V são verdadeiros.

d) Somente o I e II são verdadeiros.

e) Todos são verdadeiros.

ANOTAÇÕES/COMENTÁRIOS

(I) A assertiva trouxe o conceito analítico de crime bipartido. Pelo conceito bipartido, o crime é todo "fato típico, e ilícito", logo, para esses, a culpabilidade não faz parte do conceito analítico de crime, sendo então apenas um pressuposto de aplicação da pena.

(II) Para a teoria clássica, a estrutura do crime está dividida em três partes: fato típico + antijuridicidade (ou ilicitude) + culpabilidade. A primeira parte, abrange os aspectos objetivos do crime, enquanto a culpabilidade fica com os aspectos subjetivos (dolo e culpa).

(III) Na teoria clássica, o dolo e culpa estão situados na culpabilidade. A finalidade visada pela ação, o querer interno do agente era analisado nesse elemento da estrutura do crime (culpabilidade).

(IV) Na teoria finalista o dolo e a culpa integram a conduta que foi deslocada para o tipo. Sendo assim o finalismo retirou o dolo (elemento subjetivo) e a culpa (elemento normativo) da culpabilidade, transferindo a análise desses elementos para dentro do tipo penal, na conduta.

(V) Na teoria finalista o conceito analítico de crime pode ser bipartido, tripartido, quadripartido, teoria constitucionalista do delito. Assim caso seja adotado o conceito bipartido de crime, a culpabilidade não é elemento do crime e sim pressuposto de aplicação da pena.

Gabarito: E

Para responder, tem que estudar: teoria/doutrina.

18. (MPE/SP/Promotor/2019/93_Concurso) José e João trabalhavam juntos. José, o rei da brincadeira. João, o rei da confusão. Certo dia, discutiram acirradamente. Diversos colegas viram a discussão e ouviram as ameaças de morte feitas por João a José. Ninguém soube o motivo da discussão. José não se importou com o fato e levou na brincadeira. Alguns dias depois, em um evento comemorativo na empresa, João bradou "eu te mato José" e efetuou disparo de arma de fogo contra José. Contudo o projétil não atingiu José e sim Juliana, matando a criança que chegara à festa naquele momento, correndo pelo salão. Nesse caso, é correto afirmar que, presente a figura

a) do erro sobre a pessoa, nos termos do artigo 20, § 3º, do Código Penal, João deve responder por homicídio doloso sem a agravante de crime cometido contra criança.

b) do erro sobre a pessoa, nos termos do artigo 20, § 3º, do Código Penal, João deve responder por homicídio doloso, com a agravante de crime cometido contra criança.

c) aberratio criminis, artigo 74 do Código Penal, João deve responder por tentativa de homicídio e homicídio culposo sem a agravante de crime cometido contra criança, em concurso formal de crimes.

d) aberratio ictus, artigo 73 do Código Penal, João deve responder por homicídio doloso sem a agravante de crime cometido contra criança.

e) aberratio ictus, artigo 73 do Código Penal, João deve responder por tentativa de homicídio e homicídio culposo, com a agravante de crime cometido contra criança, em concurso material de crimes.

ANOTAÇÕES/COMENTÁRIOS

A questão aborda o conhecimento sobre o erro de tipo acidental, isto é, o erro que recai sobre dados diversos dos elementos constitutivos do tipo penal, que não tem o condão de afasta a responsabilidade penal.

Inicialmente, o erro sobre a pessoa ocorre quando o agente confunde a vítima, atingindo pessoa diversa. Consoante art. 20, §3º, do Código Penal: "§

3º - O erro quanto à pessoa contra a qual o crime é praticado não isenta de pena. Não se consideram, neste caso, as condições ou qualidades da vítima, senão as da pessoa contra quem o agente queria praticar o crime". Portanto, para a aplicação da pena, considera-se a vítima virtual (pessoa que se pretendia atingir), e não a pessoa real (efetivamente atingida).

Por outro lado, o erro na execução ou aberratio ictus, o agente não se engana quanto à pessoa que desejada atingir, mas por um agir desastrado, acerta pessoa diversa. De acordo com art. 73, do Código Penal: "Art. 73 - Quando, por acidente ou erro no uso dos meios de execução, o agente, ao invés de atingir a pessoa que pretendia ofender, atinge pessoa diversa, responde como se tivesse praticado o crime contra aquela, atendendo-se ao disposto no § 3º do art. 20 deste Código. No caso de ser também atingida a pessoa que o agente pretendia ofender, aplica-se a regra do art. 70 deste Código". Na primeira parte do dispositivo, há o erro na execução com unidade simples ou com resultado único, ou seja, o agente atinge unicamente a pessoa diversa da desejada. Na segunda parte do artigo, tem-se o erro na execução com unidade complexa ou com resultado duplo, pois, o sujeito além de atingir a pessoa inicialmente desejada, ofende também pessoa ou pessoas diversas, devendo aplicar o concurso formal próprio (art. 70, caput, 1ª parte, do Código Penal).

Em suma, no erro sobre a pessoa o agente confunde a pessoa que desejada atingir. Enquanto no erro na execução, o agente não confunde a pessoa que desejava atingir, mas por uma questão de "mira ruim" acaba por acertar pessoa diversa.

Na questão em testilha, João efetuou disparo contra José, mas por erro na execução acertou a criança Juliana. Assim sendo, aplica-se a primeira parte do art. 73, do Código Penal (erro na execução com unidade simples ou resultado único), devendo João responder por homicídio doloso sem a agravante do crime cometido contra a criança (vítima virtual era José).

Gabarito: D

Para responder, tem que estudar: lei e doutrina.

1.4. Da Imputabilidade Penal

19. (MPE/SP/Promotor/2015/91_Concurso) A "actio libera in causa" se caracteriza:

a) Quando o agente, nos limites do livre arbítrio que rege a conduta humana, pratica o crime de forma livre e consciente.

b) Quando o agente, por impossibilidade de conhecer a ilicitude de sua conduta, pratica fato tipificado como crime.

c) Quando o agente, em estado de embriaguez, proveniente de caso fortuito ou força maior, que enseja a diminuição de pena, pratica fato definido como crime.

d) Quando o agente, em estado de embriaguez completa, proveniente de caso fortuito ou força maior, que enseja isenção de pena, pratica fato definido como crime.

e) Quando o agente comete o crime em estado de embriaguez não proveniente de caso fortuito ou força maior.

ANOTAÇÕES/COMENTÁRIOS

(a, b, c, d) Vide comentários abaixo.

(e) A teoria da "actio libera in causa" é aquela em que o agente, conscientemente, põe-se em estado de inimputabilidade, sendo desejável ou previsível o cometimento de uma ação ou omissão punível em nosso ordenamento jurídico, não se podendo alegar inconsciência do ilícito no momento fatídico, visto que a consciência do agente existia antes de se colocar em estado de inimputabilidade. O tema da "actio libera in causa" está relacionado com a imputabilidade penal. De acordo com nosso Código Penal: Art. 26. É isento de pena o agente que, por doença mental ou desenvolvimento mental incompleto ou retardado, era, ao tempo da ação ou da omissão, inteiramente incapaz de entender o caráter ilícito do fato ou de determinar-se de acordo com esse entendimento. Imputável, portanto, é quem tem a capacidade de entender e querer o que faz. Se a pessoa é inimputável, é isenta de pena. A teoria da "actio libera in causa" vem solucionar casos nos quais, embora considerado inimputável, o agente tem responsabilidade pelo fato. Trata-se da teoria utilizada para demonstrar a responsabilidade penal subjetiva no contexto da ação criminosa do embriagado, que chegou a tal estado de propósito.

Gabarito: E

Para responder, tem que estudar: teoria/doutrina.

1.5. Do Concurso de Pessoas

20. (MPE/SP/Promotor/2013/90_Concurso) Consta de voto do eminente Ministro Ayres Britto proferido em uma das fases do julgamento da Ação Penal 470/MG: "O núcleo político tachado pelo Ministério Público como intelectual ou mentor da empreitada criminosa, claro que, dentro dele, com gradações de protagonizações, a legitimar a aplicação da teoria do domínio do fato para responsabilizar, de modo pessoal, porém graduado, os respectivos agentes. E dois núcleos operacionais a serviço do núcleo político: um núcleo operacional financeiro em torno dos bancos já nominados e um núcleo publicitário operacional serviente do núcleo político...". Sobre a acima referida Teoria do Domínio do Fato, é correto afirmar:

a) que ela trata de autoria e coautoria do crime e, aplicada ao Direito pátrio, define que o autor mediato deve ser tido como partícipe porque sua conduta realística não executa o verbo núcleo do tipo.

b) que é aplicável ao Direito pátrio, em que foi adotada a chamada teoria restritiva, e define o autor como aquele que detém o controle total da empreitada criminosa, com poderes sobre as ações de todos os partícipes e com o próprio controle funcional do fato.

c) como o Código Penal adotou a teoria restritiva ("na medida de sua culpabilidade"), a adoção da teoria do domínio do fato importa em responsabilização objetiva.

d) que ela foi adotada de forma explícita na reforma da parte geral do Código Penal (1984) e desde então tem sido aplicada, até de forma exagerada, pela Suprema Corte.

e) que o mencionado julgamento da Suprema Corte ficou famoso por ter, pela primeira vez, aplicado no Direito pátrio (em que predominava o finalismo) a teoria do domínio do fato.

ANOTAÇÕES/COMENTÁRIOS

(a) A teoria do domínio do fato aborda sobre autoria e participação. Para Roxin, autor é a figura central do acontecer típico, e partícipe é aquele que contribui para o fato típico. Nesse sentido, Rogério Sanchez: "Teoria do domínio do fato: elaborada por Hans Welzel no final da década de 1930, com nítidos predicados finalistas, esta teoria surgiu para diferenciar com clareza o autor do executor do crime, conciliando as teorias objetiva e subjetiva. Para essa concepção, autor é quem controla finalisticamente o fato, ou seja, quem decide a sua forma de execução, seu início, cessação e demais condições. Partícipe, por sua vez, será aquele que, embora colabore dolosamente para o alcance do resultado, não exerça domínio sobre a ação. (Manual de Direito Penal, Direito Penal. Parte Geral; Rogério Sanches)

(b) Leciona Masson "teoria do domínio do fato: criada em 1939, por Hans Welzel, com o propósito de ocupar posição intermediária entra as teoria objetiva e subjetiva. Para essa concepção, autor é quem possui controle sobre domínio final do fato (...)"(Cleber Masson, Direito Penal Esquematizado – Parte Geral, 2016)

(c) O código penal adotou a teoria objetivo-formal, sendo uma teoria restritiva sobre o conceito de autor. Contudo, não se admite a responsabilidade penal objetiva, sendo dolo ou culpa elemento necessário da conduta comissiva ou omissiva.

(d) Não foi adotada de forma explícita pelo CP. Ganhou notoriedade com o caso do mensalão.

(e) O julgamento da AP 470 (mensalão) contribui para dar visibilidade à teoria do domínio do fato. De acordo com Marcelo André e Alexandre Salim: "Teoria do domínio do fato na jurisprudência e doutrina brasileiras – A teoria do domínio do fato possui aceitação doutrinária e jurisprudencial. Foi adotada pelo STF na AP 470 ("Mensalão"). Por sua vez, o STJ adotou-a em algumas decisões: "Na coautoria, todos os agentes possuem o domínio comum do fato típico, mediante uma divisão de tarefas. Não é necessário que todos os agentes pratiquem o verbo descrito no tipo; basta que a sua conduta, atípica, se isoladamente observada, seja essencial para a realização do fato típico. Dessa forma, em se tratando de coautoria, todos os agentes respondem pela prática do mesmo delito praticado" (STJ, AgRg no AREsp 465.499, 2015); "O acusado que na divisão de trabalho tinha o domínio funcional do fato (a saber, fuga do local do crime), é coautor, e não mero partícipe, pois seu papel era previamente definido, importante e necessário para a realização da infração penal" (STJ, HC 30503, 2005). (Sinopses para concursos, Direito Penal. Parte Geral; Marcelo André e Alexandre Salim).

Gabarito: B

Para responder, tem que estudar: teoria/doutrina.

21. (MPE/SP/Promotor/2015/91_Concurso) Após leitura dos enunciados abaixo, assinale a alternativa correta:

I. Ao tratar do concurso de pessoas, o Código Penal adotou como principal a teoria monista ou unitária.

II. O Código Penal, no que diz respeito ao concurso de pessoas, adotou também em alguns casos as chamadas exceções pluralísticas à teoria unitária.

III. A chamada autoria mediata se dá nos casos em que o agente consegue a execução do crime por meio de pessoa que age sem culpabilidade.

IV. A doutrina e a jurisprudência não aceitam o concurso de agentes em crime culposo, pois, nesse caso, não há possibilidade de vínculo psicológico entre duas pessoas na prática da conduta.

V. Os requisitos do concurso de pessoas, em regra, são: pluralidade de condutas, relevância causal de cada uma das ações, liame subjetivo entre os agentes e identidade de fato.

a) Somente o I, II, III e V são verdadeiros.
b) Somente o I, III e V são verdadeiros.
c) Somente o I, II e IV são verdadeiros.
d) Somente o I e V são verdadeiros.
e) Todos são verdadeiros.

ANOTAÇÕES/COMENTÁRIOS

(I) O Código Penal adotou como principal a teoria monista ou unitária, sendo que esta teoria visa enquadrar o autor e partícipe no mesmo fato criminoso.

(II) O Código Penal, adotou, excepcionalmente, a teoria pluralista.

(III) Na autoria mediata considera-se autor mediato, o sujeito de trás, aquele que utiliza uma pessoa que atua sem dolo ou de forma não-culpável, como instrumento para a execução do crime. O domínio do fato pertence exclusivamente ao autor mediato e não ao executor. Ou seja, o autor mediato domina a vontade alheia para cometer o crime. (Salim, Alexandre e Azevedo, Marcelo André, Direito Penal – Parte Geral). Embora haja pluralidade de agentes prevalece o entendimento de que não há concurso de pessoas.

(IV) A doutrina majoritária e a jurisprudência do STJ e do STF aceitam o concurso de agentes em crime culposo, na modalidade coautoria, porém não admitem na modalidade participação. HC 40474 (STJ, 2005), que em suma aduziu: 1. É perfeitamente admissível, segundo o entendimento doutrinário e jurisprudencial, a possibilidade de concurso de pessoas em crime culposo, que ocorre quando há um vínculo psicológico na cooperação consciente de alguém na conduta culposa de outrem. O que não se admite nos tipos culposos, ressalve-se, é a participação. Precedentes desta Corte.

(V) O concurso de agentes exige em todas as suas modalidades (autoria e participação) a presença cumulativa de quatro requisitos: Pluralidade de agentes e condutas: esse requisito objetivo e de ordem lógica, exige mais de uma pessoa com necessariamente mais de uma conduta. Não poderia se falar em concurso de agentes com um só agente, ou com mais de um agente e uma só conduta, lembrando que todo crime é uma conduta, seja comissiva ou omissiva já que prepondera o Direito Penal do Ato. Relevância causal de cada conduta: cada conduta deve ter contribuído para a realização do crime. A causalidade física por si só é insuficiente porque dependemos também do aspecto subjetivo (injusto pessoal), mas a conduta de todos os envolvidos deve ter eficácia causal. Algumas hipóteses de participação (e até coautoria) exigem detido exame e cuidadosa ponderação deste requisito já que entre o partícipe e o resultado está a vontade livre do autor, capaz de interromper o nexo causal – como em um evento monosubjetivo – e neste contexto os estudos da imputação objetiva da causalidade adquirem maior brilho. // Identidade de ilícito penal: ainda que sejam várias as condutas elas devem visar o mesmo objetivo típico, o mesmo ilícito penal, o que não impede a ocorrência do concurso de crimes formal ou material. // Liame subjetivo entre os agentes: o vínculo psicológico é elemento essencial do concurso de agentes, caso contrário, teremos condutas autônomas, paralelas, como ocorre nas autorias colateral e incerta. A convergência do dolo não exige que todos os envolvidos atuem com a mesma intensidade, mas que estejam dirigindo suas condutas para um ponto comum. Aquele que com antecedência toma conhecimento que um crime será praticado e nada faz para evitá-lo (conivência) não pode ser responsabilizado, salvo se estiver na posição de garante/garantidor quanto ao bem jurídico lesado (cf. art. 13, § 2º, a, b, c do CP" Os requisitos do concurso de pessoas, em regra, são: pluralidade de condutas, relevância causal de cada uma das ações, liame subjetivo entre os agentes e identidade de fato".

Gabarito: A

Para responder, tem que estudar: jurisprudência e teoria/doutrina.

1.6. Das Penas

22. (MPE/SP/Promotor/2010/87_Concurso) A exposição de motivos da Parte Geral do Código Penal Brasileiro, ao referir-se à finalidade da individualização da pena, à vista de sua necessidade e eficácia para reprovação e prevenção do crime, afirma que "nesse conceito se define a Política Criminal preconizada no

Projeto, da qual se deverão extrair todas as suas lógicas consequências". A partir de tal afirmativa, assinale a alternativa correta:

a) o Código Penal Brasileiro adotou a concepção da pena como imperativo categórico, a qual se amolda à teoria da prevenção geral negativa.

b) o procedimento de aplicação da pena adotado pelo Código Penal (art. 59) tem como fundamento único o princípio da retribuição.

c) a concepção da pena como medida de prevenção de delitos, acolhida pelo Código Penal (art. 59), amolda-se às chamadas teorias absolutas.

d) o procedimento de aplicação da pena adotado pelo Código Penal (art. 59) tem como fundamento único o princípio da prevenção especial.

e) o Código Penal adotou como um dos fundamentos da aplicação da pena o princípio da prevenção geral (art. 59), preconizado pelas teorias relativas.

ANOTAÇÕES/COMENTÁRIOS

(a) Para Kant, a pena tinha como pressuposto a retribuição (castigo), sendo despida da prevenção. Já a prevenção geral negativa "na concepção de Feuerbach, o Direito Penal pode dar uma solução à criminalidade, sendo a pena uma ameaça legal dirigida aos cidadãos para que se abstenham de cometer delitos. Trata-se de uma coação psicológica com a qual se pretende evitar o crime, ou seja, busca-se a intimidação da sociedade pela ameaça da aplicação da pena aos que vierem a delinquir". (Salim e Azevedo, 2017). O Código Penal adotou a teoria unitária da pena ou eclética, tendo como pressupostos a retribuição e a prevenção geral e prevenção especial.

(b) Item 50 da Exposição de motivos do CP: "As diretrizes para a fixação da pena estão relacionadas no artigo 59 (...) A finalidade da individualização está esclarecida na parte final do preceito: importa em optar, dentre as penas cominadas, pela que for aplicável, com a respectiva quantidade, à vista de sua necessidade e eficácia para "reprovação e prevenção do crime"

(c) Para as teorias absolutas a pena é uma forma de retribuição justa pela prática do crime.

(d) O Código Penal adotou a teoria eclética ou unitária da pena, sendo fundamentos da pena a prevenção geral e a prevenção especial.

(e) Segundo Cleber Masson, (2015) A Teoria mista ou unificadora tem dupla finalidade: retribuição e prevenção: A pena deve, simultaneamente, castigar o condenado pelo mal praticado e evitar a prática de novos crimes, tanto em relação ao criminoso como no tocante à sociedade. Em síntese, fundem-se as teorias e finalidades anteriores. A pena assume um tríplice aspecto: retribuição, prevenção geral e prevenção especial. Foi a teoria acolhida pelo art. 59, caput, do Código Penal, quando dispõe que a pena será estabelecida pelo juiz "conforme seja necessário e suficiente para reprovação e prevenção do crime". É também chamada de teoria da união eclética, intermediária, conciliatória ou unitária.

Gabarito: E

Para responder, tem que estudar: teoria/doutrina.

23. (MPE/SP/Promotor/2010/87_Concurso) Assinale a alternativa correta, no que se refere ao procedimento de aplicação da pena:

a) os motivos determinantes do crime, como circunstância judicial, preponderam sobre as causas de aumento ou diminuição de pena.

b) as causas de aumento de pena incidem em fase posterior à consideração das agravantes e atenuantes.

c) na fixação da pena-base, o juiz levará em conta a eventual reincidência do réu.

d) segundo entendimento sumular do Superior Tribunal de Justiça, a quantidade das circunstâncias atenuantes pode fazer a pena-base recuar para aquém do mínimo legal.

e) a menoridade relativa constitui causa obrigatória de diminuição de pena, a incidir na terceira etapa da aplicação da pena.

ANOTAÇÕES/COMENTÁRIOS

(a) Art. 67, CP: No concurso de agravantes e atenuantes, a pena deve aproximar-se do limite indicado pelas circunstâncias preponderantes, entendendo-se como tais as que resultam dos motivos determinantes do crime, da personalidade do agente e da reincidência.

(b) Art. 68, CP: A pena-base será fixada atendendo-se ao critério do art. 59 deste Código; em seguida serão consideradas as circunstâncias atenuantes e agravantes; por último, as causas de diminuição e de aumento. Código Penal adotou o critério trifásico de Nelson Hungria.

(c) Art. 61, CP: São circunstâncias que sempre agravam a pena, quando não constituem ou qualificam o crime: I – a reincidência. Logo, a reincidência será utilizada na segunda fase do cálculo da pena, como disposto no artigo 68, do CP, citado acima.

(d) Súmula 231/STJ. A incidência da circunstância atenuante não pode conduzir à redução da pena abaixo do mínimo legal.

(e) Art. 65, CP: São circunstâncias que sempre atenuam a pena: I – ser o agente menor de 21 (vinte e um), na data do fato, ou maior de 70 (setenta) anos, na data da sentença. A menoridade relativa (menor de 21 anos) é uma atenuante preponderante utilizada na segunda fase.

Gabarito: B

Para responder, tem que estudar: lei e súmula/OJ.

24. (MPE/SP/Promotor/2010/87_Concurso) Assinale a alternativa correta:

a) a pena de detenção não pode ser cumprida em regime inicialmente fechado.

b) o condenado, não reincidente, a pena superior a oito anos de reclusão pode começar a cumpri-la em regime semiaberto.

c) na hipótese de concurso formal imperfeito, aplica-se ao agente a pena mais grave das cabíveis ou, se iguais, só uma delas, aumentada de 1/6 até 1/2.

d) a prescrição intercorrente tem como baliza a pena aplicada na sentença condenatória, podendo abranger o período entre a sentença e o recebimento da denúncia.

e) é facultado ao juiz substituir a pena privativa de liberdade não superior a quatro anos, imposta ao réu reincidente pela prática do mesmo crime ou de diversa espécie, se constituir medida socialmente recomendável.

ANOTAÇÕES/COMENTÁRIOS

(a) Art. 33 – A pena de reclusão deve ser cumprida em regime fechado, semiaberto ou aberto. A de detenção, em regime semiaberto, ou aberto, salvo necessidade de transferência a regime fechado. Assim sendo, o juiz não poderá fixar o regime inicial fechado, contudo no curso da execução da pena poderá haver regressão para o regime fechado.

(b) Art. 33, "a", CP: o condenado a pena superior a 8 (oito) anos deverá começar a cumpri-la em regime fechado;

(c) Art. 70, CP: Quando o agente, mediante uma só ação ou omissão, pratica dois ou mais crimes, idênticos ou não, aplica-se-lhe a mais grave das penas cabíveis ou, se iguais, somente uma delas, mas aumentada, em qualquer caso, de um sexto até metade. As penas aplicam-se, entretanto, cumulativamente, se a ação ou omissão é dolosa e os crimes concorrentes resultam de desígnios autônomos, consoante o disposto no artigo anterior.

(d) A prescrição intercorrente ou subsequente ou superveniente é uma espécie de prescrição da pretensão punitiva que ocorre entre a publicação da sentença condenatória recorrível e o trânsito em julgado da sentença.

(e) Art. 44, § 3º, CP: § 3 Se o condenado for reincidente, o juiz poderá aplicar a substituição, desde que, em face de condenação anterior, a medida seja socialmente recomendável e a reincidência não se tenha operado em virtude da prática do mesmo crime.

Gabarito: A

Para responder, tem que estudar: lei e teoria/doutrina.

25. (MPE/SP/Promotor/2011/88_Concurso) Há previsão legal para a revogação obrigatória da suspensão condicional da pena:

a) se o réu sofrer condenação recorrível a pena privativa de liberdade, pela prática de crime doloso, praticado no curso do benefício.

b) se o réu sofrer condenação irrecorrível a pena privativa de liberdade, pela prática de crime culposo, praticado no curso do benefício.

c) se o réu vier a ser condenado, no curso do benefício, em sentença irrecorrível, a pena privativa de liberdade, pela prática de crime doloso.

d) se o réu vier a ser condenado irrecorrivelmente por crime culposo a pena privativa de liberdade ou restritiva de direitos, cometido no curso do benefício.

e) se o réu vier a ser condenado por crime doloso ou culposo, anterior à concessão do benefício, a pena de multa, tendo a condenação transitado em julgado, após o curso do prazo do benefício.

ANOTAÇÕES/COMENTÁRIOS

(a) A condenação deve ser irrecorrível.

(b) Revogação facultativa- Art. 81, § 1º, CP: "A suspensão poderá ser revogada se o condenado descumpre qualquer outra condição imposta ou é irrecorrivelmente condenado, por crime culposo ou por contravenção, a pena privativa de liberdade ou restritiva de direitos".

(c) Art. 81 – A suspensão será revogada se, no curso do prazo, o beneficiário: I – é condenado, em sentença irrecorrível, por crime doloso.

(d) Hipótese de revogação facultativa.

(e) O crime culposo, torna a revogação facultativa. E, ainda que o agente seja condenado pela prática de crime doloso a uma pena de multa, a doutrina é pacífica no sentido de que não se autoriza a revogação.

Gabarito: C

Para responder, tem que estudar: lei.

26. (MPE/SP/Promotor/2011/88_Concurso) Existe o chamado concurso formal imperfeito ou impróprio:

a) quando o agente, mediante mais de uma ação ou omissão, pratica crimes idênticos e subsequentes contra a mesma vítima.

b) quando o agente, mediante uma única ação ou omissão culposa, pratica crimes não resultantes de desígnios autônomos.

c) quando o agente, mediante uma única ação ou omissão culposa, pratica crimes resultantes de desígnios autônomos.

d) quando o agente, mediante uma única ação ou omissão dolosa, pratica crimes não resultantes de desígnios autônomos.

e) quando o agente, mediante uma única ação ou omissão dolosa, pratica crimes resultantes de desígnios autônomos.

ANOTAÇÕES/COMENTÁRIOS

(a) Art. 70, CP: "Quando o agente, mediante uma só ação ou omissão, pratica dois ou mais crimes, idênticos ou não (...)".

(b) Art. 70, CP: "Quando o agente, mediante uma só ação ou omissão, pratica dois ou mais crimes, idênticos ou não (...).As penas aplicam-se, entretanto, cumulativamente, se a ação ou omissão é dolosa e os crimes concorrentes resultam de desígnios autônomos, ".

(c) Art. 70, CP: "Quando o agente, mediante uma só ação ou omissão, pratica dois ou mais crimes, idênticos ou não (...). As penas aplicam-se, entretanto, cumulativamente, se a ação ou omissão é dolosa e os crimes concorrentes resultam de desígnios autônomos, ".

(d) Art. 70, CP: "As penas aplicam-se, entretanto, cumulativamente, se a ação ou omissão é dolosa e os crimes concorrentes resultam de desígnios autônomos, ".

(e) O concurso formal impróprio está disciplinado no CP: "Art. 70. Quando o agente, mediante uma só ação ou omissão, pratica dois ou mais crimes, idênticos ou não, aplica-se-lhe a mais grave das penas cabíveis ou, se iguais, somente uma delas, mas aumentada, em qualquer caso, de um sexto até metade. As penas aplicam-se, entretanto, cumulativamente, se a ação ou omissão é dolosa e os crimes concorrentes resultam de desígnios autônomos, consoante o disposto no artigo anterior". // Desígnios autônomos implicam na intenção do agente de produzir mais de um resultado com a única conduta.

Gabarito: E

Para responder, tem que estudar: lei.

27. **(MPE/SP/Promotor/2013/90_Concurso)** Considere os seguintes delitos contra o patrimônio. Partindo-se do pressuposto de que todas as ações criminosas (assim como os delitos que as antecederam) chegaram ao conhecimento da polícia, foram apuradas, todos os agentes foram identificados, o objeto material de cada um dos crimes foi recuperado e foram promovidas as devidas ações penais; e lembrando que não cabe ao Direito tutelar o que é ilícito, nem pode o sujeito se beneficiar de suas atividades criminosas - e que, por isso, o produto e o proveito das infrações penais devem ser expropriados; assinale a alternativa que indica a(s) hipótese(s) em que não poderiam os magistrados nas condenações declarar a perda do objeto material dos delitos em apreço em favor do Estado ou da União:

I. Agente, mediante o emprego de arma de fogo e concurso de agentes, invadiu a casa da amante do Governador e dali subtraiu o cofre que continha os dólares das propinas por ele recebidas em função do seu cargo, fugindo em seguida.

II. Funileiro recebeu a camioneta de Cliente para conserto. Após arrumá-la, resolveu alterar o número do "chassis" do veículo e chamar seu amigo Onça para nele passearem juntos. Funileiro parou então na casa da sua namorada e, depois de cientificar o amigo da adulteração, entregou o veículo para Onça dar uma volta. Este, no entanto, foi até a sua residência, colocou todas as suas coisas na camioneta e viajou com ela para sua cidade natal.

III. Sósia de famoso banqueiro do jogo do bicho, fazendo-se passar pelo Contraventor, enganou o "Recolhe" das bancas, obteve dele a maleta repleta do dinheiro das apostas e saiu do local normalmente.

a) Em todas as hipóteses.
b) Apenas nas hipóteses II e III.
c) Apenas na hipótese II.
d) Apenas nas hipóteses I e II.
e) Apenas na hipótese III.

ANOTAÇÕES/COMENTÁRIOS

(a, c, d, e) Vide comentários abaixo.

(c) A perda do objeto material decorrente de atividades criminosas encontra-se regulado pelo artigo 91 do Código Penal.

Considerando as hipóteses apresentadas pelo enunciado da questão, verifica-se que a Camionete do Cliente do Funileiro constante da alternativa II não pode ser objeto de confisco, porquanto foi levada à oficina para conserto e não para alteração do "chassis". Desse modo, em que pese a prática criminosa perpetrada pelo funileiro, o proprietário do objeto material do crime (camioneta) não teve envolvimento no crime e, portanto, não poderá sofrer as consequências previstas no artigo 91, inciso II, que inclusive ressalva o direito do lesado e do terceiro de boa-fé.

Já as situações relatadas nas alternativas I e III, são alcançadas pelo artigo 91, inciso II, alínea "b", que prevê a perda "do produto do crime ou de qualquer bem ou valor que constitua proveito auferido pelo agente com a prática do fato criminoso".

Gabarito: C

Para responder, tem que estudar: lei.

28. (MPE/SP/Promotor/2015/91_Concurso) O efeito civil da condenação referente à "incapacidade para o exercício do pátrio poder":

a) É sempre permanente com relação à vítima.
b) Pode ser recuperado em relação a todos os filhos, inclusive a vítima, por meio de deferimento da reabilitação.
c) Tratando-se de crime sexual praticado contra filha, só pode ser recuperado por meio de deferimento da reabilitação em relação aos filhos homens, nunca em relação à vítima e demais filhas mulheres.
d) Tratando-se de crime apenado com detenção, tal efeito civil da condenação tem caráter de mera suspensão do pátrio poder, devendo ser imposto pelo juiz com prazo determinado e somente em relação à vítima.
e) Tratando-se de crime apenado com detenção, tal efeito civil tem o caráter de mera suspensão do pátrio poder, por isso que é imposto pelo juiz por prazo determinado e em relação a todos os filhos do agente.

ANOTAÇÕES/COMENTÁRIOS

(a) Nos termos do artigo 93, parágrafo único, do CP. Reabilitação – Art. 93: A reabilitação alcança quaisquer penas aplicadas em sentença definitiva, assegurando ao condenado o sigilo dos registros sobre o seu processo e condenação. Parágrafo único. A reabilitação poderá, também, atingir os efeitos da condenação, previstos no art. 92 deste Código, vedada reintegração na situação anterior, nos casos dos incisos I e II (II – a incapacidade para o exercício do poder familiar, da tutela ou da curatela nos crimes dolosos sujeitos à pena de reclusão cometidos contra outrem igualmente titular do mesmo poder familiar, contra filho, filha ou outro descendente ou contra tutelado ou curatelado (Redação da Lei 13.715/18).

(b) "A reabilitação apenas afasta o impedimento de o reabilitado, no futuro, exercer o mesmo múnus em relação a outros tutelados ou curatelados, bem como em relação a outros filhos, mas nunca em relação às suas vítimas anteriores" (Cezar Roberto Bitencourt, Tratado de Direito Penal, Parte Geral 1). // ATENÇÃO: Importante, observar o dialogo das fontes. A Lei n. 13.715/18, alterou a redação do artigo 1.638, parágrafo único do Código de Civil, para dispor sobre hipóteses de perda do poder familiar pelo autor de determinados crimes contra outrem igualmente titular do mesmo poder familiar ou contra filho, filha ou outro descendente: "Art. 1.638. Perderá por ato judicial o poder familiar o pai ou a mãe que: (...). Parágrafo único. Perderá também por ato judicial o poder familiar aquele que: I – praticar contra outrem igualmente titular do mesmo poder familiar: (...)." (Incluído p/ Lei 13.715/18)

(c, d, e) Vide comentários acima.

Gabarito: A

(a) homicídio, feminicídio ou lesão corporal de natureza grave ou seguida de morte, quando se tratar de crime doloso envolvendo violência doméstica e familiar ou menosprezo ou discriminação à condição de mulher; (Incluído p/ Lei 13.715/18)

(b) estupro ou outro crime contra a dignidade sexual sujeito à pena de reclusão; "II – praticar contra filho, filha ou outro descendente: (...)". (Incluído p/ Lei 13.715/18)

(a) homicídio, feminicídio ou lesão corporal de natureza grave ou seguida de morte, quando se tratar de crime doloso envolvendo violência doméstica e familiar ou menosprezo ou discriminação à condição de mulher; (Incluído p/ Lei 13.715/18)

(b) estupro, estupro de vulnerável ou outro crime contra a dignidade sexual sujeito à pena de reclusão. (Incluído p/ Lei 13.715/18)

Para responder, tem que estudar: lei e teoria/doutrina.

29. (MPE/SP/Promotor/2017/92_Concurso) Praticado um crime de roubo em continuidade delitiva, contra três vítimas distintas, o réu foi condenado, após regular processo, à pena privativa de liberdade e multa. Como será calculada a pena de multa?

a) A pena do crime de roubo de maior gravidade.

b) A pena do crime mais grave incrementada de acordo com a condição econômica do réu.

c) A pena de um crime de roubo acrescida de um terço.

d) pena de um crime de roubo acrescida de dois terços.

e) A soma das multas relativas aos três roubos.

ANOTAÇÕES/COMENTÁRIOS

(a, b, c, d, e) Anulada pela banca examinadora sob os seguintes fundamentos: "Basicamente se questiona o fato de que em se tratando de crime continuado as penas de multa aplicadas não poderiam ser somadas. Foram trazidos julgados a respeito do tema. É o relatório. Os recursos são conhecidos e providos. De fato, como alegado há sólida jurisprudência em sentido contrário ao texto literal da lei, razão pela qual a redação da questão pode ter gerado dúvidas insolúveis aos candidatos. Além disso, há divergência doutrinária a respeito do tema. Assim, os questionamentos apontados são pertinentes e devem ser acolhidos para que não paire qualquer dúvida a respeito da prova aplicada. Deste modo, a questão é anulada, não sendo, por outro lado, possível o aproveitamento da indagação, ainda que com outra das respostas sugeridas, pois, a dúvida levantada permaneceria em prejuízo de outros candidatos. Ante o exposto, os recursos interpostos são providos com a anulação da questão número 01 de direito penal". Assim sendo, verifica-se que há controvérsia quanto ao tema no que diz respeito ao cálculo da pena de multa em se tratando de crime continuado. Para a primeira corrente, deve haver aplicação do art. 72 do CP, razão pela qual as penas de multa devem ser somadas (sistema do cúmulo material), entendimento este que prevalece na doutrina. Para a segunda corrente, não há que se falar em aplicação do art. 72 do CP ao concurso de crimes, por se tratar de crime único para fins de aplicação de pena (teoria da ficção jurídica), motivo pelo qual deve ser aplicada apenas uma pena de multa. Entendimento dominante na jurisprudência. "'A pena de multa, aplicada no crime continuado, escapa à norma contida no art. 72 do Código Penal.' (REsp 68.186, 1995). As penas de multa, no caso de concurso de crimes, material e formal, aplicam-se cumulativamente, diversamente do que ocorre com o crime continuado, induvidoso concurso material de crimes gravado pela menor culpabilidade do agente, mas que é tratado como crime único pela lei penal vigente, como resulta da simples letra dos artigos 71 e 72 do Código Penal, à luz dos artigos 69 e 70 do mesmo diploma legal." (STJ, REsp 607.929, 2012; HC 132.857, 2015). // Resposta inicial: letra "E", questão anulada.

Gabarito: X

Para responder, tem que estudar: lei, jurisprudência e teoria/doutrina.

30. (MPE/SP/Promotor/2017/92_Concurso) O início do cumprimento de uma pena privativa de liberdade em regime fechado pressupõe

a) a realização de exame criminológico de classificação, a sujeição ao trabalho e o isolamento no período noturno.
b) o isolamento do preso e a impossibilidade de visitas íntimas.
c) a avaliação imediata de seu comportamento carcerário, por meio de exame criminológico, para a realização de atividade laboral e consequente remissão de pena.
d) segregação completa, sem direito a visitas, em estabelecimento prisional de segurança máxima.
e) a obrigatoriedade do trabalho, com uso de algemas, se externo, em obras públicas.

ANOTAÇÕES/COMENTÁRIOS

(a) CP, Art. 34. O condenado será submetido, no início do cumprimento da pena, a exame criminológico de classificação para individualização da execução. § 1º O condenado fica sujeito a trabalho no período diurno e a isolamento durante o repouso noturno. § 2º O trabalho será em comum dentro do estabelecimento, na conformidade das aptidões ou ocupações anteriores do condenado, desde que compatíveis com a execução da pena. 3º O trabalho externo é admissível, no regime fechado, em serviços ou obras públicas.

(b, c, d, e) Vide comentários acima.

Gabarito: A

Para responder, tem que estudar: lei.

31. (MPE/SP/Promotor/2017/92_Concurso) A confissão judicial do réu implica em

a) compensação com eventual circunstância agravante.
b) diminuição de sua pena final.
c) compensação com eventual majorante.
d) redução máxima da pena em face da presença de causa especial de diminuição de pena.
e) redução de sua pena base.

ANOTAÇÕES/COMENTÁRIOS

(a) CP. Art. 65. São circunstâncias que sempre atenuam a pena: (...) d) confessado espontaneamente, perante a autoridade, a autoria do crime. // Jurisprudência em tese, nº 29: "É possível, na segunda fase do cálculo da pena, a compensação da agravante da reincidência com a atenuante da confissão espontânea". (Tema 585, repetitivo). // Súmula 545/STJ. Quando a confissão for utilizada para a formação do convencimento do julgador, o réu fará jus à atenuante prevista no art. 65, III, d, do Código Penal.

(b, c, d, e) Vide comentários acima.

Gabarito: A

Para responder, tem que estudar: lei e súmula/OJ.

32. (MPE/SP/Promotor/2017/92_Concurso) Entende-se por concurso material benéfico

a) o cometimento de dois crimes com uma única ação, cujas penas são somadas em favor do réu.

b) a soma da pena de dois crimes distintos que não impeçam a obtenção da suspensão condicional da pena.

c) o cometimento de mais de um crime, mediante mais de uma ação, cuja pena pode ser substituída.

d) o cometimento de dois crimes mediante mais de uma ação, porém nas mesmas condições de tempo, lugar e maneira de execução.

e) o cometimento de dois crimes idênticos, mediante a prática de duas ações distintas, porém em sequência imediata.

ANOTAÇÕES/COMENTÁRIOS

(a) De acordo com os ensinamentos de André Estefam: "O sistema da exasperação (ou do cúmulo jurídico) mostra-se evidentemente mais benéfico ao agente do que o do cúmulo material. Caso, entretanto, o magistrado verificar que a pena decorrente da exasperação pelo concurso formal seria maior do que a resultante da simples soma das sanções, deverá optar por esse caminho, em vez de aumentar a maior das penas. Essa regra, constante do art. 70, parágrafo único, do CP, denomina-se concurso material benéfico (ou cúmulo material benéfico). Exemplo: se o agente comete em concurso formal próprio um homicídio qualificado (CP, art. 121, § 2º) e uma lesão corporal culposa (CP, art. 129, § 6º), as penas deverão ser somadas. Caso se procedesse ao aumento, nos termos do art. 70 do CP, tomando como base a pena mínima, o réu seria condenado a catorze anos (12 anos, aumentados de um sexto); somando-se as sanções, conforme determina o art. 70, parágrafo único, o agente receberá doze anos (de reclusão) e dois meses (de detenção). (Direito penal: parte geral, André Estefam). // Configura concurso formal: Art. 70, CP: Quando o agente, mediante uma só ação ou omissão, pratica dois ou mais crimes, idênticos ou não, aplica-se-lhe a mais grave das penas cabíveis ou, se iguais, somente uma delas, mas aumentada, em qualquer caso, de um sexto até metade. Parágrafo único. Não poderá a pena exceder a que seria cabível pela regra do art. 69 deste Código (CONCURSO MATERIAL BENÉFICO). // Concurso material: Art. 69, CP: Quando o agente, mediante mais de uma ação ou omissão, pratica dois ou mais crimes, idênticos ou não, aplicam-se cumulativamente as penas privativas de liberdade em que haja incorrido.

(b, c, d, e) Vide comentários acima.

Gabarito: A

Para responder, tem que estudar: lei e teoria/doutrina.

33. (MPE/SP/Promotor/2019/93_Concurso) Assinale a alternativa INCORRETA.

a) O benefício da suspensão condicional do processo não é aplicável em relação às infrações penais cometidas em concurso material, concurso formal ou continuidade delitiva, quando a pena mínima cominada, seja pelo somatório, seja pela incidência da majorante, ultrapassar o limite de 01 (um) ano.

b) Para efeitos da Lei nº 9.099/95, são consideradas infrações de menor potencial ofensivo as contravenções penais e os crimes a que a lei comine pena máxima não superior a 2 (dois) anos, cumulada ou não com multa, nos termos da redação dada pela Lei nº 11.313/06.

c) Para fins de aplicação do artigo 89 da Lei nº 9.099/95, devem ser levadas em consideração as qualificadoras, os privilégios, as causas de diminuição e as causas de aumento, observando-se que, em se tratando de causas de diminuição ou de aumento de pena entre determinados limites ou com quantum variável, deve-se utilizar, nas causas de aumento, o patamar de maior aumento e, nas causas de diminuição, o patamar de menor redução.

d) Nos termos do artigo 76, da Lei nº 9.099/95, é defeso proposta de transação penal se comprovado que o agente foi beneficiado anteriormente, no prazo de 5 (cinco) anos, por outra transação penal.

e) Em caso de o Promotor de Justiça recusar-se a apresentar a proposta de transação penal, não poderá o Juiz formulá-la de ofício, sob pena de violação ao artigo 129, inciso I, da Constituição Federal. Compete ao Juiz utilizar-se do disposto no artigo 28 do Código de Processo Penal.

ANOTAÇÕES/COMENTÁRIOS

A questão aborda o conhecimento do texto de lei e de entendimento sumulado.

(a) A alternativa "a" está correta e corresponde ao enunciado da súmula 243 do STJ: "O benefício da suspensão do processo não é aplicável em relação às infrações penais cometidas em concurso material, concurso formal ou continuidade delitiva, quando a pena mínima cominada, seja pelo somatório, seja pela incidência da majorante, ultrapassar o limite de um (01) ano".

(b) A alternativa "b" está correta. É o que prevê o art. 61, da Lei 9.099/1995: "Consideram-se infrações penais de menor potencial ofensivo, para os efeitos desta Lei, as contravenções penais e os crimes a que a lei comine pena máxima não superior a 2 (dois) anos, cumulada ou não com multa".

(c) A alternativa "c" está incorreta. Aplica-se e menor pena possível. Trata-se da ratio da súmula 243 do STJ, bem como da súmula 723 do STF: "Não se admite a suspensão condicional do processo por crime continuado, se a soma da pena mínima da infração mais grave com o aumento mínimo de um sexto for superior a um ano". Portanto, para o cálculo da aplicação da suspensão condicional, se houver causa de aumento variável, deve-se aumentar o mínimo; se houver causa de diminuição variável, deve-se diminuir o máximo, pois o objetivo é sempre encontrar a pena mínima abstratamente prevista para o crime.

Atenção: para se calcular o quantum da pena para incidir a Lei 9.099/95, deve-se buscar a maior pena abstrata. Todavia, para a aplicação da suspensão condicional do processo, deve-se buscar a menor pena possível.

(d) A alternativa "d" está correta. É o que dispõe o art. 76, da Lei 9.099/95: "Art. 76. Havendo representação ou tratando-se de crime de ação penal pública incondicionada, não sendo caso de arquivamento, o Ministério Público poderá propor a aplicação imediata de pena restritiva de direitos ou multas, a ser especificada na proposta. § 2º Não se admitirá a proposta se ficar comprovado: II – ter sido o agente beneficiado anteriormente, no prazo de cinco anos, pela aplicação de pena restritiva ou multa, nos termos deste artigo".

(e) A alternativa "e" está correta. É o teor da súmula 696 STF: "Reunidos os pressupostos legais permissivos da suspensão condicional do processo, mas se recusando o Promotor de Justiça a propô-la, o Juiz, dissentindo, remeterá a questão ao Procurador-Geral, aplicando-se por analogia o art. 28 do Código de Processo Penal".

Gabarito: C

Para responder, tem que estudar: lei e súmula.

---

34. (MPE/SP/Promotor/2019/93_Concurso) Considere as afirmações a seguir.

I) Segundo entendimentos doutrinário e jurisprudencial majoritários, levando-se em consideração o rol do artigo 61 do Código Penal, a reincidência é a única agravante que pode ser reconhecida tanto em crime doloso como em crime culposo.

II) Por ocasião da aplicação da pena, no concurso de circunstâncias agravantes e atenuantes, a compensação é possível, mas o juiz deve atentar para as circunstâncias preponderantes, entendendo-se como tais as que resultam dos motivos determinantes do crime, da personalidade do agente e da reincidência.

III) A pena de interdição temporária de direitos, prevista no inciso II do artigo 47 do Código Penal, não poderá ser aplicada se o crime não foi cometido com violação dos deveres inerentes à profissão, à atividade ou ao ofício que dependam de habilitação especial, de licença ou de autorização do poder público.

IV) Por ocasião da aplicação da pena, havendo causas de diminuição e causas de aumento, a compensação é possível, mas o juiz deve atentar para as circunstâncias preponderantes, entendendo-se como tais as que resultam dos motivos determinantes do crime, da personalidade do agente e da reincidência.

V) Considerando as causas de aumento de pena previstas nos artigos 19 e 20 do Estatuto do Desarmamento – Lei nº 10.826/2003, é facultado ao Juiz, ao aplicar a pena ao condenado pela prática do crime previsto no artigo 18 do

Estatuto, aumentar a pena duas vezes ou apenas uma, conforme o caso concreto, desde que devidamente justificado.

Sobre essas afirmações, está correto apenas o contido em:

(A) I, II e III.

(B) IV e V.

(C) I, II, III e V.

(D) I, III, IV e V.

(E) I e II.

ANOTAÇÕES/COMENTÁRIOS

O inciso I está correto. Inicialmente, o art. 61, do Código Penal é taxativo, sendo a reincidência a única agravante que pode ser reconhecida tanto em crime doloso como em crime culposo. Nesse sentido:"Predomina o entendimento de incidirem as agravantes somente nos crimes dolosos, salvo a reincidência, que poderá ser considerada também nos crimes culposos". Sinopses para concursos, Direito Penal. Parte Geral; Marcelo André e Alexandre Salim; 11ª edição, 2021. pag. 469 e 470.).

O inciso II está correto. É o teor do artigo 67 do CP: "Art. 67 – No concurso de agravantes e atenuantes, a pena deve aproximar-se do limite indicado pelas circunstâncias preponderantes, entendendo-se como tais as que resultam dos motivos determinantes do crime, da personalidade do agente e da reincidência."

O inciso III está correto. É o que prevê o artigo 47, inciso II, combinado com o artigo 56, ambos do Código Penal. O último dispõe que: "Art. 56 – As penas de interdição, previstas nos incisos I e II do art. 47 deste Código, aplicam-se para todo o crime cometido no exercício de profissão, atividade, ofício, cargo ou função, sempre que houver violação dos deveres que lhes são inerentes."

O inciso IV está incorreto. A previsão do Código sobre compensação é apenas sobre atenuantes e agravantes. Em se tratando de causas de aumento e diminuição, todas devem ser aplicadas cumulativamente. Não se admite a compensação, mas, em caso de concurso de causas só de aumento ou só de diminuição, faculta-se ao juiz aplicar apenas uma delas, desde que seja a que mais aumente ou diminua a pena. "Art. 68. Parágrafo único – No concurso de causas de aumento ou de diminuição previstas na parte especial, pode o juiz limitar-se a um só aumento ou a uma só diminuição, prevalecendo, todavia, a causa que mais aumente ou diminua".

O inciso V está correto. É possível a aplicação do artigo 68 do Código Penal aos crimes da legislação penal especial, em analogia in bonam partem. Neste sentido: "Em legislação especial, dá-se a aplicação do art. 68, parágrafo único, do Código Penal, valendo-se da analogia in bonam partem. Desse modo, no concurso dos aumentos possíveis, previstos nos arts. 19 e 20 da Lei 10.826/2003 (Estatuto do Desarmamento), pode o juiz aumentar a pena duas vezes, ou apenas uma, dependendo do caso concreto. (...)." (NUCCI, Guilherme de Souza. Código Penal Comentado. 19. ed. Rio de Janeiro: Forense, 2019. p. 529-530).

Gabarito: C

Para responder, tem que estudar: lei e doutrina.

35. (MPE/SP/Promotor/2019/93_Concurso) Com relação ao tema "reincidência", considere as seguintes afirmações.

I) A prescrição intercorrente regula-se pela pena aplicada e verifica-se nos prazos fixados no artigo 109 do Código Penal, os quais se aumentam de 1/3 (um terço), se o condenado é reincidente.

II) Para efeito de reincidência, não prevalece a condenação anterior após decorrido o prazo depurador de cinco anos entre a data do trânsito em julgado da sentença condenatória do crime anterior e a data da prática do crime posterior.

III) A reincidência é causa interruptiva apenas da prescrição da pretensão executória.

IV) Consoante disposto no Código Penal, o agente reincidente em crime doloso pode ter sua pena privativa de liberdade substituída por pena restritiva de direitos.

V) Para efeito de reincidência, a reabilitação extingue a condenação anterior.

É correto o que se afirma somente em:

(A) II, III e IV.

(B) I, II e III.

(C) II e V.

(D) IV e V.

(E) III e IV.

ANOTAÇÕES/COMENTÁRIOS

O inciso I está incorreto. Inicialmente, a prescrição intercorrente é a modalidade de prescrição da pretensão punitiva, contada da data da publicação da sentença e do trânsito em julgado. De acordo com a súmula 220 do STJ: "A reincidência não influi no prazo da prescrição da pretensão punitiva". Ressalta-se, que, a reincidência influencia no prazo da prescrição da pretensão executória, consoante o art. 110 do Código Penal: "Art. 110 – A prescrição depois de transitar em julgado a sentença condenatória regula-se pela pena aplicada e verifica-se nos prazos fixados no artigo anterior, os quais se aumentam de um terço, se o condenado é reincidente".

O inciso II está incorreto. É o teor do art. 64 do Código Penal: "art. 64 – Para efeito de reincidência: I – não prevalece a condenação anterior, se entre a data do cumprimento ou extinção da pena e a infração posterior tiver decorrido período de tempo superior a 5 (cinco) anos, computado o período de prova da suspensão ou do livramento condicional, se não ocorrer revogação". Portanto, o período depurador tem início após a extinção da pena e não do trânsito em julgado.

O inciso III está correto. É o que prevê o art. 117, do Código Penal: "Art. 117 – O curso da prescrição interrompe-se: VI – pela reincidência". De acordo com Masson "os incisos, V e VI referem-se à interrupção da prescrição da pretensão punitiva" (Cleber Masson, Código Penal Comentado – 2021. Pag 627). Ademais, tem-se o entendimento da súmula 220 do STJ que diz que "a reincidência não influi no prazo da prescrição da pretensão punitiva".

O inciso IV está correto. É o que prevê o art. art. 44, §3º, do CP: " § 3º Se o condenado for reincidente, o juiz poderá aplicar a substituição, desde que, em face de condenação anterior, a medida seja socialmente recomendável e a reincidência não se tenha operado em virtude da prática do mesmo crime".

O inciso V está incorreto. A reabilitação tem como objetivo promover a reinserção do social do condenado acarretando o sigilo dos antecedentes criminais ou a suspensão de determinados efeitos secundários de natureza extrapenal. Ocorre, que a reincidência é classificada como efeito secundário de natureza penal. Portanto, não há que se falar em extinção da pena anterior (efeito primário da condenação penal) ou do efeito da reincidência.

Gabarito: E

Para responder, tem que estudar: lei, súmula e doutrina.

1.7. Da Medida de Segurança

36. (MPE/SP/Promotor/2011/88_Concurso) Com relação às chamadas medidas de segurança, é correto afirmar que:

a) a desinternação ou a liberação será sempre de forma condicional, ficando restabelecida a situação anterior se o agente, antes do decurso de um ano, vier a praticar qualquer fato indicativo da persistência de sua periculosidade.

b) têm caráter retributivo e preventivo, decorrem do reconhecimento da culpabilidade do agente, podendo ser aplicadas, em certos casos, juntamente com as penas privativas de liberdade.

c) são indeterminadas no tempo, não são aplicáveis aos inimputáveis, pressupondo a sua aplicação a prática de um fato típico e antijurídico, reconhecido em sentença condenatória.

d) podem ser aplicadas em face de qualquer espécie de crime, punível com reclusão ou detenção, exigindo para sua incidência a existência de uma sentença condenatória que reconheça a existência do crime e a prova da inimputabilidade absoluta do agente.

e) são aplicadas por tempo indeterminado, com a especificação do prazo mínimo de sua duração, pelo juiz na sentença, não sendo permitida a realização do exame de cessação de periculosidade antes do término do prazo mínimo fixado.

ANOTAÇÕES/COMENTÁRIOS

(a) Art. 97, § 3º, CP: "A desinternação, ou a liberação, será sempre condicional devendo ser restabelecida a situação anterior se o agente, antes do decurso de 1 (um) ano, pratica fato indicativo de persistência de sua periculosidade".

(b) O pressuposto para a aplicação da medida de segurança é a periculosidade do agente, e tem a finalidade de prevenção especial, na medida em que visa evitar a prática de delitos futuros. Lado outro, o CP adotou o Sistema Vicariante, em que não é possível a medida de segurança ser cumulada com a pena privativa de liberdade.

(c) Pressuposto é ser Inimputável. A sentença é absolutória imprópria, pois apesar de ser absolvido da infração penal, será imposta a medida de segurança.

(d) Não se aplica pena face a ausência da culpabilidade.

(e) Como regra, deve-se o prazo mínimo imposto para a realização do exame de cessação da periculosidade. Entrementes, excepcionalmente nos termos do Art. 176 da LEP – "Em qualquer tempo, ainda no decorrer do prazo mínimo de duração da medida de segurança, poderá o Juiz da execução, diante de requerimento fundamentado do Ministério Público ou do interessado, seu procurador ou defensor, ordenar o exame para que se verifique a cessação da periculosidade, procedendo-se nos termos do artigo anterior.

Gabarito: A

Para responder, tem que estudar: lei.

37. (MPE/SP/Promotor/2012/89_Concurso) É incorreto afirmar:

a) Na hipótese de crime punível com detenção, o tratamento ambulatorial será por tempo indeterminado, perdurando enquanto não for averiguada, mediante perícia médica, a cessação de periculosidade.

b) A prescrição da pena de multa ocorrerá em 2 (dois) anos, quando a multa for alternativa ou cumulativamente cominada ou cumulativamente aplicada.

c) No caso de revogação do livramento condicional, a prescrição da pretensão executória é regulada pelo tempo que resta da pena, nos termos do art. 113, do Código Penal.

d) A reincidência aumenta em um terço o prazo da prescrição da pretensão executória, não tendo qualquer efeito sobre a pretensão punitiva.

e) A Lei penal mais grave aplica-se ao crime permanente, se a sua vigência é anterior à cessação da permanência.

ANOTAÇÕES/COMENTÁRIOS

(a) Art. 97, do CP: Se o agente for inimputável, o juiz determinará sua internação (art. 26). Se, todavia, o fato previsto como crime for punível com detenção, poderá o juiz submetê-lo a tratamento ambulatorial. § 1º A internação, ou tratamento ambulatorial, será por tempo indeterminado, perdurando enquanto não for averiguada, mediante perícia médica, a cessação de periculosidade. O prazo mínimo deverá ser de 1 (um) a 3 (três) anos.

Atenção: a questão cobrou a literalidade de texto de lei. Todavia, registramos a súmula 527 do STJ: O tempo de duração da medida de segurança não deve ultrapassar o limite máximo da pena abstratamente cominada ao delito praticado. Por fim, o STF possui julgados afirmando que a medida de segurança deverá obedecer a um prazo máximo de 40 anos, fazendo uma analogia ao art. 75 do CP, e considerando que a CF/88 veda as penas de caráter perpétuo (STF. 1ª Turma. HC 107432, Rel. Min. Ricardo Lewandowski, julgado em 24/05/2011).

(b) Art. 114, do CP: A prescrição da pena de multa ocorrerá: I – em 2 (dois) anos, quando a multa for a única cominada ou aplicada;

(c) Art. 113, CP: No caso de evadir-se o condenado ou de revogar-se o livramento condicional, a prescrição é regulada pelo tempo que resta da pena.

(d) Art. 110, CP: A prescrição depois de transitar em julgado a sentença condenatória regula-se pela pena aplicada e verifica-se nos prazos fixados no artigo anterior, os quais se aumentam de um terço, se o condenado é reincidente.

(e) Súmula 711/STF: A lei penal mais grave aplica-se ao crime continuado ou ao crime permanente, se sua vigência é anterior à cessação da continuidade ou permanência.

Gabarito: B

Para responder, tem que estudar: lei e súmula.

1.8. Da Extinção da Punibilidade

38. (MPE/SP/Promotor/2011/88_Concurso) De acordo com a legislação penal vigente, a prescrição, depois da sentença condenatória com trânsito em julgado para a acusação ou depois de improvido seu recurso, regula-se:

a) pela pena aplicada, não podendo ter por termo inicial data anterior à do recebimento da denúncia ou queixa.

b) pela pena em abstrato cominada em seu máximo legal ao delito, não podendo ter por termo inicial data anterior à do recebimento da denúncia.

c) pela pena aplicada, podendo ter por termo inicial o dia em que o crime se consumou.

d) pela pena em abstrato cominada em seu mínimo legal ao delito, não podendo ter por termo inicial data anterior à da denúncia ou queixa.

e) pela pena aplicada, não podendo ter por termo inicial data anterior à da denúncia ou queixa.

ANOTAÇÕES/COMENTÁRIOS

(a) Art. 110, § 1º, CP "A prescrição, depois da sentença condenatória com trânsito em julgado para a acusação ou depois de improvido seu recurso, regula-se pela pena aplicada, não podendo, em nenhuma hipótese, ter por termo inicial data anterior à da denúncia ou queixa. De acordo com Cleber Masson: "Recebimento e oferecimento da denúncia ou queixa: A nova redação do § 1º do art. 110 do CP poderia ter sido mais precisa. Com efeito, ao invés de falar em "data anterior ao recebimento da denúncia ou queixa", como fez o art. 117, I, do CP, falou em "data anterior à denúncia ou queixa", o que autoriza a conclusão no sentido de referir-se ao oferecimento, ou seja, ao ajuizamento da denúncia ou queixa. Portanto, existem duas datas importantes relacionadas à prescrição: (a) a do oferecimento da denúncia ou queixa, destinada a impedir a prescrição retroativa em data anterior a esse fato (art. 110, § 1º, in fine, do CP); e (b) a do recebimento da denúncia ou queixa, voltada à interrupção do prazo prescricional (art. 117, I, do CP). (Cleber Masson, 2016)

(b, c, d, e) Vide comentários acima.

Gabarito: E

Para responder, tem que estudar: lei e teoria/doutrina.

39. **(MPE/SP/Promotor/2013/90_Concurso)** Assinale a alternativa que segue a Jurisprudência da Suprema Corte sobre a prescrição.

a) É inadmissível a prescrição em perspectiva ou virtual, fundada na futura e incerta pena a ser aplicada, à míngua de previsão legal.
b) Se o sentenciado está evadido, suspende-se o curso da prescrição da pretensão executória, a qual é calculada pelo tempo que resta da pena a cumprir e deve ter seu curso reiniciado quando da captura.
c) A prescrição intercorrente é calculada com base no montante imposto na sentença e extingue a pena aplicada em concreto, remanescendo os demais efeitos da condenação.
d) É irrelevante para a contagem da prescrição da pretensão punitiva o fato de o delito ter sido tentado, em face da teoria subjetiva ou voluntarística.
e) No crime continuado, a prescrição retroativa é calculada com base em cada pena concreta para cada delito, observado o acréscimo pela continuidade, devendo os períodos ser medidos, dentre os seguintes marcos: data do fato, data do oferecimento da denúncia e data da publicação da sentença condenatória.

ANOTAÇÕES/COMENTÁRIOS

(a) O STF entende que não é possível a prescrição virtual, vejamos: "Inadmissível a prescrição punitiva em perspectiva, projetada, virtual ou antecipada à míngua de previsão legal. Jurisprudência reafirmada no RE 602.527." (HC 102439, 2012). "Não há previsão legal para o reconhecimento da prescrição virtual. Precedentes. "Habeas corpus" parcialmente prejudicado e, no mais, denegado." (HC 96381, 2010). No mesmo sentido, trata-se entendimento sumulado pelo STJ: "É inadmissível a extinção da punibilidade pela prescrição da pretensão punitiva com fundamento em pena hipotética, independentemente da existência ou sorte do processo penal" (Súmula 438/STJ).

(b) Art. 117, CP: "O curso da prescrição interrompe-se: V – pelo início ou continuação do cumprimento da pena".

(c) A prescrição apaga todos os efeitos de possível sentença condenatória, principal ou secundários, penais e extrapenais.

(d) Art. 111, CP: "A prescrição, antes de transitar em julgado a sentença final, começa a correr: II – no caso de tentativa, do dia em que cessou a atividade criminosa".

(e) Súmula 497/STF "Quando se tratar de crime continuado, a prescrição regula-se pela pena imposta na sentença, não se computando o acréscimo decorrente da continuação"

Gabarito: A

Para responder, tem que estudar: lei, jurisprudência e súmula/OJ.

40. (MPE/SP/Promotor/2013/90_Concurso) Anistia decorre de lei e é causa de extinção da punibilidade pela renúncia ao direito de punir por parte do Estado que, assim, promove o "esquecimento" da prática da infração penal, em prol da pacificação social ou política. Qual dos itens abaixo não representa classificação de anistia para a doutrina?

a) própria ou imprópria.
b) geral ou parcial.
c) condicional ou incondicional.
d) restrita ou irrestrita.
e) obrigatória ou facultativa.

ANOTAÇÕES/COMENTÁRIOS

(a, b, c, d) Vide comentários abaixo.

(e) Rogério Sanches, diz que: "irrestrita (quando atinge indistintamente a todos os criminosos) ou restrita (atinge certos criminosos, exigindo-se determinadas condições pessoais do agente para a obtenção do benefício, como por exemplo, a sua primariedade) (Manual de Direito Penal). De acordo com Marcelo André e Salim: Espécies: própria: concedida antes do trânsito em julgado; imprópria: concedida depois do trânsito em julgado; especial: concedida a crimes políticos; comum: aplicada a crimes comuns; geral ou plena: por descrever fatos, aplica-se a todos os agentes; condicionada: é imposta a prática de algum ato como condição para concessão. (Sinopses para concursos, Direito Penal. Parte Geral). Não há a classificação de obrigatória ou facultativa na doutrina.

Gabarito: E

Para responder, tem que estudar: teoria/doutrina.

41. (MPE/SP/Promotor/2015/91_Concurso) Mévio, com 20 (vinte) anos de idade, por sentença publicada no dia 05 de março de 2013, na qual reconheceu-se sua reincidência, foi condenado à pena de 01 (um) ano e 02 (dois) meses de reclusão, mais multa, por crime de receptação dolosa praticada em 12 de fevereiro de 2012, tendo a decisão transitado em julgado para o Ministério Público em 30 de março de 2013. Em 05 de maio de 2015, ao julgar apelo interposto em seu favor, o Tribunal:

a) Deve julgar o mérito e não reconhecer a ocorrência de prescrição pois, por ser Mévio reincidente, assim reconhecido na sentença, o prazo prescricional é acrescido de 1/3 (um terço), conforme determina o art. 110, caput, do Código Penal.
b) Deve decretar a extinção da punibilidade de Mévio em razão da ocorrência da prescrição intercorrente da pretensão executória estatal.
c) Deve decretar a extinção da punibilidade de Mévio em face da ocorrência da prescrição intercorrente da pretensão punitiva estatal.
d) Deve decretar a extinção da punibilidade de Mévio em face da prescrição retroativa da pretensão punitiva estatal.
e) Deve decretar a extinção da punibilidade de Mévio em virtude da prescrição retroativa da pretensão executória estatal.

ANOTAÇÕES/COMENTÁRIOS

(a, c, d, e) Vide comentários abaixo.

(c) A prescrição pode ser dar pela perda da pretensão punitiva ou da pretensão executória. A prescrição da pretensão punitiva divide-se em: I) propriamente dita; II) intercorrente, subsequente ou superveniente; e III) retroativa. Na propriamente dita não há trânsito em julgado para ninguém (nem acusação, nem defesa). Na intercorrente e na retroativa, é necessário haver o trânsito em julgado, mas somente para acusação, na reincidência não influência em nada. A prescrição da pretensão executória exige ter havido trânsito em julgado para acusação e para a defesa. // Súmula 220/STJ: A reincidência não influi no prazo da prescrição da pretensão punitiva. // CP, Art. 110 – A prescrição depois de transitar em julgado a sentença condenatória regula-se pela pena aplicada e verifica-se nos prazos fixados no artigo anterior, os quais se aumentam de um terço, se o condenado é reincidente. // CP, Redução dos prazos de prescrição – Art. 115 – São reduzidos de metade os prazos de prescrição quando o criminoso era, ao tempo do crime, menor de 21 (vinte e um) anos, ou, na data da sentença, maior de 70 (setenta) anos. // Por fim, o STF já assentou que há preponderância da menoridade sobre a agravante da reincidência. (RHC 114434, 2013)

Gabarito: C

Para responder, tem que estudar: lei, súmula/OJ e teoria/doutrina.

42. (MPE/SP/Promotor/2019/93_Concurso) Assinale a alternativa INCORRETA.

a) Conforme entendimento sumulado, a lei penal mais grave é aplicada ao crime continuado ou ao crime permanente, se sua vigência é anterior à cessação da continuidade ou da permanência.

b) Consoante o Código Penal, a prescrição da pretensão punitiva pela pena in abstrato é regulada pelo máximo da pena privativa de liberdade cominada ao crime, verificando-se nos prazos previstos no artigo 109, podendo ter por termo inicial data anterior à da denúncia ou queixa, independentemente do que dispõe o § 1° do artigo 110, com a redação trazida pela Lei n° 12.234/2010.

c) Tendo em vista que o artigo 117 do Código Penal, nos incisos I, II, III, IV, V e VI, elenca as causas interruptivas da prescrição, nesses casos, interrompida a prescrição, todo o prazo começa a correr, novamente, do dia da interrupção.

d) Os princípios que resolvem o conflito aparente de normas são: especialidade, subsidiariedade, consunção e alternatividade.

e) Na denominada cooperação dolosamente distinta, se algum dos concorrentes quis participar de crime menos grave, ser-lhe-á aplicada a pena deste; essa pena será aumentada até a metade, na hipótese de ter sido previsível o resultado mais grave.

ANOTAÇÕES/COMENTÁRIOS

(a) Letra "a" está correta. De acordo com Súmula 711, STF: "A lei penal mais grave aplica-se ao crime continuado ou ao crime permanente, se a sua vigência é anterior à cessação da continuidade ou da permanência".

(b) A letra "b" está correta. A redação da alternativa, pode induzir o candidato ao erro. A prescrição é classificada em prescrição da pretensão punitiva (PPP) e prescrição da pretensão executória (PPE). São modalidades da prescrição da pretensão punitiva: prescrição em abstrato, prescrição superveniente ou intercorrente, prescrição retroativa e prescrição virtual. Ocorre, que na prescrição em abstrato, o termo inicial pode ser data anterior à da denúncia ou queixa, sendo regulamentada no art. 111, do Código Penal. Não podemos confundir com a redação do art. 110, §1º, do Código Penal, que regulamenta a prescrição retroativa. Portanto, a questão está correta, pois não se aplicado o disposto no art. 110, do Código Penal aos casos da prescrição em abstrato.

(c) A letra "c" está incorreta. É o que prevê o art. 117, do Código Penal: "Art. 117 – O curso da prescrição interrompe-se: I – pelo recebimento da denúncia ou da queixa; II – pela pronúncia; III – pela decisão confirmatória da pronúncia; IV – pela publicação da sentença ou acórdão condenatórios recorríveis; V – pelo início ou continuação do cumprimento da pena; I – pela reincidência. § 2º – Interrompida a prescrição, salvo a hipótese do inciso V deste artigo, todo o prazo começa a correr, novamente, do dia da interrupção". Consoante o art. 117, inciso V, do Código Penal, o cálculo do prazo prescricional se dará pelo restante da pena do condenado.

(d) A letra "d" está correta. Corroborando, Masson: "A doutrina indica, em geral, quatro princípios para solucionar o conflito aparente de leis penais. São eles: especialidade, subsidiariedade, consunção e alternatividade" (Masson, Cleber, Direito penal esquematizado – Parte Geral – vol. 1, 2016. pag. 148).

(e) A letra "e" está correta. É o que prevê o art. 29, §2º, do Código Penal: "Quem, de qualquer modo, concorre para o crime incide nas penas a este cominadas, na medida de sua culpabilidade. § 2º – Se algum dos concorrentes quis participar de crime menos grave, ser-lhe-á aplicada a pena deste; essa pena será aumentada até metade, na hipótese de ter sido previsível o resultado mais grave".

Gabarito: D

Para responder, tem que estudar: lei.

2. PARTE ESPECIAL

2.1. Dos Crimes contra a Pessoa

43. (MPE/SP/Promotor/2010/87_Concurso) Assinale a alternativa incorreta:

a) no crime de homicídio, constitui causa especial de diminuição de pena a circunstância de ser praticado por motivo de relevante valor social, que se refere aos interesses e anseios da vida em sociedade.

b) constitui crime de homicídio culposo, por excesso, a hipótese de o agente policial acabar por levar a vítima à morte, após torturá-la para obter informação de que necessita.

c) o homicídio culposo na modalidade de imperícia consiste na prática de ação profissional ou técnica, por despreparo ou falta de conhecimentos, de que resulta a morte da vítima.

d) o crime de maus tratos contra idoso (Estatuto do Idoso), expondo a perigo sua integridade e saúde física ou psíquica, constitui modalidade típica de lei especial com figuras qualificadas pelo resultado.

e) constitui crime de violação de domicílio a entrada em aposento ocupado de habitação coletiva, pertencente a terceiro, contra a vontade expressa ou tácita de quem de direito.

ANOTAÇÕES/COMENTÁRIOS

(a) A Assertiva reflete exatamente o conceito doutrinário e jurisprudencial. Vejamos as lições de Marcelo André e Alexandre Salim: "Relevante valor social. Interesse da coletividade. Exemplo: a morte do traidor da pátria. Relevante valor moral. Interesse particular do agente, mas apurado de acordo com os princípios morais da sociedade. Exemplo: matar alguém, com o consentimento deste, agindo por compaixão, para abreviar sofrimento físico insuportável, em razão de doença grave (trata-se da denominada eutanásia, também chamada de homicídio piedoso, compassivo, caritativo ou consensual)".

(b) Art. 1º, II, § 3º da Lei 9.455/97 – § 3º "Se resulta lesão corporal de natureza grave ou gravíssima, a pena é de reclusão de quatro a dez anos; se resulta morte, a reclusão é de oito a dezesseis anos". Trata-se de qualificadoras aplicáveis ao delito de tortura, decorrentes da violência empregada para a prática da tortura. Temos um crime preterdoloso, pois os resultados decorrem de culpa. (Sinopses para concursos, Direito Penal. Parte Geral; Marcelo André e Alexandre Salim).

(c) A Assertiva reflete exatamente o conceito doutrinário.

(d) Artigo 99, da Lei 10.741/03 – "Art. 99. Expor a perigo a integridade e a saúde, física ou psíquica, do idoso, submetendo-o a condições desumanas ou degradantes ou privando-o de alimentos e cuidados indispensáveis, quando obrigado a fazê-lo, ou sujeitando-o a trabalho excessivo ou inadequado: Pena – detenção de 2 (dois) meses a 1 (um) ano e multa. § 1º Se do fato resulta lesão corporal de natureza grave: Pena – reclusão de 1 (um) a 4 (quatro) anos. § 2º Se resulta a morte: Pena – reclusão de 4 (quatro) a 12 (doze) anos".

(e) Art. art. 150, caput c/c art. 150, § 4º, II, ambos do CP: "Art. 150 – Entrar ou permanecer, clandestina ou astuciosamente, ou contra a vontade expressa ou tácita de quem de direito, em casa alheia ou em suas dependências: (...) § 4º A expressão "casa" compreende: I – qualquer compartimento habitado; II – aposento ocupado de habitação coletiva; III – compartimento não aberto ao público, onde alguém exerce profissão ou atividade".

Gabarito: B

Para responder, tem que estudar: lei e teoria/doutrina.

44. (MPE/SP/Promotor/2012/89_Concurso) Considere:

I. Há crime de latrocínio, quando o homicídio se consuma, ainda que não realize o agente a subtração de bens da vítima.

II. O agente que toma conhecimento do estupro de sua filha e, sob a influência de violenta emoção, no dia seguinte encomenda a terceiro, a morte do estuprador – fato que se concretiza posteriormente –, pratica o denominado homicídio privilegiado, previsto no § 1º, do art. 121, do Código Penal.

III. O médico que, diante de iminente perigo de vida, efetua uma intervenção cirúrgica no paciente sem o seu consentimento ou de seu representante legal, pratica o crime de constrangimento ilegal.

IV. O policial que depara com um desconhecido empunhando uma faca na iminência de agredir mortalmente a um menor, que acabou de praticar ato infracional, podendo evitar o resultado resolve se omitir, permitindo que o crime se consume, não é partícipe do crime de homicídio, mas pratica o delito de perigo para a vida ou saúde de outrem (art. 132, CP).

V. Configura hipótese de crime de homicídio privilegiado-qualificado o homicídio eutanásico praticado com emprego de veneno.

Está correto o que se afirma apenas em

a) II e IV.

b) I, II e III.

c) II e V.

d) I e V.

e) I, III e V.

ANOTAÇÕES/COMENTÁRIOS

(I) Súmula 610/STF – Há crime de latrocínio, quando o homicídio se consuma, ainda que não realize o agente a subtração de bens da vítima.

(II) Art. 121, § 1º CP: Se o agente comete o crime impelido por motivo de relevante valor social ou moral, ou sob o domínio de violenta emoção, logo em seguida a injusta provocação da vítima, o juiz pode reduzir a pena de um sexto a um terço.

(III) A atuação do médico constitui estado de necessidade de terceiros.

(IV) Omissão imprópria pelo fato do policial é garante, devendo responder pelo resultado.

(V) Eutanásia é um gênero que comporta duas espécies, quais sejam: eutanásia em sentido estrito e ortotanásia. De acordo com Masson, ambas as hipóteses tipificam o crime de homicídio privilegiado pelo relevante valor moral, pois a vida é um bem jurídico indisponível. Ademais, é possível cumular o privilégio (tecnicamente seria causa de diminuição) com a qualificadora de natureza objetiva, v. g. emprego de veneno. Trata-se de homicídio híbrido.

Gabarito: D

Para responder, tem que estudar: lei, súmula/OJ e teoria/doutrina.

45. (MPE/SP/Promotor/2012/89_Concurso) Agente que, mediante paga, fazendo uso de revólver mata a vítima e, após, para assegurar a ocultação e impunidade do crime, com uma faca esquarteja o cadáver e espalha as diversas partes do corpo por locais ermos variados pratica homicídio

a) triplamente qualificado: art. 121, § 2º, inc. I (mediante paga), inc. III (com emprego de meio cruel) e inc. V (para assegurar a ocultação e impunidade de outro crime), do Código Penal.

b) duplamente qualificado: art. 121, § 2º, inc. I (mediante paga) e inc. V (para assegurar a ocultação e impunidade de outro crime), do Código Penal.

c) qualificado: art. 121, § 2º, inc. I (mediante paga) em concurso material com o delito de destruição, subtração ou ocultação de cadáver (art. 211), do Código Penal.

d) duplamente qualificado: art. 121, § 2º, Inc. I (mediante paga) e inc. III (com emprego de meio cruel) em concurso material com o delito de vilipêndio a cadáver (art. 212), do Código Penal.

e) duplamente qualificado: art. 121, § 2º, inc. III (com emprego de meio cruel) e inc. V (para assegurar a ocultação e impunidade de outro crime) em concurso material com o crime de destruição, subtração ou ocultação de cadáver (art. 211), do Código Penal.

ANOTAÇÕES/COMENTÁRIOS

(a, c, d, e) Vide comentários abaixo.

(c) Inicialmente, trata-se de crime mercenário (Art. 121, § 2º, I, CP). Não há no enunciado nenhuma descrição de outra qualificadora, pois o esquartejamento foi posterior à morte, e não o meio de execução empregado. Caso o agente utiliza-se como meio de execução o esquartejamento, iria incidir a qualificadora pelo meio cruel pelo intenso sofrimento físico e mental (Art. 121, § 2º, III, CP). No tocante à ocultação e impunidade do crime, não irá incidir a qualificadora do Art. 121, § 2º, V, do CP: "V – para assegurar a execução, a ocultação, a impunidade ou vantagem de outro crime", visto que não foi para assegurar outro crime, mas o homicídio cometido. Assim sendo, aplicar-se ao agente concurso material de crimes, devendo responder pela destruição e ocultação do cadáver (Art. 211, CP). Nesse sentido Cleber Masson, (2016): "Quando o meio cruel é empregado após a morte da vítima caracteriza-se, em regra, o crime de homicídio (simples ou com outra qualificadora), em concurso com o crime do art. 211 do CP (destruição, subtração ou ocultação de cadáver).

Gabarito: C

Para responder, tem que estudar: lei e teoria/doutrina.

46. (MPE/SP/Promotor/2011/88_Concurso) Aquele que encoraja a gestante a praticar um aborto, acompanhando-a à clínica médica, mas sem participar fisicamente das manobras abortivas, responde por:

a) participação em aborto provocado por terceiro, com o consentimento da gestante.

b) participação na modalidade própria do aborto consensual ou consentido.

c) participação na modalidade própria do chamado auto-aborto.
d) participação no aborto qualificado, desde que a vítima venha a sofrer lesão grave ou morte.
e) participação em aborto provocado por terceiro, sem o consentimento da gestante.

ANOTAÇÕES/COMENTÁRIOS

(a, c, d, e) Vide comentários abaixo.

(b) Aborto provocado pela gestante ou com seu consentimento – Art. 124, CP: "Provocar aborto em si mesma ou consentir que outrem lho provoque". O enunciado da questão é claro ao mencionar que o auxílio foi para encorajar a gestante a praticar o aborto. A segunda parte do Art. 124 do CP, que prevê o consentimento da gestante é uma exceção pluralista, e sendo um crime de mão própria que admite somente a participação. Já o terceiro que provoca o aborto é autor do delito descrito no Art. 126, CP.

Gabarito: B

Para responder, tem que estudar: lei.

47. (MPE/SP/Promotor/2013/90_Concurso) A Suprema Corte tratou do tema antecipação do parto ou interrupção da gravidez na ADPF 54 em que foi postulada a interpretação dos arts. 124 e 126 do Código Penal - autoaborto e aborto com o consentimento da gestante - em conformidade com a Constituição Federal, quando fosse caso de feto anencéfalo. Após julgar procedente a ação, o Colendo Tribunal declarou que a ocorrência de anencefalia nos dispositivos invocados provoca a

a) exclusão da antijuridicidade.
b) exclusão da tipicidade.
c) exclusão do concurso de crimes.
d) aplicação de perdão judicial.
e) inexigibilidade de conduta diversa.

ANOTAÇÕES/COMENTÁRIOS

(a, c, d, e) Vide comentários abaixo.

(b) Vejamos trechos da ADPF 54/STF: "Aborto é crime contra a vida. Tutela-se a vida em potencial. No caso do anencéfalo, repito, não existe vida possível. Na expressão do Ministro Joaquim Barbosa, constante do voto que chegou a elaborar no HC 84.025, o feto anencéfalo, mesmo que biologicamente vivo, porque feito de células e tecidos vivos, é juridicamente morto, não gozando de proteção jurídica e, acrescento, principalmente de proteção jurídico-penal. Nesse contexto, a interrupção da gestação de feto anencefálico não configura crime contra a vida – REVELA-SE CONDUTA ATÍPICA. Tal assertiva fica corroborada pelos ensinamentos de Nelson Hungria, que, na década de 50, já condicionava a configuração do tipo penal à existência de potencialidade de vida".

Gabarito: B

Para responder, tem que estudar: jurisprudência.

48. (MPE/SP/Promotor/2011/88_Concurso) Pratica o crime de omissão de socorro, previsto no art. 135 do Código Penal:

a) aquele que deixar de prestar socorro à vítima ferida, ainda que levemente, e desde que seja o causador da situação de perigo a título de dolo ou culpa.

b) aquele que deixar de prestar socorro à vítima em situação de perigo por ele criada a título de culpa e desde que não haja risco pessoal.

c) aquele que deixar de prestar socorro à vítima em face de uma situação de perigo a que ele deu causa, sem dolo ou culpa e desde que não haja risco pessoal.

d) aquele que, por imprudência, der causa à situação de perigo, tendo praticado uma conduta típica culposa e que tenha deixado de atuar sem risco pessoal.

e) aquele que der causa a uma situação de perigo, por meio da chamada culpa consciente, e tiver deixado de prestar socorro à vítima por perceber que ela poderia ser socorrida por terceiros.

ANOTAÇÕES/COMENTÁRIOS

(a, c, d, e) Vide comentários abaixo.

(c) Na omissão própria o agente não pode ter contribuído para o resultado a título de dolo ou culpa. Nesse sentido, Marcelo André e Alexandre Salim: "Causador das lesões: se o autor da situação de perigo é o próprio causador das lesões (a título de dolo ou culpa), não haverá o crime do art. 135 do CP. Caso o agente agrida a vítima com o intuito de matá-la, e depois, vendo-a ferida, não presta o socorro necessário, responderá apenas por homicídio (tentado ou consumado), já que o crime de perigo será absorvido pelo crime de dano. Se o delito é culposo (homicídio ou lesão corporal), a omissão de socorro incidirá como majorante (art. 121, § 4º, do CP; art. 129, § r.do CP). (Sinopses para concursos, Direito Penal. Parte Geral)

Gabarito: C

Para responder, tem que estudar: teoria/doutrina.

49. (MPE/SP/Promotor/2015/91_Concurso) Dentre as afirmações abaixo, assinale a falsa:

a) Para a caracterização do latrocínio, é irrelevante que a pessoa morta em razão da violência empregada pelo agente não seja a mesma que detinha a posse da coisa subtraída.

b) Para a tipificação da extorsão mediante sequestro qualificada pelo resultado é necessário que a violência utilizada pelo agente e da qual resulta morte seja empregada contra o sequestrado.

c) O estupro qualificado se configura quando o agente, ao praticar a conduta dirigida à realização do estupro, causa lesão corporal de natureza grave ou morte da vítima.

d) Se a morte da gestante sobrevém em consequência dos meios inadequados empregados pelo agente para provocar o aborto, responderá ele por homicídio culposo.

e) A forma majorada da omissão de socorro dispensa a prova do nexo causal natural entre a morte da vítima e a conduta do agente, bastando tão somente a existência da possibilidade de que a atuação deste poderia evitar o evento letal.

ANOTAÇÕES/COMENTÁRIOS

(a) Trata-se de assertiva divergente entre os tribunais superiores. STF (HC 71.267,1995).

(b) Art. 159 – Sequestrar pessoa com o fim de obter, para si ou para outrem, qualquer vantagem, como condição ou preço do resgate: Vide Lei 8.072, de 25.7.90 (Vide Lei nº 10.446, de 2002). Rogério Sanches: "Para incidir a qualificadora, os resultados só podem recair sobre o próprio sequestrado, não podendo atingir outra pessoa.

(c) Art. 213. Constranger alguém, mediante violência ou grave ameaça, a ter conjunção carnal ou a praticar ou permitir que com ele se pratique outro ato libidinoso. § 1º Se da conduta resulta lesão corporal de natureza grave ou se a vítima é menor de 18 (dezoito) ou maior de 14 (catorze) anos: § 2º Se da conduta resulta morte: (...).

(d) Forma qualificada de Aborto Art. 127. As penas cominadas nos dois artigos anteriores são aumentadas de um terço, se, em consequência do aborto ou dos meios empregados para provocá-lo, a gestante sofre lesão corporal de natureza grave; e são duplicadas, se, por qualquer dessas causas, lhe sobrevém a morte.

(e) Art. 135. Deixar de prestar assistência, quando possível fazê-lo sem risco pessoal, à criança abandonada ou extraviada, ou à pessoa inválida ou ferida, ao desamparo ou em grave e iminente perigo; ou não pedir, nesses casos, o socorro da autoridade pública: Parágrafo único. A pena é aumentada de metade, se da omissão resulta lesão corporal de natureza grave, e triplicada, se resulta a morte.

Gabarito: D

Para responder, tem que estudar: lei, jurisprudência e teoria/doutrina.

50. (MPE/SP/Promotor/2015/91_Concurso) O agente que, para livrar sua esposa, deficiente física em fase terminal em razão de doença incurável, de graves sofrimentos físico e moral, pratica eutanásia com o consentimento da vítima, deve responder, em tese:

a) por homicídio qualificado pelo feminicídio, pois o consentimento da ofendida nenhuma consequência gera.
b) por homicídio qualificado pelo feminicídio, agravado pelo fato de ter sido praticado contra pessoa deficiente, já que o consentimento da ofendida é irrelevante para efeitos penais.
c) por homicídio privilegiado, já que agiu por relevante valor social, que compreende também os interesses coletivos, entre eles os humanitários.
d) por homicídio privilegiado, já que agiu por relevante valor moral, que compreende também seus interesses individuais, entre eles a piedade e a paixão.
e) por homicídio privilegiado, pois o estado da vítima faz com que pratique o crime sob o domínio da violenta emoção.

ANOTAÇÕES/COMENTÁRIOS

(a, b, c, e) Vide comentários abaixo.

(d) No ordenamento jurídico pátrio, a prática da eutanásia não está elencada, não de forma explícita e objetiva, no Código Penal. Entretanto, aplica-se a tipificação prevista no art. 121, ou seja, homicídio, simples ou qualificado, sendo considerado crime a sua prática em qualquer hipótese. A Lei Penal prevê a figura do homicídio privilegiado, que se dá quando o agente comete o crime impelido por motivo de relevante valor social ou moral, ou sob o domínio de violenta emoção, logo em seguida a injusta provocação da vítima (art. 121, § 1º). O valor moral a que se refere o dispositivo diz respeito a interesses particulares do agente (compaixão, piedade, etc.). A Exposição de motivos Parte Especial do Código Penal, traz a situação de homicídio eutanásico, em seu item 39. Ao lado do homicídio com pena especialmente agravada, cuida o projeto do homicídio com pena especialmente atenuada, isto é, o homicídio praticado "por motivo de relevante valor social, ou moral", ou "sob o domínio de emoção violenta, logo em seguida a injusta provocação da vítima". Por "motivo de relevante valor social ou moral", o projeto entende significar o motivo que, em si mesmo, é aprovado pela moral prática, como, por exemplo, a compaixão ante o irremediável sofrimento da vítima (caso do homicídio eutanásico), a indignação contra um traidor da pátria, etc. Quanto ao Feminicídio – Feminicídio é o homicídio doloso praticado contra a mulher por "razões da condição de sexo feminino", ou seja, desprezando, menosprezando, desconsiderando a dignidade da vítima enquanto mulher, como se as pessoas do sexo feminino tivessem menos direitos do que as do sexo masculino. Atenção: por meio da Lei 13.771/2018, houve alteração nas hipóteses das causas de aumento da pena imposta pela prática feminicídio quando praticado contra pessoa menor de 14 (catorze) anos, maior de 60 (sessenta) anos, com deficiência ou portadora de doenças degenerativas que acarretem condição limitante ou de vulnerabilidade física ou mental; III – na presença física ou virtual de descendente ou de ascendente da vítima; IV – em descumprimento das medidas protetivas de urgência previstas nos incisos I, II e III do caput do art. 22 da Lei nº 11.340, de 7 de agosto de 2006.

Gabarito: D

Para responder, tem que estudar: lei.

51. (MPE/SP/Promotor/2015/91_Concurso) No caso de o extraneus participar, mediante instigação e auxílio material, de um crime de peculato-apropriação praticado por seu irmão funcionário público:

a) Responderá por apropriação indébita, tendo em vista lhe faltar a qualidade de funcionário público.

b) Responderá por apropriação indébita, pois aplicável o disposto no § 2º do art. 29 do código penal, já que quis participar de crime menos grave.

c) Não responderá por nenhum crime, pois, não sendo funcionário público, sua participação é atípica nos chamados crimes funcionais.

d) Responderá por peculato-apropriação, pois, apesar de não ser funcionário público, esta qualidade, por ser elementar do crime, a ele se comunica.

e) Responderá por peculato-apropriação, pois, apesar de não ser funcionário público, esta qualidade, por ser circunstância objetiva do crime, a ele se comunica.

ANOTAÇÕES/COMENTÁRIOS

(a, b, c, e) Vide comentários abaixo.

(d) O funcionário público é denominado "intraneus". O não funcionário público é denominado "extraneus". Código Penal – Art. 30 – Não se comunicam as circunstâncias e as condições de caráter pessoal, salvo quando elementares do crime.

Gabarito: D

Para responder, tem que estudar: lei e teoria/doutrina.

52. (MPE/SP/Promotor/2017/92_Concurso) A condenação por homicídio privilegiado qualificado é possível na hipótese em que

a) o crime for cometido com emprego de fogo.

b) o crime for qualificado pela motivação fútil.

c) o crime for qualificado pela vingança.

d) o agente embriagado agir por motivo irrelevante.

e) a vítima atingida for pessoa diversa da que se pretendia matar por questão de ódio.

ANOTAÇÕES/COMENTÁRIOS

(a) o crime for cometido com emprego de fogo (qualificadora de natureza objetiva). Conforme a jurisprudência do STF, é possível o homicídio privilegiado-qualificado contanto que a qualificadora seja de natureza objetiva (referente aos meios e modos de execução de crime – art. 121, § 3º, III e IV). Obs.: Todas as privilegiadoras (motivo de relevante valor social, moral e domínio de violenta emoção – art. 121, § 1º do CP) são de natureza subjetiva.

(b) o crime for qualificado pela motivação fútil (qualificadora de natureza subjetiva)

(c) o crime for qualificado pela vingança (qualificadora de natureza subjetiva)

(d) o agente embriagado agir por motivo irrelevante (qualificadora de natureza subjetiva)

(e) a vítima atingida for pessoa diversa da que se pretendia matar por questão de ódio (qualificadora de natureza subjetiva)

Gabarito: A

Para responder, tem que estudar: jurisprudência.

53. (MPE/SP/Promotor/2017/92_Concurso) Policial militar, em patrulhamento de rotina, se depara com "perigoso assaltante", seu desafeto, que já havia cumprido pena por diversos roubos. Imediatamente, o policial dá voz de prisão ao indivíduo que, incontinente, inicia uma fuga. Nesse instante, o miliciano descarrega sua arma, efetuando disparos em direção do fugitivo que é atingido pelas costas. Dois dias após o ocorrido, o "perigoso assaltante" entra em óbito em razão da lesão sofrida. A conduta do policial caracteriza

a) ação em estrito cumprimento do dever legal.
b) lesão corporal seguida de morte.
c) ação em legítima defesa.
d) resistência seguida de morte.
e) homicídio qualificado.

ANOTAÇÕES/COMENTÁRIOS

(a) Descabe a alegação de que o policial atuou em estrito cumprimento do dever legal, uma vez que se a lei determina que o policial cumpra a medida de prisão, não o obriga a matar aquele indivíduo que deve ter sua liberdade restringida.

(b) A lesão corporal seguida de morte configura crime preterdoloso, cujo objetivo inicial é a lesão (dolo) e o resultado morte não advém da vontade do agente, há culpa no consequente.

(c) Entende-se em legitima defesa quem, usando moderadamente dos meios necessários, repele injusta agressão, atual ou iminente, a direito seu ou de outrem, o que não se amolda ao caso em testilha.

(d) Não há que se falar em crime de resistência uma vez que não houve oposição à execução de ato legal, mediante violência ou ameaça a funcionário competente para executá-lo ou a quem lhe estivesse prestando auxílio.

(e) Homicídio qualificado. Art. 121 § 2º Se o homicídio é cometido: IV – à traição, de emboscada, ou mediante dissimulação ou outro recurso que dificulte ou torne impossível a defesa do ofendido;

Gabarito: E

Para responder, tem que estudar: lei.

54. (MPE/SP/Promotor/2019/93_Concurso) Assinale a alternativa correta.

a) Otelo e Rinaldo foram denunciados e pronunciados pela prática de homicídio. Otelo como autor da conduta e Rinaldo como partícipe. Se o Conselho de sentença decidir que Otelo, agente denunciado e pronunciado como autor do crime de homicídio, não praticou a conduta descrita no tipo, "matar alguém", ainda assim poderá decidir pela condenação de Rinaldo, partícipe que permaneceu "vigia", dando cobertura ao autor Otelo, pois, em relação ao concurso de pessoas, aplica-se a teoria da acessoriedade limitada.

b) O juiz, na sentença condenatória, ao verificar evidenciada a hipossuficiência econômica do condenado e a inviabilidade de suportar o pagamento da pena de multa prevista no preceito secundário do tipo, ainda que aplicada em seu mínimo legal, pode excluir a sua aplicação e isentar o condenado do seu pagamento.

c) Na sucessão de leis penais no tempo, deve ser aplicada a lei mais favorável ao réu, seja a lei contemporânea à prática da infração penal, seja a vigente na data da sentença.

d) O arrependimento posterior, como causa de diminuição de pena entre determinados limites, tem como pressuposto para seu reconhecimento que o crime seja patrimonial, para atender ao requisito da reparação do dano ou da restituição da coisa.

e) No crime de injúria cometido contra funcionário público, em razão de suas funções, é admitida a exceção da verdade.

ANOTAÇÕES/COMENTÁRIOS

(a) Letra "a" está incorreta. O Código Penal adotou a teoria da acessoriedade limitada, que preceitua que a punição do partícipe está condicionada à pratica de um fato típico e ilícito do autor. Portanto, não é possível que Rinaldo seja condenado como partícipe do crime.

(b) A letra "b" está incorreta. Não há previsão legal para que o juiz deixe de aplicar uma multa em razão da situação econômica do réu.

(c) A letra "c" está correta. É consabido que a lei penal deve retroagir para beneficiar o réu. Nesse sentido, o art. 2º, § único, do Código Penal: "Parágrafo único – A lei posterior, que de qualquer modo favorecer o agente, aplica-se aos fatos anteriores, ainda que decididos por sentença condenatória transitada em julgado".

(d) A letra "d" está incorreta. O Superior Tribunal de Justiça possui entendimento de que, para que seja possível aplicar a causa de diminuição de pena prevista no art. 16 do Código Penal, faz-se necessário que o crime praticado seja patrimonial ou possua efeitos patrimoniais (HC 47.922-PR, Quinta Turma, DJ 10/12/2007; e REsp 1.242.294-PR, Sexta Turma, DJe 3/2/2015).

(e) A letra "e" está incorreta. A exceção da verdade tem previsão nos crimes de calúnia e de difamação. Logo, não se aplica aos delitos de injúria. Registra-se, ainda, que a exceção da verdade é admitida nos crimes de difamação cometido contra funcionário público, porquanto a Administração Pública tem interesse em apurar a veracidade dos fatos.

Gabarito: C

Para responder, tem que estudar: lei e doutrina.

2.2. Dos Crimes contra o Patrimônio

55. (MPE/SP/Promotor/2010/87_Concurso) Assinale a alternativa correta:

a) no crime de estelionato, na modalidade fundamental, a obtenção da vantagem, a decorrer da fraude, deve sucedê-la ou, ao menos, ser com ela concomitante.

b) no crime de apropriação indébita, constitui causa de aumento de pena (art. 168, § 1º, do Código Penal) o fato de o agente ter recebido a coisa na qualidade de ascendente ou descendente.

c) no crime de estelionato, na modalidade de fraude no pagamento por meio de cheque, o pagamento do título após o recebimento da denúncia impossibilita o prosseguimento da ação penal.

d) para a caracterização do crime de apropriação indébita, constitui expressa disposição legal a exigência de prévia prestação de contas, na hipótese de relação contratual entre acusado e vítima.

e) o crime de estelionato diferencia-se do crime de furto qualificado pela fraude porque neste a vítima entrega o bem após ser ludibriada pelo agente.

ANOTAÇÕES/COMENTÁRIOS

(a) Estelionato fundamental corresponde ao delito do Art. 171, caput. A Assertiva reflete exatamente o conceito doutrinário e jurisprudencial. Vejamos as lições de Marcelo André e Alexandre Salim: "Fraude. Emprego de artifício (aparato material, como o disfarce), ardil (elemento intelectual, como a conversa enganosa), ou qualquer outro meio fraudulento. O emprego da fraude deve se dar antes ou durante à obtenção da vantagem ilícita e o meio executório deve ser idôneo". (Sinopses para concursos, Direito Penal. Parte Geral, Marcelo André e Alexandre Salim).

(b) Não há essa causa de aumento de pena.

(c) Súmula 554/STF. "O pagamento do cheque emitido sem provisão de fundos, após o recebimento da denúncia, não obsta ao prosseguimento da ação penal"

(d) Não existe essa exigência no tipo penal.

(e) No estelionato a vítima entrega voluntariamente a coisa. No furto, a fraude é utilizada para diminuir a vigilância da vítima sobre a coisa e facilitar subtração.

Gabarito: A

Para responder, tem que estudar: lei, súmula/OJ e teoria/doutrina.

56. (MPE/SP/Promotor/2010/87_Concurso) Assinale a alternativa correta:

a) o ato de ter em depósito, no interior da própria residência, no exercício de atividade comercial, coisa que deve saber ser produto de crime de estelionato constitui crime de receptação na modalidade dolosa do art. 180, "caput", do Código Penal.

b) o crime de receptação, nas modalidades dolosa ou culposa, pressupõe, por expressa disposição legal, a anterior prática de crime contra o patrimônio.

c) no crime de receptação, a modalidade privilegiada (art. 180, § 5º, c.c. art. 155, § 2º, do CP) só pode ser reconhecida quando se tratar da figura culposa do delito.

d) o crime de receptação imprópria implica necessariamente que o terceiro que adquire ou recebe a coisa esteja de boa-fé.

e) o perdão judicial aplica-se à receptação culposa, mesmo na hipótese de o réu ser reincidente.

ANOTAÇÕES/COMENTÁRIOS

(a) Art. 180, § 1º, CP: § 1º Adquirir, receber, transportar, conduzir, ocultar, ter em depósito, desmontar, montar, remontar, vender, expor à venda, ou de qualquer forma utilizar, em proveito próprio ou alheio, no exercício de atividade comercial ou industrial, coisa que deve saber ser produto de crime. Trata-se da receptação qualificada pelo exercício de atividade comercial ou industrial, tendo em vista o desvalor da conduta. Parte da doutrina considera que o parágrafo primeiro é um tipo autônomo.

(b) Não há diferenciação, basta que a coisa seja produto de crime.

(c) Modalidade dolosa. Art. 180, § 5º, CP, segunda parte – "Na receptação dolosa aplica-se o disposto no § 2º do art. 155".

(d) Art. 180, caput, CP, segunda parte "ou influir para que terceiro, de boa-fé, a adquira, receba ou oculte". Importante destacar que o Código Penal foi alterado pela Lei nº 13.804, de 10 de janeiro de 2019, passando a prever como penalidade ao condutor que se utilize de veículo para a prática do crime de receptação, a cassação do documento de habilitação ou proibição de obtê-la pelo prazo de 5 (cinco) anos: "Art. 278-A. O condutor que se utilize de veículo para a prática do crime de receptação, descaminho, contrabando, previstos nos arts. 180, 334 e 334-A do Decreto-Lei nº 2.848, de 7 de dezembro de 1940 (Código Penal), condenado por um desses crimes em decisão judicial transitada em julgado, terá cassado seu documento de habilitação ou será proibido de obter a habilitação para dirigir veículo automotor pelo prazo de 5 (cinco) anos".

(e) Art. 180, § 5º, CP, primeira parte – § 5º Na hipótese do § 3º, se o criminoso é primário, pode o juiz, tendo em consideração as circunstâncias, deixar de aplicar a pena.

Gabarito: D

Para responder, tem que estudar: lei.

57. (MPE/SP/Promotor/2010/87_Concurso) Assinale a alternativa correta:

a) para a caracterização do crime de lesão corporal seguida de morte (art. 129, § 3º, do CP), é dispensável a previsibilidade do agente relativamente à morte da vítima.

b) na hipótese de subtração patrimonial mediante grave ameaça, da qual resulta de forma imprevista a morte da vítima, não se pode imputar ao agente a prática do crime de latrocínio (art. 157, § 3º, 2ª parte, do CP).

c) no crime de extorsão, a ação extorsionária consiste em constranger a vítima mediante violência ou grave ameaça; no crime de concussão, a ação não necessita guardar relação com a função pública ou a qualidade do agente.

d) o elemento subjetivo do delito de extorsão é o dolo, sendo prescindível o fim especial de agir.

e) é isento de pena o autor de crime de extorsão em prejuízo de ascendente ou descendente, seja o parentesco legal ou ilegal, seja civil ou natural.

ANOTAÇÕES/COMENTÁRIOS

(a) A previsibilidade é elemento essencial à caracterização do delito. Na sua ausência, o agente responde só pelas lesões corporais.

(b) Art. 157, § 3º, CP: "Se da violência resulta lesão corporal grave, a pena é de reclusão, de sete a dezoito anos, além da multa; se resulta morte, a reclusão é de vinte a trinta anos, sem prejuízo da multa". Não está no tipo violência imprópria ou grave ameaça.

(c) No crime de concussão, a exigência deve estar ligada à função do agente, mesmo que esteja fora dela ou ainda não a tenha assumido.

(d) Art. 158, CP: "Constranger alguém, mediante violência ou grave ameaça, e com o intuito de obter para si ou para outrem indevida vantagem econômica, a fazer, tolerar que se faça ou deixar de fazer alguma coisa":

(e) Art. 183, CP: "Não se aplica o disposto nos dois artigos anteriores: I – se o crime é de roubo ou de extorsão, ou, em geral, quando haja emprego de grave ameaça ou violência à pessoa". Dessa forma, por previsão legal não é possível aplicar a escusa absolutória (condições negativas de punibilidade), isentando de pena o autor.

Gabarito: B

Para responder, tem que estudar: lei e teoria/doutrina.

58. (MPE/SP/Promotor/2012/89_Concurso) Questão atualizada. Considere:

I. Pratica delito de furto qualificado pela destreza (art. 155, § 4º, inc. II) sujeito que ingressa em casa alheia pelo telhado e de lá subtrai bens de seu proprietário.

II. O crime de roubo próprio previsto no caput, do art. 157, do Código Penal, se configura com a subtração da coisa sem grave ameaça ou violência, vindo o agente a empregá-las posteriormente contra a pessoa, com o fim de assegurar a impunidade do crime ou a detenção da coisa para si ou para terceiro.

III. O delito de associação criminosa constitui crime de concurso necessário, pois o tipo penal exige no mínimo 3 (três) pessoas associadas com a finalidade de cometerem crimes.

IV. Pratica o crime de furto qualificado por fraude, o agente que se prontificando a ajudar a vítima a efetuar operação em caixa eletrônico subtrai o seu telefone celular sem que esta perceba.

V. O elemento subjetivo do delito de extorsão é o dolo, sendo prescindível o fim especial de agir.

Está correto o que se afirma apenas em

a) I.

b) III e IV.

c) I, II, IV e V.

d) I e III.

e) V.

ANOTAÇÕES/COMENTÁRIOS

(I) Trata-se de escalada, na medida em que foi utilizado uma via anormal para entrar/sair da residência.

(II) Trata-se de roubo impróprio, nos termos do Art. 157 § 1º do CP: "Na mesma pena incorre quem, logo depois de subtraída a coisa, emprega violência contra pessoa ou grave ameaça, a fim de assegurar a impunidade do crime ou a detenção da coisa para si ou para terceiro".

(III) Enunciado foi atualizado tendo em vista a nova redação dada pela Lei 12.850/13. Atualmente bastam 3 pessoas de acordo com o Art. 288, CP: "Associarem-se 3 (três) ou mais pessoas, para o fim específico de cometer crimes".

(IV) A fraude foi utilizada para diminuir a vigilância da coisa pela vítima. Apenas para atualizar o bom candidato, revela-se importante a leitura do dispositivo abaixo:

> "Art. 155. § 4º-B. A pena é de reclusão, de 4 (quatro) a 8 (oito) anos, e multa, se o furto mediante fraude é cometido por meio de dispositivo eletrônico ou informático, conectado ou não à rede de computadores, com ou sem a violação de mecanismo de segurança ou a utilização de programa malicioso, ou por qualquer outro meio fraudulento análogo. (Incluído pela Lei nº 14.155, de 2021)
>
> § 4º-C. A pena prevista no § 4º-B deste artigo, considerada a relevância do resultado gravoso: (Incluído pela Lei nº 14.155, de 2021)
>
> I – aumenta-se de 1/3 (um terço) a 2/3 (dois terços), se o crime é praticado mediante a utilização de servidor mantido fora do território nacional; (Incluído pela Lei nº 14.155, de 2021)
>
> II – aumenta-se de 1/3 (um terço) ao dobro, se o crime é praticado contra idoso ou vulnerável. (Incluído pela Lei nº 14.155, de 2021)

(V) Art. 158, CP: "Constranger alguém, mediante violência ou grave ameaça, e com o intuito de obter para si ou para outrem indevida vantagem econômica, a fazer, tolerar que se faça ou deixar de fazer alguma coisa". O tipo penal descreve o elemento subjetivo especial.

Gabarito: B

Para responder, tem que estudar: lei e teoria/doutrina.

59. (MPE/SP/Promotor/2011/88_Concurso) Aquele que, após haver realizado a subtração de bens, ministra narcótico na bebida do vigia local para dali sair com sucesso de posse de alguns dos objetos subtraídos, responde por:

a) furto consumado.
b) roubo impróprio.
c) tentativa de furto.
d) roubo impróprio tentado.
e) estelionato.

ANOTAÇÕES/COMENTÁRIOS

(a) O roubo pode ser próprio (Art. 157, caput, CP) ou impróprio (Art. 157, § 1º, CP). A violência pode ser própria, quando se há utilização da força bruta ou imprópria, quando há utilização de algum meio que diminua a resistência. No roubo próprio, a violência (própria ou imprópria) ou grave ameaça é empregada antes ou durante o crime. Conforme se verifica pela análise do Art. 157, caput, do CP: "Art. 157 – Subtrair coisa móvel alheia, para si ou para outrem, mediante grave ameaça ou violência a pessoa, ou depois de havê-la, por qualquer meio, reduzido à impossibilidade de resistência". No roubo impróprio a violência (própria) é utilizada logo depois, vejamos: "§ 1º Na mesma pena incorre quem, logo depois de subtraída a coisa, emprega violência contra pessoa ou grave ameaça, a fim de assegurar a impunidade do crime ou a detenção da coisa para si ou para terceiro". A utilização de narcóticos, ou seja, da violência imprópria não está prevista no roubo impróprio, assim sendo, no caso em tela haverá o crime de furto consumado.

(b, c, d, e) Vide comentários acima.

Gabarito: A

Para responder, tem que estudar: lei e teoria/doutrina.

60. (MPE/SP/Promotor/2012/89_Concurso) Considere:

I. No crime de extorsão mediante sequestro (art. 159, CP), a consumação do crime ocorre com o recebimento do preço do resgate.

II. O consentimento válido do ofendido exclui o delito de sequestro e cárcere privado (art. 148, CP).

III. O crime de extorsão (art. 158, CP) consuma-se independentemente da obtenção da vantagem indevida.

IV. O crime de sequestro e cárcere privado (art. 148, CP) consuma-se quando o sujeito passivo fica privado de sua liberdade de locomoção.

V. O delito de extorsão mediante sequestro (art. 159, CP) é delito continuado, prolongando-se no tempo o seu momento consumativo.

Está correto o que se afirma apenas em

a) I e II.

b) II, IV e V.

c) I, III e V.

d) II, III e V.

e) II, III e IV.

ANOTAÇÕES/COMENTÁRIOS

(I) O crime é formal, logo a consumação é antecipada quando da prática da conduta do agente de "constranger" com o especial fim de agir de receber vantagem econômica indevida.

(II) O consentimento válido exclui o crime

(III) É um crime formal, onde se consuma independentemente da obtenção da vantagem indevida.

(IV) Trata-se de crime permanente e material. A consumação ocorre quando o sujeito passivo fica privado da sua liberdade, pois o verbo núcleo do tipo é privar, e se prolonga a todo instante, permitindo a prisão em flagrante.

(V) Não se trata de continuado. A extorsão é crime formal ou de resultado cortado (atenção para esse termo, pois tem sido cobrado em vários concursos de MP). Outro dado relevante sobre o tipo penal de acordo com Cleber Masson (2016): "(...) É também crime instantâneo: consuma-se no momento em que a vítima, depois de sofrer a violência ou grave ameaça, realiza o comportamento desejado pelo criminoso, ainda que em razão de sua consulta o agente não obtenha a indevida vantagem econômica"

Gabarito: E

Para responder, tem que estudar: teoria/doutrina.

61. (MPE/SP/Promotor/2013/90_Concurso) Questão atualizada. O Superior Tribunal de Justiça pacificou entendimento no sentido de que a conduta dos agentes que, mediante grave ameaça exercida com emprego de arma branca, depois de subtrair os pertences da vítima, na mesma circunstância fática, exigem a entrega do cartão bancário e respectiva senha, os quais são por eles utilizados para saque de dinheiro da conta corrente dessa vítima, configura

a) roubo com dupla majorante somente, porque há crime único.

b) roubo com dupla majorante em concurso com extorsão simples (para evitar o bis in idem do concurso de agentes e do uso de arma).

c) roubo com dupla majorante e extorsão majorada em continuidade.

d) roubo majorado e extorsão majorada em concurso material.

e) extorsão com dupla majorante somente, em face da consunção.

ANOTAÇÕES/COMENTÁRIOS

(a, b, c, e) Vide comentários abaixo.

(d) A banca retirou trecho do julgado, transformando-o em questão, vejamos:

> "RECURSO ESPECIAL. ROUBO E EXTORSÃO. CONCURSO MATERIAL DE CRIMES. OCORRÊNCIA. RECURSO PROVIDO. 1. "Crimes de roubo e de extorsão – Ilícitos penais que não constituem 'crimes da mesma espécie' – Consequente impossibilidade de reconhecimento, quanto a eles, do nexo de continuidade delitiva – legitimidade da aplicação da regra pertinente ao concurso material" (STF, HC-71.174, 2006). 2. A conduta dos agentes que, na mesma circunstância fática, após subtraírem os pertences das vítimas, mediante grave ameaça, exigem a entrega do cartão bancário e senha para em seguida realizarem saque em conta-corrente, se amolda aos crimes de roubo e extorsão, de forma autônoma. 3. Conforme a jurisprudência desta Corte e do Supremo Tribunal Federal, em tais casos revela-se caracterizada a prática de ambos os delitos em concurso material, bem como entende-se afastada a tese da continuidade delitiva por não se tratar de crimes da mesma espécie. 4. Recurso especial a que se dá provimento, para reformando em parte o acórdão recorrido, reconhecer a ocorrência do concurso material de crimes e condenar o recorrido definitivamente às penas de 11 (onze) anos, 6 (seis) meses e 20 (vinte) dias de reclusão e 25 (vinte e cinco) dias-multa pelos crimes previstos nos arts. 157, § 2º, I, II (por duas vezes), e 158, § 1º, c/c 69 todos do Código Penal, mantido, no mais, o acórdão impugnado. (REsp 898.613, 2011)".

No mesmo sentido, STJ publicou a Jurisprudência em Teses – Nº 51 em 18.12.2015, que também considera em sua tese de n.º que "Há concurso material entre os crimes de roubo e extorsão quando o agente, após subtrair bens da vítima, mediante emprego de violência ou grave ameaça, a constrange a entregar o cartão bancário e a respectiva senha para sacar dinheiro de sua conta corrente".

No que se refere ao uso da arma branca, citado no enunciado da questão, vale ressaltar que a Lei 13.654/2018 revogou o inciso I, do parágrafo 2.º do artigo 157 do CP, que previa a majorante quando o roubo era praticado com emprego de arma, deixando de ser majorante o uso de arma branca no período entre a vigência da reportada lei até a alteração trazida pela Lei 13.964/2019, passando, então o Código Penal a prever expressamente no §2.º do artigo 157, que "a pena aumenta-se de 1/3 até a metade se a violência ou grave ameaça é exercida com emprego de arma branca".

Gabarito: D

Para responder, tem que estudar: lei e jurisprudência.

62. (MPE/SP/Promotor/2017/92_Concurso) Praticado o furto de bem de consumo avaliado em cem reais, mediante o rompimento de obstáculo, sendo o réu primário e de bons antecedentes, estará caracterizada a

a) prática de furto simples.

b) prática de furto privilegiado qualificado.

c) ausência de crime.

d) hipótese de perdão judicial.

e) prática de furto famélico, conduta isenta de pena.

ANOTAÇÕES/COMENTÁRIOS

(a) Trata-se de furto qualificado, e não simples. Senão vejamos: Art. 155, § 4º, I, do CP: Furto qualificado: § 4º A pena é de reclusão de dois a oito anos, e multa, se o crime é cometido: – Com destruição ou rompimento de obstáculo à subtração da coisa;

(b) Súmula 511/STJ. É possível o reconhecimento do privilégio previsto no § 2º do art. 155 do CP nos casos de crime de furto qualificado, se estiverem presentes a primariedade do agente, o pequeno valor da coisa e a qualificadora for de ordem objetiva.

(c, d) Não é possível a aplicação do princípio da insignificância ao furto praticado mediante escalada (art. 155, § 4º, II, do CP). O significativo grau de reprovabilidade do modus operandi do agente afasta a possibilidade de aplicação do princípio da insignificância. (REsp 1.239.797, 2012, Informativo 506 STJ)

(e) O furto famélico é o furto de alimentos como sendo a única e última forma de o sujeito se manter vivo, como meio de saciar sua fome. O sacrifício de um bem jurídico em detrimento de outro deve ser indispensável e inevitável, de modo que não é qualquer situação que o configura.

Gabarito: B

Para responder, tem que estudar: lei, jurisprudência, súmula/OJ e teoria/doutrina.

63. (MPE/SP/Promotor/2019/93_Concurso) Assinale a alternativa INCORRETA.

a) A destruição ou o rompimento de obstáculo com explosivo ou artefato análogo que cause perigo comum é causa expressa de aumento de pena no crime de roubo.

b) A conduta de fabricar, vender, transportar ou mesmo soltar balões que possam provocar incêndios nas florestas e demais formas de vegetação, em áreas urbanas ou qualquer tipo de assentamento humano é crime.

c) Há latrocínio consumado, quando o homicídio se consuma, ainda que não realizada a subtração dos bens da vítima.

d) A conduta de descumprir decisão judicial que defere medidas protetivas de urgência previstas na Lei nº 11.340/06 é crime previsto na denominada Lei Maria da Penha, independentemente de as medidas protetivas terem sido deferidas por juiz criminal ou civil.

e) O crime de roubo do qual resulta lesão corporal grave, nos termos das alterações trazidas pela Lei nº 13.654/2018, só pode se verificar a título de preterdolo.

ANOTAÇÕES/COMENTÁRIOS

(a) A alternativa "a" está correta. É o que se depreende do art. 157, §2º-A, II do Código Penal: "Art. 157 – Subtrair coisa móvel alheia, para si ou para outrem, mediante grave ameaça ou violência a pessoa, ou depois de havê-la, por qualquer meio, reduzido à impossibilidade de resistência: (...) § 2º-A A pena aumenta-se de 2/3 (dois terços): (...) II – se há destruição ou rompimento de obstáculo mediante o emprego de explosivo ou de artefato análogo que cause perigo comum".

(b) A alternativa "b" está correta. É o que dispõe o art. 42 da Lei de Crimes Ambientais Lei nº 9.605/98: "Art. 42. Fabricar, vender, transportar ou soltar balões que possam provocar incêndios nas florestas e demais formas de vegetação, em áreas urbanas ou qualquer tipo de assentamento humano: Pena – detenção de um a três anos ou multa, ou ambas as penas cumulativamente".

(c) A alternativa "c" está correta. É o que dispõe a súmula 610 do STF: "Há crime de latrocínio, quando o homicídio se consuma, ainda que não realize o agente a subtração de bens da vítima".

(d) A alternativa "d" está correta. É o que diz o art. 24-A da Lei 11.340/06: "Art. 24-A. Descumprir decisão judicial que defere medidas protetivas de urgência previstas nesta Lei: Pena – detenção, de 3 (três) meses a 2 (dois) anos. § 1º A configuração do crime independe da competência civil ou criminal do juiz que deferiu as medidas".

(e) A alternativa "e" está incorreta. A lesão corporal grave pode advir de dolo ou culpa. Nesse sentido, Masson: "O resultado agravador lesão corporal ou morte, para fins de caracterização do roubo qualificado, pode ter sido provocado dolosa ou culposamente". (Cleber Masson, Código Penal Comentado – 2021. Pag. 843).

Gabarito: E

Para responder, tem que estudar: lei e doutrina.

2.3. Dos Crimes contra a Propriedade Imaterial

64. (MPE/SP/Promotor/2017/92_Concurso) A simples exposição à venda de cópias não autorizadas de filmes sob a forma de DVD constitui

a) apenas um ilícito civil.
b) mero ato preparatório.
c) fato atípico.
d) crime contra a propriedade imaterial.
e) contravenção relativa à violação de objeto.

ANOTAÇÕES/COMENTÁRIOS

(a, b, c, e) Vide comentários abaixo.

(d) Violação de direito autoral. Art. 184. Violar direitos de autor e os que lhe são conexos: (...). § 2º Na mesma pena do § 1º incorre quem, com o intuito de lucro direto ou indireto, distribui, vende, expõe à venda, aluga, introduz no País, adquire, oculta, tem em depósito, original ou cópia de obra intelectual ou fonograma reproduzido com violação do direito de autor, do direito de artista intérprete ou executante ou do direito do produtor de fonograma, ou, ainda, aluga original ou cópia de obra intelectual ou fonograma, sem a expressa autorização dos titulares dos direitos ou de quem os represente. // Súmula 502/STJ – Presentes a materialidade e a autoria, afigura-se típica, em relação ao crime previsto no art. 184, § 2º, do CP, a conduta de expor à venda CDs e DVDs piratas.

Gabarito: D

Para responder, tem que estudar: lei e súmula/OJ.

2.4. Dos Crimes contra a Dignidade Sexual

65. (MPE/SP/Promotor/2013/90_Concurso) A Lei n. 12.015/09 trouxe alterações nos chamados "crimes sexuais" do Código Penal e buscou, além modernizar algumas tutelas, agravar a situação do agente em vários crimes. É possível concluir assim que não era desejado pelo legislador:

a) a revogação da posse sexual mediante fraude e sua substituição pela violação sexual mediante fraude.
b) a introdução da ótica da "dignidade sexual" no lugar da dos "costumes".
c) o desdobramento do art. 218 em três crimes, dois deles referentes à satisfação da lascívia com o envolvimento de menores de catorze anos.
d) o afastamento do concurso material entre os antigos crimes de estupro e de atentado violento ao pudor (arts. 213 e 214), realizados no mesmo contexto fático ("lex in melius").
e) a inclusão do favorecimento da prostituição e exploração sexual do vulnerável.

ANOTAÇÕES/COMENTÁRIOS

(a) De acordo com Rogério Greco, (2017): "A Lei nº 12.015, de 7 de agosto de 2009, modificou, por mais uma vez, o mencionado art. 215 do Código Penal. Agora, não somente os elementos do tipo penal foram modificados, mas também a própria rubrica foi alterada. Como o tipo penal passaria a prever os comportamentos que se encontravam no revogado art. 216 do Código Penal, o delito passou a ser chamado de violação sexual mediante fraude. Percebe-se, portanto, que a nova figura típica é uma fusão dos já não mais existentes delitos de posse sexual mediante fraude e atentado ao pudor mediante fraude, com a inclusão de novos elementos".

(b) De acordo com Rogério Greco, (2017): "A expressão crimes contra os costumes já não traduzia a realidade dos bens juridicamente protegidos pelos tipos penais que se encontravam no Título VI do Código Penal. O foco da proteção já não era mais a forma como as pessoas deveriam se comportar sexualmente perante a sociedade do século XXI, mas sim a tutela da sua dignidade sexual".

(c) De acordo com Rogério Greco, (2017): "Inicialmente, vale ressaltar que, em sua redação original, o art. 218 do Código Penal entendia como delito de corrupção de menores a conduta de corromper ou facilitar a corrupção de pessoa maior de 14 (catorze) e menor de 18 (dezoito) anos, com ela praticando ato de libidinagem, ou induzindo-a a praticá-lo ou a presenciá-lo. A nova redação constante do art. 218 do Código Penal mudou significativamente seus elementos, uma vez que o tipo penal prevê o delito de corrupção de menores quando o agente induz alguém menor de 14 catorze) anos a satisfazer a lascívia de outrem. Assim, de acordo com a redação legal, podemos apontar os seguintes elementos que integram a mencionada figura típica: a) a conduta de induzir alguém; b) com a finalidade de satisfazer a lascívia de outrem. (...). Agora, de acordo com o novo art. 218-A do Código Penal, podemos apontar os seguintes elementos que informam a figura típica: a) a conduta de praticar conjunção carnal ou outro ato libidinoso; b) na presença de alguém menor de 14 (catorze anos); c) ou induzi-lo a presenciar a prática desses atos; d) com a finalidade de satisfazer a lascívia própria ou de outrem (...). O art. 218-B foi inserido no Código Penal pela Lei nº 12.015, de 7 de agosto de 2009, criando uma modalidade especial de delito de favorecimento da prostituição ou outra forma de exploração sexual, incialmente com o nomen juris de favorecimento da prostituição ou outra forma de exploração sexual de vulnerável.

(d) De acordo com a fundamentação da Banca Examinadora, vejamos: "O enunciado do problema (pressuposto desta e de qualquer resposta) remete à atualizada Jurisprudência da Corte Superior sobre a nova configuração dos "Crimes Sexuais", agora chamados de Crimes contra a Dignidade Sexual e aponta o objetivo de modernização das previsões típicas e de agravamento da situação do agente. Encontra assim reflexo na alternativa D, que trata do novo entendimento em face da aplicação da "lex in melius" para os antigos estupro e atentado violento ao pudor (após a mudança legal esta denominação deixou de ser adequada) praticados no mesmo contexto fático. Vale, nesta vereda, mencionar a Jurisprudência consolidada (o que afasta polêmicas passadas) nas duas Turmas do Superior Tribunal (a 1ª Turma da Suprema Corte passou a decidir no mesmo sentido), cujo posicionamento anterior era no sentido de "Se, além da conjunção carnal, é praticado outro ato de libidinagem que não se ajusta aos classificados de praeludia coiti, é de se reconhecer o concurso material entre os delitos de estupro e de atentado violento ao pudor."), que afirma a existência de crime único: "HABEAS CORPUS. ESTUPRO E ATENTADO VIOLENTO AO PUDOR. CRIME CONTINUADO. CONCURSO MATERIAL. INOVAÇÕES TRAZIDAS PELA LEI 12.015/09. MODIFICAÇÃO NO PANORAMA. CONDUTAS QUE, a PARTIR DE AGORA, CASO SEJAM PRATICADAS CONTRA A MESMA VÍTIMA, NUM MESMO CONTEXTO, CONSTITUEM ÚNICO DELITO. NORMA PENAL MAIS BENÉFICA. APLICAÇÃO RETROATIVA. POSSIBILIDADE. A Lei 12.015/09 alterou o Código Penal, chamando os antigos Crimes contra os Costumes de Crimes contra a Dignidade Sexual. Essas inovações provocaram um recrudescimento de reprimendas, criação de novos delitos e também unificaram as condutas de estupro e atentado violento ao pudor em um único tipo penal. Nesse ponto, a norma penal é mais benéfica. Por força da aplicação do princípio da retroatividade da lei penal mais favorável, as modificações tidas como favoráveis hão de alcançar os delitos cometidos antes da Lei 12.015/09." (HC239778, 2012). "PENAL. RECURSOS ESPECIAIS DO MINISTÉRIO PÚBLICO E DA DEFESA. CRIMES CONTRA OS COSTUMES. ESTUPRO E ATENTADO VIOLENTO AO PUDOR. LEI 12.015/2009. CRIME ÚNICO. CONCURSO MATERIAL E CONTINUIDADE DELITIVA. AFASTAMENTO...- Com o advento da Lei 12.015/2009, ficaram unificadas as figuras típicas do estupro e do atentado violento ao pudor e forçoso foi o reconhecimento da ocorrência de um crime único, não havendo que se falar em concurso material ou continuidade delitiva, quando cometido estupro e ato diverso da conjunção carnal em um mesmo contexto fático contra a mesma vítima." (REsp 1176752, 2013). Tal Jurisprudência provoca a diminuição pela metade das penas de quem havia sido condenado anteriormente pela prática desses dois crimes hediondos nas condições dadas) e fixa a mens legis – em desacordo com o fim de piorar a situação do agente. Definida a situação na corte Superior ficam ultrapassadas eventuais celeumas doutrinárias ou opinião expressada em julgados anteriores ao desenlace acima mencionado".

(e) Estas condutas restaram tipificadas pela Lei nº 12.015/09, notadamente em relação aos crimes previstos nos arts. 217-A, 218-B e 228 do Código Penal.

Gabarito: D

Para responder, tem que estudar: lei, jurisprudência e teoria/doutrina.

66. (MPE/SP/Promotor/2015/91_Concurso) Levando em consideração dominantes orientações doutrinárias e jurisprudenciais em relação aos crimes contra a dignidade sexual, assinale a alternativa falsa:

a) Para caracterização do crime de estupro de vulnerável não se exige que o agente empregue violência, grave ameaça ou fraude, bastando que se consume um dos atos sexuais com a pessoa vulnerável.

b) O crime de corrupção de menores se tipifica quando praticado contra menor de 18 (dezoito) anos, desde que não experiente em questões sexuais e ainda não corrompido.

c) Distingue-se o estupro da violação sexual mediante fraude porque neste o agente não emprega violência ou grave ameaça, mas artifícios que viciam a vontade da vítima, induzindo-a em erro.

d) Tratando-se o agente de tio, padrasto ou madrasta da vítima, as penas dos crimes são aumentadas de metade.

e) O assédio sexual se tipifica quando praticado por agente que, para alcançar seu intento, se prevalece de sua superioridade hierárquica tanto no serviço público, quanto no trabalho particular.

ANOTAÇÕES/COMENTÁRIOS

(a) A jurisprudência majoritária do STF e do STJ assentou-se no sentido de que a aquiescência do adolescente ou o fato de já ter mantido relações sexuais não tem relevância jurídico-penal, sendo absoluta a presunção de violência quando a vítima não for maior de 14 anos de idade. Nesse sentido, exemplificativamente: "O posicionamento exarado pelo Tribunal de origem encontra-se em consonância com o entendimento desta Corte Superior, que, no julgamento do EREsp 1.152.864/SC, pela Terceira Seção, pacificou o entendimento no sentido de que a presunção de violência em casos de estupro cuja vítima é menor de 14 (quatorze) anos é absoluta". (STJ; AgRg no REsp 1429103 SC; Julgamento: 05/06/2014)

(b) Estatuto da Criança do Adolescente, Art. 244-B. Corromper ou facilitar a corrupção de menor de 18 (dezoito) anos, com ele praticando infração penal ou induzindo-o a praticá-la: (...). Súmula 500/STJ. A configuração do crime do art. 244-B do ECA independe da prova da efetiva corrupção do menor, por se tratar de delito formal.

(c) Rogério Sanches (Código Penal para concursos, 2015), sobre a violação sexual mediante fraude: "Conduta: pune-se o estelionato sexual, caso em que o agente, sem usar de qualquer espécie de violência ou grave ameaça, emprega fraude ou outro meio que impeça ou dificulte a livre manifestação de vontade da vítima".

(d) Código Penal – Aumento de pena – Art. 226. A pena é aumentada: II – de metade, se o agente é ascendente, padrasto ou madrasta, tio, irmão, cônjuge, companheiro, tutor, curador, preceptor ou empregador da vítima ou por qualquer outro título tem autoridade sobre ela;

(e) Código Penal – Assédio sexual. Art. 216-A. Constranger alguém com o intuito de obter vantagem ou favorecimento sexual, prevalecendo-se o agente da sua condição de superior hierárquico ou ascendência inerentes ao exercício de emprego, cargo ou função.

Gabarito: B

Para responder, tem que estudar: lei, súmula/OJ e teoria/doutrina.

67. (MPE/SP/Promotor/2012/89_Concurso) É correto afirmar:

a) O crime tipificado como de assédio sexual (art. 216-A, CP) não pode ter como vítima o homem.

b) O convivente que deixou, sem justa causa, de prover a subsistência do companheiro com quem viveu em união estável, não lhe proporcionando os recursos necessários, pratica o crime de abandono material (art. 244, CP).

c) Não se pune o incêndio culposo (art. 250, § 2º, CP), salvo se é em edifício público.

d) No crime de explosão (art. 251, CP), é dispensável para a consumação do crime a efetiva explosão, bastando que da ação do agente ocorra perigo concreto à incolumidade pública.

e) O estelionato (art. 171, caput, CP) é crime formal, que se consuma independentemente da efetiva obtenção de vantagem ilícita, bastando à sua consumação o emprego de artifício, ardil ou qualquer outro meio fraudulento.

ANOTAÇÕES/COMENTÁRIOS

(a) Independe da orientação sexual. Nesse sentido, Marcelo André e Alexandre Salim: "Figura como sujeito ativo a pessoa que possui hierarquia ou ascendência inerente ao exercício de emprego, cargo ou função (crime próprio). O sujeito passivo é a pessoa subordinada ao agente, homem ou mulher". (Sinopses para concursos, Direito Penal. Parte Geral; Marcelo André e Alexandre Salim)

(b) O tipo penal não fala em companheiros, mas sim em cônjuges. Nesse sentido, Marcelo André e Alexandre Salim: "O crime é próprio. São sujeitos ativos: i) Na modalidade "deixar, sem justa causa, de prover à subsistência": o cônjuge, os pais ou os descendentes da vítima. ii) Na modalidade "faltar ao pagamento de pensão alimentícia judicialmente acordada, fixada ou majorada": o cônjuge, os pais ou os descendentes da vítima. iii) Na modalidade "deixar de socorrer ascendente ou descendente gravemente enfermo": os descendentes ou ascendentes da vítima". (Sinopses para concursos, Direito Penal. Parte Geral; Marcelo André e Alexandre Salim)

(c) Se pune o incêndio culposo, de acordo com o art. 250, 2º, CP: "Se culposo o incêndio, é pena de detenção, de seis meses a dois anos".

(d) Nesse sentido, Marcelo André e Alexandre Salim: "Consumação e tentativa. O delito do art. 251 do CP consuma-se no momento em que a explosão, o arremesso ou a simples colocação de engenho de dinamite ou de substância de efeitos análogos expuser a perigo a vida, a integridade física ou o patrimônio de outrem. Atenção: a explosão não é essencial à configuração do crime, já que o tipo também pune atos anteriores a ela, como o mero arremesso ou a simples colocação da dinamite. A tentativa será possível nas duas primeiras modalidades (explosão e arremesso). A simples colocação de dinamite dificilmente aceitará a forma tentada". (Sinopses para concursos, Direito Penal. Parte Geral; Marcelo André e Alexandre Salim)

(e) O estelionato é crime de duplo resultado. Assim sendo, para a sua consumação é necessária a obtenção de vantagem ilícita e do prejuízo alheio. Trata-se de crime material e instantâneo.

Gabarito: D

Para responder, tem que estudar: lei e teoria/doutrina.

68. (MPE/SP/Promotor/2019/93_Concurso) Assinale a alternativa correta.

a) O crime de importunação sexual, com elemento subjetivo específico, foi criado pela Lei nº 13.718/2018, que revogou expressamente o artigo 61 do Decreto-Lei nº 3.688/41, Lei das Contravenções Penais.

b) O crime de importunação sexual, tipificado pela Lei nº 13.718/2018, exige que a conduta seja praticada em lugar público, ou aberto ou exposto ao público.

c) A Lei nº 13.718/2018 tipificou o crime de importunação sexual, com dolo genérico e expressa subsidiariedade ao crime de estupro de vulnerável.

d) O crime de importunação sexual, assim como o crime de estupro, é crime de ação penal pública condicionada à representação da pessoa contra a qual o ato foi praticado.

e) A importunação sexual é crime contra a liberdade sexual, tal qual o crime de ato obsceno.

ANOTAÇÕES/COMENTÁRIOS

O crime de importunação sexual está previsto no art. 215-A, do Código Penal: Importunação sexual (Incluído pela Lei nº 13.718, de 2018). Art. 215-A. Praticar contra alguém e sem a sua anuência ato libidinoso com o objetivo de satisfazer a própria lascívia ou a de terceiro: Pena – reclusão, de 1 (um) a 5 (cinco) anos, se o ato não constitui crime mais grave.

(a) A alternativa "a" está correta. Inicialmente, o tipo penal prevê uma finalidade específica – "objetivo de satisfazer a própria lascívia ou a de terceiro". Ademais, a Lei nº 13.718, de 2018, revogou expressamente o artigo 61, da Lei das Contravenções Penais, vejamos: "Art. 3º Revogam-se: I – o parágrafo único do art. 225 do Decreto-Lei nº 2.848, de 7 de dezembro de 1940 (Código Penal) ;II – o art. 61 do Decreto-Lei nº 3.688, de 3 de outubro de 1941 (Lei das Contravenções Penais)".

(b) A alternativa "b" está incorreta. O tipo penal não exige que o crime seja praticado em lugar público ou aberto ou exposto ao público. O examinador tenta confundir o canditato com o crime do art. 233, do Código Penal, vejamos: "Art. 233 – Praticar ato obsceno em lugar público, ou aberto ou exposto ao público: Pena – detenção, de três meses a um ano, ou multa". Outra diferença entre os tipos penais, enquanto na importunação sexual o ato é praticado contra uma pessoa determinada, no ato obsceno o ato é praticado sem direcionar a conduta para uma pessoa determinada.

(c) A alternativa "c" está incorreta. O tipo penal prevê o elemento subjetivo especial, que consiste no objetivo de satisfazer a própria lascívia ou a de terceiro. Por fim, trata-se de crime de subsidiariedade expressa, porquanto o preceito secundário dispõe que "se o ato não constitui crime mais grave".

(d) A alternativa "d" está incorreta. Após o advento da Lei nº 13.718, todos os crimes contra a dignidade sexual são de ação pública incondicionada. Art. 225. Nos crimes definidos nos Capítulos I e II deste Título, procede-se mediante ação penal pública incondicionada. (Redação dada pela Lei nº 13.718, de 2018).

(e) A alternativa "e" está incorreta. Ato obsceno tem como objeto jurídico o pudor público, e não a liberdade sexual, como ocorre no crime de importunação sexual.

Gabarito: A

Para responder, tem que estudar: lei e doutrina.

2.5. Dos Crimes contra a Família

69. (MPE/SP/Promotor/2013/90_Concurso) Sujeito, casado havia quinze anos, disse para a esposa e aos filhos que saía de casa para viver com Parceiro (indivíduo também do sexo masculino), em uma praia deserta do litoral norte do país, onde o camarada possuía uma pousada. Afirmou, na ocasião, que descobrira ser Parceiro o amor de sua vida. Dez meses depois do início dessa união homoafetiva estável (sem que Sujeito houvesse regularizado a situação da sua condição familiar anterior), foi expedida a Resolução CNJ n. 175, de maio de 2013 - vedando às autoridades a recusa da celebração de casamento civil entre pessoas do mesmo sexo, e Sujeito vem a aceitar o pedido de Parceiro, com ele contraindo casamento no cartório de registros civis local, em 12 de junho de 2013. Observado o teor da hipótese acima elaborada, a conduta de Sujeito:

a) será atípica porque a bigamia se encontra no Código Penal, no Capítulo dos crimes contra o casamento, pertencente ao Título dos crimes contra a família, e a hipótese de delito somente ocorreria se Sujeito casasse novamente com outra mulher, já que a união homoafetiva não é considerada entidade familiar pela jurisprudência.

b) será atípica porquanto embora haja no art. 235 do Código Penal o termo "alguém", o alcance da palavra, que configura norma penal em branco, necessita da complementação do Código Civil, em cujo art. 1.723 descreve a "união estável entre o homem e a mulher".

c) será típica (preenche todos os elementos do tipo penal) e a de Parceiro será atípica porque, mesmo conhecendo o estado de casado de Sujeito, ele era solteiro ao tempo da ação, circunstância que impede, por coerência, que o solteiro responda por bigamia.

d) será típica (preenche todos os elementos do tipo incriminador) e a de Parceiro será atípica somente se este último não soubesse que Sujeito era legalmente casado quando eles contraíram as núpcias.

e) assim como a de Parceiro são irrelevantes para o Direito Penal, que não deve se preocupar com assuntos da vida privada e da intimidade dos dois.

ANOTAÇÕES/COMENTÁRIOS

(a, b, c, e) Vide comentários abaixo.

(d) O agente que realiza novo casamento, sem desfazer o matrimônio anterior comete o crime de bigamia. Ressalta-se que a união estável não pode ser usada como pressuposto para o delito. A banca foi enfática no enunciado: "ele contraindo casamento no cartório". Ao cônjuge, apenas se imputa a conduta se souber do impedimento, respondendo pelo delito na forma privilegiada. Nesse sentido o Art. 235, CP: "Contrair alguém, sendo casado, novo casamento: Pena – reclusão, de dois a seis anos. § 1º Aquele que, não sendo casado, contrai casamento com pessoa casada, conhecendo essa circunstância, é punido com reclusão ou detenção, de um a três anos. § 2º Anulado por qualquer motivo o primeiro casamento, ou o outro por motivo que não a bigamia, considera-se inexistente o crime».

Gabarito: D

Para responder, tem que estudar: lei.

2.6. Dos crimes contra a Incolumidade Pública

>>>Tópico sem questões em provas recentes.

2.7. Dos crimes contra a Paz Pública

70. (MPE/SP/Promotor/2013/90_Concurso) Questão atualizada. Sobre a configuração de alguns dos chamados delitos plurissubjetivos, inclusive com respeito ao número legal de agentes exigidos no tipo, assinale a alternativa incorreta:

a) Associação criminosa ("fim de cometer crimes" - art. 288 do CP) - é preciso o mínimo de três integrantes e, para a Suprema Corte, que ao menos um deles seja maior de idade.

b) Milícia privada ("finalidade de praticar qualquer dos crimes previstos neste Código" - art. 288-A do CP) - não há previsão da quantidade mínima de integrantes.

c) De acordo com a Lei 12.850/13, considera-se organização criminosa a associação de 4 (quatro) ou mais pessoas estruturalmente ordenada e caracterizada pela divisão de tarefas, ainda que informalmente, com objetivo de obter, direta ou indiretamente, vantagem de qualquer natureza, mediante a prática de infrações penais cujas penas máximas sejam superiores a 4 (quatro) anos, ou que sejam de caráter transnacional.

d) Homicídio em atividade típica de grupo de extermínio (art. 1º, inciso I, da Lei n. 8.072/90) - não está definida a quantidade necessária de integrantes.

e) Associação para o tráfico de entorpecentes (fim de praticar, reiteradamente ou não, qualquer dos crimes previstos nos arts. 33, "caput" e § 1º, 34 e 35 da Lei n. 11.343/06) - é imprescindível a presença de ao menos duas pessoas.

ANOTAÇÕES/COMENTÁRIOS

(a) Art. 288, CP: "Associarem-se 3 (três) ou mais pessoas, para o fim específico de cometer crimes.

(b) Art. 288-A, CP: "Constituir, organizar, integrar, manter ou custear organização paramilitar, milícia particular, grupo ou esquadrão com a finalidade de praticar qualquer dos crimes previstos neste Código".

(c) Art. 1º da Lei 12.850/13: "§ 1º Considera-se organização criminosa a associação de 4 (quatro) ou mais pessoas estruturalmente ordenada e caracterizada pela divisão de tarefas, ainda que informalmente, com objetivo de obter, direta ou indiretamente, vantagem de qualquer natureza, mediante a prática de infrações penais cujas penas máximas sejam superiores a 4 (quatro) anos, ou que sejam de caráter transnacional".

(d) Art. 1º da Lei 80.72/90 – "São considerados hediondos os seguintes crimes, todos tipificados no Decreto-Lei nº 2.848, de 7 de dezembro de 1940 – Código Penal, consumados ou tentados: I – homicídio (art. 121), quando praticado em atividade típica de grupo de extermínio, ainda que cometido por um só agente, e homicídio qualificado (art. 121, § 2º, incisos I, II, III, IV, V, VI, VII e VIII)"

(e) Art. 35 da Lei 11.343/06 – "Associarem-se duas ou mais pessoas para o fim de praticar, reiteradamente ou não, qualquer dos crimes previstos nos arts. 33, caput e § 1º, e 34 desta Lei".

Gabarito: D

Para responder, tem que estudar: lei.

2.8. Dos Crimes contra a Fé Pública

71. (MPE/SP/Promotor/2010/87_Concurso) Relativamente às assertivas abaixo, assinale, em seguida, a alternativa correta:

I. o crime de falsidade ideológica comporta modalidades comissivas e omissivas;

II. é possível a modalidade culposa do crime de falsificação de documento público;

III. constitui crime de falsidade ideológica inserir dados inexatos em certidão de casamento verdadeira obtida junto ao cartório competente, mediante alteração dos dizeres, com o fim de prejudicar direito de terceiro;

IV. o objeto material do crime de uso de documento falso constitui-se de papéis materialmente ou ideologicamente falsos.

a) somente a III é verdadeira.

b) somente a I e III são verdadeiras.

c) somente a III e IV são verdadeiras.

d) somente a I e IV são verdadeiras.

e) somente a II e IV são verdadeiras.

ANOTAÇÕES/COMENTÁRIOS

(I) Art. 299, CP: Art. 299 – Omitir, em documento público ou particular, declaração que dele devia constar, ou nele inserir ou fazer inserir declaração falsa ou diversa da que devia ser escrita, com o fim de prejudicar direito, criar obrigação ou alterar a verdade sobre fato juridicamente relevante. O verbo omitir – crime omissivo próprio; e o verbo inserir – crime comissivo.

(II) Não há modalidade culposa por falta de previsão legal.

(III) Considerando que o documento já existia e que houve uma alteração do documento verdadeiro em seu aspecto material, trata-se de falsificação de documento público. Importante destacar que na falsidade ideológica a inserção da declaração falsa, ocorre em documento formalmente verdadeiro, mas o conteúdo lançado é divergente da realidade, não ocorrendo a contrafação ou alteração de qualquer espécie.

(IV) Art. 304, CP: "Fazer uso de qualquer dos papéis falsificados ou alterados, a que se referem os arts. 297 a 302". Assim sendo, poderá ser materialmente ou ideologicamente falso.

Gabarito: D

Para responder, tem que estudar: lei e teoria/doutrina.

72. (MPE/SP/Promotor/2012/89_Concurso) É incorreto afirmar:

a) O crime de uso de documento falso (art. 304, CP) trata-se de delito unissubsistente, que não admite a forma tentada (art. 14, II, CP).

b) O crime de falsidade ideológica (art. 299, do CP) comporta as modalidades comissiva e omissiva.

c) No crime de falsificação de documento público (art. 297, CP), a forma do documento é verdadeira, mas seu conteúdo é falso.

d) A substituição de fotografia em documento de identidade verdadeiro (cédula de identidade) pertencente a outrem, com intenção de falsificá-lo, configura o crime de falsificação de documento público (art. 297, CP).

e) Quem, tendo recebido de boa-fé, como verdadeira, moeda falsa ou alterada, a restitui à circulação, depois de conhecer a falsidade, pratica o crime de moeda falsa na forma privilegiada (art. 289, § 2º, CP)

ANOTAÇÕES/COMENTÁRIOS

(a) De acordo com Cleber Masson, o uso de documento falso pode ser unissubsistente e plurissubsistente. Comportando a tentativa na sua modalidade plurissubsistente. "Tentativa: O conatus será cabível nas hipóteses em que a conduta for composta de diversos atos (crime plurissubsistente), comportando o fracionamento do iter criminis. De outro lado, não será admissível a tentativa nos casos em que a conduta integrar-se de um único ato (crime unissubsistente). No entanto, existem entendimentos em contrário, sustentando a incompatibilidade da tentativa no crime de uso de documento falso. Destaca-se a opinião de Nélson Hungria, para quem "qualquer começo de uso já é uso". (Cleber Masson, 2016). Por outro lado, Marcelo André e Alexandre Salim, entendem que não é possível a tentativa, vejamos: "Consumação e tentativa – Consuma-se com o uso efetivo do documento falso, não havendo necessidade de obtenção de vantagem ou prejuízo a terceiro (crime formal). Nesse sentido: "O crime de uso de documento falso (art. 304 do Código Penal) se consuma com a simples utilização de documentos comprovadamente falsos, dada a sua natureza de delito formal" (STJ, AgRg no AREsp 653792, 2016). Como o tentar usar já seria uso (crime unissubsistente), entendemos incabível a forma tentada. Há posição minoritária em contrário (Cezar Bitencourt e Rogério Greco, por exemplo)". (Sinopses para concursos, Direito Penal. Parte Geral; Marcelo André e Alexandre Salim. Assim sendo, há corrente minoritária defendida por MASSON, GRECO e BITENCOURT. No sentido contrário, adotando a corrente majoritária temos o posicionamento pela Banca Examinadora. Fiquem atentos! Entendemos que a alternativa "A" comporta duas orientações, mas a Banca entendeu que se trata de crime unissubsistente.

(b) CP: Art. 299 – Omitir, em documento público ou particular, declaração que dele devia constar, ou nele inserir ou fazer inserir declaração falsa ou diversa da que devia ser escrita, com o fim de prejudicar direito, criar obrigação ou alterar a verdade sobre fato juridicamente relevante. O verbo omitir – crime omissivo próprio; e o verbo inserir – crime comissivo.

(c) Na falsidade ideológica a inserção da declaração falsa, ocorre em documento formalmente verdadeiro, mas o conteúdo lançado é divergente da realidade, não ocorrendo a contrafação ou alteração de qualquer espécie.

(d) Considerando que o documento já existia e que houve uma alteração do documento verdadeiro em seu aspecto material, qual seja: substituição da fotografia, trata-se de falsificação de documento público.

(e) Art. 289, § 2º, CP: "§ 2º Quem, tendo recebido de boa-fé, como verdadeira, moeda falsa ou alterada, a restitui à circulação, depois de conhecer a falsidade, é punido com detenção, de seis meses a dois anos, e multa".

Gabarito: C

Para responder, tem que estudar: lei e teoria/doutrina.

73. (MPE/SP/Promotor/2017/92_Concurso) A conduta do acusado que, ao ser preso por prática de crime contra o patrimônio, se atribui falsa identidade, constitui

a) contravenção penal relativa à recusa de fornecimento de dados à autoridade.

b) fato atípico, porém antijurídico.

c) crime de falsa identidade.

d) fato impunível, pois tal conduta é amparada pelo exercício do direito de defesa.

e) circunstância agravante do crime de roubo.

ANOTAÇÕES/COMENTÁRIOS

(a, c, d, e) Vide comentários abaixo.

(c) Súmula 522/STJ: A conduta de atribuir-se falsa identidade perante autoridade policial é típica, ainda que em situação de alegada autodefesa. // Falsa identidade. Art. 307. Atribuir-se ou atribuir a terceiro falsa identidade para obter vantagem, em proveito próprio ou alheio, ou para causar dano a outrem: Pena – detenção, de três meses a um ano, ou multa, se o fato não constitui elemento de crime mais grave.

Gabarito: C

Para responder, tem que estudar: lei e súmula/OJ.

2.9. Dos Crimes contra a Administração Pública

74. (MPE/SP/Promotor/2012/89_Concurso) É incorreto afirmar:

a) São incompossíveis os crimes de corrupção ativa (art. 333, CP) praticados pelo particular e os de concussão (art. 316, CP) praticados pelo funcionário público, em face do mesmo contexto fático.

b) Não há crime de corrupção ativa, na hipótese de motorista de veículo automotor que dirige sem habilitação e, após liberada irregularmente da fiscalização de trânsito, oferece a policial rodoviário vantagem indevida referente a prestação de ato de natureza sexual.

c) O excesso de exação não é forma privilegiada do crime de concussão.
d) O particular, estranho ao serviço público, pode ser responsabilizado como partícipe no crime de peculato.
e) Para a configuração do crime de corrupção passiva (art. 317, CP) é necessário que a solicitação do funcionário público seja correspondida pelo extraneus.

ANOTAÇÕES/COMENTÁRIOS

(a) A concussão consiste em EXIGIR, o que afasta o crime de corrupção ativa na medida em que o agente somente agiu pelo temor de represálias do agente corrupto.

(b) A conduta do agente não interferiu no mister do policial.

(c) Excesso de exação tem a pena-base maior que o caput. // Art. 316, § 1º, CP: Se o funcionário exige tributo ou contribuição social que sabe ou deveria saber indevido, ou, quando devido, emprega na cobrança meio vexatório ou gravoso, que a lei não autoriza: Pena – reclusão, de 3 (três) a 8 (oito) anos, e multa

(d) Por se tratar de elementar, comunica-se ao particular.

(e) Trata-se de crime formal.

Gabarito: E

Para responder, tem que estudar: lei.

75. (MPE/SP/Promotor/2017/92_Concurso) A conduta do funcionário público que, fora do exercício de sua função, mas em razão dela, exige o pagamento de uma verba indevida, alegando a necessidade de uma "taxa de urgência" para a aprovação de uma obra que sabe irregular, configura o crime de

a) estelionato.
b) excesso de exação.
c) peculato.
d) corrupção passiva.
e) concussão.

ANOTAÇÕES/COMENTÁRIOS

(a, b, c, d) Vide comentários abaixo.

(e) Concussão: Art. 316 – Exigir, para si ou para outrem, direta ou indiretamente, ainda que fora da função ou antes de assumi-la, mas em razão dela, vantagem indevida: Pena – reclusão, de dois a oito anos, e multa. // Excesso de exação: § 1º Se o funcionário exige tributo ou contribuição social que sabe ou deveria saber indevido, ou, quando devido, emprega na cobrança meio vexatório ou gravoso, que a lei não autoriza: Pena – reclusão, de 3 (três) a 8 (oito) anos, e multa. // No caso em tela, verifica-se que resta configurado o crime de concussão. Não há que se falar em crime de excesso de exação, porque a exigência de pagamento de verba indevida diante da suposta necessidade de pagamento de taxa de urgência, trata de tributo que sequer existe. Assim, não se tratando de uma taxa legal, descabe afirmar que se trataria do crime de excesso exação, tipo penal que exige que o tributo seja indevido, mas existente no mundo jurídico.

Gabarito: E

Para responder, tem que estudar: lei.

2.10. Outros Temas

76. (MPE/SP/Promotor/2013/90_Concurso) Questão atualizada. Sobre a inexistência no Direito brasileiro da previsão de certas condutas criminosas, assinale a alternativa incorreta:

a) Não há previsão de que o Incesto praticado entre maiores de idade seja fato punível.

b) Há Lei que tipifique o crime de Terrorismo.

c) Não está descrito no Código Penal o Bullying como conduta específica.

d) Não há no Direito brasileiro a punição ao Genocídio (ainda que o delito tenha sido arrolado na Lei dos Crimes Hediondos).

e) Não está prevista de forma específica a prática de Crime Contra a Humanidade (e a aprovação e promulgação do Estatuto de Roma, em que está previsto esse delito, não possui o condão de introduzir em nosso país a criminalização dessa conduta).

ANOTAÇÕES/COMENTÁRIOS

(a) Incesto: "União sexual ilícita entre parentes consanguíneos ou afins. Relação sexual entre parentes, entre pais e filhos, entre irmãos (consanguíneos ou adotivos); geralmente, censurada pela igreja, pela sociedade etc"., mas não há previsão de crime.

(b) A Lei Antiterrorismo, de nº 13.260, entrou em vigor em 2016, regulamentando disposto no inciso XLIII do art. 5º da Constituição Federal, tipificando o crime de terrorismo, tratando de disposições investigatórias e processuais e reformulando o conceito de organização terrorista.

(c) No dicionário Bullying: "Forma de violência que, sendo verbal ou física, acontece de modo repetitivo e persistente, sendo direcionada contra um ou mais colegas, caracterizando-se por atingir os mais fracos de modo a intimidar, humilhar ou maltratar os que são alvos dessas agressões". Em que pese o conceito legal de bullying, trazido pela Lei 13.185/15, não houve tipificação do referido crime no CP.// Destacamos a Lei nº 13.185/15, que instituiu o Programa de Combate à Intimidação Sistemática (Bullying) que traz a seguinte definição, vejamos: "Art. 1º, § 1º No contexto e para os fins desta Lei, considera-se intimidação sistemática ("bullying") todo ato de violência física ou psicológica, intencional e repetitivo que ocorre sem motivação evidente, praticado por indivíduo ou grupo, contra uma ou mais pessoas, com o objetivo de intimidá-la ou agredi-la, causando dor e angústia à vítima, em uma relação de desequilíbrio de poder entre as partes envolvidas". Contudo, não houve tipificação do crime de "bullying.

(d) Lei 2.889/56. Define e pune o crime de genocídio Art. 1º "Quem, com a intenção de destruir, no todo ou em parte, grupo nacional, étnico, racial ou religioso, como tal: a) matar membros do grupo; b) causar lesão grave à integridade física ou mental de membros do grupo; c) submeter intencionalmente o grupo a condições de existência capazes de ocasionar-lhe a destruição física total ou parcial; d) adotar medidas destinadas a impedir os nascimentos no seio do grupo; e) efetuar a transferência forçada de crianças do grupo para outro grupo;

Salienta-se, ainda, a alteração promovida pelo pacote anticrime na Lei dos Crimes Hediondos, vejamos:

> Art. 1º, Parágrafo único. Consideram-se também hediondos, tentados ou consumados: (Redação dada pela Lei nº 13.964, de 2019)
>
> I – o crime de genocídio, previsto nos arts. 1º, 2º e 3º da Lei nº 2.889, de 1º de outubro de 1956; (Incluído pela Lei nº 13.964, de 2019)
>
> II – o crime de posse ou porte ilegal de arma de fogo de uso proibido, previsto no art. 16 da Lei nº 10.826, de 22 de dezembro de 2003; (Incluído pela Lei nº 13.964, de 2019)
>
> III – o crime de comércio ilegal de armas de fogo, previsto no art. 17 da Lei nº 10.826, de 22 de dezembro de 2003; (Incluído pela Lei nº 13.964, de 2019)
>
> IV – o crime de tráfico internacional de arma de fogo, acessório ou munição, previsto no art. 18 da Lei nº 10.826, de 22 de dezembro de 2003; (Incluído pela Lei nº 13.964, de 2019)
>
> V – o crime de organização criminosa, quando direcionado à prática de crime hediondo ou equiparado. (Incluído pela Lei nº 13.964, de 2019)(e) Os tratados internacionais não podem criar infrações penais ou cominar sanções para o direito interno, mas a apenas para o direito internacional penal.

Gabarito: D

Para responder, tem que estudar: lei.

77. (MPE/SP/Promotor/2010/87_Concurso) Assinale a alternativa correta:

a) a possibilidade de redução da pena, nos termos da Lei n. 9.613/98 ("Lavagem de dinheiro"), condiciona-se à colaboração espontânea do partícipe com os autores, vedado idêntico benefício para o coautor.

b) a possibilidade de redução da pena, prevista no art. 29, § 1º, do Código Penal, refere-se à participação e à coautoria.

c) na hipótese de excesso de legítima defesa involuntária, com erro inevitável, o agente responderá pelo resultado a título de culpa.

d) nos delitos do caput e § 1° do art. 33 da Lei n° 11.343/06 (Drogas), a possibilidade de redução da pena (§ 4°) condiciona-se ao fato de o agente, mesmo sem ostentar bons antecedentes, não se dedicar a atividades criminosas nem integrar organização criminosa.

e) nos crimes previstos na Lei n° 8.137/90 (Crimes contra a Ordem Tributária), cometidos em quadrilha ou coautoria, a possibilidade de redução da pena favorecerá o coautor ou partícipe que revelar a trama delituosa à autoridade policial ou judicial, por meio de confissão espontânea.

ANOTAÇÕES/COMENTÁRIOS

(a) Lei 9.613/98 – Art. 1°, § 5° A pena poderá ser reduzida de um a dois terços e ser cumprida em regime aberto ou semiaberto, facultando-se ao juiz deixar de aplicá-la ou substituí-la, a qualquer tempo, por pena restritiva de direitos, se o autor, coautor ou partícipe colaborar espontaneamente com as autoridades, prestando esclarecimentos que conduzam à apuração das infrações penais, à identificação dos autores, coautores e partícipes, ou à localização dos bens, direitos ou valores objeto do crime.

(b) CP: Art. 29, § 1°, Se a participação for de menor importância, a pena pode ser diminuída de um sexto a um terço. Logo, por expressa previsão legal não é possível a diminuição da pena ao coautor.

(c) Na hipótese de excesso de legítima defesa involuntária, com erro inevitável, afasta-se a culpa, e o agente não responde pelo excesso.

(d) Lei 11.343/06 – Art. 33, § 4°, Nos delitos definidos no caput e no § 1° deste artigo, as penas poderão ser reduzidas de um sexto a dois terços, desde que o agente seja primário, de bons antecedentes, não se dedique às atividades criminosas nem integre organização criminosa.

(e) Lei 8.137/90 – Art. 16. Qualquer pessoa poderá provocar a iniciativa do Ministério Público nos crimes descritos nesta lei, fornecendo-lhe por escrito informações sobre o fato e a autoria, bem como indicando o tempo, o lugar e os elementos de convicção. Parágrafo único. Nos crimes previstos nesta Lei, cometidos em quadrilha ou coautoria, o coautor ou partícipe que através de confissão espontânea revelar à autoridade policial ou judicial toda a trama delituosa terá a sua pena reduzida de um a dois terços.

Gabarito: E

Para responder, tem que estudar: lei.

78. (MPE/SP/Promotor/2010/87_Concurso) Assinale a alternativa correta:

a) constitui causa de aumento de pena, nos crimes de disparo de arma de fogo e porte ilegal de arma de fogo, sua prática por parte de integrantes das empresas de segurança privada e de transporte de valores.

b) o crime de omissão de cautela (art. 13 da Lei nº 10.826/03 - Lei do Desarmamento) sujeita o autor às penas de um a dois anos de detenção, na hipótese de deixar de observar as cautelas necessárias para impedir que qualquer cidadão se apodere de arma de fogo, acessório ou munição que estejam sob sua posse ou que sejam de sua propriedade.

c) o crime de posse irregular de arma de fogo (art. 12 da Lei nº 10.826/03) não distingue, no seu apenamento, se a arma, acessório ou munição são de uso permitido ou restrito.

d) com o advento da Lei nº 10.826/03, a contravenção de porte ilegal de arma, prevista no art. 19 da Lei das Contravenções Penais, passou a ter como objeto apenas munições em geral e armas brancas.

e) acionar munição em lugar habitado ou em via pública, desde que essa conduta não tenha como finalidade a prática de outro crime, constitui a contravenção penal descrita no art. 28 da Lei das Contravenções Penais.

ANOTAÇÕES/COMENTÁRIOS

(a) Art. 20 da Lei 10.826/03 – "Nos crimes previstos nos arts. 14, 15, 16, 17 e 18, a pena é aumentada da metade se forem praticados por integrante dos órgãos e empresas referidas nos arts. 6º, 7º e 8º desta Lei".

(b) Art. 13 da Lei 10.826/03 – "Deixar de observar as cautelas necessárias para impedir que menor de 18 (dezoito) anos ou pessoa portadora de deficiência mental se apodere de arma de fogo que esteja sob sua posse ou que seja de sua propriedade"

(c) Há diferença conforme se depreende dos tipos penais do Art. 12 e Art. 16, da Lei 10.826/03, vejamos: "Posse irregular de arma de fogo de uso permitido – Art. 12. Possuir ou manter sob sua guarda arma de fogo, acessório ou munição, de uso permitido, em desacordo com determinação legal ou regulamentar, no interior de sua residência ou dependência desta, ou, ainda no seu local de trabalho, desde que seja o titular ou o responsável legal do estabelecimento ou empresa". "Posse ou porte ilegal de arma de fogo de uso restrito – Art. 16. Possuir, deter, portar, adquirir, fornecer, receber, ter em depósito, transportar, ceder, ainda que gratuitamente, emprestar, remeter, empregar, manter sob sua guarda ou ocultar arma de fogo, acessório ou munição de uso proibido ou restrito, sem autorização e em desacordo com determinação legal ou regulamentar"

(d) Há previsão para o porte de arma e munição no Estatuto do Desarmamento, vejamos: "Art. 14. Portar, deter, adquirir, fornecer, receber, ter em depósito, transportar, ceder, ainda que gratuitamente, emprestar, remeter, empregar, manter sob guarda ou ocultar arma de fogo, acessório ou munição, de uso permitido, sem autorização e em desacordo com determinação legal ou regulamentar: Art. 16. Possuir, deter, portar, adquirir, fornecer, receber, ter em depósito, transportar, ceder, ainda que gratuitamente, emprestar, remeter, empregar, manter sob sua guarda ou ocultar arma de fogo, acessório ou munição de uso proibido ou restrito, sem autorização e em desacordo com determinação legal ou regulamentar"

(e) Configura o delito de disparo de arma de fogo descrito no Art. 15. da Lei 10.826/03.

Gabarito: A

Para responder, tem que estudar: lei.

3. LEI DE CONTRAVENÇÕES PENAIS

79. (MPE/SP/Promotor/2019/93_Concurso) Assinale a alternativa correta. Alberto praticou cinco infrações penais distintas. Foi processado e condenado cinco vezes, conforme resume o quadro a seguir. Em todos os cinco processos, foram devidamente acostadas as Folhas de Antecedentes atualizadas e as respectivas certidões criminais cartorárias dos feitos informados

PROCESSO	DATA DO FATO E TIPIFICAÇÃO	PENA APICADA	DATA DO TRÂNSITO EM JULGADO DA SENTENÇA PARA AMBAS AS PARTES	DATA DO INÍCIO DE CUMPRIMENTO DE PENA
I	03.01.2008 - Substituição de convocado (art. 185 do Código Penal Militar	8 meses de detenção	02.02.2010	03.03.2010
II	03.03.2010 - Vias de fato (art. 21 do Decreto-Lei nº 3.688/41)	2 meses de prisão simples	01.03.2011	05.04.2011
III	04.04.2011 - Lesão corporal seguida de morte (art. 129, § 3º, do Código Penal	4 anos e 3 meses de reclusão	02.04.2012	08.07.2012
IV	09.07.2012 - Homicídio culposo (art. 121, § 3º, do Código Penal)	1 ano e 2 meses de detenção	10.07.2013	10.07.2013
V	13.07.2018 - Lesão corporal gravíssima (art. 129, § 2º, I, do Código Penal)	6 anos de reclusão	15.03.2019	18.04.2019

Pode-se afirmar que o Juiz certamente considerou Alberto reincidente nas sentenças condenatórias referentes apenas aos processos

(A) III e IV.

(B) IV e V.

(C) II, III, IV e V.

(D) II e III.

(E) III, IV e V.

ANOTAÇÕES/COMENTÁRIOS

A questão aborda o conhecimento da reincidência. Para tanto é necessário conjugar os art. 63 e 64, ambos do Código Penal com o art. 7º, da Lei de Contravenções Penais.

Art. 63 – Verifica-se a reincidência quando o agente comete novo crime, depois de transitar em julgado a sentença que, no País ou no estrangeiro, o tenha condenado por crime anterior.

Art. 64 – Para efeito de reincidência:

I – não prevalece a condenação anterior, se entre a data do cumprimento ou extinção da pena e a infração posterior tiver decorrido período de tempo superior a 5 (cinco) anos, computado o período de prova da suspensão ou do livramento condicional, se não ocorrer revogação; (Redação dada pela Lei nº 7.209, de 11.7.1984)

II – não se consideram os crimes militares próprios e políticos

Art. 7º Verifica-se a reincidência quando o agente pratica uma contravenção depois de passar em julgado a sentença que o tenha condenado, no Brasil ou no estrangeiro, por qualquer crime, ou, no Brasil, por motivo de contravenção.

REINCIDÊNCIA		
INFRAÇÃO ANTERIOR	**INFRAÇÃO PENAL POSTERIOR**	**RESULTADO**
- CRIME	CRIME	REINCIDÊNCIA
- CRIME	CONTRAVENÇÃO PENAL (BRASIL)	REINCIDÊNCIA
- CONTRAVENÇÃO PENAL (BRASIL)	CONTRAVENÇÃO PENAL (BRASIL)	REINCIDÊNCIA
- CRIME	CONTRAVENÇÃO PENAL (ESTRANGEIRO)	NÃO GERA REINCIDÊNCIA
- CONTRAVENÇÃO PENAL (BRASIL)	CRIME (FALHA LEGISLATIVA)	NÃO GERA REINCIDÊNCIA
- CONTRAVENÇÃO PENAL (BRASIL)	CONTRAVENÇÃO PENAL (ESTRANGEIRO)	NÃO GERA REINCIDÊNCIA
- CONTRAVENÇÃO PENAL (ESTRANGEIRO)	CRIME OU CONTRAVENÇÃO	NÃO GERA REINCIDÊNCIA

Contravenção penal no estrangeiro: não serve no Brasil, em nenhuma hipótese, como pressuposto da reincidência

Falha legislativa: não é reincidente o sujeito que, depois do trânsito em julgado da condenação, no Brasil, por contravenção penal, praticar, no Brasil ou no estrangeiro, novo crime.

Passemos agora a analisar os processos:

O processo "I" versa sobre crime político. Portanto, nos termos do art. 64, inciso II, do Código Penal, não é apto para gerar reincidência.

O processo "II" versa sobre contravenção penal. Todavia, o processo "I" deriva de crime político.

O processo "III" apresenta um crime. Entretanto, Alberto segue sem ser reincidente, pois o fato anterior foi contravenção penal. É importante memorizar essa situação, pois, trata-se de uma falha legislativa muito abordada em prova. Logo, a contravenção seguida de crime, não gera a reincidência.

O processo "IV" alude a crime. Considerando que o fato anterior é crime, tem-se que Alberto é reincidente, pois não se ultrapassou o prazo do período depurador. Ressalta-se, que o marco é o cumprimento ou extinção da pena, e não a data da sentença condenatória.

O processo "V" discorre sobre crime. Novamente, verifica-se que não se ultrapassou o período depurador de 05 anos do cumprimento ou extinção da pena. Assim sendo, o processo "V" gerou a reincidência.

Portanto, tem-se que os processos "IV" e "V" são aptos a gerar a reincidência.

Gabarito: B

Para responder, tem que estudar: lei e doutrina.

4. DISPOSIÇÕES PENAIS EM LEIS ESPECIAIS

4.1. Crimes contra a Economia Popular

80. (MPE/SP/Promotor/2011/88_Concurso) Praticar o pichardismo para a obtenção de ganhos ilícitos em detrimento de um número indeterminado de pessoas é crime contra

a) a ordem tributária.

b) o meio ambiente.

c) o sistema financeiro.

d) a propriedade imaterial.

e) a economia popular.

ANOTAÇÕES/COMENTÁRIOS

(a, b, c, d) Vide comentários abaixo.

(e) Crimes Contra A Economia Popular. Art. 2º, IX da Lei 1.521/51. "São crimes desta natureza: IX – obter ou tentar obter ganhos ilícitos em detrimento do povo ou de número indeterminado de pessoas mediante especulações ou processos fraudulentos ("bola de neve", "cadeias", "pichardismo" e quaisquer outros equivalentes)".

Gabarito: E

Para responder, tem que estudar: lei.

4.2. Crimes de Responsabilidade de Prefeitos

Tópico sem questões em provas recentes.

4.3. Crimes Eleitorais

Tópico sem questões em provas recentes.

4.4. Crimes Referentes ao Parcelamento do Solo Urbano

Tópico sem questões em provas recentes.

4.5. Crimes Resultantes de Preconceito de Raça ou de Cor

Tópico sem questões em provas recentes.

4.6. Crimes contra Pessoas com Deficiência

Tópico sem questões em provas recentes.

4.7. Crimes Relativos à Criança e ao Adolescente

81. (MPE/SP/Promotor/2010/87_Concurso) Relativamente às assertivas abaixo, assinale, em seguida, a alternativa correta:

I. o ato de simular a participação de adolescente em cena de sexo explícito por meio da montagem de vídeo constitui crime definido na Lei nº 8.069/90 (Estatuto da Criança e do Adolescente), em que só se procede mediante representação.

II. o fato de privar adolescente de sua liberdade sem obedecer às formalidades legais (flagrante de ato infracional ou ordem escrita de autoridade judiciária) constitui crime previsto na Lei nº 4.898/65 (Abuso de autoridade), que prevalece sobre norma correspondente da Lei nº 8.069/90 (ECA).

III. o fato de deixar a autoridade competente, sem justa causa, de ordenar a imediata liberação de adolescente ao tomar conhecimento da ilegalidade da apreensão constitui crime previsto Lei nº 8.069/90 (ECA), que prevalece sobre a Lei nº 4.898/65 (Abuso de autoridade).

IV. nos crimes da Lei nº 4.898/65, a aplicação da sanção penal obedecerá às regras do Código Penal, podendo as penas ser aplicadas autônoma ou cumulativamente.

a) somente a III é verdadeira.

b) somente a I e a IV são verdadeiras.

c) somente a II e a III são verdadeiras.

d) somente a IV é verdadeira.

e) somente a III e a IV são verdadeiras.

ANOTAÇÕES/COMENTÁRIOS

(I) Art. 227 do ECA – "Os crimes definidos nesta Lei são de ação pública incondicionada".

(II) Aplica-se o tipo específico do Art. 230, do ECA – "Privar a criança ou o adolescente de sua liberdade, procedendo à sua apreensão sem estar em flagrante de ato infracional ou inexistindo ordem escrita da autoridade judiciária competente: Parágrafo único. Incide na mesma pena aquele que procede à apreensão sem observância das formalidades legais".

(III) Aplica-se o tipo específico do Art. 231, do ECA – "Deixar a autoridade policial responsável pela apreensão de criança ou adolescente de fazer imediata comunicação à autoridade judiciária competente e à família do apreendido ou à pessoa por ele indicada".

(IV) Art. 6º, § 3º, da Lei 4.898/65 A sanção penal será aplicada de acordo com as regras dos artigos 42 a 56 do Código Penal e consistirá em: a) multa de cem a cinco mil cruzeiros; b) detenção por dez dias a seis meses; c) perda do cargo e a inabilitação para o exercício de qualquer outra função pública por prazo até três anos. § 4º As penas previstas no parágrafo anterior poderão ser aplicadas autônoma ou cumulativamente.

Gabarito: E

Para responder, tem que estudar: lei.

82. (MPE/SP/Promotor/2015/91_Concurso) Levando em consideração dominantes entendimentos jurisprudenciais e doutrinários com relação aos crimes praticados contra criança ou adolescente, assinale a alternativa falsa:

a) O crime de corrupção de menor, para se caracterizar, exige que o agente o induza a praticar infração penal ou simplesmente com ele a pratique.

b) A entrega de arma de fogo à criança ou adolescente caracteriza crime previsto no ECA, e não no Estatuto do Desarmamento, pois o ECA é lei especial que prevalece sobre a geral.

c) O fornecimento de bebida alcoólica à criança ou adolescente tipifica o crime previsto no art. 243 do ECA.

d) O crime de montagem de foto pornográfica de criança ou adolescente admite a forma tentada.

e) Para efeitos dos crimes contra criança ou adolescente, a expressão "cena de sexo explícito ou pornográfica" abrange inclusive a mera exibição dos órgãos genitais do menor para fins primordialmente sexuais.

ANOTAÇÕES/COMENTÁRIOS

(a) Art. 244-B. Corromper ou facilitar a corrupção de menor de 18 (dezoito) anos, com ele praticando infração penal ou induzindo-o a praticá-la: (...). Súmula 500/STJ. A configuração do crime do art. 244-B do ECA independe da prova da efetiva corrupção do menor, por se tratar de delito formal.

(b) A venda desses produtos traz consequências previstas no Estatuto e também fora dele. Por exemplo/ a venda de armas e munições consta como crime no art. 242 do Estatuto. No entanto, parece-nos que essa conduta hoje está tipificada na Lei n. 10.826/2003, o Estatuto do Desarmamento, que contém previsão semelhante: Art. 16. (...). Pena -reclusão, de 3 a 6 anos/ e multa. Parágrafo único. Nas mesmas penas incorre quem: V- vender, entregar, ou fornecer ainda que gratuitamente, arma de fogo, acessório/ munição ou explosivo a criança ou adolescente. Por se tratar de lei posterior, tem-se a revogação tácita do artigo 242 do ECA, Lei n. 8.069/90.

(c) Art. 243. Vender, fornecer, servir, ministrar ou entregar, ainda que gratuitamente, de qualquer forma, a criança ou a adolescente, bebida alcoólica ou, sem justa causa, outros produtos cujos componentes possam causar dependência física ou psíquica:

(d) Art. 241-C. Simular a participação de criança ou adolescente em cena de sexo explícito ou pornográfica por meio de adulteração, montagem ou modificação de fotografia, vídeo ou qualquer outra forma de representação visual

(e) Art. 241-E. Para efeito dos crimes previstos nesta Lei, a expressão "cena de sexo explícito ou pornográfica" compreende qualquer situação que envolva criança ou adolescente em atividades sexuais explícitas, reais ou simuladas, ou exibição dos órgãos genitais de uma criança ou adolescente para fins primordialmente sexuais.

Gabarito: B

Para responder, tem que estudar: lei e súmula/OJ.

83. (MPE/SP/Promotor/2017/92_Concurso) A respeito do delito de corrupção de menores, tipificado no artigo 244-B do Estatuto da Criança e do Adolescente, é correto afirmar que se trata de crime

a) material, em ambas as modalidades, pois a consumação do delito ocorre com a efetiva prática da infração penal pelo adolescente em concurso com o agente capaz ou após ter sido por este instigado.

b) formal, em ambas as modalidades, pois a consumação do delito ocorre independentemente da prática da infração penal para a qual o adolescente foi convidado, mediante concurso, ou instigado, bastando a prova de que foi efetivamente corrompido pela conduta do agente maior.

c) formal, em ambas as modalidades, pois a consumação do delito se dá independentemente da prova de que o adolescente tenha sido corrompido pelo agente capaz, mostrando-se irrelevante, para a tipificação penal, o fato de o menor ter registro de passagens anteriores pela prática de atos infracionais.

d) material, na modalidade de praticar a infração penal com o adolescente, e formal, na modalidade de induzir o adolescente a praticá-la, pois, neste último caso, o crime se consuma independentemente do sucesso do induzimento.

e) material, em ambas as modalidades, pois a consumação do delito depende de prova de que o menor de 18 anos tenha sido efetivamente corrompido pelo agente capaz, não incidindo o tipo penal acaso demonstrado que o adolescente já havia sido corrompido, vez que reincidente na prática de atos infracionais.

ANOTAÇÕES/COMENTÁRIOS

(a, c, d, e) Vide comentários abaixo.

(c) Súmula 500/STJ. A configuração do crime do art. 244-B do ECA independe da prova da efetiva corrupção do menor, por se tratar de delito formal. // "A prática de crimes em concurso com dois adolescentes dá ensejo à condenação por dois crimes de corrupção de menores". (STJ, REsp 1.680.114, 2017, Informativo 613).

Gabarito: C

Para responder, tem que estudar: jurisprudência e súmula/OJ.

84. (MPE/SP/Promotor/2019/93_Concurso) O crime de divulgação de cena de estupro ou de cena de estupro de vulnerável, de cena de sexo ou de pornografia, previsto no artigo 218-C do Código Penal, pode ser classificado como

a) comum, material, comissivo, unissubjetivo, culposo, principal.

b) comum, formal, comissivo, unissubjetivo, doloso, subsidiário.

c) especial, formal, comissivo, plurissubjetivo, admite as formas doloso e culposo, subsidiário.

d) especial, material, comissivo ou omissivo, unissubjetivo, doloso, principal.

e) comum, material, comissivo, plurissubjetivo, admite as formas doloso e culposo, subsidiário.

ANOTAÇÕES/COMENTÁRIOS

A letra "b" está correta. Trata-se de classificação do crime de divulgação de cena de estupro ou de cena de estupro de vulnerável, de cena de sexo ou de pornografia, incluído pela Lei nº 13.718, de 2018.

Art. 218-C. Oferecer, trocar, disponibilizar, transmitir, vender ou expor à venda, distribuir, publicar ou divulgar, por qualquer meio – inclusive por meio de comunicação de massa ou sistema de informática ou telemática -, fotografia, vídeo ou outro registro audiovisual que contenha cena de estupro ou de estupro de vulnerável ou que faça apologia ou induza a sua prática, ou, sem o consentimento da vítima, cena de sexo, nudez ou pornografia: Pena – reclusão, de 1 (um) a 5 (cinco) anos, se o fato não constitui crime mais grave.

Crime comum: o sujeito ativo pode ser qualquer pessoa.

Crime formal: o crime consuma-se com a prática da conduta prevista em lei, independente da lesão da vítima.

Crime comissivo: o agente pratica uma ação (comportamento ativo, positivo, um fazer).

Crime unissubjetivo: pode ser praticado por apenas uma pessoa. Também pode ser chamado de concurso eventual. Não confundir essa classificação com crime plurissubsistente/unissubsistente, ou seja, com a possibilidade de fracionar ou não o iter criminis.

Crime doloso: o elemento subjetivo é o dolo, independentemente de qualquer finalidade específica.

Subsidiariedade expressa: o tipo penal prevê expressamente que a punição ocorrerá "se o fato não constitui crime mais grave".

Atenção: apesar de não ter sido objeto de cobrança, de acordo com Masson, a tentativa é possível, salvo na modalidade "oferecer", em face do caráter unissubsistente do delito. (Cleber Masson, Código Penal Comentado – 2021. Pag. 1.067).

4.8. Crimes Hediondos

85. (MPE/SP/Promotor/2013/90_Concurso) Questão atualizada. Sobre a configuração de alguns dos chamados delitos plurissubjetivos, inclusive com respeito ao número legal de agentes exigidos no tipo, assinale a alternativa incorreta.

a) Associaçao criminosa ("fim de cometer crimes" - art. 288 do CP) - é preciso o mínimo de três integrantes e, para a Suprema Corte, que ao menos um deles seja maior de idade.

b) Milícia privada ("finalidade de praticar qualquer dos crimes previstos neste Código" - art. 288-A do CP) - não há previsão da quantidade mínima de integrantes.

c) De acordo com a Lei 12.850/13, considera-se organização criminosa a associação de 4 (quatro) ou mais pessoas estruturalmente ordenada e caracterizada pela divisão de tarefas, ainda que informalmente, com objetivo de obter, direta ou indiretamente, vantagem de qualquer natureza, mediante a prática de infrações penais cujas penas máximas sejam superiores a 4 (quatro) anos, ou que sejam de caráter transnacional.

d) Homicídio em atividade típica de grupo de extermínio (art. 1º, inciso I, da Lei n. 8.072/90) - não está definida a quantidade necessária de integrantes.

e) Associação para o tráfico de entorpecentes (fim de praticar, reiteradamente ou não, qualquer dos crimes previstos nos arts. 33, "caput" e § 1º, 34 e 35 da Lei n. 11.343/06) - é imprescindível a presença de ao menos duas pessoas.

ANOTAÇÕES/COMENTÁRIOS

(a) Art. 288, CP: "Associarem-se 3 (três) ou mais pessoas, para o fim específico de cometer crimes.

(b) Art. 288-A, CP: "Constituir, organizar, integrar, manter ou custear organização paramilitar, milícia particular, grupo ou esquadrão com a finalidade de praticar qualquer dos crimes previstos neste Código".

(c) Art. 1º da Lei 12.850/13: "§ 1º Considera-se organização criminosa a associação de 4 (quatro) ou mais pessoas estruturalmente ordenada e caracterizada pela divisão de tarefas, ainda que informalmente, com objetivo de obter, direta ou indiretamente, vantagem de qualquer natureza, mediante a prática de infrações penais cujas penas máximas sejam superiores a 4 (quatro) anos, ou que sejam de caráter transnacional".

(d) Art. 1º da Lei 8.072/90 – "São considerados hediondos os seguintes crimes, todos tipificados no Decreto-Lei nº 2.848, de 7 de dezembro de 1940 – Código Penal, consumados ou tentados: I – homicídio (art. 121), quando praticado em atividade típica de grupo de extermínio, ainda que cometido por um só agente, e homicídio qualificado (art. 121, § 2º, incisos I, II, III, IV, V, VI, VII e VIII)"

(e) Art. 35 da Lei 11.343/06: "Associarem-se duas ou mais pessoas para o fim de praticar, reiteradamente ou não, qualquer dos crimes previstos nos arts. 33, caput e § 1º, e 34 desta Lei".

Gabarito: D

Para responder, tem que estudar: lei.

86. (MPE/SP/Promotor/2017/92_Concurso) São considerados crimes hediondos, dentre outros:

a) o roubo qualificado, o homicídio qualificado, a lesão corporal grave e o estupro.
b) o estupro, o latrocínio, o homicídio qualificado e o estupro de vulnerável.
c) o peculato, o homicídio, o latrocínio e o tráfico de drogas.
d) o tráfico de drogas, o homicídio qualificado, o peculato e a extorsão mediante sequestro.
e) o sequestro, o roubo qualificado, o infanticídio e o peculato.

ANOTAÇÕES/COMENTÁRIOS

A lei 8.072/90, prevê em um rol taxativo quais são os crimes hediondos. O bom candidato deve estar atento às últimas alterações legislativas, notadamente as mudanças promovidas pelo pacote anticrime, vejamos:

> Art. 1º São considerados hediondos os seguintes crimes, todos tipificados no Decreto-Lei nº 2.848, de 7 de dezembro de 1940 – Código Penal, consumados ou tentados: (Redação dada pela Lei nº 8.930, de 1994) (Vide Lei nº 7.210, de 1984)
>
> I – homicídio (art. 121), quando praticado em atividade típica de grupo de extermínio, ainda que cometido por um só agente, e homicídio qualificado

(art. 121, § 2º, incisos I, II, III, IV, V, VI, VII e VIII); (Redação dada pela Lei nº 13.964, de 2019)

I-A – lesão corporal dolosa de natureza gravíssima (art. 129, § 2º) e lesão corporal seguida de morte (art. 129, § 3º), quando praticadas contra autoridade ou agente descrito nos arts. 142 e 144 da Constituição Federal, integrantes do sistema prisional e da Força Nacional de Segurança Pública, no exercício da função ou em decorrência dela, ou contra seu cônjuge, companheiro ou parente consanguíneo até terceiro grau, em razão dessa condição; (Incluído pela Lei nº 13.142, de 2015)

II – roubo: (Redação dada pela Lei nº 13.964, de 2019)

a) circunstanciado pela restrição de liberdade da vítima (art. 157, § 2º, inciso V); (Incluído pela Lei nº 13.964, de 2019)

b) circunstanciado pelo emprego de arma de fogo (art. 157, § 2º-A, inciso I) ou pelo emprego de arma de fogo de uso proibido ou restrito (art. 157, § 2º-B); (Incluído pela Lei nº 13.964, de 2019)

c) qualificado pelo resultado lesão corporal grave ou morte (art. 157, § 3º); (Incluído pela Lei nº 13.964, de 2019)

III – extorsão qualificada pela restrição da liberdade da vítima, ocorrência de lesão corporal ou morte (art. 158, § 3º); (Redação dada pela Lei nº 13.964, de 2019)

IV – extorsão mediante seqüestro e na forma qualificada (art. 159, caput, e §§ lº, 2º e 3º); (Inciso incluído pela Lei nº 8.930, de 1994)

V – estupro (art. 213, caput e §§ 1º e 2º); (Redação dada pela Lei nº 12.015, de 2009)

VI – estupro de vulnerável (art. 217-A, caput e §§ 1º, 2º, 3º e 4º); (Redação dada pela Lei nº 12.015, de 2009)

VII – epidemia com resultado morte (art. 267, § 1º). (Inciso incluído pela Lei nº 8.930, de 1994)

VII-A – (VETADO) (Inciso incluído pela Lei nº 9.695, de 1998)

VII-B – falsificação, corrupção, adulteração ou alteração de produto destinado a fins terapêuticos ou medicinais (art. 273, caput e § 1º, § 1º-A e § 1º-B, com a redação dada pela Lei nº 9.677, de 2 de julho de 1998). (Inciso incluído pela Lei nº 9.695, de 1998)

VIII – favorecimento da prostituição ou de outra forma de exploração sexual de criança ou adolescente ou de vulnerável (art. 218-B, caput, e §§ 1º e 2º). (Incluído pela Lei nº 12.978, de 2014)

IX – furto qualificado pelo emprego de explosivo ou de artefato análogo que cause perigo comum (art. 155, § 4º-A). (Incluído pela Lei nº 13.964, de 2019)

Parágrafo único. Consideram-se também hediondos, tentados ou consumados: (Redação dada pela Lei nº 13.964, de 2019)

I – o crime de genocídio, previsto nos arts. 1º, 2º e 3º da Lei nº 2.889, de 1º de outubro de 1956; (Incluído pela Lei nº 13.964, de 2019)

II – o crime de posse ou porte ilegal de arma de fogo de uso proibido, previsto no art. 16 da Lei nº 10.826, de 22 de dezembro de 2003; (Incluído pela Lei nº 13.964, de 2019)

III – o crime de comércio ilegal de armas de fogo, previsto no art. 17 da Lei nº 10.826, de 22 de dezembro de 2003; (Incluído pela Lei nº 13.964, de 2019)

IV – o crime de tráfico internacional de arma de fogo, acessório ou munição, previsto no art. 18 da Lei nº 10.826, de 22 de dezembro de 2003; (Incluído pela Lei nº 13.964, de 2019)

V – o crime de organização criminosa, quando direcionado à prática de crime hediondo ou equiparado. (Incluído pela Lei nº 13.964, de 2019)

Gabarito: B

Para responder, tem que estudar: lei.

4.9. Crimes contra o Consumidor

Tópico sem questões em provas recentes.

4.10. Crimes contra a Ordem Tributária e as Relações de Consumo

87. (MPE/SP/Promotor/2010/87_Concurso) Assinale a alternativa correta:

a) a possibilidade de redução da pena, nos termos da Lei n. 9.613/98 ("Lavagem de dinheiro"), condiciona-se à colaboração espontânea do partícipe com os autores, vedado idêntico benefício para o coautor.

b) a possibilidade de redução da pena, prevista no art. 29, § 1º, do Código Penal, refere-se à participação e à coautoria.

c) na hipótese de excesso de legítima defesa involuntária, com erro inevitável, o agente responderá pelo resultado a título de culpa.

d) nos delitos do caput e § 1º do art. 33 da Lei nº 11.343/06 (Drogas), a possibilidade de redução da pena (§ 4º) condiciona-se ao fato de o agente, mesmo sem ostentar bons antecedentes, não se dedicar a atividades criminosas nem integrar organização criminosa.

e) nos crimes previstos na Lei nº 8.137/90 (Crimes contra a Ordem Tributária), cometidos em quadrilha ou coautoria, a possibilidade de redução da pena favorecerá o coautor ou partícipe que revelar a trama delituosa à autoridade policial ou judicial, por meio de confissão espontânea.

ANOTAÇÕES/COMENTÁRIOS

(a) Art. 1º, § 5º, da Lei 9.613/98 – § 5º A pena poderá ser reduzida de um a dois terços e ser cumprida em regime aberto ou semiaberto, facultando-se ao juiz deixar de aplicá-la ou substituí-la, a qualquer tempo, por pena restritiva de direitos, se o autor, coautor ou partícipe colaborar espontaneamente com as autoridades, prestando esclarecimentos que conduzam à apuração das infrações penais, à identificação dos autores, coautores e partícipes, ou à localização dos bens, direitos ou valores objeto do crime.

(b) Art. 29 – § 1º, CP: Se a participação for de menor importância, a pena pode ser diminuída de um sexto a um terço. Logo, por expressa previsão legal, não é possível a diminuição da pena ao coautor.

(c) Na hipótese de excesso de legítima defesa involuntária, com erro inevitável, afasta-se a culpa, e o agente não responde pelo excesso.

(d) Art. 33, § 4º, da Lei 11.343/06 – § 4º Nos delitos definidos no caput e no § 1º deste artigo, as penas poderão ser reduzidas de um sexto a dois terços, desde que o agente seja primário, de bons antecedentes, não se dedique às atividades criminosas nem integre organização criminosa.

(e) Art. 16, da Lei 8.137/90 – Art. 16. Qualquer pessoa poderá provocar a iniciativa do Ministério Público nos crimes descritos nesta lei, fornecendo-lhe por escrito informações sobre o fato e a autoria, bem como indicando o tempo, o lugar e os elementos de convicção. Parágrafo único. Nos crimes previstos nesta Lei, cometidos em quadrilha ou coautoria, o coautor ou partícipe que através de confissão espontânea revelar à autoridade policial ou judicial toda a trama delituosa terá a sua pena reduzida de um a dois terços.

Gabarito: E

Para responder, tem que estudar: lei.

88. (MPE/SP/Promotor/2019/93_Concurso) Assinale a alternativa INCORRETA.

a) O crime de vender mercadoria em condições impróprias ao consumo, previsto no artigo 7º, inciso IX, da Lei nº 8.137/90, é punido a título de dolo e de culpa.

b) Nos crimes contra a ordem econômica e as relações de consumo previstos na Lei nº 8.137/90, constitui causa de aumento de pena ser o crime praticado em relação à prestação de serviços ou ao comércio de bens essenciais à vida ou à saúde.

c) Nos crimes ambientais, previstos na Lei nº 9.605/98, o arrependimento do infrator, desde que manifestado pela espontânea reparação do dano, ou limitação significativa da degradação ambiental causada, constitui circunstância atenuante genérica.

d) Nos crimes funcionais contra a ordem tributária previstos na Lei nº 8.137/90, constitui causa de aumento de pena ser o crime cometido por servidor público no exercício de suas funções.

e) Somente há justa causa para a persecução penal pela prática de crime material previsto no artigo 1º da Lei nº 8.137/90 com o advento do lançamento definitivo do crédito tributário.

ANOTAÇÕES/COMENTÁRIOS

A questão aborda o conhecimento do texto de lei e da súmula vinculante 24. Assim sendo, para evitar repetições desnecessárias, será abordado unicamente o erro da alternativa "d".

Nesse sentido, nos crimes funcionais contra a ordem tributária, isto é, cometido por servidor público no exercício de suas funções tem um tipo específico, sendo defeso a aplicação da causa de aumento. Esse é o teor do art. 3º, da Lei 8.137/1990: "Art. 3º Constitui crime funcional contra a ordem tributária, além dos previstos no Decreto-Lei nº 2.848, de 7 de dezembro de 1940 – Código Penal (Título XI, Capítulo I): I – extraviar livro oficial, processo fiscal ou qualquer documento, de que tenha a guarda em razão da função; sonegá-lo, ou inutilizá-lo, total ou parcialmente, acarretando pagamento indevido ou inexato de tributo ou contribuição social; II – exigir, solicitar ou receber, para si ou para outrem, direta ou indiretamente, ainda que fora da função ou antes de iniciar seu exercício, mas em razão dela, vantagem indevida; ou aceitar promessa de tal vantagem, para deixar de lançar ou cobrar tributo ou contribuição social, ou cobrá-los parcialmente. Pena – reclusão, de 3 (três) a 8 (oito) anos, e multa. III – patrocinar, direta ou indiretamente, interesse privado perante a administração fazendária, valendo-se da qualidade de funcionário público. Pena – reclusão, de 1 (um) a 4 (quatro) anos, e multa".

Derradeiramente, o art. 12 da lei em comento, afasta a aplicação da causa de aumento ao crime do art. 3º, vejamos: "Art. 12. São circunstâncias que podem agravar de 1/3 (um terço) até a metade as penas previstas nos arts. 1º, 2º e 4º a 7º: II – ser o crime cometido por servidor público no exercício de suas funções".

Gabarito: D

Para responder, tem que estudar: lei.

4.11. Crimes Referentes a Licitações e Contratos Administrativos

Tópico sem questões em provas recentes.

4.12. Crimes de Tortura

Tópico sem questões em provas recentes.

4.13. Crimes de Trânsito

89. (MPE/SP/Promotor/2011/88_Concurso) Assinale a alternativa em que ambas as situações constituam circunstâncias que sempre agravam as penas no crime de trânsito:

a) a utilização de veículo sem placas e que esteja trafegando pela contramão de direção.

b) não possuir permissão para dirigir ou carteira de habilitação e utilizar veículo com placas adulteradas.
c) imprimir velocidade excessiva ao veículo e não possuir permissão para dirigir ou carteira de habilitação.
d) praticá-lo perto de faixa de trânsito temporária destinada a pedestres e com a carteira de habilitação vencida.
e) praticá-lo sobre faixa de trânsito permanentemente destinada a pedestres e sem estar utilizando cinto de segurança.

ANOTAÇÕES/COMENTÁRIOS

(a, c, d, e) Vide comentários abaixo.

(b) Art. 298. CTB – "São circunstâncias que sempre agravam as penalidades dos crimes de trânsito ter o condutor do veículo cometido a infração: I – com dano potencial para duas ou mais pessoas ou com grande risco de grave dano patrimonial a terceiros; II – utilizando o veículo sem placas, com placas falsas ou adulteradas; III – sem possuir Permissão para Dirigir ou Carteira de Habilitação; IV – com Permissão para Dirigir ou Carteira de Habilitação de categoria diferente da do veículo; V – quando a sua profissão ou atividade exigir cuidados especiais com o transporte de passageiros ou de carga; VI – utilizando veículo em que tenham sido adulterados equipamentos ou características que afetem a sua segurança ou o seu funcionamento de acordo com os limites de velocidade prescritos nas especificações do fabricante; VII – sobre faixa de trânsito temporária ou permanentemente destinada a pedestres"

Gabarito: B

Para responder, tem que estudar: lei.

90. (MPE/SP/Promotor/2012/89_Concurso) Configura o crime do art. 306 do Código de Trânsito Brasileiro conduzir veículo automotor, na via pública, estando

a) com a concentração de álcool por litro de sangue igual ou superior a 1 (um) grama e 6 (seis) decigramas, ou sob a influência de qualquer outra substância psicoativa que determine dependência.
b) sob a influência de álcool ou substância de efeitos análogos, expondo a dano potencial a incolumidade de outrem.
c) com a concentração de álcool por litro de sangue igual ou superior a 6 (seis) decigramas, ou sob a influência de qualquer outra substância psicoativa que determine dependência, expondo a dano potencial a incolumidade de outrem.
d) com a concentração de álcool por litro de sangue igual ou superior a 1 (um) grama, ou sob a influência de qualquer outra substância psicoativa que determine dependência, expondo a dano potencial a incolumidade de outrem.
e) com a concentração de álcool por litro de sangue igual ou superior a 6 (seis) decigramas, ou sob a influência de qualquer outra substância psicoativa que determine dependência.

ANOTAÇÕES/COMENTÁRIOS

(a, b, c, d) Vide comentários abaixo.

(e) É crime de perigo abstrato. Nesse sentido é a jurisprudência do STJ, vejamos: "Nos termos do entendimento pacificado nesta Corte, o crime do art. 306 do Código de Trânsito Brasileiro é de perigo abstrato e dispensa a demonstração de potencialidade lesiva na conduta, configurando-se pela condução de veículo automotor em estado de embriaguez. (REsp 1.467.980, 2014).

Consoante o art. 306, do CTB: "Conduzir veículo automotor com capacidade psicomotora alterada em razão da influência de álcool ou de outra substância psicoativa que determine dependência: (...). Penas – detenção, de seis meses a três anos, multa e suspensão ou proibição de se obter a permissão ou a habilitação para dirigir veículo automotor. § 1º As condutas previstas no caput serão constatadas por: I – concentração igual ou superior a 6 decigramas de álcool por litro de sangue ou igual ou superior a 0,3 miligrama de álcool por litro de ar alveolar; ou II – sinais que indiquem, na forma disciplinada pelo Contran, alteração da capacidade psicomotora. § 2º A verificação do disposto neste artigo poderá ser obtida mediante teste de alcoolemia ou toxicológico, exame clínico, perícia, vídeo, prova testemunhal ou outros meios de prova em direito admitidos, observado o direito à contraprova. § 3º O Contran disporá sobre a equivalência entre os distintos testes de alcoolemia ou toxicológicos para efeito de caracterização do crime tipificado neste artigo".

Gabarito: E

Para responder, tem que estudar: lei e jurisprudência.

91. (MPE/SP/Promotor/2017/92_Concurso) A prática de lesão corporal de natureza leve por condutor de veículo automotor, reincidente por crime doloso, pode gerar condenação, cuja pena deverá ser

a) privativa de liberdade, aumentada de um a dois terços.

b) privativa de liberdade e de suspensão da habilitação para a condução de veículo automotor.

c) privativa de liberdade, além de multa e perda da permissão para a condução de veículo automotor.

d) pecuniária, com a perda da habilitação para a condução de veículo automotor.

e) restritiva de direitos, multa e perda da permissão para a condução de veículo automotor.

ANOTAÇÕES/COMENTÁRIOS

(a, c, d, e) Vide comentários abaixo.

(b) CTB. Art. 303. Praticar lesão corporal culposa na direção de veículo automotor: Penas – detenção, de seis meses a dois anos e suspensão ou proibição de se obter a permissão ou a habilitação para dirigir veículo automotor. Art. 296. Se o réu for reincidente na prática de crime previsto neste Código, o juiz aplicará a penalidade de suspensão da permissão ou habilitação para dirigir veículo automotor, sem prejuízo das demais sanções penais cabíveis.

Gabarito: B

Para responder, tem que estudar: lei.

4.14. Crimes contra o Meio Ambiente

92. (MPE/SP/Promotor/2010/87_Concurso) Assinale a alternativa correta:

a) constitui crime de poluição, descrito no art. 54 da Lei nº 9.605/98 (Crimes ambientais), o ato de causar poluição de qualquer natureza, que resulte em danos à saúde humana, na mortandade de animais ou na destruição, ainda que não significativa, da flora.

b) os crimes contra o meio ambiente, previstos na Lei nº 9.605/98, não admitem a modalidade culposa.

c) nos crimes contra o meio ambiente, previstos na Lei nº 9.605/98, a colaboração do réu com os agentes de vigilância e controle ambiental constitui circunstância atenuante.

d) nos crimes contra o meio ambiente, previstos na Lei nº 9.605/98, a responsabilidade das pessoas jurídicas exclui a das pessoas físicas partícipes do mesmo fato, mas não as que atuam como autoras ou coautoras.

e) constitui crime, previsto na Lei nº 9.605/98, a realização de experiência dolorosa ou cruel em animal vivo, para fins didáticos ou científicos, ainda que, para tanto, não existam recursos alternativos.

ANOTAÇÕES/COMENTÁRIOS

(a) Art. 54 da Lei 9.605/96 – "Causar poluição de qualquer natureza em níveis tais que resultem ou possam resultar em danos à saúde humana, ou que provoquem a mortandade de animais ou a destruição significativa da flora".

(b) Admitem quando expressamente previstos, como é o caso do Art. 54.

(c) Art. 14. da Lei 9.605/96 – "São circunstâncias que atenuam a pena: IV – colaboração com os agentes encarregados da vigilância e do controle ambiental".

(d) Art. 3º Parágrafo único da Lei 9.605/96 – "A responsabilidade das pessoas jurídicas não exclui a das pessoas físicas, autoras, coautoras ou partícipes do mesmo fato". Apenas para título de complementação, tanto o STF quanto o STJ não mais exigem a tese da dupla imputação para que a Pessoa Jurídica seja denunciada. Logo, é possível a responsabilização penal da pessoa jurídica por delitos ambientais independentemente da responsabilização concomitante da pessoa física que agia em seu nome.

(e) Art. 32. da Lei 9.605/96 – "Praticar ato de abuso, maus-tratos, ferir ou mutilar animais silvestres, domésticos ou domesticados, nativos ou exóticos: § 1º Incorre nas mesmas penas quem realiza experiência dolorosa ou cruel em animal vivo, ainda que para fins didáticos ou científicos, quando existirem recursos alternativos".

Gabarito: C

Para responder, tem que estudar: lei.

93. (MPE/SP/Promotor/2013/90_Concurso) Dentre as circunstâncias que agravam a pena nos crimes ambientais, não se encontra

a) a conduta ser perpetrada em área urbana, de assentamento humano, ou sujeita a regime especial de uso.

b) a conduta ser perpetrada em época de seca, inundação ou período de defeso à fauna.

c) a conduta ser perpetrada em domingos, feriados ou à noite.

d) a conduta ser perpetrada por biólogo ou por funcionário de empresa de transporte de carga.

e) a conduta ser perpetrada com o fim de vantagem pecuniária ou no interesse de pessoa jurídica beneficiada por incentivos fiscais.

ANOTAÇÕES/COMENTÁRIOS

(a, b, c, e) Vide comentários abaixo.

(d) De acordo com a Lei 9.605/98: "Art. 15. São circunstâncias que agravam a pena, quando não constituem ou qualificam o crime: I – reincidência nos crimes de natureza ambiental; II – ter o agente cometido a infração: a) para obter vantagem pecuniária; b) coagindo outrem para a execução material da infração; c) afetando ou expondo a perigo, de maneira grave, a saúde pública ou o meio ambiente; d) concorrendo para danos à propriedade alheia; e) atingindo áreas de unidades de conservação ou áreas sujeitas, por ato do Poder Público, a regime especial de uso; f) atingindo áreas urbanas ou quaisquer assentamentos humanos; g) em período de defeso à fauna; h) em domingos ou feriados; i) à noite; j) em épocas de seca ou inundações; l) no interior do espaço territorial especialmente protegido; m) com o emprego de métodos cruéis para abate ou captura de animais; n) mediante fraude ou abuso de confiança; o) mediante abuso do direito de licença, permissão ou autorização ambiental; p) no interesse de pessoa jurídica mantida, total ou parcialmente, por verbas públicas ou beneficiada por incentivos fiscais; q) atingindo espécies ameaçadas, listadas em relatórios oficiais das autoridades competentes; r) facilitada por funcionário público no exercício de suas funções'.

Gabarito: D

Para responder, tem que estudar: lei.

4.15. Crimes de Lavagem ou Ocultação de Bens, Direitos e Valores

94. (MPE/SP/Promotor/2010/87_Concurso) Assinale a alternativa correta:

a) a possibilidade de redução da pena, nos termos da Lei n. 9.613/98 ("Lavagem de dinheiro"), condiciona-se à colaboração espontânea do partícipe com os autores, vedado idêntico benefício para o coautor.

b) a possibilidade de redução da pena, prevista no art. 29, § 1º, do Código Penal, refere-se à participação e à coautoria.

c) na hipótese de excesso de legítima defesa involuntária, com erro inevitável, o agente responderá pelo resultado a título de culpa.

d) nos delitos do caput e § 1º do art. 33 da Lei nº 11.343/06 (Drogas), a possibilidade de redução da pena (§ 4º) condiciona-se ao fato de o agente, mesmo sem ostentar bons antecedentes, não se dedicar a atividades criminosas nem integrar organização criminosa.

e) nos crimes previstos na Lei nº 8.137/90 (Crimes contra a Ordem Tributária), cometidos em quadrilha ou coautoria, a possibilidade de redução da pena favorecerá o coautor ou partícipe que revelar a trama delituosa à autoridade policial ou judicial, por meio de confissão espontânea.

ANOTAÇÕES/COMENTÁRIOS

(a) Art. 1º, § 5º, da Lei 9.613/98 – § 5º A pena poderá ser reduzida de um a dois terços e ser cumprida em regime aberto ou semiaberto, facultando-se ao juiz deixar de aplicá-la ou substituí-la, a qualquer tempo, por pena restritiva de direitos, se o autor, coautor ou partícipe colaborar espontaneamente com as autoridades, prestando esclarecimentos que conduzam à apuração das infrações penais, à identificação dos autores, coautores e partícipes, ou à localização dos bens, direitos ou valores objeto do crime.

(b) Art. 29, § 1º, CP: Se a participação for de menor importância, a pena pode ser diminuída de um sexto a um terço. Logo, por expressa previsão legal não é possível a diminuição da pena ao coautor.

(c) Na hipótese de excesso de legítima defesa involuntária, com erro inevitável, afasta-se a culpa, e o agente não responde pelo excesso.

(d) Art. 33, § 4º, da Lei 11.343/06 – § 4º Nos delitos definidos no caput e no § 1º deste artigo, as penas poderão ser reduzidas de um sexto a dois terços, desde que o agente seja primário, de bons antecedentes, não se dedique às atividades criminosas nem integre organização criminosa.

(e) Art. 16, da Lei 8.137/90 – Art. 16. Qualquer pessoa poderá provocar a iniciativa do Ministério Público nos crimes descritos nesta lei, fornecendo-lhe por escrito informações sobre o fato e a autoria, bem como indicando o tempo, o lugar e os elementos de convicção. Parágrafo único. Nos crimes previstos nesta Lei, cometidos em quadrilha ou coautoria, o coautor ou partícipe que através de confissão espontânea revelar à autoridade policial ou judicial toda a trama delituosa terá a sua pena reduzida de um a dois terços.

Gabarito: E

Para responder, tem que estudar: lei.

95. (MPE/SP/Promotor/2013/90_Concurso) Segundo a Lei da Lavagem de Dinheiro e Ocultação de Bens, Direitos e Valores, a delação premiada nos crimes nela descritos não possui o efeito de

a) diminuir a pena do autor na fração de um a dois terços.
b) permitir que o juiz deixe de aplicar a pena ou possa substituí-la por restritiva de direitos.
c) permitir que o partícipe repatrie o dinheiro enviado ao exterior, pagando as multas e os impostos devidos.
d) diminuir a pena do partícipe na fração de um a dois terços.
e) permitir que o juiz determine o cumprimento da pena em regime aberto.

ANOTAÇÕES/COMENTÁRIOS

Artigo, 1º, § 5º, da Lei 9613/1998: "A pena poderá ser reduzida de um a dois terços e ser cumprida em regime aberto ou semiaberto, facultando-se ao juiz deixar de aplicá-la ou substituí-la, a qualquer tempo, por pena restritiva de direitos, se o autor, coautor ou partícipe colaborar espontaneamente com as autoridades, prestando esclarecimentos que conduzam à apuração das infrações penais, à identificação dos autores, coautores e partícipes, ou à localização dos bens, direitos ou valores objeto do crime." // Apenas para complementar a questão, a Lei 13.254/16 trata da repatriação de valores lícitos mantidos no exterior não declarados à receita (RERCT). Contudo não foi objeto da questão.

Gabarito: C

Para responder, tem que estudar: lei.

96. (MPE/SP/Promotor/2019/93_Concurso) Assinale a alternativa INCORRETA.

a) O crime de "lavagem" de capitais é punível ainda que desconhecido ou isento de pena o autor da infração penal antecedente.
b) Com a condenação pela prática do crime de "lavagem" de capitais, ocorrerá a perda em favor da União, ressalvado o direito do lesado ou de terceiro de boa-fé, dos instrumentos do crime, desde que consistam em coisas cujo fabrico, alienação, uso, porte ou detenção constitua fato ilícito.

c) A habitualidade não é elementar do crime de "lavagem" de capitais, mas, se praticada de forma reiterada, faz incidir causa de aumento de pena.

d) Dentre as principais alterações produzidas pela Lei nº 12.683/12 à Lei nº 9.613/98, que dispõe sobre os crimes de "lavagem" ou ocultação de bens, direitos e valores, temos a mudança da redação do caput do artigo 1º, a revogação do rol taxativo constante em seus incisos e a majoração da pena, que comportava, até então, a substituição por restritivas de direitos.

e) O crime de "lavagem" de capitais tem natureza acessória, derivada ou dependente de infração penal anteriormente cometida, típica e antijurídica, da qual decorreu a obtenção de vantagem financeira ilegal.

ANOTAÇÕES/COMENTÁRIOS

(a) A alternativa "a" está correta. É o que prevê o art. 2º, §1º, da Lei 9.613/98: "§ 1º A denúncia será instruída com indícios suficientes da existência da infração penal antecedente, sendo puníveis os fatos previstos nesta Lei, ainda que desconhecido ou isento de pena o autor, ou extinta a punibilidade da infração penal antecedente".

(b) A alternativa "b" está correta. É o que dispõe o art. 91, II, a, do CP: "Art. 91 – São efeitos da condenação: I – tornar certa a obrigação de indenizar o dano causado pelo crime; II – a perda em favor da União, ressalvado o direito do lesado ou de terceiro de boa-fé: a) dos instrumentos do crime, desde que consistam em coisas cujo fabrico, alienação, uso, porte ou detenção constitua fato ilícito; b) do produto do crime ou de qualquer bem ou valor que constitua proveito auferido pelo agente com a prática do fato criminoso".

(c) A alternativa "c" está correta. É a disposição do art. 1º, §4º, da Lei 9.613/98: "§ 4º A pena será aumentada de um a dois terços, se os crimes definidos nesta Lei forem cometidos de forma reiterada ou por intermédio de organização criminosa".

(d) A alternativa "d" está incorreta. O erro da alternativa está na afirmação de que houve majoração de pena.

(e) A alternativa "e" está correta. De acordo com Masson: "crime acessório, também denominado de crime de fusão ou parasitário, é aquele cuja existência depende da prática anterior de outro crime, chamado de principal. A extinção da punibilidade do crime principal não se estende ao crime acessório. Exemplo: a lavagem de dinheiro (Lei 9.613/1988, art. 1º) será punível mesmo com a extinção da infração penal que permitiu sua prática.(Masson, Cleber. Direito Penal: parte geral (arts. 1º a 120º) – vol. 1 / Cleber Masson. – 13. ed. – Rio de Janeiro: Forense; São Paulo: MÉTODO, 2019.

Gabarito: D

Para responder, tem que estudar: lei e doutrina.

4.16. Crimes Referentes ao Idoso

Tópico sem questões em provas recentes.

4.17. Estatuto do Desarmamento

97. (MPE/SP/Promotor/2010/87_Concurso) Assinale a alternativa correta:

a) constitui causa de aumento de pena, nos crimes de disparo de arma de fogo e porte ilegal de arma de fogo, sua prática por parte de integrantes das empresas de segurança privada e de transporte de valores.

b) o crime de omissão de cautela (art. 13 da Lei nº 10.826/03 - Lei do Desarmamento) sujeita o autor às penas de um a dois anos de detenção, na hipótese de deixar de observar as cautelas necessárias para impedir que qualquer cidadão se apodere de arma de fogo, acessório ou munição que estejam sob sua posse ou que sejam de sua propriedade.

c) o crime de posse irregular de arma de fogo (art. 12 da Lei nº 10.826/03) não distingue, no seu apenamento, se a arma, acessório ou munição são de uso permitido ou restrito.

d) com o advento da Lei nº 10.826/03, a contravenção de porte ilegal de arma, prevista no art. 19 da Lei das Contravenções Penais, passou a ter como objeto apenas munições em geral e armas brancas.

e) acionar munição em lugar habitado ou em via pública, desde que essa conduta não tenha como finalidade a prática de outro crime, constitui a contravenção penal descrita no art. 28 da Lei das Contravenções Penais.

ANOTAÇÕES/COMENTÁRIOS

(a) Art. 20 da Lei 10.826/03 – "Nos crimes previstos nos arts. 14, 15, 16, 17 e 18, a pena é aumentada da metade se forem praticados por integrante dos órgãos e empresas referidas nos arts. 6º, 7º e 8º desta Lei".

(b) Art. 13 da Lei 10.826/03 – "Deixar de observar as cautelas necessárias para impedir que menor de 18 (dezoito) anos ou pessoa portadora de deficiência mental se apodere de arma de fogo que esteja sob sua posse ou que seja de sua propriedade"

(c) Há diferença conforme se depreende dos tipos penais do Art. 12 e Art. 16, da Lei 10.826/03, vejamos: "Posse irregular de arma de fogo de uso permitido – Art. 12. Possuir ou manter sob sua guarda arma de fogo, acessório ou munição, de uso permitido, em desacordo com determinação legal ou regulamentar, no interior de sua residência ou dependência desta, ou, ainda no seu local de trabalho, desde que seja o titular ou o responsável legal do estabelecimento ou empresa". "Posse ou porte ilegal de arma de fogo de uso restrito- Art. 16. Possuir, deter, portar, adquirir, fornecer, receber, ter em depósito, transportar, ceder, ainda que gratuitamente, emprestar, remeter, empregar, manter sob sua guarda ou ocultar arma de fogo, acessório ou munição de uso proibido ou restrito, sem autorização e em desacordo com determinação legal ou regulamentar"

(d) Há previsão para o porte de arma e munição no Estatuto do Desarmamento, vejamos: "Art. 14. Portar, deter, adquirir, fornecer, receber, ter em depósito, transportar, ceder, ainda que gratuitamente, emprestar, remeter, empregar, manter sob guarda ou ocultar arma de fogo, acessório ou munição, de uso permitido, sem autorização e em desacordo com determinação legal ou regulamentar: Art. 16. Possuir, deter, portar, adquirir, fornecer, receber, ter em depósito, transportar, ceder, ainda que gratuitamente, emprestar, remeter, empregar, manter sob sua guarda ou ocultar arma de fogo, acessório ou munição de uso proibido ou restrito, sem autorização e em desacordo com determinação legal ou regulamentar"

(e) Configura o delito de disparo de arma de fogo descrito no Art. 15. da Lei 10.826/03.

Gabarito: A

Para responder, tem que estudar: lei.

98. (MPE/SP/Promotor/2011/88_Concurso) No crime de comércio ilegal de arma de fogo, a natureza jurídica do fato de ser a arma ou munição de uso proibido ou restrito constitui:

a) circunstância agravante genérica.
b) circunstância judicial.
c) causa especial de aumento de pena.
d) circunstância qualificadora.
e) circunstância agravante específica.

ANOTAÇÕES/COMENTÁRIOS

(a, c, d, e) Vide comentários abaixo.

(c) Lei 10.826/03: Art. 17. Adquirir, alugar, receber, transportar, conduzir, ocultar, ter em depósito, desmontar, montar, remontar, adulterar, vender, expor à venda, ou de qualquer forma utilizar, em proveito próprio ou alheio, no exercício de atividade comercial ou industrial, arma de fogo, acessório ou munição, sem autorização ou em desacordo com determinação legal ou regulamentar: Pena – reclusão, de 4 (quatro) a 8 (oito) anos, e multa. Parágrafo único. Equipara-se à atividade comercial ou industrial, para efeito deste artigo, qualquer forma de prestação de serviços, fabricação ou comércio irregular ou clandestino, inclusive o exercido em residência. Art. 19. Nos crimes previstos nos arts. 17 e 18, a pena é aumentada da metade se a arma de fogo, acessório ou munição forem de uso proibido ou restrito.

Gabarito: C

Para responder, tem que estudar: lei.

99. (MPE/SP/Promotor/2017/92_Concurso) A guarda de arma desmuniciada, de uso permitido, em sua própria residência, constituirá crime

a) na hipótese de a arma, em exame pericial, se mostrar apta a efetuar disparo.

b) na hipótese em que, na residência, houver disponibilidade de munição compatível com a arma apreendida.
c) se o implicado não possuir licença para o porte da arma apreendida.
d) caso o implicado não possua o registro de propriedade válido da arma.
e) se a residência estiver situada em área urbana.

ANOTAÇÕES/COMENTÁRIOS

(a) É irrelevante (desnecessária) a realização de exame pericial para a comprovação da potencialidade lesiva do artefato, pois basta o simples porte de arma de fogo, ainda que desmuniciada, em desacordo com determinação legal ou regulamentar, para a incidência do tipo penal. Isso porque os crimes previstos no arts. 12, 14 e 16 da Lei 10.826/03 são de mera conduta ou perigo abstrato, cujo objeto jurídico imediato é a segurança coletiva (STJ, AgRg no REsp 1294551, 2014).

(b) O crime de posse ilegal de arma de fogo é crime de perigo abstrato e de mera conduta, sendo irrelevante o fato de arma estar municiada ou não.

(c) A alternativa se encontra incorreta por mencionar a palavra porte. O caso em questão diz respeito à posse de arma de fogo.

(d) Art. 12, Lei 10.826/03 – Possuir ou manter sob sua guarda arma de fogo, acessório ou munição, de uso permitido, em desacordo com determinação legal ou regulamentar, no interior de sua residência ou dependência desta, ou, ainda no seu local de trabalho, desde que seja o titular ou o responsável legal do estabelecimento ou empresa.

Atenção: de acordo com o Superior Tribunal de Justiça, o registro vencido não se equipara à inexistência de registro para fins criminais (HC 369.905/SP, DJe 20/09/2017). Portanto, será atípica a conduta quando o registro estiver vencido, vejamos: "Não configura o crime de posse ilegal de arma de fogo (art. 12 da Lei nº 10.826/2003) a conduta do agente que mantém sob guarda, no interior de sua residência, arma de fogo de uso permitido com registro vencido. Se o agente já procedeu ao registro da arma, a expiração do prazo é mera irregularidade administrativa que autoriza a apreensão do artefato e aplicação de multa. A conduta, no entanto, não caracteriza ilícito penal". STJ. Corte Especial. APn 686-AP, Rel. Min. João Otávio de Noronha, julgado em 21/10/2015 (Info 572).(e) O art. 12 da lei afirma que configura o crime o fato de possuir ou manter sob sua guarda arma de fogo, acessório ou munição, de uso permitido, em desacordo com determinação legal ou regulamentar, no interior de sua residência ou dependência desta, ou, ainda no seu local de trabalho. Não há qualquer tipo de especificação quanto a localização em área rural ou urbana.

Gabarito: d

Para responder, tem que estudar: lei, jurisprudência e teoria/doutrina.

4.18. Crimes Referentes à Falência e à Recuperação Judicial ou Extrajudicial

Tópico sem questões em provas recentes.

4.19. Crimes Referentes a Drogas

100. (MPE/SP/Promotor/2010/87_Concurso) Assinale a alternativa correta:

a) a possibilidade de redução da pena, nos termos da Lei n. 9.613/98 ("Lavagem de dinheiro"), condiciona-se à colaboração espontânea do partícipe com os autores, vedado idêntico benefício para o coautor.

b) a possibilidade de redução da pena, prevista no art. 29, § 1º, do Código Penal, refere-se à participação e à coautoria.

c) na hipótese de excesso de legítima defesa involuntária, com erro inevitável, o agente responderá pelo resultado a título de culpa.

d) nos delitos do caput e § 1º do art. 33 da Lei nº 11.343/06 (Drogas), a possibilidade de redução da pena (§ 4º) condiciona-se ao fato de o agente, mesmo sem ostentar bons antecedentes, não se dedicar a atividades criminosas nem integrar organização criminosa.

e) nos crimes previstos na Lei nº 8.137/90 (Crimes contra a Ordem Tributária), cometidos em quadrilha ou coautoria, a possibilidade de redução da pena favorecerá o coautor ou partícipe que revelar a trama delituosa à autoridade policial ou judicial, por meio de confissão espontânea.

ANOTAÇÕES/COMENTÁRIOS

(a) Art. 1º, § 5º, da Lei 9.613/98 – § 5º A pena poderá ser reduzida de um a dois terços e ser cumprida em regime aberto ou semiaberto, facultando-se ao juiz deixar de aplicá-la ou substituí-la, a qualquer tempo, por pena restritiva de direitos, se o autor, coautor ou partícipe colaborar espontaneamente com as autoridades, prestando esclarecimentos que conduzam à apuração das infrações penais, à identificação dos autores, coautores e partícipes, ou à localização dos bens, direitos ou valores objeto do crime.

(b) Art. 29 – § 1º, CP: Se a participação for de menor importância, a pena pode ser diminuída de um sexto a um terço. Logo, por expressa previsão legal não é possível a diminuição da pena ao coautor.

(c) Na hipótese de excesso de legítima defesa involuntária, com erro inevitável, afasta-se a culpa, e o agente não responde pelo excesso.

(d) Art. 33, § 4º, da Lei 11.343/06 – § 4º Nos delitos definidos no caput e no § 1º deste artigo, as penas poderão ser reduzidas de um sexto a dois terços, desde que o agente seja primário, de bons antecedentes, não se dedique às atividades criminosas nem integre organização criminosa.

(e) Art. 16, da Lei 8.137/90 – Art. 16. Qualquer pessoa poderá provocar a iniciativa do Ministério Público nos crimes descritos nesta lei, fornecendo-lhe por escrito informações sobre o fato e a autoria, bem como indicando o tempo, o lugar e os elementos de convicção. Parágrafo único. Nos crimes previstos nesta Lei, cometidos em quadrilha ou coautoria, o coautor ou partícipe que através de confissão espontânea revelar à autoridade policial ou judicial toda a trama delituosa terá a sua pena reduzida de um a dois terços.

Gabarito: E

Para responder, tem que estudar: lei.

101. (MPE/SP/Promotor/2010/87_Concurso) Dos enunciados abaixo, referentes à Lei nº 11.343/06 (Drogas), aponte o único verdadeiro:

a) no regime da Lei nº 11.343/06, é possível a concessão de sursis aos réus condenados pela prática do delito do art. 33, "caput" (tráfico de drogas).

b) no regime da Lei nº 11.343/06, na fixação das penas, o juiz levará em conta, com preponderância sobre as circunstâncias judiciais do art. 59 do Código Penal, a quantidade da droga e sua natureza, bem assim a personalidade e a conduta do agente.

c) constitui causa de aumento de pena, relativamente ao delito de tráfico de drogas (art. 33, caput, da Lei nº 11.343/06), o fato de a infração ser cometida nas imediações de condomínios residenciais.

d) o crime de associação para o tráfico (art. 35 da Lei 11343/06) tem como descrição típica, à semelhança do crime do art. 288 do Código Penal (quadrilha ou bando), associarem-se mais de três pessoas para o fim de praticar qualquer dos crimes dos artigos 33, caput, e § 1° e 34 da Lei nº 11.343/06.

e) semear ou cultivar, para consumo pessoal e ainda que em pequena quantidade, plantas que se constituam em matéria-prima para a preparação de droga capaz de causar dependência física ou psíquica caracteriza modalidade do delito de tráfico de droga.

ANOTAÇÕES/COMENTÁRIOS

(a) Art. 44., da Lei 11.343/06 – "Os crimes previstos nos arts. 33, caput e § 1º, e 34 a 37 desta Lei são inafiançáveis e insuscetíveis de sursis, graça, indulto, anistia e liberdade provisória, vedada a conversão de suas penas em restritivas de direitos".

Atenção: a banca cobrou o conhecimento do texto de lei. Todavia, registramos que a Suprema Corte, entende que é cabível sursis, liberdade provisória e conversão das penas em restritivas de direitos.

(b) Art. 42., da Lei 11.343/06 – "O juiz, na fixação das penas, considerará, com preponderância sobre o previsto no art. 59 do Código Penal, a natureza e a quantidade da substância ou do produto, a personalidade e a conduta social do agente".

(c) Não há essa previsão legal no rol do art. 40 da Lei 11.343/06.

(d) Art. 288. CP: "Associarem-se 3 (três) ou mais pessoas, para o fim específico de cometer crimes". Art. 35., da Lei 11.343/06 – "Associarem-se duas ou mais pessoas para o fim de praticar, reiteradamente ou não, qualquer dos crimes previstos nos arts. 33, caput e § 1º, e 34 desta Lei"

(e) Art. 28 da Lei 11.343/06 – "§ 1º Às mesmas medidas submete-se quem, para seu consumo pessoal, semeia, cultiva ou colhe plantas destinadas à preparação de pequena quantidade de substância ou produto capaz de causar dependência física ou psíquica".

Gabarito: B

Para responder, tem que estudar: lei.

102. (MPE/SP/Promotor/2011/88_Concurso) Não constitui causa especial de aumento de pena a prática do tráfico de drogas

a) dentro de estabelecimento hospitalar.

b) nas imediações de delegacia de polícia.

c) nas dependências de complexo penitenciário.

d) entre municípios de um mesmo Estado.

e) no exercício de atividade educativa.

ANOTAÇÕES/COMENTÁRIOS

(a) Art. 40, III da Lei 11.343/06 – "a infração tiver sido cometida nas dependências ou imediações de estabelecimentos prisionais, de ensino ou hospitalares, de sedes de entidades estudantis, sociais, culturais, recreativas, esportivas, ou beneficentes, de locais de trabalho coletivo, de recintos onde se realizem espetáculos ou diversões de qualquer natureza, de serviços de tratamento de dependentes de drogas ou de reinserção social, de unidades militares ou policiais ou em transportes públicos".

(b) Art. 40, III da Lei 11.343/06.

(c) Art. 40, III da Lei 11.343/06.

(d) Não tem previsão Legal.

(e) Art. 40, II da Lei 11.343/06 – II – o agente praticar o crime prevalecendo-se de função pública ou no desempenho de missão de educação, poder familiar, guarda ou vigilância;

Gabarito: D

Para responder, tem que estudar: lei.

103. (MPE/SP/Promotor/2013/90_Concurso) Questão atualizada. Sobre a configuração de alguns dos chamados delitos plurissubjetivos, inclusive com respeito ao número legal de agentes exigidos no tipo, assinale a alternativa incorreta.

a) Associação criminosa ("fim de cometer crimes" - art. 288 do CP) - é preciso o mínimo de três integrantes e, para a Suprema Corte, que ao menos um deles seja maior de idade.

b) Milícia privada ("finalidade de praticar qualquer dos crimes previstos neste Código" - art. 288-A do CP) - não há previsão da quantidade mínima de integrantes.

c) De acordo com a Lei 12.850/13, considera-se organização criminosa a associação de 4 (quatro) ou mais pessoas estruturalmente ordenada e caracterizada pela divisão de tarefas, ainda que informalmente, com objetivo de obter, direta ou indiretamente, vantagem de qualquer natureza, mediante a prática de infrações penais cujas penas máximas sejam superiores a 4 (quatro) anos, ou que sejam de caráter transnacional.

d) Homicídio em atividade típica de grupo de extermínio (art. 1º, inciso I, da Lei n. 8.072/90) - não está definida a quantidade necessária de integrantes.

e) Associação para o tráfico de entorpecentes (fim de praticar, reiteradamente ou não, qualquer dos crimes previstos nos arts. 33, "caput" e § 1º, 34 e 35 da Lei n. 11.343/06) - é imprescindível a presença de ao menos duas pessoas.

ANOTAÇÕES/COMENTÁRIOS

(a) Art. 288, CP: "Associarem-se 3 (três) ou mais pessoas, para o fim específico de cometer crimes.

(b) Art. 288-A, CP: "Constituir, organizar, integrar, manter ou custear organização paramilitar, milícia particular, grupo ou esquadrão com a finalidade de praticar qualquer dos crimes previstos neste Código".

(c) Art. 1º da Lei 12.850/13 – "§ 1º Considera-se organização criminosa a associação de 4 (quatro) ou mais pessoas estruturalmente ordenada e caracterizada pela divisão de tarefas, ainda que informalmente, com objetivo de obter, direta ou indiretamente, vantagem de qualquer natureza, mediante a prática de infrações penais cujas penas máximas sejam superiores a 4 (quatro) anos, ou que sejam de caráter transnacional".

(d) Art. 1º da Lei 8.072/90 – "São considerados hediondos os seguintes crimes, todos tipificados no Decreto-Lei nº 2.848, de 7 de dezembro de 1940 – Código Penal, consumados ou tentados: I – homicídio (art. 121), quando praticado em atividade típica de grupo de extermínio, ainda que cometido por um só agente, e homicídio qualificado (art. 121, § 2º, incisos I, II, III, IV, V, VI, VII e VIII)"

(e) Art. 35 da Lei 11.343/06 – "Associarem-se duas ou mais pessoas para o fim de praticar, reiteradamente ou não, qualquer dos crimes previstos nos arts. 33, caput e § 1º, e 34 desta Lei".

Gabarito: D

Para responder, tem que estudar: lei.

104. (MPE/SP/Promotor/2017/92_Concurso) Configurado o crime de tráfico de drogas privilegiado (artigo 33, § 4º, da Lei nº 11.343/2006), a causa de diminuição de pena será calculada segundo

a) as circunstâncias judiciais favoráveis ao réu e a extensão de sua confissão.

b) a extensão da organização criminosa integrada pelo réu.

c) o número de agentes implicados na conduta do réu.
d) a quantidade e a qualidade da droga apreendida.
e) a reincidência e os antecedentes do réu.

ANOTAÇÕES/COMENTÁRIOS

(a, b, c, e) Vide comentários abaixo.

(d) STJ, Jurisprudência em Teses – Lei De Drogas II – Tese 5: É possível que a causa de diminuição estabelecida no art. 33, § 4º, da Lei n. 11.343/06 seja fixada em patamar diverso do máximo de 2/3, em razão da qualidade e da quantidade de droga apreendida. // STJ: "2. A teor do disposto no § 4º do art. 33 da Lei n. 11.343/2006, os condenados pelo crime de tráfico de drogas terão a pena reduzida, de um sexto a dois terços, quando forem reconhecidamente primários, possuírem bons antecedentes e não se dedicarem a atividades delituosas ou integrarem organizações criminosas. 3. Na falta de parâmetros legais para se fixar o quantum dessa redução, os Tribunais Superiores decidiram que a quantidade e a natureza da droga apreendida, além das demais circunstâncias do delito, podem servir para a modulação de tal índice ou até mesmo para impedir a sua aplicação, quando evidenciarem o envolvimento habitual do agente no comércio ilícito de entorpecentes. Precedentes" (HC 400.528, 2017). Observe-se que a banca considerou a expressão "qualidade" como sinônimo de natureza da droga.

Gabarito: D

Para responder, tem que estudar: jurisprudência.

105. (MPE/SP/Promotor/2019/93_Concurso) Considere as afirmações a seguir, relativas à Lei nº 11.343/2006

I) Ao infrator condenado pelo crime previsto no artigo 28, o juiz deve aplicar, isoladamente, as penas de advertência sobre os efeitos das drogas; prestação de serviços à comunidade ou medida educativa de comparecimento a programa ou curso educativo.

II) Ao usuário e ao dependente de drogas em cumprimento de pena privativa de liberdade ou submetido à medida de segurança, em razão da prática de infração penal, a lei assegura oferta de atenção de saúde definida pelo respectivo sistema penitenciário.

III) Ao proferir sentença condenatória, é permitido ao juiz determinar que seja assegurada ao infrator atenção de saúde definida pelo respectivo sistema penitenciário com base em avaliação, realizada por profissional de saúde com competência específica na forma da lei e que ateste a necessidade de o infrator receber encaminhamento para tratamento.

IV) É vedado ao juiz encaminhar para tratamento médico adequado o agente considerado isento de pena em razão da dependência, ou sob o efeito, proveniente de caso fortuito ou força maior, de droga, que ao tempo da ação ou da omissão, qualquer que tenha sido a infração penal praticada, era inteiramente incapaz de entender o caráter ilícito do fato ou de determinar-se de acordo com esse entendimento.

É correto o que se afirma em:

(A) I e III, apenas.

(B) II e III, apenas.

(C) II, apenas.

(D) I e IV, apenas.

(E) I, II, III e IV.

ANOTAÇÕES/COMENTÁRIOS

O inciso I está incorreto. Consoante os art. 27 da Lei de drogas: "Art. 27. As penas previstas neste Capítulo poderão ser aplicadas isolada ou cumulativamente, bem como substituídas a qualquer tempo, ouvidos o Ministério Público e o defensor". Portanto, o infrator condenado pelo crime previsto no artigo 28, poderá ser condenado isoladamente ou cumulativamente as penas de advertência sobre os efeitos das drogas; prestação de serviços à comunidade ou medida educativa de comparecimento a programa ou curso educativo.

O inciso II está correto. É o teor do artigo art. 26 da Lei de Drogas: "Art. 26. O usuário e o dependente de drogas que, em razão da prática de infração penal, estiverem cumprindo pena privativa de liberdade ou submetidos a medida de segurança, têm garantidos os serviços de atenção à sua saúde, definidos pelo respectivo sistema penitenciário".

O inciso III está correto. É o que prevê o art. 47 da Lei de Drogas: "Na sentença condenatória, o juiz, com base em avaliação que ateste a necessidade de encaminhamento do agente para tratamento, realizada por profissional de saúde com competência específica na forma da lei, determinará que a tal se proceda, observado o disposto no art. 26 desta Lei.

O inciso IV está incorreto. De acordo com o art. 45 da Lei de Drogas: "Art. 45. É isento de pena o agente que, em razão da dependência, ou sob o efeito, proveniente de caso fortuito ou força maior, de droga, era, ao tempo da ação ou da omissão, qualquer que tenha sido a infração penal praticada, inteiramente incapaz de entender o caráter ilícito do fato ou de determinar-se de acordo com esse entendimento. Parágrafo único. Quando absolver o agente, reconhecendo, por força pericial, que este apresentava, à época do fato previsto neste artigo, as condições referidas no caput deste artigo, poderá determinar o juiz, na sentença, o seu encaminhamento para tratamento médico adequado".

Gabarito: B

Para responder, tem que estudar: lei.

4.20. Crimes Referentes ao Abuso de Autoridade

106. (MPE/SP/Promotor/2010/87_Concurso) Relativamente às assertivas abaixo, assinale, em seguida, a alternativa correta:

I. o ato de simular a participação de adolescente em cena de sexo explícito por meio da montagem de vídeo constitui crime definido na Lei nº 8.069/90 (Estatuto da Criança e do Adolescente), em que só se procede mediante representação;

II. o fato de privar adolescente de sua liberdade sem obedecer às formalidades legais (flagrante de ato infracional ou ordem escrita de autoridade judiciária) constitui crime previsto na Lei nº 4.898/65 (Abuso de autoridade), que prevalece sobre norma correspondente da Lei nº 8.069/90 (ECA);

III. o fato de deixar a autoridade competente, sem justa causa, de ordenar a imediata liberação de adolescente ao tomar conhecimento da ilegalidade da apreensão constitui crime previsto Lei nº 8.069/90 (ECA), que prevalece sobre a Lei nº 4.898/65 (Abuso de autoridade);

IV. nos crimes da Lei nº 4.898/65, a aplicação da sanção penal obedecerá às regras do Código Penal, podendo as penas ser aplicadas autônoma ou cumulativamente.

a) somente a III é verdadeira.
b) somente a I e a IV são verdadeiras.
c) somente a II e a III são verdadeiras.
d) somente a IV é verdadeira.
e) somente a III e a IV são verdadeiras.

ANOTAÇÕES/COMENTÁRIOS - QUESTÃO DESATUALIZADA

(I) Art. 227 do ECA – "Os crimes definidos nesta Lei são de ação pública incondicionada".

(II) Aplica-se o tipo específico do Art. 230, do ECA – "Privar a criança ou o adolescente de sua liberdade, procedendo à sua apreensão sem estar em flagrante de ato infracional ou inexistindo ordem escrita da autoridade judiciária competente: Parágrafo único. Incide na mesma pena aquele que procede à apreensão sem observância das formalidades legais".

(III) Aplica-se o tipo específico do Art. 231, do ECA – "Deixar a autoridade policial responsável pela apreensão de criança ou adolescente de fazer imediata comunicação à autoridade judiciária competente e à família do apreendido ou à pessoa por ele indicada".

(IV) Art. 6º, § 3º, da Lei 4.898/65 A sanção penal será aplicada de acordo com as regras dos artigos 42 a 56 do Código Penal e consistirá em: a) multa de cem a cinco mil cruzeiros; b) detenção por dez dias a seis meses; c) perda do cargo e a inabilitação para o exercício de qualquer outra função pública por prazo até três anos. § 4º As penas previstas no parágrafo anterior poderão ser aplicadas autônoma ou cumulativamente. Com o advento da Lei n.º 13.869/19, a matéria é regulada pelo artigo 5.º: As penas restritivas de direitos substitutivas das privativas de liberdade previstas nesta Lei são: I – prestação de serviços à comunidade ou a entidades públicas; II – suspensão do exercício do cargo, da função ou do mandato, pelo prazo de 1 (um) a 6 (seis) meses, com a perda dos vencimentos e das vantagens; Parágrafo único. As penas restritivas de direitos podem ser aplicadas autônoma ou cumulativamente.

Gabarito: E

Para responder, tem que estudar: lei.

4.21. Crimes Relativos à Interceptação Telefônica

107. (MPE/SP/Promotor/2011/88_Concurso) Realizar interceptação de comunicações telefônicas sem autorização judicial constitui crime. De acordo com a legislação vigente, tal autorização judicial será possível

a) em qualquer tipo de infração penal, desde que a ela seja cominada pena privativa de liberdade.

b) se o pedido for feito verbalmente ao Juiz com os pressupostos que a autorizem.

c) em decisão fundamentada, não havendo necessidade de ficar indicada a forma de execução da diligência nem a ciência dos procedimentos ao Ministério Público.

d) nos próprios autos do inquérito policial ou do processo criminal, pelo prazo não renovável de quinze dias.

e) mesmo que inexistam indícios razoáveis de autoria ou de participação, desde que a infração penal esteja por ocorrer.

ANOTAÇÕES/COMENTÁRIOS

(a) Só se admite a interceptação telefônica nos crimes de catálogo, ou seja, aqueles punidos com a pena de reclusão.

(b) Art. 4º§ 1º da Lei 9.296/96 – "Excepcionalmente, o juiz poderá admitir que o pedido seja formulado verbalmente, desde que estejam presentes os pressupostos que autorizem a interceptação, caso em que a concessão será condicionada à sua redução a termo".

(c) Lei 9.296/96. Art. 5º A decisão será fundamentada, sob pena de nulidade, indicando também a forma de execução da diligência, que não poderá exceder o prazo de quinze dias, renovável por igual tempo uma vez comprovada a indispensabilidade do meio de prova. Art. 6º Deferido o pedido, a autoridade policial conduzirá os procedimentos de interceptação, dando ciência ao Ministério Público, que poderá acompanhar a sua realização.

(d) Art. 5º (...) "que não poderá exceder o prazo de quinze dias, renovável por igual tempo uma vez comprovada a indispensabilidade do meio de prova".

(e) É vedada a interceptação telefônica por prospecção. "Art. 2º Não será admitida a interceptação de comunicações telefônicas quando ocorrer qualquer das seguintes hipóteses: I – não houver indícios razoáveis da autoria ou participação em infração penal"

Gabarito: B

Para responder, tem que estudar: lei.

4.22. Crime de Organização Criminosa

108. (MPE/SP/Promotor/2019/93_Concurso) A Lei nº 12.850, de 2 de agosto de 2013, dentre outras disposições, definiu organização criminosa e dispôs sobre a investigação criminal, os meios de obtenção da prova, infrações penais correlatas e o procedimento criminal. A seu respeito, é correto afirmar que

a) tanto aquele que promove organização criminosa quanto o que, de qualquer forma, embaraça a investigação de infração penal que envolva organização criminosa serão apenados com pena de reclusão, de 3 (três) a 8 (oito) anos, e multa, sem prejuízo das penas correspondentes às demais infrações penais praticadas.

b) por expressa disposição legal, não existirá organização criminosa típica voltada a obter vantagem, de qualquer natureza, mediante a prática de contravenções penais.

c) se houver participação de criança ou adolescente na organização ou na associação criminosa, a pena será aumentada de 1/6 (um sexto) a 2/3 (dois terços).

d) quando a medida se fizer necessária à investigação ou instrução processual, se houver indícios suficientes de que o funcionário público integra organização criminosa, poderá o juiz determinar seu afastamento cautelar do cargo, emprego ou função, sem remuneração.

e) ao tratar da colaboração premiada, em seu artigo 4º, a lei restringe expressamente a concessão do perdão judicial à hipótese da localização de eventual vítima com a sua integridade física preservada.

ANOTAÇÕES/COMENTÁRIOS

(a) Letra "a" está correta. É o teor do artigo Art. 2º, da Lei 12.850/2013: "Art. 2º Promover, constituir, financiar ou integrar, pessoalmente ou por interposta pessoa, organização criminosa: Pena – reclusão, de 3 (três) a 8 (oito) anos, e multa, sem prejuízo das penas correspondentes às demais infrações penais praticadas. § 1º Nas mesmas penas incorre quem impede ou, de qualquer forma, embaraça a investigação de infração penal que envolva organização criminosa".

(b) A letra "b" está incorreta. Não é o que diz o art. 1º, da Lei 12.850/2013: "Art. 1º Esta Lei define organização criminosa e dispõe sobre a investigação criminal, os meios de obtenção da prova, infrações penais correlatas e o procedimento criminal a ser aplicado. § 1º Considera-se organização criminosa a associação de 4 (quatro) ou mais pessoas estruturalmente ordenada e caracterizada pela divisão de tarefas, ainda que informalmente, com objetivo de obter, direta ou indiretamente, vantagem de qualquer natureza, mediante a prática de infrações penais cujas penas máximas sejam superiores a 4 (quatro) anos, ou que sejam de caráter transnacional". Infração penal é gênero dos quais são espécie crimes e contravenções penais. Portanto, ao menos em tese, é possível que haja organização criminosa voltada a obter vantagem, de qualquer natureza, mediante a prática de contravenções penais.

(c) A letra "c" está incorreta. Em se tratando de organização criminosa, nos termos do art. 2º § 4º: "A pena é aumentada de 1/6 (um sexto) a 2/3 (dois terços): I – se há participação de criança ou adolescente". Todavia, quando se tratar de associação criminosa, o percentual da causa de aumento será de metade, consoante o art. 288, do Código Penal: "Associarem-se 3 (três) ou mais pessoas, para o fim específico de cometer crimes: Pena – reclusão, de 1 (um) a 3 (três) anos. Parágrafo único. A pena aumenta-se até a metade se a associação é armada ou se houver a participação de criança ou adolescente".

(d) A letra "d" está incorreta. O afastamento cautelar é possível, todavia, não há que se falar em suspensão da remuneração. É o teor do art. 2º, § 5º, da Lei 12.850/2013: "Se houver indícios suficientes de que o funcionário público integra organização criminosa, poderá o juiz determinar seu afastamento cautelar do cargo, emprego ou função, sem prejuízo da remuneração, quando a medida se fizer necessária à investigação ou instrução processual".

(e) A letra "e" está incorreta. Não é o que diz o art. 4º, da Lei 12.850/2013: "Art. 4º O juiz poderá, a requerimento das partes, conceder o perdão judicial, reduzir em até 2/3 (dois terços) a pena privativa de liberdade ou substituí-la por restritiva de direitos daquele que tenha colaborado efetiva e voluntariamente com a investigação e com o processo criminal, desde que dessa colaboração advenha um ou mais dos seguintes resultados: I – a identificação dos demais coautores e partícipes da organização criminosa e das infrações penais por eles praticadas; II – a revelação da estrutura hierárquica e da divisão de tarefas da organização criminosa; III – a prevenção de infrações penais decorrentes das atividades da organização criminosa; IV – a recuperação total ou parcial do produto ou do proveito das infrações penais praticadas pela organização criminosa; V – a localização de eventual vítima com a sua integridade física preservada".

Gabarito: A

Para responder, tem que estudar: lei.

4.23. Tratamento Jurídico do Tráfico de Pessoas

Tópico sem questões em provas recentes.

4.24. Lei de Execuções Penais

109. (MPE/SP/Promotor/2015/91_Concurso) A prática de falta grave pelo condenado durante a execução de sua pena:

a) Tem como consequência a perda de 1/3 (um terço) dos dias remidos.

b) Tem como consequência a perda total dos dias remidos.
c) Não acarreta a perda dos dias remidos, pois a remição é um direito do condenado de ver reduzido pelo trabalho o tempo de duração da pena privativa de liberdade a ele imposta.
d) Tem como consequências a perda total dos dias remidos e a interrupção do prazo para que possa ser beneficiado com o indulto.
e) Tem como consequências a perda de 1/3 (um terço) dos dias remidos e a impossibilidade de ser beneficiado com o indulto.

ANOTAÇÕES/COMENTÁRIOS

(a) Art. 127. Em caso de falta grave, o juiz poderá revogar até 1/3 (um terço) do tempo remido, observado o disposto no art. 57, recomeçando a contagem a partir da data da infração disciplinar. Lei n. 7.210/84.

(b) Art. 127. Em caso de falta grave, o juiz poderá revogar até 1/3 (um terço) do tempo remido, observado o disposto no art. 57, recomeçando a contagem a partir da data da infração disciplinar. Lei n. 7.210/84.

(c) Art. 126. O condenado que cumpre a pena em regime fechado ou semiaberto poderá remir, por trabalho ou por estudo, parte do tempo de execução da pena. Art. 127. Em caso de falta grave, o juiz poderá revogar até 1/3 (um terço) do tempo remido, observado o disposto no art. 57, recomeçando a contagem a partir da data da infração disciplinar. Lei n. 7.210/84.

(d) Art. 127. Em caso de falta grave, o juiz poderá revogar até 1/3 (um terço) do tempo remido, observado o disposto no art. 57, recomeçando a contagem a partir da data da infração disciplinar. Lei n. 7.210/84. Súmula 535/STJ. A prática de falta grave não interrompe o prazo para fim de comutação de pena ou indulto.

(e) Art. 127. Em caso de falta grave, o juiz poderá revogar até 1/3 (um terço) do tempo remido, observado o disposto no art. 57, recomeçando a contagem a partir da data da infração disciplinar. Lei n. 7.210/84. Súmula 535/STJ. A prática de falta grave não interrompe o prazo para fim de comutação de pena ou indulto.

Gabarito: A

Para responder, tem que estudar: lei e súmula/OJ.

DIREITO PROCESSUAL PENAL

Autora: Thaís Carneiro Fraga

VISÃO GERAL

PROVA DE DIREITO PROCESSUAL PENAL

As últimas seis provas do MPE/SP sobre processo penal foram baseadas na legislaçao (lei seca), poucas questões sobre doutrina e jurisprudência. Muitas questões sobre os temas: Inquérito policial e ação penal, competência, prisão e medidas cautelares pessoais alternativas à prisão, provas, tribunal do júri, recursos, e dos juizados especiais criminais e lei de execução penal.

Recomenda-se a leitura da doutrina em relação ao tema ação penal.

Atenção para a Lei Maria da Penha que sofreu alteração em 2017 e 2018.

Importante: O codigo de processo penal brasileiro sofreu alterações significativas em 24/12/2019 quando foi promulgada a lei 13.964/2019, conhecida como Pacote Anticrime. Contudo, várias ADI's (6298, 6299, 6300 e 6305,) foram propostas em face na novel legislação. Atualmente, encontra-se suspensa por meio de medida cautelar a eficácia das regras do Pacote Anticrime que instruem a figura do juiz das garantias, o novo procedimento de arquivamento de inquérito policial e audiência de custódia. Recomenda-se a leitura da lei 13.964/2019 e suas respectivas alterações para as próximas provas bem como o acompanhamento dos julgados mencionados.

Análise dos temas cobrados nas 06 últimas provas do Concurso para o cargo de Promotor de Justiça do Ministério Público do Estado de São Paulo que foram aplicadas nos seguintes anos: 2010 (Concurso 87°), 2011 (Concurso 88°), 2012 (Concurso 89°), 2013 (Concurso 90°), 2015 (Concurso 91°), 2017 (Concurso 92°) e 2019 (Concurso 93°).

TÓPICOS DO EDITAL	LEGISLAÇÃO	DOUTRINA	JURISPRUDÊNCIA
1. Princípios que regem o processo penal.		1-2019	
2. Aplicação e interpretação da lei processual.	2-2015	2-2015	
3. Inquérito policial, Investigação Criminal e Ação Penal.	4-2010	1-2010	1-2010
	2-2012	1-2012	3-2015
	1-2013	1-2015	1-2017
	7-2015		
	5-2017		
4. Jurisprudência e Competência.	4-2012		1-2012
	4-2013		1-2013
	3-2015		2-2015
	3-2017		2-2017
5. Reparação do dano "ex delicto". Ação civil e execução Civil da sentença penal.	1-2013		
	1-2017		
6. Questões e processos incidentes.	1-2010		
7. Prova.	1-2010 2-2019		2-2019
	1-2011	1-2017	3-2017
	1-2012		
	1-2013		
	1-2015		
	1-2017		

TÓPICOS DO EDITAL	LEGISLAÇÃO	DOUTRINA	JURISPRUDÊNCIA
8. Sujeitos do Processo.			
9. Prisão e medidas cautelares pessoais alternativas à prisão.	4-2010	1-2010	1-2010
	2-2011		1-2017
	1-2012		
	1-2013		
	1-2015		
	4-2017		
10. Fatos e atos processuais. Citação, notificação e intimação.	1-2015		4-2015
	3-2017 1-2019	1-2017	1-2017
11. Sentença. Coisa Julgada.	1-2010 1-2019		
	1-2015		
12. Interdição de direitos.			
13. Medida de segurança.			
14. Procedimento comum.	1-2010		
	4-2011		1-2011
15. Procedimento nos processos de competência do Tribunal do júri.	1-2012		
	2-2013		
	2-2015		
	2-2017		
16. Procedimentos especiais.			
A) Procedimento nos crimes falimentares.			
B) Procedimento nos crimes de responsabilidade de funcionários públicos.			
C) Procedimento nos crimes contra a honra.			
D) Procedimento nos crimes contra a propriedade imaterial.			
17. Lei dos Juizados especiais criminais.	3-2010 3-2019		2-2010
	4-2011		2-2011
	1-2012		
	1-2013		

TÓPICOS DO EDITAL	LEGISLAÇÃO	DOUTRINA	JURISPRUDÊNCIA
18. Nulidades.	1-2010 1-2019		
	1-2012		
19. Recursos e outros meios de impugnação.			
A) Teoria Geral dos Recursos.	3-2015		2-2015
B) Apelação. Recurso em sentido estrito. Embargos. Carta testemunhável. Correição Parcial.	4-2010	1-2010	
	2-2011		1-2012
	4-2012		4-2017
	1-2013		
	1-2017		
20. "Habeas Corpus." Mandado de segurança em matéria criminal.	1-2010		1-2010
	1-2017		4-2017
21. Execução Penal.	1-2012		
A) Objeto e aplicação da Lei de Execução Penal.			
B) O condenado e o internado. Classificação. Assistência. Trabalho.	1-2012		
C) Direitos e deveres do Preso.			
D) Disciplina. Faltas e sanções disciplinares. Regime disciplinar diferenciado. Procedimento disciplinar.	1-2010		1-2013
	2-2013		1-2017
E) Órgãos da execução penal.			
F) Estabelecimentos penais.			
G) Execução das penas privativas de liberdade. Regimes. Autorizações de saída. Remição. Livramento condicional. Sursis.	1-2011		
	1-2012		
	1-2013		
H) Execução das penas restritivas de direitos.			
I) Suspensão condicional da pena.			
J) Execução das penas de multa.			
K) Execução das medidas de segurança.			
L) Incidentes de execução. Conversões. Excesso ou desvio de execução. Anistia. Indulto.			

TÓPICOS DO EDITAL	LEGISLAÇÃO	DOUTRINA	JURISPRUDÊNCIA
M) Procedimentos judiciais. Recursos.			
22. Disposições processuais penais em leis especiais			
A) Prisão Temporária.			
B) Crimes Hediondos.			
C) Repressão aos crimes praticados por organizações criminosas.	1-2010 1-2019		
	1-2013		
D) Crimes de trânsito.	1-2011		
E) Crimes contra o meio ambiente.			
F) Crimes de lavagem de capitais.	4-2011		1-2011
	1-2012		
G) Proteção a vítimas e testemunhas ameaçadas e a réus colaboradores.	1-2012		
H) Identificação criminal.			
I) Crimes referentes à falência e a recuperação judicial ou extrajudicial.			
J) Violência doméstica e familiar contra a mulher.	1-2011		
K) Crimes de drogas.			
L) Interceptação (ou escuta) telefônica.	1-2010		
M) Abuso de autoridade			

1. PRINCÍPIOS QUE REGEM O PROCESSO PENAL

1. (MPE/SP/Promotor/2019/93_Concurso) Assinale a alternativa incorreta:

a) A ação persecutória do Estado para revestir-se de legitimidade não pode se apoiar em elementos probatórios ilicitamente obtidos, sob pena de ofensa à garantia constitucional do devido processo legal, que tem, no dogma da inadmissibilidade das provas ilícitas, uma de suas mais expressivas projeções concretizadoras no plano do nosso sistema de direito positivo.

b) Na hipótese de o órgão legitimado pela investigação e propositura das medidas judiciais pertinentes demonstrar que obteve legitimamente novos elementos de informação a partir de uma fonte autônoma de prova, esta deverá ser admitida, porque não se considera corrompida pela nódoa da ilicitude originária.

c) Considerando a inidoneidade jurídica da prova ilicitamente obtida, eventual prova produzida de modo válido em momento subsequente, mas derivada de prova comprometida da ilicitude originária, deve ser declarada ilícita por derivação (a doutrina dos frutos da árvore envenenada).

d) A realização de gravação ambiental por um dos interlocutores sem conhecimento do outro é considerada lícita

e) Por meio de um juízo de ponderação de interesses, a garantia constitucional da inadmissibilidade da prova ilícita pode ser afastada a fim de permitir, no caso concreto, a prevalência do interesse público consubstanciado na eficácia da repressão penal.

ANOTAÇÕES/COMENTÁRIOS

a) A banca cobrou o entendimento jurisprudencial exarado no seguinte julgado: STF. 2ª Turma. RHC 90.376/RJ, rel. Min. Celso de Mello, j. 03.04.2007.

b) É a chamada teoria da fonte independente -independent source doctrine, também conhecida como exceção da fonte independente. Conforme ensina Renato Brasileiro, "se o órgão da persecução penal demonstrar que obteve, legitimamente, novos elementos de informação a partir de uma fonte independente autônoma de prova, que não guarde qualquer relação de dependência, nem decorra da prova originariamente ilícita, com esta não mantendo vínculo causal, tais dados probatórios são admissíveis, porque não contaminados pela mácula da ilicitude originária."-

c) Item explicado na assertiva "a".

d) A banca cobrou o entendimento do STF no RE 583.937-QO/RJ e STJ. 6ª Turma. HC 512290-RJ, Rel. Min. Rogerio Schietti Cruz, julgado em 18/08/2020 (Info 677).

e) A banca cobrou entendimento previsto no RE 583.937-QO/RJ. Ressalta-se que a lei 13.964/2019 acrescentou à lei 9.296 o art. 8º-a e nos parágrafos 4º e 5º disciplinou a respeito da captação ambiental, contudo, não dispôs sobre a necessidade de autorização judicial para a gravação de diálogo por um dos seus interlocutores. Não se deve confundir a clandestinidade da gravação com a ilicitude da prova, é possível que qualquer pessoa grave a sua própria conversa, independentemente de conhecimento da outra parte. O que a legislação penal veda, e, portanto, torna ilícita a prova decorrente, é a divulgação da conversa sigilosa, sem justa causa.

Gabarito: E

Para responder, tem que estudar: jurisprudência e teoria/doutrina.

2. APLICAÇÃO E INTERPRETAÇÃO DA LEI PROCESSUAL

2. **(MPE/SP/Promotor/2015/91_Concurso)** Assinale a alternativa correta:

a) A lei processual penal que entrar em vigor, alterando as regras de competência, não é aplicável aos processos em curso.

b) Se o ato processual for complexo e iniciar-se sob a vigência de uma lei de natureza processual penal e, antes de se completar, outra for promulgada, modificando-o, devem ser obedecidas as normas da lei antiga.
c) A lei processual penal deverá retroagir se for mais favorável ao acusado.
d) Se a lei nova tiver natureza mista sua aplicação é imediata e irretroativa, posto que prejudicial ao acusado.
e) Todas as alternativas estão incorretas.

ANOTAÇÕES/COMENTÁRIOS

(a) CPP: Art. 2º A lei processual penal aplicar-se-á desde logo, sem prejuízo da validade dos atos realizados sob a vigência da lei anterior.

(B) Decisão da banca acerca da alternativa: "Não se discute que em matéria processual incide a regra do 'tempus regit actum'. Esse brocardo, no entanto, não soluciona todas as possíveis ocorrências na prática processual penal. Uma delas, sem dúvida, diz respeito ao ato processual complexo, isto é, aquele ato que pode se iniciar sob a vigência de uma lei processual e, antes de se completar, ser afetado por outra, que o modifique. O objetivo da questão era justamente o de aferir se o candidato tinha conhecimento que extrapolasse o lugar-comum. Em casos como o retratado no problema, isto é, se o ato processual for complexo e iniciar-se sob a vigência de uma lei de natureza processual e, antes de se completar, outra for promulgada, modificando-o, devem ser obedecidas as normas da lei antiga, não há dissidência na doutrina ou nos tribunais a esse respeito (lembre-se o exemplo clássico da lei processual que altere um prazo recursal no seu período de fluência). A citação doutrinária colacionada no recurso refere-se à aplicação pura e simples da lei processual no tempo, não cuidando especificamente do ato complexo, portanto, é inadequada para os fins a que se destina. Em outras palavras, não se compreendeu a essência da alternativa. Observe-se, por fim, que essa é a recomendação expressamente prevista na Lei de Introdução ao Código de Processo Penal. Não ocorreu, portanto, a alegada ofensa ao disposto no artigo 17, § 1º, da Resolução nº 14 do Conselho Nacional do Ministério Público".

(c) Art. 2º do CPP. No processo penal, de acordo com a doutrina majoritária, vigora o princípio da irretroatividade da lei processual penal.

(d) De acordo com Renato Brasileiro, normas penais de natureza mista são aquelas que abrigam naturezas diversas, de caráter penal e de caráter processual penal. Normas penais são aquelas que cuidam do crime, da pena, da medida de segurança, dos efeitos da condenação e do direito de punir do Estado (v.g., causas extintivas da punibilidade). De sua vez, normas processuais penais são aquelas que versam sobre o processo desde o seu início até o final da execução ou extinção da punibilidade. Assim, se um dispositivo legal, embora inserido em lei processual, versa sobre regra penal, de direito material, a ele serão aplicáveis os princípios que regem a lei penal, de ultratividade e retroatividade da lei mais benigna.

(E) Vide comentários acima.

Gabarito: B

Para responder, tem que estudar: lei e teoria/doutrina.

3. INQUÉRITO POLICIAL, INVESTIGAÇÃO CRIMINAL E AÇÃO PENAL

3. **(MPE/SP/Promotor/2010/87_Concurso)** Assinale a afirmativa incorreta, em relação ao inquérito policial:

a) nos crimes de ação penal privada, a autoridade policial somente pode instaurar o inquérito policial a requerimento do ofendido.

b) o inquérito policial é imprescindível para instruir o oferecimento da denúncia.

c) a autoridade policial não pode determinar o arquivamento do inquérito policial.

d) a autoridade policial pode indeferir o pedido de instauração de inquérito policial feito pelo ofendido.

e) segundo entendimento do Supremo Tribunal Federal, consolidado em súmula vinculante, o defensor do investigado pode ter acesso aos elementos de convencimento já documentados em procedimento investigatório realizado por órgão da polícia judiciária, desde que digam respeito ao exercício da defesa e no interesse do seu representado.

ANOTAÇÕES/COMENTÁRIOS

(a) CPP: Art. 5º, § 5º Nos crimes de ação privada, a autoridade policial somente poderá proceder a inquérito a requerimento de quem tenha qualidade para intentá-la.

(b) CPP: Art. 27. Qualquer pessoa do povo poderá provocar a iniciativa do Ministério Público, nos casos em que caiba a ação pública, fornecendo-lhe, por escrito, informações sobre o fato e a autoria e indicando o tempo, o lugar e os elementos de convicção. Art. 39, § 5º O órgão do Ministério Público dispensará o inquérito, se com a representação forem oferecidos elementos que o habilitem a promover a ação penal, e, neste caso, oferecerá a denúncia no prazo de quinze dias.

(c) CPP: Art. 17. A autoridade policial não poderá mandar arquivar autos de inquérito.

(d) CPP: Art. 5º Nos crimes de ação pública o inquérito policial será iniciado: I – de ofício; II – mediante requisição da autoridade judiciária ou do Ministério Público, ou a requerimento do ofendido ou de quem tiver qualidade para representá-lo. § 2º Do despacho que indeferir o requerimento de abertura de inquérito caberá recurso para o chefe de Polícia.

(e) Súmula Vinculante 14/STF: É direito do defensor, no interesse do representado, ter acesso amplo aos elementos de prova que, já documentados em procedimento investigatório realizado por órgão com competência de polícia judiciária, digam respeito ao exercício do direito de defesa.

Gabarito: B

Para responder, tem que estudar: lei e súmula/OJ.

4. **(MPE/SP/Promotor/2010/87_Concurso)** São princípios que regem a ação penal privada:
   a) disponibilidade e indivisibilidade.
   b) obrigatoriedade e intranscendência.
   c) indivisibilidade e obrigatoriedade.
   d) oportunidade e indisponibilidade.
   e) intranscendência e indisponibilidade.

ANOTAÇÕES/COMENTÁRIOS

(a) De acordo com Renato Brasileiro, são princípios que regem a ação penal privada: i. Princípio do "ne procedat iudex ex officio": com a adoção do sistema acusatório pela Constituição Federal, ao juiz não é dado iniciar um processo de ofício. Com a promulgação da lei 13.964/2019 (Pacote Anticrime) agora está expressamente previsto no Código de Processo Penal o princípio do sistema acusatório, previsto no artigo 3º-A "O processo penal terá estrutura acusatória, vedadas a iniciativa do juiz na fase de investigação e a substituição da atuação probatória do órgão de acusação." ii. Princípio do ne bis in idem: ninguém pode ser processado duas vezes pela mesma imputação. Previsto expressamente na Convenção Americana sobre Direitos Humanos (Dec. 678/92, art. 8º, nº 4). iii. Princípio da intranscendência: a ação penal de iniciativa privada só pode ser proposta em relação ao provável autor do delito. iv. Princípio da oportunidade ou da conveniência: mediante critérios próprios de oportunidade ou conveniência, o ofendido pode optar pelo oferecimento (ou não) da queixa-crime. Caso não pretenda exercer seu direito, pode permanecer inerte durante o curso do prazo decadencial, ou renunciar (expressa ou tacitamente) ao direito de queixa, situações que darão ensejo à extinção da punibilidade em relação aos crimes de ação penal exclusivamente privada e de ação penal privada personalíssima, nos termos do art. 107, inciso IV e V, do CP. v. Princípio da disponibilidade: o querelante poderá dispor do processo penal em andamento. Formas de disposição: perdão do ofendido; perempção; conciliação e assinatura de termo de desistência, no procedimento dos crimes contra a honra de competência do juiz singular (CPP, art. 522). vi. Princípio da indivisibilidade: o ofendido não é obrigado a agir (princípio da oportunidade ou conveniência). Porém, se quiser exercer seu direito de queixa-crime, é obrigado a exercê-lo em relação a todos os coautores e partícipes do fato delituoso. Como dispõe o art. 48 do CPP, o processo de um obriga ao processo de todos. Como consequência desse princípio, a renúncia ao exercício do direito de queixa em relação a um dos autores do crime estende-se aos demais (CPP, art. 49). Da mesma forma, o perdão concedido a um dos querelados aproveita a todos, salvo se um deles não o aceitar (CPP, art. 51). Sendo o MP fiscal desse princípio. vii. Princípio da oficialidade: a legitimidade para a persecução penal recai sobre órgãos do Estado, porém apenas na fase pré-processual. viii. Princípio da autoritariedade: o órgão responsável pela persecução criminal é autoridade pública, porém apenas na fase pré-processual.

(b, c, d, e) Vide comentários acima.

Gabarito: A

Para responder, tem que estudar: teoria/doutrina.

5. **(MPE/SP/Promotor/2012/89_Concurso)** É correto afirmar:

a) O prazo para o oferecimento da denúncia, como regra geral, é de 5 (cinco) dias se o réu estiver preso e de 15 (quinze) dias se estiver solto ou afiançado; tratando-se de crime de tráfico de entorpecentes descrito na Lei nº 11.343/2006, o prazo é de 10 (dez) dias se o réu estiver preso e de 30 (trinta) dias se estiver solto.
b) O prazo para o aditamento pelo Ministério Público da queixa oferecida na ação penal privada subsidiária é de 5 (cinco) dias.
c) O número máximo de testemunhas a serem arroladas na denúncia é 8 (oito) no procedimento ordinário e no procedimento relativo aos processos de competência do Tribunal do Júri e 3 (três) no procedimento sumário.
d) A descrição na denúncia de um fato típico acobertado por uma causa de exclusão da antijuridicidade constitui razão suficiente para sua rejeição.
e) A ausência de representação do ofendido, nas ações públicas condicionadas, não impede o oferecimento da denúncia, admitindo-se que a omissão seja suprida a qualquer tempo, antes da sentença final.

ANOTAÇÕES/COMENTÁRIOS

(a) CPP: Art. 46. O prazo para oferecimento da denúncia, estando o réu preso, será de 5 dias, contado da data em que o órgão do Ministério Público receber os autos do inquérito policial, e de 15 dias, se o réu estiver solto ou afiançado. No último caso, se houver devolução do inquérito à autoridade policial (art. 16), contar-se-á o prazo da data em que o órgão do Ministério Público receber novamente os autos. // Lei 11.343/06: Art. 54. Recebidos em juízo os autos do inquérito policial, de Comissão Parlamentar de Inquérito ou peças de informação, dar-se-á vista ao Ministério Público para, no prazo de 10 (dez) dias, adotar uma das seguintes providências: III – oferecer denúncia, arrolar até 5 (cinco) testemunhas e requerer as demais provas que entender pertinentes.

(b) CPP: Art. 46, § 2º O prazo para o aditamento da queixa será de 3 dias, contado da data em que o órgão do Ministério Público receber os autos, e, se este não se pronunciar dentro do tríduo, entender-se-á que não tem o que aditar, prosseguindo-se nos demais termos do processo.

(c) Procedimento Ordinário: Art. 401 do CPP. Na instrução poderão ser inquiridas até 8 (oito) testemunhas arroladas pela acusação e 8 (oito) pela defesa. // Tribunal do Júri: art. 406 do CPP. § 2º A acusação deverá arrolar testemunhas, até o máximo de 8 (oito), na denúncia ou na queixa. § 3º Na resposta, o acusado poderá arguir preliminares e alegar tudo que interesse a sua defesa, oferecer documentos e justificações, especificar as provas pretendidas e arrolar testemunhas, até o máximo de 8 (oito), qualificando-as e requerendo sua intimação, quando necessário. // Procedimento sumário: Art. 532 do CPP. Na instrução, poderão ser inquiridas até 5 (cinco) testemunhas arroladas pela acusação e 5 (cinco) pela defesa.

(d) CPP: Art. 395. A denúncia ou queixa será rejeitada quando: I – for manifestamente inepta; II – faltar pressuposto processual ou condição para o exercício da ação penal; ou III – faltar justa causa para o exercício da ação penal.

(e) CPP: Art. 24. Nos crimes de ação pública, esta será promovida por denúncia do Ministério Público, mas dependerá, quando a lei o exigir, de requisição do Ministro da Justiça, ou de representação do ofendido ou de quem tiver qualidade para representá-lo.

Gabarito: D

Para responder, tem que estudar: lei.

6. (MPE/SP/Promotor/2012/89_Concurso) É correto afirmar:

a) O direito de queixa na ação penal privada subsidiária não se sujeita à decadência.

b) O princípio da indivisibilidade não se aplica à ação penal privada exclusiva.

c) A retratação da renúncia ao direito de queixa é possível se ainda em curso o prazo decadencial.

d) A atuação do órgão do Ministério Público, nas ações penais públicas condicionadas à representação do ofendido, não é regida pelo princípio da obrigatoriedade.

e) A extinção da pessoa jurídica querelante em ação penal privada exclusiva, na ausência de sucessor, é causa de perempção.

ANOTAÇÕES/COMENTÁRIOS

(a) CPP: Art. 38. Salvo disposição em contrário, o ofendido, ou seu representante legal, decairá no direito de queixa ou de representação, se não o exercer dentro do prazo de seis meses, contado do dia em que vier a saber quem é o autor do crime, ou, no caso do art. 29, do dia em que se esgotar o prazo para o oferecimento da denúncia. Parágrafo único. Verificar-se-á a decadência do direito de queixa ou representação, dentro do mesmo prazo, nos casos dos arts. 24, parágrafo único, e 31.

(b) Se aplica o Princípio da indivisibilidade na ação penal privada: o ofendido não é obrigado a agir (princípio da oportunidade ou conveniência). Porém, se quiser exercer seu direito de queixa-crime, é obrigado a exercê-lo em relação a todos os coautores e partícipes do fato delituoso. Como dispõe o art. 48 do CPP, o processo de um obriga ao processo de todos. Como consequência desse princípio, a renúncia ao exercício do direito de queixa em relação a um dos autores do crime estende-se aos demais (CPP, art. 49). Da mesma forma, o perdão concedido a um dos querelados aproveita a todos, salvo se um deles não o aceitar (CPP, art. 51). Sendo o MP fiscal desse princípio.

(c) A renúncia é irretratável, pois enseja extinção da punibilidade.

(d) Renato Brasileiro afirma que: de acordo com o princípio da obrigatoriedade da ação penal pública, também denominado de legalidade processual, aos órgãos persecutórios criminais não se reserva qualquer critério político ou de utilidade social para decidir se atuarão ou não. Assim é que, diante da notícia de uma infração penal, da mesma forma que as autoridades policiais têm a obrigação de proceder à apuração do fato delituoso, ao órgão do Ministério Público se impõe o dever de oferecer denúncia caso visualize elementos de informação quanto à existência de fato típico, ilícito e culpável, além da presença das condições da ação penal e de justa causa para a deflagração do processo criminal.

(e) CPP: Art. 60. Nos casos em que somente se procede mediante queixa, considerar-se-á perempta a ação penal: IV – quando, sendo o querelante pessoa jurídica, esta se extinguir sem deixar sucessor.

Gabarito: E

Para responder, tem que estudar: lei e teoria/doutrina.

7. **(MPE/SP/Promotor/2013/90_Concurso)** Assinale a alternativa que está em desacordo com disposições do Código de Processo Penal relacionadas com o inquérito policial.

   a) Diante de comunicação anônima, noticiando crime de ação penal pública incondicionada, a Autoridade Policial poderá instaurar inquérito policial se constatar a procedência das informações.

   b) Nos casos em que a propositura da ação penal pública está condicionada à representação do ofendido, esta também é indispensável para a instauração do inquérito policial.

   c) A juízo da Autoridade Policial, diligências que o indiciado e o ofendido reputem úteis ao esclarecimento de fatos apurados no inquérito podem deixar de ser realizadas, a menos que se trate de exame de corpo de delito.

   d) A decisão de arquivamento do inquérito policial, fundamentada na atipicidade de conduta, pode ser impugnada pelo ofendido por meio de recurso em sentido estrito.

   e) Nos casos de ação penal pública incondicionada, o inquérito policial é dispensável para instruir denúncia, se o Ministério Público dispõe de outros elementos informativos.

ANOTAÇÕES/COMENTÁRIOS

(a) CPP: Art. 5º, § 3º Qualquer pessoa do povo que tiver conhecimento da existência de infração penal em que caiba ação pública poderá, verbalmente ou por escrito, comunicá-la à autoridade policial, e esta, verificada a procedência das informações, mandará instaurar inquérito.

(b) CPP: Art. 5º, § 4º O inquérito, nos crimes em que a ação pública depender de representação, não poderá sem ela ser iniciado.

(c) CPP: Art. 14. O ofendido, ou seu representante legal, e o indiciado poderão requerer qualquer diligência, que será realizada, ou não, a juízo da autoridade. Art. 158. Quando a infração deixar vestígios, será indispensável o exame de corpo de delito, direto ou indireto, não podendo supri-lo a confissão do acusado.

(d) Em regra, a decisão que arquiva o Inquérito policial é irrecorrível. Além disso, o art. 581 do CPP estabelece um rol taxativa das hipóteses em que caberá RESE. Com a lei 13.964/2019, o arquivamento previsto no art. 28 sofreu a seguinte alteração: Art. 28. Ordenado o arquivamento do inquérito policial ou de quaisquer elementos informativos da mesma natureza, o órgão do Ministério Público comunicará à vítima, ao investigado e à autoridade policial e encaminhará os autos para a instância de revisão ministerial para fins de homologação, na forma da lei. § 1º Se a vítima, ou seu representante legal, não concordar com o arquivamento do inquérito policial, poderá, no prazo de 30 (trinta) dias do recebimento da comunicação, submeter a matéria à revisão da instância competente do órgão ministerial, conforme dispuser a respectiva lei orgânica. § 2º Nas ações penais relativas a crimes praticados em detrimento da União, Estados e Municípios, a revisão do arquivamento do inquérito policial poderá ser provocada pela chefia do órgão a quem couber a sua representação judicial. Lembre-se que a vigência desse dispositivo se encontra suspensa. (ADI's (Vide ADI 6.298) (Vide ADI 6.300) (Vide ADI 6.305).

(e) CPP: Art. 27. Qualquer pessoa do povo poderá provocar a iniciativa do Ministério Público, nos casos em que caiba a ação pública, fornecendo-lhe, por escrito, informações sobre o fato e a autoria e indicando o tempo, o lugar e os elementos de convicção.

Gabarito: D

Para responder, tem que estudar: lei.

8. (MPE/SP/Promotor/2015/91_Concurso) Assinale a alternativa correta:

a) O sigilo do inquérito pode, em qualquer situação, ser oposto ao advogado do indiciado.

b) O inquérito policial, na atual sistemática processual, é exclusivamente escrito, nos termos dos artigos 9º e 405, § 1º, ambos do Código de Processo Penal.

c) Na investigação criminal assegura-se o contraditório, a ampla defesa e o direito à prova e, por essa razão, não seria razoável que ela fosse atribuída, posto que em casos especiais, àquele que é parte no processo.

d) Nas infrações de menor potencial ofensivo, de ação penal pública condicionada, a investigação – que se dá por meio de termo circunstanciado – prescinde de representação do ofendido.

e) Na Lei dos Juizados Especiais Criminais, o cumprimento do acordo quanto à reparação dos danos importará renúncia ao direito de representação.

ANOTAÇÕES/COMENTÁRIOS

(a) Súmula Vinculante 14/STF: É direito do defensor, no interesse do representado, ter acesso amplo aos elementos de prova que, já documentados em procedimento investigatório realizado por órgão com competência de polícia judiciária, digam respeito ao exercício do direito de defesa.

(b) Art. 9º e art. 405, § 1º, do CPP: Art. 9º Todas as peças do inquérito policial serão, num só processado, reduzidas a escrito ou datilografadas e, neste caso, rubricadas pela autoridade. Art. 405. Do ocorrido em audiência será lavrado termo em livro próprio, assinado pelo juiz e pelas partes, contendo breve resumo dos fatos relevantes nela ocorridos. § 1º Sempre que possível, o registro dos depoimentos do investigado, indiciado, ofendido e testemunhas será feito pelos meios ou recursos de gravação magnética, estenotipia, digital ou técnica similar, inclusive audiovisual, destinada a obter maior fidelidade das informações.

(c) O Inquérito policial é inquisitivo, não há contraditório e ampla defesa.

(d) Art. 69 e art. 75 da Lei 9.099/95: o direito de representação é exercido posteriormente, não sendo necessário obter para se lavrar o termo circunstanciado. Art. 69. A autoridade policial que tomar conhecimento da ocorrência lavrará termo circunstanciado e o encaminhará imediatamente ao Juizado, com o autor do fato e a vítima, providenciando-se as requisições dos exames periciais necessários. Art. 75. Não obtida a composição dos danos civis, será dada imediatamente ao ofendido a oportunidade de exercer o direito de representação verbal, que será reduzida a termo. Parágrafo único. O não oferecimento da representação na audiência preliminar não implica decadência do direito, que poderá ser exercido no prazo previsto em lei.

(e) Art. 74 da Lei 9.099/95: Art. 74. A composição dos danos civis será reduzida a escrito e, homologada pelo Juiz mediante sentença irrecorrível, terá eficácia de título a ser executado no juízo civil competente. Parágrafo único. Tratando-se de ação penal de iniciativa privada ou de ação penal pública condicionada à representação, o acordo homologado acarreta a renúncia ao direito de queixa ou representação.

Gabarito: D

Para responder, tem que estudar: lei e súmula/OJ.

9. (MPE/SP/Promotor/2015/91_Concurso) Questão atualizada. Assinale a alternativa correta:

a) O Tribunal está obrigado a acolher a manifestação de arquivamento de investigação criminal formulada pelo Procurador-geral de Justiça, na hipótese de competência originária.

b) Na solução do conflito de atribuições entre órgãos do Ministério Público, tendo por objeto o foro competente para a propositura de virtual ação penal, o Procurador-geral de Justiça deverá designar outro Promotor de Justiça para atuar no feito e, dessa forma, preservar a independência funcional do vencido.

c) A promoção de arquivamento do inquérito, apresentada no prazo legal, não impede a propositura da ação penal privada subsidiária à pública (CPP, artigo 29).

d) A possibilidade de se produzirem novas provas autoriza o desarquivamento do inquérito policial pelo Ministério Público.

e) O arquivamento do inquérito, pautado na atipicidade do fato, não impede o seu desarquivamento, desde que sejam produzidas novas provas.

ANOTAÇÕES/COMENTÁRIOS

(a) STF, Inq 1443: Inquérito policial: arquivamento: quando se vincula o órgão judiciário ao pedido do chefe do Ministério Público. Diversamente do que sucede nos casos em que o pedido de arquivamento pelo Ministério Público das peças informativas se lastreia na atipicidade dos fatos – que reputa apurados – ou na extinção de sua punibilidade – que, dados os seus efeitos de coisa julgada material – hão de ser objeto de decisão jurisdicional do órgão judiciário competente, o que – com a anuência do Procurador-Geral da República – se funda na inexistência de base empírica para a denúncia é de atendimento compulsório pelo Tribunal.

(b) Art. 10, X, da Lei 8.625/93: Art. 10. Compete ao Procurador-Geral de Justiça: X – dirimir conflitos de atribuições entre membros do Ministério Público, designando quem deva oficiar no feito;

(c) A ação penal privada subsidiária da pública (ou supletiva), por força da própria Constituição Federal (art. 5º, LIX), somente pode ser proposta quando caracterizada a inércia do Ministério Público. A promoção do arquivamento não caracteriza a inércia. Cuidado: ARE 859251 RG: Recurso extraordinário com agravo. Repercussão geral. Constitucional. Penal e processual penal. 2. "Habeas corpus". Intervenção de terceiros. Os querelantes têm legitimidade e interesse para intervir em ação de "habeas corpus" buscando o trancamento da ação penal privada e recorrer da decisão que concede a ordem. 3. A promoção do arquivamento do inquérito, posterior à propositura da ação penal privada, não afeta o andamento desta. 4. Os fatos, tal como admitidos na instância recorrida, são suficientes para análise da questão constitucional. Provimento do agravo de instrumento, para análise do recurso extraordinário. 5. Direito a mover ação penal privada subsidiária da pública. Art. 5º, LIX, da Constituição Federal. Direito da vítima e sua família à aplicação da lei penal, inclusive tomando as rédeas da ação criminal, se o Ministério Público não agir em tempo. Relevância jurídica. Repercussão geral reconhecida. 6. Inquérito policial relatado remetido ao Ministério Público. Ausência de movimentação externa ao Parquet por prazo superior ao legal (art. 46 do Código de Processo Penal). Surgimento do direito potestativo a propor ação penal privada. 7. Questão constitucional resolvida no sentido de que: (i) o ajuizamento da ação penal privada pode ocorrer após o decurso do prazo legal, sem que seja oferecida denúncia, ou promovido o arquivamento, ou requisitadas diligências externas ao Ministério Público. Diligências internas à instituição são irrelevantes; (ii) a conduta do Ministério Público posterior ao surgimento do direito de queixa não prejudica sua propositura. Assim, o oferecimento de denúncia, a promoção do arquivamento ou a requisição de diligências externas ao Ministério Público, posterior ao decurso do prazo legal para a propositura da ação penal, não afastam o direito de queixa. Nem mesmo a ciência da vítima ou da família quanto a tais diligências afasta esse direito, por não representar concordância com a falta de iniciativa da ação penal pública. 8. Reafirmação da jurisprudência do Supremo Tribunal Federal. 9. Recurso extraordinário provido, por maioria, para reformar o acórdão recorrido e denegar a ordem de "habeas corpus", a fim de que a ação penal privada prossiga, em seus ulteriores termos.

(d) STF HC 94869: Com efeito, a Súmula 524 desta Suprema Corte estabelece que, 'arquivado o inquérito policial, por despacho do juiz, a requerimento do promotor de justiça, não pode a ação penal ser iniciada, sem novas provas'. A situação sob análise não é, como visto, a de oferecimento de denúncia após o desarquivamento de inquérito, mas de reabertura de inquérito. Para que ocorra o desarquivamento de inquérito, basta que haja notícia de novas provas, nos termos do art. 18 do Código de Processo Penal, enquanto não se extinguir a punibilidade pela prescrição. De fato, diante da notícia de novos elementos de convicção veiculada pelo Parquet, afigura-se admissível a reabertura das investigações nos termos da parte final do citado dispositivo do CPP, mesmo porque o arquivamento de inquérito policial não faz coisa julgada nem acarreta a preclusão, por cuidar-se de decisão tomada rebus sic stantibus. Assento, por oportuno, que não se discute aqui a possibilidade de o Ministério Público apresentar a denúncia diretamente, prescindindo do inquérito policial, quando tiver elementos de convicção suficientes para fazê-lo, nos termos do art. 46, § 1º, do CPP, mas de desarquivamento de inquérito policial. Convém registrar, ainda, que, se para desarquivar o inquérito policial basta a notícia de provas novas, diversamente, o Ministério Público só ofertar a denúncia se tiverem sido produzidas provas novas, nos termos da supramencionada Súmula 524 do STF. Como bem observa Afrânio Silva Jardim, atualmente, toda questão relativa ao desarquivamento vem sendo examinada e resolvida por meio da automática aplicação da mencionada Súmula, como se ela estivesse limitada a uma interpretação extensiva do artigo 18 da lei processual penal. Não se percebeu, lembra ele, a real diferença entre o que está escrito na norma legal e aquilo que diz a jurisprudência sumulada. Mas a diferença é evidente, fazendo com que ambas as regras tenham campos de incidência distintos, como lembrou o Procurador-Geral da República. Enquanto o art. 18 regula o desarquivamento de inquérito policial, quando decorrente da carência de provas (falta de base para denúncia), só admitindo a continuidade das investigações se houver notícia de novas provas, a Súmula 524 cria uma condição específica para o desencadeamento da ação penal, caso tenha sido antes arquivado o procedimento, qual seja, a produção de novas provas. É certo, ademais, que o desarquivamento pode importar na imediata propositura da ação penal, se as novas provas tornem dispensável a realização de qualquer outra diligência policial. Mas isso não quer dizer que esses dois momentos – o desarquivamento e o ajuizamento da demanda – possam ser confundidos. Como salientei acima, para o desarquivamento é suficiente a notícia de novas provas, legitimando o prosseguimento das investigações encerradas pela decisão de arquivamento. Já a propositura da ação penal dependerá do sucesso destas investigações, isto é, da efetiva produção de novas provas. Sem tal requisito, faltará justa causa para a ação penal, devendo a denúncia ser rejeitada nos termos do artigo 43, III, do CPP. Desse modo, o desarquivamento do inquérito policial nada mais significa do que uma decisão administrativa, de natureza persecutória, no sentido de modificar os efeitos do arquivamento. Enquanto este tem como consequência a cessação das investigações, aquele tem como efeito a retomada das investigações inicialmente paralisadas pela decisão de arquivamento. Em resumo, sem notícia de prova nova o inquérito policial não pode ser desarquivado, e sem produção de prova nova não pode ser proposta ação penal. É evidente que o juiz poderá sempre rejeitar a denúncia do Ministério Público, com base no inquérito policial desarquivado, se ela não tiver arrimada em novas provas. Mas, para que estas novas provas sejam apresentadas, é preciso permitir a reativação das investigações, mediante o desarquivamento do inquérito, em face da notícia de novas provas. Afasta-se, pois, na espécie, a incidência da Súmula 524, porque ela – insisto – não regula o desarquivamento, disciplinando apenas, o exercício da ação penal baseada em inquérito arquivado.

(e) STF, HC 84156: INQUÉRITO POLICIAL – ARQUIVAMENTO ORDENADO POR MAGISTRADO COMPETENTE, A PEDIDO DO MINISTÉRIO PÚBLICO, POR AUSÊNCIA DE TIPICIDADE PENAL DO FATO SOB APURAÇÃO – REABERTURA DA INVESTIGAÇÃO POLICIAL – IMPOSSIBILIDADE EM TAL HIPÓTESE – EFICÁCIA PRECLUSIVA DA DECISÃO JUDICIAL QUE DETERMINA O ARQUIVAMENTO DO INQUÉRITO POLICIAL, POR ATIPICIDADE DO FATO – PEDIDO DE "HABEAS CORPUS" DEFERIDO. Não se revela cabível a reabertura das investigações penais, quando o arquivamento do respectivo inquérito policial tenha sido determinado por magistrado competente, a pedido do Ministério Público, em virtude da atipicidade penal do fato sob apuração, hipótese em que a decisão judicial – porque definitiva – revestir-se-á de eficácia preclusiva e obstativa de ulterior instauração da "persecutio criminis", mesmo que a peça acusatória busque apoiar-se em novos elementos probatórios. Inaplicabilidade, em tal situação, do art. 18 do CPP e da Súmula 524/STF.

Gabarito: A

Para responder, tem que estudar: jurisprudência e súmula/OJ.

10. (MPE/SP/Promotor/2015/91_Concurso) Assinale a alternativa correta:

a) A vítima poderá, em hipótese específica, provocar a prestação da tutela jurisdicional, mesmo em crime de ação pública. Neste caso, o Promotor de Justiça atuará como interveniente obrigatório subsidiário.

b) A requisição do Ministro da Justiça é, por definição, uma ordem legal e, portanto, impõe o oferecimento da denúncia e o início da ação penal nos delitos a ela condicionados.

c) O princípio da indivisibilidade da ação privada não comporta exceções.

d) O crime de lesões corporais dolosas de natureza leve, quando envolver violência doméstica contra mulher, é de ação pública condicionada à representação.

e) O fenômeno da assistência no processo penal pode se verificar nas ações penais públicas e privadas, nos termos do artigo 268 do Código de Processo Penal.

ANOTAÇÕES/COMENTÁRIOS

(a) CPP: Art. 29. Será admitida ação privada nos crimes de ação pública, se esta não for intentada no prazo legal, cabendo ao Ministério Público aditar a queixa, repudiá-la e oferecer denúncia substitutiva, intervir em todos os termos do processo, fornecer elementos de prova, interpor recurso e, a todo tempo, no caso de negligência do querelante, retomar a ação como parte principal.

(b) Leonardo Barreto Moreira Alves afirma que: Assim como acontece com a representação do ofendido, a requisição do Ministro da Justiça não vincula a atuação do Ministério Público e possui eficácia objetiva.

(c) Art. 51 do CPP, por ser ato bilateral o perdão depende de aceitação do querelado. Diante da presença de dois ou mais querelados, caso um recuse e outro aceite, haverá exceção ao princípio da indivisibilidade: Art. 51. O perdão concedido a um dos querelados aproveitará a todos, sem que produza, todavia, efeito em relação ao que o recusar.

(d) Súmula 542/STJ: A ação penal relativa ao crime de lesão corporal resultante de violência doméstica contra a mulher é pública incondicionada.

(e) Apenas nas ações penais públicas (art. 268 do CPP): Art. 268. Em todos os termos da ação pública, poderá intervir, como assistente do Ministério Público, o ofendido ou seu representante legal, ou, na falta, qualquer das pessoas mencionadas no Art. 31.

Gabarito: A

Para responder, tem que estudar: lei, súmula/OJ e teoria/doutrina.

11. (MPE/SP/Promotor/2017/92_Concurso) Assinale a alternativa correta:

a) O inquérito policial, por ser peça informativa, é dispensável para a propositura da ação penal, mas sempre acompanhará a inicial acusatória quando servir de base para a denúncia ou a queixa.

b) A autoridade policial poderá, a seu critério e em qualquer hipótese, nos termos do artigo 7º do Código de Processo Penal, determinar a reprodução simulada dos fatos com as participações obrigatórias do indiciado e do ofendido.

c) Os elementos informativos do inquérito policial servem de base para o oferecimento da denúncia, mas não podem ser considerados para o reconhecimento da procedência ou não da ação penal.

d) O arquivamento do inquérito policial se dá por decisão judicial e impede que a autoridade policial, de ofício, proceda a novas investigações.

e) Nos crimes que dependem de representação, a autoridade policial só poderá instaurar inquérito policial em razão de iniciativa formal do ofendido, seu representante legal ou de procurador com poderes especiais.

ANOTAÇÕES/COMENTÁRIOS

(a) Art. 12, do CPP. O inquérito policial acompanhará a denúncia ou queixa, sempre que servir de base a uma ou outra.

(b) Art. 7º do CPP: Para verificar a possibilidade de haver a infração sido praticada de determinado modo, a autoridade policial poderá proceder à reprodução simulada dos fatos, desde que esta não contrarie a moralidade ou a ordem pública.

(c) Art. 155 do CPP. O juiz formará sua convicção pela livre apreciação da prova produzida em contraditório judicial, não podendo fundamentar sua decisão exclusivamente nos elementos informativos colhidos na investigação, ressalvadas as provas cautelares, não repetíveis e antecipadas.

(d) Art. 18 do CPP; Art. 18. Depois de ordenado o arquivamento do inquérito pela autoridade judiciária, por falta de base para a denúncia, a autoridade policial poderá proceder a novas pesquisas, se de outras provas tiver notícia.

(e) O art. 39 do CPP dispensa formalidade: Art. 39. O direito de representação poderá ser exercido, pessoalmente ou por procurador com poderes especiais, mediante declaração, escrita ou oral, feita ao juiz, ao órgão do Ministério Público, ou à autoridade policial.

Gabarito: A

Para responder, tem que estudar: lei.

12. (MPE/SP/Promotor/2017/92_Concurso) Assinale a alternativa correta:

a) O perdão do querelante a um dos querelados, em razão do princípio da indivisibilidade da ação penal, beneficia aos demais.

b) Nos crimes de ação pública condicionada, oferecida a representação contra um dos autores do crime, o Ministério Público deverá oferecer denúncia contra todos os autores.

c) O prazo decadencial para o oferecimento de queixa crime começa a fluir para o cônjuge, ascendente, descendente ou irmão a partir da morte do ofendido.

d) No caso de infração de menor potencial lesivo, a composição amigável dos danos civis homologada pelo juízo, acarreta a renúncia ao direito de queixa ou representação.

e) A decadência e a perempção são formas de extinção da punibilidade que só ocorrem na ação privada em que vigora o princípio da oportunidade.

ANOTAÇÕES/COMENTÁRIOS

(a) Art. 51. O perdão concedido a um dos querelados aproveitará a todos, sem que produza, todavia, efeito em relação ao que o recusar.

(b) AGRAVO REGIMENTAL. RECURSO ESPECIAL. DIREITO PENAL E DIREITO PROCESSUAL PENAL. LEGISLAÇÃO EXTRAVAGANTE. PRINCÍPIO DA OBRIGATORIEDADE DA AÇÃO PENAL PÚBLICA. CÓDIGO DE TRÂNSITO BRASILEIRO. ARTS. 303 E 304, AMBOS DA LEI N. 9.503/1997. REPRESENTAÇÃO DA VÍTIMA. AÇÃO PÚBLICA CONDICIONA. INCLUSÃO DE OUTROS ENVOLVIDOS QUE não CONTAVAM NA REPRESENTAÇÃO. POSSIBILIDADE. PERSECUÇÃO PENAL CONTRA TODOS OS POSSÍVEIS AUTORES DO FATO. LEGALIDADE. EFICÁCIA OBJETIVA DA REPRESENTAÇÃO. DECADÊNCIA PARA REPRESENTAÇÃO. não OCORRÊNCIA. 1. A questão controvertida cinge-se a saber se, em decorrência da eficácia objetiva da representação, é possível, na denúncia, o envolvimento de outro agente que não tenha sido apontado desde o início na representação do ofendido. 2. Por eficácia objetiva da representação, entende-se o seguinte: se oferecida a representação contra um dos partícipes ou coautores do crime, o representante do Ministério Público deve oferecer a denúncia contra todos aqueles que praticaram o delito. 3. A eficácia objetiva da representação, interligada ao princípio da indivisibilidade que vige na ação penal pública, confere ao MP a possibilidade de atuar prontamente contra todos os envolvidos, ainda que a representação não tenha abrangido todos os autores da infração. Logo, admissível o aditamento à denúncia pelo Parquet para fins de inclusão de corréu não constante da representação do ofendido. 4. Incabível a incidência da decadência semestral para representação criminal em desfavor do recorrente, sobretudo porque há que se considerar o princípio da obrigatoriedade da ação penal pública, que vincula e legitima a atuação do Ministério Público a fim de que, havendo notícia do crime, apure os fatos e promova a ação penal contra todos os envolvidos no fato delituoso. 5. O agravo regimental não merece prosperar, porquanto as razões reunidas na insurgência são incapazes de infirmar o entendimento assentado na decisão agravada. (AgRg no REsp 1558569,2015).

(c) Art. 38 do CPP. Salvo disposição em contrário, o ofendido, ou seu representante legal, decairá no direito de queixa ou de representação, se não o exercer dentro do prazo de seis meses, contado do dia em que vier a saber quem é o autor do crime, ou, no caso do art. 29, do dia em que se esgotar o prazo para o oferecimento da denúncia. Parágrafo único. Verificar-se-á a decadência do direito de queixa ou representação, dentro do mesmo prazo, nos casos dos arts. 24, parágrafo único, e 31

(d) Art. 74 da Lei 9.099/95. A composição dos danos civis será reduzida a escrito e, homologada pelo Juiz mediante sentença irrecorrível, terá eficácia de título a ser executado no juízo civil competente. Parágrafo único. Tratando-se de ação penal de iniciativa privada ou de ação penal pública condicionada à representação, o acordo homologado acarreta a renúncia ao direito de queixa ou representação.

(e) A decadência é cabível na ação penal pública condicionada a representação. Art. 38 do CPP, Parágrafo único. Verificar-se-á a decadência do direito de queixa ou representação, dentro do mesmo prazo, nos casos dos arts. 24, parágrafo único, e 31.

Gabarito: D

Para responder, tem que estudar: lei e jurisprudência.

4. JURISDIÇÃO E COMPETÊNCIA

13. (MPE/SP/Promotor/2010/87_Concurso) Questão atualizada. Ocorre a derrogação da competência territorial:

a) nos casos de conexão.

b) nos casos de continência.

c) na hipótese de prevenção.

d) quando o crime é praticado fora do território nacional, em embarcações e aeronaves.

e) na hipótese de desaforamento.

ANOTAÇÕES/COMENTÁRIOS

(a, b, c, d) Vide comentários abaixo.

(e) A competência territorial é relativa, por isso, pode ser modificada (prorrogável), seja por meio da conexão ou da continência, seja pela vontade das partes, por meio da não-interposição da respectiva exceção de incompetência, ou até mesmo pelo seu não-reconhecimento de ofício pelo juiz. O art. 70 do CPP estabelece que a competência será, de regra, determinada pelo lugar em que se consumar a infração, ou, no caso de tentativa, pelo lugar em que for praticado o último ato de execução. Vicente Greco Filho afirma que "é costume dizer que a conexão e a continência modificam a competência. Essa afirmação, porém, somente é válida no que concerne à competência em abstrato, ou seja, no caminho que se desenvolve antes da fixação definitiva, em concreto. O desaforamento, sim, modifica a competência em concreto, depois de definida. A conexão e a continência atuam antes dessa definição". Assim, apenas nas hipóteses de desaforamento haverá derrogação da competência territorial. De acordo com Renato Brasileiro, consiste o desaforamento no deslocamento da competência territorial de uma comarca para outra, a fim de que nesta seja realizado o julgamento pelo Tribunal do Júri. Cuida-se de decisão jurisdicional que altera a competência territorial inicialmente fixada pelos critérios constantes do art. 70 do CPP, com aplicação estrita à sessão de julgamento propriamente dita.

Gabarito: E

Para responder, tem que estudar: teoria/doutrina.

14. (MPE/SP/Promotor/2012/89_Concurso) A respeito das normas relativas à fixação da competência, contidas no Código de Processo Penal, considere:

I. A competência territorial será, de regra, determinada pelo lugar em que se consumar a infração ou, no caso de tentativa, pelo lugar em que for praticado o último ato de execução; não sendo este conhecido, regular-se-á pelo domicílio ou residência do réu e se este tiver mais de uma residência pela prevenção.

II. É relativa a nulidade decorrente da inobservância da competência firmada pela prevenção.

III. Excetuados os casos de competência do Tribunal do Júri, verificada a reunião dos processos por conexão ou continência, se o juiz, no processo de sua competência, proferir sentença absolutória ou desclassificatória da infração para outra que não se inclua na sua competência, cessará a competência em relação aos demais processos, impondo-se a remessa dos autos ao juiz competente.

IV. Entre outras hipóteses, a competência será determinada pela continência quando duas ou mais pessoas forem acusadas da mesma infração e nos casos de concurso formal e crime continuado.

Está correto o que se afirma apenas em

a) I e II.

b) I e III.

c) II e III.

d) II e IV.

e) III e IV.

ANOTAÇÕES/COMENTÁRIOS

(I) Art. 70 do CPP: Art. 70. A competência será, de regra, determinada pelo lugar em que se consumar a infração, ou, no caso de tentativa, pelo lugar em que for praticado o último ato de execução. § 1º Se, iniciada a execução no território nacional, a infração se consumar fora dele, a competência será determinada pelo lugar em que tiver sido praticado, no Brasil, o último ato de execução. § 2º Quando o último ato de execução for praticado fora do território nacional, será competente o juiz do lugar em que o crime, embora parcialmente, tenha produzido ou devia produzir seu resultado. § 3º Quando incerto o limite territorial entre duas ou mais jurisdições, ou quando incerta a jurisdição por ter sido a infração consumada ou tentada nas divisas de duas ou mais jurisdições, a competência firmar-se-á pela prevenção.

(II) Súmula 706/STF: É relativa a nulidade decorrente da inobservância da competência penal por prevenção.

(III) Art. 81 do CPP: Art. 81. Verificada a reunião dos processos por conexão ou continência, ainda que no processo da sua competência própria venha o juiz ou tribunal a proferir sentença absolutória ou que desclassifique a infração para outra que não se inclua na sua competência, continuará competente em relação aos demais processos. Parágrafo único. Reconhecida inicialmente ao júri a competência por conexão ou continência, o juiz, se vier a desclassificar a infração ou impronunciar ou absolver o acusado, de maneira que exclua a competência do júri, remeterá o processo ao juízo competente.

(IV) Art. 77 do CPP: Art. 77. A competência será determinada pela continência quando: I – duas ou mais pessoas forem acusadas pela mesma infração; II – no caso de infração cometida nas condições previstas nos arts. 51, § 1º, 53, segunda parte, e 54 do Código Penal.

Gabarito: A

Para responder, tem que estudar: lei e súmula/OJ.

15. (MPE/SP/Promotor/2013/90_Concurso) Assinale a alternativa incorreta.

a) No julgamento pelo Júri, operada a desclassificação do crime doloso contra a vida para outro, de competência do juiz singular, a este o Juiz-Presidente remeterá o processo para o julgamento do delito resultante da nova tipificação.

b) Transitada em julgado a sentença condenatória, compete ao Juízo das Execuções a aplicação da lei posterior mais benigna.

c) Tratando-se de crime permanente, praticado em territórios de duas ou mais comarcas, a competência firma-se pela prevenção.

d) É do Tribunal do Júri a competência para julgar crimes dolosos contra a vida cometidos por policial militar contra civil.

e) Nos casos de ação penal exclusivamente privada, o querelante pode optar pelo foro do domicílio ou da residência do querelado, ainda que conhecido o local da infração.

ANOTAÇÕES/COMENTÁRIOS

(a) Art. 492, § 1º, do CPP: § 1º Se houver desclassificação da infração para outra, de competência do juiz singular, ao presidente do Tribunal do Júri caberá proferir sentença em seguida, aplicando-se, quando o delito resultante da nova tipificação for considerado pela lei como infração penal de menor potencial ofensivo, o disposto nos arts. 69 e seguintes da Lei nº 9.099, de 26 de setembro de 1995.

(b) Súmula 611/STF: Transitada em julgado a sentença condenatória, compete ao juízo das execuções a aplicação de lei mais benigna. A Lei de Execução Penal em seu Art. 66. Compete ao Juiz da execução: I – aplicar aos casos julgados lei posterior que de qualquer modo favorecer o condenado.

(c) Art. 71 do CPP: Art. 71. Tratando-se de infração continuada ou permanente, praticada em território de duas ou mais jurisdições, a competência firmar-se-á pela prevenção.

(d) Art. 125, § 4º da CF/88: § 4º Compete à Justiça Militar estadual processar e julgar os militares dos Estados, nos crimes militares definidos em lei e as ações judiciais contra atos disciplinares militares, ressalvada a competência do júri quando a vítima for civil, cabendo ao tribunal competente decidir sobre a perda do posto e da patente dos oficiais e da graduação das praças.

(e) Art. 73 do CPP: Art. 73. Nos casos de exclusiva ação privada, o querelante poderá preferir o foro de domicílio ou da residência do réu, ainda quando conhecido o lugar da infração.

Gabarito: A

Para responder, tem que estudar: lei e súmula/OJ.

16. (MPE/SP/Promotor/2015/91_Concurso) Assinale a alternativa correta:

a) Crime praticado contra indígena deverá, necessariamente, ser julgado pela Justiça Federal.

b) A competência do Tribunal do Júri não prevalece sobre a prerrogativa de função estabelecida, exclusivamente, em Constituição Estadual.

c) Nas ações de iniciativa privada, a queixa poderá ser aforada no domicílio ou residência do ofendido, posto que outro seja o local da consumação.

d) A competência é pressuposto processual de validade da instância, ou seja, requisito indispensável à instauração e ao desenvolvimento regular do processo.

e) É competente para o processo e julgamento de Promotor de Justiça o Tribunal de Justiça do Estado onde foi praticada a infração.

ANOTAÇÕES/COMENTÁRIOS

(a) Art. 109, XI, da CF/88: Art. 109. Aos juízes federais compete processar e julgar: XI – a disputa sobre direitos indígenas. Crime comum praticado contra índio compete à Justiça ESTADUAL, nesse sentido é a Súmula 140/STJ – Compete à Justiça Comum Estadual processar e julgar crime em que o indígena figure como autor ou vítima.

(b) Súmula 711/STF: A competência constitucional do tribunal do júri prevalece sobre o foro por prerrogativa de função estabelecido exclusivamente pela constituição estadual.

(c) Art. 73 do CPP: Art. 73. Nos casos de exclusiva ação privada, o querelante poderá preferir o foro de domicílio ou da residência do réu, ainda quando conhecido o lugar da infração.

(d) A competência é pressuposto processual de validade da instância, ou seja, requisito indispensável à instauração e ao desenvolvimento regular do processo.

(e) Art. 40, IV, da Lei 8.625/93: Art. 40. Constituem prerrogativas dos membros do Ministério Público, além de outras previstas na Lei Orgânica: IV – ser processado e julgado originariamente pelo Tribunal de Justiça de seu Estado, nos crimes comuns e de responsabilidade, ressalvada exceção de ordem constitucional;

Gabarito: D

Para responder, tem que estudar: lei e súmula/OJ.

17. (MPE/SP/Promotor/2017/92_Concurso) Assinale a alternativa correta.

a) A competência jurisdicional só será determinada pelo domicílio do réu quando desconhecido o lugar da infração.

b) Em homicídio praticado em coautoria, por pessoa com prerrogativa de função estabelecida pela Constituição Federal e outra sem foro privilegiado, a continência importa em unidade do processo e prorrogação da competência do Tribunal do Júri.

c) A Justiça Federal é competente para o processo e julgamento unificado dos crimes conexos de competência federal e estadual, ainda que a pena aplicada ao crime de competência estadual seja mais grave.

d) Na hipótese de crimes conexos, o juiz que decretar a prisão preventiva de um dos acusados fica, em face da prevenção, competente para a apreciação de todos os crimes, independentemente do número de infrações cometidas.

e) No caso de crime continuado, com diversos processos em andamento, o juiz prevento deverá avocar os demais, sendo nula qualquer sentença proferida por outro juízo, ainda que definitiva.

ANOTAÇÕES/COMENTÁRIOS

(a) Art. 72 do CPP: Não sendo conhecido o lugar da infração, a competência regular se á pelo domicílio ou residência do réu. Art. 73 do CPP: Nos casos de exclusiva ação privada, o querelante poderá preferir o foro de domicílio ou da residência do réu, ainda quando conhecido o lugar da infração.

(b) No que concerne à competência do Tribunal do Júri, para o processo e julgamento dos crimes dolosos contra a vida, tem o STF decidido que apenas podem ser excepcionadas, nos casos de foro especial por prerrogativa de função, as hipóteses previstas na própria CF, quanto à competência para o processo e julgamento de crimes comuns em geral, consoante se depreende dos arts. 102, I, b e c; 105, I, a; 108, I, a. (...) o foro especial por prerrogativa de função, regulado em Constituição de Estado-membro, não afasta a norma especial e expressa da competência do Júri, ut art. 5º, XXXVIII, d, da CF, ao conferir ao Tribunal do Júri a competência para o processo e julgamento dos crimes dolosos contra a vida. (RHC 80.477, 2001).

(c) Súmula 122/STJ. Compete à Justiça Federal o processo e julgamento unificado dos crimes conexos de competência federal e estadual, não se aplicando a regra do art. 78, II, a, do Código de Processo Penal.

(d) CPP, Art. 78. Na determinação da competência por conexão ou continência, serão observadas as seguintes regras: I – no concurso entre a competência do júri e a de outro órgão da jurisdição comum, prevalecerá a competência do júri; II – no concurso de jurisdições da mesma categoria: a) preponderará a do lugar da infração, à qual for cominada a pena mais grave; b) prevalecerá a do lugar em que houver ocorrido o maior número de infrações, se as respectivas penas forem de igual gravidade; c) firmar-se-á a competência pela prevenção, nos outros casos; III – no concurso de jurisdições de diversas categorias, predominará a de maior graduação; IV – no concurso entre a jurisdição comum e a especial, prevalecerá esta.

(e) Art. 82 o CPP. Se, não obstante a conexão ou continência, forem instaurados processos diferentes, a autoridade de jurisdição prevalente deverá avocar os processos que corram perante os outros juízes, salvo se já estiverem com sentença definitiva. Neste caso, a unidade dos processos só se dará, ulteriormente, para o efeito de soma ou de unificação das penas.

Gabarito: C

Para responder, tem que estudar: lei, jurisprudência e súmula/OJ.

5. REPARAÇÃO DO DANO "EX DELICTO". AÇÃO CIVIL E EXECUÇÃO CIVIL DA SENTENÇA PENAL

18. (MPE/SP/Promotor/2013/90_Concurso) Assinale a alternativa que está em desacordo com disposições legais relacionadas com reparação de danos causados pelo delito.

a) É permitido ao juiz, na sentença condenatória criminal, estabelecer valor mínimo para a reparação de danos, considerando os prejuízos sofridos pelo ofendido.

b) A sentença absolutória criminal, fundamentada no reconhecimento categórico da inexistência material do fato, obsta a propositura da ação civil.

c) A ação civil para reparação do dano pode ser proposta pelo ofendido ainda que arquivado o inquérito policial instaurado para a apuração do delito.

d) Tratando-se de ação penal privada ou de ação penal pública condicionada, a homologação do acordo para a reparação do dano decorrente de infração penal de menor potencial ofensivo acarreta para o ofendido a renúncia ao direito de queixa ou de representação.

e) Impede a propositura da ação civil a sentença absolutória no juízo criminal que decidir que o fato imputado não constitui crime.

ANOTAÇÕES/COMENTÁRIOS

(a) Art. 387, IV, do CPP: Art. 387. O juiz, ao proferir sentença condenatória: IV – fixará valor mínimo para reparação dos danos causados pela infração, considerando os prejuízos sofridos pelo ofendido;

(b) – Art. 66. Não obstante a sentença absolutória no juízo criminal, a ação civil poderá ser proposta quando não tiver sido, categoricamente, reconhecida a inexistência material do fato.

(c) Art. 67 do CPP: Art. 67. Não impedirão igualmente a propositura da ação civil: I – o despacho de arquivamento do inquérito ou das peças de informação; II – a decisão que julgar extinta a punibilidade; III – a sentença absolutória que decidir que o fato imputado não constitui crime.

(d) Art. 74 da Lei 9.099/95: Art. 74. A composição dos danos civis será reduzida a escrito e, homologada pelo Juiz mediante sentença irrecorrível, terá eficácia de título a ser executado no juízo civil competente. Parágrafo único. Tratando-se de ação penal de iniciativa privada ou de ação penal pública condicionada à representação, o acordo homologado acarreta a renúncia ao direito de queixa ou representação.

(e) Art. 67 do CPP. Art. 67. Não impedirão igualmente a propositura da ação civil: III – a sentença absolutória que decidir que o fato imputado não constitui crime.

Gabarito: E

Para responder, tem que estudar: lei.

19. (MPE/SP/Promotor/2017/92_Concurso) Faz coisa julgada no cível:

a) a decisão que julga extinta a punibilidade do réu.
b) a sentença que reconhece ter sido o ato praticado em estado de necessidade, em legítima defesa, em estrito cumprimento do dever legal ou no exercício regular de direito.
c) o despacho que determina o arquivamento do inquérito policial.
d) a sentença absolutória que decide que o fato imputado não constitui crime.
e) a sentença absolutória em razão de insuficiência probatória.

ANOTAÇÕES/COMENTÁRIOS

(a, c, d, e) Vide comentários abaixo.

(b) Art. 65 do CPP. Faz coisa julgada no cível a sentença penal que reconhecer ter sido o ato praticado em estado de necessidade, em legítima defesa, em estrito cumprimento de dever legal ou no exercício regular de direito.

Gabarito: B

Para responder, tem que estudar: lei.

6. QUESTÕES E PROCESSOS INCIDENTES

20. (MPE/SP/Promotor/2010/87_Concurso) No procedimento do júri, presentes indícios da autoria e prova da materialidade, se ao término da instrução do sumário de culpa ficar provado tecnicamente que o acusado é semi-imputável, o juiz deverá:

a) pronunciá-lo.
b) absolvê-lo sumariamente.
c) impronunciá-lo.
d) remeter os autos para o juízo comum para a prolação da sentença.
e) declarar nulo o processo e remeter os autos para o juízo comum.

ANOTAÇÕES/COMENTÁRIOS

(a) O art. 26, par. único do CP determina a redução da pena para o semi-imputável. Dessa forma, ele deverá ser pronunciado e caso seja condenado sua pena será reduzida: "Art. 26. É isento de pena o agente que, por doença mental ou desenvolvimento mental incompleto ou retardado, era, ao tempo da ação ou da omissão, inteiramente incapaz de entender o caráter ilícito do fato ou de determinar-se de acordo com esse entendimento. Parágrafo único. A pena pode ser reduzida de um a dois terços, se o agente, em virtude de perturbação de saúde mental ou por desenvolvimento mental incompleto ou retardado não era inteiramente capaz de entender o caráter ilícito do fato ou de determinar-se de acordo com esse entendimento".

(b, c, d, e) Vide comentários acima.

Gabarito: A

Para responder, tem que estudar: lei.

7. PROVA

21. (MPE/SP/Promotor/2010/87_Concurso) A regra da objetividade do depoimento (art. 213 do CPP) pressupõe que a testemunha:

a) Não possa depor sobre o fato de que teve conhecimento por "ouvir dizer".
b) deponha apenas sobre o fato principal, vedado o testemunho de circunstâncias secundárias.
c) não manifeste opiniões pessoais, salvo quando inseparáveis da narrativa do fato.
d) relate apenas os fatos passados, sem considerações futuras;
e) não possa se eximir da obrigação de depor.

ANOTAÇÕES/COMENTÁRIOS

(a, c, d, e) Vide comentários abaixo.

(c) Art. 213 do CPP: O juiz não permitirá que a testemunha manifeste suas apreciações pessoais, salvo quando inseparáveis da narrativa do fato.

Gabarito: C

Para responder, tem que estudar: lei.

22. (MPE/SP/Promotor/2011/88_Concurso) Analise as seguintes assertivas com relação ao interrogatório judicial do acusado preso:

I. determinado o interrogatório por videoconferência, é defeso ao réu acompanhar, pelo mesmo sistema, os atos anteriores da audiência de instrução e julgamento prevista no procedimento comum;

II. o Juiz garantirá ao réu o direito de entrevista prévia e reservada com seu defensor, ainda que o interrogatório seja realizado por videoconferência;

III. a fiscalização da sala reservada no estabelecimento prisional para a realização de atos processuais por sistema de videoconferência é atribuição exclusiva do Ministério Público;

IV. no caso de enfermidade do réu, que dificulte seu comparecimento em juízo, o Juiz poderá determinar a realização do interrogatório por videoconferência;

V. se o interrogado não souber escrever, não puder ou não quiser assinar, o termo será assinado a rogo, subscrevendo-o duas testemunhas.

Está correto apenas o que se afirma em

a) I e IV.

b) I e V.

c) II e IV.

d) III e IV.

e) III e V.

ANOTAÇÕES/COMENTÁRIOS

(I) Art. 185, § 4º do CPP: § 4º Antes do interrogatório por videoconferência, o preso poderá acompanhar, pelo mesmo sistema tecnológico, a realização de todos os atos da audiência única de instrução e julgamento de que tratam os arts. 400, 411 e 531 deste Código.

(II) Art. 185, § 5º do CPP: § 5º Em qualquer modalidade de interrogatório, o juiz garantirá ao réu o direito de entrevista prévia e reservada com o seu defensor; se realizado por videoconferência, fica também garantido o acesso a canais telefônicos reservados para comunicação entre o defensor que esteja no presídio e o advogado presente na sala de audiência do Fórum, e entre este e o preso.

(III) Art. 185, § 6º do CPP: § 6º A sala reservada no estabelecimento prisional para a realização de atos processuais por sistema de videoconferência será fiscalizada pelos corregedores e pelo juiz de cada causa, como também pelo Ministério Público e pela Ordem dos Advogados do Brasil.

(IV) Art. 185, § 2º, II, do CPP: § 2º Excepcionalmente, o juiz, por decisão fundamentada, de ofício ou a requerimento das partes, poderá realizar o interrogatório do réu preso por sistema de videoconferência ou outro recurso tecnológico de transmissão de sons e imagens em tempo real, desde que a medida seja necessária para atender a uma das seguintes finalidades: II – viabilizar a participação do réu no referido ato processual, quando haja relevante dificuldade para seu comparecimento em juízo, por enfermidade ou outra circunstância pessoal;

(V) Art. 195 do CPP: Art. 195. Se o interrogado não souber escrever, não puder ou não quiser assinar, tal fato será consignado no termo.

Gabarito: C

Para responder, tem que estudar: lei.

23. (MPE/SP/Promotor/2012/89_Concurso) Considerando as normas do Código de Processo Penal que regulam a produção das provas pericial e testemunhal, é incorreto afirmar:

a) A faculdade de formular quesitos e indicar assistente técnico, na produção da prova pericial, é conferida ao Ministério Público, ao assistente de acusação, ao ofendido, ao querelante e ao acusado.

b) A nomeação dos peritos, no exame pericial realizado por carta precatória, far-se-á no juízo deprecante; havendo, porém, no caso de ação privada, acordo entre as partes, essa nomeação poderá ser feita pelo juiz deprecado.

c) A inquirição da testemunha ou do ofendido que esteja preso pode ser realizada pelo sistema de videoconferência.

d) O ascendente, o descendente, o afim em linha reta, o cônjuge, o irmão e o pai, a mãe, ou o filho adotivo do acusado podem se recusar a depor como testemunhas.

e) O defensor do acusado formulará as perguntas antes do Ministério Público na inquirição das testemunhas arroladas pela defesa no plenário do Tribunal do Júri.

ANOTAÇÕES/COMENTÁRIOS

(a) Art. 159, § 3º, do CPP: § 3º Serão facultadas ao Ministério Público, ao assistente de acusação, ao ofendido, ao querelante e ao acusado a formulação de quesitos e indicação de assistente técnico.

(b) Art. 177 do CPP: Art. 177. No exame por precatória, a nomeação dos peritos far-se-á no juízo deprecado. Havendo, porém, no caso de ação privada, acordo das partes, essa nomeação poderá ser feita pelo juiz deprecante.

(c) Art. 185, § 8º, do CPP: § 8º Aplica-se o disposto nos §§ 2º, 3º, 4º e 5º deste artigo, no que couber, à realização de outros atos processuais que dependam da participação de pessoa que esteja presa, como acareação, reconhecimento de pessoas e coisas, e inquirição de testemunha ou tomada de declarações do ofendido.

(d) Art. 206 do CPP: Art. 206. A testemunha não poderá eximir-se da obrigação de depor. Poderão, entretanto, recusar-se a fazê-lo o ascendente ou descendente, o afim em linha reta, o cônjuge, ainda que desquitado, o irmão e o pai, a mãe, ou o filho adotivo do acusado, salvo quando não for possível, por outro modo, obter-se ou integrar-se a prova do fato e de suas circunstâncias.

(e) Art. 473, § 1º do CPP: § 1º Para a inquirição das testemunhas arroladas pela defesa, o defensor do acusado formulará as perguntas antes do Ministério Público e do assistente, mantidos no mais a ordem e os critérios estabelecidos neste artigo.

Gabarito: B

Para responder, tem que estudar: lei.

24. (MPE/SP/Promotor/2013/90_Concurso) Tendo em vista as disposições do Código de Processo Penal relacionadas com a prova oral, é unicamente correto afirmar que

a) descabe condução coercitiva do ofendido quando, intimado para prestar declarações, deixar de comparecer injustificadamente.

b) ao juiz é facultado ordenar, de ofício, produção antecipada da prova testemunhal urgente, antes mesmo de iniciada a ação penal.

c) magistrados e membros do Ministério Público estão incluídos entre as autoridades para as quais a lei faculta a opção de, como testemunhas, prestarem depoimento por escrito.

d) a contradita fundada no fato de a testemunha ser ascendente do ofendido impede o juiz de tomar seu depoimento.

e) prescinde de motivação a determinação do juiz de retirar o réu da sala de audiência nos casos em que sua presença possa causar temor ou sério constrangimento à testemunha.

ANOTAÇÕES/COMENTÁRIOS

(a) CPP: Art. 201. Sempre que possível, o ofendido será qualificado e perguntado sobre as circunstâncias da infração, quem seja ou presuma ser o seu autor, as provas que possa indicar, tomando-se por termo as suas declarações. § 1º Se, intimado para esse fim, deixar de comparecer sem motivo justo, o ofendido poderá ser conduzido à presença da autoridade.

(b) CPP: Art. 156. A prova da alegação incumbirá a quem a fizer, sendo, porém, facultado ao juiz de ofício: I – ordenar, mesmo antes de iniciada a ação penal, a produção antecipada de provas consideradas urgentes e relevantes, observando a necessidade, adequação e proporcionalidade da medida.

(c) Art. 221, § 1º, do CPP: § 1º O Presidente e o Vice-Presidente da República, os presidentes do Senado Federal, da Câmara dos Deputados e do Supremo Tribunal Federal poderão optar pela prestação de depoimento por escrito, caso em que as perguntas, formuladas pelas partes e deferidas pelo juiz, lhes serão transmitidas por ofício.

(d) CPP: Art. 214. Antes de iniciado o depoimento, as partes poderão contraditar a testemunha ou arguir circunstâncias ou defeitos, que a tornem suspeita de parcialidade, ou indigna de fé. O juiz fará consignar a contradita ou arguição e a resposta da testemunha, mas só excluirá a testemunha ou não lhe deferirá compromisso nos casos previstos nos arts. 207 e 208.

(e) CPP: Art. 217. Se o juiz verificar que a presença do réu poderá causar humilhação, temor, ou sério constrangimento à testemunha ou ao ofendido, de modo que prejudique a verdade do depoimento, fará a inquirição por videoconferência e, somente na impossibilidade dessa forma, determinará a retirada do réu, prosseguindo na inquirição, com a presença do seu defensor. Parágrafo único. A adoção de qualquer das medidas previstas no caput deste artigo deverá constar do termo, assim como os motivos que a determinaram.

Gabarito: B

Para responder, tem que estudar: lei.

25. (MPE/SP/Promotor/2015/91_Concurso) Assinale a alternativa correta:

a) Em obediência ao sistema da livre convicção fundamentada, o fato notório demanda prova.

b) O silêncio poderá constituir elemento para a formação do convencimento do juiz, a teor do artigo 198 do Código de Processo Penal.

c) A ausência de perícia nas marcas de frenagem, em acidente de trânsito do qual resultaram lesões corporais na vítima, é causa de nulidade do processo por ausência de exame de corpo de delito nos vestígios deixados pelo crime (artigo 158 do CPP).

d) A regra do "nemo tenetur se detegere" também se aplica à testemunha compromissada.

e) Todas as alternativas estão incorretas.

ANOTAÇÕES/COMENTÁRIOS

(a) Art. 374 do CPC/15 (por analogia): Art. 374. Não dependem de prova os fatos: I – notórios;

(b) CPP: Art. 186, Parágrafo único. O silêncio, que não importará em confissão, não poderá ser interpretado em prejuízo da defesa.

(c) CPP: Art. 158. Quando a infração deixar vestígios, será indispensável o exame de corpo de delito, direto ou indireto, não podendo supri-lo a confissão do acusado. Art. 167. Não sendo possível o exame de corpo de delito, por haverem desaparecido os vestígios, a prova testemunhal poderá suprir-lhe a falta.

(d) De acordo com o princípio do "nemo tenetur se detegere", o suspeito, investigado, indiciado ou acusado não é obrigado a produzir prova contra si mesmo (direito à não autoincriminação). O mesmo raciocínio se aplica para as testemunhas compromissadas.

(e) Vide comentários acima.

Gabarito: D

Para responder, tem que estudar: lei e teoria/doutrina.

26. (MPE/SP/Promotor/2017/92_Concurso) Assinale a alternativa correta.

a) Os meios de prova não precisam estar especificados em lei, e as provas inominadas, desde que não ilícitas ou ilegítimas, devem ser objeto de apreciação pelo juiz ao fundamentar sua decisão.

b) Considerando que o ônus da prova incumbe a quem alega, o álibi apresentado pelo réu, não comprovado, constitui elemento suficiente para embasar um decreto condenatório.

c) A prova emprestada e os elementos constantes do inquérito policial, por não terem sido produzidos sob o pálio do contraditório, não podem ser considerados na fundamentação da sentença.

d) Nos crimes que deixam vestígios, é indispensável o exame de corpo de delito, que só pode ser suprido pela confissão ou prova testemunhal no caso de desaparecimento de vestígios.

e) A gravação de conversa telefônica sem o consentimento de um dos interlocutores constitui prova ilícita por violação ao direito de privacidade.

ANOTAÇÕES/COMENTÁRIOS

(a) O Código de Processo Penal prevê vários meios de prova (arts. 158 a 250), que constituem os chamados meios legais de prova ou provas nominadas. A enumeração, entretanto, não é taxativa. Outros meios de prova se admitem, desde que compatíveis com os princípios de respeito ao direito de defesa e à dignidade da pessoa humana – são as provas inominadas, na expressão de Carnelutti.

(b) "A soberania dos veredictos do Tribunal do Júri não exclui a recorribilidade de suas decisões, quando manifestamente contrárias à prova dos autos (CPP, art. 593, III, d). Provido o recurso, o réu será submetido a novo julgamento pelo Júri. II. Cabe à defesa a produção de prova da ocorrência de álibi que aproveite ao réu (CPP, art. 156)". (HC 70742).

(c) É admissível, assegurado o contraditório, prova emprestada de processo do qual não participaram as partes do processo para o qual a prova será trasladada. (EREsp 617.428, 2014, Info 543/STJ)

(d) Art. 158 do CPP. Quando a infração deixar vestígios, será indispensável o exame de corpo de delito, direto ou indireto, não podendo supri-lo a confissão do acusado.

Art. 167. Não sendo possível o exame de corpo de delito, por haverem desaparecido os vestígios, a prova testemunhal poderá suprir-lhe a falta. // Atenção para inovação legislativa: em outubro de 2018, o CPP foi alterado por meio da lei 13.721/2018 para atribuir prioridade à realização do exame de corpo de delito quando se tratar de crime que envolva: I – violência doméstica e familiar contra mulher; II – violência contra criança, adolescente, idoso ou pessoa com deficiência. (parágrafo único do artigo 158 do CPP).

(e) "Ação Penal. Corrupção Passiva e Tentativa de Obstrução à Investigação de Organização Criminosa. Materialidade e Indícios Suficientes de Autoria. Recebimento da Denúncia. I. Preliminares 1. No rito da Lei 8.038/1990, não há espaço, entre o oferecimento da denúncia e o juízo de admissibilidade a ser proferido pelo Tribunal, para dilações probatórias. Indeferimento de requerimento de acesso – prévio à apresentação da resposta – a outras provas supostamente relacionadas ao inquérito. 2. O eventual auxílio de membro do Ministério Público na negociação de acordo de colaboração não afeta a validade das provas apresentadas pelos colaboradores, pois: a) não há indício consistente de que o fato fosse de conhecimento da Procuradoria-Geral da República; b) o acordo de colaboração foi celebrado de forma voluntária; c) ainda que rescindido o acordo, as provas coletadas podem ser utilizadas contra terceiros (art. 4º, § 10, da Lei nº 12.850/2013); d) gravações realizadas por um dos interlocutores são provas legítimas e passíveis de utilização em ações penais; e) a alegação de "flagrante preparado" é matéria vinculada ao mérito da ação penal e será objeto de apuração no curso da instrução processual. 3. De acordo com a teoria do juízo aparente, as provas colhidas ou autorizadas por juízo aparentemente competente à época da autorização ou produção podem ser ratificadas, mesmo que seja posteriormente reconhecida a sua incompetência. 4. Preliminares rejeitadas. II. Mérito 5. A análise do recebimento da denúncia se limita à aferição: (i) da viabilidade formal da peça acusatória, de modo que a descrição dos fatos permita sua compreensão pelos denunciados; e (ii) da plausibilidade da acusação diante do material contido nos autos, não se exigindo, para instauração da ação penal, juízo de certeza acerca da materialidade e da autoria. 6. A denúncia contém descrição suficiente das condutas imputadas aos réus, alegadamente enquadradas nos tipos penais de corrupção passiva e embaraço às investigações de organização criminosa. II.1. Imputação de Corrupção Passiva 7. Para a aptidão de imputação de corrupção passiva, não é necessária a descrição de um específico ato de ofício, bastando uma vinculação causal entre as vantagens indevidas e as atribuições do funcionário público, passando este a atuar não mais em prol do interesse público, mas em favor de seus interesses pessoais. 8. A presença de indícios de materialidade e autoria do crime de corrupção passiva está consubstanciada: (i) em depoimentos de colaboradores, segundo os quais Andrea Neves da Cunha solicitou, em nome do irmão, a quantia de R$ 2 milhões, supostamente para o pagamento de honorários de advogado; (ii) mensagem de texto enviada por Andrea Neves da Cunha, que indica a combinação de um encontro entre Aecio Neves da Cunha e Joesley Batista para acerto do pagamento de propina; (iii) gravação ambiental realizada por Joesley Batista, numa suíte do Hotel Unique, em São Paulo, na qual Aecio Neves da Cunha reitera a solicitação de dinheiro feita por sua irmã e combina a entrega dos valores, em quatro parcelas de R$ 500 mil, a seu primo Frederico Pacheco de Medeiros; (iv) ações controladas realizadas por agentes da Polícia Federal, que acompanharam e registraram em áudio e vídeo a entrega das demais parcelas de R$ 500 mil aos denunciados Frederico Pacheco de Medeiros e Mendherson Souza Lima. II.2. Imputação de Tentativa de Obstrução à Investigação de Organização Criminosa 9. A presença de indícios de materialidade e autoria pela tentativa de embaraço às investigações de organização criminosa está caracterizada: (i) pela transcrição de diálogo travado entre Aécio Neves da Cunha e Joesley Batista, em que o denunciado brada a necessidade de anistiar o caixa dois e de substituir o então Ministro da Justiça, com o intuito de obter maior controle sobre a Polícia Federal; (ii) ligação telefônica em que o denunciado conversa com outro Senador sobre a necessidade de substituição do Ministro da Justiça. 10. Embora a atuação no processo legislativo seja atividade lícita, o modo de proceder do denunciado indica que sua atuação tinha por objetivo específico embaraçar as investigações relacionadas à "Operação Lava Jato". III. Conclusão 11. Rejeição das preliminares e recebimento integral da denúncia. (Inq 4506)

Gabarito: A

Para responder, tem que estudar: lei e jurisprudência.

27. (MPE/SP/Promotor/2019/93_Concurso) Com base na orientação jurisprudencial assentada no STJ, em relação à prova, é correto afirmar que, no crime de

a) embriaguez na condução de veículo automotor, a prova sobre a alteração da capacidade psicomotora do condutor não admite prova testemunhal.

b) tráfico de drogas, é necessário prova de que a venda vise aos frequentado res do estabelecimento de ensino, para o reconhecimento da respectiva majorante.

c) furto, a comprovação da causa de aumento do rompimento de obstáculo, quando desaparecerem os vestígios, não admite prova testemunhal.

d) receptação, uma vez apreendida a res furtiva em poder do réu, cabe à defesa apresentar prova acerca da origem lícita do bem

e) roubo, é imprescindível a apreensão e perícia da arma de fogo, para a comprovação da respectiva causa de aumento.

ANOTAÇÕES/COMENTÁRIOS

a) Código de Trânsito Brasileiro, Art. 306. Conduzir veículo automotor com capacidade psicomotora alterada em razão da influência de álcool ou de outra substância psicoativa que determine dependência. § 2º A verificação do disposto neste artigo poderá ser obtida mediante teste de alcoolemia ou toxicológico, exame clínico, perícia, vídeo, prova testemunhal ou outros meios de prova em direito admitidos, observado o direito à contraprova. (Jurisprudência em tese STJ Ed. 114)

b) Foi cobrado o entendimento jurisprudencial exarado pela 6ª turma do STJ no Resp n. 1.719.792/MG, rel. Min. Maria Thereza de Assis Moura: "A causa de aumento de pena prevista no art. 40, inciso III, da Lei n.º 11.343/2006 tem natureza objetiva, não sendo necessária a efetiva comprovação de mercância na respectiva entidade de ensino, ou mesmo de que o comércio visava a atingir os estudantes, sendo suficiente que a prática ilícita tenha ocorrido em locais próximos, ou seja, nas imediações do estabelecimento." (Jurisprudência em Teses STJ Ed. 123)

c) A banca cobrou entendimento jurisprudencial exarado no seguinte julgado: HC 188.718/DF, rel. Min. Sebastião Reis Júnior: "A jurisprudência desta Corte consolidou-se no sentido da necessidade de perícia para a caracterização do rompimento de obstáculo, salvo em caso de ausência de vestígios, quando a prova testemunhal poderá suprir-lhe a falta, conforme exegese dos artigos 158 e 167 do Código de Processo Penal." (Jurisprudência em Tese STJ Ed. 105)

d) A banca cobrou entendimento jurisprudencial do seguinte julgado 5ª Turma. AgRg no AREsp 1.244.089/DF, rel. Min. Joel Ilan Paciornik: "Ademais, no caso, caberia à defesa a comprovação da origem lícita do bem ou de sua conduta culposa, haja vista que o bem foi apreendido em poder do agravante, nos termos do art. 156 do CPP, não havendo que se falar em inversão do ônus da prova." (Jurisprudência em Tese STJ ed. 87)

e) É prescindível (não precisa) a apreensão e perícia da arma de fogo para a caracterização de causa de aumento de pena prevista no art. 157, § 2º-A, I, do CP, quando evidenciado o seu emprego por outros meios de prova. (Jurisprudência em Tese STJ Ed. 51).

Gabarito: D

Para responder, tem que estudar: Jurisprudência (Teses STJ)

28. (MPE/SP/Promotor/2019/93_Concurso) Com base na orientação jurisprudencial assentada no STJ quanto à ilicitude da prova, é considerada ilícita a prova

a) obtida por meio de revista íntima em estabelecimentos prisionais, por violar o direito à intimidade, quando realizada conforme as normas administrativas e houver fundada suspeita de tráfico.

b) obtida diretamente dos dados constantes de aparelho celular, decorrentes de mensagens de textos SMS ou conversas por meio de WhatsApp, quando ausente prévia autorização judicial.

c) obtida através de busca pessoal em mulher realizada por policial masculino, por violar o direito à intimidade, quando comprovado que a presença de uma policial feminina para a realização do ato importará retardamento da diligência.

d) resultante de escuta ambiental realizada por um dos interlocutores, sem o conhecimento do outro, por violar o direito à intimidade.

e) decorrente de busca domiciliar e apreensão de droga, desprovida do respectivo mandado, ante a inviolabilidade do domicílio, quando houver fundadas razões de prática da traficância.

ANOTAÇÕES/COMENTÁRIOS

a) A banca cobrou o entendimento da 5ª Turma no REsp 1.696.487/2017: "Não se configura a ilicitude da prova decorrente de revista íntima na qual se encontraram entorpecentes no corpo de denunciada, se tal procedimento não excedeu os limites do objetivo do ato, que é a garantia da segurança pública quando da entrada de visitantes em estabelecimentos prisionais". Importa ressaltar que sobre o tema, está pendente de julgamento pelo STF o Recurso Extraordinário com Repercussão Geral n. 959.620/RS, até o presente momento não havia sido julgado.

b) É o entendimento da 5ª turma do STJ no RHC 89.981/MG: "A análise dos dados armazenados nas conversas de whatsapp, revela manifesta violação da garantia constitucional à intimidade e à vida privada, razão pela qual se revela imprescindível autorização judicial devidamente motivada". Sobre o tema envolvendo conversas whatsapp recentes julgados importantes: A Lei nº 9.296/96 não autoriza a suspensão do serviço telefônico ou do fluxo da comunicação telemática mantida pelo usuário, tampouco a substituição do investigado e titular da linha por agente indicado pela autoridade policial STJ. 6ª Turma. REsp 1806792-SP, Rel. Min. Laurita Vaz, julgado em 11/05/2021 (Info 696); É permitido o acesso ao whatsapp, mesmo sem autorização judicial, em caso de telefone celular encontrado no interior de estabelecimento prisional STJ. 6ª Turma. HC 546.830/PR, Rel. Min. Laurita Vaz, julgado em 09/03/2021; Não podem ser usadas como prova as mensagens obtidas por meio do print screen da tela da ferramenta WhatsApp Web. STJ. 6ª Turma. AgRg no RHC 133.430/PE, Rel. Min. Nefi Cordeiro, julgado em 23/02/2021; Não é possível aplicar multa contra o WhatsApp pelo fato de a empresa não conseguir interceptar as mensagens trocadas pelo aplicativo e que são protegidas por criptografia de ponta a ponta. STJ. 3ª Seção. RMS 60531-RO, Rel. Min. Nefi Cordeiro, Rel. Acd. Min. Ribeiro Dantas, julgado em 09/12/2020 (Info 684); Fonte: Filtragem de tema realizada por meio do Buscado do Dizer o Direito.

c) Art. 249, CPP: A busca em mulher será feita por outra mulher, se não importar retardamento ou prejuízo da diligência.

d) A banca cobrou o conhecimento de recente entendimento do STJ da 6ª Turma. HC 512290-RJ, Rel. Min. Rogerio Schietti Cruz, julgado em 18/08/2020 (Info 677): É lícita a gravação ambiental realizada por um dos interlocutores sem o conhecimento do outro.

e) "O tráfico ilícito de entorpecentes, em que pese ser classificado como crime de natureza permanente, nem sempre autoriza a entrada sem mandado no domicílio onde supostamente se encontra a droga. Apenas será permitido o ingresso em situações de urgência, quando se concluir que do atraso decorrente da obtenção de mandado judicial se possa objetiva e concretamente inferir que a prova do crime (ou a própria droga) será destruída ou ocultada." STJ. 5ª Turma. HC 616.584/RS, Rel. Min. Ribeiro Dantas, julgado em 30/03/2021. STJ. 6ª Turma. HC 598051/SP, Rel. Min. Rogério Schietti Cruz, julgado em 02/03/2021 (Info 687).

Gabarito: B

Para responder, tem que estudar: Lei e Jurisprudência

8. SUJEITOS DO PROCESSO

Tópico sem questões em provas recentes.

9. PRISÃO E MEDIDAS CAUTELARES PESSOAIS ALTERNATIVAS À PRISÃO

29. (MPE/SP/Promotor/2010/87_Concurso) Assinale a afirmativa incorreta, em relação à prisão preventiva:

a) a prisão preventiva não é admitida nas contravenções penais e nos delitos culposos.

b) a prisão preventiva pode ser decretada, quando houver prova da existência do crime e indício suficiente de autoria.

c) a apresentação espontânea do acusado à autoridade policial não impede a decretação da prisão preventiva.

d) admite-se a prisão preventiva nos crimes que envolvem violência doméstica e familiar contra a mulher, desde que a infração penal seja dolosa e para garantir a execução das medidas urgentes para a proteção da mulher.

e) admite-se nos crimes dolosos, punidos com reclusão, desde que a pena mínima cominada seja igual ou superior a dois anos.

ANOTAÇÕES/COMENTÁRIOS

(a) De acordo com os ensinamentos de Gustavo Badaró, todas as situações do caput, do artigo 313 do CPP envolvem crimes dolosos. Portanto, fica excluída, de plano, a possibilidade de contravenção penal, ou de crime culposo. (Processo Penal, Gustavo Henrique Badaró). No mesmo sentido é o entendimento de Rogério Sanches, que face aos termos expressos da lei (art. 313, I, do CPP), afasta-se, de plano, a possibilidade de decretação da prisão preventiva pela prática de crime culposo. Para os crimes culposos, o texto da lei não dá margem a nenhuma espécie de dúvida: não é cabível a decretação da prisão preventiva. (internet). No tocante à contravenção penal, o STJ no informativo 632, assim se posicionou: "HABEAS CORPUS. CONTRAVENÇÃO PENAL. VIAS DE FATO. PRISÃO PREVENTIVA. não CABIMENTO. ART. 313, III, DO CPP. VIOLAÇÃO. ORDEM CONCEDIDA. 1.Em se tratando de aplicação da cautela extrema, não há campo para interpretação diversa da literal, de modo que não existe previsão legal autorizadora da prisão preventiva contra autor de uma contravenção, mesmo na hipótese específica de transgressão das cautelas de urgência diversas já aplicadas. 2. No caso dos autos, nenhum dos fatos praticados pelo agente – puxões de cabelo, torção de braço (que não geraram lesão corporal) e discussão no interior de veículo, onde tentou arrancar dos braços da ex-companheira o filho que têm em comum, configura crime propriamente dito. 3. Vedada a incidência do art. 313, III, do CPP, tendo em vista a notória ausência de autorização legal para a decisão que decretou a constrição cautelar do acusado. 4. Ordem concedida, para que o paciente possa responder a ação penal em liberdade, se por outro motivo não estiver preso". (HC 437.535, 2018)

(b) O art. 312 do CPP foi alterado pela lei 13.964/19 (pacote anticrime): Art. 312. A prisão preventiva poderá ser decretada como garantia da ordem pública, da ordem econômica, por conveniência da instrução criminal ou para assegurar a aplicação da lei penal, quando houver prova da existência do crime e indício suficiente de autoria e de perigo gerado pelo estado de liberdade do imputado.

(c) CPP: Art. 317. A prisão domiciliar consiste no recolhimento do indiciado ou acusado em sua residência, só podendo dela ausentar-se com autorização judicial. Tratando de presa gestante, ou que for mãe ou responsável por crianças ou pessoas com deficiência, a prisão preventiva será substituída por prisão domiciliar, desde que I – não tenha cometido crime com violência ou grave ameaça a pessoa; II – não tenha cometido o crime contra seu filho ou dependente, nos termos do artigo 318-A do CPP. O pacote anticrime acrescentou os parágrafos 1º e 2º: § 1º Também será admitida a prisão preventiva quando houver dúvida sobre a identidade civil da pessoa ou quando esta não fornecer elementos suficientes para esclarecê-la, devendo o preso ser colocado imediatamente em liberdade após a identificação, salvo se outra hipótese recomendar a manutenção da medida. § 2º Não será admitida a decretação da prisão preventiva com a finalidade de antecipação de cumprimento de pena ou como decorrência imediata de investigação criminal ou da apresentação ou recebimento de denúncia.

(d) CPP: Art. 313. Nos termos do art. 312 deste Código, será admitida a decretação da prisão preventiva: III – se o crime envolver violência doméstica e familiar contra a mulher, criança, adolescente, idoso, enfermo ou pessoa com deficiência, para garantir a execução das medidas protetivas de urgência;

(e) CPP. Art. 313. Nos termos do art. 312 deste Código, será admitida a decretação da prisão preventiva: I – nos crimes dolosos punidos com pena privativa de liberdade máxima superior a 4 (quatro) anos. // De acordo com Renato Brasileiro a prisão preventiva é espécie de prisão cautelar decretada pela autoridade judiciária competente, mediante representação da autoridade policial ou requerimento do Ministério Público, do querelante ou do assistente, em qualquer fase das investigações ou do processo criminal (nesta hipótese, também pode ser decretada de ofício pelo magistrado), sempre que estiverem preenchidos os requisitos legais (CPP, art. 313) e ocorrerem os motivos autorizadores listados no art. 312 do CPP, e desde que se revelem inadequadas ou insuficientes as medidas cautelares diversas da prisão (CPP, art. 319).

Gabarito: E

Para responder, tem que estudar: lei, jurisprudência e teoria/doutrina.

30. (MPE/SP/Promotor/2010/87_Concurso) Questão atualizada. Assinale a alternativa incorreta. A liberdade provisória sem exigência de fiança, mediante termo do beneficiário de comparecer a todos os atos do processo onde sua presença for exigida, pode ser concedida:

a) quando o juiz verificar pelo auto de prisão em flagrante que o agente praticou o fato motivado pela legítima defesa.
b) na hipótese de o juiz verificar que não estão presentes os requisitos que autorizam a prisão preventiva.
c) quando o agente, por motivo de pobreza, embora afiançável a infração penal, não puder prestá-la.
d) pela autoridade policial nos casos de infração penal punida com detenção ou prisão simples.
e) se o juiz verificar pelo auto de prisão em flagrante que o agente praticou o fato motivado por uma causa excludente da ilicitude.

ANOTAÇÕES/COMENTÁRIOS

(a) Art. 310 do CPP: Parágrafo único. Se o juiz verificar, pelo auto de prisão em flagrante, que o agente praticou o fato nas condições constantes dos incisos I a III do caput do art. 23 do Decreto-Lei nº 2.848, de 7 de dezembro de 1940 – Código Penal, poderá, fundamentadamente, conceder ao acusado liberdade provisória, mediante termo de comparecimento a todos os atos processuais, sob pena de revogação.

(b) CPP: Art. 321. Ausentes os requisitos que autorizam a decretação da prisão preventiva, o juiz deverá conceder liberdade provisória, impondo, se for o caso, as medidas cautelares previstas no art. 319 deste Código e observados os critérios constantes do art. 282 deste Código.

(c) CPP: Art. 350. Nos casos em que couber fiança, o juiz, verificando a situação econômica do preso, poderá conceder-lhe liberdade provisória, sujeitando-o às obrigações constantes dos arts. 327 e 328 deste Código e a outras medidas cautelares, se for o caso.

(d) Art. 322 do CPP. A antiga redação do art. 322 do CPP afirmava que: Art. 322. A autoridade policial somente poderá conceder fiança nos casos de infração punida com detenção ou prisão simples. A atual redação afirma que: A autoridade policial somente poderá conceder fiança nos casos de infração cuja pena privativa de liberdade máxima não seja superior a 4 (quatro) anos. ATENÇÃO: A Lei n. 13.641/18, inseriu na Lei Maria da Penha (Lei n. 11.340/06) o tipo penal Art. 24-A. Descumprir decisão judicial que defere medidas protetivas de urgência previstas nesta Lei, com pena de detenção, de 3 (três) meses a 2 (dois) anos. No entanto, o § 2º "Na hipótese de prisão em flagrante, apenas a autoridade judicial poderá conceder fiança". Logo, delegado de polícia está impedido de arbitrar a fiança.

(e) Art. 310, parágrafo único, do CPP.

Gabarito: D

Para responder, tem que estudar: lei.

31. (MPE/SP/Promotor/2011/88_Concurso) Analise as seguintes assertivas com relação à prisão e à liberdade provisória:

I. se a infração penal for inafiançável, a falta de exibição do mandado obstará a prisão;

II. a falta de testemunhas da infração penal impedirá o auto de prisão em flagrante;

III. a prisão temporária poderá ser decretada de ofício pelo Juiz;

IV. nos casos de acidentes de trânsito de que resulte vítima, não se imporá a prisão em flagrante ao condutor de veículo, se prestar pronto e integral socorro a ela;

V. nos crimes de tráfico ilícito de entorpecentes e drogas afins, a prisão temporária terá o prazo de 30 (trinta) dias.

Está correto apenas o que se afirmar em

a) I e II.

b) I e III.

c) II e V.

d) III e IV.

e) IV e V.

ANOTAÇÕES/COMENTÁRIOS

(I) CPP: Art. 287. Se a infração for inafiançável, a falta de exibição do mandado não obstará à prisão, e o preso, em tal caso, será imediatamente apresentado ao juiz que tiver expedido o mandado.

(II) Art. 304, § 2º, do CPP: § 2º A falta de testemunhas da infração não impedirá o auto de prisão em flagrante; mas, nesse caso, com o condutor, deverão assiná-lo pelo menos duas pessoas que haja testemunhado a apresentação do preso à autoridade.

(III) Lei 7.960/89: Art. 2º A prisão temporária será decretada pelo Juiz, em face da representação da autoridade policial ou de requerimento do Ministério Público, e terá o prazo de 5 (cinco) dias, prorrogável por igual período em caso de extrema e comprovada necessidade.

(IV) Lei 9.503/97: Art. 301. Ao condutor de veículo, nos casos de acidentes de trânsito de que resulte vítima, não se imporá a prisão em flagrante, nem se exigirá fiança, se prestar pronto e integral socorro àquela.

(V) Art. 2º, § 4º, da Lei 8.072/90: § 4º A prisão temporária, sobre a qual dispõe a Lei nº 7.960, de 21 de dezembro de 1989, nos crimes previstos neste artigo, terá o prazo de 30 (trinta) dias, prorrogável por igual período em caso de extrema e comprovada necessidade.

Gabarito: E

Para responder, tem que estudar: lei.

32. (MPE/SP/Promotor/2011/88_Concurso) Concedido o livramento condicional:

I. o Juiz não poderá modificar as condições por ele especificadas na sentença;

II. o condenado declarará se aceita as condições especificadas pelo Juiz na sentença;

III. o benefício poderá ser revogado se o liberado vier a ser condenado a pena privativa de liberdade, em sentença recorrível, por crime cometido durante sua vigência;

IV. na hipótese de revogação facultativa, mantido o livramento condicional, o Juiz deverá advertir o liberado, sendo-lhe vedado agravar as condições por ele especificadas na sentença;

V. praticada pelo liberado outra infração penal, o Juiz poderá ordenar a sua prisão, suspendendo o curso do livramento condicional.

Está correto apenas o que se afirma em

a) I e II.

b) I e IV.

c) II e V.

d) III e IV.

e) III e V.

ANOTAÇÕES/COMENTÁRIOS

(I) CPP: Art. 731. O juiz, de ofício, a requerimento do Ministério Público, ou mediante representação do Conselho Penitenciário, poderá modificar as condições ou normas de conduta especificadas na sentença, devendo a respectiva decisão ser lida ao liberado por uma das autoridades ou por um dos funcionários indicados no inciso I do art. 723, observado o disposto nos incisos II e III, e §§ 1º e 2º do mesmo artigo.

(II) CPP: Art. 723. A cerimônia do livramento condicional será realizada solenemente, em dia marcado pela autoridade que deva presidi-la, observando-se o seguinte: III – o preso declarará se aceita as condições.

(III) Art. 86, I, do CP:Art. 86. Revoga-se o livramento, se o liberado vem a ser condenado a pena privativa de liberdade, em sentença irrecorrível: I – por crime cometido durante a vigência do benefício

(IV) CPP: Art. 727. O juiz pode, também, revogar o livramento, se o liberado deixar de cumprir qualquer das obrigações constantes da sentença, de observar proibições inerentes à pena acessória ou for irrecorrivelmente condenado, por crime, à pena que não seja privativa da liberdade. Parágrafo único. Se o juiz não revogar o livramento, deverá advertir o liberado ou exacerbar as condições.

(V) CPP: Art. 732. Praticada pelo liberado nova infração, o juiz ou o tribunal poderá ordenar a sua prisão, ouvido o Conselho Penitenciário, suspendendo o curso do livramento condicional, cuja revogação ficará, entretanto, dependendo da decisão final no novo processo.

Gabarito: C

Para responder, tem que estudar: lei.

33. (MPE/SP/Promotor/2012/89_Concurso) É correto afirmar:

a) A prisão em flagrante não é cabível nas infrações de menor potencial ofensivo, se o autor do fato assumir o compromisso de comparecer ao juizado especial criminal, e nos crimes de homicídio e lesão corporal culposos, se o agente prestar imediato e integral socorro à vítima.

b) A prisão preventiva não pode ser decretada de ofício pelo juiz no inquérito policial, não é admissível em crimes culposos e pode ser substituída pela liberdade provisória se demonstrado por prova idônea que o indiciado ou acusado é maior de 80 anos de idade.

c) A fiança não pode ser concedida sem a prévia oitiva do Ministério Público, pode ser prestada após a sentença condenatória e cassada no curso do processo se a inovação na classificação do delito a tornar incabível.

d) A prisão temporária pode ser decretada pelo juiz de ofício ou em face de representação da autoridade policial ou requerimento do Ministério Público, caso em que prevê a lei o prazo de 48 (quarenta e oito) horas para a prolação da decisão.

e) O comparecimento periódico em juízo, a suspensão do exercício de função pública ou de atividade de natureza econômica ou financeira, a internação provisória e a fiança incluem-se entre as medidas cautelares diversas da prisão

ANOTAÇÕES/COMENTÁRIOS

(a) Lei 9.099/95: Art. 69, Parágrafo único. Ao autor do fato que, após a lavratura do termo, for imediatamente encaminhado ao juizado ou assumir o compromisso de a ele comparecer, não se imporá prisão em flagrante, nem se exigirá fiança. Em caso de violência doméstica, o juiz poderá determinar, como medida de cautela, seu afastamento do lar, domicílio ou local de convivência com a vítima. // Em relação aos crimes de homicídio e lesão corporal culposos existe essa previsão apenas para os crimes de trânsito: CTB, Art. 301: Ao condutor de veículo, nos casos de acidentes de trânsito de que resulte vítima, não se imporá a prisão em flagrante, nem se exigirá fiança, se prestar pronto e integral socorro àquela.

(b) De acordo com o art. 311 do CPP, o juiz poderá decretar a prisão preventiva de ofício apenas no curso da ação penal: “Art. 311. Em qualquer fase da investigação policial ou do processo penal, caberá a prisão preventiva decretada pelo juiz, de ofício, se no curso da ação penal, ou a requerimento do Ministério Público, do querelante ou do assistente, ou por representação da autoridade policial”.

(c) CPP: Art. 333. Depois de prestada a fiança, que será concedida independentemente de audiência do Ministério Público, este terá vista do processo a fim de requerer o que julgar conveniente. Art. 334. A fiança poderá ser prestada enquanto não transitar em julgado a sentença condenatória

(d) Lei 7.960/89: Art. 2º A prisão temporária será decretada pelo Juiz, em face da representação da autoridade policial ou de requerimento do Ministério Público, e terá o prazo de 5 (cinco) dias, prorrogável por igual período em caso de extrema e comprovada necessidade. § 2º O despacho que decretar a prisão temporária deverá ser fundamentado e prolatado dentro do prazo de 24 (vinte e quatro) horas, contadas a partir do recebimento da representação ou do requerimento.

(e) CPP: "Art. 319. São medidas cautelares diversas da prisão: I – comparecimento periódico em juízo, no prazo e nas condições fixadas pelo juiz, para informar e justificar atividades; II – proibição de acesso ou frequência a determinados lugares quando, por circunstâncias relacionadas ao fato, deva o indiciado ou acusado permanecer distante desses locais para evitar o risco de novas infrações; III – proibição de manter contato com pessoa determinada quando, por circunstâncias relacionadas ao fato, deva o indiciado ou acusado dela permanecer distante; IV – proibição de ausentar-se da Comarca quando a permanência seja conveniente ou necessária para a investigação ou instrução; V – recolhimento domiciliar no período noturno e nos dias de folga quando o investigado ou acusado tenha residência e trabalho fixos; VI – suspensão do exercício de função pública ou de atividade de natureza econômica ou financeira quando houver justo receio de sua utilização para a prática de infrações penais; VII – internação provisória do acusado nas hipóteses de crimes praticados com violência ou grave ameaça, quando os peritos concluírem ser inimputável ou semi-imputável (art. 26 do Código Penal) e houver risco de reiteração; VIII – fiança, nas infrações que a admitem, para assegurar o comparecimento a atos do processo, evitar a obstrução do seu andamento ou em caso de resistência injustificada à ordem judicial; IX – monitoração eletrônica".

Gabarito: E

Para responder, tem que estudar: lei.

34. (MPE/SP/Promotor/2013/90_Concurso) Considere as seguintes proposições.

I. É vedado ao juiz conceder liberdade provisória aplicando concomitantemente medida cautelar diversa da prisão prevista no artigo 319, do Código de Processo Penal.

II. Pode o juiz decretar a prisão preventiva quando constatado o descumprimento de qualquer das obrigações impostas à medida cautelar diversa da prisão (artigo 319, do Código de Processo Penal) e não seja cabível imposição de outra, em substituição ou cumulativamente.

III. A lei que disciplina a prisão temporária não contempla a possibilidade de o juiz decretá-la de ofício.

Está correto o que se afirma

a) apenas em I e II.

b) apenas em I e III.

c) apenas em II e III.

d) apenas em I.

e) em I, II e III.

ANOTAÇÕES/COMENTÁRIOS

(I) CPP: Art. 321. Ausentes os requisitos que autorizam a decretação da prisão preventiva, o juiz deverá conceder liberdade provisória, impondo, se for o caso, as medidas cautelares previstas no art. 319 deste Código e observados os critérios constantes do art. 282 deste Código.

(II) A redação do art. 312 do CPP foi alterada pela lei 13.964/2019 (Pacote anticrime) passando a prever o seguinte: Art. 312. A prisão preventiva poderá ser decretada como garantia da ordem pública, da ordem econômica, por conveniência da instrução criminal ou para assegurar a aplicação da lei penal, quando houver prova da existência do crime e indício suficiente de autoria e de perigo gerado pelo estado de liberdade do imputado. § 1º A prisão preventiva também poderá ser decretada em caso de descumprimento de qualquer das obrigações impostas por força de outras medidas cautelares (art. 282, § 4º). § 2º A decisão que decretar a prisão preventiva deve ser motivada e fundamentada em receio de perigo e existência concreta de fatos novos ou contemporâneos que justifiquem a aplicação da medida adotada.

(III) Lei 7.960/89. Art. 2º A prisão temporária será decretada pelo Juiz, em face da representação da autoridade policial ou de requerimento do Ministério Público, e terá o prazo de 5 (cinco) dias, prorrogável por igual período em caso de extrema e comprovada necessidade. Nos crimes hediondos a prisão temporária terá duração de 30 dias conforme preconiza o Art. 2º, § 4º (8.072/90): A prisão temporária, sobre a qual dispõe a Lei nº 7.960, de 21 de dezembro de 1989, nos crimes previstos neste artigo, terá o prazo de 30 (trinta) dias, prorrogável por igual período em caso de extrema e comprovada necessidade.

Gabarito: C

Para responder, tem que estudar: lei.

35. (MPE/SP/Promotor/2015/91_Concurso) Assinale a alternativa correta:

a) A captura poderá ser requisitada, à vista de mandado judicial, por qualquer meio idôneo, até mesmo por telefone.

b) Pela atual sistemática do Código de Processo Penal, a locomoção da autoridade policial ao lugar do crime de homicídio não é obrigatória, estando sujeita a juízo de conveniência ou de possibilidade.

c) Quando o fato for praticado na presença do Juiz de Direito, ou contra este, no exercício de suas funções, ele não poderá presidir o respectivo auto de prisão em flagrante, sob pena de ver afetada sua imparcialidade.

d) O funcionário consular e o representante diplomático não podem figurar no polo passivo de prisão em flagrante, nem mesmo pela prática de crime considerado grave.

e) O advogado pode ser preso em flagrante pela prática de crime inafiançável, exceto quando o fato estiver relacionado ao exercício da função.

ANOTAÇÕES/COMENTÁRIOS

(a) CPP: Art. 299. A captura poderá ser requisitada, à vista de mandado judicial, por qualquer meio de comunicação, tomadas pela autoridade, a quem se fizer a requisição, as precauções necessárias para averiguar a autenticidade desta.

(b) CPP: Art. 6º Logo que tiver conhecimento da prática da infração penal, a autoridade policial deverá: I – dirigir-se ao local, providenciando para que não se alterem o estado e conservação das coisas, até a chegada dos peritos criminais; Art. 158. Quando a infração deixar vestígios, será indispensável o exame de corpo de delito, direto ou indireto, não podendo supri-lo a confissão do acusado.

(c) CPP: Art. 307. Quando o fato for praticado em presença da autoridade, ou contra esta, no exercício de suas funções, constarão do auto a narração deste fato, a voz de prisão, as declarações que fizer o preso e os depoimentos das testemunhas, sendo tudo assinado pela autoridade, pelo preso e pelas testemunhas e remetido imediatamente ao juiz a quem couber tomar conhecimento do fato delituoso, se não o for a autoridade que houver presidido o auto.

(d) Art. 41 do Decreto 61.078/67: 1. Os funcionários consulares não poderão ser detidos ou presos preventivamente, exceto em caso de crime grave e em decorrência de decisão de autoridade judiciária competente. 2. Exceto no caso previsto no parágrafo 1 do presente artigo, os funcionários consulares não podem ser presos nem submetidos a qualquer outra forma de limitação de sua liberdade pessoal, senão em decorrência de sentença judiciária definitiva.

(e) Art. 7º, § 3º, da Lei 8.906/94: § 3º O advogado somente poderá ser preso em flagrante, por motivo de exercício da profissão, em caso de crime inafiançável, observado o disposto no inciso IV deste artigo.

Gabarito: A

Para responder, tem que estudar: lei.

36. (MPE/SP/Promotor/2017/92_Concurso) Assinale a alternativa correta.

a) Nas infrações penais de menor potencial lesivo, presente qualquer hipótese de flagrante delito, a autoridade policial deve lavrar o auto de prisão em flagrante delito, não podendo substitui-lo por termo circunstanciado.

b) Nas hipóteses de flagrante impróprio ou quase flagrante, é possível a prisão em flagrante delito dias depois da consumação do delito quando houver perseguição imediata e contínua.

c) Para a elaboração do auto de prisão em flagrante delito, indispensável a presença de, ao menos, duas testemunhas, não se incluindo nesse número a pessoa do condutor.

d) A conduta de policial que adquire droga, simulando ser usuário, invalida o auto de prisão em flagrante delito por se tratar de hipótese de flagrante preparado e constituir prova ilícita.

e) A não observância das formalidades legais na elaboração do auto de prisão em flagrante delito constitui nulidade absoluta, importando no relaxamento da prisão e na invalidação do auto de prisão em flagrante delito como peça informativa.

ANOTAÇÕES/COMENTÁRIOS

(a) Art. 69 da Lei 9.099/95: A autoridade policial que tomar conhecimento da ocorrência lavrará termo circunstanciado e o encaminhará imediatamente ao Juizado, com o autor do fato e a vítima, providenciando-se as requisições dos exames periciais necessários. Parágrafo único. Ao autor do fato que, após a lavratura do termo, for imediatamente encaminhado ao juizado ou assumir o compromisso de a ele comparecer, não se imporá prisão em flagrante, nem se exigirá fiança. Em caso de violência doméstica, o juiz poderá determinar, como medida de cautela, seu afastamento do lar, domicílio ou local de convivência com a vítima.

(b) Art. 302 do CPP. Considera-se em flagrante delito quem: I – está cometendo a infração penal; II – acaba de cometê-la; III – é perseguido, logo após, pela autoridade, pelo ofendido ou por qualquer pessoa, em situação que faça presumir ser autor da infração; IV – é encontrado, logo depois, com instrumentos, armas, objetos ou papéis que façam presumir ser ele autor da infração.

(c) Art. 304 do CPP; § 2º A falta de testemunhas da infração não impedirá o auto de prisão em flagrante; mas, nesse caso, com o condutor, deverão assiná-lo pelo menos duas pessoas que haja testemunhado a apresentação do preso à autoridade.

(d) O tipo do art. 33 da Lei 11.343 é misto alternativo. Ou seja, há vários verbos no núcleo do tipo e ele se caracteriza com a prática de qualquer um deles. No caso da venda simulada de droga, há flagrante esperado e, portanto, ilícito, quanto ao verbo vender. Entretanto, o agente poderá responder pelo tráfico de drogas por outro verbo nuclear como "trazer consigo" ou "ter em depósito".

(e) A jurisprudência desta Superior Corte de Justiça já se firmou no sentido de que eventuais irregularidades ocorridas na fase inquisitorial não possuem o condão de macular o processo criminal. (STJ, HC 309.299).

Gabarito: B

Para responder, tem que estudar: lei e jurisprudência.

10. FATOS E ATOS PROCESSUAIS. CITAÇÃO, NOTIFICAÇÃO E INTIMAÇÃO

37. (MPE/SP/Promotor/2015/91_Concurso) Assinale a alternativa correta:

a) No procedimento ordinário, o Juiz de Direito, depois de receber a denúncia, determinará a citação do réu para o oferecimento de defesa escrita, que não é, entretanto, obrigatória.

b) A inobservância do princípio da identidade física do juiz é causa de nulidade absoluta, mesmo em face da promoção do magistrado que tenha presidido a instrução.

c) O advogado deverá ser intimado da data da audiência designada no juízo deprecado.

d) A pendência de cumprimento de carta precatória impede o julgamento do feito.

e) Todas as alternativas estão incorretas.

ANOTAÇÕES/COMENTÁRIOS

(a) Art. 396 e art. 396-A, § 2º, ambos do CPP. a defesa escrita é obrigatória. Art. 396. Nos procedimentos ordinário e sumário, oferecida a denúncia ou queixa, o juiz, se não a rejeitar liminarmente, recebê-la-á e ordenará a citação do acusado para responder à acusação, por escrito, no prazo de 10 (dez) dias. Art. 396-A- § 2º. Não apresentada a resposta no prazo legal, ou se o acusado, citado, não constituir defensor, o juiz nomeará defensor para oferecê-la, concedendo-lhe vista dos autos por 10 (dez) dias.

(b) STJ, AgRg no AREsp 991119: "PRINCÍPIO DA IDENTIDADE FÍSICA DO JUIZ. POSTULADO DE CARÁTER RELATIVO. ART. 132 DO CPC. PREJUÍZO não DEMONSTRADO. PAS DE NULLITÉ SANS GRIEF. RECONHECIMENTO DE PESSOA. FORMALIDADES RECOMENDADAS PELA LEI PROCESSUAL PENAL. INOBSERVÂNCIA. NULIDADE INOCORRENTE. DECRETO CONDENATÓRIO COM MOTIVAÇÃO IDÔNEA E AMPARO EM AMPLO CONTEXTO PROBATÓRIO. 1. A jurisprudência desta Corte Superior de Justiça é no sentido de que, em respeito ao princípio da identidade física do juiz, consagrado no sistema processual penal pátrio, a sentença deverá, de regra, ser proferida pelo magistrado que participou da instrução criminal, admitindo-se, excepcionalmente, que juiz diverso o faça quando aquele estiver impossibilitado de realizar o ato como, p. ex., nas hipóteses de afastamento, substituição, licenciamento, promoção, remoção, convocação para atuação no Tribunal de instância superior, entre outras. Precedentes. 2. Na hipótese, a sentença foi proferida por magistrado diverso do que participou da colheita da prova. Contudo, apesar disso, o Tribunal a quo afirmou que o decreto condenatório apresenta fundamentação coesa e que, de fato, retrata o contexto fático-probatório dos autos, formado a partir de prova documental e oral construída ao longo da instrução criminal, sob o crivo do contraditório e ampla defesa. 3. Com efeito, não obstante o princípio da identidade física do juiz – ex vi art. 399, § 2 º, CPP – determinar que o magistrado da instrução é quem deve sentenciar o feito, esse postulado não é absoluto. Na espécie, o recorrente não demonstrou a ocorrência de prejuízo concreto à defesa em razão da prolação da sentença por juiz distinto do magistrado que presidiu a instrução, não há falar em nulidade (AgRg no REsp 1575631, 2016). 4. O acórdão recorrido está alinhado à jurisprudência deste Superior Tribunal de Justiça, segundo a qual as disposições insculpidas no art. 226 do CPP, configuram uma recomendação legal, e não uma exigência absoluta, não se cuidando, portanto, de nulidade quando praticado o ato processual (reconhecimento pessoal) de modo diverso. Precedentes. 5. Ademais, conforme a sentença de 1º grau, a demonstração da autoria delitiva pautou-se pela análise de outros meios de prova, produzidos regularmente tanto na esfera policial como em sede judicial, não havendo qualquer incerteza ou ilegalidade quanto à condenação do agravante. 6. O reconhecimento pessoal do agravante pela vítima do roubo não constituiu fonte única para formar o juízo de convicção sobre a autoria delitiva. A imputação do fato ao réu ampara-se também em outros elementos integrantes do conjunto probatório, que, aliás, sequer foram impugnados pela defesa – incidência da Súmula 283/STF".

(c) Súmula 273/STJ. Intimada a defesa da expedição da carta precatória, torna-se desnecessária intimação da data da audiência no juízo deprecado.

(d) "HABEAS CORPUS. FURTO QUALIFICADO TENTADO E ANTIGA FIGURA DA QUADRILHA. (1) PRISÃO PREVENTIVA. ALEGAÇÕES DE FALTA DE FUNDAMENTAÇÃO DO ÉDITO PRISIONAL E EXCESSO DE PRAZO PARA A CONCLUSÃO DA INSTRUÇÃO. SUPERVENIÊNCIA DE LIBERDADE PROVISÓRIA. PREJUDICIALIDADE. (2) MATÉRIAS ESTRANHAS AO JUS LIBERTATIS. IMPETRAÇÃO COMO SUCEDÂNEO RECURSAL. IMPROPRIEDADE. CARTA PRECATÓRIA. não DEVOLUÇÃO. PROSSEGUIMENTO DA AÇÃO PENAL. COLHEITA DE INTERROGATÓRIOS. CONSTRANGIMENTO. AUSÊNCIA. ORDEM EM PARTE PREJUDICADA, E, NO MAIS, não CONHECIDA. 1. As alegações de excesso de prazo e falta de fundamentação da prisão preventiva restam prejudicadas com a superveniência de deferimento de liberdade provisória pelo magistrado de primeiro grau. 2. As alegações estranhas à estrita tutela do jus libertatis mostram-se incabíveis no seio do "habeas corpus", no contexto de racionalização do emprego da garantia constitucional, quando o writ é utilizado como sucedâneo recursal. 3. Quando a carta precatória não é devolvida no prazo razoável assinado, é possível que a marcha processual prossiga, com a colheita do interrogatório e, até mesmo, com a prolação de sentença. Portanto, não há falar em cerceamento de defesa, por indevida inversão da ordem dos atos processuais, quando, diante do retardamento na devolução da deprecata para oitiva de testemunha, seja realizado o interrogatório. 4. Ordem em parte prejudicada e, no mais, não conhecida. (STJ, HC 265.221)

Gabarito: E

Para responder, tem que estudar: lei, jurisprudência e súmula/OJ.

38. (MPE/SP/Promotor/2017/92_Concurso) Assinale a alternativa correta.

a) A requisição de réu preso é considerada, para todos os efeitos, citação válida, sendo prescindível a expedição de mandado e a citação pessoal.

b) É nula a audiência realizada sem a presença do réu, preso em qualquer unidade da Federação, ainda que tenha sido procurado e não encontrado em endereço por ele fornecido.

c) Para que se proceda à citação por edital, o oficial de justiça, além de diligenciar nos endereços fornecidos pelo réu, deve esgotar os meios de localização, pesquisando em órgãos públicos e entidades particulares.

d) O não atendimento à citação válida importa em revelia e prosseguimento normal do processo sem a necessidade de intimação do réu para os demais termos do processo.

e) As intimações e as notificações feitas pela imprensa oficial devem conter, sob pena de nulidade, o nome das partes e seus advogados para permitirem a identificação da causa.

ANOTAÇÕES/COMENTÁRIOS

(a) Art. 360 do CPP. Se o réu estiver preso, será pessoalmente citado.

(b) A nulidade é relativa; "...II – Tratando-se de réu preso, a falta de requisição para o comparecimento à audiência de oitiva de testemunhas realizada em outra comarca acarreta nulidade relativa, devendo ser arguida em momento oportuno e provado o prejuízo, o que não ocorreu nos autos...." INFORMATIVO Nº 763

(c) O art. 363 do CPP preconiza o seguinte: § 1º Não sendo encontrado o acusado, será procedida a citação por edital.

(d) Malgrado o art.. 367 o CPP determinar que: "O processo seguirá sem a presença do acusado que, citado ou intimado pessoalmente para qualquer ato, deixar de comparecer sem motivo justificado, ou, no caso de mudança de residência, não comunicar o novo endereço ao juízo", Pacelli afirma que, "em processo penal, a revelia, verificada a partir da ausência injustificada do acusado por ocasião da realização de qualquer ato relevante do processo, tem como única consequência a não intimação dele para a prática dos atos subsequentes, exceção feita à intimação da sentença, que deverá ser realizada sob quaisquer circunstâncias" (Curso de Processo Penal).

(e) Art. 370 CPP: Nas intimações dos acusados, das testemunhas e demais pessoas que devam tomar conhecimento de qualquer ato, será observado, no que for aplicável, o disposto no Capítulo anterior. § 1º A intimação do defensor constituído, do advogado do querelante e do assistente far-se-á por publicação no órgão incumbido da publicidade dos atos judiciais da comarca, incluindo, sob pena de nulidade, o nome do acusado.

Gabarito: E

Para responder, tem que estudar: lei, jurisprudência e teoria/doutrina.

11. SENTENÇA. COISA JULGADA

39. (MPE/SP/Promotor/2010/87_Concurso) Encerrada a instrução criminal de um processo em que o acusado foi denunciado pelo crime de furto (art. 155, caput, do Código Penal), o juiz entende que estão presentes provas de que, na verdade, o delito praticado por aquele foi de receptação qualificada (art. 180, § 1º, do Código Penal), fato não descrito na denúncia. Em consequência, o juiz deverá:

a) proferir sentença condenatória pelo crime de receptação.
b) baixar os autos do processo, a fim de que a defesa, no prazo de 8 (oito) dias, se manifeste e requeira prova, podendo ser ouvidas até três testemunhas.
c) dar ciência ao Ministério Público e designar novo interrogatório do acusado e audiência de debates e julgamento.
d) remeter os autos ao Ministério Público para proceder ao aditamento da denúncia, no prazo legal, e ouvir o defensor do acusado sobre a nova imputação.
e) dar ciência ao Ministério Público e à defesa da nova classificação jurídica da infração penal, proferindo, após, a sentença definitiva.

ANOTAÇÕES/COMENTÁRIOS

(a, b, c, e) Vide comentários abaixo.

(d) Aplica-se o instituto da "mutatio libelli", descrito no art. 384 do CPP: Art. 384. Encerrada a instrução probatória, se entender cabível nova definição jurídica do fato, em consequência de prova existente nos autos de elemento ou circunstância da infração penal não contida na acusação, o Ministério Público deverá aditar a denúncia ou queixa, no prazo de 5 (cinco) dias, se em virtude desta houver sido instaurado o processo em crime de ação pública, reduzindo-se a termo o aditamento, quando feito oralmente.

Gabarito: D

Para responder, tem que estudar: lei.

40. (MPE/SP/Promotor/2015/91_Concurso) Assinale a alternativa que contém afirmação incorreta:

a) O juiz tem o dever de cientificar a vítima do teor da sentença.
b) A sentença que reconhece a inexistência do fato impede a propositura da ação civil para reparação do dano.
c) Se o juiz entender que o réu é inimputável por perturbação da saúde mental, proferirá a sentença absolutória imprópria.
d) A sentença penal absolutória, que reconhece a atipicidade do fato, não impede a propositura da ação civil para reparação do dano.
e) A sentença homologatória da transação penal serve como título executivo no cível, para efeito de reparação do dano.

ANOTAÇÕES/COMENTÁRIOS

(a) CPP: Art. 391. O querelante ou o assistente será intimado da sentença, pessoalmente ou na pessoa de seu advogado. Se nenhum deles for encontrado no lugar da sede do juízo, a intimação será feita mediante edital com o prazo de 10 dias, afixado no lugar de costume.

(b) CPP: Art. 66. Não obstante a sentença absolutória no juízo criminal, a ação civil poderá ser proposta quando não tiver sido, categoricamente, reconhecida a inexistência material do fato.

(c) CPP: Art. 386. O juiz absolverá o réu, mencionando a causa na parte dispositiva, desde que reconheça: (...). Parágrafo único. Na sentença absolutória, o juiz: III – aplicará medida de segurança, se cabível.

(d) CPP: Art. 67. Não impedirão igualmente a propositura da ação civil: III – a sentença absolutória que decidir que o fato imputado não constitui crime.

(e) Lei 9.099/95: Art. 76. Havendo representação ou tratando-se de crime de ação penal pública incondicionada, não sendo caso de arquivamento, o Ministério Público poderá propor a aplicação imediata de pena restritiva de direitos ou multas, a ser especificada na proposta. § 4º Acolhendo a proposta do Ministério Público aceita pelo autor da infração, o Juiz aplicará a pena restritiva de direitos ou multa, que não importará em reincidência, sendo registrada apenas para impedir novamente o mesmo benefício no prazo de cinco anos. § 6º A imposição da sanção de que trata o § 4º deste artigo não constará de certidão de antecedentes criminais, salvo para os fins previstos no mesmo dispositivo, e não terá efeitos civis, cabendo aos interessados propor ação cabível no juízo cível.

Gabarito: E

Para responder, tem que estudar: lei.

41. (MPE/SP/Promotor/2019/93_Concurso) Sobre a correlação entre acusação e sentença, é correto afirmar que:

a) não se aplica a regra da emendatio libelli em grau de recurso, sob pena de supressão de um grau de jurisdição e surpresa para a defesa.

b) ao aplicar a regra da emendatio libelli, o juiz poderá condenar o acusado, sem manifestação das partes, aplicando-lhe, se for o caso, pena mais grave.

c) ao aplicar a regra da mutatio libelli, o juiz deve apenas colher a manifestação das partes, ouvir eventuais testemunhas indicadas e sentenciar.

d) ao aplicar a regra da mutatio libelli, o juiz deve provocar o aditamento da denúncia, colher a manifestação das partes, ouvir eventuais testemunhas indicadas e, após debates, sentenciar.

e) ao aplicar a regra da emendatio libelli, o juiz deve colher a manifestação das partes antes de sentenciar, podendo, se for o caso, aplicar pena mais grave.

ANOTAÇÕES/COMENTÁRIOS

a) Questão que foi objeto de recurso. A banca cobrou o entendimento firmado no STJ HC 87984 / SC: É possível que o tribunal, no julgamento de um recurso contra a sentença, faça emendatio libelli, desde que não ocorra reformatio in pejus. Nas lições de Renato Brasileiro:

"Em recurso exclusivo da defesa, ou mesmo se houver reurso da acusação sem a impugnação dessa matéria, não é permitido que o tribunal retifique a classificação consoante da peça acusatória se dessa correção puder resultar o agravamento da pena do acusado." Em relação à mutatio libeli, não é possível, uma vez que se o Tribunal, em grau de recurso, apreciasse fato não analisado pelo juiz, haveria supressão de instância. Súmula 453-STF – Não se aplicam à segunda instância o art. 384 e parágrafo único do Código de Processo Penal, que possibilitam dar nova definição jurídica ao fato delituoso, em virtude de circunstância elementar não contida, explícita ou implicitamente, na denúncia ou queixa.

b) Art. 383. O juiz, sem modificar a descrição do fato contida na denúncia ou queixa, poderá atribuir-lhe definição jurídica diversa, ainda que, em conseqüência, tenha de aplicar pena mais grave.

c) Art. 384. Encerrada a instrução probatória, se entender cabível nova definição jurídica do fato, em conseqüência de prova existente nos autos de elemento ou circunstância da infração penal não contida na acusação, o Ministério Público deverá aditar a denúncia ou queixa, no prazo de 5 (cinco) dias, se em virtude desta houver sido instaurado o processo em crime de ação pública, reduzindo-se a termo o aditamento, quando feito oralmente. §2º Ouvido o defensor do acusado no prazo de 5 (cinco) dias e admitido o aditamento, o juiz, a requerimento de qualquer das partes, designará dia e hora para continuação da audiência, com inquirição de testemunhas, novo interrogatório do acusado, realização de debates e julgamento. Conforme leciona Renato Brasileiro, é evidente que o juiz não pode, de imediato proferir sentença condenatória pelo crime alterado, pois no processo penal o acusado se defende dos fatos que lhe são imputados na exordial acusatória, caso contrário, estar-se-ia violando os princípios do contraditório, da ampla defesa e da correlação entre acusação e sentença.

d) Os candidatos entraram com recurso e apontaram que a assertiva "d" também estaria correta. A banca indeferiu o recurso apresentando a seguinte justificativa: "A alternativa questionada pelos candidatos está incorreta não pelo motivo aventado no recurso 14, mas porque ausente menção quanto à necessidade de realização de novo interrogatório do acusado quando da aplicação do procedimento da "mutatio libelli", conforme exige o § 2º do artigo 384 da lei processual, para fins de garantia da amplitude de defesa (autodefesa)."

e) Item comentado na alternativa "b". Não há necessidade de prévia oitiva das partes.

Gabarito: B

Para responder, tem que estudar: lei.

12. INTERDIÇÃO DE DIREITOS

Tópico sem questões em provas recentes.

13. MEDIDA DE SEGURANÇA

Tópico sem questões em provas recentes.

14. PROCEDIMENTO COMUM

42. (MPE/SP/Promotor/2010/87_Concurso) No processo comum, o acusado pode ser absolvido sumariamente (art. 397, Código de Processo Penal) quando:

a) a denúncia for inepta.

b) o autor da infração penal agiu manifestamente em legítima defesa.

c) não existirem suficientes indícios de autoria ou prova da materialidade do fato.

d) o Ministério Público for parte ilegítima para o exercício da ação penal.

e) houver dúvida sobre a sua inimputabilidade.

ANOTAÇÕES/COMENTÁRIOS

(a, c, d, e) Vide comentários abaixo.

(b) CPP: Art. 397. Após o cumprimento do disposto no art. 396-A, e parágrafos, deste Código, o juiz deverá absolver sumariamente o acusado quando verificar: I – a existência manifesta de causa excludente da ilicitude do fato; II – a existência manifesta de causa excludente da culpabilidade do agente, salvo inimputabilidade; III – que o fato narrado evidentemente não constitui crime; ou IV – extinta a punibilidade do agente.

Gabarito: B

Para responder, tem que estudar: lei.

43. (MPE/SP/Promotor/2011/88_Concurso) Com relação à audiência de instrução e julgamento, analise as seguintes assertivas:

I. no procedimento comum previsto no Código de Processo Penal, a audiência de instrução e julgamento será única;

II. é vedada à testemunha a consulta a apontamentos;

III. a testemunha não poderá eximir-se da obrigação de depor, exceto se estiver impossibilitada por enfermidade;

IV. se o Juiz verificar que a presença do réu poderá causar humilhação à testemunha, de modo que prejudique a verdade do depoimento, fará a inquirição por videoconferência;

V. no procedimento relativo aos processos por crimes de tráfico ilícito de drogas, o interrogatório do acusado será realizado após a inquirição das testemunhas.

Está correto apenas o que se afirma em

a) I e IV.

b) I e V.

c) II e III.

d) II e V.

e) III e IV.

ANOTAÇÕES/COMENTÁRIOS

(I) CPP: Art. 400. Na audiência de instrução e julgamento, a ser realizada no prazo máximo de 60 (sessenta) dias, proceder-se-á à tomada de declarações do ofendido, à inquirição das testemunhas arroladas pela acusação e pela defesa, nesta ordem, ressalvado o disposto no art. 222 deste Código, bem como aos esclarecimentos dos peritos, às acareações e ao reconhecimento de pessoas e coisas, interrogando-se, em seguida, o acusado.

(II) CPP: Art. 204. O depoimento será prestado oralmente, não sendo permitido à testemunha trazê-lo por escrito. Parágrafo único. Não será vedada à testemunha, entretanto, breve consulta a apontamentos.

(III) CPP: Art. 206. A testemunha não poderá eximir-se da obrigação de depor. Poderão, entretanto, recusar-se a fazê-lo o ascendente ou descendente, o afim em linha reta, o cônjuge, ainda que desquitado, o irmão e o pai, a mãe, ou o filho adotivo do acusado, salvo quando não for possível, por outro modo, obter-se ou integrar-se a prova do fato e de suas circunstâncias. IV – Art. 217 do CPP:

(IV) Art. 217. Se o juiz verificar que a presença do réu poderá causar humilhação, temor, ou sério constrangimento à testemunha ou ao ofendido, de modo que prejudique a verdade do depoimento, fará a inquirição por videoconferência e, somente na impossibilidade dessa forma, determinará a retirada do réu, prosseguindo na inquirição, com a presença do seu defensor.

(V) ATENÇÃO: assertiva desatualizada conforme atual jurisprudência do STF no tocante ao momento do interrogatório no procedimento da Lei de Drogas (Lei n. 11.34/06) (ARE 1168299, 2018) (...) Como se sabe, esta Corte Superior de Justiça possuía entendimento pacífico de aplicar-se a Lei n. 11.343/2006, que estabelece o interrogatório do acusado como primeiro ato da audiência de instrução e julgamento, pois as regras do rito comum ordinário, dentre as quais a do artigo 400 do Código de Processo Penal, só têm lugar no procedimento especial quando nele houver omissões ou lacunas. No entanto, o Plenário do Supremo Tribunal Federal, no julgamento do HC 127.900/AM, firmou a compreensão de que o artigo 400 da Lei Penal Adjetiva deve ser observado nos procedimentos especiais, tese que, em homenagem ao princípio da segurança jurídica, deve ser aplicada às instruções processuais não encerradas a partir da data de publicação da ata deste julgamento. (...)

Gabarito: X

Para responder, tem que estudar: lei e jurisprudência.

44. (MPE/SP/Promotor/2019/93_Concurso) Assinale a alternativa INCORRETA:

a) O benefício da suspensão condicional do processo não é aplicável em relação às infrações penais cometidas em concurso material, concurso formal ou continuidade delitiva, quando a pena mínima cominada, seja pelo somatório, seja pela incidência da majorante, ultrapassar o limite de 01 (um) ano.

b) Para efeitos da Lei nº 9.099/95, são consideradas infrações de menor potencial ofensivo as contravenções penais e os crimes a que a lei comine pena máxima não superior a 2 (dois) anos, cumulada ou não com multa, nos termos da redação dada pela Lei nº 11.313/06.

c) Para fins de aplicação do artigo 89 da Lei nº 9.099/95, devem ser levadas em consideração as qualificadoras, os privilégios, as causas de diminuição e as causas de aumento, observando-se que, em se tratando de causas de diminuição ou de aumento de pena entre determinados limites ou com quantum variável, deve-se utilizar, nas causas de aumento, o patamar de maior aumento e, nas causas de diminuição, o patamar de menor redução.

d) Nos termos do artigo 76, da Lei nº 9.099/95, é defeso proposta de transação penal se comprovado que o agente foi beneficiado anteriormente, no prazo de 5 (cinco) anos, por outra transação penal.

e) Em caso de o Promotor de Justiça recusar-se a apresentar a proposta de transação penal, não poderá o Juiz formulá-la de ofício, sob pena de violação ao artigo 129, inciso I, da Constituição Federal. Compete ao Juiz utilizar-se do disposto no artigo 28 do Código de Processo Penal.

ANOTAÇÕES/COMENTÁRIOS

a) Súmula 243 STJ: O benefício da suspensão condicional do processo não é aplicável em relação às infrações penais cometidas em concurso material, concurso formal ou continuidade delitiva, quando a pena mínima cominada, seja pelo somatório, seja pela incidência da majorante, ultrapassar o limite de 01 ano.

b) Art. 61 da lei 9.099/95: Consideram-se infrações penais de menor potencial ofensivo, para os efeitos desta Lei, as contravenções penais e os crimes a que a lei comine pena máxima não superior a 2 (dois) anos, cumulada ou não com multa.

c) A banca cobrou a Tese 107, do MP-SP, publicada em 2003: para efeito da suspensão condicional do processo, levam-se em conta as causas de aumento e diminuição da pena. Contudo, deve-se buscar a melhor situação para o acusado. Dessa forma, havendo causa de aumento variável, deve-se aumentar a pena no patamar mínimo. Havendo causa de diminuição variável, deve-se diminuir a pena no patamar máximo. O objetivo deve ser encontrar a menor pena abstratamente prevista para o crime, sempre em benefício do acusado. O mesmo não ocorre com as circunstâncias agravantes ou atenuantes, que não são levadas em conta para efeitos de suspensão do processo.

d) Art. 76, §2º da lei 9.0999/95: Não se admitirá a proposta se ficar comprovado: II – ter sido o agente beneficiado anteriormente, no prazo de cinco anos, pela aplicação de pena restritiva ou multa, nos termos deste artigo;

e) Reunidos os pressupostos legais permissivos da suspensão condicional do processo, mas se recusando o Promotor de Justiça a propô-la, o Juiz, dissentindo, remeterá a questão ao Procurador-Geral, aplicando-se por analogia o art. 28 do Código de Processo Penal. De acordo com a Tese 112 do MP-SP aplica-se o mesmo raciocínio à Transação penal: JUIZADOS ESPECIAIS CRIMINAIS – LEI Nº 9.099/95 – TRANSAÇÃO PENAL – ATO DISCRICIONÁRIO DO MINISTÉRIO PÚBLICO – CONCESSÃO

DE OFÍCIO PELO JUIZ – INADMISSIBILIDADE – RESTRITO A transação penal é ato discricionário do representante do Ministério Público. Se houver recusa deste, o Juiz deve remeter os autos ao Procurador-Geral de Justiça, por aplicação analógica do artigo 28 do Código de Processo Penal. (D.O.E., 12/06/2003, p. 32). Ressalta-se que o art. 28 sofreu modificações com a entrada em vigor da lei 13.964/2019 (Pacote Anticrime).

Gabarito: C

Para responder, tem que estudar: lei e jurisprudência/súmulas.

15. PROCEDIMENTO NOS PROCESSOS DE COMPETÊNCIA DO TRIBUNAL DO JÚRI

45. (MPE/SP/Promotor/2012/89_Concurso) Com relação aos procedimentos relativos aos processos de competência do Tribunal do Júri, é correto afirmar:

a) Na audiência da instrução preliminar, o prazo para as alegações orais do Ministério Público é de 20 (vinte) minutos, independentemente do número de acusados.

b) Na decisão de pronúncia, impõe-se ao juiz a especificação das agravantes, causas de aumento de pena e circunstâncias qualificadoras.

c) Oito é o número máximo de testemunhas a serem arroladas pelas partes para inquirição na sessão plenária de julgamento.

d) Os jurados excluídos por impedimento, suspeição ou incompatibilidade serão considerados para a constituição do número legal exigível para a realização da sessão de julgamento.

e) Nos debates em plenário, o tempo destinado à acusação e à defesa será de uma hora e meia para cada, e de uma hora para a réplica e outro tanto para tréplica e, havendo mais de um acusado, os defensores combinarão entre si a distribuição do tempo, o qual, na falta de acordo, será dividido pelo juiz presidente de forma a não exceder aqueles prazos.

ANOTAÇÕES/COMENTÁRIOS

(a) Art. 411, § 4º e § 5º, do CPP: § 4º As alegações serão orais, concedendo-se a palavra, respectivamente, à acusação e à defesa, pelo prazo de 20 (vinte) minutos, prorrogáveis por mais 10 (dez). § 5º Havendo mais de 1 (um) acusado, o tempo previsto para a acusação e a defesa de cada um deles será individual.

(b) CPP: Art. 413. O juiz, fundamentadamente, pronunciará o acusado, se convencido da materialidade do fato e da existência de indícios suficientes de autoria ou de participação. § 1º A fundamentação da pronúncia limitar-se-á à indicação da materialidade do fato e da existência de indícios suficientes de autoria ou de participação, devendo o juiz declarar o dispositivo legal em que julgar incurso o acusado e especificar as circunstâncias qualificadoras e as causas de aumento de pena.

(c) CPP: Art. 422. Ao receber os autos, o presidente do Tribunal do Júri determinará a intimação do órgão do Ministério Público ou do querelante, no caso de queixa, e do defensor, para, no prazo de 5 (cinco) dias, apresentarem rol de testemunhas que irão depor em plenário, até o máximo de 5 (cinco), oportunidade em que poderão juntar documentos e requerer diligência.

(d) CPP: Art. 451. Os jurados excluídos por impedimento, suspeição ou incompatibilidade serão considerados para a constituição do número legal exigível para a realização da sessão.

(e) CPP: Art. 477. O tempo destinado à acusação e à defesa será de uma hora e meia para cada, e de uma hora para a réplica e outro tanto para a tréplica. § 1º Havendo mais de um acusador ou mais de um defensor, combinarão entre si a distribuição do tempo, que, na falta de acordo, será dividido pelo juiz presidente, de forma a não exceder o determinado neste artigo. § 2º Havendo mais de 1 (um) acusado, o tempo para a acusação e a defesa será acrescido de 1 (uma) hora e elevado ao dobro o da réplica e da tréplica, observado o disposto no § 1º deste artigo.

Gabarito: D

Para responder, tem que estudar: lei.

46. (MPE/SP/Promotor/2013/90_Concurso) Assinale a alternativa que está em desacordo com disposições do Código de Processo Penal relacionadas com procedimentos de competência do Tribunal do Júri.

a) Não se admite pedido de desaforamento do julgamento pelo Tribunal do Júri estando pendente recurso contra a decisão de pronúncia.

b) O assistente de acusação tem legitimidade para requerer o desaforamento.

c) Os jurados excluídos por suspeição ou impedimento não serão computados na formação do quorum para instalação da sessão de julgamento do Tribunal do Júri.

d) Está impedido de servir o jurado que, em caso de concurso de agentes, integrou Conselho de Sentença que julgou anteriormente outro dos acusados no processo.

e) Na instrução em plenário do Júri, é permitido aos jurados formular perguntas ao ofendido, testemunhas e acusado, desde que por intermédio do Juiz-Presidente.

ANOTAÇÕES/COMENTÁRIOS

(a) Art. 427, § 4º do CPP: § 4º Na pendência de recurso contra a decisão de pronúncia ou quando efetivado o julgamento, não se admitirá o pedido de desaforamento, salvo, nesta última hipótese, quanto a fato ocorrido durante ou após a realização de julgamento anulado.

(b) CPP: Art. 427. Se o interesse da ordem pública o reclamar ou houver dúvida sobre a imparcialidade do júri ou a segurança pessoal do acusado, o Tribunal, a requerimento do Ministério Público, do assistente, do querelante ou do acusado ou mediante representação do juiz competente, poderá determinar o desaforamento do julgamento para outra comarca da mesma região, onde não existam aqueles motivos, preferindo-se as mais próximas.

(c) CPP: Art. 451. Os jurados excluídos por impedimento, suspeição ou incompatibilidade serão considerados para a constituição do número legal exigível para a realização da sessão.

(d) CPP: Art. 449. Não poderá servir o jurado que: I – tiver funcionado em julgamento anterior do mesmo processo, independentemente da causa determinante do julgamento posterior;

(e) Art. 474, § 2º, do CPP: § 2º Os jurados formularão perguntas por intermédio do juiz presidente.

Gabarito: C

Para responder, tem que estudar: lei.

47. (MPE/SP/Promotor/2013/90_Concurso) Assinale a alternativa que está em desacordo com disposições legais vigentes relacionadas com a decisão de pronúncia.

a) Da decisão de pronúncia cabe recurso em sentido estrito.
b) Na decisão de pronúncia, é dispensável motivação para a manutenção da prisão provisória anteriormente decretada.
c) A decisão confirmatória de pronúncia constitui causa interruptiva de prescrição.
d) A intimação da decisão de pronúncia ao acusado solto será procedida por edital, se não encontrado para intimação pessoal.
e) Ainda que preclusa a decisão de pronúncia, a classificação do crime pode ser alterada ante o advento de circunstância superveniente.

ANOTAÇÕES/COMENTÁRIOS

(a) CPP: Art. 581. Caberá recurso, no sentido estrito, da decisão, despacho ou sentença: IV – que pronunciar o réu;

(b) Art. 413, § 3º, do CPP: § 3º O juiz decidirá, motivadamente, no caso de manutenção, revogação ou substituição da prisão ou medida restritiva de liberdade anteriormente decretada e, tratando-se de acusado solto, sobre a necessidade da decretação da prisão ou imposição de quaisquer das medidas previstas no Título IX do Livro I deste Código.

(c) CP: Art. 117 – O curso da prescrição interrompe-se: III – pela decisão confirmatória da pronúncia;

(d) Art. 420, parágrafo único, do CPP: Parágrafo único. Será intimado por edital o acusado solto que não for encontrado.

(e) Art. 421, § 1º, do CPP: § 1º Ainda que preclusa a decisão de pronúncia, havendo circunstância superveniente que altere a classificação do crime, o juiz ordenará a remessa dos autos ao Ministério Público.

Gabarito: B

Para responder, tem que estudar: lei.

48. (MPE/SP/Promotor/2015/91_Concurso) Assinale a alternativa correta:

a) As nulidades relativas ocorridas depois da decisão de pronúncia devem ser arguidas ao final do julgamento, tão logo sejam encerrados os debates.
b) Contra a decisão que reconhece a suspeição de jurado cabe recurso em sentido estrito.
c) O próprio prolator da decisão de pronúncia, decorrido o prazo recursal, poderá, de ofício, modificá-la.
d) A leitura de trechos da decisão de pronúncia em plenário do júri é causa de nulidade absoluta do julgamento, ainda que não tenha causado prejuízo.
e) Todas as alternativas estão incorretas.

ANOTAÇÕES/COMENTÁRIOS

(a) CPP: Art. 571. As nulidades deverão ser arguidas: V – as ocorridas posteriormente à pronúncia, logo depois de anunciado o julgamento e apregoadas as partes (art. 447);

(b) CPP: Art. 581. Caberá recurso, no sentido estrito, da decisão, despacho ou sentença: III – que julgar procedentes as exceções, salvo a de suspeição;

(c) CPP: Art. 421. Preclusa a decisão de pronúncia, os autos serão encaminhados ao juiz presidente do Tribunal do Júri. § 1º Ainda que preclusa a decisão de pronúncia, havendo circunstância superveniente que altere a classificação do crime, o juiz ordenará a remessa dos autos ao Ministério Público. § 2º Em seguida, os autos serão conclusos ao juiz para decisão.

(d) CPP: Art. 563. Nenhum ato será declarado nulo, se da nulidade não resultar prejuízo para a acusação ou para a defesa.

Gabarito: E

Para responder, tem que estudar: lei.

49. (MPE/SP/Promotor/2015/91_Concurso) Em relação à decisão do Juiz de Direito que exclui jurado da lista geral, é lícito afirmar que:

a) é irrecorrível.
b) é passível de apelação, no prazo de 05 dias, por se tratar de decisão definitiva (artigo 593, II, do CPP).
c) admite recurso em sentido estrito, no prazo de 20 dias, contados da publicação da lista definitiva.
d) admite carta testemunhável, no prazo de 48 horas, contados da publicação da decisão que excluiu o jurado da lista.
e) todas as alternativas estão incorretas.

ANOTAÇÕES/COMENTÁRIOS

(a, c, d, e) Vide comentários abaixo.

(c) CPP: Art. 581. Caberá recurso, no sentido estrito, da decisão, despacho ou sentença: XIV – que incluir jurado na lista geral ou desta o excluir; Art. 586. O recurso voluntário poderá ser interposto no prazo de cinco dias. Parágrafo único. No caso do art. 581, XIV, o prazo será de vinte dias, contado da data da publicação definitiva da lista de jurados.

Gabarito: C

Para responder, tem que estudar: lei.

50. (MPE/SP/Promotor/2017/92_Concurso) Assinale a alternativa correta.

a) A absolvição sumária é excepcional e só se justifica em caso de demonstração inequívoca de excludente de ilicitude ou da culpabilidade.
b) O réu será intimado pessoalmente da decisão de pronúncia e sua não localização importará a suspensão do processo.
c) A pronúncia do réu por crime doloso contra a vida acarreta a prorrogação da competência do Tribunal do Júri que apreciará e julgará o crime conexo.
d) Em caso de ficar provado não ser o réu autor de crime doloso contra a vida, será ele impronunciado, hipótese em que a decisão tem força de coisa julgada.
e) O juiz, ao reconhecer a existência de crime que não seja da competência do Tribunal do Júri, dará a qualificação específica ao fato e remeterá o processo ao juiz competente.

ANOTAÇÕES/COMENTÁRIOS

(a) Art. 397 do CPP: Após o cumprimento do disposto no art. 396-A, e parágrafos, deste Código, o juiz deverá absolver sumariamente o acusado quando verificar: I – a existência manifesta de causa excludente da ilicitude do fato; II – a existência manifesta de causa excludente da culpabilidade do agente, salvo inimputabilidade; III – que o fato narrado evidentemente não constitui crime; ou IV – extinta a punibilidade do agente.

(b) Art. 420 do CPP. A intimação da decisão de pronúncia será feita: I – pessoalmente ao acusado, ao defensor nomeado e ao Ministério Público II – ao defensor constituído, ao querelante e ao assistente do Ministério Público, na forma do disposto no § 1º do art. 370 deste Código. Parágrafo único. Será intimado por edital o acusado solto que não for encontrado.

(c) Havendo crime conexo ao doloso contra a vida, o juiz, ao pronunciar o réu, deve fazê-lo, também, em relação ao outro delito, afinal o art. 78, inc. I do CPP dispõe que "na determinação da competência por conexão ou continência, serão observadas as seguintes regras (...) inc. I – no concurso entre a competência do júri e a de outro órgão da jurisdição comum, prevalecerá a competência do júri".

(d) Nesse caso deverá ocorrer a absolvição sumária. Art. 415 do CPP: O juiz, fundamentadamente, absolverá desde logo o acusado, quando: II – provado não ser ele autor ou partícipe do fato;

(e) Art. 419 do CPP: Quando o juiz se convencer, em discordância com a acusação, da existência de crime diverso dos referidos no § 1º do art. 74 deste Código e não for competente para o julgamento, remeterá os autos ao juiz que o seja.

Gabarito: C

Para responder, tem que estudar: lei.

51. (MPE/SP/Promotor/2017/92_Concurso) Considerando o princípio da soberania dos veredictos e as particularidades dos procedimentos da competência do Tribunal do Júri, é correto afirmar que

a) a Superior Instância só poderá anular a decisão do Tribunal do Júri em razão de nulidade processual.

b) anulada a decisão pela Superior Instância, a decisão em um segundo julgamento é definitiva, não podendo ser conhecida nova apelação.

c) a apelação só é cabível para a apreciação do montante da pena aplicada.

d) a Superior Instância, ao avaliar a decisão de mérito dos jurados, verificará apenas se a decisão encontra respaldo na prova dos autos.

e) é incabível revisão criminal das decisões do Tribunal do Júri.

ANOTAÇÕES/COMENTÁRIOS

(a, b, c, e) Vide comentários abaixo.

(d) Art. 593. Caberá apelação no prazo de 5 (cinco) dias; I – das sentenças definitivas de condenação ou absolvição proferidas por juiz singular; II – das decisões definitivas, ou com força de definitivas, proferidas por juiz singular nos casos não previstos no Capítulo anterior; III – das decisões do Tribunal do Júri, quando: a) ocorrer nulidade posterior à pronúncia; b) for a sentença do juiz-presidente contrária à lei expressa ou à decisão dos jurados; c) houver erro ou injustiça no tocante à aplicação da pena ou da medida de segurança; d) for a decisão dos jurados manifestamente contrária à prova dos autos. § 1º Se a sentença do juiz-presidente for contrária à lei expressa ou divergir das respostas dos jurados aos quesitos, o tribunal ad quem fará a devida retificação. § 2º Interposta a apelação com fundamento no nº III, c, deste artigo, o tribunal ad quem, se lhe der provimento, retificará a aplicação da pena ou da medida de segurança. § 3º Se a apelação se fundar no nº III, d, deste artigo, e o tribunal ad quem se convencer de que a decisão dos jurados é manifestamente contrária à prova dos autos, dar-lhe-á provimento para sujeitar o réu a novo julgamento; não se admite, porém, pelo mesmo motivo, segunda apelação. § 4º Quando cabível a apelação, não poderá ser usado o recurso em sentido estrito, ainda que somente de parte da decisão se recorra.

Gabarito: D

Para responder, tem que estudar: lei.

16. PROCEDIMENTOS ESPECIAIS

Tópico sem questões em provas recentes.

17. LEI DOS JUIZADOS ESPECIAIS CRIMINAIS

52. (MPE/SP/Promotor/2010/87_Concurso) Assinale a afirmativa correta. A transação penal pode ser proposta:

a) ao autor de infração penal de menor potencial ofensivo que foi beneficiado anteriormente, no prazo de 5 (cinco) anos, pela transação penal;

b) ao autor da infração penal, pelo juiz de direito, de ofício, segundo entendimento consolidado em súmula do Supremo Tribunal Federal, quando o membro do Ministério Público recusa injustificadamente a sua aplicação.

c) nas contravenções penais e nos crimes que a lei comine pena máxima não superior a dois anos, cumulada ou não com multa, excetuados os casos em que a lei preveja procedimento especial.

d) nos crimes de competência da Justiça Militar.

e) ao autor de infração penal condenado, pela prática de crime, à pena de multa, por sentença definitiva.

ANOTAÇÕES/COMENTÁRIOS

(a) Art. 76, § 2º, II, da Lei 9.099/95: Art. 76. Havendo representação ou tratando-se de crime de ação penal pública incondicionada, não sendo caso de arquivamento, o Ministério Público poderá propor a aplicação imediata de pena restritiva de direitos ou multas, a ser especificada na proposta. § 2º Não se admitirá a proposta se ficar comprovado: II – ter sido o agente beneficiado anteriormente, no prazo de cinco anos, pela aplicação de pena restritiva ou multa, nos termos deste artigo;

(b) STJ REsp 704288:. TRANSAÇÃO PENAL (ART. 76 DA LEI 9.099/95). PROPOSTA. INICIATIVA DO MINISTÉRIO PÚBLICO. DIVERGÊNCIA. APLICAÇÃO ANALÓGICA DO ART. 28 DO CPP. 1. É prerrogativa exclusiva do Ministério Público a iniciativa da proposta de transação penal. 2. Reunidos os pressupostos legais permissivos para a transação penal, mas havendo recusa do Promotor de Justiça em propô-la, o Juiz, dissentindo, remeterá a questão ao Procurador-Geral, aplicando-se por analogia o art. 28 do Código de Processo Penal. 3. Recurso provido para anular a decisão que concedeu a transação penal e determinar a remessa dos autos à Procuradoria-Geral de Justiça de São Paulo, a fim de que seja adotado o procedimento previsto pelo art. 28 do CPP.

(c) STJ HC 32924: HC. CRIME CONTRA A PROPRIEDADE IMATERIAL. CONCORRÊNCIA DESLEAL. LEI DOS JUIZADOS ESPECIAIS. APLICABILIDADE AOS CRIMES SUJEITOS A PROCEDIMENTOS ESPECIAIS. ORDEM CONCEDIDA. I. A Lei dos Juizados Especiais incide nos crimes sujeitos a procedimentos especiais, desde que obedecidos os requisitos autorizadores, permitindo a transação e a suspensão condicional do processo inclusive nas ações penais exclusivamente privadas. II. Ressalva de que, com o advento da Lei 10.259/01 – que instituiu os juizados especiais cíveis e criminais no âmbito da Justiça Federal, foi fixada nova definição de delitos de menor potencial ofensivo, cujo rol foi ampliado, devido à alteração para dois anos do limite de pena máxima. III. Por aplicação do princípio constitucional da isonomia, houve derrogação tácita do art. 61 da Lei 9.099/95. IV. Se a nova lei que não fez qualquer ressalva acerca dos crimes submetidos a procedimentos especiais, todas as infrações cuja pena máxima não exceda a dois anos, inclusive as de rito especial, passaram a integrar o rol dos delitos de menor potencial ofensivo, cuja competência é dos Juizados Especiais. V. Argumentação que deve ser acolhida, para anular o processo criminal desde o recebimento da queixa-crime, a fim de que sejam observados os dispositivos da Lei n. 9.099/95.

(d) Art. 90-A da Lei 9.099/95: Art. 90-A. As disposições desta Lei não se aplicam no âmbito da Justiça Militar.

(e) Art. 76, § 2º, I, da Lei 9.099/95: § 2º Não se admitirá a proposta se ficar comprovado: I – ter sido o autor da infração condenado, pela prática de crime, à pena privativa de liberdade, por sentença definitiva;

Gabarito: E

Para responder, tem que estudar: lei e jurisprudência.

53. (MPE/SP/Promotor/2011/88_Concurso) No tocante à reparação dos danos causados pela infração penal, analise os seguintes itens:

I. intentada a ação penal, o Juiz deverá suspender o curso da ação civil para ressarcimento do dano decorrente da infração penal até o julgamento definitivo daquela;

II. a execução da sentença penal condenatória transitada em julgado pelo valor mínimo fixado para reparação dos danos causados pela infração impede a liquidação para apuração do dano efetivamente sofrido pelo ofendido;

III. tratando-se de crime de ação penal pública condicionada à representação, caracterizada a hipótese de infração penal de menor potencial ofensivo, o acordo relativo à composição dos danos civis homologado pelo Juiz acarreta a renúncia ao direito de representação;

IV. a não reparação do dano sem motivo justificado é causa de revogação facultativa da suspensão condicional do processo prevista na Lei n. 9.099/95 (Juizados Especiais Criminais);

V. nos crimes ambientais de menor potencial ofensivo, a prévia composição do dano ambiental, salvo comprovada impossibilidade, é condição para a proposta de transação penal prevista no art. 76 da Lei n. 9.099/95 (Juizados Especiais Criminais).

Está correto apenas o que se afirma em

a) I e II.

b) I e III.

c) II e IV.

d) III e V.

e) IV e V.

ANOTAÇÕES/COMENTÁRIOS

(I) CPP: Art. 64. Sem prejuízo do disposto no artigo anterior, a ação para ressarcimento do dano poderá ser proposta no juízo cível, contra o autor do crime e, se for caso, contra o responsável civil. Parágrafo único. Intentada a ação penal, o juiz da ação civil poderá suspender o curso desta, até o julgamento definitivo daquela.

(II) CPP: Art. 63. Transitada em julgado a sentença condenatória, poderão promover-lhe a execução, no juízo cível, para o efeito da reparação do dano, o ofendido, seu representante legal ou seus herdeiros. Parágrafo único. Transitada em julgado a sentença condenatória, a execução poderá ser efetuada pelo valor fixado nos termos do inciso IV do caput do art. 387 deste Código sem prejuízo da liquidação para a apuração do dano efetivamente sofrido.

(III) Lei 9.099/95: Art. 74. A composição dos danos civis será reduzida a escrito e, homologada pelo Juiz mediante sentença irrecorrível, terá eficácia de título a ser executado no juízo civil competente. Parágrafo único. Tratando-se de ação penal de iniciativa privada ou de ação penal pública condicionada à representação, o acordo homologado acarreta a renúncia ao direito de queixa ou representação.

(IV) Lei 9.099/95: Art. 89, § 3º A suspensão será revogada se, no curso do prazo, o beneficiário vier a ser processado por outro crime ou não efetuar, sem motivo justificado, a reparação do dano. É causa de revogação obrigatória.

(V) Lei 9.605/98: Art. 27. Nos crimes ambientais de menor potencial ofensivo, a proposta de aplicação imediata de pena restritiva de direitos ou multa, prevista no art.

76 da Lei nº 9.099, de 26 de setembro de 1995, somente poderá ser formulada desde que tenha havido a prévia composição do dano ambiental, de que trata o art. 74 da mesma lei, salvo em caso de comprovada impossibilidade.

Gabarito: D

Para responder, tem que estudar: lei.

54. (MPE/SP/Promotor/2011/88_Concurso) Com relação aos Juizados Especiais Criminais (Lei n. 9.099/95), analise os seguintes itens:

I. o agente que trouxer consigo drogas, para consumo pessoal, sem autorização ou em desacordo com determinação legal ou regulamentar, será processado e julgado na forma da Lei n. 9.099/95;

II. não se aplica a suspensão condicional do processo, prevista no art. 89 da Lei n. 9.099/95, aos crimes falimentares;

III. aplica-se o rito processual previsto na Lei n. 9.099/95 aos crimes de abuso de autoridade;

IV. no procedimento sumaríssimo previsto na Lei n. 9.099/95 para o julgamento das infrações penais de menor potencial ofensivo, da decisão de rejeição da denúncia caberá recurso em sentido estrito;

V. o descumprimento da proibição de frequentar determinados lugares ou da proibição de ausentar-se da comarca onde reside, sem autorização do Juiz, são causas de revogação obrigatória da suspensão condicional do processo.

Está correto apenas o que se afirma em

a) I e II.

b) I e III.

c) II e V.

d) III e IV.

e) IV e V.

ANOTAÇÕES/COMENTÁRIOS

(I) Art. 48, § 1º da Lei 11.343/06: § 1º O agente de qualquer das condutas previstas no art. 28 desta Lei, salvo se houver concurso com os crimes previstos nos arts. 33 a 37 desta Lei, será processado e julgado na forma dos arts. 60 e seguintes da Lei nº 9.099, de 26 de setembro de 1995, que dispõe sobre os Juizados Especiais Criminais.

(II) STF RE 108422: "Competência. Cabe ao tribunal de justiça, ao propor a lei de organização e divisão judiciárias do estado, o poder de atribuição, conferindo competência aos juízes. Não é inconstitucional a lei paulista que atribui ao juiz de falências competência para julgar os crimes falimentares. Prescrição. Expirado o período de prova estabelecido na suspensão condicional da pena, extingue-se a punibilidade do réu".

(III) STJ HC 163282: "HABEAS CORPUS. ABUSO DE AUTORIDADE. DELITO DE MENOR POTENCIAL OFENSIVO. LEI 11.313/06. COMPETÊNCIA. JUIZADO ESPECIAL CRIMINAL. ORDEM CONCEDIDA. 1. 'Com o advento da Lei nº 11.313/2006, que modificou a redação do art. 61 da Lei nº 9.099/95 e consolidou entendimento já firmado nesta Corte, "consideram-se infrações penais de menor potencial ofensivo, para os efeitos desta Lei, as contravenções penais e os crimes a que a lei comine pena máxima não superior a 2 anos, cumulada ou não com multa', independentemente de a infração possuir rito especial' (HC 59591). 2. Ordem concedida para reconhecer a competência do 2º Juizado Especial Criminal da Comarca de Porto Velho/RO para o julgamento da ação penal referente ao delito de abuso de autoridade".

(IV) Lei 9.099/95: Art. 82. Da decisão de rejeição da denúncia ou queixa e da sentença caberá apelação, que poderá ser julgada por turma composta de três Juízes em exercício no primeiro grau de jurisdição, reunidos na sede do Juizado.

(V) Lei 9.099/95: Art. 89º, § 4º A suspensão poderá (causa de revogação facultativa) ser revogada se o acusado vier a ser processado, no curso do prazo, por contravenção, ou descumprir qualquer outra condição imposta.

Gabarito: B

Para responder, tem que estudar: lei e jurisprudência.

55. (MPE/SP/Promotor/2012/89_Concurso) Considerando a disciplina do procedimento sumaríssimo, contida na Lei nº 9.099/95, é correto afirmar:

a) Consideram-se infrações penais de menor potencial ofensivo as contravenções penais e os crimes a que a lei comine pena mínima não superior a 2 (dois) anos, cumulada ou não com multa.

b) A prévia composição dos danos civis homologada pelo juiz não impede a transação penal nos crimes de ação penal pública condicionada à representação do ofendido.

c) Admite-se a suspensão condicional do processo nos crimes em que a pena mínima cominada para a infração for igual ou inferior a dois anos.

d) Da decisão que rejeita a denúncia cabe recurso em sentido estrito e da sentença apelação.

e) As partes serão intimadas pela imprensa da data da sessão de julgamento da apelação.

ANOTAÇÕES/COMENTÁRIOS

(a) Lei 9.099/95: Art. 61. Consideram-se infrações penais de menor potencial ofensivo, para os efeitos desta Lei, as contravenções penais e os crimes a que a lei comine pena máxima não superior a 2 (dois) anos, cumulada ou não com multa.

(b) Lei 9.099/95: Art. 74. A composição dos danos civis será reduzida a escrito e, homologada pelo Juiz mediante sentença irrecorrível, terá eficácia de título a ser executado no juízo civil competente. Parágrafo único. Tratando-se de ação penal de iniciativa privada ou de ação penal pública condicionada à representação, o acordo homologado acarreta a renúncia ao direito de queixa ou representação.

(c) Lei 9.099/95: Art. 89. Nos crimes em que a pena mínima cominada for igual ou inferior a um ano, abrangidas ou não por esta Lei, o Ministério Público, ao oferecer a denúncia, poderá propor a suspensão do processo, por dois a quatro anos, desde que o acusado não esteja sendo processado ou não tenha sido condenado por outro crime, presentes os demais requisitos que autorizariam a suspensão condicional da pena (art. 77 do Código Penal).

(d) Lei 9.099/95: Art. 82. Da decisão de rejeição da denúncia ou queixa e da sentença caberá apelação, que poderá ser julgada por turma composta de três Juízes em exercício no primeiro grau de jurisdição, reunidos na sede do Juizado.

(e) Lei 9.099/95, Art. 82, § 4º As partes serão intimadas da data da sessão de julgamento pela imprensa.

Gabarito: E

Para responder, tem que estudar: lei.

56. (MPE/SP/Promotor/2013/90_Concurso) Assinale a alternativa INCORRETA.

a) Oferecida a denúncia ou a queixa por infração penal de menor potencial ofensivo, o procedimento não prosseguirá perante o Juizado Especial Criminal se o acusado não for encontrado para citação pessoal.

b) Nas infrações penais ambientais de menor potencial ofensivo, a proposta de transação penal só pode ser formulada desde que tenha havido prévia composição do dano ambiental, ressalvada comprovada impossibilidade.

c) O artigo 89, § 6º, da Lei n. 9.099/95, estabelece causa interruptiva da prescrição quando dispõe que "não correrá a prescrição" durante o prazo da suspensão condicional do processo.

d) A lei vigente veda a aplicação dos benefícios da transação penal e suspensão condicional do processo no âmbito da Justiça Militar.

e) Na ação penal pública, a proposta de transação penal pressupõe o não arquivamento do termo circunstanciado ou peças de informação pelo Ministério Público.

ANOTAÇÕES/COMENTÁRIOS

a) Lei 9.099/95: Art. 66. A citação será pessoal e far-se-á no próprio Juizado, sempre que possível, ou por mandado. Parágrafo único. Não encontrado o acusado para ser citado, o Juiz encaminhará as peças existentes ao Juízo comum para adoção do procedimento previsto em lei.

b) Lei 9.605/98: Art. 27. Nos crimes ambientais de menor potencial ofensivo, a proposta de aplicação imediata de pena restritiva de direitos ou multa, prevista no art. 76 da Lei nº 9.099, de 26 de setembro de 1995, somente poderá ser formulada desde que tenha havido a prévia composição do dano ambiental, de que trata o art. 74 da mesma lei, salvo em caso de comprovada impossibilidade.

c) Lei 9.099/95: Art. 89, § 6º Não correrá a prescrição durante o prazo de suspensão do processo.

d) Lei 9.099/95, Art. 90-A. As disposições desta Lei não se aplicam no âmbito da Justiça Militar

e) Lei 9.099/95, Art. 76. Havendo representação ou tratando-se de crime de ação penal pública incondicionada, não sendo caso de arquivamento, o Ministério Público poderá propor a aplicação imediata de pena restritiva de direitos ou multas, a ser especificada na proposta.

Gabarito: C

Para responder, tem que estudar: lei.

57. (MPE/SP/Promotor/2019/93_Concurso) Sobre a transação penal, assinale a alternativa correta.

a) Não cumprido o acordo homologado, que faz coisa julgada material, deverá o Ministério Público executá-lo no juízo de execução.

b) Na ausência de proposta do Ministério Público, poderá o juiz criminal fazê-lo, pois se trata de direito público subjetivo do autor do fato.

c) No crime de porte de entorpecente para consumo pessoal, é vedado ao Ministério Público propor a aplicação imediata de sanção prevista no art. 28 da Lei nº 11.343/06.

d) No crime de lesão corporal leve (art. 129, caput, do CP), a homologação do acordo de transação civil não impede a posterior proposta de transação penal.

e) No crime de lesão corporal leve decorrente de violência doméstica contra a mulher, não poderá o Ministério Público oferecer a proposta.

ANOTAÇÕES/COMENTÁRIOS

a) Súmula Vinculante 35: A homologação da transação penal prevista no artigo 76 da Lei 9.099/1995 não faz coisa julgada material e, descumpridas suas cláusulas, retoma-se a situação anterior, possibilitando-se ao Ministério Público a continuidade da persecução penal mediante oferecimento de denúncia ou requisição de inquérito policial.

b) A banca cobrou entendimento jurisprudencial. O benefício da transação penal previsto na lei 9.099/95 não se trata de direito público subjetivo, mas poder-dever do Ministério Público, conforme entendimento do STJ. 6ª Turma. AgRg no RHC 74.464/PR, rel. Min. Sebastião Reis Júnior, j. 09.02.2017. Ademais, se houver inércia do parquet em oferecer a transação penal, e dissentindo o magistrado, deverá este adotar o procedimento previsto pelo art. 28 do CPP (STJ. 6ª Turma. HC 59.776/SP, rel. Min. Og Fernandes, j. 17.03.2009).

Lembre-se que o art. 28 do código de processo penal foi alterado pela lei 13.964/2019 (Pacote anticrime), que atualmente encontra-se com a vigência suspensa, ADI's 6.298, 6.300 e 6.305. Art. 28. ordenado o arquivamento do inquérito policial ou de quaisquer elementos informativos da mesma natureza, o órgão do ministério público comunicará à vítima, ao investigado e à autoridade policial e encaminhará os autos para a instância de revisão ministerial para fins de homologação, na forma da lei.

c) Art. 48, §2º, da Lei n. 11.343/06: Tratando-se da conduta prevista no art. 28 desta Lei, não se imporá prisão em flagrante, devendo o autor do fato ser imediatamente encaminhado ao juízo competente ou, na falta deste, assumir o compromisso de a ele comparecer, lavrando-se termo circunstanciado e providenciando-se as requisições dos exames e perícias necessários.

d) Art. 74, parágrafo único da Lei n. 9.099/95. Tratando-se de ação penal de iniciativa privada ou de ação penal pública condicionada à representação, o acordo homologado acarreta a renúncia ao direito de queixa ou representação. Art. 88 da Lei n. 9.099/95. Além das hipóteses do Código Penal e da legislação especial, dependerá de representação a ação penal relativa aos crimes de lesões corporais leves e lesões culposas.

e) Súmula 536 do STJ: A suspensão condicional do processo e a transação penal não se aplicam na hipótese de delitos sujeitos ao rito da Lei Maria da Penha. Art. 41 Lei Maria da Penha: aos crimes praticados com violência doméstica e familiar contra a mulher, independentemente da pena prevista, não se aplica a lei nº 9.099, de 26 de setembro de 1995.

Gabarito: E

Para responder, tem que estudar: lei e súmula.

58. (MPE/SP/Promotor/2019/93_Concurso) É correto afirmar, em relação à suspensão condicional do processo, que

a) Na ausência de proposta justificada do Ministério Público, o juiz, dissentindo, remeterá a questão ao Procurador-Geral.

b) O juiz não poderá especificar, além daquelas previstas na Lei nº 9.099/95, outras condições a que fica subordinada a suspensão.

c) Não se admite a proposta nas ações penais de iniciativa privada, ante a ausência de previsão legal.

d) Na ausência de proposta do Ministério Público, poderá o juiz criminal fazê-lo, pois se trata de direito público subjetivo do acusado

e) Nas ações penais de iniciativa privada, cabe ao Ministério Público ofertar a proposta, a qual deve ser ratificada pelo querelante.

ANOTAÇÕES/COMENTÁRIOS

a) Súmula 696 do STF: Reunidos os pressupostos legais permissivos da suspensão condicional do processo, mas se recusando o promotor de justiça a propô-la, o juiz, dissentindo, remeterá a questão ao Procurador-Geral, aplicando-se por analogia o art. 28 do Código de Processo Penal.

b) Art. 90, §2º, da Lei n. 9.099/95. O Juiz poderá especificar outras condições a que fica subordinada a suspensão, desde que adequadas ao fato e à situação pessoal do acusado. Ressalta-se que o Superior tribunal de justiça tem o seguinte entendimento em relação ao tema: Não há óbice a que se estabeleçam, no prudente uso da faculdade judicial disposta no art. 89, § 2º, da Lei n. 9.099/1995, obrigações equivalentes, do ponto de vista prático, a sanções penais (tais como a prestação de serviços comunitários ou a prestação pecuniária), mas que, para os fins do sursis processual, se apresentam tão somente como condições para sua incidência (STJ. 3ª Seção. REsp 1.498.034/RS, rel. Min. Rogério Schietti Cruz, j. 25.11.2015).

c) "A jurisprudência desta Corte Federal Superior é firme no sentido de que cabe o sursis processual também para os crimes de ação penal privada" (STJ. 6ª Turma. HC 18.590/MG, rel. Min. Hamilton Carvalhido, DJU 04.12.2001). Enunciado 112 FONAJE: Na ação penal de iniciativa privada, cabem transação penal e a suspensão condicional do processo, mediante proposta do Ministério Público (XXVII Encontro – Palmas/TO).

d) Não se trata de um direito subjetivo do réu, mas poder-dever do MP (STJ. 6ª Turma. AgRg no RHC 74.464/PR, rel. Min. Sebastião Reis Júnior, j. 09.02.2017) e súmula 696 STF.

e) Sobre o tema importante trazer os seguintes entendimentos: Jurisprudência STJ: O Superior Tribunal de Justiça, em remansosos julgados considera crível o sursis processual (art. 89 da Lei nº 9.099/95) nas ações penais privadas, cabendo sua propositura ao titular da queixa-crime. (STJ, HC 187.090/MG, Rel. Ministro ADILSON VIEIRA MACABU (DESEMBARGADOR CONVOCADO DO TJ/RJ), QUINTA TURMA, julgado em 01/03/2011, DJe 21/03/2011). Doutrina e jurisprudência entendem que deve haver requerimento do querelante, afinal, a suspensão condicional do processo é uma espécie de transação processual, e no caso das ações penais privadas ela se dará entre querelante e querelado. Dessa forma, na hipótese de o querelante não propuser o benefício, o processo deverá seguir. Por outro lado, existe o enunciado 112 supramencionado.

Gabarito: A

Para responder, tem que estudar: lei e jurisprudência/súmula.

18. NULIDADES

59. (MPE/SP/Promotor/2010/87_Concurso) É considerada nulidade relativa, que pode ser sanada:

a) a falta de concessão de prazos à acusação e à defesa.

b) a ilegitimidade de parte.

c) a falta de nomeação de defensor ao réu presente, que o não tiver.

d) a violação à incomunicabilidade dos jurados.

e) a suspeição do juiz.

ANOTAÇÕES/COMENTÁRIOS

(a) CPP, Art. 564. A nulidade ocorrerá nos seguintes casos: I – por incompetência, suspeição ou suborno do juiz; II – por ilegitimidade de parte; III – por falta das fórmulas ou dos termos seguintes: a) a denúncia ou a queixa e a representação e, nos processos de contravenções penais, a portaria ou o auto de prisão em flagrante; b) o exame do corpo de delito nos crimes que deixam vestígios, ressalvado o disposto no Art. 167; c) a nomeação de defensor ao réu presente, que o não tiver, ou ao ausente, e de curador ao menor de 21 anos; d) a intervenção do Ministério Público em todos os termos da ação por ele intentada e nos da intentada pela parte ofendida, quando se tratar de crime de ação pública; e) a citação do réu para ver-se processar, o seu interrogatório, quando presente, e os prazos concedidos à acusação e à defesa; f) a sentença de pronúncia, o libelo e a entrega da respectiva cópia, com o rol de testemunhas, nos processos perante o Tribunal do Júri; g) a intimação do réu para a sessão de julgamento, pelo Tribunal do Júri, quando a lei não permitir o julgamento à revelia; h) a intimação das testemunhas arroladas no libelo e na contrariedade, nos termos estabelecidos pela lei; i) a presença pelo menos de 15 jurados para a constituição do júri; j) o sorteio dos jurados do conselho de sentença em número legal e sua incomunicabilidade; k) os quesitos e as respectivas respostas; l) a acusação e a defesa, na sessão de julgamento; m) a sentença; n) o recurso de ofício, nos casos em que a lei o tenha estabelecido; o) a intimação, nas condições estabelecidas pela lei, para ciência de sentenças e despachos de que caiba recurso; p) no Supremo Tribunal Federal e nos Tribunais de Apelação, o quórum legal para o julgamento; IV – por omissão de formalidade que constitua elemento essencial do ato. Parágrafo único. Ocorrerá ainda a nulidade, por deficiência dos quesitos ou das suas respostas, e contradição entre estas. Art. 572. As nulidades previstas no art. 564, III, d e e, segunda parte, g e h, e IV, considerar-se-ão sanadas: I – se não forem arguidas, em tempo oportuno, de acordo com o disposto no artigo anterior; II – se, praticado por outra forma, o ato tiver atingido o seu fim; III – se a parte, ainda que tacitamente, tiver aceito os seus efeitos.

(b, c, d, e) Vide comentários acima.

Gabarito: A

Para responder, tem que estudar: lei.

60. (MPE/SP/Promotor/2012/89_Concurso) Considerando a disciplina das nulidades processuais, contida no Código de Processo Penal, é incorreto afirmar:

a) A nulidade por ilegitimidade do representante da parte poderá ser a todo tempo sanada, independentemente da ratificação dos atos processuais.

b) Nenhum ato será declarado nulo, se da nulidade não resultar prejuízo para a acusação ou para a defesa.

c) Os atos, cuja nulidade não tiver sido sanada, serão renovados ou retificados.

d) É causa de nulidade a falta do recurso de ofício, nos casos em que a lei o tenha estabelecido.

e) A falta ou a nulidade da citação, da intimação ou notificação estará sanada, desde que o interessado compareça, antes de o ato consumar-se, embora declare que o faz para o único fim de argui-la.

ANOTAÇÕES/COMENTÁRIOS

(a) CPP: Art. 568. A nulidade por ilegitimidade do representante da parte poderá ser a todo tempo sanada, mediante ratificação dos atos processuais.

(b) CPP: Art. 563. Nenhum ato será declarado nulo, se da nulidade não resultar prejuízo para a acusação ou para a defesa. Princípio da pas nullité sans grief: conforme leciona Renato Brasileiro, "o princípio do prejuízo deriva da ideia de que a tipicidade dos atos processuais funciona apenas como instrumento para a correta aplicação do direito. Logo, eventual desobediência às formas prescritas em lei só deve acarretar a invalidação do ato processual quando a finalidade para a qual foi instituída a forma restar comprometida pelo vício" (Manueal de processual penal 3ª Edição, pg. 1535).

(c) CPP: Art. 573. Os atos, cuja nulidade não tiver sido sanada, na forma dos artigos anteriores, serão renovados ou retificados.

(d) CPP: Art. 564. A nulidade ocorrerá nos seguintes casos: III – por falta das fórmulas ou dos termos seguintes: n) o recurso de ofício, nos casos em que a lei o tenha estabelecido;

(e) CPP: Art. 570. A falta ou a nulidade da citação, da intimação ou notificação estará sanada, desde que o interessado compareça, antes de o ato consumar-se, embora declare que o faz para o único fim de argui-la. O juiz ordenará, todavia, a suspensão ou o adiamento do ato, quando reconhecer que a irregularidade poderá prejudicar direito da parte.

Gabarito: A

Para responder, tem que estudar: lei.

61. (MPE/SP/Promotor/2012/89_Concurso) em relação às causas de convalidação do ato processual, assinale a alternativa correta.

a) A nulidade por ilegitimidade do representante da parte não poderá ser sanada, ainda que haja ratificação dos atos processuais.

b) A falta ou a nulidade da intimação ou notificação não poderá ser sanada se o interessado comparecer em juízo, antes de o ato consumar-se e declarar que o faz para o único fim de argui-la.

c) Quando puder decidir o mérito a favor da parte a quem aproveite a decretação da nulidade, o juiz não a pronunciará.

d) A incompetência territorial ou relativa do juízo anula todos os atos instrutórios, devendo o processo, quando for declarada a nulidade, ser remetido ao juiz competente.

e) As omissões da denúncia ou da queixa poderão ser supridas a todo o tempo, até antes do encerramento da instrução criminal.

ANOTAÇÕES/COMENTÁRIOS

a) Art. 568, CPP. A nulidade por ilegitimidade do representante da parte poderá ser a todo tempo sanada, mediante ratificação dos atos processuais.

b) Art. 570, CPP. A falta ou a nulidade da citação, da intimação ou notificação estará sanada, desde que o interessado compareça, antes de o ato consumar-se, embora declare que o faz para o único fim de argui-la. O juiz ordenará, todavia, a suspensão ou o adiamento do ato, quando reconhecer que a irregularidade poderá prejudicar direito da parte.

c) Art. 282, CPC. § 2º. Quando puder decidir o mérito a favor da parte a quem aproveite a decretação da nulidade, o juiz não a pronunciará nem mandará repetir o ato ou suprir-lhe a falta.

d) Art. 567, CPP. A incompetência do juízo anula somente os atos decisórios, devendo o processo, quando for declarada a nulidade, ser remetido ao juiz competente.

e) Art. 569, CPP. As omissões da denúncia ou da queixa, da representação, ou, nos processos das contravenções penais, da portaria ou do auto de prisão em flagrante, poderão ser supridas a todo o tempo, antes da sentença final.

Gabarito: C

Para responder, tem que estudar: lei.

19. RECURSOS E OUTROS MEIOS DE IMPUGNAÇÃO

62. (MPE/SP/Promotor/2015/91_Concurso) Assinale a alternativa correta:

a) É possível a oposição de embargos infringentes contra acórdão que, por maioria de votos, denegar ordem de "habeas corpus".

b) É nas razões de apelação que o Ministério Público delimita a matéria objeto de devolução para o Tribunal.

c) O princípio do "tantum devolutum quantum appellatum" não tem incidência no processo penal.

d) O Promotor de Justiça pode desistir total ou parcialmente do recurso que haja interposto.

e) Todas as alternativas estão incorretas.

ANOTAÇÕES/COMENTÁRIOS

(a) HC 72664 EI-AgR: EMBARGOS INFRINGENTES. HABEAS CORPUS. I. Os embargos infringentes, em matéria penal – CPP, art. 609, parág. único – são cabíveis de decisão majoritária de Tribunais de 2º grau e somente são utilizáveis pela defesa. São eles admissíveis na apelação e no recurso em sentido estrito. II. Não cabimento de embargos infringentes em "habeas corpus". III. Disciplina dos embargos infringentes no STF: RI/STF, art. 333 e seu parág. único.

(b) STJ, HC 214.606: "PORTE ILEGAL DE ARMA DE FOGO COM NUMERAÇÃO SUPRIMIDA. ALEGADA INEFICIÊNCIA DA DEFESA.

APELAÇÃO. EFEITO DEVOLUTIVO. MATÉRIA não APRECIADA NA ORIGEM. SUPRESSÃO DE INSTÂNCIA. não CONHECIMENTO DO WRIT NESTE PONTO. 1. O efeito devolutivo do recurso de apelação criminal encontra limites nas razões expostas pelo recorrente, em respeito ao princípio da dialeticidade que rege os recursos no âmbito processual penal pátrio, por meio do qual se permite o exercício do contraditório pela parte que defende os interesses adversos, garantindo-se, assim, o respeito à cláusula constitucional do devido processo legal. 2. Verificando-se que a Corte de origem não apreciou a questão relativa à declaração de nulidade da ação penal em razão de alegada ineficiência da defesa do paciente, inviável o conhecimento da impetração nesse ponto, sob pena de indevida supressão de instância. PORTE DE ARMA DE FOGO E DISPARO. PRINCÍPIO DA CONSUNÇÃO. CONDUTAS AUTÔNOMAS. não INCIDÊNCIA. AUSÊNCIA DE CONSTRANGIMENTO ILEGAL. 1. O princípio da consunção é aplicado para resolver o conflito aparente de normas penais quando um crime menos grave é meio necessário ou fase de preparação ou de execução do delito de alcance mais amplo, de tal sorte que o agente só será responsabilizado pelo último, desde que se constate uma relação de dependência entre as condutas praticadas 3. "Habeas corpus" parcialmente conhecido e, nessa extensão, denegada a ordem.

(c) CPP: Art. 599. As apelações poderão ser interpostas quer em relação a todo o julgado, quer em relação a parte dele. // O princípio do tantum devolutum quantum appellatum é manifestação do princípio devolutivo e se aplica ao processo penal. De acordo com ele, a parte dispõe do seu direito para apelar somente daquilo que desejar (evidentemente, no limite do que perdeu) e o Tribunal, em atenção ao princípio da inércia, somente poderão conhecer daquilo que a parte recorreu (art. 599 do CPP). É importante ressaltar que existem exceções, tal como, matéria de ordem pública.

(d) CPP: Art. 576. O Ministério Público não poderá desistir de recurso que haja interposto.

(e) Vide comentários acima.

Gabarito: E

Para responder, tem que estudar: lei e jurisprudência.

63. (MPE/SP/Promotor/2010/87_Concurso) Assinale a afirmativa incorreta, em relação ao recurso de apelação no processo penal:

a) o assistente da acusação pode interpor apelação, mesmo se o Ministério Público não recorreu.

b) o Promotor de Justiça pode desistir parcialmente do seu inconformismo nas razões recursais, mudando o seu entendimento firmado no ato de interposição do recurso.

c) no caso de concurso de agentes, a decisão favorável ao réu apelante pode aproveitar o corréu, se fundada em motivos que não sejam de caráter exclusivamente pessoal.

d) a interposição da apelação admite os efeitos devolutivo, suspensivo e extensivo.

e) no procedimento sumaríssimo, cabe o recurso de apelação da decisão que rejeitar a denúncia ou a queixa.

ANOTAÇÕES/COMENTÁRIOS

(a) CPP: Art. 271. Ao assistente será permitido propor meios de prova, requerer perguntas às testemunhas, aditar o libelo e os articulados, participar do debate oral e arrazoar os recursos interpostos pelo Ministério Público, ou por ele próprio, nos casos dos arts. 584, § 1º, e 598. Art. 598. Nos crimes de competência do Tribunal do Júri, ou do juiz singular, se da sentença não for interposta apelação pelo Ministério Público no prazo legal, o ofendido ou qualquer das pessoas enumeradas no art. 31, ainda que não se tenha habilitado como assistente, poderá interpor apelação, que não terá, porém, efeito suspensivo.

(b) CPP: Art. 576. O Ministério Público não poderá desistir de recurso que haja interposto.

(c) CPP: Art. 580. No caso de concurso de agentes (Código Penal, art. 25), a decisão do recurso interposto por um dos réus, se fundado em motivos que não sejam de caráter exclusivamente pessoal, aproveitará aos outros.

(d) Renato Brasileiro afirma que: como todo e qualquer recurso, a apelação é dotada de efeito devolutivo, transferindo o conhecimento da matéria impugnada à instância superior, objetivando a reforma, a invalidação, a integração ou o esclarecimento da decisão impugnada. A depender do caso concreto, a apelação pode ter efeito extensivo: a decisão do recurso interposto por um dos acusados no caso de concurso de agentes, desde que fundada em motivos que não sejam de caráter exclusivamente pessoal, aproveitará aos demais (CPP, art. 580). Em relação ao efeito suspensivo da apelação, sua presença (ou não) depende da espécie de decisão: i. sentença absolutória própria não possui efeito suspensivo; ii. Sentença absolutória imprópria é dotada de efeituo suspensivo indireto; iii. Sentença condenatória: não tem efeito suspensivo.

e) Lei 9.099/95: Art. 82. Da decisão de rejeição da denúncia ou queixa e da sentença caberá apelação, que poderá ser julgada por turma composta de três Juízes em exercício no primeiro grau de jurisdição, reunidos na sede do Juizado.

Gabarito: B

Para responder, tem que estudar: lei e teoria/doutrina.

64. (MPE/SP/Promotor/2011/88_Concurso) É hipótese de recurso de ofício:

I. a decisão que denegar o "habeas corpus";

II. a decisão que determinar o arquivamento do inquérito policial instaurado por crime contra a economia popular;

III. a sentença que julgar procedente a ação penal por crime contra a saúde pública;

IV. a decisão que indeferir a reabilitação;

V. a decisão concessiva de mandado de segurança impetrado contra ato da autoridade policial que indefere vista dos autos de inquérito policial ao defensor do ofendido.

Está correto apenas o que se afirma em

a) I e III.

b) I e IV.

c) II e III.

d) II e V.

e) IV e V.

ANOTAÇÕES/COMENTÁRIOS

(I) CPP: Art. 574. Os recursos serão voluntários, excetuando-se os seguintes casos, em que deverão ser interpostos, de ofício, pelo juiz: I – da sentença que conceder "habeas corpus"; Na lições de Renato Brasileiro: "com a Constituição Federal de 1988 houve grande debate acerca do recurso de ofício. Ao adotar expressamente o sistema acusatório (inserido no CPP pela lei 13964/2019) o constituinte deixou claro que no processo penal há inequívoca divisão de funções, cabendo ao magistrado apenas o julgamento da demanda. Contudo, até o presente momento, acaba prevalecendo que em algumas situações ainda é cabível o chamado "recurso de ofício" nas hipóteses previstas em lei. Ressalta-se ainda que o recurso de ofício é tratado como recurso de forma impropria, porquanto falta o pressuposto básico da voluntariedade. Sendo assim, o recurso de oficio é tratado pela grande maioria da doutrina como uma condição necessária à preclusão ou ao trânsito em julgado de uma decisão/sentença".

(II, III) Lei 1.521/51: Art. 7º. Os juízes recorrerão de ofício sempre que absolverem os acusados em processo por crime contra a economia popular ou contra a saúde pública, ou quando determinarem o arquivamento dos autos do respectivo inquérito policial.

(IV) CPP: Art. 746. Da decisão que conceder a reabilitação haverá recurso de ofício.

(V) Lei 12.016/09: Art. 14. Da sentença, denegando ou concedendo o mandado, cabe apelação.

Gabarito: D

Para responder, tem que estudar: lei.

65. (MPE/SP/Promotor/2011/88_Concurso) Com relação à revisão criminal, analise as seguintes assertivas:

I. poderá ser pedida pelo próprio réu, por procurador legalmente habilitado ou pelo Ministério Público;

II. julgando-a procedente, o Tribunal não poderá modificar a pena imposta pela decisão revista;

III. julgando-a procedente, o Tribunal poderá alterar a classificação da infração penal;

IV. poderá ser requerida depois da extinção da pena;

V. não será admissível a reiteração do pedido de revisão criminal.

Está correto apenas o que se afirma em

a) I e IV.

b) I e V.

c) II e III.

d) II e V.

e) III e IV.

ANOTAÇÕES/COMENTÁRIOS

(I) CPP: Art. 623. A revisão poderá ser pedida pelo próprio réu ou por procurador legalmente habilitado ou, no caso de morte do réu, pelo cônjuge, ascendente, descendente ou irmão. Conforme leciona Renato Brasileirro, que apesar de não constar expressamente no rol do art. 623 do CPP prevalece, no âmbito da doutrina, o entendimento de que o Ministério Público também tem legitimidade para ingressar com pedido de revisão criminal, desde o que faça, logicamente, em favor do acusado. (Manual de Processo Penal, 3ª Edição, pág. 1787)

(II, III) CPP: Art. 626. Julgando procedente a revisão, o tribunal poderá alterar a classificação da infração, absolver o réu, modificar a pena ou anular o processo. Parágrafo único. De qualquer maneira, não poderá ser agravada a pena imposta pela decisão revista

(IV) CPP: Art. 622. A revisão poderá ser requerida em qualquer tempo, antes da extinção da pena ou após.

(V) CPP: Art. 622. Parágrafo único. Não será admissível a reiteração do pedido, salvo se fundado em novas provas.

Gabarito: E

Para responder, tem que estudar: lei.

66. (MPE/SP/Promotor/2012/89_Concurso) É correto afirmar:

a) O Código de Processo Penal não prevê a possibilidade de impetração de "habeas corpus" pelo Ministério Público.

b) O direito de recorrer da sentença que concede o mandado de segurança não se estende à autoridade coatora.

c) Da decisão que denega a apelação cabe recurso em sentido estrito com efeito suspensivo.

d) A carta testemunhável, como regra, tem efeito suspensivo.

e) É vedado ao réu renunciar ao direto de apelar e ao Ministério Público desistir do recurso que tenha interposto.

ANOTAÇÕES/COMENTÁRIOS

(a) CPP: Art. 654. O "habeas corpus" poderá ser impetrado por qualquer pessoa, em seu favor ou de outrem, bem como pelo Ministério Público.

(b) Lei 12.016/09: Art. 14. Da sentença, denegando ou concedendo o mandado, cabe apelação. § 2º Estende-se à autoridade coatora o direito de recorrer.

(c) CPP: Art. 581. Caberá recurso, no sentido estrito, da decisão, despacho ou sentença: XV – que denegar a apelação ou a julgar deserta. Art. 584. Os recursos terão efeito suspensivo nos casos de perda da fiança, de concessão de livramento condicional e dos ns. XV, XVII e XXIV do art. 581.

(d) CPP: Art. 646. A carta testemunhável não terá efeito suspensivo.

(e) CPP; Art. 576. O Ministério Público não poderá desistir de recurso que haja interposto. // Súmula 705/STF: A renúncia do réu ao direito de apelação, manifestada sem a assistência do defensor, não impede o conhecimento da apelação por este interposta.

Gabarito: C

Para responder, tem que estudar: lei e súmula/OJ.

67. (MPE/SP/Promotor/2013/90_Concurso) Tendo em vista as disposições legais relacionadas com recursos, é unicamente correto afirmar que

a) o duplo grau de jurisdição obrigatório é previsto na lei para a hipótese de decisão concessiva de reabilitação.

b) nos processos por crimes de competência do Tribunal do Júri, a apelação do ofendido só é permitida quando já efetivada sua habilitação como assistente da acusação.

c) no caso de concurso de agentes, aproveita aos demais a decisão de recurso interposto por um dos réus, fundada em motivos de caráter exclusivamente pessoal.

d) interposto recurso em sentido estrito contra decisão que julgou procedente exceção de litispendência, se o Magistrado, em juízo de retratação, reformar a decisão atacada julgando improcedente a exceção, pode a parte contrária impugnar essa nova decisão com idêntico recurso, por simples petição e independentemente de novos arrazoados.

e) o provimento de apelação interposta contra decisão do Tribunal do Júri, fundada unicamente na divergência entre a sentença do Juiz-Presidente com as respostas dos jurados aos quesitos, sujeitará o réu a novo julgamento.

ANOTAÇÕES/COMENTÁRIOS

(a) CPP: Art. 746. Da decisão que conceder a reabilitação haverá recurso de ofício.

(b) CPP: Art. 598. Nos crimes de competência do Tribunal do Júri, ou do juiz singular, se da sentença não for interposta apelação pelo Ministério Público no prazo legal, o ofendido ou qualquer das pessoas enumeradas no art. 31, ainda que não se tenha habilitado como assistente, poderá interpor apelação, que não terá, porém, efeito suspensivo.

(c) CPP: Art. 580. No caso de concurso de agentes (Código Penal, art. 25), a decisão do recurso interposto por um dos réus, se fundado em motivos que não sejam de caráter exclusivamente pessoal, aproveitará aos outros.

(d) Art. 581 e art. 589 do CPP: Não cabe RESE quando a exceção é jugada improcedente. Art. 581. Caberá recurso, no sentido estrito, da decisão, despacho ou sentença: III – que julgar procedentes as exceções, salvo a de suspeição. Art. 589. Com a resposta do recorrido ou sem ela, será o recurso concluso ao juiz, que, dentro de dois dias, reformará ou sustentará o seu despacho, mandando instruir o recurso com os traslados que lhe parecerem necessários. Parágrafo único. Se o juiz reformar o despacho recorrido, a parte contrária, por simples petição, poderá recorrer da nova decisão, se couber recurso, não sendo mais lícito ao juiz modificá-la. Neste caso, independentemente de novos arrazoados, subirá o recurso nos próprios autos ou em traslado.

(e) CPP: Art. 593, § 1º Se a sentença do juiz-presidente for contrária à lei expressa ou divergir das respostas dos jurados aos quesitos, o tribunal ad quem fará a devida retificação.

Gabarito: A

Para responder, tem que estudar: lei.

68. (MPE/SP/Promotor/2017/92_Concurso) Assinale a alternativa correta.

a) A revisão criminal só será conhecida após o trânsito em julgado da decisão condenatória, o esgotamento das vias recursais e o recolhimento do réu à prisão caso tenha sido determinada na decisão que se pretende desconstituir.

b) A Superior Instância conhecerá de recurso interposto no prazo legal, sendo irrelevante a renúncia ao direito de recorrer manifestado pelo acusado.

c) Tratando-se de nulidade, em recurso exclusivo da acusação, a Superior Instância deve reconhece-la, ainda que não tenha sido alegada pelo Ministério Público nas razões de recurso.

d) O provimento ao recurso interposto por um dos réus beneficia aos demais, com exceção daquele que houver expressamente renunciado ao direito de recurso.

e) O Ministério Público tem legitimidade para recorrer de sentença absolutória nos casos de ação privada em que atuou como "custos legis".

ANOTAÇÕES/COMENTÁRIOS

(a) Súmula 393/STF: Para requerer revisão criminal, o condenado não é obrigado a recolher-se à prisão.

(b) Súmula 705/STF "A renúncia do réu ao direito de apelação, manifestado sem a assistência do defensor, não impede o conhecimento da apelação por este interposta

(c) Súmula 160/STF: É nula a decisão do tribunal que acolhe, contra o réu, nulidade não arguida no recurso da acusação, ressalvados os casos de recurso de ofício.

(d) Art. 580, CPP. No caso de concurso de agentes a decisão do recurso interposto por um dos réus, se fundado em motivos que não sejam de caráter exclusivamente pessoal, aproveitará aos outros

(e) A titularidade da ação penal privada é do querelante, motivo pelo qual apenas ele pode apelar.

Gabarito: B

Para responder, tem que estudar: lei, jurisprudência e súmula/OJ.

20. "HABEAS CORPUS". MANDADO DE SEGURANÇA EM MATÉRIA CRIMINAL

69. **(MPE/SP/Promotor/2010/87_Concurso)** Em relação ao "habeas corpus", é correto afirmar que:

a) sempre é possível a interposição de "habeas corpus" quando se tratar de punição disciplinar militar.

b) o "habeas corpus" liberatório é aquele interposto quando há uma ameaça de violência ou coação à liberdade de locomoção, por abuso de poder ou ilegalidade.

c) o promotor de justiça não pode figurar como autoridade coatora no pedido de "habeas corpus";

d) não é cabível o "habeas corpus" quando a coação emanar de ato de particular.

e) o impetrante do "habeas corpus" não precisa ser representado por advogado.

ANOTAÇÕES/COMENTÁRIOS

(a) Súmula 694/STF: Não cabe "habeas corpus" contra a imposição da pena de exclusão de militar ou de perda de patente ou de função pública.

(b) Habeas corpus preventivo: é aquele concedido apenas em uma situação de ameaça à liberdade de locomoção de uma pessoa. Habeas corpus liberatório: também chamado de repressivo, tem o objetivo de afastar qualquer tipo de constrangimento ilegal à liberdade de uma pessoa.

(c, e) CPP: Art. 654. O "habeas corpus" poderá ser impetrado por qualquer pessoa, em seu favor ou de outrem, bem como pelo Ministério Público.

(d) Cabe HC em face atos administrativos praticados por quaisquer agentes, independentes se são autoridades ou não, atos judiciários, e atos praticados por cidadãos.

Gabarito: E

Para responder, tem que estudar: lei, jurisprudência e súmula/OJ.

70. (MPE/SP/Promotor/2017/92_Concurso) Assinale a alternativa correta.

a) É cabível a utilização de "habeas corpus" contra a autoridade policial que instaura inquérito policial, em razão de requisição do Ministério Público, para apuração de crime já definitivamente julgado

b) A existência de recurso judicial próprio impede o conhecimento de "habeas corpus".

c) O "habeas corpus", por ser uma ação mandamental de caráter penal, não é cabível nos casos de prisão civil do devedor de alimentos.

d) O "habeas corpus" não é cabível a quem tenha sido beneficiado com a suspensão condicional do processo.

e) O "habeas corpus" não é cabível para trancamento de ação instaurada pela prática de infração penal punida apenas com pena de multa.

ANOTAÇÕES/COMENTÁRIOS

(a) INQUÉRITO POLICIAL. INDICIAMENTO. SUSTAÇÃO. IMPOSSIBILIDADE. A inicial desta impetração é confusa, a começar pela erronia na identificação da autoridade coatora (Promotor de Justiça) ao apontar o Delegado de Polícia responsável pelo cumprimento da requisição exarada pelo Ministério Público Paciente que foi condenado por "desvio de dinheiro" em ação civil pública, com remessa de cópias dos autos capeadas por requisição de instauração do inquérito policial Admissibilidade de indiciamento do paciente, caso haja elementos indiciários suficientes para esse ato Possibilidade de aproveitamento das provas oriundas do processo cível Inexistência de razões para sustar o indiciamento. (TJSP, HC 0254533-08.2012.8.26.0000). Lembre-se da Nova Lei de Abuso de autoridade (Lei n. 13.869/2019) que prevê o seguinte: Art. 27. Requisitar instauração ou instaurar procedimento investigatório de infração penal ou administrativa, em desfavor de alguém, à falta de qualquer indício da prática de crime, de ilícito funcional ou de infração administrativa: Pena – detenção, de 6 (seis) meses a 2 (dois) anos, e multa. Parágrafo único. Não há crime quando se tratar de sindicância ou investigação preliminar sumária, devidamente justificada.

(b) EXECUÇÃO PENAL. CRIME HEDIONDO. REGIME INICIAL FECHADO. OBRIGATORIEDADE. QUESTÃO não ANALISADA. SUPRESSÃO DE INSTÂNCIA. WRIT IMPETRADO NA ORIGEM. OCORRÊNCIA DE ILEGALIDADE, ABUSO DE PODER OU TERATOLOGIA. CABIMENTO. HABEAS CORPUS não CONHECIDO. ORDEM CONCEDIDA DE OFÍCIO. 1. Ressalvada pessoal compreensão pessoal diversa, uniformizou o Superior Tribunal de Justiça ser inadequado o writ em substituição a recursos especial e ordinário, ou de revisão criminal, admitindo-se, de ofício, a concessão da ordem ante a constatação de ilegalidade flagrante, abuso de poder ou teratologia. (STJ, HC 294.929, 2014)

(c) O art. 5º, inciso LXVIII, da Constituição Federal determina que, "conceder-se-á "habeas-corpus" sempre que alguém sofrer ou se achar ameaçado de sofrer violência ou coação em sua liberdade de locomoção, por ilegalidade ou abuso de poder". O instituto não se limita à esfera penal.

(d) A aceitação do benefício de suspensão condicional do processo (Lei 9.099/95, art. 89) não implica renúncia ao interesse de agir para impetração de "habeas corpus" com o fim de questionar a justa causa da ação penal. Com base nesse entendimento, a Turma, para evitar dupla supressão de instância, não conheceu de recurso ordinário em "habeas corpus", mas concedeu a ordem, de ofício, em favor de denunciada pela suposta prática do crime de auto-acusação falsa (CP, art. 341). No caso, o STJ denegara o writ lá impetrado ao fundamento de que com a aceitação da proposta de suspensão condicional do processo formulada pelo Ministério Público não seria possível o exame da ausência de justa causa por atipicidade da conduta, a menos que retomada a ação penal. HC deferido, de ofício, para, remetendo-se os autos ao Tribunal de Justiça do Estado de São Paulo, cujo acórdão fica cassado, determinar que proceda ao exame do mérito da impetração. (RHC 82365, 2008)

(e) Súmula 693/STF: Não cabe "habeas corpus" contra decisão condenatória a pena de multa, ou relativo a processo em curso por infração penal a que a pena pecuniária seja a única cominada.

Gabarito: E

Para responder, tem que estudar: lei, jurisprudência e súmula/OJ.

21. EXECUÇÃO PENAL

71. (MPE/SP/Promotor/2012/89_Concurso) É correto afirmar:

a) Não estão obrigados ao trabalho os presos provisórios, os presos políticos e os presos com mais de 60 (sessenta) anos de idade.

b) O trabalho externo é admissível somente para os presos em regime semiaberto.

c) Admite-se a remição da pena pelo trabalho ou pela frequência a curso de ensino regular ou de educação profissional para o condenado em regime aberto ou em livramento condicional.

d) Compete ao diretor do estabelecimento penal a concessão de permissão de saída ao condenado em regime fechado.

e) O juiz poderá, em caso de falta grave, revogar até 2/3 (dois terços) do tempo remido.

ANOTAÇÕES/COMENTÁRIOS

(a) LEP: Art. 31. O condenado à pena privativa de liberdade está obrigado ao trabalho na medida de suas aptidões e capacidade. Parágrafo único. Para o preso provisório, o trabalho não é obrigatório e só poderá ser executado no interior do estabelecimento. Art. 32. Na atribuição do trabalho deverão ser levadas em conta a habilitação, a condição pessoal e as necessidades futuras do preso, bem como as oportunidades oferecidas pelo mercado. § 1º Deverá ser limitado, tanto quanto possível, o artesanato sem expressão econômica, salvo nas regiões de turismo. § 2º Os maiores de 60 (sessenta) anos poderão solicitar ocupação adequada à sua idade. § 3º Os doentes ou deficientes físicos somente exercerão atividades apropriadas ao seu estado.

(b) LEP, não existe essa restrição: Art. 36. O trabalho externo será admissível para os presos em regime fechado somente em serviço ou obras públicas realizadas por órgãos da Administração Direta ou Indireta, ou entidades privadas, desde que tomadas as cautelas contra a fuga e em favor da disciplina. § 1º O limite máximo do número de presos será de 10% (dez por cento) do total de empregados na obra. § 2º Caberá ao órgão da administração, à entidade ou à empresa empreiteira a remuneração desse trabalho. § 3º A prestação de trabalho à entidade privada depende do consentimento expresso do preso. Art. 37. A prestação de trabalho externo, a ser autorizada pela direção do estabelecimento, dependerá de aptidão, disciplina e responsabilidade, além do cumprimento mínimo de 1/6 (um sexto) da pena. Parágrafo único. Revogar-se-á a autorização de trabalho externo ao preso que vier a praticar fato definido como crime, for punido por falta grave, ou tiver comportamento contrário aos requisitos estabelecidos neste artigo.

(c) LEP: Art. 126. O condenado que cumpre a pena em regime fechado ou semiaberto poderá remir, por trabalho ou por estudo, parte do tempo de execução da pena. § 6º O condenado que cumpre pena em regime aberto ou semiaberto e o que usufrui liberdade condicional poderão remir, pela frequência a curso de ensino regular ou de educação profissional, parte do tempo de execução da pena ou do período de prova, observado o disposto no inciso I do § 1º deste artigo.

(d) LEP: Art. 120. Os condenados que cumprem pena em regime fechado ou semi-aberto e os presos provisórios poderão obter permissão para sair do estabelecimento, mediante escolta, quando ocorrer um dos seguintes fatos: I – falecimento ou doença grave do cônjuge, companheira, ascendente, descendente ou irmão; II – necessidade de tratamento médico (parágrafo único do artigo 14). Parágrafo único. A permissão de saída será concedida pelo diretor do estabelecimento onde se encontra o preso.

(e) LEP: Art. 127. Em caso de falta grave, o juiz poderá revogar até 1/3 (um terço) do tempo remido, observado o disposto no art. 57, recomeçando a contagem a partir da data da infração disciplinar.

Gabarito: D

Para responder, tem que estudar: lei.

72. (MPE/SP/Promotor/2010/87_Concurso) Assinale a afirmativa incorreta, em relação ao regime disciplinar diferenciado:

a) aplica-se ao preso provisório ou condenado que pratica crime doloso e provoca subversão da ordem ou disciplina interna.

b) aplica-se ao preso provisório ou condenado sobre o qual recaiam fundadas suspeitas de envolvimento ou participação, a qualquer título, em organizações criminosas, quadrilha ou bando.

c) somente o preso provisório ou condenado por crime hediondo ou assemelhado pode ser submetido ao regime disciplinar ou diferenciado.

d) tem como característica o recolhimento em cela individual.

e) pode ser aplicado a estrangeiros que apresentem alto risco para a ordem e a segurança do estabelecimento penal ou da sociedade.

ANOTAÇÕES/COMENTÁRIOS

(a, c, d, e) Vide comentários abaixo.

(c) Lei 7.210/84: Art. 52. A prática de fato previsto como crime doloso constitui falta grave e, quando ocasione subversão da ordem ou disciplina internas, sujeita o preso provisório, ou condenado, sem prejuízo da sanção penal, ao regime disciplinar diferenciado, com as seguintes características: I – duração máxima de trezentos e sessenta dias, sem prejuízo de repetição da sanção por nova falta grave de mesma espécie, até o limite de um sexto da pena aplicada; II – recolhimento em cela individual; III – visitas semanais de duas pessoas, sem contar as crianças, com duração de duas horas; IV – o preso terá direito à saída da cela por 2 horas diárias para banho de sol. § 1º O regime disciplinar diferenciado também poderá abrigar presos provisórios ou condenados, nacionais ou estrangeiros, que apresentem alto risco para a ordem e a segurança do estabelecimento penal ou da sociedade. § 2º Estará igualmente sujeito ao regime disciplinar diferenciado o preso provisório ou o condenado sob o qual recaiam fundadas suspeitas de envolvimento ou participação, a qualquer título, em organizações criminosas, quadrilha ou bando.

Gabarito: C

Para responder, tem que estudar: lei.

73. (MPE/SP/Promotor/2013/90_Concurso) No âmbito da Execução Penal, a falta disciplinar de natureza grave

I. sujeita o condenado à transferência para qualquer dos regimes mais rigorosos;

II. é prevista na lei como causa interruptiva do prazo para obtenção do livramento condicional;

III. configura-se pelo descumprimento, no regime aberto, das condições impostas.

Está correto o que se afirma

a) apenas em I e III.

b) apenas em II e III.

c) apenas em I e II.

d) apenas em I.

e) em I, II e III.

ANOTAÇÕES/COMENTÁRIOS

(I) LEP: Art. 118. A execução da pena privativa de liberdade ficará sujeita à forma regressiva, com a transferência para qualquer dos regimes mais rigorosos, quando o condenado: I – praticar fato definido como crime doloso ou falta grave.

(II) Súmula 441/STJ: "A falta grave não interrompe o prazo para obtenção de livramento condicional". Lembre-se que a Lei nº 13.964/2019 (pacote anticrime) alterou o inciso III do art. 83 do Código Penal, que trata sobre os requisitos para a concessão do livramento condicional: III – comprovado: a) bom comportamento durante a execução da pena; b) não cometimento de falta grave nos últimos 12 (doze) meses; Conforme esclarecido pelo professor Márcio Cavalcante (dizer o direito), a súmula 441/STJ continua válida Praticada a falta grave, o apenado terá que aguardar 12 meses para poder gozar do livramento condicional. O prazo do art. 83, I, do CP, contudo, não é interrompido (não é "zerado"). Ensina Rogério Sanches que, malgrado o cometimento de falta grave interrompa o prazo para a progressão de regime (Súmula 534 STJ), o mesmo não ocorre para a concessão de livramento condicional. Embora o condenado não possa obter o livramento se houver cometido falta grave nos doze meses anteriores à sua pretensão, o prazo do benefício não volta a correr do começo quando cometida a infração. Praticada a falta grave, nos 12 meses seguintes o reeducando não pode ser beneficiado com a liberdade antecipada, mesmo que cumpra seu requisito temporal. O prazo de 12 meses, aliás, coincide com o prazo da reabilitação da falta grave, hoje previsto na maioria dos regimentos internos das unidades prisionais dos vários estados brasileiros. (Pacote anticrime. Lei 13.964/2019. Salvador: Juspodivm, 2020, p. 32).

(III) LEP: Art. 50. Comete falta grave o condenado à pena privativa de liberdade que: V – descumprir, no regime aberto, as condições impostas.

Gabarito: A

Para responder, tem que estudar: lei, jurisprudência e súmula/OJ.

74. (MPE/SP/Promotor/2017/92_Concurso) A decisão judicial que reconhece a prática de falta grave tem como consequência a

a) interrupção do período para fins de progressão de regime.

b) submissão a exame criminológico em eventual pedido de progressão de regime.

c) perda de todos os dias remidos ou a remir.

d) impossibilidade de o sentenciado ser contemplado com os benefícios de indulto e comutação de pena.

e) submissão ao regime disciplinar diferenciado.

ANOTAÇÕES/COMENTÁRIOS

(a) Súmula 534/STJ. A prática de falta grave interrompe a contagem do prazo para a progressão de regime de cumprimento de pena, o qual se reinicia a partir do cometimento dessa infração. // Súmula 535/STJ. A prática de falta grave não interrompe o prazo para fim de comutação de pena ou indulto.

(b, c, d, e) Vide comentários acima.

Gabarito: A

Para responder, tem que estudar: jurisprudência e súmula/OJ.

75. (MPE/SP/Promotor/2011/88_Concurso) Com relação à monitoração eletrônica do condenado, analise os seguintes itens:

I. o Juiz poderá aplicá-la quando autorizar a saída temporária em regime semiaberto ou quando determinar a prisão domiciliar;

II. definida a fiscalização por meio da monitoração eletrônica, é dever do condenado receber visitas do servidor responsável pela monitoração eletrônica;

III. a violação comprovada dos deveres do condenado decorrentes da monitoração eletrônica acarretará necessariamente a regressão do regime de cumprimento de pena;

IV. a violação comprovada dos deveres do condenado decorrentes da monitoração eletrônica acarretará necessariamente sua advertência;

V. se o acusado ou condenado cometer falta grave, a monitoração eletrônica poderá ser revogada.

Está correto apenas o que se afirma em

a) I, II e III.
b) I, II e V.
c) I, III e V.
d) II, III e V.
e) II, IV e V.

ANOTAÇÕES/COMENTÁRIOS

(I) LEP: Art. 146-B. O juiz poderá definir a fiscalização por meio da monitoração eletrônica quando: II – autorizar a saída temporária no regime semiaberto; IV – determinar a prisão domiciliar;

(II, III, IV) LEP: Art. 146-C. O condenado será instruído acerca dos cuidados que deverá adotar com o equipamento eletrônico e dos seguintes deveres: I – receber visitas do servidor responsável pela monitoração eletrônica, responder aos seus contatos e cumprir suas orientações; II – abster-se de remover, de violar, de modificar, de danificar de qualquer forma o dispositivo de monitoração eletrônica ou de permitir que outrem o faça; Parágrafo único. A violação comprovada dos deveres previstos neste artigo poderá acarretar, a critério do juiz da execução, ouvidos o Ministério Público e a defesa: I – a regressão do regime; II – a revogação da autorização de saída temporária; VI – a revogação da prisão domiciliar; VII – advertência, por escrito, para todos os casos em que o juiz da execução decida não aplicar alguma das medidas previstas nos incisos de I a VI deste parágrafo.

(V) LEP: Art. 146-D. A monitoração eletrônica poderá ser revogada: I – quando se tornar desnecessária ou inadequada; II – se o acusado ou condenado violar os deveres a que estiver sujeito durante a sua vigência ou cometer falta grave.

Gabarito: B

Para responder, tem que estudar: lei.

76. (MPE/SP/Promotor/2012/89_Concurso) Questão desatualizada (pacote anticrime) Tratando-se de réu reincidente, condenado pelos crimes de tráfico internacional de pessoa para fim de exploração sexual praticado contra menor de 18 anos (art. 231, § 2º, inciso I, do Código Penal) e roubo qualificado pelo emprego de arma (art. 157, § 2º, inciso I, do Código Penal), o tempo de cumprimento de pena exigido por lei para que possa ele ser promovido ao regime semiaberto e para obter o livramento condicional é de

a) 1/6 (um sexto) do total das penas para a progressão e 1/3 (um terço) para o livramento condicional.
b) 1/6 (um sexto) do total das penas para a progressão e 1/2 (metade) do total das penas para o livramento condicional.
c) 2/5 (dois quintos) da pena relativa ao tráfico internacional e 1/6 (um sexto) da pena relativa ao roubo para a progressão; 1/3 (um terço) da pena relativa ao tráfico internacional e 1/2 (metade) da pena relativa ao roubo para o livramento condicional.
d) 2/5 (dois quintos) do total das penas para a progressão; 2/3 (dois terços) do total das penas para o livramento condicional.
e) 3/5 (três quintos) da pena relativa ao tráfico internacional e 1/6 (um sexto) da pena relativa ao roubo para a progressão; 2/3 (dois terços) do total das penas para o livramento condicional.

ANOTAÇÕES/COMENTÁRIOS

(a, c, d, e) Vide comentários abaixo.

(b) A progressão de regime foi substancialmente alterada com a entrada em vigor da lei 13.964/2019 (pacote anticrime). O art. 112 da Lei de Execução Penal atualmente possui a seguinte redação e patamares de para progressão de regime: A pena privativa de liberdade será executada em forma progressiva com a transferência para regime menos rigoroso, a ser determinada pelo juiz, quando o preso tiver cumprido ao menos: I – 16%

(dezesseis por cento) da pena, se o apenado for primário e o crime tiver sido cometido sem violência à pessoa ou grave ameaça; II – 20% (vinte por cento) da pena, se o apenado for reincidente em crime cometido sem violência à pessoa ou grave ameaça; III – 25% (vinte e cinco por cento) da pena, se o apenado for primário e o crime tiver sido cometido com violência à pessoa ou grave ameaça; IV – 30% (trinta por cento) da pena, se o apenado for reincidente em crime cometido com violência à pessoa ou grave ameaça; V – 40% (quarenta por cento) da pena, se o apenado for condenado pela prática de crime hediondo ou equiparado, se for primário; VI – 50% (cinquenta por cento) da pena, se o apenado for: a) condenado pela prática de crime hediondo ou equiparado, com resultado morte, se for primário, vedado o livramento condicional; b) condenado por exercer o comando, individual ou coletivo, de organização criminosa estruturada para a prática de crime hediondo ou equiparado; ou c) condenado pela prática do crime de constituição de milícia privada; II – 60% (sessenta por cento) da pena, se o apenado for reincidente na prática de crime hediondo ou equiparado; VIII – 70% (setenta por cento) da pena, se o apenado for reincidente em crime hediondo ou equiparado com resultado morte, vedado o livramento condicional.

Ainda sobre o tema, importante decisão do STJ: É reconhecida a retroatividade do patamar estabelecido no art. 112, V, da LEP, incluído pela Lei nº 13.964/2019, àqueles apenados que, embora tenham cometido crime hediondo ou equiparado sem resultado morte, não sejam reincidentes em delito de natureza semelhante. STJ. 3ª Seção. REsp 1910240-MG, Rel. Min. Rogerio Schietti Cruz, julgado em 26/05/2021 (Recurso Repetitivo – Tema 1084) (Info 699).

Com a atualização legislativa (13.964/2019), atualmente o roubo qualificado pelo uso de arma de fogo é crime previsto como hediondo. O enunciado somente diz "uso de arma" (à época da questão tal informação era irrelevante para a resolução da questão) não sendo possível inferir se se trata arma branca, de arma de fogo ou arma de fogo de uso restrito/proibido. Ademais, a reincidência mencionada no enunciado não menciona se se trata de reincidência em crime cometido com violência ou grave ameaça, não sendo possível, portanto, fazer a adequação e atualização do gabarito da questão.

Gabarito: X

Para responder, tem que estudar: lei.

77. (MPE/SP/Promotor/2013/90_Concurso) Assinale a alternativa que está em desacordo com disposições previstas na Lei de Execução Penal.

a) O benefício da saída temporária, sem vigilância direta, para frequência a curso supletivo profissionalizante, não se estende a condenados que cumprem pena no regime fechado.

b) O direito de remir, pelo trabalho, parte do tempo de execução da pena, é deferido apenas aos condenados que cumprem pena no regime fechado ou semiaberto.

c) Não se computa o tempo remido para a concessão do livramento condicional.

d) O preso provisório sujeita-se ao regime disciplinar diferenciado introduzido pela Lei n. 10.792/2003.

e) O juiz da execução poderá definir a fiscalização por monitoração eletrônica quando autorizar saída temporária no regime semiaberto ou quando determinar a prisão domiciliar.

ANOTAÇÕES/COMENTÁRIOS

(a) LEP: Art. 122. Os condenados que cumprem pena em regime semiaberto poderão obter autorização para saída temporária do estabelecimento, sem vigilância direta, nos seguintes casos: I – visita à família; II – frequência a curso supletivo profissionalizante, bem como de instrução do 2º grau ou superior, na Comarca do Juízo da Execução; III – participação em atividades que concorram para o retorno ao convívio social. Parágrafo único. A ausência de vigilância direta não impede a utilização de equipamento de monitoração eletrônica pelo condenado, quando assim determinar o juiz da execução.

(b) LEP: Art. 126. O condenado que cumpre a pena em regime fechado ou semiaberto poderá remir, por trabalho ou por estudo, parte do tempo de execução da pena.

(c) LEP: Art. 128. O tempo remido será computado como pena cumprida, para todos os efeitos.

(d) LEP: Art. 52. A prática de fato previsto como crime doloso constitui falta grave e, quando ocasione subversão da ordem ou disciplina internas, sujeita o preso provisório, ou condenado, sem prejuízo da sanção penal, ao regime disciplinar diferenciado, com as seguintes características: (...). § 1º O regime disciplinar diferenciado também poderá abrigar presos provisórios ou condenados, nacionais ou estrangeiros, que apresentem alto risco para a ordem e a segurança do estabelecimento penal ou da sociedade.

(e) LEP: Art. 146-B. O juiz poderá definir a fiscalização por meio da monitoração eletrônica quando: II – autorizar a saída temporária no regime semiaberto; IV – determinar a prisão domiciliar

Gabarito: C

Para responder, tem que estudar: lei.

22. DISPOSIÇÕES PROCESSUAIS PENAIS EM LEIS ESPECIAIS

78. (MPE/SP/Promotor/2010/87_Concurso) Assinale a alternativa correta. A ação controlada:

a) é uma medida prevista nos procedimentos investigatórios que versem sobre ilícitos decorrentes de ações praticadas por organizações ou associações criminosas de qualquer tipo, consistente em realizar interceptações telefônicas pela autoridade policial para identificar os suspeitos da autoria dessas infrações penais.

b) é uma medida prevista nos procedimentos investigatórios que versem sobre infrações penais de Lavagem de Dinheiro ou de Capitais e consiste em uma ordem judicial permitindo o acesso aos dados, documentos e informações fiscais, bancárias, financeiras e eleitorais dos suspeitos de tais condutas.

c) é uma medida prevista nos procedimentos investigatórios que versem sobre infrações penais de Lavagem de Dinheiro ou de Capitais e consiste na decretação judicial da apreensão ou sequestro bens, direitos ou valores do suspeito da autoria desses delitos.

d) é uma medida prevista nos procedimentos investigatórios que versem sobre ilícitos decorrentes de ações praticadas por organizações ou associações criminosas de qualquer tipo e consiste em retardar a intervenção policial do que se supõe fato praticado por organizações criminosas, desde que mantida sob observação e acompanhamento para que a medida legal se concretize no momento mais eficaz do ponto de vista da formação de provas e fornecimento de informações.

e) é uma medida prevista nos procedimentos investigatórios que versem sobre ilícitos decorrentes de ações praticadas por organizações ou associações criminosas de qualquer tipo, que depende de ordem judicial e visa a captação e a interceptação ambiental de sinais eletromagnéticos, óticos ou acústicos, e o seu registro e análise.

ANOTAÇÕES/COMENTÁRIOS

(a, b, c, e) Vide comentários abaixo.

(d) Lei 12.850/13: Art. 1º Esta Lei define organização criminosa e dispõe sobre a investigação criminal, os meios de obtenção da prova, infrações penais correlatas e o procedimento criminal a ser aplicado. Art. 8º Consiste a ação controlada em retardar a intervenção policial ou administrativa relativa à ação praticada por organização criminosa ou a ela vinculada, desde que mantida sob observação e acompanhamento para que a medida legal se concretize no momento mais eficaz à formação de provas e obtenção de informações.

Gabarito: D

Para responder, tem que estudar: lei.

79. (MPE/SP/Promotor/2013/90_Concurso) Questão atualizada. Considere as seguintes proposições relacionadas com disposições processuais previstas em leis especiais.

I. Diante de crimes que se supõem praticados por organizações criminosas, a lei permite o retardamento da intervenção policial, para que a medida legal se concretize em momento mais eficaz do ponto de vista da formação da prova.

II. Relativamente aos crimes de trânsito, a suspensão da habilitação para dirigir veículo automotor é possível de ser decretada pelo juiz, de ofício, como medida cautelar, antes mesmo do início da ação penal.

III. Constitui causa de rejeição da denúncia formulada por crime de lavagem de capitais o fato de ter sido decretada a extinção de punibilidade da infração penal antecedente.

Está correto o que se afirma

a) apenas em III.

b) apenas em I e III.

c) apenas em II e III.

d) apenas em I e II.

e) em I, II e III.

ANOTAÇÕES/COMENTÁRIOS

(I) Lei 12.850/13: Art. 8º Consiste a ação controlada em retardar a intervenção policial ou administrativa relativa à ação praticada por organização criminosa ou a ela vinculada, desde que mantida sob observação e acompanhamento para que a medida legal se concretize no momento mais eficaz à formação de provas e obtenção de informações.

(II) CTB: Art. 294. Em qualquer fase da investigação ou da ação penal, havendo necessidade para a garantia da ordem pública, poderá o juiz, como medida cautelar, de ofício, ou a requerimento do Ministério Público ou ainda mediante representação da autoridade policial, decretar, em decisão motivada, a suspensão da permissão ou da habilitação para dirigir veículo automotor, ou a proibição de sua obtenção.

(III) Lei 9.613/98: Art. 2º, § 1º A denúncia será instruída com indícios suficientes da existência da infração penal antecedente, sendo puníveis os fatos previstos nesta Lei, ainda que desconhecido ou isento de pena o autor, ou extinta a punibilidade da infração penal antecedente.

Gabarito: D

Para responder, tem que estudar: lei.

80. (MPE/SP/Promotor/2011/88_Concurso) Questão atualizada. Na hipótese de crime cometido na direção de veículo automotor tipificado na Lei n. 9.503/97 (Código de Trânsito Brasileiro), aplica-se a transação penal prevista no art. 76 da Lei n. 9.099/95 (Juizados Especiais Criminais) ao crime de:

I. lesão corporal culposa quando o agente estiver participando de corrida automobilística, em via pública, não autorizada pela autoridade competente;

II. participar de corrida automobilística, em via pública, não autorizada pela autoridade competente, desde que ocorra dano potencial à incolumidade pública ou privada;

III. embriaguez ao volante;

IV. lesão corporal culposa praticado sob a influência de álcool;

V. deixar o condutor do veículo, na ocasião do acidente, de prestar imediato socorro à vítima.

Está correto apenas o que se afirma em

a) I e II.

b) I e IV.

c) II e V.

d) III e IV.

e) III e V.

ANOTAÇÕES/COMENTÁRIOS

(I) CTB: Art. 308, § 1º Se da prática do crime previsto no caput resultar lesão corporal de natureza grave, e as circunstâncias demonstrarem que o agente não quis o resultado nem assumiu o risco de produzi-lo, a pena privativa de liberdade é de reclusão, de 3 (três) a 6 (seis) anos, sem prejuízo das outras penas previstas neste artigo.

(II) O art. 308 do CTB foi alterado pela Lei 12.971/14. A redação antiga previa a pena de detenção, de seis meses a dois anos, multa e suspensão ou proibição de se obter a permissão ou a habilitação para dirigir veículo automotor. Dessa forma, era possível aplicar o instituto da transação penal prevista no art. 76 da Lei n. 9.099/95 (Juizados Especiais Criminais). // Atualmente não é possível. Gabarito desatualizado. // Art. 308. Participar, na direção de veículo automotor, em via pública, de corrida, disputa ou competição automobilística ou ainda de exibição ou demonstração de perícia em manobra de veículo automotor, não autorizada pela autoridade competente, gerando situação de risco à incolumidade pública ou privada: Penas – detenção, de 6 (seis) meses a 3 (três) anos, multa e suspensão ou proibição de se obter a permissão ou a habilitação para dirigir veículo automotor.

(III) CTB: Art. 306. Conduzir veículo automotor com capacidade psicomotora alterada em razão da influência de álcool ou de outra substância psicoativa que determine dependência: Penas – detenção, de seis meses a três anos, multa e suspensão ou proibição de se obter a permissão ou a habilitação para dirigir veículo automotor. (Redação da Lei 12.760/12)

(IV) CTB: Art. 291, § 1º Aplica-se aos crimes de trânsito de lesão corporal culposa o disposto nos arts. 74, 76 e 88 da Lei nº 9.099, de 26 de setembro de 1995, exceto se o agente estiver: I – sob a influência de álcool ou qualquer outra substância psicoativa que determine dependência;

(V) CTB: Art. 304. Deixar o condutor do veículo, na ocasião do acidente, de prestar imediato socorro à vítima, ou, não podendo fazê-lo diretamente, por justa causa, deixar de solicitar auxílio da autoridade pública: Penas – detenção, de seis meses a um ano, ou multa, se o fato não constituir elemento de crime mais grave.

Gabarito: X

Para responder, tem que estudar: lei.

81. (MPE/SP/Promotor/2011/88_Concurso) Com relação aos crimes de "lavagem" ou ocultação de bens, direitos e valores, previstos na Lei n. 9.613/98, analise os seguintes itens:

I. tais crimes são insuscetíveis de fiança e liberdade provisória;

II. o processo e o julgamento desses crimes dependem do processo e julgamento dos crimes antecedentes;

III. tais crimes são puníveis, ainda que isento de pena o autor do crime antecedente;

IV. se o acusado, citado por edital, não comparecer, nem constituir advogado, ficará suspenso o processo;

V. a pena por crime previsto nessa lei será obrigatoriamente cumprida inicialmente em regime fechado.

Está correto apenas o que se afirma em

a) I e III.

b) I e V.

c) II e IV.

d) II e V.

e) III e IV.

ANOTAÇÕES/COMENTÁRIOS

(I) O art. 3º da Lei 9.613/98 foi revogado pela Lei n. 12.683/12. Dessa forma, prevalece o entendimento de que cabe fiança e liberdade provisória nos crimes disciplinados nesta lei. Art. 3º Os crimes disciplinados nesta Lei são insuscetíveis de fiança e liberdade provisória e, em caso de sentença condenatória, o juiz decidirá fundamentadamente se o réu poderá apelar em liberdade. (Revogado pela Lei 12.683/12)

(II) Art. 2º, II, da Lei 9.613/98: Art. 2º O processo e julgamento dos crimes previstos nesta Lei: II – independem do processo e julgamento das infrações penais antecedentes, ainda que praticados em outro país, cabendo ao juiz competente para os crimes previstos nesta Lei a decisão sobre a unidade de processo e julgamento;

(III) Art. 2º, § 1º da Lei 9.613/98: § 1º A denúncia será instruída com indícios suficientes da existência da infração penal antecedente, sendo puníveis os fatos previstos nesta Lei, ainda que desconhecido ou isento de pena o autor, ou extinta a punibilidade da infração penal antecedente.

(IV) Art. 2º, § 2º da Lei 9.613/98: § 2º No processo por crime previsto nesta Lei, não se aplica o disposto no art. 366 do Decreto-Lei nº 3.689, de 3 de outubro de 1941 (Código de Processo Penal), devendo o acusado que não comparecer nem constituir advogado ser citado por edital, prosseguindo o feito até o julgamento, com a nomeação de defensor dativo.

(V) Não existe a obrigatoriedade do regime inicial fechado. O STJ possui julgado (HC 309949/DF) no sentido de ser possível o regime aberto: "CRIME DE LAVAGEM DE DINHEIRO. TIPICIDADE. PENA. DOSIMETRIA. ILEGALIDADE DETECTADA. FALTA DE FUNDAMENTAÇÃO. 1. O crime de lavagem de dinheiro tipifica-se desde que o agente saiba que o montante pecuniário auferido, por meio de dissimulação, é produto de crime antecedente. Não se exige que tenha o agente sido condenado, especificamente, pelo ilícito penal que antecede a reciclagem dos valores. 2. Elemento subjetivo (dolo) constatado nas instâncias ordinárias com base em profunda e ampla dilação probatória que, por óbvio, não se submete ao crivo mandamental e restrito da impetração. 3. Em "habeas corpus" somente há possibilidade de se imiscuir na dosimetria quando demonstrada flagrante ilegalidade, como ocorre na espécie, dado que foi a culpabilidade, na primeira fase, e a continuidade delitiva, na terceira, sopesadas com afirmações vagas e genéricas, desprovidas de fundamentação e, quiçá, concreta. 4. "Habeas corpus" não conhecido. Ordem concedida de ofício apenas para reduzir a pena a 3 anos e 6 meses de reclusão, no regime inicial aberto e substituí-la por duas restritivas de direitos (prestação pecuniária e serviço comunitário) a serem especificadas pelo Juízo das execuções penais".

Gabarito: A

Para responder, tem que estudar: lei e jurisprudência.

82. (MPE/SP/Promotor/2012/89_Concurso) Questão atualizada. É incorreto afirmar:

a) A lei prevê a possibilidade de concessão do perdão judicial ao autor, coautor e partícipe colaboradores nos crimes de lavagem ou ocultação de bens, direitos e valores.

b) A lei prevê que a identificação criminal de pessoas envolvidas em ações praticadas por organizações criminosas será realizada independentemente da identificação civil.

c) A proteção oferecida pelo programa de proteção a vítimas e testemunhas ameaçadas terá a duração máxima de quatro anos, admitida, em circunstâncias excepcionais, a sua prorrogação.

d) Por expressa disposição legal, são aplicáveis aos crimes relacionados com o tráfico de entorpecentes (arts. 33, caput e § 1º, e 34 a 37 da Lei nº 11.343/2006) as medidas de proteção a testemunhas e réu colaboradores previstas na Lei nº 9.807/99.

e) Entre as medidas protetivas de urgência previstas na Lei nº 11.340/2006, que disciplina a repressão à violência doméstica e familiar contra a mulher, incluem-se a prestação de alimentos provisionais ou provisórios; a prestação de caução provisória por perdas e danos materiais decorrentes da prática da violência; a separação de corpos e o afastamento da ofendida do lar.

ANOTAÇÕES/COMENTÁRIOS

(a) Lei 9.613/98: Art. 1º, § 5º A pena poderá ser reduzida de um a dois terços e ser cumprida em regime aberto ou semiaberto, facultando-se ao juiz deixar de aplicá-la ou substituí-la, a qualquer tempo, por pena restritiva de direitos, se o autor, coautor ou partícipe colaborar espontaneamente com as autoridades, prestando esclarecimentos que conduzam à apuração das infrações penais, à identificação dos autores, coautores e partícipes, ou à localização dos bens, direitos ou valores objeto do crime.

(b) O art. 5º da Lei 9.034/95 determinava que: Art. 5º A identificação criminal de pessoas envolvidas com a ação praticada por organizações criminosas será realizada independentemente da identificação civil. Ocorre que a lei foi revogada pela Lei 12.850/13. Assim, a alternativa se tornou incorreta. Motivo pelo qual a questão passa a ter duas respostas.

(c) Lei 9.807/99: Art. 11. A proteção oferecida pelo programa terá a duração máxima de dois anos. Parágrafo único. Em circunstâncias excepcionais, perdurando os motivos que autorizam a admissão, a permanência poderá ser prorrogada.

(d) Lei 11.434/06: Art. 49. Tratando-se de condutas tipificadas nos arts. 33, caput e § 1º, e 34 a 37 desta Lei, o juiz, sempre que as circunstâncias o recomendem, empregará os instrumentos protetivos de colaboradores e testemunhas previstos na Lei nº 9.807, de 13 de julho de 1999.

(e) Lei 11.340/06: Art. 22. Constatada a prática de violência doméstica e familiar contra a mulher, nos termos desta Lei, o juiz poderá aplicar, de imediato, ao agressor, em conjunto ou separadamente, as seguintes medidas protetivas de urgência, entre outras: I – suspensão da posse ou restrição do porte de armas, com comunicação ao órgão competente, nos termos da Lei nº 10.826, de 22 de dezembro de 2003; II – afastamento do lar, domicílio ou local de convivência com a ofendida; III – proibição de determinadas condutas, entre as quais: a) aproximação da ofendida, de seus familiares e das testemunhas, fixando o limite mínimo de distância entre estes e o agressor; b) contato com a ofendida, seus familiares e testemunhas por qualquer meio de comunicação; c) frequentação de determinados lugares a fim de preservar a integridade física e psicológica da ofendida; IV – restrição ou suspensão de visitas aos dependentes menores, ouvida a equipe de atendimento multidisciplinar ou serviço similar; V – prestação de alimentos provisionais ou provisórios. Art. 23. Poderá o juiz, quando necessário, sem prejuízo de outras medidas: I – encaminhar a ofendida e seus dependentes a programa oficial ou comunitário de proteção ou de atendimento; II – determinar a recondução da ofendida e a de seus dependentes ao respectivo domicílio, após afastamento do agressor; III – determinar o afastamento da ofendida do lar, sem prejuízo dos direitos relativos a bens, guarda dos filhos e alimentos; IV – determinar a separação de corpos. Art. 24. Para a proteção patrimonial dos bens da sociedade conjugal ou daqueles de propriedade particular da mulher, o juiz poderá determinar, liminarmente, as seguintes medidas, entre outras: I – restituição de bens indevidamente subtraídos pelo agressor à ofendida; II – proibição temporária para a celebração de atos e contratos de compra, venda e locação de propriedade em comum, salvo expressa autorização judicial; III – suspensão das procurações conferidas pela ofendida ao agressor; IV – prestação de caução provisória, mediante depósito judicial, por perdas e danos materiais decorrentes da prática de violência doméstica e familiar contra a ofendida. // Atenção: essa lei sofreu alterações em 2017 e em 2018.

Gabarito: C

Para responder, tem que estudar: lei.

83. (MPE/SP/Promotor/2011/88_Concurso) Considerando os crimes praticados com violência doméstica e familiar contra a mulher, observados os termos da Lei n. 11.340/06, analise os seguintes itens:

I. nas ações penais públicas condicionadas à representação da ofendida, só será admitida a renúncia à representação perante o Juiz até o oferecimento da denúncia;

II. aplica-se a Lei n. 9.099/95 (Juizados Especiais Criminais) aos crimes praticados com violência doméstica e familiar contra a mulher cuja pena máxima cominada não seja superior a 2 (dois) anos;

III. é vedada a aplicação de pena de prestação pecuniária;

IV. caberá a prisão preventiva do agressor, decretada pelo Juiz em qualquer fase do inquérito policial ou da instrução criminal;

V. a ofendida deverá ser notificada dos atos processuais relativos ao agressor.

Está correto apenas o que se afirma em

a) I, II e III.
b) I, II e V.
c) I, III e IV.
d) II, IV e V.
e) III, IV e V.

ANOTAÇÕES/COMENTÁRIOS

(I) Lei 11.340/06: Art. 16. Nas ações penais públicas condicionadas à representação da ofendida de que trata esta Lei, só será admitida a renúncia à representação perante o juiz, em audiência especialmente designada com tal finalidade, antes do recebimento da denúncia e ouvido o Ministério Público.

(II) Lei 11.340/06: Art. 41. Aos crimes praticados com violência doméstica e familiar contra a mulher, independentemente da pena prevista, não se aplica a Lei nº 9.099, de 26 de setembro de 1995.

(III) Lei 11.340/06: Art. 17. É vedada a aplicação, nos casos de violência doméstica e familiar contra a mulher, de penas de cesta básica ou outras de prestação pecuniária, bem como a substituição de pena que implique o pagamento isolado de multa.

(IV) Lei 11.340/06: Art. 20. Em qualquer fase do inquérito policial ou da instrução criminal, caberá a prisão preventiva do agressor, decretada pelo juiz, de ofício, a requerimento do Ministério Público ou mediante representação da autoridade policial.

(V) Lei 11.340/06: Art. 21. A ofendida deverá ser notificada dos atos processuais relativos ao agressor, especialmente dos pertinentes ao ingresso e à saída da prisão, sem prejuízo da intimação do advogado constituído ou do defensor público.

Gabarito: E

Para responder, tem que estudar: lei.

84. (MPE/SP/Promotor/2010/87_Concurso) Assinale a alternativa correta, em relação à interceptação de comunicações telefônicas:

a) não será admitida se a prova puder ser feita por outros meios disponíveis.
b) pode ser deferida para a investigação de infrações penais punidas no máximo com detenção.
c) deve ser concluída no prazo de dez dias, prorrogável por igual período.
d) somente é admitida no curso de uma investigação criminal.
e) o resultado da interceptação, acompanhado de auto circunstanciado, deve ser apensado nos autos do processo criminal, por decisão judicial, após o trânsito em julgado da sentença definitiva.

ANOTAÇÕES/COMENTÁRIOS

(a) Lei 9.296/96: Art. 2º Não será admitida a interceptação de comunicações telefônicas quando ocorrer qualquer das seguintes hipóteses: II – a prova puder ser feita por outros meios disponíveis;

(b) Lei 9.296/96: Art. 2º Não será admitida a interceptação de comunicações telefônicas quando ocorrer qualquer das seguintes hipóteses: III- o fato investigado constituir infração penal punida, no máximo, com pena de detenção.

(c) Lei 9.296/96: Art. 5º A decisão será fundamentada, sob pena de nulidade, indicando também a forma de execução da diligência, que não poderá exceder o prazo de quinze dias, renovável por igual tempo uma vez comprovada a indispensabilidade do meio de prova.

(d) Lei 9.296/96: Art. 1º A interceptação de comunicações telefônicas, de qualquer natureza, para prova em investigação criminal e em instrução processual penal, observará o disposto nesta Lei e dependerá de ordem do juiz competente da ação principal, sob segredo de justiça.

(e) Lei 9.296/96: Art. 8º A interceptação de comunicação telefônica, de qualquer natureza, ocorrerá em autos apartados, apensados aos autos do inquérito policial ou do processo criminal, preservando-se o sigilo das diligências, gravações e transcrições respectivas. Parágrafo único. A apensação somente poderá ser realizada imediatamente antes do relatório da autoridade, quando se tratar de inquérito policial (Código de Processo Penal, art. 10, § 1º) ou na conclusão do processo ao juiz para o despacho decorrente do disposto nos arts. 407, 502 ou 538 do Código de Processo Penal.

Gabarito: A

Para responder, tem que estudar: lei.

85. (MPE/SP/Promotor/2019/93_Concurso) A Lei nº 12.850, de 2 de agosto de 2013, dentre outras disposições, definiu organização criminosa e dispôs sobre a investigação criminal, os meios de obtenção da prova, infrações penais correlatas e o procedimento criminal. A seu respeito, é correto afirmar que:

a) tanto aquele que promove organização criminosa quanto o que, de qualquer forma, embaraça a investigação de infração penal que envolva organização criminosa serão apenados com pena de reclusão, de 3 (três) a 8 (oito) anos, e multa, sem prejuízo das penas correspondentes às demais infrações penais praticadas.

b) por expressa disposição legal, não existirá organização criminosa típica voltada a obter vantagem, de qualquer natureza, mediante a prática de contravenções penais.

c) se houver participação de criança ou adolescente na organização ou na associação criminosa, a pena será aumentada de 1/6 (um sexto) a 2/3 (dois terços).

d) quando a medida se fizer necessária à investigação ou instrução processual, se houver indícios suficientes de que o funcionário público integra organização criminosa, poderá o juiz determinar seu afastamento cautelar do cargo, emprego ou função, sem remuneração.

e) ao tratar da colaboração premiada, em seu artigo 4º, a lei restringe expressamente a concessão do perdão judicial à hipótese da localização de eventual vítima com a sua integridade física preservada.

ANOTAÇÕES/COMENTÁRIOS

a) Art. 2º, caput e §1º, da Lei n. 12.850/2013. Art. 2º Promover, constituir, financiar ou integrar, pessoalmente ou por interposta pessoa, organização criminosa: Pena – reclusão, de 3 (três) a 8 (oito) anos, e multa, sem prejuízo das penas correspondentes às demais infrações penais praticadas. 1º Nas mesmas penas incorre quem impede ou, de qualquer forma, embaraça a investigação de infração penal que envolva organização criminosa.

b) Art. 1º, §1º, da Lei n. 12.850/2013: Considera-se organização criminosa a associação de 4 (quatro) ou mais pessoas estruturalmente ordenada e caracterizada pela divisão de tarefas, ainda que informalmente, com objetivo de obter, direta ou indiretamente, vantagem de qualquer natureza, mediante a prática de infrações penais cujas penas máximas sejam superiores a 4 (quatro) anos, ou que sejam de caráter transnacional.

c) A questão quis confundir os efeitos da participação de criança e adolescente na organização criminosa e na associação criminosa. Na organização criminosa: Art. 2°, § 4º A pena é aumentada de 1/6 (um sexto) a 2/3 (dois terços): I – se há participação de criança ou adolescente; Na associação criminosa: Art. 288 do Código Penal: Associarem-se 3 (três) ou mais pessoas, para o fim específico de cometer crimes: Pena – reclusão, de 1 (um) a 3 (três) anos. Parágrafo único. A pena aumenta-se até a metade se a associação é armada ou se houver a participação de criança ou adolescente.

d) Art. 2°, § 5º Lei 12.850: Se houver indícios suficientes de que o funcionário público integra organização criminosa, poderá o juiz determinar seu afastamento cautelar do cargo, emprego ou função, sem prejuízo da remuneração, quando a medida se fizer necessária à investigação ou instrução processual.

e) Art. 4º O juiz poderá, a requerimento das partes, conceder o perdão judicial, reduzir em até 2/3 (dois terços) a pena privativa de liberdade ou substituí-la por restritiva de direitos daquele que tenha colaborado efetiva e voluntariamente com a investigação e com o processo criminal, desde que dessa colaboração advenha um ou mais dos seguintes resultados: I – a identificação dos demais coautores e partícipes da organização criminosa e das infrações penais por eles praticadas; II – a revelação da estrutura hierárquica e da divisão de tarefas da organização criminosa; III – a prevenção de infrações penais decorrentes das atividades da organização criminosa; IV – a recuperação total ou parcial do produto ou do proveito das infrações penais praticadas pela organização criminosa; V – a localização de eventual vítima com a sua integridade física preservada.

Gabarito A

Para responder, tem que estudar: lei 12.850/13

86. (MPE/SP/Promotor/2019/93_Concurso) (Questão desatualizada) **Sobre a colaboração premiada, é correto afirmar que**

a) apenas o Ministério Público, como órgão titular da ação penal, está legitimado para promover o acordo

b) o juiz participará das negociações realizadas entre as partes para a formalização do acordo.

c) o juiz poderá homologar o acordo ou recusá-lo, caso não atenda aos requisitos legais, mas não poderá adequá-lo ao caso concreto.

d) pratica crime o colaborador que imputar falsamente, sob pretexto de colaboração, a prática de infração penal a pessoa que sabe ser inocente.

e) rescindido o acordo, as provas colhidas contra terceiros não poderão ser introduzidas no processo.

ANOTAÇÕES/COMENTÁRIOS

a) Lei 12.850/13, Art. 4°, § 6º: O juiz não participará das negociações realizadas entre as partes para a formalização do acordo de colaboração, que ocorrerá entre o delegado de polícia, o investigado e o defensor, com a manifestação do Ministério Público, ou, conforme o caso, entre o Ministério Público e o investigado ou acusado e seu defensor. (O STF confirmou a constitucionalidade desse dispositivo na ADI 5508)

b) Vide comentário alternativa "a".

c) Art. 4º § 8º da lei 12.850/13 O juiz poderá recusar homologação à proposta que não atender aos requisitos legais, ou adequá-la ao caso concreto. Com a entrada em vigor do Pacote ANTICRIME a redação desse parágrafo foi alterada para § 8º O juiz poderá recusar a homologação da proposta que não atender aos requisitos legais, devolvendo-a às partes para as adequações necessárias.

d) Art. 19: Imputar falsamente, sob pretexto de colaboração com a Justiça, a prática de infração penal a pessoa que sabe ser inocente, ou revelar informações sobre a estrutura de organização criminosa que sabe inverídicas: Pena – reclusão, de 1 (um) a 4 (quatro) anos, e multa.

e) § 10: As partes podem retratar-se da proposta, caso em que as provas autoincriminatórias produzidas pelo colaborador não poderão ser utilizadas exclusivamente em seu desfavor.

Gabarito A

Para responder, tem que estudar: lei 12.850/13

DIREITO CIVIL

Autora: Fabiana Reis Brandão Nunes Carneiro

VISÃO GERAL

PROVA DE DIREITO CIVIL

Foram comentadas as provas aplicadas pelo Ministério Público do Estado de São Paulo nos seguintes anos: 2010, 2011, 2012, 2013, 2015, 2017 e 2019.

Dentre os temas mais exigidos, destacam-se aqueles de maior incidência:

LINDB

Pessoas Jurídicas - Associações e Fundações

Negócios Jurídicos

Responsabilidade Civil

Direitos Reais - Usucapião

Direitos de Propriedade

Direito de Família

Direito das Sucessões

Registros Públicos - Lei 6.015/73

Através de análise acurada das questões, no geral, verifica-se uma predominância da cobrança do texto legal. Em alguns pontos do edital, como família, sucessões e pessoas jurídicas a doutrina também foi exigida. Com relação ao estudo da jurisprudência, recomenda-se a leitura de informativos relativos ao direito de família e sucessões.

Outro ponto de destaque é a cobrança de questões da atualidade, sejam inovações legislativas e jurisprudenciais.

"Ser sábio é melhor do que ser forte; o conhecimento é mais importante do que a força. Afinal, antes de entrar numa batalha, é preciso planejar bem, e, quando há muitos conselhos, é mais fácil vencer" Provérbios 24: 5,6

Desejo-lhe sabedoria, foco, perspicácia, resiliência, perseverança e sucesso em sua caminhada!

TÓPICOS DO EDITAL	LEGISLAÇÃO	DOUTRINA	JURISPRUDÊNCIA
1. Lei de Introdução às Normas do Direito Brasileiro.	5-2010 4-2012	3-2010	2-2010 1-2012
2. Das pessoas. Das pessoas naturais e jurídicas. Personalidade e da capacidade. Dos direitos da personalidade. Da ausência.	1-2011 2-2012 2-2019	2-2019	
3. Das pessoas jurídicas. Disposições gerais. Constituição, extinção, responsabilidade. Associações, fundações e sociedades. Desconsideração da personalidade jurídica.	1-2010 2-2015 1-2017 4-2019	3-2010 3-2015 1-2019	2-2010
4. Do domicílio.			
5. Dos bens. Dos bens considerados em si mesmos (bens imóveis, móveis, fungíveis e consumíveis, divisíveis, singulares e coletivos). Dos bens reciprocamente considerados. Bens públicos e particulares.			
6. Dos fatos jurídicos. Do negócio jurídico: modalidade, forma, defeitos e nulidades. Da representação. Da condição, do termo e do encargo. Dos defeitos do negócio jurídico. Da interpretação do negócio jurídico. Da invalidade e da ineficácia do negócio jurídico. Dos atos jurídicos lícitos. Dos atos ilícitos.	2-2011 2-2017		
7. Da prescrição e da decadência. Da forma e da prova.	1-2011 1-2012 1-2013 1-2017		
8. Do direito das obrigações. Das modalidades e efeitos. Adimplemento, extinção e inadimplemento das obrigações. Cláusula Penal e arras. Transferência das obrigações.	1-2010 1-2015 5-2019		

TÓPICOS DO EDITAL	LEGISLAÇÃO	DOUTRINA	JURISPRUDÊNCIA
9. Responsabilidade civil: culpa, dano, nexo de causalidade e excludentes. Responsabilidade objetiva. Responsabilidade contratual e extracontratual.	2-2010 4-2013 1-2017	2-2010	1-2010 1-2013
10. Dos contratos em geral. Disposições gerais: Princípios, requisitos, formação, interpretação, classificação. Dos efeitos. Vícios redibitórios. Evicção. Da extinção do contrato. Das várias espécies de contrato.	1-2010 1-2011 1-2013	5-2010	3-2010
11. Do direito das coisas: Princípios. Da posse e de sua classificação. Da aquisição, efeitos e perda da posse.	4-2010	1-2010	
12. Dos Direitos Reais. Da propriedade em geral. Histórico da propriedade e sua funcionalidade social. Da aquisição da propriedade imóvel e móvel. Usucapião constitucional urbana. Usucapião constitucional rural. Usucapião especial coletiva. Usucapião administrativa. Usucapião especial indígena.	3-2010 3-2011 4-2015 8-2019	1-2010	1-2010 1-2015
13. Da perda da propriedade. Das restrições ao direito da propriedade. Dos direitos de vizinhança. Do condomínio geral. Do condomínio necessário. Do condomínio edilício. Novas formas de propriedade condominial. Condomínios e incorporações. Da propriedade resolúvel. Da propriedade fiduciária. Dos direitos reais sobre coisa alheia. Da superfície. Das servidões. Do usufruto e da administração dos bens de filhos menores. Do uso. Da habitação. Do direito do promitente comprador. Do penhor, da hipoteca e da anticrese. Incorporação. Parcelamento e Regularização do Solo Urbano. Estatuto da Cidade.	2-2017		
14. Do direito de família. Do direito pessoal. Do casamento. Da capacidade matrimonial. Formalidades. Dos impedimentos. Das causas suspensivas. Do processo de habilitação. Da celebração e do casamento. Das provas do casamento. Dos efeitos. Da eficácia do casamento. Da invalidade ou nulidade do casamento. Da dissolução da sociedade e do vínculo conjugal. Do direito assistencial. Da proteção da pessoa dos filhos. Da filiação: registral, biológica e	4-2010 5-2011 1-2012 7-2013 10-2015 2-2017	2-2010 1-2011 1-2013 3-2015	3-2015

TÓPICOS DO EDITAL	LEGISLAÇÃO	DOUTRINA	JURISPRUDÊNCIA
socioafetiva. Do reconhecimento dos filhos. Da adoção. Do poder familiar. Do direito patrimonial. Do pacto antenupcial. Do regime de comunhão parcial. Do regime de comunhão universal. Do regime de participação final dos aquestos. Do regime de separação de bens. Da união estável. Da guarda, tutela, curatela e da interdição. Do bem de família. Alienação Parental.			
15. Dos direitos das sucessões: Da sucessão em geral. Da sucessão legítima. Da sucessão testamentária. Do testamento em geral. Da capacidade de testar. Das formas ordinárias do testamento. Da revogação. Dos codicilos. Dos testamentos especiais. Das disposições testamentárias. Dos legados. Herdeiros necessários. Do direito de acrescer entre herdeiros e legatários. Das substituições. Da deserdação.	4-2010 1-2012 4-2013 5-2015 1-2017 11-2019	1-2010 1-2015 1-2017	1-2010 1-2013 1-2017
16. Da redução das disposições testamentárias. Da revogação. Do rompimento do testamento. Do testamenteiro.			
17. Do inventário e da partilha.			
18. Registros Públicos. Registro de imóveis. Noções gerais. Princípios do Registro de Imóveis: Continuidade, Especialidade, Legalidade, Inscrição, Presunção e Fé Pública, Prioridade e Instância. Transcrição, inscrição e averbação. Procedimento de dúvida. Lei Federal nº 6.015/73. Lei Federal nº 4.591/64.	1-2012		
19. Registro Civil das Pessoas Naturais. Do Nascimento. Lei Federal 11.790/08. Do Registro Civil Fora do Prazo. Do Casamento. Do Registro do Casamento Religioso para Efeitos Civis. Da Conversão da União Estável em Casamento. Do Casamento ou Conversão da União Estável em Casamento de Pessoas do Mesmo Sexo. Do Óbito. Da Morte Presumida. Da Emancipação, da Interdição, da Ausência, da União Estável e da Adoção. Das Averbações em Geral e Específicas. Das Anotações em Geral e Específicas. Das Retificações, Restaurações e Suprimentos. Reconhecimento de Filhos.	4-2010 4-2013 3-2015	1-2010	1-2013 1-2015

1. LEI DE INTRODUÇÃO ÀS NORMAS DO DIREITO BRASILEIRO

1. **(MPE/SP/Promotor/2010/87_Concurso)** Assinale a alternativa incorreta:

   a) a interpretação extensiva é recurso passível de ser utilizado pelo aplicador do direito quando não existir norma jurídica que regule a matéria.

   b) o princípio geral de direito introduzido no direito positivo caracteriza-se como cláusula geral.

   c) a analogia, os costumes e os princípios gerais do direito são elementos de integração do direito.

   d) a analogia legis é a analogia propriamente dita e a analogia juris é a que dá solução igual a duas hipóteses em virtude da mesma razão de direito.

   e) a equidade é recurso passível de ser utilizado pelo aplicador do direito nos casos de lacuna da lei.

ANOTAÇÕES/COMENTÁRIOS

(a) A interpretação extensiva consiste na extensão do âmbito de aplicação da mesma norma a situações não expressamente previstas, mas compreendidas pelo seu espírito. Entretanto quando houver lacuna, nos termos do artigo 4º, da LINDB (Art. 4º Quando a lei for omissa, o juiz decidirá o caso de acordo com a analogia, os costumes e os princípios gerais de direito), bem como previsão do artigo 140, do CPC/2015 (Art. 140. O juiz não se exime de decidir sob a alegação de lacuna ou obscuridade do ordenamento jurídico.). A atividade supletiva do intérprete consiste na tarefa de elucidar o alcance material da norma legal. No caso da interpretação extensiva ou ampliativa, verifica-se se é o caso de ser estendido a hipóteses não ditadas expressamente pelo texto, como no caso da proteção ao bem de família para devedor solteiro ou que reside sozinho no imóvel.

(b) Assis Neto e outros (2016) explicam que cláusulas gerais são normas positivadas consagradoras dos princípios gerais do direito.

(c) A integração ocorre nos casos em que há omissão da lei e o juiz decide o caso de acordo com a analogia, os costumes e os princípios gerais de direito (art. 4º LINDB).

(d) Consoante ensinamentos de ASSIS NETO e outros (2016) "A analogia consiste em aplicar a um fato disposições legais previstas para situações semelhantes. Ubi eadem ratio, idem jus. Divide-se em analogia legal (analogia legis) e analogia jurídica 9analogia juris): na primeira, aplica-se a norma legal positivada a um caso que não encontra solução específica na lei; na segunda, aplicam-se, além de lei análoga, as diversas outras fontes do direito para a solução do caso lacunosos, como a doutrina, a jurisprudência e os princípios gerais do direito".

(e) ASSIS NETO e outros (2016) ensinam que: Embora não diga expressamente a LINDB, podemos incluir a equidade, também, como regra de integração. A equidade consiste em decidir o caso concreto de acordo com a regra que distribua de forma mia igualitária a justiça. No entanto, somente se admite a sua utilização quando expressamente permitida em lei, conforme disciplina o art. 127 do CPC.

Gabarito: A

Para responder, tem que estudar: lei e teoria/doutrina.

2. (MPE/SP/Promotor/2010/87_Concurso) Assinale a alternativa incorreta:

a) não é possível executar provisoriamente sentença estrangeira.

b) a execução da sentença estrangeira pressupõe homologação pelo Superior Tribunal de Justiça.

c) as sentenças estrangeiras meramente declaratórias do estado de pessoas dependem de homologação.

d) o exequatur da carta rogatória somente será concedido se não contrariar a ordem pública, a soberania nacional e os bons costumes.

e) será permitido o novo casamento no Brasil, desde que os nubentes façam juntar na habilitação matrimonial a sentença do divórcio proferida no estrangeiro há mais de um ano, devidamente traduzida, em língua portuguesa, por intérprete autorizado ou juramentado.

ANOTAÇÕES/COMENTÁRIOS

(a) A execução de sentença proferida no estrangeiro depende, dentre outros requisitos, do trânsito em julgado, conforme artigo 15, da LINDB: Será executada no Brasil a sentença proferida no estrangeiro, que reúna os seguintes requisitos: (...) c) ter passado em julgado e estar revestida das formalidades necessárias para a execução no lugar em que foi proferida;

(b) Justificativa de manutenção do gabarito apresentada pelo MP-SP: "Alternativa "b". Nos termos do art. 15, letra "e" da Lei de Introdução as Normas de Direito Brasileiro, a sentença estrangeira para ser executada deve ser previamente homologada pelo Superior Tribunal de Justiça (art. 105, I, i, da Constituição Federal, modificação introduzida pela EC 45/04). As sentenças provenientes do Mercosul têm procedimento facilitado, não prescindindo, porém, da homologação, para fins de execução, pelo STJ. Neste sentido a decisão do STF: "O Protocolo de Las Leñas ("Protocolo de Cooperação e Assistência Jurisdicional em Matéria Civil, Comercial, Trabalhista, Administrativa" entre os países do Mercosul) não afetou a exigência de que qualquer sentença estrangeira – à qual é de equiparar-se a decisão interlocutória concessiva de medida cautelar – para tornar-se exequível no Brasil, há de ser previamente submetida à homologação do STF, o que obsta a admissão de seu reconhecimento incidente, no foro brasileiro, pelo juízo a que se requeira a execução; inovou, entretanto, a convenção internacional referida, ao prescrever, no art. 19, que a homologação (dita reconhecimento) de sentença provinda dos Estados partes se faça mediante rogatória, o que importa admitir a iniciativa da autoridade judiciária competente do foro de origem e que o exequatur se defira independentemente da citação do requerido, sem prejuízo da posterior manifestação do requerido, por meio de agravo à decisão concessiva ou de embargos ao seu cumprimento (CR-AgR 7613, 1997)".

(c) Justificativa de manutenção do gabarito apresentada pelo MP-SP: "Com a revogação do parágrafo único do art. 15 da LICC pela Lei 12.036/09, a homologação de sentença estrangeira pelo STJ é indispensável, qualquer que seja o seu efeito, patrimonial ou pessoal. Arguição improvida".

(d) A LINDB, em seu artigo 17 dispõe que: " As leis, atos e sentenças de outro país, bem como quaisquer declarações de vontade, não terão eficácia no Brasil, quando ofenderem a soberania nacional, a ordem pública e os bons costumes".

(e) Justificativa de manutenção do gabarito apresentada pelo MP-SP: "A sentença estrangeira deve ser homologada pelo STJ. É necessário, pois, que se junte na habilitação matrimonial certidão da sentença de divórcio, proferida no estrangeiro, com a devida homologação STJ."

Gabarito: E

Para responder, tem que estudar: lei e jurisprudência.

3. (MPE/SP/Promotor/2012/89_Concurso) No que tange às normas do Direito Brasileiro:

I. Salvo disposição contrária, a lei começa a vigorar em todo o país trinta dias depois de oficialmente publicada.

II. As correções a texto de lei já em vigor consideram-se lei nova.

III. A lei do país em que domiciliada a pessoa determina as regras sobre o começo e o fim da personalidade, o nome, a capacidade e os direitos de família.

IV. Só à autoridade judiciária brasileira compete conhecer das ações relativas a imóveis de estrangeiros situados no Brasil.

V. As leis, atos e sentenças de outro país, bem como quaisquer declarações de vontade, não terão eficácia no Brasil enquanto não homologadas pelo Superior Tribunal de Justiça.

Está correto o que se afirma apenas em

a) I, II, III e V.

b) II, III e IV.

c) III, IV e V.

d) I, II, IV e V.

e) I, II e III.

ANOTAÇÕES/COMENTÁRIOS

(I) INCORRETA. Em regra, a vacatio legis será de 45 dias, nos termos do artigo 1º da LINDB: "Salvo disposição contrária, a lei começa a vigorar em todo o país quarenta e cinco dias depois de oficialmente publicada".

(II) CORRETA. LINDB, Art. 1º, § 4º: As correções a texto de lei já em vigor consideram-se lei nova.

(III) CORRETA. LINDB, Art. 7º A lei do país em que domiciliada a pessoa determina as regras sobre o começo e o fim da personalidade, o nome, a capacidade e os direitos de família.

(IV) CORRETA. LINDB, Art. 12. É competente a autoridade judiciária brasileira, quando for o réu domiciliado no Brasil ou aqui tiver de ser cumprida a obrigação. § 1º Só à autoridade judiciária brasileira compete conhecer das ações relativas a imóveis situados no Brasil.

(V) INCORRETA. A homologação pelo STJ é um dos requisitos para execução de sentença estrangeira (art. 15, LINDB). A questão se refere à eficácia de leis, atos e sentenças de outros países e, por isso, além da homologação da sentença para fins de execução, a LINDB dispõe em seu art. 17 que as leis, atos e sentenças de outro país, bem como quaisquer declarações de vontade, não terão eficácia no Brasil, quando ofenderem a soberania nacional, a ordem pública e os bons costumes.

Gabarito: B

Para responder, tem que estudar: lei e jurisprudência.

2. DAS PESSOAS

4. **(MPE/SP/Promotor/2011/88_Concurso)** É(são) legitimado(s) para exigir a cessação de ameaça ou lesão a direitos de personalidade de uma pessoa já falecida:

a) apenas o cônjuge sobrevivente e descendentes em linha reta.
b) qualquer parente colateral até o quinto grau.
c) somente parente em linha reta até o quarto grau.
d) todos os parentes sem limitação de grau.
e) todos os parentes colaterais até o quarto grau.

ANOTAÇÕES/COMENTÁRIOS

(a, b, c, d) Vide comentários abaixo.

(e) Conforme art. 12, parágrafo único, CC – Em se tratando de morto, terá legitimação para requerer a medida prevista neste artigo o cônjuge sobrevivente, ou qualquer parente em linha reta, ou colateral até o quarto grau.

Gabarito: E

Para responder, tem que estudar: lei.

5. **(MPE/SP/Promotor/2012/89_Concurso)** Por se tratar de direito da personalidade, é defeso o ato de disposição do próprio corpo, quando importar diminuição permanente da integridade física, ou contrariar os bons costumes, salvo na seguinte hipótese:

a) Em vida, com objetivo científico ou altruístico e de forma gratuita.

b) Para se submeter, mediante exigência da família e com risco de vida, a tratamento médico ou a intervenção cirúrgica.
c) Mediante escritura pública irrevogável.
d) Independentemente de exigência médica, visando salvar a vida de ascendente, descendente, cônjuge ou irmão.
e) Para fins de transplante, na forma estabelecida em lei especial.

ANOTAÇÕES/COMENTÁRIOS

(a) A disposição gratuita do próprio corpo, no todo ou em parte, é possível após a morte, desde que tenha objetivo científico ou altruístico, conforme artigo 14 do CC.

(b) O código civil dispõe em seu art. 15 que ninguém pode ser constrangido a submeter-se, com risco de vida, a tratamento médico ou a intervenção cirúrgica.

(c) Não há previsão legal de escritura pública para a realização do ato, além disso, se o titular do direito pode revogá-lo a qualquer tempo (art. 14, do CC), não há se falar em escritura pública irrevogável.

(d) Somente por exigência médica é possível ato de disposição do próprio corpo, para fins de transplante e na forma da Lei especial.

(e) Código Civil, art. 13. Salvo por exigência médica, é defeso o ato de disposição do próprio corpo, quando importar diminuição permanente da integridade física, ou contrariar os bons costumes. Parágrafo único. O ato previsto neste artigo será admitido para fins de transplante, na forma estabelecida em lei especial.

Gabarito: E

Para responder, tem que estudar: lei.

6. (MPE/SP/Promotor/2012/89_Concurso) São absolutamente incapazes de exercer pessoalmente os atos da vida civil:

I. Os menores de 16 (dezesseis) anos.

II. Os que, por enfermidade ou deficiência mental, não tiverem o necessário discernimento para a prática desses atos.

III. Os que, mesmo por causa transitória, não puderem exprimir sua vontade.

IV. Os idosos internados em instituição de longa permanência.

V. Os presos, em regime prisional fechado, após o trânsito em julgado da sentença penal condenatória.

Está correto o que se afirma apenas em

a) III e V.
b) I, II e III.
c) I, III e IV.
d) II, IV e V.
e) I, II, IV e V.

ANOTAÇÕES/COMENTÁRIOS

(a, b, c, d, e) Questão desatualizada em razão da alteração do Código Civil, ocorrida em 2015, através do Estatuto das Pessoas com Deficiência (Lei n. 13.146/2015). Assim, conforme artigo 3º somente os menores de dezesseis anos são considerados absolutamente incapazes.

Gabarito: X

Para responder, tem que estudar: lei.

3. DAS PESSOAS JURÍDICAS

7. **(MPE/SP/Promotor/2010/87_Concurso)** Assinale a alternativa correta:

    a) os pressupostos para que ocorra a desconsideração da personalidade jurídica são: existência da pessoa jurídica, podendo se tratar de sociedade de fato; exaurimento do seu patrimônio social; abuso da personalidade jurídica, caracterizado pelo desvio de finalidade, ou pela confusão patrimonial.

    b) a desconsideração da personalidade jurídica é medida excepcional, diante da autonomia patrimonial de que goza a pessoa jurídica.

    c) a desconsideração da personalidade jurídica não se aplica no Direito de Família.

    d) o Ministério Público intervindo no processo como "custos legis" não possui legitimidade para requerer ao juiz que os efeitos de certas e determinadas relações de obrigações sejam estendidos aos bens particulares dos administradores ou sócios da pessoa jurídica.

    e) o Ministério Público intervindo no processo como "custos legis" não possui legitimidade para postular a desconsideração da personalidade jurídica, salvo existindo interesse de incapaz.

ANOTAÇÕES/COMENTÁRIOS

(a) Nos termos do art. 50 do CC, são pressupostos para a decretação da desconsideração da personalidade jurídica: a confusão patrimonial e ao desvio de finalidade. Sobre (des)necessidade de demonstração da insolvência da pessoa jurídica, TARTUCE (2020, p. 171), ensina que: "o Enunciado n. 281 do CJF/STJ que a aplicação da desconsideração, descrita no art. 50 do CC, prescinde da demonstração de insolvência da pessoa jurídica. Em tom prático, não há necessidade de provar que a empresa está falida para que a desconsideração seja deferida. O enunciado está perfeitamente correto, pois <u>os parâmetros previstos no art. 50 do CC são a confusão patrimonial e o desvio de finalidade</u>. Todavia, a insolvência ou a falência podem servir de parâmetros de reforço para a desconsideração" (grifei). Portanto, o exaurimento do patrimônio não é pressuposto para a desconsideração da personalidade jurídica.

(b) A não intervenção estatal e a autonomia privada são corolários do desenvolvimento econômico do país. Por essa razão, a desconsideração da personalidade da pessoa jurídica é a ultima ratio, devendo ser observados os requisitos presentes no artigo 50 do CC. Nesse sentido, já decidiu o STJ no EREsp 1.306.553/SC, 12/12/2014: 'Tratando-se de regra de exceção, de restrição ao princípio da autonomia patrimonial da pessoa jurídica, a interpretação que melhor se coaduna com o art. 50 do Código Civil é a que relega sua aplicação a casos extremos, em que a pessoa jurídica tenha sido instrumento para fins fraudulentos, configurado mediante o desvio da finalidade institucional ou a confusão patrimonial". Vale lembrar que o Código Civil no artigo 50, adotou a teoria maior da desconsideração da personalidade jurídica, que exige o requisito específico do abuso caracterizado pelo desvio de finalidade ou confusão patrimonial e o prejuízo do credor.

(c) A desconsideração da personalidade jurídica é utilizada no âmbito das relações familiares, sobretudo de maneira inversa. ASSIS NETO e outros (2016, lecionam que o expediente é muito utilizado nas relações familiares. À guisa de exemplo, colacionam-se julgado do STJ publicado no Info 533: DIREITO CIVIL. LEGITIMIDADE ATIVA PARA REQUERER DESCONSIDERAÇÃO. INVERSA DE PERSONALIDADE JURÍDICA. Se o sócio controlador de sociedade empresária transferir parte de seus bens à pessoa jurídica controlada com o intuito de fraudar partilha em dissolução de união estável, a companheira prejudicada, ainda que integre a sociedade empresária na condição de sócia minoritária, terá legitimidade para requerer a desconsideração inversa da personalidade jurídica de modo a resguardar sua meação. REsp 1.236.916, 2013 e o Enunciado 283/CJF. O NCPC também positivou o instituto no art. 133, § 2º.

(d) O Ministério Público possui legitimidade para requerer a desconsideração da personalidade jurídica, nos termos do artigo 50 do CC: "Em caso de abuso da personalidade jurídica, caracterizado pelo desvio de finalidade ou pela confusão patrimonial, pode o juiz, a requerimento da parte, ou do Ministério Público quando lhe couber intervir no processo, desconsiderá-la para que os efeitos de certas e determinadas relações de obrigações sejam estendidos aos bens particulares de administradores ou de sócios da pessoa jurídica beneficiados direta ou indiretamente pelo abuso.".

(e) O Ministério Público é o guardião da ordem pública (art. 127 da CF; Art. 176 do CPC), segundo o art. 50 do CC, ele deve requerer a desconsideração da personalidade jurídica quando lhe couber intervir no processo e deve atuar não só quando o interesse de incapazes estiver em jogo. O artigo 178 do CPC dispõe que deverá intervir nas hipóteses previstas em lei ou na Constituição Federal e nos processos que envolvam I – interesse público ou social; II – interesse de incapaz. Desse modo, a depender do caso concreto, o Ministério Público poderá intervir para zelar do interesse público ou social. A propósito, o CPC/2015 trouxe o Incidente de Desconsideração da Personalidade Jurídica, legitimando expressamente o Ministério Público (Art. 133. O incidente de desconsideração da personalidade jurídica será instaurado a pedido da parte ou do Ministério Público, quando lhe couber intervir no processo.) Ademais, conforme Enunciado 123/FPPC (art. 133) É desnecessária a intervenção do Ministério Público, como fiscal da ordem jurídica, no incidente de desconsideração da personalidade jurídica, salvo nos casos em que deva intervir obrigatoriamente, previstos no art. 178.

Gabarito: B

Para responder, tem que estudar: lei, jurisprudência e teoria/doutrina.

8. **(MPE/SP/Promotor/2010/87_Concurso)** Assinale a alternativa correta:

a) as agências reguladoras, como a ANEEL (Agência Nacional de Energia Elétrica) e a ANVISA (Agência Nacional de Vigilância Sanitária), consideradas autarquias sob regime especial, são pessoas jurídicas de direito público interno.

b) quando o Código Civil estabelece que o Ministério Público velará pelas fundações, acaba por lhe autorizar uma ação efetiva de fiscalização tanto na esfera administrativa como judicial. Não obstante tal disposição legal, não está o membro do "Parquet" legitimado a ingressar com o procedimento tendente a extinguir a fundação.

c) o Código Civil considera como pessoas jurídicas de direito privado somente as associações, as sociedades e as fundações.

d) a responsabilidade civil das pessoas jurídicas de direito público interno pressupõe a ação ou omissão, culposa ou dolosa, dos seus agentes, o dano causado a terceiros e a relação de causalidade.

e) as organizações religiosas, os partidos políticos e as associações beneficentes, constituídas segundo leis anteriores, não ficaram sujeitas a se adaptarem à disposições do Código Civil de 2002.

ANOTAÇÕES/COMENTÁRIOS

(a) Art. 41. São pessoas jurídicas de direito público interno: (...) IV – as autarquias, inclusive as associações públicas;

(b) Art. 69. Tornando-se ilícita, impossível ou inútil a finalidade a que visa a fundação, ou vencido o prazo de sua existência, o órgão do Ministério Público, ou qualquer interessado, lhe promoverá a extinção, incorporando-se o seu patrimônio, salvo disposição em contrário no ato constitutivo, ou no estatuto, em outra fundação, designada pelo juiz, que se proponha a fim igual ou semelhante.

(c) Art. 44. São pessoas jurídicas de direito privado: I – as associações; II – as sociedades; III – as fundações. IV – as organizações religiosas; V – os partidos políticos; VI – as empresas individuais de responsabilidade limitada.

(d) Art. 43. As pessoas jurídicas de direito público interno são civilmente responsáveis por atos dos seus agentes que nessa qualidade causem danos a terceiros, ressalvado direito regressivo contra os causadores do dano, se houver, por parte destes, culpa ou dolo.

(e) Art. 2.031. As associações, sociedades e fundações, constituídas na forma das leis anteriores, bem como os empresários, deverão se adaptar às disposições deste Código até 11 de janeiro de 2007. Parágrafo único. O disposto neste artigo não se aplica às organizações religiosas nem aos partidos políticos.

Gabarito: A

Para responder, tem que estudar: lei.

9. **(MPE/SP/Promotor/2015/91_Concurso)** Considere o seguinte enunciado: as associações e as fundações apresentam traços que as aproximam, mas não se confundem, por terem natureza jurídica diversa. Diante disso, aponte a alternativa que demonstra a verdadeira distinção existente entre elas:
   a) As associações têm finalidade lucrativa e as fundações não possuem objetivo de lucro.
   b) As associações são pessoas jurídicas de direito privado e as fundações são pessoas jurídicas de direito público.
   c) As associações não podem exercer atividade econômica e as fundações podem ter atividade rentável.
   d) As associações, pelo objetivo social, integram o chamado Terceiro Setor e as fundações, ausente tal propósito, não desenvolvem ações de interesse social.
   e) As associações têm seu elemento principal nas pessoas e as fundações têm seu elemento essencial no patrimônio.

ANOTAÇÕES/COMENTÁRIOS

(a) O artigo 53 do CC dispõe que, constituem-se as associações pela união de pessoas que se organizem para fins não econômicos. Ademais, conforme ENUNCIADO 534 CJF – As associações podem desenvolver atividade econômica, desde que não haja finalidade lucrativa.

(b) As associações e fundações compõem o rol de pessoas jurídicas de direito privado previsto no artigo 44 do CC. TARTUCE, (2020, p.152) ensina que: As fundações, assim, são bens arrecadados e personificados, em atenção a um determinado fim, que por uma ficção legal lhe dá unidade parcial. Ao Direito Civil interessam apenas as fundações particulares, sendo certo que as fundações públicas constituem autarquias, sendo objeto de estudo do Direito Administrativo.

(c) Consoante ensinamentos de ASSIS NETO e outros (2016) As associações, muito embora não possam ser constituídas para intenções lucrativas, nada impede que exerçam atividades geradoras de renda, pois afinal, as pessoas jurídicas são entes autônomos. Por isso, precisam de renda para manter seu patrimônio e existência. O que não se admite é que essa renda seja partilhada na forma de lucro entre os associados.

(d) ASSIS NETO e outros (2016) utilizam conceitos doutrinários para diferenciar fundação de associação: A fundação difere da associação no sentido de que, enquanto a associação se trata de uma "aglomeração orgânica de pessoas naturais (Nery Jr. e Nery), a fundação é a "atribuição de personalidade jurídica a um patrimônio, que a vontade humana destina a uma finalidade social"

(e) Vide comentário letra D (Art. 53. Constituem-se as associações pela união de pessoas que se organizem para fins não econômicos. / Art. 62. Para criar uma fundação, o seu instituidor fará, por escritura pública ou testamento, dotação especial de bens livres, especificando o fim a que se destina, e declarando, se quiser, a maneira de administrá-la.)

Gabarito: E

Para responder, tem que estudar: lei e teoria/doutrina.

10. (MPE/SP/Promotor/2017/92_Concurso) Empresária paulista e seu marido, inconformados com o feminicídio de sua filha, assassinada meses antes por um estudante de medicina que fora seu namorado, decidem criar imediatamente uma fundação em memória de sua querida filha morta, que se dedicará a ações diversas em prol do empoderamento das mulheres brasileiras, de maior respeito à condição feminina, da diminuição do índice de feminicídios e de outras inúmeras formas de violência contra as mulheres do Brasil, haja vista que o país ocupa a quinta posição no ranking mundial dos países em que mais mulheres são assassinadas por conta de sua condição feminina e tendo em vista que o país também está entre os países com os índices mais elevados de estupros e outras diversas formas de violência contra a mulher. Assim sendo, os pais da jovem, vítima de feminicídio, deverão observar alguns requisitos mínimos legais obrigatórios para que a fundação possa ser devidamente criada. Assinale a alternativa que os indica corretamente.

a) Registro de estatuto, que tenha sido previamente aprovado pelo Ministério Público, na sequência ratificado em assembleia, com a especificação da finalidade fundacional e a indicação da maneira como deverá a entidade ser administrada.

b) Registro do estatuto da fundação, que tenha sido previamente aprovado em assembleia, contendo a indicação do sistema de administração da entidade, bem como a especificação da finalidade fundacional e a transferência patrimonial, quando cabível.

c) Lavratura de escritura pública relativa ao conteúdo do estatuto, com especificação das regras relativas ao funcionamento da entidade e da sua administração, bem como dos poderes dos gestores e a indicação de eventuais fontes de financiamento e relação de patrocinadores para subsequente aprovação pelo Ministério Público.

d) Lavratura de escritura pública para dotação especial de bens livres e suficientes para a constituição da fundação e do desenvolvimento de suas atividades, com a especificação do fim ao qual a fundação se destina. Na sequência, os instituidores farão a transferência da propriedade ou outro direito real sobre os bens dotados.

e) Registro de estatuto, que tenha sido previamente aprovado em Assembleia e pelo Ministério Público e que contenha indicação de dirigentes, das finalidades fundacionais, para posterior lavratura de escritura pública para dotação especial de bens móveis e imóveis que estejam livres e sejam suficientes para a constituição da entidade.

ANOTAÇÕES/COMENTÁRIOS

(a, b, c, e) Vide comentários abaixo.

(d) CC. Art. 62. Para criar uma fundação, o seu instituidor fará, por escritura pública ou testamento, dotação especial de bens livres, especificando o fim a que se destina, e declarando, se quiser, a maneira de administrá-la. Art. 64. Constituída a fundação por negócio jurídico entre vivos, o instituidor é obrigado a transferir-lhe a propriedade, ou outro direito real, sobre os bens dotados, e, se não o fizer, serão registrados, em nome dela, por mandado judicial.

Gabarito: D

Para responder, tem que estudar: lei.

11. (MPE/SP/Promotor/2019/93_Concurso) No que diz respeito às fundações, é correto afirmar:

a) Para que uma fundação seja regularmente constituída, deve ser realizado o registro do seu estatuto, mediante prévia aprovação do Ministério Público, ratificado em Assembleia com a especificação fundacional e a forma que ela será administrada.

b) São entidades de direito privado criadas por vontade de uma pessoa natural capaz de dotar bens livres no ato da sua constituição, administradas segundo as determinações de seus fundamentos e com especificação precisa de sua finalidade.

c) Eventual alteração do seu estatuto deve ser deliberada por três quartos dos competentes para gerir e representar a fundação mediante aprovação do Ministério Público, e tal alteração não pode contrariar ou desvirtuar seu fim.

d) Para criar uma fundação, o seu instituidor fará, por escritura pública ou testamento, dotação especial de bens livres, especificando o fim a que se destina.

e) Eventual alteração de seu estatuto deve ser deliberada em Assembleia por dois terços dos dirigentes presentes, dependendo de prévia aprovação do Ministério Público, e tal alteração não pode contrariar ou desvirtuar seu fim.

ANOTAÇÕES/COMENTÁRIOS

(a) Para que uma fundação seja regularmente constituída, o seu estatuto, que foi aprovado pelo Ministério Público, deve ser registrado no respectivo registro, pois é este ato que confere existência legal às pessoas jurídicas de direito privado (art. 45, do CC e art. 114, da LRP). Todavia, de acordo com o art. 65 do CC, confeccionado o estatuto da fundação, pelo instituidor ou por terceiro designado, este é submetido à aprovação do Ministério Público, sendo desnecessária a sua ratificação em Assembleia, como consta na alternativa.

(b) As fundações não são criadas apenas por pessoas naturais. Tanto as pessoas naturais com o as pessoas jurídicas podem fazer dotação de bens livres, destinando-os a uma finalidade específica. De acordo com Maria Helena Diniz, a fundação "é um complexo de bens livres de ônus ou encargos e legalmente disponíveis (universitatis bonorum) colocado por uma pessoa física ou jurídica a serviço de um fim lícito e especial com alcance social pretendido pelo seu instituidor, em atenção ao disposto em seu estatuto." (Diniz, 2017). Ademais, a forma de administrar a fundação não é obrigatoriamente determinada pelo instituidor, eis que, de acordo com o art. 62 do CC, este poderá, quando criar a fundação, declarar, se quiser, a maneira de administrá-la.

(c) De acordo com o art. 67 do CC, para a alteração do estatuto da fundação, é necessário que a reforma: I – seja deliberada por dois terços dos competentes para gerir e representar a fundação e, não três quartos dos dirigentes, como consta na alternativa; II – que a alteração não contrarie ou desvirtue o seu fim; III – que seja aprovada pelo órgão do Ministério Público, no prazo máximo de 45 (quarenta e cinco) dias, findo o qual ou no caso de o Ministério Público a denegar, poderá o juiz supri-la a requerimento do interessado.

(d) Conforme art. 62 do CC: "Para criar uma fundação, o seu instituidor fará, por escritura pública ou testamento, dotação especial de bens livres, especificando o fim a que se destina, e declarando, se quiser, a maneira de administrá-la."

(e) A alteração do estatuto não depende do quórum de dois terços dos dirigentes presentes na assembleia e, nem mesmo de prévia aprovação do Ministério Público. De acordo com o art. 67 do CC, para a alteração do estatuto da fundação, é necessário que a reforma: I – seja deliberada por dois terços dos competentes para gerir e representar a fundação; II – que a alteração não contrarie ou desvirtue o seu fim; III – que seja aprovada pelo órgão do Ministério Público, no prazo máximo de 45 (quarenta e cinco) dias, findo o qual ou no caso de o Ministério Público a denegar, poderá o juiz supri-la a requerimento do interessado.

Gabarito: D

Para responder, tem que estudar: lei e teoria/doutrina.

4. DO DOMICÍLIO

Tópico sem questões em provas recentes.

5. DOS BENS

Tópico sem questões em provas recentes.

6. DOS FATOS JURÍDICOS

12. (MPE/SP/Promotor/2011/88_Concurso) É hipótese de anulabilidade de negócio jurídico:

a) contrato de mútuo, cujo devedor à época contava com 17 (dezessete) anos e intencionalmente omitiu idade.
b) casamento de menor em idade núbil, não autorizado por representantes legais, tendo resultado gravidez do cônjuge mulher.
c) contrato de locação que contém erro no cálculo do valor do aluguel, constatado pelo locatário após o pagamento dos três primeiros meses de locação.
d) legado deixado por testamento a pessoa que ameaçou testador de ajuizar ação de despejo por falta de pagamento.
e) escritura de hipoteca de devedor, em favor de credor, não possuindo outros bens e com notório estado de insolvência.

ANOTAÇÕES/COMENTÁRIOS

(a) A obtenção maliciosa do empréstimo afasta a anulabilidade do contrato de mútuo contraído por menor, sem prévia autorização daquele sob cuja guarda estiver, nos termos dos artigos 588 e 589, V: O mútuo feito a pessoa menor, sem prévia autorização daquele sob cuja guarda estiver, não pode ser reavido nem do mutuário, nem dos seus fiadores; e art. 589. Cessa a disposição do artigo antecedente: V – se o menor obteve o empréstimo maliciosamente.

(b) Art. 1.551-Não se anulará, por motivo de idade, o casamento de que resultou a gravidez. Atenção! Segundo o professor Cristiano Chaves, esse artigo foi tacitamente revogado pela Lei 13.811/19, pois não há hipótese alguma de casamento de quem não atingiu a idade núbil, nos termos do art. 1.520 do CC "Não será permitido, em qualquer caso, o casamento de quem não atingiu a idade núbil, observado o disposto no artigo 1.517 deste Código".

(c) Art. 143. O erro de cálculo apenas autoriza a retificação da declaração de vontade.

(d) O direito de ação de despejo por falta de pagamento configura o exercício regular do direito e não justifica a anulação do legado deixado em testamento pelo devedor, com base no art. 188: não constituem atos ilícitos: no exercício regular de um direito reconhecido.

(e) Art. 158. Os negócios de transmissão gratuita de bens ou remissão de dívida, se os praticar o devedor já insolvente, ou por eles reduzido à insolvência, ainda quando o ignore, poderão ser anulados pelos credores quirografários, como lesivos dos seus direitos.

Gabarito: E

Para responder, tem que estudar: lei.

13. (MPE/SP/Promotor/2011/88_Concurso) Não é(são) devedor(es) solidário(s), por disposição legal:

a) testamenteiros simultâneos, com funções distintas, indicadas no testamento.
b) comissário, com cláusula "del credere" no contrato, e pessoas com quem contratar.

c) administradores de sociedade limitada, por ato culposo no exercício de suas funções.
d) representante legal, que age dolosamente, e representado.
e) sócio cedente de quotas de sociedade limitada e cessionário, perante a sociedade, e terceiros até 2 (dois) anos da averbação da modificação do contrato.

ANOTAÇÕES/COMENTÁRIOS

(a) Em caso de testamenteiros simultâneos com funções distintas, o código civil afasta a responsabilidade solidária se o testamenteiro se limitar às suas funções, caso contrário, a responsabilidade será solidária. A presente alternativa menciona apenas testamenteiros simultâneos, com funções distintas, indicadas no testamento e, por essa razão, pode-se considerar como responsabilidade solidária, conforme art. 1.986. Havendo simultaneamente mais de um testamenteiro, que tenha aceitado o cargo, poderá cada qual exercê-lo, em falta dos outros; mas todos ficam solidariamente obrigados a dar conta dos bens que lhes forem confiados, salvo se cada um tiver, pelo testamento, funções distintas, e a elas se limitar.

(b) Trata-se de hipótese de responsabilidade solidária, nos termos do art. 698. Se do contrato de comissão constar a cláusula "del credere", responderá o comissário solidariamente com as pessoas com que houver tratado em nome do comitente, caso em que, salvo estipulação em contrário, o comissário tem direito a remuneração mais elevada, para compensar o ônus assumido.

(c) É caso de responsabilidade solidária, conforme art. 1.016: os administradores respondem solidariamente perante a sociedade e os terceiros prejudicados, por culpa no desempenho de suas funções.

(d) Nem toda situação envolvendo representante legal e representado enseja a responsabilidade solidária. O art. 149 diferencia o alcance da responsabilidade do representado: o dolo do representante legal de uma das partes só obriga o representado a responder civilmente até a importância do proveito que teve; se, porém, o dolo for do representante convencional, o representado responderá solidariamente com ele por perdas e danos.

(e) A responsabilidade solidária não se presume e conforme art. 1.003, o sócio cedente é, solidariamente, responsável com o cessionário, perante a sociedade e terceiros pelas obrigações que tinha como sócio, até dois anos após a averbação da modificação do contrato.

Gabarito: D

Para responder, tem que estudar: lei.

14. (MPE/SP/Promotor/2017/92_Concurso) Assinale a alternativa que indica corretamente uma disposição legalmente fixada para os negócios jurídicos.

a) Nas declarações de vontade, é imperativa a observância do sentido literal da linguagem utilizada, sendo subsidiária a intenção da parte.
b) A validade da declaração de vontade não depende de forma especial, senão quando houver expressa exigência legal nesse sentido.
c) A incapacidade relativa de uma das partes pode ser invocada pela parte interessada apenas quando for em benefício próprio.
d) A impossibilidade inicial do objeto do negócio leva sempre à invalidade.
e) A escritura pública não é essencial para a validade de nenhum negócio jurídico, bastando às partes a existência de instrumento particular.

ANOTAÇÕES/COMENTÁRIOS

(a) A intenção das partes não é subsidiária, pois conforme artigo 112 do CC: Nas declarações de vontade se atenderá mais à intenção nelas consubstanciada do que ao sentido literal da linguagem.

(b) Nos termos do artigo 107 do CC: A validade da declaração de vontade não dependerá de forma especial, senão quando a lei expressamente a exigir.

(c) Em regra, a incapacidade relativa de uma das partes não pode ser invocada pela outra em benefício próprio, nem aproveita aos cointeressados capazes, salvo se, neste caso, for indivisível o objeto do direito ou da obrigação comum, consoante artigo 105 do CC.

(d) Busca-se a preservação dos negócios jurídicos, assim a impossibilidade inicial do objeto não invalida o negócio jurídico se for relativa, ou se cessar antes de realizada a condição a que ele estiver subordinado, conforme artigo 106 do CC.

(e) Art. 108. Não dispondo a lei em contrário, a escritura pública é essencial à validade dos negócios jurídicos que visem à constituição, transferência, modificação ou renúncia de direitos reais sobre imóveis de valor superior a trinta vezes o maior salário-mínimo vigente no País.

Gabarito: B

Para responder, tem que estudar: lei.

15. (MPE/SP/Promotor/2017/92_Concurso) Sobre a lesão, um dos defeitos dos negócios jurídicos, assinale a alternativa correta.

a) A desproporção entre as prestações das partes que celebram negócio jurídico deve ser apreciada e avaliada segundo os valores vigentes no momento em que uma das partes percebe a desproporção.
b) A lesão se configura apenas para as hipóteses em que alguém tenha se obrigado à prestação manifestamente desproporcional ao valor da prestação oposta por conta de necessidade premente.
c) Dada a gravidade do defeito jurídico, a decretação de anulação de negócio jurídico em função da caracterização de ocorrência de lesão não pode ser evitada, ainda que a parte favorecida queira corrigir seu comportamento.

d) A anulação do negócio jurídico poderá ser evitada se a parte favorecida ofertar suplemento suficiente à outra parte ou se a parte favorecida concordar com a redução do proveito obtido.

e) A ocorrência de lesão num negócio jurídico não se configura quando a pessoa se obrigar à prestação manifestamente desproporcional ao valor da prestação oposta apenas porque é inexperiente.

ANOTAÇÕES/COMENTÁRIOS

(a) O parágrafo 1º do art. 157 do CC/02 determina que: Aprecia-se a desproporção das prestações segundo os valores vigentes ao tempo em que foi celebrado o negócio jurídico.

(b) Segundo o caput do artigo 157 do CC/02: Ocorre a lesão quando uma pessoa, sob premente necessidade, ou por inexperiência, se obriga a prestação manifestamente desproporcional ao valor da prestação oposta.

(c) O ordenamento jurídico pátrio preza pela conservação dos negócios jurídicos. Assim, sendo possível, a anulação do negócio jurídico será evitada, conforme leitura a contrário senso do artigo 157, parágrafo 2º, do CC/02: Não se decretará a anulação do negócio, se for oferecido suplemento suficiente, ou se a parte favorecida concordar com a redução do proveito.

(d) Nos termos do artigo 157, par. 2º, CC/02 – § 2º Não se decretará a anulação do negócio, se for oferecido suplemento suficiente, ou se a parte favorecida concordar com a redução do proveito.

(e) A desproporcionalidade entre o valor e a prestação assumida por uma pessoa, sob premente necessidade ou experiência se obriga, configura a lesão, consoante artigo 157, caput, CC/02: Ocorre a lesão quando uma pessoa, sob premente necessidade, ou por inexperiência, se obriga a prestação manifestamente desproporcional ao valor da prestação oposta.

Gabarito: D

Para responder, tem que estudar: lei.

7. DA PRESCRIÇÃO E DA DECADÊNCIA

16. (MPE/SP/Promotor/2011/88_Concurso) A respeito dos prazos de prescrição, pode-se afirmar que:

a) os prazos do Código de 2002 (Lei n. 10.406/02) são aplicados na hipótese de haver transcorrido menos da metade do tempo estabelecido na lei revogada.

b) os prazos do Código de 2002 (Lei n. 10.406/02) são aplicados na hipótese de haver transcorrido mais da metade do tempo estabelecido na lei revogada.

c) até janeiro de 2005, o prazo da usucapião do artigo 1.238 do Código Civil era de 15 (quinze) anos.

d) o prazo para cobrança de alugueres de prédios urbanos é de 4 (quatro) anos.

e) o prazo para a cobrança de honorários de árbitros é de 5 (cinco) anos.

ANOTAÇÕES/COMENTÁRIOS

(a) Art. 2.028. Serão os da lei anterior os prazos, quando reduzidos por este Código, e se, na data de sua entrada em vigor, já houver transcorrido mais da metade do tempo estabelecido na lei revogada. Assim, se transcorrido menos da metade do tempo, aplica-se o CC/2002.

(b) Se houver decorrido mais da metade do tempo estabelecido na lei revogada, aplica-se o prazo do código civil de 1916. Art. 2.028. Serão os da lei anterior os prazos, quando reduzidos por este Código, e se, na data de sua entrada em vigor, já houver transcorrido mais da metade do tempo estabelecido na lei revogada.

(c) Até janeiro de 2003, o prazo era 20 anos e a partir da vigência do NCC, o prazo passou a ser de 15 anos.

(d) O prazo prescricional para a cobrança de aluguéis é de 3 anos, conforme art. 206. § 3º

(e) Art. 206. Prescreve: § 1º Em um ano: III – a pretensão dos tabeliães, auxiliares da justiça, serventuários judiciais, árbitros e peritos, pela percepção de emolumentos, custas e honorários;

Gabarito: A

Para responder, tem que estudar: lei.

17. (MPE/SP/Promotor/2012/89_Concurso) Violado o direito, nasce para o titular a pretensão, a qual se extingue, pela prescrição, nos prazos do Código Civil. não corre a prescrição

a) entre tutelados e curatelados e seus tutores e curadores; entre ascendentes e descendentes, na linha reta e colateral e contra ausentes do País em razão de trabalho.

b) contra os que se acharem servindo nas Forças Armadas; entre os cônjuges e companheiros de união estável e entre os tutelados e seus tutores durante a menoridade civil.

c) entre os cônjuges, na constância da sociedade conjugal; entre ascendentes e descendentes, durante o poder familiar e contra os absolutamente incapazes.

d) pendendo condição suspensiva, não estando vencido o prazo e entre os curatelados e seus curadores durante a menoridade civil do curatelado.

e) por acordo das partes maiores e capazes; contra os sucessores da pessoa contra qual corria a prescrição enquanto não aberta a sucessão e entre os cônjuges.

ANOTAÇÕES/COMENTÁRIOS

(a) Não corre prescrição contra aquele que está fora do País, a serviço da União, Estado e Município (art. 198, II do CC) e não em razão do trabalho em geral.

(b) Para que não corra prescrição contra aqueles que se encontram a serviço das forças armadas, a situação deve ocorrer em tempo de guerra, (art. 198, III do CC).

(c) Código Civil, art. 197: Não corre a prescrição: I – entre os cônjuges, na constância da sociedade conjugal; II – entre ascendentes e descendentes, durante o poder familiar; e art. 198, I: Também não corre a prescrição: I- contra os incapazes de que trata o art. 3º ("São absolutamente incapazes de exercer pessoalmente os atos da vida civil os menores de 16 anos").

(d) Poderão ser curatelados (art. 1.767, do CC): I – aqueles que, por causa transitória ou permanente, não puderem exprimir sua vontade; III – os ébrios habituais e os viciados em tóxico; V – os pródigos. Da leitura dos incisos do art. 1.767, verifica-se que a cessação da curatela não está ligada ao atingimento da maioridade, logo, aplica-se o artigo 197, do CC: não corre prescrição III – entre tutelados ou curatelados e seus tutores ou curadores, durante a tutela ou curatela.

(e) As partes podem renunciar à prescrição de forma expressa ou tácita, mas só valerá sem prejuízo de terceiro e depois que a prescrição se consumar; a renúncia tácita ocorre quando se presume de fatos do interessado, incompatíveis com a prescrição (art. 191 do CC). Art. 196 do CC: A prescrição iniciada contra uma pessoa continua a correr contra o seu sucessor.

Gabarito: C

Para responder, tem que estudar: lei.

18. (MPE/SP/Promotor/2013/90_Concurso) Sobre as regras dispostas no Código Civil a respeito da interrupção da prescrição, assinale a proposição que está INCORRETA:

a) A prescrição pode ser interrompida por qualquer interessado.
b) A interrupção da prescrição por um credor não aproveita aos outros.
c) A interrupção operada contra um dos herdeiros do devedor solidário não prejudica os outros herdeiros ou devedores, senão quando se trate de obrigações e direitos indivisíveis.
d) A interrupção produzida contra o principal devedor não prejudica o fiador.
e) A interrupção efetuada contra o devedor solidário envolve os demais e seus herdeiros.

ANOTAÇÕES/COMENTÁRIOS

(a) A alternativa repete o disposto no art. 203, Código Civil.

(b) A alternativa repete o disposto no art. 204, caput, Código Civil.

(c) A assertiva repete o disposto no art. 204, § 2º, Código Civil.

(d) A alternativa contraria o disposto no art. 204, § 3º, Código Civil: "A interrupção produzida contra o principal devedor prejudica o fiador."

(e) A alternativa repete o disposto no art. 204, § 1º, Código Civil.

Gabarito: D

Para responder, tem que estudar: lei.

19. (MPE/SP/Promotor/2017/92_Concurso) Assinale a alternativa que corresponde à hipótese legalmente admitida para que pessoas possam ser admitidas como testemunhas diante de fatos jurídicos diversos.

a) pessoas interessadas no litígio, amigos íntimos ou inimigo capital das partes.
b) os colateriais até o terceiro grau de alguma das partes.
c) os cônjuges das partes.
d) os menores de dezesseis anos.
e) mandatários, excluídos aqueles que estejam sob sigilo ético profissional.

ANOTAÇÕES/COMENTÁRIOS

(a) Conforme art. 228, inciso IV: Não podem ser admitidos como testemunhas: IV – o interessado no litígio, o amigo íntimo ou o inimigo capital das partes;

(b) Os colaterais até o terceiro grau de alguma das partes não podem ser testemunhas nos termos do artigo 228, inciso V: Não podem ser admitidos como testemunhas: V – os cônjuges, os ascendentes, os descendentes e os colaterais, até o terceiro grau de alguma das partes, por consanguinidade, ou afinidade.

(c) Também não pode ser admitidos como testemunhas: os cônjuges, os ascendentes, os descendentes e os colaterais, até o terceiro grau de alguma das partes, por consanguinidade, ou afinidade (art. 228, inciso V).

(d) Consoante o artigo 228, inciso I: Não podem ser admitidos como testemunhas: I – os menores de dezesseis anos.

(e) Inexiste qualquer vedação para que mandatários sejam testemunhas, com exceção daqueles que estejam sob sigilo ético profissional, de acordo com o CPC, o artigo 448. A testemunha não é obrigada a depor sobre fatos: II – a cujo respeito, por estado ou profissão, deva guardar sigilo.

Gabarito: E

Para responder, tem que estudar: lei.

20. (MPE/SP/Promotor/2019/93_Concurso) Considere as afirmações a seguir.

I. Os direitos da personalidade são extrapatrimoniais, imprescritíveis e vitalícios.

II. Comoriência é o estudo de como funciona a Ciência do Direito.

III. Os direitos da personalidade são absolutos porque não podem sofrer nenhum tipo de limitação.

IV. A incapacidade relativa pode ser suprida com mera assistência, desde que haja autorização judicial, dispensando a representação.

Dessas afirmações,

a) Três são corretas.

b) duas são corretas.

c) todas são corretas.

d) apenas uma é correta.

e) nenhuma é correta.

ANOTAÇÕES/COMENTÁRIOS

(I) CORRETO: de acordo com o art. 11 do Código Civil: "Com exceção dos casos previstos em lei, os direitos da personalidade são intransmissíveis e irrenunciáveis, não podendo o seu exercício sofrer limitação voluntária." Sobre as características dos direitos da personalidade, Tartuce (2020, p. 168) afirma que: "os direitos da personalidade são tidos como intransmissíveis, irrenunciáveis, extrapatrimoniais e vitalícios, eis que comuns à própria existência da pessoa. Tratam-se ainda de direitos subjetivos, inerentes à pessoa (inatos), tidos como absolutos, indisponíveis, imprescritíveis e impenhoráveis."

(II) INCORRETO: comoriência ou morte simultânea é a morte de dois ou mais indivíduos na mesma ocasião, não se podendo averiguar se algum dos comorientes precedeu aos outros, presumindo-se, em razão disso, que todos morreram simultaneamente (art. 8º do Código Civil). Destaca-se que a comoriência só se torna relevante se os comorientes são herdeiros um dos outros, pois, neste caso, diante da presunção de morte simultânea, não haverá transmissão de bens entre eles, isto é, um não sucederá o outro.

(III) INCORRETO: os direitos da personalidade são absolutos porque são oponíveis erga omnes, impondo a todos o dever de respeitá-los. Além disso, a regra do art. 11 do Código Civil que estabelece que os direitos da personalidade são intransmissíveis e irrenunciáveis, não podendo o seu exercício sofrer limitação voluntária, é excepcionada por alguns direitos previstos em lei, como por exemplo, o direito à imagem e o direito a imagem e direito a honra. Nesse sentido, o Enunciado 4 da I Jornada de Direito Civil do CJF: "o exercício dos direitos da personalidade pode sofrer limitação voluntária, desde que não seja permanente." En. 139 CJF: "Os direitos da personalidade podem sofrer limitações, ainda que não especificadamente previstas em lei, não podendo ser exercidos com abuso de direito de seu titular, contrariamente à boa-fé objetiva e aos bons costumes."

(IV) INCORRETO: a incapacidade relativa para a prática de certos atos ou à maneira de exercê-los é suprida com a assistência, não sendo necessária autorização judicial.

Ademais, a representação destina-se aos absolutamente incapazes de exercer pessoalmente os atos da vida civil, que deverão estar representados por seus responsáveis para a validade da manifestação de vontade.

Gabarito: D

Para responder, tem que estudar: lei.

8. DO DIREITO DAS OBRIGAÇÕES

21. (MPE/SP/Promotor/2010/87_Concurso) Assinale a alternativa incorreta:

a) o pagamento espontâneo de dívida prescrita não pode ser repetido.

b) tratando-se de obrigação não suscetível de fracionamento, suspensa a prescrição em favor de um dos credores solidários, aos demais será estendida.

c) a prescrição e a decadência legal podem ser conhecidas de ofício pelo juiz. A prescrição pode ser renunciada. A decadência fixada em lei não pode ser objeto de renúncia.

d) o direito a alimentos, como é sabido, é imprescritível. Há previsão na lei civil, porém, estabelecendo que a pretensão para haver prestações alimentares estabelecidas judicialmente prescreve, a partir do vencimento, em cinco anos.

e) a responsabilidade dos assistentes dos relativamente incapazes e dos representantes legais das pessoas jurídicas, que derem causa à prescrição ou não a alegarem oportunamente, não é objetiva.

ANOTAÇÕES/COMENTÁRIOS

(a) O pagamento de dívida prescrita caracteriza hipótese de renúncia tácita à prescrição, admitida no ordenamento pátrio conforme art. 191 do CC: A renúncia da prescrição pode ser expressa ou tácita, e só valerá, sendo feita, sem prejuízo de terceiro, depois que a prescrição se consumar; tácita é a renúncia quando se presume de fatos do interessado, incompatíveis com a prescrição. A prescrição extingue a pretensão do credor de cobrar a dívida, mas não atinge o direito subjetivo descumprido pelo devedor. Diante disso, como o débito ainda existe, apesar de consumada a prescrição, se o devedor fizer o pagamento espontâneo dessa dívida prescrita, incabível a sua repetição.

(b) Art. 201 do Código Civil: Suspensa a prescrição em favor de um dos credores solidários, só aproveitam os outros se a obrigação for indivisível.

(c) A prescrição e a decadência devem ser reconhecidas de ofício pelo juiz (art. 332, § 1º do NCPC e art. 210 do CC). A prescrição pode ser renunciada (art. 191 do CC), já a decadência legal, não pode ser renunciada por força do art. 209 do CC. A propósito, dispõe o En. 581 da VI Jornada de Direito Civil: "Em complemento ao Enunciado 295, a decretação ex officio da prescrição ou decadência deve ser precedida de oitiva das partes."

(d) O prazo prescricional para haver prestações alimentares é de 2 anos, a partir da data em que se vencerem, conforme dispõe o artigo 206, § 2º, do CC.

(e) O Código Civil prevê em seu art. 195 a responsabilidade dos assistentes dos relativamente incapazes e dos representantes legais das pessoas jurídicas, que derem causa à prescrição ou não a alegarem oportunamente. Verifica-se que não se trata de responsabilidade objetiva, por ausência de previsão legal. Lado outro, como será necessária a análise da culpa dos assistentes ou representantes, nota-se que se trata de uma modalidade de responsabilidade subjetiva.

Gabarito: D

Para responder, tem que estudar: lei.

22. (MPE/SP/Promotor/2015/91_Concurso) Sobre o caso fortuito ou de força maior, assinale a alternativa que contém afirmação incorreta:

a) O devedor não responde pelos prejuízos resultantes de caso fortuito ou força maior, se expressamente não se houver por eles responsabilizado.

b) O devedor em mora responde pela impossibilidade da prestação, embora essa impossibilidade resulte de caso fortuito ou de força maior, se estes ocorrerem durante o atraso, exceto se provar isenção de culpa ou que o dano sobreviria ainda que a obrigação tivesse sido cumprida oportunamente.

c) Se, não obstante proibição do mandante, o mandatário se fizer substituir na execução do mandato, responderá ao seu constituinte pelos prejuízos ocorridos sob a gerência do substituto, ainda que provenientes de caso fortuito ou de força maior.

d) Os casos fortuitos, ocorrentes no ato de contar, marcar ou assinalar coisas, que comumente se recebem, contando, pesando, medindo ou assinalando, e que já tiverem sido postas à disposição do comprador, correrão por conta deste.

e) Nas obrigações de dar coisa incerta, não poderá o devedor, antes da escolha, alegar a perda ou deterioração da coisa, ainda que por força maior ou caso fortuito.

ANOTAÇÕES/COMENTÁRIOS

(a) CC, Art. 393. O devedor não responde pelos prejuízos resultantes de caso fortuito ou força maior, se expressamente não se houver por eles responsabilizado.

(b) CC, Art. 399. O devedor em mora responde pela impossibilidade da prestação, embora essa impossibilidade resulte de caso fortuito ou de força maior, se estes ocorrerem durante o atraso; salvo se provar isenção de culpa, ou que o dano sobreviria ainda quando a obrigação fosse oportunamente desempenhada.

(c) CC, Art. 667. O mandatário é obrigado a aplicar toda sua diligência habitual na execução do mandato, e a indenizar qualquer prejuízo causado por culpa sua ou daquele a quem substabelecer, sem autorização, poderes que devia exercer pessoalmente. § 1º Se, não obstante proibição do mandante, o mandatário se fizer substituir na execução do mandato, responderá ao seu constituinte pelos prejuízos ocorridos sob a gerência do substituto, embora provenientes de caso fortuito, salvo provando que o caso teria sobrevindo, ainda que não tivesse havido substabelecimento.

(d) CC, Art. 492. Até o momento da tradição, os riscos da coisa correm por conta do vendedor, e os do preço por conta do comprador. § 1º Todavia, os casos fortuitos, ocorrentes no ato de contar, marcar ou assinalar coisas, que comumente se recebem, contando, pesando, medindo ou assinalando, e que já tiverem sido postas à disposição do comprador, correrão por conta deste.

(e) CC, Art. 246. Antes da escolha, não poderá o devedor alegar perda ou deterioração da coisa, ainda que por força maior ou caso fortuito.

Gabarito: C

Para responder, tem que estudar: lei.

23. (MPE/SP/Promotor/2019/93_Concurso) Gabriel Vieira, Paulo Martins, Carlos Andrade e Marcelo Pereira emprestaram de Jorge Manuel a quantia de R$ 400.000,00 (quatrocentos mil reais) para a compra de um carro esportivo. As partes estabeleceram que o referido valor seria dividido em quatro parcelas iguais e sucessivas bem como que todos os devedores ficariam obrigados pelo valor integral da dívida. Diante dessa situação, assinale a alternativa correta.

a) O pagamento parcial feito por Carlos e a remissão dele obtida pelo credor Jorge Manuel não aproveitam aos outros devedores, senão até a concorrência da quantia paga ou relevada.

b) Se houver atraso injustificado no cumprimento da obrigação por culpa de Paulo, somente este responderá perante Jorge Manuel pelos juros da mora decorrentes do atraso.

c) Se Gabriel falecer deixando herdeiros, o credor Jorge Manuel poderá cobrar de qualquer um dos herdeiros a integralidade da dívida.

d) A propositura de ação pelo credor Jorge Manuel contra Paulo e Carlos importará na renúncia da solidariedade em relação a Gabriel e Marcelo.

e) Sendo Paulo demandado judicialmente pelo total da dívida, pode ele opor ao credor Jorge Manuel as exceções que lhe forem pessoais, as comuns a todos, além das exceções pessoais dos demais codevedores, por se tratar de obrigação solidária.

ANOTAÇÕES/COMENTÁRIOS

(a) Código Civil, art. 277: "O pagamento parcial feito por um dos devedores e a remissão por ele obtida não aproveitam aos outros devedores, senão até à concorrência da quantia paga ou relevada."

(b) De acordo com o art. 80, do CC: "Todos os devedores respondem pelos juros da mora, ainda que a ação tenha sido proposta somente contra um; mas o culpado responde aos outros pela obrigação acrescida." Assim, ainda que Paulo seja o responsável pelo atraso injustificado do cumprimento da obrigação, todos os demais devedores irão responder perante Jorge Manuel pelos juros de mora decorrentes do atraso.

(c) De acordo com o art. 276, do CC: "Se um dos devedores solidários falecer deixando herdeiros, nenhum destes será obrigado a pagar senão a quota que corresponder ao seu quinhão hereditário, salvo se a obrigação for indivisível; mas todos reunidos serão considerados como um devedor solidário em relação aos demais devedores." Logo, como a obrigação não é indivisível, se Gabriel falecer deixando herdeiros, o credor Jorge Manuel poderá cobrar de qualquer um dos seus herdeiros a quota que corresponder ao seu quinhão hereditário.

(d) De acordo com o parágrafo único do art. 275 do CC: "Não importará renúncia da solidariedade a propositura de ação pelo credor contra um ou alguns dos devedores." Assim, a propositura de ação pelo credor Jorge Manuel contra Paulo e Carlos não importará na renúncia da solidariedade em relação a Gabriel e Marcelo.

(e) De acordo com o art. 281, do CC: "O devedor demandado pode opor ao credor as exceções que lhe forem pessoais e as comuns a todos; não lhe aproveitando as exceções pessoais a outro co-devedor." Assim, se Paulo for demandado judicialmente pelo total da dívida, poderá opor ao credor Jorge Manuel as exceções que lhe forem pessoais e as comuns a todos os devedores, mas não poderá opor as exceções pessoais dos demais codevedores.

Gabarito: A

Para responder, tem que estudar: lei.

9. RESPONSABILIDADE CIVIL

24. (MPE/SP/Promotor/2010/87_Concurso) Assinale a alternativa incorreta:

a) o Código Civil adota como regra a responsabilidade civil subjetiva.
b) o chamado "dano remoto" não é indenizável.
c) a responsabilidade civil do incapaz é subsidiária e a indenização correspondente é equitativa.
d) a responsabilidade civil do curador, tutor e pais em razão de atos praticados, respectivamente, pelos curatelados, pupilos e filhos menores, restringe-se aos danos materiais por estes causados a terceiros.
e) a indenização por dano moral prescinde da comprovação do dano material.

ANOTAÇÕES/COMENTÁRIOS

(a) O Código Civil adotou a responsabilidade subjetiva como regra, (art. 186), pois somente nos casos expressos em lei, pode-se imputar a responsabilidade objetiva, como no caso do parágrafo único do art. 927 do CC.

(b) O dano remoto ou imaginário não é indenizável, pois a indenização por responsabilidade civil em razão dos lucros cessantes deve se pautar no que a vítima efetivamente perdeu ou deixou de ganhar. (STJ. REsp 1129538 PA, 14/12/2009)

(c) Art. 928. O incapaz responde pelos prejuízos que causar, se as pessoas por ele responsáveis não tiverem obrigação de fazê-lo ou não dispuserem de meios suficientes. Justificativa de manutenção do gabarito apresentada pelo MP-SP: "Alternativa "c". A responsabilidade civil do incapaz é subsidiária nos termos dos artigos 928 e 932, I, do Código Civil (Nelson Nery Junior e Rosa Maria de Andrade Nery em "Código Civil Comentado" – 7a. Edição – 2009, Editora Revista dos Tribunais e de James Eduardo Oliveira, em "Código Civil Anotado e Comentado" – 1a. Edição – 2009 – Editora Forense). Arguição desprovida".

(d) Não há restrição legal quanto à espécie de dano causado pelos filhos menores, pupilos ou curatelados, conforme art. 932 do CC: São também responsáveis pela reparação civil: I – os pais, pelos filhos menores que estiverem sob sua autoridade e em sua companhia; II – o tutor e o curador, pelos pupilos e curatelados, que se acharem nas mesmas condições;

(e) A indenização por dano moral dispensa a comprovação do dano material, pois são efeitos distintos causados pelo ato ilícito.

Gabarito: D

Para responder, tem que estudar: lei, jurisprudência e teoria/doutrina.

25. (MPE/SP/Promotor/2013/90_Concurso) Em tema de responsabilidade civil, assinale a assertiva INCORRETA:

a) A empresa locadora de veículos não responde civilmente pelos prejuízos causados pelo locatário a terceiros, no uso do carro locado.

b) São responsáveis pela reparação civil o empregador ou comitente, por conduta de seus empregados, serviçais e prepostos, no exercício do trabalho que lhes competir ou em razão dele.

c) São responsáveis pela reparação civil o tutor e o curador, pelos pupilos e curatelados que estiverem sob sua autoridade ou em sua companhia.

d) O dono, ou detentor, do animal ressarcirá o dano por este causado, se não provar culpa da vítima ou força maior.

e) São responsáveis pela reparação civil os pais, pelos atos de filhos menores que estiverem sob sua autoridade e em sua companhia.

ANOTAÇÕES/COMENTÁRIOS

(a) A assertiva está em desconformidade com o estabelecido no ordenamento jurídico pátrio. Isso porque a Súmula 492/STF, regulamenta a matéria: "a empresa locadora de veículos responde, civil e solidariamente com o locatário, pelos danos por este causados a terceiros no uso do carro locado."

(b) A alternativa repete o disposto no art. 932, III, Código Civil.

(c) A alternativa contempla o art. 932, II, Código Civil.

(d) A assertiva repete o disposto no art. 936, Código Civil.

(e) A assertiva contempla o disposto no art. 932, I, Código Civil.

Gabarito: A

Para responder, tem que estudar: lei, jurisprudência e súmula/OJ.

26. (MPE/SP/Promotor/2017/92_Concurso) Todos aqueles que, por ato ilícito, causarem dano a quem quer que seja deverão pessoalmente reparar esse dano causado. No entanto, além daquele que pessoalmente tenha cometido o ato ilícito, o código civil brasileiro estabelece algumas outras hipóteses em que terceiros podem ser corresponsabilizados. Assinale a alternativa que indica corretamente as hipóteses de corresponsabilização civil no Brasil.

a) Os pais, os tutores e curadores, os empregadores ou comitentes, os donos de hotéis e assemelhados e aqueles que houverem participado nos produtos dos crimes.

b) Os pais e os alimentantes sem parentesco, os tutores e curadores, os empregadores ou comitentes e os donos de hotéis e assemelhados.

c) Os pais, os alimentantes sem parentesco, os tutores, os curadores, os representantes legais de empresas e os mandatários.

d) Os pais, os alimentantes sem parentesco, os tutores, os representantes legais de empresas, os mandatários e os membros de conselhos.

e) Os pais e os alimentantes que tenham ou não parentesco, os representantes legais de empresas, todos e quaisquer mandatários.

ANOTAÇÕES/COMENTÁRIOS

(a) A alternativa elencou todos aqueles que são corresponsáveis. Confira-se: Art. 932: São também responsáveis pela reparação civil: I – os pais, pelos filhos menores que estiverem sob sua autoridade e em sua companhia; II – o tutor e o curador, pelos pupilos e curatelados, que se acharem nas mesmas condições; III – o empregador ou comitente, por seus empregados, serviçais e prepostos, no exercício do trabalho que lhes competir, ou em razão dele; IV – os donos de hotéis, hospedarias, casas ou estabelecimentos onde se albergue por dinheiro, mesmo para fins de educação, pelos seus hóspedes, moradores e educandos; V – os que gratuitamente houverem participado nos produtos do crime, até a concorrente quantia.

(b, c, d, e) Vide comentários acima.

Gabarito: A

Para responder, tem que estudar: lei.

10. DOS CONTRATOS EM GERAL

27. (MPE/SP/Promotor/2010/87_Concurso) JOSÉ e MARIA doaram a sua única filha, Lúcia, todos os imóveis de sua propriedade, reservando para o casal o usufruto dos bens. À época da doação, Carlos, fruto de outro relacionamento de José, já havia sido concebido. Carlos, quando contava com cinco anos, representado por sua mãe, promoveu ação visando anular a doação efetivada por José e Maria a sua irmã Lúcia. Assinale a alternativa correta:

a) deve ser considerada inoficiosa a doação de 1/4 (um quarto) dos bens imóveis.

b) a doação não é nula, pois José e Maria ao instituírem o usufruto sobre os imóveis doados cumpriram a determinação legal de preservar renda suficiente para a subsistência do casal.

c) a doação é juridicamente inexistente.

d) a doação não é nula, pois os doadores podiam dispor do patrimônio, com reserva do usufruto para si, considerando que a doação ocorreu antes do nascimento de Carlos.

e) é nula a doação da totalidade dos imóveis de propriedade de Jose e Maria a filha Lúcia, pois os direitos do nascituro devem ser preservados.

ANOTAÇÕES/COMENTÁRIOS

(a) A banca apresentou a seguinte justificativa para a manutenção do gabarito: "Alternativa "a". O art. 1789, do Código Civil, estabelece que, havendo herdeiros necessários, o testador só poderá dispor da metade da herança. O art. 549, do Código Civil, dispõe que é nula a doação quanto à parte que exceder a que o doador, no momento da liberalidade, poderia dispor em testamento. Assim, José somente poderia dispor de metade do seu patrimônio, ou seja, 1/4 dos bens. A alternativa está correta, valendo citar a respeito a decisão do STJ: "A doação a descendente, naquilo que ultrapassa a parte de que poderia o doador dispor em testamento, no momento da liberalidade, é de ser qualificada como inoficiosa e, portanto, nula" (REsp 86518, 1998)".

(b) Segundo o art. 549 do CC/2002, é nula a doação quanto à parte que exceder o limite de que o doador, no momento da liberalidade, poderia dispor em testamento. Essa doação, que prejudica a legítima, a quota dos herdeiros necessários, correspondente a 50% do patrimônio do disponente, é denominada doação inoficiosa. Insta verificar que o caso é de nulidade absoluta textual (art. 166, VII, do CC), mas de uma nulidade diferente das demais, eis que atinge tão somente a parte que excede a legítima (Tartuce, 2020, p.1092). No presente caso, verifica-se que a instituição de usufruto, por si só, não pode ser considerada como reserva de bens suficientes para a sobrevivência, deve-se avaliar no caso concreto se se caracteriza como piso mínimo existencial.

(c) A questão apresenta hipótese de doação inoficiosa, por exceder o limite do que poderia ser doado. Conforme ensinamentos de Tartuce, (2020, p.2433), se for o caso de uma doação que exceda a parte que poderia ser disposta (inoficiosa), fica ela sujeita à redução, conforme o art. 2.007 do CC. O dispositivo em questão é decorrência do art. 549 do mesmo CC/2002, que considera nula a doação inoficiosa na parte que exceder o que o doador, no momento da liberalidade, poderia dispor em testamento. Assim, não se trata de inexistência da doação, mas apenas de redução para adequação do quantum permitido.

(d, e) A doação é nula na parte que excedeu o limite que, no momento da liberalidade, os doadores poderiam dispor em testamento. No que tange ao herdeiro, concebido antes da doação, o ordenamento jurídico lhe reserva o direito aos bens do acervo do seu ascendente, podendo para tanto exigir a colação dos bens por ocasião da morte do seu genitor. Nesse sentido, já se manifestou o STJ: DIREITO DAS SUCESSÕES. INVENTÁRIO. 1. OMISSÃO DO ACÓRDÃO RECORRIDO. INEXISTÊNCIA. 2. DOAÇÃO EM VIDA DE TODOS OS BENS IMÓVEIS AOS FILHOS E CÔNJUGES FEITA PELO AUTOR DA HERANÇA E SUA ESPOSA. HERDEIRO NECESSÁRIO QUE NASCEU POSTERIORMENTE AO ATO DE LIBERALIDADE. DIREITO À COLAÇÃO. 3. PERCENTUAL DOS BENS QUE DEVE SER TRAZIDO À CONFERÊNCIA. 4. RECURSO PARCIALMENTE PROVIDO. (...) Para efeito de cumprimento do dever de colação, é irrelevante o fato de o herdeiro ter nascido antes ou após a doação, de todos os bens imóveis, feita pelo autor da herança e sua esposa aos filhos e respectivos cônjuges. O que deve prevalecer é a ideia de que a doação feita de ascendente para descendente, por si só, não é considerada inválida ou ineficaz pelo ordenamento jurídico, mas impõe ao donatário obrigação protraída no tempo de, à época do óbito do doador, trazer o patrimônio recebido à colação, a fim de igualar as legítimas, caso não seja aquele o único herdeiro necessário (arts. 2.002, parágrafo único, e 2.003 do CC/2002). (REsp 1.298.864, 2015).

Gabarito: A

Para responder, tem que estudar: lei, jurisprudência e teoria/doutrina.

28. (MPE/SP/Promotor/2010/87_Concurso) Assinale a alternativa correta:

a) o princípio da autonomia privada, segundo o qual o sujeito de direito pode contratar com liberdade, está limitado à ordem pública e à função social do contrato.

b) a exigência da boa-fé se limita ao período que vai da conclusão até a execução do contrato.

c) segundo o entendimento sumular, a cláusula contratual limitativa de dias de internação hospitalar é perfeitamente admissível quando comprovado que o contratante do seguro saúde estava ciente do seu teor.

d) a função social justifica o descumprimento do contrato, com fundamento exclusivo na debilidade financeira.

e) os contratos atípicos não exigem a observância rigorosa das normas gerais fixadas no Código Civil, pois que nestes casos os contratantes possuem maior liberdade para contratar.

ANOTAÇÕES/COMENTÁRIOS

(a) Nos termos do art. 421 do CC, alterado pela Lei nº 13.874/2019: A liberdade contratual será exercida nos limites da função social do contrato. Ademais, vale ressaltar o Enunciado 582, da VII Jornada de Direito Civil, sobre o princípio da autonomia privada (Enunciado 582 – Com suporte na liberdade contratual e, portanto, em concretização da autonomia privada, as partes podem pactuar garantias contratuais atípicas.)

(b) Justificativa de manutenção do gabarito apresentada pelo MP-SP: "Alternativa "b". A exigência da boa-fé contratual deve ser observada na fase preliminar, na feitura do contrato, na sua execução e na fase pós-contratual. Este é o entendimento tranquilo da doutrina e jurisprudência (Nelson Nery Junior e Rosa Maria de Andrade Nery, Código Civil Comentado)". No mesmo sentido é o Enunciado 25 da I Jornada de Direito Civil (25 – Art. 422: O art. 422 do Código Civil não inviabiliza a aplicação pelo julgador do princípio da boa-fé nas fases pré-contratual e pós-contratual.)

(c) Súmula 302/STJ. É abusiva a cláusula contratual de plano de saúde que limita no tempo a internação hospitalar do segurado.

(d) De acordo com ensinamentos de ASSIS NETO e outros (2016), a função social impõe limitação à liberdade de contratar, significa dizer que o contrato, ainda que decorra da vontade das partes, não pode servir para operar prestações desproporcionais entre os contratantes ou conferir a um deles direitos que destoem das finalidades econômicas e sociais dos contratos em geral, visando sempre, proteger o hipossuficiente contra as desigualdades. Assim, além de lícitos deve ter consequências sociais lícitas. Logo, descumprimento do contrato, com fundamento exclusivo na debilidade financeira, não decorre da função social do contrato.

(e) Conforme art. 425. CC – É lícito às partes estipular contratos atípicos, observadas as normas gerais fixadas neste Código.

Gabarito: A

Para responder, tem que estudar: lei, jurisprudência, súmula/OJ e teoria/ doutrina.

29. (MPE/SP/Promotor/2011/88_Concurso) Considere as assertivas a seguir:

I. decorridos 4 (quatro) anos, o Contrato de Prestação de Serviços é considerado findo, independentemente da conclusão dos serviços;

II. o mandato outorgado por meio de instrumento público somente admite substabelecimento por instrumento público;

III. na doação sujeita a encargo, o silêncio do donatário, no prazo fixado pelo doador, não implica aceitação da doação.

É verdadeiro o que se afirma em

a) I, apenas.

b) I e II, apenas.

c) I e III, apenas.

d) II e III, apenas.

e) I, II e III.

ANOTAÇÕES/COMENTÁRIOS

(I) CORRETA: Decorridos quatro anos, dar-se-á por findo o contrato, ainda que não concluída a obra, conforme disposto no artigo 598, CC: a prestação de serviço não se poderá convencionar por mais de quatro anos, embora o contrato tenha por causa o pagamento de dívida de quem o presta, ou se destine à execução de certa e determinada obra.

(II) INCORRETA: Art. 655, CC: Ainda quando se outorgue mandato por instrumento público, pode substabelecer-se mediante instrumento particular.

(III) CORRETA: Art. 539, CC: O doador pode fixar prazo ao donatário, para declarar se aceita ou não a liberalidade. Desde que o donatário, ciente do prazo, não faça, dentro dele, a declaração, entender-se-á que aceitou, se a doação não for sujeita a encargo.

Gabarito: C

Para responder, tem que estudar: lei.

30. (MPE/SP/Promotor/2013/90_Concurso) Relativamente à revogação de doação, assinale abaixo a assertiva INCORRETA:

a) O direito de revogar a doação não se transmite aos herdeiros do doador, nem prejudica os do donatário, mas os herdeiros podem prosseguir na ação iniciada pelo doador, continuando-a contra os herdeiros do donatário, se este falecer depois de ajuizada a lide.

b) A doação pura poderá ser revogada se o donatário cometeu ofensa física contra o doador.

c) A doação pura poderá ser revogada se o donatário recusou os alimentos que poderia ministrar ao doador, que deles necessitava.

d) Se o donatário cometeu ofensa física contra a esposa do doador, sendo a doação onerada com encargo e se este já tiver sido cumprido, a doação não é passível de revogação por ingratidão.

e) Se o donatário cometeu ofensa física contra ascendente do doador, tratando-se de doação puramente remuneratória, pode ser revogada por ingratidão.

ANOTAÇÕES/COMENTÁRIOS

(a) A assertiva corresponde ao disposto no art. 560, Código Civil.

(b) A alternativa repete o disposto no art. 557, II, Código Civil.

(c) A alternativa corresponde ao disposto no art. 557, IV, Código Civil.

(d) A alternativa repete o disposto no art. 557, II, c/c art. 558, c/c art. 564, III, todos do Código Civil.

(e) A alternativa contraria o disposto no art. art. 557, II, c/c art. 558, c/c art. 564, III, todos do Código Civil, veja-se: art. 557, II: "Podem ser revogadas por ingratidão as doações: II – se cometeu contra ele ofensa física." Art. 558: "Pode ocorrer também a revogação quando o ofendido, nos casos do artigo anterior, for o cônjuge, ascendente, descendente, ainda que adotivo, ou irmão do doador." Art. 564, I: "Não se revogam por ingratidão: I – doações puramente remuneratórias." Posto isso, a doação puramente remuneratória não pode ser revogada por ingratidão.

Gabarito: E

Para responder, tem que estudar: lei.

11. DO DIREITO DAS COISAS

31. (MPE/SP/Promotor/2010/87_Concurso) Assinale a alternativa correta:

a) são exemplos de possuidor direto: o usufrutuário, o locador, o credor pignoratício.

b) o compossuidor só pode exercer atos possessórios sobre a sua parte ideal no bem.

c) o sucessor universal e o sucessor singular continuam de direito a posse do seu antecessor.

d) a posse turbada ou esbulhada pode ser autotutelada, sendo requisitos indispensáveis de tal espécie de defesa a imediatidade e a proporcionalidade.

e) o possuidor direto não pode defender sua posse contra o possuidor indireto.

ANOTAÇÕES/COMENTÁRIOS

(a) O locador é possuidor indireto e o locatário é possuidor direto, pois com base na teoria de Ihering, a posse existe quando é exercida de forma a aparentar o domínio sobre a coisa, ou seja, para o referido doutrinador, a posse é a exteriorização do domínio. Para que haja posse, não é necessário que o possuidor tenha animo de dono. ASSIS NETO e outros (2017). O artigo 1.197 conceitua a posse direta: A posse direta, de pessoa que tem a coisa em seu poder, temporariamente, em virtude de direito pessoal, ou real, não anula a indireta, de quem aquela foi havida, podendo o possuidor direto defender a sua posse contra o indireto.

(b) Artigo 1.199 do CC. Se duas ou mais pessoas possuírem coisa indivisa, poderá cada uma exercer sobre ela atos possessórios, contanto que não excluam os dos outros compossuidores.

(c) Artigo 1.207 do CC: O sucessor universal continua de direito a posse do seu antecessor; e ao sucessor singular é facultado unir sua posse à do antecessor, para os efeitos legais.

(d) Artigo 1.210, § 1º do CC: O possuidor turbado, ou esbulhado, poderá manter-se ou restituir-se por sua própria força, contanto que o faça logo; os atos de defesa, ou de desforço, não podem ir além do indispensável à manutenção, ou restituição da posse.

(e) Artigo 1.197 do CC: A posse direta, de pessoa que tem a coisa em seu poder, temporariamente, em virtude de direito pessoal, ou real, não anula a indireta, de quem aquela foi havida, podendo o possuidor direto defender a sua posse contra o indireto. Enunciado nº 76 do CJF: O possuidor direto tem direito de defender a sua posse contra o indireto, e este, contra aquele.

Gabarito: D

Para responder, tem que estudar: lei e teoria/doutrina.

12. DOS DIREITOS REAIS

32. (MPE/SP/Promotor/2010/87_Concurso) Assinale a alternativa correta:

a) na usucapião urbana individual, prevista na Lei nº 10.257/01 (Estatuto da Cidade), não é possível levar-se a efeito aquisição de terreno inferior ao mínimo módulo urbano.

b) a usucapião rural consagrada no artigo 1.239 do Código Civil, que exige a chamada posse trabalho/moradia, não reclama "animus domini" da parte usucapiente.

c) a usucapião coletiva pode ter como objeto áreas particulares e públicas.

d) os bens dominicais, à luz do novo Código Civil Brasileiro, podem ser usucapidos.

e) na usucapião coletiva, prevista na Lei nº 10.257/01 (Estatuto da Cidade), como regra geral, a cada possuidor será atribuída, por decisão judicial, igual fração ideal de terreno.

ANOTAÇÕES/COMENTÁRIOS

(a) Conforme art. 183 da CF e art. 9º do Estatuto da Cidade, a usucapião especial urbana possui dentre outros requisitos a que a área usucapida seja de até 250m2. Em sede de RE, o STF decidiu que à área do imóvel pode ser inferior ao módulo urbano, desde que preenchidos os requisitos legais: O Colegiado afirmou que, para o acolhimento da pretensão, bastaria o preenchimento dos requisitos exigidos pelo texto constitucional, de modo que não se poderia erigir obstáculo, de índole infraconstitucional, para impedir que se aperfeiçoasse, em favor de parte interessada, o modo originário de aquisição de propriedade. Consignou que os recorrentes efetivamente preencheriam os requisitos constitucionais formais. Desse modo, não seria possível rejeitar, pela interpretação de normas hierarquicamente inferiores à Constituição, a pretensão deduzida com base em norma constitucional. (RE 422349, 2015). No mesmo sentido, é o posicionamento adotado pelo STJ: "Não obsta o pedido declaratório de usucapião especial urbana o fato de a área do imóvel ser inferior à correspondente ao "módulo urbano" (a área mínima a ser observada no parcelamento de solo urbano por determinação infraconstitucional." (REsp 1.360.017-RJ, 2016 – Info 584).

(b) O Código Civil exige o animus domini como requisito de aquisição da propriedade através da usucapião rural: Art. 1.239. Aquele que, não sendo proprietário de imóvel rural ou urbano, possua como sua, por cinco anos ininterruptos, sem oposição, área de terra em zona rural não superior a cinquenta hectares, tornando-a produtiva por seu trabalho ou de sua família, tendo nela sua moradia, adquirir-lhe-á a propriedade.

(c) Nos termos dos artigos 183, § 3º e 191, parágrafo único da CF e artigo 102 do CC, os imóveis públicos não serão adquiridos por usucapião.

(d) A possibilidade de usucapião de bens públicos dominicais é bastante controversa. A doutrina majoritária, encabeçada por Flávio Tartuce (2020) defende que, mesmo sendo bens públicos sem destinação pública, os bens do domínio privado do Estado, são considerados insuscetíveis de usucapião, conforme entendimento doutrinário majoritário. Enuncia o art. 102 do Código de 2002 que os bens públicos, móveis ou imóveis, não estão sujeitos a usucapião, eis que há a imprescritibilidade das pretensões a eles referentes, confirmando determinação que já constava dos arts. 183, § 3º, e 191, parágrafo único, da CF, quanto aos bens imóveis. A expressão contida no dispositivo legal engloba tanto os bens de uso comum do povo como os de uso especial e dominicais. Em sentido contrário e minoritário, citam-se Nelson Rosenvald, Cristiano Chaves de Farias e Sílvio Rodrigues, conforme salienta TARTUCE, (2020, p.1436).

(e) Segundo artigo 10, § 2º do Estatuto da Cidade: "A usucapião especial coletiva de imóvel urbano será declarada pelo juiz, mediante sentença, a qual servirá de título para registro no cartório de registro de imóveis". No que tange à fração ideal a ser declarada na sentença, o Estatuto da Cidade dispõe que: § 3º do art. 10, "o juiz atribuirá igual fração ideal de terreno a cada possuidor, independentemente da dimensão do terreno que cada um ocupe".

Gabarito: E

Para responder, tem que estudar: lei, jurisprudência e teoria/doutrina.

33. (MPE/SP/Promotor/2011/88_Concurso) A respeito de direitos reais, é correto afirmar:

a) o direito real não se adquire pela ocupação.

b) o direito de superfície sobre imóveis rurais pode ser concedido por prazo indeterminado.

c) o exercício do usufruto não é transferível a título oneroso.
d) o prazo máximo do contrato de penhor de veículos é de 4 (quatro) anos.
e) o adquirente de imóvel hipotecado não pode se exonerar da hipoteca.

ANOTAÇÕES/COMENTÁRIOS

(a) O direito real de propriedade de coisa sem dono pode ser adquirido por meio de ocupação, nos termos do art. 1.263, CC: Quem se assenhorear de coisa sem dono para logo lhe adquire a propriedade, não sendo essa ocupação defesa por lei.

(b) O prazo determinado para instituição do direito de superfície independe da natureza urbana ou rural do imóvel. Assim, com base no art. 1.369, CC: O proprietário pode conceder a outrem o direito de construir ou de plantar em seu terreno, por tempo determinado, mediante escritura pública devidamente registrada no Cartório de Registro de Imóveis.

(c) Art. 1.393, CC: Não se pode transferir o usufruto por alienação; mas o seu exercício pode ceder-se por título gratuito ou oneroso.

(d) Com base no art. 1.466, CC, o penhor de veículos só se pode convencionar pelo prazo máximo de dois anos, prorrogável até o limite de igual tempo, averbada a prorrogação à margem do registro respectivo.

(e) Art. 1.479, CC:. O adquirente do imóvel hipotecado, desde que não se tenha obrigado pessoalmente a pagar as dívidas aos credores hipotecários, poderá exonerar-se da hipoteca, abandonando-lhes o imóvel.

Gabarito: D

Para responder, tem que estudar: lei.

34. (MPE/SP/Promotor/2011/88_Concurso) É correto afirmar que a aquisição por usucapião de imóvel urbano, por pessoa que seja proprietária de imóvel rural, se dá:

a) após 5 (cinco) anos, independentemente de justo título e boa-fé, limitada a área a 250 m2.
b) após 15 (quinze) anos, independentemente de justo título e boa-fé, sem limite de tamanho da área.
c) após 5 (cinco) anos, independentemente de justo título e boa-fé, limitada a área a 350 m2.
d) após 10 (dez) anos, independentemente de justo título, limitada a área a 01 alqueire.
e) após 10 (dez) anos, independentemente de boa-fé, desde que não utilizado o imóvel para moradia.

ANOTAÇÕES/COMENTÁRIOS

(a, c, d, e) Vide comentários abaixo.

(b) A usucapião extraordinária, prevista no artigo 1.238 do CC, não exige que o proprietário não tenha imóvel. Assim, observados os requisitos legais, é cabível a aquisição da propriedade mesmo que tenha outro imóvel. Art. 1.238. Aquele que, por quinze anos, sem interrupção, nem oposição, possuir como seu um imóvel, adquire-lhe a propriedade, independentemente de título e boa-fé; podendo requerer ao juiz que assim o declare por sentença, a qual servirá de título para o registro no Cartório de Registro de Imóveis.

Gabarito: B

Para responder, tem que estudar: lei.

35. (MPE/SP/Promotor/2011/88_Concurso) Em um condomínio edilício, Antônio é proprietário e possuidor de uma unidade condominial. Ele proporciona festas em sua unidade, com frequência, além do horário permitido; não trata com urbanidade seus vizinhos e os funcionários do condomínio. Em decorrência de tais circunstâncias, recebeu convocação para Assembleia Geral a fim de deliberar sobre aplicação de multa por descumprimento de deveres perante o condomínio e comportamento antissocial. A respeito da deliberação da Assembleia em questão, é correto afirmar que deverá ser tomada:

a) por dois terços dos condôminos restantes, aplicando-se multa de até o sêxtuplo do valor atribuído à contribuição para as despesas condominiais.
b) por maioria simples dos condôminos, aplicando-se multa de até cem salários-mínimos.
c) por três quartos dos condôminos restantes, aplicando-se multa de até o quíntuplo do valor atribuído à contribuição para as despesas condominiais.
d) pela unanimidade dos condôminos, limitada ao valor atribuído à contribuição para as despesas condominiais.
e) por maioria qualificada dos condôminos, limitada ao dobro do valor atribuído à contribuição para as despesas condominiais.

ANOTAÇÕES/COMENTÁRIOS

(a, b, d, e) Vide comentários abaixo.

(c) Segundo o art. 1337, o condômino, ou possuidor, que não cumpre reiteradamente com os seus deveres perante o condomínio poderá, por deliberação de três quartos dos condôminos restantes, ser constrangido a pagar multa correspondente até ao quíntuplo do valor atribuído à contribuição para as despesas condominiais, conforme a gravidade das faltas e a reiteração, independentemente das perdas e danos que se apurem. Parágrafo único. O condômino ou possuidor que, por seu reiterado comportamento antissocial, gerar incompatibilidade de convivência com os demais condôminos ou possuidores, poderá ser constrangido a pagar multa correspondente ao décuplo do valor atribuído à contribuição para as despesas condominiais, até ulterior deliberação da assembleia. Vale lembrar que, conforme Enunciado 92, do CJF: "As sanções do art. 1.337 do novo Código Civil não podem ser aplicadas sem que se garanta direito de defesa ao condômino nocivo. Com relação à responsabilidade civil dos condôminos, destaca-se a decisão do STJ: REsp 1.473.484: "AÇÃO DE INDENIZAÇÃO. RESPONSABILIDADE DO CONDOMÍNIO POR DANOS A TERCEIRO. OBRIGAÇÃO DO CONDÔMINO PELAS DESPESAS CONDOMINIAIS, NA MEDIDA DE SUA COTA-PARTE. FATO ANTERIOR À CONSTITUIÇÃO DA PROPRIEDADE. DÍVIDA PROPTER REM. PENHORABILIDADE DO BEM DE FAMÍLIA. POSSIBILIDADE. LEI 8.009/1990, ART. 3º, IV". // Sobre o tema condomínio, destaca-se, ainda, a regulamentação do condomínio em multipropriedade, que segundo o artigo 1358-C, inserido no Código Civil pela Lei 13.777/2018: "Multipropriedade é o regime de condomínio em que cada um dos proprietários de um mesmo imóvel é titular de uma fração de tempo, à qual corresponde a faculdade de uso e gozo, com exclusividade, da totalidade do imóvel, a ser exercida pelos proprietários de forma alternada".

Gabarito: C

Para responder, tem que estudar: lei.

36. (MPE/SP/Promotor/2015/91_Concurso) O artigo 1244 do Código Civil reza que: "Estende-se ao possuidor o disposto quanto ao devedor acerca das causas que obstam, suspendem ou interrompem a prescrição, as quais também se aplicam a usucapião." Assim, entre as alternativas apresentadas abaixo, marque aquela em que a usucapião poderá ser alegada:

a) entre cônjuges na constância do casamento.
b) entre tutelados e seus tutores, durante a tutela.
c) contra os que se acharem servindo nas Forças Armadas, em tempo de guerra.
d) contra os outros condôminos, uma vez cessado o estado de indivisão e comprovada a posse exclusiva da coisa.
e) contra os ausentes do País em serviço público da União, dos Estados e dos Municípios.

ANOTAÇÕES/COMENTÁRIOS

(a) a usucapião não poderá ser alegada, pois conforme art. 197, CC: Não corre a prescrição: I – entre os cônjuges, na constância da sociedade conjugal. Destaca-se que, de acordo com o STJ, a separação de fato por longo período afasta a regra de impedimento da fluência da prescrição entre os cônjuges prevista no art. 197, I, CC e viabiliza a efetivação da prescrição aquisitiva por usucapião. (REsp nº 1.693.732-MG/2020 – Info 671).

(b) a usucapião não poderá ser alegada, pois conforme art. 197, CC: Não corre a prescrição: III – entre tutelados ou curatelados e seus tutores ou curadores, durante a tutela ou curatela.

(c) a usucapião não poderá ser alegada, pois conforme art. 198, CC: Também não corre a prescrição: III – contra os que se acharem servindo nas Forças Armadas, em tempo de guerra.

(d) Considerando que a usucapião é uma forma originária de aquisição da propriedade pelo decurso do prazo, deve-se observar situações em que a prescrição não corre, conforme prevê os artigos 197 e 198 do CC. Segundo STJ é possível alegação de usucapião contra os outros condôminos, uma vez cessado o estado de indivisão e comprovada a posse exclusiva da coisa. "Esta Corte firmou entendimento no sentido de ser possível ao condômino usucapir se exercer posse exclusiva sobre o imóvel" (STJ, AgRg no Ag 731971, 2008)

(e) a usucapião não poderá ser alegada, pois conforme art. 198, CC: Também não corre a prescrição: II – contra os ausentes do País em serviço público da União, dos Estados ou dos Municípios;

Gabarito: D

Para responder, tem que estudar: lei e jurisprudência.

37. (MPE/SP/Promotor/2019/93_Concurso) Em relação à aquisição da propriedade imóvel, assinale a alternativa correta.

a) Adquire-se propriedade por avulsão em decorrência de acréscimos formados, sucessiva e imperceptivelmente, por depósitos e aterros naturais ao longo das margens das correntes, ou pelo desvio das águas desta.

b) Adquire a propriedade de área de terra em zona rural não superior a 50 hectares aquele que a possua como sua, por cinco anos ininterruptos, sem oposição, tornando-a produtiva por seu trabalho ou de sua família, tendo nela sua moradia, desde que não seja proprietário de imóvel rural ou urbano.

c) Aquele que, por dez anos, sem interrupção nem oposição, possuir como seu um imóvel urbano adquire-lhe a propriedade, desde que tenha boa-fé, mesmo sem justo título.

d) O aumento que o rio acresce às terras de modo vagaroso recebe o nome de aluvião, e estes acréscimos pertencem aos donos dos terrenos marginais, mediante indenização.

e) Adquire-se a propriedade por abandono de álveo quando houver acréscimo de terras às margens de um rio, provocado pelo desvio de águas por força natural violenta, desde que sejam indenizados os donos dos terrenos por onde as águas abrirem novo curso.

ANOTAÇÕES/COMENTÁRIOS

(a) De acordo com o art. 1.250 do Código Civil, adquire-se a propriedade por aluvião em decorrência de acréscimos formados, sucessiva e imperceptivelmente, por depósitos e aterros naturais ao longo das margens das correntes, ou pelo desvio das águas. Já a aquisição da propriedade por avulsão, nos termos do art. 1.251 do Código Civil, ocorre "quando, por força natural violenta, uma porção de terra se destacar de um prédio e se juntar a outro, o dono deste adquirirá a propriedade do acréscimo, se indenizar o dono do primeiro ou, sem indenização, se, em um ano, ninguém houver reclamado."

(b) Trata-se da usucapião especial rural prevista no art. 191 da CF e art. 1.239, do CC: "Aquele que, não sendo proprietário de imóvel rural ou urbano, possua como sua, por cinco anos ininterruptos, sem oposição, área de terra em zona rural não superior a cinquenta hectares, tornando-a produtiva por seu trabalho ou de sua família, tendo nela sua moradia, adquirir-lhe-á a propriedade."

(c) De acordo com o art. 1.252, CC, para a configuração da usucapião ordinária, é necessária além da comprovação da posse do imóvel, contínua e incontestadamente, por dez anos, o justo título e a boa-fé do possuidor. Assim, aquele que, por dez anos, sem interrupção nem oposição, possuir como seu um imóvel urbano adquire-lhe a propriedade, desde que tenha boa-fé e justo título.

(d) O aumento que o rio acresce às terras de modo vagaroso recebe o nome de aluvião, e estes acréscimos pertencem aos donos dos terrenos marginais, SEM indenização, conforme art. 1.250, CC. Na aluvião, o acréscimo de terreno ao longo das margens das correntes ocorre de forma lenta, paulatina e imperceptível. E, por não ser possível aferir de onde saíram essas pequenas porções de terras que foram se juntando e, por conseguinte, quem era o proprietário, não há que falar em indenização.

(e) De acordo com o art. 1.252, CC, "o álveo abandonado de corrente pertence aos proprietários ribeirinhos das duas margens, sem que tenham indenização os donos dos terrenos por onde as águas abrirem novo curso, entendendo-se que os prédios marginais se estendem até o meio do álveo." Na aquisição da propriedade por abandono de álveo não há direito de indenização aos donos dos terrenos por onde as águas abriram novo curso. Isto porque, ocorrida a mudança do curso das águas em razão de fenômeno natural, entende-se que há uma compensação entre os proprietários ribeirinhos das duas margens, i.e., enquanto um, perdeu terra e ganhou água, o outro, ganhou terra e perdeu a água que sobre essa passava.

Gabarito: B

Para responder, tem que estudar: lei.

38. (MPE/SP/Promotor/2019/93_Concurso) Considere as situações a seguir:

I – Joana Dantas é possuidora de um terreno na cidade de Nova Horizontina por quinze anos, sem interrupção nem oposição, não possuindo título nem boa-fé.

II – Jaciara Ferreira exerce, por três anos ininterruptamente e sem oposição, posse direta, com exclusividade, sobre um apartamento de cento e cinquenta metros quadrados na cidade de Porto Feliz, o qual utiliza como sua moradia e cuja propriedade dividia com seu ex-cônjuge, Lindomar Silva, que abandonou o lar, não sendo ela proprietária de outro imóvel urbano ou rural.

III – Jandira é possuidora de área de terra em zona rural com cem hectares, por cinco anos ininterruptos, sem oposição, tornando-a produtiva pelo seu trabalho e tendo nela sua moradia, não sendo proprietária de imóvel rural ou urbano.

De acordo com o Código Civil brasileiro, em regra, o domínio integral do respectivo imóvel será adquirido apenas

a) nas situações II e III

b) nas situações I e II.

c) nas situações I e III.

d) na situação I.

e) na situação III.

ANOTAÇÕES/COMENTÁRIOS

(I) De acordo com o caput do art. 1.238 do CC, "aquele que, por quinze anos, sem interrupção, nem oposição, possuir como seu um imóvel, adquire-lhe a propriedade, independentemente de título e boa-fé; podendo requerer ao juiz que assim o declare por sentença, a qual servirá de título para o registro no Cartório de Registro de Imóveis." Diante disso, pode-se afirmar que, por exercer, por 15 anos, a posse ininterrupta do imóvel e sem oposição, Joana Dantas irá adquirir o domínio integral do terreno na cidade de Nova Horizontina, ainda que não possua justo título e boa fé, pois preenchidos os requisitos para a configuração da usucapião extraordinária.

(II) Jaciara Ferreira irá adquirir o domínio integral do imóvel, pois preenchidos os requisitos necessários para o reconhecimento da usucapião marital prevista no art. 1.240-A, do CC, que dispõe in verbis: "Aquele que exercer, por 2 (dois) anos ininterruptamente e sem oposição, posse direta, com exclusividade, sobre imóvel urbano de até 250 m2 (duzentos e cinquenta metros quadrados), cuja propriedade divida com ex-cônjuge ou ex-companheiro que abandonou o lar, utilizando-o para sua moradia ou de sua família, adquirir-lhe-á o domínio integral, desde que não seja proprietário de outro imóvel urbano ou rural.

(III) Jandira não irá adquirir o domínio integral da área de terra rural. Isto porque, nos termos do art. 1.239 do CC, aquele que, não sendo proprietário de imóvel urbano ou rural, possua como sua, por cinco anos ininterruptos, sem oposição, área de terra em zona rural não superior a cinquenta hectares, tornando-a produtiva por seu trabalho ou de sua família, tendo nela sua moradia, adquirir-lhe-á a propriedade. Diante disso e considerando que Jandira exerce posse sobre área de 100 hectares, i.e., superior ao limite legal, tem-se que não estão presentes os requisitos para o reconhecimento da usucapião especial rural, razão pela ela não irá usucapir o imóvel. A propósito, o Enunciado nº 313 da IV Jornada de Direito Civil: "Quando a posse ocorre sobre área superior aos limites legais, não é possível a aquisição pela via da usucapião especial, ainda que o pedido restrinja a dimensão do que se quer usucapir."

Assim, de acordo com o Código Civil brasileiro, em regra, o domínio integral do respectivo imóvel será adquirido apenas nas situações I e II.

Gabarito: B

Para responder, tem que estudar: lei.

13. DA PERDA DA PROPRIEDADE

39. (MPE/SP/Promotor/2017/92_Concurso) Helena é engenheira, maior, solteira e especialista em programação, e, por conta de suas habilidades técnicas, acaba desenvolvendo avançado aplicativo para aparelhos celulares que permite que mulheres ativem redes de contatos pessoais, e, inclusive, a polícia militar e a polícia civil, caso se encontrem em situação de grave ameaça por conta de qualquer tipo de violência que estejam sofrendo ou em vias de sofrer. No entanto, para que ela possa lançar o aplicativo no mercado de forma adequada, ela precisa de capital, e, portanto, precisa obter acesso à linha de financiamento perante alguma instituição bancária ou fundo investidor, credores esses que, no entanto, lhe exigirão algum tipo de garantia. Helena tem mãe viva, mas está hospitalizada em estado grave. Também tem duas irmãs. Assinale a alternativa que traz uma garantia válida, que poderá ser ofertada e utilizada rapidamente por Helena perante uma instituição bancária ou um fundo investidor.

a) Uma nova hipoteca sobre um imóvel de sua exclusiva propriedade e que já está hipotecado ao banco, para garantir empréstimo anteriormente tomado para custear a faculdade de Helena e de seu mestrado no exterior.

b) A herança que Helena receberá de sua mãe, que está internada na UTI, em coma e em estado grave.

c) A hipoteca integral de um imóvel do qual é uma das proprietárias, juntamente com suas duas outras irmãs, as quais, no entanto, não concordam com esse oferecimento.

d) O penhor sobre as valiosas joias de sua mãe, as quais não estão sendo usadas, haja vista que ela se encontra internada no hospital, em coma e em estado grave.

e) O penhor sobre o quadro de Pablo Picasso, exposto no MASP, que era de seu falecido pai e que foi herdado por Helena e suas duas irmãs.

ANOTAÇÕES/COMENTÁRIOS

(a) Não há nenhum impedimento em constituir outra hipoteca sobre o imóvel de propriedade exclusiva, nos termos do artigo 1.476, do Código Civil: O dono do imóvel hipotecado pode constituir outra hipoteca sobre ele, mediante novo título, em favor do mesmo ou de outro credor.

(b) O ordenamento jurídico não admite contrato que tenha por objeto herança de pessoa viva, nos termos do artigo 426 do Código Civil: Não pode ser objeto de contrato a herança de pessoa viva.

(c) Conforme artigo 1.420, § 2º do Código Civil, a coisa comum a dois ou mais proprietários não pode ser dada em garantia real, na sua totalidade, sem o consentimento de todos; mas cada um pode individualmente dar em garantia real a parte que tiver.

(d) Só os bens que se podem alienar, podem ser objeto de penhor. No caso da questão os bens pertencem à mãe de Helena e esta não tem legitimidade para penhorá-las, consoante dispõe o artigo. 1.420 do Código Civil: Só aquele que pode alienar poderá empenhar, hipotecar ou dar em anticrese; só os bens que se podem alienar poderão ser dados em penhor, anticrese ou hipoteca.

(e) Nos termos do parágrafo 2º do artigo 1420, do Código Civil: a coisa comum a dois ou mais proprietários não pode ser dada em garantia real, na sua totalidade, sem o consentimento de todos; mas cada um pode individualmente dar em garantia real a parte que tiver.

Gabarito: A

Para responder, tem que estudar: lei.

40. (MPE/SP/Promotor/2017/92_Concurso) Carlos pegou o metrô e ao sentar-se no vagão, observa a existência de uma carteira cheia de dinheiro esquecida no banco ao seu lado. De acordo com a legislação civil brasileira, assinale o que ele deve fazer com a sua descoberta.

a) Entregar a carteira imediatamente para o segurança da empresa que presta serviços de segurança dentro do metrô, mediante comprovante de entrega.
b) Permanecer com a carteira por 72 horas, aguardando que o dono da carteira o procure durante esse intervalo de tempo, após o qual poderá permanecer com ela.
c) Devolver a carteira ao seu dono ou possuidor, ou, caso não o conheça, deverá tentar encontrá-lo ou entregar a coisa achada às autoridades competentes.
d) Permanecer com a carteira, porque achado não é roubado, haja visto que a legislação civil autoriza que a descoberta seja mantida com quem a encontra.
e) Deixar a carteira no banco ao seu lado e nada fazer com ela

ANOTAÇÕES/COMENTÁRIOS

(a, b, d, e) Vide comentários abaixo.

(c) A descoberta da carteira esquecida no vagão não legitima o descobridor a tornar seu proprietário. Aquele antigo brocardo de que "achado não é roubado" não encontra guardiã no ordenamento jurídico, eis que o art. 1.233. CC assim estabelece: Quem quer que ache coisa alheia perdida há de restituí-la ao dono ou legítimo possuidor. Parágrafo único. Não o conhecendo, o descobridor fará por encontrá-lo, e, se não o encontrar, entregará a coisa achada à autoridade competente.

Gabarito: C

Para responder, tem que estudar: lei.

14. DO DIREITO DE FAMÍLIA

41. (MPE/SP/Promotor/2010/87_Concurso) Assinale a alternativa correta:

a) o casamento daquele que não alcançou 16 (dezesseis) anos será permitido nos casos de gravidez.

b) a autorização tácita dos representantes legais do incapaz, para fins de casamento, não possui relevância jurídica.

c) a idade núbil é 15 anos.

d) é pressuposto legal para o deferimento do pedido de suprimento judicial de idade para casamento a demonstração da maturidade do nubente que não atingiu a idade núbil.

e) a anulação do casamento daquele que não atingiu a idade núbil pode ser requerida pelo próprio cônjuge menor, por seus representantes legais e por seus ascendentes, no prazo de 180 (cento e oitenta) dias, a partir da cessação da incapacidade, no primeiro caso, e do casamento, nas demais hipóteses.

ANOTAÇÕES/COMENTÁRIOS - QUESTÃO DESATUALIZADA

(a) À época da realização deste concurso, o art. 1.520 do Código Civil permitia, excepcionalmente, a realização do casamento de quem ainda não havia alcançado a idade núbil (art. 1.517), para evitar imposição ou cumprimento de pena criminal ou em caso de gravidez. No entanto, a Lei nº 13.811/2019 alterou essa regra, impedindo, sob qualquer hipótese, o casamento de quem ainda não alcançou a idade núbil.

(b) A autorização tácita ocorre quando os representantes legais presenciam o casamento ou manifestam a sua aprovação. Tartuce, (2020, p.1818) ensina que se trata de hipótese de convalidação, não se anulará esse casamento quando à sua celebração tiverem assistido – no sentido de presenciado, os representantes legais do menor, ou se esses representantes tiverem manifestado a sua aprovação (art. 1.555, § 2º, do CC). O dispositivo está inspirado na máxima da boa-fé objetiva que veda o comportamento contraditório (venire contra factum proprium non potest).

(c) A Idade núbil é de 16 anos, conforme artigo 1.517 do CC: O homem e a mulher com dezesseis anos podem casar, exigindo-se autorização de ambos os pais, ou de seus representantes legais, enquanto não atingida a maioridade civil.

(d) Da leitura do artigo 1517 e 1519 do CC, verifica-se que não há previsão legal da exigência de maturidade como pressuposto para o deferimento do pedido de suprimento judicial de idade para casamento. Destaca-se que, de acordo com a nova redação do art. 1.520, CC, o casamento de menores de 16 anos está proibido em qualquer hipótese.

(e) O art. 1552, prevê o rol de legitimados para a anulação do casamento dos menores de dezesseis anos: I – pelo próprio cônjuge menor; II- por seus representantes legais e III- por seus ascendentes. Com relação ao prazo para a propositura da ação, o artigo 1.555 dispõe que a ação deverá ser proposta em cento e oitenta dias, mas o início do prazo varia conforme o legitimado. De acordo com o parágrafo 1º do art. 1.560, CC, Extingue-se em 180 dias, o direito de anular o casamento dos menores de 16 anos, contado o prazo para o menor do dia em que perfez essa idade; e da data do casamento, para seus representantes legais ou ascendentes. Assim, a alternativa encontra-se incorreta porque o prazo para que o próprio cônjuge incapaz proponha a ação anulatória inicia-se com o atingimento dos dezesseis anos e não da cessação da incapacidade.

Gabarito: A

Para responder, tem que estudar: lei e teoria/doutrina.

42. (MPE/SP/Promotor/2010/87_Concurso) Assinale a alternativa correta:

a) na linha colateral, o parentesco encerra-se no sexto grau, sendo, pois, para fins jurídicos, finito.

b) o parentesco por afinidade limita-se aos ascendentes, aos descendentes e aos irmãos do cônjuge ou companheiro, não se extinguindo com a dissolução do casamento ou da união estável.

c) o parentesco pode ser natural ou civil. O primeiro decorre dos laços biológicos, da consanguinidade. O segundo, de outra origem, sendo exemplo desta espécie de parentesco a inseminação artificial heteróloga.

d) o ato de reconhecimento de filho é nulo quando feito sob condição ou termo.

e) o castigo imoderado do filho pelo pai é causa de extinção do poder familiar.

ANOTAÇÕES/COMENTÁRIOS

(a) Na linha colateral, o parentesco é finito, mas encerra-se no quarto grau, conforme dispõe o art. 1.592 do CC.

(b) Art. 1.595. Cada cônjuge ou companheiro é aliado aos parentes do outro pelo vínculo da afinidade. § 1 º O parentesco por afinidade limita-se aos ascendentes, aos descendentes e aos irmãos do cônjuge ou companheiro. § 2 º Na linha reta, a afinidade não se extingue com a dissolução do casamento ou da união estável.

(c) Art. 1.593. O parentesco é natural ou civil, conforme resulte de consanguinidade ou outra origem. Art. 1.597. Presumem-se concebidos na constância do casamento os filhos: V – havidos por inseminação artificial heteróloga, desde que tenha prévia autorização do marido.

(d) Art. 1.613. São ineficazes a condição e o termo apostos ao ato de reconhecimento do filho.

(e) O castigo imoderado é causa de perda do poder familiar, conforme artigo 1.638, I do CC

Gabarito: C

Para responder, tem que estudar: lei.

43. (MPE/SP/Promotor/2011/88_Concurso) Quando os cônjuges decidem pôr fim à sociedade conjugal, pretendendo divorciar-se consensualmente, eles devem levar em consideração:

a) o prazo de 2 (dois) anos a contar da separação judicial por mútuo consentimento.

b) a possibilidade de o divórcio ser formalizado perante o Cartório de Registro Civil, inclusive com relação aos filhos menores de 16 (dezesseis) anos.

c) a guarda compartilhada, com previsão de visita do pai em dias e horários alternados e opção de a mãe decidir sobre a educação.

d) o fato de as novas núpcias de um dos cônjuges não lhe retirar o direito de guarda antes fixado.

e) a prestação de alimentos aos filhos, que poderá ser compensada com a proximidade e visitação do cônjuge.

ANOTAÇÕES/COMENTÁRIOS

(a) Conforme art. 226, § 6º, da CF, o casamento civil pode ser dissolvido pelo divórcio, logo não há necessidade de cumprimento do requisito temporal para que se dissolva o casamento. A Emenda Constitucional 66/10 suprimiu o requisito de prévia separação judicial por mais de 1 (um) ano ou de comprovada separação de fato por mais de 2 (dois) anos. Enunciado 517, CJF: A Emenda Constitucional 66/2010 extinguiu os prazos previstos no art. 1.580 do Código Civil, mantido o divórcio por conversão.

(b) Há possibilidade de realização do divórcio extrajudicial, desde que não tenha filhos menores, consoante disposto no art. 733, do CPC. O divórcio consensual, a separação consensual e a extinção consensual de união estável, não havendo nascituro ou filhos incapazes e observados os requisitos legais, poderão ser realizados por escritura pública, da qual constarão as disposições de que trata o art. 731. No entanto, em 2013, foi aprovado o Enunciado 571 da VI Jornada de Direito Civil, segundo o qual, é possível que seja lavrada escritura pública de dissolução conjugal, mesmo com filhos menores, desde que se comprove a resolução prévia e judicial de todas as questões referentes aos filhos menores ou incapazes.

(c) Art. 1.583, § 1º Compreende-se por guarda unilateral a atribuída a um só dos genitores ou a alguém que o substitua (art. 1.584, § 5º) e, por guarda compartilhada a responsabilização conjunta e o exercício de direitos e deveres do pai e da mãe que não vivam sob o mesmo teto, concernentes ao poder familiar dos filhos comuns.

(d) Art. 1.588. O pai ou a mãe que contrair novas núpcias não perde o direito de ter consigo os filhos, que só lhe poderão ser retirados por mandado judicial, provado que não são tratados convenientemente. Art. 1.579. O divórcio não modificará os direitos e deveres dos pais em relação aos filhos. Parágrafo único: Novo casamento de qualquer dos pais, ou de ambos, não poderá impor restrições aos direitos e deveres previstos neste artigo.

(e) O direito aos alimentos não admite compensação, nos termos do art. 1707 do CC: Pode o credor não exercer, porém lhe é vedado renunciar o direito a alimentos, sendo o respectivo crédito insuscetível de cessão, compensação ou penhora.

Gabarito: D

Para responder, tem que estudar: lei e teoria/doutrina.

44. (MPE/SP/Promotor/2011/88_Concurso) Um cônjuge, casado sob o regime de comunhão parcial de bens e em estado de solvência, firma contrato de fiança em favor de terceiro, sem a necessária outorga uxória. Pode(m) pedir a decretação de anulabilidade:

a) ambos os cônjuges e o afiançado.
b) o cônjuge que não firmou o contrato.
c) o cônjuge que firmou o contrato.
d) o cônjuge que firmou o contrato e o afiançado.
e) os credores do cônjuge que firmou o contrato.

ANOTAÇÕES/COMENTÁRIOS

(a, c, d, e) Vide comentários abaixo.

(b) O contrato de fiança depende de outorga uxória para aqueles casados pelo regime diverso da separação absoluta (art. 1.647 do CC). Em caso de falta de autorização, é cabível anulação da fiança até dois anos após terminada a sociedade conjugal (art. 1.649 do CC) promovida pelo cônjuge a quem cabia concedê-la ou por seus herdeiros (art. 1.650 do CC)

Gabarito: B

Para responder, tem que estudar: lei.

45. (MPE/SP/Promotor/2012/89_Concurso) Pelo casamento, homem e mulher assumem mutuamente a condição de consortes, companheiros e responsáveis pelos encargos da família. Em relação à eficácia do casamento, é correto afirmar:

a) Qualquer dos nubentes, com a autorização expressa do outro, poderá acrescer ao seu o sobrenome do outro.

b) A direção da sociedade conjugal será exercida pelo marido, com a colaboração da mulher, sempre no interesse do casal e dos filhos.

c) São deveres do cônjuge virago: o planejamento familiar, a escolha do domicílio do casal, a educação dos filhos e a administração dos bens do casal.

d) Se qualquer dos cônjuges estiver encarcerado por mais de 180 (cento e oitenta) dias, o outro requererá ao juiz alvará para exercer, com exclusividade, a direção da família e a administração dos bens do casal.

e) Os cônjuges são obrigados a concorrer, na proporção de seus bens e dos rendimentos do trabalho, para o sustento da família e a educação dos filhos, qualquer que seja o regime patrimonial.

ANOTAÇÕES/COMENTÁRIOS

(a) O acréscimo do sobrenome do outro nubente não depende de autorização expressa deste, basta a vontade do nubente de acrescer o sobrenome do outro, conforme art. 1.565, § 1º do CC.

(b) Código Civil, art. 1.567: A direção da sociedade conjugal será exercida, em colaboração, pelo marido e pela mulher, sempre no interesse do casal e dos filhos.

(c) Tais escolhas não cabem ao cônjuge virago, são deveres de ambos os cônjuges, conforme exposto no CC, art. 1565, § 2º: § 2º O planejamento familiar é de livre decisão do casal, competindo ao Estado propiciar recursos educacionais e financeiros para o exercício desse direito, vedado qualquer tipo de coerção por parte de instituições privadas ou públicas; art. 1.569. O domicílio do casal será escolhido por ambos os cônjuges, (...) e art. 1.566. São deveres de ambos os cônjuges: IV – sustento, guarda e educação dos filhos; em situações específicas os bens serão administrados por um dos conjunges, a exemplo do previsto no art. 1.570 (colacionado na letra D) e art. 1.651. Quando um dos cônjuges não puder exercer a administração dos bens que lhe incumbe, segundo o regime de bens, caberá ao outro.

(d) Não há previsão legal de requerimento de alvará judicial, a direção da família e administração dos bens do casal decorrem do art. Art. 1.570, do CC: Se qualquer dos cônjuges estiver em lugar remoto ou não sabido, encarcerado por mais de cento e oitenta dias, interditado judicialmente ou privado, episodicamente, de consciência, em virtude de enfermidade ou de acidente, o outro exercerá com exclusividade a direção da família, cabendo-lhe a administração dos bens.

(e) Código Civil, art. 1.568: Os cônjuges são obrigados a concorrer, na proporção de seus bens e dos rendimentos do trabalho, para o sustento da família e a educação dos filhos, qualquer que seja o regime patrimonial.

Gabarito: E

Para responder, tem que estudar: lei.

46. (MPE/SP/Promotor/2013/90_Concurso) O Código Civil Brasileiro estabelece como idade núbil:

a) doze anos.
b) quatorze anos.
c) dezesseis anos.
d) dezoito anos.
e) vinte e um anos.

ANOTAÇÕES/COMENTÁRIOS

(a, b, d, e) Vide comentários abaixo.

(c) Nos termos do art. 1517, Código Civil, a idade núbil é aos 16 (dezesseis) anos, "O homem e a mulher com dezesseis anos podem casar, exigindo-se autorização de ambos os pais, ou de seus representantes legais, enquanto não atingida a maioridade civil.

Gabarito: C

Para responder, tem que estudar: lei.

47. (MPE/SP/Promotor/2013/90_Concurso) Dentre as incumbências estabelecidas pelo Código Civil ao tutor, assinale aquela que depende de autorização do juiz para ser exercida.

a) Pagar as dívidas do menor.
b) Fazer as despesas de subsistência e educação do menor, bem como as de administração, conservação e melhoramentos de seus bens.
c) Alienar os bens do menor destinados à venda.
d) Receber as rendas e pensões do menor, e as quantias a ele devidas.
e) Promover, mediante preço conveniente, o arrendamento de bens de raiz pertencentes ao menor.

ANOTAÇÕES/COMENTÁRIOS

(a) A alternativa corresponde ao disposto no art. 1748, I, Código Civil.

(b) A incumbência descrita na alternativa pode ser exercida pelo tutor independentemente da autorização do juiz, art. 1747, III, Código Civil.

(c) O tutor pode alienar os bens do menor destinados à venda, independentemente, de autorização do magistrado, art. 1747, IV, Código Civil.

(d) A incumbência descrita na alternativa pode ser exercida pelo tutor sem autorização do magistrado, art. 1747, II, Código Civil.

(e) O tutor pode promover o arrendamento de bens de raiz do menor, mediante preço bom, sem autorização do juiz, art. 1747, V, Código Civil.

Gabarito: A

Para responder, tem que estudar: lei.

48. (MPE/SP/Promotor/2013/90_Concurso) Dentre as situações abaixo, assinale aquela que não extingue o poder familiar:

a) Morte dos pais.
b) Emancipação.
c) Adoção.
d) Morte do filho.
e) Deserção.

ANOTAÇÕES/COMENTÁRIOS

(a) A morte dos pais extingue o poder familiar, art. 1635, I, Código Civil.

(b) A emancipação também extingue o poder familiar, art. 1635, II, Código Civil.

(c) A adoção extingue o poder familiar, art. 1635, IV, Código Civil.

(d) A morte do filho, outrossim, extingue o poder familiar, art. 1635, I, Código Civil.

(e) A deserção não extingue o poder familiar. Nos dizeres do doutrinador Flávio Tartuce "na deserdação, por outro lado, há um ato de última vontade que afasta o herdeiro necessário, sendo imprescindível a confirmação por sentença. Por isso é que deserdação é tratada pelo CC/02 no capítulo próprio da sucessão testamentária (arts. 1961 a 1965 do CC).

Gabarito: E

Para responder, tem que estudar: lei e teoria/doutrina.

49. (MPE/SP/Promotor/2013/90_Concurso) Em matéria de alimentos, é correto afirmar.

a) a fixação de alimentos em favor de mulher gestante depende de prova pré-constituída da paternidade.
b) após o nascimento da criança com vida, os alimentos gravídicos se extinguem, independentemente de sentença, devendo ser proposta ação de alimentos pelo recém-nascido contra o pai.

c) os alimentos gravídicos compreenderão os valores suficientes para cobrir as despesas com o parto, vedada pelo legislador a cobertura de outras despesas.

d) na ação de alimentos gravídicos, o prazo para o réu apresentar resposta é de 15 (quinze) dias.

e) na ação de alimentos gravídicos, é admitida a fixação de alimentos provisórios pelo juiz.

ANOTAÇÕES/COMENTÁRIOS

(a) Segundo o disposto no art. 6º, Lei nº 11.804/08, que regulamenta os alimentos gravídicos: "Convencido da existência de indícios da paternidade, o juiz fixará alimentos gravídicos que perdurarão até o nascimento da criança, sopesando as necessidades da parte autora e as possibilidades da parte ré."

(b) O art. 6º, parágrafo único, da Lei 11.804/08, dispõe que: "após o nascimento com vida, os alimentos gravídicos ficam convertidos em pensão alimentícia em favor do menor até que uma das partes solicite a sua revisão."

(c) Os alimentos gravídicos, nos termos do art. 2º, Lei 11.804/08, compreenderão "os valores suficientes para cobrir as despesas adicionais do período de gravidez e que sejam delas decorrentes, da concepção ao parto, inclusive as referentes a alimentação especial, assistência médica e psicológica, exames complementares, internações, parto, medicamentos e demais prescrições preventivas e terapêuticas indispensáveis, a juízo do médico, além de outras que o juiz considerar conveniente."

(d) O prazo para resposta é de 05 dias, art. 7º, Lei n 11.804/08.

(e) Há previsão expressa da possibilidade da fixação dos alimentos gravídicos no art. 6º, caput, da Lei nº 11.804/08.

Gabarito: E

Para responder, tem que estudar: lei.

50. (MPE/SP/Promotor/2015/91_Concurso) Sobre o regime de bens do casamento, assinale a alternativa correta:

a) A Código Civil alterou o ordenamento jurídico brasileiro para impor o princípio da imutabilidade absoluta do regime matrimonial de bens.

b) É vedada qualquer modificação no regime de bens de casamento celebrado antes da vigência do Código Civil de 2002.

c) A alteração do regime de bens na união estável depende de homologação judicial e prévia oitiva do Ministério Público.

d) O regime da separação obrigatória de bens do casamento poderá ser alterado pelos nubentes com mais de 70 anos de idade.

e) Cessada a causa suspensiva da celebração do casamento, será possível aos cônjuges modificar o regime obrigatório de bens do casamento para o eleito pelo casal.

ANOTAÇÕES/COMENTÁRIOS

(a) Conforme Código Civil, art. 1.639. § 2º É admissível alteração do regime de bens, mediante autorização judicial em pedido motivado de ambos os cônjuges, apurada a procedência das razões invocadas e ressalvados os direitos de terceiros.

(b) Observados os requisitos legais, tanto o Código Civil, quanto o NCPC admitem a alteração do regime de bens. No que tange aos casamentos realizados sob a égide do CC/1916, são por ele regulados, o artigo 2.039 do CC/02, mas o STJ pacificou o entendimento de que: CASAMENTO. REGIME DE BENS. ALTERAÇÃO JUDICIAL. CASAMENTO CELEBRADO SOB A ÉGIDE DO CC/1916. POSSIBILIDADE. ART. 2.039 DO CC/2002. ART. 1.639, § 2º, CC/2002. I. Precedentes recentes de ambas as Turmas da 2ª Seção desta Corte uniformizaram o entendimento no sentido da possibilidade de alteração de regime de bens de casamento celebrado sob a égide do Código Civil de 1916, por força do § 2º do artigo 1.639 do Código Civil atual. (...) (STJ, REsp: 1112123 2009). No mesmo sentido, dispõe o Enunciado 260 da III Jornada do CJF: Enunciado 260, da III Jornada de Direito Civil: Arts. 1.639, § 2º, e 2.039: A alteração do regime de bens prevista no § 2º do art. 1.639 do Código Civil também é permitida nos casamentos realizados na vigência da legislação anterior.

(c) Conforme artigo 1639, § 2º, CC, não é necessário a oitiva do Ministério Público.

(d) Art. 1.641. É obrigatório o regime da separação de bens no casamento: II – da pessoa maior de 70 (setenta) anos.

(e) Enunciado 262, III Jornada de Direito Civil: 262 – Arts. 1.641 e 1.639: A obrigatoriedade da separação de bens, nas hipóteses previstas nos incs. I e III do art. 1.641 do Código Civil, não impede a alteração do regime, desde que superada a causa que o impôs.

Gabarito: E

Para responder, tem que estudar: lei, jurisprudência e teoria/doutrina.

51. (MPE/SP/Promotor/2015/91_Concurso) Aponte a alternativa correta:

a) O Ministério Público não intervém nas ações de adoção entre partes maiores e capazes.

b) A adoção de pessoa maior e capaz, firmada na relação socioafetiva entre adotante e adotado, não depende de consentimento dos pais biológicos.

c) No caso de adoção póstuma, o juiz poderá suprir a vontade não manifestada em vida, por procedimento ou documento próprio, pelo pai de criação do adotando maior.

d) Em situações excepcionais, o marido poderá adotar a sua mulher, desde que comprovada em ação judicial a necessidade dessa providência.

e) Na adoção conjunta entre partes maiores e capazes, a lei dispensa a prova do casamento civil ou da união estável dos adotantes.

ANOTAÇÕES/COMENTÁRIOS

(a) À época da realização deste concurso, em que pese a previsão da intervenção obrigatória do Ministério Público nas ações que envolvam interesses de menores e incapazes, o CNMP considerava de relevância social os casos de ações relativas ao estado de filiação ainda que as partes envolvidas sejam maiores e capazes (Recomendação, de nº 34/16, artigo 5º, inciso IX). Contudo, o referido inciso foi revogado pela recomendação nº 37/16. Assim, essa alternativa encontra-se desatualizada.

(b) "ADOÇÃO DE PESSOA MAIOR DE IDADE SEM O CONSENTIMENTO DE SEU PAI BIOLÓGICO. Ante o abandono do adotando pelo pai biológico e o estabelecimento de relação paterno-filial (vínculo afetivo) entre adotante e adotando, a adoção de pessoa maior de idade não pode ser refutada sem apresentação de justa causa por parte do pai biológico. (...) Ciente disso, importa destacar que o poder familiar extingue-se pela maioridade (art. 1.635 do CC), pois "os filhos estão sujeitos ao poder familiar, enquanto menores" (art. 1.630 do CC). Portanto, considerando-se que o direito em discussão está envolto à defesa de interesse individual e disponível de pessoa plenamente capaz e que o exercício da autonomia da vontade do maior de dezoito anos não depende mais do consentimento de seus pais ou de seu representante legal, não se aplica o art. 45 do ECA à adoção de maior de idade. (...). Desse modo, sendo possível ao filho maior buscar suas origens biológicas, partindo-se de uma interpretação teleológica desse dispositivo, é possível reconhecer também o direito de afastá-las por definitivo, por meio de adoção quando ele atingir a maioridade". REsp 1.444.747, 2015, Informativo 558).

(c) Art. 42§ 6º ECA. A adoção poderá ser deferida ao adotante que, após inequívoca manifestação de vontade, vier a falecer no curso do procedimento, antes de prolatada a sentença. De acordo com o STJ, a adoção póstuma é admitida se o adotante, ainda em vida, manifestou de forma inequívoca a sua vontade de adotar o menor, mesmo que o procedimento de adoção não tenha sido iniciado quando vivo. (REsp 1217415-RS, 2012)

(d) Não há previsão legal quanto à possibilidade de o marido adotar a mulher.

(e) A questão demanda o conhecimento do regramento do CC e do ECA. Art. 1.619 do CC/02. A adoção de maiores de 18 (dezoito) anos dependerá da assistência efetiva do poder público e de sentença constitutiva, aplicando-se, no que couber, as regras gerais da Lei nº 8.069, de 13 de julho de 1990 – Estatuto da Criança e do Adolescente. Art. 197-A do ECA. Os postulantes à adoção, domiciliados no Brasil, apresentarão petição inicial na qual conste: III – cópias autenticadas de certidão de nascimento ou casamento, ou declaração relativa ao período de união estável.

Gabarito: B

Para responder, tem que estudar: lei, jurisprudência e teoria/doutrina.

52. (MPE/SP/Promotor/2015/91_Concurso) São pessoas legitimadas a promover a ação de anulação do ato jurídico, com exceção do:

a) cônjuge, não casado no regime da separação absoluta, por doação remuneratória de bem comum feita pelo outro.
b) cônjuge, não casado no regime da separação absoluta, em razão de aval ou fiança prestado pelo outro.
c) cônjuge, que tenha se negado à coabitação, na hipótese de casamento realizado pelo mandatário, sem que ele soubesse da revogação do mandato.
d) herdeiro, por erro substancial na designação do legatário ou da coisa legada na disposição testamentária.
e) neto de filho pré-morto, no caso de compra e venda realizada pelo avô a um de seus filhos vivos, sem o seu consentimento.

ANOTAÇÕES/COMENTÁRIOS

(a) Não cabe anulação de doação não remuneratória de bem comum feita pelo outro, mesmo que o cônjuge seja casado por regime diverso da separação absoluta, por força do artigo 1647, IV, do CC: Ressalvado o disposto no art. 1.648, nenhum dos cônjuges pode, sem autorização do outro, exceto no regime da separação absoluta: IV – fazer doação, não sendo remuneratória, de bens comuns, ou dos que possam integrar futura meação.

(b) O cônjuge, não casado no regime da separação absoluta, tem legitimidade para promover ação para anulação de aval ou fiança prestado pelo outro, conforme art. 1.647, inciso III: Art. 1.647. Ressalvado o disposto no art. 1.648, nenhum dos cônjuges pode, sem autorização do outro, exceto no regime da separação absoluta: III – prestar fiança ou aval; Art. 1.649. A falta de autorização, não suprida pelo juiz, quando necessária (art. 1.647), tornará anulável o ato praticado, podendo o outro cônjuge pleitear-lhe a anulação, até dois anos depois de terminada a sociedade conjugal.

(c) cônjuge, que tenha se negado à coabitação, na hipótese de casamento realizado pelo mandatário, sem que ele soubesse da revogação do mandato, tem legitimidade para promover ação anulatória do casamento, nos termos do artigo 1.550, inciso V. É anulável o casamento: V – realizado pelo mandatário, sem que ele ou o outro contraente soubesse da revogação do mandato, e não sobrevindo coabitação entre os cônjuges;

(d) O herdeiro, por erro substancial na designação do legatário ou da coisa legada na disposição testamentária, possui legitimidade para promover ação anulatória da disposição, consoante art. 1.903 do CC. O erro na designação da pessoa do herdeiro, do legatário, ou da coisa legada anula a disposição, salvo se, pelo contexto do testamento, por outros documentos, ou por fatos inequívocos, se puder identificar a pessoa ou coisa a que o testador queria referir-se.

(e) O neto de filho pré-morto, no caso de compra e venda realizada pelo avô a um de seus filhos vivos, sem o seu consentimento, tem legitimidade para promover ação anulatória, com base no art. 496 do CC: É anulável a venda de ascendente a descendente, salvo se os outros descendentes e o cônjuge do alienante expressamente houverem consentido.

Gabarito: A

Para responder, tem que estudar: lei.

53. (MPE/SP/Promotor/2015/91_Concurso) Sobre as pessoas obrigadas a prestar alimentos, é correto afirmar que:

a) o alimentando poderá escolher livremente o parente que deverá prover o seu sustento.

b) somente pessoas que procedem do mesmo tronco ancestral devem alimentos, incluindo-se os afins.

c) na falta dos ascendentes, a obrigação alimentícia cabe aos descendentes, guardada a ordem de sucessão e, na falta destes, aos irmãos, assim germanos como unilaterais.

d) os tios poderão ser convocados a suprir alimentos em ação proposta pela sobrinha que deles necessitar.

e) os pais consanguíneos do adotado são obrigados a prestar-lhe alimentos, se o adotante não tiver recursos suficientes para tanto.

ANOTAÇÕES/COMENTÁRIOS

(a) Nos termos dos artigos 1.696 e 1.697 do CC, não se trata de livre escolha do responsável em prestar os alimentos, pois há uma ordem que deve ser observada: Art. 1.696. O direito à prestação de alimentos é recíproco entre pais e filhos, e extensivo a todos os ascendentes, recaindo a obrigação nos mais próximos em grau, uns em falta de outros. Art. 1.697. Na falta dos ascendentes cabe a obrigação aos descendentes, guardada a ordem de sucessão e, faltando estes, aos irmãos, assim germanos como unilaterais.

(b) O código civil não imputa responsabilidade aos parentes afins. Conforme ensinamento de ASSIS NETO e outros (2017): Quanto à ordem obrigacional de prestação alimentícia, será sempre do grau mais próximo, excluindo o mais remoto, restringindo-se aos parentes naturais e civis até segundo grau. Não há falar, portanto, em obrigação alimentar entre parentes afins.

(c) Conforme artigo 1.697, do CC: Na falta dos ascendentes cabe a obrigação aos descendentes, guardada a ordem de sucessão e, faltando estes, aos irmãos, assim germanos como unilaterais.

(d) Segundo STJ, os alimentos prestados pelos tios configuram obrigação moral, pois não há dever legal de fazê-lo. Direito civil. Família. Recurso especial. Ação de alimentos ajuizada pelos sobrinhos menores, representados pela mãe, em face das tias idosas. (...) Se as tias paternas, pessoas idosas, sensibilizadas com a situação dos sobrinhos, buscaram alcançar, de alguma forma, condições melhores para sustento da família, mesmo depois da separação do casal, tal ato de caridade, de solidariedade humana, não deve ser transmutado em obrigação decorrente de vínculo familiar, notadamente em se tratando de alimentos decorrentes de parentesco, quando a interpretação majoritária da lei, tem sido no sentido de que tios não devem ser compelidos a prestar alimentos aos sobrinhos. (...) Na hipótese em julgamento, o que se verifica ao longo do relato que envolve as partes, é a voluntariedade das tias de prestar alimentos aos sobrinhos, para suprir omissão de quem deveria prestá-los, na acepção de um dever moral, porquanto não previsto em lei. Trata-se, pois, de um ato de caridade, de mera liberalidade, sem direito de ação para sua exigibilidade. O único efeito que daí decorre, em relação aos sobrinhos, é o de que prestados os alimentos, ainda que no cumprimento de uma obrigação natural nascida de laços de solidariedade, não são eles repetíveis, isto é, não terão as tias qualquer direito de serem ressarcidas das parcelas já pagas. (STJ, REsp: 1032846, 2009)

(e) Com adoção, rompe-se o vínculo com os pais biológicos (art. 50 do ECA) sendo conferidos iguais direitos (art. 20 ECA). O artigo 41 do ECA dispõe que: A adoção atribui a condição de filho ao adotado, com os mesmos direitos e deveres, inclusive sucessórios, desligando-o de qualquer vínculo com pais e parentes, salvo os impedimentos matrimoniais. Conforme ensinamento de ASSI NETO e outros (2017): Ao filho adotado são garantidos todos os direitos de filho, ocorrendo a rescisão com a família biológica, salvo quanto aos impedimentos matrimoniais (art. 1.521). Essa nova relação familiar, com parentesco civil, será estabelecida com toda a família, ou seja, adotante e adotado, descendentes, ascendentes e colaterais. Também serão resguardados dos direitos de alimentos e sucessórios, sem qualquer restrição. Destaca-se a Sumula 621 STJ (17/12/18) Os efeitos da sentença que reduz, majora ou exonera o alimentante do pagamento retroagem à data da citação, vedadas a compensação e a repetibilidade.

Gabarito: C

Para responder, tem que estudar: lei, jurisprudência e teoria/doutrina.

54. (MPE/SP/Promotor/2017/92_Concurso) Com relação à capacidade para o exercício da tutela, a legislação civil brasileira estabelece que não poderão ser tutoras, ou serão da tutela exoneradas, algumas pessoas que estejam ou que venham a estar em determinadas situações consideradas impeditivas para o exercício de tal atribuição. Para qual grupo de pessoas a seguir haveria a possibilidade de exercício de tutela?

a) Pessoas que não sejam probas.

b) Pessoas exercendo função pública incompatível com a administração da tutela.

c) Pessoas que não tenham a livre administração de seus bens.

d) Pessoas sob investigação em inquérito policial.

e) Pessoas que estejam constituídas em obrigação para com o menor.

ANOTAÇÕES/COMENTÁRIOS

(a) Nos termos do artigo 1.735 do CC, inciso V – Não podem ser tutores e serão exonerados da tutela, caso a exerçam: as pessoas de mau procedimento, ou falhas em probidade, e as culpadas de abuso em tutorias anteriores;

(b) De acordo com o artigo 1.735 do CC, inciso VI – Não podem ser tutores e serão exonerados da tutela, caso a exerçam: aqueles que exercerem função pública incompatível com a boa administração da tutela.

(c) Conforme artigo 1.735 do CC, inciso I – Não podem ser tutores e serão exonerados da tutela, caso a exerçam: aqueles que não tiverem a livre administração de seus bens;

(d) A vedação legal ao exercício da tutela é para aqueles que são condenados por crime de furto, roubo, estelionato, falsidade, contra a família ou os costumes, tenham ou não cumprido pena (art. 1.735, inciso IV). Logo, as pessoas sob investigação em inquérito policial não são impedidas de serem tutoras.

(e) Artigo 1.735 do CC, inciso II – aqueles que, no momento de lhes ser deferida a tutela, se acharem constituídos em obrigação para com o menor, ou tiverem que fazer valer direitos contra este, e aqueles cujos pais, filhos ou cônjuges tiverem demanda contra o menor;

Gabarito: D

Para responder, tem que estudar: lei.

55. (MPE/SP/Promotor/2017/92_Concurso) A legislação brasileira, quanto ao regime de comunhão universal entre cônjuges, determina que são

a) incluídos na comunhão universal as dívidas anteriores ao casamento, salvo se provierem de despesas com seus aprestos ou reverterem em proveito comum.

b) incluídos na comunhão universal os proventos do trabalho pessoal de cada cônjuge, percebidos na constância do casamento.

c) excluídos da comunhão universal todos os bens anteriores ao casamento, pois apenas os bens que forem adquiridos a partir da celebração do casamento se comunicam integralmente.

d) excluídos da comunhão universal joias pessoais e prêmios personalíssimos havidos ou recebidos por um dos cônjuges antes ou durante o casamento.

e) excluídos da comunhão universal os bens doados ou herdados com a cláusula de incomunicabilidade e os sub-rogados em seu lugar.

ANOTAÇÕES/COMENTÁRIOS

(a) As dívidas provenientes de despesas com aprestos ou que se reverterem em proveito comum são incluídas na comunhão, nos termos do artigo 1.668 do CC: São excluídos da comunhão (universal): III – as dívidas anteriores ao casamento, salvo se provierem de despesas com seus aprestos, ou reverterem em proveito comum;

(b) Nos termos do art. 1.668, inciso V, os bens referidos nos incisos V a VII do art. 1.659 são excluídos da comunhão universal de bens. São eles: V. os bens de uso pessoal, os livros e instrumentos de profissão; VI. Os proventos do trabalho pessoal de cada cônjuge: VII. As pensões, meio-soldos, montepios e ouras rendas semelhantes.

(c) Na comunhão universal, os bens se comunicam, mas não se trata de sua integralidade, pois o artigo 1668 apresenta hipóteses de exclusão da comunhão: Art. 1.668. São excluídos da comunhão: I – os bens doados ou herdados com a cláusula de incomunicabilidade e os sub-rogados em seu lugar; II – os bens gravados de fideicomisso e o direito do herdeiro fideicomissário, antes de realizada a condição suspensiva; III – as dívidas anteriores ao casamento, salvo se provierem de despesas com seus aprestos, ou reverterem em proveito comum; IV – as doações antenupciais feitas por um dos cônjuges ao outro com a cláusula de incomunicabilidade; V – Os bens referidos nos incisos V a VII do art. 1.659.

(d) O regime de comunhão universal importa a comunicação de todos os bens presentes e futuros dos cônjuges e suas dívidas passivas, com as exceções previstas no artigo 1.668 do CC. Assim, as joias pessoais e prêmios personalíssimos havidos ou recebidos antes ou durante o casamento se comunicam, nos termos do art. 1.667 do CC.

(e) Nos exatos termos os exatos termos do inciso I do art. 1.668: São excluídos da comunhão: I – os bens doados ou herdados com a cláusula de incomunicabilidade e os sub-rogados em seu lugar;

Gabarito: E

Para responder, tem que estudar: lei.

15. DOS DIREITOS DAS SUCESSÕES

56. (MPE/SP/Promotor/2010/87_Concurso) Assinale a alternativa correta:

a) a abertura da sucessão ocorre com a distribuição do inventário dos bens deixados pelo "de cujus".

b) realizada a partilha dos bens do falecido e havendo ainda dívidas, os herdeiros por elas respondem integralmente.

c) JOSÉ veio a falecer em decorrência de acidente de trânsito, sendo que seu irmão JOÃO, também vítima do mesmo acidente, sobreviveu por alguns dias, vindo a falecer. JOSÉ não possuía ascendentes, descendentes, cônjuge ou companheira, mas tão somente outros três irmãos. Aberta a sucessão e realizada a partilha, coube ¼ (um quarto) dos bens por ele deixados a cada um dos irmãos.

d) aquele que pretender estabelecer disposições especiais sobre o seu enterro deverá fazê-lo, necessariamente, por meio de testamento público, cerrado ou particular.

e) o direito de representação, segundo estabelece o Código Civil, dá-se na linha ascendente e descendente, assim como na linha transversal, mas neste caso somente em favor dos filhos de irmãos do falecido.

ANOTAÇÕES/COMENTÁRIOS

(a) A abertura da sucessão ocorre com a morte, conforme art. 1.784 CC. Aberta a sucessão, a herança transmite-se, desde logo, aos herdeiros legítimos e testamentários.

(b) Art. 1.792. O herdeiro não responde por encargos superiores às forças da herança; incumbe-lhe, porém, a prova do excesso, salvo se houver inventário que a escuse, demostrando o valor dos bens herdados.

(c) Considerando que João sobreviveu, por alguns dias, ao acidente que retirou a vida de seu irmão José, aquele é herdeiro desse, conforme ordem de vocação hereditária, pois José não possuía filhos, cônjuge ou ascendentes. A questão menciona que José possuía outros três irmãos, assim, a herança por ele deixada será partilhada entre João (sobrevivente) e os outros três irmãos, cabendo ¼ dos bens deixados a cada um dos irmãos.

(d) As disposições especiais serão feitas por meio de codicilo. Art. 1.881. Toda pessoa capaz de testar poderá, mediante escrito particular seu, datado e assinado, fazer disposições especiais sobre o seu enterro, sobre esmolas de pouca monta a certas e determinadas pessoas, ou, indeterminadamente, aos pobres de certo lugar, assim como legar móveis, roupas ou joias, de pouco valor, de seu uso pessoal.

(e) Nos termos do art. 1.852. O direito de representação dá-se na linha reta descendente, mas nunca na ascendente.

Gabarito: C

Para responder, tem que estudar: lei.

57. (MPE/SP/Promotor/2010/87_Concurso) Assinale a alternativa incorreta:

a) falecendo o usufrutuário, o direito de usufruto transmite-se aos seus herdeiros.
b) não existe usufruto sucessivo.
c) no usufruto o direito de acrescer depende de estipulação expressa.
d) é possível o usufruto simultâneo.
e) o nuproprietário, observados os direitos do usufrutuário, pode dispor do bem que se encontra gravado com o usufruto.

ANOTAÇÕES/COMENTÁRIOS

(a) Em caso de morte, há extinção do usufruto (Art. 1.410, I, do CC). Importante lembrar a regra do art. 1.411 CC: Constituído o usufruto em favor de duas ou mais pessoas, extinguir-se-á a parte em relação a cada uma das que falecerem, salvo se, por estipulação expressa, o quinhão desses couber ao sobrevivente. Sobre o tema, colaciona-se recente decisão do STJ: A morte de usufrutuário que arrenda imóvel, durante a vigência do contrato de arrendamento, sem a reivindicação possessória pelo proprietário, torna precária e injusta a posse exercida pelos seus sucessores (eis que, com a morte do usufrutuário, extingue-se o usufruto), mas não constitui óbice ao exercício dos direitos provenientes do contrato de arrendamento pelo espólio perante o terceiro arrendatário.(REsp 1.758.946-SP, Rel. Min. Marco Aurélio Bellizze, julgado em 08/06/2021 – Info 700).

(b) ASSIS NETO e outros (2017) ensinam que quanto à duração, a doutrina refere-se ao chamado usufruto sucessivo, que se caracteriza pela continuidade de sua vigência para depois da morte do usufrutuário, transferindo-se pois, aos herdeiros ou terceiros instituídos pelo ato de constituição do direito real. Entende-se, no entanto, pela proibição do usufruto sucessivo, em virtude de não constar dentre as hipóteses de duração previstas no Código Civil.

(c) art. 1.411 CC: Constituído o usufruto em favor de duas ou mais pessoas, extinguir-se-á a parte em relação a cada uma das que falecerem, salvo se, por estipulação expressa, o quinhão desses couber ao sobrevivente.

(d) O usufruto pode ser constituído em favor de duas ou mais pessoas, art. 1.411 do CC.

(e) O STJ admite a alienação de bem gravado com direito real de usufruto, cabendo ao comprador, respeitar o usufruto, pois a alienação não é causa de extinção: (...) 2. Em que pese a dificuldade na alienação do bem imóvel em questão, é certo que a execução é realizada em benefício do credor, nos termos do art. 612 do CPC. A indivisibilidade do bem e o fato de o imóvel estar gravado com ônus real, in casu, usufruto, não lhe retiram, por sí sós, a possibilidade de penhora, eis que os arts. 184 do CTN e 30 da Lei n. 6.830/80 trazem previsão expressa de que os bens gravados com ônus real também respondem pelo pagamento do crédito tributário ou dívida ativa da Fazenda Pública. 3. Eventual arrematante deverá respeitar o ônus real que recai sobre o imóvel. (REsp 1232074, 2011).

Gabarito: A

Para responder, tem que estudar: lei, jurisprudência e teoria/doutrina.

58. (MPE/SP/Promotor/2012/89_Concurso) Em direito das sucessões, constitui a legítima:

a) Na metade dos bens da herança pertencente aos herdeiros necessários.

b) No legado recebido, pelo herdeiro necessário, da parte disponível dos bens do testador.

c) Na ordem ocupada pelo cônjuge sobrevivente na sucessão legítima.

d) No direito do herdeiro, em ação de petição de herança, demandar o reconhecimento de seu direito sucessório.

e) Na exclusão da sucessão do herdeiro ou legatário declarado, por sentença, indigno.

ANOTAÇÕES/COMENTÁRIOS

(a) O conceito de legítima está previsto no artigo 1.846 do CC: Pertence aos herdeiros necessários, de pleno direito, a metade dos bens da herança, constituindo a legítima.

(b, c, d, e) Vide comentários acima.

Gabarito: A

Para responder, tem que estudar: lei.

59. (MPE/SP/Promotor/2013/90_Concurso) Em tema de sucessão legítima, assinale abaixo a assertiva incorreta.

a) São herdeiros necessários os descendentes, os ascendentes e o cônjuge.

b) Ao cônjuge sobrevivente, qualquer que seja o regime de bens, será assegurado, sem prejuízo da participação que lhe caiba na herança, o direito real de habitação.

c) Entre os descendentes, os em grau mais próximo, excluem os mais remotos, salvo o direito de representação.

d) Na falta de descendentes, são chamados à sucessão os ascendentes em concorrência com o cônjuge sobrevivente.

e) O herdeiro necessário, a quem o testador deixar a sua parte disponível, ou algum legado, terá excluído seu direito à legítima.

ANOTAÇÕES/COMENTÁRIOS

(a) A alternativa repete o disposto no art. 1.845, Código Civil.

(b) A alternativa contempla o disposto no art. 1.831, Código Civil. Interessante mencionar que o Tribunal Cidadão, em julgado recente, admitiu a aplicação desse benefício ao companheiro. Na tese que trata da união estável, restou assentado que "o companheiro sobrevivente tem direito real de habitação sobre o imóvel no qual convivia com o falecido, ainda que silente o art. 1.831 do atual Código Civil." (REsp 1.203.144). Reforçando o entendimento, tem-se, ainda, o Enunciado nº 117 da I Jornada de Direito Civil: "o direito real de habitação deve ser estendido ao companheiro, seja por não ter sido revogada a previsão da Lei n. 9278/96, seja em razão da interpretação analógica do art. 1831, informado pelo art. 6º, caput, da CF."

(c) A alternativa corresponde ao art. 1833, Código Civil.

(d) A alternativa corresponde ao disposto no art. 1.836, Código Civil.

(e) A alternativa contraria o disposto no art. 1.849, Código Civil: "O herdeiro necessário, a quem o testador deixar a sua parte disponível, ou algum legado, não perderá o direito à legítima."

Gabarito: E

Para responder, tem que estudar: lei e jurisprudência.

60. (MPE/SP/Promotor/2015/91_Concurso) Sobre o testamento cerrado, é correto afirmar que:

a) A pessoa portadora de cegueira total poderá testar sob a forma cerrada.

b) O analfabeto poderá dispor de seus bens em testamento cerrado.

c) O testador surdo-mudo poderá fazer o testamento por intermédio de outra pessoa, a seu rogo.

d) Não obstante a deficiência auditiva do testador, o auto de aprovação do testamento cerrado deverá ser lido na presença dele e das testemunhas.

e) O testamento cerrado deverá obrigatoriamente ser escrito em língua nacional, pelo próprio testador, ou por outrem, a seu rogo.

ANOTAÇÕES/COMENTÁRIOS

(a) Segundo art. 1.867 do CC: Ao cego só se permite o testamento público, que lhe será lido, em voz alta, duas vezes, uma pelo tabelião ou por seu substituto legal, e a outra por uma das testemunhas, designada pelo testador, fazendo-se de tudo circunstanciada menção no testamento.

(b) Conforme art. 1.872 do CC: Não pode dispor de seus bens em testamento cerrado quem não saiba ou não possa ler.

(c) CC, Art. 1.873: Pode fazer testamento cerrado o surdo-mudo, contanto que o escreva todo, e o assine de sua mão, e que, ao entregá-lo ao oficial público, ante as duas testemunhas, escreva, na face externa do papel ou do envoltório, que aquele é o seu testamento, cuja aprovação lhe pede.

(d) Conforme artigo 1.873 admite-se o testamento cerrado feito pelo surdo-mudo, desde que o escreva todo. O artigo 1.868 do CC, localizado na seção III "Do Testamento Cerrado" dispõe sobre as formalidades para a sua validade e dentre elas está a leitura do testamento na presença de duas testemunhas e do testador.

(e) O art. 1.871 do CC que se encontra na seção III "Do Testamento Cerrado" dispõe que: O testamento pode ser escrito em língua nacional ou estrangeira, pelo próprio testador, ou por outrem, a seu rogo.

Gabarito: D

Para responder, tem que estudar: lei.

61. (MPE/SP/Promotor/2015/91_Concurso) Entre as opções abaixo, assinale a alternativa correta:

a) O neto, que vier a receber doação de seu avô, estando seu pai vivo por ocasião da morte do doador, se for chamado à sucessão do avô, não precisará colacionar.

b) A dispensa da colação pode ser outorgada pelo doador também pela forma oral.

c) O testamenteiro possui legitimidade para, na defesa do interesse dos herdeiros necessários, exigir a colação das liberalidades recebidas, em vida, por um dos filhos do autor da herança em prejuízo dos demais.

d) O ascendente que for contemplado, em vida, com uma liberalidade do descendente está obrigado à colação, sobrevindo a morte do doador.

e) As doações que o doador determinar que saiam da parte disponível estão sujeitas à colação, ainda que não a excedam.

ANOTAÇÕES/COMENTÁRIOS

(a) Os netos só são obrigados a colacionar se estiverem representando seus pais, nos termos do art. 2.009 do CC: Quando os netos, representando os seus pais, sucederem aos avós, serão obrigados a trazer à colação, ainda que não o hajam herdado, o que os pais teriam de conferir.

(b) Não se admite a dispensa da colação por meio oral, conforme art. 2.006 do CC: A dispensa da colação pode ser outorgada pelo doador em testamento, ou no próprio título de liberalidade.

(c) A colação é obrigação imposta aos descendentes, nos termos do art. 2.002: Os descendentes que concorrerem à sucessão do ascendente comum são obrigados, para igualar as legítimas, a conferir o valor das doações que dele em vida receberam, sob pena de sonegação. O testamenteiro não possui legitimidade para exigir a colação das liberalidades recebidas, em vida, por um dos descendentes do de cujus, pois de acordo com o art. 1.994 do CC, a ação de sonegados só pode ser movida pelos herdeiros ou pelos credores da herança.

(d) Consoante ensinamentos de TARTUCE (2020, p.2427): "Em relação aos ascendentes e colaterais, estão dispensados da colação, uma vez que a lei não prevê tal dever."

(e) Art. 2.005. São dispensadas da colação as doações que o doador determinar saiam da parte disponível, contanto que não a excedam, computado o seu valor ao tempo da doação.

Gabarito: A

Para responder, tem que estudar: lei e teoria/doutrina.

62. (MPE/SP/Promotor/2017/92_Concurso) Maria Junqueira falece. Ela era brasileira e casada com João Melo, que após o casamento decidira adotar o sobrenome da esposa e passou a se chamar João Melo Junqueira. Maria e João eram casados sob o regime de separação de bens. Viviam felizes e residiam na Rua das Flores, 1582, no centro da cidade de Horizonte Lindo, Estado de São Paulo. O casal possuía três filhos e quatro imóveis, além daquele imóvel da Rua das Flores, em que habitavam quando do momento do falecimento de Maria. O viúvo pretende continuar morando no mesmo imóvel. Assim sendo, assiste ao cônjuge sobrevivente, com relação ao imóvel de residência do casal, na Rua das Flores, o direito

a) pessoal de usufruto em vida, relativamente ao imóvel destinado à residência da família.
b) de usar, gozar e usufruir do bem até o final do inventário e partilha, bem como de perceber os frutos dele decorrentes durante esse período.
c) real de habitação, relativamente ao imóvel destinado à residência da família.
d) pessoal de alugar esse imóvel, bem como de perceber os seus frutos, caso deixe de ter interesse na permanência no imóvel.
e) de preferência quanto à locação desse bem, quando da realização da partilha.

ANOTAÇÕES/COMENTÁRIOS

(a, b, d, e) Vide comentários abaixo.

(c) O direito real de habitação está previsto no artigo 1.831 do Código Civil, que assim dispõe: Ao cônjuge sobrevivente, qualquer que seja o regime de bens, será assegurado, sem prejuízo da participação que lhe caiba na herança, o direito real de habitação relativamente ao imóvel destinado à residência da família, desde que seja o único daquela natureza a inventariar. De acordo com o STJ, o reconhecimento do direito real de habitação, a que se refere o art. 1.831 do Código Civil, não pressupõe a inexistência de outros bens no patrimônio do cônjuge/companheiro sobrevivente. (REsp 1.582.178-RJ/2018 – Info 633). Através da leitura do referido dispositivo, verifica-se que não houve referência ao (à) companheiro (a). O Enunciado 117 CJF estabelece que – O direito real de habitação deve ser estendido ao companheiro, seja por não ter sido revogada a previsão da Lei n. 9.278/96, seja em razão da interpretação analógica do art. 1.831, informado pelo art. 6º, caput, da CF/88. Os Tribunais Superiores já reconheceram o direito real de habitação ao companheiro (STJ, REsp 1.249.227, 2014 e STF, RE 878.694). Rosenvald e Chaves ensinam que: "Dúvida não pode existir: o direito real de habitação do companheiro tem a mesma regulamentação do direito conferido ao cônjuge sobrevivente, consoante a dicção do artigo 1.831 da Codificação. Trata-se, pois, de um direito de habitação vitalício e incondicionado, não se extinguindo pela constituição de uma nova relação familiar, após a viuvez" (2018).

Gabarito: C

Para responder, tem que estudar: lei, jurisprudência e teoria/doutrina.

63. (MPE/SP/Promotor/2019/93_Concurso) Roberto Nascimento faleceu sem deixar testamento nem herdeiros notoriamente conhecidos. Com relação à sua herança, é correto afirmar que:

a) praticadas as diligências de arrecadação e ultimado o inventário, serão expedidos editais na forma da lei processual, e, decorrido um ano de sua primeira publicação, sem que haja herdeiro habilitado, ou penda habilitação, será a herança declarada jacente.

b) os credores de Roberto têm o direito de pedir o pagamento das dívidas, desde que reconhecidas judicialmente, nos limites das forças da herança.

c) seus bens serão arrecadados, ficando sob a guarda e a administração de um curador, até a sua entrega ao sucessor devidamente habilitado ou à declaração de sua vacância.

d) quando todos os chamados a suceder renunciarem à herança, será esta desde logo declarada jacente.

e) a declaração de vacância da herança não prejudicará os herdeiros que legalmente se habilitarem; mas, decorridos cinco anos da abertura da sucessão, os bens arrecadados passarão ao domínio do Município ou do Distrito Federal, se localizados nas respectivas circunscrições, incorporando-se ao domínio da União quando situados em território federal. Não se habilitando até a declaração de jacência, os colaterais ficarão excluídos da sucessão.

ANOTAÇÕES/COMENTÁRIOS

(a) De acordo com o art. 1.820 do CC, a herança será declarada vacante e, não jacente, se praticadas as diligência de arrecadação e ultimado o inventário, forem expedidos os editais na forma da lei processual, e, decorrido um ano de sua primeira publicação, não haja herdeiro habilitado ou penda habilitação.

(b) Não há a necessidade de reconhecimento judicial das dívidas para que os credores do falecido habilitem os respectivos créditos no inventário. Dispõe o art. 1.821, do CC que: "É assegurado aos credores o direito de pedir o pagamento das dívidas reconhecidas, nos limites das forças da herança."

(c) Código Civil, art. 1.819: "Falecendo alguém sem deixar testamento nem herdeiro legítimo notoriamente conhecido, os bens da herança, depois de arrecadados, ficarão sob a guarda e administração de um curador, até a sua entrega ao sucessor devidamente habilitado ou à declaração de sua vacância."

(d) De acordo com o art. 1.823 do CC, quando todos os chamados a suceder renunciarem à herança, será esta desde logo declarada vacante e, não, jacente como consta na alternativa.

(e) Os colaterais ficarão excluídos da sucessão se não se habilitarem até a declaração de vacância. Dispõe o art. 1.822 do CC que: "A declaração de vacância da herança não prejudicará os herdeiros que legalmente se habilitarem; mas, decorridos cinco anos da abertura da sucessão, os bens arrecadados passarão ao domínio do Município ou do Distrito Federal, se localizados nas respectivas circunscrições, incorporando-se ao domínio da União quando situados em território federal. Parágrafo único. Não se habilitando até a declaração de vacância, os colaterais ficarão excluídos da sucessão."

Gabarito: C

Para responder, tem que estudar: lei.

64. (MPE/SP/Promotor/2019/93_Concurso) Os descendentes que concorrerem à sucessão do ascendente comum são obrigados, para igualar as legítimas, a conferir o valor das doações que dele em vida receberam. Esse conceito corresponde ao instituto da:

a) colação.
b) sonegação.
c) conferência.
d) colmatação.
e) substituição.

ANOTAÇÕES/COMENTÁRIOS

(a) A alternativa reproduz o disposto no art. 2.002, do Código Civil, o qual apresenta o conceito do instituto da colação: "os descendentes que concorrerem à sucessão do ascendente comum são obrigados, para igualar as legítimas, a conferir o valor das doações que dele em vida receberam, sob pena de sonegação."

(b, c, d, e) Vide comentários acima.

Gabarito: A

Para responder, tem que estudar: lei.

65. (MPE/SP/Promotor/2019/93_Concurso) Assinale a alternativa correta.

a) Aceita a herança, torna-se definitiva a sua transmissão ao herdeiro, desde a abertura da sucessão, sendo que a transmissão tem-se por não verificada quando o herdeiro renuncia à herança ou se retrata da aceitação antes da partilha.
b) Aberta a sucessão e se ainda não estiver concebido o herdeiro esperado, os bens reservados em testamento, salvo disposição em contrário do testado, caberão aos herdeiros legítimos.
c) O herdeiro pode, em ação de petição de herança, demandar o reconhecimento de seu direito sucessório, para obter a restituição da herança, ou de parte dela, contra quem, na qualidade de herdeiro, ou mesmo sem título, a possua.
d) A responsabilidade do possuidor da herança afere-se pelas regras concernentes à posse de má-fé e a mora, no momento em que o ato foi praticado.
e) Não são eficazes as alienações feitas, ainda que a título oneroso, pelo herdeiro aparente a terceiro de boa-fé.

ANOTAÇÕES/COMENTÁRIOS

(a) Conforme disposto no art. 1.804, do CC, aceita a herança, torna-se definitiva a sua transmissão ao herdeiro, desde a abertura da sucessão, sendo que a sua transmissão tem-se por não verificada apenas quando o herdeiro renuncia à herança. Isto porque, de acordo com o art. 1812, do CC, não é admitida a retratação da aceitação ou da renúncia da herança pelo herdeiro, eis que estes atos são irrevogáveis. Assim, inexistindo retratação da aceitação, uma vez aceita a herança, torna-se definitiva a sua transmissão ao herdeiro, desde a abertura da sucessão.

(b) De acordo com o parágrafo 4º do art. 1.800 do CC, os bens reservados em testamento, salvo disposição em contrário do testador, caberão aos herdeiros legítimos se, decorridos dois anos após a abertura da sucessão, não for concebido o herdeiro esperado.

(c) Código Civil, art. 1.824: "O herdeiro pode, em ação de petição de herança, demandar o reconhecimento de seu direito sucessório, para obter a restituição da herança, ou de parte dela, contra quem, na qualidade de herdeiro, ou mesmo sem título, a possua."

(d) De acordo com o parágrafo único do art. 1.816 do CC, é a partir da citação para a ação de petição de herança e, não do momento em que o ato foi praticado, como consta na alternativa, que a responsabilidade do possuidor da herança será aferida pelas regras concernentes à posse de má-fé e a mora.

(e) As alienações feitas, ainda que a título oneroso, pelo herdeiro aparente a terceiro de boa-fé são eficazes, conforme previsto no parágrafo único do art. 1.827 do CC.

Gabarito: C

Para responder, tem que estudar: lei.

16. DA REDUÇÃO DAS DISPOSIÇÕES TESTAMENTÁRIAS

Tópico sem questões em provas recentes.

17. DO INVENTÁRIO E DA PARTILHA

Tópico sem questões em provas recentes.

18. REGISTROS PÚBLICOS

66. (MPE/SP/Promotor/2012/89_Concurso) A Lei de Registros Públicos (Lei nº 6.015/73) estabelece que, apresentado o título ao registro imobiliário, o oficial, havendo exigência a ser satisfeita, a indicará por escrito. O apresentante do título, não se conformando com a exigência do oficial ou não a podendo satisfazer, requererá que o oficial suscite a dúvida imobiliária para o juiz dirimi-la, obedecendo-se o seguinte:

I. No Protocolo, anotará o oficial, à margem da prenotação, a ocorrência da dúvida.

II. O oficial dará ciência dos termos da dúvida ao apresentante, fornecendo-lhe cópia da suscitação e notificando-o para impugná-la no próprio cartório de registro de imóveis, no prazo de 15 (quinze) dias, remetendo-se, em seguida, os autos ao juiz.

III. Impugnada a dúvida com os documentos que o interessado apresentar, será ouvido o Ministério Público, no prazo de 10 (dez) dias.

IV. Da sentença, poderão interpor apelação, com os efeitos devolutivo e suspensivo, o oficial do cartório de registro, o interessado, o Ministério Público e o terceiro prejudicado.

V. Transitada em julgado a decisão da dúvida, se for julgada procedente, os documentos serão devolvidos ao apresentante, dando-se ciência da decisão ao oficial, para que a consigne no Protocolo e cancele a Prenotação; se for julgada improcedente, o interessado apresentará, de novo, o título, com o respectivo mandado judicial, para que o oficial proceda ao registro anteriormente negado.

Está correto o que se afirma apenas em

a) II, IV e V.

b) I, III, IV e V.

c) I, II e III.

d) I, III e V.

e) III, IV e V.

ANOTAÇÕES/COMENTÁRIOS

(I) CORRETA: Lei 6.015/73, art. 198 – Havendo exigência a ser satisfeita, o oficial indicá-la-á por escrito. Não se conformando o apresentante com a exigência do oficial, ou não a podendo satisfazer, será o título, a seu requerimento e com a declaração de dúvida, remetido ao juízo competente para dirimi-la, obedecendo-se ao seguinte: I – no Protocolo, anotará o oficial, à margem da prenotação, a ocorrência da dúvida; (...)

(II) INCORRETA: O apresentante impugnará a suscitação perante o juízo competente, no prazo de 15 dias, conforme art. 198, inciso III da Lei 6.015/73.

(III) CORRETA: Lei 6.015/73, art. 200 – Impugnada a dúvida com os documentos que o interessado apresentar, será ouvido o Ministério Público, no prazo de dez dias.

(IV) INCORRETA: O oficial de cartório não consta do rol dos legitimados a recorrer da decisão, conforme art. 202, Lei 6.015/73: Da sentença, poderão interpor apelação, com os efeitos devolutivo e suspensivo, o interessado, o Ministério Público e o terceiro prejudicado.

(V) CORRETA: Lei 6.015/73, art. 203. Transitada em julgado a decisão da dúvida, proceder-se-á do seguinte modo: I – se for julgada procedente, os documentos serão restituídos à parte, independentemente de translado, dando-se ciência da decisão ao oficial, para que a consigne no Protocolo e cancele a prenotação; II – se for julgada improcedente, o interessado apresentará, de novo, os seus documentos, com o respectivo mandado, ou certidão da sentença, que ficarão arquivados, para que, desde logo, se proceda ao registro, declarando o oficial o fato na coluna de anotações do Protocolo.

Gabarito: D

Para responder, tem que estudar: lei.

19. REGISTRO CIVIL DAS PESSOAS NATURAIS

67. (MPE/SP/Promotor/2010/87_Concurso) Assinale a alternativa correta:

a) os nascimentos, casamentos, divórcios e óbitos são averbados no Registro Civil de Pessoas Naturais.

b) o enteado ou a enteada poderá adotar o nome de família do padrasto ou da madrasta, desde que assim requeira ao Oficial do Registro Civil. A averbação somente será autorizada caso haja concordância expressa do padrasto ou da madrasta.

c) a averbação é modalidade de ato registrário e tem caráter acessório.

d) os pais podem sempre escolher o prenome dos filhos.

e) no caso de a criança morrer na ocasião do parto, tendo, entretanto, respirado, será feito um assento com os elementos que couberem e com remissão ao óbito.

ANOTAÇÕES/COMENTÁRIOS

(a) O examinador inverteu as hipóteses de registro e averbação. Os nascimentos, casamentos e óbitos serão registrados em registro público (art. 9º, I, do CC), já os divórcios serão neste averbados (art. 10, I, do CC);

(b) Para que haja averbação do nome de família de seu padrasto ou madrasta, a Lei de Registros Públicos, exige que haja motivo ponderável e o pedido deve ser feito ao juiz competente e não ao oficial do registro civil, como descrito na questão, artigo 57, § 8º O enteado ou a enteada, havendo motivo ponderável e na forma dos §§ 2º e 7º deste artigo, poderá requerer ao juiz competente que, no registro de nascimento, seja averbado o nome de família de seu padrasto ou de sua madrasta, desde que haja expressa concordância destes, sem prejuízo de seus apelidos de família.

(c) A averbação é modalidade de ato registrário e tem caráter acessório, pois é ato que visa modificar ou cancelar o próprio registro, ASSIS NETO e outros (2017).

(d) Nem toda escolha do nome é admitida pelo ordenamento jurídico, pois a lei de Registros Públicos, em seu artigo 55, Parágrafo único dispõe que: Os oficiais do registro civil não registrarão prenomes suscetíveis de expor ao ridículo os seus portadores. Quando os pais não se conformarem com a recusa do oficial, este submeterá por escrito o caso, independente da cobrança de quaisquer emolumentos, à decisão do Juiz competente.

(e) Lei 6.015/73, artigo 53, § 2º No caso de a criança morrer na ocasião do parto, tendo, entretanto, respirado, serão feitos os dois assentos, o de nascimento e o de óbito, com os elementos cabíveis e com remissões recíprocas.

Gabarito: C

Para responder, tem que estudar: lei e teoria/doutrina.

68. (MPE/SP/Promotor/2013/90_Concurso) Assinale a assertiva que expressa INCORREÇÃO:

a) O nome ou apelido de família, em regra, é imutável, mas admite-se alteração somente por exceção e desde que se justifique motivadamente sua necessidade.

b) A alteração do nome completo da pessoa poderá ser concedida pelo juiz competente em razão de fundada coação ou ameaça decorrente de colaboração com a apuração de crime.

c) A correção de erros que não exijam qualquer indagação poderá ser feita de ofício pelo oficial do registro civil no próprio cartório onde se encontra o assento, dispensada nesse caso a oitiva do Ministério Público.

d) O prenome é definitivo, todavia a lei admite expressamente a sua substituição por apelidos públicos notórios, e prevê que em caso de adoção possa ser substituído por aquele que o adotante indicar.

e) O prenome pode ser alterado, a pedido do interessado, no primeiro ano após ter atingido a maioridade civil.

ANOTAÇÕES/COMENTÁRIOS

(a) A alternativa está em consonância com o ordenamento jurídico. A Lei de Registros Públicos regulamenta em seu art. 58 que "o prenome será definitivo, admitindo-se, todavia, a sua substituição por apelidos públicos e notórios." Nesse sentido, tem-se que é mais fácil alterar o prenome do que o sobrenome. Mas, em casos excepcionais e desde que justificados, a referida legislação permite a alteração. Como exemplo, o disposto no art. 57, § 8º, Lei 6.015/73, que permite a inclusão do sobrenome do padrasto: "o enteado ou a enteada, havendo motivo ponderável e na forma dos §§ 2º e 7º deste artigo, poderá requer ao juiz competente que, no registro de nascimento, seja averbado o nome de família de seu padrasto ou de sua madrasta, desde que haja expressa concordância destes, sem prejuízo dos apelidos de família." Acrescenta-se que, o Tribunal Cidadão, no REsp. 66.643/SP, assentou o entendimento que nos casos de abandono afetivo do genitor, o filho pode retirar sobrenome paterno, "o direito da pessoa de portar um nome que não lhe remeta às angústias decorrentes do abandono paterno e, especialmente, corresponda à sua realidade familiar, sobrepõe-se ao interesse público de imutabilidade do nome, já excepcionado pela própria Lei de Registros Públicos."

(b) A alternativa está em consonância com o disposto nos arts. 57, § 7º e 58, parágrafo único, da Lei de Registros Públicos.

(c) A alternativa contrariava o disposto no art. 110, LRP, com a redação dada pela Lei nº 12.100/2009, que exigia a oitiva do Ministério Público para correção de erros. Como a questão pediu a assertiva incorreta, esta foi a resposta exigida à época do concurso. Ocorre que, a Lei nº 13.484/2017 alterou a redação do art. 110 da LRP, dispensando a prévia oitiva do Ministério Pública para a correção de ofício pelo Oficial do Registro de erros que não exijam qualquer indagação para a sua constatação. Assim, a questão está desatualizada.

(d) A alternativa repete o disposto no art. 58, caput, LRP.

(e) A alternativa repete o disposto no art. 56, LRP.

Gabarito: C

Para responder, tem que estudar: lei e jurisprudência.

69. (MPE/SP/Promotor/2015/91_Concurso) Observe as seguintes proposições.

I. Constitui direito subjetivo da mãe, após o divórcio, a retificação do seu sobrenome no assento do nascimento dos filhos.

II. A lei do país do nascimento regula o nome da pessoa física.

III. Deverá constar do assento do nascimento a profissão dos pais.

IV. Não deverá constar do assento do nascimento o estado civil dos pais.

Agora, aponte a alternativa correta:

a) Apenas as proposições II e IV são verdadeiras.
b) Apenas as proposições I, II e III são verdadeiras.
c) Apenas as proposições I, III e IV são verdadeiras.
d) Todas as proposições são verdadeiras.
e) Todas as proposições são falsas.

ANOTAÇÕES/COMENTÁRIOS

(I) CORRETA: Conforme entendimento do STJ: "É direito subjetivo da pessoa retificar seu patronímico no registro de nascimento de seus filhos após divórcio" (REsp 1279952, 2015)

(II) INCORRETA: Segundo a LINDB. Art. 7º A lei do país em que domiciliada a pessoa determina as regras sobre o começo e o fim da personalidade, o nome, a capacidade e os direitos de família.

(III) CORRETA: Lei de Registros Públicos, artigo 54º, 7º): Os nomes e prenomes, a naturalidade, a profissão dos pais, o lugar e cartório onde se casaram, a idade da genitora, do registrando em anos completos, na ocasião do parto, e o domicílio ou a residência do casal.

(IV) CORRETA: A Lei de Registros Públicos não exige o estado civil dos pais, conforme art. 54, 7º, citado na alternativa III. Lei 8.560/92, art. 5º: "No registro de nascimento não se fará qualquer referência à natureza da filiação, à sua ordem em relação aos outros irmãos do mesmo prenome, exceto gêmeos, ao lugar e cartório do casamento dos pais e ao estado civil destes."

Gabarito: C

Para responder, tem que estudar: lei e jurisprudência.

DIREITO PROCESSUAL CIVIL

Autora: Ana Paula Martins Costa

VISÃO GERAL

PROVA DE DIREITO PROCESSUAL CIVIL

As últimas 06 provas do MPE-SP sobre processo civil foram baseadas na legislação (lei seca), poucas questões sobre doutrina e jurisprudência.

Considerando a vigência do Novo Código de Processo Civil, comentamos as provas dos Concursos 92º/2017 e 93º/2019 do MPE-SP.

Percebemos a presença recorrente dos seguintes temas: negócios processuais, tutela provisória, provas, ações possessórias, ações de família, inventário, sistema de precedentes e recursos.

TÓPICOS DO EDITAL	LEGISLAÇÃO	DOUTRINA	JURISPRUDÊNCIA
1. Normas processuais civis: normas (regras e princípios) fundamentais; interpretação e aplicação.			
2. Função Jurisdicional: jurisdição, limites e cooperação internacional.			
3. Competência interna: critérios determinativos. Competência absoluta e relativa. Modificação da competência. Incompetência. Cooperação nacional.	1-2017		
4. Sujeitos do processo. Partes e Procuradores. Capacidade processual. Deveres das partes e dos procuradores. Responsabilidade por dano processual. Sucessão, substituição e representação.			

TÓPICOS DO EDITAL	LEGISLAÇÃO	DOUTRINA	JURISPRUDÊNCIA
5. Despesas, honorários advocatícios e multas. Gratuidade da justiça.	1-2017		
6. Litisconsórcio. Intervenção de terceiros. Intervenção voluntária e provocada. Assistência. Denunciação da lide. Chamamento ao processo. Incidente de desconsideração da personalidade jurídica. "Amicus curiae". Outras intervenções.	1-2017 1-2019		
7. Juiz. Poderes, deveres e responsabilidades. Impedimentos e suspeição.	1-2019		
8. Ministério Público. Perfil constitucional. Intervenção como parte. Intervenção como fiscal da ordem jurídica. Poderes investigatórios. Responsabilidades. Impedimentos e suspeição.	1-2017 1-2019		
9. Advocacia pública. Regime processual.			
10. Defensoria pública. Regime processual.			
11. Métodos de resolução dos litígios individuais e coletivos.			
12. Conciliação, mediação, negociação e formas alternativas de resolução dos litígios.			
13. Ação. Direito de ação. Teorias. Direito de defesa. Exceções e objeções materiais e processuais.			
14. Processo. Atos processuais. Forma, tempo e lugar. Atos das partes. Pronunciamentos do juiz. Prazos. Penalidades e preclusões. Comunicação dos atos processuais.			
15. Fatos jurídicos processuais. Atos, fatos e negócios processuais.			
16. Pressupostos processuais.			
17. Invalidades processuais.			
18. Tutela jurisdicional. Formas de tutela. Classificações. Tutela provisória. Tutela definitiva.	1-2019		
19. Processo e procedimento. Procedimento comum e procedimentos especiais. Jurisdição contenciosa: Ações possessórias; Inventário e partilha; Embargos de terceiro; Habilitação; Ações de família; Processos contenciosos de divórcio, separação,	1-2017 1-2019		

TÓPICOS DO EDITAL	LEGISLAÇÃO	DOUTRINA	JURISPRUDÊNCIA
reconhecimento e extinção de união estável, guarda, visitação, filiação e alimentos; Ação monitória. Jurisdição voluntária: Disposições gerais; alienações judiciais; divórcio, separação, extinção consensual de união estável e alteração do regime de bens do matrimônio; testamentos e codicilos; herança jacente; bens dos ausentes; coisas vagas; interdição, tutela e curatela e estatuto da pessoa com deficiência; Organização e fiscalização das fundações.			
20. Procedimento comum: petição inicial e seus requisitos, registro e distribuição, valor da causa, cumulação de pedidos; deferimento, indeferimento e emenda da inicial; improcedência liminar do pedido; audiência de conciliação ou mediação; transação e homologação; contestação e reconvenção; revelia e seus efeitos; providências preliminares e saneamento; julgamento conforme o estado do processo; saneamento e organização do processo; audiência de instrução e julgamento; provas; provas ilícitas.	1-2017 1-2019		
21. Sentença. Coisa julgada.	1-2017 1 2019		
22. Cumprimento provisório e definitivo da sentença.	1-2017		
23. Processo de execução: execução em geral; partes; competência; requisitos; formação, suspensão e extinção da execução; responsabilidade patrimonial; fraudes; espécies de execução: para entrega de coisa, das obrigações de fazer ou de não fazer e por quantia certa; execução de alimentos; execução contra a Fazenda Pública.			
24. Oposição à execução: impugnação ao cumprimento de sentença; embargos à execução; defesa por simples petição.			
25. Recursos: disposições gerais; apelação; agravo de instrumento; agravo interno; embargos de declaração.	1-2019 (Agravo)		
26. Recursos para o Supremo Tribunal Federal e para o Superior Tribunal de Justiça. Recurso Ordinário Constitucional. Recurso Extraordinário. Recurso Especial. Embargos de Divergência. Noções gerais e hipóteses de cabimento. Julgamento dos recursos repetitivos.			

TÓPICOS DO EDITAL	LEGISLAÇÃO	DOUTRINA	JURISPRUDÊNCIA
27. Precedentes e julgados vinculantes. Precedente, jurisprudência e súmula. Efeito vinculante. Limites do efeito vinculante. Fundamentos relevantes. Distinção e superação.			
28. Incidente de resolução de demandas repetitivas. Incidente de assunção de competência.	1-2017 2-2019		
29. Ação de usucapião. Mandado de segurança individual e coletivo. Mandado de injunção. "Habeas data". Ação Popular.	1-2017		1-2017

1. NORMAS PROCESSUAIS CIVIS

2. FUNÇÃO JURISDICIONAL: JURISDIÇÃO, LIMITES E COOPERAÇÃO INTERNACIONAL

3. COMPETÊNCIA

1. **(MPE/SP/Promotor/2017/92_Concurso) (Questão nº 42)** Assinale a alternativa correta.

   a) A cláusula de eleição de foro, se for abusiva, pode ser declarada ineficaz, de ofício, pelo juiz, antes da citação do réu.

   b) A litispendência implica a reunião dos processos para julgamento conjunto.

   c) As ações conexas devem ser reunidas, ainda que uma delas tenha sido julgada.

   d) O Ministério Público, nas causas em que oficiar, não pode alegar a incompetência relativa.

   e) A incompetência relativa deve ser alegada por intermédio de exceção.

ANOTAÇÕES/COMENTÁRIOS

(a) Correta. Nos termos do artigo 63, § 3º, do CPC: "Antes da citação, a cláusula de eleição de foro, se abusiva, pode ser reputada ineficaz de ofício pelo juiz, que determinará a remessa dos autos ao juízo do foro de domicílio do réu.".

(b) Incorreta. A litispendência é causa de extinção de processo sem resolução do mérito, conforme artigo 485, inciso V, do CPC/2015.

(c) Incorreta. Os processos de ações conexas serão reunidos para decisão conjunta, salvo se um deles já houver sido sentenciado (artigo 55, § 1º, do CPC).

(d) Incorreta. A incompetência relativa pode ser alegada pelo Ministério Público nas causas em que atuar (artigo 65, parágrafo único, do CPC)

(e) Incorreta. A incompetência, absoluta ou relativa, será alegada como questão preliminar de contestação (artigo 64, do CPC).

Gabarito: A

Para responder, tem que estudar: lei.

4. SUJEITOS DO PROCESSO

5. DESPESAS, HONORÁRIOS ADVOCATÍCIOS E MULTAS. GRATUIDADE DA JUSTIÇA

2. (MPE/SP/Promotor/2017/92_Concurso) (Questão nº 46) Assinale a alternativa correta, com relação à assistência judiciária.

a) O direito à gratuidade se estende, automaticamente, ao sucessor do beneficiário.

b) Abrange os emolumentos devidos a notários ou registradores em decorrência de ato necessário à efetivação de decisão judicial ou à continuidade do processo no qual o benefício tenha sido concedido.

c) Não será concedida a pessoas naturais ou jurídicas estrangeiras.

d) Em caso de revogação do benefício, a parte ficará sujeita, independentemente de má-fé, ao pagamento do décuplo do valor das despesas que tiver deixado de adiantar.

e) A assistência do requerente por advogado particular impede a concessão do benefício.

ANOTAÇÕES/COMENTÁRIOS

(a) Incorreta. O direito à gratuidade da justiça é pessoal, não se estendendo a litisconsorte ou a sucessor do beneficiário, salvo requerimento e deferimento expressos (artigo 99, § 6º, do CPC).

(b) Correta. Conforme disposto no artigo 98, § 1º, inciso IX, do CPC: " A gratuidade da justiça compreende: IX – os emolumentos devidos a notários ou registradores em decorrência da prática de registro, averbação ou qualquer outro ato notarial necessário à efetivação de decisão judicial ou à continuidade de processo judicial no qual o benefício tenha sido concedido".

(c) Incorreta. A pessoa natural ou jurídica, brasileira ou estrangeira, com insuficiência de recursos para pagar as custas, as despesas processuais e os honorários advocatícios tem direito à gratuidade da justiça, na forma da lei (artigo 98, caput, do CPC).

(d) Incorreta. Revogado o benefício, a parte arcará com as despesas processuais que tiver deixado de adiantar e pagará, em caso de má-fé, até o décuplo de seu valor a título de multa, que será revertida em benefício da Fazenda Pública estadual ou federal e poderá ser inscrita em dívida ativa (artigo 100, parágrafo único, do CPC).

(e) Incorreta. A assistência do requerente por advogado particular não impede a concessão de gratuidade da justiça (artigo 99, § 4º, do CPC).

Gabarito: B

Para responder, tem que estudar: lei.

6. LITISCONSÓRCIO. INTERVENÇÃO DE TERCEIROS

3. **(MPE/SP/Promotor/2017/92_Concurso) (Questão nº 45)** Sobre o incidente de desconsideração da personalidade jurídica, assinale a alternativa correta.
   a) O incidente de desconsideração da personalidade jurídica não pode ser instaurado na execução fundada em título executivo extrajudicial ou no cumprimento de sentença.
   b) O Ministério Público não pode requerer, nas causas em que atuar, a instauração do incidente de desconsideração da personalidade jurídica.
   c) Se a desconsideração da personalidade jurídica for requerida na petição inicial, será, inicialmente, instaurado o incidente, sendo o réu citado para defender-se; após a solução da questão, proceder-se-á à citação do réu para os demais termos do processo.
   d) A instauração do incidente de desconsideração da personalidade jurídica não suspende o processo.
   e) Pode ajuizar embargos de terceiro quem sofrer constrição de seus bens por força de desconsideração de personalidade jurídica de cujo incidente não fez parte.

ANOTAÇÕES/COMENTÁRIOS

(a) Incorreta. O incidente de desconsideração é cabível em todas as fases do processo de conhecimento, no cumprimento de sentença e na execução fundada em título executivo extrajudicial (artigo 134, do CPC).

(b) Incorreta. O incidente de desconsideração da personalidade jurídica será instaurado a pedido da parte ou do Ministério Público, quando lhe couber intervir no processo (artigo 133, do CPC).

(c) Incorreta. Dispensa-se a instauração do incidente se a desconsideração da personalidade jurídica for requerida na petição inicial, hipótese em que será citado o sócio ou a pessoa jurídica (artigo 134,§ 2º do CPC).

(d) Incorreta. A instauração do incidente suspenderá o processo (artigo 134,§ 3º do CPC).

(e) Correta. Conforme o artigo 674, § 2º, inciso III, do CPC: "Art. 674. Quem, não sendo parte no processo, sofrer constrição ou ameaça de constrição sobre bens que possua ou sobre os quais tenha direito incompatível com o ato constritivo, poderá requerer seu desfazimento ou sua inibição por meio de embargos de terceiro. (...)§ 2º

Considera-se terceiro, para ajuizamento dos embargos: (...)III – quem sofre constrição judicial de seus bens por força de desconsideração da personalidade jurídica, de cujo incidente não fez parte".

Gabarito: E

Para responder, tem que estudar: lei.

4. **(MPE/SP/Promotor/2019/93_Concurso) (Questão nº 43)** Contra a decisão que resolve o incidente de desconsideração de personalidade jurídica, admite-se a

   (A) interposição de recurso inominado.
   (B) oposição de embargos de terceiro.
   (C) interposição de recurso de apelação.
   (D) impetração de mandado de segurança.
   (E) interposição de recurso de agravo.

ANOTAÇÕES/COMENTÁRIOS

Cabe agravo de instrumento contra as decisões interlocutórias que versarem sobre incidente de desconsideração da personalidade jurídica (Artigo 1015, inciso IV, do CPC).

Gabarito: E

Para responder, tem que estudar: lei.

7. JUIZ. PODERES, DEVERES E RESPONSABILIDADES. IMPEDIMENTOS E SUSPEIÇÃO

5. **(MPE/SP/Promotor/2019/93_Concurso) (Questão nº 38)** Ao se deparar com diversas demandas individuais repetitivas, deve o juiz

   (A) promover a autocomposição, preferencialmente com o auxílio de conciliadores e mediadores judiciais, convocando, previamente, o Ministério Público, a Defensoria Pública e outros legitimados ao processo coletivo.
   (B) oficiar o Ministério Público, a Defensoria Pública e, na medida do possível, outros legitimados ao processo coletivo, para, se for o caso, promover a propositura da ação coletiva respectiva.
   (C) determinar o apensamento de todas as ações individuais e a remessa de todas elas ao Ministério Público, à Defensoria Pública e aos demais legitimados ao processo coletivo para manifestação.
   (D) extinguir a ação individual por falta de interesse processual e determinar a extração de cópia para remessa ao Ministério Público, à Defensoria Pública e, na medida do possível, aos demais legitimados ao processo coletivo.

(E) converter a demanda individual em coletiva e intimar o Ministério Público, a Defensoria Pública e, na medida do possível, outros legitimados ao processo coletivo para assunção do polo ativo.

ANOTAÇÕES/COMENTÁRIOS

Conforme disposto no artigo 139, inciso X, do CPC: "Art. 139. O juiz dirigirá o processo conforme as disposições deste Código, incumbindo-lhe: X – quando se deparar com diversas demandas individuais repetitivas, oficiar o Ministério Público, a Defensoria Pública e, na medida do possível, outros legitimados a que se referem o art. 5º da Lei nº 7.347, de 24 de julho de 1985 , e o art. 82 da Lei nº 8.078, de 11 de setembro de 1990 , para, se for o caso, promover a propositura da ação coletiva respectiva".

Cumpre ressaltar que o 333 do CPC/2015 possui previsão de conversão da ação individual em coletiva, todavia, tal artigo foi vetado. Razões dos vetos: "Da forma como foi redigido, o dispositivo poderia levar à conversão de ação individual em ação coletiva de maneira pouco criteriosa, inclusive em detrimento do interesse das partes. O tema exige disciplina própria para garantir a plena eficácia do instituto. Além disso, o novo Código já contempla mecanismos para tratar demandas repetitivas. No sentido do veto manifestou-se também a Ordem dos Advogados do Brasil – OAB".

Gabarito: B

Para responder, tem que estudar: lei.

8. MINISTÉRIO PÚBLICO

6. **(MPE/SP/Promotor/2017/92_Concurso) (Questão nº 40)** Assinale a alternativa correta.
   a) O Ministério Público deve oficiar, como fiscal da ordem jurídica, em todas as ações de família.
   b) É nulo o processo quando o membro do Ministério Público não for intimado a acompanhar o feito em que deva intervir, só podendo ser declarada a nulidade após a intimação da Instituição, que se manifestará sobre a existência ou a inexistência de prejuízo.
   c) O Ministério Público não pode requerer o levantamento de curatela.
   d) O Ministério Público não pode suscitar, perante o tribunal, conflito de competência.
   e) Nos litígios coletivos pela posse de terra rural ou urbana, o Ministério Público oficiará, como fiscal da ordem jurídica, se houver incapaz no polo ativo ou passivo da relação processual.

ANOTAÇÕES/COMENTÁRIOS

(a) Incorreta. Conforme o artigo 698 que dispõe: "Nas ações de família, o Ministério Público somente intervirá quando houver interesse de incapaz e deverá ser ouvido previamente à homologação de acordo".

(b) Correta. Previsão contida no artigo 279, caput e § 2º, do CPC: "A nulidade só pode ser decretada após a intimação do Ministério Público, que se manifestará sobre a existência ou a inexistência de prejuízo".

(c) Incorreta. O pedido de levantamento da curatela poderá ser feito pelo interdito, pelo curador ou pelo Ministério Público e será apensado aos autos da interdição (artigo 756, § 1º, do CPC).

(d) O conflito de competência pode ser suscitado por qualquer das partes, pelo Ministério Público ou pelo juiz (artigo 951, do CPC).

(e) Incorreta. Ainda que não haja incapaz, o Ministério Público oficiará como fiscal da ordem jurídica, nos litígios coletivos pela posse de terra rural ou urbana. Cumpre ressaltar que o artigo 178, do CPC, enumera 3 hipóteses autônomas de intervenção do Ministério Público: "Art. 178. O Ministério Público será intimado para, no prazo de 30 (trinta) dias, intervir como fiscal da ordem jurídica nas hipóteses previstas em lei ou na Constituição Federal e nos processos que envolvam: I – interesse público ou social; II – interesse de incapaz; III – litígios coletivos pela posse de terra rural ou urbana".

Gabarito: B

Para responder, tem que estudar: lei.

7. (MPE/SP/Promotor/2019/93_Concurso) (Questão nº 39) O prazo processual para o Ministério Público será contado

(A) de forma singular, em igualdade com as partes, a partir de sua intimação pessoal.

(B) em quádruplo para apresentação de contestação, a partir de sua citação pessoal.

(C) em dobro apenas quando houver disposição normativa expressa.

(D) de forma singular quando houver disposição normativa expressa.

(E) em dobro, em qualquer situação, a partir de sua intimação pessoal.

ANOTAÇÕES/COMENTÁRIOS

Conforme disposto no artigo 180, do CPC: "Art. 180. O Ministério Público gozará de prazo em dobro para manifestar-se nos autos, que terá início a partir de sua intimação pessoal, nos termos do art. 183, § 1º .§ 1º Findo o prazo para manifestação do Ministério Público sem o oferecimento de parecer, o juiz requisitará os autos e dará andamento ao processo.§ 2º Não se aplica o benefício da contagem em dobro quando a lei estabelecer, de forma expressa, prazo próprio para o Ministério Público".

Gabarito: D

Para responder, tem que estudar: lei.

9. ADVOCACIA PÚBLICA. REGIME PROCESSUAL

10. DEFENSORIA PÚBLICA. REGIME PROCESSUAL

11. MÉTODOS DE RESOLUÇÃO DOS LITÍGIOS INDIVIDUAIS E COLETIVOS

12. CONCILIAÇÃO, MEDIAÇÃO, NEGOCIAÇÃO E FORMAS ALTERNATIVAS DE RESOLUÇÃO DOS LITÍGIOS

13. AÇÃO. DIREITO DE AÇÃO. TEORIAS. DIREITO DE DEFESA. EXCEÇÕES E OBJEÇÕES MATERIAIS E PROCESSUAIS

14. PROCESSO. ATOS PROCESSUAIS.

15. FATOS JURÍDICOS PROCESSUAIS. ATOS, FATOS E NEGÓCIOS PROCESSUAIS

16. PRESSUPOSTOS PROCESSUAIS

17. INVALIDADES PROCESSUAIS

18. TUTELA JURISDICIONAL. FORMAS DE TUTELA. CLASSIFICAÇÕES. TUTELA PROVISÓRIA. TUTELA DEFINITIVA

8. **(MPE/SP/Promotor/2019/93_Concurso) (Questão nº 41)** A tutela da evidência será concedida, independentemente da demonstração de perigo de dano ou de risco ao resultado útil do processo. Poderá ser concedida liminarmente quando

   (A) ficar caracterizado o abuso do direito de defesa ou o manifesto propósito protelatório da parte.

   (B) se tratar de pedido reipersecutório fundado em prova testemunhal adequada do contrato de depósito, caso em que será decretada a ordem de entrega do objeto custodiado, sob cominação de multa.

   (C) as alegações de fato puderem ser comprovadas apenas documentalmente e houver tese firmada em julgamento de casos repetitivos ou em súmula vinculante.

   (D) a petição inicial for instruída com prova documental suficiente dos fatos constitutivos do direito do autor, a que o réu não oponha prova capaz de gerar dúvida razoável.

   (E) se tratar de pedido possessório fundado em prova documental adequada, caso em que será decretada a ordem de reintegração ou manutenção da posse, sob cominação de multa.

ANOTAÇÕES/COMENTÁRIOS

Conforme o artigo 311 do CPC: Art. 311. A tutela da evidência será concedida, independentemente da demonstração de perigo de dano ou de risco ao resultado útil do processo, quando: I – ficar caracterizado o abuso do direito de defesa ou o manifesto propósito protelatório da parte; II – as alegações de fato puderem ser comprovadas apenas documentalmente e houver tese firmada em julgamento de casos repetitivos ou em súmula vinculante; III – se tratar de pedido reipersecutório fundado em prova documental adequada do contrato de depósito, caso em que será decretada a ordem de entrega do objeto custodiado, sob cominação de multa; IV – a petição inicial for instruída com prova documental suficiente dos fatos constitutivos do direito do autor, a que o réu não oponha prova capaz de gerar dúvida razoável. Parágrafo único. Nas hipóteses dos incisos II e III, o juiz poderá decidir liminarmente.

(a) Inciso I do artigo 311 do CPC -Não pode ser concedida liminarmente.

(b) Inciso III do artigo 311 do CPC – No caso de pedido reipersecutório a prova deve ser documental e não testemunhal.

(c) Inciso II do artigo 311 do CPC c/c parágrafo único – Pode ser concedida liminarmente.

(d) Inciso IV do artigo 311 do CPC – Não pode ser concedida liminarmente.

(e) Não há previsão de tutela de evidência fundada em pedido possessório.

Gabarito: C

Para responder, tem que estudar: lei.

19. PROCESSO E PROCEDIMENTO. PROCEDIMENTO COMUM E PROCEDIMENTOS ESPECIAIS.

9. **(MPE/SP/Promotor/2017/92_Concurso) (Questão nº 47)** Quanto ao inventário, assinale a alternativa correta.

   a) Se o Ministério Público atuou no inventário em razão da existência de herdeiro incapaz, atuará obrigatoriamente na ação de anulação de partilha proposta por esse herdeiro, ainda que ele tenha alcançado a plena capacidade civil.

   b) O inventariante não pode ser removido de ofício.

   c) Compete à autoridade judiciária brasileira, com exclusão de qualquer outra, proceder ao inventário e à partilha de bens situados no Brasil, ainda que o autor da herança seja de nacionalidade estrangeira ou tenha domicílio fora do território nacional.

   d) Não cabe recurso das decisões interlocutórias proferidas em inventário.

   e) A incapacidade de qualquer herdeiro ou de eventual meeiro não impede que o inventário seja feito por escritura pública, se todos os interessados e o Ministério Público estiverem concordes.

ANOTAÇÕES/COMENTÁRIOS

(a) Incorreta. O Ministério Público atuará somente enquanto houver herdeiro incapaz (Artigo 178, inciso III, do CPC).

(b) Incorreta. O inventariante será removido de ofício ou a requerimento (artigo 622, do CPC).

(c) Correta. Conforme o artigo 23, inciso II, do CPC: "Art. 23. Compete à autoridade judiciária brasileira, com exclusão de qualquer outra: II – em matéria de sucessão hereditária, proceder à confirmação de testamento particular e ao inventário e à partilha de bens situados no Brasil, ainda que o autor da herança seja de nacionalidade estrangeira ou tenha domicílio fora do território nacional."

(d) Incorreta. Cabe agravo de instrumento contra decisões interlocutórias proferidas em processo de inventário (artigo 1.015, parágrafo único, do CPC)

(e) Incorreta. Se todos forem capazes e concordes, o inventário e a partilha poderão ser feitos por escritura pública, a qual constituirá documento hábil para qualquer ato de registro, bem como para levantamento de importância depositada em instituições financeiras. (artigo 610, § 1º do CPC).

Gabarito: C

Para responder, tem que estudar: lei.

10. (MPE/SP/Promotor/2019/93_Concurso) (Questão nº 40) O pedido de aprovação de estatuto de fundação, assim como de suas alterações, será deduzido em Juízo

(A) independentemente de manifestação prévia do Ministério Público.

(B) quando se tratar de fundação instituída para fins de pesquisa científica, desenvolvimento de tecnologias alternativas, modernização de sistemas de gestão, produção e divulgação de informações e conhecimentos técnicos e científicos.

(C) quando se tratar de fundação instituída para fins de assistência social.

(D) quando se tratar de fundação instituída pelo Poder Público.

(E) quando o Ministério Público se manifestar contrariamente à aprovação do estatuto ou de suas alterações.

ANOTAÇÕES/COMENTÁRIOS

O juiz decidirá sobre a aprovação do estatuto das fundações e de suas alterações sempre que o requeira o interessado, quando ela for negada previamente pelo Ministério Público ou por este forem exigidas modificações com as quais o interessado não concorde. (Artigo 764 do CPC)

Gabarito: E

Para responder, tem que estudar: lei.

20. PROCEDIMENTO COMUM

11. (MPE/SP/Promotor/2017/92_Concurso) (Questão nº 38) Quanto à reconvenção, assinale a alternativa incorreta.

a) Pode ser proposta contra o autor e terceiro.

b) Não é cabível em ação monitória.

c) Pode ser proposta pelo réu em litisconsórcio com terceiro.

d) Se o réu contestar a ação e não reconvir, poderá veicular sua pretensão em ação própria.

e) O réu pode propor reconvenção independentemente de oferecer contestação.

ANOTAÇÕES/COMENTÁRIOS

(a) Correta. Art. 343, § 3º, do CPC: A reconvenção pode ser proposta contra o autor e terceiro.

(b) Incorreta. Art. 702, § 6º, do CPC: Na ação monitória admite-se a reconvenção, sendo vedado o oferecimento de reconvenção à reconvenção

(c) Correta. Art. 343, § 4º, do CPC: A reconvenção pode ser proposta pelo réu em litisconsórcio com terceiro.

(d) Correta. Após o oferecimento da contestação, o réu não poderá mais reconvir, todavia, poderá realizar seus pleitos em ação autônoma.

(e) Correta. Art. 343, § 6º, do CPC: O réu pode propor reconvenção independentemente de oferecer contestação.

Gabarito: B

Para responder, tem que estudar: lei.

12. (MPE/SP/Promotor/2019/93_Concurso) (Questão nº 47) Assinale a alternativa INCORRETA.

(A) A legislação processual civil, como regra, distribui estaticamente o ônus da prova entre as partes.

(B) A legislação processual civil adotou a possibilidade de aplicação da teoria da distribuição dinâmica do ônus da prova.

(C) O juiz não pode aplicar as regras de experiência comum subministradas pela observação do que ordinariamente acontece.

(D) As partes podem convencionar a distribuição diversa do ônus da prova, desde que não envolva direito indisponível e não torne excessivamente difícil o exercício do direito por uma delas.

(E) O juiz pode aplicar as regras de experiência técnica, ressalvado o exame pericial.

ANOTAÇÕES/COMENTÁRIOS

(a) Correto. Conforme artigo 373, caput e incisos I e II, do CPC. "O ônus da prova incumbe: I – ao autor, quanto ao fato constitutivo de seu direito; II – ao réu, quanto à existência de fato impeditivo, modificativo ou extintivo do direito do autor'.

(b)Correto. Conforme artigo 373, § 1º, do CPC: "Nos casos previstos em lei ou diante de peculiaridades da causa relacionadas à impossibilidade ou à excessiva dificuldade de cumprir o encargo nos termos do caput ou à maior facilidade de obtenção da prova do fato contrário, poderá o juiz atribuir o ônus da prova de modo diverso, desde que o faça por decisão fundamentada, caso em que deverá dar à parte a oportunidade de se desincumbir do ônus que lhe foi atribuído".

(c) Incorreto. Artigo 375, do CPC: "O juiz aplicará as regras de experiência comum subministradas pela observação do que ordinariamente acontece e, ainda, as regras de experiência técnica, ressalvado, quanto a estas, o exame pericial".

(d) Correto. Artigo 373, § 3º, do CPC: "A distribuição diversa do ônus da prova também pode ocorrer por convenção das partes, salvo quando: I – recair sobre direito indisponível da parte; II – tornar excessivamente difícil a uma parte o exercício do direito".

(e) Correto. Artigo 375, do CPC, citado acima.

Gabarito: C

Para responder, tem que estudar: lei.

21. SENTENÇA. COISA JULGADA

13. (MPE/SP/Promotor/2017/92_Concurso) (Questão nº 39) Com relação à extinção do processo, é correto afirmar que

a) não há resolução de mérito quando o juiz homologar transação ou renúncia à pretensão formulada na ação ou na reconvenção.

b) não há resolução de mérito quando o juiz extinguir o processo em razão de decadência ou prescrição.

c) há resolução de mérito quando o juiz extinguir o processo por ausência de legitimidade ou de interesse processual.

d) interposta apelação contra o ato jurisdicional que extinguir o processo sem resolução de mérito, o juiz poderá, em 5 (cinco) dias, retratar-se.

e) o juiz poderá extinguir o processo por abandono da causa pelo autor em qualquer momento, independentemente de requerimento do réu.

ANOTAÇÕES/COMENTÁRIOS

(a) Incorreta. Haverá resolução do mérito, nos termos do artigo 487, inciso III, alienas "b" e "c", do CPC/2015.

(b) Incorreta. Haverá resolução do mérito, nos termos do artigo 487, inciso III, do CPC/2015.

(c) Incorreta. Trata-se de hipótese de extinção do processo sem resolução do mérito, conforme o artigo 485, inciso VI, do CPC/015.

(d) Correta. Conforme previsto no artigo 485, § 7º, do CPC/2015: "Interposta a apelação em qualquer dos casos de que tratam os incisos deste artigo, o juiz terá 5 (cinco) dias para retratar-se".

(e) Incorreta. O artigo 485, § 7º, do CPC/2015 prevê que "Oferecida a contestação, a extinção do processo por abandono da causa pelo autor depende de requerimento do réu."

Gabarito: D

Para responder, tem que estudar: lei.

14. (MPE/SP/Promotor/2019/93_Concurso) (Questão nº 44) Está sujeita à remessa necessária, não produzindo efeito senão depois de confirmada pelo tribunal, a sentença proferida contra a União, os Estados, o Distrito Federal, os Municípios e suas respectivas autarquias e fundações de direito público, bem como a sentença que julgar procedentes, no todo ou em parte, os embargos à execução fiscal, fundada em

(A) acórdão proferido pelo Supremo Tribunal Federal ou pelo Superior Tribunal de Justiça em julgamento de recursos repetitivos.

(B) entendimento coincidente com a orientação emanada do respectivo tribunal com competência recursal.

(C) entendimento firmado em incidente de resolução de demandas repetitivas ou de assunção de competência.

(D) entendimento coincidente com orientação vinculante firmada no âmbito administrativo do próprio ente público, consolidada em manifestação, parecer ou súmula administrativa.

(E) súmula de tribunal superior.

ANOTAÇÕES/COMENTÁRIOS

Para responder à questão é necessário ter conhecimento do artigo 496, caput e §4º, do CPC, a seguir: "Art. 496. Está sujeita ao duplo grau de jurisdição, não produzindo efeito senão depois de confirmada pelo tribunal, a sentença: I – proferida contra a União, os Estados, o Distrito Federal, os Municípios e suas respectivas autarquias e fundações de direito público; II – que julgar procedentes, no todo ou em parte, os embargos à execução fiscal. (...) § 4º Também não se aplica o disposto neste artigo quando a sentença estiver fundada em: I – súmula de tribunal superior; II – acórdão proferido pelo Supremo Tribunal Federal ou pelo Superior Tribunal de Justiça em julgamento de recursos repetitivos; III – entendimento firmado em incidente de resolução de demandas repetitivas ou de assunção de competência; IV – entendimento coincidente com orientação vinculante firmada no âmbito administrativo do próprio ente público, consolidada em manifestação, parecer ou súmula administrativa".

(a) Não está sujeito ao reexame necessário – Artigo 496, §4º, inciso II, do CPC.

(b) Previsão de cabimento de reexame necessário está contida no artigo 496, do CPC e, em seu §4º, estão as hipóteses de dispensa de reexame necessário, dentre as quais não foi prevista a sentença fundada em entendimento coincidente com a orientação emanada do respectivo tribunal com competência recursal.

(c) Não está sujeito ao reexame necessário – Artigo 496, §4º, inciso III, do CPC.

(d) Não está sujeito ao reexame necessário – Artigo 496, §4º, inciso IV, do CPC.

(e) Não está sujeito ao reexame necessário – Artigo 496, §4º, inciso I, do CPC.

Gabarito:B

Para responder, tem que estudar: lei.

22. CUMPRIMENTO PROVISÓRIO E DEFINITIVO DA SENTENÇA

15. (MPE/SP/Promotor/2017/92_Concurso) (Questão nº 44) Assinale a alternativa correta sobre o cumprimento de ato jurisdicional que fixa ou condena à prestação de alimentos entre parentes.

a) Se o devedor não pagar, não provar que o fez ou se a sua justificativa não for aceita, o juiz, além da decretação da prisão, poderá mandar protestar a sentença que condenou ao pagamento de prestação alimentar ou a decisão interlocutória que fixou alimentos.

b) No cumprimento de sentença que condena ao pagamento de prestação alimentícia ou de decisão interlocutória que fixe alimentos, a requerimento do exequente o juiz mandará intimar o executado pessoalmente para, em 15 (quinze) dias, pagar o débito, provar que o fez ou justificar a impossibilidade, absoluta ou não, de fazê-lo, sob pena de prisão.

c) O débito alimentar que autoriza a prisão civil do devedor é o que compreende até as 3 (três) prestações alimentares anteriores ao ajuizamento da execução, excluídas as que se vencerem no curso do processo.

d) A prisão do executado será decretada pelo período de 1 (um) a 6 (seis) meses e será cumprida em regime semiaberto.

e) O cumprimento da pena exime o executado do pagamento das prestações alimentares vencidas.

ANOTAÇÕES/COMENTÁRIOS

(a) Correta. Conforme o artigo 528, do CPC: "No cumprimento de sentença que condene ao pagamento de prestação alimentícia ou de decisão interlocutória que fixe alimentos, o juiz, a requerimento do exequente, mandará intimar o executado pessoalmente para, em 3 (três) dias, pagar o débito, provar que o fez ou justificar a impossibilidade de efetuá-lo."

(b) Incorreta. O prazo é de 03 dias (artigo 528, caput, do CPC).

(c) Incorreta. O débito alimentar que autoriza a prisão civil do alimentante é o que compreende até as 3 prestações anteriores ao ajuizamento da execução e as que se vencerem no curso do processo (artigo 528, § 7º, do CPC).

(d) Incorreta. O é prazo de 1 a 3 meses (artigo 528, § 3º, do CPC).

(e) Incorreta. O cumprimento da pena não exime o executado do pagamento das prestações vencidas e vincendas (artigo 528, § 5º, do CPC).

Gabarito: A

Para responder, tem que estudar: lei.

23. PROCESSO DE EXECUÇÃO

24. OPOSIÇÃO À EXECUÇÃO: IMPUGNAÇÃO AO CUMPRIMENTO DE SENTENÇA; EMBARGOS À EXECUÇÃO; DEFESA POR SIMPLES PETIÇÃO

25. RECURSOS

26. RECURSOS PARA O SUPREMO TRIBUNAL FEDERAL E PARA O SUPERIOR TRIBUNAL DE JUSTIÇA

16. (MPE/SP/Promotor/2019/93_Concurso) (Questão nº 46) O agravo interno NÃO tem cabimento contra a decisão que

(A) deixar de conhecer recurso extraordinário quando a questão constitucional nele versada não tiver repercussão geral.

(B) negar seguimento a recurso extraordinário ou a recurso especial interposto contra acórdão que esteja em conformidade com entendimento do Supremo Tribunal Federal ou do Superior Tribunal de Justiça, respectivamente, exarado no regime de julgamento de recursos repetitivos.

(C) sobrestar o recurso que versar sobre controvérsia de caráter repetitivo ainda não decidida pelo Supremo Tribunal Federal ou pelo Superior Tribunal de Justiça, conforme se trate de matéria constitucional ou infraconstitucional.

(D) aplicar entendimento firmado em regime de repercussão geral ou em julgamento de recursos repetitivos.

(E) resolver incidente desconsideração da personalidade jurídica.

ANOTAÇÕES/COMENTÁRIOS

Para responder à questão é necessário o conhecimento do artigo 1.030, do CPC, que dispõe: "Recebida a petição do recurso pela secretaria do tribunal, o recorrido será intimado para apresentar contrarrazões no prazo de 15 (quinze) dias, findo o qual os autos serão conclusos ao presidente ou ao vice-presidente do tribunal recorrido, que deverá:

> I – negar seguimento:
>
> a) a recurso extraordinário que discuta questão constitucional à qual o Supremo Tribunal Federal não tenha reconhecido a existência de repercussão geral ou a recurso extraordinário interposto contra acórdão que esteja em conformidade com entendimento do Supremo Tribunal Federal exarado no regime de repercussão geral;
>
> b) a recurso extraordinário ou a recurso especial interposto contra acórdão que esteja em conformidade com entendimento do Supremo Tribunal Federal ou do Superior Tribunal de Justiça, respectivamente, exarado no regime de julgamento de recursos repetitivos;
>
> (...)
>
> III – sobrestar o recurso que versar sobre controvérsia de caráter repetitivo ainda não decidida pelo Supremo Tribunal Federal ou pelo Superior Tribunal de Justiça, conforme se trate de matéria constitucional ou infraconstitucional;
>
> (...)
>
> § 2º Da decisão proferida com fundamento nos incisos I e III caberá agravo interno, nos termos do art. 1.021.

(a) Correta. Como é hipótese de não conhecimento, a decisão é irrecorrível, nos termos do artigo 1035, do CPC dispõe que: "O Supremo Tribunal Federal, em decisão irrecorrível, não conhecerá do recurso extraordinário quando a questão constitucional nele versada não tiver repercussão geral (...)". OBS: Na hipótese de negativa de seguimento, prevista no artigo 1. 030, inciso I, alínea "a", do CPC, cabe agravo interno, como exposto no artigo citado acima.

(b) Incorreta. Cabe agravo interno. Artigo 1. 030, inciso I, alínea "b", c/c §2º, do CPC.

(c) Incorreta. Cabe agravo interno. Artigo 1. 030, inciso III, c/c §2º, do CPC.

(d Incorreta. Cabe agravo interno. Artigo 1. 030, inciso I, alínea "a", c/c §2º, c/c artigo 1035, §7º, do CPC.

(e) Incorreta Artigo 136, parágrafo único, do CPC.

Gabarito: A

Para responder, tem que estudar: lei.

27. PRECEDENTES E JULGADOS VINCULANTES

28. INCIDENTE DE RESOLUÇÃO DE DEMANDAS REPETITIVAS. INCIDENTE DE ASSUNÇÃO DE COMPETÊNCIA

17. (MPE/SP/Promotor/2017/92_Concurso) (Questão nº 41) Assinale a alternativa correta.

a) O incidente de assunção de competência pode ser instaurado quando o julgamento de recurso, remessa necessária ou processo de competência originária envolver relevante questão de direito, com grande repercussão social, exigindo-se a repetição da discussão em múltiplos processos.

b) Os incidentes de assunção de competência e de resolução de demandas repetitivas não podem ser instaurados de ofício.

c) O incidente de resolução de demandas repetitivas é cabível quando houver efetiva repetição de processos que contenham controvérsia sobre a mesma questão unicamente de direito e risco de ofensa à isonomia e à segurança jurídica.

d) É cabível o incidente de resolução de demanda repetitiva ainda que um dos tribunais superiores, no âmbito de sua competência, já tenha afetado recurso para definição de tese sobre a mesma questão.

e) Após a admissão do incidente de resolução de demandas repetitivas e suspensos os processos pendentes, o pedido de tutela de urgência deve ser requerido ao relator do incidente.

ANOTAÇÕES/COMENTÁRIOS

(a) Incorreta. Não se exige repetição em múltiplos processos. Artigo 947, do CPC.

(b) Incorreta. Ambos podem ser instaurados de ofício, nos termos dos artigos 947, § 1º, do CPC (incidente de assunção de competência) e 977, do CPC (incidente de resolução de demandas repetitivas).

(c) Correta. Previsão contida no CPC: "Art. 976. É cabível a instauração do incidente de resolução de demandas repetitivas quando houver, simultaneamente: I – efetiva repetição de processos que contenham controvérsia sobre a mesma questão unicamente de direito; II – risco de ofensa à isonomia e à segurança jurídica."

(d) Incorreta. Art. 976, § 4º, do CPC: É incabível o incidente de resolução de demandas repetitivas quando um dos tribunais superiores, no âmbito de sua respectiva competência, já tiver afetado recurso para definição de tese sobre questão de direito material ou processual repetitiva.

(e) Incorreta. O pedido de tutela de urgência deverá ser dirigido ao juízo onde tramita o processo suspenso.

Gabarito: C

Para responder, tem que estudar: lei.

18. (MPE/SP/Promotor/2019/93_Concurso) (Questão nº 42) Em relação ao incidente de resolução de demandas repetitivas, assinale a alternativa INCORRETA.

(A) Não será examinado o mérito do incidente se houver desistência ou abandono do processo.

(B) A sua admissão provoca a suspensão dos processos pendentes, individuais ou coletivos, que tramitam no Estado ou na Região, conforme o caso.

(C) Autoriza o juiz, nas causas que dispensem a fase instrutória, a julgar liminarmente improcedente o pedido que contrarie o entendimento nele firmado.

(D) Admite-se recurso do amicus curiae contra a decisão que o julga.

(E) Deverá intervir obrigatoriamente o Ministério Público.

ANOTAÇÕES/COMENTÁRIOS

(a) Incorreta. Artigo 976, §1º, do CPC: A desistência ou o abandono do processo não impede o exame de mérito do incidente

(b) Correta. Admitido o incidente, o relator suspenderá os processos pendentes, individuais ou coletivos, que tramitam no Estado ou na região, conforme o caso (Artigo 982, inciso I, do CPC).

(c) Correta. Nas causas que dispensem a fase instrutória, o juiz, independentemente da citação do réu, julgará liminarmente improcedente o pedido que contrariar entendimento firmado em incidente de resolução de demandas repetitivas ou de assunção de competência (Artigo 332, inciso III, do CPC).

(d) Correta. O amicus curiae pode recorrer da decisão que julgar o incidente de resolução de demandas repetitivas (Artigo 138, §3º, do CPC).

(e) Correta. Se não for o requerente, o Ministério Público intervirá obrigatoriamente no incidente e deverá assumir sua titularidade em caso de desistência ou de abandono (Artigo 976, §2º, do CPC).

Gabarito: A

Para responder, tem que estudar: lei.

19. (MPE/SP/Promotor/2019/93_Concurso) (Questão nº 45) É cabível a instauração do incidente de resolução de demandas repetitivas

(A) mesmo quando um dos tribunais superiores, no âmbito de sua respectiva competência, já tiver afetado recurso para definição de tese sobre questão de direito material ou processual repetitiva.

(B) quando o julgamento de recurso, de remessa necessária ou de processo de competência originária envolver relevante questão de direito, com grande repercussão social.

(C) diante de efetiva repetição de processos que contenham controvérsia sobre a mesma questão unicamente de direito e risco de ofensa à isonomia e à segurança jurídica.

(D) para garantir a observância de enunciado de súmula vinculante e de decisão do Supremo Tribunal Federal em controle concentrado de constitucionalidade.

(E) quando ocorrer relevante questão de direito a respeito da qual seja conveniente a prevenção ou a composição de divergência entre câmaras ou turmas do tribunal.

ANOTAÇÕES/COMENTÁRIOS

(a) Incorreta. Artigo 976, § 4º, do CPC: "É incabível o incidente de resolução de demandas repetitivas quando um dos tribunais superiores, no âmbito de sua respectiva competência, já tiver afetado recurso para definição de tese sobre questão de direito material ou processual repetitiva".

(b) Incorreta. Seria o caso de Incidente de Assunção de Competência, conforme o artigo 947, do CPC: "É admissível a assunção de competência quando o julgamento de recurso, de remessa necessária ou de processo de competência originária envolver relevante questão de direito, com grande repercussão social, sem repetição em múltiplos processos".

(c) Correta. Artigo 976, do CPC: "É cabível a instauração do incidente de resolução de demandas repetitivas quando houver, simultaneamente: I – efetiva repetição de processos que contenham controvérsia sobre a mesma questão unicamente de direito; II – risco de ofensa à isonomia e à segurança jurídica".

(d) Incorreta. Seria o caso de Reclamação, conforme o artigo 988, do CPC: "Caberá reclamação da parte interessada ou do Ministério Público para: (...) III – garantir a observância de enunciado de súmula vinculante e de decisão do Supremo Tribunal Federal em controle concentrado de constitucionalidade."

(e) Incorreta. Seria o caso de Incidente de Assunção de Competência, conforme o artigo 947, §4º do CPC: "Aplica-se o disposto neste artigo quando ocorrer relevante questão de direito a respeito da qual seja conveniente a prevenção ou a composição de divergência entre câmaras ou turmas do tribunal."

Gabarito: C

Para responder, tem que estudar: lei.

29. AÇÃO DE USUCAPIÃO. MANDADO DE SEGURANÇA INDIVIDUAL E COLETIVO. MANDADO DE INJUNÇÃO. "HABEAS DATA". AÇÃO POPULAR

20. (MPE/SP/Promotor/2017/92_Concurso) (Questão nº 43) Assinale a alternativa incorreta quanto ao mandado de segurança.

a) Em mandado de segurança, o pagamento de vencimentos e vantagens pecuniárias assegurados em sentença a servidor público da Administração direta ou autárquica federal, estadual ou municipal somente será efetuado com relação a prestações que se vencerem desde o ajuizamento da ação.

b) A denegação de mandado de segurança sem decisão de mérito não impede que o impetrante pleiteie os seus direitos e respectivos efeitos patrimoniais em ação própria.

c) Se, concedida a medida liminar em mandado de segurança, o impetrante criar obstáculo ao normal andamento do feito ou deixar de promover, no prazo legal, os atos e diligências que lhe competirem, o juiz decretará a perempção ou caducidade da medida.

d) A autoridade coatora não pode recorrer da sentença concessiva de segurança.

e) Não impede a concessão de mandado de segurança a existência de controvérsia sobre questão de direito.

ANOTAÇÕES/COMENTÁRIOS

(a) Correta. Artigo 14, § 4º, da Lei 12.016/2009: "O pagamento de vencimentos e vantagens pecuniárias assegurados em sentença concessiva de mandado de segurança a servidor público da administração direta ou autárquica federal, estadual e municipal somente será efetuado relativamente às prestações que se vencerem a contar da data do ajuizamento da inicial.".

(b) Correta. Artigo 19, da Lei 12.016/2009: "A sentença ou o acórdão que denegar mandado de segurança, sem decidir o mérito, não impedirá que o requerente, por ação própria, pleiteie os seus direitos e os respectivos efeitos patrimoniais."

(c) Correta. Artigo 8º, da Lei 12.016/2009: "Será decretada a perempção ou caducidade da medida liminar ex officio ou a requerimento do Ministério Público quando, concedida a medida, o impetrante criar obstáculo ao normal andamento do processo ou deixar de promover, por mais de 3 (três) dias úteis, os atos e as diligências que lhe cumprirem."

(d) Incorreta. O direito de recorrer se estende à autoridade coatora, nos termos do artigo 14, § 2º, da Lei 12.016/2009.

(e) Correta. Súmula 625/STF: "A controvérsia sobre matéria de direito não impede concessão de mandado de segurança."

Gabarito: D

Para responder, tem que estudar: lei e súmula.

DIREITO CONSTITUCIONAL

Autora: Carolina Pereira de Oliveira

VISÃO GERAL

PROVA DE DIREITO CONSTITUCIONAL

Foram comentadas as provas aplicadas pelo Ministério Público do Estado de São Paulo nos seguintes anos: 2010, 2011, 2012, 2013, 2015, 2017 e 2019.

Os temas recorrentes foram: I – Princípios fundamentais; II – Controle de constitucionalidade; III – Ministério Público. Organização, princípios, funções, garantias e vedações. Lei Orgânica Nacional do Ministério Público. Lei Orgânica do Ministério Público do Estado de São Paulo; IV – Organização do Estado. Federalismo. Repartição de competências. Intervenção federal e estadual; V – Nacionalidade e direitos políticos. Partidos políticos.

As questões foram baseadas na Constituição Federal e leis correlatas aos temas, poucas abordaram jurisprudência e doutrina. Na última prova (2019), contudo, as questões exigiram conhecimentos doutrinários e jurisprudenciais.

Para melhor aproveitamento dos estudos, recomenda-se a leitura da Lei Orgânica do Ministério Público do Estado de São Paulo, da Lei nº 9868/99 e Lei Orgânica do Ministério Público.

TÓPICOS DO EDITAL	LEGISLAÇÃO	DOUTRINA	JURISPRUDÊNCIA
1. Teoria da Constituição.			
1.1. Constitucionalismo. Conceito e classificação das constituições.		1-2010 1-2017	
1.2. Poder Constituinte: características, titularidade e classificação. Recepção, repristinação e desconstitucionalização	1-2013	2-2011	**1-2019**
1.3. Princípios constitucionais. Interpretação constitucional. Eficácia das normas.	1-2011	1-2011	
2. Direito constitucional brasileiro			
2.1. Princípios fundamentais	2-2010 3-2011 2-2012 3-2013	2-2011 1-2012 1-2013 1-2017	3-2011 2-2017 5-2019
2.2. Direitos e deveres individuais e coletivos. Direitos sociais. Ações constitucionais.	**3-2019**	**6-2019**	1-2013 8-2019
2.3. Nacionalidade e direitos políticos. Partidos políticos.	1-2010 1-2012 1-2013	1-2012 1-2019	2-2012 1-019
2.4. Controle de constitucionalidade	2-2010 1-2011 7-2012 1-2013 1-2019	1-2010 3-2012 1-2019	1-2011 4-2012 6-2019
2.5. Organização do Estado. Federalismo. Repartição de competências. Intervenção federal e estadual.	2-2010 1-2012 2-2013 3-2015 1-2017 9-2019		2-2012 1-2017 1-2019
2.6. Organização dos poderes	2-2010 1-2011 2-2012 1-2013 1-2015 1-2017 7-2019	1-2012 1-2017 1-2019	3-2012 2-2017 11-2019

TÓPICOS DO EDITAL	LEGISLAÇÃO	DOUTRINA	JURISPRUDÊNCIA
2.7. Ministério Público. Organização, princípios, funções, garantias e vedações. Lei Orgânica Nacional do Ministério Público. Lei Orgânica do Ministério Público do Estado de São Paulo.	2-2010 1-2011 1-2012 1-2013 3-2015 3-2017 4-2019	**1-2019**	**4-2019**
2.8. Tributação e orçamento. Sistema tributário nacional e finanças públicas.	1-2010		
2.9. Ordem Econômica e Financeira. Dos princípios gerais da atividade econômica; da política urbana; da política agrícola e fundiária; da reforma agrária.	1-2010 2-2011 1-2013 2-2015		
2.10. Ordem Social.	1-2011 1-2015		
2.11. Saúde	1-2010 1-2019	**1-2019**	**2-2019**
2.12. Educação	1-2013 1-2015 3-2017	3-2017	**1-2019**
2.13. Meio Ambiente	1-2011		
2.14. Da família, da criança, do adolescente e do idoso.	1-2010 1-2012 1-2015	1-2012	1-2012

1. LEI DE INTRODUÇÃO ÀS NORMAS DO DIREITO BRASILEIRO

1. **(MPE/SP/Promotor/2010/87_Concurso)** Assinale a alternativa incorreta:
   a) a interpretação extensiva é recurso passível de ser utilizado pelo aplicador do direito quando não existir norma jurídica que regule a matéria.
   b) o princípio geral de direito introduzido no direito positivo caracteriza-se como cláusula geral.
   c) a analogia, os costumes e os princípios gerais do direito são elementos de integração do direito.
   d) a analogia legis é a analogia propriamente dita e a analogia juris é a que dá solução igual a duas hipóteses em virtude da mesma razão de direito.
   e) a equidade é recurso passível de ser utilizado pelo aplicador do direito nos casos de lacuna da lei.

ANOTAÇÕES/COMENTÁRIOS

(a) A interpretação extensiva consiste na extensão do âmbito de aplicação da mesma norma a situações não expressamente previstas, mas compreendidas pelo seu espírito. Entretanto quando houver lacuna, nos termos do artigo 4º, da LINDB (Art. 4º Quando a lei for omissa, o juiz decidirá o caso de acordo com a analogia, os costumes e os princípios gerais de direito), bem como previsão do artigo 140, do CPC/2015 (Art. 140. O juiz não se exime de decidir sob a alegação de lacuna ou obscuridade do ordenamento jurídico.). A atividade supletiva do intérprete consiste na tarefa de elucidar o alcance material da norma legal. No caso da interpretação extensiva ou ampliativa, verifica-se se é o caso de ser estendido a hipóteses não ditadas expressamente pelo texto, como no caso da proteção ao bem de família para devedor solteiro ou que reside sozinho no imóvel.

(b) Assis Neto e outros (2016) explicam que cláusulas gerais são normas positivadas consagradoras dos princípios gerais do direito.

(c) A integração ocorre nos casos em que há omissão da lei e o juiz decide o caso de acordo com a analogia, os costumes e os princípios gerais de direito (art. 4º LINDB).

(d) Consoante ensinamentos de ASSIS NETO e outros (2016) "A analogia consiste em aplicar a um fato disposições legais previstas para situações semelhantes. Ubi eadem ratio, idem jus. Divide-se em analogia legal (analogia legis) e analogia jurídica 9analogia juris): na primeira, aplica-se a norma legal positivada a um caso que não encontra solução específica na lei; na segunda, aplicam-se, além de lei análoga, as diversas outras fontes do direito para a solução do caso lacunosos, como a doutrina, a jurisprudência e os princípios gerais do direito".

(e) ASSIS NETO e outros (2016) ensinam que: Embora não diga expressamente a LINDB, podemos incluir a equidade, também, como regra de integração. A equidade consiste em decidir o caso concreto de acordo com a regra que distribua de forma mia igualitária a justiça. No entanto, somente se admite a sua utilização quando expressamente permitida em lei, conforme disciplina o art. 127 do CPC.

Gabarito: A

Para responder, tem que estudar: lei e teoria/doutrina.

2. TEORIA DA CONSTITUIÇÃO

2.1. Constitucionalismo. Conceito e classificação das constituições

1. **(MPE/SP/Promotor/2010/87_Concurso)** Quanto ao grau de sua alterabilidade ou mutabilidade, as Constituições Federais se classificam em:

a) flexíveis, rígidas, semirrígidas ou semiflexíveis, e superrígidas.

b) promulgadas, outorgadas, cesaristas e pactuadas.
c) analíticas e sintéticas.
d) escritas e costumeiras.
e) rígidas e superrígidas.

ANOTAÇÕES/COMENTÁRIOS

(a) Sob o escólio do doutrinador Marcelo Novelino (2015, p. 110) tem-se que: "o critério utilizado na classificação das constituições quanto à sua estabilidade (mutabilidade ou plasticidade) é a consistência das normas constitucionais, aferida com base na complexidade do processo de sua alteração em comparação com o processo legislativo ordinário." Podem ser classificadas em: a) flexíveis ou plásticas: são aquelas que promanam da mesma autoridade responsável pela criação das leis ordinárias e que permitem a modificação de suas normas por um processo idêntico ao de qualquer outra lei. b) semirrígidas ou semiflexíveis: são as que contêm uma parte rígida e outra flexível. É o caso, por exemplo, da Constituição Federal de 1824. c) rígidas: somente podem ser modificadas mediante procedimento mais solene e complexo que o processo legislativo ordinário. d) superrígidas: classificação adotada por Alexandre de Moraes, a constituição rígida é dotada de normas imutáveis (a exemplo, das cláusulas pétreas). Por fim, Novelino menciona as imutáveis: são as leis Fundamentais antigas, como o Código de Hamurabi e a Lei das XII Tábuas, que surgiram com a pretensão de eternidade e que, por isso, não podiam ser modificadas sob a pena de maldição dos deuses; e as fixas: são as constituições que não podem ser modificadas senão pelo mesmo poder constituinte que as elaborou, quando convocado para isso. As constituições fixas e imutáveis possuem valor apenas histórico.

(b) A alternativa apresenta a classificação quanto à origem das constituições, de como elas surgiram.

(c) A alternativa contempla a classificação quanto à extensão do texto constitucional.

(d) A alternativa labora a classificação quanto à forma.

(e) A despeito de trabalhar a classificação da mutabilidade, a assertiva não conceituou de forma completa, como ocorreu na alternativa a.

Gabarito: A

Para responder, tem que estudar: teoria/doutrina.

2. (MPE/SP/Promotor/2017/92_Concurso) A primeira Carta de Declaração de Direitos moderna, assim definida por conferir a suas normas eficácia jurídico-positiva mais elevada, inserindo as garantias das liberdades individuais em documento constitucional que delimitava a própria atuação reformadora do Poder Legislativo, foi a

a) Magna Carta inglesa, do Rei João Sem Terra.
b) Carta da Colônia Americana da Virgínia.
c) Bill of Rights inglesa, de 1689.
d) Declaração francesa dos Direitos do Homem e do Cidadão.
e) Carta Constitucional alemã da República de Weimar

ANOTAÇÕES/COMENTÁRIOS

(a, c) A questão trabalha o constitucionalismo moderno que segundo Novelino (2015) "os direitos civis políticos consagrados nos textos constitucionais são apontados como a primeira geração (ou dimensão) dos direitos fundamentais, ligada ao valor liberdade. Marcelo Neves (2009) assinala que, ao lado da imitação e controle do poder, as exigências decorrentes dos direitos fundamentais foram fatores determinantes para o surgimento da constituição em sentido moderno, compreendida como aquela veiculada ao constitucionalismo resultante das revoluções liberais." A experiência inglesa se destaca no constitucionalismo antigo, o qual é compreendido entre a antiguidade e o final do século XVIII, como ensina Marcelo Novelino (2015) tem-se que: "a experiência constitucional inglesa, centralizada no princípio do Rule of Law, possui papel destacado na concepção de constitucionalismo. Na idade média, durante séculos predominaram regimes absolutistas nos quais eram vedadas quaisquer forma participativas, assim como a imposição de limites aos governantes, considerados verdadeiras encarnações do soberano ou de entidades divinas. É nesta época, todavia, que o constitucionalismo ressurge como movimento de conquista das liberdades, impondo balizas à atuação soberana e garantindo direitos individuais em contraposição à opressão estatal (TAVARES, 2002). A maior contribuição da Idade Média para a história do constitucionalismo, segundo Matteucci (1998), a foi a 'afirmação de que todo poder político tem de ser legalmente limitado' (princípio da primazia da lei). (...) Entre os pactos celebrados na Inglaterra, reconhecendo a primazia das liberdades púbicas contra o abuso do poder, destacam-se a Magna Charta Libertatum (1215), outorgada pelo Rei João Sem Terra como fruto do acordo firmado com os súditos, e a Petition of Rights (1628), firmada entre o Parlamento e o Rei Carlos I." Apesar da evolução, tem-se que a Magna Carta do Rei João Sem Terra e a Bill of Rights não trouxeram ou previram qualquer mecanismo de imunização contra o arbítrio e o poder de reforma inerentes à supremacia do legislativo, não constituindo documentos integrantes do constitucionalismo moderno.

(b) Sob o escólio do doutrinador Novelino (2015) "Na base da experiência constitucional dos Estados Unidos estão as concepções do filósofo inglês John Locke ("individualismo" e "liberalismo") e do pensador político francês Charles de Secondat, o barão de Montesquieu ("limitação do poder"). A formalização da decisão política na qual as Treze Colônias romperam com o poder central inglês ocorreu com a publicação da Virginia Bill of Rights (12 de junho de 1776) e da Constitution of Virginia (29 de junho de 1776), elaborada pelos Founding Fathers George Mason, James Madison e Thomas Jefferson. A alternativa apresenta a classificação quanto à origem das constituições, de como elas surgiram." Em complementação, dispõe Gilmar Mendes e Paulo Gustavo

Gonet Branco (2013) que são "princípios fundamentais do constitucionalismo moderno, além da supremacia da Constituição, a soberania popular, os direitos fundamentais e o postulado do governo ilimitado, a que se ligam os princípios da separação de poderes, a independência do Judiciário e a responsabilidade política dos governantes, princípios acolhidos pioneiramente pela Declaração de Direitos da Virgínia de 1776".

(d) Nos dizeres do doutrinador Novelino "o constitucionalismo francês é permeado por duas ideias básicas: a garantia dos direitos e a separação dos poderes. O principal precedente desta concepção, o célebre artigo 16 da Declaração Universal dos Direitos do Homem e do Cidadão (1789), estabelece que "toda sociedade na qual não é assegurada a garantia dos direitos, nem determinada a separação dos poderes, não possui Constituição." Nesse sentido, apesar de representar o constitucionalismo moderno não foi o primeiro instrumento a trabalhar estes conceitos.

(e) Trata-se de constituição social promulgada no ano de 1919. Como dito na alternativa anterior, apesar de pertencer ao constitucionalismo moderno, não foi o primeiro instrumento normativo.

Gabarito: B

Para responder, tem que estudar: teoria/doutrina.

2.2. Poder constituinte: características, titularidade e classificação. Recepção, repristinação e desconstitucionalização

3. **(MPE/SP/Promotor/2011/88_Concurso)** É correto afirmar que a repristinação corresponde à:

   a) restauração da vigência de lei já revogada em razão de a lei revogadora haver perdido a vigência, fenômeno que ocorre em nosso sistema jurídico, salvo expressa previsão legal, nos termos do previsto pela Lei de Introdução às Normas do Direito Brasileiro. A decisão de inconstitucionalidade, em sede de controle concentrado, por outro lado, ao declarar inconstitucional lei revogadora, como regra, restaura a vigência da legislação previamente existente.

   b) preservação das leis e atos normativos inferiores e anteriores à nova Constituição, fenômeno que ocorre em nosso sistema jurídico, independentemente de previsão legal, decorrendo do regime constitucional vigente. A decisão de inconstitucionalidade, em sede de controle concentrado, nesse caso, presta-se a afastar a vigência da legislação existente previamente à nova Constituição.

   c) restauração da vigência de lei já revogada em razão de a lei revogadora haver perdido a vigência, fenômeno que somente ocorre em nosso sistema jurídico mediante expressa previsão legal, nos termos do previsto pela Lei de Introdução às Normas do Direito Brasileiro. Da mesma forma, a decisão de inconstitucionalidade, em sede de controle concentrado ao declarar inconstitucional lei revogadora, não restaura a vigência da legislação previamente existente.

d) preservação das leis e atos normativos inferiores e anteriores à nova Constituição, fenômeno que ocorre em nosso sistema jurídico, independentemente de previsão legal, decorrendo do regime constitucional vigente. A decisão de inconstitucionalidade, em sede de controle concentrado, no caso dessas normas, somente é possível mediante arguição de descumprimento de preceito fundamental.

e) restauração da vigência de lei já revogada em razão de a lei revogadora haver perdido a vigência, fenômeno que somente ocorre em nosso sistema jurídico mediante expressa previsão legal, nos termos do previsto pela Lei de Introdução às Normas do Direito Brasileiro. A decisão de inconstitucionalidade, em sede de controle concentrado, por outro lado, ao declarar inconstitucional lei revogadora, como regra, restaura a vigência da legislação previamente existente.

ANOTAÇÕES/COMENTÁRIOS

(a) O fenômeno da repristinação ocorre, tão somente, quando há previsão legal expressa. Art. 2º, § 3º, LINDB (Lei de Introdução às Normas do Direito Brasileiro): "Salvo disposição em contrário, a lei revogada não se restaura por ter a lei revogadora perdido a vigência."

(b) A questão refere-se aos fenômenos da recepção e não recepção. O primeiro ocorre quando a norma anterior à Constituição é materialmente compatível com esta, e recepcionada. O segundo, por sua vez, explica a não recepção da legislação anterior quando incompatível com a atual Constituição.

(c) Há previsão expressa do efeito repristinatório na Ação Direta de Inconstitucionalidade – ADI, art. 11, § 2º, Lei nº 9868/99: "A concessão da medida cautelar torna aplicável à legislação anterior acaso existente, salvo expressa manifestação em sentido contrário."

(d) A primeira parte da questão conceitua o fenômeno da recepção ("preservação das leis e atos normativos inferiores e anteriores à nova Constituição, fenômeno que ocorre em nosso sistema jurídico, independentemente de previsão legal, decorrendo do regime constitucional vigente"). Em relação à segunda parte, vide artigo 11, § 2º, Lei nº 9868/99.

(e) Art. 11, § 2º, Lei nº 9.868/99.

Gabarito: E

Para responder, tem que estudar: lei e teoria/doutrina.

4. (MPE/SP/Promotor/2011/88_Concurso) Com relação à "recepção", é correto afirmar que é:

a) significativa restauração da vigência de lei já revogada em razão de a lei revogadora haver perdido a vigência em razão da entrada em vigor da nova

Constituição. Em relação à legislação anterior à Constituição, no entanto, não é cabível ação declaratória de inconstitucionalidade, podendo eventual inconstitucionalidade ser impugnada no âmbito da arguição de descumprimento de preceito fundamental.

b) significativa do fenômeno por meio do qual se assegura a preservação das leis e atos normativos inferiores e anteriores à nova Constituição, desde que com ela compatíveis. Eventuais questões de constitucionalidade concernentes à legislação anterior podem ser resolvidas por meio de ação declaratória de inconstitucionalidade ou de constitucionalidade.

c) significativa do fenômeno por meio do qual se assegura a preservação das leis e atos normativos inferiores e anteriores à nova Constituição, desde que com ela compatíveis. Em relação à legislação anterior à Constituição, não é cabível ação declaratória de inconstitucionalidade, podendo eventual inconstitucionalidade ser impugnada no âmbito da arguição de descumprimento de preceito fundamental.

d) significativa restauração da vigência de lei já revogada em razão de a lei revogadora haver perdido a vigência pela entrada em vigor da nova Constituição. Em relação à legislação anterior à Constituição, no entanto, é cabível ação declaratória de inconstitucionalidade, bem como arguição de descumprimento de preceito fundamental.

e) significativa do fenômeno por meio do qual se assegura a preservação das leis e atos normativos inferiores e anteriores à nova Constituição, desde que com ela compatíveis. Eventuais questões de constitucionalidade concernentes à legislação anterior podem ser resolvidas por meio de ação declaratória de inconstitucionalidade ou de constitucionalidade e de arguição de descumprimento de preceito fundamental.

ANOTAÇÕES/COMENTÁRIOS

(a) A alternativa contempla o fenômeno da repristinação explicado na questão anterior.

(b) A alternativa trabalha corretamente o conceito de recepção, todavia, afirma que as leis anteriores à Constituição podem ser objeto de ADI ou ADC, o que não corresponde à realidade. A norma impugnada, objeto da ADI/ADC, deve ser contemporânea ao parâmetro (norma constitucional ofendida). A norma impugnada possui um vício na origem. É o que a doutrina denomina de inconstitucionalidade originária. Lado outro, na inconstitucionalidade superveniente o objeto é anterior ao parâmetro, e, embora elaborado em conformidade com a constituição vigente à época, se torna inconstitucional devido à alteração superveniente do parâmetro. Nesse caso, a Suprema Corte reconhece como revogação ou não recepção, não há inconstitucionalidade. Elucidativo, a propósito, o julgamento da ADPF 130: "Total procedência da ADPF, para o efeito de declarar como não recepcionado pela Constituição de 1988 todo o conjunto de dispositivos da Lei federal nº 5.250, de 9 de fevereiro de 1967."

(c) Art. 1º, parágrafo único, I, Lei 9.882/99: "Caberá também arguição de descumprimento de preceito fundamental: I – quando for relevante o fundamento da controvérsia constitucional sobre lei ou ato normativo federal, estadual ou municipal, incluídos os anteriores à Constituição."

(d) A alternativa contempla o conceito do fenômeno da repristinação.

(e) As leis anteriores à Constituição não podem ser objeto de ADI.

Gabarito: C

Para responder, tem que estudar: lei e teoria/doutrina.

5. (MPE/SP/Promotor/2013/90_Concurso) A repristinação é a possibilidade de uma norma revogada passar novamente a ter vigência pelo fato de a norma revogadora ser revogada. O efeito repristinatório pode ocorrer nos casos:

I. de entrada em vigor de lei que revogue a lei revogadora expressar o restabelecimento da lei revogada.

II. de entrada em vigor de lei que revogue a lei revogadora, ainda que não expresse o restabelecimento da lei revogada.

III. de concessão da medida cautelar em autos de ação direta de inconstitucionalidade perante o Supremo Tribunal Federal, voltada contra a lei revogadora, salvo expressa manifestação em sentido contrário.

IV. de concessão da medida cautelar em autos de ação direta de inconstitucionalidade perante o Supremo Tribunal Federal voltada contra a lei revogadora, exceto nos casos em que a União for interessada.

V. em que o Tribunal declarar a inconstitucionalidade de lei e, por maioria simples de seus membros, determinar o efeito ex nunc da decisão.

Está correto apenas o afirmado nos itens

a) I e IV.

b) II e IV.

c) I e V.

d) I e III.

e) IV e V.

ANOTAÇÕES/COMENTÁRIOS

(I) trata o conceito de repristinação previsto no art. 2º, § 3º, da LINDB.

(II) contraria o disposto no art. 2º, § 3º, da LINDB – Lei de Introdução às Normas de Direito Brasileiro (Decreto-Lei 4657/42): "Salvo disposição em contrário, a lei revogada não se restaura por ter a lei revogadora perdido a vigência."

(III) contempla o disposto no art. 11, § 2º, Lei nº 9.868/99.

(IV) está em desconformidade com o previsto no artigo 11, § 2º, da Lei n. 9868/99: "A concessão da medida cautelar torna aplicável a legislação anterior acaso existente, salvo expressa manifestação em sentido contrário."

(V) trata da modulação dos efeitos da ADI/ADC, art. 27, Lei nº 9.868/99, segundo o qual "Ao declarar a inconstitucionalidade de lei ou ato normativo, e tendo e vista razões de segurança jurídica ou de excepcional interesse social, poderá o Supremo Tribunal Federal, por maioria de dois terços de seus membros, restringir os efeitos daquela declaração ou decidir que ela só tenha eficácia a partir de seu trânsito em julgado ou de outro momento que venha a ser fixado."

Gabarito: D

Para responder, tem que estudar: lei.

2.3. Princípios constitucionais. Interpretação constitucional. Eficácia das normas constitucionais

6. (MPE/SP/Promotor/2011/88_Concurso) Examine os tópicos seguintes:

I. o exercício dos direitos sociais e individuais, a liberdade, a segurança, o bem-estar, o desenvolvimento, a igualdade e a justiça;

II. a soberania; a cidadania; a dignidade da pessoa humana; os valores sociais do trabalho e da livre iniciativa; o pluralismo político;

III. construir uma sociedade livre, justa e solidária; garantir o desenvolvimento nacional; erradicar a pobreza e a marginalização e reduzir as desigualdades sociais e regionais; promover o bem de todos, sem preconceitos de origem, raça, sexo, cor, idade e quaisquer outras formas de discriminação;

IV. independência nacional; prevalência dos direitos humanos; autodeterminação dos povos; não intervenção; igualdade entre os Estados; defesa da paz; solução pacífica dos conflitos; repúdio ao terrorismo e ao racismo; cooperação entre os povos para o progresso da humanidade; concessão de asilo político.

No regime constitucional brasileiro, os itens elencados são, respectivamente,

a) objetivos do Estado Democrático, do preâmbulo da Constituição Federal; objetivos fundamentais da república; fundamentos da República Federativa do Brasil; princípios das relações internacionais.

b) fundamentos da República Federativa do Brasil; objetivos fundamentais da república; agenda político-partidária estranha à Constituição; princípios das relações internacionais.

c) objetivos fundamentais da república; princípios das relações internacionais; objetivos do Estado Democrático, do preâmbulo da Constituição Federal; fundamentos da República Federativa do Brasil.

d) objetivos do Estado Democrático, do preâmbulo da Constituição Federal; fundamentos da República Federativa do Brasil; objetivos fundamentais da república; princípios das relações internacionais.

e) agenda político-partidária estranha à Constituição; princípios das relações internacionais; objetivos fundamentais da república; fundamentos da República Federativa do Brasil.

ANOTAÇÕES/COMENTÁRIOS

(I) enuncia os objetivos do Estado Democrático de Direito, do preâmbulo da Constituição.

(II) enuncia os fundamentos da República Federativa do Brasil, art. 1º, CF.

(III) enuncia os objetivos fundamentais da República Federativa do Brasil, art. 3º, CF.

(IV) enuncia os princípios das relações internacionais, art. 4º, CF.

Gabarito: D

Para responder, tem que estudar: lei.

7. **(MPE/SP/Promotor/2011/88_Concurso)** O livre exercício de qualquer trabalho, o direito de greve no serviço público e a inadmissibilidade de provas obtidas por meios ilícitos no processo são, respectivamente, normas constitucionais de eficácia:

a) plena, limitada e contida.
b) limitada, contida e plena.
c) plena, contida e limitada.
d) contida, limitada e plena.
e) contida, plena e limitada.

ANOTAÇÕES/COMENTÁRIOS

(a) A questão trata a eficácia das normas constitucionais. Segundo o doutrinador Marcelo Novelino (2015) "a força normativa da constituição impõe o reconhecimento de valor jurídico, obrigatório e vinculante a todos os preceitos constitucionais. Atualmente, a eficácia é um atributo reconhecido a todas as espécies de normas constitucionais, ainda que o seu grau possa variar conforme a densidade normativa outorgada pelo legislador constituinte." Segundo a classificação proposta por José Afonso, há três espécies de normas constitucionais: plena, contida e limitada. As normas de eficácia plena: possuem aplicabilidade direta e imediata por não dependerem de legislação posterior para sua inteira operatividade, estando aptas a produzir, desde sua entrada em vigor, seus efeitos essenciais. As normas de eficácia contida: apesar de aptas a regular de forma suficiente os interesses relativos ao seu conteúdo, desde sua entrada em vigor, reclamam uma atuação por parte do legislador no sentido de reduzir o seu alcance. Por derradeiro, as normas de eficácia limitada: só manifestam a plenitude dos seus efeitos jurídicos pretendidos pelo legislador constituinte após a emissão de atos normativos previstos ou requeridos por ela, possuindo uma eficácia limitada ou reduzida. Nesse contexto, verifica-se que o art. 5º, XIII, CF, "é livre o exercício de qualquer trabalho, ofício ou profissão, atendidas as qualificações profissionais que a lei estabelecer", é norma de eficácia contida; o art. 37, VII, CF: "o direito de greve será exercido nos termos e nos limites definidos em lei específica", é norma de eficácia limitada e o art. 5º LVI, CF, "são inadmissíveis, no processo, as provas obtidas por meios ilícitos", é norma de eficácia plena.

(b, c, d, e) Vide comentários acima.

Gabarito: D

Para responder, tem que estudar: lei e teoria/doutrina.

3. DIREITO CONSTITUCIONAL BRASILEIRO

3.1. Princípios fundamentais

8. (MPE/SP/Promotor/2010/87_Concurso) Assinale a alternativa correta:

a) é livre a manifestação de pensamento, sendo vedado o anonimato, nos termos da lei.

b) é assegurado o direito de resposta, além da indenização exclusiva por dano material.

c) é livre o exercício de qualquer trabalho, ofício ou profissão, atendidas as qualificações profissionais que a lei estabelecer.

d) a proteção constitucional da liberdade de manifestação do pensamento abrange o direito de expressar-se, oralmente ou por escrito, não englobando o de ouvir, assistir e ler.

e) todos têm o direito de receber dos órgãos públicos informações de seu interesse particular, ou de interesse coletivo ou geral, que serão prestadas no prazo improrrogável de (30) trinta dias, sob pena de responsabilidade, ressalvadas aquelas cujo sigilo seja imprescindível à segurança da sociedade e do Estado.

ANOTAÇÕES/COMENTÁRIOS

(a) Art. 5º, IV, CF. "É livre a manifestação do pensamento, sendo vedado o anonimato." Não há exigência de complementação de lei como descrito na assertiva.

(b) Art. 5º, V, CF. "É assegurado o direito de resposta, proporcional ao agravo, além da indenização por dano material, moral ou à imagem." Não há no texto constitucional limitação ao dano material como descrito na assertiva.

(c) Art. 5º, XIII, CF: "é livre o exercício de qualquer trabalho, ofício ou profissão, atendidas as qualificações profissionais que a lei estabelecer."

(d) A liberdade de manifestação de pensamento consiste no direito de exprimir e divulgar livremente o pensamento. Nos termos do artigo 11, da Declaração dos Direitos do Homem e do Cidadão: "a livre comunicação do pensamento e da opinião é um dos direitos mais preciosos do homem: todo cidadão pode, pois, falar, escrever, imprimir livremente, salvo quando tiver que responder por abuso desta liberdade, nos casos previstos em lei." Nesses moldes que a liberdade foi contemplada na Constituição Federal de 1988.

(e) Art. 5º, XXXIII, CF. "Todos têm direito a receber dos órgãos públicos informações de seu interesse particular, ou de interesse coletivo ou geral, que serão prestados no prazo da lei, sob pena de responsabilidade, ressalvadas aquelas cujo sigilo seja imprescindível à segurança da sociedade e do Estado."

Gabarito: C

Para responder, tem que estudar: lei.

9. (MPE/SP/Promotor/2010/87_Concurso) Os tratados e convenções internacionais sobre direitos humanos que forem aprovados, em cada Casa do Congresso Nacional, em dois turnos, por três quintos (3/5) dos votos dos respectivos membros, serão equivalentes:

a) às emendas constitucionais.
b) às leis complementares.
c) às leis ordinárias.
d) às leis delegadas.
e) aos decretos legislativos.

ANOTAÇÕES/COMENTÁRIOS

(a) Segundo o art. 5º, § 3º, CF: "os tratados e convenções internacionais sobre direitos humanos que forem aprovados, em cada Casa do Congresso Nacional, em dois turnos, por três quinto dos votos dos respectivos membros, serão equivalentes às emendas constitucionais."

(b, c, d, e) Vide comentários acima.

Gabarito: A

Para responder, tem que estudar: lei.

10. (MPE/SP/Promotor/2011/88_Concurso) Considerando a disciplina constitucional brasileira, é possível afirmar que o direito à privacidade:

a) encontra limite na liberdade de imprensa, que não poderá ser restringida nem mesmo por ordem judicial.
b) somente pode ser afastado por ordem judicial, não se estendendo tal poder às Comissões Parlamentares de Inquérito.
c) encontra expressão constitucional na inviolabilidade da intimidade, da vida privada, da honra e da imagem das pessoas.
d) pode ser extraído das vedações constitucionais à violação de domicílio e das comunicações.
e) inibe o poder requisitório do Ministério Público, mesmo se dirigido a pessoas jurídicas.

ANOTAÇÕES/COMENTÁRIOS

(a) O direito à privacidade e à informação são garantias constitucionais, no caso de colisão deve-se aplicar o princípio da concordância prática ou da harmonização, de forma que não implique o sacrifício total de um dos bens protegidos. A liberdade de imprensa pode ser limitada por ordem judicial, como, por exemplo, o direito ao esquecimento.

(b) Art. 58, § 3º, CF: "As comissões parlamentares de inquérito, que terão poderes de investigação próprios das autoridades judiciais, além de outros previstos nos regimentos das respectivas Casas, serão criadas pela Câmara dos Deputados e pelo Senado Federal, em conjunto ou separadamente, mediante requerimento de um terço de seus membros, para apuração de fato determinado e por prazo certo, encaminhadas ao Ministério Público, para que promova a responsabilidade civil ou criminal infratores."

(c) A Constituição protege a privacidade (gênero), garantida a inviolabilidade da intimidade, da vida privada, da honra e da imagem das pessoas, art. 5º, X, CF: "são invioláveis a intimidade, a vida privada, a honra e a imagem das pessoas, assegurado o direito a indenização pelo dano material ou moral decorrente de sua violação." É de suma importância o conhecimento de recente julgado do STF ´proferido em sede de repercussão geral (TEMA 786/STF: É incompatível com a Constituição a ideia de um direito ao esquecimento, assim entendido como o poder de obstar, em razão da passagem do tempo, a divulgação de fatos ou dados verídicos e licitamente obtidos e publicados em meios de comunicação social analógicos ou digitais. Eventuais excessos ou abusos no exercício da liberdade de expressão e de informação devem ser analisados caso a caso, a partir dos parâmetros constitucionais – especialmente os relativos à proteção da honra, da imagem, da privacidade e da personalidade em geral – e as expressas e específicas previsões legais nos âmbitos penal e cível).

(d) Art. 5º, X, CF: "são invioláveis a intimidade, a vida privada, a honra e a imagem das pessoas, assegurando o direito a indenização pelo dano material ou moral decorrente de sua violação."

(e) Não inibe o poder requisitório do Ministério Público, porquanto "há inúmeros casos nos quais a segurança e/ou o interesse público justificam uma intervenção no direito à privacidade." A Suprema Corte decidiu pela possibilidade da restrição da privacidade no julgamento do HC 87.341/PR.

Gabarito: C

Para responder, tem que estudar: lei, jurisprudência e teoria/doutrina.

11. (MPE/SP/Promotor/2011/88_Concurso) É correto afirmar que o princípio do Promotor Natural:

a) pode ser extraído da Constituição Federal, sendo significativo da vedação à designação de "acusador de exceção", em proteção ao acusado ou ao litigante, no sentido de garantir a atuação de integrante da instituição a partir de critérios legais e predeterminados, bem como do membro do Ministério Público, para preservar as atribuições de seu cargo, não alcançando, no entanto, a possibilidade de criação de grupos especiais de atuação de caráter geral e previamente estabelecidos por normas de organização interna.

b) pode ser extraído da Constituição Federal, sendo significativo da vedação de designação de Promotor ad hoc de fora da carreira para a prática de qualquer ato ou atribuições do Ministério Público, não impedindo, no entanto, a livre designação, pelo Procurador Geral de Justiça, de membros da instituição para atuarem em casos específicos, independentemente da prévia distribuição de atribuições ou da criação de grupos específicos.

c) não pode ser extraído da Constituição Federal, mas encontra respaldo nas Leis Orgânicas Nacional e do Estado de São Paulo, sendo significativo da vedação à designação de "acusador de exceção", voltando-se à proteção do membro do Ministério Público para garantia do efetivo exercício de suas funções, alcançando grupos especiais de atuação, mesmo que de caráter geral e previamente estabelecidos por normas de organização interna.

d) pode ser extraído da Constituição Federal somente no sentido de vedação de designação de Promotor ad hoc de fora da carreira, dependendo sua maior abrangência de lei regulamentar, de maneira que passe a significar a vedação à designação de "acusador de exceção", em proteção do acusado, na condição de sua garantia processual, não se aplicando, de todo modo, à esfera cível da atuação ministerial.

e) não pode ser extraído da Constituição Federal, mas encontra respaldo nas regras de impedimento e suspeição dos Códigos de Processo Civil e de Processo Penal, sendo significativo da garantia de imparcialidade do membro do Ministério Público, precisando, no entanto, ser invocado oportunamente pela parte interessada, mediante o procedimento estabelecido em lei, não tendo influência sobre as normas internas de distribuição de atribuições.

ANOTAÇÕES/COMENTÁRIOS

(a) A Suprema Corte assentou o princípio do promotor natural no leading case HC 67.759. No referido julgamento, o Min. Celso de Melo estabelece que "esse princípio consagra uma garantia de ordem jurídica, destinada tanto a proteger o membro do Ministério Público, na medida que lhe assegura o exercício pleno e independe do seu ofício, quanto tutela a própria coletividade."

(b) No julgamento do leading case HC 67.759, o Min. Celso de Melo asseverou, ainda, que "o postulado do Promotor Natural, que se revela imanente ao sistema constitucional brasileiro, repele, a partir da vedação de designações casuísticas efetuadas pela Chefia da Instituição, a figura do acusador de exceção."

(c) O princípio não alcança os grupos especializados de investigação. Na visão do doutrinador Nelson Nery Junior, citado por Pedro Lenza (2015), essas equipes especializadas de investigação do Ministério Público são "...criadas com o objetivo de melhor distribuir a promoção da justiça pelo Parquet, são salutares e devem ser mantidas."

(d) O princípio em comento aplica-se ao Ministério Público em todas as suas funções institucionais.

(e) Vide comentários das alternativas anteriores.

Gabarito: A

Para responder, tem que estudar: jurisprudência e teoria/doutrina.

12. (MPE/SP/Promotor/2012/89_Concurso) Em observância à inviolabilidade das comunicações telefônicas, prevista no inciso XII, do artigo 5° da Constituição Federal, a interceptação telefônica dependerá de ordem judicial expedida pelo juiz competente para a ação principal, em decisão devidamente fundamentada que demonstre sua conveniência e indispensabilidade para fins de:

a) investigação criminal, instrução processual penal ou inquérito civil para apuração de ato de improbidade administrativa, indicando o juiz a forma de execução da diligência, que não poderá exceder o prazo de 15 (quinze) dias, renovável por igual tempo, sempre mediante decisões judiciais fundamentadas.

b) investigação criminal ou instrução processual penal, indicando o juiz a forma de execução da diligencia, que não poderá exceder o prazo de 15 (quinze) dias, renovável por igual tempo, sempre mediante decisões judiciais fundamentadas.

c) investigação criminal, instrução processual penal ou inquérito civil para apuração de ato de improbidade administrativa, indicando o juiz a forma de execução da diligência, que não poderá exceder o prazo de 15 (quinze) dias, improrrogável.

d) investigação criminal ou instrução processual penal, indicando o juiz a forma de execução da diligência, que não poderá exceder o prazo de 15 (quinze) dias, improrrogável.

e) inquérito policial, instrução processual penal ou inquérito civil para apuração de ato de improbidade administrativa, indicando o juiz a forma de execução da diligência, que não poderá exceder o prazo de 15 (quinze) dias, renovável por igual tempo, sempre mediante decisões judiciais fundamentadas.

ANOTAÇÕES/COMENTÁRIOS

(a) Art. 5º, XII, CF: "é inviolável o sigilo de correspondência e das comunicações telegráficas, de dados e das comunicações telefônicas, salvo, no último caso, por ordem judicial, nas hipóteses e na forma que a lei estabelecer para fins de investigação criminal ou instrução processual."

(b) Art. 5º, XII, CF c/c art. 5º, Lei nº 9.296/96: "A decisão será fundamentada, sob pena de nulidade, indicando também a forma de execução da diligência, que não poderá exceder o prazo de 15 (quinze) dias, renovável por igual tempo uma vez comprovada a indispensabilidade do meio de prova."

(c) Art. 5º, XII, CF.

(d) Art. 5º, XII, CF.

(e) A assertiva amplia o rol das hipóteses autorizativas da interceptação criminal, contrariando o disposto no art. 5º, XII, CF.

Gabarito: B

Para responder, tem que estudar: lei.

13. (MPE/SP/Promotor/2012/89_Concurso) São inadmissíveis, no processo, as provas obtidas por meios ilícitos. Elas são:

a) nulas e contaminam as demais provas delas decorrentes, de acordo com a teoria dos frutos da árvore envenenada, acarretando a nulidade do processo, em respeito ao princípio constitucional do devido processo legal.

b) anuláveis e podem ser desentranhadas dos autos, a critério do juiz, porém não contaminam as demais provas delas decorrentes, em virtude da incomunicabilidade da ilicitude.

c) nulas e contaminam todas as demais provas do processo, de acordo com a teoria dos frutos da árvore envenenada, não tendo, porém, o condão de anular o processo.

d) anuláveis e podem ser desentranhadas dos autos e contaminar as demais provas delas decorrentes, a critério do juiz, permanecendo válidas as provas lícitas e autônomas.

e) nulas e contaminam as demais provas delas decorrentes, de acordo com a teoria dos frutos da árvore envenenada, não tendo, porém, o condão de anular o processo, permanecendo válidas as demais provas lícitas e autônomas.

ANOTAÇÕES/COMENTÁRIOS

(a) Segundo o doutrinador Marcelo Novelino (2015) a proibição foi criada com a finalidade de evitar futuras violações a direitos fundamentais, "a norma impede que a prova conseguida ilicitamente seja juntada aos autos do processo, sendo irrelevante indagar se o ato ilícito do qual se originou o dado probatório foi praticado por particular ou agente público. Caso a prova seja juntada, deverá ser desentranhada sob pena de nulidade da sentença que a utilizou como fundamento."

(b) O direito pátrio adota a teoria dos frutos da árvore envenenada também conhecida como teoria da prova ilícita por derivação. Com fundamento nesta teoria, as provas derivadas, diretamente ou indiretamente, de provas ilícitas também ficam contaminadas pela ilicitude. No caso de existência de provas autônomas, contudo, a decisão condenatória não deve ser anulada, STF, HC 69.912. Outrossim, não haverá contaminação quando a prova derivada puder ser descoberta idoneamente de outra maneira (teoria da descoberta inevitável).

(c) As provas ilícitas não contaminam quando, apesar de possuir vínculo com a prova ilícita, a prova derivada puder ser descoberta idoneamente de outra maneira (teoria da descoberta inevitável).

(d) As provas devem ser desentranhadas do processo, e, não apenas, podem como sugere a questão.

(e) Vide comentários acima.

Gabarito: E

Para responder, tem que estudar: teoria/doutrina.

14. (MPE/SP/Promotor/2012/89_Concurso) A Constituição Federal, ao consagrar a inviolabilidade de crença religiosa está também assegurando a proteção:

a) plena à liberdade de culto e as suas liturgias, desde que haja prévia autorização estatal para a realização de atividades em público, na forma e nos termos previstos em lei.

b) à liberdade de culto e as suas liturgias, na forma e nos termos previstos em lei.

c) plena à liberdade de culto católico e as suas liturgias, permitindo, porém, que todas as demais religiões realizem seus cultos domésticos ou particulares sem necessidade de expressa autorização.

d) plena à liberdade de culto e as suas liturgias, bem como o direito de não acreditar ou professar nenhuma fé, devendo o Estado respeito ao ateísmo.

e) à liberdade de culto e as suas liturgias, desde que haja reconhecimento da existência do monoteísmo, na forma e nos termos previstos em lei.

ANOTAÇÕES/COMENTÁRIOS

(a, b, d) O art. 5º, VI, CF apregoa que "é inviolável a liberdade de consciência e de crença, sendo assegurado o livre exercício dos cultos religiosos e garantida, na forma da lei, a proteção aos locais de culto e suas liturgias." Mais à frente, o legislador constituinte assegurou que "todos podem reunir-se pacificamente, sem armas, em locais abertos ao público, independentemente de autorização, desde que não frustrem outra reunião anteriormente convocada para o mesmo local, sendo apenas exigido prévio aviso à autoridade competente", art. 5º, XVI, CF. Confira-se importante julgado do STF proferido no ano de 2021 acerca da temática do direito de reunião: (TEMA 855/STF)- A exigência constitucional de aviso prévio relativamente ao direito de reunião é satisfeita com a veiculação de informação que permita ao poder público zelar para que seu exercício se dê de forma pacífica ou para que não frustre outra reunião no mesmo local (RE 806.339/SE repercussão geral).

(c, e) A Constituição Federal assegura o "livre exercício de cultos religiosos", art. 5º, VI, CF. Confira-se importantes julgados do STF acerca do tema:

Tema 1.021/STF: Nos termos do artigo 5º, VIII, da Constituição Federal é possível à Administração Pública, inclusive durante o estágio probatório, estabelecer critérios alternativos para o regular exercício dos deveres funcionais inerentes aos cargos públicos, em face de servidores que invocam escusa de consciência por motivos de crença religiosa, desde que presentes a razoabilidade da alteração, não se caracterize o desvirtuamento do exercício de suas funções e não acarrete ônus desproporcional à Administração Pública, que deverá decidir de maneira fundamentada. (ARE 1.099.099/SP);

Tema 0386/STF: Nos termos do artigo 5º, VIII, da Constituição Federal é possível a realização de etapas de concurso público em datas e horários distintos dos previstos em edital, por candidato que invoca escusa de consciência por motivo de crença religiosa, desde que presentes a razoabilidade da alteração, a preservação da igualdade entre todos os candidatos e que não acarrete ônus desproporcional à Administração Pública, que deverá decidir de maneira fundamentada. (RE 611.874/DF);

RE 494.601/RS: DIREITO CONSTITUCIONAL. RECURSO EXTRAORDINÁRIO COM REPERCUSSÃO GERAL. PROTEÇÃO AO MEIO AMBIENTE. LIBERDADE RELIGIOSA. LEI 11.915/2003 DO ESTADO DO RIO GRANDE DO SUL. NORMA QUE DISPÕE SOBRE O SACRIFÍCIO RITUAL EM CULTOS E LITURGIAS DAS RELIGIÕES DE MATRIZ AFRICANA. COMPETÊNCIA CONCORRENTE DOS ESTADOS PARA LEGISLAR SOBRE FLORESTAS, CAÇA, PESCA, FAUNA, CONSERVAÇÃO DA NATUREZA, DEFESA DO SOLO E DOS RECURSOS NATURAIS, PROTEÇÃO DO MEIO AMBIENTE E CONTROLE DA POLUIÇÃO. SACRIFÍCIO DE ANIMAIS DE ACORDO COM PRECEITOS RELIGIOSOS. CONSTITUCIONALIDADE. 1. Norma estadual que institui Código de Proteção aos Animais sem dispor sobre hipóteses de exclusão de crime amoldam-se à competência concorrente dos Estados para legislar sobre florestas, caça, pesca, fauna, conservação da natureza, defesa do solo e dos recursos naturais, proteção do meio ambiente e controle da poluição (art. 24, VI, da CRFB). 2. A prática e os rituais relacionados ao sacrifício animal são patrimônio cultural imaterial e constituem os modos de criar, fazer e viver de diversas comunidades religiosas, particularmente das que vivenciam a liberdade religiosa a partir de práticas não institucionais. 3. A dimensão comunitária da liberdade religiosa é digna de proteção constitucional e não atenta contra o princípio da laicidade. 4. O sentido de laicidade empregado no texto constitucional destina-se a afastar a invocação de motivos religiosos no espaço público como justificativa para a imposição de obrigações. A validade de justificações públicas não é compatível com dogmas religiosos. 5. A proteção específica dos cultos de religiões de matriz africana é compatível com o princípio da igualdade, uma vez que sua estigmatização, fruto de um preconceito estrutural, está a merecer especial atenção do Estado. 6. Tese fixada: "É constitucional a lei de proteção animal que, a fim de resguardar a liberdade religiosa, permite o sacrifício ritual de animais em cultos de religiões de matriz africana". 7. Recurso extraordinário a que se nega provimento.

Gabarito: D

Para responder, tem que estudar: lei.

15. (MPE/SP/Promotor/2013/90_Concurso) Assinale a alternativa incorreta. Na Constituição Federal:

a) a defesa do consumidor está inserida expressamente no capítulo dedicado aos direitos e garantias fundamentais, e a competência para legislar em matéria de dano ao consumidor é concorrente entre a União, os Estados e o Distrito Federal.

b) a defesa do consumidor está inserida expressamente no capítulo dedicado aos direitos e garantias fundamentais e também se estabelece expressamente dentre os princípios gerais da atividade econômica.

c) a defesa do consumidor está inserida no capítulo de dedicado aos direitos e garantias fundamentais, e a competência para legislar em matéria de dano ao consumidor é privativa da União.

d) a competência para legislar em matéria de dano ao consumidor é concorrente entre a União, Estados e Distrito Federal, e o Ato das Disposições Transitórias da Constituição Federal previu a elaboração do Código de Defesa do Consumidor.

e) a defesa do consumidor está prevista no Ato das Disposições Transitórias da Constituição Federal e o legislador constitucional também a inseriu de forma expressa dentro dos princípios gerais da atividade econômica

ANOTAÇÕES/COMENTÁRIOS

(a) A assertiva repete o disposto nos artigos 5º, XXXII, e 24, VIII, todos da CF: Art. 5º. XXXII – o Estado promoverá, na forma da lei, a defesa do consumidor;

(b) A assertiva repete o disposto nos artigos 5º, XXXII, e 170, V, ambos da CF: Art. 170. A ordem econômica, fundada na valorização do trabalho humano e na livre iniciativa, tem por fim assegurar a todos existência digna, conforme os ditames da justiça social, observados os seguintes princípios: V – defesa do consumidor;

(c) A alternativa contraria o disposto no texto constitucional, pois a competência para regular o meio ambiente é concorrente, art. 24, VIII, CF: "Compete à União, aos Estados e ao Distrito Federal legislar concorrentemente sobre: VIII – responsabilidade por dano ao meio ambiente, ao consumidor, a bens e direitos de valor artístico, estético, histórico, turístico e paisagístico."

(d) A assertiva contempla o disposto nos artigos 24, VIII, CF e art. 48, ADCT – Ato das Disposições Constitucionais Transitórias. Art. 48. O Congresso Nacional, dentro de cento e vinte dias da promulgação da Constituição, elaborará código de defesa do consumidor.

(e) A assertiva contempla o disposto nos artigos 48, ADCT, e 170, V, CF.

Gabarito: C

Para responder, tem que estudar: lei.

16. (MPE/SP/Promotor/2013/90_Concurso) Com relação ao mandado de injunção.

I. É cabível sempre que a falta de norma regulamentadora torne inviável o exercício dos direitos e liberdades constitucionais e das prerrogativas inerentes à nacionalidade, à soberania e à cidadania.

II. É cabível nas hipóteses em que há regra constitucional autoaplicável atinente ao exercício dos direitos e liberdades constitucionais e das prerrogativas inerentes à nacionalidade, à soberania e à cidadania, mas está sendo desrespeitada.

III. É cabível nas hipóteses em que há norma infraconstitucional garantidora ao exercício dos direitos e liberdades constitucionais e das prerrogativas inerentes à nacionalidade, à soberania e à cidadania, mas não está sendo aplicada.

IV. É cabível no âmbito da competência do Superior Tribunal de Justiça, quando a elaboração da norma regulamentadora for atribuição de órgão, entidade ou autoridade federal, da administração direta ou indireta, excetuados os casos de competência do Supremo Tribunal Federal e dos órgãos da Justiça Militar, da Justiça Eleitoral, da Justiça do Trabalho e da Justiça Federal.

V. Não é cabível no âmbito dos Tribunais de Justiça dos Estados.

Está correto apenas o contido nos itens

a) I, IV e V.

b) I, III e IV.

c) III e V.

d) III e IV.

e) I e IV.

ANOTAÇÕES/COMENTÁRIOS

(a) O item V está incorreto, nos dizeres do doutrinador Marcelo Novelino (2015): "Os Estados possuem autonomia para organizar sua própria justiça, observados os princípios estabelecidos na Constituição da República para organizar sua própria justiça, observados os princípios nela estabelecidos (CF, art. 125, § 1º). Cabe, portanto, a cada constituição estadual definir as competências dos respectivos Tribunais de Justiça." A Constituição do Estado de São Paulo, art. 74, estabelece que "Compete ao Tribunal de Justiça, além das atribuições previstas nesta Constituição, processar e julgar originariamente: V – os mandados de injunção, quando a inexistência de norma regulamentadora estadual ou municipal, de qualquer dos Poderes, inclusive da administração indireta, torne inviável o exercício dos direitos assegurados nesta Constituição."

(b) O item III contraria o disposto no art. 5º, LXXI, CF: "conceder-se-á mandado de injunção sempre que a falta de norma regulamentadora torne inviável o exercício dos direitos e liberdades constitucionais e das prerrogativas inerentes à nacionalidade, à soberania, e à cidadania."

(c, d) Vide comentários anteriores.

(e) Correspondem aos artigos 5º, LXXI, e 105, I, h, todos da CF (Art. 105. Compete ao Superior Tribunal de Justiça: I – processar e julgar, originariamente: h) o mandado de injunção, quando a elaboração da norma regulamentadora for atribuição de órgão, entidade ou autoridade federal, da administração direta ou indireta, excetuados os casos de competência do Supremo Tribunal Federal e dos órgãos da Justiça Militar, da Justiça Eleitoral, da Justiça do Trabalho e da Justiça Federal).

Gabarito: E

Para responder, tem que estudar: lei e teoria/doutrina.

17. (MPE/SP/Promotor/2017/92_Concurso) O Ministério Público propôs, em face da Fazenda Pública do Estado, demanda coletiva, visando condená-la em obrigação de fazer, consubstanciada na realização de obras estruturais emergenciais necessárias para assegurar a integridade física dos detentos de determinada unidade prisional. Em contestação, a Fazenda arguiu a incidência de discricionariedade administrativa, da teoria da reserva do possível e da inexistência de previsão orçamentária para os gastos pertinentes. O Magistrado culminou por julgar improcedente a demanda, acolhendo, para tanto, as teses defensivas aqui mencionadas. Ante tais premissas, e em consonância com posicionamento firmado pelo Supremo Tribunal Federal, o entendimento correto é que a sentença:

a) deve ser confirmada em virtude dos três argumentos lançados pela Fazenda Pública em sua contestação.

b) deve ser confirmada, vez que não é dado ao Poder Judiciário interferir na execução do orçamento público, determinando a utilização de verbas para finalidades distintas daquelas originariamente constantes da lei orçamentária em cumprimento.

c) merece prestígio caso o Estado venha a provar que efetivamente realiza o possível para o atendimento dos direitos fundamentais mas que, apesar disso, a sua capacidade econômica é insuficiente para suprir todas as demandas sociais existentes.

d) deve ser confirmada, vez que o tema se encontra na esfera do mérito do ato administrativo, infenso, portando, ao controle jurisdicional.

e) comporta reforma, vez que a assecuração do postulado da dignidade da pessoa humana sobrepuja a margem de discricionariedade conferida ao Administrador Público e direciona o investimento de recursos, inviabilizando a adoção da teoria da reserva do possível.

ANOTAÇÕES/COMENTÁRIOS

(a) A questão aborda o julgamento do RE 592.581, repercussão geral, 2015: "Integridade física e moral dos presos. Determinação ao poder executivo de realização de obras em presídio. Limites de atuação do poder judiciário. Relevância jurídica, econômica e social da questão constitucional. Existência de repercussão geral."

(b, c, d, e) Vide comentários acima.

Gabarito: E

Para responder, tem que estudar: jurisprudência.

18. (MPE/SP/Promotor/2017/92_Concurso) Com a imunização dos direitos e das garantias fundamentais ante o arbítrio do legislador, mostrava-se necessária a instituição de órgãos, instrumentos e procedimentos tendentes a concretizá-los, a conferir efetividade às normas jurídicas constitucionais. Refere-se a doutrina a três ordens de garantias que têm por objetivo assegurar concretude às regras constitucionais: as sociais, as políticas e as jurídicas. São exemplos da adoção de cada uma dessas ordens de garantias, observada a sequência em que se encontram descritas:

a) a ação popular, o contraditório e o devido processo legal.
b) a iniciativa legislativa partilhada entre o Congresso e o Executivo, o sistema de freios e contrapesos e a ampla defesa.
c) a liberdade de associação, a tripartição das funções que emanam do Poder do Estado e a inafastabilidade da jurisdição.
d) a soberania, a dignidade da pessoa humana e as ações de controle de constitucionalidade.
e) a cidadania, o Ministério Público e a ordem econômica.

ANOTAÇÕES/COMENTÁRIOS

(a) Nos dizeres de Juliano Taveira Bernardes e Olavo Augusto Vianna Alves Ferreira (2018); "A ação popular, portanto, é instrumento judicial de exercício da soberania popular, com caráter cívico e administrativo. Trata-se de remédio constitucional incluído no rol dos direitos políticos do cidadão, a quem a Constituição reconhece o direito de participação tanto da conformação política do Estado quanto da fiscalização da probidade governamental." Como dito, a ação popular representa uma garantia política e não social.

(b) Nos dizeres de Juliano Taveira Bernardes e Olavo Augusto Vianna Alves Ferreira (2018): "Iniciativa: é a proposta de edição de direito novo, pelo qual se inicia o processo de elaboração de leis. Segundo a CF/88m terão início na Câmara os processos legislativos referentes a projetos de iniciativa do Presidente da República e Tribunais Superiores (art. 64), bem como os de iniciativa popular (art. 61, § 2º). E, apesar de não estar explicito na Constituição, também deverão ser apresentados à Câmara os projetos de iniciativa do Ministério Público (art. 17 do RICD)". Nesse viés, tem-se a iniciativa legislativa como garantia política e não social como propõe a questão.

(c) Nos dizeres de Juliano Taveira Bernardes e Olavo Augusto Vianna Alves Ferreira (2018) "Tal como o direito de reunião, o direito de associação é tipo de direito individual de expressão coletiva. Afinal, exige pluralidade de pessoas, pois a ninguém é dado reunir-se ou associar-se consigo mesmo. Contudo, trata-se da união de pessoas marcada pela índole de estabilidade, no que se diferencia do direito de reunião." Expressão do direito social. Em relação à tripartição das funções que emanam do Estado, trata-se de garantia política (art. 2º, CF). Nos dizeres de Marcelo Novelino (2015) "No célebre 'sistema de freios e contrapesos' ("check and balances") a repartição equilibrada dos poderes entre os diferentes órgãos é feita de modo que nenhum deles possa ultrapassar os limites estabelecidos pela constituição sem ser contido pelos demais." E a inafastabilidade da jurisdição pode ser invocado por quem quer que seja sempre que houver lesão ou ameaça de lesão a direito (art. 5º, XXXV, CF). Trata-se de garantia jurídica.

(d) A soberania nos dizeres de Marcelo Novelino (2015): "A evolução do Estado de Direito formal para o Estado Constitucional Democrático fez com que, no plano interno, a soberania migrasse do soberano para o povo, exigindo-se uma legitimidade formal e material das Constituições. No plano externo, a rigidez de seus contornos foi relativizada com a reformulação do princípio da autodeterminação dos povos e o reconhecimento do Estado pela comunidade internacional." Cuida-se de garantia política.

(e) Nos dizeres de Marcelo Novelino: "A cidadania, enquanto conceito decorrente do princípio do Estado Democrático de Direito, consiste na participação política e do indivíduo nos negócios do Estado e até mesmo em outras áreas de interesse público. O tradicional conceito de cidadania vem sendo gradativamente ampliado, sobretudo após a Segunda Guerra Mundial. Ao lado dos direitos políticos, compreendem-se em seu conteúdo os direitos e garantias fundamentais referentes à atuação do indivíduo em sua condição de cidadão."

Gabarito: C

Para responder, tem que estudar: lei e teoria/doutrina.

19. (MPE/SP/Promotor/2017/92_Concurso) Segundo o Supremo Tribunal Federal, dentre as atuações do Poder Legislativo a seguir arroladas, decorrentes de emendas às Constituições Federal e Estaduais por iniciativa legislativa própria, a única que não viola o princípio da interdependência e harmonia entre as funções inerentes ao Poder do Estado, tal como concebidos pelo art. 2º da Constituição da República, é a de:

a) prever o controle, pelo Poder Executivo, da administração e rendimentos da conta única de depósitos judiciais.

b) aprovar a indicação de presidentes de sociedades de economia mista e empresas públicas que explorem atividade econômica.

c) prever a indicação, pelo Poder Legislativo, de integrante do Conselho Federal ou Estadual de Educação.

d) limitar o princípio da autotutela da Administração, sujeitando-o a controle jurisdicional.

e) aprovar a indicação de presidentes de autarquias e fundações públicas que prestem serviços públicos

ANOTAÇÕES/COMENTÁRIOS

(a) AÇÃO DIRETA DE INCONSTITUCIONALIDADE. LEI N. 15.010, DO ESTADO DE GOIÁS, DE 18 DE NOVEMBRO DE 2004. DECRETO ESTADUAL N. 6.042, DE 3 DE DEZEMBRO DE 2004. INSTRUÇÃO NORMATIVA N. 01/04 – GSF/GPTJ, DE 14 DE DEZEMBRO DE 2004. SISTEMA DE CONTA ÚNICA DE DEPÓSITOS JUDICIAIS E EXTRAJUDICIAIS. PROJETO DE LEI DEFLAGRADO PELO CHEFE DO PODER EXECUTIVO ESTADUAL. VIOLAÇÃO AO DISPOSTO NO ARTIGO 61, § 1º, DA CONSTITUIÇÃO DO BRASIL. INCONSTITUCIONALIDADE FORMAL. MATÉRIA QUE DEMANDARIA INICIATIVA DO PODER JUDICIÁRIO. TESOURO ESTADUAL DEFINIDO COMO ADMINISTRADOR DA CONTA DE DEPÓSITOS JUDICIAIS. INCONSTITUCIONALIDADE MATERIAL. VIOLAÇÃO DO DISPOSTO NO ARTIGO 2º DA CONSTITUIÇÃO DO BRASIL. INDEPENDÊNCIA E HARMONIA ENTRE OS PODERES. 1. Ação direta de inconstitucionalidade não conhecida no tocante ao decreto estadual n. 6.042 e à Instrução Normativa n. 01/04, ambos do Estado de Goiás. Não cabimento de ação direta para impugnar atos regulamentares. Precedentes. 2. A iniciativa legislativa, no que respeita à criação de conta única de depósitos judiciais e extrajudiciais, cabe ao Poder Judiciário. A deflagração do processo legislativo pelo Chefe do Poder Executivo consubstancia afronta ao texto da Constituição do Brasil (artigo 61, § 1º). 3. Cumpre ao Poder Judiciário a administração e os rendimentos referentes à conta única de depósitos judiciais e extrajudiciais. Atribuir ao Poder Executivo essas funções viola o disposto no artigo 2º da Constituição do Brasil, que afirma a interdependência – independência e harmonia – entre o Legislativo, o Executivo e o Judiciário. 4. Ação direta julgada procedente para declarar a inconstitucionalidade da Lei n. 15.010, do Estado de Goiás. O Tribunal, por maioria, modulou os efeitos da declaração de inconstitucionalidade para dar efetividade à decisão 60 dias após a publicação do acórdão. (STF, ADI 3458, 2008)."

(b) AÇÃO DIRETA DE INCONSTITUCIONALIDADE. ALÍNEA "d" DO INCISO XXIII DO ARTIGO 62 DA CONSTITUIÇÃO DO ESTADO DE MINAS GERAIS. APROVAÇÃO DO PROVIMENTO, PELO EXECUTIVO, DOS CARGOS DE PRESIDENTE DAS ENTIDADES DA ADMINISTRAÇÃO PÚBLICA INDIRETA ESTADUAL PELA ASSEMBLÉIA LEGISLATIVA. ALEGAÇÃO DE VIOLAÇÃO DO DISPOSTO NO ARTIGO 173, DA CONSTITUIÇÃO DO BRASIL. DISTINÇÃO ENTRE EMPRESAS ESTATAIS PRESTADORAS DE SERVIÇO PÚBLICO E EMPRESAS ESTATAIS QUE DESENVOLVEM ATIVIDADE ECONÔMICA EM SENTIDO ESTRITO. REGIME JURÍDICO ESTRUTURAL E REGIME JURÍDICO

FUNCIONAL DAS EMPRESAS ESTATAIS. INCONSTITUCIONALIDADE PARCIAL. INTERPRETAÇÃO CONFORME À CONSTITUIÇÃO. 1. Esta Corte em oportunidades anteriores definiu que a aprovação, pelo Legislativo, da indicação dos Presidentes das entidades da Administração Pública Indireta restringe-se às autarquias e fundações públicas, dela excluídas as sociedades de economia mista e as empresas públicas. Precedentes. 2. As sociedades de economia mista e as empresas públicas que explorem atividade econômica em sentido estrito estão sujeitas, nos termos do disposto no § 1º do artigo 173 da Constituição do Brasil, ao regime jurídico próprio das empresas privadas. 3. Distinção entre empresas estatais que prestam serviço público e empresas estatais que empreendem atividade econômica em sentido estrito 4. O § 1º do artigo 173 da Constituição do Brasil não se aplica às empresas públicas, sociedades de economia mista e entidades (estatais) que prestam serviço público. 5. A intromissão do Poder Legislativo no processo de provimento das diretorias das empresas estatais colide com o princípio da harmonia e interdependência entre os poderes. A escolha dos dirigentes dessas empresas é matéria inserida no âmbito do regime estrutural de cada uma delas. 6. Pedido julgado parcialmente procedente para dar interpretação conforme à Constituição à alínea "d" do inciso XXIII do artigo 62 da Constituição do Estado de Minas Gerais, para restringir sua aplicação às autarquias e fundações públicas, dela excluídas as empresas estatais, todas elas. (STF, ADI 1642, 2008)

(c) Ação direta de inconstitucionalidade. Emenda Constitucional nº 24 do Estado de Alagoas. Alteração na composição do Conselho Estadual de Educação. Indicação de representante pela Assembleia Legislativa. Vício de iniciativa. Inconstitucionalidade formal. 1. A ação direta foi proposta em face da Emenda Constitucional nº 24/02 do Estado de Alagoas, a qual dispôs sobre a organização e a estruturação do Conselho Estadual de Educação, órgão integrante da Administração Pública que desempenha funções administrativas afetas ao Poder Executivo, conferindo à Assembleia Legislativa o direito de indicar um representante seu para fazer parte do Conselho. 2. A disciplina normativa pertinente ao processo de criação, estruturação e definição das atribuições dos órgãos e entidades integrantes da Administração Pública estadual, ainda que por meio de emenda constitucional, revela matéria que se insere, por sua natureza, entre as de iniciativa exclusiva do chefe do Poder Executivo local, pelo que disposto no art. 61, § 1º, inciso II, alínea "e", da Constituição Federal. Precedentes. 3. A EC nº 24/02 do Estado de Alagoas incide também em afronta ao princípio da separação dos Poderes. Ao impor a indicação pelo Poder Legislativo estadual de um representante seu no Conselho Estadual de Educação, cria modelo de contrapeso que não guarda similitude com os parâmetros da Constituição Federal. Resulta, portanto, em interferência ilegítima de um Poder sobre o outro, caracterizando manifesta intromissão na função confiada ao chefe do Poder Executivo de exercer a direção superior e dispor sobre a organização e o funcionamento da Administração Pública. 4. Ação direta julgada procedente. (STF, ADI 2654, 2014)

(d) ADMINISTRATIVO E CONSTITUCIONAL. LEI COMPLEMENTAR 11.370/99, DO ESTADO DO RIO GRANDE DO SUL. LIMITAÇÃO DO PODER-DEVER DE AUTOTUTELA DA ADMINISTRAÇÃO. SUBMISSÃO OBRIGATÓRIA AO PODER JUDICIÁRIO. ALTERAÇÃO NO REGIME JURÍDICO. MATÉRIA

SUJEITA À RESERVA DE INICIATIVA LEGISLATIVA. NORMAS DE APLICAÇÃO OBRIGATÓRIA AOS ESTADOS-MEMBROS. INCONSTITUCIONALIDADE. 1. Segundo jurisprudência assentada no Supremo Tribunal Federal, as regras de atribuição de iniciativa no processo legislativo previstas na Constituição Federal formam cláusulas elementares do arranjo de distribuição de poder no contexto da Federação, razão pela qual devem ser necessariamente reproduzidas no ordenamento constitucional dos Estados-membros. 2. Ao provocar alteração no regime jurídico dos servidores civis do Estado do Rio Grande do Sul e impor limitações ao exercício da autotutela nas relações estatutárias estabelecida entre a Administração e seus servidores, a Lei Complementar Estadual 11.370/99, de iniciativa parlamentar, padece de vício formal e material de incompatibilidade com a Constituição Federal. 3. Ação julgada procedente. (STF, ADI 2300, 2014)

(e) PROCESSO CONSTITUCIONAL. AÇÃO DIRETA DE INCONSTITUCIONALIDADE. AUSÊNCIA DE FUNDAMENTAÇÃO. DESCABIMENTO DE ADITAMENTO. II – PROCESSO LEGISLATIVO. VÍCIO DE INICIATIVA. EMENDA À CONSTITUIÇÃO ESTADUAL QUE PREVÊ AFASTAMENTO DE MEMBROS DA ALTA ADMINISTRAÇÃO DO ESTADO. INCONSTITUCIONALIDADE FORMAL. I – Não conhecimento da ação quanto à pretendida declaração de inconstitucionalidade do art. 111, §§ 1º e 2º, da Carta Estadual de Roraima, por não indicação dos fundamentos jurídicos do pedido (Lei nº 9.868/1999, art. 3º, I). II – Não conhecimento do aditamento à inicial quanto à nova redação do inciso XVIII do art. 33 da Constituição Estadual, dada pela EC nº 30/2012, haja vista que o dispositivo original está em debate na ADI 2.167 e não foi impugnado na inicial. III – Procedência do pedido quanto aos incisos XXXI e XXXII do art. 33 da Constituição Estadual, por tratarem de regime jurídico de servidores públicos sem observar a iniciativa privativa do Chefe do Executivo. IV – Ação conhecida em parte, e, na parte conhecida, julgada procedente. (STF, ADI 4284, 2015)

Gabarito: E

Para responder, tem que estudar: jurisprudência.

3.2. Direitos e deveres individuais e coletivos. Direitos sociais. Ações Constitucionais

20. (MPE/SP/Promotor/2013/90_Concurso) Assinale a alternativa correta. O Decreto Legislativo n. 186, de 09 de julho de 2008, aprovou o texto da Convenção sobre os Direitos das Pessoas com Deficiência e de seu Protocolo Facultativo, assinados em Nova Iorque, em 30 de março de 2007. O Decreto n. 678, de 6 de novembro de 1992, promulgou a Convenção Americana sobre Direitos Humanos (Pacto de São José da Costa Rica), de 22 de novembro de 1969.Tais normas ingressaram no ordenamento jurídico brasileiro com o grau hierárquico de:

a) norma supralegal e norma constitucional, respectivamente.

b) norma constitucional e norma supralegal, respectivamente.

c) ambas com a natureza de norma constitucional.
d) ambas com a natureza de norma supralegal.
e) ambas com natureza de lei ordinária.

ANOTAÇÕES/COMENTÁRIOS

(a) No julgamento do RE 466.343/SP, a Suprema Corte adotou entendimento de que os tratados e convenções internacionais de direitos humanos aprovados pelo procedimento ordinário possuem hierarquia supralegal, isto é, estão situados abaixo da Constituição, mas acima das leis. O Decreto nº 678, de 06 de novembro de 1992, promulgou a Convenção Americana sobre Direitos Humanos, é um exemplo de norma supralegal. Lado outro, a Convenção sobre os Direitos das Pessoas com deficiência e seu Protocolo Facultativo, incorporada ao ordenamento jurídico pelo Decreto 6949/2009, foi a primeira a ser aprovada nos termos do art. 5º, § 3º, CF, por isso, é norma constitucional.

(b, c, d, e) Vide comentários acima.

Gabarito: B

Para responder, tem que estudar: lei e jurisprudência.

21. (MPE/SP/Promotor/2019/93_Concurso) Assinale a alternativa INCORRETA.

a) A cláusula da reserva do possível, diante da garantia constitucional do mínimo existencial, enquanto emanação direta do postulado da essencial dignidade da pessoa humana, não pode ser invocada pelo Estado com a finalidade de frustrar ou inviabilizar a implementação de políticas públicas definidas na própria Constituição.

b) A educação infantil, por qualificar-se como direito fundamental de toda criança, não se expõe, em seu processo de concretização, a avaliações meramente discricionárias da Administração Pública, caracterizando-se inconstitucional a abstenção do dever de implementar políticas públicas definidas no próprio texto constitucional.

c) Pelo princípio da proibição do retrocesso em matéria de direito a prestações positivas do Estado, a ação estatal deve caminhar no sentido da ampliação dos direitos fundamentais e de assegurar-lhes a máxima efetividade possível, ou que, depois de consagrá-los, não possa eliminá-los sem alternativas ou compensações.

d) Os direitos sociais, segundo a jurisprudência, estão constitucionalmente consagrados em normas programáticas que, embora não sejam destituídas de certo grau de efetividade, não servem de fundamento para a exigência em juízo de prestações positivas do Estado.

e) É lícito ao Poder Judiciário, considerando a supremacia da dignidade da pessoa humana, impor à Administração Pública obrigação de fazer, consistente na promoção de medidas ou na execução de obras emergenciais em estabelecimentos prisionais.

ANOTAÇÕES/COMENTÁRIOS

(a) Assertiva CORRETA, tendo em vista que os Tribunais Superiores não admitem a inovação da cláusula em temas que estão intimamente afetos à dignidade da pessoa humana, como o são a área da saúde e da educação. Vide: "A cláusula da reserva do possível – que não pode ser invocada, pelo poder público, com o propósito de fraudar, de frustrar e de inviabilizar a implementação de políticas públicas definidas na própria Constituição – encontra insuperável limitação na garantia constitucional do mínimo existencial, que representa, no contexto de nosso ordenamento positivo, emanação direta do postulado da essencial dignidade da pessoa humana". [ARE 639.337 AgR, rel. min. Celso de Mello, j. 23-8-2011, 2ª T, DJE de 15-9-2011].

(b) Assertiva CORRETA. O art. 208, incisos I, III e IV, da CF/88 traz disposições acerca do dever do Estado com a educação. O STJ e o STF possuem reiterados entendimentos no sentido de que a não prestação pelo Estado configura hipótese de omissão inconstitucional.

Confira a ementa do RE 603.575 AgR/SC, relator Min. Eros Grau, julgado em 20/04/2010: "(...) 1. A educação é um direito fundamental e indisponível dos indivíduos. É dever do Estado propiciar meios que viabilizem o seu exercício. Dever a ele imposto pelo preceito veiculado pelo artigo 205 da Constituição do Brasil. A omissão da Administração importa afronta à Constituição. 2. O Supremo fixou entendimento no sentido de que "[a] educação infantil, por qualificar-se como direito fundamental de toda criança, não se expõe, em seu processo de concretização, a avaliações meramente discricionárias da Administração Pública, nem se subordina a razões de puro pragmatismo governamental[...]. Embora resida, primariamente, nos Poderes Legislativo e Executivo, a prerrogativa de formular e executar políticas públicas, revela-se possível, no entanto, ao Poder Judiciário determinar, ainda que em bases excepcionais, especialmente nas hipóteses de políticas públicas definidas pela própria Constituição, sejam essas implementadas pelos órgãos estatais inadimplentes, cuja omissão – por importar em descumprimento dos encargos políticos-jurídicos que sobre eles incidem em caráter mandatório – mostra-se apta a comprometer a eficácia e a integridade de direitos sociais impregnados de estatura constitucional". Precedentes. Agravo regimental a que se nega provimento."

(c) Assertiva CORRETA. O princípio da proibição do retrocesso (ou efeito cliquet) também já foi utilizado como fundamento em outras decisões do STF (retrocesso ambiental, retrocesso social, retrocesso político, p.ex).

(d) Assertiva INCORRETA. O erro da assertiva está em afirmar que os direitos sociais "não servem de fundamento para a exigência em juízo de prestações positivas do Estado". Não obstante o caráter de norma programática, a omissão dos Poderes Públicos, principalmente em temas mais sensíveis (como o direito à saúde e à educação), pode dar azo à intervenção judicial sem que isso contrarie a separação dos Poderes (trata-se do efeito vinculativo das normas programáticas, tratando-se da obrigação que a CF impõe ao legislador ordinário para editar leis que regulamentem os preceitos constitucionais). Ademais, a omissão inconstitucional (síndrome da inefetividade das normas constitucionais) pode ser combatida por meio da ADO (ação direta de inconstitucionalidade por omissão) ou MI (mandado de injunção), a depender do caso concreto e do respectivo legitimado.

(e) Assertiva CORRETA, retirada do TEMA 220/STF proferido em sede de repercussão geral no RE 592.581/RS: "É lícito ao Judiciário impor à Administração Pública obrigação de fazer, consistente na promoção de medidas ou na execução de obras emergenciais em estabelecimentos prisionais para dar efetividade ao postulado da dignidade da pessoa humana e assegurar aos detentos o respeito à sua integridade física e moral, nos termos do que preceitua o art. 5º, XLIX, da Constituição Federal, não sendo oponível à decisão o argumento da reserva do possível nem o princípio da separação dos poderes."

Gabarito: D

Para responder, tem que estudar: doutrina e jurisprudência

22. (MPE/SP/Promotor/2019/93_Concurso) Assinale a alternativa INCORRETA.

a) A ação persecutória do Estado para revestir-se de legitimidade não pode se apoiar em elementos probatórios ilicitamente obtidos, sob pena de ofensa à garantia constitucional do devido processo legal, que tem, no dogma da inadmissibilidade das provas ilícitas, uma de suas mais expressivas projeções concretizadoras no plano do nosso sistema de direito positivo.

b) Na hipótese de o órgão legitimado pela investigação e propositura das medidas judiciais pertinentes demonstrar que obteve legitimamente novos elementos de informação a partir de uma fonte autônoma de prova, esta deverá ser admitida, porque não se considera corrompida pela nódoa da ilicitude originária.

c) Considerando a inidoneidade jurídica da prova ilicitamente obtida, eventual prova produzida de modo válido em momento subsequente, mas derivada de prova comprometida da ilicitude originária, deve ser declarada ilícita por derivação (a doutrina dos frutos da árvore envenenada).

d) A realização de gravação ambiental por um dos interlocutores sem conhecimento do outro é considerada lícita.

e) Por meio de um juízo de ponderação de interesses, a garantia constitucional da inadmissibilidade da prova ilícita pode ser afastada a fim de permitir, no caso concreto, a prevalência do interesse público consubstanciado na eficácia da repressão penal.

ANOTAÇÕES/COMENTÁRIOS

(a) Assertiva CORRETA (Inciso LVI do art. 5º da CF c/c art. 157, "caput", do CPP.

(b) Assertiva CORRETA, tratando-se da "teoria da fonte independente" (§ 2º do art. 157 do CPP- Considera-se fonte independente aquela que por si só, seguindo os trâmites típicos e de praxe, próprios da investigação ou instrução criminal, seria capaz de conduzir ao fato objeto da prova).

(c) Assertiva CORRETA, nos termos da primeira parte do § 1º do artigo 157 do CPP.

(d) Assertiva CORRETA, sendo objeto de repercussão geral (TEMA 237/STF), proferido no bojo do RE 583.937/RJ QO-RG. Ressalte-se, por oportuno, que o STJ comunga do mesmo entendimento: "(...) 8. O acórdão recorrido está em conformidade com a jurisprudência desta Corte, de que a gravação ambiental realizada por colaborador premiado, um dos interlocutores da conversa, sem o consentimento dos outros, é lícita, ainda que obtida sem autorização judicial, e pode ser validamente utilizada como meio de prova no processo penal. No caso, advogado decidiu colaborar com a Justiça e, munido com equipamentos estatais, registrou a conversa que entabulou com policiais no momento da entrega do dinheiro após a extorsão mediante sequestro (...)" (HC 512.290/RJ, 6ª turma, rel. Ministro Rogério Schietti Cruz, julgado em 18/08/2020).

(e) Assertiva INCORRETA. Confira-se: "(...) a "Exclusionary Rule" consagrada pela jurisprudência da Suprema Corte dos Estados Unidos da América como limitação ao poder do Estado de produzir prova em sede processual penal. – A Constituição da República, em norma revestida de conteúdo vedatório (CF, art. 5º, LVI), desautoriza, por incompatível com os postulados que regem uma sociedade fundada em bases democráticas (CF, art. 1º), qualquer prova cuja obtenção, pelo Poder Público, derive de transgressão a cláusulas de ordem constitucional, repelindo, por isso mesmo, quaisquer elementos probatórios que resultem de violação do direito material (ou, até mesmo, do direito processual), não prevalecendo, em consequência, no ordenamento normativo brasileiro, em matéria de atividade probatória, a fórmula autoritária do "male captum, bene retentum" (...)" (HC 103.325/RJ rel. Min. Celso de Mello, julgado em 3/04/2012).

Gabarito: E

Para responder, tem que estudar: lei, doutrina e jurisprudência.

3.3. Nacionalidade e direitos políticos. Partidos políticos

23. (MPE/SP/Promotor/2010/87_Concurso) Assinale a alternativa correta:

a) é possível a cassação dos direitos políticos, sua perda ou suspensão, que se dará nos casos de cancelamento da naturalização por sentença transitada em julgado; incapacidade civil absoluta; condenação criminal transitada em julgado, enquanto durarem seus efeitos; recusa de cumprir obrigação a todos imposta ou prestação alternativa, nos termos do art. 5º, VIII (CF); improbidade administrativa nos termos do art. 37, § 4º (CF).

b) não é possível a cassação dos direitos políticos, cuja perda ou suspensão só se dará nos casos de cancelamento da naturalização por sentença transitada em julgado; incapacidade civil absoluta; condenação criminal transitada em julgado, enquanto durarem seus efeitos; recusa de cumprir obrigação a todos imposta ou prestação alternativa, nos termos do art. 5º, VIII (CF); improbidade administrativa, nos termos do art. 37, § 4º (CF).

c) a cassação dos direitos políticos só é possível nos casos de improbidade administrativa.

d) a perda ou a suspensão dos direitos políticos não é possível nem mesmo nos casos de improbidade administrativa e de incapacidade civil absoluta.

e) não é possível a cassação dos direitos políticos e nem a sua perda ou suspensão.

ANOTAÇÕES/COMENTÁRIOS

(a) Art. 15, CF. "É vedada a cassação de direitos políticos, cuja perda ou suspensão só se dará nos casos de: I – cancelamento da naturalização por sentença transitada em julgado; II – incapacidade civil absoluta; III – condenação criminal transitada em julgado, enquanto durarem seus efeitos; IV – recusa de cumprir obrigação a todos imposta ou prestação alternativa, nos termos do art. 5º, VIII; V – improbidade administrativa, nos termos do art. 37, § 4º."

(b) A alternativa repete o disposto no art. 15, CF. Destaca-se a decisão do STF sobre a aplicação da Lei de Improbidade aos agentes políticos, pois Os agentes políticos, com exceção do Presidente da República (art. 85, V, CF), encontram-se sujeitos a duplo regime sancionatório, de modo que se submetem tanto à responsabilização civil pelos atos de improbidade administrativa quanto à responsabilização político-administrativa por crimes de responsabilidade". Presidente da República – não é processado por ato de improbidade administrativa, quando ele pratica um ato de improbidade administrativa, ele será processado por meio do processo de impeachment.

(c) Segundo o art. 15, CF, a cassação é peremptoriamente vedada.

(d) Art. 15, CF. O artigo citado permite a perda ou suspensão nos casos mencionados na alternativa. e) Art. 15, CF. Veda-se, apenas, a cassação dos direitos políticos.

Gabarito: B

Para responder, tem que estudar: lei.

24. (MPE/SP/Promotor/2012/89_Concurso) A regra da reeleição no Brasil para chefia do Executivo Municipal estabelece que é:

a) elegível o Prefeito que, após exercer dois mandatos em determinado Município, renuncia seis meses antes da eleição e pretende se candidatar a Vice-Prefeito do mesmo Município.

b) inelegível, para o mandato subsequente de Prefeito, o vice-prefeito que, durante seus dois mandatos substituiu diversas vezes o titular em suas ausências temporárias.

c) elegível o Prefeito que, tendo sido eleito como vice-prefeito e assumido o cargo pela morte do titular, foi eleito para um novo mandato subsequente e pretende se candidatar a Prefeito do mesmo Município.

d) inelegível o Prefeito que, após exercer dois mandatos em determinado Município, renuncia seis meses antes da eleição e pretende se candidatar a Prefeito em outro Município.

e) elegível o Prefeito que, após exercer dois mandatos em determinado Município, renuncia seis meses antes da eleição e pretende se candidatar a Prefeito no mesmo Município.

ANOTAÇÕES/COMENTÁRIOS

(a) O doutrinador Marcelo Novelino (2015), em sua obra Curso de Direito Constitucional, ensina que "a periodicidade e alternância do poder, enquanto exigência decorrente do princípio republicano impede, ainda, aquele que exerceu dois mandatos sucessivos como Chefe do Poder Executivo de se candidatar, no período imediatamente posterior, à vice- chefia do mesmo cargo. Isso porque, na hipótese de eventual sucessão, a mesma pessoa acabaria por exercer três mandatos consecutivos, contrariando a finalidade do dispositivo constitucional."

(b, c) Para o TSE, se o vice assumir a chefia do Poder Executivo, a qualquer título, seja temporário ou definitivo, aplica-lhe a mesma regra da reeleição (TSE, Cta 1.699). Nada obstante o entendimento do TSE, a Suprema Corte adota entendimento diverso, a vedação prevista para os casos de eleição (art. 14, § 5º, CF) somente é aplicável ao vice na hipótese de sucessão, ocorrida quando há vacância definitiva do cargo. Em caso de substituição, a vedação constitucional não se aplica ao vice. Destarte, o vice que houver sucedido o titular e, nas eleições seguintes tiver sido eleito para o mesmo cargo, não poderá se candidatar novamente para as novas eleições (STF, AI 782.434 AgR/MA).

(d, e) A alternativa descreve a figura do "prefeito itinerante" ou "prefeito profissional", "caracterizada pela alteração do domicílio eleitoral com a finalidade de burlar a regra que tolera apenas uma reeleição, incompatível com o princípio republicano." (TSE, REspe 35.888). Outrossim, a Suprema Corte decidiu que o princípio republicano, ao exigir a temporariedade e a alternância do exercício do poder, obsta a terceira eleição não ser apenas no Município, mas também em outras municipalidades da federação. Portanto, após eleger-se por duas vezes consecutivas, o prefeito só pode se candidatar a cargos de parlamentar, governador ou presidente e desde que respeitado o prazo de desincompatibilização. (RE 637.485/RJ).

Gabarito: D

Para responder, tem que estudar: lei, jurisprudência e teoria/doutrina.

25. (MPE/SP/Promotor/2019/93_Concurso) Ao decidir que pessoas do mesmo grupo familiar, dentro das hipóteses do § 7º do art. 14 da CF/1988, não podem exercer três mandatos subsequentes na chefia de um mesmo Poder Executivo, independentemente da ocorrência de separação conjugal, falecimento, ou outras tantas possibilidades que possam ocorrer; que a Constituição

Federal não tolera privilégios e discriminações, impedindo que se estabeleçam tratamentos seletivos em favor de determinadas pessoas, proibindo que se imponham restrições gravosas em detrimento de outras em razão de condição social, de nascimento, de gênero, de origem étnica, de orientação sexual ou de posição estamental; que é essencial ao fortalecimento da democracia que o seu financiamento seja feito em bases essenciais e absolutamente transparentes; o Supremo Tribunal Federal decidiu fundamentalmente com base no:

a) princípio da proporcionalidade.

b) princípio da razoabilidade.

c) princípio da eficiência.

d) princípio da segurança jurídica.

e) princípio republicano.

ANOTAÇÕES/COMENTÁRIOS

(a) Assertiva INCORRETA. O princípio da proporcionalidade impede que a Administração utilize de expedientes excessivos, desarrazoados e desproporcionais, limitando a atuação discricionária daquela. Os subprincípios da proporcionalidade são: necessidade, adequação e proporcionalidade em sentido estrito.

(b) Assertiva INCORRETA. O princípio da razoabilidade ensina Hely Lopes Meirelles, "pode ser chamado de princípio da proibição de excesso, que, em última análise, objetiva aferir a compatibilidade entre os meios e os fins, de modo a evitar restrições desnecessárias ou abusivas por parte da Administração Pública, com lesão aos direitos fundamentais" (MEIRELLES,Hely Lopes, Direito Administrativo Brasileiro. São Paulo: Malheiros, 24.ed. 1999, p. 86).

(c) Assertiva INCORRETA. O princípio da eficiência "se obtém pelo melhor emprego dos recursos e meios (humanos, materiais e institucionais) para melhor satisfazer às necessidades coletivas num regime de igualdade dos usuários. Logo, o princípio da eficiência administrativa consiste na organização racional dos meios e recursos humanos, materiais e institucionais para a prestação de serviços públicos de qualidade em condições econômicas de igualdade dos consumidores" (DA SILVA, José Afonso, Curso de Direito Constitucional Positivo. São Paulo: Malheiros, 16.ed.1999. p. 651-652).

(d) Assertiva INCORRETA. O princípio da segurança jurídica, nas palavras do STF, "é um subprincípio do Estado de Direito e assume valor ímpar no sistema jurídico, cabendo-lhe papel diferenciado na própria ideia de justiça material" (RE 636.553/RS).

(e) Assertiva CORRETA. A questão busca aferir do candidato o conhecimento acerca dos fundamentos utilizados pelo STF quanto à hipótese da inelegibilidade relativa.

Nos dizeres do STF: "O art. 14, § 7º, da Constituição do Brasil deve ser interpretado de maneira a dar eficácia e efetividade aos postulados republicanos e democráticos da Constituição, evitando-se a perpetuidade ou alongada presença de familiares no poder. [RE 543.117 AgR, rel. min. Eros Grau, j. 24-6-2008, 2ª T, DJE de 22-8-2008.]".

No mesmo sentido: " (...) o postulado republicano repele privilégios e não tolera discriminações, impedindo que se estabeleçam tratamentos seletivos em favor de determinadas pessoas e obstando que se imponham restrições gravosas em detrimento de outras, em razão, p. ex., de condição social, de nascimento, de gênero, de origem étnica, de orientação sexual ou, como na espécie, de posição estamental, eis que – cabe insistir – nada pode autorizar o desequilíbrio entre os cidadãos da República, sob pena de transgredir-se valor fundamental que confere substância à própria configuração dessa ideia nuclear que informa nosso sistema constitucional.(...)" (Pet 7.995/DF Rel. Min. CELSO DE MELLO, julgado em 07/02/2019).

Ainda sobre o tema, é importante conhecer outros entendimentos do Pretório Excelso em sede de repercussão geral que são frequentemente cobrados em concursos:

**TEMA 781/STF: As hipóteses de inelegibilidade previstas no art. 14, § 7º, da Constituição Federal, inclusive quanto ao prazo de seis meses, são aplicáveis às eleições suplementares. (RE 843.455/DF-RG)

**TEMA 61/STF: A dissolução da sociedade ou do vínculo conjugal, no curso do mandato, não afasta a inelegibilidade prevista no § 7º do artigo 14 da Constituição Federal. (RE 568.596/MG-RG)

**TEMA 678/STF: A Súmula Vinculante 18 do STF ("A dissolução da sociedade ou do vínculo conjugal, no curso do mandato, não afasta a inelegibilidade prevista no § 7º do artigo 14 da Constituição Federal") não se aplica aos casos de extinção do vínculo conjugal pela morte de um dos cônjuges. (RE 758.461/PB-RG)

Gabarito: E

Para responder, tem que estudar: doutrina e jurisprudência

26. (MPE/SP/Promotor/2013/90_Concurso) No que se refere à Nacionalidade:

I. São brasileiros natos os nascidos no estrangeiro, de pai brasileiro ou mãe brasileira, desde que qualquer deles esteja a serviço da República Federativa do Brasil e se registrados em repartição brasileira competente.

II. São brasileiros natos os nascidos no estrangeiro de pai brasileiro ou de mãe brasileira, que venham os assim nascidos a residir na República Federativa do Brasil e optem, em qualquer tempo, depois de atingida a maioridade, pela nacionalidade brasileira.

III. São brasileiros naturalizados os estrangeiros de qualquer nacionalidade, residentes na República Federativa do Brasil há mais de quinze anos ininterruptos e sem condenação penal, desde que requeiram a nacionalidade brasileira.

IV. Será declarada a perda da nacionalidade do brasileiro no caso de imposição de naturalização, pela norma estrangeira, ao brasileiro residente em estado estrangeiro, como condição para permanência em seu território ou para o exercício de direitos civis.

V. São privativos de brasileiro nato, entre outros, os cargos de Presidente da Câmara dos Deputados; de Presidente do Senado Federal; de Ministro do

Supremo Tribunal Federal; Ministro do Superior Tribunal de Justiça; Oficial das Forças Armadas e Ministros de Estado.

Está correto apenas o contido nos itens:

a) I e II.
b) II e III.
c) III e IV.
d) IV e V.
e) I e IV.

ANOTAÇÕES/COMENTÁRIOS

(a) O erro da alternativa está no item I, pois o art. 12, I, b, CF dispõe que: "São brasileiros: I – natos: b) os nascidos no estrangeiro, de pai brasileiro ou mãe brasileira, desde que qualquer deles esteja a serviço da República Federativa do Brasil".

(b) O item II repete o disposto no art. 12, I, c, in fine, CF; o item III contempla o art. 12, II, b, CF.

(c) O erro da alternativa está no item IV, pois o art. 12, § 4º, II, b, CF dispõe que: "§ 4º Será declarada a perda da naturalização do brasileiro que: II – adquirir outra nacionalidade, salvo nos casos: b) imposição de naturalização pela norma estrangeira, ao brasileiro residente em Estado estrangeiro, como condição para permanência em seu território ou para o exercício de direitos civis."

(d) Os dois itens contemplados na alternativa estão errados. Item IV – art. 12, § 4º, II, b, CF. Item V – art. 12, § 3º, CF: "São privativos de brasileiro nato os cargos: I – Presidente e Vice- Presidente da República; II – Presidente da Câmara dos Deputados; III – de Presidente do Senado Federal; IV – de Ministro do Supremo Tribunal Federal; V – de carreira diplomática; VI – de oficial das Forças Armadas; VII – de Ministro de Estado da Defesa."

(e) O erro da alternativa está no item IV, vide comentário da alternativa c.

Gabarito: B

Para responder, tem que estudar: lei.

3.4. Controle de constitucionalidade

27. (MPE/SP/Promotor/2010/87_Concurso) Assinale a alternativa que elenca todos os legitimados ativos para a ação direta de inconstitucionalidade e a ação declaratória de constitucionalidade:

a) o Presidente da República, a Mesa do Senado, a Mesa da Câmara dos Deputados e o Procurador-Geral da República.
b) o Presidente da República, a Mesa do Senado Federal, a Mesa da Câmara dos Deputados; a Mesa da Assembleia Legislativa ou da Câmara Legislativa

do Distrito Federal; o Governador de Estado ou do Distrito Federal, o Procurador-Geral da República, o Conselho Federal da Ordem dos Advogados do Brasil; o partido político com representação no Congresso Nacional; a Confederação Sindical ou entidade de classe de âmbito nacional.

c) o Presidente da República, a Mesa do Senado Federal, a Mesa da Câmara dos Deputados; o Governador de Estado ou do Distrito Federal, o Procurador-Geral da República, o Conselho Federal da Ordem dos Advogados do Brasil; o partido político com representação no Congresso Nacional; a Confederação Sindical ou entidade de classe de âmbito nacional.

d) o Presidente da República, a Mesa do Senado Federal, a Mesa da Câmara dos Deputados; a Mesa da Assembleia Legislativa ou da Câmara Legislativa do Distrito Federal; o Governador de Estado ou do Distrito Federal, o Procurador- Geral da República, o Conselho Federal da Ordem dos Advogados do Brasil; os partidos políticos; a Confederação Sindical ou entidade de classe de âmbito nacional.

e) o Presidente da República, o Presidente do Senado Federal, o Presidente da Câmara dos Deputados; o Presidente da Assembleia Legislativa ou da Câmara Legislativa do Distrito Federal; o Governador de Estado ou do Distrito Federal, o Procurador-Geral da República, o Conselho Federal da Ordem dos Advogados do Brasil; o partido político com representação no Congresso Nacional; a Confederação Sindical ou entidade de classe de âmbito nacional.

ANOTAÇÕES/COMENTÁRIOS

(a, b) Segundo o disposto no artigo 103, CF, "podem propor a ação direta de inconstitucionalidade e a ação declaratória de constitucionalidade: I – o Presidente da República; II – a Mesa do Senado Federal; III – a Mesa da Câmara dos Deputados; IV – a Mesa da Assembleia Legislativa ou da Câmara Legislativa do Distrito Federal; V – o Governador de Estado ou do Distrito Federal; VI – o Procurador- Geral da República; VII – o Conselho Federal da Ordem dos Advogados do Brasil; VIII – partido político com representação no Congresso Nacional; IX – confederação sindical ou entidade de classe de âmbito nacional."

(c) A alternativa não contempla a Mesa da Assembleia Legislativa ou da Câmara Legislativa do Distrito Federal, como descreve o inciso IV, do artigo 103, CF.

(d) A alternativa descreve "partidos políticos", segundo o artigo 103, VIII, "podem ajuizar a ação de inconstitucionalidade e a ação declaratória de constitucionalidade: VIII – partido político com representação no Congresso Nacional."

(e) Segundo o artigo 103, II, III e IV, CF, "podem ajuizar a ação de inconstitucionalidade e a ação declaratória de constitucionalidade: II – a Mesa do Senado Federal; III – a Mesa da Câmara dos Deputados; IV – a Mesa da Assembleia Legislativa ou da Câmara Legislativa do Distrito Federal."

Gabarito: B

Para responder, tem que estudar: lei.

28. (MPE/SP/Promotor/2010/87_Concurso) O controle de constitucionalidade abstrato de lei ou ato normativo municipal em face da Constituição Federal:

a) é feito perante o Supremo Tribunal Federal.

b) não é admitido.

c) é feito perante o Superior Tribunal de Justiça.

d) é feito perante o Tribunal de Justiça do Estado.

e) é feito perante o Órgão Especial do Tribunal de Justiça.

ANOTAÇÕES/COMENTÁRIOS

(a) Segundo o art. 102, I, a, CF, "compete ao Supremo Tribunal Federal, precipuamente, a guarda da Constituição, cabendo-lhe: I – processar e julgar, originariamente: a) a ação direta de inconstitucionalidade de lei ou ato normativo federal ou estadual e a ação declaratória de constitucionalidade de lei ou ato normativo federal."

(b) O art. 102, I, a, da CF, não regulamenta a hipótese de ação direta de inconstitucionalidade abstrata de lei ou ato normativo municipal. Nesse caso, por falta de previsão expressa inexistirá controle concentrado por ADI. Segundo o doutrinador Pedro Lenza (2015): "O máximo que pode ser feito é o controle via sistema difuso, podendo a questão levada ao Judiciário, através do recurso extraordinário, de forma incidental, ser apreciada pelo STF e ter sua eficácia suspensa, pelo Senado Federal, nos exatos termos do art. 52, X, CF." Observe que questão praticamente idêntica foi cobrada no concurso MPE-SP de 2019.

(c, d, e) Vide comentário das alternativas anteriores.

Gabarito: B

Para responder, tem que estudar: lei.

29. (MPE/SP/Promotor/2011/88_Concurso) Relativamente ao controle de constitucionalidade no sistema jurídico brasileiro, pode-se corretamente afirmar que:

a) no controle concentrado ou abstrato, a decisão de inconstitucionalidade tem eficácia subjetiva erga omnes e eficácia temporal "ex tunc", atingindo todos os atos praticados desde a vigência da norma declarada inconstitucional, salvo limitação desses efeitos pelo Supremo Tribunal Federal.

b) no controle difuso ou concreto, a decisão de inconstitucionalidade tem eficácia subjetiva erga omnes e eficácia temporal "ex tunc", atingindo atos anteriores à decisão, salvo limitação desses efeitos pelo Supremo Tribunal Federal.

c) no controle concentrado ou abstrato, a decisão de inconstitucionalidade tem eficácia subjetiva erga omnes e eficácia temporal "ex nunc", aplicando-se apenas aos atos posteriores à decisão, salvo a possibilidade de atribuição de efeitos retroativos pelo Supremo Tribunal Federal.

d) no controle difuso ou concreto, a decisão de inconstitucionalidade tem eficácia subjetiva limitada às partes e eficácia temporal "ex nunc", não se aplicando aos atos anteriores à decisão, salvo suspensão da execução da lei pelo Senado Federal.

e) no controle concentrado ou abstrato, a decisão de inconstitucionalidade tem eficácia subjetiva limitada aos legitimados para propositura da ação e eficácia temporal "ex tunc", atingindo todos os atos praticados desde a vigência da norma declarada inconstitucional, salvo limitação desses efeitos pelo Supremo Tribunal Federal.

ANOTAÇÕES/COMENTÁRIOS

(a) Art. 28, parágrafo único, Lei nº 9.868/99: "a declaração de constitucionalidade ou de inconstitucionalidade, inclusive a interpretação conforme a Constituição e a declaração parcial de inconstitucionalidade sem redução de texto, têm eficácia contra todos e efeito vinculante em relação aos órgãos do Poder Judiciário e à Administração Pública federal, estadual ou municipal." Aliado ao art. 27, do mesmo instrumento normativo: "ao declarar a inconstitucionalidade de lei ou ato normativo, e tendo em vista razões de segurança jurídica ou de excepcional interesse social, poderá o Supremo Tribunal Federal, por maioria de dois terços de seus membros, restringir os efeitos daquela declaração ou decidir que ela só tenha eficácia a partir de seu trânsito em julgado ou de outro momento que venha ser fixado."

(b) No controle de constitucionalidade difuso, a decisão, em regra, produz efeitos apenas para as partes nele envolvidas no processo (eficácia "inter partes"). Nesse sentido, a Suprema Corte julgou a Rcl 10.403. No que tange o aspecto temporal, o reconhecimento da inconstitucionalidade, em regra, é retroativo ("ex tunc"). Importante destacar que o STF tem aplicado, por analogia, a regra contida no art. 27, Lei 9.686/99, modelando os efeitos da decisão no controle difuso.

(c, d, e) Vide comentários acima.

Gabarito: A

Para responder, tem que estudar: lei e jurisprudência.

30. (MPE/SP/Promotor/2012/89_Concurso) Em relação à legitimidade para propositura de ação direta de inconstitucionalidade, o Supremo Tribunal Federal exige a comprovação da presença de pertinência temática, por parte dos seguintes colegitimados:

a) Mesa da Assembleia Legislativa ou da Câmara Legislativa do Distrito Federal, Governador do Estado ou do Distrito Federal e Partidos Políticos com representação no Congresso Nacional.

b) Mesa da Câmara dos Deputados, Mesa do Senado Federal, Mesa da Assembleia Legislativa ou da Câmara Legislativa do Distrito Federal e confederações sindicais ou entidades de classe de âmbito nacional.

c) Mesa da Assembleia Legislativa ou da Câmara Legislativa do Distrito Federal, Conselho Federal da Ordem dos Advogados do Brasil e confederações sindicais ou entidades de classe de âmbito nacional.

d) Mesa da Câmara dos Deputados, Mesa do Senado Federal, Mesa da Assembleia Legislativa ou da Câmara Legislativa do Distrito Federal e Partidos Políticos com representação no Congresso Nacional.

e) Mesa da Assembleia Legislativa ou da Câmara Legislativa do Distrito Federal, Governador do Estado ou do Distrito Federal e confederações sindicais ou entidades de classe de âmbito nacional.

ANOTAÇÕES/COMENTÁRIOS

(a) Os partidos políticos são considerados legitimados universais, não precisam demonstrar a pertinência temática, ou seja, podem impugnar leis ou atos normativos independentemente de afetação de seus interesses ou objetivos institucionais.

(b) As Mesas da Câmara dos Deputados e do Senado Federal, também, são consideradas legitimadas universais.

(c) O Conselho Federal da Ordem dos Advogados é legitimado universal.

(d) As Mesas da Câmara dos Deputados e do Senado Federal, assim como os Partidos Políticos são classificados como legitimados universais.

(e) São legitimados ativos especiais, que devem apresentar pertinência temática: Mesa das Assembleias Legislativas e da Câmara Legislativa do Distrito Federal, governadores, confederações sindicais e entidades de classe de âmbito nacional (STF, ADI 1507 MC-AgR).

Gabarito: E

Para responder, tem que estudar: lei e jurisprudência.

31. (MPE/SP/Promotor/2012/89_Concurso) A decisão do Supremo Tribunal Federal em relação aos limites temporais dos efeitos da declaração de inconstitucionalidade no controle concentrado ou abstrato brasileiro, em regra, terá efeitos:

a) não retroativos (ex nunc), uma vez que necessário garantir-se a segurança jurídica, comportando, porém, a modulação dos efeitos para admitir a prospecção dos efeitos com fixação de prazo para que o Congresso Nacional edite nova norma, que revogará aquela declarada inconstitucional ("apelo ao legislador"), desde que por decisão de dois terços dos membros do STF, presentes razões de segurança jurídica ou de excepcional interesse social.

b) retroativos ("ex tunc"), uma vez que os atos inconstitucionais são nulos e, portanto, destituídos de qualquer carga de eficácia jurídica, comportando, porém, a modulação dos efeitos da decisão, inclusive para admitir a prospecção dos efeitos com fixação de prazo para que o Congresso Nacional edite nova norma, que revogará aquela declarada inconstitucional ("apelo ao legislador"), desde que por decisão de dois terços dos membros do STF, presentes razões de segurança jurídica ou de excepcional interesse social.

c) não retroativos ("ex nunc"), uma vez que necessário garantir-se a segurança jurídica, comportando, porém, a modulação dos efeitos da decisão, inclusive para admitir a prospecção dos efeitos com fixação de prazo para que o Congresso Nacional edite nova norma, que revogará aquela declarada inconstitucional ("apelo ao legislador"), desde que por decisão de maioria absoluta dos membros do STF, presentes razões de segurança jurídica ou de excepcional interesse social.

d) retroativos ("ex tunc"), uma vez que os atos inconstitucionais são nulos e, portanto, destituídos de qualquer carga de eficácia jurídica, comportando, somente, a modulação dos efeitos da decisão para admitir a não retroatividade da decisão da Corte, desde que por maioria absoluta dos membros do STF, presentes razões de segurança jurídica ou de excepcional interesse social.

e) não retroativos ("ex nunc") ou retroativos ("ex tunc"), desde que fixados por decisão de dois terços dos membros do STF, presentes razões de segurança jurídica ou de excepcional interesse social, comportando, porém, a modulação dos efeitos da decisão, inclusive para admitir a prospecção dos efeitos com fixação de prazo para que o Congresso Nacional edite nova norma, que revogará aquela declarada inconstitucional ("apelo ao legislador").

ANOTAÇÕES/COMENTÁRIOS

(a e c) Sob o escólio do doutrinador Marcelo Novelino (2015), tem-se que "a declaração de inconstitucionalidade de lei ou ato normativo produz, em regra, efeitos retroativos ("ex tunc"). Este entendimento tem como fundamento a concepção de que a lei inconstitucional, por ser um ato nulo (teoria da nulidade) possui um vício de origem declarado na decisão." Excepcionalmente, os efeitos podem ter eficácia a partir do trânsito em julgado ou de momento futuro, desde que atendidos os requisitos do art. 27, Lei nº 9868/99.

(b) No julgamento da ADI 1.843, o relator, dispôs que a "modulação de efeitos da declaração de inconstitucionalidade. Em razão da necessidade de continuidade da prestação da função de saneamento básico, há excepcional interesse social para vigência das leis impugnadas, nos termos do art. 27 da Lei n. 9868/99, pelo prazo de 24 meses, a contar da data da conclusão do julgamento, lapso temporal razoável dentro do qual o legislador estadual deverá reapreciar o tema, constituindo modelo de prestação de saneamento básico nas áreas de integração metropolitana, dirigido por órgão colegiado com participação dos municípios pertinentes e do próprio Estado do Rio de Janeiro, sem que haja concentração do poder decisório nas mãos de qualquer um."

(d) Art. 27, Lei nº 9.868/99: "Ao declarar a inconstitucionalidade de lei ou ato normativo, e tendo em vista razões de segurança jurídica ou de excepcional interesse social, poderá o Supremo Tribunal Federal, por maioria de dois terços de seus membros, restringir os efeitos daquela declaração ou decidir que ela só tenha eficácia a partir de seu trânsito em julgado ou de outro momento que venha a ser fixado."

(e) Com a decisão da Suprema Corte, a norma perde sua eficácia jurídica, salvo se os efeitos da decisão forem modulados, nos termos do art. 27, Lei nº 9868/99.

Gabarito: B

Para responder, tem que estudar: lei, jurisprudência e teoria/doutrina.

32. (MPE/SP/Promotor/2012/89_Concurso) Em relação ao controle de constitucionalidade no Brasil, é correto afirmar:

a) A ideia básica de controle de constitucionalidade está ligada à Supremacia da Constituição sobre todo o ordenamento jurídico interno, excetuando os Tratados Internacionais devidamente incorporados, e, também, à de rigidez constitucional e proteção dos direitos fundamentais.

b) No controle abstrato de constitucionalidade, o Supremo Tribunal Federal fica condicionado ao pedido, porém não a causa de pedir, ou seja, analisará a constitucionalidade dos dispositivos legais apontados pelo autor, porém poderá declará-los inconstitucionais por fundamentação jurídica diferenciada, não estando adstrito aos fundamentos invocados pelo autor, podendo declarar a inconstitucionalidade por fundamentos diversos dos expedidos na inicial.

c) O controle preventivo de constitucionalidade exercido pelo Supremo Tribunal Federal, por provocação do Presidente da República, Presidente do Senado Federal ou Presidente da Câmara dos Deputados, pretende impedir que proposta de emenda constitucional ou projeto de lei maculados pela eiva de inconstitucionalidade ingressem no ordenamento jurídico.

d) A Constituição Federal prevê a possibilidade de edição de súmulas vinculantes pela maioria absoluta dos Ministros do Supremo Tribunal Federal, de ofício ou por provocação de qualquer dos colegitimados para a propositura da ação direta de inconstitucionalidade, sempre tendo por objeto a validade, a interpretação e a eficácia de normas determinadas, desde que exista controvérsia atual entre órgãos judiciários ou entre esses e a administração pública que acarrete grave insegurança jurídica e relevante multiplicidade de processos sobre questão idêntica.

e) A figura do amicus curiae ou "amigo da Corte", cuja função primordial é juntar aos autos parecer ou informações com o intuito de trazer à colação considerações importantes sobre a matéria de direito a ser discutida pelo Supremo Tribunal Federal, bem como acerca dos reflexos de eventual decisão sobre a inconstitucionalidade ou constitucionalidade da espécie normativa impugnada pode ser admitida a qualquer tempo, antes do julgamento final, exigindo a maioria de 2/3 dos membros do STF.

ANOTAÇÕES/COMENTÁRIOS

(a) Os tratados internacionais, segundo a Suprema Corte, RE 466.343/SP, possuem três níveis hierárquicos ao serem incorporados no ordenamento pátrio: "I – versem sobre direitos humanos, aprovados em cada casa do Congresso Nacional, em dois turnos, por três quintos dos votos dos respectivos membros, são equivalentes às emendas constitucionais; II – versam sobre direitos humanos, mas foram aprovados pelo procedimento ordinário, possuem status de norma supralegal; III – não versam sobre direitos humanos, ingressaram no ordenamento jurídico como lei ordinária." Nessa senda, estão sujeitos ao controle de constitucionalidade.

(b) A Suprema Corte não está vinculada à fundamentação jurídica do pedido veiculado em sede de ADI. Em outras palavras, os fatos e fundamentos jurídicos trazidos na petição inicial não serão os únicos analisados quando da decisão do STF acerca da constitucionalidade da lei ou ato normativo impugnado (ADI 2.031).

(c) O controle preventivo ou prévio de constitucionalidade a ser realizado pelo Poder Judiciário sobre PEC ou projeto de lei em trâmite na Casa Legislativa busca assegurar ao parlamentar o respeito ao devido processo legislativo, vedando sua participação em procedimento desconforme com as regras da Constituição. A iniciativa para impetrar mandado de segurança, nesse caso, é exclusiva do parlamentar.

(d) Art. 103 – A, caput, CF; "O Supremo Tribunal Federal poderá, de ofício ou por provação, mediante decisão de dois terços de seus membros, após reiteradas decisões sobre matéria constitucional, aprovar súmula que, a partir de sua publicação na imprensa oficial, terá efeito vinculante em relação aos demais órgãos do Poder Judiciário e à administração pública direta e indireta, nas esferas federal, estadual e municipal, bem como proceder à sua revisão ou cancelamento, na forma estabelecida em lei."

(e) Art. 7º, § 2º, Lei n. 9.868/99: "Não se admitirá intervenção de terceiros no processo de ação direta de inconstitucionalidade. § 2º O relator, considerando a relevância da matéria e a representatividade dos postulantes, poderá, por despacho irrecorrível, admitir, observado o prazo fixado no parágrafo anterior, a manifestação de outros órgãos e entidades." A Suprema Corte, admitia, caso fosse negada a admissão do "amicus curiae" pelo relator, a interposição de agravo interno (ADI 4.067). No entanto, no RE 602.584 AgR, 2018, passou a inadmitir recurso contra decisão do relator que admite ou inadmite "amicus curiae".

Gabarito: B

Para responder, tem que estudar: lei, jurisprudência e teoria/doutrina.

33. (MPE/SP/Promotor/2013/90_Concurso) Assinale a alternativa correta. A expressão "cláusula de reserva de plenário" refere-se à disposição constitucional no sentido de que:

a) compete ao Supremo Tribunal Federal processar e julgar originariamente, nas infrações penais comuns, o Presidente da República, o Vice-Presidente, os membros do Congresso Nacional, seus próprios Ministros e o Procurador-Geral da República.

b) compete ao Supremo Tribunal Federal aprovar súmula que, a partir de sua publicação na imprensa oficial, terá efeito vinculante em relação aos demais órgãos do Poder Judiciário.

c) compete, somente pelo voto da maioria absoluta de seus membros ou dos membros do respectivo órgão especial, aos tribunais declarar a inconstitucionalidade de lei ou ato normativo do Poder Público.

d) compete ao Supremo Tribunal Federal processar e julgar originariamente os conflitos de competência entre o Superior Tribunal de Justiça e quaisquer tribunais, entre Tribunais Superiores, ou entre estes e qualquer outro tribunal.

e) compete privativamente ao Senado Federal processar e julgar o Presidente e o Vice-Presidente da República nos crimes de responsabilidade, bem como os Ministros de Estado e os Comandantes da Marinha, do Exército e da Aeronáutica nos crimes da mesma natureza conexos com aqueles.

ANOTAÇÕES/COMENTÁRIOS

(a) A alternativa contempla competência originária do STF, CF: "Art. 102. Compete ao Supremo Tribunal Federal, precipuamente, a guarda da Constituição, cabendo-lhe: I – processar e julgar, originariamente: b) nas infrações penais comuns, o Presidente da República, o Vice-Presidente, os membros do Congresso Nacional, seus próprios Ministros e o Procurador-Geral da República".

(b) CF: Art. 103-A. O Supremo Tribunal Federal poderá, de ofício ou por provocação, mediante decisão de dois terços dos seus membros, após reiteradas decisões sobre matéria constitucional, aprovar súmula que, a partir de sua publicação na imprensa oficial, terá efeito vinculante em relação aos demais órgãos do Poder Judiciário e à administração pública direta e indireta, nas esferas federal, estadual e municipal, bem como proceder à sua revisão ou cancelamento, na forma estabelecida em lei.

(c) Art. 97, CF: "Somente pelo voto da maioria absoluta de seus membros ou dos membros do respectivo órgão especial poderão os tribunais declarar a inconstitucionalidade de lei ou ato normativo do Poder Público."

(d) A alternativa contempla competência originária do STF, CF: "Art. 102. Compete ao Supremo Tribunal Federal, precipuamente, a guarda da Constituição, cabendo-lhe: I – processar e julgar, originariamente: o) os conflitos de competência entre o Superior Tribunal de Justiça e quaisquer tribunais, entre Tribunais Superiores, ou entre estes e qualquer outro tribunal;

(e) A alternativa dispõe acerca do julgamento realizado pelo Senado Federal, CF: "Art. 52. Até que sejam fixadas as condições do art. 192, são vedados: I – a instalação, no País, de novas agências de instituições financeiras domiciliadas no exterior".

Gabarito: C

Para responder, tem que estudar: lei.

34. (MPE/SP/Promotor/2019/93_Concurso) Assinale a alternativa INCORRETA.

a) De acordo com a jurisprudência do Supremo Tribunal Federal, a superveniência de uma nova Constituição não torna inconstitucionais os atos estatais a ela anteriores e que, com ela, sejam materialmente incompatíveis: revoga-as. Trata-se de juízo negativo de recepção, inviabilizando, assim, a ação direta de inconstitucionalidade.

b) A jurisprudência do Egrégio Supremo Tribunal Federal é firme no sentido de que não há violação ao princípio da reserva de plenário quando o acórdão recorrido apenas interpreta norma local, sem declará-la inconstitucional.

c) Não ofende a cláusula de reserva de plenário a decisão de órgão fracionário de tribunal que, embora não declare expressamente a inconstitucionalidade de lei ou ato normativo do poder público, afasta sua incidência, no todo ou em parte.

d) A jurisprudência do Egrégio Supremo Tribunal Federal se consolidou no sentido de ser incabível reclamação fundada na teoria da transcendência dos motivos determinantes de acórdão com efeito vinculante.

e) Inexiste controle concentrado de lei ou ato normativo municipal frente à Constituição Federal, quer perante os Tribunais de Justiça dos Estados, quer perante o Supremo Tribunal Federal.

ANOTAÇÕES/COMENTÁRIOS

(a) Assertiva CORRETA. Confira-se trecho da ementa proferida na ADI 4.222 AgR/DF, relator Min. Celso de Mello: "(...)- A ação direta de inconstitucionalidade não se revela instrumento juridicamente idôneo ao exame da legitimidade constitucional de atos normativos do Poder Público que tenham sido editados em momento anterior ao da vigência da Constituição sob cuja égide foi instaurado o controle normativo abstrato. – A superveniência de uma nova Constituição não torna inconstitucionais os atos estatais a ela anteriores e que, com ela, sejam materialmente incompatíveis. Na hipótese de ocorrer tal situação, a incompatibilidade normativa superveniente resolver-se-á pelo reconhecimento de que o ato pré-constitucional acha-se revogado, expondo-se, por isso mesmo, a mero juízo negativo de recepção, cuja pronúncia, contudo, não se comporta no âmbito da ação direta de inconstitucionalidade. Doutrina. Precedentes. (...)"

(b) Assertiva CORRETA. Consoante o STF: "O verbete vinculante 10 da Súmula do Supremo não alcança situações jurídicas em que o órgão julgador tenha dirimido conflito de interesses a partir de interpretação de norma legal. [Rcl 10.865 AgR, rel. min. Marco Aurélio, j. 27-2-2014, P, DJE de 31-3-2014.]".

(c) Assertiva INCORRETA, pois contraria o enunciado da SV 10 que preceitua que "viola a cláusula de reserva de plenário (CF, art. 97) a decisão de órgão fracionário de tribunal que, embora não declare expressamente a inconstitucionalidade de lei ou ato normativo do poder público, afasta sua incidência, no todo ou em parte."

(d) Assertiva CORRETA, nos termos da Rcl. 8.168/SC, rel. Min. Ellen Gracie, red. p/ o ac. Min. Edson Fachin, julgado em 19.11.2015.

(e) Assertiva CORRETA, sendo trecho proferido na ADI 1.268 AgR/MG, relator Min. Carlos Velloso, julgado em 20/09/1995, confira-se: "(...) I. – Inexiste controle concentrado de lei ou ato normativo municipal frente a Constituição Federal, quer perante os Tribunais de Justiça dos Estados, quer perante o Supremo Tribunal Federal (C.F., art. 102, I, "a"; art. 125, PAR. 2.). A Constituição Federal somente admite o controle, em abstrato, de lei ou ato normativo municipal em face da Constituição Estadual, junto ao Tribunal de Justiça do Estado (C.F., art. 125, PAR. 2.) (...)".

Ressalte-se que a prova é do ano de 2019 e o item foi considerado correto mesmo depois da decisão proferida pelo STF no TEMA 484 ((1) Tribunais de Justiça podem exercer controle abstrato de constitucionalidade de leis municipais utilizando como parâmetro normas da Constituição Federal, desde que se trate de normas de reprodução obrigatória pelos Estados), julgado em 1/02/2017. Logo, é importante que o candidato não confunda os julgados.

Gabarito: C

Para responder, tem que estudar: doutrina e jurisprudência.

35. (MPE/SP/Promotor/2019/93_Concurso) Assinale a alternativa INCORRETA.

(a) A controvérsia em torno da incidência, ou não, do postulado da recepção, por não envolver qualquer juízo de inconstitucionalidade, mas, sim, quando for o caso, o de simples revogação de diploma pré-constitucional, dispensa a aplicação do princípio da reserva de plenário, legitimando a possibilidade de reconhecimento, por órgão fracionário do Tribunal, de que determinado ato estatal não foi recebido pela nova ordem constitucional, além de inviabilizar, porque incabível, a instauração do processo de fiscalização normativa abstrata.

b) A declaração de inconstitucionalidade de qualquer ato estatal, considerando a presunção de constitucionalidade das leis, só pode ser declarada pelo voto da maioria absoluta dos membros do Tribunal ou, onde houver, dos integrantes do respectivo órgão especial, sob pena de nulidade da decisão judicial que venha a ser proferida.

c) A causa de pedir aberta das ações do controle concentrado de constitucionalidade torna desnecessário o ajuizamento de nova ação direta para a impugnação de norma cuja constitucionalidade já é discutida em ação direta em trâmite, proposta pela mesma parte processual.

d) O processo de controle normativo abstrato rege-se pelo princípio da indisponibilidade, o que impede a desistência da ação direta já ajuizada. A ação subsiste mesmo diante de revogação superveniente do ato estatal impugnado.

e) A declaração final de inconstitucionalidade, quando proferida em sede de fiscalização normativa abstrata, considerado o efeito repristinatório que lhe é inerente, importa em restauração das normas estatais anteriormente revogadas pelo diploma normativo objeto do juízo de inconstitucionalidade.

ANOTAÇÕES/COMENTÁRIOS

(a) Assertiva CORRETA, conforme reiterados julgados do STF. "(...) a discussão em torno da incidência, ou não, do postulado da recepção – precisamente por não envolver qualquer juízo de inconstitucionalidade (mas, sim, quando for o caso, o de simples revogação de diploma pré-constitucional) – dispensa, por tal motivo, a aplicação do princípio da reserva de plenário (CF, art. 97), legitimando, por isso mesmo, a possibilidade de reconhecimento, por órgão fracionário do Tribunal, de que determinado ato estatal não foi recebido pela nova ordem constitucional (RTJ 191/329-330), além de inviabilizar, porque incabível, a instauração do processo de fiscalização normativa abstrata (RTJ 95/980 – RTJ 95/993 – RTJ 99/544 – RTJ 143/355 – RTJ 145/339, v.g.). [AI 582.280 AgR, voto do rel. min. Celso de Mello, j. 12-9-2006, 2ª T, DJ de 6-11-2006.]; = Rcl 10.114 AgR, rel. min. Ricardo Lewandowski, j. 18-12-2013, P, DJE de 19-2-2014; = AI 669.872 AgR, rel. min. Luiz Fux, j. 11-12-2012, 1ª T, DJE de 14-2-2013.

(b) Assertiva CORRETA, nos termos do artigo 97 da CF e SV 10.

(c) Assertiva CORRETA. Confira-se trecho da ementa da ADI 5.749 AgR/DF, relator Min. Alexandre de Moraes, julgado em 9/02/2018: "(...) A causa de pedir aberta das ações do controle concentrado de constitucionalidade torna desnecessário o ajuizamento de nova ação direta para a impugnação de norma cuja constitucionalidade já é discutida em ação direta em trâmite perante o SUPREMO TRIBUNAL FEDERAL, proposta pelo mesma parte processual. 2. Verificada a identidade entre as partes, o pedido e a causa de pedir, no tocante à declaração de inconstitucionalidade do art. 2º, § 1º, da Lei 12.850/2013, impõe-se a extinção sem resolução do mérito da segunda ação direta proposta. (...)".

(d) Assertiva INCORRETA. Como regra geral, haverá a extinção da ação. Confira-se trecho da ementa da ADI 5.620 AgR/GO, relator Min. Celso de Mello, julgado em 31/08/2020: "(...)– A revogação superveniente do ato estatal impugnado faz instaurar situação de prejudicialidade, que provoca a extinção anômala do processo de fiscalização normativa abstrata, eis que a ab-rogação do diploma questionado ou a derrogação dos dispositivos legais impugnados opera, quanto a eles, a exclusão do sistema de direito positivo, causando, desse modo, a perda ulterior de objeto da própria ação direta, independentemente da ocorrência, ou não, de efeitos residuais concretos. Precedentes. (...)". Contudo, é imperioso que o candidato saiba que excepcionalmente é admitido o prosseguimento da ação, ainda que tenha havido revogação superveniente do ato (tais como na hipótese de fraude processual ou repetição do ato normativo por ato superveniente. Confira-se ADI 3.306/DF, ADI 2.418 e ADI 951-ED/SC.

(e) Assertiva CORRETA, consoante trecho da ADI 2.867/ES, rel. Min. Celso de Mello, julgado e, 3/12/2003: "a declaração final de inconstitucionalidade, quando proferida pelo Supremo Tribunal Federal em sede de fiscalização normativa abstrata, importa – considerado o efeito repristinatório que lhe é inerente – em restauração das normas estatais anteriormente revogadas pelo diploma normativo objeto do juízo de inconstitucionalidade, eis que o ato inconstitucional, por ser juridicamente inválido (RTJ 146/461-462), sequer possui eficácia derrogatória. Doutrina. Precedentes (STF) (...)".

Gabarito: D

Para responder, tem que estudar: lei, doutrina e jurisprudência.

3.5. Organização do Estado. Federalismo. Repartição de competências. Intervenção federal e estadual

36. (MPE/SP/Promotor/2010/87_Concurso) Assinale a alternativa que inclui em seu rol competência legislativa não privativa da União:

a) desapropriação; águas, energia, informática; serviço postal; sistema monetário; trânsito e transporte; organização judiciária, do Ministério Público e da Defensoria Pública do Distrito Federal e dos Territórios, bem como organização administrativa destes.

b) sistemas de consórcios e sorteios; seguridade social, diretrizes e bases da educação nacional; atividades nucleares de qualquer natureza.

c) normas gerais de licitação e contratação, em todas as modalidades, para as administrações públicas diretas, autárquicas, fundacionais da União, Estados, Distrito Federal e Municípios; propaganda comercial.

d) defesa territorial, defesa aeroespacial, defesa marítima, defesa civil e mobilização nacional; registros públicos; direito tributário, financeiro, penitenciário, econômico e urbanístico.

e) direito civil, comercial, penal, processual, eleitoral, agrário, marítimo, aeronáutico, espacial e do trabalho; telecomunicações e radiodifusão; diretrizes da política nacional de transportes, jazidas minas, outros recursos minerais e metalurgia.

ANOTAÇÕES/COMENTÁRIOS

(a) As matérias descritas são de competência privativa da União, art. 22, II, IV, V, VI, XI, XVII, da CF.

(b) As matérias descritas são de competência privativa da União, art. 22, XX, XXIII, XXIV e XXVI.

(c) Compete à União legislar acerca dessas matérias, art. 22, XXVII e XXIX, CF.

(d) A assertiva está errada, porquanto o art. 24, I, CF, dispõe que "compete à União, aos Estados e ao Distrito Federal legislar concorrentemente sobre: I – direito tributário, financeiro, penitenciário, econômico e urbanístico."

(e) Compete à União legislar privativamente acerca das matérias descritas na alternativa, art. 22, I, IV, in fine, IX e XII.

Gabarito: D

Para responder, tem que estudar: lei.

37. (MPE/SP/Promotor/2010/87_Concurso) Assinale a alternativa em que a intervenção do Estado no Município dispensa apreciação pela Assembleia Legislativa:

a) quando a dívida fundada deixar de ser paga, sem motivo de força maior, por dois anos consecutivos.

b) na hipótese de não serem prestadas contas devidas, na forma da lei.

c) quando não tiver sido aplicado o mínimo exigido da receita municipal na manutenção e desenvolvimento do ensino e nas ações e serviços públicos de saúde.

d) no caso de o Tribunal de Justiça der provimento a representação para assegurar a observância de princípios indicados na Constituição estadual, ou para prover a execução de lei, de ordem ou de decisão judicial.

e) em todas hipóteses acima mencionadas.

ANOTAÇÕES/COMENTÁRIOS

(a) Art. 35, I, c/c art. 36, § 2º, CF: "O Estado não intervirá em seus Municípios, nem a União nos Municípios localizados em Territórios Federais, exceto quando: I – deixar de pagar, sem motivo de força maior, por dois anos consecutivos, a dívida fundada." Art. 36, § 2º: "Se não tiver funcionado o Congresso Nacional ou a Assembleia Legislativa, far-se-á convocação extraordinária, no mesmo prazo de vinte e quatro horas."

(b) Art. 35, II, c/c art. 36, § 2º, CF: "O Estado não intervirá em seus Municípios, nem a União nos Municípios localizados em Territórios Federais, exceto quando: II – não forem prestadas as contas devidas, na forma da lei." Em relação ao art. 36, vide alternativa anterior.

(c) Art. 35, III, c/c art. 36, § 2º, CF: "O Estado não intervirá em seus Municípios, nem a União nos Municípios localizados em Territórios Federais, exceto quando: III – não tiver sido aplicado o mínimo exigido da receita municipal na manutenção e desenvolvimento do ensino e nas ações e serviços públicos de saúde." Em relação ao art. 36, vide alternativa a.

(d) Art. 35, IV, c/c art. 36, § 3º, CF. "O Estado não intervirá em seus Municípios, nem a União nos Municípios localizados em Territórios Federais, exceto quando: IV – o Tribunal de Justiça der provimento a representação para assegurar a observância de princípios indicados na Constituição Estadual, ou para prover a execução de lei, de ordem ou decisão judicial." Art. 36, § 3º: "Nos casos do art. 34, VI e VII, ou art. 35, IV, dispensada a apreciação pelo Congresso Nacional ou Assembleia Legislativa, o decreto limitar-se-á suspender a execução do ato impugnado, se essa medida bastar ao restabelecimento da normalidade."

(e) Vide comentários acima.

Gabarito: D

Para responder, tem que estudar: lei.

38. (MPE/SP/Promotor/2012/89_Concurso) Em 11 de dezembro de 2011, foram realizados dois plebiscitos no Estado do Pará com consultas para que se decidisse sobre a criação ou não dos novos Estados de Carajás e Tapajós, a serem formados a partir de desmembramento territorial do Estado do Pará. Sobre a previsão constitucional para criação de novos Estados, a consulta prévia às populações diretamente interessadas, por meio de plebiscito, deve ser realizada com os:

a) eleitores diretamente interessados, considerados como tais os eleitores das localidades que pretendam se desmembrar.
b) habitantes diretamente interessados, considerados como tais os habitantes do Estado.
c) eleitores diretamente interessados, considerados como tais todos os eleitores do País.
d) eleitores diretamente interessados, considerados como tais os eleitores do Estado.
e) habitantes diretamente interessados, considerados como tais os habitantes das localidades que pretendam se desmembrar.

ANOTAÇÕES/COMENTÁRIOS

(a, c, e) Segundo o art. 7º, Lei 9.709/98: "Nas consultas plebiscitárias previstas nos arts. 4º e 5º entende-se por população diretamente interessada tanto a do território que se pretende desmembrar, quanto a do que sofrerá desmembramento; em caso de fusão ou anexação, tanto a população da área que se quer anexar quanto a da que receberá o acréscimo; e a vontade popular se aferirá pelo percentual que se manifestar em relação ao total da população consultada." Outrossim, a Suprema Corte, assentou no julgamento da ADI 2.650/DF, que no caso de desmembramento, deve-se consultar tanto a população do território a ser desmembrado, quanto a do remanescente.

(b) A expressão "população interessada" compreende os eleitores do território a ser desmembrado, quanto a do remanescente.

(d) Importante transcrever excerto da decisão da Suprema Corte, proferida na ADI 2.650/DF, em que o Min. Dias Toffoli salientou "ser imprescindível a consulta de toda a população afetada pela modificação territorial, o que, no caso de desmembramento deveria envolver tanto a população do território a ser desmembrado, quanto a do remanescente."

Gabarito: D

Para responder, tem que estudar: lei e jurisprudência.

39. (MPE/SP/Promotor/2013/90_Concurso) Está correto apenas o afirmado nos itens

I. É possível a intervenção da União nos Estados, dentre outras hipóteses:

II. Para assegurar o princípio constitucional da observância à prestação de contas da administração pública direta e indireta.

III. Para assegurar o princípio constitucional dos direitos da pessoa humana.

IV. Para garantir o livre exercício de qualquer dos Poderes das Unidades da Federação, neste caso agindo de ofício ou mediante solicitação ou requisição do Poder que está sendo embaraçado no exercício de sua competência.

V. Para por termo a grave comprometimento da ordem pública.

VI. Para o caso de desobediência de requisição do Supremo Tribunal Federal, do Superior Tribunal de Justiça ou do Tribunal Superior Eleitoral, dependendo, na hipótese, de representação do Procurador-Geral da República.

a) III, IV e V.
b) II, III e IV.
c) I, II e IV.
d) I e II.
e) I e V.

ANOTAÇÕES/COMENTÁRIOS

(I, II) correspondem corretamente ao art. 34, incisos: V, alínea a, VII, alínea b, CF.

(III) contraria o disposto na CF: art. 34, IV, CF: "A União não intervirá nos Estados nem no Distrito federal, exceto para: IV – garantir o livre exercício de qualquer dos Poderes nas unidades da Federação." Art. 36, I, CF: "A decretação da intervenção dependerá: I – no caso do art. 34, IV, de solicitação do Poder Legislativo ou do Poder Executivo coacto ou impedido, ou de requisição do Supremo Tribunal Federal, se a coação for exercida contra o Poder Judiciário."

(V) contraria o disposto no art. 36, II, CF: "no caso de desobediência a ordem ou decisão judiciária, de requisição do Supremo Tribunal Federal, do Superior Tribunal de Justiça ou do Tribunal Superior Eleitoral."

(IV) corresponde ao disposto no art. 34, III, CF.

Gabarito: C

Para responder, tem que estudar: lei.

40. (MPE/SP/Promotor/2013/90_Concurso) No título dedicado à Organização do Estado, há temas em que os Estados e o Distrito Federal podem legislar de forma concorrente com a União. Posto isso, considere as seguintes afirmações:

I. Compete aos Estados e ao Distrito Federal legislar de forma concorrente com a União sobre procedimentos em matéria processual.

II. No âmbito da legislação concorrente, a competência da União limitar-se-á a estabelecer normas gerais.

III. Tratando-se de legislação concorrente, a competência da União não se limitará a estabelecer normas gerais.

IV. Ainda que para atender a suas peculiaridades, a ausência de lei federal não concede ao Estado-Membro a competência plena, quando se tratar de competência concorrente.

V. Compete aos Estados e ao Distrito Federal legislar de forma concorrente com a União sobre proteção à infância e à juventude.

Está correto apenas o contido nos itens

a) I, II e V.

b) I, III e IV.

c) III, IV e V.

d) II e V.

e) II e IV.

ANOTAÇÕES/COMENTÁRIOS

(a) Os itens I, V e II, correspondem, respectivamente, ao disposto no art. 24, incisos XI, XV e § 1º, CF.

(b) O item III contraria o disposto no art. 24, § 1º, CF: "No âmbito da legislação concorrente, a competência limitar-se-á a estabelecer normas gerais." Lado outro, o item IV contraria o art. 24, § 3º, CF: "Inexistindo lei federal sobre normas gerais, os Estados exercerão a competência legislativa plena, para atender a suas peculiaridades."

(c) Vide comentário da alternativa b.

(d) Apesar dos itens II e V estarem em consonância com o disposto na Constituição Federal, art. 24, XV e § 1º, a alternativa não contempla o item I, que também está correto.

(e) Vide comentário da alternativa b.

Gabarito: A

Para responder, tem que estudar: lei.

41. (MPE/SP/Promotor/2015/91_Concurso) Nos termos da Constituição Federal, é correto afirmar que compete à União, aos Estados e ao Distrito Federal legislar concorrentemente sobre:

a) Direito tributário, financeiro, penitenciário, econômico e urbanístico.
b) Direito civil, comercial, penal, processual, eleitoral, agrário, marítimo, aeronáutico, espacial e do trabalho.
c) Registros públicos.
d) Sistemas de consórcios e sorteios.
e) Desapropriação.

ANOTAÇÕES/COMENTÁRIOS

(a) A alternativa contempla o disposto no art. 24, I, CF.

(b) Competência legislativa privativa da União, art. 22, I, CF.

(c) Competência legislativa privativa da União, art. 22, XXV, CF.

(d) Competência legislativa privativa da União, art. 22, XX, CF.

(e) Competência legislativa privativa da União, art. 22, II, CF.

Gabarito: A

Para responder, tem que estudar: lei.

42. (MPE/SP/Promotor/2015/91_Concurso) Nos termos da Constituição Federal, é correto afirmar que compete privativamente à União legislar sobre:

a) Responsabilidade por dano ao meio ambiente, ao consumidor, a bens e direitos de valor artístico, estético, histórico, turístico e paisagístico.
b) Florestas, caça, pesca, fauna, conservação da natureza, defesa do solo e dos recursos naturais, proteção do meio ambiente e controle da poluição.
c) Propaganda comercial.
d) Criação, funcionamento e processo do juizado de pequenas causas.
e) Proteção à infância e à juventude.

ANOTAÇÕES/COMENTÁRIOS

(a) A alternativa contempla o disposto no art. 24, VIII, CF, o qual regulamenta a competência concorrente entre a União, os Estados e o Distrito Federal.

(b) A alternativa contempla o disposto no art. 24, VI, CF, o qual regulamenta a competência concorrente entre a União, os Estados e o Distrito Federal.

(c) Art. 22, XXIX, CF.

(d) A alternativa contempla o disposto no art. 24, X, CF, o qual regulamenta a competência concorrente entre a União, os Estados e o Distrito Federal.

(e) A alternativa contempla o disposto no art. 24, XV, CF, o qual regulamenta a competência concorrente entre a União, os Estados e o Distrito Federal.

Gabarito: C

Para responder, tem que estudar: lei.

43. (MPE/SP/Promotor/2015/91_Concurso) Assinale a alternativa que contém afirmação incorreta:

a) Cabe ao Congresso Nacional, com a sanção do Presidente da República, dentre outras matérias da competência da União, dispor sobre concessão de anistia; criação e extinção de Ministérios e órgãos da administração pública.

b) É da competência exclusiva do Congresso Nacional escolher dois terços dos membros do Tribunal de Contas da União.

c) Compete privativamente ao Congresso Nacional autorizar, por dois terços de seus membros, a instauração de processo contra o Presidente e o Vice-Presidente da República e os Ministros de Estado.

d) Compete privativamente ao Senado Federal processar e julgar os Ministros do Supremo Tribunal Federal, os membros do Conselho Nacional de Justiça e do Conselho Nacional do Ministério Público, o Procurador-Geral da República e o Advogado-Geral da União nos crimes de responsabilidade.

e) O Senado Federal compõe-se de representantes dos Estados e do Distrito Federal, eleitos segundo o princípio majoritário.

ANOTAÇÕES/COMENTÁRIOS

(a) A alternativa corresponde ao art. 48, VIII c/c XI, CF. Art. 48. Cabe ao Congresso Nacional, com a sanção do Presidente da República, não exigida esta para o especificado nos arts. 49, 51 e 52, dispor sobre todas as matérias de competência da União, especialmente sobre: VIII – concessão de anistia; XI – criação e extinção de Ministérios e órgãos da administração pública;

(b) A alternativa contempla o disposto no art. 49, XIII, CF. Art. 49. É da competência exclusiva do Congresso Nacional: XIII – escolher dois terços dos membros do Tribunal de Contas da União;

(c) A alternativa contraria o disposto no art. 51, I, CF: "Compete privativamente à Câmara dos Deputados: I – autorizar, por dois terços de seus membros, a instauração de processo contra o Presidente e o Vice-Presidente da República e os Ministros de Estado."

(d) A alternativa corresponde ao art. 52, II, CF. Art. 52. Compete privativamente ao Senado Federal: II processar e julgar os Ministros do Supremo Tribunal Federal, os membros do Conselho Nacional de Justiça e do Conselho Nacional do Ministério Público, o Procurador-Geral da República e o Advogado-Geral da União nos crimes de responsabilidade;

(e) A alternativa contempla o disposto no art. 46, caput, CF. Art. 46. O Senado Federal compõe-se de representantes dos Estados e do Distrito Federal, eleitos segundo o princípio majoritário.

Gabarito: C

Para responder, tem que estudar: lei.

44. **(MPE/SP/Promotor/2017/92_Concurso)** Quanto à iniciativa legislativa em matéria ambiental, é correto afirmar que:

a) pode ser exercida pelo Município apenas em face da presença de peculiar interesse e desde que seus preceitos se harmonizem com as leis federais e estaduais atinentes ao mesmo tema.

b) pode ser exercida pelo Município em face da presença de peculiar interesse, circunstância que a faz predominar, inclusive, sobre as normas editadas pela União e pelo Estado.

c) é concorrente entre a União e os Estados-membros, possuindo estes plena liberdade para tratar do tema enquanto não for editada a lei geral pela União, sendo certo que a superveniência desta ensejará a revogação dos dispositivos da lei estadual que se mostrarem com ela incompatíveis, vedada a atuação suplementar dos Municípios.

d) é concorrente entre a União, os Estados-membros e os Municípios quanto ao tratamento de temas de relevância geral, devendo prevalecer, ante a existência de conflito, a norma que permita a mais abrangente proteção aos recursos ambientais.

e) é concorrente entre a União e os Estados-membros, competindo àquela editar a lei geral acerca da matéria e, a estes, suplementá-la, vedando-se aos Municípios a possibilidade de legislar a propósito.

ANOTAÇÕES/COMENTÁRIOS

(a) O art. 24, do Texto Constitucional, dispõe que "compete à União, aos Estados e ao Distrito Federal legislar concorrentemente sobre: VI – florestas, caça, pesca, fauna, conservação da natureza, defesa do solo e dos recursos naturais, proteção do meio ambiente e controle da poluição. § 1º No âmbito da legislação concorrente, a competência da União limitar-se-á a estabelecer normas gerais. § 2º A competência da União para legislar sobre normas gerais não exclui a competência suplementar dos Estados. § 3º Inexistindo lei federal sobre normas gerais, os Estados exercerão a competência legislativa plena, para atender a suas peculiaridades. § 4º A superveniência de lei federal sobre normas gerais suspende a eficácia da lei estadual, no que lhe for contrário." Por sua vez, o art. 30, dispõe que "compete aos Municípios: II – suplementar a legislação federal e a estadual no que couber." Nesse sentido: "RECURSO EXTRAORDINÁRIO EM AÇÃO DIRETA DE INCONSTITUCIONALIDADE ESTADUAL. LIMITES DA COMPETÊNCIA MUNICIPAL. LEI MUNICIPAL QUE PROÍBE A QUEIMA DE PALHA DE CANA-DE-AÇÚCAR E O USO DO FOGO EM ATIVIDADES AGRÍCOLAS. LEI MUNICIPAL Nº 1.952, DE 20 DE DEZEMBRO DE 1995, DO MUNICÍPIO DE PAULÍNIA. RECONHECIDA REPERCUSSÃO GERAL. ALEGAÇÃO DE VIOLAÇÃO AOS ARTIGOS 23, CAPUT E PARÁGRAFO ÚNICO, Nº 14, 192, § 1º E 193, XX E XXI, DA

CONSTITUIÇÃO DO ESTADO DE SÃO PAULO E ARTIGOS 23, VI E VII, 24, VI E 30, I E II DA CRFB. 1. O Município é competente para legislar sobre meio ambiente com União e Estado, no limite de seu interesse local e desde que tal regramento seja e harmônico com a disciplina estabelecida pelos demais entes federados (art. 24, VI c/c 30, I e II da CRFB). 2. O Judiciário está inserido na sociedade e, por este motivo, deve estar atento também aos seus anseios, no sentido de ter em mente o objetivo de saciar as necessidades, visto que também é um serviço público. 3. In casu, porquanto inegável conteúdo multidisciplinar da matéria de fundo, envolvendo questões sociais, econômicas e políticas, não é permitido a esta Corte se furtar de sua análise para o estabelecimento do alcance de sua decisão. São elas: (i) a relevante diminuição – progressiva e planejada – da utilização da queima de cana-de-açúcar; (ii) a impossibilidade do manejo de máquinas diante da existência de áreas cultiváveis acidentadas; (iii) cultivo de cana em minifúndios; (iv) trabalhadores com baixa escolaridade; (v) e a poluição existente independentemente da opção escolhida. 4. Em que pese a inevitável mecanização total no cultivo da cana, é preciso reduzir ao máximo o seu aspecto negativo. Assim, diante dos valores sopesados, editou-se uma lei estadual que cuida da forma que entende ser devida a execução da necessidade de sua respectiva população. Tal diploma reflete, sem dúvida alguma, uma forma de compatibilização desejável pela sociedade, que, acrescida ao poder concedido diretamente pela Constituição, consolida de sobremaneira seu posicionamento no mundo jurídico estadual como um standard a ser observado e respeitado pelas demais unidades da federação adstritas ao Estado de São Paulo. 5. Sob a perspectiva estritamente jurídica, é interessante observar o ensinamento do eminente doutrinador Hely Lopes Meireles, segundo o qual "se caracteriza pela predominância e não pela exclusividade do interesse para o município, em relação ao do Estado e da União. Isso porque não há assunto municipal que não seja reflexamente de interesse estadual e nacional. A diferença é apenas de grau, e não de substância." (Direito Administrativo Brasileiro). 6. Função precípua do município, que é atender diretamente o cidadão. Destarte, não é permitida uma interpretação pelo Supremo Tribunal Federal, na qual não se reconheça o interesse do município em fazer com que sua população goze de um meio ambiente equilibrado. 7. Entretanto, impossível identificar interesse local que fundamente a permanência da vigência da lei municipal, pois ambos os diplomas legislativos têm o fito de resolver a mesma necessidade social, que é a manutenção de um meio ambiente equilibrado no que tange especificamente a queima da cana-de-açúcar. 3. In casu, porquanto inegável conteúdo multidisciplinar da matéria de fundo, envolvendo questões sociais, econômicas e políticas, não é permitido a esta Corte se furtar de sua análise para o estabelecimento do alcance de sua decisão. São elas: (i) a relevante diminuição – progressiva e planejada – da utilização da queima de cana-de-açúcar; (ii) a impossibilidade do manejo de máquinas diante da existência de áreas cultiváveis acidentadas; (iii) cultivo de cana em minifúndios; (iv) trabalhadores com baixa escolaridade; (v) e a poluição existente independentemente da opção escolhida. 4. Em que pese a inevitável mecanização total no cultivo da cana, é preciso reduzir ao máximo o seu aspecto negativo. Assim, diante dos valores sopesados, editou-se uma lei estadual que cuida da forma que entende ser devida a execução da necessidade de sua respectiva população. Tal diploma reflete, sem dúvida alguma, uma forma de compatibilização desejável pela sociedade, que, acrescida ao poder concedido diretamente pela Constituição, consolida de sobremaneira seu posicionamento no mundo jurídico estadual como um standard a ser observado e respeitado pelas demais unidades da federação adstritas ao Estado de São Paulo. 5. Sob a perspectiva estritamente jurídica, é interessante observar o ensinamento do eminente doutrinador Hely Lopes Meireles, segundo o qual "se caracteriza pela predominância e não pela exclusividade do interesse para o município, em relação ao do Estado e da União. Isso porque não há assunto municipal que não seja reflexamente de interesse estadual e nacional. A diferença é apenas de grau, e não de substância." (Direito Administrativo Brasileiro) 6. Função precípua do município, que é atender diretamente o cidadão. Destarte, não é permitida uma interpretação pelo Supremo Tribunal Federal, na qual não se reconheça o interesse do município em fazer com que sua população goze de um meio ambiente equilibrado. 7. Entretanto, impossível identificar interesse local que fundamente a permanência da vigência da lei municipal, pois ambos os diplomas legislativos têm o fito de resolver a mesma necessidade social, que é a manutenção de um meio ambiente equilibrado no que tange especificamente a queima da cana-de-açúcar. 8. Distinção entre a proibição contida na norma questionada e a eliminação progressiva disciplina na legislação estadual, que gera efeitos totalmente diversos e, caso se opte pela sua constitucionalidade, acarretará esvaziamento do comando normativo de quem é competente para regular o assunto, levando ao completo descumprimento do dever deste Supremo Tribunal Federal de guardar a imperatividade da Constituição. 9. Recurso extraordinário conhecido e provido para declarar a inconstitucionalidade da Lei Municipal nº 1.952, de 20 de dezembro de 1995, do Município de Paulínia. (RE 586.224)

(b, c, d, e) Vide comentários acima.

Gabarito: A

Para responder, tem que estudar: lei e jurisprudência.

45. (MPE/SP/Promotor/2019/93_Concurso) Assinale a alternativa INCORRETA.

a) A superveniência de lei federal sobre normas gerais suspende a eficácia da lei estadual, no que lhe for contrária.

b) Enquanto não for editada lei federal sobre normas gerais, os Estados exercerão a competência legislativa plena, para atender a suas peculiaridades.

c) A superveniência de lei federal sobre normas gerais revoga a eficácia da lei estadual, no que lhe for contrária.

d) No âmbito da legislação concorrente, a competência da União limitar-se-á a estabelecer normas gerais.

e) O Município é competente para legislar sobre meio ambiente com União e Estado, no limite de seu interesse local e desde que tal regramento seja harmônico com a disciplina estabelecida pelos demais entes federados.

ANOTAÇÕES/COMENTÁRIOS

(a) Assertiva CORRETA (art. 24, § 4º, da CF).

(a) Assertiva CORRETA (art. 24, § 3º, da CF).

(c) Assertiva INCORRETA. Nos termos do art. 24, § 4º, da CF, a superveniência de lei federal sobre normas gerais suspende a eficácia da lei estadual, no que lhe for contrário.

(d) Assertiva CORRETA (art. 24, § 1º, da CF).

(e) Assertiva CORRETA, nos termos do inciso I do art. 30 da CF e da jurisprudência do STF.

*TEMA 145/STF: O município é competente para legislar sobre o meio ambiente com a União e o Estado, no limite do seu interesse local e desde que tal regramento seja harmônico com a disciplina estabelecida pelos demais entes federados (art. 24, VI, c/c 30, I e II, da Constituição Federal). (RE 586.224/SP-RG)

Gabarito: C

Para responder, tem que estudar: lei e jurisprudência.

3.6. Organização dos poderes

46. (MPE/SP/Promotor/2010/87_Concurso) Assinale a alternativa correta:

a) a Constituição Federal poderá ser emendada na vigência do estado de defesa, desde que mediante proposta de um terço, no mínimo, dos membros da Câmara dos Deputados.

b) a Constituição Federal poderá ser emendada na vigência do estado de sítio, desde que mediante proposta de um terço, no mínimo, dos membros da Câmara dos Deputados e do Senado Federal.

c) a Constituição Federal poderá ser emendada na vigência do estado de defesa, desde que mediante proposta do Presidente da República.

d) a Constituição Federal poderá ser emendada na vigência do estado de sítio, desde que mediante proposta do Presidente da República.

e) a Constituição Federal não poderá ser emendada na vigência do estado de sítio, ainda que mediante proposta de um terço, no mínimo, dos membros da Câmara dos Deputados

ANOTAÇÕES/COMENTÁRIOS

(a) Art. 60, § 1º, CF. "A Constituição não poderá ser emendada na vigência de intervenção federal, de estado de defesa ou de estado de sítio.

(b, d, e) Art. 60, § 1º, CF. Segundo o doutrinador Marcelo Novelino (2015): "São limitações consubstanciadas em normas aplicáveis a situações excepcionais, de extrema gravidade, nas quais a livre manifestação do Poder Reformador possa estar ameaçada. Nessas circunstâncias, a instabilidade institucional poderia motivar alterações precipitadas e desnecessárias no texto Lex Mater". Durante a vigência do estado de sítio, estado de defesa ou intervenção federal, a Constituição veda qualquer tipo de reforma em seu texto.

(c) Art. 60, § 1º, CF: "A Constituição não poderá ser emendada na vigência de intervenção federal, de estado de defesa ou de estado de sítio."

Gabarito: E

Para responder, tem que estudar: lei.

47. (MPE/SP/Promotor/2010/87_Concurso) Dentre os atos normativos abaixo indicados, qual não está compreendido no processo legislativo brasileiro:

a) emendas à Constituição.

b) leis ordinárias.

c) decretos legislativos.

d) resoluções.

e) portarias.

ANOTAÇÕES/COMENTÁRIOS

(a) Art. 59, I, CF: o processo legislativo compreende a elaboração de: I – emendas à Constituição.

(b) Art. 59, III, CF: o processo legislativo compreende a elaboração de: III – leis ordinárias.

(c) Art. 59, VI, CF: o processo legislativo compreende a elaboração de: VI – decretos legislativos.

(d) Art. 59, VII, CF: o processo legislativo compreende a elaboração de: VII – resoluções.

(e) As portarias não estão inseridas no processo legislativo brasileiro, como se depreende do art. 59, CF: "O processo legislativo compreende a elaboração de: I – emendas à Constituição; II – leis complementares; III – leis ordinárias; IV – leis delegadas; V – medidas provisórias; VI – decretos legislativos; VII – resoluções."

Gabarito: E

Para responder, tem que estudar: lei.

48. (MPE/SP/Promotor/2011/88_Concurso) Assinale a alternativa correta acerca das regras constitucionais de sucessão no caso de vacância definitiva dos cargos de Presidente e Vice-presidente da República:

a) Independentemente do período de mandato que tenha sido cumprido, o Congresso Nacional elegerá dentre os seus membros, no mesmo dia ou no dia imediato, o Presidente provisório, que convocará para o quadragésimo dia, a contar da sua escolha, nova eleição para os cargos vagos. O Presidente provisório exercerá a Presidência da República até a realização da nova eleição para mandato integral.
b) Se a vacância ocorrer antes do início dos dois últimos anos de mandato presidencial, convocar-se-á eleição direta para 90 (noventa) dias depois da última vaga. Se a última vaga se der nos dois últimos anos do mandato, a eleição será indireta, em 30 (trinta) dias, pelo Congresso Nacional. Na primeira hipótese, a nova eleição será para mandato integral, de 4 (quatro) anos, na segunda, para "mandato tampão", completando o período de seus antecessores.
c) Se a vacância ocorrer antes do início dos dois últimos anos de mandato presidencial, o Congresso Nacional elegerá, dentre os seus membros, no mesmo dia ou no dia imediato, o Presidente provisório, que convocará para o quadragésimo dia, a contar da sua escolha, nova eleição para os cargos vagos. Se a última vaga se der nos dois últimos anos do mandato, a Câmara dos Deputados e o Senado Federal, 30 (trinta) dias após, em sessão conjunta, com a presença da maioria dos seus membros, elegerão o Presidente substituto, por maioria absoluta de votos. Em qualquer das hipóteses, a nova eleição será para "mandato tampão", para completar o período de seus antecessores.
d) Se a vacância ocorrer antes do início dos dois últimos anos de mandato presidencial, convocar-se-á eleição direta para 90 (noventa) dias depois da última vaga. Se a última vaga se der nos dois últimos anos do mandato, o Presidente da Câmara dos Deputados sucederá o Presidente, sem necessidade de nova eleição. Em qualquer das hipóteses, a sucessão será para "mandato tampão", para completar o período de seus antecessores.
e) Se a vacância ocorrer antes do início dos dois últimos anos de mandato presidencial, convocar-se-á eleição direta para 90 (noventa) dias depois da última vaga. Se a última vaga se der nos dois últimos anos do mandato, a eleição será indireta, em 30 (trinta) dias, pelo Congresso Nacional. Em qualquer das hipóteses, a nova eleição será para "mandato tampão", a fim de completar o período de seus antecessores.

ANOTAÇÕES/COMENTÁRIOS

(a, b, c, d) Vide comentários abaixo.

(e) Segundo o artigo 81, CF: "Vagando os cargos de Presidente e Vice-Presidente da República, far-se-á eleição noventa dias depois de aberta a última vaga. § 1º Ocorrendo a vacância nos últimos dois anos do período presidencial, a eleição para ambos os cargos será feita trinta dias depois da última vaga, pelo Congresso Nacional, na forma lei. § 2º Em qualquer dos casos, os eleitos deverão completar o período de seus antecessores."

Gabarito: E

Para responder, tem que estudar: lei.

49. (MPE/SP/Promotor/2012/89_Concurso) A EC nº 45/04 estabeleceu o Conselho Nacional de Justiça, sobre a Presidência do Presidente do Supremo Tribunal Federal, com sede na Capital Federal, como órgão:

a) de cúpula administrativa do Poder Judiciário, com funções administrativas e jurisdicionais, composto por 15 membros, cuja maioria é formada por membros do Poder Judiciário.

b) externo de fiscalização administrativa do Poder Judiciário, com funções administrativas, composto por 15 membros, cuja maioria é formada por membros indicados pelos Poderes Executivo e Legislativo.

c) de cúpula administrativa do Poder Judiciário, com funções administrativas, composto por 15 membros, cuja maioria é formada por membros do Poder Judiciário.

d) externo de fiscalização administrativa do Poder Judiciário, com funções administrativas, composto por 15 membros, cuja maioria é formada por membros do Poder Judiciário.

e) externo de fiscalização administrativa do Poder Judiciário, com funções administrativas e jurisdicionais, composto por 15 membros, cuja maioria é formada por membros do Poder Judiciário.

ANOTAÇÕES/COMENTÁRIOS

(a) Art. 103-B, § 4º, CF: "O Conselho Nacional de Justiça compõe-se de 15 (quinze) membros com mandato de 2 (dois) anos, admitida 1 (uma) recondução, sendo: § 4º Compete ao Conselho o controle da atuação administrativa e financeira do Poder Judiciário e do cumprimento dos deveres funcionais dos juízes, cabendo-lhe, além de outras atribuições que lhe forem conferidas pelo Estatuto da Magistratura."

(b, c) Art. 103-B, CF: "O Conselho Nacional de Justiça compõe-se de 15 (quinze) membros com mandato de 2 (dois) anos, admitida 1 (uma) recondução, sendo: I – O Presidente do Supremo Tribunal Federal; II – um Ministro do Superior Tribunal de Justiça, indicado pelo respectivo tribunal; III – um Ministro do Tribunal Superior do Trabalho, indicado pelo respectivo tribunal; IV – um desembargador de Tribunal de Justiça, indicado pelo Supremo Tribunal Federal; V – um juiz estadual, indicado pelo Supremo Tribunal Federal; VI – um juiz de Tribunal Regional Federal, indicado pelo Superior Tribunal de Justiça; VII – um juiz federal, indicado pelo Superior Tribunal de Justiça; VIII – um juiz de Tribunal Regional do Trabalho, indicado pelo Tribunal Superior do Trabalho; IX – um juiz do trabalho, indicado pelo Tribunal Superior do Trabalho; X – um membro do Ministério Público da União, indicado pelo Procurador-Geral da República; XI – um membro do Ministério Público estadual, escolhido pelo Procurador-Geral da República dentre os nomes indicados pelo órgão competente de cada instituição; XII – dois advogados, indicados pelo Conselho Federal da Ordem dos Advogados do Brasil; XIII – dois cidadãos, de notável saber jurídico e reputação ilibada, indicados um pela Câmara dos Deputados e outro pelo Senado Federal.

(d) O Conselho Nacional de Justiça foi incluído na estrutura constitucional do Poder Judiciário, não se trata de órgão externo. Tem natureza jurídica de órgão administrativo de caráter nacional.

(e) Vide comentário da alternativa anterior.

Gabarito: C

Para responder, tem que estudar: lei.

50. (MPE/SP/Promotor/2012/89_Concurso) Em relação às imunidades parlamentares, é correto afirmar que a imunidade:

a) material exige relação entre as condutas praticadas pelo parlamentar e o exercício do mandato, tornando-o inviolável pelas palavras, votos e opiniões decorrentes do desempenho das funções parlamentares e possuem eficácia temporal permanente ou perpétua, pois pressupondo a inexistência da infração penal ou ilícito civil, mesmo após o fim da legislatura, o parlamentar não poderá ser investigado, incriminado ou responsabilizado pelos fatos anteriores.

b) processual parlamentar, a partir da EC 35/01, determina que recebida à denúncia contra Senador ou Deputado, por crime ocorrido após a diplomação, o Supremo Tribunal Federal dará ciência à Casa respectiva, solicitando prévia licença para dar continuidade ao processo, que poderá ser concedida por maioria absoluta dos membros da Casa Parlamentar.

c) material exige que as condutas praticadas pelo parlamentar no exercício do mandato sejam realizadas nas comissões ou no plenário do Congresso Nacional, tornando-o inviolável pelas palavras, votos e opiniões decorrentes do desempenho das funções parlamentares e possui eficácia temporal permanente ou perpétua, pois pressupondo a inexistência da infração penal ou ilícito civil, mesmo após o fim da legislatura, o parlamentar não poderá ser investigado, incriminado ou responsabilizado pelos fatos anteriores.

d) processual parlamentar, a partir da EC 35/01, determina que recebida à denúncia contra Senador ou Deputado, por crime ocorrido antes da diplomação, o Supremo Tribunal Federal dará ciência à Casa respectiva, que, por iniciativa de partido político nela representado e pelo voto da maioria de seus membros, poderá, até decisão final, sustar o andamento da ação.

e) material exige relação entre as condutas praticadas pelo parlamentar e o exercício do mandato, tornando-o inviolável pelas palavras, votos e opiniões decorrentes do desempenho das funções parlamentares e possuem eficácia temporal limitada, pois, após o fim da legislatura, o parlamentar poderá ser investigado, incriminado ou responsabilizado pelos fatos anteriores.

ANOTAÇÕES/COMENTÁRIOS

(a) A imunidade material ("freedom of speech") exclui a responsabilidade civil e penal dos congressistas por opiniões, votos e palavras, art. 53, caput, CF: "Os deputados e Senadores são invioláveis, civil e penalmente, por quaisquer de suas opiniões, palavras e votos." Segundo Pedro Lenza (2015), trata-se de uma irresponsabilidade geral (penal, civil, política e administrativamente), desde que tenha ocorrido o fato em razão do exercício do mandato e da função parlamentar.

(b, d) Art. 53, § 3º, CF: "Recebida a denúncia contra Senador ou Deputado, por crime ocorrido após a diplomação, o Supremo Tribunal Federal dará ciência à Casa respectiva, que, por iniciativa de partido político nela representado e pelo voto da maioria de seus membros, poderá, até a decisão final sustar o andamento da ação." A fim de atualizar a questão, importante constar a decisão da Suprema Corte em que, por meio de uma redução teleológica, restringiu a prerrogativa de foro dos parlamentares, veja: "O Tribunal resolveu questão de ordem no sentido de fixar as seguintes teses: "(i) O foro por prerrogativa de função aplica-se apenas aos crimes cometidos durante o exercício do cargo e relacionados às funções desempenhadas; e (ii) Após o final da instrução processual, com a publicação do despacho de intimação para apresentação de alegações finais, a competência para processar e julgar ações penais não será mais afetada em razão de o agente público vir a ocupar outro cargo ou deixar o cargo que ocupava, qualquer que seja o motivo", com o entendimento de que esta nova linha interpretativa deve se aplicar imediatamente aos processos em curso, com a ressalva de todos os atos praticados e decisões proferidas pelo STF e pelos demais juízos com base na jurisprudência anterior, conforme precedente firmado na Inq-QO 687, e, como resultado, no caso concreto, determinando a baixa da ação penal ao Juízo da 256ª Zona Eleitoral do Rio de Janeiro para julgamento, tendo em vista que (i) os crimes imputados ao réu não foram cometidos no cargo de Deputado Federal ou em razão dele, (ii) o réu renunciou ao cargo para assumir a Prefeitura de Cabo Frio, e (iii) a instrução processual se encerrou perante a 1ª instância, antes do deslocamento de competência para o Supremo Tribunal Federal. Vencidos: em parte, os Ministros Alexandre de Moraes e Ricardo Lewandowski, que divergiam do Relator quanto ao item (i); em parte, o Ministro Marco Aurélio, que divergia do Relator quanto ao item (ii); em parte, o Ministro Dias Toffoli, que, em voto reajustado, resolveu a questão de ordem no sentido de: a) fixar a competência do Supremo Tribunal Federal para processar e julgar os membros do Congresso Nacional exclusivamente quanto aos crimes praticados após a diplomação, independentemente de sua relação ou não com a função pública em questão; b) fixar a competência por prerrogativa de foro, prevista na Constituição Federal, quanto aos demais cargos, exclusivamente quanto aos crimes praticados após a diplomação ou a nomeação (conforme o caso), independentemente de sua relação ou não com a função pública em questão; c) serem inaplicáveis as regras constitucionais de prerrogativa de foro quanto aos crimes praticados anteriormente à diplomação ou à nomeação (conforme o caso), hipótese em que os processos deverão ser remetidos ao juízo de primeira instância competente, independentemente da fase em que se encontrem; d) reconhecer a inconstitucionalidade das normas previstas nas Constituições estaduais e na Lei Orgânica do Distrito Federal que contemplem hipóteses de prerrogativa de foro não previstas expressamente na Constituição Federal, vedada a invocação de simetria; e) estabelecer, quando aplicável a competência por prerrogativa de foro, que a renúncia ou a cessação, por qualquer outro motivo, da função pública que atraia a causa penal ao foro especial, após o encerramento da fase do art. 10 da Lei nº 8.038/90, com a determinação de abertura de vista às partes para alegações finais, não altera a competência para o julgamento da ação penal; e, em parte, o Ministro Gilmar Mendes, que assentou que a prerrogativa de foro alcança todos os delitos imputados ao destinatário da prerrogativa, desde que durante a investidura, sendo desnecessária a ligação com o ofício, e, ao final, propôs o início de procedimento para a adoção de súmula vinculante em que restasse assentada a inconstitucionalidade de normas de Constituições Estaduais que disponham sobre a competência do Tribunal de Justiça para julgar autoridades sem cargo similar contemplado pela Constituição Federal e a declaração incidental de inconstitucionalidade dos incisos II e VII do art. 22 da Lei 13.502/17; dos incisos II e III e parágrafo único do art. 33 da Lei Complementar 35/79; dos arts. 40, III, V, e 41, II, parágrafo único, da Lei 8.625/93; e do art. 18, II, "d", "e", "f", parágrafo único, da Lei Complementar 75/93." (Ação Penal 937)

(c) Segundo o doutrinador Marcelo Novelino (2015), a imunidade material alcança as opiniões, palavras e votos produzidos fora do recinto da respectiva casa legislativa, desde que, o ato esteja relacionado ao exercício da atividade parlamentar. Nesse sentido, Inq 1.944/ STF.

(e) A imunidade formal tem eficácia temporal permanente ou perpétua (Inq 2.273, STF)

Gabarito: A

Para responder, tem que estudar: lei e teoria/doutrina.

51. (MPE/SP/Promotor/2013/90_Concurso) Nos termos da Constituição Federal, pode-se afirmar corretamente que cabe ao Conselho Nacional do Ministério Público:

a) zelar pela autonomia funcional e administrativa do Ministério Público, no âmbito de sua competência, recomendando providências, vedada a expedição de atos regulamentares.

b) zelar pela observância dos princípios norteadores das atribuições constitucionais do Ministério Público e apreciar, desde que mediante provocação, a legalidade dos atos administrativos praticados por membros ou órgãos do Ministério Público da União e dos Estados, podendo neste caso desconstituí-los, revê-los ou fixar prazo para que se adotem as providências necessárias ao exato cumprimento da lei.

c) receber e conhecer das reclamações contra membros ou órgãos do Ministério Público da União dos Estados e dos Tribunais de Contas, inclusive contra seus serviços auxiliares, sem prejuízo da competência disciplinar e correicional da instituição, podendo avocar processos disciplinares já em curso.

d) rever, de ofício ou mediante provocação, os processos disciplinares de membros do Ministério Público da União ou dos Estados julgados há menos de um ano.

e) eleger dentre quaisquer de seus componentes um Corregedor Nacional com atribuições, dentre outras, de receber reclamações e denúncias de qualquer interessado, relativas aos membros do Ministério Público e de seus serviços auxiliares.

ANOTAÇÕES/COMENTÁRIOS

(a) Art. 130-A, § 2º, I: "Compete ao Conselho Nacional do Ministério Público o controle da atuação administrativa e financeira do Ministério Público e do cumprimento dos deveres funcionais de seus membros, cabendo-lhes: I – zelar pela autonomia funcional e administrativa do Ministério Público, podendo expedir atos regulamentares, no âmbito de sua competência, ou recomendar providências."

(b) Art. 130-A, § 2º, II, CF; "II – zelar pela observância do art. 37 e apreciar, de ofício ou mediante provocação, a legalidade dos atos administrativos praticados por membros ou órgãos do Ministério Público da União, dos Estados, podendo desconstituí-los, revê-los ou fixar prazo para que se adotem as providências necessárias ao exato cumprimento da lei, sem prejuízo da competência dos Tribunais de Contas."

(c) Art. 130-A, § 2º, III, CF: "III – receber e conhecer das reclamações contra membros ou órgãos do Ministério Público da União ou dos Estados, inclusive contra seus serviços auxiliares, sem prejuízo da competência disciplinar e correicional da instituição, podendo avocar processos disciplinares em curso, determinar a remoção ou a disponibilidade e aplicar outras sanções administrativas, assegurada ampla defesa; (Redação dada pela Emenda Constitucional nº 103, de 2019)

(d) A alternativa corresponde ao art. 130-A, § 2º, IV, CF.

(e) Art. 130-A, § 3º, I, CF: "O Conselho escolherá, em votação secreta, um Corregedor nacional, dentre os membros do Ministério Público que o integram, vedada a recondução, competindo-lhe, além das atribuições que lhe forem conferidas pela lei, as seguintes: I – receber reclamações e denúncias de qualquer interessado, relativas aos membros do Ministério Público e dos seus serviços auxiliares."

Gabarito: D

Para responder, tem que estudar: lei.

52. (MPE/SP/Promotor/2015/91_Concurso) Considerando a disciplina constitucional brasileira, assinale a alternativa correta:

a) Toda deliberação legislativa deve, em regra, ser tomada pela maioria absoluta de votos.

b) Não há deliberação legislativa sem que ao menos a maioria absoluta dos membros de cada Casa do Congresso Nacional se faça presente.

c) A proposta de Emenda à Constituição deve ser discutida e votada em cada Casa do Congresso Nacional, em dois turnos, considerando-se aprovada se obtiver, em ambos, dois terços dos votos dos respectivos membros.

d) As leis complementares são aprovadas por maioria de dois terços dos votos dos respectivos membros do Congresso Nacional.

e) As leis ordinárias são aprovadas por maioria absoluta.

ANOTAÇÕES/COMENTÁRIOS

(a) Art. 47, CF: "Salvo disposição constitucional em contrário, as deliberações de cada Casa e de suas Comissões serão tomadas por maioria dos votos, presente a maioria absoluta de seus membros."

(b) A alternativa está errada, pois a Constituição Federal regulamenta a possibilidade do Congresso Nacional, e cada uma de suas Casas, criarem comissões parlamentares (art. 58, CF). Há projetos de lei que podem ser apreciados apenas pelas comissões, que tem o poder de aprová-los ou de rejeitá-los, sem ouvir o Plenário. Destarte, nem sempre é necessário que haja maioria absoluta dos membros de cada Casa do Congresso Nacional para deliberação legislativa.

(c) Art. 60, § 2º, CF: "A proposta será discutida e votada, em cada Casa do Congresso Nacional, em dois turnos, considerando-se aprovada se obtiver, em ambos, três quintos dos votos dos respectivos membros."

(d) Art. 69, CF: "As leis complementares serão aprovadas por maioria absoluta."

(e) Art. 47, CF.

Gabarito: X

Para responder, tem que estudar: lei.

53. (MPE/SP/Promotor/2017/92_Concurso) A escolha dos representantes dos Ministérios Públicos Estaduais, que irão compor o Conselho Nacional do Ministério Público, após a indicação de um nome, pela Instituição, de cada unidade federativa correspondente, é realizada:

a) por associação privada.

b) pelo Presidente da República.

c) pelo Senado Federal.

d) pelo Procurador-Geral da República.

e) pelo Supremo Tribunal Federal.

ANOTAÇÕES/COMENTÁRIOS

(a, b, c, d, e) Segundo a explicação apresentada pela banca: "De início, o tema encontra-se inserido no edital, vez dizer respeito à composição (forma de escolha dos integrantes) do Conselho Nacional do Ministério Público, decorrendo diretamente do art. 130-A da Constituição Federal. Deveras, nos termos do dispositivo constitucional citado, "O Conselho Nacional do Ministério Público compõe-se de quatorze membros nomeados pelo Presidente da República, depois de aprovada a escolha pela maioria absoluta do Senado Federal...". Como se observa, a escolha proposta pela questão é literalmente prevista pela Constituição Federal, não havendo conceber-se que, em decorrência, o tópico do programa denominado "Organização dos Poderes" (onde inserido o Conselho Nacional do Ministério Público) não abarque necessariamente a forma de tal escolha. De outra sorte, a redação do art. 130-A deixa evidente que a escolha não cabe nem ao Senado (que a aprova – e não seleciona), tampouco ao Presidente da República (que nomeia – e não seleciona, vez que não se trata de lista tríplice). Dessarte, o processo de escolha ocorre em dois momentos: o primeiro, no âmbito interno de cada Ministério Público Estadual (o que foi destacado pelo enunciado da questão) e, em segundo momento, no âmbito do Conselho Nacional dos Procuradores-Gerais de Justiça (CNPG), associação privada sem fins lucrativos. Tais argumentos recursais, contudo, não bastariam para anular a questão. Porém, a alternativa grafada como correta, em verdade, encontra-se incompleta. Isso tendo em conta que a escolha não é realizada por associação privada – mas por seu intermédio, pelos Procuradores-Gerais de Justiça dos Estados. Em suma, a alternativa tida por correta deveria dispor que a escolha é realizada "por intermédio de associação privada" – e não como constou do caderno de perguntas (por associação privada). Mercê exclusivamente de tal motivo, determina-se seja a questão anulada, atribuindo-se a pontuação respectiva a todos os Candidatos"

Gabarito: X

Para responder, tem que estudar: lei.

54. (MPE/SP/Promotor/2017/92_Concurso) O conflito de atribuições entre Órgãos de Execução que integram Ministérios Públicos de Estados diversos será dirimido pelo:

a) Superior Tribunal de Justiça.
b) Conselho Nacional do Ministério Público.
c) Supremo Tribunal Federal.
d) Procurador-Geral da República.
e) Procurador-Geral de Justiça dos Estados envolvidos, por prevenção.

ANOTAÇÕES/COMENTÁRIOS

(a) A despeito dos posicionamentos doutrinários divergentes, prevalece o entendimento adotado pela Suprema Corte no julgamento da ACO 924, aos 19 de maio de 2016: "CONFLITO DE ATRIBUIÇÕES ENTRE MINISTÉRIOS PÚBLICOS. MINISTÉRIO PÚBLICO FEDERAL E MINISTÉRIO PÚBLICO DO ESTADO DO PARANÁ. LEGITIMIDADE DO MINISTÉRIO PÚBLICO PARA PROMOVER A TUTELA

COLETIVA DE DIREITOS INDIVIDUAIS HOMOGÊNEOS DOTADOS DE RELEVÂNCIA SOCIAL. POSSIBILIDADE DE ATUAÇÃO DO PARQUET EM FAVOR DE MUTUÁRIOS EM CONTRATOS DE FINANCIAMENTO PELO SISTEMA FINANCEIRO DE HABITAÇÃO. QUESTÃO PRELIMINAR. ALCANCE DO ARTIGO 102, INCISO I, ALÍNEA F DA CONSTITUIÇÃO DA REPÚBLICA. DISPOSITIVO DIRECIONADO PARA ATRIBUIR COMPETÊNCIA ORIGINÁRIA AO STF EM CASOS DE CONFLITO FEDERATIVO. REVISITAÇÃO DA JURISPRUDÊNCIA ASSENTADA PELA CORTE (ACO 1.109/SP E PET 3.528/BA). MERO CONFLITO DE ATRIBUIÇÕES QUANTO À ATUAÇÃO ENTRE DIFERENTES ÓRGÃOS MINISTERIAIS DA FEDERAÇÃO. SITUAÇÃO INSTITUCIONAL E NORMATIVA INCAPAZ DE COMPROMETER O PACTO FEDERATIVO AFASTA A REGRA QUE ATRIBUI COMPETÊNCIA ORIGINÁRIA AO STF. não CONHECIMENTO DA AÇÃO CÍVEL ORIGINÁRIA E REMESSA DOS AUTOS AO PROCURADOR-GERAL DA REPÚBLICA (PGR) – (PRECEDENTE FIXADO PELA ACO 1.394/RN). 1. In casu: (i) cuida-se de conflito negativo de atribuições entre diferentes órgãos do ministério público para se definir a legitimidade para a instauração de Inquérito Civil em investigação de possível superfaturamento na construção de conjuntos habitacionais no Município de Umuarama/PR; e (ii) há suspeita de que construtoras obtiveram, por intermédio da Caixa Econômica Federal, verbas do Sistema Financeiro de Habitação, em valor superior ao necessário para a construção dos conjuntos habitacionais, excesso esse que teria sido repassado aos mutuários da CEF. 2. Em sede preliminar, o tema enseja revisitação da jurisprudência assentada por esta Corte (ACO 1.109 e, especificamente, PET 3.528) para não conhecer da presente Ação Cível Originária. Nesses precedentes, firmou-se o entendimento no sentido de que simples existência de conflito de atribuições entre Ministérios Públicos vinculados a entes federativos diversos não é apta, per si, para promover a configuração de típico conflito federativo, nos termos da alínea f do Inciso I do art. 102 da CF. O caso dos autos remete, consectariamente, a mero conflito de atribuições entre órgãos ministeriais vinculados a diferentes entes federativos. 3. Em conclusão, essa situação institucional e normativa é incapaz de comprometer o pacto federativo e, por essa razão, afasta a regra que, em tese, atribui competência originária ao STF. Ademais, em consonância com o entendimento firmado por este Tribunal no julgamento da ACO 1.394, o caso é de não conhecimento da ação cível originária, com a respectiva remessa dos autos ao Procurador-Geral da República para a oportuna resolução do conflito de atribuições. (STF, ACO 924, 2016)

(b, c, d, e) Vide comentários acima.

Gabarito: D

Para responder, tem que estudar: jurisprudência.

55. (MPE/SP/Promotor/2017/92_Concurso) Vinte e oito Senadores da República Federativa do Brasil firmaram, em conjunto, requerimento para a instauração de Comissão Parlamentar de Inquérito, com o objetivo de investigar fato determinado, por prazo certo. Suponha que o Presidente da Casa Legislativa, em face de hipotético preceito constante do respectivo Regimento Interno, tenha determinado fosse o tema previamente submetido ao Plenário, sede em que a maioria dos Senadores votou contra a Instauração da CPI, o que levou ao arquivamento do pleito formulado. A propósito, é possível afirmar que a decisão de arquivamento encontra-se:

a) correta, vez que o Plenário é o órgão deliberativo máximo do Senado Federal, competindo-lhe decidir de forma soberana acerca de qualquer questão da alçada da Casa Legislativa que seja submetida a seu crivo, vinculando o Presidente.
b) correta, pois a Constituição Federal confere ao Senado o poder de livremente dispor, em seu Regimento Interno, sobre a instauração e o funcionamento das Comissões Parlamentares de Inquérito, submetendo-se o Presidente, no caso, à decisão da maioria.
c) incorreta, vez que o número de Senadores requerentes não atingiu o quórum mínimo previsto pela Constituição Federal, motivo por que a matéria sequer poderia ser submetida ao Plenário da Casa.
d) incorreta, vez que, inexistindo óbice de outra natureza, é direito subjetivo das minorias parlamentares requererem a instauração de Comissões Parlamentares de Inquérito, vedando-se a interferência do Plenário no sentido de derrubar a iniciativa pelo critério da maioria.
e) correta, vez que o número de Senadores requerentes não atingiu o quórum mínimo previsto pela Constituição Federal, motivo por que a respectiva remessa ao Plenário ocorreu exclusivamente em virtude da hipotética previsão regimental citada.

ANOTAÇÕES/COMENTÁRIOS

(a) Art. 58 § 3º, CF: "As comissões parlamentares de inquérito, que terão podres de investigação próprios das autoridades judiciais, além de outros previstos nos regimentos das respectivas Casas, serão criadas pela Câmara dos Deputados e pelo Senado Federal, em conjunto ou separadamente, mediante requerimento de um terço de seus membros, para a apuração de fato determinado e por prazo certo, sendo suas conclusões, se for o caso, encaminhadas ao Ministério Público, para que promova a responsabilidade civil ou criminal dos infratores." De acordo com o doutrinador Pedro Lenza (2012): "De acordo com o art. 58, § 3º, CF/88, as CPIs serão criadas pela Câmara dos Deputados e pelo Senado Federal, em conjunto ou separadamente mediante o requerimento de 1/3 de seus membros. Vale dizer, as CPIs somente serão cridas por requerimento de, no mínimo, 171 Deputados (1/3 de 513) e de, também, no mínimo, 27 senadores (1/3 de 81), em conjunto ou separadamente. Para sua criação, portanto, 3 requisitos indispensáveis deverão ser observados: requerimento subscrito por, no mínimo, 1/3 de Parlamentares; indicação, com precisão, de fato determinado a ser apurado na investigação parlamentar; indicação de prazo certo." Trata-se do direito público subjetivo das minorias. Nesse sentido: MANDADO DE SEGURANÇA – QUESTÕES PRELIMINARES REJEITADAS – PRETENDIDA INCOGNOSCIBILIDADE DA AÇÃO MANDAMENTAL,

PORQUE DE NATUREZA "INTERNA CORPORIS" O ATO IMPUGNADO – POSSIBILIDADE DE CONTROLE JURISDICIONAL DOS ATOS DE CARÁTER POLÍTICO, SEMPRE QUE SUSCITADA QUESTÃO DE ÍNDOLE CONSTITUCIONAL – O MANDADO DE SEGURANÇA COMO PROCESSO DOCUMENTAL E A NOÇÃO DE DIREITO LÍQUIDO E CERTO – NECESSIDADE DE PROVA PRÉ-CONSTITUÍDA – CONFIGURAÇÃO, NA ESPÉCIE, DA LIQUIDEZ DOS FATOS SUBJACENTES À PRETENSÃO MANDAMENTAL – COMISSÃO PARLAMENTAR DE INQUÉRITO – DIREITO DE OPOSIÇÃO – PRERROGATIVA DAS MINORIAS PARLAMENTARES – EXPRESSÃO DO POSTULADO DEMOCRÁTICO – DIREITO IMPREGNADO DE ESTATURA CONSTITUCIONAL – INSTAURAÇÃO DE INQUÉRITO PARLAMENTAR E COMPOSIÇÃO DA RESPECTIVA CPI – IMPOSSIBILIDADE DE A MAIORIA PARLAMENTAR FRUSTRAR, NO ÂMBITO DE QUALQUER DAS CASAS DO CONGRESSO NACIONAL, O EXERCÍCIO, PELAS MINORIAS LEGISLATIVAS, DO DIREITO CONSTITUCIONAL À INVESTIGAÇÃO PARLAMENTAR (CF, ART. 58, § 3º) – MANDADO DE SEGURANÇA CONCEDIDO. O ESTATUTO CONSTITUCIONAL DAS MINORIAS PARLAMENTARES: A PARTICIPAÇÃO ATIVA, NO CONGRESSO NACIONAL, DOS GRUPOS MINORITÁRIOS, A QUEM ASSISTE O DIREITO DE FISCALIZAR O EXERCÍCIO DO PODER. Existe, no sistema político-jurídico brasileiro, um verdadeiro estatuto constitucional das minorias parlamentares, cujas prerrogativas – notadamente aquelas pertinentes ao direito de investigar – devem ser preservadas pelo Poder Judiciário, a quem incumbe proclamar o alto significado que assume, para o regime democrático, a essencialidade da proteção jurisdicional a ser dispensada ao direito de oposição, analisado na perspectiva da prática republicana das instituições parlamentares. A norma inscrita no art. 58, § 3º, da Constituição da República destina-se a ensejar a participação ativa das minorias parlamentares no processo de investigação legislativa, sem que, para tanto, mostre-se necessária a concordância das agremiações que compõem a maioria parlamentar. O direito de oposição, especialmente aquele reconhecido às minorias legislativas, para que não se transforme numa prerrogativa constitucional inconseqüente, há de ser aparelhado com instrumentos de atuação que viabilizem a sua prática efetiva e concreta no âmbito de cada uma das Casas do Congresso Nacional. A maioria legislativa não pode frustrar o exercício, pelos grupos minoritários que atuam no Congresso Nacional, do direito público subjetivo que lhes é assegurado pelo art. 58, § 3º, da Constituição e que lhes confere a prerrogativa de ver efetivamente instaurada a investigação parlamentar, por período certo, sobre fato determinado. A ofensa ao direito das minorias parlamentares constitui, em essência, um desrespeito ao direito do próprio povo, que também é representado pelos grupos minoritários que atuam nas Casas do Congresso Nacional. REQUISITOS CONSTITUCIONAIS PERTINENTES À CRIAÇÃO DE COMISSÃO PARLAMENTAR DE INQUÉRITO (CF, ART. 58, § 3º): CLÁUSULA QUE AMPARA DIREITO DE CONTEÚDO EMINENTEMENTE CONTRA-MAJORITÁRIO. A instauração de inquérito parlamentar, para viabilizar-se no âmbito das Casas legislativas, está vinculada, unicamente, à satisfação de três exigências definidas, de modo taxativo, no texto da Lei Fundamental da República: (1) subscrição do requerimento de constituição da CPI por, no mínimo, 1/3 dos membros da Casa legislativa, (2) indicação de fato determinado a ser objeto da apuração legislativa e (3) temporariedade da comissão parlamentar de inquérito. O requisito constitucional concernente à observância de 1/3 (um terço), no mínimo, para criação de determinada CPI (CF, art. 58, § 3º), refere-se à subscrição do requerimento de instauração da investigação parlamentar, que traduz exigência a ser aferida no momento em que protocolado o pedido junto à Mesa da Casa legislativa, tanto que, "depois de sua apresentação à Mesa", consoante prescreve o próprio Regimento Interno da Câmara dos Deputados (art. 102, § 4º), não mais se revelará possível a retirada de qualquer assinatura. Preenchidos os requisitos constitucionais (CF, art. 58, § 3º), impõe-se a criação da Comissão Parlamentar de Inquérito, que não depende, por isso mesmo, da vontade aquiescente da maioria legislativa. Atendidas tais exigências (CF, art. 58, § 3º), cumpre, ao Presidente da Casa legislativa, adotar os procedimentos subseqüentes e necessários à efetiva instalação da CPI, não se revestindo de legitimação constitucional o ato que busca submeter, ao Plenário da Casa legislativa, quer por intermédio de formulação de Questão de Ordem, quer mediante interposição de recurso ou utilização de qualquer outro meio regimental, a criação de qualquer comissão parlamentar de inquérito. A prerrogativa institucional de investigar, deferida ao Parlamento (especialmente aos grupos minoritários que atuam no âmbito dos corpos legislativos), não pode ser comprometida pelo bloco majoritário existente no Congresso Nacional, que não dispõe de qualquer parcela de poder para deslocar, para o Plenário das Casas legislativas, a decisão final sobre a efetiva criação de determinada CPI, sob pena de frustrar e nulificar, de modo inaceitável e arbitrário, o exercício, pelo Legislativo (e pelas minorias que o integram), do poder constitucional de fiscalizar e de investigar o comportamento dos órgãos, agentes e instituições do Estado, notadamente daqueles que se estruturam na esfera orgânica do Poder Executivo. A rejeição de ato de criação de Comissão Parlamentar de Inquérito, pelo Plenário da Câmara dos Deputados, ainda que por expressiva votação majoritária, proferida em sede de recurso interposto por Líder de partido político que compõe a maioria congressual, não tem o condão de justificar a frustração do direito de investigar que a própria Constituição da República outorga às minorias que atuam nas Casas do Congresso Nacional. (MS 26441, 2009)

(b, c, d, e) Vide comentários acima.

Gabarito: D

Para responder, tem que estudar: lei, jurisprudência e teoria/doutrina.

56. (MPE/SP/Promotor/2019/93_Concurso) Assinale a alternativa INCORRETA.

a) Compete à Câmara Municipal o julgamento das contas do chefe do Poder Executivo municipal, tanto as de governo quanto as de gestão, com o auxílio dos tribunais de contas, que emitirão parecer prévio, cuja eficácia impositiva subsiste e somente deixará de prevalecer por decisão de 2/3 dos membros da Casa Legislativa.

b) O foro especial por prerrogativa de função previsto na Constituição Federal em relação às infrações penais comuns não é extensível às ações de improbidade administrativa.
c) A decisão irrecorrível da Câmara Municipal que rejeite por irregularidade insanável que configure ato doloso de improbidade administrativa, salvo se esta houver sido suspensa ou anulada pelo Poder Judiciário, torna o Prefeito inelegível, para qualquer cargo, às eleições que se realizarem nos oito anos seguintes, contados a partir da data da decisão.
d) Os responsáveis pelo controle interno, ao tomarem conhecimento de qualquer irregularidade ou ilegalidade, dela darão ciência ao Tribunal de Contas, sob pena de responsabilidade solidária.
e) A gravidade das sanções previstas no art. 37, § 4º, da Constituição Federal, reveste a ação de improbidade administrativa de natureza penal, justificando o foro especial por prerrogativa de função previsto na Constituição Federal em relação às infrações penais.

ANOTAÇÕES/COMENTÁRIOS

(a) Assertiva CORRETA. Nos termos do § 2º do art. 31 da CF/88, o parecer prévio, emitido pelo órgão competente sobre as contas que o Prefeito deve anualmente prestar, só deixará de prevalecer por decisão de dois terços dos membros da Câmara Municipal.

O dispositivo supracitado deve ser conjugado com dois temas proferidos em sede de repercussão geral pelo STF:

*TEMA 157/STF: O parecer técnico elaborado pelo Tribunal de Contas tem natureza meramente opinativa, competindo exclusivamente à Câmara de Vereadores o julgamento das contas anuais do Chefe do Poder Executivo local, sendo incabível o julgamento ficto das contas por decurso de prazo. (RE 729.744/MG- RG);

*TEMA 835/STF: Para os fins do art. 1º, inciso I, alínea "g", da Lei Complementar 64, de 18 de maio de 1990, alterado pela Lei Complementar 135, de 4 de junho de 2010, a apreciação das contas de prefeitos, tanto as de governo quanto as de gestão, será exercida pelas Câmaras Municipais, com o auxílio dos Tribunais de Contas competentes, cujo parecer prévio somente deixará de prevalecer por decisão de 2/3 dos vereadores. (RE 848.826/CE- RG)

(b) Assertiva CORRETA. O atual entendimento do STF é o de que não há foro por prerrogativa de função nas ações de improbidade administrativa. Ressalte-se, porém, que seria da competência do próprio STF o julgamento de ações de improbidade na qual figurassem como réus ministros daquela Corte.

Aprofundando o tema, o STF tem reiterados entendimentos no sentido de que os Estados devem seguir o princípio da simetria e não podem estender as hipóteses de prerrogativa de foro às ações que versem sobre improbidade. Confira-se: "(...) 1. Por obra do constituinte originário, foi fixada a primazia da União para legislar sobre direito processual (art. 22, I, CF/88). Contudo, extraem-se do próprio texto constitucional outorgas pontuais aos estados-membros da competência para a elaboração de normas de cunho processual. Destaca-se aqui a possibilidade de a constituição estadual definir as causas afetas ao juízo natural do Tribunal de Justiça, desde que atendidos os princípios estabelecidos na Lei Fundamental (art. 125, CF/88). 2. A Emenda Constitucional nº 85/12, do Estado do Espírito Santo, ao estender as hipóteses de foro por prerrogativa de função a ações que não tenham natureza criminal, mas que possam resultar em perda ou suspensão de direitos políticos e/ou perda da função pública ou do mandato eletivo, como é o caso da ação de improbidade administrativa, contrariou o princípio da simetria e foi de encontro à jurisprudência pacífica do Supremo Tribunal Federal. Precedentes: ADI nº 2.797, Rel. Min. Sepúlveda Pertence, DJe de 19/12/06; ADI nº 2.860, Rel. Min. Sepúlveda Pertence, DJe de 19/12/06; Pet nº 3.240-AgR, Rel. p/ o ac. Min. Roberto Barroso, DJe de 22/8/18 (...)" (ADI 4.870/ES rel. Min. Dias Toffoli, julgado em 15/12/2020).

(c) Assertiva CORRETA. Confira-se o TEMA 835/STF colocado na assertiva "a" desta questão.

(d) Assertiva CORRETA nos termos do art. 74, § 1º, da CF/88: Os responsáveis pelo controle interno, ao tomarem conhecimento de qualquer irregularidade ou ilegalidade, dela darão ciência ao Tribunal de Contas da União, sob pena de responsabilidade solidária.

(e) Assertiva INCORRETA. A ação de improbidade administrativa possui natureza CÍVEL. Confira-se trecho do julgado proferido na AO 1.833 de relatoria do Min. Alexandre de Moraes: "Atos de improbidade administrativa são aqueles que, possuindo natureza civil e devidamente tipificados em lei federal, ferem direta ou indiretamente os princípios constitucionais e legais da administração pública, independentemente de importarem enriquecimento ilícito ou de causarem prejuízo material ao erário; podendo ser praticados tanto por servidores públicos (improbidade própria), quanto por particular – pessoa física ou jurídica – que induzir, concorrer ou se beneficiar do ato (improbidade imprópria)."

Gabarito: E

Para responder, tem que estudar: lei, doutrina e jurisprudência.

57. (MPE/SP/Promotor/2019/93_Concurso) Considere as afirmações seguintes:

I. Os Municípios, com autonomia política, legislativa, administrativa e financeira se auto-organizarão por lei orgânica, atendidos os princípios estabelecidos na Constituição Federal e na Constituição Estadual.

II. O Município reger-se-á por lei orgânica, votada em dois turnos, com o interstício mínimo de dez dias, aprovada por dois terços dos membros da Câmara Municipal e promulgada pelo Chefe do Poder Executivo.

III. A Constituição Federal estabelece competência suplementar dos Municípios, consistente na autorização de regulamentar as normas estaduais para ajustar sua execução a peculiaridades locais, sempre em concordância com aquelas.

IV. Cabe aos Estados a instituição de representação de inconstitucionalidade de leis ou atos normativos estaduais ou municipais em face da Constituição Estadual.

V. Os tribunais de justiça não podem exercer controle abstrato de constitucionalidade de leis municipais utilizando como parâmetro normas da Constituição Federal, ainda que se trate de normas de reprodução obrigatória pelos Estados.

Estão corretas apenas as assertivas

I, II e III.

I, III e IV.

II, IV e V.

II, III e IV.

II, III e V.

ANOTAÇÕES/COMENTÁRIOS

I. Item CORRETO. Nos termos do "caput" do art. 1º da CF/88, os Municípios fazem parte da Federação e são entes autônomos. Os Municípios serão regidos pela Lei Orgânica Municipal que deverá ser elaborada em consonância com a CF e a Constituição Estadual do respectivo ente, conforme "caput" do artigo 29 da CF. Ademais, a autonomia municipal é considerada princípio constitucional sensível (art. 34, VII, "c", da CF/88).

II. Item INCORRETO. O chefe do Poder Executivo não participa da promulgação da Lei Orgânica Municipal, sendo o ato de competência da própria Câmara Municipal (art. 29, "caput", da CF).

II. Item CORRETO, nos termos dos incisos I e II do artigo 30 da CF.

Aprofundando o tema, é importante conhecer os seguintes julgados do STF com larga incidência em certames públicos:

"É competente o Município para fixar o horário de funcionamento de estabelecimento comercial. [Súmula Vinculante 38.]";

**TEMA 430/STF: É incompatível com a Constituição lei municipal que impõe sanção mais gravosa que a prevista no Código de Trânsito Brasileiro, por extrapolar a competência legislativa do município. (ARE 639.496/MG-RG);

**TEMA 272/STF: Compete aos Municípios legislar sobre assuntos de interesse local, notadamente sobre a definição do tempo máximo de espera de clientes em filas de instituições bancárias. (RE 610.221/SC-RG);

**TEMA 1.070/STF: É comum aos poderes Executivo (decreto) e Legislativo (lei formal) a competência destinada a denominação de próprios, vias e logradouros públicos e suas alterações, cada qual no âmbito de suas atribuições. (RE 1.151.237/SP-RG)

IV. Item CORRETO nos termos do art. 125, § 2º, da CF/88.

V. Item INCORRETO. No TEMA 484/STF proferido em sede de repercussão geral no RE 650.898/RS, entendeu-se que: 1) Tribunais de Justiça podem exercer controle abstrato de constitucionalidade de leis municipais utilizando como parâmetro normas da Constituição Federal, desde que se trate de normas de reprodução obrigatória pelos Estados; e 2) O art. 39, § 4º, da Constituição Federal não é incompatível com o pagamento de terço de férias e décimo terceiro salário."

Gabarito: B

Para responder, tem que estudar: lei e jurisprudência.

58. (MPE/SP/Promotor/2019/93_Concurso) Assinale a alternativa CORRETA.

a) A Constituição Federal assegura aos Vereadores, com o objetivo de garantir ampla independência e liberdade de ação para o exercício do mandato representativo, a imunidade material, mitigada porque relativa a opiniões, palavras e votos, no exercício do mandato e na circunscrição do Município, desde que haja relação de pertinência entre a declaração e as atividades do parlamentar.

b) As leis que proíbem o nepotismo na Administração Pública, cujo conteúdo normativo dão concretude aos princípios da moralidade, da impessoalidade e da eficiência do art. 37, caput, da Constituição da República, por se tratar do regime jurídico dos servidores públicos, são de iniciativa reservada ao chefe do Poder Executivo.

c) A Constituição Federal impede a fixação, pelos vereadores, de sua remuneração, para viger na própria legislatura, mas permite que possam ser reajustáveis na mesma data e no mesmo percentual fixado aos Deputados Estaduais.

d) É da competência exclusiva da Câmara Municipal fixar os subsídios dos Vereadores, por lei, em cada legislatura para a subsequente.

e) O total da despesa com a remuneração dos Vereadores não poderá ultrapassar o montante de dez por cento da receita do Município.

ANOTAÇÕES/COMENTÁRIOS

(a) Assertiva CORRETA, nos termos do inciso VIII do art. 29 da CF/88 (inviolabilidade dos Vereadores por suas opiniões, palavras e votos no exercício do mandato e na circunscrição do Município) conjugado com o TEMA 469/STF proferido em sede de repercussão geral pelo STF no RE 600.063/SP: Nos limites da circunscrição do município e havendo pertinência com o exercício do mandato, garante-se a imunidade ao vereador.

(b) Assertiva INCORRETA, confira-se:

*TEMA 0029/STF: Leis que tratam dos casos de vedação a nepotismo não são de iniciativa exclusiva do Chefe do Poder Executivo. (RE 570.392/RS-RG);

*TEMA 0066/STF: A vedação ao nepotismo não exige a edição de lei formal para coibir a prática, dado que essa proibição decorre diretamente dos princípios contidos no art. 37, caput, da Constituição Federal. (RE 579.951/RN-RG).

(c) Assertiva INCORRETA, tendo em vista que a CF não impede a fixação como dito na assertiva. Contudo, deve-se interpretar sistematicamente o que dispõe o "caput" do inciso VI do artigo 29 da CF com as alíneas do referido dispositivo. Assim, observa-se que existem limites máximos para a fixação do subsídio dos vereadores cujo parâmetro são índices percentuais aplicados sobre o subsídio dos Deputados Estaduais. Por fim, a CF rechaça a vinculação ou equiparação de quaisquer espécies remuneratórias para o efeito de remuneração de pessoal de serviço público (inciso XIII do artigo 37 da CF), aplicável analogicamente aos agentes políticos.

(d) Assertiva INCORRETA. Interpretando-se conjuntamente o inciso VI do artigo 29 da CF com o inciso VII do artigo 49 da CF, o STF entendeu que a fixação do subsídio dos vereadores deverá ser feita pela via do decreto legislativo, não por lei (RE 494.253 AgR/SP, rel. Min. Ellen Gracie, julgado em 22/02/2011).

(e) Assertiva INCORRETA. Consoante o inciso VII do art. 29 da CF, o total da despesa com a remuneração dos Vereadores não poderá ultrapassar o montante de cinco por cento da receita do Município.

Gabarito: A

Para responder, tem que estudar: lei e jurisprudência.

59. (MPE/SP/Promotor/2019/93_Concurso) Assinale a alternativa CORRETA.

a) A Comissão Parlamentar de Inquérito, porquanto dotada de poderes de investigação próprios das autoridades judiciais, além de outros previstos no respectivo regimento, não se submete ao princípio constitucional da reserva de jurisdição.

b) O privilégio contra a autoincriminação, por se tratar de direito assegurado a qualquer pessoa na condição de testemunha, de indiciado ou de réu, é invocável perante as Comissões Parlamentares de Inquérito.

c) As Comissões Parlamentares de Inquérito serão criadas pela Câmara dos Deputados e pelo Senado Federal, em conjunto ou separadamente, mediante requerimento de um terço de seus membros, submetido à aprovação do Plenário da respectiva Casa legislativa.

d) A quebra do sigilo fiscal e bancário de qualquer pessoa sujeita a investigação legislativa pode ser legitimamente decretada pela Comissão Parlamentar de Inquérito, desde que mediante deliberação adequadamente fundamentada e na qual indique a necessidade objetiva da adoção dessa medida extraordinária.

e) A Comissão Parlamentar de Inquérito municipal, pelo princípio da simetria, está investida dos mesmos poderes de investigação atribuídos às comissões parlamentares criadas nas esferas federal e estadual.

ANOTAÇÕES/COMENTÁRIOS

(a) Assertiva INCORRETA, pois a CPI deve obediência à cláusula de reserva de jurisdição, não podendo decretar, p. exemplo, a interceptação telefônica, sem a prévia autorização judicial. A propósito: "Impossibilidade jurídica de CPI praticar atos sobre os quais incida a cláusula constitucional da reserva de jurisdição, como a busca e apreensão domiciliar (...). Possibilidade, contudo, de a CPI ordenar busca e apreensão de bens, objetos e computadores, desde que essa diligência não se efetive em local inviolável, como os espaços domiciliares, sob pena, em tal hipótese, de invalidade da diligência e de ineficácia probatória dos elementos informativos dela resultantes. Deliberação da CPI/ Petrobras que, embora não abrangente do domicílio dos impetrantes, ressentir-se-ia da falta da necessária fundamentação substancial. Ausência de indicação, na espécie, de causa provável e de fatos concretos que, se presentes, autorizariam a medida excepcional da busca e apreensão, mesmo a de caráter não domiciliar" [MS 33.663 MC, rel. min. Celso de Mello, j. 19-6-2015, dec. monocrática, DJE de 18-8-2015.].

(b) Assertiva CORRETA. "O privilégio contra a autoincriminação – que é plenamente invocável perante as CPIs – traduz direito público subjetivo assegurado a qualquer pessoa, que, na condição de testemunha, de indiciado ou de réu, deva prestar depoimento perante órgãos do Poder Legislativo, do Poder Executivo ou do Poder Judiciário. O exercício do direito de permanecer em silêncio não autoriza os órgãos estatais a dispensarem qualquer tratamento que implique restrição à esfera jurídica daquele que regularmente invocou essa prerrogativa fundamental. (...) O direito ao silêncio – enquanto poder jurídico reconhecido a qualquer pessoa relativamente a perguntas cujas respostas possam incriminá-la (nemo tenetur se detegere) – impede, quando concretamente exercido, que aquele que o invocou venha, por tal específica razão, a ser preso, ou ameaçado de prisão, pelos agentes ou pelas autoridades do Estado. Ninguém pode ser tratado como culpado, qualquer que seja a natureza do ilícito penal cuja prática lhe tenha sido atribuída, sem que exista, a esse respeito, decisão judicial condenatória transitada em julgado. O princípio constitucional da não culpabilidade, em nosso sistema jurídico, consagra uma regra de tratamento que impede o poder público de agir e de se comportar, em relação ao suspeito, ao indiciado, ao denunciado ou ao réu, como se estes já houvessem sido condenados definitivamente por sentença do Poder Judiciário. [HC 79.812, rel. min. Celso de Mello, j. 8-11-2000, P, DJ de 16-2-2001];

(c) Assertiva INCORRETA, pois o STF entende que, cumpridos os requisitos legais (quórum para instalação, objeto certo e determinado, etc), é DIREITO DAS MINORIAS a instalação da CPI, não havendo que se falar em prévia submissão à aprovação do Plenário da respectiva Casa Legislativa. Nesse sentido: "A Constituição do Brasil assegura a 1/3 dos membros da Câmara dos Deputados e a 1/3 dos membros do Senado Federal a criação da CPI, deixando, porém, ao próprio parlamento o seu destino. A garantia assegurada a 1/3 dos membros da Câmara ou do Senado estende-se aos membros das assembleias legislativas estaduais – garantia das minorias. O modelo federal de criação e instauração das CPIs constitui matéria a ser compulsoriamente observada pelas casas legislativas estaduais. A garantia da instalação da CPI independe de deliberação plenária, seja da Câmara, do Senado ou da assembleia legislativa. (...) Não há razão para a submissão do requerimento de constituição de CPI a qualquer órgão da assembleia legislativa. Os requisitos indispensáveis à criação das CPIs estão dispostos, estritamente, no art. 58 da Constituição do Brasil/1988" [ADI 3.619, rel. min. Eros Grau, j. 1º-8-2006, P, DJ de 20-4-2007].

(d) Assertiva CORRETA. Nos dizeres do STF: "a quebra do sigilo, por ato de CPI, deve ser necessariamente fundamentada, sob pena de invalidade. A CPI – que dispõe de competência constitucional para ordenar a quebra do sigilo bancário, fiscal e telefônico das pessoas sob investigação do Poder Legislativo – somente poderá praticar tal ato, que se reveste de gravíssimas consequências, se justificar, de modo adequado, e sempre mediante indicação concreta de fatos específicos, a necessidade de adoção dessa medida excepcional. Precedentes. A fundamentação da quebra de sigilo há de ser contemporânea à própria deliberação legislativa que a decreta. A exigência de motivação – que há de ser contemporânea ao ato da CPI que ordena a quebra de sigilo – qualifica-se como pressuposto de validade jurídica da própria deliberação emanada desse órgão de investigação legislativa, não podendo ser por este suprida, em momento ulterior, quando da prestação de informações em sede mandamental." [MS 23.868, rel. min. Celso de Mello, j. 30-8-2001, P, DJ de 21-6-2002].

(e) Assertiva INCORRETA, tendo em vista a doutrina e jurisprudência prevalentes. Considerando inexistir Judiciário no âmbito municipal, as CPIs municipais não podem quebrar sigilo nos mesmos moldes que as CPIs na esfera federal e estadual.

Gabarito: ANULADA

Para responder, tem que estudar: lei.

3.7. Ministério Público. Organização, princípios, funções, garantias e vedações. Lei Orgânica Nacional do Ministério Público. Lei Orgânica do Ministério Público do Estado de São Paulo

60. (MPE/SP/Promotor/2010/87_Concurso) Em vista do regime jurídico do Ministério Público do Estado de São Paulo, assinale a alternativa correta:

a) o Procurador-Geral de Justiça e o Corregedor Geral do Ministério Público do Estado de São Paulo são eleitos dentre os Procuradores de Justiça, respectivamente, por todos os membros do quadro ativo da carreira, excetuados os promotores de justiça substitutos não vitalícios, e pelo Colégio de Procuradores de Justiça.

b) o Procurador-Geral de Justiça e o Corregedor Geral do Ministério Público do Estado de São Paulo são eleitos dentre os Procuradores de Justiça, respectivamente, por todos os membros do quadro ativo da carreira, e pelo Órgão Especial do Colégio de Procuradores de Justiça.

c) o Procurador-Geral de Justiça e o Corregedor Geral do Ministério Público do Estado de São Paulo são eleitos, o primeiro dentre todos seus integrantes, e o segundo, dentre os Procuradores de Justiça, respectivamente, por todos os membros do quadro ativo da carreira, e pelo Colégio de Procuradores de Justiça.

d) O Procurador-Geral de Justiça e o Corregedor Geral do Ministério Público do Estado de São Paulo são eleitos dentre os Procuradores de Justiça, respectivamente, por todos os membros do quadro ativo da carreira, e pelo Colégio de Procuradores de Justiça.

e) O Procurador-Geral de Justiça e o Corregedor Geral do Ministério Público do Estado de São Paulo são eleitos dentre todos os seus integrantes, respectivamente por todos os membros do quadro ativo da carreira, e pelo Conselho Superior do Ministério Público.

ANOTAÇÕES/COMENTÁRIOS

(a) Art. 37, Lei Complementar Estadual n. 734/93: "O Corregedor-Geral do Ministério Publico será eleito, por voto obrigatório e secreto, pelo Colégio de Procuradores de Justiça, para mandato de 2 (dois) anos, na primeira quinzena de dezembro dos anos pares, permitida uma recondução, observado neste caso, o mesmo procedimento.

(b) Como citado na alternativa anterior, o Corregedor-Geral será eleito pelo Colégio de Procuradores de Justiça. O Procurador Geral de Justiça, por outro lado, será eleito por todos os membros do Ministério Publico do quadro ativo da carreira, art. 10, § 1º, Lei Complementar n. 734/93: "os integrantes da lista tríplice a que se refere este artigo serão os Procuradores de Justiça mais votados em eleição realizada para essa finalidade, mediante voto obrigatório, secreto e plurianual de todos os membros do Ministério Publico do quadro ativo da carreira."

(c) Artigos 10 e 37, da Lei Complementar Estadual n. 734/93, citados nas alternativas anteriores.

(d) Artigos 10 e 37, da Lei Complementar Estadual n. 734/93.

(e) O Corregedor-Geral será eleito pelo Colégio de Procuradores, art. 37, Lei Complementar n. 734/93.

Gabarito: D

Para responder, tem que estudar: lei.

61. (MPE/SP/Promotor/2010/87_Concurso) É incorreto afirmar ser função institucional do Ministério Público:

a) promover, privativamente, a ação penal pública, na forma da lei.
b) zelar pelo efetivo respeito dos poderes públicos e dos serviços de relevância pública aos direitos assegurados na Constituição, promovendo medidas necessárias a sua garantia.
c) promover o inquérito civil e, privativamente, a ação civil pública, para a proteção do patrimônio público e social, do meio ambiente e de outros interesses difusos e coletivos.
d) defender judicialmente os direitos e interesses das populações indígenas.
e) exercer o controle externo da atividade policial, na forma de suas leis orgânicas.

ANOTAÇÕES/COMENTÁRIOS

(a) Art. 129, I, CF: "São funções institucionais do Ministério Público: I – promover, privativamente, a ação penal pública, na forma da lei."

(b) Art. 129, II, CF: "São funções institucionais do Ministério Público: II – zelar pelo efetivo respeito dos Poderes Públicos e dos serviços relevância pública aos direitos assegurados nesta Constituição, promovendo as medidas necessárias a sua garantia."

(c) Art. 129, III, CF: "São funções institucionais do Ministério Público: III – promover o inquérito civil e a ação civil pública, para a proteção do patrimônio público e social, do meio ambiente e de outros interesses difusos e coletivos." Destaca-se por oportuno, a decisão do STF que reconheceu a legitimidade do Ministério Público para ajuizar ação civil pública em defesa do patrimônio, RE 409356, tema 561 de 25.10.2018: "O Ministério Público tem legitimidade para ajuizar Ação Civil Pública que vise anular ato administrativo de aposentadoria que importe em lesão ao patrimônio público".

(d) Art. 129, V, CF: "São funções institucionais do Ministério Público: V – defender judicialmente os direitos e interesses das populações indígenas."

(e) Art. 129, VII, CF: "São funções institucionais do Ministério Público: VII – exercer o controle externo da atividade policial, na forma da lei complementar mencionada no artigo anterior." (art. 128, § 5º, CF)

Gabarito: C

Para responder, tem que estudar: lei.

62. (MPE/SP/Promotor/2011/88_Concurso) Relativamente à possibilidade de o Ministério Público do Estado de São Paulo realizar inspeções e diligências investigatórias em entidades privadas, é correto afirmar que:

a) mesmo não estando prevista na Constituição Federal e nas Leis Orgânicas Nacional e Estadual, encontra respaldo em leis especiais, como no Estatuto da Criança e do Adolescente e no Estatuto do Idoso, bem como na aplicação subsidiária da Lei Orgânica do Ministério Público da União.

b) encontra respaldo nas prerrogativas da Lei Orgânica Nacional do Ministério Público e da Lei Orgânica Estadual do Ministério Público, bem como na aplicação subsidiária da Lei Orgânica do Ministério Público da União, além de estar prevista em leis especiais, como no Estatuto da Criança e do Adolescente e no Estatuto do Idoso.

c) está prevista na Constituição Federal e regulamentada pelas Leis Orgânicas Nacional e Estadual do Ministério Público, bem como na aplicação subsidiária da Lei Orgânica do Ministério Público da União, além de encontrar previsão em leis especiais, como no Estatuto da Criança e do Adolescente e no Estatuto do Idoso.

d) não está prevista na Constituição Federal, mas encontra respaldo na aplicação da Lei Orgânica do Ministério Público da União, além da previsão em leis especiais, como no Estatuto da Criança e do Adolescente e no Estatuto do Idoso.

e) encontra respaldo nas prerrogativas da Lei Orgânica Nacional do Ministério Público e da Lei Orgânica Estadual do Ministério Público, e na aplicação da Lei Orgânica do Ministério Público da União, além de estar prevista em leis especiais, como no Estatuto da Criança e do Adolescente e no Estatuto do Idoso.

ANOTAÇÕES/COMENTÁRIOS

(a) Há previsão na Lei Orgânica do Ministério Público, Lei nº 8625/93, art. 41, VI, alínea a: "Constituem prerrogativas dos membros do Ministério Público, no exercício de sua função, além de outras previstas na Lei Orgânica: VI – ingressar e transitar livremente: c) em qualquer recinto público ou privado, ressalvada a garantia constitucional de inviolabilidade domiciliar."

(b) Art. 41, VI, alínea c, c/c art. 80, ambos da Lei nº 8625/93 e c/c art. 104, III, Lei Complementar nº 734/1993.

(c) Como comentado nas alternativas anteriores, não há previsão constitucional, mas há nas Leis Orgânicas e especiais (ECA e Idosos), Art. 41, VI, alínea c, c/c art. 80, ambos da Lei nº 8625/93 e c/c art. 104, III, Lei Complementar nº 734/1993.

(d) Há previsão na Lei Orgânica do Ministério Público (Art. 41, VI, alínea c, c/c art. 80, ambos da Lei nº 8625/93), na Lei Complementar 734/93, Lei Orgânica do Ministério Público de São Paulo, e nas leis especiais (Lei nº 8069/90 e 10.741/03).

(e) Segundo o artigo 80, Lei nº 8625/93: "aplicam-se aos Ministérios Públicos dos Estados, subsidiariamente, as normas da Lei Orgânica do Ministério Público da União."

Gabarito: B

Para responder, tem que estudar: lei.

63. (MPE/SP/Promotor/2012/89_Concurso) É garantia institucional dos Ministérios Públicos estaduais, visando a sua independência de atuação, o modo de nomeação e destituição do Procurador-Geral de Justiça, que será nomeado:

a) pelo Chefe do Poder Executivo, a partir de escolha em lista tríplice composta por integrantes da carreira, na forma da lei respectiva, para mandato de dois anos, permitidas reconduções sucessivas, e que somente poderá ser destituído por deliberação da maioria absoluta do Poder Legislativo, na forma da lei complementar respectiva.

b) livremente pelo Chefe do Poder Executivo, dentre integrantes da carreira, para mandato de dois anos, permitida uma recondução e que somente poderá ser destituído por deliberação da maioria absoluta do Poder Legislativo, na forma da lei complementar respectiva.

c) pelo Chefe do Poder Executivo, a partir de escolha em lista tríplice composta por integrantes da carreira, na forma da lei respectiva, para mandato de dois anos, permitida uma recondução, e que somente poderá ser destituído por deliberação da maioria absoluta do Poder Legislativo, na forma da lei complementar respectiva.

d) livremente pelo Chefe do Poder Executivo, dentre integrantes da carreira, para mandato de dois anos, permitidas reconduções sucessivas, e que somente poderá ser destituído por deliberação de 3/5 (três quintos) do Poder Legislativo, na forma da lei complementar respectiva.

e) pelo Chefe do Poder Executivo, a partir de escolha em lista tríplice composta por integrantes da carreira, na forma da lei respectiva, para mandato de dois anos, permitida uma recondução, e que somente poderá ser destituído por deliberação de 3/5 (três quintos) do Poder Legislativo, na forma da lei complementar respectiva.

ANOTAÇÕES/COMENTÁRIOS

(a) Art. 128, §§ 3º e 4º, CF: "O Ministério Público abrange: § 3º Os Ministérios Públicos dos Estados e do Distrito Federal e Territórios formarão lista tríplice dentre integrantes da carreira, na forma da lei respectiva, para escolha do seu Procurador-Geral, que será nomeado pelo Chefe do Poder Executivo, para mandato de dois anos, permitida uma recondução. § 4º Os Procuradores-Gerais dos Estados e do Distrito Federal e Territórios poderão ser destituídos por deliberação da maioria absoluta do Poder Legislativo, na forma da lei complementar respectiva."

(b) Art. 128, § 3º, CF.

(c) Art. 128, §§ 3º e 4º, CF.

(d) Art. 128, § 3º, CF.

(e) Art. 128, § 4º, CF.

Gabarito: C

Para responder, tem que estudar: lei.

64. (MPE/SP/Promotor/2013/90_Concurso) Nos termos da Lei Complementar Estadual n. 734, de 26 de novembro de 1993, que instituiu a Lei Orgânica do Ministério Público do Estado de São Paulo e deu outras providências, são atribuições do Corregedor-Geral do Ministério Público, dentre outras:

I. Integrar, como membro nato, o Órgão Especial do Colégio de Procuradores de Justiça e o Conselho Superior do Ministério Público.

II. Realizar correições, visitas de inspeção e vistorias nas Procuradorias de Justiça, encaminhando relatório ao Conselho Superior do Ministério Público.

III. Acompanhar o cumprimento das metas estabelecidas pelas Promotorias de Justiça em seus programas de atuação.

IV. Determinar e superintender a organização dos assentamentos relativos às atividades funcionais e à conduta dos membros do Ministério Público e dos estagiários, coligindo todos os elementos necessários à apreciação de seu merecimento.

V. Instaurar processo administrativo disciplinar, precedido ou não de sindicância no caso de falta disciplinar cometida por Membro do Ministério Público, aplicando-lhe a respectiva pena, se consistente em advertência ou censura.

Está correto somente o contido nos itens:

a) I, II e IV.
b) I, III e IV.
c) II, IV e V.
d) I, III e V.
e) I, II e V.

ANOTAÇÕES/COMENTÁRIOS

(I) Corresponde ao art. 42, I.

(II) O item não corresponde ao disposto na Lei Complementar nº 734/93, art. 42, II e III: "São atribuições do Corregedor-Geral do Ministério Público: II – realizar correições e visitas de inspeção nas Promotorias de Justiça; III – realizar inspeção nas Procuradorias de Justiça, quando autorizado nos termos desta lei complementar, remetendo relatório reservado ao Órgão Especial do Colégio de Procuradores de Justiça."

(III) Corresponde ao art. 42, IV.

(IV) Corresponde ao disposto no art. 42, X, da Lei Complementar nº 734/93.

(V) Contraria o art. 42, V, do mesmo instrumento normativo: "São atribuições do Corregedor-Geral do Ministério Público; V – instaurar, presidir e decidir o processo administrativo sumário, precedido ou não de sindicância, aplicando as sanções cabíveis, de sua atribuição, ou encaminhando-o ao Procurador-Geral de Justiça."

Gabarito: B

Para responder, tem que estudar: lei.

65. (MPE/SP/Promotor/2015/91_Concurso) Nos termos da Lei Orgânica do Ministério Público do Estado de São Paulo, é correto afirmar que:

a) A destituição do Procurador-Geral de Justiça dependerá da deliberação, mediante voto secreto, da maioria simples dos membros da Assembleia Legislativa, nos termos do seu Regimento Interno, assegurada ampla defesa. Aprovada a destituição, o Colégio de Procuradores de Justiça, diante da comunicação da Assembleia Legislativa, declarará vago o cargo de Procurador-Geral de Justiça e cientificará imediatamente o Conselho Superior do Ministério Público.
b) A destituição do Procurador-Geral de Justiça dependerá da deliberação, mediante voto secreto, por dois terços dos membros da Assembleia Legislativa, nos termos do seu Regimento Interno, assegurada ampla defesa. Aprovada a destituição, o Colégio de Procuradores de Justiça, diante da comunicação da Assembleia Legislativa, declarará vago o cargo de Procurador-Geral de Justiça e cientificará imediatamente o Conselho Superior do Ministério Público.
c) A destituição do Procurador-Geral de Justiça dependerá da deliberação, mediante voto secreto, da maioria absoluta dos membros da Assembleia Legislativa, nos termos do seu Regimento Interno, assegurada ampla

defesa. Aprovada a destituição, o Colégio de Procuradores de Justiça, diante da comunicação da Assembleia Legislativa, declarará vago o cargo de Procurador-Geral de Justiça e baixará normas de regulamentação do processo eleitoral, para nova eleição, no prazo máximo de quinze dias.

d) A destituição do Procurador-Geral de Justiça dependerá da deliberação, mediante voto secreto, da maioria absoluta dos membros da Assembleia Legislativa, nos termos do seu Regimento Interno. Aprovada a destituição, o Conselho Superior do Ministério Público, diante da comunicação da Assembleia Legislativa, declarará vago o cargo de Procurador-Geral de Justiça e cientificará imediatamente o Colégio de Procuradores de Justiça.

e) A destituição do Procurador-Geral de Justiça dependerá da deliberação, mediante voto secreto, da maioria absoluta dos membros da Assembleia Legislativa, nos termos do seu Regimento Interno. Aprovada a destituição, o Colégio de Procuradores de Justiça, diante da comunicação da Assembleia Legislativa, declarará vago o cargo de Procurador-Geral de Justiça e cientificará imediatamente o Conselho Superior do Ministério Público.

ANOTAÇÕES/COMENTÁRIOS

(a, b) Art. 17, Lei Complementar 734/93: "A destituição do Procurador-Geral de Justiça dependerá da deliberação, mediante voto secreto, da maioria absoluta dos membros da Assembleia Legislativa, nos termos do Regimento Interno."

(c, d) Art. 18, Lei Complementar 734/93: "Aprovada a destituição, o Colégio de Procuradores de Justiça, diante da comunicação da Assembleia Legislativa, declarará vago o cargo de Procurador-Geral de Justiça e cientificará imediatamente o Conselho Superior do Ministério Público."

(e) Artigos 17 c/c 18, todos da Lei Complementar 734/93.

Gabarito: E

Para responder, tem que estudar: lei.

66. (MPE/SP/Promotor/2015/91_Concurso) Nos termos da Lei Orgânica Nacional do Ministério Público, dentre outras atribuições, compete:

I. Ao Colégio de Procuradores de Justiça propor ao Poder Legislativo a destituição do Procurador-Geral de Justiça, pelo voto da maioria absoluta de seus integrantes, em caso de abuso de poder, conduta incompatível ou grave omissão nos deveres do cargo, assegurada ampla defesa.

II. Ao Procurador-Geral de Justiça representar aos Tribunais locais por inconstitucionalidade de leis ou atos normativos estaduais ou municipais, em face da Constituição Federal.

III. Aos Procuradores de Justiça exercer as atribuições cometidas ao Procurador-Geral de Justiça junto aos Tribunais.

IV. Aos Promotores de Justiça impetrar "habeas corpus" e mandado de segurança e requerer correição parcial, inclusive perante os Tribunais locais competentes.

V. Ao Corregedor-Geral do Ministério Público realizar inspeções nas Procuradorias de Justiça, remetendo relatório reservado ao Colégio de Procuradores de Justiça.

Está correto apenas o contido em:

a) I, III e V.

b) I, III e IV.

c) II, III e V.

d) II, IV e V.

e) IV e V.

ANOTAÇÕES/COMENTÁRIOS

(a) Os itens I e III estão em desconformidade com o ordenamento jurídico. O item I contraria o art. 12, IV, Lei nº 8625/93; "O Colégio de Procuradores de Justiça é composto por todos os Procuradores de Justiça, competindo-lhe: IV – propor ao Poder Legislativo a destituição do Procurador-Geral de Justiça, pelo voto de 2/3 (dois terços) de seus membros e por iniciativa da maioria absoluta de seus integrantes em caso de abuso de poder, conduta incompatível ou grave omissão nos deveres do cargo, assegurada ampla defesa." O item III contraria o art. 31, Lei 8625/93: "Cabe aos Procuradores de Justiça exercer as atribuições junto aos tribunais, desde que não cometidas ao Procurador-Geral de Justiça, e inclusive por delegação deste."

(b) Os itens I e IV estão errados. O item I contraria o art. 12, IV, Lei nº 8625/93. O item IV contraria o disposto no art. 32, I, Lei nº 8625/93; "Além de outras funções cometidas nas Constituições Federal e Estadual, lei Orgânica e demais leis, compete aos Promotores de Justiça, dentro de suas esferas de atribuições: I – impetrar "habeas corpus" e mandado de segurança e requerer correição parcial, inclusive perante os tribunais locais competentes."

(c) Os itens II e III estão errados. O item II contraria o art. 29, I, Lei nº 8625/93: "Além das atribuições previstas nas Constituições Federal e Estadual, lei Orgânica e demais leis, compete ao Procurador-Geral de Justiça, dentro de suas esferas de atribuições: I – representar aos tribunais locais por inconstitucionalidade de leis ou atos normativos estaduais ou municipais, face à Constituição Estadual." O item III contraria o art. 31, Lei nº 8625/93.

(d) Vide comentários anteriores.

(e) Os itens IV e V estão corretos, correspondem, respectivamente, ao disposto nos artigos 32, I e 17, II, ambos da Lei nº 8625/93.

Gabarito: E

Para responder, tem que estudar: lei.

67. (MPE/SP/Promotor/2015/91_Concurso) De acordo com a Lei Orgânica Nacional do Ministério Público:

I. É vedado aos membros do Ministério Público exercer qualquer outra função pública, salvo uma de Magistério, exceto quando em disponibilidade ou aposentado.

II. É vedado aos membros do Ministério Público exercer o comércio ou participar de sociedade comercial, exceto como cotista ou acionista.

III. São considerados como de efetivo exercício, para todos os efeitos legais, inclusive para vitaliciamento, os dias em que o membro do Ministério Público estiver afastado de suas funções em razão de designação do Procurador-Geral de Justiça para realização de atividade de relevância para a instituição.

IV. São deveres dos membros do Ministério Público, além de outros previstos em lei, desempenhar com zelo e presteza as suas funções e assistir aos atos judiciais, quando conveniente a sua presença, a seu prudente juízo.

V. O membro vitalício do Ministério Público somente perderá o cargo por sentença judicial transitada em julgado, proferida em ação civil própria, nos seguintes casos: a) prática de crime incompatível com o exercício do cargo, após decisão judicial transitada em julgado; b) exercício da advocacia; c) abandono do cargo por prazo superior a trinta dias corridos.

Está correto apenas o contido em:

a) II, III e V.

b) I, II e V.

c) I, III e IV.

d) II e V.

e) I, III e V.

ANOTAÇÕES/COMENTÁRIOS

(a) O item III está em desconformidade com o previsto no art. 53, VI, a, Lei n. 8625/93: "São considerados como de efetivo exercício, para todos os efeitos legais, exceto para vitaliciamento os dias em que o membro do Ministério Público estiver afastado de suas funções em razão: VI – designação do Procurador-Geral de Justiça para: a) realização de atividade de relevância para a instituição."

(b) O item I está em desconformidade com o art. 44, IV, Lei nº 8625/93: "Aos membros do Ministério Público se aplicam as seguintes vedações: IV – exercer, ainda que em disponibilidade, qualquer outra função pública, salvo uma de Magistério."

(c) Os itens III e IV estão errados. O item III contraria o disposto no art. 53, VI, a, Lei nº 8625/93. Já o item IV contraria o disposto no art. 43, V e VI, Lei nº 8625/93: "São deveres dos membros do Ministério Público, além de outros previstos em lei: V – assistir aos atos judiciais, quando obrigatória ou conveniente a sua presença; VI – desempenhar, com zelo e presteza, as suas funções."

(d) Os itens II e IV identificam-se com o disposto nos art. 44, III, e 38, § 1º, ambos da Lei nº 8625/93.

(e) Vide comentários das alternativas anteriores.

Gabarito: D

Para responder, tem que estudar: lei.

68. (MPE/SP/Promotor/2017/92_Concurso) A Constituição Federal atribui, de forma expressa e direta, legitimidade ativa para a propositura de ação civil pública para a defesa de interesses difusos, ao Ministério Público,

a) assim como às Pessoas Políticas e à Defensoria Pública.
b) assegurando-lhe a privatividade de tal iniciativa.
c) assim como às Associações Civis.
d) permitindo a instituição de concorrência de iniciativas no âmbito legal.
e) assim como às Pessoas Políticas e às Associações Civis.

ANOTAÇÕES/COMENTÁRIOS

(a) CF, art. 129: "São funções institucionais do Ministério Público: III – promover o inquérito civil e ação civil pública, para a proteção do patrimônio público e social, do meio ambiente e de outros interesses difusos e coletivos. § 1º A legitimação do Ministério Público para as ações civis previstas neste artigo não impede a de terceiros, nas mesmas hipóteses, segundo o disposto nesta Constituição e na lei." Em complementação, a Lei 7347/85, estabelece: art. 5º "Têm legitimidade para propor a ação principal e a ação cautelar: I – o Ministério Público; II – a Defensoria Pública; III – a União, os Estados, o Distrito Federal e os Municípios; IV – a autarquia, empresa pública, fundação ou sociedade de economia mista; V – associação que concomitantemente: a) esteja constituída há pelo menos 1(um) ano nos termos da lei civil; b) inclua, entre suas finalidades institucionais, a proteção ao patrimônio público e social, ao meio ambiente, ao consumidor, à ordem econômica, à livre concorrência, aos direitos de grupos raciais e étnicos ou religiosos ou ao patrimônio artísticos, estético, histórico, turístico e paisagístico." Trata-se de legitimação plúrima e mista, como ensina doutrina mais moderna: "No Brasil o legislador optou pela legitimação plúrima (mais de um órgão ou agente legitimado) e mista (pessoas jurídicas de direito público e agentes estatais, bem como, pessoas jurídicas de direito privado)." (Hermes Zaneti Jr., Direitos Difusos e Coletivos).

(b, c, d, e) Vide comentários acima.

Gabarito: D

Para responder, tem que estudar: lei e teoria/doutrina.

69. (MPE/SP/Promotor/2017/92_Concurso) Durante investigação realizada em inquérito civil, o Promotor de Justiça do Estado de São Paulo conclui que os fatos devem, em verdade, ser investigados pelo Ministério Público do Estado de Minas Gerais, local em que o dano ocorreu. Em face de tal premissa, deverá o Presidente do inquérito civil, após fundamentar o seu entendimento, remeter o inquisitivo:

a) diretamente ao Ministério Público de Minas Gerais.
b) ao Procurador-Geral de Justiça de São Paulo, que exercerá controle de mérito sobre a decisão, podendo revê-la.
c) ao Procurador-Geral de Justiça de São Paulo, que, na qualidade de representante da Instituição perante outros Órgãos, realizará o encaminhamento sem exercer controle de mérito sobre a decisão.
d) ao Colégio dos Procuradores de Justiça do Ministério Público de São Paulo, que terá a possibilidade de rever a decisão.
e) ao Conselho Superior do Ministério Público de São Paulo, que poderá rever a decisão.

ANOTAÇÕES/COMENTÁRIOS

(a) O trâmite do Inquérito Civil é regulado pela Resolução nº 23, do Conselho Superior do Ministério Público. O art 9º A afiança que "após a instauração do inquérito civil ou do procedimento preparatório, quando o membro que o preside concluir ser atribuição de outro Ministério Público, este deverá submeter sua decisão ao referendo do órgão de revisão competente, no prazo de 3 (três) dias. O órgão revisor no âmbito dos Ministério Públicos Estaduais é o Conselho Superior. Nesse sentido, a Lei 7347/85 estabelece no art. 9º "se o órgão do Ministério Público, esgotadas todas as diligências se convencer da inexistência do fundamento para a propositura da ação civil, promoverá o arquivamento dos autos do inquérito civil ou das peças de informativas fazendo-o fundamentadamente. § 1º Os autos do inquérito civil ou das peças de informação serão remetidas, sob pena de se incorrer em falta grave, no prazo de 3 (três) dias, ao Conselho Superior do Ministério Público." De igual forma, dispõe o art. 110, Lei Complementar Estadual n. 734/93: "Se o órgão do Ministério Público, esgotadas todas as diligências, se convencer da inexistência de fundamento para a propositura da ação civil, promoverá o arquivamento dos autos do inquérito civil ou das peças de informação, fazendo-o fundamentadamente. § 1º Os autos do inquérito civil serão remetidos, no prazo de 3 (três) dias, sob pena de falta grave, ao Conselho Superior do Ministério Público." Outrossim, o regimento interno do Conselho Superior do Ministério Público do Estado de São Paulo dispõe art. 225 "Ao Conselho cabe homologar ou rejeitar a promoção de arquivamento dos autos do inquérito civil ou das peças de informação, nos termos do art. 9º da Lei n. 7347, de 24 de julho de 1985. Parágrafo único: Serão públicas as sessões e as decisões do Conselho, tomadas na forma do caput deste artigo."

(b, c, d, e) Vide comentários acima.

Gabarito: E

Para responder, tem que estudar: lei.

70. (MPE/SP/Promotor/2017/92_Concurso) O art. 19, XII, f, da Lei Orgânica do Ministério Público de São Paulo (Lei Complementar Estadual nº 734/93), dispõe competir ao Procurador-Geral de Justiça "avocar, de modo geral ou em casos especiais, as atribuições ou competências dos órgãos, funcionários ou servidores subordinados". Dito poder de avocação abarca matérias:

a) de qualquer natureza, ressalvadas as atribuições dos demais Órgãos de Administração Superior do Ministério Público.
b) de natureza administrativa, financeira e relacionada à atuação funcional dos órgãos de execução, ressalvadas as atribuições dos demais Órgãos de Administração Superior do Ministério Público.
c) de qualquer natureza, excetuada a de atuação funcional dos órgãos de execução e observadas as atribuições dos demais Órgãos de Administração Superior do Ministério Público.
d) de natureza administrativa ou relacionada à atuação funcional dos órgãos de execução, ressalvadas as atribuições dos demais Órgãos de Administração Superior do Ministério Público.
e) relacionadas à atuação funcional dos órgãos de execução e dos Órgãos Colegiados de Administração Superior do Ministério Público, por ele presididos.

ANOTAÇÕES/COMENTÁRIOS

(a) O Procurador Geral de Justiça não pode avocar matéria relacionada à atuação funcional dos órgãos de execução por ofensa aos princípios da independência funcional e o promotor natural. Nesse sentido é o posicionamento do CNMP, RPA nº 0.00.000.000628/2012-57, em que se transcreve excerto da decisão: "A discussão que perpassa todo o tema ora objeto de apreciação é, como se viu, a aplicação do princípio do promotor natural, cuja formatação tem sido trabalhada pela doutrina e jurisprudência desde o advento da Constituição de 1988, e que traduz 'verdadeira garantia constitucional, menos dos membros do parquet e mais da própria sociedade, do próprio cidadão, que tem assegurado, nos diversos processos em que o MP atua, que nenhuma autoridade ou poder poderá escolher Promotor ou Procurador específico para determinada causa, bem como que o pronunciamento deste membro do MP dar-se-á livremente, sem qualquer tipo de interferência de terceiros'. Conquanto uma leitura apressada da jurisprudência do E. Supremo Tribunal Federal pareça levar à conclusão de que aquela Corte hesita em admitir o princípio, a análise acurada das decisões tomadas desde o leading case (HC 67759) permite constatar o reconhecimento, por parte da maioria dos Ministros, da inerência do postulado do Promotor Natural ao ordenamento jurídico brasileiro. Com efeito, naquele primeiro caso, restou consignada a posição dos Ministros Celso de Mello, Sepúlveda Pertence, Marco Aurélio e Carlos Velloso no sentido de reconhecerem o postulado do Promotor Natural como 'imanente ao sistema constitucional brasileiro', embora para o relator, fosse necessária a provação de lei para efetivação do princípio. (...) Vale destacar o seguinte excerto do voto do Relator nesse julgado (HC 67.759) 'o princípio do Promotor Natural (...) pode ser assim enunciado: nenhum membro do Ministério Público poderá ser afastado do desempenho de suas atribuições nos procedimentos em que oficie, ou deva oficiar, exceto por relevante motivo de interesse público, por impedimento ou suspeição ou por razões decorrentes de férias, licenças ou afastamentos.'" E finaliza: "assim, tem-se que o princípio do Promotor Natural tem o efeito de coibir qualquer iniciativa no sentido de retirar, do membro com atribuição legal para a matéria, o procedimento por ele conduzido.

(b, c, d, e) Vide comentários acima.

Gabarito: C

Para responder, tem que estudar: lei e jurisprudência.

71. (MPE/SP/Promotor/2019/93_Concurso) Assinale a alternativa INCORRETA.

a) Compete ao Procurador-Geral de Justiça dispor sobre a organização e o funcionamento do Ministério Público, podendo, por meio de ato normativo, regulamentar a criação ou extinção de Procuradorias e Promotorias de Justiça.

b) A iniciativa legislativa prevista no art. 127, § 2º, da Constituição, para a criação de cargos e serviços auxiliares, a política remuneratória e os planos de carreira do Ministério Público, no âmbito estadual, é privativa do Procurador-Geral de Justiça.

c) A independência funcional garantida pelo art. 127, § 1º, da Constituição da República, não é irrestrita, pois o membro do Ministério Público deve respeito à Constituição da República e às leis.

d) O princípio do Promotor Natural decorre das garantias da inamovibilidade dos membros do Ministério Público, da independência funcional, do devido processo legal, e do postulado da autoridade natural inerente à cláusula do devido processo legal, o que impede ao Procurador- Geral de Justiça designar, livremente, os membros do Ministério Público ou escolher, segundo critérios de conveniência e oportunidade, quem deva apreciar este ou aquele fato.

e) O art. 128, § 5º, da Constituição da República, não substantiva reserva absoluta à lei complementar para conferir atribuições ao Ministério Público ou a cada um dos seus ramos, na União ou nos Estados-membros, porque a Constituição Federal admite que a Instituição possa exercer outras funções que lhe forem conferidas, desde que compatíveis com sua finalidade, sendo-lhe vedada a representação judicial e a consultoria jurídica de entidades públicas. Leis ordinárias, portanto, podem aditar novas funções às diretamente outorgadas ao Ministério Público pela Constituição.

ANOTAÇÕES/COMENTÁRIOS

(a) Assertiva INCORRETA, tendo em vista que a criação e extinção de cargos públicos demanda respeito ao princípio da legalidade estrita (lei em sentido formal), não podendo ocorrer por meio de "ato normativo" (art. 127, § 2º, da CF c/c art. 3º, inciso V, da Lei 8.625/1993).

(b) Assertiva CORRETA, nos termos do art. 127, §2º c/c art. 128, §5º da CF. A propósito, confira também: "Pelo art. 128, § 5º, da Constituição da República os procuradores-gerais têm a iniciativa das leis complementares estaduais que versam sobre a organização, as atribuições e o estatuto dos Ministérios Públicos. A possibilidade de iniciar e deliberar a Assembleia Legislativa, por maioria absoluta, sobre destituição do Procurador-Geral de Justiça (...) contraria os princípios da independência e autonomia do Ministério Público. [ADI 4.807 e ADI 4.808, rel. min. Carmén Lúcia, j. 1º-8-2018, P, DJE de 21-5-2019.]".

(c) Assertiva CORRETA, nos termos do § 1º do artigo 127 da CF. O membro do MP detém independência funcional em relação à atividade-fim, devendo respeito à CF e ao ordenamento jurídico.

(d) Assertiva CORRETA. O princípio do promotor natural não encontra previsão expressa, mas é reconhecido em âmbito doutrinário e pela jurisprudência das Cortes Superiores. Confira-se: "o postulado do Promotor Natural "consagra uma garantia de ordem jurídica, destinada tanto a proteger o membro do Ministério Público, na medida em que lhe assegura o exercício pleno e independente do seu ofício, quanto a tutelar a própria coletividade, a quem se reconhece o direito de ver atuando, em quaisquer causas, apenas o Promotor cuja intervenção se justifique a partir de critérios abstratos e pré-determinados, estabelecidos em lei (HC 102.147/GO, rel. min. Celso de Mello, DJe nº 22 de 02.02.2011)."

Ainda na temática, é importante que o candidato conheça o recente julgado: "A avocação de atribuições de membro do Ministério Público pelo Procurador-Geral implica quebra na identidade natural do promotor responsável, já que não é atribuição ordinária da Chefia do Ministério Público atuar em substituição a membros do órgão. Essa hipótese de avocação deve ser condicionada à aceitação do próprio promotor natural, cujas atribuições se pretende avocar pelo PGJ, para afastar a possibilidade de desempenho de atividades ministeriais por acusador de exceção, em prejuízo da independência funcional de todos os membros. [ADI 2.854, rel. p/ acórdão: Alexandre de Moraes, j. 13-10-2020, P, DJE de 16-12-2020.]

(e) Assertiva CORRETA. Consoante o STF: "A Lei federal 8.625/1993 (Lei Orgânica Nacional do Ministério Público – LONMP) não pormenoriza a atuação dos Procuradores-Gerais de Justiça e dos Procuradores de Justiça em sede recursal e, por expressa dicção do caput de seu artigo 29, o rol de atribuições dos Procuradores-Gerais de Justiça não é exaustivo, de modo que as leis orgânicas dos Ministérios Públicos estaduais podem, validamente, ampliar ou densificar tais atribuições" [ADI 5.505, rel. min. Luiz Fux, j. 15-4-2020, P, DJE de 30-4-2020.]

Gabarito: A

Para responder, tem que estudar: lei, doutrina e jurisprudência.

3.8. Tributação e orçamento. Sistema tributário nacional e finanças públicas

72. (MPE/SP/Promotor/2010/87_Concurso) Não se inclui na competência tributária dos Estados e do Distrito Federal a instituição de impostos sobre:

a) operações relativas à circulação de mercadorias.

b) prestações de serviços de transporte interestadual e intermunicipal e de comunicação, ainda que as operações e as prestações se iniciem no exterior.

c) a propriedade de veículos automotores.
d) transmissão "causa mortis" e doação, de quaisquer bens ou direitos.
e) produtos industrializados.

ANOTAÇÕES/COMENTÁRIOS

(a) Art. 155, II, CF: "Compete aos Estados e ao Distrito Federal instituir impostos sobre: II – operações relativas à circulação de mercadorias e sobre prestações de serviços de transporte interestadual e intermunicipal e de comunicação, ainda que as operações e as prestações iniciem no exterior."

(b) Art. 155, II, in fine, CF.

(c) Art. 155, III, CF: "Compete aos Estados e ao Distrito Federal instituir impostos sobre: III – propriedade de veículos automotores".

(d) Art. 155, I, CF: "Compete aos Estados e ao Distrito Federal instituir impostos sobre: I – transmissão causa mortis e doação, de quaisquer bens ou direitos."

(e) Art. 153, IV, CF: "Compete à União instituir impostos sobre: IV – produtos industrializados."

Gabarito: E

Para responder, tem que estudar: lei.

3.9. Ordem Econômica e Financeira. Dos princípios gerais da atividade econômica; da política urbana; da política agrícola e fundiária; da reforma agrária

73. (MPE/SP/Promotor/2010/87_Concurso) O Plano Diretor, instrumento básico da política de desenvolvimento e de expansão urbana, aprovado pela Câmara Municipal, nos termos da Constituição Federal, é obrigatório:

a) para cidades com mais de trinta (30) mil habitantes.
b) para cidades com mais de quinze (15) mil habitantes.
c) para cidades com mais de vinte (20) mil habitantes.
d) para cidades com mais de vinte e cinco (25) mil habitantes.
e) para todas as cidades, independente de sua população.

ANOTAÇÕES/COMENTÁRIOS

(a) Art. 182, § 1º, CF: "A política de desenvolvimento urbano, executada pelo Poder Público Municipal, conforme diretrizes gerais fixadas em lei, tem por objetivo ordenar o pleno desenvolvimento das funções sociais da sociedade e garantir o bem-estar de seus habitantes. § 1º O plano diretor, aprovado pela Câmara Municipal, obrigatório para as cidades com mais de vinte mil habitantes, é o instrumento básico da política de desenvolvimento e de expansão urbana."

(b, c, d, e) Vide comentários acima.

Gabarito: C

Para responder, tem que estudar: lei.

74. (MPE/SP/Promotor/2011/88_Concurso) Considere as seguintes afirmações acerca da função social da propriedade:

I. o respeito à integridade do patrimônio ambiental e a utilização adequada dos recursos naturais da propriedade rural integram-se à função social da propriedade, mas seu descumprimento não permite a desapropriação para fins de reforma agrária;

II. da restrição ao direito de construir, advinda da limitação administrativa, que esvaziar inteiramente a propriedade privada, resultará direito à indenização. Todavia, o direito de edificar é relativo à função social da propriedade. Assim, se restrições houver, decorrentes da limitação administrativa, preexistentes à aquisição do terreno, já do conhecimento dos adquirentes, não podem esses últimos, com base em tais restrições, pedir indenização ao Poder Público;

III. o acesso à terra, a solução dos conflitos sociais, o aproveitamento racional e adequado do imóvel rural, a utilização apropriada dos recursos naturais disponíveis e a preservação do meio ambiente constituem elementos de realização da função social da propriedade;

IV. a função social da propriedade não justifica a criação de alíquotas progressivas de Imposto Territorial Urbano (IPTU);

V. a função social da propriedade urbana deve ser buscada em sua destinação prioritária à moradia, pouco importando, a esse propósito, seu papel na ordenação da cidade.

São corretas somente as afirmações contidas em

a) I e II.

b) I e IV.

c) II e III.

d) II e IV.

e) III e IV.

ANOTAÇÕES/COMENTÁRIOS

(a) Art. 184, caput, CF: "Compete à União desapropriar por interesse social, para fins de reforma agrária, o imóvel rural que não esteja cumprindo sua função social, mediante prévia e justa indenização em títulos da dívida agrária, com cláusula de preservação do valor real, resgatáveis no prazo de até vinte anos, a partir do segundo ano de sua emissão, e cuja utilização será definida em lei."

(b) Em relação ao item I – art. 184, caput, CF. Quanto ao item IV – art. 182, § 4º, II, CF: "É facultado ao Poder Público Municipal, mediante lei específica para área incluída no plano diretor, exigir nos termos da lei federal, do proprietário do solo urbano não edificado, subutilizado ou não utilizado, que prova seu adequado aproveitamento, sob pena, sucessivamente, de: II – imposto sobre a propriedade territorial urbana progressivo no tempo."

(c) Art. 186, CF.

(d, e) O que torna a alternativa incorreta é o item IV, cuja redação contraria o disposto no artigo 182, § 4º, CF.

Gabarito: C

Para responder, tem que estudar: lei.

75. (MPE/SP/Promotor/2011/88_Concurso) O pluralismo de ideias, a relevância pública, a vedação à formação de monopólio ou oligopólio direto ou indireto, o caráter intergeracional e a prioridade absoluta são, respectivamente, características constitucionais:

a) do direito à educação, do direito à saúde, dos direitos à comunicação social, dos direitos da criança e do adolescente e do direito ao meio ambiente ecologicamente equilibrado.

b) dos direitos à comunicação social, dos direitos da criança e do adolescente, do direito à educação, do direito ao meio ambiente ecologicamente equilibrado e do direito à saúde.

c) do direito à educação, dos direitos à comunicação social, do direito à saúde, do direito ao meio ambiente ecologicamente equilibrado e dos direitos da criança e do adolescente.

d) do direito à educação, do direito à saúde, dos direitos à comunicação social, do direito ao meio ambiente ecologicamente equilibrado e dos direitos da criança e do adolescente.

e) dos direitos à comunicação social, dos direitos da criança e do adolescente, do direito à saúde, do direito ao meio ambiente ecologicamente equilibrado e do direito à educação.

ANOTAÇÕES/COMENTÁRIOS

(a) O caráter intergeracional é característica do meio ambiente. Art. 225, caput, CF: "Todos têm direito ao meio ambiente ecologicamente equilibrado, bem de uso comum do povo e essencial à sadia qualidade de vida, impondo-se ao Poder Público e à coletividade o dever de defendê-lo para as presentes e futuras gerações." A outro giro, a prioridade absoluta é característica dos direitos da criança e do adolescente, art. 227, caput, CF: "É dever da família, da sociedade e do Estado assegurar à criança, ao adolescente e ao jovem, com absoluta prioridade, o direito à vida, à saúde, (....)"

(b) O pluralismo de ideias é característica constitucional da educação, art. 206, III, CF: "O ensino será ministrado com base nos seguintes princípios: III – pluralismo de ideias e de concepções pedagógicas, e coexistência de instituições públicas e privadas de ensino." O direito à saúde tem por fundamento a relevância pública, art. 197, CF: "São de relevância pública as ações e serviços de saúde, (...)". Por fim, a vedação do monopólio ou oligopólio direto ou indireto, é aplicada aos meios de comunicação social, art. 220, § 5º, CF: "Os meios de comunicação social não podem, direta ou indiretamente, ser objeto de monopólio ou oligopólio."

(c, e) Vide comentários das alternativas anteriores.

(d) A alternativa corresponde ao disposto nos artigos: 227, caput, 197, 220, § 5º, 206 e 225, todos da Carta Magna.

Gabarito: D

Para responder, tem que estudar: lei.

76. (MPE/SP/Promotor/2013/90_Concurso) Assinale a alternativa incorreta. No que se refere aos princípios gerais da atividade econômica,

a) as jazidas, em lavra ou não, e demais recursos minerais e os potenciais de energia hidráulica constituem propriedade distinta da do solo, para efeito de exploração ou aproveitamento, e pertencem à União, sendo-lhe garantida a propriedade do produto da lavra.

b) a empresa pública, a sociedade de economia mista e suas subsidiárias que explorem atividade econômica de produção ou comercialização de bens ou de prestação de serviços sujeitam-se ao regime jurídico próprio das empresas privadas, inclusive quanto aos direitos e obrigações civis, comerciais, trabalhistas e tributários.

c) as empresas públicas e as sociedades de economia mista não poderão gozar de privilégios fiscais não extensivos às do setor privado.

d) dentre outros, são princípios gerais da atividade econômica a soberania nacional, a defesa do meio ambiente, a função social da propriedade e a busca do pleno emprego.

e) não dependerá de autorização ou concessão o aproveitamento do potencial de energia renovável de capacidade reduzida.

ANOTAÇÕES/COMENTÁRIOS

(a) A alternativa contraria o disposto no art. 176, caput, CF: "As jazidas, em lavras ou não, e demais recursos minerais e os potenciais de energia hidráulica constituem propriedade distinta da do solo, para efeito de exploração ou aproveitamento, e pertencem à União, garantida ao concessionário a propriedade do produto da lavra."

(b) A alternativa corresponde ao disposto no art. 173, § 1º, II, CF: Art. 173. Ressalvados os casos previstos nesta Constituição, a exploração direta de atividade econômica pelo Estado só será permitida quando necessária aos imperativos da segurança nacional ou a relevante interesse coletivo, conforme definidos em lei. § 1º A lei estabelecerá o estatuto jurídico da empresa pública, da sociedade de economia mista e de suas subsidiárias que explorem atividade econômica de produção ou comercialização de bens ou de prestação de serviços, dispondo sobre: II – a sujeição ao regime jurídico próprio das empresas privadas, inclusive quanto aos direitos e obrigações civis, comerciais, trabalhistas e tributários;

(c) A alternativa corresponde ao disposto no art. 173, § 2º, CF. § 2º As empresas públicas e as sociedades de economia mista não poderão gozar de privilégios fiscais não extensivos às do setor privado.

(d) A alternativa corresponde ao disposto no art. 170, I, III, VI e VIII, CF.

(e) A alternativa corresponde ao disposto no art. 176, § 4º, CF: § 4º As cooperativas a que se refere o parágrafo anterior terão prioridade na autorização ou concessão para pesquisa e lavra dos recursos e jazidas de minerais garimpáveis, nas áreas onde estejam atuando, e naquelas fixadas de acordo com o art. 21, XXV, na forma da lei.

Gabarito: A

Para responder, tem que estudar: lei.

77. (MPE/SP/Promotor/2015/91_Concurso) Nos termos da Constituição Federal:

I. Cabe à lei ordinária dispor sobre conflitos de competência, em matéria tributária, entre a União, os Estados, o Distrito Federal e os Municípios.

II. A ordem econômica nacional tem por finalidade assegurar a todos existência digna, conforme os ditames da justiça social.

III. A ordem econômica nacional deve observar, dentre outros, os princípios de propriedade privada; busca do pleno emprego e tratamento favorecido para as empresas de pequeno e médio porte constituídas sob as leis brasileiras e que tenham sua sede e administração no País.

IV. É assegurado a todos o livre exercício de qualquer atividade econômica, mediante autorização dos órgãos públicos competentes, salvo nos casos previstos em lei.

V. Ressalvados os casos previstos na Constituição, a exploração direta de atividade econômica pelo Estado só será permitida quando necessária aos imperativos da segurança nacional ou a relevante interesse coletivo, conforme definidos em lei.

Está correto apenas o contido em:

a) I e V.

b) II, III, IV e V.

c) II, IV e V.

d) I, II e IV.

e) II e V.

ANOTAÇÕES/COMENTÁRIOS

(a) O item I contraria o disposto no art. 146, CF: "Cabe à lei complementar; I – dispor sobre conflitos de competência, em matéria tributária, entre a União, os Estados, o Distrito Federal e os Municípios."

(b) Os itens III e IV estão errados. O item III contraria o disposto no art. 170, IX: "A ordem econômica, fundada na valorização do trabalho humano e na livre-iniciativa, tem por fim assegurar a todos existência digna, conforme os ditames da justiça social, observados os seguintes princípios: IX – tratamento favorecido para as empresas de pequeno porte constituídas sob as leis brasileiras e que tenham sua sede e administração no País." A outro giro, o item IV contraria o art. 170, parágrafo único, CF: "É assegurado a todos o livre exercício de qualquer atividade econômica, independentemente de autorização de órgãos públicos, salvo nos casos previstos em lei."

(c) O item IV contraria o disposto no art. 170, parágrafo único, CF.

(d) Os itens I e IV estão incorretos. Vide comentários anteriores.

(e) Os itens II e V correspondem, respectivamente, aos art. 170, caput, e 173, todos da CF.

Gabarito: E

Para responder, tem que estudar: lei.

78. (MPE/SP/Promotor/2015/91_Concurso) De acordo com a Constituição Federal:

I. Nos atos praticados contra a ordem econômica e financeira e contra a economia popular a responsabilidade é individual e exclusiva da pessoa jurídica, nos termos da lei.

II. Nos atos praticados contra a ordem econômica e financeira e contra a economia popular a responsabilidade é pessoal e exclusiva dos dirigentes da pessoa jurídica, nos termos da lei.

III. O plano diretor, aprovado pela Câmara Municipal, obrigatório para cidades com mais de vinte mil habitantes, é o instrumento básico da política de desenvolvimento e de expansão urbana; a propriedade urbana cumpre sua função social quando atende às exigências fundamentais de ordenação da cidade expressas no plano diretor.

IV. A média propriedade rural, assim definida em lei, desde que seu proprietário não possua outra, é insuscetível de desapropriação para fins de reforma agrária.

V. Os imóveis públicos não podem ser adquiridos por usucapião, salvo quando não atenderem às exigências fundamentais de ordenação da cidade expressas no plano diretor.

Está correto apenas o contido em:

a) III e IV.

b) II, III e V.

c) III e V.
d) II e IV.
e) I, III e IV.

ANOTAÇÕES/COMENTÁRIOS

(a) Os itens correspondem, respectivamente, aos art. 182, § 1º e 185, ambos da CF: "§ 1º O plano diretor, aprovado pela Câmara Municipal, obrigatório para cidades com mais de vinte mil habitantes, é o instrumento básico da política de desenvolvimento e de expansão urbana. Art. 185. São insuscetíveis de desapropriação para fins de reforma agrária: I – a pequena e média propriedade rural, assim definida em lei, desde que seu proprietário não possua outra; II – a propriedade produtiva. Parágrafo único. A lei garantirá tratamento especial à propriedade produtiva e fixará normas para o cumprimento dos requisitos relativos a sua função social".

(b) Os itens II e V estão errados. O item II contraria o disposto no art. 175, § 5º, CF: "A lei, sem prejuízo da responsabilidade individual dos dirigentes da pessoa jurídica, estabelecerá a responsabilidade desta, sujeitando-a às punições compatíveis com sua natureza, nos atos praticados contra a ordem econômica e financeira e contra a economia popular." A outro giro, o item V contraria o disposto no art. 183, § 3º, CF: "Os imóveis públicos não serão adquiridos por usucapião." Destaca-se, por oportuno, a Súmula 619/STJ: A ocupação indevida de bem público configura mera detenção, de natureza precária, insuscetível de retenção ou indenização por acessões e benfeitorias.

(c) O item V contraria o disposto no art. 183, § 3º, CF: "§ 3º Os imóveis públicos não serão adquiridos por usucapião".

(d) O item II contraria o disposto no art. 173, § 5º, CF: "§ 5º A lei, sem prejuízo da responsabilidade individual dos dirigentes da pessoa jurídica, estabelecerá a responsabilidade desta, sujeitando-a às punições compatíveis com sua natureza, nos atos praticados contra a ordem econômica e financeira e contra a economia popular".

(e) O item I contraria o disposto no art. 173, § 5º, CF: "§ 5º A lei, sem prejuízo da responsabilidade individual dos dirigentes da pessoa jurídica, estabelecerá a responsabilidade desta, sujeitando-a às punições compatíveis com sua natureza, nos atos praticados contra a ordem econômica e financeira e contra a economia popular".

Gabarito: A

Para responder, tem que estudar: lei e súmula/OJ.

3.10. Ordem Social

79. (MPE/SP/Promotor/2015/91_Concurso) Considerando a disciplina constitucional brasileira, assinale a alternativa correta:

a) O Conselho Nacional de Justiça constitui órgão externo de fiscalização administrativa do Poder Judiciário, com funções administrativas e jurisdicionais, composto por 15 membros, sob a Presidência do Presidente do Supremo Tribunal Federal.

b) As terras devolutas ou arrecadadas pelos Estados, por ações discriminatórias, necessárias à proteção dos ecossistemas naturais, somente podem ser alienadas ou oneradas pelo Executivo mediante prévia autorização legislativa.

c) A assistência social é prestada mediante contribuição à seguridade social, nos termos da lei, que estabelecerá as hipóteses em que a contribuição é dispensável.

d) O imposto sobre a propriedade predial e territorial urbana pode ser progressivo no tempo e em razão do valor do imóvel, bem como ter alíquotas diferentes de acordo com a localização e o uso do imóvel.

e) Ressalvadas as hipóteses legais, as taxas não podem ter base de cálculo própria de impostos.

ANOTAÇÕES/COMENTÁRIOS

(a) O Conselho Nacional de Justiça é órgão interno do Poder Judiciário, composto por 15 membros, com função administrativa e financeira, não jurisdicional, como preleciona o art. 103-B, § 4º, CF: "Compete ao Conselho o controle da atuação administrativa e financeira do Poder Judiciário e do cumprimento dos deveres funcionais dos juízes, cabendo-lhes além de outras atribuições que lhe forem conferidas pelo Estatuto da magistratura."

(b) A alternativa contraria o disposto no art. 225, § 5º, CF: "São indisponíveis as terras devolutas ou arrecadadas pelos Estados, por ações discriminatórias, necessárias à proteção dos ecossistemas naturais."

(c) A assertiva contraria o disposto no art. 203, caput, CF: "A assistência social será prestada a quem dela necessitar, independentemente de contribuição à seguridade social, e tem por objetivos."

(d) A assertiva repete a redação do art. 182, § 4º, CF e do art. 156, § 1º, CF.

(e) Segundo o disposto no art. 145, § 2º, CF: "As taxas não poderão ter base de cálculo própria de impostos." A Suprema Corte, contudo, aprovou a Súmula Vinculante 29/STF, considerando constitucional a "adoção, no cálculo do valor de taxa, de um ou mais elementos da base de cálculo própria de determinado imposto, desde que não haja integral identidade entre uma base e outra."

Gabarito: D

Para responder, tem que estudar: lei e súmula/OJ.

3.11. Saúde

80. (MPE/SP/Promotor/2010/87_Concurso) O financiamento do sistema único de saúde é feito com recursos dos orçamentos:

a) da Seguridade Social e da União.
b) dos Estados, do Distrito Federal e da União.
c) dos Estados, dos Municípios, e da União.
d) dos Estados, do Distrito Federal e dos Municípios.
e) da Seguridade Social, da União, dos Estados, do Distrito Federal e dos Municípios, além de outras fontes.

ANOTAÇÕES/COMENTÁRIOS

(a) Art. 198, § 1º, CF: "As ações e serviços públicos de saúde integram uma rede regionalizada e hierarquizada e constituem um sistema único, organizado de acordo com as seguintes diretrizes: § 1º: O sistema único de saúde será financiado, nos termos do art. 195, com recursos do orçamento da seguridade social, da União, dos Estados, do Distrito Federal e dos Municípios, além de outras fontes."

(b, c, d, e) Art. 198, § 1º, CF. Será financiado, como se observa na transcrição do texto legal acima, com recursos da seguridade social, da União, dos Estados, do Distrito Federal e dos Municípios, além de outras fontes.

Gabarito: E

Para responder, tem que estudar: lei.

81. (MPE/SP/Promotor/2019/93_Concurso) Assinale a alternativa INCORRETA.

a) É constitucional a regra que veda, no âmbito do SUS, a internação em acomodações superiores, bem como o atendimento diferenciado por médico do próprio SUS, ou por médico conveniado, mediante o pagamento da diferença dos valores correspondentes.
b) Ao enunciar o direito à saúde, o art. 196 da Constituição de 1988 traz norma de caráter programático pertinente à realização de políticas públicas. Traça para o futuro um programa ao legislador, um programa de Governo, passível de ser ou não cumprido, cuja efetividade dependeria de uma instrumentalização infraconstitucional.
c) Pela interpretação sistemática dos dispositivos da Constituição Federal, os serviços de assistência à saúde, financiados pelo SUS, deverão ser prestados diretamente pelo Poder Público, podendo este, excepcionalmente, e de forma complementar, apenas, contar com a ajuda da iniciativa privada, sendo vedada a destinação de recursos públicos para auxílios ou subvenções às instituições privadas com fins lucrativos.
d) O direito à saúde, consequência do direito à vida, constitui direito fundamental, direito individual indisponível, que legitima o Ministério Público para a propositura de ação em defesa desse direito por meio da ação civil pública, que lhe permite invocar a tutela jurisdicional do Estado com o objetivo de fazer com que os Poderes Públicos respeitem, em favor da coletividade, os serviços de relevância pública.

e) Ao disciplinar o sistema público de saúde, a Constituição Federal fincou o princípio da universalidade, no sentido de que os serviços públicos de saúde são destinados a todos, independentemente de situação jurídica, econômica, ou social, e o princípio da igualdade, segundo o qual situações clínicas iguais reclamam tratamentos iguais, expurgando a possibilidade de tratamento diferenciado com critério no pagamento.

ANOTAÇÕES/COMENTÁRIOS

(a) Assertiva CORRETA, nos termos do RE 581.488/RS sob a sistemática da repercussão geral: "É constitucional a regra que veda, no âmbito do Sistema Único de Saúde, a internação em acomodações superiores, bem como o atendimento diferenciado por médico do próprio Sistema Único de Saúde, ou por médico conveniado, mediante o pagamento da diferença dos valores correspondentes" (TEMA 579/STF).

(b) Assertiva INCORRETA. O STF decide reiteradamente no sentido de que o Poder Público não pode tratar as normas constitucionais de cunho programáticos como "promessas vazias" ou "compromisso constitucional inconsequente". Os termos usados pela Corte podem ser utilizados em eventual prova discursiva, com o fito de demonstrar conhecimento jurídico. Ademais, ressalte-se: "consolidou-se a jurisprudência desta Corte no sentido de que, embora o art. 196 da Constituição de 1988 traga norma de caráter programático, o Município não pode furtar-se do dever de propiciar os meios necessários ao gozo do direito à saúde por todos os cidadãos. Se uma pessoa necessita, para garantir o seu direito à saúde, de tratamento médico adequado, é dever solidário da União, do Estado e do Município providenciá-lo." (AI 550.530/PR AgR, rel. min. Joaquim Barbosa, julgado em 26/06/2012).

(c) Assertiva CORRETA (artigo 199, §§ 1º e 2º da CF).

(d) Assertiva CORRETA e trata-se de temática cobrada com frequência nos certames do Ministério Público. Nos termos do TEMA 262/STF, o Ministério Público é parte legítima para ajuizamento de ação civil pública que vise o fornecimento de remédios a portadores de certa doença (RE 605.533/MG repercussão geral).

(e) Assertiva CORRETA, sendo conceito doutrinário do princípio da universalidade.

Gabarito: B

Para responder, tem que estudar: lei, doutrina e jurisprudência.

3.12. Educação

82. (MPE/SP/Promotor/2013/90_Concurso) No que se refere à Educação:

I. É dever do Estado garantir o acesso aos níveis mais elevados do ensino, da pesquisa e da criação artística, segundo a capacidade de cada um.

II. O Distrito Federal atuará prioritariamente no ensino fundamental e educação infantil.

III. A educação básica, a que se refere a Constituição Federal, é obrigatória e gratuita dos quatro aos dezessete anos de idade, e compreende a pré-escola e o ensino fundamental.

IV. O dever do Estado será efetuado, também, mediante a educação infantil, em creche e pré-escola, às crianças até cinco anos de idade.

V. É dever do Estado atendimento especializado aos portadores de deficiência, preferencialmente em escolas voltadas para as suas necessidades especiais.

Está correto somente o contido nos itens

a) I, IV e V.

b) II e III.

c) I, II e IV.

d) I e IV.

e) I, III e V.

ANOTAÇÕES/COMENTÁRIOS

(a) O item V contraria o disposto no art. 208, III, CF: "O dever do Estado com a educação será efetivado mediante a garantia de: III – atendimento educacional especializado aos portadores de deficiência, preferencialmente na rede regular de ensino."

(b) O item II contraria o disposto no art. 211, § 3º, CF: "Os Estados e o Distrito Federal atuarão prioritariamente no ensino fundamental e médio." Lado outro, o item III contraria o disposto no art. 208, I, CF: "O dever do Estado com a educação será efetivado mediante a garantia de: I – educação básica obrigatória e gratuita dos 4 (quatro) aos 17 (dezessete) anos de idade, assegurada inclusive sua oferta gratuita para todos os que a ela não tiveram acesso na idade própria."

(c) O item II contraria o disposto no art. 211, § 3º, CF.

(d) O item I repete o disposto no art. 208, V, CF; e o item IV repete a redação do art. 208, III, CF.

(e) Vide comentários anteriores.

Gabarito: D

Para responder, tem que estudar: lei.

83. (MPE/SP/Promotor/2015/91_Concurso) Considere as seguintes assertivas, relacionadas à Educação:

I. A educação infantil, em creche e pré-escola, às crianças até 5 (cinco) anos de idade, é obrigatória e gratuita.

II. O acesso ao ensino infantil (creche e pré-escola) constitui direito público subjetivo.

III. A educação básica, obrigatória e gratuita, compreende o ensino infantil (creche e pré-escola) e o ensino fundamental.

IV. Os Estados, os Municípios e o Distrito Federal devem atuar prioritariamente no ensino fundamental e na educação infantil.

V. Os Estados e os Municípios devem atuar prioritariamente no ensino fundamental e médio.

Pode-se afirmar que:

a) São todas incorretas.

b) Apenas as assertivas I, II e IV são corretas.

c) Apenas as assertivas III e V são corretas.

d) Apenas as assertivas I e II são corretas.

e) Apenas a assertiva IV é correta.

ANOTAÇÕES/COMENTÁRIOS

(a) Os itens I e II estão corretos, correspondem ao disposto no art. 208, IV e § 1º, CF: "O dever do Estado com a educação será efetivado mediante a garantia de: IV – educação infantil, em creche e pré-escola, às crianças até 5 (cinco) anos de idade. § 1º O acesso ao ensino obrigatório e gratuito é direito público subjetivo."

(b) O item IV está em desconformidade com o disposto no art. 211, §§ 2º e 3º, CF: "A União, os Estados, o Distrito Federal e os Municípios organizarão em regime de colaboração seus sistemas de ensino: § 2º Os Municípios atuarão prioritariamente no ensino fundamental e na educação infantil. § 3º Os Estados e o Distrito Federal atuarão prioritariamente no ensino fundamental e médio."

(c) Os itens III e V estão errados. O item III contraria o disposto na LDB – Lei de Diretrizes e Bases da Educação Nacional, art. 4º, I: "O dever do Estado com educação escolar pública será efetivado mediante a garantia de: I – educação básica obrigatória e gratuita dos 4 (quatro) aos 17 (dezessete) anos de idade, organizada da seguinte forma: a) pré-escola; b) ensino fundamental; c) ensino médio." Outrossim, o item V contraria o disposto no art. 211, §§ 2º e 3º, CF.

(d) Os itens I e II estão corretos, correspondem ao disposto no art. 208, IV e § 1º, CF.

(e) O item IV está em desconformidade com o disposto no art. 211, §§ 2º e 3º, CF.

Gabarito: D

Para responder, tem que estudar: lei.

84. (MPE/SP/Promotor/2017/92_Concurso) Considere os seguintes conceitos: "Consiste na transmissão de valores e experiências entre as gerações, permitindo às mais novas alcançar perfeita interação social, propiciando-lhes meios e instrumentos para que possam manter, aprimorar e, posteriormente, retransmitir a seus sucessores o arcabouço cultural, os valores e os comportamentos adequados à vida em sociedade e indispensáveis para o processo de evolução social rumo a um efetivo Estado Democrático de Direito, que deve ter por premissa a consagração da Dignidade da Pessoa Humana". "Desenvolve-se sistematicamente, segundo planos formais que incluem conteúdos e meios previamente traçados para atingir objetivos intencionalmente determinados, sendo de regra ministrado em unidades educacionais da rede pública ou privada". "Constitui o traço identificativo de um povo, marco de sua união, de costumes e desígnios comuns. É formado por valores atribuídos a bens materiais ou imateriais pelos seres humanos, em virtude de seus predicamentos intrínsecos ou extrínsecos". Tais conceitos referem-se, respectivamente, aos direitos:

a) à cultura, à educação e ao ensino.
b) à educação, ao ensino e à cultura.
c) ao ensino, à educação e à cultura.
d) à cultura, ao ensino e à educação.
e) à educação, à cultura e ao ensino.

ANOTAÇÕES/COMENTÁRIOS

(a, c, d, e) Vide comentários abaixo.

(b) Da Educação: art. 205, CF: "A educação, direito de todos e dever do Estado e da família, será promovida e incentivada com a colaboração da sociedade, visando ao pleno desenvolvimento da pessoa, seu preparo para o exercício da cidadania e sua qualificação para o trabalho." Sob o escólio de Marcelo Novelino (2015): "A educação deve ser incentivada e promovida com base nas seguintes diretrizes: I) pleno desenvolvimento da pessoa; II) preparo para o exercício da cidadania; e III) qualificação para o trabalho (CF, art. 205). No plano infraconstitucional, as 'Diretrizes e Bases da Educação' foram estabelecidas pela Lei 9394/1996. Assim como ocorre com o restante da ordem social, a maior parte das normas referentes à educação tem natureza principiológica (mandamentos de otimização) e necessitam de regulamentação legal. Não obstante, podem ser encontradas regras (mandamentos de definição) como a que estabelece a obrigatoriedade e gratuidade da educação básica dos 4 aos 17 anos (CF, art. 208, I) como um direito público subjetivo (CF, art. 208, § 1º). No caso de não oferecimento do ensino obrigatório pelo Poder Público, ou sua oferta irregular, a autoridade competente deverá ser responsabilizada (CF, art. 208, § 2º). A educação, enquanto direito de todos e dever do Estado e da família, é baseada no princípio da universalidade, cabendo ao Estado a tarefa de torná-la efetiva mediante a implementação das garantias previstas no artigo 208. Este princípio encontra diversas concretizações no texto constitucional, inclusive no que se refere ao ensino, como ocorre por ser verificado no dispositivo que impõe aos poderes públicos ações que conduzam à universalização do atendimento escolar (CF, art. 214, II). // Do Ensino: art. 206, CF: "O ensino será ministrado com base nos seguintes princípios: I – igualdade de condições para o acesso e permanência na escola; II – liberdade de aprender, ensinar, pesquisar e divulgar o pensamento, a arte e o saber; III

– pluralismo de ideias e de concepções pedagógicas, e coexistência de instituições públicas e privadas de ensino; IV – gratuidade do ensino público em estabelecimentos oficiais; V – valorização dos profissionais da educação escolar, garantidos, na forma da lei, planos de carreira, com ingresso exclusivamente por concurso público de provas e títulos, aos das redes públicas; VI – gestão democrática do ensino público, na forma da lei; VII – garantia do padrão de qualidade, e VIII piso salarial profissional nacional para os profissionais da educação escolar pública, nos termos da lei federal. Nos dizeres de Novelino (2015) "O ensino deverá ser ministrado com base nos princípios informadores estabelecidos expressamente no artigo 206 da Constituição. O princípio da igualdade de condições para o acesso e permanência na escola (CF, art. 206, I) é concretizado, dentre outras, pela norma que assegura o acesso aos níveis mais elevados do ensino, da pesquisa e da criação artística, segundo a capacidade de cada um (CF, art. 208, V). Nesse dispositivo está implícito o critério republicano do mérito, segundo o qual as pessoas devem ser recompensadas de acordo com o seu esforço e aperfeiçoamento." // Da Cultura: art. 215, CF: "o Estrado garantirá a todos o pleno exercício dos direitos culturais e acesso às fontes da cultura nacional, e apoiará e incentivará a valorização e a difusão das manifestações culturais." Segundo o doutrinador Marcelo Novelino (2015): "O conjunto de dispositivos referentes à proteção e promoção da cultura foi profundamente ampliado na Constituição de 1988, que impôs ao Estado o dever de garantir a todos o pleno exercício dos direitos culturais e acesso às fontes da cultura nacional, bem como de apoiar e incentivar a valorização e a difusão das manifestações culturais (CF, art. 215). A cultura, segundo definição de Celso de Bastos (1995), 'compreende tudo o que o homem tem realizado e transmitido através dos tempos na sua passagem pela terra. Envolve: comportamento, desenvolvimento intelectual, crenças, enfim, o aprimoramento tanto dos valores espirituais como materiais do indivíduo."

Gabarito: B

Para responder, tem que estudar: lei e teoria/doutrina.

3.13. Meio Ambiente

85. (MPE/SP/Promotor/2011/88_Concurso) A respeito da disciplina constitucional do meio ambiente, analise as afirmações seguintes:

I. a Constituição Federal estabelece o direito de todos ao meio ambiente ecologicamente equilibrado, regras para garantir a efetividade desse direito, determinações particulares em relação a objetos e setores específicos, além de normas implícitas e explícitas relativas ao meio ambiente;

II. a Constituição Federal confere o caráter de bem público às águas, aos recursos minerais e aos espaços ambientalmente protegidos;

III. ao indicar a defesa do meio ambiente como um dos princípios da ordem econômica, a Constituição Federal submete o exercício da atividade econômica à preservação do meio ambiente;

IV. a Constituição Federal estabelece como competência comum da União, dos Estados e do Distrito Federal proteger o meio ambiente e combater a poluição em qualquer de suas formas.

É correto apenas o que se afirma em

a) I e III.
b) I e IV.
c) II e IV.
d) I, II e III.
e) II, III e IV.

ANOTAÇÕES/COMENTÁRIOS

(a) Em relação ao item I, art. 225, caput, e § 1º, CF: "Todos têm direito ao meio ambiente ecologicamente equilibrado, bem de uso comum do povo e essencial à sadia qualidade de vida, impondo-se ao Poder Público e à coletividade o dever de defendê-lo para as presentes e futuras gerações. § 1º Para assegurar a efetividade desse direito, incumbe ao Poder Público: (...)" Quanto ao item III – art. 170, VI, CF: "A ordem econômica, fundada na valorização do trabalho humano e na livre-iniciativa, tem por fim assegurar a todos existência digna, conforme os ditames da justiça social, observados os seguintes princípios: VI – defesa do meio ambiente, inclusive mediante tratamento diferenciado conforme o impacto ambiental dos produtos e serviços e de seus processos de elaboração e a prestação."

(b) Item IV está incorreto, por não incluir entre os entes federados o Município, art. 23, VI, CF: "É competência comum da União, Estados, do Distrito Federal e dos Municípios: VI – proteger o meio ambiente e combater a poluição em qualquer de suas formas."

(c) Em relação ao item II, não há previsão constitucional atribuindo a esses bens o caráter público, vide art. 225, CF. O item IV, como dito, acima está em desconformidade com o disposto no art. 23, caput, CF.

(d, e) Vide comentários acima.

Gabarito: A

Para responder, tem que estudar: lei.

3.14. Da família, da criança, do adolescente e do idoso

86. (MPE/SP/Promotor/2010/87_Concurso) Assinale a alternativa incorreta:

a) para assegurar a efetividade do direito ao meio ambiente ecologicamente equilibrado, incumbe ao poder público, promover a educação ambiental em todos os níveis de ensino e a conscientização pública para a preservação do meio ambiente.

b) para efeito da proteção do Estado à Família, é reconhecida a união estável entre o homem e a mulher, e entre as pessoas do mesmo sexo, como entidade familiar, devendo a lei facilitar sua conversão em casamento.

c) fundados no princípio da dignidade da pessoa humana e da paternidade responsável, o planejamento familiar é livre decisão do casal, competindo ao Estado propiciar recursos educacionais e científicos para o exercício desse direito, vedada qualquer forma coercitiva por parte de instituições oficiais ou privadas.

d) é dever do Estado fomentar práticas desportivas formais e não formais, como direito de cada um.

e) a Floresta Amazônica brasileira, A Mata Atlântica, a Serra do Mar, o Pantanal Mato-Grossense e a Zona Costeira são patrimônio nacional, e sua utilização far-se-á, na forma da lei, dentro de condições que assegurem a preservação do meio ambiente, inclusive quanto ao uso dos recursos naturais.

ANOTAÇÕES/COMENTÁRIOS

(a) Art. 225, § 1º, VI, CF: § 1º Para assegurar a efetividade desse direito, incube ao Poder Público: VI – promover a educação ambiental em todos os níveis de ensino e conscientização pública para a preservação do meio ambiente."

(b) Art. 226, § 3º, CF: "A família, base da sociedade, tem especial proteção do Estado. § 3º Para efeito da proteção do Estado, é reconhecida a união estável entre o homem e a mulher como entidade familiar, devendo a lei facilitar sua conversão em casamento." Importante destacar que a Suprema Corte, no julgamento da ADIn 4277 e da ADPF 132, admitiu a união estável, assim como o casamento civil de pessoas do mesmo sexo, com fundamento no princípio da dignidade da pessoa humana, em suas faces: direito à opção sexual, ao relacionamento e à felicidade.

(c) O disposto na assertiva está expressamente previsto no art. 226, § 7º, CF.

(d) A alternativa repete o artigo 217, caput, CF.

(e) A alternativa reflete o disposto no artigo 225, § 4º, CF.

Gabarito: B

Para responder, tem que estudar: lei e jurisprudência.

87. (MPE/SP/Promotor/2012/89_Concurso) A Constituição Federal define a família como base da sociedade, garantindo ser reconhecida:

a) a união estável entre o homem e a mulher e a união de pessoas do mesmo sexo como entidade familiar apta a merecer proteção estatal como sinônimo de família.

b) a união estável somente entre o homem e a mulher como entidade familiar apta a merecer proteção estatal, como sinônimo de família.

c) como entidade familiar a comunidade formada por qualquer dos pais e seus descendentes, excluindo-se uniões de pessoas do mesmo sexo.

d) a união estável entre pessoas do mesmo sexo, além da união estável entre homem e a mulher, apta a merecer proteção estatal, porém não como entidade familiar, nem como sinônimo de família.

e) como entidade familiar somente a comunidade formada pelo homem e pela mulher e seus descendentes.

ANOTAÇÕES/COMENTÁRIOS

(a, b) Nos termos da decisão proferida pela Suprema Corte, no bojo da ADI 4.277, prevaleceu o voto do Min. Ayres Britto, relator, que dava interpretação conforme a Constituição ao dispositivo do Código Civil "para excluir do dispositivo em causa qualquer significado que impeça o reconhecimento da união contínua, pública e duradoura entre pessoas do mesmo sexo como família."

(c) A alternativa contempla a família monoparental, art. 226, § 4º, CF: "entende-se por entidade familiar a comunidade formada por qualquer dos pais e seus descendentes." O erro está em não inserir a união estável como entidade familiar.

(d) A proteção constitucional estende-se aos direitos das famílias, e, por isso compreende três espécies de entidade familiar: I – matrimonial, formalizada por meio do casamento; II – família monoparental, formada pelo pai ou a mãe e seus descendentes, e, por último, III – união estável. Destarte, a união estável é reconhecida como entidade familiar.

(e) Vide comentários das alternativas anteriores. Ainda sobre a temática da questão, veja recente julgado do STF (TEMA 529/STF: A preexistência de casamento ou de união estável de um dos conviventes, ressalvada a exceção do artigo 1.723, § 1º, do Código Civil, impede o reconhecimento de novo vínculo referente ao mesmo período, inclusive para fins previdenciários, em virtude da consagração do dever de fidelidade e da monogamia pelo ordenamento jurídico-constitucional brasileiro (RE 1.045.273/SE).

Gabarito: A

Para responder, tem que estudar: lei e jurisprudência.

88. (MPE/SP/Promotor/2015/91_Concurso) Nos termos da Constituição Federal, o direito a proteção especial à criança, ao adolescente e ao jovem deve abranger, dentre outros, os seguintes aspectos:

I. Garantia de inimputabilidade aos menores de dezoito anos, que ficarão sujeitos às normas da legislação especial.

II. Programas de prevenção e atendimento especializado à criança, ao adolescente e ao jovem dependente de entorpecentes e drogas afins.

III. Proibição de quaisquer designações discriminatórias relativas à filiação e igualdade de direitos e qualificações em relação aos filhos, havidos ou não da relação do casamento, ou por adoção.

IV. Aplicação de percentual dos recursos públicos destinados à saúde na assistência materno-infantil.

V. Estímulo do Poder Público, através de assistência jurídica, incentivos fiscais e subsídios, nos termos da lei, ao acolhimento, sob a forma de guarda, de criança ou adolescente órfão ou abandonado.

Está correto apenas o contido em:

a) I, III e V.

b) II e IV.

c) I, II e III.

d) II e V.

e) II, III, IV e V.

ANOTAÇÕES/COMENTÁRIOS

(a) Os itens I e III estão errados. O item I contraria o disposto no art. 228, CF: "São penalmente inimputáveis os menores de dezoito anos, sujeitos às normas da legislação especial." Outrossim, o item III contraria o disposto no art. 227, § 6º, CF: "Os filhos, havidos ou não da relação do casamento, ou por adoção, terão os mesmos direitos e qualificações, proibidas quaisquer designações discriminatórias relativas à filiação."

(b) O item IV contraria o disposto no art. 227, § 1º, I, CF: "O Estado promoverá programas de assistência integral à saúde da criança, do adolescente e do jovem, admitida a participação de entidades não governamentais, mediante políticas específicas e obedecendo aos seguintes preceitos: I – aplicação de percentual dos recursos públicos destinados à saúde na assistência materno-infantil."

(c) Os itens I e III estão incorretos. Vide comentários anteriores.

(d) Os itens II e V repetem o disposto no art. 227, incisos VII e VI e § 3º.

(e) Os itens III e IV estão errados. Vide comentários anteriores.

Gabarito: D

Para responder, tem que estudar: lei e teoria/doutrina.

DIREITO DA INFÂNCIA E DA JUVENTUDE

Autora: *Gabriela Pinheiro de Oliveira*

VISÃO GERAL

PROVA DE DIREITO DA INFÂNCIA E DA JUVENTUDE

Visão geral sobre Direito da Infância e da Juventude: Foram comentadas as provas aplicadas pelo Ministério Público do Estado de São Paulo nos seguintes anos: 2011, 2012, 2013, 2015, 2017 e 2019.

As questões concernentes ao Estatuto da Criança e Adolescente são basicamente cópia de texto de lei. Temas recorrentes: conceito de criança e adolescente, princípios, direitos fundamentais e atos infracionais.

TÓPICOS DO EDITAL	LEGISLAÇÃO	DOUTRINA	JURISPRUDÊNCIA
1. Criança e Adolescente. Princípios e direitos fundamentais do Estatuto da Criança e do Adolescente.	1-2011 3-2012 1-2013 3-2015 3-2017 1-2019	1-2017	1-2017
2. Entidades de atendimento.	1-2012 1-2013		
3. Medidas de proteção.	2-2013		

TÓPICOS DO EDITAL	LEGISLAÇÃO	DOUTRINA	JURISPRUDÊNCIA
4. Prática de ato infracional.	5-2011 2-2012 1-2013 1-2015 1-2019		1-2019
5. Medidas pertinentes aos pais ou responsável.			
6. Conselho tutelar. Processo Eleitoral.	1-2013 1-2019		
7. Acesso à Justiça. Princípios gerais. Competência. Representação processual. Serviços auxiliares.	1-2015 1-2019		
8. Procedimentos e recursos.			
9. Promotor de Justiça da Infância e da Juventude.	1-2019		1-2019
10. Crimes e infrações administrativas.	1-2015 1-2019		1-2015 1-2017 1-2019

1. CRIANÇA E ADOLESCENTE

1. **(MPE/SP/Promotor/2012/89_Concurso)** O Estatuto da Criança e do Adolescente (Lei nº 8.069/90) e o Estatuto do Idoso (Lei nº 10.741/2003) destinam-se a regular os direitos assegurados à criança, considerando-se a pessoa até

   a) doze anos de idade incompletos; ao adolescente, considerando-se a pessoa entre doze e dezoito anos de idade e às pessoas idosas com idade igual ou superior a sessenta anos.

   b) doze anos de idade incompletos; ao adolescente, considerando-se a pessoa entre doze e vinte e um anos de idade e às pessoas idosas com idade igual ou superior a sessenta anos.

   c) doze anos de idade; ao adolescente, considerando-se a pessoa entre doze e dezoito anos de idade e às pessoas idosas com idade igual ou superior a sessenta e cinco anos.

   d) doze anos de idade incompletos; ao adolescente, considerando-se a pessoa entre doze e dezoito anos de idade e às pessoas idosas com idade superior a sessenta e cinco anos.

   e) dezesseis anos de idade incompletos; ao adolescente, considerando-se a pessoa entre dezesseis e vinte e um anos de idade e às pessoas idosas com idade superior a sessenta anos.

ANOTAÇÕES/COMENTÁRIOS

(a) ECA. Art. 2º Considera-se criança, para os efeitos desta Lei, a pessoa até doze anos de idade incompletos, e adolescente aquela entre doze e dezoito anos de idade. // Estatuto do Idoso. Art. 1º É instituído o Estatuto do Idoso, destinado a regular os direitos assegurados às pessoas com idade igual ou superior a 60 (sessenta) anos.

(b) art. 2º do ECA. A assertiva erra ao definir o adolescente aquele entre 12 e 21 anos, contudo conforme definido em lei, o limite máximo de idade para ser considerado adolescente é 18 anos.

(c) art. 2º do ECA. A assertiva está incompleta ao definir criança, pois se esquece que deve ser considerada criança aquela que tem até 12 anos de idade INCOMPLETOS. Ademais, a pessoa para ser considerada idosa deve ter idade igual ou superior a 60 anos.

(d) art. 2º do ECA. Pois enquadra como idoso aquele que tem idade superior a 65 anos, quando na verdade deve ser considerado idoso aquele que tem idade igual ou superior a 60 anos.

(e) art. 2º do ECA. A assertiva erra ao definir como criança a pessoa até 16 anos de idade, contudo na verdade criança que a pessoa com até 12 anos de idade incompletos; e adolescente a pessoa entre 12 e 18 anos. Deve-se lembrar que se enquadra como idoso aquele que tem idade IGUAL ou SUPERIOR a 60 anos.

Gabarito: A

Para responder, tem que estudar: lei.

2. **(MPE/SP/Promotor/2011/88_Concurso)** A criança e o adolescente têm direito à educação, visando ao pleno desenvolvimento de sua pessoa, preparo para o exercício da cidadania e qualificação para o trabalho. A educação abrange os processos formativos que se desenvolvem na vida familiar, na convivência humana, no trabalho, nas instituições de ensino e pesquisa, nos movimentos sociais e organizações da sociedade civil e nas manifestações culturais. Em relação à educação especial, considere:

I. É modalidade de educação escolar, oferecida preferencialmente na rede regular de ensino, para educandos portadores de necessidades especiais.

II. Os sistemas de ensino assegurarão aos educandos com necessidades especiais terminalidade específica para aqueles que não puderem atingir o nível exigido para a conclusão do ensino fundamental, em virtude de suas deficiências, e aceleração para concluir em menor tempo o programa escolar para os superdotados.

III. A oferta de educação especial, dever constitucional do Estado, tem início na faixa etária de zero a seis anos, durante a educação infantil.

IV. As famílias poderão optar pelo atendimento da criança e do adolescente com necessidades especiais em classes, escolas ou serviços especializados, diversos das classes comuns de ensino regular.

Está correto o que se afirma em:

a) I, II, III e IV.

b) I, II e III, apenas.

c) II, III e IV, apenas.

d) I e IV, apenas.

e) II e IV, apenas.

ANOTAÇÕES/COMENTÁRIOS

(I) Deve-se observar que à época da prova não estava em vigor a Lei 12.796/2013 que alterou a Lei 9394/96. Art. 58. Entende-se por educação especial, para os efeitos desta Lei, a modalidade de educação escolar, oferecida preferencialmente na rede regular de ensino, para educandos portadores de necessidades especiais. (redação antiga – Lei 9394/96). Art. 58. Entende-se por educação especial, para os efeitos desta Lei, a modalidade de educação escolar oferecida preferencialmente na rede regular de ensino, para educandos com deficiência, transtornos globais do desenvolvimento e altas habilidades ou superdotação. (Redação da Lei 12.796/13)

(II) Conforme o disposto no art. 59, inciso II, da Lei 9.394/96. Que também sofreu alteração pela Lei 12.796/2013. Art. 59. Os sistemas de ensino assegurarão aos educandos com deficiência, transtornos globais do desenvolvimento e altas habilidades ou superdotação: II – terminalidade específica para aqueles que não puderem atingir o nível exigido para a conclusão do ensino fundamental, em virtude de suas deficiências, e aceleração para concluir em menor tempo o programa escolar para os superdotados;

(III) Conforme o disposto no art. 58, § 3º, da Lei 9.394/96. Art. 58 § 3º A oferta de educação especial, dever constitucional do Estado, tem início na faixa etária de zero a seis anos, durante a educação infantil. § 3º A oferta de educação especial, nos termos do caput deste artigo, tem início na educação infantil e estende-se ao longo da vida, observados o inciso III do art. 4º e o parágrafo único do art. 60 desta Lei. (Redação da Lei 13.632/18).

(IV) A princípio, o gabarito preliminar teria considerado tal assertiva incorreta, contudo, após os recursos decidiram anular a questão. Deve-se considerar também o disposto no art. 58, § 2º, da Lei 9.394/96. Art. 58 § 2º O atendimento educacional será feito em classes, escolas ou serviços especializados, sempre que, em função das condições específicas dos alunos, não for possível a sua integração nas classes comuns de ensino regular. RECURSO E FUNDAMENTAÇÃO: "O Recurso protocolado sob nº 0033 se insurge contra a questão nº 61, da prova tipo "1", sob o argumento de que a "família tem a liberdade de planejar-se da forma que melhor entender" podendo optar, em relação à educação especial, a atendimento diverso das classes comuns do ensino regular. O recorrente pretende que a assertiva IV, da questão nº 61 seja considerada correta. A família não tem o direito de excluir a criança ou o adolescente, com necessidades educacionais especiais, do mundo em que vivem, optando tão somente pela frequência a instituições não educacionais, diversas do ensino regular. O Estado, a sociedade e a família não podem segregar a criança e o adolescente com necessidades educacionais especiais do convívio com a comunidade escolar, excluindo-os do mundo em que vivem. A educação especial deve ocorrer em todas as instituições escolares que ofereçam os níveis, etapas e modalidades da educação escolar previstos na legislação, de modo a propiciar o pleno desenvolvimento das potencialidades sensoriais, afetivas e intelectuais do aluno, não podendo a família optar por classes, escolas ou serviços especializados diversos do ensino regular. Diante do exposto, considerando que o tema da questão está inserido no programa do concurso e não afronta as regras estabelecidas pelo Conselho Nacional do Ministério Público, nego provimento ao recurso protocolado sob nº 0033. A família não tem o direito de excluir a criança ou o adolescente, com necessidades educacionais especiais, do mundo em que vivem, optando tão somente pela frequência a instituições não educacionais, diversas do ensino regular. 3) O Recurso protocolado sob nº 0044 se insurge contra a questão nº 61, da prova tipo "1", sob o argumento de que o tema da educação especial não está inserido no conteúdo programático do Regulamento do Concurso. A educação especial está contemplada na Seção I (educação), do Capítulo III, do Título VIII, da Constituição Federal de 1988 (art. 208, III, CF/88). A Lei 9.394/96 estabelece que a educação escolar compõe-se da educação básica, formada pela educação infantil, ensino fundamental e ensino médio, e da educação superior (art. 21). O art. 58, da Lei 9.394/96 define a educação especial como modalidade de educação escolar. Dessa forma, o tema "educação", previsto no conteúdo programático do Regulamento do Concurso engloba, necessariamente, todos os níveis e modalidades de ensino. A educação especial, como modalidade de educação escolar, perpassa todos os níveis de ensino e vem recebendo atençao do Ministério Público brasileiro em face do princípio constitucional da educação inclusiva. Diante do exposto, considerando que o tema da questão está inserido no programa do concurso e não afronta as regras estabelecidas pelo Conselho Nacional do Ministério Público, nego provimento ao recurso protocolado sob nº 0044. A educação especial está inserida no direito fundamental à educação, pois como modalidade de educação escolar, perpassa todos os níveis de educação e ensino. 4) Os Recursos protocolados sob ns. 0011 e 0048 se insurgem contra a questão nº 61, da prova tipo "1", sob o argumento de que a faixa etária da educação infantil sofreu alteração pela Emenda Constitucional nº 53, de 19/12/2006, tornando a alternativa "III" errada. A questão não abordou o tema da educação infantil, mas sim o tema da educação especial, como modalidade de educação escolar, que perpassa todos os níveis de educação e ensino. A Constituição Federal de 1988 e a Lei de Diretrizes e Bases da Educação fazem nítida distinção entre a educação infantil e a educação especial. A educação infantil foi tratada pelo inciso IV, enquanto que a educação especial foi tratada pelo inciso III, ambos do art. 208, da Constituição de 1988. Da mesma forma os temas foram tratados nos arts. 29 e 30 – educação infantil – e arts. 58 a 60 – educação especial – da Lei 9.394/96. Dessa forma, a Emenda Constitucional nº 53/2006 que alterou tão somente a redação do inciso IV, do art. 208, da Constituição Federal, referente à educação infantil, não alterou as regras estabelecidas no inciso III, do art. 208, da Constituição Federal e nos arts. 58 a 60, da Lei 9.394/96, que garantem a oferta de educação especial em todos os níveis de educação e ensino. Todavia, a questão impugnada, da forma como foi redigida, apresentou erro que pode gerar dúvida quanto a resposta correta. Diante do exposto, dou provimento aos dois (2) recursos protocolados sob nº 0011 e 0048 e anulo a questão de nº 61, da versão de prova tipo "1", em razão de inexistência de alternativa correta".

Gabarito: X

Para responder, tem que estudar: lei.

3. **(MPE/SP/Promotor/2012/89_Concurso)** A colocação em família substituta, além da tutela, far-se-á mediante
   a) guarda, curatela ou adoção.
   b) guarda compartilhada.
   c) guarda, ou adoção.
   d) curatela ou adoção.
   e) curatela especial.

ANOTAÇÕES/COMENTÁRIOS

(a, c, d, e) Vide comentários abaixo.

(c) ECA: Art. 28. A colocação em família substituta far-se-á mediante guarda, tutela ou adoção, independentemente da situação jurídica da criança ou adolescente, nos termos desta Lei. // Dica: família substituta: GAT (guarda, adoção e tutela).

Gabarito: C

Para responder, tem que estudar: lei.

4. **(MPE/SP/Promotor/2012/89_Concurso)** Sobre o direito à convivência familiar e comunitária garantido pelo Estatuto da Criança e do Adolescente e as medidas de proteção aplicáveis à criança ou adolescente, é correto afirmar:
   a) A colocação de criança ou adolescente em família substituta, mediante guarda a terceiros, impede o direito de visitas pelos pais e os dispensa do dever de prestar alimentos.
   b) A colocação da criança ou adolescente em família substituta, em qualquer das modalidades previstas em lei, será possível exclusivamente após decisão judicial definitiva acerca de pedido de destituição ou suspensão do poder familiar.
   c) A colocação de criança ou adolescente em família substituta será precedida de sua preparação gradativa e acompanhamento posterior, realizados pelo Conselho Tutelar.
   d) A inclusão da criança ou adolescente em programa de acolhimento familiar tem como pressuposto legal a impossibilidade de seu acolhimento institucional.
   e) A manutenção ou reintegração de criança ou adolescente à sua família de origem terá preferência em relação a qualquer outra providência.

ANOTAÇÕES/COMENTÁRIOS

(a) ECA: Art. 33, § 4º Salvo expressa e fundamentada determinação em contrário, da autoridade judiciária competente, ou quando a medida for aplicada em preparação para adoção, o deferimento da guarda de criança ou adolescente a terceiros não impede o exercício do direito de visitas pelos pais, assim como o dever de prestar alimentos, que serão objeto de regulamentação específica, a pedido do interessado ou do Ministério Público.

(b) ECA: Art. 28. A colocação em família substituta far-se-á mediante guarda, tutela ou adoção, independentemente da situação jurídica da criança ou adolescente, nos termos desta Lei.

(c) ECA: Art. 28, § 5º A colocação da criança ou adolescente em família substituta será precedida de sua preparação gradativa e acompanhamento posterior, realizados pela equipe interprofissional a serviço da Justiça da Infância e da Juventude, preferencialmente com o apoio dos técnicos responsáveis pela execução da política municipal de garantia do direito à convivência familiar.

(d) ECA: Art. 34, § 1º A inclusão da criança ou adolescente em programas de acolhimento familiar terá preferência a seu acolhimento institucional, observado, em qualquer caso, o caráter temporário e excepcional da medida, nos termos desta Lei.

(e) ECA: Art. 19, § 3º A manutenção ou a reintegração de criança ou adolescente à sua família terá preferência em relação a qualquer outra providência, caso em que será está incluída em serviços e programas de proteção, apoio e promoção, nos termos do § 1º do art. 23, dos incisos I e IV do caput do art. 101 e dos incisos I a IV do caput do art. 129 desta Lei. // Redação atualizada do artigo: § 3º A manutenção ou a reintegração de criança ou adolescente à sua família terá preferência em relação a qualquer outra providência, caso em que será esta incluída em serviços e programas de proteção, apoio e promoção, nos termos do § 1º do art. 23, dos incisos I e IV do caput do art. 101 e dos incisos I a IV do caput do art. 129 desta Lei. (Redação da Lei 13.257/16)

Gabarito: E

Para responder, tem que estudar: lei.

5. **(MPE/SP/Promotor/2013/90_Concurso)** Relativamente às regras para adoção de crianças e adolescentes que estão dispostas no Estatuto da Criança e do Adolescente (Lei n. 8.069, de 13 de julho de 1990), com as alterações legais que a ele foram introduzidas, considere as assertivas a seguir:

   I. Será obrigatório, em qualquer caso de adoção, que se cumpra um período de convivência entre adotante e adotando, o qual deverá ser acompanhado pela equipe interprofissional a serviço da Justiça da Infância e da Juventude, que terá a incumbência de apresentar relatório minucioso a respeito.

   II. Cada Comarca ou Foro Regional deve possuir um cadastro de crianças e adolescentes em condições de serem adotados e outro de pessoas interessadas na adoção.

III. O cadastro nacional de postulantes à adoção e o de crianças e adolescentes em condições de serem adotados são alimentados pela autoridade judiciária, pelo Conselho Nacional de Justiça e pelas autoridades estaduais e federais em matéria de adoção.

IV. A inscrição de postulantes à adoção será precedida de um período de preparação psicossocial e jurídica, preferencialmente com apoio dos técnicos responsáveis pela execução da política municipal de garantia do direito à convivência familiar.

V. Poderá ser deferida adoção em favor de candidato domiciliado no Brasil não cadastrado previamente, se formulada por parente com o qual a criança ou o adolescente mantenha vínculos de afinidade e afetividade.

Está correto o que se afirma apenas em

a) I, II e III.
b) I, III e IV.
c) III, IV e V.
d) II, IV e V.
e) II, III e IV.

ANOTAÇÕES/COMENTÁRIOS

(I) Art. 46, § 1º, do ECA: "O estágio de convivência poderá ser dispensado se o adotando já estiver sob a tutela ou guarda legal do adotante durante tempo suficiente para que seja possível avaliar a conveniência da constituição do vínculo".

(II) ECA: Art. 50. A autoridade judiciária manterá, em cada comarca ou foro regional, um registro de crianças e adolescentes em condições de serem adotados e outro de pessoas interessadas na adoção.

(III) Art. 50, § 9º, do ECA: "Compete à Autoridade Central Estadual zelar pela manutenção e correta alimentação dos cadastros, com posterior comunicação à Autoridade Central Federal Brasileira".

(IV) Art. 50, § 3º do ECA: "A inscrição de postulantes à adoção será precedida de um período de preparação psicossocial e jurídica, orientado pela equipe técnica da Justiça da Infância e da Juventude, preferencialmente com apoio dos técnicos responsáveis pela execução da política municipal de garantia do direito à convivência familiar".

(V) Art. 50, § 13, II, do ECA: "§ 13. Somente poderá ser deferida adoção em favor de candidato domiciliado no Brasil não cadastrado previamente nos termos desta Lei quando: II – for formulada por parente com o qual a criança ou adolescente mantenha vínculos de afinidade e afetividade".

Gabarito: D

Para responder, tem que estudar: lei.

6. **(MPE/SP/Promotor/2015/91_Concurso)** O direito ao respeito de que gozam as crianças e os adolescentes, afirmado em norma contida na Lei n. 8.069/90, não abrange:

a) a imagem e a identidade.
b) os espaços e objetos pessoais.
c) a escolha de trabalho, ofício e profissão.
d) a autonomia, os valores, as ideias e as crenças.
e) a inviolabilidade da integridade física, psíquica e moral.

ANOTAÇÕES/COMENTÁRIOS

(a, c, d, e) Vide comentários abaixo.

(c) ECA: Art. 17. O direito ao respeito consiste na inviolabilidade da integridade física, psíquica e moral da criança e do adolescente, abrangendo a preservação da imagem, da identidade, da autonomia, dos valores, ideias e crenças, dos espaços e objetos pessoais.

Gabarito: C

Para responder, tem que estudar: lei.

7. (MPE/SP/Promotor/2015/91_Concurso) Sobre o direito à educação da criança e do adolescente, aponte a alternativa correta:

a) É dever do Estado o de assegurar à criança e ao adolescente atendimento educacional especializado aos portadores de deficiência, preferencialmente na rede regular de ensino.
b) A criança ou o adolescente não tem direito à rematrícula na mesma escola em que terminou o ano letivo, se existir outra mais próxima da sua residência.
c) A educação infantil de crianças até 6 anos de idade constitui matéria sujeita ao juízo de discricionariedade do Poder Público.
d) A garantia de formação técnico-profissional ao adolescente, segundo as diretrizes e bases da legislação de educação em vigor, dispensa-o da frequência ao ensino regular.
e) Para preservar a imagem da criança, os dirigentes de estabelecimento de ensino fundamental poderão deixar de comunicar maus tratos sofridos pelo seu aluno.

ANOTAÇÕES/COMENTÁRIOS

(a) ECA: "Art. 54. É dever do Estado assegurar à criança e ao adolescente: III – atendimento educacional especializado aos portadores de deficiência, preferencialmente na rede regular de ensino".

(b) STF: MANDADO DE SEGURANÇA. MATRÍCULA EM ESTABELECIMENTO PÚBLICO DE ENSINO. CRITÉRIO DE GEORE-FERENCIAMENTO. INAPLICABILIDADE. DIREITO DE PERMANÊNCIA DO ALUNO NA ESCOLA EM QUE

CONCLUIU O ANO LETIVO. INTELIGÊNCIA DOS ARTIGOS 53, INCISO V, DO ESTATUTO DA CRIANÇA E DO ADOLESCENTE, E 208, § 3º, DA CONSTITUIÇÃO FEDERAL. 1. "O ECA prevê o direito ao aluno de permanecer na instituição de ensino, isso porque, se acostumado com o ambiente, com os professores e com o programa escolar, têm laços de amizade, e daí não poder ser compelido a mudar de escola por um critério"objetivo"(local em que reside)." (TJPR, MS 473.367-1, 2008). Esta decisão chegou ao STF que manteve a decisão do tribunal a quo. (AI 832748, 2014)

(c) CUIDADO!! Alteração legislativa em 2016. ECA: "Art. 54. É dever do Estado assegurar à criança e ao adolescente: IV – atendimento em creche e pré-escola às crianças de zero a cinco anos de idade; (Lei nº 13.306, de 2016)

(d) ECA: Art. 63. A formação técnico-profissional obedecerá aos seguintes princípios: I – garantia de acesso e frequência obrigatória ao ensino regular.

(e) ECA: Art. 56. Os dirigentes de estabelecimentos de ensino fundamental comunicarão ao Conselho Tutelar os casos de: I – maus-tratos envolvendo seus alunos.

Gabarito: A

Para responder, tem que estudar: lei e jurisprudência.

8. (MPE/SP/Promotor/2015/91_Concurso) Aponte a alternativa que contém afirmação incorreta sobre a autorização para viagens de crianças e adolescentes:

a) O adolescente poderá viajar sozinho e livremente por todo o território nacional, sendo desnecessária qualquer autorização.

b) Crianças e adolescentes poderão viajar ao exterior, acompanhados de um dos pais, sem autorização judicial, mediante autorização expressa do outro genitor perante a Polícia Federal.

c) Incide em ato ilícito a transportadora que permite o embarque de criança desacompanhada em viagem interestadual, para comarca não contígua à da sua residência, sem autorização judicial.

d) Crianças e adolescentes poderão viajar ao exterior, acompanhados de terceiros maiores e capazes, com autorização de ambos os pais, por documento com firma reconhecida, independentemente de autorização judicial.

e) É dispensável a autorização judicial, quando se tratar de viagem ao exterior, se a criança ou adolescente estiver na companhia de um dos pais, autorizado expressamente pelo outro, por intermédio de documento com firma reconhecida.

ANOTAÇÕES/COMENTÁRIOS

(a) A alternativa foi considerada correta porque ao tempo do certame o artigo 83 do ECA previa que apenas a criança não poderia viajar para fora da comarca onde residia, desacompanhada dos pais ou responsável, sem expressa autorização judicial. No entanto, o artigo 83 foi alterado pela Lei 13.812 de 16/03/2019, passando a proibir que adolescente viaje sozinho sem expressa autorização judicial. Confira-se: Art. 83. Nenhuma criança ou adolescente menor de 16 (dezesseis) anos poderá viajar para fora da comarca onde reside desacompanhado dos pais ou dos responsáveis sem expressa autorização judicial.

(b) ECA: Art. 84. Quando se tratar de viagem ao exterior, a autorização é dispensável, se a criança ou adolescente: I – estiver acompanhado de ambos os pais ou responsável; II – viajar na companhia de um dos pais, autorizado expressamente pelo outro através de documento com firma reconhecida. // VIAGEM LOCAL CRIANÇA / ADOLESCENTE. REGRA: CRIANÇA ou ADOLESCENTE não pode viajar para fora da comarca onde reside desacompanhada dos pais / responsável. EXCEÇÕES: Poderá a criança ou adolescente viajar: – se obtiver autorização judicial (válida por 2 anos); independentemente de autorização: tratar-se de comarca contígua à da residência da criança ou do adolescente menor de 16 (dezesseis) anos, se na mesma unidade da Federação, ou incluída na mesma região metropolitana; acompanhada de ascendente / colateral (até 3º grau) com comprovação documental; pessoa maior, expressamente autorizada pelo pai, mãe ou responsável. VIAGEM AO EXTERIOR CRIANÇA / ADOLESCENTE: Acompanhada por ambos os pais ou responsável: não há necessidade de autorização; Acompanhada por um dos pais: apenas com autorização expressa do outro ascendente, com firma reconhecida; Acompanhada de estrangeiro residente ou domiciliado no exterior: apenas com autorização judicial

(c) ECA: infração administrativa. Art. 251. Transportar criança ou adolescente, por qualquer meio, com inobservância do disposto nos arts. 83, 84 e 85 desta Lei: Pena – multa de três a vinte salários de referência, aplicando-se o dobro em caso de reincidência.

(d) Em face da Resolução n. 131, do CNJ, que assim dispõe: Art. 1º É dispensável autorização judicial para que crianças ou adolescentes brasileiros residentes no Brasil viajem ao exterior, nas seguintes situações: (i) em companhia de ambos os genitores; (ii) em companhia de um dos genitores, desde que haja autorização do outro, com firma reconhecida; (iii) desacompanhado ou em companhia de terceiros maiores e capazes, designados pelos genitores, desde que haja autorização de ambos os pais, com firma reconhecida.:

(e) Art. 84 do ECA.

Gabarito: B

Para responder, tem que estudar: lei.

9. **(MPE/SP/Promotor/2017/92_Concurso)** É a colocação da criança ou adolescente sob a guarda de pessoa ou casal cadastrado, acompanhado e orientado pelo programa de atendimento específico, mantido por entidade pública ou privada, possuindo natureza excepcional e transitória. Tal conceito corresponde ao instituto

a) da guarda.

b) do acolhimento institucional.

c) da família substituta.
d) do acolhimento multidisciplinar.
e) do acolhimento familiar.

ANOTAÇÕES/COMENTÁRIOS

(a, b, c, d) Vide comentários abaixo.

(e) Art. 34. O poder público estimulará, por meio de assistência jurídica, incentivos fiscais e subsídios, o acolhimento, sob a forma de guarda, de criança ou adolescente afastado do convívio familiar. § 3º A União apoiará a implementação de serviços de acolhimento em família acolhedora como política pública, os quais deverão dispor de equipe que organize o acolhimento temporário de crianças e de adolescentes em residências de famílias selecionadas, capacitadas e acompanhadas que não estejam no cadastro de adoção. § 4º Poderão ser utilizados recursos federais, estaduais, distritais e municipais para a manutenção dos serviços de acolhimento em família acolhedora, facultando-se o repasse de recursos para a própria família acolhedora.

Gabarito: E

Para responder, tem que estudar: lei.

10. (MPE/SP/Promotor/2017/92_Concurso) O Plano Nacional de Educação, aprovado por Lei em 2014 e com vigência de dez anos, contempla metas e estratégias em seu anexo. A Meta 1 do anexo ao Plano consiste na previsão da universalização, até 2016, do acesso ao ensino infantil para crianças entre 4 (quatro) a 5 (cinco) anos de idade, assim como na ampliação "da oferta de educação infantil em creches de forma a atender, no mínimo, 50% (cinquenta por cento) das crianças de até 3 (três) anos até o final da vigência deste PNE". Em face de tal postulado, é correto afirmar que:

a) os Municípios e os Estados, responsáveis solidários pela oferta do ensino infantil em creches, possuem a obrigação de atenderem integralmente à demanda respectiva de forma imediata e conforme ela se apresente, vez que o acesso ao ensino infantil em creches é direito público subjetivo assegurado em norma de eficácia plena pela Constituição Federal.
b) os Municípios e os Estados, responsáveis solidários pela oferta do ensino infantil, foram aquinhoados com prazo suplementar para o atendimento de crianças com até 3 (três) anos em creches, motivo por que petizes até mencionada faixa etária não possuem direito líquido e certo de acesso imediato à rede pública de ensino, possuindo a norma constitucional pertinente natureza programática.
c) os Municípios, responsáveis principais pela oferta de ensino infantil em creches, possuem a obrigação de atenderem integralmente à demanda respectiva de forma imediata e conforme ela se apresente, vez que o acesso ao

ensino infantil em creches é direito público subjetivo assegurado em norma de eficácia plena pela Constituição Federal.

d) a União, os Estados e os Municípios possuem responsabilidade solidária pela oferta do ensino infantil em creches, podendo dispor, na esfera infralegal, acerca do prazo necessário para a universalização do atendimento da demanda respectiva, vez que o acesso ao ensino infantil em creches é direito público subjetivo assegurado em norma programática pela Constituição Federal.

e) os Municípios, responsáveis principais pela oferta do ensino infantil, foram aquinhoados com prazo suplementar para o atendimento de crianças de até 3 (três) anos em creches, motivo por que infantes até mencionada faixa etária não possuem direito líquido e certo de acesso imediato à rede pública de ensino, possuindo a norma constitucional respectiva natureza programática.

ANOTAÇÕES/COMENTÁRIOS

(a) CF/88, Art. 208. O dever do Estado com a educação será efetivado mediante a garantia de: IV – educação infantil, em creche e pré-escola, às crianças até 5 (cinco) anos de idade; e § 1º O acesso ao ensino obrigatório e gratuito é direito público subjetivo.

(b) Art. 211, § 2º Os Municípios atuarão prioritariamente no ensino fundamental e na educação infantil.

(c) Lei 9.394/96 – LDB. Art. 4º O dever do Estado com educação escolar pública será efetivado mediante a garantia de: I – educação básica obrigatória e gratuita dos 4 (quatro) aos 17 (dezessete) anos de idade, organizada da seguinte forma: a) pré-escola; b) ensino fundamental; c) ensino médio; II – educação infantil gratuita às crianças de até 5 (cinco) anos de idade;

(d) Art. 21. A educação escolar compõe-se de: I – educação básica, formada pela educação infantil, ensino fundamental e ensino médio; II – educação superior.

(e) Art. 30. A educação infantil será oferecida em: I – creches, ou entidades equivalentes, para crianças de até três anos de idade; II – pré-escolas, para as crianças de 4 (quatro) a 5 (cinco) anos de idade.

Gabarito: C

Para responder, tem que estudar: lei.

11. (MPE/SP/Promotor/2017/92_Concurso) A Constituição Federal de 1988 impôs ao legislador infraconstitucional o dever de tratar a criança e o adolescente como sujeitos de direito - e não mais como mero objeto de intervenção do mundo adulto. Nessa linha, o Estatuto da Criança e do Adolescente, em seu Título II, especificou direitos denominados fundamentais de infantes e jovens. Em tal contexto, atribuiu às crianças e aos adolescentes direitos de defesa mesmo em face dos adultos a quem o ordenamento jurídico os subordina. Dentre tais direitos, encontra-se o de defesa da integridade físico-psíquica e moral, na sua faceta de proteção aos direitos de fruir e de desenvolver a própria personalidade, de defender-se de agressões comprometedoras de sua condição de pessoa em face de desenvolvimento, especificamente quando as iniciativas nefastas partam de pessoas a quem a lei impôs o dever de, direta e rotineiramente, protegê-los contra os ataques dos demais membros do grupo social, devendo ser-lhes prestado, para tanto, o suporte necessário. Tal contextualização correspondente ao direito de liberdade de

a) buscar orientação.
b) buscar refúgio.
c) participar da vida familiar sem discriminação.
d) opinião e de expressão.
e) ser ouvido e de participar das decisões comuns ao núcleo familiar que integra.

ANOTAÇÕES/COMENTÁRIOS

(a, c, d, e) Vide comentários abaixo.

(b) ECA, Art. 16 O Direito à liberdade compreende os seguintes aspectos: VII – buscar refúgio, auxílio e orientação. // Justificativa para o indeferimento dos recursos: O direito de refúgio possui matiz constitucional. Nessa cepa, o art. 226, § 8º, da Carta de Princípios impõe ao Estado o dever de prestar assistência à família na pessoa de cada um de seus integrantes, criando mecanismos para coibir a violência no âmbito de suas relações. Assim, constitui o direito de refúgio "a liberdade conferida a crianças e a adolescentes de atuarem para defender-se de agressões por parte daqueles a quem a lei impôs o dever de, direta e cotidianamente, proteger o sujeito vulnerável contra os ataques (potenciais ou concretos) dos demais membros do grupo social" (cf. Martha de Toledo Machado, Direito da Infância e Juventude, in Nunes Júnior, Vidal Serrano, Manual de Direitos Difusos). Nessa linha – e ainda segundo mencionada Autora –, a liberdade de refúgio "vem, essencialmente, como proteção adjetiva da integridade físico-psíquica e moral específica, na sua faceta de proteção aos direitos de fruir e de desenvolver a própria personalidade, de defender-se da agressão comprometedora da autoconstrução do sujeito em fase de desenvolvimento" (cf. op. e loc. cits.). O seu exercício, dessarte, ocorre como verdadeiro instrumento de defesa da criança e do adolescente, em especial em face daqueles incumbidos de protegê-los por força de dever legal. De outra sorte, o direito de buscar orientação possui espectro diverso, sendo, antes, um instrumento de suporte à formação da pessoa vulnerável – e não um mecanismo de defesa. Nessa linha, o direito de refúgio almeja proteger a criança e o adolescente contra agressões à sua integridade moral, física e psíquica – notadamente daquelas advindas das pessoas legalmente incumbidas de por eles zelarem –, ao passo em que o direito de orientação é instrumento de suporte à plena formação da pessoa humana, com o escopo de eliminar-lhe as dúvidas e de indicar-lhe os melhores caminhos. O direito de orientação é, dessarte, instrumento de apoio e esclarecimento – e não mecanismo de defesa, como proposto pelo postulado da questão.

Gabarito: B

Para responder, tem que estudar: lei.

12. (MPE/SP/Promotor/2017/92_Concurso) X, viúvo, maior e capaz, era reconhecido socialmente como o pai de Y, criança com 10 anos de idade, dando a esta amplo amparo material e moral. Demais disso, X detinha a guarda de Y, a qual foi concedida em caráter excepcional, para suprir a falta dos pais biológicos, sem que houvesse procedimento de tutela ou de adoção em curso, como autorizado pelo art. 33, § 2º, do Estatuto da Criança e do Adolescente. Às pessoas próximas, X manifestava a sua intenção de, em breve, adotar Y, formalizando, assim, o vínculo familiar e afetivo que mantinham. Contudo, antes que pudesse iniciar o procedimento de adoção, X veio a falecer em acidente de trânsito. Ciente da situação, Z, com 24 anos de idade, único filho biológico de X, ingressou em juízo, postulando o deferimento da adoção póstuma de Y em nome de seu pai X. Ao abrigo do art. 42, § 6º, do Estatuto da Criança e do Adolescente, o qual reza que "a adoção poderá ser deferida ao adotante que, após inequívoca manifestação de vontade, vier a falecer no curso do procedimento, antes de prolatada a sentença", assim como ao argumento de que Z deveria ingressar com o pedido figurando, ele próprio, como postulante à adoção – e não seu pai, pré-morto, o Magistrado negou o pedido. Consideradas tais premissas e o posicionamento do Superior Tribunal de acerca do tema, é correto afirmar que a decisão encontra-se:

a) totalmente equivocada, vez que Z, herdeiro legítimo e sucessor de X, não poderia postular a adoção em seu próprio nome, em face de impedimento legal objetivo, mas poderia formular o pleito em nome de seu pai, mostrando-se, para o deferimento respectivo, dispensável a prova de que o falecimento ocorreu durante o curso do procedimento de adoção, desde que demonstrado, por outros meios, o efetivo desejo de X de formalizá-la.

b) parcialmente equivocada, pois, muito embora Z pudesse postular a adoção em seu próprio nome, também estava autorizado a fazê-lo em nome de seu pai, mostrando-se, para o deferimento respectivo, dispensável a prova de que o falecimento ocorreu durante o curso do procedimento de adoção, desde que demonstrado, por outros meios, o efetivo desejo de X de realizá-la.

c) Z deveria postular a adoção em nome próprio em face da inexistência, quando da morte de seu pai, de procedimento em curso.

d) parcialmente equivocada, pois, muito embora o deferimento do pedido independa da prévia existência do procedimento de adoção, Z somente teria legitimidade ativa para realizar o pleito em nome de seu pai acaso nomeado inventariante dos bens por este deixados.

e) parcialmente equivocada, pois, muito embora Z estivesse legitimado para formular o pedido em nome de seu pai, não havia em curso, quando da morte deste, procedimento de adoção.

ANOTAÇÕES/COMENTÁRIOS

(a) Art. 42, § 6º A adoção poderá ser deferida ao adotante que, após inequívoca manifestação de vontade, vier a falecer no curso do procedimento, antes de prolatada a sentença. // O STJ adota uma interpretação ampliativa desse dispositivo e afirma que em situações nas quais ficar amplamente demonstrada a inequívoca vontade de adotar, é possível o deferimento da adoção póstuma mesmo que o adotante não tenha dado início ao processo formal para tanto (STJ, REsp 1.326.728, 2013). // Justificativa para o indeferimento dos recursos: O posicionamento externado pela questão é o sufragado pelo Superior Tribunal de Justiça, como pode ser visto, dentre outros, dos julgamentos dos Recursos Especiais 457.635 (2002), 1.217.415 (2012) e 1.663.137 (2017). Ao reverso do constante do recurso 022, a questão mencionou a idade dos envolvidos, donde possível aferir-se que entre Z e Y não havia diferença etária superior a 16 anos. Outrossim, como aferido no REsp 1.663.137 acima citado, o sucessor e/ou o cônjuge do falecido tem legitimidade ativa para mover a pertinente demanda. Já a decisão mencionada no recurso, dentre outros, trata de tema assaz diverso daquele constante da questão: cuida de demanda de reconhecimento de paternidade socioafetiva movida pelos netos em face dos indigitados avós, com lastro no Código Civil, ao passo em que o problema posto envolve a adoção de criança, regida pelo sistema do Estatuto da Criança e do Adolescente, como expressamente constante do respectivo postulado (art. 42, § 2º, da Lei Federal nº 8.069/90). Resultado: recursos improcedentes.

(b, c, d, e) Vide comentários acima.

Gabarito: A

Para responder, tem que estudar: jurisprudência.

13. (MPE/SP/Promotor/2017/92_Concurso) Nos termos do art. 3º da Lei Federal n 8.069/90, "a criança e o adolescente gozam de todos os direitos fundamentais inerentes à pessoa humana, sem prejuízo da proteção integral de que trata esta Lei...". A partir de tal postulado, é correto afirmar que o dispositivo em comento instituiu o princípio da proteção integral, cujo conteúdo nuclear significa que as crianças e os adolescentes

a) possuem direitos específicos, assegurados pelo ordenamento infraconstitucional, os quais em boa medida importam em prestações positivas atribuídas às pessoas legalmente incumbidas de defendê-los.

b) têm consagrado o princípio da prioridade absoluta, trazido pela Constituição Federal, concorrendo, em termos prioritários, tão somente com os idosos e com as pessoas com deficiência.

c) titularizam direitos peculiares, advindos de Tratados e Convenções Internacionais recepcionados pelo ordenamento jurídico interno.

d) titularizam direitos específicos, assegurados pelo ordenamento infraconstitucional, os quais integram o vetor da Dignidade da Pessoa Humana, motivo por que não podem ser objeto de retrocesso.

e) são titulares de direitos fundamentais específicos, como os direitos à convivência familiar e à inimputabilidade penal.

ANOTAÇÕES/COMENTÁRIOS

Diferenciar os princípios: absoluta prioridade; proteção especial; proteção integral, absoluta prioridade. // Justificativa para o indeferimento dos recursos: "Ao referir-se ao conteúdo nuclear do princípio, mostra-se evidente que a pergunta almejava dos Candidatos informações acerca de seu objeto, de seu cerne, do fator que o distingue de outros institutos e justifica a sua própria existência – e não de sua origem. Nessa cepa, não há confundir-se proteção integral com proteção especial (prevista no art. 227, § 3º, da Magna Carta), que fundamenta medidas protetivas como a inimputabilidade penal (art. 227) e a prioridade absoluta (art. 227 caput), tampouco com o vetor da Dignidade da Pessoa Humana, insculpido no art. 1º, III, da Magna Carta, e que impõe a instituição dos Direitos Fundamentais e a consagração dos Direitos Humanos, valores que a todos aproveitam. Assim, quando o art. 3º da Lei Federal nº 8.069/90 afirma que "a criança e o adolescente gozam de todos os direitos fundamentais inerentes à pessoa humana, sem prejuízo da proteção integral de que trata esta Lei...", está afirmando que, além dos direitos constitucionalmente consagrados e que decorrem do vetor Dignidade da Pessoa Humana, outros específicos há, consagrados pelo próprio Estatuto da Criança e do Adolescente, os quais não nutrem, por necessário, os predicamentos da fundamentalidade, tampouco integram o vetor da Dignidade da Pessoa Humana. Exemplifica-se com direitos como os de brincar e divertir-se (art. 16, IV), buscar auxílio, refúgio e orientação (art. 16, VII), permanecer, enquanto neonato, junto à mãe nos hospitais (art. 10, V), de serem defendidos e protegidos, fatos que invariavelmente importam em prestações positivas voltadas àqueles que nutrem sobre os infantes e jovens deveres de cuidado (a família, o Estado e a sociedade, nos termos do art. 227 da Magna Carta). Tais direitos peculiares não integram, em sua maioria, o vetor da Dignidade da Pessoa Humana, não possuem, como afirmado, traços de fundamentalidade nem decorrem da proteção especial constitucionalmente prevista: antes, encontram-se arrimados exclusivamente no princípio da proteção integral, motivo por que integram verdadeiramente seu conteúdo nuclear".

Gabarito: A

Para responder, tem que estudar: lei e teoria/doutrina.

14. (MPE/SP/Promotor/2019/93_Concurso) Assinale a alternativa correta.

a) A simples guarda de fato não autoriza, por si só, a dispensa da realização do estágio de convivência, que será de 45 dias, excepcionalmente prorrogado por igual período.

b) A condenação criminal de pai ou mãe, por si só, não implicará em destituição do poder familiar, senão por qualquer crime doloso.

c) O cadastro de adotantes não admite exceções de prioridade, senão para adoções de irmão.

d) A adolescente em acolhimento institucional terá garantida a convivência integral com seu filho, inclusive com acompanhamento multidisciplinar.

e) A família extensa ou ampliada vai além da unidade formada pelos pais e seus filhos, podendo incluir parentes próximos sem vínculo de afinidade.

ANOTAÇÕES/COMENTÁRIOS

(a) Art. 46, do ECA. A adoção será precedida de estágio de convivência com a criança ou adolescente, pelo prazo máximo de 90 dias, observadas a idade da criança ou adolescente e as peculiaridades do caso. § 1º O estágio de convivência poderá ser dispensado se o adotando já estiver sob a tutela ou guarda legal do adotante durante tempo suficiente para que seja possível avaliar a conveniência da constituição do vínculo. § 2º A simples guarda de fato não autoriza, por si só, a dispensa da realização do estágio de convivência.

(b) Art. 23, §2º, do ECA. A condenação criminal do pai ou da mãe não implicará a destituição do poder familiar, exceto na hipótese de condenação por crime doloso sujeito à pena de reclusão contra outrem igualmente titular do mesmo poder familiar ou contra filho, filha ou outro descendente.

(c) Art. 47, §9º, do ECA. Terão prioridade de tramitação os processos de adoção em que o adotando for criança ou adolescente com deficiência ou com doença crônica. Observar que o Art. 50, §15º, do ECA, trata a prioridade no cadastro. Já o art. 47, §9º, do ECA, trata da prioridade no processo.

(d) Art. 19, § 5º, do ECA. Será garantida a convivência integral da criança com a mãe adolescente que estiver em acolhimento institucional. Correta a alternativa.

(e) Art. 25, PU, do ECA. Entende-se por família extensa ou ampliada aquela que se estende para além da unidade pais e filhos ou da unidade do casal, formada por parentes próximos com os quais a criança ou adolescente convive e mantém vínculos de afinidade e afetividade.

Gabarito: D

Para responder, tem que estudar: lei.

2. ENTIDADES DE ATENDIMENTO

15. (MPE/SP/Promotor/2012/89_Concurso) As entidades de atendimento da criança e do adolescente, governamentais e não governamentais, serão fiscalizadas pelo Judiciário, pelo Ministério Público e pelos Conselhos Tutelares. Nos termos do Estatuto da Criança e do Adolescente (Lei nº 8.069/90), são medidas aplicáveis às entidades de atendimento que descumprirem obrigações nele contidas:

I. Às entidades governamentais: advertência, afastamento provisório de seus dirigentes, afastamento definitivo de seus dirigentes e fechamento de unidade ou interdição de programa.

II. Às entidades não governamentais: advertência, suspensão total ou parcial do repasse de verbas públicas, interdição de unidades ou suspensão de programa e cassação do registro.

III. Às entidades governamentais: afastamento provisório de seus dirigentes, afastamento definitivo de seus dirigentes, intervenção administrativa e fechamento de unidade ou interdição de programa.

IV. Às entidades não governamentais: advertência, suspensão total ou parcial do repasse de verbas públicas, interdição de unidades ou suspensão de programa e intervenção administrativa.

Está correto o que se afirma apenas em

a) III e IV.
b) I e IV.
c) IV.
d) II e III.
e) I e II.

ANOTAÇÕES/COMENTÁRIOS

(I) ECA: "Art. 97. São medidas aplicáveis às entidades de atendimento que descumprirem obrigação constante do art. 94, sem prejuízo da responsabilidade civil e criminal de seus dirigentes ou prepostos: I – às entidades governamentais: a) advertência; b) afastamento provisório de seus dirigentes; c) afastamento definitivo de seus dirigentes; d) fechamento de unidade ou interdição de programa".

(II) Art. 97, II, do ECA: "II – às entidades não-governamentais: a) advertência; b) suspensão total ou parcial do repasse de verbas públicas; c) interdição de unidades ou suspensão de programa; d) cassação do registro.

(III) Conforme o art. 97, inciso I, não há previsão de medida a ser aplicada a intervenção administrativa.

(IV) Conforme o art. 97, inciso II, não há previsão de medida a ser aplicada a intervenção administrativa.

Gabarito: E

Para responder, tem que estudar: lei.

16. (MPE/SP/Promotor/2013/90_Concurso) Relativamente às entidades de atendimento a crianças e adolescentes, assinale a alternativa correta.

a) São responsáveis pela manutenção das próprias unidades, assim como pelo planejamento e execução de programas de proteção e socioeducativos destinados a crianças e adolescentes.
b) Seus programas em execução deverão ser reavaliados pelo Conselho Municipal dos Direitos da Criança e do Adolescente, no máximo, a cada intervalo de 12 (doze) meses.
c) As entidades governamentais estão dispensadas de proceder à inscrição de seus programas no Conselho Municipal de Direitos da Criança e do Adolescente.
d) Constitui um dos critérios para a renovação da autorização de funcionamento de qualquer entidade, dentre os previstos em lei, a aprovação de suas contas pelo Conselho Tutelar, Ministério Público ou pela Justiça da Infância e da Juventude.

e) O registro junto ao Conselho Municipal dos Direitos da Criança e do Adolescente para as entidades não governamentais que desenvolvam programas de acolhimento institucional ou familiar terá validade máxima de 4 (quatro) anos, e para as que desenvolvam outros programas a validade máxima é de dois anos.

ANOTAÇÕES/COMENTÁRIOS

(a) ECA: Art. 90. As entidades de atendimento são responsáveis pela manutenção das próprias unidades, assim como pelo planejamento e execução de programas de proteção e socioeducativos destinados a crianças e adolescentes, em regime de:

(b) Art. 90, § 3º, do ECA: § 3º Os programas em execução serão reavaliados pelo Conselho Municipal dos Direitos da Criança e do Adolescente, no máximo, a cada 2 (dois) anos, constituindo-se critérios para renovação da autorização de funcionamento:

(c) Art. 90, § 1º, do ECA: § 1º As entidades governamentais e não governamentais deverão proceder à inscrição de seus programas, especificando os regimes de atendimento, na forma definida neste artigo, no Conselho Municipal dos Direitos da Criança e do Adolescente, o qual manterá registro das inscrições e de suas alterações, do que fará comunicação ao Conselho Tutelar e à autoridade judiciária.

(d) Art. 90, § 3º, I, II e III, do ECA: § 3º Os programas em execução serão reavaliados pelo Conselho Municipal dos Direitos da Criança e do Adolescente, no máximo, a cada 2 (dois) anos, constituindo-se critérios para renovação da autorização de funcionamento: I – o efetivo respeito às regras e princípios desta Lei, bem como às resoluções relativas à modalidade de atendimento prestado expedidas pelos Conselhos de Direitos da Criança e do Adolescente, em todos os níveis; II – a qualidade e eficiência do trabalho desenvolvido, atestadas pelo Conselho Tutelar, pelo Ministério Público e pela Justiça da Infância e da Juventude III – em se tratando de programas de acolhimento institucional ou familiar, serão considerados os índices de sucesso na reintegração familiar ou de adaptação à família substituta, conforme o caso.

(e) ECA: Art. 91. As entidades não-governamentais somente poderão funcionar depois de registradas no Conselho Municipal dos Direitos da Criança e do Adolescente, o qual comunicará o registro ao Conselho Tutelar e à autoridade judiciária da respectiva localidade. § 2º O registro terá validade máxima de 4 (quatro) anos, cabendo ao Conselho Municipal dos Direitos da Criança e do Adolescente, periodicamente, reavaliar o cabimento de sua renovação, observado o disposto no § 1º deste artigo.

Gabarito: A

Para responder, tem que estudar: lei.

3. MEDIDAS DE PROTEÇÃO

17. (MPE/SP/Promotor/2013/90_Concurso) Relativamente às medidas específicas de proteção previstas no Estatuto da Criança e do Adolescente (Lei n.

8.069, de 13 de julho de 1990), com as alterações legais que a ele foram introduzidas, o princípio da prevalência da família significa:

a) Na promoção de direitos e na proteção da criança e do adolescente, deve ser dada prevalência às medidas que promovam sua integração em família estruturada do ponto de vista econômico e emocional, ainda que sem vínculo biológico.

b) Na promoção de direitos e na proteção da criança e do adolescente, deve ser dada prevalência a medidas que promovam sua inserção em programas de acolhimento familiar.

c) Na promoção de direitos e na proteção da criança e do adolescente, deve ser dada prevalência para medidas que viabilizem a adoção internacional.

d) Na promoção de direitos e na proteção da criança e do adolescente, deve ser dada prevalência para as medidas que permitam sua inserção em família de situação econômica de padrão superior ao da família de natural.

e) Na promoção de direitos e na proteção da criança e do adolescente, deve ser dada prevalência para as medidas que os mantenham ou reintegrem na sua família natural ou extensa, ou, se isto não for possível, que promovam a sua integração em família substituta.

ANOTAÇÕES/COMENTÁRIOS

(a, b, c, d) Vide comentários abaixo.

(e) ECA: Art. 100. Na aplicação das medidas levar-se-ão em conta as necessidades pedagógicas, preferindo-se aquelas que visem ao fortalecimento dos vínculos familiares e comunitários. Parágrafo único. São também princípios que regem a aplicação das medidas: X – prevalência da família: na promoção de direitos e na proteção da criança e do adolescente deve ser dada prevalência às medidas que os mantenham ou reintegrem na sua família natural ou extensa ou, se isto não for possível, que promovam a sua integração em família substituta; X – prevalência da família: na promoção de direitos e na proteção da criança e do adolescente deve ser dada prevalência às medidas que os mantenham ou reintegrem na sua família natural ou extensa ou, se isso não for possível, que promovam a sua integração em família adotiva; (Redação da Lei 13.509/17)

Gabarito: E

Para responder, tem que estudar: lei.

18. (MPE/SP/Promotor/2017/92_Concurso) Dentre as medidas específicas de proteção, textualmente previstas no art. 101 da Lei Federal n. 8.069/90, não se encontra arrolada a de

a) encaminhamento aos pais mediante termo de responsabilidade.

b) requisição de tratamento psiquiátrico em regime hospitalar.

c) acolhimento institucional.

d) abrigo em entidade.
e) colocação em família substituta.

ANOTAÇÕES/COMENTÁRIOS

(a) ECA, Art. 101. Verificada qualquer das hipóteses previstas no art. 98, a autoridade competente poderá determinar, dentre outras, as seguintes medidas: II – orientação, apoio e acompanhamento temporários.

(b) ECA, Art. 101. Verificada qualquer das hipóteses previstas no art. 98, a autoridade competente poderá determinar, dentre outras, as seguintes medidas: V – requisição de tratamento médico, psicológico ou psiquiátrico, em regime hospitalar ou ambulatorial.

(c) ECA, Art. 101. Verificada qualquer das hipóteses previstas no art. 98, a autoridade competente poderá determinar, dentre outras, as seguintes medidas: VII – acolhimento institucional.

(d) Alternativa não se encontra prevista no artigo 101 do ECA.

(e) ECA, Art. 101. Verificada qualquer das hipóteses previstas no art. 98, a autoridade competente poderá determinar, dentre outras, as seguintes medidas: IX – colocação em família substituta.

Gabarito: D

Para responder, tem que estudar: lei.

4. PRÁTICA DE ATO INFRACIONAL

19. (MPE/SP/Promotor/2011/88_Concurso) De acordo com o Estatuto da Criança e do Adolescente, a internação provisória do adolescente, antes da sentença, pela prática de ato infracional:

a) só pode ser determinada pela autoridade judiciária de ofício e por um prazo não superior a 30 (trinta) dias.
b) pode ser determinada de ofício pelo Juiz ou a requerimento do Ministério Público, não podendo ultrapassar o prazo de 45 (quarenta e cinco) dias.
c) poderá ser determinada pelo Juiz, bastando, para tanto, a presença de prova da materialidade do ato infracional e por prazo nunca superior a 5 (cinco) dias.
d) nunca poderá ser determinada em face do princípio da presunção de inocência, constitucionalmente consagrado.
e) poderá ser determinada pelo representante do Ministério Público, desde que o autor do ato infracional registre antecedentes.

ANOTAÇÕES/COMENTÁRIOS

(a, c, d, e) Vide comentários abaixo.

(b) ECA: Art. 108. A internação, antes da sentença, pode ser determinada pelo prazo máximo de quarenta e cinco dias. Parágrafo único. A decisão deverá ser fundamentada e basear-se em indícios suficientes de autoria e materialidade, demonstrada a necessidade imperiosa da medida.

Gabarito: B

Para responder, tem que estudar: lei.

20. (MPE/SP/Promotor/2011/88_Concurso) De acordo com a legislação vigente, a medida socioeducativa de internação:

a) em nenhuma hipótese pode exceder o período máximo de 3 (três) anos, devendo sua manutenção ser reavaliada, em decisão fundamentada, no máximo a cada 6 (seis) meses.

b) poderá ser superior a 3 (três) anos se houver descumprimento reiterado e injustificável da medida anteriormente imposta.

c) poderá ser aplicada em face da prática de qualquer ato infracional, ainda que o adolescente não registre antecedentes.

d) não comporta prazo determinado e, durante o seu cumprimento, não será permitida a realização de atividades externas, salvo expressa determinação judicial em contrário.

e) poderá ser aplicada pela autoridade judiciária competente, em havendo requerimento do Ministério Público a respeito, ainda que haja outra medida que se revele adequada.

ANOTAÇÕES/COMENTÁRIOS

(a) Art. 121, § 2º e § 3º, do ECA: § 2º A medida não comporta prazo determinado, devendo sua manutenção ser reavaliada, mediante decisão fundamentada, no máximo a cada seis meses. § 3º Em nenhuma hipótese o período máximo de internação excederá a três anos.

(b) Art. 121, § 3º, do ECA.

(c) Conforme dispõe o art. 122, incisos I, II e III, do ECA, determina quais são as hipóteses em que poderá ser aplicada a medida de internação: Art. 122. A medida de internação só poderá ser aplicada quando: I – tratar-se de ato infracional cometido mediante grave ameaça ou violência a pessoa; II – por reiteração no cometimento de outras infrações graves; III – por descumprimento reiterado e injustificável da medida anteriormente imposta.

(d) A assertiva está correta ao dizer que a medida de internação não comporta prazo de terminado, contudo, a prática de atividades externas é permitida sendo vedada apenas em caso de expressa determinação judicial, de acordo com o previsto no ECA: Art. 121. § 1º Será permitida a realização de atividades externas, a critério da equipe técnica da entidade, salvo expressa determinação judicial em contrário.

(e) De acordo com o § 2º, do art. 122, não poderá ser aplicada a medida de internação se houver outra medida mais adequada. § 2º. Em nenhuma hipótese será aplicada a internação, havendo outra medida adequada

Gabarito: A

Para responder, tem que estudar: lei.

21. (MPE/SP/Promotor/2011/88_Concurso) Com relação à medida de semiliberdade, prevista no Estatuto da Criança e do Adolescente, é correto afirmar que:

a) será sempre fixada com prazo determinado a critério do Juiz, tendo em conta a gravidade do ato infracional.

b) somente pode ser determinada como forma de transição para o meio aberto.

c) admite a realização de atividades externas, mas sempre com autorização judicial.

d) admite, no que couber, as disposições relativas à internação.

e) não exige escolarização e profissionalização durante o seu cumprimento.

ANOTAÇÕES/COMENTÁRIOS

(a) ECA: Art. 120. § 2º A medida não comporta prazo determinado aplicando-se, no que couber, as disposições relativas à internação.

(b) A palavra "somente" torna a alternativa incorreta. Conforme dispõe o art. 120, caput, do ECA, o regime de semiliberdade pode ser determinado desde o início ou como forma de transição para o meio aberto: "Art. 120. O regime de semiliberdade pode ser determinado desde o início, ou como forma de transição para o meio aberto, possibilitada a realização de atividades externas, independentemente de autorização judicial".

(c) A palavra sempre torna incorreta a assertiva. Conforme dispõe o caput, do art. 120, a realização de atividades externas independe de autorização judicial.

(d) Conforme prevê expressamente o final do § 2º, do art. 120, determina que se aplique as disposições relativas à internação naquilo que couber.

(e) Ao contrário do que dispõe a assertiva, a escolarização e a profissionalização é obrigatória no regime de semiliberdade, conforme rege o Art. 120: "§ 1º São obrigatórias a escolarização e a profissionalização, devendo, sempre que possível, ser utilizados os recursos existentes na comunidade".

Gabarito: D

Para responder, tem que estudar: lei.

22. (MPE/SP/Promotor/2011/88_Concurso) Assinale a alternativa incorreta. O adolescente que estiver privado de sua liberdade poderá

a) ficar incomunicável excepcionalmente se o interesse público assim o exigir.
b) peticionar diretamente perante qualquer autoridade.
c) receber visitas, a não ser que tenham sido suspensas pela autoridade judiciária no interesse do adolescente.
d) avistar-se reservadamente com seu defensor.
e) entrevistar-se pessoalmente com o representante do Ministério Público.

ANOTAÇÕES/COMENTÁRIOS

(a) Art. 124, § 1º, do ECA: "§ 1º Em nenhum caso haverá incomunicabilidade. A palavra "somente" torna a alternativa incorreta. Conforme dispõe o art. 120, caput, do ECA, o regime de semiliberdade pode ser determinado desde o início ou como forma de transição para o meio aberto."

(b) Art. 124, II, do ECA.

(c) Art. 124, VII e § 2º, do ECA: "§ 2º A autoridade judiciária poderá suspender temporariamente a visita, inclusive de pais ou responsável, se existirem motivos sérios e fundados de sua prejudicialidade aos interesses do adolescente."

(d) Art. 124, III, do ECA.

(e) Art. 124, I, do ECA.

Gabarito: D

Para responder, tem que estudar: lei.

23. (MPE/SP/Promotor/2011/88_Concurso) No que diz respeito à remissão, prevista no Estatuto da Criança e do Adolescente, não é correto afirmar que:

a) poderá ser concedida pela autoridade judiciária, depois de iniciado o procedimento, sendo que sua concessão importará na suspensão ou extinção do processo.
b) poderá ser concedida pelo representante do Ministério Público, antes do início do procedimento judicial para a apuração de ato infracional, como forma de exclusão do processo.
c) implica necessariamente o reconhecimento ou comprovação da responsabilidade do autor de ato infracional e prevalece para efeito de antecedentes.
d) poderá ser concedida pelo representante do Ministério Público, tendo em conta as circunstâncias e consequências do fato, o contexto social, a

personalidade do adolescente e sua maior ou menor participação no ato infracional.

e) poderá ser novamente concedida ao mesmo adolescente se vier ele a praticar outro ato infracional.

ANOTAÇÕES/COMENTÁRIOS

(a) ECA: Art. 126. Parágrafo único. Iniciado o procedimento, a concessão da remissão pela autoridade judiciária importará na suspensão ou extinção do processo.

(b, d) ECA: Art. 126. Antes de iniciado o procedimento judicial para apuração de ato infracional, o representante do Ministério Público poderá conceder a remissão, como forma de exclusão do processo, atendendo às circunstâncias e consequências do fato, ao contexto social, bem como à personalidade do adolescente e sua maior ou menor participação no ato infracional.

(c, e) ECA: Art. 127. A remissão não implica necessariamente o reconhecimento ou comprovação da responsabilidade, nem prevalece para efeito de antecedentes, podendo incluir eventualmente a aplicação de qualquer das medidas previstas em lei, exceto a colocação em regime de semiliberdade e a internação.

Gabarito: C

Para responder, tem que estudar: lei.

24. (MPE/SP/Promotor/2012/89_Concurso) Na apuração de Ato Infracional, o Estatuto da Criança e do Adolescente (Lei nº 8.069/90) estabelece formas de remissão. Dentre elas, a concedida

a) pelo Juiz, como forma de suspensão ou extinção do processo e a concedida pelo Ministério Público, como forma de exclusão do processo.

b) somente pelo Ministério Público, como forma de extinção do processo, e homologada pelo Juiz.

c) somente pelo Juiz, como forma de exclusão, suspensão ou extinção do processo, ouvindo-se previamente o Ministério Público.

d) pelo Juiz, como forma de suspensão do processo, e a concedida pelo Ministério Público, como forma de extinção do processo.

e) somente pelo Ministério Público, como forma de exclusão do processo, independentemente de homologação do Juiz.

ANOTAÇÕES/COMENTÁRIOS

(a) Conforme dispõe o art. 126, caput e parágrafo único, do ECA. A remissão se concedida pelo Juiz, após o início do processo, será causa de suspensão ou extinção. Se concedida pelo MP, antes de iniciado o processo, será causa de exclusão. // Art. 126. Antes de iniciado o procedimento judicial para apuração de ato infracional, o representante do Ministério Público poderá conceder a remissão, como forma de exclusão do processo, atendendo às circunstâncias e consequências do fato, ao contexto social, bem como à personalidade do adolescente e sua maior ou menor participação no ato infracional. Parágrafo único. Iniciado o procedimento, a concessão da remissão pela autoridade judiciária importará na suspensão ou extinção do processo.

(b) Art. 126 do ECA. A palavra "somente" torna a assertiva errada. Pode ser concedida tanto pelo MP como pelo Juiz. Art. 127 do ECA.

(c) Art. 126, parágrafo único, do ECA. Não é somente pelo Juiz, mas caso seja por ele concedida ensejara a suspensão ou extinção do processo.

(d) Art. 126, parágrafo único, do ECA. Caso concedida pelo Juiz será causa de suspensão ou extinção do processo, mas se concedida pelo MP será causa de exclusão.

(e) Cabe ao Juiz também, como causa de suspensão ou extinção do processo.

Gabarito: A

Para responder, tem que estudar: lei.

25. (MPE/SP/Promotor/2012/89_Concurso) A medida socioeducativa de internação só poderá ser aplicada quando se tratar de ato infracional cometido por

a) adolescente, mediante grave ameaça ou violência à pessoa ou equiparável a crime hediondo.
b) criança ou adolescente, mediante grave ameaça ou violência à pessoa, por reiteração no cometimento de outras infrações graves e por descumprimento reiterado e injustificável da medida anteriormente imposta.
c) criança ou adolescente, mediante grave ameaça ou violência à pessoa ou equiparável a crime hediondo.
d) adolescente, mediante grave ameaça ou violência à pessoa, por reiteração no cometimento de outras infrações graves e por descumprimento reiterado e injustificável da medida anteriormente imposta.
e) adolescente, por reiteração no cometimento de outras infrações graves e por descumprimento reiterado e injustificável da medida anteriormente imposta.

ANOTAÇÕES/COMENTÁRIOS

(a, b, c, e) Vide comentários abaixo.

(d) ECA: Art. 105. Ao ato infracional praticado por criança corresponderão as medidas previstas no art. 101. Art. 122. A medida de internação só poderá ser aplicada quando: I – tratar-se de ato infracional cometido mediante grave ameaça ou violência a pessoa; II – por reiteração no cometimento de outras infrações graves; III – por descumprimento reiterado e injustificável da medida anteriormente imposta. § 1º O prazo de internação na hipótese do inciso III deste artigo não poderá ser superior a 3 (três) meses, devendo ser decretada judicialmente após o devido processo legal. § 2º Em nenhuma hipótese será aplicada a internação, havendo outra medida adequada.

Gabarito: D

Para responder, tem que estudar: lei.

26. (MPE/SP/Promotor/2013/90_Concurso) Relativamente à internação, medida socioeducativa prevista no Estatuto da Criança e do Adolescente, é correto afirmar:

a) O prazo deve ser expressamente determinado pela autoridade judiciária quando de sua imposição, mas poderá ser prorrogado a cada seis meses, dependendo do comportamento do autor do ato infracional.

b) Em nenhuma hipótese o período máximo de internação excederá a três anos.

c) Atingida a idade de vinte um anos, deverá ser reavaliada, sendo possível a colocação do adolescente em regime de semiliberdade como forma de transição para o meio aberto.

d) Poderá ser determinada provisoriamente, antes da sentença, por prazo máximo de três meses.

e) Poderá ultrapassar o prazo de três meses apenas quando for imposta em razão do descumprimento reiterado e injustificável de outra medida anteriormente aplicada.

ANOTAÇÕES/COMENTÁRIOS

(a) ECA: Art. 121, § 2º A medida não comporta prazo determinado, devendo sua manutenção ser reavaliada, mediante decisão fundamentada, no máximo a cada seis meses.

(b) ECA: Art. 121, § 3º Em nenhuma hipótese o período máximo de internação excederá a três anos.

(c) ECA: Art. 121, § 5º A liberação será compulsória aos vinte e um anos de idade.

(d) ECA: Art. 108. A internação, antes da sentença, pode ser determinada pelo prazo máximo de quarenta e cinco dias.

(e) ECA: Art. 121. A internação constitui medida privativa da liberdade, sujeita aos princípios de brevidade, excepcionalidade e respeito à condição peculiar de pessoa em desenvolvimento. § 1º Será permitida a realização de atividades externas, a critério da equipe técnica da entidade, salvo expressa determinação judicial em contrário.

Gabarito: B

Para responder, tem que estudar: lei.

27. (MPE/SP/Promotor/2015/91_Concurso) Aponte a alternativa que não constitui causa de extinção da medida socioeducativa cominada ao adolescente infrator:

a) A realização da finalidade da medida socioeducativa.

b) A morte do adolescente.

c) A condição de doença grave, que torne o adolescente incapaz de submeter-se ao cumprimento da medida.

d) A aplicação de pena privativa de liberdade, a ser cumprida em regime fechado ou semiaberto, em execução provisória ou definitiva.

e) A aplicação de nova medida de internação, estando em curso execução de outra igual.

ANOTAÇÕES/COMENTÁRIOS

(a, b, c, d) Lei 12.594/12: "Art. 46. A medida socioeducativa será declarada extinta: I – pela morte do adolescente; II – pela realização de sua finalidade; III – pela aplicação de pena privativa de liberdade, a ser cumprida em regime fechado ou semiaberto, em execução provisória ou definitiva; IV – pela condição de doença grave, que torne o adolescente incapaz de submeter-se ao cumprimento da medida; e V – nas demais hipóteses previstas em lei. § 1º No caso de o maior de 18 (dezoito) anos, em cumprimento de medida socioeducativa, responder a processo-crime, caberá à autoridade judiciária decidir sobre eventual extinção da execução, cientificando da decisão o juízo criminal competente. § 2º Em qualquer caso, o tempo de prisão cautelar não convertida em pena privativa de liberdade deve ser descontado do prazo de cumprimento da medida socioeducativa". // Destaca-se que "A superveniência da maioridade penal não interfere na apuração de ato infracional nem na aplicabilidade de medida socioeducativa em curso, inclusive na liberdade assistida, enquanto não atingida a idade de 21 anos", nos termos da Súmula 605/STJ.

(e) Lei 12.594/12: "Art. 45. Se, no transcurso da execução, sobrevier sentença de aplicação de nova medida, a autoridade judiciária procederá à unificação, ouvidos, previamente, o Ministério Público e o defensor, no prazo de 3 (três) dias sucessivos, decidindo-se em igual prazo. § 1º É vedado à autoridade judiciária determinar reinício de cumprimento de medida socioeducativa, ou deixar de considerar os prazos máximos, e de liberação compulsória previstos na Lei nº 8.069, de 13 de julho de 1990 (Estatuto da Criança e do Adolescente), excetuada a hipótese de medida aplicada por ato infracional praticado durante a execução. § 2º É vedado à autoridade judiciária aplicar nova medida de internação, por atos infracionais praticados anteriormente, a adolescente que já tenha concluído cumprimento de medida socioeducativa dessa natureza, ou que tenha sido transferido para cumprimento de medida menos rigorosa, sendo tais atos absorvidos por aqueles aos quais se impôs a medida socioeducativa extrema".

Gabarito: E

Para responder, tem que estudar: lei e súmula/OJ.

28. (MPE/SP/Promotor/2019/93_Concurso) Assinale a alternativa INCORRETA.

a) Como ato infracional grave, o tráfico de drogas, por si só, permite a aplicação de medida socioeducativa de internação.

b) Em relação ao tempo do ato infracional, o Estatuto da criança e do adolescente adotou a Teoria da Ação.

c) Segundo o STJ, os atos infracionais, mesmo gerando medidas chamadas de socioeducativas, são prescritíveis, na forma do Código Penal.

d) A inimputabilidade penal do menor de 18 anos é absoluta e sua presunção decorre da lei, por meio do critério etário.

e) Se o adolescente descumprir remissão imprópria, não poderá haver conversão para semiliberdade ou internação.

ANOTAÇÕES/COMENTÁRIOS

(a) Súmula 492, do STJ: "O ato infracional análogo ao tráfico de drogas, por si só, não conduz obrigatoriamente à imposição de medida socioeducativa de internação do adolescente". Alternativa contraria ao entendimento da referida súmula.

(b) Art. 104, Parágrafo único, do ECA. São penalmente inimputáveis os menores de dezoito anos, sujeitos às medidas previstas nesta Lei. Parágrafo único. Para os efeitos desta Lei, deve ser considerada a idade do adolescente à data do fato.

(c) Súmula 338, do STJ: "A prescrição penal é aplicável nas medidas socioeducativas. "

(d) Art. 228, da CFBR/1988. São penalmente inimputáveis os menores de dezoito anos, sujeitos às normas da legislação especial. Lembrar que o art. 104, do ECA, reproduz o que dispõe a Constituição.

(e) art. 127, do ECA. A remissão não implica necessariamente o reconhecimento ou comprovação da responsabilidade, nem prevalece para efeito de antecedentes, podendo incluir eventualmente a aplicação de qualquer das medidas previstas em lei, exceto a colocação em regime de semiliberdade e a internação.

Gabarito: A

Para responder, tem que estudar: lei e súmula.

5. MEDIDAS PERTINENTES AOS PAIS OU RESPONSÁVEL

Tópico sem questões em provas recentes.

6. CONSELHO TUTELAR. PROCESSO ELEITORAL

29. (MPE/SP/Promotor/2013/90_Concurso) O Conselho Tutelar, órgão permanente e autônomo, encarregado pela sociedade de zelar pelo cumprimento dos direitos da criança e do adolescente, possui várias atribuições expressas na legislação vigente. Assinale a alternativa que apresenta corretamente uma dessas atribuições.

a) Aplicar a multa cabível diante de fato que constitua infração administrativa contra as normas de proteção aos direitos da criança ou adolescente.
b) Apresentar emendas à proposta orçamentária elaborada pelo Poder Executivo local para planos e programas de atendimento aos direitos da criança e do adolescente.
c) Representar ao Ministério Público para efeito das ações de perda ou suspensão do poder familiar, após esgotadas as possibilidades de manutenção da criança ou do adolescente junto à família natural.
d) Providenciar a expedição de guia de acolhimento institucional quando a medida for aplicada pela autoridade judiciária ao adolescente autor de ato infracional.
e) Examinar periodicamente a documentação contábil das entidades não governamentais, oferecendo relatório ao Ministério Público.

ANOTAÇÕES/COMENTÁRIOS

(a) Conforme art. 148, inciso VI, do ECA, compete ao Juiz.

(b) Conforme art. 136, inciso IX, cabe ao Conselho Tutelar assessorar na elaboração da proposta orçamentária e não em apresentar emendas à proposta: Art. 136. São atribuições do Conselho Tutelar: IX – assessorar o Poder Executivo local na elaboração da proposta orçamentária para planos e programas de atendimento dos direitos da criança e do adolescente;

(c) Conforme art. 136, inciso XI, do ECA.

(d) Conforme art. 101, § 3º, do ECA, compete a autoridade judiciária expedir a guia de acolhimento.

(e) Não está prevista no rol do art. 136 do ECA.

Gabarito: C

Para responder, tem que estudar: lei.

30. (MPE/SP/Promotor/2019/93_Concurso) Assinale a alternativa correta.

a) Os Conselhos Tutelares são órgãos permanentes, cujos membros cumprem mandato de quatro anos, permitida uma recondução.
b) O Conselheiro Tutelar é agente público municipal, eleito dentre residentes desse município, maiores de 18 anos e com reconhecida idoneidade moral.
c) Os Conselhos Tutelares são órgãos autônomos, com poder de requisição de serviços públicos previstos em lei, mas suscetíveis de revisão jurisdicional.
d) Os Conselhos Tutelares, tais quais o Ministério Público e o Poder Judiciário, podem fiscalizar entidades governamentais e não-governamentais responsáveis

pela execução de programas de proteção destinados a crianças e adolescentes, mas não socioeducativas.

e) Os acolhimentos de crianças e adolescentes realizados pelo Conselho Tutelar, nos limites do artigo 101 do Estatuto da Criança e do Adolescente, prescindem de guia específica.

ANOTAÇÕES/COMENTÁRIOS

(a) Art. 132, do ECA. Em cada Município e em cada Região Administrativa do Distrito Federal haverá, no mínimo, 1 (um) Conselho Tutelar como órgão integrante da administração pública local, composto de 5 (cinco) membros, escolhidos pela população local para mandato de 4 (quatro) anos, permitida recondução por novos processos de escolha.

(b) Art. 133, II, do ECA. A assertiva erra ao definir o conselheiro aquele maior de 18 anos, contudo conforme definido em lei, o limite mínimo de idade é de 21 anos.

(c) Correta. Art. 131 c/c 136, III, "a" c/c 137 todos do ECA. Lembrar que as decisões do Conselho Tutelar somente poderão ser revistas pela autoridade judiciária a pedido de quem tenha legítimo interesse.

(d) art. 95, do ECA. Art. 95. As entidades governamentais e não-governamentais referidas no art. 90 serão fiscalizadas pelo Judiciário, pelo Ministério Público e pelos Conselhos Tutelares.

(e) Art. 101, §3º, do ECA. Crianças e adolescentes somente poderão ser encaminhados às instituições que executam programas de acolhimento institucional, governamentais ou não, por meio de uma Guia de Acolhimento, expedida pela autoridade judiciária, na qual obrigatoriamente constará, dentre outros.

Gabarito: E

Para responder, tem que estudar: lei.

7. ACESSO À JUSTIÇA. PRINCÍPIOS GERAIS. COMPETÊNCIA. REPRESENTAÇÃO PROCESSUAL. SERVIÇOS AUXILIARES

31. (MPE/SP/Promotor/2015/91_Concurso) Assinale qual das alternativas abaixo é a correta:

a) As atribuições acometidas pelo Estatuto da Criança e do Adolescente (ECA) ao Ministério Público são exaustivas.

b) Compete ao Ministério Público, com exclusividade, a promoção e o acompanhamento das ações socioeducativas para apuração de prática de atos infracionais atribuídos a crianças e a adolescentes.

c) Cabe exclusivamente ao Ministério Público a legitimidade para ajuizar qualquer procedimento da competência da Justiça da Infância e da Juventude.

d) Compete ao Ministério Público promover a especialização e a inscrição de hipoteca legal e a prestação de contas dos tutores, curadores e administradores de bens de crianças e adolescentes.

e) Cabe exclusivamente ao Ministério Público a instauração do inquérito civil e o ajuizamento da ação civil pública na defesa dos interesses individuais e coletivos de crianças e adolescentes.

ANOTAÇÕES/COMENTÁRIOS

(a) ECA: "Art. 201. Compete ao Ministério Público: (...). § 2º As atribuições constantes deste artigo não excluem outras, desde que compatíveis com a finalidade do Ministério Público".

(b) O erro da assertiva "b" não está na palavra EXCLUSIVIDADE, mas sim no fato de que crianças praticam ato infracional, porém a elas não são aplicadas as medidas socioeducativas (são aplicadas medidas de proteção). Logo, criança não participa de procedimento de apuração de ato infracional, ou seja, não é sujeito passivo de P.A.A.I. ECA: "Art. 201. Compete ao Ministério Público: II – promover e acompanhar os procedimentos relativos às infrações atribuídas a adolescentes".

(c) Art. 155 do ECA, por exemplo, prevê hipóteses em que qualquer legitimado pode propor a ação: "O procedimento para a perda ou a suspensão do poder familiar terá início por provocação do Ministério Público ou de quem tenha legítimo interesse".

(d) ECA: "Art. 201. Compete ao Ministério Público: IV – promover, de ofício ou por solicitação dos interessados, a especialização e a inscrição de hipoteca legal e a prestação de contas dos tutores, curadores e quaisquer administradores de bens de crianças e adolescentes nas hipóteses do art. 98".

(e) Art. 201, § 1º do ECA: "A legitimação do Ministério Público para as ações cíveis previstas neste artigo não impede a de terceiros, nas mesmas hipóteses, segundo dispuserem a Constituição e esta Lei".

Gabarito: D

Para responder, tem que estudar: lei.

32. (MPE/SP/Promotor/2019/93_Concurso) Nos termos do Estatuto da Criança e do Adolescente (ECA), Lei nº 8.069/90, assinale a alternativa INCORRETA.

a) Remissão judicial é a concedida pelo juiz, como forma de extinção ou suspensão do processo, e poderá ser aplicada em qualquer fase do procedimento, antes da sentença.

b) O art. 42, § 6º, do ECA estabelece ser possível a adoção ao adotante que, após inequívoca manifestação de vontade, vier a falecer no curso do procedimento de adoção.

c) Nos casos de adoção unilateral, conforme dispõe o § 1º, do artigo 41, se um dos cônjuges ou concubinos adota o filho do outro, cria-se novo vínculo de filiação e rompem-se os vínculos de filiação entre o adotado e o cônjuge ou o concubino do adotante e os respectivos parentes, atribuindo a condição de filho ao adotado, com os mesmos direitos e deveres, inclusive sucessórios.

d) Na sentença, aplicada a medida socioeducativa de internação, é desnecessária a estipulação de prazo, porquanto se equipara à medida de segurança penal no sentido de que só uma avaliação prévia permite abreviar a internação.

e) A medida socioeducativa de internação somente pode ser aplicada quando caracterizada uma das hipóteses previstas no art. 122 do ECA e caso não haja outra medida mais adequada e menos onerosa à liberdade do adolescente.

ANOTAÇÕES/COMENTÁRIOS

(a) Art. 188, do ECA. A remissão, como forma de extinção ou suspensão do processo, poderá ser aplicada em qualquer fase do procedimento, antes da sentença.

(b) Art. 42, §6º, do ECA. A adoção poderá ser deferida ao adotante que, após inequívoca manifestação de vontade, vier a falecer no curso do procedimento, antes de prolatada a sentença.

(c) Art. 41, 1º, do ECA. Se um dos cônjuges ou concubinos adota o filho do outro, mantêm-se os vínculos de filiação entre o adotado e o cônjuge ou concubino do adotante e os respectivos parentes.

(d) Art. 121, §2º, do ECA. A medida não comporta prazo determinado, devendo sua manutenção ser reavaliada, mediante decisão fundamentada, no máximo a cada seis meses. Correta a alternativa.

(e) De acordo com o art. 122, caput, do ECA, a medida de internação só poderá ser aplicada quando: 1) Tratar-se de ato infracional cometido mediante grave ameaça ou violência à pessoa; 2) Houver reiteração no cometimento de outras infrações graves; e 3) Houver descumprimento reiterado e injustificável da medida anteriormente imposta. No entanto, conforme o § 2°, do referido artigo, se houver outra medida adequada, em nenhuma hipótese será aplicada a internação.

Gabarito: C

Para responder, tem que estudar: lei.

8. PROCEDIMENTOS E RECURSOS

Tópico sem questões em provas recentes.

9. PROMOTOR DE JUSTIÇA DA INFÂNCIA E DA JUVENTUDE

33. (MPE/SP/Promotor/2019/93_Concurso) Leia as assertivas a seguir. Compete ao Ministério Público:

I) promover ações de alimentos em favor de criança ou adolescente economicamente pobre ou dada a precária ou inexistente assistência jurídica prestada pela Defensoria Pública local.

II) intervir, obrigatoriamente, nos processos e procedimentos da infância e juventude, dos quais não for parte, velando pela regularidade formal e suprindo alguma inatividade probatória.

III) a defesa de direitos individuais homogêneos, coletivos ou difusos, com rol meramente exemplificativo no art. 208 do ECA.

IV) propor mandado de segurança para cessar atos ilegais ou abusivos de autoridade pública ou agente de pessoa jurídica no exercício de atribuição do Poder Público, que lesem direito líquido e certo, previsto no ECA.

É correto o que se afirma em:

(A) I e IV, apenas.

(B) I e II, apenas.

(C) II, III e IV, apenas.

(D) I, II, III e IV.

(E) II e III, apenas.

ANOTAÇÕES/COMENTÁRIOS

I) Justificativa da Banca: A afirmação I está correta, pois a atribuição do Ministério Público permanece para a criança e o adolescente pobres, independentemente das demais possibilidades trazidas pela Súmula 594 do STJ. A questão não restringiu a atribuição do MP somente à hipótese apontada. Art. 188, do ECA. A remissão, como forma de extinção ou suspensão do processo, poderá ser aplicada em qualquer fase do procedimento, antes da sentença.

II) Art. 202, do ECA. Nos processos e procedimentos em que não for parte, atuará obrigatoriamente o Ministério Público na defesa dos direitos e interesses de que cuida esta Lei, hipótese em que terá vista dos autos depois das partes, podendo juntar documentos e requerer diligências, usando os recursos cabíveis.

III) Art. 208, §1º, do ECA. As hipóteses previstas neste artigo não excluem da proteção judicial outros interesses individuais, difusos ou coletivos, próprios da infância e da adolescência, protegidos pela Constituição e pela Lei. O rol meramente exemplificativo no art. 208 do ECA.

IV) Art. 212, §2º, do ECA. Contra atos ilegais ou abusivos de autoridade pública ou agente de pessoa jurídica no exercício de atribuições do poder público, que lesem direito líquido e certo previsto nesta Lei, caberá ação mandamental, que se regerá pelas normas da lei do mandado de segurança.

Gabarito: D

Para responder, tem que estudar: lei e súmula.

10. CRIMES E INFRAÇÕES ADMINISTRATIVAS

34. (MPE/SP/Promotor/2015/91_Concurso) No tocante às infrações administrativas previstas na Lei n. 8.069/1990 (ECA) é correto afirmar que:

a) é de três anos o prazo de prescrição da multa cominada a tais infrações, correspondente à pretensão de reparação civil prevista no Código Civil.
b) a maioridade superveniente da criança ou do adolescente não afasta possibilidade do pagamento da multa.
c) é cabível a punição do infrator a título de mera tentativa.
d) a expressão salário de referência, utilizada para efeito de determinação da multa pela prática da infração administrativa, foi substituída pela expressão salário mínimo.
e) a apuração da infração administrativa não está sujeita ao princípio da legalidade estrita, diante do interesse superior da criança e do adolescente.

ANOTAÇÕES/COMENTÁRIOS

(a) "A multa imposta com supedâneo no art. 258 da Lei nº 8.069/90, cognominado Estatuto da Criança e do Adolescente, denota sanção de feição administrativa e, a fortiori, subsume-se às regras de Direito Administrativo, cujo prazo prescricional para a cobrança é quinquenal" (REsp 892.941, 2009). Portanto, 5 anos, e não 3, como traz a questão.

(b) Não há hipóteses de afastamento da multa no ECA. Sendo assim, já que se aplicam as regras de Direito Administrativo, a única hipótese de afastamento da multa é a prescrição. No caso do ECA, as infrações administrativas não são cometidas pelas crianças e pelos adolescentes, não se aplicando a regra do CC sobre não correr prazo prescricional contra absolutamente incapazes.

(c) O art. 14, II, do CP, aplica-se somente aos atos infracionais e aos crimes previstos no ECA, por força do art. 226 do ECA. Não se aplica para as infrações administrativas. // Art. 226. Aplicam-se aos crimes definidos nesta Lei as normas da Parte Geral do Código Penal e, quanto ao processo, as pertinentes ao Código de Processo Penal.

(d) A expressão "salário de referência" não foi substituída, por exemplo, art. 245 do ECA: "Art. 245. Deixar o médico, professor ou responsável por estabelecimento de atenção à saúde e de ensino fundamental, pré-escola ou creche, de comunicar à autoridade competente os casos de que tenha conhecimento, envolvendo suspeita ou confirmação de maus-tratos contra criança ou adolescente: Pena – multa de três a vinte salários de referência, aplicando-se o dobro em caso de reincidência".

(e) O princípio da legalidade se aplica a todas as infrações administrativas.

Gabarito: B

Para responder, tem que estudar: lei e jurisprudência.

35. (MPE/SP/Promotor/2017/92_Concurso) A respeito do delito de corrupção de menores, tipificado no artigo 244-B do Estatuto da Criança e do Adolescente, é correto afirmar que se trata de crime:

(a) material, em ambas as modalidades, pois a consumação do delito ocorre com a efetiva prática da infração penal pelo adolescente em concurso com o agente capaz ou após ter sido por este instigado.

(b) formal, em ambas as modalidades, pois a consumação do delito ocorre independentemente da prática da infração penal para a qual o adolescente foi convidado, mediante concurso, ou instigado, bastando a prova de que foi efetivamente corrompido pela conduta do agente maior.

(c) formal, em ambas as modalidades, pois a consumação do delito se dá independentemente da prova de que o adolescente tenha sido corrompido pelo agente capaz, mostrando-se irrelevante, para a tipificação penal, o fato de o menor ter registro de passagens anteriores pela prática de atos infracionais.

(d) material, na modalidade de praticar a infração penal com o adolescente, e formal, na modalidade de induzir o adolescente a praticá-la, pois, neste último caso, o crime se consuma independentemente do sucesso do induzimento.

(e) material, em ambas as modalidades, pois a consumação do delito depende de prova de que o menor de 18 anos tenha sido efetivamente corrompido pelo agente capaz, não incidindo o tipo penal acaso demonstrado que o adolescente já havia sido corrompido, vez que reincidente na prática de atos infracionais.

ANOTAÇÕES/COMENTÁRIOS

(a, b, d, e) Vide comentários abaixo.

(c) Súmula 500/STJ. Trata-se de crime formal, pois a consumação independe de o menor ter sido corrompido. // Tese 176/MP/SP. CRIME DE CORRUPÇÃO DE MENORES – LEI Nº 2.252/54 (PREVISÃO ATUAL NO E.C.A. LEI 8.069/90) – FORMAL. O delito previsto no artigo 1º da Lei nº 2.252/54 (atual artigo 244-B do E.C.A. Lei nº 8.069/90), por ser formal, prescinde da efetiva prova da corrupção do menor, sendo suficiente apenas a sua participação em empreitada criminosa junto com um sujeito penalmente imputável. // Tese 405/MP/SP. ROUBO – CONCURSO DE AGENTES – CORRUPÇÃO DE MENORES – "BIS IN IDEM" – INOCORRÊNCIA – BENS JURÍDICOS DISTINTOS – CONCURSO DE CRIMES. A condenação pelo crime de roubo majorado pelo concurso com pessoa inimputável pela idade não obsta o reconhecimento do delito do artigo 244-B do Estatuto da Criança e do Adolescente.

Gabarito: C

Para responder, tem que estudar: súmula/OJ.

36. (MPE/SP/Promotor/2019/93_Concurso) Em relação ao crime de corrupção de pessoa menor de 18 anos, assinale a alternativa correta.

a) Se o agente maior de idade apenas induz o menor de 18 anos à prática de ato infracional, não há crime de corrupção de menor.

b) O agente maior de idade que pratica tráfico de drogas junto de menor de 18 anos, responde por esse delito, em concurso formal com a corrupção.

c) O agente maior de idade que pratica infração penal junto de dois menores de 18 anos não responde por duas corrupções.

d) Segundo o STJ, o crime de corrupção de menores de 18 anos é material.

e) O agente maior de idade que pratica infração penal junto de menor de 18 anos, o qual não registrava qualquer antecedente, responde por dois delitos, em concurso formal.

ANOTAÇÕES/COMENTÁRIOS

(a) Art. 244-B, do ECA. Corromper ou facilitar a corrupção de menor de 18 (dezoito) anos, com ele praticando infração penal ou induzindo-o a praticá-la. A indução ao cometimento de ato infracional análogo a crime ou contravenção (art. 103, do ECA) configura sim o crime de corrupção de menores.

(b) No caso, haverá a incidência da causa de aumento de pena prevista no art. 40, inc.VI, da Lei de Drogas. O STJ, no REsp 1.622.781/2016, Informativo 595, estabeleceu que na hipótese de o delito praticado pelo agente e pelo menor de 18 anos não estar previsto nos arts. 33 a 37 da LD, o réu poderá ser condenado pelo crime de corrupção de menores. Porém, se a conduta estiver tipificada em um desses artigos, não será possível a condenação por aquele delito, mas apenas a majoração da sua pena com base no inciso VI, do art. 40, da LD.

(c) O agente responderá por duas corrupções, em concurso formal. (STJ, no REsp 1.680.114/2017, Informativo 613, a prática de crimes em concurso com dois adolescentes dá ensejo à condenação por dois crimes de corrupção de menores).

(d) O crime de corrupção de menores é formal. Súmula 500 do STJ: "A configuração do crime do art. 244-B do ECA independe da prova da efetiva corrupção do menor, por se tratar de delito formal."

(e) Correta. O agente responderá pelo crime praticado e pela corrupção de menores, em concurso formal. (STJ, no HC 411.722/2018, deve ser reconhecido o concurso formal entre os delitos de roubo e corrupção de menores na hipótese em que, mediante uma única ação, o réu praticou ambos os delitos, tendo a corrupção de menores se dado em razão da prática do delito patrimonial).

Gabarito: E

Para responder, tem que estudar: lei, súmula e jurisprudência.

DIREITO COMERCIAL E EMPRESARIAL

Autor: Danilo de Mello Ferraz

VISÃO GERAL

PROVA DE DIREITO COMERCIAL E EMPRESARIAL

Foram comentadas as provas aplicadas pelo Ministério Público do Estado de São Paulo nos seguintes anos: 2011, 2012, 2013, 2015, 2017 e 2019.

De acordo com as provas analisadas, as questões de Direito Empresarial foram baseadas no teor do texto legal. Os temas que se repetem nos exames são os regramentos acerca do empresário e dos tipos societários, presentes no Código Civil; a Lei nº 11.101/2005 e o ponto do edital tocante a títulos de crédito.

TÓPICOS DO EDITAL	LEGISLAÇÃO	DOUTRINA	JURISPRUDÊNCIA
1. Direito de empresa.	2-2013	3-2013	
2. Empresário. Caracterização, inscrição e capacidade. Os microempresários e empresários de pequeno porte. Registro público de empresa mercantis e atividades afins. As obrigações do empresário. A escrituração. Os prepostos do empresário. A Empresa Individual de Responsabilidade Limitada.	1-2013		
3. Estabelecimento.			
4. Nome empresarial.			

TÓPICOS DO EDITAL	LEGISLAÇÃO	DOUTRINA	JURISPRUDÊNCIA
5. Teoria geral da concorrência e dos bens imateriais. Livre iniciativa e livre concorrência. Concorrência empresarial. Infrações da ordem econômica.			
6. Propriedade industrial. Concorrência desleal.			
7. Empresário e Direito do Consumidor.			
8. A desconsideração da personalidade jurídica no Direito Comercial e de Empresa.	1-2011		
9. Sociedades.	1-2015		
9.1. Disposições gerais.			
9.2. Sociedade não personificada. Sociedade em comum. Sociedade em conta de participação.			
9.3. Sociedade personificada. Sociedade simples. Sociedade empresária.			
9.4. Tipos societários. Sociedade em nome coletivo. Sociedade em comandita simples. Sociedade limitada. Sociedade anônima. Sociedade em comandita por ações. Sociedade cooperativa.	1-2011 2-2012 3-2017		
9.5. Sociedades coligadas, controladas e de simples participação. Participações recíprocas de capital. Grupo de sociedades. Consórcios.			
9.6. Sociedades dependentes de autorização para funcionamento.			
9.7. Incorporação, fusão, cisão e transformação das sociedades.			
9.8. Dissolução, liquidação e extinção das sociedades.			
10. Mercados financeiros. Sistema Financeiro Nacional. Mercado de capitais. Regulação do mercado de capitais. Comissão de Valores Mobiliários. Valores mobiliários. Negócios relativos aos valores mobiliários. Fundos de investimentos. Ilícitos administrativos e penais no mercado de capitais. A proteção aos investidores no mercado de valores mobiliários.			

TÓPICOS DO EDITAL	LEGISLAÇÃO	DOUTRINA	JURISPRUDÊNCIA
11. Contratos mercantis: Teoria geral dos contratos. Contratos em espécie: Compra e venda. Compra e venda internacional. Venda sob documentos. Contrato de fornecimento. Compromisso arbitral. Gestão de negócios. Locação, arrendamento e usufruto do estabelecimento. Transporte de coisas e de pessoas. Mandato mercantil. Fiança. Penhor industrial e mercantil. Penhor de direitos e de títulos de crédito. Agência e Distribuição. Corretagem. Representação Comercial. Comissão. Concessão mercantil. Franquia. Depósito mercantil. Contratos bancários. Conta corrente. Mútuo mercantil. Depósito pecuniário. Antecipação bancária. Desconto bancário. Contrato de abertura de crédito. Seguro. Contrato de cartão de crédito. Operações de custódia de valores e títulos. Contrato de câmbio. Alienação fiduciária em garantia de bens móveis e imóveis. Arrendamento mercantil ou "Leasing". Contrato de garagem ou estacionamento. Faturização. Contratos de propriedade industrial. Transferência de tecnologia. Licença de "software". Contratos de engenharia ("engineering"). Contratos do agronegócio.	1-2017 1-2019		
12. Títulos de crédito. Títulos de crédito no Código Civil e na legislação especial. Letra de câmbio. Nota Promissória. Cheque. Duplicatas mercantil e de serviços. Títulos de crédito rural. Títulos de crédito industrial. Títulos de financiamento comercial. Títulos de garantia imobiliária. Conhecimento de depósito e Warrant.	1-2011 1-2012 1-2013 1-2015 1-2019	1-2015	1-2015
13. Recuperação de empresas e falência.	1-2011 1-2012 1-2013 1-2015 2-2019		
13.1. Sujeitos à lei de recuperações e falências.			
13.2. Competência.			
13.3. Intervenção do Ministério Público.			

TÓPICOS DO EDITAL	LEGISLAÇÃO	DOUTRINA	JURISPRUDÊNCIA
13.4. Disposições comuns à recuperação e à falência. Verificação e habilitação dos créditos concursais. O Administrador Judicial. Comitê e Assembleia Geral de Credores.			
13.5. Modalidades de recuperação. Processo e procedimentos.			
13.6. Decretação e convolação da recuperação em falência.			
13.7. Pedidos de falência.			
13.8. Sentença de falência e seus efeitos. Efeitos em relação aos credores. Efeitos em relação ao falido e aos administradores e liquidantes. Efeitos em relação aos bens do falido e dos sócios da sociedade falida. Efeitos em relação aos contratos.	1-2015		
13.9. Administração, arrecadação, realização do ativo e pagamento do passivo.			
13.10. Encerramento da falência.			
13.11. Extinção das obrigações do falido.			
13.12. Crimes nas recuperações judicial e extrajudicial e na falência. Procedimentos penais.			
14. O regime de intervenção, o regime de administração especial temporária e a liquidação extrajudicial de instituições financeiras.			

1. DIREITO DE EMPRESA

1. **(MPE/SP/Promotor/2013/90_Concurso)** É incorreto afirmar:

a) A disciplina legal do direito de empresa está assentada nos princípios da socialidade, eticidade e operabilidade.

b) São atividades negociais não empresárias a do empresário rural não inscrito no Registro de Empresas e a dos que exercem profissão intelectual com concurso de auxiliares, que tenha natureza científica, literária ou artística, desde que o exercício da profissão não constitua elemento da empresa.

c) No direito de empresa, são cláusulas gerais que informam seu regime jurídico a dignidade da pessoa humana, a livre concorrência, a função social da propriedade, a função social da empresa e a função social do contrato.

d) O Código Civil de 2002 substituiu a noção de ato de comércio pela de empresa, e a de fundo de comércio pela de estabelecimento.
e) O Código Civil de 2002 unificou o direito privado.

ANOTAÇÕES/COMENTÁRIOS

O Código Civil de 2002, que disciplina as regras gerais do direito de empresa, assenta-se sobre os princípios da sociabilidade, eticidade e operabilidade, segundo Miguel Reale Junior.

É pertinente destacar que referidos princípios são extraídos das "Diretrizes Fundamentais" mencionadas na Exposição de Motivos veiculada na Mensagem nº 160, de 10 de junho de 1975, daquilo que viria a ser o Código Civil de 2002.

(a) Art. 966, CC. Considera-se empresário quem exerce profissionalmente atividade econômica organizada para a produção ou a circulação de bens ou de serviços. Parágrafo único. Não se considera empresário quem exerce profissão intelectual, de natureza científica, literária ou artística, ainda com o concurso de auxiliares ou colaboradores, salvo se o exercício da profissão constituir elemento de empresa. // Art. 971, CC. O empresário, cuja atividade rural constitua sua principal profissão, pode, observadas as formalidades de que tratam o art. 968 e seus parágrafos, requerer inscrição no Registro Público de Empresas Mercantis da respectiva sede, caso em que, depois de inscrito, ficará equiparado, para todos os efeitos, ao empresário sujeito a registro. Atenção para a novidade legislativa: Parágrafo único. Aplica-se o disposto no caput deste artigo à associação que desenvolva atividade futebolística em caráter habitual e profissional, caso em que, com a inscrição, será considerada empresária, para todos os efeitos (Redação dada pela Lei nº 14.193, de 6 de agosto de 2021).

Para além da literalidade dos dispositivos acima, imprescindíveis para o desate da questão, é de todo importante relembrar que o exercício de atividade rural, à falta de registro, impedirá que o seu titular de valha da recuperação judicial, eis que à míngua de registro, sobre ele não incidirão as regras do direito empresarial. O registro consiste em obrigação legal imposta a todo empresário, antes do início de suas atividades (art.967, CC/02). Ainda assim, não se trata de requisito essencial para a caracterização do empresário, mas apenas de condição de sua regularidade. Diz-se, portanto, que, em regra, o registro é dotado de natureza declaratória (não constitutiva). A exceção fica por conta do exercício de atividade rural, para o qual o registro possui natureza constitutiva (art.971, CC).

(c) A ordem jurídica instituída com a Constituição de 1988, sobretudo à luz da Constituição, impôs uma releitura do Direito Privado, que alcança o Direito Empresarial. O texto constitucional elevou a dignidade da pessoa humana a fundamento da República (art. 1º, III), além de expressar um plexo de princípios orientadores da ordem econômica, dentre os quais destacam-se a função social da propriedade e a livre concorrência (art. 170, III e IV, CF).

A função social do contrato está expressa no art. 421, CC, a propósito, com a Lei de Liberdade Econômica, a liberdade contratual – e não mais "liberdade de contratar", será exercida nos limites da função social do contrato. Já afunção social da empresa está expressa no art. 154, caput, da Lei nº 6.404/76.

(d) Art. 966, caput, CC e art. 1.142, CC. "O âmbito do Direito Empresarial não é mais definido pelos atos de comércio isolados (...), mas pela 'atividade econômica organizada sob forma de empresa e exercida pelo empresário (Oscar Barreto Filho).

A evolução histórica do Direito Comercial remonta inicialmente às Corporações de Ofício, de caráter subjetivista, pois o direito comercial era o direito dos membros das corporações, era um direitos "a serviço do comerciante", nas palavras de Rubens Requião; em um segundo momento, houve a dessubjetivização do direito material, adotando-se a teoria dos atos de comércio, vale dizer, pouco importava a pessoa que realizava determinado ato, mas sim o ato efetivamente realizado, se previsto ou não na disciplina comercial. A teoria dos atos de comércio vigeu no Brasil com a edição do Código Comercial de 1850, diga-se, derrogado pelo Código Civil de 2002, e não ab-rogado; por fim, a superação da teoria dos atos de comércio se deu com a adoção, já pelo Código Reale, da teoria da empresa, de viés funcional, tirada do Direito Italiano, no mais das vezes não se importando com o titular do exercício da empresa – superando a fase subjetivista das Corporações de Ofício, tampouco com o objeto dos atos de comércio, em detrimento à fase objetiva, mas cuidando sobretudo do modo de exploração do objeto da empresa, daí o Código se referir como "empresário" quem exerce profissionalmente atividade econômica organizada para a produção ou a circulação de bens ou de serviços.

(e) "Não há, pois, que falar em unificação do Direito Privado a não ser em suas matrizes, isto é, com referência aos institutos básicos, pois nada impede que do tronco comum se alonguem e se desdobrem, sem se desprenderem, ramos normativos específicos, que, com aquelas matrizes, continuam a compor o sistema científico do Direito Civil ou Comercial" (Reale, 2008).

Gabarito: E

Para responder, tem que estudar: lei e teoria/doutrina.

2. EMPRESÁRIO

2. (MPE/SP/Promotor/2013/90_Concurso) Sobre a capacidade do empresário, é correto afirmar:

a) A incapacidade absoluta superveniente do empresário extingue a empresa e sujeita ao resultado dela os bens a ele pertencentes anteriormente.

b) O sócio capaz é o representante legal do sócio relativamente incapaz nos atos de administração que este vier a praticar.

c) O menor de 18 e maior de 16 anos, casado, pode exercer a atividade de empresário. Mas, se praticar ato tipificado como crime falimentar, submeter-se-á às regras do ECA.

d) O exercício de fato de atividade empresária que propicia ao seu autor, menor de 18 e maior de 16 anos, estabelecer-se por economia própria não induz a capacidade empresária.

e) O empresário, casado pelo regime da comunhão universal de bens, precisa da outorga uxória para alienar bens imóveis integrantes do patrimônio da empresa.

ANOTAÇÕES/COMENTÁRIOS

(a) Art. 974, CC. "Poderá o incapaz, por meio de representante ou devidamente assistido, continuar a empresa antes exercida por ele enquanto capaz, por seus pais ou pelo autor de herança".

É um erro grave dizer que o incapaz não pode ser empresário. O incapaz não pode, de fato, iniciar o exercício da empresa. Poderá, no entanto, (i) continuar a empresa antes exercida por ele enquanto capaz, ou , ainda, (ii) suceder a atividade empresarial exercida por outrem, de quem o incapaz adquire a titularidade do seu exercício por sucessão causa mortis.

(b) Art. 974, § 3º, I e III, CC. "I – o sócio incapaz não pode exercer a administração da sociedade; III – o sócio relativamente incapaz deve ser assistido e o absolutamente incapaz deve ser representado por seus representantes legais".

Com efeito, a vedação que, a princípio, recai sobre o início da atividade empresarial por incapaz, não se aplica para a composição do quadro societário na condição de sócio, desde que satisfeitos os requisitos do art. 974, §3º, do Código Civil, vale dizer: (i) o sócio incapaz não pode exercer a administração da sociedade; (ii) o capital social deve ser totalmente integralizado; e (iii) o sócio relativamente incapaz deve ser assistido e o absolutamente incapaz deve ser representado por seus representantes legais.

(c) Art. 972, CC. "Podem exercer atividade de empresário os que estiverem em pleno gozo da capacidade civil e não forem legalmente impedidos". Art. 5º, parágrafo único, III, CC. "Cessará, para os menores, a incapacidade: III – pelo casamento." Art. 27, CP. "Os menores de 18 (dezoito) anos são penalmente inimputáveis, ficando sujeitos às normas estabelecidas na legislação especial". Art. 104, ECA. "São penalmente inimputáveis os menores de dezoito anos, sujeitos às medidas previstas nesta lei".

Enunciado 530, VI Jornada de Direito Civil – "A emancipação, por si só, não elide a incidência do Estatuto da Criança e do Adolescente (E.C.A)".

(d) Art. 972, CC. Art. 5º, parágrafo único, V, CC. "Cessará para os menores a incapacidade: (...) V – pelo estabelecimento civil ou comercial, ou pela existência de relação de emprego, desse que, em função deles, o menor com dezesseis anos completos tenha economia própria".

Alguns doutrinadores questionam a possibilidade de o menor emancipado ser empresário, pois não obstante seja civilmente capaz, somente o maior de 18 anos pode ser condenado por crimes falimentares, isto por serem os menores de 18 anos inimputáveis. Sobre o tema, na III Jornada de Direito Civil do CJF foi aprovado o Enunciado 197, que assim dispõe – "A pessoa natural, maior de 16 e menor de 18 anos, é reputada empresário regular se satisfizer os requisitos dos arts. 966 e 967; todavia, não tem direito a concordata preventiva, por não exercer regularmente a atividade por mais de dois anos".

(e) Art. 978, CC. "O empresário casado pode, sem a necessidade de outorga conjugal, qualquer que seja o regime de bens, alienar os imóveis que integram o patrimônio da empresa ou gravá-los de ônus real".

Atenção para o Enunciado 58 lançado na II Jornada de Direito Comercial – "O empresário individual casado é o destinatário da norma do art. 978 do CCB e não depende da outorga conjugal para alienar ou gravar de ônus real o imóvel utilizado no exercício da empresa, desde que exista prévia averbação de autorização conjugal à conferência do imóvel ao patrimônio empresarial no cartório de registro de imóveis, com a consequente averbação do ato à margem de sua inscrição no registro público de empresas mercantis".

Gabarito: C

Para responder, tem que estudar: lei.

3. ESTABELECIMENTO

Tópico sem questões em provas recentes.

4. NOME EMPRESARIAL

Tópico sem questões em provas recentes.

5. TEORIA GERAL DA CONCORRÊNCIA E DOS BENS IMATERIAIS

Tópico sem questões em provas recentes.

6. PROPRIEDADE INDUSTRIAL. CONCORRÊNCIA DESLEAL

Tópico sem questões em provas recentes.

7. EMPRESÁRIO E DIREITO DO CONSUMIDOR

Tópico sem questões em provas recentes.

8. A DESCONSIDERAÇÃO DA PERSONALIDADE JURÍDICA NO DIREITO COMERCIAL E DE EMPRESA

3. **(MPE/SP/Promotor/2011/88_Concurso)** A teoria da desconsideração da personalidade jurídica vem sendo, nos últimos anos, disciplinada por diversos textos legais. Todavia, é incorreto afirmar que:

a) a falência é hipótese de incidência da desconsideração da personalidade jurídica, conforme o Código de Defesa do Consumidor.
b) a desconsideração da personalidade jurídica, nas hipóteses de infração à ordem econômica, é prevista para os casos de abuso de direito.
c) na disciplina legal da responsabilidade por lesões ao meio ambiente, há expressa previsão de desconsideração da personalidade jurídica para as hipóteses de fraude, erro substancial e violação a estatuto e contrato social.
d) o desvio de finalidade e a confusão patrimonial são os únicos caracterizadores do abuso da personalidade jurídica, nos termos do art. 50 do Código Civil.
e) a legitimação do Ministério Público para as hipóteses de abuso da personalidade jurídica está expressamente estabelecida em nossa Lei Civil.

ANOTAÇÕES/COMENTÁRIOS

(a) Art. 28, CDC. "O juiz poderá desconsiderar a personalidade jurídica da sociedade quando, em detrimento do consumidor, houver abuso de direito, excesso de poder, infração da lei, fato ou ato ilícito, ou violação dos estatutos ou contrato social. A desconsideração também será efetivada quando houver falência, estado de insolvência, encerramento ou inatividade da pessoa jurídica provocadas por má administração".

Adota-se a teoria menor, vale dizer, para que haja a desconsideração da personalidade jurídica nas relações jurídicas envolvendo consumo, não se exige desvio de finalidade nem confusão patrimonial. Basta haver a insolvência do fornecedor.

(b) Art. 34, Lei nº 12.529/2011. "A personalidade jurídica do responsável por infração da ordem econômica poderá ser desconsiderada quando houver da parte deste abuso de direito, excesso de poder, infração da lei, fato ou ato ilícito ou violação dos estatutos ou do contrato social".

A desconsideração da personalidade jurídica surgiu inicialmente na década de 60, com Rubens Requião, um dos primeiros doutrinadores brasileiros a defender a aplicação da teoria no Brasil, mesmo sem previsão legal. Após, passou a ser adotada pela jurisprudência dos tribunais, até a sua positivação pela Lei nº 8.078/90 (Código de Defesa do Consumidor). Há diversos diplomas que a preveem, sendo a lei que trata do sistema brasileiro de defesa da concorrência uma delas.

(c) Art. 4º, Lei nº 9.605/1998. "Poderá ser desconsiderada a personalidade jurídica sempre que sua personalidade for obstáculo ao ressarcimento de prejuízos causados à qualidade do meio ambiente".

Vale dizer, sobretudo por adotar a teoria menor da desconsideração da personalidade jurídica, o art. 4º da Lei de Crimes Ambientais não trouxe maiores condicionantes ao exercício da disregard doctrine.

(d) Art. 50, CC. "Em caso de abuso da personalidade jurídica, caracterizado pelo desvio de finalidade ou pela confusão patrimonial, pode o juiz decidir, a requerimento da parte, ou do Ministério Público quando lhe couber intervir no processo, desconsiderá-la para que os efeitos de certas e determinadas obrigações sejam estendidos aos bens particulares dos administradores ou sócios da pessoa jurídica beneficiados direta ou indiretamente pelo abuso".

É importante destacar que a Lei nº 13.874, de 2019, passou a conceituar o que se entende por desvio de finalidade, senão vejamos: "(...) é a utilização da pessoa jurídica com o propósito de lesar credores e para a prática de atos ilícitos de qualquer natureza"; conceituou, ainda, o que se entende por confusão patrimonial, observe-se: "(...) a ausência de separação de fato entre os patrimônios, caracterizada pelo cumprimento repetitivo pela sociedade de obrigações do sócio ou do administrador ou vice-versa; a transferência de ativos ou de passivos sem efetivas contraprestações, exceto os de valor proporcionalmente insignificante; e outros atos de descumprimento da autonomia patrimonial".

(e) Art. 50, CC. Dada a recente alteração legislativa, é de todo pertinente a transcrição integral do referido dispositivo, conforme segue:

> Art. 50. Em caso de abuso da personalidade jurídica, caracterizado pelo desvio de finalidade ou pela confusão patrimonial, pode o juiz, a requerimento da parte, ou do Ministério Público quando lhe couber intervir no processo, desconsiderá-la para que os efeitos de certas e determinadas relações de obrigações sejam estendidos aos bens particulares de administradores ou de sócios da pessoa jurídica beneficiados direta ou indiretamente pelo abuso.
>
> § 1º Para os fins do disposto neste artigo, desvio de finalidade é a utilização da pessoa jurídica com o propósito de lesar credores e para a prática de atos ilícitos de qualquer natureza.
>
> § 2º Entende-se por confusão patrimonial a ausência de separação de fato entre os patrimônios, caracterizada por:
>
> I – cumprimento repetitivo pela sociedade de obrigações do sócio ou do administrador ou vice-versa;
>
> II – transferência de ativos ou de passivos sem efetivas contraprestações, exceto os de valor proporcionalmente insignificante; e
>
> III – outros atos de descumprimento da autonomia patrimonial.
>
> § 3º O disposto no caput e nos §§ 1º e 2º deste artigo também se aplica à extensão das obrigações de sócios ou de administradores à pessoa jurídica.
>
> § 4º A mera existência de grupo econômico sem a presença dos requisitos de que trata o caput deste artigo não autoriza a desconsideração da personalidade da pessoa jurídica.
>
> § 5º Não constitui desvio de finalidade a mera expansão ou a alteração da finalidade original da atividade econômica específica da pessoa jurídica.

Gabarito: C

Para responder, tem que estudar: lei.

9. SOCIEDADES

4. (MPE/SP/Promotor/2015/91_Concurso) Em razão da personalização das sociedades empresárias, os sócios têm, pelas obrigações sociais:

a) responsabilidade solidária.

b) responsabilidade direta.

c) responsabilidade subsidiária.
d) responsabilidade negocial.
e) responsabilidade supra contratual.

ANOTAÇÕES/COMENTÁRIOS

(a) Art. 1.039, parágrafo único, CC. "(...) podem os sócios, no ato constitutivo, ou por unânime convenção posterior, limitar entre si a responsabilidade de cada um". Art. 1045, CC. Art. 1052, CC. Art. 1091, CC. Art. 1.088, CC.

(b) Ainda que a sociedade possua sócios de responsabilidade ilimitada e sejam regidas pelas normas das sociedades simples, subsidiariamente, há o benefício de ordem. Art. 1.024, CC "Os bens particulares dos sócios não podem ser executados por dívidas da sociedade, senão depois de executados os bens sociais".

(c) Art. 997, VIII, CC. "A sociedade constitui-se mediante contrato escrito (...) que, (...), mencionará: VIII – se os sócios respondem, ou não, subsidiariamente, pelas obrigações sociais".

A proposição é clara, "Em razão da personalização das sociedades empresárias", dentre outros efeitos, tem-se a criação de sua autonomia patrimonial, e, por conseguinte, responderá a sociedade com o seu próprio patrimônio, de modo que os sócios poderão vir a ter responsabilidade subsidiária.

Repare que a tirar do art. 997, inc. VIII, do CC, haveria uma faculdade de os sócios, quando da realização do contrato social, deliberarem se respondem, ou não, subsidiariamente, pelas obrigações sociais.

(d) Art. 997, VIII, 1.041 e 1.054, CC. A personalidade jurídica confere autonomia negocial.

(e) A responsabilidade é definida no contrato, portanto contratual, art. 997, CC.

Gabarito: C

Para responder, tem que estudar: lei.

5. (MPE/SP/Promotor/2011/88_Concurso) A respeito de sociedades, a única alternativa correta é:

a) as sociedades comuns e em comandita simples são personificadas, sendo ilimitada a responsabilidade dos sócios.
b) nas sociedades em conta de participação, respondem perante terceiros o sócio ostensivo e o participante, e sua personalidade jurídica tem início com o registro do contrato social.
c) a dissolução judicial da sociedade simples somente pode ser requerida pelo sócio ou sócios majoritários, sendo que a apuração dos haveres depende de balanço especial.

d) na sociedade limitada, as deliberações para alteração do contrato social são tomadas pelos votos correspondentes, no mínimo, a três quartos do capital social.

e) nas sociedades cooperativas, a responsabilidade dos sócios é limitada, sendo que as matérias atinentes ao capital social somente podem ser votadas por votos correspondentes a dois terços do capital social.

ANOTAÇÕES/COMENTÁRIOS

(a) A sociedade em comum é aquela cujo ato constitutivo não é levado a registro, sendo, portanto, não personificada. O CC/02 prevê duas espécies de sociedades não personificadas, a saber, a sociedade em comum e a sociedade em conta de participação. Art. 985, CC. "A sociedade adquire personalidade jurídica com a inscrição, no registro próprio e na forma da lei, dos seus atos constitutivos". Art. 986, CC. "Enquanto não inscritos os atos constitutivos, reger-se-á a sociedade, exceto por ações em organização, pelo disposto neste Capítulo, observadas, subsidiariamente e no que com ele forem compatíveis, as normas da sociedade simples". Art. 1.045. Na sociedade em comandita simples tomam parte sócios de duas categorias: os comanditados, pessoas físicas, responsáveis solidária e ilimitadamente pelas obrigações sociais; e os comanditários, obrigados somente pelo valor de sua quota. Há um mnemônico que diz, "o comanditário não é otário" (logo, responderá apenas pelo valor de sua quota.

(b) Art. 991, parágrafo único. CC. "Obriga-se perante terceiro tão somente o sócio ostensivo; e, exclusivamente perante este, o sócio participante, nos termos do contrato social".

> Art. 993. O contrato social produz efeito somente entre os sócios, e a eventual inscrição de seu instrumento em qualquer registro não confere personalidade jurídica à sociedade.
>
> Parágrafo único. (...).

(c) Art. 1034, CC. "A sociedade pode ser dissolvida judicialmente, a requerimento de qualquer dos sócios, quando: I – anulada a sua constituição; II – exaurido o fim social, ou verificada a sua inexequibilidade".

(d) Art. 1.076, caput, I, c/c art. 1.071 do CC: Art. 1.076: Ressalvado o disposto no art. 1.061 (designação de administradores não sócios), as deliberações dos sócios serão tomadas: I – pelos votos correspondentes, no mínimo, a três quartos do capital social, nos casos previstos nos incisos V e VI do art. 1.071; Art. 1.071, Caput, inciso V: depende da deliberação dos sócios, além de outras matérias indicadas na lei ou no contrato: inciso V: a modificação do contrato social. // Questão desatualizada pela Lei 13.792/2019.

(e) Art. 1095, CC. "Na sociedade cooperativa, a responsabilidade dos sócios pode ser limitada ou ilimitada".

Gabarito: D

Para responder, tem que estudar: lei.

6. (MPE/SP/Promotor/2012/89_Concurso) É incorreto afirmar:

a) Nas sociedades limitadas, o contrato social restringe a responsabilidade dos sócios ao valor de suas contribuições ou à soma do capital social.
b) Sociedade de capital fixo cujo capital é determinado e estável e só pode ser modificado por alteração do contrato.
c) A sociedade em conta de participação, em razão de sua estrutura econômica é reputada sociedade de capitais.
d) As sociedades irregulares denominadas "em comum" pelo Código Civil, são sociedades não personificadas.
e) As sociedades ilimitadas são aquelas em que todos os sócios assumem responsabilidade ilimitada e solidária relativamente às obrigações.

ANOTAÇÕES/COMENTÁRIOS

De início, cumpre trazer a nova redação conferida ao dispositivo que inaugura o trato das sociedades limitadas, cuja principal novidade consiste em se permitir a constituição de sociedade limitada unipessoal.

> Art. 1.052. Na sociedade limitada, a responsabilidade de cada sócio é restrita ao valor de suas quotas, mas todos respondem solidariamente pela integralização do capital social.
>
> § 1º A sociedade limitada pode ser constituída por 1 (uma) ou mais pessoas.
>
> § 2º Se for unipessoal, aplicar-se-ão ao documento de constituição do sócio único, no que couber, as disposições sobre o contrato social.

(a) Art. 1.052, CC. "Na sociedade limitada, a responsabilidade de cada sócio é restrita ao valor de suas quotas, mas todos respondem solidariamente pela integralização do capital social". Embora se afirme que o contrato social restringe a responsabilidade, destaca-se que a possibilidade de restrição decorre da Legislação (Código Civil). A limitação é ao valor das cotas respectivas e só será sobre a soma do capital social se este não houver sido integralizado. Nesse caso, os sócios respondem solidariamente pela integralização, podendo cobrar do sócio remisso.

Em regra, na sociedade limitada, a responsabilidade de cada sócio é restrita ao valor de sua quotas, mas todos respondem solidariamente pela integralização do capital social (art. 1.052, CC). Assim, perante a sociedade, os sócios respondem apenas pelo valor que resta ser integralizado em suas respectivas quotas, mas perante os credores da sociedade, respondem subsidiariamente, com seus bens pessoais, pelo total subscrito e não integralizado.

(b) O capital de uma sociedade pode ser fixo ou variável. O capital fixo é aquele mencionado no contrato social, expresso em moeda corrente. Daí se afirmar que ele é estável e determinado, pois a sua modificação deve observar as formalidades de alteração do contrato social, nesse sentido, arts. 997 e 999, do CC. Em contrapartida, o capital variável é aquele não fixado no instrumento contratual, o que ocorre na sociedade cooperativa, art. 1.094, I, CC. Repare que é uma característica das sociedade cooperativa a "variabilidade, ou dispensa do capital social".

(c) Art. 991. CC. "Na sociedade em conta de participação, a atividade constitutiva do objeto social é exercida unicamente pelo sócio ostensivo, em seu nome individual e sob sua própria e exclusiva responsabilidade, participando os demais dos resultados correspondentes". Art. 993, CC. "O contrato social produz efeito somente entre os sócios, e a eventual inscrição de seu instrumento em qualquer registro não confere personalidade jurídica à sociedade". Trata-se de sociedade de pessoas, não de capital.

(d) As sociedades adquirem personalidade jurídica com a inscrição no registro. Já as sociedades não personificadas são aquelas desprovidas de personalidade jurídica e podem ser de duas espécies, a saber: (i) sociedade em comum (arts. 986 a 990, CC), compreendendo as sociedades irregulares ou sociedades de fato; e (ii) sociedade em conta de participação (arts. 991 a 996, CC). Ocorre que as sociedades em comum não têm seus atos constitutivos inscritos. Art. 986, CC. "Enquanto não inscritos os atos constitutivos, reger-se-á a sociedade, exceto por ações em organização, pelo disposto neste Capítulo, observadas, subsidiariamente e no que com ele forem compatíveis, as normas da sociedade simples".

(e) Embora não exista um tipo "sociedade ilimitada" no Código Civil, dentre os tipos societários com sócios que respondem ilimitadamente, temos a sociedade em nome coletivo, na qual todos os sócios assumem a responsabilidade ilimitada e solidária relativa às obrigações. Art. 1.039, caput, CC. "Somente pessoas físicas podem tomar parte na sociedade em nome coletivo, respondendo todos os sócios, solidária e ilimitadamente, pelas obrigações sociais".

Gabarito: C

Para responder, tem que estudar: lei.

7. (MPE/SP/Promotor/2012/89_Concurso) É incorreto afirmar:

a) Na sociedade em nome coletivo todos os sócios são limitada e solidariamente responsáveis pelas obrigações sociais.

b) Nas sociedades em comandita simples, os sócios comanditados pessoas físicas, respondem solidária e ilimitadamente pelas obrigações sociais, e os comanditários obrigam-se somente pelo valor de suas cotas.

c) Na sociedade em comandita simples o sócio comanditário pode ser pessoa jurídica, desde que constituída a sociedade de acordo com o disposto no art. 1045, do Código Civil.

d) A sociedade em conta de participação não é irregular, muito embora não tenha razão social ou firma; não se revele publicamente em face de terceiro e nem tenha patrimônio próprio.

e) O contrato societário das denominadas sociedades simples deverá necessariamente conter dentre outros requisitos a participação de cada sócio nos lucros e nas perdas (art. 997, CC).

ANOTAÇÕES/COMENTÁRIOS

(a) Art. 1039, CC. "Somente pessoas físicas podem tomar parte na sociedade em nome coletivo, respondendo todos os sócios, solidária e ilimitadamente, pelas obrigações sociais". Nas sociedades de responsabilidade ilimitada os sócios respondem com seus bens pessoais pelas obrigações até a satisfação total dos credores da sociedade.

(b) Art. 1045, CC. "Na sociedade em comandita simples tomam parte sócios de duas categorias: os comanditados, pessoas físicas, responsáveis solidária e ilimitadamente pelas obrigações sociais; e os comanditários, obrigados somente pelo valor de sua quota". Na sociedade em comandita simples há duas categorias de sócios, cabendo ao contrato social discriminá-los. Nos termos do art. 1.045 do CC, são eles: (i) sócios comanditados, que são pessoas físicas que, após exauridos os bens sociais, respondem de forma ilimitada e solidariamente entre si pelas obrigações sociais; e (ii) sócios comanditários, que são pessoas físicas ou jurídicas que, após, exauridos os bens sociais, têm sua responsabilidade limitada ao valor de suas quotas.

(c) O art. 1045, CC, exige que apenas os comanditados sejam pessoas físicas. (i) comanditados: pessoa física; responsabilidade subsidiária, ilimitada e solidária; (ii) comanditários: pessoa física ou jurídica; responsabilidade subsidiária, limitada e solidária.

(d) Art. 992, CC. "A constituição da sociedade em conta de participação independe de qualquer formalidade e pode provar-se por todos os meios de direito".

A sociedade em conta de participação é o que a doutrina chama de sociedade secreta. Na realidade, não se trata, propriamente, de uma sociedade, mas de um contrato especial de investimento.

(e) Art. 997, CC. "A sociedade constitui-se mediante contrato escrito, particular ou público, que, além de cláusulas estipuladas pelas partes, mencionará: (...) VII – a participação de cada sócio nos lucros e nas perdas".

É característica de toda a sociedade o exercício de atividade econômica, a finalidade lucrativa e a partilha de resultados entre os seus membros (art. 981, caput, CC). Logo, se por um lado todos os sócios devem contribuir para a formação do capital social, por outro também lhes é garantido o direito de participação dos resultados sociais.

Gabarito: A

Para responder, tem que estudar: lei.

8. (MPE/SP/Promotor/2017/92_Concurso) Para que o administrador de sociedade limitada, designado em ato separado, possa ser investido no cargo há procedimentos legalmente estabelecidos para tanto. Assinale a alternativa que os indica corretamente.

(a) Comunicação oficial da designação do administrador a todos os sócios da sociedade limitada, formalização do termo de posse em livro de atas da administração e assinatura do termo em até 15 dias após a designação.

(b) Formalização de termo de posse em livro de atas da administração, assinatura do termo de posse dentro dos 30 dias seguintes à designação e, nos dez dias subsequentes, averbação da nomeação, no registro competente.

(c) Comunicação oficial da designação do administrador a todos os sócios da sociedade, confecção de ata específica para arquivamento perante o Departamento Nacional do Comércio e publicação em Diário Oficial.

(d) Apresentação de requerimento específico perante a Junta Comercial do Estado e, após a sua aceitação, convocação de reunião de cotistas para ciência e assinatura do termo de posse, em até 15 dias após a aceitação da designação pela Junta Comercial.

(e) Convocação de reunião de cotistas específica para ciência e aceitação da designação e formalização da posse do administrador em ata específica, com subsequente apresentação de requerimento de arquivamento perante a Junta Comercial do Estado.

ANOTAÇÕES/COMENTÁRIOS

Essa questão de direito societário demanda conhecimentos acerca das sociedades no Código Civil. O tema da administração da sociedade é tratado especificamente nos artigos 1060 a 1065, CC. De início, anote-se que consoante o Enunciado 66 do CJF – "A teor do §2º, do art. 1.062, do Código Civil, o administrador só pode ser pessoa natural". Ainda em se tratando de administração da sociedade limitada, é deveras importante a literalidade do art. 1.060, parágrafo único, de acordo com a qual, "A administração atribuída no contrato a todos os sócios não se estende de pleno direito aos que posteriormente adquiram essa qualidade".

<table>
<tr><td rowspan="3">Designação do Administrador</td><td rowspan="2">Se não for sócio</td><td>Se o capital social estiver integralizado</td><td>2/3</td></tr>
<tr><td>Se o capital social não estiver integralizado</td><td>Unanimidade
(art. 1.061,CC)</td></tr>
<tr><td>Se for sócio</td><td>Se a designação for em ato separado do contrato social</td><td>Mais da metade do capital social (art. 1.071, II c.c art. 1.076, II)</td></tr>
</table>

A destituição dos administradores, no entanto, não traz maiores dificuldades, devendo ser objeto de deliberação entre os sócios (art. 1.071, inc. III, CC), sujeita ao quórum correspondente à maioria do capital social (art. 1.076, inc. II, CC).

(a) O erro está no prazo, que é de trinta dias. De acordo com que estabelece o artigo 1062, caput, § 1º e § 2º CC, a investidura de administrador designado em ato em separado, depende de termo de posse no livro de atas da administração, devendo o termo ser assinado nos trinta dias subsequentes à nomeação para que produza efeitos.

(b) A alternativa sumariza exatamente o procedimento descrito no artigo 1062, caput, § 1º e § 2º CC.

Art. 1.062. O administrador designado em ato separado investir-se-á no cargo mediante termo de posse no livro de atas da administração.

§ 1º o Se o termo não for assinado nos trinta dias seguintes à designação, esta se tornará sem efeito.

§ 2º Nos dez dias seguintes ao da investidura, deve o administrador requerer seja averbada sua nomeação no registro competente, mencionando o seu nome, nacionalidade, estado civil, residência, com exibição de documento de identidade, o ato e a data da nomeação e o prazo de gestão.

(c) A designação de administrador por ato em separado exige a deliberação dos sócios, cujos votos devem representar mais da metade do capital social, nos termos do art. 1071, II CC c/c art. 1076, caput, II, CC. Assim, não há necessidade de informar a todos os sócios. E não é requisito estabelecido no diploma civil a formalização em ata específica. Ademais, o ato será averbado no registro competente, que, em se tratando de sociedade empresária Ltda., será no Registro Público de Empresas Mercantis, a cargo das juntas comerciais. O DNRC – Departamento Nacional de Registro de Comércio foi extinto Decreto nº 8.001/2013, tendo sua competência passada a ser exercida pelo Departamento de Registro Empresarial e Integração – DREI, que passou a ser o órgão central do Sistema Nacional de Registro de Empresas Mercantis – SINREM.

(d) A alternativa inverteu a ordem do procedimento e estipulou prazo incorreto. A averbação no registro só será requerida após a deliberação dos sócios.

(e) A alternativa acrescenta elementos que não estão dispostos no texto legal.

Gabarito: B

Para responder, tem que estudar: lei.

9. **(MPE/SP/Promotor/2017/92_Concurso)** As normas de regência supletiva quando houver omissão legislativa sobre algum aspecto da vida de uma sociedade limitada e quando não houver disposição específica em contrato social nesse sentido são as normas

   a) das sociedades anônimas.
   b) das sociedades anônimas e as das sociedades simples combinadas.
   c) da sociedade simples.
   d) do código comercial.
   e) do Departamento Nacional do Comércio.

ANOTAÇÕES/COMENTÁRIOS

(a) A regência supletiva das sociedades limitadas pelas normas da sociedade anônima é uma possibilidade quando prevista no contrato social, conforme art. 1053, parágrafo único, CC "o contrato social poderá prever a regência supletiva da sociedade limitada pelas normas da sociedade anônima". Observe que a questão em análise trata de "quando não houver disposição específica em contrato social".

A regência supletiva das sociedades limitadas pela LSA faculta-lhes o exercício de expedientes típicos das companhias, tais como o "tag along" (art. 254-A, LSA), instrumento de proteção de sócios/acionistas minoritários.

(b) Não há essa possibilidade por ausência de previsão legal. Ademais, as sociedades anônimas são sempre empresárias (art. 982, parágrafo único, CC) e, sendo as simples não empresárias, ocorreria conflito de normas, em razão dos regimes jurídicos diferentes.

(c) Nos termos do art. 1053, caput, CC, a sociedade limitada rege-se pelas normas da sociedade simples, nas omissões do capítulo IV, Título II, Livro II do Código Civil (artigos 1052 a 1087). Ressalte-se que a sociedade simples, além de ser um tipo societário para sociedades personificadas, estabelece um regime geral de sociedades no Código Civil.

(d) O Código Comercial foi parcialmente revogado (primeira parte – do comércio em geral) com a entrada em vigor do Código Civil de 2002 (art. 2.045 CC), no qual o Livro II (Direito de Empresa) abarca as regras gerais relativas à empresa, consolidando a Teoria da Empresa. Permanecem em vigor as regras relativas ao comércio marítimo do Código Comercial (Lei n. 556 de 1850), artigos 457 a 796.

(e) Conforme mencionado, o DREI substituiu o DNRC, cuja finalidade, dentre outras é supervisionar e regular as atividades de registro e não estabelecer regência supletiva sobre normas legais estabelecidas no Código Civil.

Gabarito: C

Para responder, tem que estudar: lei.

10. (MPE/SP/Promotor/2017/92_Concurso) Nas sociedades anônimas, a consequência da emissão de ações da companhia por preço inferior ao seu valor nominal é a

a) nulidade do ato ou operação, passível de retificação pelos infratores, se comunicada imediatamente à CVM-Comissão de Valores Mobiliários e à Bolsa de Valores.

b) anulabilidade do ato ou operação, porém passível de correção imediata pelos seus infratores, se acompanhada de indenização aos acionistas e ao mercado e de retificação perante a Junta Comercial do Estado.

c) anulabilidade do ato ou operação, com necessidade de recompra das ações para que sejam mantidas em tesouraria.

d) nulidade do ato ou operação e responsabilização dos infratores, sem prejuízo de eventual e adequada ação penal.

e) nulidade do ato ou operação e responsabilização dos acionistas e infratores e destituição da diretoria estatutária, com subsequente ação penal.

ANOTAÇÕES/COMENTÁRIOS

Ação é um dos valores mobiliários atribuídos às companhias, o qual representa um parcela do capital social da S.A. emissora, que atribui ao seu titular a condição de sócio desta. A depender do contexto em que é necessário conferir valor à participação societária, vale dizer, em razão dos objetivos da avaliação, a ação poderá ter valores diversos. De fato, há pelo menos cinco valores:

(i) nominal – resulta da divisão do capital social pelo número de ações de sua emissão, simples operação matemática. Ainda assim, é possível a emissão de ações sem o valor nominal. É vedada a emissão de ações por preço inferior ao seu valor nominal. É possível, contudo, a emissão de ações sem valor nominal;

(ii) patrimonial – representa a parcela do patrimônio líquido da sociedade anônima correspondente a cada ação. É obtido pela divisão do valor em reais do patrimônio líquido pelo número de ações;

(iii) de negociação – o montante pago pela ação, quando adquirida. Não é igual ao nominal, tampouco patrimonial;

(iv) econômico – resulta de complexa avaliação, geralmente precedida de auditoria;

(v) de emissão – é o valor da ação no ato de subscrição. O valor de Emissão define a rEsponsabilidade do sócio.

(a) A legislação pertinente não prevê essa ressalva de retificação em caso de comunicação imediata à CVM e à bolsa (art. 13, § 1º, L. 6.404/1976)."Art. 13. É vedada a emissão de ações por preço inferior ao seu valor nominal.§ 1º A infração do disposto neste artigo importará nulidade do ato ou operação e responsabilidade dos infratores, sem prejuízo da ação penal que no caso couber."

(b) A ocorrência da emissão de ações por preço inferior ao valor nominal é ato nulo, não anulável (art. 13, § 1º, L.6.404/1976).

(c) Além da incorreção em relação à anulabilidade do ato, não há previsão legal de obrigatoriedade de recompra das ações, como consequência.

(d) A emissão de ações por preço inferior ao seu valor nominal é vedada pela lei de sociedade por ações – LSA (L.6.404/1976). A infração a este dispositivo importará a nulidade do ato ou operação e responsabilização dos infratores sem prejuízo da ação penal cabível, conforme art. 13, § 1º, LSA.

(e) Não se incluem nas consequências ato de destituição da diretoria estatutária, tampouco a responsabilização direta dos acionistas.

Gabarito: D

Para responder, tem que estudar: lei.

11. (MPE/SP/Promotor/2019/93_Concurso) No tocante às sociedades empresárias, assinale a alternativa correta.

(a) Na omissão do contrato social, o sócio pode ceder total ou parcialmente suas quotas a quem seja sócio, independentemente da audiência dos outros, ou a estranho, se não houver oposição de titulares de mais de 1/4 do capital social.

(b) Nas sociedades limitadas, o capital social pode ser dividido em quotas iguais ou desiguais, pode ser formado por bens corpóreos ou incorpóreos, bem como serviços.

(c) Para a alteração do contrato social de uma sociedade limitada, a lei determina que as deliberações sejam tomadas pelos votos correspondentes a mais da metade do capital do social.

(d) O administrador da sociedade limitada pode ser nomeado no contrato social ou por ato separado, sendo que uma das consequências dessa distinção é que o administrador nomeado em contrato deve ser sócio.

(e) A inscrição do contrato social no órgão competente não confere personalidade jurídica às sociedades, exceto às sociedades em conta de participação.

ANOTAÇÕES/COMENTÁRIOS

(a) Art. 1.057, caput, CC. Art. 1.057. Na omissão do contrato, o sócio pode ceder sua quota, total ou parcialmente, a quem seja sócio, independentemente de audiência dos outros, ou a estranho, se não houver oposição de titulares de mais de um quarto do capital social.

(b) Art. 1.055. O capital social divide-se em quotas, iguais ou desiguais, cabendo uma ou diversas a cada sócio. §1º. Pela exata estimação de bens conferidos ao capital social respondem solidariamente todos os sócios, até o prazo de cinco anos da data do registro da sociedade. §2º. É vedada contribuição que consista em prestação de serviços.

Assim, é vedada a figura do "sócio empresa".

(c) Nas sociedades limitadas, para a alteração do contrato social, a lei determina que as deliberações sejam tomadas pelos votos correspondentes, no mínimo, a 3/4 do capital do social (inciso I, do art. 1.076, do CC).

designação dos administradores em separado	+ da ½ do CS
destituição dos administradores	+ da ½ do CS
remuneração dos administradores	+ da ½ do CS
pedido de concordata	+ da ½ do CS
aprovação das contas da administração	maioria de votos dos presentes
nomeação e destituição de liquidantes	maioria de votos dos presentes
modificação do contrato social	¾ do CS
incorporação, fusão, dissolução	¾ do CS

(d) De acordo com o caput do art. 1.060, CC, a sociedade limitada é administrada por uma ou mais pessoas designadas no contrato social ou em ato separado. A propósito, pessoa jurídica não pode ser administradora de nenhum tipo de sociedade, nem mesmo de S.A. Não se exige que o administrador nomeado em contrato seja sócio.

Conforme o caput do art. 1.061, do CC, a designação, seja em contrato ou em ato separado, de administradores não sócios, enquanto o capital não estiver integralizado, dependerá da aprovação da unanimidade dos sócios, e de, no mínimo, 2/3 dos sócios, após a integralização.

Ainda sobre a destituição dos administradores:

– sociedade simples: sócio + contrato: irrevogável (art. 1.019, CC)

– sociedade limitada: sócio + contrato: + da ½

(e) A assertiva subverte a lógica da constituição das sociedades. De acordo com o art. 985, CC, a sociedade adquire personalidade jurídica com a inscrição, no registro próprio e na forma da lei, dos seus atos constitutivos. O mesmo não ocorre com a sociedade em conta de participação, que, de acordo com o caput do art. 993, do CC, não possui personalidade jurídica ainda que o seu contrato social venha a ser registrado.

Gabarito: A

Para responder, tem que estudar: lei.

10. MERCADOS FINANCEIROS

Tópico sem questões em provas recentes.

11. CONTRATOS MERCANTIS

12. (MPE/SP/Promotor/2017/92_Concurso) Durante a execução de um contrato de transporte de mercadorias, o serviço sofre interrupção por força de alagamentos e desabamentos de barreiras nas estradas do percurso previsto, que impedem a sua finalização. O procedimento determinado pela lei civil brasileira em situações como essa exige que o transportador deverá

a) solicitar imediatamente auxílio às autoridades competentes, providenciar a lavratura de boletim de ocorrência documentando o fato, para na sequência finalizar o serviço o quanto antes.

b) solicitar imediatamente auxílio às autoridades competentes, de tal forma sejam restabelecidas prontamente as condições para a continuidade e finalização do serviço.

c) interromper a execução do serviço, lavrar boletim de ocorrência e comunicar a impossibilidade de continuidade do contrato ao remetente, informando-lhe sobre o local em que as mercadorias se encontram para a retirada.

d) envidar os melhores esforços para superar a circunstância impeditiva da continuidade da execução do serviço, documentando amplamente esses seus esforços, para que consiga, por sua conta e risco, completar o serviço.

e) comunicar imediatamente as circunstâncias ao remetente contratante e também a ele solicitar instruções, e, enquanto essa situação impeditiva perdurar, deverá o transportador zelar pela coisa.

ANOTAÇÕES/COMENTÁRIOS

(a) O registro da ocorrência perante as autoridades não está entre as determinações legais elencadas no art. 753 CC.

(b) Assim como na assertiva anterior, a providência indicada não consta entre aquelas determinadas pela legislação, no art. 753 CC.

(c) O Código Civil estabelece: "Art. 753. Se o transporte não puder ser feito ou sofrer longa interrupção, o transportador solicitará, incontinenti, instruções ao remetente, e zelará pela coisa, por cujo perecimento ou deterioração responderá, salvo força maior. § 1º Perdurando o impedimento, sem motivo imputável ao transportador e sem manifestação do remetente, poderá aquele depositar a coisa em juízo, ou vendê-la, obedecidos os preceitos legais e regulamentares, ou os usos locais, depositando o valor. § 2º Se o impedimento for responsabilidade do transportador, este poderá depositar a coisa, por sua conta e risco, mas só poderá vendê-la se perecível. § 3º Em ambos os casos, o transportador deve informar o remetente da efetivação do depósito ou da venda. § 4º Se o transportador mantiver a coisa depositada em seus próprios armazéns, continuará a responder pela sua guarda e conservação, sendo-lhe devida, porém, uma remuneração pela custódia, a qual poderá ser contratualmente ajustada ou se conformará aos usos adotados em cada sistema de transporte".

(d) Considerando a ocorrência dada por motivos de força maior, não é de responsabilidade do transportador superar as circunstâncias impeditivas.

(e) Essa questão reproduz a ideia contida no artigo 753, CC. "Se o transporte não puder ser feito ou sofrer longa interrupção, o transportador solicitará, incontinenti, instruções ao remetente, e zelará pela coisa, por cujo perecimento ou deterioração responderá, salvo força maior".

Gabarito: E

Para responder, tem que estudar: lei.

12. TÍTULOS DE CRÉDITO

13. (MPE/SP/Promotor/2011/88_Concurso) Considere as seguintes assertivas, relacionadas com Títulos de Crédito:

I. o aval dado, na duplicata, após o vencimento produz o mesmo efeito daquele prestado anteriormente ao vencimento;

II. a ação de execução do cheque prescreve em 6 (seis) meses da data do vencimento da cártula;

III. na Nota Promissória, o seu subscritor não responde da mesma forma que o aceitante da Letra de Câmbio;

IV. a Cédula de Produto Rural (CPR) é Título de Crédito próprio, sendo exigível o protesto para assegurar o direito de regresso contra avalistas.

Pode-se afirmar que está correto apenas o contido em

a) I.

b) II.

c) I e II.

d) II e III.

e) III e IV.

ANOTAÇÕES/COMENTÁRIOS

(I) Art. 900, CC. "O aval posterior ao vencimento produz os mesmos efeitos do anteriormente dado". // Art. 12, parágrafo único, Lei nº 5.474/1968. "O aval dado posteriormente ao vencimento do título produzirá os mesmos efeitos que o prestado anteriormente àquela ocorrência".

O aval é instituto típico do direito cambiário, sendo garantia autônoma; difere, portanto, da fiança, instituto do direito civil, com característica de acessoriedade.

(II) Art. 59, Lei nº 7.357/1985. "Prescrevem em seis meses, contados da expiração do prazo de apresentação, a ação que o art. 47 assegura ao portador". Art. 47, Lei nº 7.357/1985. "Pode o portador promover a execução do cheque: (...)". Art. 33, Lei nº 7.357/1985. "O cheque deve ser apresentado para pagamento, a contar do dia da emissão, no prazo de 30 (trinta) dias, quando emitido no lugar onde houver de ser pago; e de 60 (sessenta) dias, quando emitido em outro lugar do País ou no exterior".

Por oportuno, é importante registrar os seguintes posicionamentos:

Súmula 503, STJ – O prazo para ajuizamento da ação monitória em face do emitente de cheque sem força executiva é quinquenal, a contar do dia seguinte à data de emissão estampada na cártula;

Súmula 504, STJ – O prazo para ajuizamento de ação monitória em face do emitente de nota promissória sem força executiva é quinquenal, a contar do dia seguinte ao vencimento do título.

(III) Art. 78, Decreto nº 57.663/1966 (LUG). "O subscritor de uma nota promissória é responsável da mesma forma que o aceitante de uma letra".

(IV) Lei 8.929/1994. "Art. 10. Aplicam-se à CPR, no que forem cabíveis, as normas de direito cambial, com as seguintes modificações: ... III – é dispensado o protesto cambial para assegurar o direito de regresso contra avalistas"

Gabarito: A

Para responder, tem que estudar: lei.

14. (MPE/SP/Promotor/2012/89_Concurso) Considere:

I. Nota promissória é promessa escrita de pagamento de certa soma em dinheiro; nasce com a assinatura do devedor.

II. O aceite é instituto típico da letra de câmbio; é o ato de vontade materializado pela oposição de assinatura no título, mediante a qual o sacado concorda com a ordem do sacador, tornando-se o principal responsável da quantia expressa na letra de câmbio na data de seu vencimento.

III. O prazo de apresentação do cheque ao banco, para pagamento é 60 dias.

IV. A letra de câmbio é ordem de pagamento à vista ou a prazo de quantia determinada.

V. A duplicata comercial é título de crédito de emissão obrigatória pelo vendedor, representando o crédito decorrente de uma venda mercantil.

Está correto o que se afirma apenas em

a) II e III.

b) I, II e III.

c) I.

d) I, II e IV.

e) III, IV e V.

ANOTAÇÕES/COMENTÁRIOS

(I) Decreto nº 2.044/1908. Art. 54. A nota promissória é uma promessa de pagamento e deve conter estes requisitos essenciais, lançados, por extenso no contexto: I. a denominação de "Nota Promissória" ou termo correspondente, na língua em que for emitida; II. a soma de dinheiro a pagar; III. o nome da pessoa a quem deve ser paga; IV. a assinatura do próprio punho da emitente ou do mandatário especial.

No mais, quanto à estrutura, os títulos de crédito podem ser: (i) ordem de pagamento, p. ex. cheque, ou (ii) promessa de pagamento, p. ex. promissória.

(II) Decreto nº 57.663/1966 (LUG). Art. 11. Para a validade do aceite é suficiente a simples assinatura do próprio punho do sacado ou do mandatário especial, no anverso da letra. Art. 28. O sacado obriga-se pelo aceite pagar a letra à data do vencimento. // Decreto nº 2.044/1908. Art. 45. Pelo aceite, o sacado fica cambialmente obrigado para com o sacador e respectivos avalistas.

O aceite é o ato pelo qual o sacado se vincula à ordem de pagamento emitida pelo sacador, tornando-se o responsável principal pela dívida inscrita na letra de câmbio.

(III) Lei 7.357/1985. Art. 33. O cheque deve ser apresentado para pagamento, a contar do dia da emissão, no prazo de 30 (trinta) dias, quando emitido no lugar onde houver de ser pago; e de 60 (sessenta) dias, quando emitido em outro lugar do País ou no exterior.

Não se esqueça, o prazo de execução é de seis meses, a contar do fim do prazo de apresentação, o qual varia a depender da praça de emissão. Neste sentido, art. 59, da Lei nº 7.347/85 – Prescreve em 6 (seis) meses, contados da expiração do prazo de apresentação, a ação que o art. 47 desta Lei assegura ao portador.

(IV) Decreto nº 2.044/1908. Art. 1º A letra de câmbio é uma ordem de pagamento e deve conter requisitos, lançados, por extenso, no contexto: (...) II. A soma de dinheiro a pagar e a espécie de moeda. Art. 6º A letra pode ser passada: I. À vista. II. A dia certo. III. A tempo certo da data. IV. A tempo certo da vista.

(V) A emissão da duplicata não é obrigatória. Lei nº 5.474/1968. Art. 1º Em todo o contrato de compra e venda mercantil entre partes domiciliadas no território brasileiro, com prazo não inferior a 30 (trinta) dias, contado da data da entrega ou despacho das mercadorias, o vendedor extrairá a respectiva fatura para apresentação ao comprador. Art. 2º No ato da emissão da fatura, dela poderá ser extraída uma duplicata para circulação como efeito comercial, não sendo admitida qualquer outra espécie de título de crédito para documentar o saque do vendedor pela importância faturada ao comprador.

A duplicata – título de crédito genuinamente brasileiro – consiste em uma ordem de pagamento emitida pelo próprio credor, por conta de mercadorias que vendeu ou serviços que prestou, representados em uma fatura.

Veja, celebrado o contrato de compra e venda mercantil com prazo superior a 30 (trinta) dias, o vendedor é obrigado a extrair uma fatura; no caso de prestação de serviços ou compra e venda mercantil com prazo inferior a 30 (trinta) dias, a emissão de fatura é facultativa.

A duplicata é emitida a partir da fatura. O vendedor ou prestador de serviços emite a fatura discriminando as mercadorias vendidas ou os serviços prestados. Com base nesta fatura é que poderá ser emitida a duplicata, título causal. Uma duplicata só pode corresponder a uma única fatura (art. 2º, §2º, da Lei nº 5.474/68). Assim, diferentemente do que ocorre na letra de câmbio, na duplicata o aceite, em regra, é obrigatório.

Gabarito: D

Para responder, tem que estudar: lei.

15. (MPE/SP/Promotor/2013/90_Concurso) Sobre os títulos de crédito, é correto afirmar:

a) A cláusula que dispensa a observância de formalidades legais nulifica o título de crédito em que inserta.
b) O emitente de um título de crédito que não contém data de vencimento considerar-se-á em mora quando for notificado pelo credor para pagar e não o fizer no prazo que for assinalado na notificação.
c) A não inclusão do lugar de emissão e de pagamento do título constitui preterição de formalidade essencial e, por isso, nulifica-o de pleno direito.
d) Aval é negócio jurídico unilateral de garantia, celebrado em favor de quaisquer dos obrigados cartulares, informal, pessoal e gerador de obrigação subsidiária.
e) O credor, no vencimento do título, não pode recusar o pagamento parcial.

ANOTAÇÕES/COMENTÁRIOS

(a) Art. 890, CC. "Consideram-se não escritas no título a cláusula de juros, a proibitiva de endosso, a excludente de responsabilidade pelo pagamento ou por despesas, a que dispense a observância de termos e formalidade prescritas, e a que, além dos limites fixados em lei, exclua ou restrinja direitos e obrigações".

(b) O título que não contém a indicação do vencimento é à vista, devendo, portanto, ser pago no momento da apresentação. Art. 889, CC. "Deve o título de crédito conter a data da emissão, a indicação precisa dos direitos que confere, e a assinatura do emitente. § 1º É à vista o título de crédito que não contenha indicação de vencimento".

(c) Art. 889, § 2º, CC. "Considera-se lugar de emissão e de pagamento, quando não indicado no título, o domicílio do emitente".

Acerca de eventuais omissões em relação à cártula, de todo pertinente destacar o teor da Súmula nº 387, STF – A cambial emitida ou aceita com omissões, ou em branco, pode ser completada pelo credor de boa-fé antes da cobrança ou do protesto.

(d) Art. 15, Decreto nº 2.044/1908. "O avalista é equiparado àquele cujo nome indicar; na falta de indicação, àquela abaixo de cuja assinatura lançar a sua; fora destes casos, ao aceitante e, não estando aceita a letra, ao sacador". O aval constitui uma obrigação autônoma em relação à dívida assumida pelo avalizado, sendo a obrigação, portanto, solidária.

Esta é uma das diferenças que o aval guarda em relação à fiança, senão vejamos. O aval é instituto do direito cambiário, autônomo, conferido no próprio título ou em folha anexa (ato unilateral), obrigação in rem; a fiança, por sua vez, é instituto de direito civil, acessório, conferido por contrato (ato bilateral), obrigação in personam.

(e) Art. 902, CC. "Não é o credor obrigado a receber o pagamento antes do vencimento do título, e aquele que o paga, antes do vencimento, fica responsável pela validade do pagamento. § 1º No vencimento, não pode o credor recusar pagamento, ainda que parcial. § 2º No caso de pagamento parcial, em que se não opera a tradição do título, além da quitação em separado, outra deverá ser firmada no próprio título".

Gabarito: E

Para responder, tem que estudar: lei.

16. (MPE/SP/Promotor/2015/91_Concurso) No tocante aos títulos de crédito, assinale a alternativa correta.

a) A nota promissória vinculada a contrato de abertura de crédito goza de autonomia em razão da liquidez do título que originou.

b) Como instituto típico do direito cambiário, o aval é dotado de autonomia substancial, de sorte que a sua existência, validade e eficácia não estão jungidas à da obrigação avalizada.

c) A duplicata mercantil é exemplo típico de título não causal.

d) A omissão de qualquer requisito legal que tire ao escrito a sua validade como título de crédito, implicará, por consequência, a invalidade do negócio jurídico que lhe deu origem.

e) O título de crédito poderá ser reivindicado do portador que o adquiriu de boa-fé, desde que a transmissão tenha origem ilícita.

ANOTAÇÕES/COMENTÁRIOS

(a) Súmula 258/STJ: A nota promissória vinculada a contrato de abertura de crédito não goza de autonomia em razão da iliquidez do título que a originou. Súmula 233/STJ: O contrato de abertura de crédito, ainda que acompanhado de extrato de conta-corrente, não é título executivo. Atenção, "(...); 3. O contrato de mútuo bancário ou de abertura de crédito fixo constitui título executivo extrajudicial. (...) (AgRg no REsp 1255636/RS, Rel. Ministra Maria Isabel Gallotti, 4ª T, j. em 01.12.2015, DJE 07.12.2015)".

(b) "O aval é um ato unilateral e autônomo; dele se extrai apenas a declaração de que, se o avalizado não pagar, o avalista pagará, independentemente dos motivos que levaram o terceiro a oferecer a garantia" (MAMEDE, 2015, p.344). Art. 899, § 2º, CC. "Subsiste a responsabilidade do avalista, ainda que nula a obrigação daquele a quem se equipara, a menos que a nulidade decorra de vício de forma".

(c) A duplicata é título causal. Art. 2º, Lei nº 5.474/1968. "No ato da emissão da fatura, dela poderá ser extraída uma duplicata para circulação como efeito comercial, não sendo admitida qualquer outra espécie de título de crédito para documentar o saque do vendedor pela importância faturada ao comprador".

(d) Art. 888, CC. "A omissão de qualquer requisito legal, que tire ao escrito a sua validade como título de crédito, não implica a invalidade do negócio jurídico que lhe deu origem".

(e) Art. 896, CC. "O título de crédito não pode ser reivindicado do portador que o adquiriu de boa-fé e na conformidade das normas que disciplinam a sua circulação".

Gabarito: B

Para responder, tem que estudar: lei, súmula/OJ e teoria/doutrina.

17. (MPE/SP/Promotor/2019/93_Concurso) Assinale a alternativa correta.

(a) Se o alienante não permanecer com bens suficientes para pagamento dos credores, a eficácia do trespasse dependerá do pagamento dos credores ou do consentimento de todos eles de forma expressa.

(b) O endosso é um ato cambiário que transfere a titularidade do crédito e vincula o endossatário ao pagamento do valor contido no título, na qualidade de coobrigado.

(c) Aquele que pretende renovar seu contrato de locação empresarial deve propor ação renovatória no interregno de um ano, no máximo, até seis meses, no mínimo, anteriores à data de finalização do prazo do contrato em vigor, sob pena de prescrição da ação.

(d) Pelo contrato de distribuição, uma pessoa assume, em caráter não eventual e sem vínculos de dependência, a obrigação de promover, à conta de outra, mediante retribuição, a realização de certos negócios, em zona determinada, tendo à sua disposição a coisa a ser negociada.

(e) A duplicata mercantil é título de aceite obrigatório e somente poderá ser recusado em caso de desistência do negócio por parte do comprador, no prazo de 15 dias após a entrega das mercadorias.

ANOTAÇÕES/COMENTÁRIOS

(a) Art. 1.145, CC. Se ao alienante não restarem bens suficientes para solver o seu passivo, a eficácia da alienação do estabelecimento depende do pagamento de todos os credores, ou do consentimento destes, de modo expresso ou tácito, em 30 dias a partir de sua notificação.

(b) O endosso é um ato cambiário que transfere a titularidade do crédito, vinculando o endossante ao pagamento do valor contido no título, na qualidade de coobrigado. Contudo, há de se tomar cuidado com o contexto cobrado pela questão, eis que consoante o art. 914, CC, ressalvada cláusula expressa em contrário, constante do endosso, não responde o endossante pelo cumprimento da prestação constante do título. Apenas em seu §1° que se prevê que assumindo responsabilidade pelo pagamento, o endossante se torna devedor solidário.

Vale dizer, de acordo com toda a legislação específica, o endosse transfere e garante a obrigação; de acordo com o Código Civil, não há garantia automática decorrente do endosso. O Projeto de Lei do Senado 166/2006 busca alterar a redação destes dispositivos. O caput, do art. 914, CC, passaria a vigorar com a seguinte redação: o endossante, salvo cláusula expressa em contrário, responde pelo cumprimento da prestação constante do título.

(c) Art. 51, §5º, da Lei 8.245/1991 – Do direito a renovação decai aquele que não propuser a ação no interregno de um ano, no máximo, até seis meses, no mínimo, anteriores à data da finalização do prazo do contrato em vigor.

Ou seja, a chamada ação renovatória deve ser proposta no primeiro semestre do último ano do contrato de locação empresarial. Contudo, o referido prazo é decadencial, e não prescricional.

(d) Art. 710, CC.

(e) Em regra, a duplicata mercantil é título de aceite obrigatório (art. 8°, da Lei 5.474/1968), pois o comprador só poderá deixar de aceitá-la por motivo de: (i) avaria ou não recebimento das mercadorias, quando não expedidas ou não entregues por sua conta e risco; (ii) vícios, defeitos e diferenças na qualidade ou na quantidade das mercadorias, devidamente comprovados; e (iii) Divergência nos prazos ou nos preços ajustados. Diferentemente da duplicada, na letra de câmbio o aceite é facultativo.

Gabarito: D

Para responder, tem que estudar: lei.

13. RECUPERAÇÃO DE EMPRESAS E FALÊNCIA

18. (MPE/SP/Promotor/2011/88_Concurso) A atual Lei de Falências, que regula a Recuperação Judicial, a Extrajudicial e a Falência do empresário e da sociedade empresária, instituída por meio da Lei nº 11.101, de 9 de fevereiro de 2005, trouxe uma profunda reforma no direito falimentar brasileiro. Das alternativas a seguir, a única correta é:

a) a suspensão das ações de execução contra o devedor, na Recuperação Judicial, não excederá o prazo de 180 (cento e oitenta) dias, contados do deferimento do processamento da Recuperação, prorrogáveis uma única vez por 60 (sessenta) dias, a critério do Juiz.
b) a remuneração do administrador judicial não pode exceder a 10% (dez por cento) do valor devido aos credores submetidos à Recuperação Judicial.
c) a constituição do Comitê de Credores é obrigatória, na Falência e na Recuperação Judicial, e, dentre suas responsabilidades, estão a fiscalização e o exame das contas do administrador judicial.
d) havendo objeção ao Plano de Recuperação Judicial, o Juiz deverá deliberar sobre o assunto, após parecer do Comitê de Credores, administrador judicial e Ministério Público.
e) a intimação do Ministério Público será realizada, no processo de Recuperação Judicial, após o deferimento do processamento da Recuperação Judicial.

ANOTAÇÕES/COMENTÁRIOS

(a) Atenção para a nova redação (Lei nº 14.114, de 24 de dezembro de 2020):

Art. 6º, § 4º, da Lei nº 11.101/2005 (LREF). "Na recuperação judicial, a suspensão e a proibição de que tratam os incisos I, II e III do caput deste artigo perdurarão pelo prazo de 180 (cento e oitenta) dias, contado do deferimento do processamento da recuperação, prorrogável por igual período, uma única vez, em caráter excepcional, desde que o devedor não haja concorrido com a superação do lapso temporal. .

A reforma legislativa passou a assimilar a jurisprudência mais recente no sentido de se admitir a flexibilização do "stay period", sendo expressa, doravante, a possibilidade de prorrogação por igual prazo.

(b) Art. 24, § 1º, LREF. "Em qualquer hipótese, o total pago ao administrador judicial não excederá 5% (cinco por cento) do valor devido aos credores submetidos à recuperação judicial ou do valor de venda dos bens na falência".

> Art. 24, § 5º, LREF. "A remuneração do administrador judicial fica reduzida ao limite de 2% (dois por cento), no caso de microempresas e de empresas de pequeno porte, bem como na hipótese deque trata o art. 70-A desta Lei"

(c) Art. 26, caput, LREF. "O Comitê de Credores será constituído por deliberação de qualquer das classes de credores na assembleia-geral e terá a seguinte composição (...)". Art. 28, LREF. "Não havendo Comitê de Credores, caberá ao administrador judicial ou, na incompatibilidade deste, ao juiz exercer suas atribuições".

(d) Art. 56, caput, LREF. "Havendo objeção de qualquer credor ao plano de recuperação judicial, o juiz convocará a assembleia-geral de credores para deliberar sobre o plano de recuperação".

(e) Art. 52, caput, V, LREF. "Estando em termos a documentação exigida no art. 51 desta lei, o juiz deferirá o processamento da recuperação judicial e, no mesmo ato: V – Ordenará a intimação eletrônica do Ministério Público e das Fazendas Públicas federal e de todos os Estados, Distrito Federal e Municípios em que o devedor tiver estabelecimento, a fim de que tomem conhecimento da recuperação judicial e informem eventuais créditos perante o devedor, para divulgação aos demais interessados".

Gabarito: E

Para responder, tem que estudar: lei.

19. (MPE/SP/Promotor/2012/89_Concurso) Em relação à falência, considere:

I. São excluídas da falência as sociedades de economia mista, as empresas públicas, as câmaras de compensação e de liquidação financeira e as entidades fechadas de previdência complementar.

II. Para se decretar a falência da sociedade empresária exige-se a comprovação da insuficiência do ativo para a solvência do passivo.

III. Na falência requerida com fundamento na tríplice omissão a lei não exige que o título objeto da execução tenha valor mínimo.

IV. Configura ato de falência (art. 94, inc. III, da Lei nº 11.101/2005) a transferência do estabelecimento comercial a terceiro, credor ou não, com o consentimento de todos os credores.

V. A competência para a apreciação do processo falimentar, quando a empresa possui mais de um estabelecimento comercial situados em locais abrangidos por diferentes foros, é aquele em que se localiza a matriz da sociedade, assim indicada no contrato societário.

Está correto o que se afirma apenas em

a) I e IV.
b) I e III.
c) II, III e IV.
d) IV e V.
e) V.

ANOTAÇÕES/COMENTÁRIOS

(I) Art. 2º, I e II, LREF. "Esta lei não se aplica a: I – empresa pública e sociedade de economia mista; II – instituição financeira pública ou privada, cooperativa de crédito, consórcio, entidade de previdência complementar, sociedade operadora de plano de assistência à saúde, sociedade seguradora, sociedade de capitalização e outras entidades legalmente equiparadas às anteriores".

(II) Art. 94, caput, I, II, III, LREF. "Será decretada a falência do devedor que: I – sem relevante razão de direito, não paga, no vencimento, obrigação líquida materializada em título ou títulos executivos protestados cuja soma ultrapasse o equivalente a 40 (quarenta) salários mínimos na data do pedido da falência; II – executado por qualquer quantia ilíquida, não paga, não deposita, não nomeia à penhora bens suficientes dentro do prazo legal; III – pratica qualquer dos seguintes atos, exceto se fizer parte de plano de recuperação judicial: (...)".

A insolvência que autoriza a decretação de falência é presumida, uma vez que a lei presume que o devedor que se encontra em uma das situações apontadas pela norma está em estado pré-falimentar. Logo, equivocada a assertiva. Em relação ao art. 94, I, LREF, refere-se ao valor nu, isto é, sem a soma de juros e correção monetária. Em relação ao art. 94, III, LREF, o rol é taxativo.

(III) Art. 94, II, LREF. "Será decretada a falência do devedor que: II – executado por qualquer quantia ilíquida, não paga, não deposita, não nomeia à penhora bens suficientes dentro do prazo legal";

(IV) Art. 94, III, "c", LREF. "Transfere estabelecimento a terceiro, credor ou não, sem o consentimento de todos os credores e sem ficar com bens suficientes para solver seu passivo";

(V) Art. 3º, LREF. "É competente para homologar o plano de recuperação extrajudicial, deferir a recuperação judicial ou decretar a falência o juízo do local do principal estabelecimento do devedor ou da filial de empresa que tenha sede fora do Brasil". Trata-se de competência absoluta.

Gabarito: B

Para responder, tem que estudar: lei.

20. (MPE/SP/Promotor/2013/90_Concurso) Sobre a falência e a recuperação judicial das empresas, considere as seguintes proposições:

I. A alienação dos ativos do devedor falido é determinada pelo juiz, ouvido o administrador judicial, e será realizada, dentre outras modalidades, via leilão por lances orais, propostas fechadas e pregão.

II. O plano de recuperação judicial aprovado implica em remissão dos créditos anteriores ao pedido e obriga o devedor e todos os credores a ele sujeitos.

III. A decretação da falência ou o deferimento do processamento da recuperação judicial são causas interruptivas da prescrição.

IV. A recuperação judicial tem por objetivo viabilizar a superação da situação de crise econômica do devedor, a fim de permitir a manutenção da fonte produtora, do emprego dos trabalhadores e dos interesses dos credores, promovendo, assim, a preservação da empresa, sua função social e o estímulo à atividade econômica.

Está correto o que se afirma apenas em

a) I e II.

b) II e III.

c) III e IV.
d) I e IV.
e) II e IV.

ANOTAÇÕES/COMENTÁRIOS

Atenção para a nova redação (Lei nº 14.114, de 24 de dezembro de 2020):

(I) Art. 142, caput, I, II e III, Lei nº 11.101/2005 (LREF). "A alienação de bens dar-se-á por uma das seguintes modalidades:

I – leilão eletrônico, presencial ou híbrido;

(...).

A lei revogou as previsões expressas de propostas fechadas e de pregão.

(II) Art. 59, LREF. "O plano de recuperação judicial implica novação dos créditos anteriores ao pedido, e obriga o devedor e todos os credores a ele sujeitos, sem prejuízo das garantias, observado o disposto no § 1º do art. 50 desta Lei".

Lembre-se de que embora guardem certa semelhança entre si, a novação inserta no direito recuperacional não é de todo idêntica àquela do direito civil. A novação do direito civil instala nova relação obrigacional extintiva da anterior ao tempo que extingue e cria direitos relativos ao crédito correspondente. As garantias e as exceções são extintas, o que explica o seu desuso em relação à cessão de crédito, já que nesta as garantias e exceções são preservadas; já na novação prevista na LREF, as garantias são mantidas ainda que as obrigações sejam novadas (art. 50, §1º, LREF). Outrossim, enquanto a novação do direito civil deriva de acordo de vontades, a novação no âmbito da LREF é imposta ex lege.

(III) Atenção para a nova redação (Lei nº 14.114, de 24 de dezembro de 2020):

> Art. 6º, LREF. "A decretação da falência ou o deferimento do processamento da recuperação judicial implica: I – suspensão do curso da prescrição das obrigações do devedor sujeitas ao regime desta Lei;".

(IV) Art. 47, LREF. "A recuperação judicial tem por objetivo viabilizar a superação da situação de crise econômico-financeira do devedor, a fim de permitir a manutenção da fonte produtora, do emprego dos trabalhadores e dos interesses dos credores, promovendo, assim, a preservação da empresa, sua função social e o estímulo à atividade econômica".

Gabarito: D

Para responder, tem que estudar: lei.

21. (MPE/SP/Promotor/2015/91_Concurso) Sobre os efeitos da concessão da recuperação judicial, assinale a alternativa que contém afirmação incorreta.

a) Os credores anteriores ao pedido de recuperação judicial que se opuseram e votaram pela rejeição, na Assembleia-Geral, também ficam sujeitos aos efeitos do plano de recuperação aprovado em juízo.

b) Opera-se a novação com relação aos créditos anteriores ao pedido de recuperação judicial, mas os credores conservam intactos seus direitos contra coobrigados, fiadores e obrigados de regresso.
c) Estão sujeitos à recuperação judicial o proprietário fiduciário e o arrendador mercantil.
d) O crédito advindo de adiantamento de contrato de câmbio não está sujeito aos efeitos da recuperação judicial.
e) O juiz determinará ao Registro Público de Empresas a anotação da recuperação judicial no registro competente.

ANOTAÇÕES/COMENTÁRIOS

(a) Art. 58, § 2º, LREF. "A recuperação judicial somente poderá ser concedida com base no § 1º deste artigo se o plano não implicar tratamento diferenciado entre os credores da classe que o houver rejeitado".

Atenção: É possível que o plano da recuperação judicial preveja diferença de tratamento entre credores de uma mesma classe, criando, assim, subclasses, desde que baseado em critérios objetivos. Veja a Ementa: "(...). 7. A aplicação do cram down exige que o plano de recuperação judicial não implique concessão de tratamento diferenciado entre os credores de uma mesma classe que tenham rejeitado a proposta, hipótese da qual não se cogita no presente caso. (REsp 1634844/SP, Rel. Min. Ricardo Villas Bôas Cueva, 3ª T., j. em 12.03.2019, DJe 15.03.2019.

(b) Art. 59, LREF. "O plano de recuperação judicial implica novação dos créditos anteriores ao pedido, e obriga o devedor e todos os credores a ele sujeitos, sem prejuízo das garantias, observado o disposto no § 1º do art. 50 desta Lei".

(c) Art. 49, § 3º, LREF. "Tratando-se de credor titular da posição de proprietário fiduciário de bens móveis ou imóveis, de arrendador mercantil, de proprietário ou promitente vendedor de imóvel cujos respectivos contratos contenham cláusula de irrevogabilidade ou irretratabilidade, inclusive em incorporações imobiliárias, ou de proprietário em contrato de venda com reserva de domínio, seu crédito não se submeterá aos efeitos da recuperação judicial e prevalecerão os direitos de propriedade sobre a coisa e as condições contratuais, observada a legislação respectiva, não se permitindo, contudo, durante o prazo de suspensão a que se refere o § 4º do art. 6º desta Lei, a venda ou a retirada do estabelecimento do devedor dos bens de capital essenciais a sua atividade empresarial".

(d) Art. 49, § 4º, LREF. "Não se sujeitará aos efeitos da recuperação judicial a importância a que se refere o inciso II do art. 86 desta Lei. Art. 86, II, LREF. "Proceder-se-á à restituição: II – da importância entregue ao devedor, em moeda corrente nacional, decorrente de adiantamento a contrato de câmbio para exportação, na forma do art. 75, §§ 3º e 4º, da Lei nº 4.728, de 14 de julho de 1965, desde que o prazo total da operação, inclusive eventuais prorrogações, não exceda o previsto nas normas específicas da autoridade competente".

(e) Art. 69, parágrafo único, LREF. "O juiz determinará ao Registro Público de Empresas a anotação da recuperação judicial no registro correspondente".

Gabarito: C

Para responder, tem que estudar: lei.

22. (MPE/SP/Promotor/2015/91_Concurso) Assinale a alternativa em que se descreve um ato subjetivamente ineficaz perante a massa falida.

a) A prática de atos a título gratuito, desde 2 anos antes da decretação da falência.

b) A renúncia à herança ou a legado, até 2 anos antes da decretação da quebra.

c) A simulação da separação judicial do empresário individual, feita com o objetivo de transferir à propriedade do ex-cônjuge os bens valiosos do casal.

d) O pagamento de dívidas vencidas e exigíveis realizado dentro do termo legal, por qualquer forma que não seja a prevista pelo contrato.

e) A constituição de direito real de garantia, inclusive a retenção, dentro do termo legal, tratando-se de dívida contraída anteriormente.

ANOTAÇÕES/COMENTÁRIOS

(a) Os atos listados no art. 129, da Lei nº 11.101/2005 (LREF), são considerados atos objetivamente ineficazes, pois não importa se a prática se deu ou não com a intenção de fraudar credores. Os atos subjetivamente ineficazes, que são aqueles praticados com a intenção de fraudar credores, tem previsão legal no art. 130 da LREF. Art. 129, IV, LREF. "São ineficazes em relação à massa falida, tenha ou não o contratante conhecimento do estado de crise econômico-financeira do devedor, seja ou não intenção deste fraudar credores: IV – a prática de atos a título gratuito, desde 2 (dois) anos antes da decretação da falência".

(b) Ineficácia objetiva. Art. 129, V, LREF. "São ineficazes em relação à massa falida, tenha ou não o contratante conhecimento do estado de crise econômico-financeira do devedor, seja ou não intenção deste fraudar credores: IV – a renúncia à herança ou a legado, até 2 (dois) anos antes da decretação da falência".

(c) Ineficácia subjetiva. Art. 130, LREF. "São revogáveis os atos praticados com a intenção de prejudicar credores, provando-se o conluio fraudulento entre o devedor e o terceiro que com ele contratar e o efetivo prejuízo sofrido pela massa falida".

(d) Ineficácia objetiva. Art. 129, II, LREF. "São ineficazes em relação à massa falida, tenha ou não o contratante conhecimento do estado de crise econômico-financeira do devedor, seja ou não intenção deste fraudar credores: II – o pagamento de dívidas vencidas e exigíveis realizado dentro do termo legal, por qualquer forma que não seja a prevista pelo contrato".

(e) Ineficácia objetiva. Art. 129, III, LREF. "São ineficazes em relação à massa falida, tenha ou não o contratante conhecimento do estado de crise econômico-financeira do devedor, seja ou não intenção deste fraudar credores: III- a constituição de direito real de garantia, inclusive a retenção, dentro do termo legal, tratando-se de dívida contraída anteriormente; se os bens dados em hipoteca forem objeto de outras posteriores, a massa falida receberá a parte que devia caber ao credor da hipoteca revogada".

I – ineficácia (art. 129)	R – revogáveis (art. 130)
Ineficazes, tenha ou não o contratante conhecimento do estado de crise, seja ou não a intenção fraudar	Com a intenção de fraudar credores
Cognoscível de ofício, ação própria ou incidentalmente	Cognoscível por ação específica, ação revocatória (art. 132)
	Prazo: 3 anos
	Legitimados (3): Qualquer credor; Administrador; MP

Gabarito: C

Para responder, tem que estudar: lei.

23. (MPE/SP/Promotor/2019/93_Concurso) No que diz respeito à Assembleia Geral de Credores, é correto afirmar que

(a) o voto do credor será sempre proporcional ao valor do seu crédito para deliberar sobre a aprovação do plano de recuperação judicial.

(b) a assembleia geral instalar-se-á em 1a (primeira) convocação, com a presença de credores titulares de mais da metade dos créditos de cada classe, computados pelo valor, e, em 2a (segunda) convocação, com qualquer número.

(c) a assembleia de credores será presidida pelo juiz, que designará um secretário dentre os credores presentes.

(d) para aprovação do plano de recuperação judicial é necessária a aprovação de credores que representem mais da metade do valor total dos créditos presentes à assembleia em cada uma das instâncias classistas.

(e) a assembleia geral será composta pelas seguintes classes de credores: I – titulares de créditos derivados da legislação do trabalho, II – titulares de créditos com garantia real, III- titulares de créditos quirografários, com privilégio especial ou subordinados, IV – titulares de créditos enquadrados como microempresa ou empresa de pequeno porte.

ANOTAÇÕES/COMENTÁRIOS

(a) O voto do credor nem sempre será proporcional ao valor do crédito, a exceção é justamente nas deliberações sobre o plano de recuperação judicial. Nesse sentido, nos termos do art. 38 da Lei 11.101/05: Art. 38. O voto do credor será proporcional ao valor de seu crédito, ressalvado, nas deliberações sobre o plano de recuperação judicial, o disposto no § 2º do art. 45 desta Lei. Art. 45. Nas deliberações sobre o plano de recuperação judicial, todas as classes de credores referidas no art. 41 desta Lei deverão aprovar a proposta. (...). §2º. Nas classes previstas nos incisos I e IV do art. 41 desta Lei, a proposta deverá ser aprovada pela maioria simples dos credores presentes, independentemente do valor de seu crédito.

(b) Alternativa de acordo com o art. 37, §2º da Lei 11.101/05: Art. 37. A assembleia será presidida pelo administrador judicial, que designará 1 (um) secretário dentre os credores presentes. § 1º Nas deliberações sobre o afastamento do administrador judicial ou em outras em que haja incompatibilidade deste, a assembleia será presidida pelo credor presente que seja titular do maior crédito. § 2º A assembleia instalar-se-á, em 1ª (primeira) convocação, com a presença de credores titulares de mais da metade dos créditos de cada classe, computados pelo valor, e, em 2ª (segunda) convocação, com qualquer número.

(c) Art. 37. A assembleia será presidida pelo administrador judicial, que designará 1 (um) secretário dentre os credores presentes.

(d) Art. 42. Considerar-se-á aprovada a proposta que obtiver votos favoráveis de credores que representem mais da metade do valor total dos créditos presentes à assembleia-geral, exceto nas deliberações sobre o plano de recuperação judicial nos termos da alínea a do inciso I do caput do art. 35 desta Lei, a composição do Comitê de Credores ou forma alternativa de realização do ativo nos termos do art. 145 desta Lei. Art. 45. Nas deliberações sobre o plano de recuperação judicial, todas as classes de credores referidas no art. 41 desta Lei deverão aprovar a proposta. § 1º Em cada uma das classes referidas nos incisos II (titulares de créditos com garantia real) e III (titulares de créditos quirografários, com privilégio especial, com privilégio geral ou subordinados) do art. 41 desta Lei, a proposta deverá ser aprovada por credores que representem mais da metade do valor total dos créditos presentes à assembleia e, cumulativamente, pela maioria simples dos credores presentes. § 2º Nas classes previstas nos incisos I (titulares de créditos derivados da legislação do trabalho ou decorrentes de acidentes de trabalho) e IV (titulares de créditos enquadrados como microempresa ou empresa de pequeno porte) do art. 41 desta Lei, a proposta deverá ser aprovada pela maioria simples dos credores presentes, independentemente do valor de seu crédito. (Redação dada pela Lei Complementar nº 147, de 2014)

(e) Nos termos do art. 41 da Lei 11.101/05: Art. 41. A assembleia-geral será composta pelas seguintes classes de credores: I – titulares de créditos derivados da legislação do trabalho ou decorrentes de acidentes de trabalho; II – titulares de créditos com garantia real; III – titulares de créditos quirografários, com privilégio especial, com privilégio geral ou subordinados. IV – titulares de créditos enquadrados como microempresa ou empresa de pequeno porte.

Gabarito: B

Para responder, tem que estudar: lei.

24. (MPE/SP/Promotor/2019/93_Concurso) Na alienação ordinária de bens ocorrida no processo falimentar, observa-se que

(a) o sócio da sociedade falida pode arrematar bens no processo falimentar, e referidos bens estarão livres de quaisquer ônus, não ocorrendo sucessão tributária e trabalhista.

(b) a presença do "parquet" é dispensável em qualquer modalidade de venda de bens na falência.

(c) empregados do devedor contratados pelo arrematante serão admitidos mediante novos contratos de trabalho, e o arrematante não responde por obrigações decorrentes do contrato anterior.

(d) o objeto da alienação estará livre de qualquer ônus e haverá sucessão do arrematante nas obrigações do devedor, inclusive as de natureza tributária, as derivadas da legislação do trabalho e as decorrentes de acidentes do trabalho.

(e) as modalidades de venda ordinária previstas na Lei nº 11.101/05 são: leilão, por lances orais, propostas fechadas e pregão, sendo este último composto por uma única fase que se inicia com lances no mínimo 20% maiores que o valor de avaliação do bem.

ANOTAÇÕES/COMENTÁRIOS

(a) A LFRE confere a possibilidade de o sócio de sociedade falida arrematar os ativos desta. Contudo, presumiu ser ele, sócio, responsável pela situação de insolvência da pessoa jurídica, razão pela qual a lei não o exime de arcar com os ônus contratuais e legais que recaem sobre a falida. Assim, a transferência não afasta eventuais ônus existentes, e não se opera sucessão trabalhista e tributária (art. 141, II e §1º, I, da Lei n. 11.101/05). Art. 141. Na alienação conjunta ou separada de ativos, inclusive da empresa ou de suas filiais, promovida sob qualquer das modalidades de que trata o art. 142: II – o objeto da alienação estará livre de qualquer ônus e não haverá sucessão do arrematante nas obrigações do devedor, inclusive as de natureza tributária, as derivadas da legislação do trabalho e as decorrentes de acidentes de trabalho. §1º – O disposto no inciso II do caput deste artigo não se aplica quando o arrematante for: I – sócio da sociedade falida, ou sociedade controlada pelo falido;

(b) Art. 142, §7º, da Lei n. 11.101/05. Em qualquer modalidade de alienação, o Ministério Público e as Fazendas Públicas serão intimados por meio eletrônico, nos termos da legislação vigente e respeitadas as respectivas prerrogativas funcionais, sob pena de nulidade.

(c) Art. 141, §2º, da LFRE.

(d) De acordo com o art. 141, II, da Lei n. 11.101/05, não há sucessão trabalhista ou tributária. Art. 141. Na arrematação conjunta ou separada de ativos, inclusive da empresa ou de suas filiais, promovida sob qualquer das modalidades de que trata o art. 142: II – o objeto da alienação estará livre de qualquer ônus e não haverá sucessão do arrematante nas obrigações do devedor, inclusive as de natureza tributária, as derivadas da legislação do trabalho e as decorrentes de acidentes de trabalho.

Importante destacar o julgamento da ADI 3.934/DF, em que se questionou a constitucionalidade do art. 141, II. Sustentou-se que o rompimento da cadeia falido-arrematante, não havendo sucessão trabalhista, afrontaria princípios constitucionais como a dignidade da pessoa humana e pleno emprego. Contudo, asseverou o STF não só que o dispositivo foi elaborado após amplo debate público dos setores que seriam por ele afetados, como também que houve plena compatibilização com a Constituição, à medida em que se garantiu, por meio da regra, a efetiva continuidade das relações empregatícias. Houvesse sucessão empresarial, o arrematante provavelmente não arremataria o fundo empresarial, resultando no efetivo desligamento dos então funcionários da sociedade falida.

(e) Atenção para a alteração legislativa. Art. 142. A alienação de bens dar-se-á por uma das seguintes modalidades: I – leilão eletrônico, presencial ou híbrido; II – revogado; III – revogado; IV – processo competitivo organizado promovido por agente especializado e de reputação ilibada, cujo procedimento deverá ser detalhado em relatório anexo ao plano de realização do ativo ou ao plano de recuperação judicial, conforme o caso; V – qualquer outra modalidade, desde que aprovada nos termos desta Lei.

Gabarito: C

Para responder, tem que estudar: lei.

14. O REGIME DE INTERVENÇÃO, O REGIME DE ADMINISTRAÇÃO ESPECIAL TEMPORÁRIA E A LIQUIDAÇÃO EXTRAJUDICIAL DE INSTITUIÇÕES FINANCEIRAS

Tópico sem questões em provas recentes.

TUTELA DE INTERESSES DIFUSOS E COLETIVOS

Autora: Paloma Sakalem

VISÃO GERAL

PROVA DE TUTELA DE INTERESSES DIFUSOS E COLETIVOS

Foram comentadas as provas aplicadas pelo Ministério Público do Estado de São Paulo nos seguintes anos: 2011, 2012, 2013, 2015, 2017 e 2019.

As provas foram baseadas na legislação (lei seca), sendo que apenas a prova de 2011 teve uma incidência maior de questões sobre doutrina e jurisprudência. Muitas questões sobre os temas: Patrimônio Público, Meio Ambiente e Inquérito Civil. No ano de 2010 não houve a cobrança de Tutela de Interesses Difusos e Coletivos na prova preambular.

Recomenda-se a leitura da Resolução n° 23 do CNMP, que disciplina a instauração e tramitação do inquérito civil, e do Ato Normativo n° 484-CPJ do MPE-SP, de 2006, que disciplina o inquérito civil e demais investigações do Ministério Público, audiências públicas, compromissos de ajustamento de conduta e recomendações, além de outras providências.

TÓPICOS DO EDITAL	LEGISLAÇÃO	DOUTRINA	JURISPRUDÊNCIA
1. Interesses difusos, coletivos e individuais homogêneos. Defesa dos interesses difusos, coletivos e individuais homogêneos em juízo: princípios gerais.			

TÓPICOS DO EDITAL	LEGISLAÇÃO	DOUTRINA	JURISPRUDÊNCIA
2. Principais categorias e legislação respectiva:	3-2011	2-2011	3-2011
2.1. Meio Ambiente e Urbanismo. Bem jurídico ambiental. Direito do Ambiente: conceito, princípios, objeto, instrumentos legais. Tutela constitucional do ambiente. Política Nacional do Meio Ambiente. Espaços ambientalmente protegidos. Sistema Nacional do Meio Ambiente. Tutela administrativa do ambiente: poder de polícia, competência, licenciamento, responsabilidade administrativa. Tutela e responsabilidade civil do ambiente. Participação popular na proteção do ambiente. Legislação ambiental, de parcelamento do solo e da cidade.	6-2012 2-2013 2-2015 1-2017 4-2019		1-2012
2.2. Patrimônio Público: Controle da Administração Pública. Tribunal de Contas. Mandado de segurança (individual e coletivo). Mandado de Injunção. Ação popular. Ação civil pública. Improbidade administrativa. Proteção ao patrimônio público e social. Processo Administrativo. Responsabilidade fiscal. Orçamento público.	6-2011 1-2012 12-2013 4-2015 11-2017 3-2019	2-2011 3-2017	1-2011 2-2013 3-2017 1-2019
2.3. Idoso. Pessoa com deficiência. Inclusão social. Saúde Pública. Assistência Social. Educação. Serviços de relevância pública. Acessibilidade. Pessoas portadoras de transtornos mentais. Igualdade racial	4-2011 4-2012 5-2013 3-2015 2-2017 2-2019		1-2011 2-2012 2-2013
2.4. Consumidor. A proteção e defesa do consumidor na Constituição Federal de 1988. Política nacional de relações de consumo. Direitos básicos do consumidor. Prevenção e reparação de danos. Desconsideração da personalidade jurídica. Práticas comerciais. Proteção contratual. Sanções administrativas. Defesa do consumidor em juízo. Ações coletivas. Sistema Nacional de Defesa do Consumidor.	5-2011 2-2012 1-2013 2-2015 1-2017 3-2019	1-2011	1-2011
2.5. Infância e Juventude: Acesso à justiça. Ministério Público. Proteção Judicial dos Interesses Individuais, Difusos e Coletivos.	2-2015		

TÓPICOS DO EDITAL	LEGISLAÇÃO	DOUTRINA	JURISPRUDÊNCIA
3. Ação civil pública. Conceito e objeto. Tutela principal e cautelar. Interesse de agir. Legitimação ativa e passiva. Litisconsórcio e assistência. Atuação do Ministério Público. Competência. Sentença. Multa diária e liminar. Recursos. Coisa julgada. Execução e fundo para reconstituição dos bens lesados.	4-2011 1-2015 1-2017 1-2019	1-2011	1-2013 2-2019
4. Inquérito civil. Natureza. Finalidade. Princípios. Instauração. Poderes instrutórios. Termo de ajustamento de conduta. Arquivamento e Desarquivamento. Controle. Recomendações.	3-2011 5-2012 2-2013 8-2017	1-2011 1-2013 1-2017	

1. INTERESSES DIFUSOS, COLETIVOS E INDIVIDUAIS HOMOGÊNEOS

Tópico sem questões em provas recentes.

2. PRINCIPAIS CATEGORIAS E LEGISLAÇÃO RESPECTIVA

2.1. Meio Ambiente e Urbanismo

1. **(MPE/SP/Promotor/2011/88_Concurso)** Assinale a alternativa correta.

   a) Em decorrência das regras constitucionais em matéria ambiental, as responsabilidades civil, penal e administrativa por danos causados ao meio ambiente são de caráter objetivo.

   b) O caráter objetivo da responsabilidade civil por danos ambientais fundamenta-se na teoria do risco, que faz recair ao causador dos danos a obrigação de repará-los, independentemente de culpa, admitindo-se apenas a aplicação das excludentes de caso fortuito e força maior.

   c) O Poder Público pode vir a ser responsabilizado solidariamente por danos ambientais causados por particulares em decorrência de deficiências na fiscalização, sendo sua responsabilidade, a esse propósito, de caráter objetivo.

   d) O caráter objetivo da responsabilidade civil por danos ambientais fundamenta-se na teoria do risco, pois aquele que exerce uma atividade deve responder por eventuais danos dela resultantes, independentemente de culpa, ainda que a atividade danosa seja lícita.

   e) A responsabilidade civil em matéria ambiental é de caráter objetivo, prescindindo, para sua caracterização, do elemento da culpa e do nexo causal entre a conduta e o evento danoso.

ANOTAÇÕES/COMENTÁRIOS

(a) A responsabilidade civil por danos ambientais (artigo 14, § 1º, Lei 6.938/1981) é objetiva, conforme entende o STJ: "1. Para fins do art. 543-C do CPC: a) a responsabilidade por dano ambiental é objetiva, informada pela teoria do risco integral, sendo o nexo de causalidade o fator aglutinante que permite que o risco se integre na unidade do ato" (tese firmada em julgamento de recurso repetitivo, REsp 1374284). Destaca-se a Súmula 623/STJ: "As obrigações ambientais possuem natureza 'propter rem', sendo admissível cobrá-las do proprietário ou possuidor atual e/ou dos anteriores, à escolha do credor". // Quanto à responsabilidade administrativa, há precedente do STJ adotando a responsabilidade administrativa objetiva na aplicação de multa (REsp 673.765, 2005), em consonância com a doutrina de Vladimir Passos De Freitas; porém no julgamento do Recurso Especial 1.251.697, de 12.04.2012, o STJ repeliu a tese da adoção da responsabilidade objetiva na imposição de responsabilização administrativa ambiental, pois "a aplicação de penalidades administrativas não obedece à lógica da responsabilidade objetiva da esfera cível". Já a responsabilidade penal é subjetiva, pois inexiste responsabilidade penal objetiva, ante o princípio constitucional da culpabilidade, uma vez que deverá haver nexo causal, conforme já decidiu a Suprema Corte (STF, HC 83.554, 2005).

(b) A teoria do risco integral não admite excludentes de responsabilidade, como leciona Édis Milaré (2005): "A terceira consequência da adoção do sistema de responsabilidade objetiva sob a modalidade do risco integral diz com a inaplicabilidade do caso fortuito, da força maior e do fato de terceiro como exonerativas, e com a impossibilidade de invocação da cláusula de não indenizar". O STJ firmou a tese, em recurso repetitivo, de que "A responsabilidade por dano ambiental é objetiva, informada pela teoria do risco integral, sendo o nexo de causalidade o fator aglutinante que permite que o risco se integre na unidade do ato, sendo descabida a invocação, pela empresa responsável pelo dano ambiental, de excludentes de responsabilidade civil para afastar sua obrigação de indenizar (REsp 1374284).

(c) Já decidiu o Superior Tribunal de Justiça ser a responsabilidade subjetiva, seguindo a tradicional doutrina administrativista (REsp 647.493, 2007). Os últimos precedentes do STJ, porém, declararam a responsabilidade objetiva do Estado por danos ambientais, mesmo em se tratando de omissão na fiscalização ambiental (REsp 1.071.741, 2009). Apesar de ser solidária, a atual jurisprudência dominante no STJ é no sentido de que a responsabilidade civil do Poder Público é de execução subsidiária, na hipótese de omissão de cumprimento adequado do seu dever de fiscalizar. Com o fim de atualizar o entendimento, vide AgRg no REsp 1497096, 2015: "1. A Administração é solidária, objetiva e ilimitadamente responsável, nos termos da Lei 6.938/1981, por danos urbanístico-ambientais decorrentes da omissão do seu dever de controlar e fiscalizar, na medida em que contribua, direta ou indiretamente, tanto para a degradação ambiental em si mesma, como para o seu agravamento, consolidação ou perpetuação."

(d) A responsabilidade civil objetiva por danos ambientais decorre do Princípio do Poluidor-pagador, não sendo justo que o poluidor internalize os lucros e socialize a degradação ambiental, devendo responder por esta mediante a reparação do dano. Assim, mesmo o dano lícito (sem existência de culpa e com regular licenciamento ambiental) gera a responsabilização civil.

(e) Apesar de a responsabilidade civil ser objetiva, fundada no risco integral, dispensando o elemento culpa, o nexo causal (vínculo que une conduta e resultado lesivo) é pressuposto indispensável para toda responsabilização civil, mesmo a objetiva lastreada pela Teoria do Risco Integral (STJ: "a responsabilidade por dano ambiental é objetiva, informada pela teoria do risco integral, sendo o nexo de causalidade o fator aglutinante que permite que o risco se integre na unidade do ato", tese firmada em julgamento de recurso repetitivo, REsp 1374284).

Gabarito: D

Para responder, tem que estudar: jurisprudência, súmula/OJ e teoria/doutrina.

2. **(MPE/SP/Promotor/2011/88_Concurso)** A respeito do licenciamento ambiental, examine as seguintes afirmações:

    I. compete ao CONAMA estabelecer normas e critérios para o licenciamento de atividades efetiva ou potencialmente poluidoras, bem como a distribuição da competência entre os entes federados para o exercício da atividade licenciadora;

    II. o licenciamento ambiental caracteriza-se como um procedimento administrativo composto por etapas determinadas e obrigatórias, entre as quais a realização do Estudo de Impacto Ambiental (EIA/RIMA);

    III. a realização de audiências públicas no procedimento do licenciamento pode ser determinada pelo órgão licenciador sempre que entender necessário, ou quando for solicitada por entidade civil, pelo Ministério Público, por cinquenta ou mais cidadãos;

    IV. as licenças ambientais dividem-se em três modalidades, correspondentes às etapas do procedimento de licenciamento, quais sejam a licença prévia, a licença de instalação e a licença de operação, mas há procedimentos especiais de licenciamento nos quais há outras modalidades de licença.

    Está correto apenas o contido em

    a) I e II.
    b) I e III.
    c) II e III.
    d) II e IV.
    e) III e IV.

ANOTAÇÕES/COMENTÁRIOS

(I) A primeira parte da assertiva está correta, de acordo com o artigo 8º da Lei 6.938/81: "Art. 8º Compete ao CONAMA: I – estabelecer, mediante proposta do IBAMA, normas e critérios para o licenciamento de atividades efetiva ou potencialmente poluidoras, a ser concedido pelos Estados e supervisionado pelo IBAMA". A segunda parte está incorreta, pois não é competência do CONAMA distribuir competências para o licenciamento ambiental, o que está definido na Lei Complementar 140/2011, que regulamenta a distribuição de competência para o licenciamento entre os entes políticos de forma mais detalhada do que a Resolução 237 do CONAMA.

(II) A realização do estudo de impacto ambiental não é etapa obrigatória no licenciamento. O artigo 225, § 1º, inciso IV da Constituição exige tal estudo apenas quando a atividade for passível de causar significativa degradação do meio: "Art. 225, § 1º, IV – exigir, na forma da lei, para instalação de obra ou atividade potencialmente causadora de significativa degradação do meio ambiente, estudo prévio de impacto ambiental, a que se dará publicidade". Assim também dispõe o artigo 3º da Resolução 237 do CONAMA "Art. 3º A licença ambiental para empreendimentos e atividades consideradas efetiva ou potencialmente causadoras de significativa degradação do meio dependerá de prévio estudo de impacto ambiental e respectivo relatório de impacto sobre o meio ambiente (EIA/RIMA), ao qual dar-se-á publicidade, garantida a realização de audiências públicas, quando couber, de acordo com a regulamentação".

(III) A Resolução 9 do CONAMA dispõe sobe a realização de audiências públicas no licenciamento, e estabelece: "Art. 2º Sempre que julgar necessário, ou quando for solicitado por entidade civil, pelo Ministério Público, ou por 50 (cinquenta) ou mais cidadãos, o Órgão de Meio Ambiente promoverá a realização de audiência pública".

(IV) A assertiva repete o artigo 8º e incisos da Resolução 237 do CONAMA: "Art. 8º O Poder Público, no exercício de sua competência de controle, expedirá as seguintes licenças: I – Licença Prévia (LP) – concedida na fase preliminar do planejamento do empreendimento ou atividade aprovando sua localização e concepção, atestando a viabilidade ambiental e estabelecendo os requisitos básicos e condicionantes a serem atendidos nas próximas fases de sua implementação; II – Licença de Instalação (LI) – autoriza a instalação do empreendimento ou atividade de acordo com as especificações constantes dos planos, programas e projetos aprovados, incluindo as medidas de controle ambiental e demais condicionantes, da qual constituem motivo determinante; III – Licença de Operação (LO) – autoriza a operação da atividade ou empreendimento, após a verificação do efetivo cumprimento do que consta das licenças anteriores, com as medidas de controle ambiental e condicionantes determinados para a operação. Parágrafo único. As licenças ambientais poderão ser expedidas isolada ou sucessivamente, de acordo com a natureza, características e fase do empreendimento ou atividade."

Gabarito: E

Para responder, tem que estudar: lei.

3. (MPE/SP/Promotor/2011/88_Concurso) Assinale a alternativa correta.

a) A reserva legal corresponde à porcentagem de florestas e outras formas de vegetação nativa, de propriedade e posses rurais, não incluídas aquelas situadas em área de preservação permanente, cuja vegetação deve ser preservada, não sendo admitida, em qualquer hipótese, sua utilização em regime de manejo florestal sustentável ou o plantio de árvores frutíferas.

b) A vegetação em áreas de preservação permanente pode ser suprimida em caso de utilidade pública ou interesse social, mas tal supressão depende de autorização legislativa.

c) O Código Florestal (Lei n. 4.771/65) cria dois tipos de espaços territoriais protegidos: as áreas de preservação permanente e a reserva legal. Esses dois institutos, aplicáveis apenas às propriedades rurais, referem-se a espaços nos quais as florestas ou outras formas de vegetação nativa devem ser preservadas.

d) As unidades de conservação dividem-se em dois grupos: o de proteção integral e o de uso sustentável. O primeiro é formado por unidades cujo regime de domínio é público, e o segundo, por áreas que podem ser públicas ou privadas, desde que atendam às limitações impostas pela legislação.

e) A reserva extrativista é uma categoria de unidade de conservação de uso sustentável, de domínio público, na qual a posse e o uso das áreas ocupadas pelas populações tradicionais nela residentes deverão ser regulados por contrato, firmado nos termos do disposto no regulamento da lei específica.

ANOTAÇÕES/COMENTÁRIOS

(a) Questão formulada sob a égide do antigo Código Florestal (Lei nº 4.771/65), segundo o qual é admitido o plantio de árvores frutíferas: "Art. 16, § 3º Para cumprimento da manutenção ou compensação da área de reserva legal em pequena propriedade ou posse rural familiar, podem ser computados os plantios de árvores frutíferas ornamentais ou industriais, compostos por espécies exóticas, cultivadas em sistema intercalar ou em consórcio com espécies nativas". Admite-se também o uso de vegetação de reserva legal sob o regime de manejo florestal sustentável: "Art. 16, § 2º A vegetação da reserva legal não pode ser suprimida, podendo apenas ser utilizada sob regime de manejo florestal sustentável, de acordo com princípios e critérios técnicos e científicos estabelecidos no regulamento, ressalvadas as hipóteses previstas no § 3º deste artigo, sem prejuízo das demais legislações específicas". De acordo com o novo Código Florestal (Lei nº 12.651/2012) continua incorreta a alternativa: "Art. 17, § 1º Admite-se a exploração econômica da Reserva Legal mediante manejo sustentável, previamente aprovado pelo órgão competente do Sisnama, de acordo com as modalidades previstas no art. 20", e "Art. 54. Para cumprimento da manutenção da área de reserva legal nos imóveis a que se refere o inciso V do art. 3º, poderão ser computados os plantios de árvores frutíferas, ornamentais ou industriais, compostos por espécies exóticas, cultivadas em sistema intercalar ou em consórcio com espécies nativas da região em sistemas agroflorestais".

(b) Questão formulada sob a égide do antigo Código Florestal (Lei nº 4.771/65), segundo o qual não se exige autorização legislativa para a supressão, e sim autorização do poder Executivo: "Art. 4º A supressão de vegetação em área de preservação permanente somente poderá ser autorizada em caso de utilidade pública ou de interesse social, devidamente caracterizados e motivados em procedimento administrativo próprio, quando inexistir alternativa técnica e locacional ao empreendimento proposto. § 1º A supressão de que trata o caput deste artigo dependerá de autorização do órgão ambiental estadual competente, com anuência prévia, quando couber, do órgão federal ou municipal de meio ambiente, ressalvado o disposto no § 2º deste artigo". De acordo com o novo Código Florestal continua incorreta a alternativa: "Art. 8º A intervenção ou a supressão de vegetação nativa em Área de Preservação Permanente somente ocorrerá nas hipóteses de utilidade pública, de interesse social ou de baixo impacto ambiental previstas nesta Lei".

(c) Questão formulada sob a égide do antigo Código Florestal (Lei nº 4.771/65), segundo o qual as áreas de preservação permanente aplicam-se não só às áreas rurais, como também às urbanas: "Art. 2º Consideram-se de preservação permanente, pelo só efeito desta Lei, as florestas e demais formas de vegetação natural situadas: (...) Parágrafo único. No caso de áreas urbanas, assim entendidas as compreendidas nos perímetros urbanos definidos por lei municipal, e nas regiões metropolitanas e aglomerações urbanas, em todo o território abrangido, obervar-se-á o disposto nos respectivos planos diretores e leis de uso do solo, respeitados os princípios e limites a que se refere este artigo". De acordo com o novo Código Florestal continua incorreta a alternativa: "Art. 4º Considera-se Área de Preservação Permanente, em zonas rurais ou urbanas, para os efeitos desta Lei: (...)". Já a reserva legal realmente aplica-se apenas à área rural (Código Florestal Antigo, "Art. 1º, § 2º, III – Reserva Legal: área localizada no interior de uma propriedade ou posse rural, excetuada a de preservação permanente, necessária ao uso sustentável dos recursos naturais, à conservação e reabilitação dos processos ecológicos, à conservação da biodiversidade e ao abrigo e proteção de fauna e flora nativas"; e de acordo com o novo Código Florestal: "Art. 3º, III – Reserva Legal: área localizada no interior de uma propriedade ou posse rural, delimitada nos termos do art. 12, com a função de assegurar o uso econômico de modo sustentável dos recursos naturais do imóvel rural, auxiliar a conservação e a reabilitação dos processos ecológicos e promover a conservação da biodiversidade, bem como o abrigo e a proteção de fauna silvestre e da flora nativa".

(d) O erro da assertiva encontra-se na afirmação de que as unidades de proteção integral apenas podem ser públicas, já que é possível que o monumento natural e o refúgio de vida silvestre – ambos unidades de proteção integral conforme o artigo 8º define – sejam constituídos por áreas particulares: "Art. 8º O grupo das Unidades de Proteção Integral é composto pelas seguintes categorias de unidade de conservação: (...) IV – Monumento Natural; V – Refúgio de Vida Silvestre; Art. 12, § 1º O Monumento Natural pode ser constituído por áreas particulares, desde que seja possível compatibilizar os objetivos da unidade com a utilização da terra e dos recursos naturais do local pelos proprietários; Art. 13, § 1º O Refúgio de Vida Silvestre pode ser constituído por áreas particulares, desde que seja possível compatibilizar os objetivos da unidade com a utilização da terra e dos recursos naturais do local pelos proprietários".

(e) Repete o texto do artigo 23 da Lei 9.985/2000: "Art. 23. A posse e o uso das áreas ocupadas pelas populações tradicionais nas Reservas Extrativistas e Reservas de

Desenvolvimento Sustentável serão regulados por contrato, conforme se dispuser no regulamento desta Lei".

Gabarito: E

Para responder, tem que estudar: lei.

4. (MPE/SP/Promotor/2011/88_Concurso) Assinale a alternativa correta.

a) O Estudo de Impacto de Vizinhança foi criado pelo Estatuto da Cidade (Lei n. 10.257/01) a fim de contemplar os efeitos positivos e negativos de empreendimentos urbanos para a paisagem urbana e o patrimônio natural, substituindo, para tais empreendimentos, o Estudo de Impacto Ambiental.

b) As áreas municipais subutilizadas ou não utilizadas podem ser submetidas, pelo Plano Diretor, a parcelamento, edificação ou utilização compulsória, sendo facultada ao proprietário de áreas nessa situação, mediante consórcio imobiliário, a transferência do seu imóvel ao Poder Público e o recebimento posterior de unidades imobiliárias urbanizadas ou edificadas em pagamento.

c) No regime do Estatuto da Cidade (Lei n. 10.257/01), é admitida a usucapião de imóvel urbano, mas apenas na hipótese de área ou edificação de até 250 m2 (duzentos e cinquenta metros quadrados) em favor do homem, da mulher, ou de ambos, independentemente de seu estado civil, que o utilizem para fins de sua moradia ou de sua família.

d) A operação urbana consorciada corresponde ao conjunto de intervenções e medidas, adotadas com a participação dos proprietários, moradores, usuários permanentes e investidores privados, para a promoção de transformações urbanísticas estruturais e a obtenção de recursos provenientes dos proprietários privados e investidores, que devem ser revertidos para áreas carentes da cidade.

e) O direito de superfície confere ao Poder Público Municipal preferência para aquisição de imóvel urbano objeto de alienação onerosa entre particulares, quando a sua área for necessária para fins urbanísticos, como para a regularização fundiária, execução de programas habitacionais de interesse social e implantação de equipamentos urbanos e comunitários.

ANOTAÇÕES/COMENTÁRIOS

(a) O artigo 37 da Lei 10.257/2001 determina como será executado o estudo de impacto de vizinhança: "Art. 37. O EIV será executado de forma a contemplar os efeitos positivos e negativos do empreendimento ou atividade quanto à qualidade de vida da população residente na área e suas proximidades, incluindo a análise, no mínimo, das seguintes questões (...)". Tal estudo, ao contrário do que afirma a assertiva, não substitui o estudo prévio de impacto ambiental: "Art. 38. A elaboração do EIV não substitui a elaboração e a aprovação de estudo prévio de impacto ambiental (EIA), requeridas nos termos da legislação ambiental".

(b) Não é o plano diretor que submete as áreas a parcelamento, edificação ou utilização compulsória, e sim a lei municipal: "Art. 5º Lei municipal específica para área incluída no plano diretor poderá determinar o parcelamento, a edificação ou a utilização compulsórios do solo urbano não edificado, subutilizado ou não utilizado, devendo fixar as condições e os prazos para implementação da referida obrigação".

(c) Repete o disposto na Lei 10.257/2001: "Art. 9º Aquele que possuir como sua área ou edificação urbana de até duzentos e cinquenta metros quadrados, por cinco anos, ininterruptamente e sem oposição, utilizando-a para sua moradia ou de sua família, adquirir-lhe-á o domínio, desde que não seja proprietário de outro imóvel urbano ou rural. § 1º O título de domínio será conferido ao homem ou à mulher, ou a ambos, independentemente do estado civil. § 2º O direito de que trata este artigo não será reconhecido ao mesmo possuidor mais de uma vez. § 3º Para os efeitos deste artigo, o herdeiro legítimo continua, de pleno direito, a posse de seu antecessor, desde que já resida no imóvel por ocasião da abertura da sucessão".

(d) A parte final da assertiva está incorreta, pois a operação urbana consorciada não objetiva obter recursos provenientes de proprietários privados e investidores para reverter para áreas carentes da cidade. De acordo com a Lei 10.257/2001, "Art. 32, § 1º Considera-se operação urbana consorciada o conjunto de intervenções e medidas coordenadas pelo Poder Público municipal, com a participação dos proprietários, moradores, usuários permanentes e investidores privados, com o objetivo de alcançar em uma área transformações urbanísticas estruturais, melhorias sociais e a valorização ambiental".

(e) A assertiva alterou o nome do instituto, pois a definição trazida refere-se ao direito de preempção, definido na Lei 10.257/2001: "Art. 25. O direito de preempção confere ao Poder Público municipal preferência para aquisição de imóvel urbano objeto de alienação onerosa entre particulares; Art. 26. O direito de preempção será exercido sempre que o Poder Público necessitar de áreas para: I – regularização fundiária; II – execução de programas e projetos habitacionais de interesse social; (...) V – implantação de equipamentos urbanos e comunitários (...)". O direito de superfície, por outro lado, encontra-se previsto no artigo 21: "Art. 21. O proprietário urbano poderá conceder a outrem o direito de superfície do seu terreno, por tempo determinado ou indeterminado, mediante escritura pública registrada no cartório de registro de imóveis. § 1º O direito de superfície abrange o direito de utilizar o solo, o subsolo ou o espaço aéreo relativo ao terreno, na forma estabelecida no contrato respectivo, atendida a legislação urbanística. § 2º A concessão do direito de superfície poderá ser gratuita ou onerosa. § 3º O superficiário responderá integralmente pelos encargos e tributos que incidirem sobre a propriedade superficiária, arcando, ainda, proporcionalmente à sua parcela de ocupação efetiva, com os encargos e tributos sobre a área objeto da concessão do direito de superfície, salvo disposição em contrário do contrato respectivo. § 4º O direito de superfície pode ser transferido a terceiros, obedecidos os termos do contrato respectivo. § 5º Por morte do superficiário, os seus direitos transmitem-se a seus herdeiros".

Gabarito: C

Para responder, tem que estudar: lei.

5. **(MPE/SP/Promotor/2012/89_Concurso)** Dentre os instrumentos da política urbana, previstos no Estatuto das Cidades (Lei nº 10.257/2001), figuram a desapropriação e a usucapião especial de imóvel urbano. A propósito desses instrumentos, é correto afirmar:

   a) É obrigatória a intervenção do Ministério Público nas ações de desapropriação e de usucapião especial de imóvel urbano.

   b) Na ação judicial de usucapião especial de imóvel urbano, o rito processual a ser observado é o ordinário.

   c) Associação de moradores da comunidade, com regular personalidade jurídica, é, por si própria, parte legítima para a ação de usucapião urbana.

   d) A aquisição individual de domínio pela usucapião especial de imóvel urbano só poderá ocorrer em imóveis não edificados de até 250 m2.

   e) Áreas urbanas com mais de 250 m2, ocupadas por população de baixa renda para sua moradia, por mais de 5 anos ininterruptamente e sem oposição, são susceptíveis de serem usucapidas coletivamente.

ANOTAÇÕES/COMENTÁRIOS

(a) Não é obrigatória a atuação do Ministério Público na Desapropriação: AgRg no REsp 1174225/SC, SEGUNDA TURMA, julgado em 06/06/2013 "1. No caso concreto, debate-se interesse patrimonial restrito às partes e destituído de generalização social. Ausente, portanto, a necessidade de atuação do Parquet, na forma do art. 18, § 2º, da Lei Complementar n. 76/1993, específica para as ações relativas à desapropriação de imóvel rural, por interesse social, para fins de reforma agrária". Já na ação de usucapião especial urbana é obrigatória a intervenção, conforme Lei 10.257/2001: "Art. 12, § 1º Na ação de usucapião especial urbana é obrigatória a intervenção do Ministério Público".

(b) Lei 10.257/2001: "Art. 14. Na ação judicial de usucapião especial de imóvel urbano, o rito processual a ser observado é o sumário".

(c) Lei 10.257/2001: "Art. 12, III – como substituto processual, a associação de moradores da comunidade, regularmente constituída, com personalidade jurídica, desde que explicitamente autorizada pelos representados".

(d) Pode ser área ou edificação, Lei 10.257/2001: "Art. 9º Aquele que possuir como sua área ou edificação urbana de até duzentos e cinquenta metros quadrados, por cinco anos, ininterruptamente e sem oposição, utilizando-a para sua moradia ou de sua família, adquirir-lhe-á o domínio, desde que não seja proprietário de outro imóvel urbano ou rural".

(e) Lei 10.257/2001: a antiga redação do art. 10 estava reproduzida nesta alternativa, dada como correta à época da realização do concurso: "Art. 10. As áreas urbanas com mais de duzentos e cinquenta metros quadrados, ocupadas por população de baixa renda para sua moradia, por cinco anos, ininterruptamente e sem oposição, onde não for possível identificar os terrenos ocupados por cada possuidor, são susceptíveis de serem usucapidas coletivamente, desde que os possuidores não sejam proprietários de outro imóvel urbano ou rural".

Ocorre que em 2017 o Estatuto da Cidade foi alterado pela Lei nº 13.465, e o artigo 10 passou a ter a seguinte redação: "Art. 10. Os núcleos urbanos informais existentes sem oposição há mais de cinco anos e cuja área total dividida pelo número de possuidores seja inferior a duzentos e cinquenta metros quadrados por possuidor são suscetíveis de serem usucapidos coletivamente, desde que os possuidores não sejam proprietários de outro imóvel urbano ou rural."

Desta forma, a questão está desatualizada e nenhuma das alternativas está correta.

Gabarito: E - questao desatualizada, nenhuma alternativa correta

Para responder, tem que estudar: lei e jurisprudência.

6. (MPE/SP/Promotor/2012/89_Concurso) Considerando o disposto na Lei do Sistema Nacional de Unidades de Conservação da Natureza - SNUC - (Lei nº 9.985/2000), não se encaixa no grupo das Unidades de Proteção Integral:

a) estação ecológica.

b) parque nacional.

c) floresta nacional.

d) monumento natural.

e) refúgio de vida silvestre.

ANOTAÇÕES/COMENTÁRIOS

(a) Lei nº 9.985/2000: "Art. 8º O grupo das Unidades de Proteção Integral é composto pelas seguintes categorias de unidade de conservação: I – Estação Ecológica".

(b) Lei nº 9.985/2000: "Art. 8º O grupo das Unidades de Proteção Integral é composto pelas seguintes categorias de unidade de conservação: III – Parque Nacional".

(c) Floresta Nacional não consta no rol do artigo 8º da Lei nº 9.985/2000: "Art. 8º O grupo das Unidades de Proteção Integral é composto pelas seguintes categorias de unidade de conservação: I – Estação Ecológica; II – Reserva Biológica; III – Parque Nacional; IV – Monumento Natural; V – Refúgio de Vida Silvestre".

(d) Lei nº 9.985/2000: "Art. 8º O grupo das Unidades de Proteção Integral é composto pelas seguintes categorias de unidade de conservação: IV – Monumento Natural".

(e) Lei nº 9.985/2000: "Art. 8º O grupo das Unidades de Proteção Integral é composto pelas seguintes categorias de unidade de conservação: V – Refúgio de Vida Silvestre".

Gabarito: C

Para responder, tem que estudar: lei.

7. **(MPE/SP/Promotor/2012/89_Concurso)** Considerando o disposto na Lei do Sistema Nacional de Unidades de Conservação da Natureza – SNUC – (Lei nº 9.985/2000), entende-se por

   a) Conservação da natureza: conservação de ecossistemas e habitats naturais e a manutenção e recuperação de populações viáveis de espécies em seus meios naturais e, no caso de espécies domesticadas ou cultivadas, nos meios onde tenham desenvolvido suas propriedades características.
   b) Preservação: manutenção dos ecossistemas livres de alterações causadas por interferência humana, admitido apenas o uso indireto dos seus atributos naturais.
   c) Proteção integral: conjunto de métodos, procedimentos e políticas que visem a proteção a longo prazo das espécies, habitats e ecossistemas, além da manutenção dos processos ecológicos, prevenindo a simplificação dos sistemas naturais.
   d) Zona de amortecimento: o entorno de uma unidade de conservação, onde as atividades humanas estão sujeitas a normas e restrições específicas, com o propósito de minimizar os impactos negativos sobre a unidade.
   e) Conservação "in situ": o manejo do uso humano da natureza, compreendendo a preservação, a manutenção, a utilização sustentável, a restauração e a recuperação do ambiente natural, para que possa produzir o maior benefício, em bases sustentáveis, às atuais gerações, mantendo seu potencial de satisfazer as necessidades e aspirações das gerações futuras, e garantindo a sobrevivência dos seres vivos em geral.

ANOTAÇÕES/COMENTÁRIOS

(a) Lei nº 9.985/2000: "Art. 2º, II – conservação da natureza: o manejo do uso humano da natureza, compreendendo a preservação, a manutenção, a utilização sustentável, a restauração e a recuperação do ambiente natural, para que possa produzir o maior benefício, em bases sustentáveis, às atuais gerações, mantendo seu potencial de satisfazer as necessidades e aspirações das gerações futuras, e garantindo a sobrevivência dos seres vivos em geral".

(b) Lei nº 9.985/2000: "Art. 2º, V – preservação: conjunto de métodos, procedimentos e políticas que visem a proteção a longo prazo das espécies, habitats e ecossistemas, além da manutenção dos processos ecológicos, prevenindo a simplificação dos sistemas naturais".

(c) Lei nº 9.985/2000: "Art. 2º, VI – proteção integral: manutenção dos ecossistemas livres de alterações causadas por interferência humana, admitido apenas o uso indireto dos seus atributos naturais".

(d) Lei nº 9.985/2000: "Art. 2º, XVIII – zona de amortecimento: o entorno de uma unidade de conservação, onde as atividades humanas estão sujeitas a normas e restrições específicas, com o propósito de minimizar os impactos negativos sobre a unidade".

(e) Lei nº 9.985/2000: "Art. 2º, VII – conservação in situ: conservação de ecossistemas e habitats naturais e a manutenção e recuperação de populações viáveis de espécies em seus meios naturais e, no caso de espécies domesticadas ou cultivadas, nos meios onde tenham desenvolvido suas propriedades características".

Gabarito: D

Para responder, tem que estudar: lei.

8. **(MPE/SP/Promotor/2013/90_Concurso)** Assinale a alternativa incorreta. Segundo a Lei n. 6.766, de 19 de dezembro de 1979, que dispõe sobre o Parcelamento do Solo Urbano e dá outras Providências,

   a) a infraestrutura básica dos parcelamentos é constituída pelos equipamentos urbanos de escoamento das águas pluviais, iluminação pública, esgotamento sanitário, abastecimento de água potável, energia elétrica pública e domiciliar e vias de circulação.
   b) considera-se loteamento a subdivisão de gleba em lotes destinados a edificação, com abertura de novas vias de circulação, de logradouros públicos ou prolongamento, modificação ou ampliação das vias existentes.
   c) considera-se desmembramento a subdivisão de gleba em lotes destinados a edificação, com aproveitamento do sistema viário existente, desde que não implique na abertura de novas vias e logradouros públicos, nem no prolongamento, modificação ou ampliação dos já existentes.
   d) considera-se lote o terreno cujas dimensões atendam aos índices urbanísticos definidos pelo plano diretor ou lei municipal para a zona em que se situe, bem como às diretrizes especificadas pelo loteador no que diz respeito à sua destinação.
   e) somente será admitido o parcelamento do solo para fins urbanos em zonas urbanas, de expansão urbana ou de urbanização específica, assim definidas pelo plano diretor ou aprovadas por lei municipal.

ANOTAÇÕES/COMENTÁRIOS

(a) Lei nº 6.766/79: "Art. 2º, § 5º A infraestrutura básica dos parcelamentos é constituída pelos equipamentos urbanos de escoamento das águas pluviais, iluminação pública, esgotamento sanitário, abastecimento de água potável, energia elétrica pública e domiciliar e vias de circulação".

(b) Lei nº 6.766/79: "Art. 2º, § 1º Considera-se loteamento a subdivisão de gleba em lotes destinados a edificação, com abertura de novas vias de circulação, de logradouros públicos ou prolongamento, modificação ou ampliação das vias existentes". Apenas a título de informação, em 2017 houve a inclusão do parágrafo 8º ao artigo 2º: "Constitui loteamento de acesso controlado a modalidade de loteamento, definida nos termos do § 1º deste artigo, cujo controle de acesso será regulamentado por ato do poder público

Municipal, sendo vedado o impedimento de acesso a pedestres ou a condutores de veículos, não residentes, devidamente identificados ou cadastrados." (Incluído pela Lei nº 13.465, de 2017).

(c) Lei nº 6.766/79: "Art. 2º, § 2º considera-se desmembramento a subdivisão de gleba em lotes destinados a edificação, com aproveitamento do sistema viário existente, desde que não implique na abertura de novas vias e logradouros públicos, nem no prolongamento, modificação ou ampliação dos já existentes".

(d) O equívoco da assertiva está em acrescentar requisito não exigido na lei, Lei nº 6.766/79: "Art. 2º, § 4º Considera-se lote o terreno servido de infraestrutura básica cujas dimensões atendam aos índices urbanísticos definidos pelo plano diretor ou lei municipal para a zona em que se situe". A título de informação, em 2017 houve inclusão do parágrafo 7º do artigo 2º, definindo que "O lote poderá ser constituído sob a forma de imóvel autônomo ou de unidade imobiliária integrante de condomínio de lotes. (Incluído pela Lei nº 13.465, de 2017)

(e) Lei nº 6.766/79: "Art. 3º Somente será admitido o parcelamento do solo para fins urbanos em zonas urbanas, de expansão urbana ou de urbanização específica, assim definidas pelo plano diretor ou aprovadas por lei municipal".

Gabarito: D

Para responder, tem que estudar: lei e jurisprudência.

9. (MPE/SP/Promotor/2013/90_Concurso) Para os fins da Lei n. 6.938, de 31 de agosto de 1981, que dispõe sobre a Política Nacional do Meio Ambiente, entende-se por

I. meio ambiente o conjunto de condições, leis, influências e interações de ordem física, química, estética, urbana e paisagística que permite, abriga e rege a vida em todas as suas formas;

II. poluidor a pessoa física ou jurídica, de direito público ou privado, responsável, direta ou indiretamente, por atividade causadora de degradação ambiental;

III. poluição a degradação da qualidade ambiental resultante de atividades que direta ou indiretamente, entre outras, prejudiquem a saúde, a segurança e o bem-estar da população e criem condições adversas às atividades sociais e econômicas;

IV. degradação da qualidade ambiental a alteração, adversa ou não, das características do meio ambiente;

V. recursos ambientais a atmosfera, as águas interiores, superficiais e subterrâneas, os estuários, o mar territorial, o solo, o subsolo, os elementos da biosfera, a fauna e a flora.

Está correto somente o contido nos itens

a) I, II e IV.

b) III, IV e V.
c) II, III e V.
d) II, III e IV.
e) I, IV e V.

ANOTAÇÕES/COMENTÁRIOS

(I) Influências e interações de ordem estética, urbana e paisagística não fazem parte do conceito legal. Lei nº 6.938/81: "Art. 3º Para os fins previstos nesta Lei, entende-se por: I – meio ambiente, o conjunto de condições, leis, influências e interações de ordem física, química e biológica, que permite, abriga e rege a vida em todas as suas formas".

(II) Lei nº 6.938/81: "Art. 3º, IV – poluidor, a pessoa física ou jurídica, de direito público ou privado, responsável, direta ou indiretamente, por atividade causadora de degradação ambiental".

(III) Lei nº 6.938/81: "Art. 3º, III – poluição, a degradação da qualidade ambiental resultante de atividades que direta ou indiretamente: a) prejudiquem a saúde, a segurança e o bem-estar da população (...)".

(IV) Somente a alteração adversa das características do meio ambiente faz parte do conceito legal. Lei nº 6.938/81: "Art. 3º, II – degradação da qualidade ambiental, a alteração adversa das características do meio ambiente".

(V) Lei nº 6.938/81: "Art. 3º, V – recursos ambientais: a atmosfera, as águas interiores, superficiais e subterrâneas, os estuários, o mar territorial, o solo, o subsolo, os elementos da biosfera, a fauna e a flora".

Gabarito: C

Para responder, tem que estudar: lei.

10. (MPE/SP/Promotor/2015/91_Concurso) Nos termos da Lei nº 10.257/2001 (Estatuto da Cidade):

I. Lei municipal, baseada no plano diretor, pode conferir ao Poder Público municipal preferência para aquisição de imóvel urbano objeto de alienação a título oneroso ou gratuito entre particulares.

II. É vedada a concessão de isenções ou de anistia relativas à tributação progressiva no tempo do imposto sobre a propriedade predial e territorial urbana (IPTU), ressalvada a hipótese daquele que não seja proprietário de outro imóvel urbano ou rural.

III. Em nenhuma hipótese a usucapião especial de imóvel urbano poderá ter por objeto área ou edificação urbana superior a duzentos e cinquenta metros quadrados.

IV. O direito à usucapião especial de imóvel urbano não será reconhecido ao mesmo possuidor mais de uma vez, exceto nas hipóteses expressamente previstas.

V. Na ação judicial de usucapião especial de imóvel urbano, o rito processual a ser observado é o sumário.

Está correto apenas o contido em:

a) I, III e IV.

b) I, II, IV e V.

c) I, II e IV.

d) V.

e) II e V.

ANOTAÇÕES/COMENTÁRIOS

(I) Somente a alienação a título oneroso gera o direito de preferência. Lei nº 10.257/2001: "Art. 25. O direito de preempção confere ao Poder Público municipal preferência para aquisição de imóvel urbano objeto de alienação onerosa entre particulares".

(II) A lei não faz nenhuma ressalva. Lei nº 10.257/2001: "Art. 7º Em caso de descumprimento das condições e dos prazos previstos na forma do caput do art. 5º desta Lei, ou não sendo cumpridas as etapas previstas no § 5º do art. 5º desta Lei, o Município procederá à aplicação do imposto sobre a propriedade predial e territorial urbana (IPTU) progressivo no tempo, mediante a majoração da alíquota pelo prazo de cinco anos consecutivos. § 3º É vedada a concessão de isenções ou de anistia relativas à tributação progressiva de que trata este artigo".

(III) É possível que a usucapião especial tenha por objeto área superior a duzentos e cinquenta metros quadrados. A antiga redação do artigo 10 da Lei nº 10.257/2001 era expresso nesse sentido: "Art. 10. As áreas urbanas com mais de duzentos e cinquenta metros quadrados, ocupadas por população de baixa renda para sua moradia, por cinco anos, ininterruptamente e sem oposição, onde não for possível identificar os terrenos ocupados por cada possuidor, são susceptíveis de serem usucapidas coletivamente, desde que os possuidores não sejam proprietários de outro imóvel urbano ou rural". Com a alteração realizada pela Lei nº 13.465/2017 a redação do artigo 10 foi alterada, porém continua sendo incorreta a assertiva, pois a área de cada possuidor deve ser inferior a duzentos e cinquenta metros quadrados, o que significa que a área total poderá superar tal patamar: "Art. 10. Os núcleos urbanos informais existentes sem oposição há mais de cinco anos e cuja área total dividida pelo número de possuidores seja inferior a duzentos e cinquenta metros quadrados por possuidor são suscetíveis de serem usucapidos coletivamente, desde que os possuidores não sejam proprietários de outro imóvel urbano ou rural."

(IV) O direito não será reconhecido mais de uma vez ao mesmo possuidor, sem exceções. Lei nº 10.257/2001: "Art. 9º Aquele que possuir como sua área ou edificação urbana de até duzentos e cinquenta metros quadrados, por cinco anos, ininterruptamente e sem oposição, utilizando-a para sua moradia ou de sua família, adquirir-lhe-á o domínio, desde que não seja proprietário de outro imóvel urbano ou rural. § 2º O direito de que trata este artigo não será reconhecido ao mesmo possuidor mais de uma vez".

(V) Lei nº 10.257/2001: "Art. 14. Na ação judicial de usucapião especial de imóvel urbano, o rito processual a ser observado é o sumário".

Gabarito: D

Para responder, tem que estudar: lei.

11. (MPE/SP/Promotor/2015/91_Concurso) À luz da Lei nº 6.766/79 (Lei de Parcelamento do Solo Urbano), assinale a alternativa que contém afirmação incorreta:

a) Em caso de rescisão por inadimplemento do adquirente, as benfeitorias necessárias ou úteis por ele levadas a efeito no imóvel deverão ser indenizadas, salvo disposição contratual em contrário.

b) É vedado vender ou prometer vender parcela de loteamento ou desmembramento não registrado.

c) O loteador, ainda que já tenha vendido todos os lotes, ou os vizinhos, são partes legítimas para promover ação destinada a impedir construção em desacordo com restrições legais ou contratuais.

d) Os compromissos de compra e venda, as cessões e as promessas de cessão valerão como título para o registro da propriedade do lote adquirido, quando acompanhados da respectiva prova de quitação.

e) Será nula de pleno direito a cláusula de rescisão de contrato por inadimplemento do adquirente, quando o loteamento não estiver regularmente inscrito.

ANOTAÇÕES/COMENTÁRIOS

(a) As benfeitorias necessárias ou úteis deverão ser indenizadas, não possuindo nenhum efeito disposição em sentido contrário, nos termos da Lei nº 6.766/79: "Art. 34. Em qualquer caso de rescisão por inadimplemento do adquirente, as benfeitorias necessárias ou úteis por ele levadas a efeito no imóvel deverão ser indenizadas, sendo de nenhum efeito qualquer disposição contratual em contrário". Observe, contudo, que o parágrafo 1º do artigo 34, determina que não serão indenizadas as benfeitorias feitas em desconformidade com o contrato ou com a lei. A Lei 6.766/79 sofreu alterações pela Lei 13.786/2018 que poderão ser objeto das próximas provas, por isso, fique atento pois na hipótese do artigo 34 (rescisão por inadimplemento), § 2º No prazo de 60 (sessenta) dias, contado da constituição em mora, fica o loteador, na hipótese do caput deste artigo, obrigado a alienar o imóvel mediante leilão judicial ou extrajudicial, nos termos da Lei nº 9.514, de 20 de novembro de 1997. (Incluído p/ Lei 13.786/18) // Ainda sobre o tema inadimplemento dos contratos regidos pela lei 6.766/79, destaca-se a inclusão do artigo 32-A, pois traz itens passíveis de desconto no valor pago pelo adquirente, como por exemplo, fruição do imóvel, cláusula penal e despesas administrativas, encargos moratórios sobre às prestações pagas em atraso, débitos de IPTU, contribuições condominiais, associativas ou outras de igual natureza, bem como tributos, custas e emolumentos incidentes sobre a restituição e/ou rescisão, comissão de corretagem, desde que integrada ao preço do lote. O parágrafo 1º do artigo 32-A dispõe que o pagamento da restituição ocorrerá em até 12 (doze) parcelas mensais, com início após o prazo de carência: I – em loteamentos com obras em andamento: no prazo máximo de 180 (cento e oitenta) dias após o prazo previsto em contrato para conclusão das obras; II – em loteamentos com obras concluídas: no prazo máximo de 12 (doze) meses após a formalização da rescisão contratual. § 2º Somente será efetuado registro do contrato de nova venda se for comprovado o início da restituição do valor pago pelo vendedor ao titular do registro cancelado na forma e condições pactuadas no distrato, dispensada essa comprovação nos casos em que o adquirente não for localizado ou não tiver se manifestado, nos termos do art. 32 desta Lei. Além disso, a lei afasta a aplicação do referido procedimento aos contratos e escrituras de compra e venda de lote sob a modalidade de alienação fiduciária nos termos da Lei nº 9.514, de 20 de novembro de 1997.

(b) Lei nº 6.766/79: "Art. 37. É vedado vender ou prometer vender parcela de loteamento ou desmembramento não registrado".

(c) Lei nº 6.766/79: "Art. 45. O loteador, ainda que já tenha vendido todos os lotes, ou os vizinhos, são partes legítimas para promover ação destinada a impedir construção em desacordo com restrições legais ou contratuais".

(d) Lei nº 6.766/79: "Art. 26, § 6º Os compromissos de compra e venda, as cessões e as promessas de cessão valerão como título para o registro da propriedade do lote adquirido, quando acompanhados da respectiva prova de quitação".

(e) Lei nº 6.766/79: "Art. 39. Será nula de pleno direito a cláusula de rescisão de contrato por inadimplemento do adquirente, quando o loteamento não estiver regularmente inscrito".

Gabarito: A

Para responder, tem que estudar: lei.

---

12. (MPE/SP/Promotor/2017/92_Concurso) Assinale a alternativa correta.

a) São consideradas Área de Preservação Permanente as faixas marginais de qualquer curso d'água natural perene, intermitente ou efêmero, na largura mínima estabelecida em lei.

b) A criação, pelo Poder Público, de Parque Nacional deve ser precedida de estudos técnicos, sendo indispensável a consulta pública.

c) A Área de Proteção Ambiental constitui categoria de Unidade de Proteção Integral.

d) As obrigações decorrentes de supressão de vegetação em Área de Preservação Permanente têm natureza pessoal.

e) A Reserva Legal é área protegida ambientalmente, localizada no interior de uma propriedade ou posse rural, e corresponde, em todo o país, a 20% (vinte por cento) do imóvel.

ANOTAÇÕES/COMENTÁRIOS

(a) O inciso I do artigo 4º da Lei nº 12.651/2012 excetua o curso d'água efêmero: "Art. 4º Considera-se Área de Preservação Permanente, em zonas rurais ou urbanas, para os efeitos desta Lei: I – as faixas marginais de qualquer curso d'água natural perene e intermitente, excluídos os efêmeros, desde a borda da calha do leito regular, em largura mínima de (...)."

(b) É o que dispõe o parágrafo 2º do artigo 22 da Lei nº 9.985/2000: "Art. 22. As unidades de conservação são criadas por ato do Poder Público. § 2º A criação de uma unidade de conservação deve ser precedida de estudos técnicos e de consulta pública que permitam identificar a localização, a dimensão e os limites mais adequados para a unidade, conforme se dispuser em regulamento." Isso porque o parque nacional é categoria de unidade de conservação que compõe as unidades de proteção integral, como determina o artigo 8º da Lei nº 9.985/2000: "Art. 8º O grupo das Unidades de Proteção Integral é composto pelas seguintes categorias de unidade de conservação: III – Parque Nacional (...)"

(c) A área de proteção ambiental constitui unidade de uso sustentável, como dispõe o artigo 14 da Lei nº 9.985/2000: "Art. 14. Constituem o Grupo das Unidades de Uso Sustentável as seguintes categorias de unidade de conservação: I – Área de Proteção Ambiental."

(d) Tais obrigações têm natureza real, conforme parágrafo 2º do artigo 7º da Lei nº 12.651/2012: "Art. 7º A vegetação situada em Área de Preservação Permanente deverá ser mantida pelo proprietário da área, possuidor ou ocupante a qualquer título, pessoa física ou jurídica, de direito público ou privado. § 1º Tendo ocorrido supressão de vegetação situada em Área de Preservação Permanente, o proprietário da área, possuidor ou ocupante a qualquer título é obrigado a promover a recomposição da vegetação, ressalvados os usos autorizados previstos nesta Lei. § 2º A obrigação prevista no § 1º tem natureza real e é transmitida ao sucessor no caso de transferência de domínio ou posse do imóvel rural."

(e) O percentual de 20% não se aplica à Amazônia Legal, onde exige-se 80%, 35% ou 20%, a depender da localização do imóvel, conforme dispõe o artigo 12 da Lei nº 12.651/2012: "Art. 12. Todo imóvel rural deve manter área com cobertura de vegetação nativa, a título de Reserva Legal, sem prejuízo da aplicação das normas sobre as Áreas de Preservação Permanente, observados os seguintes percentuais mínimos em relação à área do imóvel, excetuados os casos previstos no art. 68 desta Lei: I – localizado na Amazônia Legal: a) 80% (oitenta por cento), no imóvel situado em área de florestas; b) 35% (trinta e cinco por cento), no imóvel situado em área de cerrado; c) 20% (vinte por cento), no imóvel situado em área de campos gerais; II – localizado nas demais regiões do País: 20% (vinte por cento)."

Gabarito: B

Para responder, tem que estudar: lei e jurisprudência.

13. (MPE/SP/Promotor/2019/93_Concurso) A servidão ambiental constitui a limitação total ou parcial da propriedade, instituída pelo proprietário ou possuidor por instrumento público ou particular ou por termo administrativo, objetivando a preservação, conservação ou recuperação dos recursos ambientais existentes. É correto afirmar que a servidão ambiental

a) é aplicável às áreas de preservação permanente.
b) poderá ser alienada, cedida ou transferida, total ou parcialmente.
c) deverá ser perpétua.
d) poderá abranger a reserva legal mínima exigida.
e) prescinde de averbação na matrícula do imóvel.

ANOTAÇÕES/COMENTÁRIOS

(a) Não é aplicável a áreas de preservação permanente. A Lei n° 6.938/81, ao tratar da servidão ambiental, estabelece, em seu artigo 9º-A, parágrafo 2º: "A servidão ambiental não se aplica às Áreas de Preservação Permanente e à Reserva Legal mínima exigida. (Redação dada pela Lei nº 12.651, de 2012)."

(b) De acordo com o artigo 9º-B, parágrafo 3º: "O detentor da servidão ambiental poderá aliená-la, cedê-la ou transferi-la, total ou parcialmente, por prazo determinado ou em caráter definitivo, em favor de outro proprietário ou de entidade pública ou privada que tenha a conservação ambiental como fim social. (Incluído pela Lei nº 12.651, de 2012).

(c) A servidão ambiental pode ser temporária ou perpétua, conforme estabelece o artigo 9º-B: "A servidão ambiental poderá ser onerosa ou gratuita, temporária ou perpétua. (Incluído pela Lei nº 12.651, de 2012)."

(d) A servidão ambiental não é aplicável a à reserva legal mínima exigida. A Lei n° 6.938/81, ao tratar da servidão ambiental, estabelece, em seu artigo 9º-A, parágrafo 2º: "A servidão ambiental não se aplica às Áreas de Preservação Permanente e à Reserva Legal mínima exigida. (Redação dada pela Lei nº 12.651, de 2012)."

(e) Ao contrário, a Lei exige averbação da matrícula, nos termos do artigo 9º-A, parágrafo 4: "Devem ser objeto de averbação na matrícula do imóvel no registro de imóveis competente: (Redação dada pela Lei nº 12.651, de 2012). I – o instrumento ou termo de instituição da servidão ambiental; (Incluído pela Lei nº 12.651, de 2012)."

Gabarito: B

Para responder, tem que estudar: lei.

14. (MPE/SP/Promotor/2019/93_Concurso) A Floresta Ombrófila Densa, a Floresta Ombrófila Mista (também denominada Mata de Araucárias), a Floresta Ombrófila Aberta e a Floresta Estacional Semidecidual, dentre outras formações florestais nativas e ecossistemas associados, integram o bioma

(A) Amazônia.
(B) Cerrado.

(C) Caatinga.

(D) Pampa.

(E) Mata Atlântica.

ANOTAÇÕES/COMENTÁRIOS

(a) Vide resposta à alternativa E

(b) Vide resposta à alternativa E

(c) Vide resposta à alternativa E

(d) Vide resposta à alternativa E

(e) A Lei n° 11.428/006 define quais formações florestais nativas e ecossistemas associados consideram-se integrantes do Bioma Mata Atlântica, dentre eles os trazidos pela questão em análise: "Art. 2º Para os efeitos desta Lei, consideram-se integrantes do Bioma Mata Atlântica as seguintes formações florestais nativas e ecossistemas associados, com as respectivas delimitações estabelecidas em mapa do Instituto Brasileiro de Geografia e Estatística – IBGE, conforme regulamento: Floresta Ombrófila Densa; Floresta Ombrófila Mista, também denominada de Mata de Araucárias; Floresta Ombrófila Aberta; Floresta Estacional Semidecidual; e Floresta Estacional Decidual, bem como os manguezais, as vegetações de restingas, campos de altitude, brejos interioranos e encraves florestais do Nordeste. (Vide Decreto nº 6.660, de 2008) Parágrafo único. Somente os remanescentes de vegetação nativa no estágio primário e nos estágios secundário inicial, médio e avançado de regeneração na área de abrangência definida no caput deste artigo terão seu uso e conservação regulados por esta Lei."

A presente questão foi objeto de recurso, alegando-se em síntese "seu conteúdo não estar previsto no edital e não constituir matéria jurídica, em que pese o disposto na Lei nº 11.428, de 2006."

Ao realizar o julgamento, o examinador esclareceu que "A relação de matérias divulgada com base no art. 7º do Regulamento do Concurso de Ingresso na Carreira do Ministério Público do Estado de São Paulo, em seu item 2.1, dispõe sobre o conteúdo relativo ao Meio Ambiente. "As formações florestais protegidas pela Constituição e pela legislação ambiental estão inseridas nos "espaços ambientalmente protegidos", que exigem domínio do candidato. Ademais, o art. 225, § 4º, da CF, dispõe: "A Floresta Amazônica brasileira, a Mata Atlântica, a Serra do Mar, o Pantanal Mato-Grossense e a Zona Costeira são patrimônio nacional, e sua utilização far-se-á, na forma da lei, dentro de condições que assegurem a preservação do meio ambiente, inclusive quanto ao uso dos recursos naturais." Além disso, como indicado nos recursos, a Lei nº 11.428, de 2006, estabeleceu regras específicas para a "utilização e proteção da vegetação nativa do Bioma Mata Atlântica" e descreveu as formações florestais e ecossistemas associados que compõem o referido Bioma. Percebe-se, assim, a relevância jurídica da questão, que busca aferir do candidato seu conhecimento sobre o "patrimônio nacional", de fundo constitucional e legal."

O gabarito da questão foi mantido.

Gabarito: E

Para responder, tem que estudar: lei.

15. (MPE/SP/Promotor/2019/93_Concurso) A política urbana tem por objetivo ordenar o pleno desenvolvimento das funções sociais da cidade e da propriedade urbana, mediante várias diretrizes gerais fixadas pela legislação específica.

Assinale a alternativa que **NÃO** se qualifica como uma das diretrizes gerais.

(A) Priorização de condições para os agentes públicos na promoção de empreendimentos e atividades relativos ao processo de urbanização, atendido o interesse social.

(B) Planejamento do desenvolvimento das cidades, da distribuição espacial da população e das atividades econômicas do Município e do território sob sua área de influência, de modo a evitar e corrigir as distorções do crescimento urbano e seus efeitos negativos sobre o meio ambiente.

(C) Gestão democrática por meio da participação da população e de associações representativas dos vários segmentos da comunidade na formulação, execução e acompanhamento de planos, programas e projetos de desenvolvimento urbano.

(D) Proteção, preservação e recuperação do meio ambiente natural e construído, do patrimônio cultural, histórico, artístico, paisagístico e arqueológico.

(E) Adequação dos instrumentos de política econômica, tributária e financeira e dos gastos públicos aos objetivos do desenvolvimento urbano, de modo a privilegiar os investimentos geradores de bem-estar geral e a fruição dos bens pelos diferentes segmentos sociais.

ANOTAÇÕES/COMENTÁRIOS

(a) A Lei n° 10.257/2001 cuida, no Capítulo I, das Diretrizes Gerais da política urbana, e em seu artigo 2º elenca quais são, dentre as quais se insere a isonomia de condições para os agentes públicos e privados, e não a priorização de condições para os agentes públicos, conforme expresso no inciso XVI: "isonomia de condições para os agentes públicos e privados na promoção de empreendimentos e atividades relativos ao processo de urbanização, atendido o interesse social."

(b) A Lei n° 10.257/2001, em seu artigo 2º, elenca quais são as diretrizes gerais, dentre as quais, conforme o inciso IV, "planejamento do desenvolvimento das cidades, da distribuição espacial da população e das atividades econômicas do Município e do território sob sua área de influência, de modo a evitar e corrigir as distorções do crescimento urbano e seus efeitos negativos sobre o meio ambiente;"

(c) A Lei n° 10.257/2001, em seu artigo 2º, elenca quais são as diretrizes gerais, dentre as quais, conforme o inciso II, "gestão democrática por meio da participação da população e de associações representativas dos vários segmentos da comunidade na formulação, execução e acompanhamento de planos, programas e projetos de desenvolvimento urbano;"

(d) A Lei nº 10.257/2001, em seu artigo 2º, elenca quais são as diretrizes gerais, dentre as quais, conforme o inciso XII, "proteção, preservação e recuperação do meio ambiente natural e construído, do patrimônio cultural, histórico, artístico, paisagístico e arqueológico;"

(e) A Lei nº 10.257/2001, em seu artigo 2º, elenca quais são as diretrizes gerais, dentre as quais, conforme o inciso X, "adequação dos instrumentos de política econômica, tributária e financeira e dos gastos públicos aos objetivos do desenvolvimento urbano, de modo a privilegiar os investimentos geradores de bem-estar geral e a fruição dos bens pelos diferentes segmentos sociais;"

Gabarito: A

Para responder, tem que estudar: lei.

16. (MPE/SP/Promotor/2019/93_Concurso) O Estudo Prévio de Impacto de Vizinhança (EIV), que constitui um dos instrumentos da política urbana, deve contemplar os efeitos positivos e negativos do empreendimento ou atividade quanto à qualidade de vida da população residente na área e suas proximidades e deve contemplar a análise de várias questões indicadas na legislação específica. Dentre elas, não se inclui:

(A) equipamentos urbanos e comunitários.

(B) adensamento populacional.

(C) uso e ocupação do solo.

(D) desvalorização imobiliária.

(E) geração de tráfego e demanda por transporte público.

ANOTAÇÕES/COMENTÁRIOS

(a) O Estatuto da Cidade, Lei nº 10.257/2001, trata do estudo de impacto de vizinhança na Seção XII. Em seu artigo 37 determina que deve ser realizada a análise de algumas questões, dentre elas, segundo o inciso II, "equipamentos urbanos e comunitários;"

(b) O artigo 37 do Estatuto da Cidade determina que deve ser realizada a análise de algumas questões, dentre elas, segundo o inciso I, "adensamento populacional;"

(c) O artigo 37 do Estatuto da Cidade determina que deve ser realizada a análise de algumas questões, dentre elas, segundo o inciso III, "uso e ocupação do solo;"

(d) Ao contrário do que trazido nesta alternativa, o Estatuto da Cidade dispões que se deve analisar a valorização, e não a desvalorização imobiliária, nos termos do artigo 37, inciso IV: "valorização imobiliária;"

(e) O artigo 37 do Estatuto da Cidade determina que deve ser realizada a análise de algumas questões, dentre elas, segundo o inciso V, "geração de tráfego e demanda por transporte público;"

Esta questão foi objeto de recurso, ao fundamento de que "todas as alternativas propostas estariam corretas, tendo em vista que a alternativa apontada como incorreta pelo gabarito (desvalorização imobiliária) representa o efeito negativo da valorização imobiliária, inserida como uma das questões a serem analisadas pelo Estudo de Impacto de Vizinhança, estando implícito em todo EIV a consideração de eventual desvalorização imobiliária. O enunciado teria prejudicado o julgamento objetivo do candidato, não havendo assertiva que se enquadre nas questões indicadas no art. 37 do Estatuto da Cidade."

Quando do julgamento, restou demonstrado pelo examinador que "A objetividade da questão está presente na literalidade do texto legal. A Lei é incisiva ao indicar a "valorização imobiliária" como uma das questões a serem consideradas no EIV e a isso se restringiu a indagação, não merecendo acolhida o excesso interpretativo formulado."

Foi, assim, mantido o gabarito.

Gabarito: D

Para responder, tem que estudar: lei.

2.2. Patrimônio Público

17. (MPE/SP/Promotor/2011/88_Concurso) Em relação à evolução patrimonial desproporcional à renda do agente público, considere as seguintes afirmações:

I. a apresentação de declaração de bens e valores que compõem o seu patrimônio, como condição para posse e exercício do agente público, constitui um mecanismo para monitoramento de sua evolução patrimonial, não atingindo, todavia, os detentores de mandato político;

II. é hipótese residual de enriquecimento ilícito, não dispensando, no entanto, a prova da prática ou abstenção de ato de ofício para caracterizar como inidôneo o enriquecimento do agente público;

III. a obrigatoriedade de atualização anual da declaração de bens do agente público se presta a seu controle, podendo ser satisfeita mediante a entrega de cópia da declaração prestada anualmente à Receita Federal;

IV. é significativa de uma presunção juris tantum da prática de improbidade administrativa, dispensando a prova do ato ímprobo, mas permitindo prova da licitude do acréscimo patrimonial reputado desproporcional pelo agente público.

Está correto apenas o contido em

a) I e II.

b) I e III.

c) I e IV.

d) II e III.

e) III e IV.

ANOTAÇÕES/COMENTÁRIOS

(I) A declaração de bens atinge os detentores de mandato político, pois estão incluídos no conceito de agente público definido pelo artigo 2º da Lei de Improbidade Administrativa: "Art. 2º. Reputa-se agente público, para os efeitos desta lei, todo aquele que exerce, ainda que transitoriamente ou sem remuneração, por eleição, nomeação, designação, contratação ou qualquer outra forma de investidura ou vínculo, mandato, cargo emprego ou função nas entidades mencionadas no artigo anterior".

(II) Não se exige prova da prática ou abstenção de ato de ofício, o que se exige para caracterizar como inidôneo o enriquecimento é a desproporção da aquisição em relação evolução patrimonial, lastreada em rendimentos ilícitos provenientes de outas fontes.

(III) Literalidade do artigo 13, § 2º e § 4º da Lei de Improbidade: "Art. 13. A posse e o exercício de agente público ficam condicionados à apresentação de declaração dos bens e valores que compõem o seu patrimônio privado, a fim de ser arquivada no serviço de pessoal competente. § 2º A declaração de bens será anualmente atualizada e na data em que o agente público deixar o exercício do mandato, cargo, emprego ou função. § 4º O declarante, a seu critério, poderá entregar cópia da declaração anual de bens apresentada à Delegacia da Receita Federal na conformidade da legislação do Imposto sobre a Renda e proventos de qualquer natureza, com as necessárias atualizações, para suprir a exigência contida no caput e no § 2º deste artigo.

(IV) Conforme o STJ, a legislação inverteu o ônus da prova do enriquecimento ilícito, no caso do art. 9º, VII, da Lei de Improbidade Administrativa. Demonstrada a desproporcionalidade do valor do bem adquirido em relação à evolução patrimonial ou às rendas do agente público, incide uma presunção "ex lege" de enriquecimento ilícito do agente público, cabendo ao réu desconstituir a presunção legal mediante a prova a licitude da aquisição do bem. Assim, uma vez interposta ação civil pública por ato de improbidade administrativa e demonstrada a desproporcional idade do incremento patrimonial, cabe ao réu provar, em concreto, a licitude da aquisição, sendo típica hipótese de inversão do ônus da prova: "Restou comprovado no Processo Administrativo Disciplinar a existência de variação patrimonial a descoberto e que o indiciado não conseguiu comprovar a origem desse patrimônio. É do servidor acusado o ônus da prova no sentido de demonstrar a licitude da evolução patrimonial constatado pela administração. (MS 12.660, 2014)

Gabarito: E

Para responder, tem que estudar: lei e jurisprudência.

18. (MPE/SP/Promotor/2011/88_Concurso) Assinale a alternativa que indica corretamente características da ação de improbidade administrativa.

a) O pedido relativo à condenação em multa civil, prevista na Lei de Improbidade Administrativa, deve ser formulado em caráter cominatório, para o caso de descumprimento de determinação do juiz no sentido de o demandado fazer ou abster-se de praticar determinada conduta, em termos semelhantes ao previsto no art. 461 do Código de Processo Civil.

b) O recebimento da inicial está condicionado à prévia notificação do demandado, para que se manifeste por escrito no prazo de 15 (quinze) dias. Somente depois de tal manifestação, se o juiz entender que a inicial está em termos para ser recebida e que não é caso de julgamento preliminar de improcedência, em face das provas carreadas aos autos ou da inexistência de ato de improbidade, o demandado deverá ser citado para contestação.

c) Diversamente do que ocorre na ação popular, se a ação for proposta pelo Ministério Público, a pessoa jurídica de direito público não poderá optar entre abster-se de contestar o pedido e autuar ao lado do autor, devendo apresentar contestação, ainda que para alegar a exclusiva responsabilidade do agente público demandado.

d) Não obstante a Lei de Improbidade Administrativa vede a transação, o acordo ou a conciliação nos processos por ela regidos, é possível aceitar a revelia, o reconhecimento jurídico do pedido, a confissão e, mediante homologação judicial, o acordo de delação premiada, previsto em legislação específica.

e) As liminares estão restritas à indisponibilidade de bens, prevista na própria Constituição Federal, e ao sequestro, previsto na lei respectiva, não se admitindo outras medidas de caráter cautelar ou de antecipação de tutela.

ANOTAÇÕES/COMENTÁRIOS

(a) A multa civil na Lei de Improbidade não tem caráter cominatório, conforme lecionam Daniel Amorim e Rafael Oliveira (Manual de Improbidade Administrativa): "Conforme lições da melhor doutrina, a multa civil tem como principal função desestimular a prática de atos de improbidade administrativa, como forma de lição a todos de que, além de todas as demais penas, tal espécie de ato terá repercussão no patrimônio do agente ímprobo pela condenação ao pagamento da multa. Justamente em razão dessa característica há até mesmo doutrinadores que defendem a natureza de punitive damages dessa multa civil. A natureza punitiva da multa a afasta claramente das astreintes, que têm natureza de execução indireta, consubstanciada em pressão psicológica sobre o devedor para que esse cumpra determinada obrigação. Também a afasta da cláusula penal, de natureza indenizatória".

(b) Repete o disposto na Lei 8.429/92: "Art. 17, § 7º Estando a inicial em devida forma, o juiz mandará autuá-la e ordenará a notificação do requerido, para oferecer manifestação por escrito, que poderá ser instruída com documentos e justificações, dentro do prazo de quinze dias; § 8º Recebida a manifestação, o juiz, no prazo de trinta dias, em decisão fundamentada, rejeitará a ação, se convencido da inexistência do ato de improbidade, da improcedência da ação ou da inadequação da via eleita; § 9º Recebida a petição inicial, será o réu citado para apresentar contestação". A título de informação, o STJ, no compilado "Jurisprudência em teses" nº 40, definiu que "O especialíssimo procedimento estabelecido na Lei n. 8.429/92, que prevê um juízo de delibação para recebimento da petição inicial (art. 17, §§ 8º e 9º), precedido de notificação do demandado (art. 17, § 7º), somente é aplicável para ações de improbidade administrativa típicas. (Tese julgada sob o rito do artigo 543-C do CPC/73 – TEMA 344)."

(c) A Lei 8.429/92 manda aplicar o disposto na Lei de Ação Popular: "Art. 17, § 3º No caso de a ação principal ter sido proposta pelo Ministério Público, aplica-se, no que couber, o disposto no § 3º do art. 6º da Lei nº 4.717, de 29 de junho de 1965"; "Art. 6º, § 3º A pessoas jurídica de direito público ou de direito privado, cujo ato seja objeto de impugnação, poderá abster-se de contestar o pedido, ou poderá atuar ao lado do autor, desde que isso se afigure útil ao interesse público, a juízo do respectivo representante legal ou dirigente".

(d) Não cabe reconhecimento jurídico do pedido, conforme lecionam Daniel Amorim e Rafael Oliveira (Manual de Improbidade Administrativa): "...a pessoa jurídica possa ter tanto interesse quanto o autor na anulação do ato viciado e na recomposição de seu patrimônio público, ilegalmente desfalcado pela atuação de pessoas naturais responsáveis pela prática do ato impugnado. Caso perceba que a pretensão constante na ação popular é legítima, é também de seu interesse que seja acolhida pelo Poder Judiciário, não havendo sentido em manter a pessoa jurídica no polo passivo da demanda. Como um eventual reconhecimento jurídico do pedido seria plenamente ineficaz em razão da natureza unitária do pedido de anulação do ato administrativo impugnado, o legislador entendeu mais adequado permitir uma mudança de polo, passando a pessoa jurídica a participar do processo como autora da ação popular, posição que melhor se adequará a sua concordância com a pretensão do autor originário".

(e) A própria Lei 8.429/92 prevê expressamente três espécies de medidas cautelares: a indisponibilidade de bens: "Art. 7º Quando o ato de improbidade causar lesão ao patrimônio público ou ensejar enriquecimento ilícito, caberá a autoridade administrativa responsável pelo inquérito representar ao Ministério Público, para a indisponibilidade dos bens do indiciado".; o sequestro: "Art. 16. Havendo fundados indícios de responsabilidade, a comissão representará ao Ministério Público ou à procuradoria do órgão para que requeira ao juízo competente a decretação do sequestro dos bens do agente ou terceiro que tenha enriquecido ilicitamente ou causado dano ao patrimônio público"; e o afastamento temporário de cargo, emprego ou função: "Art. 20, Parágrafo único. A autoridade judicial ou administrativa competente poderá determinar o afastamento do agente público do exercício do cargo, emprego ou função, sem prejuízo da remuneração, quando a medida se fizer necessária à instrução processual". Admite-se, ainda, no plano da improbidade administrativa qualquer medida cautelar. A tutela cautelar será concedida sempre que presentes o periculum in mora e o fumus boni iuris, independentemente de previsão legal específica ou genérica, de forma que essa amplitude de tutela cautelar existente em nosso sistema processual certamente valerá também à improbidade administrativa.

Gabarito: B

Para responder, tem que estudar: lei e teoria/doutrina.

19. (MPE/SP/Promotor/2012/89_Concurso) Com relação à Lei de Improbidade Administrativa (Lei nº 8.429/92), é correto afirmar:

a) As ações de improbidade administrativa até o valor de 60 salários mínimos serão processadas nos Juizados Especiais da Fazenda Pública (Lei nº 12.153/2009).

b) O ressarcimento integral do dano será possível apenas se a lesão ao patrimônio público ocorrer por ação dolosa do agente público.

c) O sucessor daquele que se enriquecer ilicitamente, por ato de improbidade administrativa, está sujeito às cominações da lei de improbidade pelo total da vantagem patrimonial indevida, ainda que esse ultrapasse o valor da herança.

d) Caberá à autoridade administrativa responsável pelo inquérito representar ao Ministério Público para indisponibilidade dos bens do indiciado.

e) As penalidades previstas na Lei nº 8.429/92 se aplicadas cumulativamente excluirão outras sanções civis ou administrativas previstas em legislação específica.

ANOTAÇÕES/COMENTÁRIOS

(a) Lei 12.153/2009: "Art. 2º É de competência dos Juizados Especiais da Fazenda Pública processar, conciliar e julgar causas cíveis de interesse dos Estados, do Distrito Federal, dos Territórios e dos Municípios, até o valor de 60 (sessenta) salários mínimos. § 1º Não se incluem na competência do Juizado Especial da Fazenda Pública: I – as ações de mandado de segurança, de desapropriação, de divisão e demarcação, populares, por improbidade administrativa, execuções fiscais e as demandas sobre direitos ou interesses difusos e coletivos".

(b) Lei 8.429/92: "Art. 5º Ocorrendo lesão ao patrimônio público por ação ou omissão, dolosa ou culposa, do agente ou de terceiro, dar-se-á o integral ressarcimento do dano".

(c) Lei 8.429/92: "Art. 8º O sucessor daquele que causar lesão ao patrimônio público ou se enriquecer ilicitamente está sujeito às cominações desta lei até o limite do valor da herança".

(d) Lei 8.429/92: "Art. 7º Quando o ato de improbidade causar lesão ao patrimônio público ou ensejar enriquecimento ilícito, caberá a autoridade administrativa responsável pelo inquérito representar ao Ministério Público, para a indisponibilidade dos bens do indiciado".

(e) Lei 8.429/92: "Art. 12. Independentemente das sanções penais, civis e administrativas previstas na legislação específica, está o responsável pelo ato de improbidade sujeito às seguintes cominações, que podem ser aplicadas isolada ou cumulativamente, de acordo com a gravidade do fato(...)".

Gabarito: D

Para responder, tem que estudar: lei e jurisprudência.

20. **(MPE/SP/Promotor/2013/90_Concurso)** Considera-se ato de improbidade administrativa, para cuja caraterização é exigido exclusivamente o dolo do agente, as seguintes condutas:

I. Adquirir, para si ou para outrem, no exercício de mandato, cargo, emprego ou função pública, bens de qualquer natureza cujo valor seja desproporcional à evolução do patrimônio ou à renda do agente público.

II. Permitir ou facilitar a aquisição, permuta ou locação de bem ou serviço por preço superior ao de mercado.

III. Revelar fato ou circunstância de que tem ciência em razão das atribuições e que deva permanecer em segredo.

IV. Celebrar contrato de rateio de consórcio público sem suficiente e prévia dotação orçamentária, ou sem observar as formalidades previstas na lei.

V. Retardar ou deixar de praticar, indevidamente, ato de ofício.

Está correto o que se afirma apenas nos itens

a) I, IV e V.
b) II e III.
c) I e III.
d) II e IV.
e) I, III e V.

ANOTAÇÕES/COMENTÁRIOS

(I) Lei 8.429/92: "Art. 9º Constitui ato de improbidade administrativa importando enriquecimento ilícito auferir qualquer tipo de vantagem patrimonial indevida em razão do exercício de cargo, mandato, função, emprego ou atividade nas entidades mencionadas no art. 1º desta lei, e notadamente: VII – adquirir, para si ou para outrem, no exercício de mandato, cargo, emprego ou função pública, bens de qualquer natureza cujo valor seja desproporcional à evolução do patrimônio ou à renda do agente público".

(II) Lei 8.429/92: "Art. 10. Constitui ato de improbidade administrativa que causa lesão ao erário qualquer ação ou omissão, dolosa ou culposa, que enseje perda patrimonial, desvio, apropriação, malbaratamento ou dilapidação dos bens ou haveres das entidades referidas no art. 1º desta lei, e notadamente: V – permitir ou facilitar a aquisição, permuta ou locação de bem ou serviço por preço superior ao de mercado".

(III) Lei 8.429/92: "Art. 11. Constitui ato de improbidade administrativa que atenta contra os princípios da administração pública qualquer ação ou omissão que viole os deveres de honestidade, imparcialidade, legalidade, e lealdade às instituições, e notadamente: III – revelar fato ou circunstância de que tem ciência em razão das atribuições e que deva permanecer em segredo".

(IV) Lei 8.429/92: "Art. 10. Constitui ato de improbidade administrativa que causa lesão ao erário qualquer ação ou omissão, dolosa ou culposa, que enseje perda patrimonial, desvio, apropriação, malbaratamento ou dilapidação dos bens ou haveres das entidades referidas no art. 1º desta lei, e notadamente: XV – celebrar contrato de rateio de consórcio público sem suficiente e prévia dotação orçamentária, ou sem observar as formalidades previstas na lei".

(V) Lei 8.429/92: "Art. 11. Constitui ato de improbidade administrativa que atenta contra os princípios da administração pública qualquer ação ou omissão que viole os deveres de honestidade, imparcialidade, legalidade, e lealdade às instituições, e notadamente: II – retardar ou deixar de praticar, indevidamente, ato de ofício".

Gabarito: E

Para responder, tem que estudar: lei.

21. (MPE/SP/Promotor/2013/90_Concurso) Analise as seguintes afirmações, à luz da Lei n. 8.429/92 (Lei de Improbidade Administrativa):

I. Dentre outros, estão sujeitos às penalidades previstas na Lei n. 8.429/92 os atos de improbidade praticados contra o patrimônio de entidade para cuja criação ou custeio o erário haja concorrido ou concorra com menos de cinquenta por cento do patrimônio ou da receita anual, limitando-se, nestes casos, a sanção patrimonial à repercussão do ilícito sobre a contribuiçao dos cofres públicos.

II. A condição para a posse e o exercício do cargo do agente público, consistente na entrega de declaração de bens e valores que compõem o seu patrimônio privado, deve compreender imóveis, móveis, semoventes, dinheiro, títulos, ações, e qualquer outra espécie de bens e valores patrimoniais, localizados no País ou no exterior, e, quando for o caso, abrangerá os bens e valores patrimoniais do cônjuge ou companheiro, dos filhos, dispensadas da relação os bens de outras pessoas, ainda que vivam sob a dependência econômica do declarante, bem como os objetos e utensílios de uso doméstico.

III. Apurada em regular inquérito civil a prática de ato de improbidade administrativa consistente em perceber o agente público vantagem econômica direta para facilitar a alienação, permuta ou locação de bem público, em determinadas circunstâncias é possível ao Promotor de Justiça a propositura de ação apenas para postular o ressarcimento do dano.

IV. Independentemente das sanções penais, civis e administrativas previstas na legislação específica, o responsável pelo ato de improbidade administrativa está sujeito às cominações previstas no respectivo diploma, às quais devem ser aplicadas cumulativamente.

V. Quando proposta pelo Ministério Público é imprescindível a instauração de inquérito civil para ulterior propositura de ação por ato de improbidade administrativa.

Está correto o que se afirma somente nos itens

a) I, II e III.

b) I, III e IV.

c) II, III e V.

d) I e III.

e) II e IV.

ANOTAÇÕES/COMENTÁRIOS

(I) Lei 8.429/92: "Art. 1º, Parágrafo único. Estão também sujeitos às penalidades desta lei os atos de improbidade praticados contra o patrimônio de entidade que receba subvenção, benefício ou incentivo, fiscal ou creditício, de órgão público bem como daquelas para cuja criação ou custeio o erário haja concorrido ou concorra com menos de cinquenta por cento do patrimônio ou da receita anual, limitando-se, nestes casos, a sanção patrimonial à repercussão do ilícito sobre a contribuição dos cofres públicos".

(II) Não ficam dispensados da relação os bens de outras pessoas que vivam sob a dependência econômica do declarante, de acordo com a Lei 8.429/92: "Art. 13, § 1º A declaração compreenderá imóveis, móveis, semoventes, dinheiro, títulos, ações, e qualquer outra espécie de bens e valores patrimoniais, localizado no País ou no exterior, e, quando for o caso, abrangerá os bens e valores patrimoniais do cônjuge ou companheiro, dos filhos e de outras pessoas que vivam sob a dependência econômica do declarante, excluídos apenas os objetos e utensílios de uso doméstico".

(III) Trata-se da situação prevista na Lei 8.429/92: "Art. 9º, III – perceber vantagem econômica, direta ou indireta, para facilitar a alienação, permuta ou locação de bem público ou o fornecimento de serviço por ente estatal por preço inferior ao valor de mercado". De acordo com a própria lei, as penas podem ser aplicadas isolada ou cumulativamente: "Art. 12. Independentemente das sanções penais, civis e administrativas previstas na legislação específica, está o responsável pelo ato de improbidade sujeito às seguintes cominações, que podem ser aplicadas isolada ou cumulativamente, de acordo com a gravidade do fato".

(IV) As cominações podem ser aplicadas isolada ou cumulativamente, de acordo com a Lei 8.429/92: "Art. 12. Independentemente das sanções penais, civis e administrativas previstas na legislação específica, está o responsável pelo ato de improbidade sujeito às seguintes cominações, que podem ser aplicadas isolada ou cumulativamente, de acordo com a gravidade do fato".

(V) O inquérito civil não é obrigatório, de acordo com a Resolução nº 23 do Conselho Nacional do Ministério Público: "Art. 1º O inquérito civil, de natureza unilateral e facultativa, será instaurado para apurar fato que possa autorizar a tutela dos interesses ou direitos a cargo do Ministério Público nos termos da legislação aplicável, servindo como preparação para o exercício das atribuições inerentes às suas funções institucionais. Parágrafo único. O inquérito civil não é condição de procedibilidade para o ajuizamento das ações a cargo do Ministério Público, nem para a realização das demais medidas de sua atribuição própria".

Gabarito: D

Para responder, tem que estudar: lei.

22. (MPE/SP/Promotor/2013/90_Concurso) Considere as seguintes afirmações, à luz da Lei n. 8.429/92 (Lei de Improbidade Administrativa):

I. Na ação proposta pelo Ministério Público, quando couber, é facultado a qualquer cidadão habilitar-se como litisconsorte ativo ou assistente do autor.

II. A jurisprudência majoritária no STJ se faz no sentido que não há formação de litisconsórcio passivo necessário entre o agente público réu e pessoas participantes ou beneficiárias de fraudes e irregularidades nas ações civis públicas movidas para o fim de apurar e punir atos de improbidade administrativa.

III. A ação principal, quando precedida de procedimento cautelar de sequestro, terá o rito ordinário, e será proposta pelo Ministério Público ou pela pessoa jurídica interessada, no prazo de trinta dias da efetivação da medida cautelar.

IV. Na Lei de Improbidade Administrativa é vedado, na respectiva ação, que se promova transação, acordo ou conciliação.

V. A aplicação das sanções previstas na Lei de Improbidade Administrativa independe da efetiva ocorrência do dano, salvo quanto à multa civil, e da aprovação ou rejeição das contas pelo órgão de controle interno ou pelo Tribunal ou Conselho de Contas.

Está correto apenas o que se afirma nos itens

a) I e III.

b) II, III e IV.

c) III, IV e V.

d) I, III e IV.

e) I, II, III e IV.

ANOTAÇÕES/COMENTÁRIOS

(I) Os legitimados para a ação de improbidade administrativa estão previstos na lei, e não incluem o cidadão, razão pela qual não pode haver a habilitação deste como litisconsorte ou assistente do autor, de acordo com a Lei 8.429/92: "Art. 17. A ação principal, que terá o rito ordinário, será proposta pelo Ministério Público ou pela pessoa jurídica interessada, dentro de trinta dias da efetivação da medida cautelar".

(II) Este é o entendimento do STJ: AgRg no REsp 1421144, 2015: "(...) Não há falar em formação de litisconsórcio passivo necessário entre eventuais réus e as pessoas participantes ou beneficiárias das supostas fraudes e irregularidades nas ações civis públicas movidas para o fim de apurar e punir atos de improbidade administrativa, pois não há, na Lei de Improbidade, previsão legal de formação de litisconsórcio entre o suposto autor do ato de improbidade e eventuais beneficiários, tampouco havendo relação jurídica entre as partes a obrigar o magistrado a decidir de modo uniforme a demanda".

(III) Lei 8.429/92: "Art. 17. A ação principal, que terá o rito ordinário, será proposta pelo Ministério Público ou pela pessoa jurídica interessada, dentro de trinta dias da efetivação da medida cautelar".

(IV) Lei 8.429/92: a redação originária era a seguinte: "Art. 17, § 1º É vedada a transação, acordo ou conciliação nas ações de que trata o caput".

Ocorre que em 2019 a Lei nº 13.964 promoveu alteração da redação, definindo que: "§ 1º As ações de que trata este artigo admitem a celebração de acordo de não persecução cível, nos termos desta Lei.

A juíza de Direito do TJDFT, Acácia Regina Soares de Sá, publicou o seguinte artigo: "Ainda que o art. 17 da Lei n.º 8.429/92 vedasse a celebração de acordos nas ações civil públicas por atos de improbidade administrativa, parte da doutrina sustentava que a referida vedação não mais encontrava respaldo, tendo em vista que leis criminais posteriores à lei de improbidade administrativa previam a possibilidade de realização de acordos que afastavam a punibilidade em crimes de menor potencial ofensivo, a exemplo da transação penal prevista na Lei n.º 9.099/95 e até, em alguns casos, onde havia previsão de aplicação da pena mais graves, como ocorria em relação à Lei n.º 12.850/13 que dispõe sobre as organizações criminosas, onde o julgador pode deixar de aplicar a pena caso seja celebrado acordo de colaboração premiada que atenda aos requisitos previstos na referida lei e ainda a Lei n.º 12. 846/13 que dispõe sobre a responsabilização administrativa e civil de pessoas jurídicas pela prática de atos contra a administração pública, nacional ou estrangeira, mais conhecida como lei anticorrupção. Reforçando tal argumento, a doutrina admitia a celebração de acordo nas ações civis públicas pela prática de improbidade administrativa sob o fundamento de que o referido diploma legal (Lei n.º 8.429/92) integra, juntamente com a Lei n.º 4.717/65 (ação popular), Lei n.º 7.374/85 (ação civil pública) e a Lei 12.846/13 um microssistema de combate à corrupção, em observância às diretrizes dos tratados internacionais sobre o tema, os quais o Brasil ratificou. Nesse sentido, a Resolução n.º 179/2017 do Conselho Nacional do Ministério Público – CNMP autorizou que seus membros celebrassem termos de ajustamento de conduta no âmbito da ação de improbidade administrativa. Com a entrada em vigor da Lei n.º 13.964/19 (Lei Anticrime) a celeuma teve fim, uma vez que passou a ser permitida a celebração de acordo de não-persecução civil nas ações de improbidade administrativa, nos termos de lei específica. O acordo de não persecução civil tem por finalidade impedir o início de uma ação civil pública por ato de improbidade administrativa mediante a aceitação de algumas condições e aplicação de sanções aos agentes responsáveis pela prática dos supostos atos de improbidade administrativa, como forma de tornar mais célebre e efetiva a reparação do dano eventual causado ao erário. Assim, podemos verificar que tal alteração busca trazer mais efetividade e celeridade na punição em razão da prática de ato de improbidade administrativa, modificação que se coaduna com o moderno direito administrativo que cada vez mais abre espaço para a utilização dos meios de solução alternativa de conflitos, trilhada também no Código de Processo Civil de 2015. [...] Dessa forma, com a supressão da vedação legislativa quanto à celebração de acordo na ação civil pública pela prática de ato de improbidade administrativa, entramos em um novo momento no direito administrativo sancionador, atendo à evolução do direito, o qual incorporou diversas modalidades de soluções consensuais de conflito como forma de garantir efetividade e resolutividade na sua aplicação, isso porque apesar da Resolução n.º 179/2017 do Conselho Nacional do Ministério Público – CNMP já prever desde 2017 a possibilidade de celebração de termos de ajustamento de conduta no âmbito da ação de improbidade administrativa, conforme já mencionado acima, a alteração legislativa pôs fim às divergências que ainda existiam sobre o tema." PALMA, Juliana Bonacorsi de. Sanção e Acordo na Administração Pública. 1ª ed. São Paulo. Editora Malheiros. 2015, disponível em "https://www.tjdft.jus.br/institucional/imprensa/campanhas-e--produtos/artigos-discursos-e-entrevistas/artigos/2020/o-acordo- de-nao-persecucao-civil-na-acao-de-improbidade-administrativa"

A jurisprudência também já se manifestou: PROCESSUAL CIVIL E ADMINISTRATIVO. ACORDO NO AGRAVO EM RECURSO ESPECIAL. IMPROBIDADE A DMINISTRATIVA. HOMOLOGAÇÃO JUDICIAL DO AJUSTE. ART. 17, § 1º, DA LEI N. 8.429/1992, COM REDAÇÃO ALTERADA PELA LEI N. 13.964/2019. 1. Trata-se de possibilidade, ou não, de homologação judicial de acordo no âmbito de ação de improbidade administrativa em fase recursal. 2. A Lei n. 13.964/2019, de 24 de dezembro de 2019, alterou o § 1º do art. 17 da Lei n. 8.429/1992, o qual passou a prever a possibilidade de acordo de não persecução cível no âmbito da ação de improbidade administrativa. 3. No caso dos autos, as partes objetivam a homologação judicial de acordo no bojo do presente agravo em recurso especial, o qual não foi conhecido, por maioria, por esta e. Primeira Turma, mantendo-se o acórdão proferido pelo TJSP que condenou o recorrente à modalidade culposa do art. 10 da LIA, em razão de conduta omissiva consubstanciada pelo não cumprimento de ordem judicial que lhe fora emitida para o fornecimento ao paciente do medicamento destinado ao tratamento de deficiência coronária grave, o qual veio a falecer em decorrência de infarto agudo de miocárdio, ensejando, por conseguinte, dano ao erário, no montante de R$ 50.000,00, devido à condenação do Município por danos morais em ação indenizatória. 4. O Conselho Superior do Ministério Público do Estado de São Paulo deliberou, por unanimidade, pela homologação do Termo de Acordo de Não Persecução Cível firmado entre a Promotoria de Justiça do Município de Votuporanga e o ora agravante, nos termos das Resoluções n. 1.193/2020 do Conselho Superior do Ministério Público do Estado de São Paulo e n. 179/2017 do Conselho Nacional do Ministério Público, tendo em vista a conduta culposa praticada pelo ora recorrente, bem como a reparação do dano ao Município. 5. Nessa linha de percepção, o Ministério Público Federal manifestou-se favoravelmente à homologação judicial do acordo em apreço asseverando que: "Realmente, resta consignado no ajuste que apesar de ter causado danos ao erário, o ato de improbidade em questão foi praticado na modalidade culposa, tendo o Agravante se comprometido a reparar integralmente o Município no valor atualizado de R$ 91.079.91 (noventa e um mil setenta e nove reais e noventa e um centavos), além de concordar com a aplicação da pena de proibição de contratar com o Poder Público ou receber benefícios ou incentivos fiscais ou creditícios, direta ou indiretamente, ainda que por intermédio de pessoa jurídica da qual seja sócio majoritário, pelo prazo de cinco anos (e-STJ 998/1005). Em suma, os termos do ajuste não distanciam muito da condenação originária (e-STJ 691), revelando adequação para ambas as partes. Resta a toda evidência, portanto, que a transação celebrada entre o Agravante e o Agravado induz a extinção do feito na forma do art. 487, III, "b", do CPC ." (e-STJ fls. 1.036-1.037). 6. Dessa forma, tendo em vista a homologação do acordo pelo Conselho Superior do MPSP, a conduta culposa praticada pelo ora recorrente, bem como a reparação do dano ao Município de Votuporanga, além da manifestação favorável do Ministério Público Federal à homologação judicial do acordo, tem-se que a transação deve ser homologada, ensejando, por conseguinte, a extinção do feito, com resolução de mérito, com supedâneo no a rt. 487, III, "b" , do CPC/2015. 7 . Homologo o acordo e julgo prejudicado o agravo em recurso especial . (Acordo no AREsp 1314581/SP, Rel. Ministro BENEDITO GONÇALVES, PRIMEIRA TURMA, julgado em 23/02/2021, DJe 01/03/2021)

Ante o exposto, o item IV encontra-se agora errado, com a edição da Lei nº 13.964/2019.

(V) A aplicação das sanções independe da ocorrência de dano, salvo quanto à pena de ressarcimento (e não a multa civil), de acordo com a Lei 8.429/92: "Art. 21. A aplicação das sanções previstas nesta lei independe: I – da efetiva ocorrência de dano ao patrimônio público, salvo quanto à pena de ressarcimento; II – da aprovação ou rejeição das contas pelo órgão de controle interno ou pelo Tribunal ou Conselho de Contas".

Gabarito: B, questão desatualizada, sem resposta correta atualmente

Para responder, tem que estudar: lei e jurisprudência.

23. (MPE/SP/Promotor/2013/90_Concurso) Sobre a ação de mandado de segurança, assinale a alternativa incorreta.

a) Conceder-se-á mandado de segurança para proteger direito líquido e certo, não amparado por "habeas corpus" ou "habeas data", sempre que, ilegalmente ou com abuso de poder, qualquer pessoa física ou jurídica sofrer violação ou houver justo receio de sofrê-la por parte de autoridade, seja de que categoria for e sejam quais forem as funções que exerça.

b) A jurisprudência dominante do Superior Tribunal de Justiça admite mandado de segurança perante o Tribunal de Justiça respectivo, visando o controle da competência dos Juizados Especiais, exceto na hipótese de trânsito em julgado da decisão objeto da impetração.

c) Quando o direito ameaçado ou violado couber a várias pessoas, qualquer delas poderá requerer o mandado de segurança.

d) O mandado de segurança coletivo, atendidas as demais disposições legais, pode ser impetrado por partido político com representação no Congresso Nacional; organização sindical, entidade de classe ou associação legalmente constituída e em funcionamento há pelo menos um ano, em defesa dos interesses de seus membros ou associados.

e) O mandado de segurança coletivo não induz litispendência para as ações individuais, mas os efeitos da coisa julgada não beneficiarão o impetrante a título individual se não requerer a desistência de seu mandado de segurança no prazo de trinta dias a contar da ciência comprovada da impetração da segurança coletiva..

ANOTAÇÕES/COMENTÁRIOS

(a) Lei nº 12.016/2009: "Art. 1º Conceder-se-á mandado de segurança para proteger direito líquido e certo, não amparado por "habeas corpus" ou "habeas data", sempre que, ilegalmente ou com abuso de poder, qualquer pessoa física ou jurídica sofrer violação ou houver justo receio de sofrê-la por parte de autoridade, seja de que categoria for e sejam quais forem as funções que exerça".

(b) O STJ admite a impetração de mandado de segurança perante o Tribunal de Justiça, mesmo diante do trânsito em julgado da decisão objeto da impetração. Vide RMS 46955, 2015. 1. Consoante a jurisprudência desta Corte, admite-se a impetração de mandado de segurança perante os Tribunais de Justiça dos Estados para o exercício do controle de competência dos juizados especiais, ficando a cargo das Turmas Recursais, a teor do que dispõe a Súmula 376/STJ, o writ que tenha por escopo o controle de mérito dos atos de juizado especial. Precedentes (...)", e "(...) 2. A tese embargada – cabimento de mandado de segurança frente aos Tribunais de Justiça dos Estados para controle da competência dos Juizados Especiais, ainda que a decisão objeto do writ já tenha transitado em julgado – encontra-se em estrita consonância com a jurisprudência consolidada do Superior Tribunal de Justiça" (STJ, EDcl no AgReg no RMS 32632)".

(c) Lei nº 12.016/2009: "Art. 1º, § 3º Quando o direito ameaçado ou violado couber a várias pessoas, qualquer delas poderá requerer o mandado de segurança".

(d) Lei nº 12.016/2009: "Art. 21. O mandado de segurança coletivo pode ser impetrado por partido político com representação no Congresso Nacional, na defesa de seus interesses legítimos relativos a seus integrantes ou à finalidade partidária, ou por organização sindical, entidade de classe ou associação legalmente constituída e em funcionamento há, pelo menos, 1 (um) ano, em defesa de direitos líquidos e certos da totalidade, ou de parte, dos seus membros ou associados, na forma dos seus estatutos e desde que pertinentes às suas finalidades, dispensada, para tanto, autorização especial".

(e) Lei 12.016/2009: "Art. 22, § 1º O mandado de segurança coletivo não induz litispendência para as ações individuais, mas os efeitos da coisa julgada não beneficiarão o impetrante a título individual se não requerer a desistência de seu mandado de segurança no prazo de 30 (trinta) dias a contar da ciência comprovada da impetração da segurança coletiva".

Gabarito: B

Para responder, tem que estudar: lei, jurisprudência e súmula/OJ.

24. (MPE/SP/Promotor/2013/90_Concurso) É correto afirmar que, na administração centralizada, são admitidas as seguintes modalidades de licitação:

a) concorrência, tomada de preços, convite, concurso, leilão, pregão e consulta.

b) concorrência, convite, tomada de preços, certame, leilão e pregão.

c) concorrência, tomada de preços, convite, certame, concurso e leilão.

d) concorrência, tomada de preços, convite, concurso, leilão e pregão.

e) concorrência, tomada de preços, convite, concurso, consulta, certame, leilão e pregão.

ANOTAÇÕES/COMENTÁRIOS

(a) Consulta somente é admitida no âmbito das agências reguladoras. Lei nº 9.472/97: "Art. 54. Parágrafo único. Para os casos não previstos no caput, a Agência poderá utilizar procedimentos próprios de contratação, nas modalidades de consulta e pregão"; "Art. 58. A licitação na modalidade de consulta tem por objeto o fornecimento de bens e serviços não compreendidos nos arts. 56 e 57".

(b, c) Certame não é uma modalidade existente.

(d) Lei nº 8.666/93: "Art. 22. São modalidades de licitação: I – concorrência; II – tomada de preços; III – convite; IV – concurso; V – leilão". Lei nº 10.520/2002: "Art. 1º Para aquisição de bens e serviços comuns, poderá ser adotada a licitação na modalidade de pregão, que será regida por esta Lei".

(e) Certame não é uma modalidade existente. Consulta somente é admitida no âmbito das agências reguladoras. Lei nº 9.472/97: "Art. 54. Parágrafo único. Para os casos não previstos no caput, a Agência poderá utilizar procedimentos próprios de contratação, nas modalidades de consulta e pregão"; "Art. 58. A licitação na modalidade de consulta tem por objeto o fornecimento de bens e serviços não compreendidos nos arts. 56 e 57".

Com a publicação da Lei n° 14.133/2021 a sistemática das licitações foi alterada. O artigo 28 define quais são as modalidades de licitação: I – pregão; II – concorrência; III – concurso; IV – leilão; V – diálogo competitivo. § 1º Além das modalidades referidas no caput deste artigo, a Administração pode servir-se dos procedimentos auxiliares previstos no art. 78 desta Lei. § 2º É vedada a criação de outras modalidades de licitação ou, ainda, a combinação daquelas referidas no caput deste artigo. E o artigo 78 cita os procedimentos auxiliares das licitações e das contratações regidas por esta Lei: I – credenciamento; II – pré-qualificação; III – procedimento de manifestação de interesse; IV – sistema de registro de preços; V – registro cadastral. § 1º Os procedimentos auxiliares de que trata o caput deste artigo obedecerão a critérios claros e objetivos definidos em regulamento. § 2º O julgamento que decorrer dos procedimentos auxiliares das licitações previstos nos incisos II e III do caput deste artigo seguirá o mesmo procedimento das licitações.

Ante o exposto, nenhuma alternativa está correta, considerando a nova legislação, já que tomada de preços e convite não são mais previstos como modalidades de licitação.

Gabarito: D, questão desatualizada, sem resposta correta atualmente

Para responder, tem que estudar: lei.

25. (MPE/SP/Promotor/2013/90_Concurso) Quanto ao Tribunal de Contas do Estado de São Paulo, dentre outras competências, funções e atribuições, nos termos da Constituição Estadual e na forma da Lei Complementar Estadual n. 709, de 14 de janeiro de 1993:

I. Compete-lhe julgar, no âmbito do Estado e dos Municípios, as contas dos gestores e demais responsáveis por bens e valores públicos da administração direta e autarquias, empresas públicas e sociedades da economia mista, exceto fundações instituídas ou mantidas pelo Poder Público, cuja fiscalização é exercida pelo Ministério Público por meio da Promotoria de Justiça de Fundações.

II. Nos processos que lhe são submetidos, poderão interpor recurso o interessado no processo, a Procuradoria da Fazenda do Estado, o Ministério Público, e o terceiro prejudicado.

III. Compete-lhe emitir parecer prévio, no prazo fixado pela Constituição, sobre as contas que o Governador do Estado apresentar, excetuando-se as atividades do Legislativo, do Judiciário e do Ministério Público, órgãos dotados de controladoria própria.

IV. As suas decisões de que resulte imputação de débito ou multa terão eficácia de título executivo.

V. O ordenador de despesa não é responsável por prejuízos causados ao erário, decorrentes de atos praticados por subordinado que exorbitar das ordens recebidas.

Está correto somente o contido nos itens

a) I, IV e V.

b) I, II e III.

c) II, IV e V.

d) II, III e V.

e) I, II e IV.

ANOTAÇÕES/COMENTÁRIOS

(I) O erro da assertiva está em excetuar fundações instituídas ou mantidas pelo Poder Público. Lei Complementar Estadual nº 709/93: "Art. 2º Ao Tribunal de Contas do Estado de São Paulo, nos termos da Constituição Estadual e na forma estabelecida nesta lei, compete: III – julgar, no âmbito do Estado e dos Municípios, as contas dos gestores e demais responsáveis por bens e valores públicos da administração direta e autarquias, empresas públicas e sociedades de economia mista, inclusive fundações instituídas ou mantidas pelo Poder Público, e as contas daqueles que derem causa a perda, extravio ou outra irregularidade de que resulte dano ao erário".

(II) Lei Complementar Estadual nº 709/93: "Art. 53. Poderão interpor recurso, o interessado no processo, a Procuradoria da Fazenda do Estado, o Ministério Público e o terceiro prejudicado".

(III) O erro da assertiva está em excetuar as atividades do Legislativo, Judiciário e Ministério Público. Lei Complementar Estadual nº 709/93: "Art. 23 – O Tribunal de Contas emitirá parecer prévio, no prazo fixado pela Constituição, sobre as contas que o Governador do Estado apresentar, anualmente, a Assembleia Legislativa. § 1º As contas abrangerão a totalidade do exercício financeiro, compreendendo as atividades do Executivo, do Legislativo, do Judiciário, do Ministério Público e do próprio Tribunal de Contas".

(IV) Lei Complementar Estadual nº 709/93: "Art. 85. As decisões do Tribunal de Contas de que resulte imputação de débito ou multa terão eficácia de título executivo".

(V) Lei Complementar Estadual nº 709/93: "Art. 48. O ordenador de despesa não e responsável por prejuízos causados ao erário, decorrentes de atos praticados por subordinado que exorbitar das ordens recebidas".

Gabarito: C

Para responder, tem que estudar: lei.

26. (MPE/SP/Promotor/2015/91_Concurso) Nos termos da Lei nº 8.666/93 (Lei de Licitações):

I. As normas de licitações e contratos devem privilegiar o tratamento diferenciado e favorecido às microempresas e empresas de pequeno porte na forma da lei.

II. A licitação não será sigilosa, sendo públicos e acessíveis ao público os atos de seu procedimento, salvo quanto ao conteúdo das propostas, até a respectiva abertura.

III. São modalidades de licitação: a) concorrência; b) tomada de preços; c) convite; d) praça; e) leilão.

IV. Praça é a modalidade de licitação entre quaisquer interessados para a venda de bens imóveis inservíveis para a administração, a quem oferecer o maior lance, igual ou superior ao valor da avaliação.

V. Leilão é a modalidade de licitação entre quaisquer interessados para a venda de bens móveis inservíveis para a administração ou de produtos legalmente apreendidos ou penhorados, a quem oferecer o maior lance, igual ou superior ao valor da avaliação.

Está correto apenas o contido em:

a) I e II.
b) II.
c) II, III, IV e V.
d) I, III, IV e V.
e) Todos os itens estão corretos.

ANOTAÇÕES/COMENTÁRIOS

(I) Lei nº 8.666/93: "Art. 3º, § 14. As preferências definidas neste artigo e nas demais normas de licitação e contratos devem privilegiar o tratamento diferenciado e favorecido às microempresas e empresas de pequeno porte na forma da lei".

(II) Lei nº 8.666/93: "Art. 3º, § 3º A licitação não será sigilosa, sendo públicos e acessíveis ao público os atos de seu procedimento, salvo quanto ao conteúdo das propostas, até a respectiva abertura".

(III) Praça não é modalidade de licitação. Lei nº 8.666/93: "Art. 22. São modalidades de licitação: I – concorrência; II – tomada de preços; III – convite; IV – concurso; V – leilão".

(IV) Praça não é modalidade de licitação. Lei nº 8.666/93: "Art. 22. São modalidades de licitação: I – concorrência; II – tomada de preços; III – convite; IV – concurso; V – leilão".

(V) A assertiva está incompleta, falta a menção à alienação de bens imóveis. Lei nº 8.666/93: "Art. 22, § 5º Leilão é a modalidade de licitação entre quaisquer interessados para a venda de bens móveis inservíveis para a administração ou de produtos legalmente apreendidos ou penhorados, ou para a alienação de bens imóveis prevista no art. 19, a quem oferecer o maior lance, igual ou superior ao valor da avaliação".

A questão é expressa ao pedir que seja respondida de acordo com a Lei n° 8.666/93, a qual será revogada após decorridos dois anos da publicação da nova lei n° 14.133/2021 (em 01/04/2023, portanto).

Não se pode olvidar que a nova disciplina das licitações trouxe modificações, sendo distintas as definições, conforme a seguir esclarecido:

Assertiva I, quanto a microempresas e empresas de pequeno porte, a nova lei menciona, no artigo 4º, que "Aplicam-se às licitações e contratos disciplinados por esta Lei as disposições constantes dos arts. 42 a 49 da Lei Complementar nº 123, de 14 de dezembro de 2006."

Assertiva II, quanto ao sigilo da licitação, o artigo 13 da nova lei estabelece que "Os atos praticados no processo licitatório são públicos, ressalvadas as hipóteses de informações cujo sigilo seja imprescindível à segurança da sociedade e do Estado, na forma da lei. Parágrafo único. A publicidade será diferida: I – quanto ao conteúdo das propostas, até a respectiva abertura; II – quanto ao orçamento da Administração, nos termos do art. 24 desta Lei.

Assertiva III, quanto às modalidades de licitação, o artigo 28 da nova lei define: "São modalidades de licitação: I – pregão; II – concorrência; III – concurso; IV – leilão; V

– diálogo competitivo. § 1º Além das modalidades referidas no caput deste artigo, a Administração pode servir-se dos procedimentos auxiliares previstos no art. 78 desta Lei. § 2º É vedada a criação de outras modalidades de licitação ou, ainda, a combinação daquelas referidas no caput deste artigo.

Assertiva IV, quanto ao questionamento sobre praça, não era modalidade de licitação, e não é na nova lei.

Assertiva V, quanto ao leilão, a nova lei, no artigo 6º, define: "XL – leilão: modalidade de licitação para alienação de bens imóveis ou de bens móveis inservíveis ou legalmente apreendidos a quem oferecer o maior lance;"

Gabarito: A, está desatualizada com a entrada em vigor da nova Lei de Licitações

Para responder, tem que estudar: lei.

27. (MPE/SP/Promotor/2015/91_Concurso) Nos termos da Lei Complementar nº 101/2000 (Lei de Responsabilidade Fiscal):

I. É vedada a realização de operação de crédito diretamente entre um ente da Federação e outro.

II. É vedado o recebimento antecipado de valores de empresa em que o Poder Público detenha, direta ou indiretamente, a maioria do capital social com direito a voto, salvo lucros e dividendos, na forma da legislação.

III. São permitidas as operações entre instituição financeira estatal e outro ente da Federação, inclusive suas entidades da administração indireta, que não se destinem a: a) financiar, direta ou indiretamente, despesas correntes; b) refinanciar dívidas não contraídas junto à própria instituição concedente.

IV. É proibida a operação de crédito entre uma instituição financeira estatal e o ente da Federação que a controle, na qualidade de beneficiário do empréstimo.

V. É permitido à instituição financeira controlada adquirir, no mercado, títulos da dívida pública para atender investimento de seus clientes, ou títulos da dívida de emissão da União para aplicação de recursos próprios.

Está correto apenas o contido em:

a) I, II e IV.

b) I, II, III e IV.

c) I, II, III e V.

d) II, III e IV.

e) Todos os itens estão corretos.

ANOTAÇÕES/COMENTÁRIOS

(I) Lei Complementar nº 101/2000: "Art. 35. É vedada a realização de operação de crédito entre um ente da Federação, diretamente ou por intermédio de fundo, autarquia, fundação ou empresa estatal dependente, e outro, inclusive suas entidades da administração indireta, ainda que sob a forma de novação, refinanciamento ou postergação de dívida contraída anteriormente".

(II) Lei Complementar nº 101/2000: "Art. 37. Equiparam-se a operações de crédito e estão vedados: II – recebimento antecipado de valores de empresa em que o Poder Público detenha, direta ou indiretamente, a maioria do capital social com direito a voto, salvo lucros e dividendos, na forma da legislação".

(III) Lei Complementar nº 101/2000: "Art. 35, § 1º Excetuam-se da vedação a que se refere o caput as operações entre instituição financeira estatal e outro ente da Federação, inclusive suas entidades da administração indireta, que não se destinem a: I – financiar, direta ou indiretamente, despesas correntes; II – refinanciar dívidas não contraídas junto à própria instituição concedente".

(IV) Lei Complementar nº 101/2000: "Art. 36. É proibida a operação de crédito entre uma instituição financeira estatal e o ente da Federação que a controle, na qualidade de beneficiário do empréstimo".

(V) Lei Complementar nº 101/2000: "Art. 36. É proibida a operação de crédito entre uma instituição financeira estatal e o ente da Federação que a controle, na qualidade de beneficiário do empréstimo. Parágrafo único. O disposto no caput não proíbe instituição financeira controlada de adquirir, no mercado, títulos da dívida pública para atender investimento de seus clientes, ou títulos da dívida de emissão da União para aplicação de recursos próprios".

Gabarito: E

Para responder, tem que estudar: lei.

28. (MPE/SP/Promotor/2015/91_Concurso) Nos termos da Lei nº 12.016/2009 (Lei do Mandado de Segurança):

I. Não cabe mandado de segurança contra os atos de gestão comercial praticados pelos administradores de empresas públicas, de sociedade de economia mista e de concessionárias de serviço público.

II. Em caso de urgência, é permitido, observados os requisitos legais, impetrar mandado de segurança por telegrama, radiograma, fax ou outro meio eletrônico de autenticidade comprovada.

III. Do indeferimento da inicial pelo juiz de primeiro grau caberá recurso ordinário.

IV. O pedido de mandado de segurança poderá ser renovado dentro do prazo decadencial, se a decisão denegatória não houver apreciado o mérito, ou a decisão concessiva não houver apreciado a pretensão em toda sua extensão.

V. O ingresso de litisconsorte ativo após o despacho da petição inicial somente será admitido mediante a concordância do impetrante, ouvido o Ministério Público.

Está correto apenas o contido em:

a) I, II, III e V.

b) II, IV e V.

c) I e II.

d) IV e V.

e) I, II, IV e V.

ANOTAÇÕES/COMENTÁRIOS

(I) Lei nº 12.016/2009: "Art. 1º, § 2º Não cabe mandado de segurança contra os atos de gestão comercial praticados pelos administradores de empresas públicas, de sociedade de economia mista e de concessionárias de serviço público". Apesar de o dispositivo em comento ter sido questionado na ADI 4296, foi mantida sua constitucionalidade, conforme artigo disponível em "https://portal.stf.jus.br/noticias/verNoticiaDetalhe.asp?idConteudo=467335&ori=1".

(II) Lei nº 12.016/2009: "Art. 4º Em caso de urgência, é permitido, observados os requisitos legais, impetrar mandado de segurança por telegrama, radiograma, fax ou outro meio eletrônico de autenticidade comprovada".

(III) O recurso cabível é apelação. Lei nº 12.016/2009: "Art. 10, § 1º Do indeferimento da inicial pelo juiz de primeiro grau caberá apelação e, quando a competência para o julgamento do mandado de segurança couber originariamente a um dos tribunais, do ato do relator caberá agravo para o órgão competente do tribunal que integre".

(IV) A única possibilidade de renovação do pedido é se a decisão denegatória não houver apreciado o mérito. Lei nº 12.016/2009: "Art. 6º, § 6º O pedido de mandado de segurança poderá ser renovado dentro do prazo decadencial, se a decisão denegatória não lhe houver apreciado o mérito".

(V) Não é admitido o ingresso de litisconsorte ativo após o despacho da inicial. Lei nº 12.016/2009: "Art. 10, § 2º O ingresso de litisconsorte ativo não será admitido após o despacho da petição inicial".

Gabarito: C

Para responder, tem que estudar: lei.

29. (MPE/SP/Promotor/2015/91_Concurso) Nos termos da Lei nº 12.016/2009 (Lei do Mandado de Segurança):

I. Os direitos protegidos pelo mandado de segurança coletivo podem ser coletivos ou individuais homogêneos.

II. O mandado de segurança coletivo induz litispendência para as ações individuais, devendo ser reunidas, para julgamento conjunto.

III. Em se tratando de direitos coletivos, a sentença proferida no mandado de segurança fará coisa julgada "erga omnes".

IV. No mandado de segurança coletivo, a sentença fará coisa julgada limitadamente aos membros do grupo ou categoria substituídos pelo impetrante, somente em se tratando de direitos individuais homogêneos.

V. No mandado de segurança coletivo, a liminar só poderá ser concedida após a audiência do representante judicial da pessoa jurídica de direito público, que deverá se pronunciar no prazo de 5 (cinco) dias.

Está correto apenas o contido em:

a) II e V.

b) I, III, IV e V.

c) I.

d) I e V.

e) Todos os itens estão corretos.

ANOTAÇÕES/COMENTÁRIOS

(I) Lei nº 12.016/2009: "Art. 21, Parágrafo único. Os direitos protegidos pelo mandado de segurança coletivo podem ser: I – coletivos, assim entendidos, para efeito desta Lei, os transindividuais, de natureza indivisível, de que seja titular grupo ou categoria de pessoas ligadas entre si ou com a parte contrária por uma relação jurídica básica; II – individuais homogêneos, assim entendidos, para efeito desta Lei, os decorrentes de origem comum e da atividade ou situação específica da totalidade ou de parte dos associados ou membros do impetrante".

(II) Não induz litispendência. Lei nº 12.016/2009: "Art. 22, § 1º O mandado de segurança coletivo não induz litispendência para as ações individuais, mas os efeitos da coisa julgada não beneficiarão o impetrante a título individual se não requerer a desistência de seu mandado de segurança no prazo de 30 (trinta) dias a contar da ciência comprovada da impetração da segurança coletiva".

(III) A coisa julgada é limitada aos membros do grupo ou categoria. Lei nº 12.016/2009: "Art. 22. No mandado de segurança coletivo, a sentença fará coisa julgada limitadamente aos membros do grupo ou categoria substituídos pelo impetrante".

(IV) Sejam direitos individuais homogêneos ou coletivos, a sentença fará coisa julgada limitadamente aos membros. Lei nº 12.016/2009: "Art. 22. No mandado de segurança coletivo, a sentença fará coisa julgada limitadamente aos membros do grupo ou categoria substituídos pelo impetrante".

(V) O prazo é de 72h. Lei nº 12.016/2009: "Art. 22, § 2º No mandado de segurança coletivo, a liminar só poderá ser concedida após a audiência do representante judicial da pessoa jurídica de direito público, que deverá se pronunciar no prazo de 72 (setenta e duas) horas". Atualizando a assertiva, é certo que o STF, na ADI 4296, entendeu por julgar inconstitucional o parágrafo 2º do artigo 22: "Em relação à exigência de oitiva prévia do representante da pessoa jurídica de direito público como condição para a concessão de liminar em MS coletivo (artigo 22, parágrafo 2º da lei, o ministro também declarou sua inconstitucionalidade, pois considera que ela restringe o poder geral de cautela do magistrado.", disponível em https://portal.stf.jus.br/noticias/verNoticiaDetalhe.asp?idConteudo=467335&ori=1 assim, a assertiva continua errada.

Gabarito: C

Para responder, tem que estudar: lei.

30. (MPE/SP/Promotor/2017/92_Concurso) Com relação à ação popular em defesa do patrimônio público, é correto afirmar que

a) a pessoa jurídica de direito público ou de direito privado cujo ato seja objeto de impugnação não poderá atuar ao lado do autor.

b) qualquer pessoa, responsável ou beneficiada pelo ato impugnado, cuja existência ou identidade venha a ser conhecida no curso do processo, será incluída no polo passivo da relação processual, desde que no feito não tenha sido proferida a decisão de saneamento do processo.

c) o autor popular não precisa estar representado por advogado.

d) qualquer cidadão pode habilitar-se como litisconsorte ou assistente do autor da ação popular.

e) a ação popular que objetive a defesa do patrimônio público municipal não pode ser proposta por eleitor inscrito em município diverso.

ANOTAÇÕES/COMENTÁRIOS

(a) É possível a atuação ao lado do autor da ação, conforme dispõe o artigo 6º, parágrafo 3º, da Lei nº 4.717/65: "Art. 6º, § 3º A pessoas jurídica de direito público ou de direito privado, cujo ato seja objeto de impugnação, poderá abster-se de contestar o pedido, ou poderá atuar ao lado do autor, desde que isso se afigure útil ao interesse público, a juízo do respectivo representante legal ou dirigente."

(b) O marco para ser incluída a pessoa no polo passivo da relação processual é a sentença final de primeira instancia, e não a decisão de saneamento do processo. Nesse sentido o inciso III do artigo 7º da Lei nº 4.717/65: "Art. 7º, III – Qualquer pessoa, beneficiada ou responsável pelo ato impugnado, cuja existência ou identidade se torne conhecida no curso do processo e antes de proferida a sentença final de primeira instância, deverá ser citada para a integração do contraditório, sendo-lhe restituído o prazo para contestação e produção de provas, salvo, quanto a beneficiário, se a citação se houver feito na forma do inciso anterior."

(c) É necessária a representação por advogado para intentar ação popular. Conforme esclarece Cleber Masson (Interesses Difusos e Coletivos Esquematizado, 2015), "Não se dispensa, para que se possa ajuizar uma ação popular, a capacidade postulatória. Logo, se o legitimado não for advogado, deverá estar representado por um."

(d) Letra da lei: "Art. 6º, § 5º É facultado a qualquer cidadão habilitar-se como litisconsorte ou assistente do autor da ação popular."

(e) Não é necessário ser eleitor no mesmo município, conforme explica Cleber Masson (Interesses Difusos e Coletivos Esquematizado, 2015): "Não é necessário que o cidadão seja eleitor no mesmo município onde ele ajuíza a ação popular. A LAP exige, tão somente, que a condição de cidadão seja demonstrada por meio de um título de eleitor (ou documento equivalente), pouco importando qual o domicílio eleitoral do cidadão." Nesse sentido a jurisprudência: STJ, REsp 1.242.800, 2011.

Gabarito: D

Para responder, tem que estudar: lei e teoria/doutrina.

31. (MPE/SP/Promotor/2017/92_Concurso) Quanto ao mandado de segurança coletivo, assinale a alternativa incorreta.

a) Os direitos individuais homogêneos protegidos por mandado de segurança coletivo devem ser líquidos e certos.

b) A sentença proferida em mandado de segurança coletivo faz coisa julgada apenas quanto aos membros do grupo ou categoria substituídos pelo impetrante.

c) A entidade de classe pode impetrar mandado de segurança quando a pretensão interessar a toda a categoria ou apenas a uma parte dela.

d) O partido político com representação no Congresso Nacional tem legitimidade para impetrar mandado de segurança coletivo na defesa de seus interesses legítimos relativos a seus integrantes ou à finalidade partidária.

e) Para ajuizamento de mandado de segurança coletivo, por entidade de classe em favor de seus associados, é necessária autorização especial.

ANOTAÇÕES/COMENTÁRIOS

(a, c, d) Lei nº 12.016/2009: "Art. 21. O mandado de segurança coletivo pode ser impetrado por partido político com representação no Congresso Nacional, na defesa de seus interesses legítimos relativos a seus integrantes ou à finalidade partidária, ou por organização sindical, entidade de classe ou associação legalmente constituída e em funcionamento há, pelo menos, 1 (um) ano, em defesa de direitos líquidos e certos da totalidade, ou de parte, dos seus membros ou associados, na forma dos seus estatutos e desde que pertinentes às suas finalidades, dispensada, para tanto, autorização especial.'

(b) Súmula 630/STF: "A entidade de classe tem legitimação para o mandado de segurança ainda quando a pretensão veiculada interesse apenas a uma parte da respectiva categoria." Artigo 22 da Lei nº 12.016/2009: "Art. 22. No mandado de segurança coletivo, a sentença fará coisa julgada limitadamente aos membros do grupo ou categoria substituídos pelo impetrante."

(e) Súmula 629 do STF: "A impetração de mandado de segurança coletivo por entidade de classe em favor dos associados independe da autorização destes."

Gabarito: E

Para responder, tem que estudar: lei e súmula/OJ.

32. (MPE/SP/Promotor/2017/92_Concurso) Analise as afirmações a seguir e, com fundamento na Lei n. 8.429/92 (Lei de Improbidade Administrativa), assinale a alternativa correta.

a) A suspensão dos direitos políticos só se efetiva após o trânsito em julgado da sentença que condenou o réu a essa sanção.

b) A indisponibilidade de bens pode ser decretada quando houve indícios de responsabilidade por ato de improbidade administrativa e prova de que o réu esteja dilapidando o seu patrimônio, ou de que esteja na iminência de fazê-lo.

c) O sucessor daquele que causar lesão ao patrimônio público ou se enriquecer ilicitamente não está sujeito às cominações da Lei.

d) As sanções previstas na Lei n. 8.429/92 não podem ser aplicadas se o responsável por ato de improbidade administrativa já foi demitido do serviço público.

e) A autoridade judicial ou administrativa competente poderá determinar o afastamento do agente público do exercício do cargo, emprego ou função quando a medida se fizer necessária à instrução processual ou à garantia da ordem pública.

ANOTAÇÕES/COMENTÁRIOS

(a) Vide artigo 20 da Lei nº 8.429/92: "Art. 20. A perda da função pública e a suspensão dos direitos políticos só se efetivam com o trânsito em julgado da sentença condenatória."

(b) Não é necessária prova de que o réu esteja dilapidando o patrimônio, de acordo com o entendimento do STJ, exarado na tese nº 12 da edição 38, jurisprudência em teses: "É possível a decretação da indisponibilidade de bens do promovido em ação civil Pública por ato de improbidade administrativa, quando ausente (ou não demonstrada) a prática de atos (ou a sua tentativa) que induzam a conclusão de risco de alienação, oneração ou dilapidação patrimonial de bens do acionado, dificultando ou impossibilitando o eventual ressarcimento futuro." AgRg no AREsp 341211, 2015.

(c) O sucessor está sujeito, conforme previsto no artigo 8º da Lei nº 8.429/92: "Art. 8º O sucessor daquele que causar lesão ao patrimônio público ou se enriquecer ilicitamente está sujeito às cominações desta lei até o limite do valor da herança."

(d) Assim define Cleber Masson (Interesses Difusos e Coletivos Esquematizado, 2015), "Por fim, importa destacar que o fato de o agente estar desligado da pessoa jurídica vitimada não constitui óbice para a responsabilização pela prática do ato de improbidade administrativa. Aplica-se, aqui, a regra 'tempus regit actum', sendo irrelevante a ulterior dissolução do vínculo que unia o ímprobo ao sujeito passivo do ato".

(e) Será possível o afastamento quando necessário à instrução processual apenas, conforme dispõe o parágrafo único do artigo 20 da Lei nº 8.429/92: "Art. 20, "Parágrafo único. A autoridade judicial ou administrativa competente poderá determinar o afastamento do agente público do exercício do cargo, emprego ou função, sem prejuízo da remuneração, quando a medida se fizer necessária à instrução processual."

Gabarito: A

Para responder, tem que estudar: lei, jurisprudência e teoria/doutrina.

33. (MPE/SP/Promotor/2017/92_Concurso) Quanto à ação de responsabilidade por ato de improbidade administrativa, prevista na Lei n. 8.429/92, assinale a alternativa incorreta.

a) O juiz poderá rejeitar a ação, em decisão fundamentada, se convencido da inexistência do ato de improbidade administrativa, da improcedência do pedido ou da inadequação da via eleita.

b) Contra a decisão que receber a petição inicial cabe agravo de instrumento.

c) Ajuizada a ação, e estando a petição inicial em ordem, o juiz determinará a notificação do requerido para oferecer manifestação escrita, que poderá ser instruída com documentos e justificações, no prazo de 15 (quinze) dias; a inércia do réu importa revelia.

d) A sentença que condenar o réu ao ressarcimento do dano determinará o pagamento em favor da pessoa jurídica prejudicada pelo ato de improbidade administrativa.

e) A propositura da ação prevenirá o juízo para todas as ações intentadas posteriormente, que possuam a mesma causa de pedir ou o mesmo objeto.

ANOTAÇÕES/COMENTÁRIOS

(a) Lei nº 8.429/92: "Art. 17, § 8º Recebida a manifestação, o juiz, no prazo de trinta dias, em decisão fundamentada, rejeitará a ação, se convencido da inexistência do ato de improbidade, da improcedência da ação ou da inadequação da via eleita."

(b) Lei nº 8.429/92: "Art. 17, § 10. Da decisão que receber a petição inicial, caberá agravo de instrumento."

(c) A revelia somente se dá quando não há contestação, conforme artigo 344 do Código de Processo Civil (Art. 344. Se o réu não contestar a ação, será considerado revel e presumir-se-ão verdadeiras as alegações de fato formuladas pelo autor). A lei de improbidade determina uma notificação anterior à citação para contestação, como determina o parágrafo 7º do artigo 17: "Art. 17, § 7º Estando a inicial em devida forma, o juiz mandará autuá-la e ordenará a notificação do requerido, para oferecer manifestação por escrito, que poderá ser instruída com documentos e justificações, dentro do prazo de quinze dias." No caso de ausência da manifestação referida no parágrafo 7º do artigo 17 da Lei nº 8.429/92 não há que se falar em revelia, pois o momento processual em que se dá a citação para apresentação de contestação é posterior, conforme dispõe o parágrafo 9º do mesmo artigo: "Art. 17, § 9º Recebida a petição inicial, será o réu citado para apresentar contestação."

(d) Lei nº 8.429/92: "Art. 18. A sentença que julgar procedente ação civil de reparação de dano ou decretar a perda dos bens havidos ilicitamente determinará o pagamento ou a reversão dos bens, conforme o caso, em favor da pessoa jurídica prejudicada pelo ilícito."

(e) Lei nº 8.429/92: "Art. 17, § 5º A propositura da ação prevenirá a jurisdição do juízo para todas as ações posteriormente intentadas que possuam a mesma causa de pedir ou o mesmo objeto."

Gabarito: C

Para responder, tem que estudar: lei.

34. (MPE/SP/Promotor/2017/92_Concurso) Considerando a Lei de Responsabilidade Fiscal (Lei Complementar nº 101/00), assinale a alternativa incorreta.

a) A instituição, previsão e arrecadação de todos os tributos da competência constitucional do ente da federação constitui requisito essencial da gestão fiscal, sendo vedada a realização de transferências voluntárias para o ente que não observar essa obrigação relativamente aos impostos.

b) É vedada a utilização de recursos objeto de transferência voluntária para finalidade diversa da pactuada.

c) É vedado ao titular de Poder, nos dois últimos bimestres do mandato, contrair qualquer obrigação de despesa que não possa ser cumprida integralmente dentro do exercício fiscal.

d) É nulo de pleno direito o ato de que resulte aumento de despesa com pessoal expedido nos 180 (cento e oitenta) dias anteriores ao final do mandato.

e) É proibida a criação de cargo, emprego ou função, caso a despesa total com pessoal exceda 95% (noventa e cinco por cento) do limite máximo previsto na Lei de Responsabilidade Fiscal.

ANOTAÇÕES/COMENTÁRIOS

(a) Lei Complementar nº 101/2000, "Art. 11. Constituem requisitos essenciais da responsabilidade na gestão fiscal a instituição, previsão e efetiva arrecadação de todos os tributos da competência constitucional do ente da Federação. Parágrafo único. É vedada a realização de transferências voluntárias para o ente que não observe o disposto no caput, no que se refere aos impostos."

(b) Lei Complementar nº 101/2000, "Art. 25, § 2º É vedada a utilização de recursos transferidos em finalidade diversa da pactuada."

(c) A vedação é para os dois últimos quadrimestres. Lei Complementar nº 101/2000, "Art. 42. É vedado ao titular de Poder ou órgão referido no art. 20, nos últimos dois quadrimestres do seu mandato, contrair obrigação de despesa que não possa ser cumprida integralmente dentro dele, ou que tenha parcelas a serem pagas no exercício seguinte sem que haja suficiente disponibilidade de caixa para este efeito."

(d) Lei Complementar nº 101/2000, "Art. 21. É nulo de pleno direito o ato que provoque aumento da despesa com pessoal e não atenda: (...) Parágrafo único. Também é nulo de pleno direito o ato de que resulte aumento da despesa com pessoal expedido nos cento e oitenta dias anteriores ao final do mandato do titular do respectivo Poder ou órgão referido no art. 20."

(e) Lei Complementar nº 101/2000, "Art. 22. A verificação do cumprimento dos limites estabelecidos nos arts. 19 e 20 será realizada ao final de cada quadrimestre. Parágrafo único. Se a despesa total com pessoal exceder a 95% (noventa e cinco por cento) do limite, são vedados ao Poder ou órgão referido no art. 20 que houver incorrido no excesso: (...) II – criação de cargo, emprego ou função;

Gabarito: C

Para responder, tem que estudar: lei.

35. (MPE/SP/Promotor/2019/93_Concurso) Assinale a alternativa correta.

(A) São imprescritíveis as ações de ressarcimento ao erário fundadas na prática de ato descrito na Lei de Improbidade Administrativa, independentemente do elemento anímico.

(B) A data da prática do ato de improbidade constitui o marco inicial da fluência do prazo prescricional para as ações destinadas à aplicação das sanções previstas na Lei de Improbidade Administrativa a agentes públicos detentores de mandato.

(C) As ações de improbidade administrativa por atos praticados por agentes públicos no exercício de cargo efetivo prescrevem no prazo de cinco anos.

(D) O prazo prescricional para as sanções previstas na Lei de Improbidade Administrativa não pode ser determinado por legislação disciplinar dos entes federativos.

(E) São imprescritíveis as ações de ressarcimento ao erário fundadas na prática de ato doloso descrito na Lei de Improbidade Administrativa.

ANOTAÇÕES/COMENTÁRIOS

(a) Errada, pois depende de haver dolo para que se considere imprescritíveis as ações de ressarcimento, conforme entendimento exarado na Tese 897 Repercussão Geral, STF, em que se estabeleceu o alcance do artigo 37, parágrafo 5º, da CF:: "São imprescritíveis as ações de ressarcimento ao erário fundadas na prática de ato doloso tipificado na Lei de Improbidade Administrativa (STF. Plenário. RE 852.475/SP, rel. Min. Alexandre de Moraes, julgado 08.08.2018), informativo 910 do STF"

(b) Quanto aos agentes públicos detentores de mandato, o marco não é a data da prática do ato de improbidade, pois, conforme estabelece o artigo 23 da Lei nº 8.429/92: "As ações destinadas a levar a efeitos as sanções previstas nesta lei podem ser propostas: I – até cinco anos após o término do exercício de mandato, de cargo em comissão ou de função de confiança;"

(c) As ações de improbidade por ato praticado por agente público no exercício de cargo efetivo o prazo é o previsto em lei específica, como define o artigo 23 da Lei de Improbidade Administrativa: "As ações destinadas a levar a efeitos as sanções previstas nesta lei podem ser propostas: [...] II – dentro do prazo prescricional previsto em lei específica para faltas disciplinares puníveis com demissão a bem do serviço público, nos casos de exercício de cargo efetivo ou emprego."

(d) Ao contrário, como define o artigo 23 da Lei de Improbidade Administrativa: "As ações destinadas a levar a efeitos as sanções previstas nesta lei podem ser propostas: [...] II – dentro do prazo prescricional previsto em lei específica para faltas disciplinares puníveis com demissão a bem do serviço público, nos casos de exercício de cargo efetivo ou emprego."

(e) Correta, nos termos da Tese 897, Repercussão Geral, STF, em que se estabeleceu o alcance do artigo 37, parágrafo 5º, da CF: "São imprescritíveis as ações de ressarcimento ao erário fundadas na prática de ato doloso tipificado na Lei de Improbidade Administrativa (STF. Plenário. RE 852.475/SP, rel. Min. Alexandre de Moraes, j. 08.08.2018), informativo 910 do STF".

Gabarito: E

Para responder, tem que estudar: lei e jurisprudência

36. (MPE/SP/Promotor/2019/93_Concurso) Assinale a alternativa correta.

(A) A aplicação da sanção de perda da função pública depende do trânsito em julgado da sentença condenatória.

(B) A aplicação das sanções previstas na Lei de Improbidade Administrava só pode ocorrer após o pronunciamento do Tribunal de Contas sobre o ato impugnado.

(C) A sanção de suspensão dos direitos políticos pode ser executada provisoriamente.

(D) A aplicação das sanções aos atos de improbidade administrativa depende da efetiva ocorrência de dano ao patrimônio público.

(E) O afastamento do agente público do exercício do cargo, emprego ou função, quando a medida se fizer necessária à instrução processual, impõe a suspensão da respectiva remuneração.

ANOTAÇÕES/COMENTÁRIOS

(a) É a previsão expressa da Lei nº 8.429/92: "Art. 20. A perda da função pública e a suspensão dos direitos políticos só se efetivam com o trânsito em julgado da sentença condenatória.

(b) Ao contrário, tal aplicação independe de pronunciamento do Tribunal de Contas, conforme estipula o artigo 21 da Lei de Improbidade Administrativa: 'A aplicação das sanções previstas nesta lei independe: [...] II – da aprovação ou rejeição das contas pelo órgão de controle interno ou pelo Tribunal ou Conselho de Contas.

(c) Não pode haver execução provisória, dependendo do trânsito em julgado da sentença condenatória a suspensão de direitos políticos, como estabelece o artigo 20 da Lei nº 8.429/92: "A perda da função pública e a suspensão dos direitos políticos só se efetivam com o trânsito em julgado da sentença condenatória.

(d) Ao contrário, tal aplicação independe da ocorrência de dano ao patrimônio público, conforme estipula o artigo 21 da Lei de Improbidade Administrativa: 'A aplicação das sanções previstas nesta lei independe: I – da efetiva ocorrência de dano ao patrimônio público, salvo quanto à pena de ressarcimento; (Redação dada pela Lei nº 12.120, de 2009).[...]"

(e) Não ocorre suspensão da remuneração, nos termos do artigo 20, parágrafo único: "A autoridade judicial ou administrativa competente poderá determinar o afastamento do agente público do exercício do cargo, emprego ou função, sem prejuízo da remuneração, quando a medida se fizer necessária à instrução processual."

Gabarito: A

Para responder, tem que estudar: lei.

37. (MPE/SP/Promotor/2019/93_Concurso) O Ministério Público do Estado de São Paulo ajuizou ação de improbidade administrativa, por ato doloso que causou dano ao patrimônio público, e o demandado foi condenado ao ressarcimento integral do dano, estimado na demanda em R$ 100.000,00 (cem mil reais). O ato lesivo foi praticado no âmbito de órgão da Administração Direta. Houve trânsito em julgado e deu-se início ao cumprimento da sentença. O demandado efetuou o pagamento do valor apontado no título executivo judicial, que foi revertido à Fazenda Pública. Entretanto, esta apurou que o dano era maior do que aquele apontado no título judicial e ingressou com demanda para complementação do ressarcimento do dano. Sob a perspectiva legal, nesse caso,

(A) a propositura de nova demanda, considerando a inexistência de coisa julgada na demanda anterior, depende de apresentação de nova prova.

(B) a Fazenda Pública não pode ingressar com demanda para complementação do ressarcimento do patrimônio público, diante da coisa julgada que se formou na demanda anterior.

(C) apenas o autor da primeira demanda pode ingressar com outra demanda para complementação do ressarcimento do patrimônio público.

(D) é admissível a propositura das ações necessárias pela Fazenda Pública para complementação do ressarcimento do patrimônio público.

(E) a extensão da coisa julgada formada na demanda anterior não pode ser aproveitada pela Fazenda Pública.

ANOTAÇÕES/COMENTÁRIOS

(a) A Lei nº 8.429/92 não faz tal exigência, a teor do artigo 17, parágrafo 2º, pois autorizada a propositura de ação para complementação do ressarcimento: "§ 2º A Fazenda Pública, quando for o caso, promoverá as ações necessárias à complementação do ressarcimento do patrimônio público."

(b) A Fazenda Pública pode ingressar com demanda para complementação do ressarcimento, conforme estabelece o artigo 17 da Lei nº 8.429/92. Vide comentários à alternativa D.

(c) Não apenas o autor da primeira demanda pode requerer a complementação do ressarcimento, conforme estabelece o artigo 17 da Lei nº 8.429/92. Vide comentários à alternativa D.

(d) A Lei nº 8.429/92 estabelece, no artigo 17: "A ação principal, que terá o rito ordinário, será proposta pelo Ministério Público ou pela pessoa jurídica interessada, dentro de trinta dias da efetivação da medida cautelar. [...] § 2º A Fazenda Pública, quando for o caso, promoverá as ações necessárias à complementação do ressarcimento do patrimônio público."

(e) É possível o aproveitamento da extensão da coisa julgada, pois a Lei de Improbidade Administrativa possibilita que se promova ação para complementação do ressarcimento: "Artigo 17: A ação principal, que terá o rito ordinário, será proposta pelo Ministério Público ou pela pessoa jurídica interessada, dentro de trinta dias da efetivação da medida cautelar. [...] § 2º A Fazenda Pública, quando for o caso, promoverá as ações necessárias à complementação do ressarcimento do patrimônio público."

Gabarito: D

Para responder, tem que estudar: lei.

2.3. Idoso

38. (MPE/SP/Promotor/2011/88_Concurso) A proteção legal e constitucional ao idoso permite:

a) para fins de intervenção do Ministério Público no processo civil, em suas atribuições de custos legis, equiparar o idoso ao incapaz.

b) ao Ministério Público adotar as medidas judiciais cabíveis para garantir aos idosos a gratuidade dos transportes coletivos urbanos, independentemente de lei regulamentar.

c) o reconhecimento, no processo criminal, da redução de metade dos prazos prescricionais para os maiores de 60 (sessenta) anos de idade.

d) ao Ministério Público adotar as medidas judiciais cabíveis para garantir o pagamento de um salário-mínimo de benefício mensal ao idoso carente, independentemente de lei regulamentar.

e) ao Ministério Público adotar as medidas judiciais cabíveis para proteção de qualquer interesse do idoso.

ANOTAÇÕES/COMENTÁRIOS

(a) O idoso não é equiparado ao incapaz. Artigo 2º do Estatuto do Idoso: "O idoso goza de todos os direitos fundamentais inerentes à pessoa humana, sem prejuízo da proteção integral de que trata esta Lei, assegurando-se-lhe, por lei ou por outros meios, todas as oportunidades e facilidades, para preservação de sua saúde física e mental e seu aperfeiçoamento moral, intelectual, espiritual e social, em condições de liberdade e dignidade".

(b) A gratuidade nos transportes coletivos urbanos é garantida aos idosos maiores de 65 anos, conforme artigo 39 do Estatuto do Idoso: "Art. 39. Aos maiores de 65 (sessenta e cinco) anos fica assegurada a gratuidade dos transportes coletivos públicos urbanos e semiurbanos, exceto nos serviços seletivos e especiais, quando prestados paralelamente aos serviços regulares". O artigo garante a gratuidade para os maiores de 65 anos, e ressalva que a legislação local disporá sobre as condições daqueles com idade entre 60 e 65 anos: "§ 3º No caso das pessoas compreendidas na faixa etária entre 60 (sessenta) e 65 (sessenta e cinco) anos, ficará a critério da legislação local dispor sobre as condições para exercício da gratuidade nos meios de transporte previstos no caput deste artigo." Trata-se de norma constitucional de eficácia plena (Direito constitucional. Norma constitucional de eficácia plena e aplicabilidade imediata. Norma legal que repete a norma constitucional garantidora do direito. Improcedência da ação. O art. 39 da Lei n. 10.741/2003 (Estatuto do Idoso) apenas repete o que dispõe o § 2º do art. 230 da Constituição do Brasil. A norma constitucional é de eficácia plena e aplicabilidade imediata, pelo que não há eiva de invalidade jurídica na norma legal que repete os seus termos e determina que se concretize o quanto constitucionalmente disposto. (ADI 3.768, 2007).

(c) A redução dos prazos prescricionais pela metade não foi alterada pelo Estatuto do Idoso. O artigo 115 do Código Penal estabelece: "Art. 115. São reduzidos de metade os prazos de prescrição quando o criminoso era, ao tempo do crime, menor de 21 anos, ou, na data da sentença, maior de 70 anos".

(d) O artigo 203 da Constituição traz a previsão da assistência social ao idoso, e faz a ressalva de que será garantida conforme dispuser a lei: "Art. 203. A assistência social será prestada a quem dela necessitar, independentemente de contribuição à seguridade social, e tem por objetivos: (...) V – a garantia de um salário mínimo de benefício mensal à pessoa portadora de deficiência e ao idoso que comprovem não possuir meios de prover à própria manutenção ou de tê-la provida por sua família, conforme dispuser a lei."

(e) Compete ao Ministério Público, de acordo com o artigo 74 do Estatuto do idoso, proteger interesses difusos, coletivos, individuais indisponíveis e individuais homogêneos do idoso, bem como oficiar nos feitos em que se discutam direitos do idoso em situação de risco: "Art. 74. Compete ao Ministério Público: I – instaurar o inquérito civil e a ação civil pública para a proteção dos direitos e interesses difusos ou coletivos, individuais indisponíveis e individuais homogêneos do idoso; II – promover e acompanhar as ações de alimentos, de interdição total ou parcial, de designação de curador especial, em circunstâncias que justifiquem a medida e oficiar em todos os feitos em que se discutam os direitos de idosos em condições de risco; III – atuar como substituto processual do idoso em situação de risco, conforme o disposto no art. 43 desta Lei; IV – promover a revogação de instrumento procuratório do idoso, nas hipóteses previstas no art. 43 desta Lei, quando necessário ou o interesse público justificar (...)". portanto, não se trata de qualquer interesse do idoso.

Gabarito: B

Para responder, tem que estudar: lei e jurisprudência.

39. (MPE/SP/Promotor/2012/89_Concurso) Com relação à proteção, aos direitos das pessoas portadoras de transtornos mentais e ao modelo assistencial em saúde mental, é correto afirmar que

a) a internação de pacientes portadores de transtornos mentais em instituições com características asilares é legal.

b) a internação, em qualquer de suas modalidades, só será indicada quando os recursos extra-hospitalares se mostrarem insuficientes.

c) a internação psiquiátrica será realizada mediante simples indicação médica, sem necessidade de motivação, garantindo, assim, a acessibilidade ao tratamento.

d) a internação compulsória é aquela que se dá sem o consentimento do usuário e a pedido de terceiro.

e) somente o médico assistente poderá determinar o término da internação voluntária.

ANOTAÇÕES/COMENTÁRIOS

(a) Lei nº 10.216/2001: "Art. 4º, § 3º É vedada a internação de pacientes portadores de transtornos mentais em instituições com características asilares, ou seja, aquelas desprovidas dos recursos mencionados no § 2º e que não assegurem aos pacientes os direitos enumerados no parágrafo único do art. 2º".

(b) Lei nº 10.216/2001: "Art. 4º A internação, em qualquer de suas modalidades, só será indicada quando os recursos extra-hospitalares se mostrarem insuficientes".

(c) Lei nº 10.216/2001: "Art. 6º A internação psiquiátrica somente será realizada mediante laudo médico circunstanciado que caracterize os seus motivos".

(d) Lei nº 10.216/2001: "Art. 6º, Parágrafo único. São considerados os seguintes tipos de internação psiquiátrica: (...) III – internação compulsória: aquela determinada pela Justiça".

(e) Lei nº 10.216/2001: "Art. 7º, Parágrafo único. O término da internação voluntária dar-se-á por solicitação escrita do paciente ou por determinação do médico assistente".

Gabarito: B

Para responder, tem que estudar: lei.

40. (MPE/SP/Promotor/2012/89_Concurso) Considere as seguintes afirmações sobre a Lei Orgânica da Saúde (Lei nº 8.080/90):

I. São objetivos do Sistema Único de Saúde SUS: a) a identificação e divulgação dos fatores condicionantes e determinantes da saúde; b) a formulação de política de saúde destinada a promover, nos campos econômico e social, a observância do dever do Estado de garantir que a saúde consiste na formulação e execução de políticas econômicas e sociais que visem à redução de riscos de doenças e de outros agravos e no estabelecimento de condições que assegurem acesso universal e igualitário às ações e aos serviços para a sua promoção, proteção e recuperação; c) a assistência às pessoas por intermédio de ações de promoção, proteção e recuperação da saúde, com a realização integrada das ações assistenciais e das atividades preventivas.

II. Estão incluídas no campo de atuação do Sistema Único de Saúde (SUS): a colaboração na proteção do meio ambiente, nele compreendido o do trabalho.

III. As ações de vigilância sanitária não abrangem o controle de bens de consumo ainda que, direta ou indiretamente, se relacionem com a saúde, enquanto compreendidos nas etapas e processos de produção.

IV. As ações de saúde do trabalhador compreendem um conjunto de atividades que se destina, através das ações de vigilância epidemiológica e vigilância sanitária, à promoção e proteção da saúde dos trabalhadores, assim como visa à recuperação e reabilitação da saúde dos trabalhadores submetidos aos riscos e agravos advindos das condições de trabalho, mas não estão no âmbito da atuação do Sistema Único da Saúde.

Está correto o que se afirma apenas em

a) I e II.

b) II e III.

c) II e IV.

d) I e III.

e) I e IV.

ANOTAÇÕES/COMENTÁRIOS

(I) Lei nº 8.080/90: "Art. 5º São objetivos do Sistema Único de Saúde SUS: I – a identificação e divulgação dos fatores condicionantes e determinantes da saúde; II – a formulação de política de saúde destinada a promover, nos campos econômico e social, a observância do disposto no § 1º do art. 2º desta lei; III – a assistência às pessoas por intermédio de ações de promoção, proteção e recuperação da saúde, com a realização integrada das ações assistenciais e das atividades preventivas".

(II) Lei nº 8.080/90: "Art. 6º Estão incluídas ainda no campo de atuação do Sistema Único de Saúde (SUS): (...) V – a colaboração na proteção do meio ambiente, nele compreendido o do trabalho"

(III) Lei nº 8.080/90: "Art. 6º, § 1º Entende-se por vigilância sanitária um conjunto de ações capaz de eliminar, diminuir ou prevenir riscos à saúde e de intervir nos problemas sanitários decorrentes do meio ambiente, da produção e circulação de bens e da prestação de serviços de interesse da saúde, abrangendo: I – o controle de bens de consumo que, direta ou indiretamente, se relacionem com a saúde, compreendidas todas as etapas e processos, da produção ao consumo".

(IV) Lei nº 8.080/90: "Art. 6º, § 3º Entende-se por saúde do trabalhador, para fins desta lei, um conjunto de atividades que se destina, através das ações de vigilância epidemiológica e vigilância sanitária, à promoção e proteção da saúde dos trabalhadores, assim como visa à recuperação e reabilitação da saúde dos trabalhadores submetidos aos riscos e agravos advindos das condições de trabalho, abrangendo: II – participação, no âmbito de competência do Sistema Único de Saúde (SUS), em estudos, pesquisas, avaliação e controle dos riscos e agravos potenciais à saúde existentes no processo de trabalho; III – participação, no âmbito de competência do Sistema Único de Saúde (SUS), da normatização, fiscalização e controle das condições de produção, extração, armazenamento, transporte, distribuição e manuseio de substâncias, de produtos, de máquinas e de equipamentos que apresentam riscos à saúde do trabalhador (...)".

Gabarito: A

Para responder, tem que estudar: lei.

41. (MPE/SP/Promotor/2012/89_Concurso) A Constituição Federal, o Estatuto da Criança e do Adolescente (Lei nº 8.069/90) e a Lei de Diretrizes e Bases da Educação (Lei nº 9.394/96) asseguram o atendimento de crianças de zero a seis anos em creches e pré-escolas da rede pública. A propósito desse direito e de sua proteção judicial, considere as seguintes afirmações:

I. A repartição constitucional de competência impõe fundamentalmente ao Estado, ente federativo, o dever de atuar prioritariamente na educação infantil mediante a oferta de vaga em creche e pré-escolas.

II. É legítima a determinação da obrigação de fazer pelo Judiciário para tutelar o direito subjetivo do menor a tal assistência educacional, não havendo falar em discricionariedade da Administração Pública, que tem o dever legal de assegurá-lo, tampouco na teoria da reserva do possível enquanto arguição abstrata de tese de defesa.

III. O Município tem a obrigação de assegurar o acesso da criança à educação, cumprindo-lhe garantir vagas na rede pública, e, na falta destas, deve proporcionar, incontinenti, esse direito na rede privada, às suas expensas.

IV. O Ministério Público está legitimado, mediante ação civil pública, a tutelar esse direito, ainda que se trate de pedido voltado para uma única criança.

Está correto o que se afirma apenas em

a) I e III.

b) II e IV.

c) I e IV.

d) I e II.

e) III e IV.

ANOTAÇÕES/COMENTÁRIOS

(I) Constituição Federal: "Art. 211, § 2º Os Municípios atuarão prioritariamente no ensino fundamental e na educação infantil; § 3º Os Estados e o Distrito Federal atuarão prioritariamente no ensino fundamental e médio".

(II) Nesses termos já decidiu o STJ: (REsp 511.645, DJ 18.08.2009) "Hipótese em que o Ministério Público do Estado de São Paulo ajuizou Ação Civil Pública com o fito de assegurar a matrícula de duas crianças em creche municipal. O pedido foi julgado procedente pelo Juízo de 1º grau, porém a sentença foi reformada pelo Tribunal de origem. Os arts. 54, IV, 208, III, e 213 da Lei 8.069/1990 impõem que o Estado propicie às crianças de até 6 (seis) anos de idade o acesso ao atendimento público educacional em creche e pré-escola. É legítima a determinação da obrigação de fazer pelo Judiciário para tutelar o direito subjetivo do menor a tal assistência educacional, não havendo falar em discricionariedade da Administração Pública, que tem o dever legal de assegurá-lo.".

(III) Vide REsp 753565, 2007: "(...)14. O estado não tem o dever de inserir a criança numa escola particular, porquanto as relações privadas subsumem-se a burocracias sequer previstas na constituição. O que o estado soberano promete por si ou por seus delegatários é cumprir o dever de educação mediante o oferecimento de creche para crianças de zero a seis anos. Visando ao cumprimento de seus desígnios, o estado tem domínio iminente sobre bens, podendo valer-se da propriedade privada, etc. O que não ressoa lícito é repassar o seu encargo para o particular, quer incluindo o menor numa 'fila de espera', quer sugerindo uma medida que tangencia a legalidade, porquanto a inserção numa creche particular somente poderia ser realizada sob o pálio da licitação ou delegação legalizada, acaso a entidade fosse uma longa manu do estado ou anuísse, voluntariamente, fazer-lhe as vezes. 15. O STF, no exame de hipótese análoga, nos autos do RE 436.996-6, 2005, decidiu verbis: "criança de até seis anos de idade. Atendimento em creche e em pré-escola. Educação infantil. Direito assegurado pelo próprio texto constitucional (CF, Art. 208, IV). Compreensão global do direito constitucional à educação. Dever jurídico cuja execução se impõe ao poder público, notadamente ao município (CF, art. 211, § 2º). Recurso extraordinário conhecido e provido".

(IV) De acordo com a Constituição, "Art. 208, § 1º O acesso ao ensino obrigatório e gratuito é direito público subjetivo"; "Art. 127. O Ministério Público é instituição permanente, essencial à função jurisdicional do Estado, incumbindo-lhe a defesa da ordem jurídica, do regime democrático e dos interesses sociais e individuais indisponíveis". A Lei 9.394/96 estabelece: "Art. 5º O acesso à educação básica obrigatória é direito público subjetivo, podendo qualquer cidadão, grupo de cidadãos, associação comunitária, organização sindical, entidade de classe ou outra legalmente constituída e, ainda, o Ministério Público, acionar o poder público para exigi-lo". O direito à educação é um direito individual indisponível, sendo missão institucional do Ministério Público zelar por sua garantia.

Gabarito: B

Para responder, tem que estudar: lei e jurisprudência.

42. (MPE/SP/Promotor/2013/90_Concurso) Considere as seguintes afirmações, tendo em vista a Lei n. 10.741, de 1° de outubro de 2003, que dispõe sobre o Estatuto do Idoso e dá outras providências.

I. O Estatuto do Idoso, quanto aos contratos celebrados com operadoras de planos de saúde, proíbe o reajuste de mensalidades aos que contam com mais de sessenta anos de idade.

II. Necessitando de cuidados à saúde, não estando o idoso no domínio de suas faculdades mentais, de molde a prejudicar o seu direito em optar pelo tratamento que reputar mais favorável, esta decisão será tomada preferencialmente pelo médico, em razão do conhecimento técnico.

III. Ao contrário do que prevê o Código Civil quanto ao dever de prestar alimentos entre parentes passivamente legitimados, haverá solidariedade entre eles quando o credor for idoso.

IV. Discriminar pessoa idosa, impedindo ou dificultando seu acesso a operações bancárias, aos meios de transporte, por motivo de idade, é conduta criminalmente atípica, mas se trata de um ilícito civil ou administrativo, no último caso se praticada por agente público.

V. Nos programas habitacionais, públicos ou subsidiados com recursos públicos, o idoso goza de prioridade na aquisição de imóvel para moradia própria, incluindo-se a reserva de 3% (três por cento) das unidades residenciais para o seu atendimento e critérios de financiamento compatíveis com os rendimentos de aposentadoria e pensão.

Está correto apenas o que se afirma em

a) III e V.

b) II e III.

c) II e IV.

d) II e V.

e) I e III.

ANOTAÇÕES/COMENTÁRIOS

(I) O STJ decidiu que é válida a cláusula prevista em contrato de seguro-saúde que autoriza o aumento das mensalidades do seguro quando o usuário completar 60 anos de idade, desde que: a) haja respeito aos limites e requisitos estabelecidos na Lei nº 9.656/98; e b) não se apliquem índices de reajuste desarrazoados ou aleatórios, que onerem em demasia o segurado. Assim, é válida a cláusula prevista em contrato de seguro-saúde que autoriza o aumento das mensalidades do seguro quando o usuário completar 60 anos de idade. Exceções: essa cláusula será abusiva quando não respeitar os limites e requisitos estabelecidos na Lei nº 9.656/98, ou aplicar índices de reajuste desarrazoados ou aleatórios, que onerem em demasia o segurado. (STJ, REsp 1.381.606, 2014, Informativo 551).

(II) Lei nº 10.741/2003: "Art. 17. Ao idoso que esteja no domínio de suas faculdades mentais é assegurado o direito de optar pelo tratamento de saúde que lhe for reputado mais favorável. Parágrafo único. Não estando o idoso em condições de proceder à opção, esta será feita: I – pelo curador, quando o idoso for interditado; II – pelos familiares, quando o idoso não tiver curador ou este não puder ser contactado em tempo hábil; III – pelo médico, quando ocorrer iminente risco de vida e não houver tempo hábil para consulta a curador ou familiar; IV – pelo próprio médico, quando não houver curador ou familiar conhecido, caso em que deverá comunicar o fato ao Ministério Público".

(III) Lei nº 10.741/2003: "Art. 12. A obrigação alimentar é solidária, podendo o idoso optar entre os prestadores".

(IV) Trata-se de conduta tipificada criminalmente. Lei nº 10.741/2003: "Art. 96. Discriminar pessoa idosa, impedindo ou dificultando seu acesso a operações bancárias, aos meios de transporte, ao direito de contratar ou por qualquer outro meio ou instrumento necessário ao exercício da cidadania, por motivo de idade: Pena – reclusão de 6 (seis) meses a 1 (um) ano e multa".

(V) Lei nº 10.741/2003: "Art. 38. Nos programas habitacionais, públicos ou subsidiados com recursos públicos, o idoso goza de prioridade na aquisição de imóvel para moradia própria, observado o seguinte: I – reserva de pelo menos 3% (três por cento) das unidades habitacionais residenciais para atendimento aos idosos; IV – critérios de financiamento compatíveis com os rendimentos de aposentadoria e pensão".

Gabarito: A

Para responder, tem que estudar: lei e jurisprudência.

43. (MPE/SP/Promotor/2013/90_Concurso) A Lei Complementar n. 142, de 08 de maio de 2013, que regulamenta o § 1º do art. 201 da Constituição Federal, no tocante à aposentadoria da pessoa com deficiência segurada do Regime Geral de Previdência Social:

I. Considera a pessoa com deficiência aquela que tem impedimentos de longo ou médio prazo de natureza física, mental, intelectual ou sensorial, os quais, em interação com diversas barreiras, podem obstruir sua participação plena e efetiva na sociedade em igualdade de condições com as demais pessoas.

II. Dentre outras providências, dispôs que a pessoa com deficiência, conforme seja o grau dessa deficiência, grave, moderada ou leve, necessitará de períodos distintos de contribuição e idade, para fazer jus à aposentadoria, estabelecendo também distinções de períodos de contribuição para homens e mulheres.

III. Determinou também que, qualquer que seja o grau de deficiência, a pessoa portadora de deficiência terá assegurada a sua aposentadoria aos 60 (sessenta) anos de idade, se homem, e 55 (cinquenta e cinco) anos de idade, se mulher, desde que cumprido tempo mínimo de contribuição de 15 (quinze) anos e comprovada a existência de deficiência durante igual período.

IV. Dentre outras providências, desconsiderou o fator idade quando dispôs que a pessoa com deficiência, conforme seja o grau dessa deficiência, grave, moderada ou leve, necessitará de períodos distintos de contribuição, para fazer jus à aposentadoria, estabelecendo também distinções de períodos de contribuição para homens e mulheres.

V. Considerou o fator idade e o tempo de contribuição para todas as hipóteses de direito à aposentadoria, para a pessoa portadora de deficiência física.

Está correto somente o contido nos itens

a) III e IV.

b) I, III e V.

c) II, III e V.

d) I e IV.

e) I e V.

ANOTAÇÕES/COMENTÁRIOS

(I) Impedimentos de médio prazo não são considerados no conceito legal. Lei Complementar nº 142/2013: "Art. 2º Para o reconhecimento do direito à aposentadoria de que trata esta Lei Complementar, considera-se pessoa com deficiência aquela que tem impedimentos de longo prazo de natureza física, mental, intelectual ou sensorial, os quais, em interação com diversas barreiras, podem obstruir sua participação plena e efetiva na sociedade em igualdade de condições com as demais pessoas".

(II) A lei, ao estabelecer os períodos distintos de contribuição dependendo do grau de deficiência, não faz alusão a idade (incisos I a III). Lei Complementar nº 142/2013: "Art. 3º É assegurada a concessão de aposentadoria pelo RGPS ao segurado com deficiência, observadas as seguintes condições: I – aos 25 (vinte e cinco) anos de tempo de contribuição, se homem, e 20 (vinte) anos, se mulher, no caso de segurado com deficiência grave; II – aos 29 (vinte e nove) anos de tempo de contribuição, se homem, e 24 (vinte e quatro) anos, se mulher, no caso de segurado com deficiência moderada; III – aos 33 (trinta e três) anos de tempo de contribuição, se homem, e 28 (vinte e oito) anos, se mulher, no caso de segurado com deficiência leve (...)".

(III) Lei Complementar nº 142/2013: "Art. 3º, IV – aos 60 (sessenta) anos de idade, se homem, e 55 (cinquenta e cinco) anos de idade, se mulher, independentemente do grau de deficiência, desde que cumprido tempo mínimo de contribuição de 15 (quinze) anos e comprovada a existência de deficiência durante igual período".

(IV) Lei Complementar nº 142/2013: "Art. 3º É assegurada a concessão de aposentadoria pelo RGPS ao segurado com deficiência, observadas as seguintes condições: I – aos 25 (vinte e cinco) anos de tempo de contribuição, se homem, e 20 (vinte) anos, se mulher, no caso de segurado com deficiência grave; II – aos 29 (vinte e nove) anos de tempo de contribuição, se homem, e 24 (vinte e quatro) anos, se mulher, no caso de segurado com deficiência moderada; III – aos 33 (trinta e três) anos de tempo de contribuição, se homem, e 28 (vinte e oito) anos, se mulher, no caso de segurado com deficiência leve (...)".

(V) A lei não considerou o fator idade para todas as hipóteses. Lei Complementar nº 142/2013: "Art. 3º É assegurada a concessão de aposentadoria pelo RGPS ao segurado com deficiência, observadas as seguintes condições: I – aos 25 (vinte e cinco) anos de tempo de contribuição, se homem, e 20 (vinte) anos, se mulher, no caso de segurado com deficiência grave; II – aos 29 (vinte e nove) anos de tempo de contribuição, se homem, e 24 (vinte e quatro) anos, se mulher, no caso de segurado com deficiência moderada; III – aos 33 (trinta e três) anos de tempo de contribuição, se homem, e 28 (vinte e oito) anos, se mulher, no caso de segurado com deficiência leve (...)".

Gabarito: A

Para responder, tem que estudar: lei.

44. (MPE/SP/Promotor/2015/91_Concurso) De acordo com a Lei nº 10.257/2001 (Estatuto do Idoso):

I. É assegurada prioridade na tramitação dos processos e procedimentos e na execução dos atos e diligências judiciais em que figure como parte ou interveniente pessoa com idade igual ou superior a 60 (sessenta) anos, em qualquer instância.

II. A prioridade deve ser deferida de ofício pela autoridade judiciária competente para decidir o feito, que determinará as providências a serem cumpridas, anotando-se essa circunstância em local visível nos autos do processo.

III. A prioridade se estende aos processos e procedimentos na Administração Pública, empresas prestadoras de serviços públicos e privados de qualquer natureza, inclusive instituições financeiras, que devem garantir ao idoso o fácil acesso aos assentos e caixas, identificados com a destinação a idosos em local visível e caracteres legíveis.

IV. A prioridade não cessará com a morte do idoso beneficiado, estendendo-se em favor do cônjuge supérstite, companheiro ou companheira, com união estável, maior de 60 (sessenta) anos.

V. O envelhecimento é um direito personalíssimo e a sua proteção um direito social.

Está correto apenas o contido em:

a) II, III e IV.

b) I, II, III e V.

c) I, IV e V.

d) I, II, IV e V.

e) I, III e V.

ANOTAÇÕES/COMENTÁRIOS

(I) Estatuto do Idoso (Lei nº 10.741/2003): "Art. 71. É assegurada prioridade na tramitação dos processos e procedimentos e na execução dos atos e diligências judiciais em que figure como parte ou interveniente pessoa com idade igual ou superior a 60 (sessenta) anos, em qualquer instância". Importante anotar a alteração realizada pela Lei nº 13.466/2017, que incluiu o parágrafo 5º ao artigo 71, estabelecendo a prioridade especial aos maiores de 80 anos: "Art. 71, § 5º Dentre os processos de idosos, dar-se-á prioridade especial aos maiores de oitenta anos." // Questão anulada por erro material na numeração da lei citada no enunciado. Aviso nº 262/15-PGJ.

(II) A prioridade deve ser requerida. Estatuto do Idoso (Lei nº 10.741/2003): "Art. 71, § 1º O interessado na obtenção da prioridade a que alude este artigo, fazendo prova de sua idade, requererá o benefício à autoridade judiciária competente para decidir o feito, que determinará as providências a serem cumpridas, anotando-se essa circunstância em local visível nos autos do processo".

(III) A lei não estende a prioridade aos serviços privados de qualquer natureza. Estatuto do Idoso (Lei nº 10.741/2003): "Art. 71, § 3º A prioridade se estende aos processos e procedimentos na Administração Pública, empresas prestadoras de serviços públicos e instituições financeiras, ao atendimento preferencial junto à Defensoria Publica da União, dos Estados e do Distrito Federal em relação aos Serviços de Assistência Judiciária; § 4º Para o atendimento prioritário será garantido ao idoso o fácil acesso aos assentos e caixas, identificados com a destinação a idosos em local visível e caracteres legíveis".

(IV) Estatuto do Idoso (Lei nº 10.741/2003): "Art. 71, § 2º A prioridade não cessará com a morte do beneficiado, estendendo-se em favor do cônjuge supérstite, companheiro ou companheira, com união estável, maior de 60 (sessenta) anos".

(V) Estatuto do Idoso (Lei nº 10.741/2003): "Art. 8º O envelhecimento é um direito personalíssimo e a sua proteção um direito social, nos termos desta Lei e da legislação vigente".

Gabarito: X

Para responder, tem que estudar: lei.

45. (MPE/SP/Promotor/2015/91_Concurso) Para efeito da Lei nº 12.288/2010 (Estatuto da Igualdade Racial), considera-se discriminação racial ou étnico-racial, dentre outras ações, as seguintes:

I. A distinção, exclusão, restrição ou preferência baseada em raça, cor, descendência ou origem nacional ou étnica que tenha por objeto anular ou restringir o reconhecimento, gozo ou exercício, em igualdade de condições, de direitos humanos e liberdades fundamentais nos campos político, econômico, social, cultural ou em qualquer outro campo da vida pública ou privada.

II. A violência psicológica, entendida como qualquer conduta que cause dano emocional e diminuição da autoestima.

III. A violência sexual, entendida como qualquer conduta que constranja a presenciar, a manter ou a participar de relação sexual não desejada, mediante intimidação, ameaça, coação ou uso da força.

IV. A violência patrimonial, entendida como qualquer conduta que configure retenção, subtração, destruição parcial ou total de seus objetos, instrumentos de trabalho, documentos pessoais, bens, valores e direitos ou recursos econômicos, incluindo os destinados a satisfazer suas necessidades.

V. A violência moral, entendida como qualquer conduta que configure calúnia, difamação ou injúria.

Está correto apenas o contido em:

a) I, II, III e V.

b) I e V.

c) I, II, III e IV.

d) I.

e) Todos os itens estão corretos.

ANOTAÇÕES/COMENTÁRIOS

(I) Lei nº 12.288/2010: "Art. 1º, Parágrafo único. Para efeito deste Estatuto, considera-se: I – discriminação racial ou étnico-racial: toda distinção, exclusão, restrição ou preferência baseada em raça, cor, descendência ou origem nacional ou étnica que tenha por objeto anular ou restringir o reconhecimento, gozo ou exercício, em igualdade de condições, de direitos humanos e liberdades fundamentais nos campos político, econômico, social, cultural ou em qualquer outro campo da vida pública ou privada".

(II) Trata-se de forma de violência doméstica e familiar contra a mulher, prevista na Lei 11.340/2006: "Art. 7º São formas de violência doméstica e familiar contra a mulher, entre outras: II – a violência psicológica, entendida como qualquer conduta que lhe cause dano emocional e diminuição da autoestima ou que lhe prejudique e perturbe o pleno desenvolvimento ou que vise degradar ou controlar suas ações, comportamentos, crenças e decisões, mediante ameaça, constrangimento, humilhação, manipulação, isolamento, vigilância constante, perseguição contumaz, insulto, chantagem, violação de sua intimidade, ridicularização, exploração e limitação do direito de ir e vir ou qualquer outro meio que lhe cause prejuízo à saúde psicológica e à autodeterminação", conforme redação dada pela Lei nº 13.772, de 2018, que alterou sua redação.

(III) Trata-se de forma de violência doméstica e familiar contra a mulher, prevista na Lei 11.340/2006: "Art. 7º São formas de violência doméstica e familiar contra a mulher, entre outras: III – a violência sexual, entendida como qualquer conduta que a constranja a presenciar, a manter ou a participar de relação sexual não desejada, mediante intimidação, ameaça, coação ou uso da força; que a induza a comercializar ou a utilizar, de qualquer modo, a sua sexualidade, que a impeça de usar qualquer método contraceptivo ou que a force ao matrimônio, à gravidez, ao aborto ou à prostituição, mediante coação, chantagem, suborno ou manipulação; ou que limite ou anule o exercício de seus direitos sexuais e reprodutivos".

(IV) Trata-se de forma de violência doméstica e familiar contra a mulher, prevista na Lei 11.340/2006: "Art. 7º São formas de violência doméstica e familiar contra a mulher, entre outras: IV – a violência patrimonial, entendida como qualquer conduta que configure retenção, subtração, destruição parcial ou total de seus objetos, instrumentos de trabalho, documentos pessoais, bens, valores e direitos ou recursos econômicos, incluindo os destinados a satisfazer suas necessidades".

(V) Trata-se de forma de violência doméstica e familiar contra a mulher, prevista na Lei 11.340/2006: "Art. 7º São formas de violência doméstica e familiar contra a mulher, entre outras: V – a violência moral, entendida como qualquer conduta que configure calúnia, difamação ou injúria".

Gabarito: D

Para responder, tem que estudar: lei.

46. (MPE/SP/Promotor/2015/91_Concurso) Nos termos da Lei nº 10.216/2001 (Dispõe sobre a proteção e os direitos das pessoas portadoras de transtornos mentais):

I. A internação psiquiátrica somente será realizada mediante laudo médico circunstanciado que caracterize os seus motivos, cujo documento somente poderá ser dispensado nos casos de internação compulsória.

II. A internação compulsória é aquela determinada pela Justiça.

III. A internação voluntária ou involuntária somente será autorizada por médico devidamente registrado no Conselho Regional de Medicina do Estado onde se localize o estabelecimento.

IV. A internação voluntária é aquela que se dá com o consentimento do usuário ou de seus familiares.

V. A internação involuntária é aquela que se dá sem o consentimento do usuário ou de seus familiares, em casos urgentes, mediante expressa recomendação médica, devendo ser comunicada ao Ministério Público no prazo máximo de vinte e quatro horas, para as providências cabíveis.

Está correto apenas o contido em:

a) I, II e III.

b) II e III.

c) II, III e V.

d) I, III, IV e V.

e) Todos os itens estão corretos.

ANOTAÇÕES/COMENTÁRIOS

(I) O laudo médico não é dispensado em nenhuma modalidade. Lei nº 10.216/2001: "Art. 6º A internação psiquiátrica somente será realizada mediante laudo médico circunstanciado que caracterize os seus motivos".

(II) Lei nº 10.216/2001: "Art. 6º, Parágrafo único. São considerados os seguintes tipos de internação psiquiátrica: III – internação compulsória: aquela determinada pela Justiça".

(III) Lei nº 10.216/2001: "Art. 8º A internação voluntária ou involuntária somente será autorizada por médico devidamente registrado no Conselho Regional de Medicina – CRM do Estado onde se localize o estabelecimento".

(IV) A internação voluntária deve ter o consentimento do usuário. Lei nº 10.216/2001: "Art. 6º, Parágrafo único. São considerados os seguintes tipos de internação psiquiátrica: I – internação voluntária: aquela que se dá com o consentimento do usuário".

(V) Internação involuntária se dá sem o consentimento do usuário e a pedido de terceiro. Lei nº 10.216/2001: "Art. 6º, Parágrafo único. São considerados os seguintes tipos de internação psiquiátrica: II – internação involuntária: aquela que se dá sem o consentimento do usuário e a pedido de terceiro".

Gabarito: B

Para responder, tem que estudar: lei.

47. (MPE/SP/Promotor/2017/92_Concurso) Assinale a alternativa incorreta quanto à ação civil pública para defesa da pessoa com deficiência.

a) Para instruir a petição inicial, o interessado poderá requerer às autoridades competentes as certidões e informações necessárias, que só poderão ser utilizadas para a instrução da ação civil.

b) A sentença que concluir pela carência da ação ou improcedência do pedido fica sujeita ao duplo grau de jurisdição, não produzindo efeito senão depois de confirmada pelo tribunal.

c) O pedido do interessado de certidões e informações para a ação civil só poderá ser negado nos casos em que interesse público, devidamente justificado, impuser sigilo.

d) A ação civil pública não pode ser proposta quando houver lesão ou ameaça de lesão de direito individual indisponível de pessoa com deficiência.

e) No caso de a ação ser julgada improcedente por deficiência de provas, qualquer legitimado pode intentar outra ação com idêntico fundamento, valendo-se de prova nova.

ANOTAÇÕES/COMENTÁRIOS

(a) É a disposição dos parágrafos 2º e 3º do artigo 3º da Lei nº 7.853/89: "Art. 3º, § 2º As certidões e informações a que se refere o parágrafo anterior deverão ser fornecidas dentro de 15 (quinze) dias da entrega, sob recibo, dos respectivos requerimentos, e só poderão ser utilizadas para a instrução da ação civil.

(b) Lei nº 7.853/89: "Art. 4º, § 1º A sentença que concluir pela carência ou pela improcedência da ação fica sujeita ao duplo grau de jurisdição, não produzindo efeito senão depois de confirmada pelo tribunal."

(c) É a disposição do parágrafo 3º do artigo 3º da Lei nº 7.853/89: "Art. 3º, § 3º Somente nos casos em que o interesse público, devidamente justificado, impuser sigilo, poderá ser negada certidão ou informação."

(d) Pode haver a proposição da ação civil pública pelo Ministério Público, conforme previsão do artigo 3º da Lei nº 7.853/89: "Art. 3º As medidas judiciais destinadas à proteção de interesses coletivos, difusos, individuais homogêneos e individuais indisponíveis da pessoa com deficiência poderão ser propostas pelo Ministério Público, pela Defensoria Pública, pela União, pelos Estados, pelos Municípios, pelo Distrito Federal, por associação constituída há mais de 1 (um) ano, nos termos da lei civil, por autarquia, por empresa pública e por fundação ou sociedade de economia mista que inclua, entre suas finalidades institucionais, a proteção dos interesses e a promoção de direitos da pessoa com deficiência."

(e) Lei nº 7.853/89: "Art. 4º A sentença terá eficácia de coisa julgada oponível erga omnes, exceto no caso de haver sido a ação julgada improcedente por deficiência de prova, hipótese em que qualquer legitimado poderá intentar outra ação com idêntico fundamento, valendo-se de nova prova."

Gabarito: D

Para responder, tem que estudar: lei.

48. (MPE/SP/Promotor/2017/92_Concurso) Um legitimado ativo decide ajuizar ação civil pública para defesa da pessoa idosa em caso afeto à Justiça Estadual. São diversos os foros de domicílio do idoso, do domicílio do réu e do local no qual o dano foi produzido. O foro competente será o do local

a) em que o dano foi produzido.

b) do domicílio do réu.

c) do domicílio do idoso ou do réu, a critério do autor.

d) do domicílio do idoso ou do local em que o dano foi produzido, a critério do autor.

e) do domicílio do idoso.

ANOTAÇÕES/COMENTÁRIOS

(a, b, c, d) Vide comentários abaixo.

(e) Está em conformidade com o artigo 80 do Estatuto do Idoso: "Art. 80. As ações previstas neste Capítulo serão propostas no foro do domicílio do idoso, cujo juízo terá competência absoluta para processar a causa, ressalvadas as competências da Justiça Federal e a competência originária dos Tribunais Superiores."

Gabarito: E

Para responder, tem que estudar: lei.

49. (MPE/SP/Promotor/2019/93_Concurso) Considerando que é assegurada a atenção integral à saúde do idoso, objetivando a prevenção, promoção, proteção e recuperação da saúde, assinale a alternativa que NÃO integra o rol de direitos dos idosos.

(A) Recebimento gratuito de medicamentos, especialmente os de uso continuado, assim como próteses, órteses e outros recursos relativos ao tratamento, habilitação ou reabilitação.

(B) Maiores de oitenta anos terão preferência especial sobre os demais idosos, em todo e qualquer atendimento de saúde, inclusive em caso de emergência.

(C) Atendimento especializado para os idosos com deficiência ou com limitação incapacitantc.

(D) Atendimento domiciliar ao idoso enfermo pela perícia médica do Instituto Nacional do Seguro Social - INSS pelo serviço público de saúde ou pelo serviço privado de saúde, contratado ou conveniado, que integre o Sistema Único de Saúde - SUS, para expedição do laudo de saúde necessário ao exercício de seus direitos sociais e de isenção tributária.

(E) Direito de acompanhante ao idoso internado ou em observação, devendo o órgão de saúde proporcionar as condições adequadas para a sua permanência em tempo integral, segundo o critério médico.

ANOTAÇÕES/COMENTÁRIOS

(a) O Capítulo IV da Lei n° 10.741/2003 cuida do direito à saúde. Nos termos do artigo 15, § 2º, "Incumbe ao Poder Público fornecer aos idosos, gratuitamente, medicamentos, especialmente os de uso continuado, assim como próteses, órteses e outros recursos relativos ao tratamento, habilitação ou reabilitação."

(b) O Estatuto do Idoso prevê prioridade àqueles maiores de 80 anos, porém excetua justamente os casos de emergência, conforme dispõe o artigo 15, § 7º: Em todo atendimento de saúde, os maiores de oitenta anos terão preferência especial sobre os demais idosos, exceto em caso de emergência. (Incluído pela Lei nº 13.466, de 2017). A inclusão deste parágrafo ao artigo 15 teve por objetivo garantir prioridade aos idosos maiores de 80 anos em relação aos demais idosos (entre 60 e 79 anos) para situações outras que não as emergenciais.

(c) Dispõe o artigo 15, § 4º, do Estatuto do Idoso: "Os idosos portadores de deficiência ou com limitação incapacitante terão atendimento especializado, nos termos da lei."

(d) Redação do artigo 15, § 6º do Estatuto do Idoso: "É assegurado ao idoso enfermo o atendimento domiciliar pela perícia médica do Instituto Nacional do Seguro Social – INSS, pelo serviço público de saúde ou pelo serviço privado de saúde, contratado ou conveniado, que integre o Sistema Único de Saúde – SUS, para expedição do laudo de saúde necessário ao exercício de seus direitos sociais e de isenção tributária."

(e) Redação legal: Art. 16. Ao idoso internado ou em observação é assegurado o direito a acompanhante, devendo o órgão de saúde proporcionar as condições adequadas para a sua permanência em tempo integral, segundo o critério médico.

Tal questão foi objeto de recurso, ao fundamento de "inexistência de alternativa incorreta, pois a considerada pelo gabarito permite interpretação que assegura preferência aos idosos maiores de oitenta anos quando estiverem em situação de emergência", e também de que o Estatuto do Idoso assegura a garantia de prioridade dos maiores de oitenta anos, em relação aos demais idosos, "sem qualquer referência à emergência ou não".

Conforme explicitado no julgamento dos recursos, "A questão exige a aplicação do disposto no art. 15 e § 7º da Lei nº 10.741, de 2003. O § 7º do Estatuto do Idoso, incluído pela Lei nº 13.466, de 2017, estabelece prioridade aos maiores de oitenta anos em relação aos demais idosos, mas referida prioridade não alcança os casos de emergência, que são expressamente ressalvados pelo texto legal. É evidente que a prioridade foi estabelecida pelo legislador por ocasião do atendimento não emergencial, sendo essa, inclusive, a razão da exceção firmada na parte final do dispositivo legal. O excesso interpretativo recursal, que coloca o idoso maior de oitenta anos também em situação de emergência, não merece acolhida."

Foi, portanto, mantido o gabarito.

Gabarito: B

Para responder, tem que estudar: lei.

50. (MPE/SP/Promotor/2019/93_Concurso) Considerando que é obrigação da família, da comunidade, da sociedade e do Poder Público assegurar ao idoso, com absoluta prioridade, a efetivação do direito à vida, à saúde, à alimentação, à educação, à cultura, ao esporte, ao lazer, ao trabalho, à cidadania, à liberdade, à dignidade, ao respeito e à convivência familiar e comunitária, assinale a alternativa que **NÃO** compreende a garantia de prioridade.

(A) Preferência na formulação e na execução de políticas sociais públicas específicas.

(B) Estabelecimento de mecanismos que favoreçam a divulgação de informações de caráter educativo sobre os aspectos biopsicossociais de envelhecimento.

(C) Destinação privilegiada de recursos públicos nas áreas relacionadas com a proteção ao idoso.

(D) Prioridade no recebimento da restituição do Imposto de Renda.

(E) Priorização de atendimento asilar pelo Poder Público.

ANOTAÇÕES/COMENTÁRIOS

(a) O artigo 3º do Estatuto do Idoso apresenta direitos garantidos aos idosos com absoluta prioridade. Em seu parágrafo 1º elenca o que se compreende como garantia de prioridade, dentre os quais, conforme o inciso II, "preferência na formulação e na execução de políticas sociais públicas específicas;"

(b) O artigo 3º do Estatuto do Idoso apresenta direitos garantidos aos idosos com absoluta prioridade. Em seu parágrafo 1º elenca o que se compreende como garantia de prioridade, dentre os quais, conforme o inciso VII, "estabelecimento de mecanismos que favoreçam a divulgação de informações de caráter educativo sobre os aspectos biopsicossociais de envelhecimento;"

(c) O artigo 3º do Estatuto do Idoso apresenta direitos garantidos aos idosos com absoluta prioridade. Em seu parágrafo 1º elenca o que se compreende como garantia de prioridade, dentre os quais, conforme o inciso III, "destinação privilegiada de recursos públicos nas áreas relacionadas com a proteção ao idoso;"

(d) O artigo 3º do Estatuto do Idoso apresenta direitos garantidos aos idosos com absoluta prioridade. Em seu parágrafo 1º elenca o que se compreende como garantia de prioridade, dentre os quais, conforme o inciso IX, "prioridade no recebimento da restituição do Imposto de Renda; (Incluído pela Lei nº 11.765, de 2008)"

(e) O artigo 3º do Estatuto do Idoso apresenta direitos garantidos aos idosos com absoluta prioridade. Em seu parágrafo 1º elenca o que se compreende como garantia de prioridade. Atendimento pela família é a prioridade, e não o atendimento asilar, o qual somente se admite em situações excepcionais, conforme estabelece o inciso V: "priorização do atendimento do idoso por sua própria família, em detrimento do atendimento asilar, exceto dos que não a possuam ou careçam de condições de manutenção da própria sobrevivência;"

Gabarito: E

Para responder, tem que estudar: lei.

2.4. Consumidor

51. (MPE/SP/Promotor/2011/88_Concurso) Considere as seguintes situações:

I. Responsabilidade do fornecedor em relação a vício de qualidade na pintura de um modelo de veículo por ele produzido;

II. Responsabilidade do Estado pelo fornecimento de um medicamento indispensável para um idoso;

III. Responsabilidade do loteador pelo contrato de venda de lotes de um loteamento popular clandestino;

IV. Responsabilidade do fornecedor em relação a vício de segurança nos freios de um modelo de veículo por ele produzido;

V. Responsabilidade do empreendedor imobiliário quanto à cláusula de reajuste de um contrato de venda de lotes de um condomínio fechado de luxo.

Indique a alternativa que expressa corretamente a classificação legal do interesse envolvido e a afirmação quanto à legitimidade de agir do Ministério Público.

a) I. Individual homogêneo; não tem legitimidade (disponibilidade e falta de interesse social). II. Individual; não tem legitimidade (disponibilidade e falta de interesse social). III. Individual homogêneo; tem legitimidade (disponibilidade com presença de interesse social); IV. Difuso; tem legitimidade (indisponibilidade e interesse social). V. Individual homogêneo; não tem legitimidade (disponibilidade e falta de interesse social).

b) I. Individual homogêneo; não tem legitimidade (disponibilidade e falta de interesse social). II. Individual; não tem legitimidade (disponibilidade e falta de interesse social). III. Coletivo; tem legitimidade (disponibilidade com presença de interesse social); IV. Difuso; tem legitimidade (indisponibilidade e interesse social). V. Individual homogêneo; não tem legitimidade (disponibilidade e falta de interesse social).

c) I. Individual homogêneo; não tem legitimidade (disponibilidade e falta de interesse social). II. Individual; não tem legitimidade (disponibilidade e falta de interesse social). III. Coletivo; tem legitimidade (disponibilidade com presença de interesse social); IV. Difuso; tem legitimidade (indisponibilidade e interesse social). V. Coletivo; não tem legitimidade (disponibilidade e falta de interesse social).

d) I. Individual homogêneo; não tem legitimidade (disponibilidade e falta de interesse social). II. Individual; tem legitimidade (indisponibilidade e interesse social). III. Individual homogêneo; tem legitimidade (disponibilidade com presença de interesse social); IV. Difuso; tem legitimidade (indisponibilidade e interesse social). V. Individual homogêneo; não tem legitimidade (disponibilidade e falta de interesse social).

e) I. Individual homogêneo; não tem legitimidade (disponibilidade e falta de interesse social). II. Difuso; tem legitimidade (indisponibilidade e interesse social). III. Individual homogêneo; tem legitimidade (disponibilidade com presença de interesse social); IV. Difuso; tem legitimidade (indisponibilidade e interesse social). V. Individual homogêneo; não tem legitimidade (disponibilidade e falta de interesse social).

ANOTAÇÕES/COMENTÁRIOS

(I) interesse individual homogêneo, todos os compradores do carro têm direitos decorrentes de uma origem comum, o problema na pintura dos veículos (CDC, art. 81, parágrafo único, III); o MP não tem legitimidade, os interesses envolvidos são disponíveis e o caso não envolve questão de interesse social;

(II) interesse individual, diz respeito a apenas um idoso, porém o Ministério Público tem legitimidade, pois o direito relacionado à saúde de um idoso é considerado indisponível e revela interesse social (art. 74, I, da Lei 10.741/2003 admite o ajuizamento de ação civil pública para defender interesse individual do idoso, desde que se trate de interesse indisponível);

(III) interesse individual homogêneo, os compradores do lote têm direitos decorrentes de origem comum, que é a existência de um loteamento clandestino (CDC, art. 81, parágrafo único, III); o MP tem legitimidade, os interesses dos compradores dizem respeito ao direito à moradia popular, presente o interesse social;

(IV) interesse individual homogêneo dos compradores em sanar o vício, e também interesse difuso das pessoas indeterminadas ligadas por relação de fato, que estão sujeitas a sofrer danos por conta do problema no freio; o MP tem legitimidade por haver interesse social e interesses indisponíveis.

(V) interesse individual homogêneo, todos os compradores têm direitos decorrentes de uma origem comum (CDC, art. 81, parágrafo único, III), o problema no reajuste do contrato de compra e venda; o MP não tem legitimidade, os interesses envolvidos são disponíveis e não há interesse social, pois é moradia de luxo.

Gabarito: D

Para responder, tem que estudar: lei.

52. (MPE/SP/Promotor/2011/88_Concurso) Assinale a alternativa correta.

a) Considera-se consumidor, para os efeitos de proteção legal, as pessoas jurídicas ao adquirir bens e insumos para seu processo de produção na condição de destinatário final.

b) O Código de Defesa do Consumidor atribui a responsabilidade pelo fato do produto ao fabricante, ao produtor, ao construtor e ao importador, mas não ao comerciante que será responsabilizado apenas em circunstâncias determinadas, expressamente previstas pelo Código.

c) O Código Civil vigente previu a desconsideração da personalidade jurídica de maneira mais ampla do que o Código de Defesa do Consumidor. Assim, essa matéria, considerando o chamado diálogo das fontes, deve ser regida pelo novo estatuto civilista.

d) O Código de Defesa do Consumidor prevê três tipos de vícios por inadequação do produto durável ou não durável: vícios de impropriedade, vícios de diminuição de valor e vícios de disparidade informativa. Todos esses vícios se resolvem da mesma forma que os vícios redibitórios previstos no Código Civil vigente.

e) A pretensão à reparação pelos danos causados pelo fato do produto ou serviço prescreve em 30 (trinta) dias, no caso de produtos e serviços não duráveis, e em 90 (noventa) dias, no caso de produtos e serviços duráveis.

ANOTAÇÕES/COMENTÁRIOS

(a) À época em que aplicada a prova (2011), o entendimento era o de que a pessoa jurídica apenas seria considerada consumidora se destinatária final do produto ou serviço: "Prevaleceu, entretanto, como de resto em algumas legislações alienígenas inspiradas na nossa, a inclusão das pessoas jurídicas igualmente como 'consumidores' de produtos e serviços, embora com a ressalva de que assim são entendidas aquelas como destinatárias finais dos produtos e serviços que adquirem, e não como insumos necessários ao desempenho de sua atividade lucrativa"(FILOMENO, José Geraldo Brito. Código Brasileiro de Defesa do Consumidor comentado pelos autores do anteprojeto). Hoje, porém, o STJ adota a teoria finalista aprofundada ou mitigada: o Superior Tribunal de Justiça admite a mitigação da teoria finalista para autorizar a incidência do Código de Defesa do Consumidor nas hipóteses em que a parte (pessoa física ou jurídica), apesar de não ser destinatária final do produto ou serviço, apresenta-se em situação de vulnerabilidade: "Esta Corte firmou posicionamento no sentido de que a teoria finalista deve ser mitigada nos casos em que a pessoa física ou jurídica, embora não tecnicamente destinatária final do produto ou serviço, apresenta-se em estado de vulnerabilidade ou de submissão da prática abusiva, autorizando a aplicação das normas prevista no CDC" (STJ, AgInt no CC 146868, 2017).

(b) Na seção que trata da responsabilidade pelo fato do produto, o Código de Defesa do Consumidor atribui ao fabricante, ao produtor, ao construtor e ao importador a responsabilidade: "Art. 12. O fabricante, o produtor, o construtor, nacional ou estrangeiro, e o importador respondem, independentemente da existência de culpa, pela reparação dos danos causados aos consumidores por defeitos decorrentes de projeto, fabricação, construção, montagem, fórmulas, manipulação, apresentação ou acondicionamento de seus produtos, bem como por informações insuficientes ou inadequadas sobre sua utilização e riscos". Já o comerciante será responsabilizado apenas em circunstâncias determinadas, expressamente previstas: "Art. 13. O comerciante é igualmente responsável, nos termos do artigo anterior, quando: I – o fabricante, o construtor, o produtor ou o importador não puderem ser identificados; II – o produto for fornecido sem identificação clara do seu fabricante, produtor, construtor ou importador; III – não conservar adequadamente os produtos perecíveis.

(c) Apesar do diálogo das fontes, há regência distinta tratando-se de matéria civil ou consumerista, posto que o Código Civil adota a teoria maior da desconsideração, exigindo a presença do abuso da personalidade jurídica e do prejuízo ao credor ("Art. 50. Em caso de abuso da personalidade jurídica, caracterizado pelo desvio de finalidade, ou pela confusão patrimonial, pode o juiz decidir, a requerimento da parte, ou do Ministério Público quando lhe couber intervir no processo, que os efeitos de certas e determinadas relações de obrigações sejam estendidos aos bens particulares dos administradores ou sócios da pessoa jurídica"). Já o Código de Defesa do Consumidor adota a teoria menor, exigindo um único elemento, o prejuízo ao credor ("Art. 28. O juiz poderá desconsiderar a personalidade jurídica da sociedade quando, em detrimento do consumidor, houver abuso de direito, excesso de poder, infração da lei, fato ou ato ilícito ou violação dos estatutos ou contrato social. A desconsideração também será efetivada quando houver falência, estado de insolvência, encerramento ou inatividade da pessoa jurídica provocados por má administração"). A teoria menor foi também adotada pela Lei 9.605/98 para os danos ambientais. Ressalta-se que o Código de Processo Civil trouxe a regulamentação do incidente de desconsideração da personalidade jurídica nos artigos 133 e seguintes.

(d) Os vícios previstos no Código de Defesa do Consumidor não se resolvem da mesma forma que os vícios redibitórios no Código Civil, previstos nos arts. 441 a 446: De acordo com o Código Civil, o adquirente pode rejeitar a coisa ou reclamar abatimento do preço: "Art. 441. A coisa recebida em virtude de contrato comutativo pode ser enjeitada por vícios ou defeitos ocultos, que a tornem imprópria ao uso a que é destinada, ou lhe diminuam o valor; Art. 442. Em vez de rejeitar a coisa, redibindo o contrato (art. 441), pode o adquirente reclamar abatimento no preço; Art. 443. Se o alienante conhecia o vício ou defeito da coisa, restituirá o que recebeu com perdas e danos; se o não conhecia, tão-somente restituirá o valor recebido, mais as despesas do contrato; Art. 444. A responsabilidade do alienante subsiste ainda que a coisa pereça em poder do alienatário, se perecer por vício oculto, já existente ao tempo da tradição; Art. 445. O adquirente decai do direito de obter a redibição ou abatimento no preço no prazo de trinta dias se a coisa for móvel, e de um ano se for imóvel, contado da entrega efetiva; se já estava na posse, o prazo conta-se da alienação, reduzido à metade." Já no Código de Defesa do Consumidor, não sendo sanado o vício em 30 dias, é possível que o consumidor exija, alternativamente, à sua escolha, a substituição do produto, a restituição imediata da quantia paga ou o abatimento proporcional do preço: "Art. 18. Os fornecedores de produtos de consumo duráveis ou não duráveis respondem solidariamente pelos vícios de qualidade ou quantidade que os tornem impróprios ou inadequados ao consumo a que se destinam ou lhes diminuam o valor, assim como por aqueles decorrentes da disparidade, com a indicações constantes do recipiente, da embalagem, rotulagem ou mensagem publicitária, respeitadas as variações decorrentes de sua natureza, podendo o consumidor exigir a substituição das partes viciadas. § 1º Não sendo o vício sanado no prazo máximo de trinta dias, pode o consumidor exigir, alternativamente e à sua escolha: I – a substituição do produto por outro da mesma espécie, em perfeitas condições de uso; II – a restituição imediata da quantia paga, monetariamente atualizada, sem prejuízo de eventuais perdas e danos; III – o abatimento proporcional do preço."

(e) A pretensão à reparação pelos danos causados pelo fato do produto ou serviço prescreve em 5 anos, conforme dispõe o artigo 27 do Código de Defesa do Consumidor: "Art. 27. Prescreve em cinco anos a pretensão à reparação pelos danos causados por fato do produto ou do serviço prevista na Seção II deste Capítulo, iniciando-se a contagem do prazo a partir do conhecimento do dano e de sua autoria".

Gabarito: B

Para responder, tem que estudar: lei, jurisprudência e teoria/doutrina.

53. (MPE/SP/Promotor/2011/88_Concurso) Assinale a alternativa correta.

a) O Código de Defesa do Consumidor ampara o direito de arrependimento, podendo o consumidor devolver os produtos que tenha adquirido no estabelecimento do fornecedor no prazo de 7 (sete) dias.

b) Nos contratos de consórcio, são nulas de pleno direito as cláusulas que estabeleçam a perda total das prestações pagas em benefício do credor, bem como o desconto da vantagem auferida com a fruição do bem quando da restituição das parcelas quitadas.

c) Considera-se enganosa a publicidade discriminatória de qualquer natureza, a que incite a violência, se aproveite da deficiência de julgamento e experiência da criança, desrespeite valores ambientais, ou seja capaz de induzir o consumidor a se comportar de forma prejudicial à sua segurança e saúde.

d) A publicidade suficientemente precisa, veiculada nos meios de comunicação, vincula o fornecedor, podendo o consumidor, no caso de recusa do cumprimento da oferta, exigir seu cumprimento forçado, aceitar outro produto equivalente ou rescindir o contrato com a obtenção da quantia eventualmente antecipada, monetariamente atualizada, além de perdas e danos.

e) Obrigações iníquas, abusivas, que coloquem o consumidor em situação de desvantagem exagerada, ou sejam incompatíveis com a boa-fé ou a equidade, são nulas de pleno direito, ensejando a rescisão do contrato e a condenação do fornecedor em perdas e danos.

ANOTAÇÕES/COMENTÁRIOS

(a) Somente quando a contratação ocorre fora do estabelecimento, como determina o Código de Defesa do Consumidor: "Art. 49. O consumidor pode desistir do contrato, no prazo de 7 dias a contar de sua assinatura ou do ato de recebimento do produto ou serviço, sempre que a contratação de fornecimento de produtos e serviços ocorrer fora do estabelecimento comercial, especialmente por telefone ou a domicílio".

(b) Haverá desconto da vantagem auferida com a fruição, como determina o Código de Defesa do Consumidor: "Art. 53, § 2º Nos contratos do sistema de consórcio de produtos duráveis, a compensação ou a restituição das parcelas quitadas, na forma deste artigo, terá descontada, além da vantagem econômica auferida com a fruição, os prejuízos que o desistente ou inadimplente causar ao grupo".

(c) Trata-se de publicidade enganosa, como determina o Código de Defesa do Consumidor: "Art. 37, § 2º É abusiva, dentre outras a publicidade discriminatória de qualquer natureza, a que incite à violência, explore o medo ou a superstição, se aproveite da deficiência de julgamento e experiência da criança, desrespeita valores ambientais, ou que seja capaz de induzir o consumidor a se comportar de forma prejudicial ou perigosa à sua saúde ou segurança".

(d) Repete os termos do Código de Defesa do Consumidor: "Art. 30. Toda informação ou publicidade, suficientemente precisa, veiculada por qualquer forma ou meio de comunicação com relação a produtos e serviços oferecidos ou apresentados, obriga o fornecedor que a fizer veicular ou dela se utilizar e integra o contrato que vier a ser celebrado; Art. 35. Se o fornecedor de produtos ou serviços recusar cumprimento à oferta, apresentação ou publicidade, o consumidor poderá, alternativamente e à sua livre escolha: I – exigir o cumprimento forçado da obrigação, nos termos da oferta, apresentação ou publicidade; II – aceitar outro produto ou prestação de serviço equivalente; III

– rescindir o contrato, com direito à restituição de quantia eventualmente antecipada, monetariamente atualizada, e a perdas e danos".

(e) Regra geral, a nulidade da cláusula não invalida o contrato, como determina o Código de Defesa do Consumidor: "Art. 51, § 2º A nulidade de uma cláusula contratual abusiva não invalida o contrato, exceto quando de sua ausência, apesar dos esforços de integração, decorrer ônus excessivo a qualquer das partes".

Gabarito: D

Para responder, tem que estudar: lei.

54. (MPE/SP/Promotor/2012/89_Concurso) Segundo o Código de Defesa do Consumidor, na ação que tenha por objeto o cumprimento da obrigação de fazer ou não fazer, o juiz concederá a tutela específica da obrigação ou determinará providências que assegurem o resultado prático equivalente ao do adimplemento. Segundo esse dispositivo,

a) a conversão da obrigação em perdas e danos poderá ser concedida ainda que sem por ela optar o autor, desde que seja impossível a tutela específica ou a obtenção do resultado prático correspondente.

b) a indenização por perdas e danos excluirá a multa.

c) é lícito ao juiz conceder a tutela liminarmente ou após justificação prévia, citado o réu, bastando que o fundamento da demanda seja relevante.

d) na sentença, o juiz somente poderá impor multa diária ao réu se houver pedido expresso do autor.

e) para a tutela específica ou para a obtenção do resultado prático equivalente, poderá o juiz determinar as medidas necessárias, tais como busca e apreensão, remoção de coisas e pessoas, desfazimento de obra, impedimento de atividade nociva, além de requisição de força policial e prisão civil temporária do réu.

ANOTAÇÕES/COMENTÁRIOS

(a) CDC: "Art. 84, § 1º A conversão da obrigação em perdas e danos somente será admissível se por elas optar o autor ou se impossível a tutela específica ou a obtenção do resultado prático correspondente".

(b) CDC: "Art. 84, § 2º A indenização por perdas e danos se fará sem prejuízo da multa (art. 287, do Código de Processo Civil)".

(c) CDC: "Art. 84, § 3º Sendo relevante o fundamento da demanda e havendo justificado receio de ineficácia do provimento final, é lícito ao juiz conceder a tutela liminarmente ou após justificação prévia, citado o réu".

(d) CDC: "Art. 84, § 4º O juiz poderá, na hipótese do § 3º ou na sentença, impor multa diária ao réu, independentemente de pedido do autor, se for suficiente ou compatível com a obrigação, fixando prazo razoável para o cumprimento do preceito".

(e) Não se permite prisão civil temporária do réu, Código de Defesa do Consumidor: "Art. 84, § 5º Para a tutela específica ou para a obtenção do resultado prático equivalente, poderá o juiz determinar as medidas necessárias, tais como busca e apreensão, remoção de coisas e pessoas, desfazimento de obra, impedimento de atividade nociva, além de requisição de força policial".

Gabarito: A

Para responder, tem que estudar: lei.

55. **(MPE/SP/Promotor/2012/89_Concurso)** Com relação à responsabilidade do sistema consumerista quanto aos acidentes de consumo, é incorreto afirmar que

a) é culposa a responsabilidade pessoal dos profissionais liberais.
b) a responsabilidade do comerciante é subsidiária.
c) a responsabilidade do fabricante é objetiva.
d) a responsabilidade do fabricante não comporta excludentes de ilicitude.
e) a responsabilidade do fornecedor de serviço comporta excludentes de ilicitude.

ANOTAÇÕES/COMENTÁRIOS

(a) CDC: "Art. 14, § 4º A responsabilidade pessoal dos profissionais liberais será apurada mediante a verificação de culpa".

(b) CDC: "Art. 13. O comerciante é igualmente responsável, nos termos do artigo anterior, quando: I – o fabricante, o construtor, o produtor ou o importador não puderem ser identificados; II – o produto for fornecido sem identificação clara do seu fabricante, produtor, construtor ou importador; III – não conservar adequadamente os produtos perecíveis".

(c) CDC: "Art. 12. O fabricante, o produtor, o construtor, nacional ou estrangeiro, e o importador respondem, independentemente da existência de culpa, pela reparação dos danos causados aos consumidores por defeitos decorrentes de projeto, fabricação, construção, montagem, fórmulas, manipulação, apresentação ou acondicionamento de seus produtos, bem como por informações insuficientes ou inadequadas sobre sua utilização e riscos".

(d) A responsabilidade do fabricante comporta excludentes de ilicitude, conforme dispõe o Código de Defesa do Consumidor: "Art. 12, § 3º O fabricante, o construtor, o produtor ou importador só não será responsabilizado quando provar: I – que não colocou o produto no mercado; II – que, embora haja colocado o produto no mercado, o defeito inexiste; III – a culpa exclusiva do consumidor ou de terceiro".

(e) CDC: "Art. 12, § 3º O fabricante, o construtor, o produtor ou importador só não será responsabilizado quando provar: I – que não colocou o produto no mercado;

II – que, embora haja colocado o produto no mercado, o defeito inexiste; III – a culpa exclusiva do consumidor ou de terceiro".

Gabarito: D

Para responder, tem que estudar: lei.

56. (MPE/SP/Promotor/2013/90_Concurso) Consoante ao Código de Defesa do Consumidor (Lei n. 8.079/90):

I. O juiz poderá desconsiderar a personalidade jurídica da sociedade quando, em detrimento do consumidor, houver abuso de direito, excesso de poder, infração da lei, fato ou ato ilícito ou violação dos estatutos ou contrato social.

II. O juiz poderá desconsiderar a pessoa jurídica da sociedade quando a sua personalidade for, de alguma forma, obstáculo ao ressarcimento de prejuízos causados aos consumidores.

III. O fato de a existência da sociedade representar obstáculo ao ressarcimento de prejuízos causados aos credores, sem que haja prática de ilicitudes por seus sócios, ou simples má administração, é insuficiente para motivar a desconsideração de sua responsabilidade jurídica, nas sociedades por cotas de responsabilidade limitada.

IV. Se em detrimento do consumidor, os casos de falência, estado de insolvência, encerramento ou inatividade da pessoa jurídica provocados por má administração, por si só, bastam para que o Juiz decrete a quebra da personalidade da sociedade.

V. O Juiz poderá desconsiderar a pessoa jurídica da sociedade quando a sua personalidade for, de alguma forma, obstáculo ao ressarcimento de prejuízos causados aos consumidores, exceto na hipótese de sociedades por ações.

Estão corretas apenas as afirmações contidas nos itens

a) I, IV e V.

b) III, IV e V.

c) I, II e III.

d) I e II.

e) I, II e IV.

ANOTAÇÕES/COMENTÁRIOS

(I) CDC: "Art. 28. O juiz poderá desconsiderar a personalidade jurídica da sociedade quando, em detrimento do consumidor, houver abuso de direito, excesso de poder, infração da lei, fato ou ato ilícito ou violação dos estatutos ou contrato social. A desconsideração também será efetivada quando houver falência, estado de insolvência, encerramento ou inatividade da pessoa jurídica provocados por má administração".

(II) CDC: "Art. 28, § 5º Também poderá ser desconsiderada a pessoa jurídica sempre que sua personalidade for, de alguma forma, obstáculo ao ressarcimento de prejuízos causados aos consumidores".

(III) A existência de obstáculo ao ressarcimento é suficiente para motivar a desconsideração, pois o Código de Defesa do Consumidor adota a teoria menor, que não exige ilicitude dos sócios ou qualquer outra requisito adicional para que se dê a desconsideração da personalidade: Código de Defesa do Consumidor: "Art. 28, § 5º Também poderá ser desconsiderada a pessoa jurídica sempre que sua personalidade for, de alguma forma, obstáculo ao ressarcimento de prejuízos causados aos consumidores".

(IV) CDC: "Art. 28. (...) A desconsideração também será efetivada quando houver falência, estado de insolvência, encerramento ou inatividade da pessoa jurídica provocados por má administração".

(V) O Código de Defesa do Consumidor não faz nenhuma ressalva quanto à sociedade por ações.

Gabarito: E

Para responder, tem que estudar: lei.

57. (MPE/SP/Promotor/2015/91_Concurso) Verifique a exatidão dos seguintes conceitos à luz da lei nº 8.078/90 (Código de Defesa do Consumidor):

I. Consumidor é toda pessoa física ou jurídica que adquire ou utiliza produto ou serviço para satisfazer suas necessidades.

II. Fornecedor é toda pessoa física ou jurídica, pública ou privada, nacional ou estrangeira, bem como os entes despersonalizados, que desenvolvem atividade de produção, montagem, criação, construção, transformação, importação, exportação, distribuição ou comercialização de produtos ou prestação de serviços.

III. Produto é qualquer bem material, móvel ou imóvel.

IV. Serviço é qualquer atividade fornecida no mercado de consumo, mediante remuneração, de natureza bancária, financeira, de crédito e securitária, inclusive as decorrentes das relações de caráter trabalhista.

Pode-se afirmar que:

a) Apenas as assertivas II e III estão corretas.
b) Apenas as assertivas I, II e IV estão corretas.
c) Apenas as assertivas I, III e IV estão corretas.
d) Apenas a assertiva II está correta.
e) Apenas as assertivas II e IV estão corretas.

ANOTAÇÕES/COMENTÁRIOS

(I) O conceito legal de consumidor exige que seja destinatário final. Código de Defesa do Consumidor: "Art. 2º Consumidor é toda pessoa física ou jurídica que adquire ou utiliza produto ou serviço como destinatário final".

(II) CDC: "Art. 3º Fornecedor é toda pessoa física ou jurídica, pública ou privada, nacional ou estrangeira, bem como os entes despersonalizados, que desenvolvem atividade de produção, montagem, criação, construção, transformação, importação, exportação, distribuição ou comercialização de produtos ou prestação de serviços".

(III) O conceito está incompleto, falta o termo imaterial. Código de Defesa do Consumidor: "Art. 3º, § 1º Produto é qualquer bem, móvel ou imóvel, material ou imaterial".

(IV) O erro da assertiva está em incluir as atividades decorrentes das relações trabalhistas. Código de Defesa do Consumidor: "Art. 3º, § 2º Serviço é qualquer atividade fornecida no mercado de consumo, mediante remuneração, inclusive as de natureza bancária, financeira, de crédito e securitária, salvo as decorrentes das relações de caráter trabalhista".

Gabarito: D

Para responder, tem que estudar: lei.

58. (MPE/SP/Promotor/2015/91_Concurso) À luz da Lei nº 8.078/90 (Código de Defesa do Consumidor), assinale a alternativa que contém afirmação incorreta:

a) O fabricante, o produtor, o construtor, nacional ou estrangeiro, e o importador respondem, nos casos de culpa e dolo, pela reparação dos danos causados aos consumidores por defeitos decorrentes de projeto, fabricação, construção, montagem, fórmulas, manipulação, apresentação ou acondicionamento de seus produtos, bem como por informações insuficientes ou inadequadas sobre sua utilização e riscos.

b) O comerciante é igualmente responsável quando: a) o fabricante, o construtor, o produtor ou o importador não puderem ser identificados; b) o produto for fornecido sem identificação clara do seu fabricante, produtor, construtor ou importador; c) não conservar adequadamente os produtos perecíveis.

c) O produto é defeituoso quando não oferece a segurança que dele legitimamente se espera, levando-se em consideração as circunstâncias relevantes, entre as quais: a) sua apresentação; b) o uso e os riscos que razoavelmente dele se esperam; e c) a época em que foi colocado em circulação.

d) O fabricante, o construtor, o produtor ou importador só não será responsabilizado quando provar: a) que não colocou o produto no mercado; b) que, embora haja colocado o produto no mercado, o defeito inexiste; c) a culpa exclusiva do consumidor ou de terceiro.

e) Os fornecedores de produtos de consumo duráveis ou não duráveis respondem solidariamente pelos vícios de qualidade ou quantidade que os tornem impróprios ou inadequados ao consumo a que se destinam ou lhes diminuam o valor, assim como por aqueles decorrentes da disparidade, com as indicações constantes do recipiente, da embalagem, rotulagem ou mensagem publicitária, respeitadas as variações decorrentes de sua natureza, podendo o consumidor exigir a substituição das partes viciadas.

ANOTAÇÕES/COMENTÁRIOS

(a) A lei não fala em casos de culpa e dolo, e sim independentemente da existência de culpa. Código de Defesa do Consumidor: "Art. 12. O fabricante, o produtor, o construtor, nacional ou estrangeiro, e o importador respondem, independentemente da existência de culpa, pela reparação dos danos causados aos consumidores por defeitos decorrentes de projeto, fabricação, construção, montagem, fórmulas, manipulação, apresentação ou acondicionamento de seus produtos, bem como por informações insuficientes ou inadequadas sobre sua utilização e riscos".

(b) CDC: "Art. 13. O comerciante é igualmente responsável, nos termos do artigo anterior, quando: I – o fabricante, o construtor, o produtor ou o importador não puderem ser identificados; II – o produto for fornecido sem identificação clara do seu fabricante, produtor, construtor ou importador; III – não conservar adequadamente os produtos perecíveis".

(c) CDC: "Art. 12, § 1º O produto é defeituoso quando não oferece a segurança que dele legitimamente se espera, levando-se em consideração as circunstâncias relevantes, entre as quais: I – sua apresentação; II – o uso e os riscos que razoavelmente dele se esperam; III – a época em que foi colocado em circulação".

(d) CDC: "Art. 12, § 3º O fabricante, o construtor, o produtor ou importador só não será responsabilizado quando provar: I – que não colocou o produto no mercado; II – que, embora haja colocado o produto no mercado, o defeito inexiste; III – a culpa exclusiva do consumidor ou de terceiro".

(e) CDC: "Art. 18. Os fornecedores de produtos de consumo duráveis ou não duráveis respondem solidariamente pelos vícios de qualidade ou quantidade que os tornem impróprios ou inadequados ao consumo a que se destinam ou lhes diminuam o valor, assim como por aqueles decorrentes da disparidade, com a indicações constantes do recipiente, da embalagem, rotulagem ou mensagem publicitária, respeitadas as variações decorrentes de sua natureza, podendo o consumidor exigir a substituição das partes viciadas".

Gabarito: A

Para responder, tem que estudar: lei.

59. (MPE/SP/Promotor/2017/92_Concurso) Entre os direitos básicos do consumidor, está a proteção contra a publicidade enganosa ou abusiva. O Código de Defesa do Consumidor contém inúmeros dispositivos com relação à publicidade. Leia as afirmações a seguir e assinale a alternativa incorreta.

a) O ônus da prova da veracidade e correção da informação ou comunicação publicitária incumbe a quem a patrocinou.

b) A autoridade administrativa competente, na área do consumidor, pode impor ao fornecedor a sanção de contrapropaganda quando a publicidade for enganosa ou abusiva.

c) A publicidade suficientemente precisa e efetivamente conhecida dos consumidores, com relação a produtos e serviços apresentados, obriga ao fornecedor que a fizer veicular ou dela se utilizar.

d) Considera-se abusiva a publicidade inteira ou parcialmente falsa.

e) A publicidade é considerada enganosa por omissão quando deixar de informar sobre dado essencial do produto ou serviço.

ANOTAÇÕES/COMENTÁRIOS

(a) CDC, "Art. 38. O ônus da prova da veracidade e correção da informação ou comunicação publicitária cabe a quem as patrocina."

(b) CDC, "Art. 60. A imposição de contrapropaganda será cominada quando o fornecedor incorrer na prática de publicidade enganosa ou abusiva, nos termos do art. 36 e seus parágrafos, sempre às expensas do infrator."

(c) CDC, "Art. 30. Toda informação ou publicidade, suficientemente precisa, veiculada por qualquer forma ou meio de comunicação com relação a produtos e serviços oferecidos ou apresentados, obriga o fornecedor que a fizer veicular ou dela se utilizar e integra o contrato que vier a ser celebrado."

(d) De acordo com o CDC, é abusiva a publicidade discriminatória, e enganosa a publicidade falsa, nos termos do artigo 37: "§ 1º É enganosa qualquer modalidade de informação ou comunicação de caráter publicitário, inteira ou parcialmente falsa, ou, por qualquer outro modo, mesmo por omissão, capaz de induzir em erro o consumidor a respeito da natureza, características, qualidade, quantidade, propriedades, origem, preço e quaisquer outros dados sobre produtos e serviços. § 2º É abusiva, dentre outras a publicidade discriminatória de qualquer natureza, a que incite à violência, explore o medo ou a superstição, se aproveite da deficiência de julgamento e experiência da criança, desrespeita valores ambientais, ou que seja capaz de induzir o consumidor a se comportar de forma prejudicial ou perigosa à sua saúde ou segurança."

(e) CDC, "Art. 37. É proibida toda publicidade enganosa ou abusiva. (...) § 3º Para os efeitos deste código, a publicidade é enganosa por omissão quando deixar de informar sobre dado essencial do produto ou serviço."

Gabarito: D

Para responder, tem que estudar: lei.

60. (MPE/SP/Promotor/2019/93_Concurso) A contagem do prazo para o exercício do direito de reclamar pelos vícios aparentes ou de fácil constatação inicia-se a partir

(A) do momento em que ficar evidenciado o defeito.

(B) da entrega efetiva do produto ou do término da execução dos serviços.

(C) da instauração de inquérito civil para apurar a responsabilidade pelos vícios aparentes ou de fácil constatação.

(D) da aquisição efetiva do produto ou da data da contratação dos serviços.

(E) do conhecimento do dano e de sua autoria.

ANOTAÇÕES/COMENTÁRIOS

(a) O momento em que fica evidenciado o defeito, na verdade, é o marco para o prazo decadencial quanto se trata de vício oculto, e não aparente ou de fácil constatação, como questionado, nos termos do artigo 26, parágrafo 3º: "Tratando-se de vício oculto, o prazo decadencial inicia-se no momento em que ficar evidenciado o defeito."

(b) O Código de Defesa do Consumidor estabelece, no artigo 26, regras sobre a reclamação por vícios aparentes ou de fácil constatação. De acordo com o parágrafo 1º, "Inicia-se a contagem do prazo decadencial a partir da entrega efetiva do produto ou do término da execução dos serviços."

(c) Na realidade, a instauração de inquérito civil é causa que obsta a decadência, conforme define o artigo 26, parágrafo 2º: "Obstam a decadência: [...] III – a instauração de inquérito civil, até seu encerramento."

(d) Ao contrário do que dispõe a alternativa, a contagem do prazo não se inicia da aquisição efetiva do produto, e sim da entrega efetiva do produto. Também não se inicia da data da contratação dos serviços, e sim do término da execução dos serviços. Redação do artigo 26 do CDC: "Parágrafo 1º. Inicia-se a contagem do prazo decadencial a partir da entrega efetiva do produto ou do término da execução dos serviços."

(e) O conhecimento do dano e de sua autoria são marco inicial para a contagem da prescrição para a reparação por danos causados por fato do produto ou do serviço: "Art. 27. Prescreve em cinco anos a pretensão à reparação pelos danos causados por fato do produto ou do serviço prevista na Seção II deste Capítulo, iniciando-se a contagem do prazo a partir do conhecimento do dano e de sua autoria."

Gabarito: B

Para responder, tem que estudar: lei.

61. (MPE/SP/Promotor/2019/93_Concurso) 73. A respeito da oferta de produtos ou serviços, é **INCORRETO** afirmar:

(A) Deve informar sobre os riscos que apresentam à saúde e segurança dos consumidores.

(B) Deve assegurar informações corretas, claras, precisas, ostensivas e em língua portuguesa sobre suas características, qualidades, quantidade, composição, preço, garantia, prazos de validade e origem.

(C) Deverá ser mantida por período razoável de tempo, quando cessadas a produção ou importação.

(D) As informações veiculadas não integram o contrato que vier a ser celebrado.

(E) O consumidor poderá exigir o cumprimento forçado da obrigação.

ANOTAÇÕES/COMENTÁRIOS

(a) O CDC estabelece o dever de informação quanto aos riscos, conforme artigo 31: "A oferta e apresentação de produtos ou serviços devem assegurar informações corretas, claras, precisas, ostensivas e em língua portuguesa sobre suas características, qualidades, quantidade, composição, preço, garantia, prazos de validade e origem, entre outros dados, bem como sobre os riscos que apresentam à saúde e segurança dos consumidores."

(b) O CDC estabelece o dever de informação quanto aos riscos, conforme artigo 31: "A oferta e apresentação de produtos ou serviços devem assegurar informações corretas, claras, precisas, ostensivas e em língua portuguesa sobre suas características, qualidades, quantidade, composição, preço, garantia, prazos de validade e origem, entre outros dados, bem como sobre os riscos que apresentam à saúde e segurança dos consumidores."

(c) Nos termos do artigo 32 do CDC, fabricantes e importadores deverão assegurar a oferta de componentes e peças de reposição enquanto não cessar a fabricação ou importação do produto. E, no parágrafo único, dispõe que "Cessadas a produção ou importação, a oferta deverá ser mantida por período razoável de tempo, na forma da lei."

(d) O Código de Defesa do Consumidor define, ao contrário do que disposto na alternativa, que toda informação suficientemente precisa que seja veiculada integra o contrato que vier a ser celebrado, nos termos do artigo 30: "Toda informação ou publicidade, suficientemente precisa, veiculada por qualquer forma ou meio de comunicação com relação a produtos e serviços oferecidos ou apresentados, obriga o fornecedor que a fizer veicular ou dela se utilizar e integra o contrato que vier a ser celebrado."

(e) Quando o fornecedor de produto ou serviço recusar cumprimento à oferta, apresentação ou publicidade, o consumidor poderá optar entre exigir o cumprimento forçado da obrigação, aceitar outro produto ou serviço, rescindir o contrato. É o que dispõe o artigo 35: "I – exigir o cumprimento forçado da obrigação, nos termos da oferta, apresentação ou publicidade;.."

Gabarito: D

Para responder, tem que estudar: lei.

62. (MPE/SP/Promotor/2019/93_Concurso) A respeito da convenção coletiva de consumo, assinale a alternativa **INCORRETA**.

(A) Tornar-se-á obrigatória a partir da homologação pelo órgão do Ministério Público com atribuição.

(B) Pode regular as relações de consumo, envolvendo condições relativas ao preço, à qualidade, à quantidade, à garantia e características de produtos e serviços.

(C) Pode ser firmada entre as entidades civis de consumidores e as associações de fornecedores ou sindicatos de categoria econômica.

(D) Pode dispor sobre a forma de reclamação e de composição do conflito de consumo.

(E) Somente obrigará os filiados às entidades signatárias.

ANOTAÇÕES/COMENTÁRIOS

(a) O Código de Defesa do Consumidor, Lei n° 8.078/90, regulamenta a convenção coletiva de consumo no Título V. O artigo 107, parágrafo 1º, define que a convenção se torna obrigatória a partir do registro do instrumento no cartório, sem qualquer exigência de que haja homologação pelo Ministério Público: "A convenção tornar-se-á obrigatória a partir do registro do instrumento no cartório de títulos e documentos." Como bem esclarece Leonardo de Medeiros Garcia, em seu "Código de Defesa do Consumidor, 2017, pág. 574: "Já a convenção coletiva é celebrada entre particulares, não prevendo a participação de nenhum órgão público".

(b) O artigo 107 do CDC define que é possível que a convenção coletiva de consumo envolva questões relativas a preço, qualidade, quantidade, garantia e características de produtos e serviços: "As entidades civis de consumidores e as associações de fornecedores ou sindicatos de categoria econômica podem regular, por convenção escrita, relações de consumo que tenham por objeto estabelecer condições relativas ao preço, à qualidade, à quantidade, à garantia e características de produtos e serviços, bem como à reclamação e composição do conflito de consumo."

(c) Redação do caput do artigo 107 do CDC: "As entidades civis de consumidores e as associações de fornecedores ou sindicatos de categoria econômica podem regular, por convenção escrita, relações de consumo que tenham por objeto estabelecer condições relativas ao preço, à qualidade, à quantidade, à garantia e características de produtos e serviços, bem como à reclamação e composição do conflito de consumo."

(d) Redação do caput do artigo 107 do CDC: "As entidades civis de consumidores e as associações de fornecedores ou sindicatos de categoria econômica podem regular, por convenção escrita, relações de consumo que tenham por objeto estabelecer condições relativas ao preço, à qualidade, à quantidade, à garantia e características de produtos e serviços, bem como à reclamação e composição do conflito de consumo."

(e) Conforme dispõe o parágrafo 2º do artigo 107 do CDC, "A convenção somente obrigará os filiados às entidades signatárias."

Gabarito: A

Para responder, tem que estudar: lei.

2.5. Infância e Juventude

63. (MPE/SP/Promotor/2015/91_Concurso) Nos termos da Lei n° 8.069/90 (ECA):

I. O compromisso de ajustamento de conduta pode ser tomado por qualquer dos legitimados para as ações cíveis fundadas em interesses coletivos ou difusos afetos à infância e juventude.

II. O compromisso de ajustamento de conduta pode ser tomado apenas pelo Ministério Público.

III. Na ação cível ajuizada em defesa de interesse individual indisponível, uma vez configurado o descumprimento da obrigação, a multa diária imposta ao réu, liminarmente ou na sentença, reverte em favor do autor (menor).

IV. As multas não recolhidas até trinta dias após o trânsito em julgado da decisão serão exigidas através de execução promovida pelo Ministério Público, em ação própria.

Está correto apenas o contido em:

a) II, III e IV.

b) II e III.

c) IV.

d) I e IV.

e) Todos os itens estão incorretos.

ANOTAÇÕES/COMENTÁRIOS

(I) O rol dos legitimados para as ações cíveis é mais amplo, englobando as associações, que não constam no rol dos legitimados para tomar compromisso de ajustamento de conduta (apenas os órgãos públicos legitimados). Lei nº 8.069/90: "Art. 210. Para as ações cíveis fundadas em interesses coletivos ou difusos, consideram-se legitimados concorrentemente: I – o Ministério Público; II – a União, os estados, os municípios, o Distrito Federal e os territórios; III – as associações legalmente constituídas há pelo menos um ano e que incluam entre seus fins institucionais a defesa dos interesses e direitos protegidos por esta Lei, dispensada a autorização da assembléia, se houver prévia autorização estatutária"; "Art. 211. Os órgãos públicos legitimados poderão tomar dos interessados compromisso de ajustamento de sua conduta às exigências legais, o qual terá eficácia de título executivo extrajudicial".

(II) Não há exclusividade do Ministério Público. Lei nº 8.069/90: "Art. 211. Os órgãos públicos legitimados poderão tomar dos interessados compromisso de ajustamento de sua conduta às exigências legais, o qual terá eficácia de título executivo extrajudicial".

(III) A multa não é revertida em favor do menor. Lei nº 8.069/90: "Art. 214. Os valores das multas reverterão ao fundo gerido pelo Conselho dos Direitos da Criança e do Adolescente do respectivo município".

(IV) Não se exige em ação própria, e sim nos mesmos autos. Lei nº 8.069/90: "Art. 214, § 1º As multas não recolhidas até trinta dias após o trânsito em julgado da decisão serão exigidas através de execução promovida pelo Ministério Público, nos mesmos autos, facultada igual iniciativa aos demais legitimados".

Gabarito: E

Para responder, tem que estudar: lei.

64. (MPE/SP/Promotor/2015/91_Concurso) Nos termos da Lei nº 8.069/90 (ECA), entre outras funções, compete ao Ministério Público:

I. Instaurar procedimentos administrativos.
II. Instaurar sindicâncias.
III. Determinar a instauração de inquérito policial.
IV. Impetrar "habeas corpus".
V. Impetrar mandado de injunção.

Está correto apenas o contido em:

a) I, II, III e IV.
b) II, III, IV e V.
c) III e IV.
d) II e III.
e) Todos os itens estão corretos.

ANOTAÇÕES/COMENTÁRIOS

(I) Lei nº 8.069/90: "Art. 201. Compete ao Ministério Público: VI – instaurar procedimentos administrativos e, para instruí-los: a) expedir notificações para colher depoimentos ou esclarecimentos e, em caso de não comparecimento injustificado, requisitar condução coercitiva, inclusive pela polícia civil ou militar; b) requisitar informações, exames, perícias e documentos de autoridades municipais, estaduais e federais, da administração direta ou indireta, bem como promover inspeções e diligências investigatórias; c) requisitar informações e documentos a particulares e instituições privadas".

(II) Lei nº 8.069/90: "Art. 201. Compete ao Ministério Público: VII – instaurar sindicâncias, requisitar diligências investigatórias e determinar a instauração de inquérito policial, para apuração de ilícitos ou infrações às normas de proteção à infância e à juventude".

(III) Lei nº 8.069/90: "Art. 201. Compete ao Ministério Público: VII – instaurar sindicâncias, requisitar diligências investigatórias e determinar a instauração de inquérito policial, para apuração de ilícitos ou infrações às normas de proteção à infância e à juventude".

(IV) Lei nº 8.069/90: "Art. 201. Compete ao Ministério Público: IX – impetrar mandado de segurança, de injunção e "habeas corpus", em qualquer juízo, instância ou tribunal, na defesa dos interesses sociais e individuais indisponíveis afetos à criança e ao adolescente".

(V) Lei nº 8.069/90: "Art. 201. Compete ao Ministério Público: IX – impetrar mandado de segurança, de injunção e "habeas corpus", em qualquer juízo, instância ou tribunal, na defesa dos interesses sociais e individuais indisponíveis afetos à criança e ao adolescente".

Gabarito: E

Para responder, tem que estudar: lei.

3. AÇÃO CIVIL PÚBLICA

65. (MPE/SP/Promotor/2011/88_Concurso) Assinale a alternativa correta.

a) A coisa julgada no mandado de segurança coletivo, na falta de regulamentação específica em sua lei de regência, deve observar o disposto na Lei da Ação Civil Pública e no Código de Defesa do Consumidor.

b) A coisa julgada na ação civil pública para defesa de interesses individuais homogêneos é erga omnes, salvo se tiver sido julgada improcedente por insuficiência de provas, situação na qual não será oponível a quem tenha sofrido dano e venha a promover ou tenha promovido ação individual.

c) A coisa julgada na ação civil pública para defesa de interesses difusos tem abrangência similar à da ação popular, ou seja, é erga omnes, salvo se tiver sido julgada improcedente por insuficiência de provas, embora a sentença, no segundo caso, esteja submetida ao reexame necessário para transitar em julgado.

d) A coisa julgada no mandado de segurança coletivo, por se tratar de hipótese de substituição processual, aproveita apenas àqueles membros do grupo ou categoria filiados à entidade associativa impetrante.

e) A coisa julgada na ação popular, como aquela proferida na ação de improbidade administrativa, segue o regime do Processo Civil, diferenciando se dessa última por estar submetida ao reexame necessário para transitar em julgado.

ANOTAÇÕES/COMENTÁRIOS

(a) A coisa julgada tem regulamentação própria na Lei 12.016/2009: "Art. 22. No mandado de segurança coletivo, a sentença fará coisa julgada limitadamente aos membros do grupo ou categoria substituídos pelo impetrante".

(b) A coisa julgada na ação civil pública para defesa de interesses individuais homogêneos é erga omnes somente no caso de procedência do pedido, conforme dispõe o Código de Defesa do Consumidor: "Art. 103. Nas ações coletivas de que trata este código, a sentença fará coisa julgada: (...) III – erga omnes, apenas no caso de procedência do pedido, para beneficiar todas as vítimas e seus sucessores, na hipótese do inciso III do parágrafo único do art. 81".

(c) Transcrição dos artigos 18 e 19 da Lei 4.717/65: "Art. 18. A sentença terá eficácia de coisa julgada oponível "erga omnes", exceto no caso de haver sido a ação julgada improcedente por deficiência de prova; neste caso, qualquer cidadão poderá intentar outra ação com idêntico fundamento, valendo-se de nova prova; Art. 19. A sentença que concluir pela carência ou pela improcedência da ação está sujeita ao duplo grau de jurisdição, não produzindo efeito senão depois de confirmada pelo tribunal; da que julgar a ação procedente caberá apelação, com efeito suspensivo", e do artigo16 da Lei 7.347/85:

"Art. 16. A sentença civil fará coisa julgada erga omnes, nos limites da competência territorial do órgão prolator, exceto se o pedido for julgado improcedente por insuficiência de provas, hipótese em que qualquer legitimado poderá intentar outra ação com idêntico fundamento, valendo-se de nova prova".

(d) A coisa julgada no mandado de segurança coletivo atinge os membros do grupo ou categoria substituídos pelo impetrante, conforme define a Lei 12.016/20009: "Art. 22. No mandado de segurança coletivo, a sentença fará coisa julgada limitadamente aos membros do grupo ou categoria substituídos pelo impetrante.

(e) A coisa julgada na ação popular não segue o CPC, tendo regulamentação própria, e a Lei 4.717/65 determina: "Art. 18. A sentença terá eficácia de coisa julgada oponível "erga omnes", exceto no caso de haver sido a ação julgada improcedente por deficiência de prova; neste caso, qualquer cidadão poderá intentar outra ação com idêntico fundamento, valendo-se de nova prova". No caso da ação de improbidade, não há consenso na doutrina sobre o regime jurídico aplicável, e Cleber Masson (Interesses Difusos e Coletivos Esquematizado) ensina que são três os principais entendimentos sobre o assunto: "1) A coisa julgada segue o regime comum do Código de Processo Civil: as sentenças terminativas operam apenas o efeito preclusivo da coisa julgada formal, ao passo que as sentenças definitivas assumem a imutabilidade característica da coisa julgada material, com eficácia apenas entre as partes. É a posição adotada por aqueles que não veem na ação de improbidade administrativa uma espécie de ação civil pública. 2) A coisa julgada segue um regime jurídico misto: no que se refere à aplicação das sanções punitivas (ex.: suspensão dos direitos políticos), o regime aplicável é o comum do processo civil; já em relação à sanção de ressarcimento ao erário, o regime aplicável é o do art. 16 da ACP (coisa julgada secundum eventum litis, com eficácia erga omnes). 3) A coisa julgada segue o regime do microssistema do processo coletivo: a sentença na ação civil de improbidade administrativa faz coisa julgada erga omnes (arts. 18 da Lei da Ação Popular; art. 16 da Lei da Ação Civil Pública; e art. 103, I, do CDC), dada a dimensão difusa dos interesses por ela tutelados (patrimônio público e moralidade administrativa)." Esta última é a posição adotada por Cleber Masson.

Gabarito: C

Para responder, tem que estudar: lei.

66. (MPE/SP/Promotor/2013/90_Concurso) Assinale a alternativa incorreta. Sem prejuízo da ação popular, regem-se pelas disposições da Lei n. 7.347/85 (Lei de Ação Civil Pública) as ações de responsabilidade por danos morais e patrimoniais causados, dentre outros,

a) ao meio ambiente; ao consumidor; a bens e direitos de valor estético, histórico e paisagístico; ao contribuinte; à ordem urbanística e a qualquer outro interesse difuso ou coletivo.

b) ao meio ambiente; ao consumidor; a bens e direitos de valor artístico, estético, histórico e paisagístico; ao contribuinte e a qualquer outro interesse difuso ou coletivo.

c) ao meio ambiente; ao consumidor; por infração da ordem econômica ou da economia popular; a bens e direitos de valor artístico, estético, histórico e paisagístico; à ordem urbanística e a qualquer outro interesse difuso ou coletivo.

d) ao consumidor; por infração da ordem econômica ou da economia popular; a bens e direitos de valor artístico, estético, histórico e paisagístico; à ordem urbanística; ao contribuinte e a qualquer outro interesse difuso ou coletivo.

e) ao meio ambiente; ao consumidor; por infração da ordem econômica; a bens e direitos de valor artístico, estético, histórico e paisagístico; ao contribuinte; e a qualquer outro interesse difuso ou coletivo.

ANOTAÇÕES/COMENTÁRIOS

(a, b, d, e) A defesa do contribuinte não é passível de tutela pela via da ação civil pública.

(c) Esta é a única assertiva da qual não consta a defesa do contribuinte como passível de tutela pela via da ação civil pública. E assim é por força do disposto no parágrafo único do art. 1º da Lei 7347/85, que expressamente exclui do âmbito da ação civil pública pretensões que envolvam tributos, dentre outros interesses. Vide ainda RE 195.056-PR e mais recentemente análise do Recurso Extraordinário com Agravo (ARE) 694294, o Supremo Tribunal Federal (STF), o qual por meio de deliberação no Plenário Virtual reafirmou jurisprudência no sentido de que o Ministério Público não tem legitimidade processual para requerer, por meio de ação civil pública, pretensão de natureza tributária em defesa dos contribuintes, visando questionar a constitucionalidade de tributo. A decisão da C. Corte ocorreu por maioria dos votos e teve repercussão geral reconhecida. No STJ, do RESP 997614, 2010, constou que é cediço que o Ministério Público não ostenta legitimidade para deduzir em juízo pretensão de natureza tributária em defesa dos contribuintes, quer no processo cognitivo, quer no processo satisfativo.

Questão anulada, pois pedia a incorreta e o gabarito apontado seria da alternativa correta.

Gabarito: X

Para responder, tem que estudar: jurisprudência.

67. (MPE/SP/Promotor/2015/91_Concurso) Nos termos da Lei nº 7.347/85 (Lei da Ação Civil Pública):

I. Em caso de desistência infundada ou abandono da ação por associação legitimada, cabe privativamente ao Ministério Público assumir a titularidade ativa da ação.

II. É facultado ao Poder Público e a outras associações legitimadas habilitar-se como litisconsortes de qualquer das partes.

III. Os órgãos públicos legitimados poderão instaurar inquérito civil, ou requisitar, de qualquer organismo público ou particular, certidões, informações, exames ou perícias, no prazo que assinalar, o qual não poderá ser inferior a 10 (dez) dias úteis.

IV. A multa cominada liminarmente será exigível do réu desde o dia em que se houver configurado o descumprimento.

V. A ação civil poderá ter por objeto a condenação em dinheiro ou o cumprimento de obrigação de fazer ou não fazer.

Está correto apenas o contido em:

a) I, II e IV.

b) II e V.

c) II, III, IV e V.

d) IV e V.

e) II, IV e V.

ANOTAÇÕES/COMENTÁRIOS

(I) Não é ato privativo do Ministério Público assumir a titularidade. Lei nº 7.347/85: "Art. 5º, § 3º Em caso de desistência infundada ou abandono da ação por associação legitimada, o Ministério Público ou outro legitimado assumirá a titularidade ativa".

(II) Lei nº 7.347/85: "Art. 5º, § 2º Fica facultado ao Poder Público e a outras associações legitimadas nos termos deste artigo habilitar-se como litisconsortes de qualquer das partes".

(III) Não são os órgãos públicos, e sim o Ministério Público que pode instaurar inquérito civil. Lei nº 7.347/85: "Art. 8º, § 1º O Ministério Público poderá instaurar, sob sua presidência, inquérito civil, ou requisitar, de qualquer organismo público ou particular, certidões, informações, exames ou perícias, no prazo que assinalar, o qual não poderá ser inferior a 10 (dez) dias úteis".

(IV) A multa só é exigível após o trânsito em julgado. Lei nº 7.347/85: "Art. 12, § 2º A multa cominada liminarmente só será exigível do réu após o trânsito em julgado da decisão favorável ao autor, mas será devida desde o dia em que se houver configurado o descumprimento".

(V) Lei nº 7.347/85: "Art. 3º A ação civil poderá ter por objeto a condenação em dinheiro ou o cumprimento de obrigação de fazer ou não fazer".

Gabarito: B

Para responder, tem que estudar: lei.

68. (MPE/SP/Promotor/2017/92_Concurso) Leia as seguintes afirmações com relação à ação civil pública (Lei n. 7.347/85) e assinale a alternativa incorreta.

a) O Presidente do Tribunal a quem competir o conhecimento do recurso poderá, a requerimento de pessoa jurídica de direito público interessada, em decisão motivada e irrecorrível, suspender a execução de liminar concedida em ação civil pública, para evitar grave lesão à ordem, à saúde, à segurança e à economia pública.
b) Se a associação legitimada desistir, infundadamente, da ação civil pública por ela proposta, o Ministério Público ou outro legitimado assumirá o polo ativo da relação processual.
c) A multa fixada liminarmente só será exigível do réu após o trânsito em julgado da decisão favorável ao autor, mas será devida desde o dia em que for configurado o descumprimento.
d) Decorridos 60 (sessenta) dias do trânsito em julgado da sentença condenatória sem que a associação autora promova a execução, deverá fazê-lo o Ministério Público, facultada a mesma iniciativa aos demais legitimados.
e) Na ação que tenha por objeto o cumprimento da obrigação de fazer, o juiz determinará a cumprimento da prestação da atividade devida, sob pena de execução específica, ou de cominação de multa diária, independentemente de requerimento do autor, se esta for suficiente e compatível.

ANOTAÇÕES/COMENTÁRIOS

(a) Da decisão cabe agravo, conforme dispõe a Lei nº 7.347/85: "Art. 12, § 1º A requerimento de pessoa jurídica de direito público interessada, e para evitar grave lesão à ordem, à saúde, à segurança e à economia pública, poderá o Presidente do Tribunal a que competir o conhecimento do respectivo recurso suspender a execução da liminar, em decisão fundamentada, da qual caberá agravo para uma das turmas julgadoras, no prazo de 5 (cinco) dias a partir da publicação do ato."

(b) Em conformidade com o artigo 5º, parágrafo 3º, da Lei nº 7.347/85: "Art. 5º, § 3º Em caso de desistência infundada ou abandono da ação por associação legitimada, o Ministério Público ou outro legitimado assumirá a titularidade ativa."

(c) Em conformidade com Lei nº 7.347/85: "Art. 12, § 2º A multa cominada liminarmente só será exigível do réu após o trânsito em julgado da decisão favorável ao autor, mas será devida desde o dia em que se houver configurado o descumprimento."

(d) Em conformidade com Lei nº 7.347/85: "Art. 15. Decorridos sessenta dias do trânsito em julgado da sentença condenatória, sem que a associação autora lhe promova a execução, deverá fazê-lo o Ministério Público, facultada igual iniciativa aos demais legitimados."

(e) Em conformidade com Lei nº 7.347/85: "Art. 11. Na ação que tenha por objeto o cumprimento de obrigação de fazer ou não fazer, o juiz determinará o cumprimento da prestação da atividade devida ou a cessação da atividade nociva, sob pena de execução específica, ou de cominação de multa diária, se esta for suficiente ou compatível, independentemente de requerimento do autor."

Gabarito: A

Para responder, tem que estudar: lei.

69. (MPE/SP/Promotor/2019/93_Concurso) A associação "X", constituída em 1999 com a única finalidade de tutela coletiva dos direitos dos consumidores, ingressou com ação civil pública ambiental em face do município "Y", pretendendo impedir a continuidade de obras de alargamento de um logradouro, sob alegação de que a ampliação poderia causar dano ao meio ambiente. O magistrado, embora reconhecendo o atendimento do requisito da pré-constituição, considerou ausente a pertinência temática para a propositura da demanda. Nesse caso, o processo deve ser extinto, sem resolução do mérito,

(A) por ausência de possibilidade jurídica do pedido.

(B) por falta de interesse processual.

(C) por ausência de legitimidade ativa.

(D) por ausência de pressuposto processual.

(E) por falta de capacidade jurídica.

ANOTAÇÕES/COMENTÁRIOS

(a) Vide resposta à alternativa C

(b) Vide resposta à alternativa C

(c) A Lei nº 7.347/85 dispõe sobre legitimidade no artigo 5º, quando menciona que a associação, para propor a ação civil pública, deve estar constituída há pelo menos 01 ano e incluir, entre suas finalidades institucionais, alguma das situações ali elencadas. Como o enunciado da questão fala em ausência da pertinência temática, infere-se que se cuida de ausência de legitimidade ativa, nos termos do citado artigo 5º:

> "Art. 5º Têm legitimidade para propor a ação principal e a ação cautelar:
>
> [...] V – a associação que, concomitantemente:
>
> a) esteja constituída há pelo menos 1 (um) ano nos termos da lei civil;
>
> b) inclua, entre suas finalidades institucionais, a proteção ao patrimônio público e social, ao meio ambiente, ao consumidor, à ordem econômica, à livre concorrência, aos direitos de grupos raciais, étnicos ou religiosos ou ao patrimônio artístico, estético, histórico, turístico e paisagístico."
>
> Recurso especial. Ação civil pública. Associação demandante que tem por objeto a proteção dos direitos do consumidor. Ação que tem por objeto a condenação das demandas (seguradoras) a indenizar as vítimas de danos pessoais ocorridos com veículos automotores, beneficiárias do DPVAT, nos montantes fixados pelo art. 3º da lei n. 6.194/1974. Ausência de pertinência temática. Reconhecimento. Extinção do processo, sem julgamento de mérito, ante a ausência de legitimidade ativa ad causam da associação autora. Necessidade. Recurso especial provido (STJ. 2ª seção. Resp 1.091/756/mg, rel. Min. Marco Buzzi, red. P/ o ac. Min. Marco Aurélio Bellizze, j. 13.12.2017).

(d) Vide resposta à alternativa C

(e) Vide resposta à alternativa C

A questão foi objeto de recuso, sob o argumento de o "tema ser objeto de divergência doutrinária. A questão envolve a análise da pertinência temática para o processo coletivo e enseja a indagação se a ausência de pertinência temática do legitimado ativo revela a extinção do processo, sem resolução do mérito, por falta de: a) legitimidade ativa; b) possibilidade jurídica do pedido; c) interesse processual; d) pressuposto processual ou e) capacidade jurídica.

Os recorrentes apresentaram posições doutrinárias que entendem ser o caso de ausência de pressuposto processual e de interesse processual, em divergência ao gabarito publicado, que indica como alternativa correta a relacionada à falta de legitimidade ativa. As manifestações doutrinárias apresentadas mostram a dificuldade científica no enquadramento da hipótese, sob o prisma acadêmico, nas alternativas indicadas na questão. Porém, essa divergência verificada na academia não se reflete na jurisprudência, que proclama a falta de legitimidade ativa do demandante, em processos objetivos ou subjetivos, sempre que lhe faltar a pertinência temática exigida. A questão impugnada faz a narrativa de uma situação hipotética e pretende uma resposta com base na manifestação reiterada da Jurisdição. Esta, como já dito, manifesta-se invariavelmente pela ausência de condição da ação, mais propriamente de legitimidade ativa, quando constatada a falta de pertinência temática, aqui restrita à correspondência entre sua finalidade institucional e o objeto da demanda. A título de ilustração, veja-se a decisão do STF no Repercussão Geral no Recurso Extraordinário com Agravo n. 690.838-MG, em que se reconheceu a legitimidade da Defensoria Pública para ajuizar ação civil pública em defesa de interesses difusos. Também no Ag. Reg. no Recurso Extraordinário n. 976.609-BA e na ADI n. 3.943, que igualmente reconheceram legitimidade ativa da Defensoria Pública para a tutela coletiva. Em relação ao Ministério Público ocorreu o mesmo. No Recurso Extraordinário n. 163.231/SP, reconheceu-se a legitimidade do Ministério Público para promover ação civil pública em defesa dos interesses difusos, coletivos e homogêneos em relação às mensalidades escolares, em face de seu perfil institucional, o que resultou na edição da Súmula 643, que diz: "O Ministério Público tem legitimidade para promover ação civil pública cujo fundamento seja a ilegalidade de reajuste de mensalidades escolares". No âmbito do STJ, reconheceu-se a legitimidade do Parquet na Súmula **329** ("O Ministério Público tem legitimidade para propor ação civil pública em defesa do patrimônio público") e na Súmula **601** ("O Ministério Público tem legitimidade ativa para atuar na defesa de direitos difusos, coletivos e individuais homogêneos dos consumidores, ainda que decorrentes da prestação de serviço público"), considerando a pertinência temática presente no seu delineamento institucional. Não é diferente o posicionamento do STF para as associações, em especial nos processos objetivos, em que considera sua legitimação ativa a partir da respectiva pertinência temática. Nesse sentido, na ADPF 144, da relatoria do Min. Celso de Mello, reconheceu-se a existência de pertinência temática e, consequentemente, de legitimidade ativa da Associação dos Magistrados Brasileiros – AMB para "ajuizamento de ADPF contra interpretação judicial de que possa resultar lesão a preceito fundamental". Em suma, em que pese a divergência doutrinária existente, a jurisprudência do Supremo Tribunal Federal e do Superior Tribunal de Justiça reconhece a carência da condição da ação de legitimidade ativa quando faltar ao demandante a pertinência temática, tanto em processos objetivos, como em subjetivos, o que demonstra a adequação da questão formulada e do respectivo gabarito.

O gabarito da questão foi mantido.

Gabarito: C

Para responder, tem que estudar: Lei e Jurisprudência

70. (MPE/SP/Promotor/2019/93_Concurso) Considerando o entendimento consolidado do Supremo Tribunal Federal, assinale a alternativa **INCORRETA**.

(A) A ausência de registro na Anvisa não impede o fornecimento de medicamento por decisão judicial.

(B) Os entes da Federação, em decorrência da competência comum, são solidariamente responsáveis nas demandas prestacionais na área da saúde, e diante dos critérios constitucionais de descentralização e hierarquização, compete à autoridade judicial direcionar o cumprimento conforme as regras de repartição de competências e determinar o ressarcimento a quem suportou o ônus financeiro.

(C) O Estado não pode ser obrigado a fornecer medicamentos experimentais.

(D) É possível, excepcionalmente, a concessão judicial de medicamento sem registro sanitário, em caso de mora irrazoável da Anvisa em apreciar o pedido (prazo superior ao previsto na Lei nº 13.411/2016), quando preenchidos três requisitos: I – a existência de pedido de registro do medicamento no Brasil, salvo no caso de medicamentos órfãos para doenças raras e ultrarraras; II – a existência de registro do medicamento em renomadas agências de regulação no exterior; III – a inexistência de substituto terapêutico com registro no Brasil.

(E) As ações que demandem o fornecimento de medicamentos sem registro na Anvisa deverão ser necessariamente propostas em face da União.

ANOTAÇÕES/COMENTÁRIOS

(a) No julgamento do RE 657718/MG, rel. orig. Min. Marco Aurélio, red. p/ o ac. Min. Roberto Barroso, julgado em 22/5/2019 (repercussão geral) (Info 941), restou decidido que: "2. A ausência de registro na Agência Nacional de Vigilância Sanitária (Anvisa) impede, como regra geral, o fornecimento de medicamento por decisão judicial".

(b) No julgamento do RE 855178 restou definido que: "1. É da jurisprudência do Supremo Tribunal Federal que o tratamento médico adequado aos necessitados se insere no rol dos deveres do Estado, porquanto responsabilidade solidária dos entes federados. O polo passivo pode ser composto por qualquer um deles, isoladamente, ou conjuntamente."

(c) No julgamento do RE 657.718/2019, Informativo 941, decidiu-se que: "4. Provimento parcial do recurso extraordinário, apenas para a afirmação, em repercussão geral, da seguinte tese: "1. O Estado não pode ser obrigado a fornecer medicamentos experimentais."

(d) No julgamento do RE 657718 decidiu-se que: "4. Provimento parcial do recurso extraordinário, apenas para a afirmação, em repercussão geral, da seguinte tese: "1. O Estado não pode ser obrigado a fornecer medicamentos experimentais. 2. A ausência de registro na ANVISA impede, como regra geral, o fornecimento de medicamento por decisão judicial. 3. É possível, excepcionalmente, a concessão judicial de medicamento sem registro sanitário, em caso de mora irrazoável da ANVISA em apreciar o pedido de registro (prazo superior ao previsto na Lei nº 13.411/2016), quando preenchidos três requisitos: (i) a existência de pedido de registro do medicamento no Brasil (salvo no caso de medicamentos órfãos para doenças raras e ultrarraras); (ii) a existência de registro do medicamento em renomadas agências de regulação no exterior; e (iii) a inexistência de substituto terapêutico com registro no Brasil. 4. As ações que demandem fornecimento de medicamentos sem registro na Anvisa deverão necessariamente ser propostas em face da União".

(e) No julgamento do RE 657718 ficou definido que: "4. Provimento parcial do recurso extraordinário, apenas para a afirmação, em repercussão geral, da seguinte tese: "4. As ações que demandem fornecimento de medicamentos sem registro na Anvisa deverão necessariamente ser propostas em face da União".

A questão foi objeto de recurso. Segundo o examinador, "A questão tem por base os entendimentos consolidados pelo Supremo Tribunal Federal no julgamento dos Recursos Extraordinários 657.718 e 855.178, oportunidade em que foram fixadas duas teses pela Suprema Corte. A primeira, decorrente do RE 657.718, tem o seguinte teor: "1) o Estado não pode ser obrigado a fornecer medicamentos experimentais. 2) A ausência de registro na Anvisa impede, como regra geral, o fornecimento de medicamento por decisão judicial. 3) É possível, excepcionalmente, a concessão judicial de medicamento sem registro sanitário, em caso de mora irrazoável da Anvisa em apreciar o pedido (prazo superior ao previsto na Lei 13.411/2016), quando preenchidos três requisitos: I – a existência de pedido de registro do medicamento no Brasil, salvo no caso de medicamentos órfãos para doenças raras e ultrarraras; II – a existência de registro do medicamento em renomadas agências de regulação no exterior; III – a inexistência de substituto terapêutico com registro no Brasil. 4) As ações que demandem o fornecimento de medicamentos sem registro na Anvisa deverão ser necessariamente propostas em face da União. A segunda tese, derivada do RE 855.178, definiu: "Os entes da Federação, em decorrência da competência comum, são solidariamente responsáveis nas demandas prestacionais na área da saúde e, diante dos critérios constitucionais de descentralização e hierarquização, compete à autoridade judicial direcionar o cumprimento conforme as regras de repartição de competências e determinar o ressarcimento a quem suportou o ônus financeiro".

De acordo com o examinador, "As alternativas constantes da questão constituem reprodução do contido nas teses do STF, exceto a indicada no gabarito como incorreta, que foi assim redigida: "a ausência de registro na Anvisa NÃO impede o fornecimento de medicamento por decisão judicial", invertendo-se a premissa fixada pelo Supremo Tribunal Federal. A alternativa considerada no gabarito não reflete o entendimento do STF, que estabeleceu como regra geral o impedimento de fornecimento de medicamento por decisão judicial se ausente o registro na Anvisa. A regra geral deixa de incidir apenas em relação às exceções indicadas pelo próprio julgado. Observe-se que não há qualquer contradição no enunciado e entre as alternativas, que correspondem ao raciocínio desenvolvido pela Suprema Corte nas decisões citadas, cabendo ao candidato formular a distinção entre a regra geral e as exceções dispostas nas decisões, demonstrando, assim, conhecimento sobre o conteúdo de relevante tema de interesse direto do Ministério Público. Assinale-se que a redação da alternativa não precisa reproduzir textualmente o entendimento consolidado do STF. A supressão da expressão "como regra geral", reclamada nos recursos, foi necessária para a aferição da capacidade de interpretação e entendimento do candidato. A sua ausência não comprometeu o conteúdo da questão, mesmo porque outra alternativa, que complementa o raciocínio firmado pela Suprema Corte, permitia ao candidato concluir pela incorreção da resposta indicada no gabarito. De outra parte, contrariamente ao alegado no recurso 116, não há erro na "parte final" da alternativa que dispõe: "os entes da Federação, em decorrência da competência comum, são solidariamente responsáveis nas demandas prestacionais na área da saúde, e diante dos critérios constitucionais de descentralização e hierarquização, compete à autoridade judicial direcionar o cumprimento conforme as regras de repartição de competências e determinar o ressarcimento a quem suportou o ônus financeiro". A redação é idêntica ao contido no julgado acima indicado e o recorrente vale-se de julgado proferido antes da consolidação realizada pela Suprema Corte. Por fim, inviável a alteração do gabarito, pois a alternativa que pretendem seja considerada incorreta está em consonância com a redação constante do julgamento do STF."

O gabarito da questão foi mantido.

Gabarito: A

Para responder, tem que estudar: Jurisprudência

4. INQUÉRITO CIVIL

71. (MPE/SP/Promotor/2011/88_Concurso) Analise as seguintes afirmações a respeito do Inquérito Civil:

I. aplica-se a publicidade dos atos praticados, com exceção dos casos em que haja sigilo legal ou em que a publicidade possa acarretar prejuízo às investigações, casos em que a decretação do sigilo legal deverá ser motivada;

II. o membro do Ministério Público responsável pelo Inquérito poderá prestar informações, inclusive aos meios de comunicação social, a respeito das providências adotadas para apuração de fatos em tese ilícitos, externando, desde logo, seu posicionamento quanto aos fatos em apuração;

III. a publicidade inclui o direito de vista dos autos em Secretaria, mas não a extração de cópias, que poderá ser suprida por certidão a ser deferida mediante requerimento fundamentado do interessado;

IV. a restrição à publicidade deverá ser decretada em decisão motivada, para fins do interesse público, e poderá ser, conforme o caso, limitada a determinadas pessoas, provas, informações, dados, períodos ou fases, cessando quando extinta a causa jurídica que a motivou.

Está correto apenas o contido em

a) I e II.

b) I, II e III.

c) I e IV.

d) II, III e IV.

e) III e IV.

ANOTAÇÕES/COMENTÁRIOS

(I) Repete o disposto na Resolução nº 23 do CNMP: "Art. 7º Aplica-se ao inquérito civil o princípio da publicidade dos atos, com exceção dos casos em que haja sigilo legal ou em que a publicidade possa acarretar prejuízo às investigações, casos em que a decretação do sigilo legal deverá ser motivada".

(II) O membro do Ministério Público não deve externar seu posicionamento, vide Resolução nº 23 do CNMP: "Art. 8º Em cumprimento ao princípio da publicidade das investigações, o membro do Ministério Público poderá prestar informações, inclusive aos meios de comunicação social, a respeito das providências adotadas para apuração de fatos em tese ilícitos, abstendo-se, contudo de externar ou antecipar juízos de valor a respeito de apurações ainda não concluídas".

(III) A publicidade inclui a extração de cópias, conforme determina a Resolução nº 23 do CNMP: "Art. 7º, § 2º A publicidade consistirá: (...) III -na expedição de certidão e na extração de cópias sobre os fatos investigados, mediante requerimento fundamentado e por deferimento do presidente do inquérito civil; IV -na prestação de informações ao público em geral, a critério do presidente do inquérito civil; V – concessão de vistas dos autos, mediante requerimento fundamentado do interessado ou de seu procurador legalmente constituído e por deferimento total ou parcial do presidente do inquérito civil". Também o ato normativo nº. 484-CPJ, de 5 de outubro de 2006, define: "Art. 8º, § 2º. A publicidade também consistirá: I – na expedição de certidões ou na prestação de informações ao interessado, no prazo de 15 (quinze) dias; II – na concessão de exame dos autos, na secretaria, bem como extração de cópias, mediante o prévio pagamento dos emolumentos fixados; III – no fornecimento ao investigado, às suas expensas, de cópia do termo de declarações por ele prestadas, ou de ato do qual tenha participado pessoalmente, ainda que a investigação seja sigilosa".

(IV) Em conformidade com a Resolução nº 23 do CNMP: "Art. 7º, § 4º A restrição à publicidade deverá ser decretada em decisão motivada, para fins do interesse público, e poderá ser, conforme o caso, limitada a determinadas pessoas, provas, informações, dados, períodos ou fases, cessando quando extinta a causa que a motivou". Ainda, o ato normativo nº. 484-CPJ, de 5 de outubro de 2006, define: "Art. 8º, § 4º. A restrição à publicidade deverá ser decretada em decisão motivada, para fins do interesse público, e poderá ser, conforme o caso, limitada a determinadas pessoas, provas, informações, dados, períodos ou fases, cessando quando extinta a causa jurídica que a motivou".

Gabarito: C

Para responder, tem que estudar: lei.

72. (MPE/SP/Promotor/2011/88_Concurso) Assinale a alternativa correta acerca do arquivamento do Inquérito Civil.

a) Encerradas as investigações com a propositura de ação civil pública, quando esta não abranger todos os fatos e pessoas mencionados na portaria inicial do inquérito civil, deverá ser promovido, em decisão fundamentada, o arquivamento em relação a eles perante o Conselho Superior do Ministério Público.

b) A designação de outro membro à vista da recusa de homologação de promoção de arquivamento ou de provimento de recurso contra o indeferimento de representação é ato exclusivo do Procurador Geral de Justiça, independentemente da decisão do Conselho Superior do Ministério Público.

c) Recebida representação e obtida a satisfação do interesse por ela veiculado, no prazo de 30 (trinta) dias, e não havendo outra providência a tomar, o órgão do Ministério Público que a recebeu está dispensado de promover seu arquivamento perante o Conselho Superior do Ministério Público.

d) Celebrado o compromisso de ajustamento, o presidente do inquérito civil adotará as providências para verificação de seu cumprimento, após o qual lançará nos autos promoção de arquivamento e os remeterá à análise do Conselho Superior do Ministério Público.

e) Celebrado e homologado o compromisso de ajustamento de conduta, em caráter excepcional, poderá ser celebrada a novação, nos termos da lei civil, caso em que o presidente do inquérito civil deverá motivá-la, sem, no entanto, promover novo arquivamento do inquérito civil, pois, como no ajuste homologado, não poderá ocorrer disponibilidade do interesse objeto do inquérito civil.

ANOTAÇÕES/COMENTÁRIOS

(a) Repete o disposto no ato normativo nº. 484-CPJ, de 5 de outubro de 2006: "Art. 92. Quando a ação civil pública não abranger todos os fatos e pessoas mencionadas na portaria inicial do inquérito civil, será promovido, em decisão fundamentada, o arquivamento em relação a eles, enviando-se cópia dos autos ao Conselho Superior do Ministério Público para o reexame necessário, no prazo de 3 (três) dias".

(b) Ato normativo n. 484-CPJ, de 5 de outubro de 2006: "Art. 100, § 2º. Se o Conselho Superior do Ministério Público deixar de homologar a promoção de arquivamento, comunicará o fato, desde logo, ao Procurador-Geral de Justiça, para a designação de outro órgão do Ministério Público para o ajuizamento da ação ou o prosseguimento das investigações".

(c) Ato normativo Nº. 484-CPJ, de 5 de outubro de 2006: "Art. 98. Atendida a notificação ou obtida a satisfação da representação, da reclamação ou das queixas referidas no artigo 17, e não havendo outra providência a tomar, será o inquérito civil encerrado na forma do artigo 92, inciso II, devendo ser encaminhados os autos do inquérito civil ao Conselho Superior do Ministério Público, para controle de eventual arquivamento implícito. § 1º. Na hipótese de desatendimento à notificação, o Ministério Público, se for o caso, deverá promover a ação civil competente, sem prejuízo de outras providências que entender cabíveis. § 2º. Na hipótese em que tiver sido expedida apenas recomendação, o inquérito civil será encerrado nos termos do artigo 90, após a comprovação nos autos do cumprimento do disposto no parágrafo único do artigo 97".

(d) A ordem dos atos está equivocada na assertiva. Ato normativo n. 484-CPJ, de 5 de outubro de 2006: "Art. 86. Após a celebração do compromisso de ajustamento, o presidente do inquérito civil lançará nos autos promoção de arquivamento, nos termos do artigo 91 deste ato normativo, para cumprimento do disposto no artigo 112, parágrafo único, da Lei Complementar Estadual nº 734, de 26 de novembro de 1993. § 1º. Homologado o arquivamento, os autos do inquérito civil serão restituídos ao órgão do Ministério Público de origem, que providenciará a imediata notificação do compromitente para o cumprimento das obrigações na forma e nos prazos avençados. § 2º. O acompanhamento periódico da execução deverá ser feito nos mesmos autos, e, decorridos os prazos avençados, ou no seu termo final, será providenciada a notificação do compromitente para comprovação do cumprimento das obrigações assumidas, sem prejuízo da realização de quaisquer diligências, especialmente técnicas, quando for o caso, a critério do presidente do inquérito civil.

(e) Ato normativo n. 484-CPJ, de 5 de outubro de 2006: "Art. 89. Em caráter excepcional, poderá ser celebrada a novação, nos termos da lei civil, caso em que o presidente do inquérito civil deverá, justificadamente: I – submetê-lo à homologação pelo Conselho Superior do Ministério Público, na hipótese de compromisso de ajustamento preliminar, nos termos do artigo 87; II – promover novo arquivamento do inquérito civil, na hipótese de compromisso de ajustamento definitivo, nos termos do artigo 86; III – observar, no que couber, o disposto no Capítulo II deste Título".

Gabarito: A

Para responder, tem que estudar: lei.

73. (MPE/SP/Promotor/2011/88_Concurso) Relativamente ao compromisso de ajustamento de conduta, assinale a alternativa que expressa corretamente suas características.

a) Trata-se de acordo, de atribuição dos órgãos públicos legitimados para a ação civil pública, pelo qual as partes transigem quanto à forma e ao prazo para atendimento do interesse difuso, coletivo ou individual homogêneo, sem dispor do interesse em questão, revestindo-se de eficácia de título executivo extrajudicial.

b) Trata-se de transação formulada nos termos da legislação civil, de atribuição dos órgãos públicos legitimados para a ação civil pública, pela qual as partes realizam concessões mútuas, para atendimento do interesse difuso, coletivo ou individual homogêneo, revestindo-se de eficácia de título executivo extrajudicial.

c) Trata-se de acordo, de atribuição exclusiva do Ministério Público, pelo qual as partes transigem quanto à forma e ao prazo para atendimento do interesse difuso, coletivo ou individual homogêneo, sem dispor do interesse em questão, revestindo-se de eficácia de título executivo judicial.

d) Trata-se de transação formulada nos termos da legislação civil, de atribuição exclusiva do Ministério Público, pela qual as partes realizam concessões mútuas, para atendimento do interesse difuso, coletivo ou individual homogêneo, revestindo-se da eficácia de título executivo judicial.

e) Trata-se de acordo, de atribuição dos órgãos públicos legitimados para a ação civil pública, pelo qual as partes transigem quanto à forma e ao prazo para atendimento do interesse difuso, coletivo ou individual homogêneo, sem dispor do interesse em questão, revestindo-se de eficácia de título executivo extrajudicial quando assinado por 2 (duas) testemunhas instrumentárias.

ANOTAÇÕES/COMENTÁRIOS

(a) De acordo com a Lei 7.347/85: "Art. 5º, § 6º Os órgãos públicos legitimados poderão tomar dos interessados compromisso de ajustamento de sua conduta às exigências legais, mediante cominações, que terá eficácia de título executivo extrajudicial". Quando da publicação do Informativo nº 892-STF, fixou-se o entendimento de que "A associação privada autora de uma ação civil pública pode fazer transação com o réu e pedir a extinção do processo, nos termos do art. 487, III, "b", do CPC. STF. Plenário. ADPF 165/DF, Rel. Min. Ricardo Lewandowski, julgado em 1º/3/2018 (Info 892)." Segundo o STF, "mesmo sem previsão normativa, as associações privadas também podem fazer acordos nas ações coletivas, pois a existência de previsão explícita unicamente quanto aos entes públicos diz respeito ao fato de que somente podem fazer o que a lei determina, ao passo que aos entes privados é dado fazer tudo que a lei não proíbe. Para o Min. Ricardo Lewandoswki, "não faria sentido prever um modelo que autoriza a justiciabilidade privada de direitos e, simultaneamente, deixar de conferir aos entes privados as mais comezinhas faculdades processuais, tais como a de firmar acordos." (comentários disponíveis em https://dizerodireitodotnet.files.wordpress.com/2018/04/info-892-stf.pdf).assim, a questão está desatualizada diante do entendimento jurisprudencial.

(b) Hugo Nigro Mazzilli, em seu "A defesa dos interesses difusos em juízo", elenca as características do compromisso de ajustamento de conduta, dentre as quais: "(...) b) nele não há concessões de direito material por parte do órgão público legitimado, mas sim o causador do dano assume uma obrigação de fazer ou não fazer (ajustamento de conduta às obrigações legais)...".

(c) Hugo Nigro Mazzilli, em seu "A defesa dos interesses difusos em juízo", elenca as características do compromisso de ajustamento de conduta, dentre as quais: "(...) a) é tomado por termo por um dos órgãos públicos legitimados à ação civil pública; (...) e) não é colhido nem homologado em juízo...".

(d) Hugo Nigro Mazzilli, em seu "A defesa dos interesses difusos em juízo", elenca as características do compromisso de ajustamento de conduta, dentre as quais: "(...) a) é tomado por termo por um dos órgãos públicos legitimados à ação civil pública; b) nele não há concessões de direito material por parte do órgão público legitimado, mas sim o causador do dano assume uma obrigação de fazer ou não fazer (ajustamento de conduta às obrigações legais) (...) e) não é colhido nem homologado em juízo...".

(e) Hugo Nigro Mazzilli, em seu "A defesa dos interesses difusos em juízo", elenca as características do compromisso de ajustamento de conduta, dentre as quais: "(...) c) dispensam-se testemunhas instrumentárias...".

Gabarito: A, desatualizada de acordo com recente entendimento jurisprudencial

Para responder, tem que estudar: lei.

74. (MPE/SP/Promotor/2012/89_Concurso) No curso do inquérito civil, o promotor de Justiça não deve

a) expedir recomendações e relatórios anuais ou especiais para que sejam observados os direitos que lhe incumba defender ou para a adoção de medidas destinadas à prevenção ou controle de irregularidades.
b) sugerir à esfera de poder competente a edição de normas ou a alteração da legislação em vigor.
c) apurar falta disciplinar ou ilícito administrativo e requisitar à autoridade administrativa competente a aplicação das sanções cabíveis sob pena de prevaricação.
d) notificar a autoridade competente para que, em prazo razoável, adote as providências legais, no âmbito de seu poder de polícia, a fim de assegurar o respeito a interesses sociais.
e) receber petições, reclamações, representações e queixas de qualquer pessoa, por desrespeito aos direitos assegurados nas Constituições Federal e Estadual e ordenamento jurídico, as quais serão encaminhadas à autoridade competente para resposta e a devida solução, nos termos deste ato normativo e da legislação específica.

ANOTAÇÕES/COMENTÁRIOS

(a) Ato Normativo nº. 484-CPJ, de 5 de outubro de 2006, define: "Art. 6º. No exercício das suas atribuições o membro do Ministério Público poderá: I – expedir recomendações e relatórios anuais ou especiais para que sejam observados os direitos que lhe incumba defender ou para a adoção de medidas destinadas à prevenção ou controle de irregularidades".

b) Ato Normativo nº. 484-CPJ, de 5 de outubro de 2006, define: "Art. 6º. No exercício das suas atribuições o membro do Ministério Público poderá: II – sugerir à esfera de poder competente a edição de normas ou a alteração da legislação em vigor".

(c) O promotor de Justiça não deve apurar falta disciplinar ou ilícito administrativo, e sim propor à autoridade administrativa a instauração de sindicância ou processo administrativo, conforme determina o Ato Normativo nº. 484-CPJ, de 5 de outubro de 2006: "Art. 6º. No exercício das suas atribuições o membro do Ministério Público poderá: V – propor à autoridade administrativa competente a instauração de sindicância ou processo administrativo para a apuração de falta disciplinar ou ilícito administrativo".

d) Ato Normativo nº. 484-CPJ, de 5 de outubro de 2006, define: "Art. 6º. No exercício das suas atribuições o membro do Ministério Público poderá: III – notificar a autoridade competente para que, em prazo razoável, adote as providências legais, no âmbito de seu poder de polícia, a fim de assegurar o respeito a interesses sociais".

(e) Ato Normativo nº. 484-CPJ, de 5 de outubro de 2006, define: "Art. 6º. No exercício das suas atribuições o membro do Ministério Público poderá: IV – receber petições, reclamações, representações e queixas de qualquer pessoa, por desrespeito aos direitos assegurados nas Constituições Federal e Estadual e ordenamento jurídico, as quais serão encaminhadas à autoridade competente para resposta e a devida solução, nos termos deste ato normativo e da legislação específica".

Gabarito: C

Para responder, tem que estudar: lei.

75. (MPE/SP/Promotor/2012/89_Concurso) É correto afirmar:

a) Quando houver representação, o inquérito civil não poderá ser instaurado enquanto não for identificado o representante, ainda que o fato seja determinado.

b) Do indeferimento da representação caberá sempre recurso ao Conselho Superior do Ministério Público.

c) A representação para instauração do inquérito civil deverá ser apresentada por escrito, não devendo o Promotor de Justiça aceitá-la se for de outra forma.

d) A representação poderá ser indeferida sem necessidade de motivação, quando apócrifa.

e) Quando a representação formalmente em ordem, e sem peças de informação, for manifestamente improcedente, deverá ser autuada e arquivada, remetendo-se os autos de ofício ao Conselho Superior do Ministério Público para homologação do arquivamento.

ANOTAÇÕES/COMENTÁRIOS

(a) Ato Normativo nº. 484-CPJ, de 5 de outubro de 2006, define: "Art. 12, Parágrafo único. O membro do Ministério Público poderá instaurar inquérito civil, ainda que não identificado o representante, tratando-se de fato determinado.

(b) Ato Normativo nº. 484-CPJ, de 5 de outubro de 2006, define: "Art. 15, § 2º. Do indeferimento da representação caberá recurso ao Conselho Superior do Ministério Público, na forma prevista neste ato normativo".

(c) Ato Normativo nº. 484-CPJ, de 5 de outubro de 2006, define: "Art. 13, § 2º. A representação poderá ser apresentada verbalmente ao membro do Ministério Público, que a reduzirá a termo".

(d) Ato Normativo nº. 484-CPJ, de 5 de outubro de 2006, define: "Art. 15. A representação poderá ser indeferida motivadamente, no prazo de até 30 dias: I – pela inexistência de atribuição do Ministério Público para apuração do fato; II – pela ausência dos requisitos previstos em lei e neste ato normativo; III – se o fato tiver sido objeto de investigação ou de ação civil pública proposta pelo Ministério Público. § 1º. A falta de formalidade não implica o indeferimento da representação, salvo se, desde logo, mostrar-se improcedente a notícia".

(e) A Súmula 12 do Conselho Superior do Ministério Público de São Paulo determina que, se houver peças de informação na representação, deve-se sujeitar à homologação do Conselho: "Sujeita-se à homologação do Conselho Superior qualquer promoção de arquivamento de inquérito civil ou de peças de informação, bem como o indeferimento de representação, que contenha peças de informação, alusivos à defesa de interesses difusos, coletivos ou individuais homogêneos". Não é o caso da assertiva, que fala não existirem peças de informação, razão pela qual foi dada como incorreta à época da realização da prova (2012). Ocorre que posteriormente foi aprovada pelo Conselho Superior do Ministério Público de São Paulo a Súmula nº 50, facultando ao membro do MP submeter o indeferimento de representação a reexame pelo Conselho Superior: "É facultado ao membro do Ministério Público submeter o indeferimento de representação a reexame pelo Conselho Superior do Ministério Público, sem prejuízo da necessária notificação do interessado para eventual interposição do recurso".

Gabarito: B

Para responder, tem que estudar: lei.

76. (MPE/SP/Promotor/2012/89_Concurso) Com relação ao compromisso de ajustamento de conduta, é correto afirmar:

a) Não se admite, ainda que em caráter excepcional, que seja celebrada sua novação nos termos da lei civil.

b) Admite-se que seja celebrado com característica de ajuste preliminar.

c) Admite-se a dispensa parcial das obrigações reclamadas para a efetiva satisfação do interesse ou direito lesado.

d) Admite-se sua celebração em qualquer fase do inquérito civil, ainda que o fato não esteja devidamente esclarecido.

e) Não se admite a dispensa de multa cominatória como garantia do cumprimento da obrigação principal.

ANOTAÇÕES/COMENTÁRIOS

(a) Ato Normativo nº. 484-CPJ, de 5 de outubro de 2006, define: "Art. 89. Em caráter excepcional, poderá ser celebrada a novação, nos termos da lei civil, caso em que o presidente do inquérito civil deverá, justificadamente (...)".

(b) Ato Normativo nº. 484-CPJ, de 5 de outubro de 2006, define: "Art. 87. Quando houver necessidade da celebração de compromisso de ajustamento com característica de ajuste preliminar, que não dispense o prosseguimento de diligências para uma solução definitiva ou mais completa da questão, o órgão do Ministério Público poderá celebrá-lo, justificadamente, encaminhando os autos ao Conselho Superior do Ministério Público para homologação somente do compromisso, autorizando o prosseguimento das investigações".

(c) Ato Normativo nº. 484-CPJ, de 5 de outubro de 2006, define: "Art. 84, § 2º. É vedada a dispensa, total ou parcial, das obrigações reclamadas para a efetiva satisfação do interesse ou direito lesado, devendo a convenção com o responsável restringir-se às condições e estipulações de cumprimento das obrigações".

(d) Ato Normativo nº. 484-CPJ, de 5 de outubro de 2006, define: "Art. 83. Desde que o fato esteja devidamente esclarecido em qualquer fase do inquérito civil ou no curso de ação civil pública, o presidente do inquérito civil poderá tomar dos interessados compromisso de ajustamento para adequação de sua conduta às exigências legais, impondo-lhe o cumprimento das obrigações necessárias à prevenção, cessação ou reparação do dano".

(e) Ato Normativo nº. 484-CPJ, de 5 de outubro de 2006, define: "Art. 83, § 2º. Como garantia do cumprimento da obrigação principal, deverão ser estipuladas multas cominatórias, desde que possível". // ATENÇÃO: CNMP Resolução n. 179/2017 Regulamenta o § 6º, do artigo 5º, da Lei n. 7.347/85, disciplinando, a tomada do compromisso de ajustamento de conduta.

Gabarito: B

Para responder, tem que estudar: lei.

77. (MPE/SP/Promotor/2012/89_Concurso) Com relação ao inquérito civil, é correto afirmar:

a) Se o órgão do Ministério Público, esgotadas todas as diligências, se convencer da inexistência de fundamento para a propositura da ação civil, promoverá o arquivamento dos autos do inquérito civil ou das peças informativas, sem necessidade de fundamentação.

b) Os autos do inquérito civil ou das peças de informação arquivadas serão remetidos, sob pena de se incorrer em falta grave, no prazo de 30 (trinta) dias, ao Conselho Superior do Ministério Público.

c) A instauração do inquérito civil prescinde de uma portaria inicial que fixe o seu objeto e justifique a necessidade de sua instauração.

d) A promoção de arquivamento será submetida a exame e deliberação do Conselho Superior do Ministério Público, conforme dispuser o seu Regimento.

e) Deixando o Conselho Superior de homologar a promoção de arquivamento, determinará ao mesmo órgão do Ministério Público o ajuizamento da ação.

ANOTAÇÕES/COMENTÁRIOS

(a) Ato Normativo nº. 484-CPJ, de 5 de outubro de 2006, define: "Art. 91. O encerramento do inquérito civil, em quaisquer das hipóteses referidas no artigo anterior, não constitui ato de mero expediente, e deverá ser celebrado sempre de forma fundamentada".

(b) Ato Normativo nº. 484-CPJ, de 5 de outubro de 2006, define: "Art. 100. Sob pena de falta grave, os autos principais, com a promoção de arquivamento, deverão ser remetidos no prazo de 3 (três) dias contados da data da promoção, mediante comprovante, ao Conselho Superior do Ministério Público".

(c) Ato Normativo nº. 484-CPJ, de 5 de outubro de 2006, define: "Art. 19. O inquérito civil será instaurado por portaria, numerada em ordem crescente, renovada anualmente, devidamente registrada em livro próprio e autuada, observados os requisitos legais e também: I – o fundamento legal que autoriza a ação do Ministério Público, a descrição de seu objeto e a justificativa, ainda que sucinta, da necessidade da instauração e da atribuição do Ministério Público (...)".

(d) Ato Normativo nº. 484-CPJ, de 5 de outubro de 2006, define: "Art. 100, § 1º. A promoção de arquivamento será submetida, na forma do regimento interno, a exame e deliberação do Conselho Superior do Ministério Público em sessão pública, salvo se houver sigilo, que poderá (...)".

(e) Ato Normativo nº. 484-CPJ, de 5 de outubro de 2006, define: "Art. 100, § 3º. Se o Conselho Superior do Ministério Público deixar de homologar a promoção de arquivamento, comunicará o fato, desde logo, ao Procurador-Geral de Justiça, para a designação de outro órgão do Ministério Público para o ajuizamento da ação ou o prosseguimento das investigações".

Gabarito: D

Para responder, tem que estudar: lei.

78. (MPE/SP/Promotor/2012/89_Concurso) não corresponde à definição e natureza jurídica do inquérito civil:

a) procedimento administrativo.
b) de natureza inquisitorial.
c) de caráter obrigatório.
d) de caráter unilateral.
e) privativo do Ministério Público.

ANOTAÇÕES/COMENTÁRIOS

(a) Ato Normativo nº. 484-CPJ, de 5 de outubro de 2006, define: "Art. 2º. O inquérito civil é investigação administrativa (...)".

(b) Ato Normativo nº. 484-CPJ, de 5 de outubro de 2006, define: "Art. 2º. O inquérito civil (...) de caráter inquisitorial (...)".

(c) Não tem caráter obrigatório, e sim facultativo. Ato Normativo nº. 484-CPJ, de 5 de outubro de 2006, define: "Art. 2º. O inquérito civil é investigação administrativa, de caráter inquisitorial, unilateral e facultativo, instaurado e presidido pelo Ministério Público e destinado a apurar a ocorrência de danos efetivos ou potenciais a direitos ou interesses difusos, coletivos ou individuais homogêneos ou outros que lhe incumba defender, servindo como preparação para o exercício das atribuições inerentes às suas funções institucionais".

(d) Ato Normativo nº. 484-CPJ, de 5 de outubro de 2006, define: "Art. 2º. O inquérito civil (...) unilateral (...)".

(e) Ato Normativo nº. 484-CPJ, de 5 de outubro de 2006, define: "Art. 2º. O inquérito civil (...) instaurado e presidido pelo Ministério Público (...)". Como leciona Cleber Masson (Interesses Difusos e Coletivos Esquematizado, 2015), "Vale frisar que o inquérito civil é procedimento investigatório privativo do Ministério Público, sendo-lhe verdadeira prerrogativa constitucional (CF, art. 129, III)".

Gabarito: C

Para responder, tem que estudar: lei.

79. (MPE/SP/Promotor/2013/90_Concurso) No Inquérito Civil:

I. Se o órgão do Ministério Público, esgotadas todas as diligências, se convencer da inexistência de fundamento para a propositura da ação civil, promoverá o arquivamento dos autos do inquérito civil ou das peças informativas, fazendo-o fundamentadamente, hipótese em que as peças de informação arquivadas ou os autos do inquérito civil serão remetidos, sob pena de se incorrer em falta grave, no prazo de 3 (três) dias, ao Conselho Superior do Ministério Público.

II. A promoção de arquivamento do inquérito civil será submetida a exame e deliberação do Conselho Superior do Ministério Público, conforme dispuser o seu Regimento, sendo certo que deixando o Conselho de homologar a promoção de arquivamento, determinará, desde logo, que o órgão do Ministério Público que promoveu o arquivamento, ajuíze a ação.

III. A Lei de Ação Civil Pública (Lei n. 7.347/85) prevê expressamente que o Conselho Superior do Ministério Público, ao tomar conhecimento em primeira mão de fatos que possam ensejar a propositura de ação civil pública, determine de ofício ao Promotor de Justiça, com atribuição para tanto, a instauração de inquérito civil objetivando o ingresso da ação.

IV. Nos autos do inquérito civil, ou procedimento preparatório, o Ministério Público poderá expedir recomendações devidamente fundamentadas, visando à melhoria dos serviços públicos e de relevância pública, bem como aos demais interesses, direitos e bens cuja defesa lhe caiba promover.

V. Diante de suficientes elementos de convicção extraídos de autos de inquérito civil ou procedimento preparatório, no tocante à deficiência de serviços públicos e de relevância pública, tendo em vista o princípio da indisponibilidade da ação civil pública, deverá o Ministério Público promover desde então a respectiva ação civil pública para a garantia de tais interesses.

Está correto somente o que se afirma nos itens

a) I e IV.

b) II e III.

c) IV e V.

d) I e III.

e) I e V.

ANOTAÇÕES/COMENTÁRIOS

(I) Lei nº 7.347/85: "Art. 9º Se o órgão do Ministério Público, esgotadas todas as diligências, se convencer da inexistência de fundamento para a propositura da ação civil, promoverá o arquivamento dos autos do inquérito civil ou das peças informativas, fazendo-o fundamentadamente. § 1º Os autos do inquérito civil ou das peças de informação arquivadas serão remetidos, sob pena de se incorrer em falta grave, no prazo de 3 (três) dias, ao Conselho Superior do Ministério Público".

(II) Não será o mesmo órgão do Ministério Público, de acordo com a Lei nº 7.347/85: "Art. 9º, § 3º A promoção de arquivamento será submetida a exame e deliberação do Conselho Superior do Ministério Público, conforme dispuser o seu Regimento; § 4º Deixando o Conselho Superior de homologar a promoção de arquivamento, designará, desde logo, outro órgão do Ministério Público para o ajuizamento da ação".

(III) A Lei de Ação Civil Pública não tem previsão nesse sentido, pelo contrário, determina que, caso juízes e tribunais tenham conhecimento de fatos que ensejem a propositura de ação civil, devem remeter peças ao Ministério Público para que este tome as providências cabíveis (Lei nº 7.347/85: "Art. 7º Se, no exercício de suas funções, os juízes e tribunais tiverem conhecimento de fatos que possam ensejar a propositura da ação civil, remeterão peças ao Ministério Público para as providências cabíveis".

(IV) À época da realização do concurso (2013) estava vigente o artigo 15 da Resolução nº 23 do Conselho Nacional do Ministério Público, com a seguinte redação: "Art. 15. O Ministério Público, nos autos do inquérito civil ou do procedimento preparatório, poderá expedir recomendações devidamente fundamentadas, visando à melhoria dos serviços públicos e de relevância pública, bem como aos demais interesses, direitos e bens cuja defesa lhe caiba promover. Parágrafo único. É vedada a expedição de recomendação como medida substitutiva ao compromisso de ajustamento de conduta ou à ação civil pública". ATENÇÃO: este artigo foi revogado pela Resolução nº 164, de 28 de março de 2017, do CNMP, que passou a disciplinar a expedição de recomendações pelo Ministério Público de forma mais detalhada.

(V) A expressão "deverá o Ministério Público promover desde então a respectiva ação civil pública" está equivocada, pois o membro do Parquet tem à sua disposição outros instrumentos, dos quais pode lançar mão ao invés de promover a ação civil, como o inquérito civil.

Gabarito: A

Para responder, tem que estudar: lei.

80. (MPE/SP/Promotor/2013/90_Concurso) Assinale a alternativa incorreta.

a) Sem prejuízo de outras definições, do inquérito civil pode ser dito tratar-se de procedimento de natureza unilateral e facultativa, cabendo sua instauração com o fito de apurar fato que possa autorizar a tutela dos interesses ou direitos a cargo do Ministério Público nos termos da legislação aplicável, servindo como preparação para o exercício das atribuições inerentes às suas funções institucionais.

b) Nos termos da Lei n. 7.347/85, têm legitimidade para propor ação principal e a ação cautelar em matéria ambiental o Ministério Público, a Defensoria Pública, a União, os Estados, o Distrito Federal, os Municípios, a autarquia, empresa pública, fundação ou sociedade de economia mista, e a associação desde que esteja constituída há mais de um ano, nos termos da lei civil, na defesa da totalidade ou de parte dos seus associados, dispensada a previsão estatutária.

c) Somente o órgão do Ministério Público tem o poder de instaurar e presidir o inquérito civil.

d) Podem tomar compromisso de ajustamento do interessado o Ministério Público, a Defensoria Pública, a União, os Estados, o Distrito Federal e os Municípios, a autarquia, empresa pública, fundação ou sociedade de economia mista, negada essa possibilidade às associações legitimadas para a propositura da ação civil pública.

e) Nos termos da Lei n. 7.347/85, qualquer pessoa poderá, mas o servidor público deverá provocar a iniciativa do Ministério Público, ministrando-lhe informações sobre fatos que constituam objeto da ação civil e indicando-lhe os elementos de convicção.

ANOTAÇÕES/COMENTÁRIOS

(a) Ato Normativo n. 484-CPJ, de 5 de outubro de 2006: "Art. 2º. O inquérito civil é investigação administrativa, de caráter inquisitorial, unilateral e facultativo, instaurado e presidido pelo Ministério Público e destinado a apurar a ocorrência de danos efetivos ou potenciais a direitos ou interesses difusos, coletivos ou individuais homogêneos ou outros que lhe incumba defender, servindo como preparação para o exercício das atribuições inerentes às suas funções institucionais".

(b) O equívoco da assertiva está no prazo de constituição da associação, que deve ser de pelo menos 1 ano, e na ausência da exigência da pertinência temática, de acordo com a Lei nº 7.347/85: "Art. 5º Têm legitimidade para propor a ação principal e a ação cautelar: (...) V – a associação que, concomitantemente: a) esteja constituída há pelo menos 1 (um) ano nos termos da lei civil; b) inclua, entre suas finalidades institucionais, a proteção ao patrimônio público e social, ao meio ambiente, ao consumidor, à ordem econômica, à livre concorrência, aos direitos de grupos raciais, étnicos ou religiosos ou ao patrimônio artístico, estético, histórico, turístico e paisagístico". Ainda, em se tratando de direito difuso, verifica-se que a associação não poderia ingressar com ação em favor de parte dos seus membros, justamente pela indivisibilidade do objeto da ação civil pública ambiental. Finalmente, ação proposta por associação, sem pertinência temática, visando a tutela de direitos de parte ou totalidade de seus associados é atividade típica de representação processual, e não de substituição, esta última característica das ações civis públicas.

(c) Ato Normativo nº. 484-CPJ, de 5 de outubro de 2006, define: "Art. 2º. O inquérito civil (...) instaurado e presidido pelo Ministério Público (...)". Como leciona Cleber Masson (Interesses Difusos e Coletivos Esquematizado, 2015), "Vale frisar que o inquérito civil é procedimento investigatório privativo do Ministério Público, sendo-lhe verdadeira prerrogativa constitucional (CF, art. 129, III)".

(d) DIVERGENTE. A banca examinadora do Concurso admitiu erronia extrínseca na assertiva "D" ao fazer inserir no rol daqueles que podem tomar TAC todas as entidades constantes do inciso IV, do art. 5º., da Lei 7345/87, quando a doutrina se digladia a respeito do tema. "Alguns compreendem que cabe apenas ao Ministério Público; à Defensoria Pública; à União, aos Estados, ao Distrito Federal aos Municípios; e às autarquias e fundações públicas. Há ainda respeitável entendimento no sentido que em se tratando de empresas públicas, a ela é possível a tomada do TAC, entretanto desde que prestadora de serviço público, e não na hipótese de tratar-se de empresa exploradora de atividade econômica. Sociedades de economia mista estariam fora dessa relação. Há quem defenda a hipótese transcrita na assertiva, e até mesmo quem inclua as associações legitimadas no rol daqueles que podem tomar TAC. Todas as orientações são abalizadas por judiciosos fundamentos. Entretanto, admite-se que questão formulada nestes termos, desatende ao Art. 17, 1º., da Resolução n. 14, do Conselho Nacional do Ministério Público, que dispõe sobre regras gerais para o concurso de ingresso na carreira do Ministério Público, a prova preambular não pode ser formulada com base em entendimentos doutrinários divergentes. Desta forma, considera-se que a assertiva atacada no recurso contém erro em face da impossibilidade de sua inserção na prova, nos termos da cita Resolução, especialmente quando não ressalva a divergência doutrinária a respeito. A questão pode não estar errada em si, mas contraria referida Resolução" (vide Aviso 362/13-PGJ, disponível na internet) // // Diante da divergência doutrinária a respeito da proposição na alternativa "D", e considerando a inequívoca erronia da assertiva "B", dá-se provimento aos recursos voltados contra essa questão, de maneira a considerar nula esta questão". Aviso nº 362/13-PGJ.

(e) Lei nº 7.347/85: "Art. 6º Qualquer pessoa poderá e o servidor público deverá provocar a iniciativa do Ministério Público, ministrando-lhe informações sobre fatos que constituam objeto da ação civil e indicando-lhe os elementos de convicção".

Gabarito: X

Para responder, tem que estudar: lei.

81. (MPE/SP/Promotor/2017/92_Concurso) No exercício de suas funções institucionais, cabe ao Ministério Público expedir recomendação. Quanto a esse instrumento, assinale a alternativa correta.

a) Para a expedição de recomendação, deve ser instaurado inquérito civil.

b) A expedição de recomendação pelo Ministério Público impede que qualquer outro legitimado ajuíze ação pelo mesmo fato.

c) A recomendação não tem força vinculante, não obrigando o destinatário ao seu atendimento.

d) O Ministério Público pode expedir recomendação, não sendo necessária qualquer motivação.

e) O prazo para que o destinatário encaminhe, ao Ministério Público, resposta por escrito, é de 10 (dez) dias úteis, que pode ser prorrogado uma vez, por igual período.

ANOTAÇÕES/COMENTÁRIOS

(a) Não apenas no bojo de inquérito civil pode ser expedida recomendação, podendo também se dar em procedimento administrativo ou procedimento preparatório, conforme determina o artigo 3º da Resolução nº 164/CNMP: "Art. 3º O Ministério Público, de ofício ou mediante provocação, nos autos de inquérito civil, de procedimento administrativo ou procedimento preparatório, poderá expedir recomendação objetivando o respeito e a efetividade dos direitos e interesses que lhe incumba defender e, sendo o caso, a edição ou alteração de normas."

(b) Não há impedimento da atuação de outros legitimados, dado o caráter não vinculante da recomendação, que se dá no âmbito do inquérito civil, bem como o caráter concorrente e disjuntivo da atuação perante direitos coletivos. Como bem explica Cleber Masson (Interesses Difusos e Coletivos Esquematizado): "No tocante à natureza jurídica da legitimação para agir nas ações coletivas, anote-se, inicialmente, que se trata de legitimação concorrente e disjuntiva: Concorrente (como expressamente refere o art. 82, caput, do CDC), porque a legitimidade não foi deferida com exclusividade a determinado ente. Desde que preenchidos os requisitos legais, todos aqueles previstos nas citadas normas podem propor a ação civil pública; disjuntiva, porque cada legitimado pode agir sozinho, caso queira. O litisconsórcio com qualquer ou quaisquer dos outros legitimados é facultativo. É o que se infere da leitura dos §§ 2º e 5º do art. 5º da LACP.

(c) É o que prevê o inciso VIII do artigo 2º da Resolução 164/CNMP: "Art. 2º A recomendação rege-se, entre outros, pelos seguintes princípios: I – motivação; II – formalidade e solenidade; III – celeridade e implementação tempestiva das medidas recomendadas; IV – publicidade, moralidade, eficiência, impessoalidade e legalidade; V – máxima amplitude do objeto e das medidas recomendadas; VI – garantia de acesso à justiça; VII – máxima utilidade e efetividade; VIII – caráter não-vinculativo das medidas recomendadas (...)". // ATENÇÃO: CNMP Resolução n. 164/2017, disciplina a expedição de recomendações pelo Ministério Público Brasileiro.

(d) A motivação é uma das exigências previstas no artigo 2º da Resolução 164/CNMP: "Art. 2º A recomendação rege-se, entre outros, pelos seguintes princípios: I – motivação (...)"

(e) Conforme dispõe o artigo 10 da Resolução 164/CNMP, o Ministério Público pode requisitar resposta em prazo razoável: "Art. 10. O órgão do Ministério Público poderá requisitar, em prazo razoável, resposta por escrito sobre o atendimento ou não da recomendação, bem como instar os destinatários a respondê-la de modo fundamentado."

Gabarito: C

Para responder, tem que estudar: lei.

82. (MPE/SP/Promotor/2017/92_Concurso) Assinale a alternativa correta com relação ao inquérito civil.

a) É proibida a instauração de inquérito civil em razão de comunicação anônima.

b) Após a homologação do arquivamento do inquérito civil, as investigações podem ser reiniciadas se surgirem provas novas.

c) Sendo o inquérito civil um procedimento inquisitivo, nele é proibida qualquer intervenção do investigado.

d) O inquérito civil pode ser instaurado por qualquer legitimado para a ação civil pública.

e) Se a prova colhida pelo membro do Ministério Público demonstrar a não ocorrência do fato investigado, não é necessário juntá-la aos autos.

ANOTAÇÕES/COMENTÁRIOS

(a) Nos termos do artigo 2º, parágrafo 3º, da Resolução nº 23/CNMP é possível que comunicação anônima dê origem à instauração do procedimento: "Art. 2º, § 3º O conhecimento por manifestação anônima, justificada, não implicará ausência de providências, desde que obedecidos os mesmos requisitos para as representações em geral, constantes no artigo 2º, inciso II, desta Resolução."

(b) Havendo novas provas é possível o desarquivamento do inquérito civil, conforme dispõe o artigo 12 da Resolução nº 23/CNMP: "Art. 12. O desarquivamento do inquérito civil, diante de novas provas ou para investigar fato novo relevante, poderá ocorrer no prazo máximo de seis meses após o arquivamento. Transcorrido esse lapso, será instaurado novo inquérito civil, sem prejuízo das provas já colhidas."

(c) Não há proibição de intervenção do investigado, podendo apresentar razoes e quesitos, como é possível verificar pelo texto do parágrafo 11 do artigo 6º da Resolução 23/CNMP: "Art. 6º, § 11. O defensor constituído nos autos poderá assistir o investigado durante a apuração de infrações, sob pena de nulidade absoluta do seu depoimento e, subsequentemente, de todos os elementos investigatórios e probatórios dele decorrentes ou derivados, direta ou indiretamente, podendo, inclusive, no curso da respectiva apuração, apresentar razões e quesitos." Como bem esclarece Cleber Masson (Interesses Difusos e Coletivos Esquematizado, 2015), a ausência de contraditório e ampla defesa são características do inquérito civil, havendo uma mitigação do princípio inquisitivo, porém existindo meios de participação: "É o que se observa, por exemplo: No direito do potencial investigado de contra-arrazoar o recurso contra a decisão de indeferimento do requerimento (ou representação) de instauração de inquérito civil (Res. CNMP 23/2007, art. 5º, § 3º); No direito de ser informado sobre a instauração do inquérito civil (admissível, por exemplo, em certos casos, no MP/SP), e no direito de obtenção de certidões, cópias e vista dos autos, ressalvada a hipótese de decretação de sigilo (idem anterior, art. 7º); No direito, existente em alguns Estados, de o investigado recorrer administrativamente ao Conselho Superior do respectivo Ministério Público, contra a instauração do inquérito civil. Além das hipóteses previstas nas normas citadas, nada obsta a que a autoridade que presida o procedimento admita o contraditório na prática de alguns atos investigatórios. Desde que não comprometa o resultado da investigação, tal permissão ainda pode reforçar o poder probatório do ato, para fins de utilização em eventual ação civil pública. Nesse sentido, pode o Ministério Público, por exemplo, facultar ao investigado, ou a seu advogado, fazer reperguntas durante as oitivas, formular quesitos, indicar assistentes técnicos, e tomar conhecimento prévio da data e local da realização de perícias, a fim de que possa acompanhá-la e fornecer as informações técnicas que desejar."

(d) Apenas o Ministério Público é legitimado para instaurar inquérito civil como dispõe o artigo 8º, parágrafo 1º, da Lei nº 7347/85: "Art. 8º § 1º O Ministério Público poderá instaurar, sob sua presidência, inquérito civil, ou requisitar, de qualquer organismo público ou particular, certidões, informações, exames ou perícias, no prazo que assinalar, o qual não poderá ser inferior a 10 (dez) dias úteis." Nesse sentido também o artigo 3º da Resolução nº 23/CNMP: "Art. 3º Caberá ao membro do Ministério Público investido da atribuição para propositura da ação civil pública a responsabilidade pela instauração de inquérito civil."

(e) Toda prova colhida deve ser juntada aos autos, como determina o artigo 6º, parágrafo 3º, da Resolução nº 23/CNMP: "Art. 6º, § 3º Todas as diligências serão documentadas mediante termo ou auto circunstanciado

Gabarito: B

Para responder, tem que estudar: lei e teoria/doutrina.

83. (MPE/SP/Promotor/2017/92_Concurso) Quanto à representação para instauração de inquérito civil, assinale a alternativa correta.

a) A representação não pode ser feita por colegitimado à ação civil pública que, entendendo cabível a sua pretensão, deve ingressar em Juízo.
b) O representante deve comprovar a sua qualidade de cidadão.
c) Indeferida a representação, é cabível recurso do representante ao Conselho Superior do Ministério Público, no prazo de 10 (dez) dias, não podendo o Promotor de Justiça se retratar da decisão de indeferimento.
d) A representação deve ser escrita.
e) Se o membro do Ministério Público a quem for dirigida a representação não tiver atribuição para investigar o fato noticiado, deve remetê-la ao membro com atribuição.

ANOTAÇÕES/COMENTÁRIOS

(a) Pode o colegitimado representar pela instauração de inquérito civil, como prevê o artigo 2º, inciso II, da Resolução nº 23/CNMP: "Art. 2º O inquérito civil poderá ser instaurado: I – de ofício; II – em face de requerimento ou representação formulada por qualquer pessoa ou comunicação de outro órgão do Ministério Público, ou qualquer autoridade, desde que forneça, por qualquer meio legalmente permitido, informações sobre o fato e seu provável autor, bem como a qualificação mínima que permita sua identificação e localização (...)".

(b) A representação para instauração de inquérito civil pode ser formulada por qualquer pessoa, como dispõe o inciso II do artigo 2º da Resolução nº 23/CNMP: "Art. 2º O inquérito civil poderá ser instaurado: I – de ofício; II – em face de requerimento ou representação formulada por qualquer pessoa ou comunicação de outro órgão do Ministério Público, ou qualquer autoridade, desde que forneça, por qualquer meio legalmente permitido, informações sobre o fato e seu provável autor, bem como a qualificação mínima que permita sua identificação e localização (...)". A comprovação da qualidade de cidadão é exigida para ingresso de ação popular, e não para a representação para instauração do inquérito civil.

(c) É possível a retratação, como dispõe o artigo 5º, parágrafo 2º, da Resolução nº 23/CNMP: "Art. 5º, § 1º Do indeferimento caberá recurso administrativo, com as respectivas razões, no prazo de dez dias. § 2º As razões de recurso serão protocoladas junto ao órgão que indeferiu o pedido, devendo ser remetidas, caso não haja reconsideração, no prazo de três dias, juntamente com a representação e com a decisão impugnada, ao Conselho Superior do Ministério Público ou à Câmara de Coordenação e Revisão respectiva para apreciação."

(d) A representação pode ser verbal, conforme se verifica da redação do artigo 2º, parágrafo 2º, da Resolução nº 23/CNMP: "Art. 2º, § 2º No caso do inciso II, em sendo as informações verbais, o Ministério Público reduzirá a termo as declarações. (...)"

(e) "Artigo 2º, § 1º O Ministério Público atuará, independentemente de provocação, em caso de conhecimento, por qualquer forma, de fatos que, em tese, constituam lesão aos interesses ou direitos mencionados no artigo 1º desta Resolução, devendo cientificar o membro do Ministério Público que possua atribuição para tomar as providências respectivas, no caso de não a possuir."

Gabarito: E

Para responder, tem que estudar: lei.

84. (MPE/SP/Promotor/2017/92_Concurso) Assinale a alternativa correta quanto ao inquérito civil.

a) Se, notificada para prestar depoimento em inquérito civil, a testemunha não comparecer, ainda que por motivo justificado, será conduzida coercitivamente.

b) A nulidade do inquérito civil fulmina, com o mesmo vício, a ação civil pública que, com base nele, vier a ser proposta.

c) A portaria do inquérito civil deve delimitar o fato ou os fatos a serem investigados.

d) O inquérito civil é público, mas pode ser decretado o seu sigilo, a critério exclusivo do Promotor de Justiça, sendo desnecessária a motivação da decisão.

e) Da instauração do inquérito civil cabe recurso ao Conselho Superior do Ministério Público, no prazo de 10 (dez) dias, com efeito suspensivo.

ANOTAÇÕES/COMENTÁRIOS

(a) A condução coercitiva está prevista no caso de não comparecimento injustificado, conforme dispõe o artigo 104, inciso I, "a", da Lei Complementar nº 734/93, LOMPESP: "Art. 104. No exercício de suas funções, o Ministério Público poderá: I – instaurar inquéritos civis e outras medidas e procedimentos administrativos pertinentes e, para instruí-los: a) expedir notificações para colher depoimento ou esclarecimentos e, em caso de não comparecimento injustificado, requisitar condução coercitiva, inclusive pela Polícia Civil ou Militar, ressalvadas as prerrogativas previstas em lei (...)"

(b) Eventuais falhas na produção de provas do inquérito civil não ensejam nulidade da ação civil pública, como bem esclarece Cleber Masson (Interesses Difusos e Coletivos

Esquematizado, 2015): "A despeito de seu valor relativo, não há como vislumbrar nulidade processual, nem mesmo impedimento à propositura da ação, em supostas falhas na produção da prova em tais procedimentos, uma vez que eles consistem em simples procedimentos administrativos, inquisitivos e informais, que sequer configuram condição de procedibilidade ou pressuposto processual da ação civil pública. É evidente, porém, que, se alguma prova foi produzida de maneira inapropriada, menor será seu poder para convencer o julgador."

(c) Artigo 4º, inciso I, da Resolução nº 23/CNMP: 'Art. 4º O inquérito civil será instaurado por portaria, numerada em ordem crescente, renovada anualmente, devidamente registrada em livro próprio e autuada, contendo: I – o fundamento legal que autoriza a ação do Ministério Público e a descrição do fato objeto do inquérito civil (...)

(d) A decretação de sigilo deve ser motivada, como determina o artigo 7º da Resolução nº 23/CNMP: "Art. 7º Aplica-se ao inquérito civil o princípio da publicidade dos atos, com exceção dos casos em que haja sigilo legal ou em que a publicidade possa acarretar prejuízo às investigações, casos em que a decretação do sigilo legal deverá ser motivada."

(e) O prazo para o recurso da instauração do inquérito civil é de 5 dias, com efeito suspensivo, como dispõe o parágrafo 3º do artigo 121 do Ato Normativo n. 484-CPJ, de 2006: "Art. 121. Da instauração do inquérito civil caberá recurso do interessado, com efeito suspensivo, ao Conselho Superior do Ministério Público. (...) § 3º. O prazo para a interposição do recurso será de 5 (cinco) dias, contados da juntada da cópia da publicação mencionada no parágrafo anterior ou da data da ciência, pelo interessado, da instauração do inquérito civil, valendo o evento que acontecer primeiramente.

Gabarito: C

Para responder, tem que estudar: lei.

DIREITOS HUMANOS

Autora: Lauriene Ayres de Queiroz

VISÃO GERAL

PROVA DE DIREITOS HUMANOS

Foram comentadas as provas aplicadas pelo Ministério Público do Estado de São Paulo nos seguintes anos: 2011, 2012, 2013, 2015, 2017 e 2019.

As últimas provas sobre direitos humanos foram baseadas em lei seca, das provas analisadas, observa-se que três abordaram o Sistema Interamericano de Direitos Humanos, Pacto San José da Costa Rica, apesar da presença de questões anuladas, optamos por analisar todas as assertivas, pois recorrente a incidência de questões sobre funções e competências da Comissão e da Corte Interamericana de Direitos Humanos e sobre a legitimidade para apresentação de petições perante as mesmas. O Sistema Único de Saúde é também tema recorrente com questões sobre a Lei 8.080/90 e sobre a Ordem Social Título VIII da Constituição Federal. As provas também abordaram o Estatuto da Igualdade Racial, Lei 12.288/10, com questões conceituais definidas pela lei. Direitos das pessoas portadoras de transtornos mentais, Lei 10.216/01, com incidência de questões envolvendo internações psiquiátricas voluntárias, involuntárias e compulsórias.

No concurso de 2017 houve maior cobrança de jurisprudência e da atuação do Ministério Púbico nos temas relativos ao Sistema Único de Saúde e Pessoas com Deficiência.

TÓPICOS DO EDITAL	LEGISLAÇÃO	DOUTRINA	JURISPRUDÊNCIA
1. Conceito e evolução histórica: as dimensões dos Direitos Humanos.	1-2017	1-2017 1-2019	
2. Sistema Internacional de promoção e proteção dos Direitos Humanos. Sistema Interamericano	1-2011 1-2012 1-2015		
3. Tratados e Convenções Internacionais sobre Direitos Humanos incorporados pelo ordenamento brasileiro. Conflito com as normas constitucionais	**1-2019**	1-2017	
4. Ministério Público e a defesa dos Direitos Humanos	1-2011 1-2013 1-2017		
5. Sistema Único de Saúde.	1-2011 1-2012 1-2015		1-2017
6. Sistema Único de Assistência Social.	1-2012		
7. Direitos das pessoas portadoras de transtornos mentais	1-2013 1-2015 1-2019		
8. Igualdade Racial	1-2012 1-2013 1-2015		
9. Pessoas com deficiência	1-2011 1-2013		
10. População em situação de rua			
11. Homofobia			

1. CONCEITO E EVOLUÇÃO HISTÓRICA

1. **(MPE/SP/Promotor/2017/92_Concurso)** Os Direitos Humanos possuem estrutura variada, constituindo um feixe de direitos considerados fundamentais para a assecuração do vetor da Dignidade da Pessoa Humana. Em tal sentido, a doutrina costuma afirmar que os Direitos Humanos dividem-se em direito-pretensão,

direito-liberdade, direito-poder e direito-imunidade. Constituem exemplos de cada uma dessas espécies, respectivamente:

a) a inafastabilidade da jurisdição, o direito à associação, o direito à assistência judiciária e a imunidade parlamentar.
b) o acesso à saúde, a crença religiosa, a defesa da propriedade e o direito de não ser preso salvo em flagrante delito ou em virtude de decisão judicial fundamentada.
c) o acesso ao ensino fundamental, a liberdade de locomoção, o "habeas data" e o foro privilegiado.
d) a inafastabilidade da jurisdição, o direito à crítica, o acesso ao ensino infantil e a imunidade judiciária.
e) o direito de ação, o direito à união sindical, o mandado de segurança e o foro privilegiado.

ANOTAÇÕES/COMENTÁRIOS

(a, c, d, e) Vide comentários abaixo.

(b) Conforme leciona André de Carvalho Ramos (Curso de direitos humanos), todo direito exprime a faculdade de exigir de terceiro, que pode ser o Estado ou mesmo um particular, determinada obrigação. Por isso, os direitos humanos têm estrutura variada podendo ser: direito-pretensão, direito liberdade, direito poder e direito-imunidade que impõe obrigações ao Estado ou a particulares na forma de dever, ausência de direito, sujeição e incompetência. Direito-pretensão consiste na busca de algo, gerando a contrapartida de outrem do dever de prestar. Nesse sentido, determinada pessoa tem direito a algo, se outrem (Estado ou mesmo outro particular) tem o dever de realizar uma conduta que não viole esse direito. Assim, nasce o "direito-pretensão, como, por exemplo, o direito à educação fundamental que gera o dever do Estado de prestá-la gratuitamente (art. 208, I, da CF/88). Direito-liberdade consiste na faculdade de agir que gera a ausência de direito de qualquer outro ente ou pessoa. Assim, uma pessoa tem a liberdade de credo (art. 5º, VI, da CF/88), não possuindo o Estado (ou terceiros) nenhum direito (ausência de direito) de exigir que essa pessoa tenha determinada religião. Direito-poder implica uma relação de poder de uma pessoa de exigir determinada sujeição do Estado ou de outra pessoa. Assim, uma pessoa tem poder de, ao ser presa, requerer a assistência da família e de advogado, o que sujeita a autoridade pública a providenciar tais contatos (art. 5º, LXIII, da CF/88). Direito-imunidade consiste na autorização dada por uma norma a uma determinada pessoa, impedindo que outra interfira de qualquer modo. Assim, uma pessoa é imune a prisão, a não ser em flagrante delito ou ordem escrita e fundamentada de autoridade judiciária competente, salvo nos casos de transgressão militar ou crime propriamente militar (art. 5º, LVI, da CF), o que impede que outros agentes públicos (como, por exemplo, agentes policiais) possam alterar a posição da pessoa em relação à prisão.

Gabarito: B

Para responder, tem que estudar: lei e teoria/doutrina.

2. (MPE/SP/Promotor/2019_93 Concurso) Em relação aos Direitos Humanos, é correto afirmar:

a) são menos amplos que os direitos fundamentais quanto à proteção dos direitos individuais.

b) podem sofrer limitações em razão de interesse dos Estados.

c) são aqueles protegidos pela ordem internacional.

d) são aqueles que ainda não estão expressamente previstos no direito interno ou no direito internacional.

e) são aqueles previstos no plano interno dos Estados pelas Cartas Constitucionais.

ANOTAÇÕES/COMENTÁRIOS

(a, b, d, e) Vide comentários abaixo.

A questão aborda conceito e terminologia dos direitos humanos. Os direitos humanos possuem base normativa internacional e difere dos direitos fundamentais, que são assegurados pelas Constituições nacionais e são tutelados pela ordem jurídica interna. Já os direitos humanos estão previstos em instrumentos internacionais podendo submeter o Estado a um processo de responsabilização internacional. Conforme leciona Flávia Piovesan "a proteção dos direitos humanos não se deve reduzir ao domínio reservado do Estado, isto é, não se deve restringir à competência nacional exclusiva ou à jurisdição doméstica exclusiva, porque revela tema de legítimo interesse internacional. Por sua vez, esta concepção inovadora aponta para duas importantes consequências: 1ª) a revisão da noção tradicional de soberania absoluta do Estado que passa a sofrer um processo de relativização, na medida em que são admitidas intervenções no plano nacional, em prol da proteção dos direitos humanos; isto é, permitem-se formas de monitoramento e responsabilização internacional, quando os direitos humanos forem violados. 2ª) A cristalização da ideia de que o indivíduo deve ter direitos protegidos na esfera internacional, na condição de sujeito de Direito[1].

Gabarito: C

Para responder, tem que estudar doutrina

2. SISTEMA INTERNACIONAL DE PROMOÇÃO E PROTEÇÃO DOS DIREITOS HUMANOS

3. (MPE/SP/Promotor/2011/88_Concurso) São características do Sistema Interamericano de Direitos Humanos:

1. Piovesan, Flávia. Temas de direitos humanos/ Flávia Piovesan; prefácio de Fábio Konder Comparato.- 10 ed., rev., ampl e atual.- SãoPaulo:Saraiva, 2017, pág. 61.

a) ser composto pela Comissão e pela Corte Interamericana de Direitos Humanos; ser voltado apenas para funções jurisdicionais; exercer a Corte tais funções jurisdicionais por exclusiva iniciativa da vítima da violação do direito; exigir o esgotamento dos recursos previstos no direito interno; poder impor ao Estado, que reconheça sua jurisdição, medidas reparatórias e destinadas a garantir o exercício dos direitos violados.

b) ser composto pela Comissão e pela Corte Interamericana de Direitos Humanos; a Corte possuir funções consultivas e jurisdicionais; exercer a Corte suas funções jurisdicionais por exclusiva iniciativa da Comissão; exigir o esgotamento dos recursos previstos no direito interno; poder de propor à Assembleia Geral da Organização dos Estados Americanos a imposição de medidas sancionatórias ao Estado violador.

c) ser composto pela Corte Interamericana de Direitos Humanos; possuir funções consultivas e jurisdicionais; exercer a Corte suas funções por exclusiva iniciativa de um dos Estados membros da Organização dos Estados Americanos; exigir o esgotamento dos recursos previstos no direito interno; poder impor ao Estado, que reconheça sua jurisdição, medidas reparatórias e destinadas a garantir o exercício dos direitos violados.

d) ser composto pela Comissão e pela Corte Interamericana de Direitos Humanos; a Corte possuir funções consultivas e jurisdicionais; exercer a Corte suas funções jurisdicionais por exclusiva iniciativa da Comissão; exigir o esgotamento dos recursos previstos no direito interno; poder impor ao Estado, que reconheça sua jurisdição, medidas reparatórias e destinadas a garantir o exercício dos direitos violados.

e) ser composto pela Corte Interamericana de Direitos Humanos; possuir funções consultivas e jurisdicionais; exercer a Corte suas funções jurisdicionais por provocação da vítima da violação do direito, mediante denúncia a ser oferecida pelo órgão de acusação; exigir o esgotamento dos recursos previstos no direito interno; poder impor ao Estado membro da Organização dos Estados Americanos medidas reparatórias e destinadas a garantir o exercício dos direitos violados.

ANOTAÇÕES/COMENTÁRIOS

(a) Convenção Interamericana, art. 64 "Os Estados membros da Organização poderão consultar a Corte sobre a interpretação da Convenção ou de outros tratados concernentes à proteção dos direitos 2. A Corte, a pedido de um Estado membro da Organização, poderá emitir pareceres sobre a compatibilidade entre qualquer de suas leis internas e os mencionados instrumentos internacionais". Art. 61 "Somente os Estados Partes e a Comissão têm direito de submeter caso à decisão da Corte".

(b) Convenção Interamericana, art. 61 Somente os Estados Partes e a Comissão têm direito de submeter caso à decisão da Corte.

(c) Convenção Interamericana, art. 33 a, b "São competentes para conhecer dos assuntos relacionados com o cumprimento dos compromissos assumidos pelos Estados Partes nesta Convenção: a Comissão Interamericana de Direitos Humanos, e a Corte

Interamericana de Direitos Humanos. Art. 61 "Somente os Estados Partes e a Comissão têm direito de submeter caso à decisão da Corte".

(d) Convenção Interamericana, art. 33 a, b "São competentes para conhecer dos assuntos relacionados com o cumprimento dos compromissos assumidos pelos Estados Partes nesta Convenção: a Comissão Interamericana de Direitos Humanos, e a Corte Interamericana de Direitos Humanos. Art. 61" Somente os Estados Partes e a Comissão têm direito de submeter caso à decisão da Corte. // Questão anulada. Aviso nº 469/11-PGJ. Fundamentação da Banca: "Deve ser reconhecia a nulidade da questão em referência, em razão de ambiguidade insuperável em sua elaboração. De fato, como indicado nos recursos, a alternativa "D", indicada como correta no gabarito afirma ser característica, no Sistema Interamericano de Direitos Humanos, "exercer a Corte suas funções jurisdicionais por exclusiva iniciativa da Comissão". Embora se tenha pretendido indicar a impossibilidade de a vítima de violação de direitos humanos pleitear diretamente perante a Corte, como se verifica das alternativas "A" e "E", a afirmativa em exame, de maneira indevida, com a expressão "exclusiva", acabou por excluir também a possibilidade de os Estados-Partes, além da Comissão, submeterem caso à decisão da corte. De fato, considerada isoladamente, essa afirmação é contrária ao previsto na Convenção Interamericana de Direitos Humanos. Assim, os recursos interpostos devem ser acolhidos para reconhecer a nulidade da questão por deficiência na sua elaboração."

(e) Convenção Interamericana, art. 33 a, b "São competentes para conhecer dos assuntos relacionados com o cumprimento dos compromissos assumidos pelos Estados Partes nesta Convenção: a Comissão Interamericana de Direitos Humanos, e a Corte Interamericana de Direitos Humanos. Art. 61" Somente os Estados Partes e a Comissão têm direito de submeter caso à decisão da Corte".

Gabarito: X

Para responder, tem que estudar: lei.

4. (MPE/SP/Promotor/2012/89_Concurso) A Convenção Americana sobre Direitos Humanos Pacto de São José da Costa Rica estabelece que a Comissão Interamericana de Direitos Humanos tem a função principal de promover a observância e defesa dos direitos humanos, com as seguintes funções e competências:

a) Reprimir as graves violações praticadas contra os direitos humanos e apresentar relatório à Assembleia Geral da Organização das Nações Unidas sobre as providências tomadas.

b) Determinar aos governos dos Estados-Membros que adotem medidas em prol dos direitos humanos e denunciar aos Tribunais Internacionais a ocorrência de crimes contra a humanidade.

c) Receber petições de qualquer pessoa, grupo de pessoas, de entidade não governamental ou de Estado-Membro que contenham denúncias ou queixas de violação da Convenção por um Estado-Membro.

d) Preparar estudos e relatórios sobre a situação dos direitos humanos na América e capacitar pessoas para atuar na área de defesa dos direitos humanos.

e) Julgar os casos de violação dos direitos humanos na América e manter atualizadas as normas da Convenção Americana sobre Direitos Humanos.

ANOTAÇÕES/COMENTÁRIOS

(a) Art. 41, g da Convenção Interamericana, funções da Comissão "apresentar um relatório anual à Assembleia Geral da Organização dos Estados Americanos"

(b) Art. 41, b da Convenção Interamericana, funções da Comissão "formular recomendações aos governos dos Estados membros, quando o considerar conveniente, no sentido de que adotem medidas progressivas em prol dos direitos humanos no âmbito de suas leis internas e seus preceitos constitucionais, bem como disposições apropriadas para promover o devido respeito a esses direitos"

(c) Art. 44 da Convenção Interamericana, competência da Comissão "Qualquer pessoa ou grupo de pessoas, ou entidade não-governamental legalmente reconhecida em um ou mais Estados membros da Organização, pode apresentar à Comissão petições que contenham denúncias ou queixas de violação desta Convenção por um Estado Parte". // Questão anulada, por inexistência de alternativa correta. // Aviso n. 521/12-PGJ Fundamentação da banca: Efetivamente, a alternativa indicada como correta, correspondente à opção "C", apresenta, em sua redação, erro insanável, pois os Estados-membros da Convenção Americana sobre Direitos Humanos não dispõem do direito de petição à Comissão Interamericana de Direitos Humanos. A partícula "ou", inserida no texto da alternativa tornou a questão incorreta.

(d) Art. 41, c da Convenção Interamericana, funções da Comissão "preparar os estudos ou relatórios que considerar convenientes para o desempenho de suas funções".

(e) Convenção Interamericana, art. 33. A Comissão e a Corte Interamericana são os órgãos competentes para conhecer dos assuntos relativos à Convenção. Sendo que a Corte que tem competência consultiva, suas decisões, conforme art. 67, são definitivas e inapeláveis.

Gabarito: X

Para responder, tem que estudar: lei.

5. (MPE/SP/Promotor/2015/91_Concurso) Com referência ao Sistema Interamericano de Direitos Humanos, levando em consideração inclusive orientações do Supremo Tribunal Federal, assinale a alternativa correta:

a) A Corte Interamericana de Direitos Humanos é uma instituição judicial autônoma cujo objetivo é aplicar e interpretar a Convenção Americana, exercendo exclusivamente funções contenciosas.

b) Comissão Interamericana de Direitos Humanos tem apenas competências políticas, entre as quais se destacam a realização de visitas in loco e a preparação de relatórios sobre a situação dos direitos humanos nos Estados membros.

c) A Corte Interamericana de Direitos Humanos, no exercício de seu poder de resolução de casos contenciosos, atende petições formuladas pelos Estados Partes, por indivíduos ou organizações.

d) O mecanismo de supervisão de sentenças condenatórias é da competência da Comissão Interamericana de Direitos Humanos.

e) As sentenças da Corte Interamericana de Direitos Humanos são vinculantes, definitivas e inapeláveis.

ANOTAÇÕES/COMENTÁRIOS

(a) Arts. 62, e 64 da Convenção Interamericana, a Corte Interamericana tem competência contenciosa consultiva, e interpretativa.

(b) Art. 41 Convenção Interamericana de Direitos Humanos.

(c) Art. 44. Qualquer pessoa ou grupo de pessoas, ou entidade não-governamental legalmente reconhecida em um ou mais Estados-membros da Organização, pode apresentar à Comissão petições que contenham denúncias ou queixas de violação desta Convenção por um Estado-parte.

(d) Art. 30 da Estatuto da Corte Interamericano de Direitos Humanos/79, "A Corte submeterá à Assembleia Geral da OEA, em cada período ordinário de sessões, um relatório sobre suas atividades no ano anterior. Indicará os casos em que um Estado não houver dado cumprimento a suas sentenças."

(e) Art. 67 da Convenção "A sentença da Corte será definitiva e inapelável. Em caso de divergência sobre o sentido ou alcance da sentença, a Corte interpretá-la-á, a pedido de qualquer das partes, desde que o pedido seja apresentado dentro de noventa dias a partir da data da notificação da sentença"

Gabarito: E

Para responder, tem que estudar: lei.

3. TRATADOS E CONVENÇÕES INTERNACIONAIS SOBRE DIREITOS HUMANOS INCORPORADOS PELO ORDENAMENTO BRASILEIRO

6. **(MPE/SP/Promotor/2017/92_Concurso)** A Declaração Universal dos Direitos Humanos foi a responsável por definir direitos e liberdades fundamentais que deveriam ser garantidos por todos os Estados. Sem embargo, enquanto Carta de Declaração de Direitos, o texto não apresentava, por si próprio, força jurídica obrigatória e vinculante, donde indispensável o estudo de mecanismos capazes de assegurar o reconhecimento e a efetiva observância, pelos Estados, dos princípios por ela consagrados. Tais estudos resultaram na formação da denominada Carta Internacional dos Direitos Humanos (International Bill of Rights), que decorre:

a) da conjugação do Pacto Internacional de Direitos Civis e Políticos, do Pacto Internacional dos Direitos Econômicos, Sociais e Culturais e da Declaração Universal.

b) da alteração do status conferido à Declaração Universal pela Comissão dos Direitos Humanos da Organização das Nações Unidas.

c) do Pacto Internacional dos Direitos Econômicos, Sociais e Culturais.

d) da alteração do status conferido à Declaração Universal pela Assembleia Geral da Organização das Nações Unidas.

e) do Pacto Internacional de Direitos Civis e Políticos.

ANOTAÇÕES/COMENTÁRIOS

(a) A Carta Internacional dos Direitos Humanos, International Bill of Rights é constituída pela Declaração Universal dos Direitos Humanos, em conjunto com o Pacto Internacional dos Direitos Civis e Políticos e seus dois Protocolos Facultativos (sobre procedimento de comunicação e sobre abolição da pena de morte) e pelo Pacto Internacional dos Direitos Econômicos, Sociais. A adoção desses pactos objetivou incorporar os dispositivos da Declaração Universal sob a forma de preceitos juridicamente obrigatórios e vinculantes (site ONU; site OHCHR). A despeito da falta de referência aos Protocolos Facultativos como parte integrante da Carta Internacional de Direitos Humanos, a maioria das bancas considera correta a afirmativa de que a "Carta Internacional de Direitos Humanos é composta apenas pelo DUDH e pelos Pactos Internacional de Direitos Civis e Políticos, do Pacto Internacional dos Direitos Econômicos, Sociais e Culturais. ". Ao apreciar os recursos a banca examinadora anotou que: "A alternativa grafada como correta pelo gabarito encontra-se fiada no escólio doutrinário de Flávia Piovesan (Direitos Humanos e o Direito Constitucional Internacional. São Paulo: Saraiva, 2011, p. 216) e André de Carvalho Ramos (Curso de Direitos Humanos. São Paulo: Saraiva, 2014, p. 147). Os protocolos citados pelo Candidato como integrantes da denominada Carta Internacional dos Direitos Humanos (motivo por que, de acordo com suas assertivas, a alternativa estaria incorreta), em verdade, estendem a sua abrangência original, alcançando novas situações, sem que, do fato, decorra a força jurídica vinculante e obrigatória que levou à International Bill of Rights, como exposto no enunciado da questão. O fato tanto se mostra verídico que os protocolos são facultativos – ou seja, a força vinculante da Carta Internacional dos Direitos Humanos prescinde da adesão, pelos países Signatários dos Pactos, aos teores respectivos.

(b, c, d, e) Vide comentários acima.

Gabarito: A

Para responder, tem que estudar: teoria/doutrina.

7. (MPE/SP/Promotor/2019_93 Concurso) Assinale a alternativa que apresenta a Convenção Internacional ainda não ratificada pelo Estado brasileiro.

a) Convenção Interamericana sobre a Proteção dos Direitos Humanos dos Idosos.

b) Convenção Interamericana para Prevenir, Punir e Erradicar a Violência contra a Mulher.

c) Convenção Internacional sobre os Direitos da Criança.

d) Convenção sobre a Eliminação de todas as Formas de Discriminação contra a Mulher.

e) Convenção sobre Direitos das Pessoas com Deficiência.

ANOTAÇÕES/COMENTÁRIOS

Trata-se de questão que envolve conhecimento sobre Tratados e Convenções Internacionais sobre direitos humanos incorporados pelo ordenamento brasileiro, dos documentos internacionais mencionados, a **alternativa "a"** é a correta. A Convenção Interamericana sobre a Proteção dos Direitos Humanos dos Idosos é a única que não foi internalizada, cujo processo de internalização está pendente.

A Convenção Interamericana para Prevenir, Punir e Erradicar a Violência contra a Mulher foi promulgada pelo Decreto nº1973/96 depois de aprovada pelo Decreto Legislativo nº 107, de 31 de agosto de 1995;

A Convenção Internacional sobre os Direitos da Criança foi promulgada pelo Decreto nº99.710/90, depois de aprovada pelo Decreto Legislativo nº 28, de 14 de setembro de 1990. Em 2004 foi ratificado o **Protocolo Facultativo à Convenção sobre os Direitos da Criança sobre a Venda de Crianças, a Prostituição Infantil e a Pornografia Infantil e o Protocolo Facultativo à Convenção sobre os Direitos da Criança sobre o Envolvimento de Crianças em Conflitos Armados**. Em 2017 foi ratificado o **Protocolo Facultativo à Convenção sobre os Direitos da Criança sobre o Procedimento de Comunicações**.

A Convenção sobre a Eliminação de todas as Formas de Discriminação contra a Mulher foi promulgada pelo Decreto nº 4.377/02, depois de aprovada pelo Decreto Legislativo nº 93, de 14 de novembro de 1983,

A Convenção sobre Direitos das Pessoas com Deficiência foi promulgada pelo Decreto nº 6.949, de 25 de agosto de 2009, depois de aprovada pelo Decreto Legislativo nº 186, de 9 de julho de 2008. A Convenção possui status de emenda constitucional, por ter sido aprovada com o quórum qualificado previsto no §3º do art. 5º da CF/88. Assim como o Tratado de Marraqueche para facilitar o acesso a obras publicadas às pessoas cegas, com deficiência visual ou com outras dificuldades para ter acesso ao texto impresso.

Em 2021 foi ratificada a **Convenção Interamericana contra o Racismo, a Discriminação Racial e Formas correlatas de Intolerância**, também com **status de equivalência de emenda constitucional**, por ter sido aprovada com o quórum qualificado previsto no §3º do art. 5º da CF/88.

Gabarito:A

Para responder, tem que estudar: lei.

4. MINISTÉRIO PÚBLICO E A DEFESA DOS DIREITOS HUMANOS

8. (MPE/SP/Promotor/2013/90_Concurso) Sobre as regras dispostas na Lei n. 10.741, de 1º de outubro de 2003 (Estatuto do Idoso), a respeito das medidas específicas de proteção ao idoso, é incorreto afirmar:

a) As medidas de proteção previstas em lei poderão ser aplicadas isolada ou cumulativamente.

b) A inclusão em programa oficial e comunitário de auxílio, orientação e tratamento a usuários dependentes de drogas lícitas ou ilícitas é medida aplicável à pessoa de convivência do idoso que lhe cause perturbação, mas não se aplica ao idoso em respeito ao princípio da dignidade da pessoa humana.

c) São medidas aplicáveis ao idoso, dentre outras, o encaminhamento à família ou curador, mediante termo de responsabilidade, abrigo em entidade, abrigo temporário e a requisição para tratamento de sua saúde, em regime ambulatorial, hospitalar ou domiciliar.

d) O rol de medidas previstas no Estatuto do Idoso não é taxativo, tendo o legislador estabelecido a possibilidade de determinação ou aplicação de outras medidas.

e) Nas situações de ameaça ou violação aos direitos reconhecidos ao idoso, o Ministério Público ou o Poder Judiciário, a requerimento daquele, poderá determinar qualquer medida de proteção ao idoso.

ANOTAÇÕES/COMENTÁRIOS

(a) Lei 10.741/03, Art. 44. As medidas de proteção ao idoso previstas nesta Lei poderão ser aplicadas, isolada ou cumulativamente, e levarão em conta os fins sociais a que se destinam e o fortalecimento dos vínculos familiares e comunitários.

(b) Lei 10.741/03, art. 45. Verificada qualquer das hipóteses previstas no art. 43, o Ministério Público ou o Poder Judiciário, a requerimento daquele, poderá determinar, dentre outras, as seguintes medidas: IV – inclusão em programa oficial ou comunitário de auxílio, orientação e tratamento a usuários dependentes de drogas lícitas ou ilícitas, ao próprio idoso ou à pessoa de sua convivência que lhe cause perturbação.

(c) Art. 45. Verificada qualquer das hipóteses previstas no art. 43, o Ministério Público ou o Poder Judiciário, a requerimento daquele, poderá determinar, dentre outras, as seguintes medidas: I – encaminhamento à família ou curador, mediante termo de responsabilidade; II – orientação, apoio e acompanhamento temporários; III – requisição para tratamento de sua saúde, em regime ambulatorial, hospitalar ou domiciliar; IV – inclusão em programa oficial ou comunitário de auxílio, orientação e tratamento a usuários dependentes de drogas lícitas ou ilícitas, ao próprio idoso ou à pessoa de sua convivência que lhe cause perturbação – abrigo em entidade.

(d) Lei 10.741/03 art. 45. Verificada qualquer das hipóteses previstas no art. 43, o Ministério Público ou o Poder Judiciário, a requerimento daquele, poderá determinar, dentre outras, as seguintes medidas: rol de medidas previstas no Estatuto do Idoso não é taxativo, tendo o legislador estabelecido a possibilidade de determinação ou aplicação de outras medidas.

(e) Lei 10.741/03, art. 45

Gabarito: B

Para responder, tem que estudar: lei.

9. **(MPE/SP/Promotor/2011/88_Concurso)** O princípio da dignidade da pessoa humana

   a) está previsto constitucionalmente como um dos fundamentos da República e constitui um núcleo essencial de irradiação dos direitos humanos, devendo ser levado em conta em todas as áreas na atuação do Ministério Público.
   b) não está previsto constitucionalmente, mas consta do chamado Pacto de São José da Costa Rica, possuindo grande centralidade no reconhecimento dos direitos humanos e tendo reflexo na atuação criminal do Ministério Público.
   c) está previsto constitucionalmente como um dos objetivos da República e possui grande centralidade no reconhecimento dos direitos humanos, mas não tem reflexo direto na atuação criminal do Ministério Público.
   d) está previsto como um dos direitos fundamentais previstos na Constituição Federal, serve de base aos direitos de personalidade e deve ser considerado na atuação do Ministério Público, em especial perante o juízo de família.
   e) não está previsto constitucionalmente, mas consta da Declaração Universal dos Direitos do Homem, constitui um núcleo essencial de irradiação dos direitos humanos, devendo ser levado em conta em todas as áreas na atuação do Ministério Público.

ANOTAÇÕES/COMENTÁRIOS

(a) O princípio da dignidade da pessoa humana está previsto no art. 1º, III da CF/88 como fundamento da República Federativa do Brasil. Trata-se de um mandamento nuclear que se irradia sobre todo o ordenamento jurídico, portanto, deve ser levado em conta em todas as áreas na atuação do Ministério Público, ao qual cabe, por expressa disposição constitucional, a defesa da ordem jurídica, do regime democrático e dos interesses sociais e individuais indisponíveis, nos termos do art. 127 da CF.

(b, c, d, e) Vide comentários acima.

Gabarito: A

Para responder, tem que estudar: lei.

10. **(MPE/SP/Promotor/2017/92_Concurso)** A Convenção Internacional dos Direitos da Pessoa com Deficiência foi ratificada e aprovada pelo Congresso Nacional sob o rito previsto pelo art. 5º, § 3º, da Constituição Federal. De seu texto, destaca-se o art. 24, que traz obrigações aos Estados signatários quanto ao direito ao ensino formal. A partir de estudos psicossociais e diagnóstico

médico, ficou demonstrado que a criança X, em idade para cursar o ensino fundamental, é portadora de autismo, apresentando certo grau de dificuldade para integrar-se em sala de ensino regular da rede pública, para o que dependeria, em caráter permanente, do acompanhamento individualizado de professor auxiliar, inclusive para a elaboração de tarefas extraclasse. Frente a tais premissas, o Estado, por seus órgãos de ensino, destinou à criança acompanhamento especializado, em classe especial e própria, formada por infantes portadores da mesma síndrome, entendendo ser este o melhor método pedagógico em face das condições peculiares de X. Com lastro na Convenção citada, o Ministério Público aforou demanda com o escopo de obrigar o Estado a realizar a inserção da criança X em sala de ensino regular, assim como a designar profissional auxiliar de ensino para atendê-lo de forma individualizada, durante o horário das aulas e na elaboração das tarefas extraclasse, formulando pleito de tutela de urgência, sob pena de multa diária. O Magistrado deferiu parcialmente o pedido de cautela, sem a prévia oitiva da parte contrária, impondo ao Estado o dever de inserir a criança em sala de ensino regular, com o acompanhamento por profissional auxiliar durante o expediente letivo, sob pena de multa diária; porém, negou o pleito de urgência quanto aos tópicos que pediam que o acompanhamento fosse individualizado e, também, que se estendesse à elaboração das tarefas extraclasse, realizadas além da grade horária da sala em que X estivesse inserida. Em relação ao comando judicial, afirma-se que é incorreto, pois

a) o deferimento da tutela de urgência deveria ser antecedido da prévia oitiva do Poder Público, no prazo de 72 (setenta e duas) horas, além de mostrar-se inviável a estipulação de multa diária contra a Fazenda Pública, segundo a jurisprudência dominante do Superior Tribunal de Justiça.

b) o Estado possui discricionariedade para dispor acerca da forma mais adequada de atendimento à criança, podendo optar, nos termos da Convenção, por realizá-la em salas regulares ou especiais, desde que assegurado o suporte necessário para o efetivo aproveitamento do processo pedagógico pelo aluno, sendo vedado ao Judiciário intervir no debate respectivo, sob pena de violação aos princípios da independência e harmonia entre os Poderes.

c) não se pode restringir o atendimento especializado somente ao horário letivo quando o efetivo aproveitamento pedagógico venha a depender, também, do acompanhamento de um auxiliar em ocasiões diversas para a realização de trabalhos extraclasse.

d) não se pode impor o dever de atendimento individualizado à criança X, em face da ausência da pertinente previsão no texto da Convenção e em virtude de ferimento ao princípio da isonomia, mercê da concessão a X de privilégio que não se estende a seus pares que apresentem necessidades do mesmo jaez.

e) a Convenção Internacional dos Direitos da Pessoa com Deficiência está inserida, em nosso ordenamento jurídico, na seara supralegal – porém infraconstitucional, sendo certo que a Constituição Federal, ao tratar do direito à educação da pessoa com deficiência, não permite a imposição ao Estado de obrigações do jaez daquelas estipuladas pelo Magistrado, donde a incompatibilidade vertical entre os textos citados.

ANOTAÇÕES/COMENTÁRIOS

(a) Nessa alternativa, são indicadas duas justificativas pelas quais o comando judicial deveria ser reformado, a saber: A primeira justificativa seria porque "o deferimento da tutela de urgência deveria ser antecedida da prévia oitiva do Poder Público, no prazo de 72 (setenta e duas) horas". Com relação à primeira justificativa, a alternativa estaria correta, isto porque conforme estabelece o art. 2º da Lei 8.437/92 "no mandado de segurança coletivo e na ação civil pública, a liminar será concedida, quando cabível, após a audiência do representante judicial da pessoa jurídica de direito público, que deverá se pronunciar no prazo de setenta e duas horas". A segunda justificativa contida na alternativa "a" seria por ser "inviável a estipulação de multa diária contra a Fazenda Pública, segundo a jurisprudência dominante do Superior Tribunal de Justiça". A segunda justificativa, não está de acordo com a jurisprudência dominante do STJ, conforme se vê no seguinte julgado "A jurisprudência desta Corte firmou-se no mesmo sentido da tese esposada pelo Tribunal de origem, segundo a qual é possível ao juiz, de ofício ou a requerimento da parte, fixar multa diária cominatória – astreintes, ainda que contra a Fazenda Pública. em caso de descumprimento de obrigação de fazer. (AgInt no AREsp 885.840, 2016). Sobre o assunto: Tema 98 STJ. Observe que com relação a essa alternativa, a banca organizadora, ao julgar os recursos interpostos, decidiu que "o recurso (...) propõe seja considerada correta também a alternativa que dispõe que "o deferimento da tutela de urgência deveria ser antecedida de prévia oitiva do Poder Público, no prazo de setenta e duas horas, além de mostrar-se inviável a estipulação de multa diária contra a Fazenda Pública, segundo a jurisprudência dominante do Superior Tribunal de Justiça". Estivesse a alternativa restrita exclusivamente à expressão sublinhada, razão assistiria ao Candidato recorrente. Porém, há, na espécie, toda a parte inicial, ponto em que o comando judicial mostrou-se correto, inviabilizando, assim, o acolhimento da impugnação.

(b) A alternativa também não explica a incorreção da decisão judicial a merecer reforma, pois, nos Termos da Convenção, o Estado não possui discricionariedade para dispor acerca da forma mais adequada de prestar atendimento educacional à pessoa com deficiência. O fornecimento de condições iguais de ensino inclusivo está amplamente previsto em lei, não cabendo ao poder público decidir de forma discricionária sobre o seu cumprimento. A educação como direito de todos e dever do Estado deve ser ofertada de modo a atender toda a população (art. 205 da CF/88). Como decorrência desse princípio, a administração pública deve garantir recursos humanos e físicos que atendam toda a demanda. Assim, a educação para a pessoa com deficiência requer um sistema educacional inclusivo, para tanto, as escolas devem estar preparadas e adaptadas para recebe-las, não só no aspecto físico como também humanos. Nesse sentido, o art. 208, III da CF/88 estabelece o dever do Estado de assegurar "atendimento educacional especializado aos portadores de deficiência, preferencialmente na rede regular de ensino" e também a Convenção Internacional da Pessoa com Deficiência no art. 24 estabelece que os Estados Partes devem assegurar que as pessoas com deficiência não sejam excluídas do sistema educacional geral sob alegação de deficiência e que as crianças com deficiência não sejam excluídas do ensino primário gratuito e compulsório ou do ensino secundário, sob alegação de deficiência. Ainda, a Lei 11.146/15, Estatuto da Pessoa com

Deficiência, dispõe em seu art. 27 que "a educação constitui direito da pessoa com deficiência, assegurados sistema educacional inclusivo em todos os níveis e aprendizado ao longo de toda a vida".

(c) A alternativa explica a incorreção do comando judicial. Conforme art. 24. 2 da Convenção, para realização do direito à Educação, os Estados Partes assegurarão que: d) as pessoas com deficiência recebam o apoio necessário, no âmbito do sistema educacional geral, com vistas a facilitar sua efetiva educação; e) Medidas de apoio individualizadas e efetivas sejam adotadas em ambientes que maximizem o desenvolvimento acadêmico e social, de acordo com a meta de inclusão plena ("sendo obrigação do Estado admitir alunos portadores de deficiência em suas escolas regulares, deve, ainda, providenciar os meios adequados, como estrutura física e pessoal especializado, para que o direito à educação seja efetivado", AREsp 1.307.753, 2018) e ADI-MC 5357 (são constitucionais o art. 28, § 1º e o art. 30 da Lei 13.146/2015, que determinam que as escolas privadas ofereçam atendimento educacional adequado e inclusivo às pessoas com deficiência sem que possam cobrar valores adicionais de qualquer natureza em suas mensalidades, anuidades e matrículas para cumprimento dessa obrigação). // Inicialmente é preciso observar que questão retrata um hipotético caso prático e a decisão lançada nos autos respectivos. Em face de tais premissas, afirma que o comando judicial encontra-se incorreto, perquirindo, nas alternativas, por quais motivos há a incorreção. Nessa linha, a pergunta não manda assinalar a alternativa incorreta, mas expor os motivos pelos quais a decisão judicial decorrente do hipotético problema merece reforma (Ata Recursos PGJ).

(d) A alternativa não justifica o motivo pelo qual a decisão judicial merece ser reformada, isto porque o art. 24,2, "e" da Convenção tem previsão de medidas de apoio individualizadas, ao estabelecer que para a realização do direito a educação os Estados Partes assegurarão "e) Medidas de apoio individualizadas e efetivas sejam adotadas em ambientes que maximizem o desenvolvimento acadêmico e social, de acordo com a meta de inclusão plena".

(e) O enunciado da alternativa está incorreto ao afirmar que "a Convenção Internacional dos Direitos da Pessoa com Deficiência possui natureza de norma supralegal", pois a Convenção foi o primeiro tratado internacional de direitos humanos aprovado pelo Congresso Nacional conforme o procedimento qualificado do § 3º do art. 5º da Constituição Federal (promulgado pelo Decreto nº 6.949/09 e em vigor no plano interno desde 25/8/2009) possuindo status de emenda constitucional. Porém, a alternativa não justifica o motivo pelo qual comando da decisão judicial merece ser reformado. Conforme destacado pela banca organizadora, "a questão retrata um hipotético caso prático e a decisão lançada nos autos respectivos. Em face de tais premissas, afirma que o comando judicial encontra-se incorreto, perquirindo, nas alternativas, por quais motivos há a incorreção. Nessa linha, ao contrário do exposto em todos os recursos ora em análise, a pergunta não manda assinalar a alternativa incorreta, mas expor os motivos pelos quais a decisão judicial decorrente do hipotético problema merece reforma, algo diametralmente diverso.

Gabarito: C

Para responder, tem que estudar: lei e jurisprudência.

5. SISTEMA ÚNICO DE SAÚDE

11. (MPE/SP/Promotor/2011/88_Concurso) A saúde é direito de todos e dever do Estado, devendo ser prestada

a) pelo Sistema Único de Saúde (SUS), com participação da União, dos Estados, do Distrito Federal e dos Municípios, com competência administrativa comum e com competência legislativa concorrente, respondendo a União pelas normas gerais, o Estado e o Distrito Federal pelas normas suplementares, sendo a assistência à saúde aberta à iniciativa privada mediante delegação do Poder Público.

b) pela União, pelos Estados, pelo Distrito Federal e pelos Municípios, constituindo o Sistema Único de Saúde (SUS), com competência administrativa comum e com competência legislativa exclusiva da União, respondendo o Município por aquelas matérias de peculiar interesse local, sendo a assistência à saúde aberta à iniciativa privada mediante delegação do Poder Público.

c) pelo Sistema Único de Saúde (SUS), com participação da União, dos Estados, do Distrito Federal e dos Municípios, com competência administrativa comum dos primeiros e supletiva do Município, e com competência legislativa concorrente, respondendo a União pelas normas gerais, o Estado e o Distrito Federal pelas normas suplementares, sendo a assistência à saúde livre à iniciativa privada.

d) pelos Estados, Distrito Federal e Municípios, sob coordenação e financiamento da União através do Sistema Único de Saúde (SUS), com competência legislativa exclusiva da União e suplementar do Estado e do Distrito Federal, sendo a assistência à saúde aberta à iniciativa privada.

e) pela União, pelos Estados, pelo Distrito Federal e pelos Municípios, constituindo o Sistema Único de Saúde (SUS), com competência administrativa comum dos entes envolvidos e com competência legislativa concorrente, respondendo a União pelas normas gerais, o Estado e o Distrito Federal pelas normas suplementares, sendo a assistência à saúde livre à iniciativa privada.

ANOTAÇÕES/COMENTÁRIOS

(a, b, c, d) Vide comentários abaixo.

(e) CF. Art. 23. É competência comum da União, dos Estados, do Distrito Federal e dos Municípios: II – cuidar da saúde e assistência pública, da proteção e garantia das pessoas portadoras de deficiência; Art. 24. Compete à União, aos Estados e ao Distrito Federal legislar concorrentemente sobre: XII – previdência social, proteção e defesa da saúde; § 1º No âmbito da legislação concorrente, a competência da União limitar-se-á a estabelecer normas gerais.§ 2º A competência da União para legislar sobre normas gerais não exclui a competência suplementar dos Estados.§ 3º Inexistindo lei federal sobre normas gerais, os Estados exercerão a competência legislativa plena, para atender a suas peculiaridades. § 4º A superveniência de lei federal sobre normas gerais suspende a eficácia da lei estadual, no que lhe for contrário. Art. 199. A assistência à saúde é livre à iniciativa privada. § 1º As instituições privadas poderão participar de forma complementar do sistema único de saúde, segundo diretrizes deste, mediante contrato de direito público ou convênio, tendo preferência as entidades filantrópicas e as sem fins lucrativos.

Gabarito: E

Para responder, tem que estudar: lei.

12. (MPE/SP/Promotor/2012/89_Concurso) As ações e serviços públicos de saúde e os serviços privados contratados ou conveniados que integram o Sistema Único de Saúde (SUS), são desenvolvidos de acordo com as diretrizes previstas na Constituição Federal, obedecendo ainda aos seguintes princípios:

a) Universalidade de acesso aos serviços de saúde em todos os níveis de assistência, igualdade da assistência à saúde, sem preconceitos ou privilégios de qualquer espécie e participação da comunidade.
b) Participação da comunidade e descentralização político-administrativa, com direção única em cada esfera de governo e a execução de ações de vigilância sanitária, de vigilância epidemiológica e de saúde do trabalhador.
c) Integralidade de assistência, entendida como conjunto articulado e contínuo das ações e serviços preventivos e curativos, individuais e coletivos, exigidos para cada caso em todos os níveis de complexidade do sistema e assistência terapêutica integral, inclusive farmacêutica.
d) Divulgação de informações quanto ao potencial dos serviços de saúde e a sua utilização pelo usuário, universalidade de acesso aos serviços de saúde em todos os níveis de assistência e o controle e a fiscalização de serviços, produtos e substâncias de interesse para a saúde.
e) Organização dos serviços públicos de modo a evitar duplicidade de meios para fins idênticos, integração em nível executivo das ações de saúde, meio ambiente e saneamento básico e participação na normatização, fiscalização e controle dos serviços de saúde do trabalhador nas instituições e empresas públicas e privadas.

ANOTAÇÕES/COMENTÁRIOS

(a) Art. 7º, Lei 8.080/90. As ações e serviços públicos de saúde e os serviços privados contratados ou conveniados que integram o Sistema Único de Saúde (SUS), são desenvolvidos de acordo com as diretrizes previstas no art. 198 da Constituição Federal, obedecendo ainda aos seguintes princípios: IV – igualdade da assistência à saúde, sem preconceitos ou privilégios de qualquer espécie; VIII – participação da comunidade;

(b) A execução de ações de vigilância sanitária e de vigilância epidemiológica e de saúde do trabalhador não são princípios, são objetivos e atribuições incluídos no campo de atuação do Sistema Único de Saúde (SUS) definidas no art. 6º, I a, b, c da Lei 8.080/90.

(c) A assistência terapêutica integral inclusive farmacêutica não é princípio, é objetivo e atribuição incluídos no campo de atuação do SUS, estabelecida no art. 6º, I, d da Lei 8.080/90.

(d) O controle e a fiscalização de serviços, produtos e substâncias de interesse para saúde não são princípios; são atribuições e objetivos incluídos no campo de atuação do Sistema Único de Saúde, conforme art. 6º VII da Lei 8.080/90.

(e) A participação da normatização, fiscalização e controle dos serviços de saúde do trabalhador nas instituições e empresas públicas e privadas não são princípios; são atribuições e objetivos incluídos no campo de atuação do Sistema Único de Saúde, conforme art. 6º VI da Lei 8.080/90.

Gabarito: A

Para responder, tem que estudar: lei.

13. (MPE/SP/Promotor/2015/91_Concurso) Em relação ao Sistema Único de Saúde, assinale a alternativa correta:

a) É constituído exclusivamente pelo conjunto de ações e serviços de saúde prestados por órgãos e instituições públicas federais, estatais e municipais, da Administração direta e indireta e das fundações mantidas pelo Poder Público.

b) Possui três esferas de direção autônomas, cabendo-as no âmbito da União ao Ministério da Saúde, dos Estados às Secretarias de Saúde ou órgão equivalente e no dos Municípios às Secretarias de Saúde ou órgão equivalente.

c) Tem por competência, por meio de sua direção estadual, prestar apoio técnico e financeiro aos Municípios e formar consórcios administrativos intermunicipais.

d) Tem por competência participar na formulação e na implementação das políticas de controle das agressões ao meio ambiente, de saneamento básico e relativas às condições e aos ambientes de trabalho.

e) Não inclui em seu campo de atuação a execução de ações de saúde do trabalhador e a proteção do meio ambiente, nele compreendido o do trabalho.

ANOTAÇÕES/COMENTÁRIOS

(a) Lei 8.080/90, art. 4º § 2º A iniciativa privada poderá participar do Sistema Único de Saúde (SUS), em caráter complementar e art. 199 CF/88 "a assistência à saúde é livre à iniciativa privada".

(b) Lei 8.080, art. 9º A direção do Sistema Único de Saúde (SUS) é única, de acordo com o inciso I do art. 198 da Constituição Federal, sendo exercida em cada esfera de governo pelos seguintes órgãos: I – no âmbito da União, pelo Ministério da Saúde; II – no âmbito dos Estados e do Distrito Federal, pela respectiva Secretaria de Saúde ou órgão equivalente; e II – no âmbito dos Municípios, pela respectiva Secretaria de Saúde ou órgão equivalente. Não existem três sistemas públicos de saúde; o federal, o estadual e o municipal há muito tempo! Existe um único Sistema, com direção única, e competências específicas, havendo solidariedade nas ações e serviços de suas atribuições. O Sistema Único de Saúde não possui três esferas autônomas de direção; pelo contrário, a direção é única conforme expressa o artigo 9º da Lei nº 8.080/90 e preconiza do artigo 198 da Constituição Federal. Existe um único Sistema, com direção única, e competências específicas, havendo solidariedade nas ações e serviços de suas atribuições" Aviso nº 259/15/PGJ. Ata Recursos interpostos. Internet.

(c) Lei 8.080/90, art. 17. À direção estadual do Sistema Único de Saúde (SUS) compete: III – prestar apoio técnico e financeiro aos Municípios e executar supletivamente ações e serviços de saúde; Art. 18. À direção municipal do Sistema de Saúde (SUS) compete: VII – formar consórcios administrativos intermunicipais;

(d) Lei 8.080/90, art. 16. A direção nacional do Sistema Único da Saúde (SUS) compete: I – formular, avaliar e apoiar políticas de alimentação e nutrição; II – participar na formulação e na implementação das políticas: a) de controle das agressões ao meio ambiente; b) de saneamento básico; e c) relativas às condições e aos ambientes de trabalho;

(e) Lei 8.080/90, art. 6º Estão incluídas ainda no campo de atuação do Sistema Único de Saúde (SUS): I – a execução de ações: c) de saúde do trabalhador; e V – a colaboração na proteção do meio ambiente, nele compreendido o do trabalho.

Gabarito: D

Para responder, tem que estudar: lei.

14. (MPE/SP/Promotor/2017/92_Concurso) O Ministério Público aforou ação civil pública em face da Fazenda do Estado, cujo escopo era o de obrigá-la a disponibilizar para X, pessoa capaz, com 40 anos de idade, o medicamento Y, de fabricação nacional e com registro na ANVISA.O receituário médico pertinente indicava a necessidade de ser ministrado a X determinado princípio ativo, que poderia ser encontrado no medicamento proposto Y. Citada, a Fazenda Pública do Estado, em contestação, aventou cinco questões: ilegitimidade ativa do Ministério Público, ilegitimidade passiva do Estado, incidência da teoria da reserva do possível, ausência de previsão orçamentária para o atendimento postulado e a possibilidade de entregar a X medicamento genérico, com o mesmo princípio ativo. Dentre tais argumentos, segundo reiterado entendimento jurisprudencial advindo do Superior Tribunal de Justiça, admite acolhida o

a) da reserva do possível, desde que o Estado demonstre, por meio de provas, que realiza todo o necessário, dentro de suas limitações financeiras, para o atendimento de pleitos do jaez daquele formulado.
b) de aquisição de medicamento genérico que contenha o princípio ativo descrito no receituário, incidindo, a propósito, discricionariedade administrativa.
c) de ilegitimidade passiva da Fazenda Pública do Estado, vez que, nos termos da Lei Federal nº 8.080/90 e da regulamentação pertinente, assim como em face da descentralização do SUS, o dever de atendimento específico compete ao Município.
d) da ausência de previsão orçamentária, competindo ao Juiz, no caso, impor o cumprimento da obrigação apenas no exercício orçamentário seguinte, determinando, desde logo, que a despesa respectiva seja incluída na Lei de Diretrizes Orçamentárias alusiva a mencionado exercício.
e) da ilegitimidade ativa do Ministério Público para a tutela de interesse individual, vez que o paciente é pessoa maior e capaz.

ANOTAÇÕES/COMENTÁRIOS

(a) É lícito ao Poder Judiciário adotar, em sede jurisdicional, medidas destinadas a tornar efetiva a implantação de políticas públicas quando verificada a contínua omissão estatal, sendo certo que a chamada "cláusula da reserva do possível" não pode ser invocada para servir de óbice a garantias constitucionais. – A jurisprudência dos Tribunais Superiores firmou-se no sentido de que o Poder Judiciário, em situações excepcionais, pode determinar que a administração pública adote medidas assecuratórias de direitos constitucionalmente reconhecidos como essenciais, sem que isso configure violação do princípio da separação de poderes. (STJ – REsp: 1951799 MG 2021/0239114-3, Relator: Ministro MAURO CAMPBELL MARQUES, Data de Publicação: DJ 17/09/2021)

(b) Segundo reiterado entendimento jurisprudencial advindo do Superior Tribunal de Justiça, admite acolhida do argumento de aquisição de medicamento genérico que contenha o princípio ativo descrito no receituário, incidindo, a propósito, discricionariedade administrativa. Por outro lado, em se tratando de fornecimento de medicamentos não constantes dos atos normativos do SUS, o STJ, em julgamento sob o rito do art. 1.06 do CPC – REsp 1.657.156/RJ, firmou o entendimento de que é possível o fornecimento, em caráter excepcional, observados os requisitos cumulativos, segundo o tema 106: 4. TESE PARA FINS DO ART. 1.036 DO CPC/2015 A concessão dos medicamentos não incorporados em atos normativos do SUS exige a presença cumulativa dos seguintes requisitos: (i) Comprovação, por meio de laudo médico fundamentado e circunstanciado expedido por médico que assiste o paciente, da imprescindibilidade ou necessidade do medicamento, assim como da ineficácia, para o tratamento da moléstia, dos fármacos fornecidos pelo SUS; (ii) incapacidade financeira de arcar com o custo do medicamento prescrito; (iii) existência de registro na ANVISA do medicamento. O STJ decidiu modular os efeitos dessa decisão e afirmou que "os critérios e requisitos estipulados somente serão exigidos para os processos que forem distribuídos a partir da conclusão do presente julgamento". (STJ, REsp 1657156, 2018, recurso repetitivo).

(c) No que tange à responsabilidade em prover o tratamento da saúde da pessoa humana, a jurisprudência do Superior Tribunal de Justiça firmou-se no sentido de que é dever do Estado fornecer gratuitamente às pessoas carentes a medicação necessária para o efetivo tratamento médico, conforme premissa contida no art. 196 da Constituição Federal. 2. Ainda, considerando que o Sistema Único de Saúde é financiado pela União, Estados-membros, Distrito Federal e Municípios, nos termos do art. 198, § 1º, da Constituição Federal, pode-se afirmar que é solidária a responsabilidade dos referidos entes na prestação dos serviços públicos de saúde à população. 3. O direito constitucional à saúde faculta ao cidadão obter de qualquer dos Estados da federação (ou do Distrito Federal) os medicamentos de que necessite, dispensando-se o chamamento ao processo dos demais entes públicos não demandados. Desse modo, fica claro o entendimento de que a responsabilidade em matéria de saúde é dever do Estado, compreendidos aí todos os entes federados. 4. O Tribunal pleno do STF, em 5.3.2015, julgou o RE 855.178/SE, com repercussão geral reconhecida, e reafirmou sua jurisprudência no sentido de que o polo passivo da relação de direito processual pode ser composto por qualquer dos entes federados, porquanto a obrigação de fornecimento de medicamentos é solidária. (STJ – AgInt no AREsp: 1635297 SE 2019/0366269-4, Relator: Ministro HERMAN BENJAMIN, Data de Julgamento: 01/09/2020, T2 – SEGUNDA TURMA, Data de Publicação: DJe 22/10/2020)

(d) A falta de previsão orçamentária não constitui óbice à concessão de provimento judicial que dê efetividade a direitos fundamentais, uma vez que as limitações orçamentárias não podem servir de escudo para recusas de cumprimento de obrigações prioritárias. (AgRg no AREsp 649.229, 2017)

(e) A atribuição institucional do Ministério Público para a defesa do direito individual à saúde decorre do art. 127, caput, da Constituição Federal ao dispor que "incumbe ao Ministério Público à defesa dos interesses individuais indisponíveis". O direito à saúde é um direito individual indisponível, elencado no art. 6º, caput, da Constituição Federal, sendo decorrência direta do princípio fundamental da dignidade da pessoa humana, previsto no art. 1º, III da Constituição Federal. Nesse sentido, o STJ, no REsp 1682836/SP, julgado sob a sistemática de recurso repetitivo fixou a seguinte tese "O Ministério Público é parte legítima para pleitear tratamento médico ou entrega de medicamentos nas demandas de saúde propostas contra os entes federativos, mesmo quando se tratar de feitos contendo beneficiários individualizados, porque se refere a direitos individuais indisponíveis, na forma do art. 1º da Lei n. 8.625/1993 (Lei Orgânica Nacional do Ministério Público)." (REsp 1682836, 2018).

Gabarito: B

Para responder, tem que estudar: lei e jurisprudência.

6. SISTEMA ÚNICO DE ASSISTÊNCIA SOCIAL

15. (MPE/SP/Promotor/2012/89_Concurso) Questão atualizada. A assistência social, direito do cidadão e dever do Estado, é Política de Seguridade Social não contributiva, que provê os mínimos sociais, realizada através de um conjunto integrado de ações de iniciativa pública e da sociedade, para garantir o atendimento às necessidades básicas. Um dos objetivos da assistência social é a garantia de benefício mensal às pessoas que comprovem não possuir meios de prover a própria manutenção ou de tê-la provida por sua família. Em relação ao benefício de prestação continuada, é correto afirmar:

I. Destina-se à pessoa com deficiência e ao idoso com 65 (sessenta e cinco) anos ou mais.

II. Destina-se à pessoa com deficiência e ao idoso.

III. Considera-se pessoa com deficiência aquela que tem impedimento de longo prazo de natureza física, mental, intelectual ou sensorial, o qual, em interação com uma ou mais barreiras, pode obstruir sua participação plena e efetiva na sociedade em igualdade de condições com as demais pessoas.

IV. Considera-se incapaz de prover a manutenção da pessoa com deficiência ou idosa a família cuja renda mensal per capita seja inferior a 1/2 (meio) salário mínimo.

Está correto o que se afirma apenas em

a) II e III.

b) II e IV.

c) IV.

d) III.

e) I e III.

ANOTAÇÕES/COMENTÁRIOS

(I) Lei 8.742/93 Art. 20. O benefício de prestação continuada é a garantia de um salário-mínimo mensal à pessoa com deficiência e ao idoso com 65 (sessenta e cinco) anos ou mais que comprovem não possuir meios de prover a própria manutenção nem de tê-la provida por sua família.

(II) Lei 8.742/93 Art. 20. O benefício de prestação continuada é a garantia de um salário-mínimo mensal à pessoa com deficiência e ao idoso com 65 (sessenta e cinco) anos ou mais que comprovem não possuir meios de prover a própria manutenção nem de tê-la provida por sua família.

(III) Artigo 2º, da Lei 13.146/2015.

(IV) Art. 20, § 3º Considera-se incapaz de prover a manutenção da pessoa com deficiência ou idosa a família cuja renda mensal per capita seja inferior a 1/4 (um quarto) do salário-mínimo.

Gabarito: D

Para responder, tem que estudar: lei.

7. DIREITOS DAS PESSOAS PORTADORAS DE TRANSTORNOS MENTAIS

16. (MPE/SP/Promotor/2013/90_Concurso) Tendo em vista os dispositivos da Lei n. 10.216/2001, a qual estabeleceu uma nova política pública no âmbito da saúde mental, assinale a alternativa incorreta.

a) O legislador estabeleceu três modalidades de internação psiquiátrica, sendo requisito imprescindível em todas elas a existência de prévio laudo médico circunstanciado que caracterize os seus motivos e recomende o tratamento hospitalar.

b) O legislador considerou os seguintes tipos de internação psiquiátrica: voluntária, involuntária e compulsória. Relativamente à internação compulsória, a lei prevê expressamente a obrigatoriedade de prévio laudo médico circunstanciado que caracterize os seus motivos e recomende o tratamento hospitalar. Quanto aos demais tipos de internação, a legislação citada é omissa a respeito da exigência de laudo médico.

c) A internação voluntária ou involuntária somente será autorizada por médico devidamente registrado no Conselho Regional de medicina - CRM do Estado onde se localize o estabelecimento.

d) A internação psiquiátrica involuntária deverá, no prazo de setenta e duas horas, ser comunicada ao Ministério Público Estadual pelo responsável técnico do estabelecimento no qual tenha ocorrido, devendo esse mesmo procedimento ser adotado quando da respectiva alta.

e) A pessoa que solicita voluntariamente sua internação, ou que a consente, deve assinar, no momento da admissão, uma declaração de que optou por esse regime de tratamento.

ANOTAÇÕES/COMENTÁRIOS

(a) Lei 10.216/01, art. 6º "A internação psiquiátrica somente será realizada mediante laudo médico circunstanciado que caracterize os seus motivos. Parágrafo único. São considerados os seguintes tipos de internação psiquiátrica: I – internação voluntária: aquela que se dá com o consentimento do usuário; II – internação involuntária: aquela que se dá sem o consentimento do usuário e a pedido de terceiro; e III – internação compulsória: aquela determinada pela Justiça".

(b) Lei 10.216/01, art. 6º "A internação psiquiátrica somente será realizada mediante laudo médico circunstanciado que caracterize os seus motivos. Parágrafo único. São considerados os seguintes tipos de internação psiquiátrica: I – internação voluntária: aquela que se dá com o consentimento do usuário; II – internação involuntária: aquela que se dá sem o consentimento do usuário e a pedido de terceiro; e III – internação compulsória: aquela determinada pela Justiça".

(c) Lei 10.216/01. Art. 8º "A internação voluntária ou involuntária somente será autorizada por médico devidamente registrado no Conselho Regional de Medicina – CRM do Estado onde se localize o estabelecimento".

(d) Lei 10.216/01. Art. 8º § 1º "A internação psiquiátrica involuntária deverá, no prazo de setenta e duas horas, ser comunicada ao Ministério Público Estadual pelo responsável técnico do estabelecimento no qual tenha ocorrido, devendo esse mesmo procedimento ser adotado quando da respectiva alta".

(e) Lei 10.216/01. Art. 7º A pessoa que solicita voluntariamente sua internação, ou que a consente, deve assinar, no momento da admissão, uma declaração de que optou por esse regime de tratamento.

Gabarito: B

Para responder, tem que estudar: lei.

17. (MPE/SP/Promotor/2015/91_Concurso) Assinale a alternativa correta. A internação psiquiátrica:

a) na modalidade voluntária poderá ser feita em instituição com características asilares.

b) em qualquer de suas modalidades, só será indicada quando os recursos extra- hospitalares se mostrarem insuficientes.

c) compulsória é aquela que se dá sem o consentimento do usuário e a pedido de terceiro.

d) compulsória deverá, no prazo de setenta e duas horas, ser comunicada ao Ministério Público Estadual.

e) voluntária somente terminará por determinação exclusiva do médico assistente.

ANOTAÇÕES/COMENTÁRIOS

(a) Lei 10.216/2001-Art. 4º § 3º "É vedada a internação de pacientes portadores de transtornos mentais em instituições com características asilares".

(b) Lei 10.216/2001 – Art. 4º A internação, em qualquer de suas modalidades, só será indicada quando os recursos extra-hospitalares se mostrarem insuficientes.

(c) Lei 10.216/2001 – Art. 6º A internação psiquiátrica somente será realizada mediante laudo médico circunstanciado que caracterize os seus motivos. Parágrafo único. São considerados os seguintes tipos de internação psiquiátrica: I – internação voluntária: aquela que se dá com o consentimento do usuário; II – internação involuntária: aquela que se dá sem o consentimento do usuário e a pedido de terceiro; e III – internação compulsória: aquela determinada pela Justiça

(d) Lei 10.216/01Art. 8º A internação voluntária ou involuntária somente será autorizada por médico devidamente registrado no Conselho Regional de Medicina – CRM do Estado onde se localize o estabelecimento. § 1º A internação psiquiátrica involuntária deverá, no prazo de setenta e duas horas, ser comunicada ao Ministério Público Estadual pelo responsável técnico do estabelecimento no qual tenha ocorrido, devendo esse mesmo procedimento ser adotado quando da respectiva alta.

(e) Lei 10.216/01. Art. 7º. Parágrafo único. O término da internação voluntária dar-se-á por solicitação escrita do paciente ou por determinação do médico assistente.

Gabarito: B

Para responder, tem que estudar: lei.

18. (MPE/SP/Promotor/2019_93 Concurso) Em relação às pessoas portadoras de transtornos mentais, é correto afirmar, à luz da Lei nº 10.216/01, que

a) A evasão do paciente do estabelecimento de saúde mental será comunicada ao Ministério Público Estadual no prazo máximo de vinte e quatro horas.
b) A internação compulsória é determinada, de acordo com a legislação vigente, pelo Ministério Público.
c) O término da internação involuntária dar-se-á por solicitação escrita do familiar ou responsável legal, ou do Ministério Público.
d) A internação involuntária é determinada, de acordo com a legislação vigente, pelo juiz competente.
e) A internação involuntária deverá, no prazo de setenta e duas horas, ser comunicada ao Ministério Público Estadual.

ANOTAÇÕES/COMENTÁRIOS

a) Art. 10 da Lei 10.216/01 Evasão, transferência, acidente, intercorrência clínica grave e falecimento serão comunicados pela direção do estabelecimento de saúde mental aos familiares, ou ao representante legal do paciente, bem como à autoridade sanitária responsável, no prazo máximo de vinte e quatro horas da data da ocorrência.

b) Art. 6º, III, da Lei 10.216/2001. A internação compulsória depende de decisão judicial.

c) art. 8º§ 2º O término da internação involuntária dar-se-á por solicitação escrita do familiar, ou responsável legal, ou quando estabelecido pelo especialista responsável pelo tratamento.

d) Art. 6º, parágrafo único, I. A- internação involuntária é aquela que se dá sem o consentimento do usuário e a pedido de terceiro.

e) Art. 8º § 1º internação psiquiátrica involuntária deverá, no prazo de setenta e duas horas, ser comunicada ao Ministério Público Estadual pelo responsável técnico do estabelecimento no qual tenha ocorrido, devendo esse mesmo procedimento ser adotado quando da respectiva alta

Gabarito: E

8. IGUALDADE RACIAL

19. **(MPE/SP/Promotor/2012/89_Concurso)** O Estatuto da Igualdade Racial (Lei nº 12.288/2010), destinado a garantir à população negra a efetivação da igualdade de oportunidades, a defesa dos direitos étnicos individuais, coletivos e difusos e o combate à discriminação e às demais formas de intolerância étnica, considera

a) Desigualdade racial: toda situação justificada de diferenciação de acesso e fruição de bens, serviços e oportunidades, nas esferas pública e privada, em virtude de raça, cor, descendência ou origem nacional ou étnica.
b) Discriminação racial ou étnico-racial: toda distinção, exclusão, restrição ou preferência baseada em raça, cor, descendência ou origem nacional ou

étnica que tenha por objeto anular ou restringir o reconhecimento, gozo ou exercício, em igualdade de condições, de direitos humanos e liberdades fundamentais nos campos político, econômico, social, cultural ou em qualquer outro campo da vida pública ou privada.

c) População negra: o conjunto de pessoas que se autodeclaram não brancas, conforme o quesito cor ou raça usado pelos órgãos oficiais de estatística.

d) Ações afirmativas: os programas incentivados pelo Estado e pela iniciativa privada para a conscientização das desigualdades raciais e para a promoção dos direitos humanos.

e) Desigualdade de gênero e raça: simetria existente no âmbito da sociedade que acentua a distância social entre mulheres negras e os demais segmentos sociais.

ANOTAÇÕES/COMENTÁRIOS

(a) Lei 12.288/10, art. 1º, parágrafo único, II – desigualdade racial: toda situação injustificada de diferenciação de acesso e fruição de bens, serviços e oportunidades, nas esferas pública e privada, em virtude de raça, cor, descendência ou origem nacional ou étnica;

(b) Lei 12.288/10, art. 1º, parágrafo único, I. "Discriminação racial ou étnico-racial: toda distinção, exclusão, restrição ou preferência baseada em raça, cor, descendência ou origem nacional ou étnica que tenha por objeto anular ou restringir o reconhecimento, gozo ou exercício, em igualdade de condições, de direitos humanos e liberdades fundamentais nos campos político, econômico, social, cultural ou em qualquer outro campo da vida pública ou privada"

(c) Lei 12.288/10, art. 1º, parágrafo único, IV – população negra: o conjunto de pessoas que se autodeclaram pretas e pardas, conforme o quesito cor ou raça usado pela Fundação Instituto Brasileiro de Geografia e Estatística (IBGE), ou que adotam autodefinição análoga.

(d) Lei 12.288/10, art. 1º, parágrafo único, VI – ações afirmativas: os programas e medidas especiais adotados pelo Estado e pela iniciativa privada para a correção das desigualdades raciais e para a promoção da igualdade de oportunidades.

(e) Lei 12.288/10, art. 1º, III – desigualdade de gênero e raça: assimetria existente no âmbito da sociedade que acentua a distância social entre mulheres negras e os demais segmentos sociais;

Gabarito: B

Para responder, tem que estudar: lei.

20. (MPE/SP/Promotor/2013/90_Concurso) À vista das regras contidas no Estatuto da Igualdade Racial, assinale a alternativa que contém afirmação incorreta.

a) O Estatuto da Igualdade Racial adota como diretriz político-jurídica a inclusão das vítimas de desigualdade étnico-racial, a valorização da igualdade étnica e o fortalecimento da identidade nacional brasileira.

b) Constitui meio de promover a participação da população negra, em condições de igualdade de oportunidade, na vida econômica, social, política e cultural do País a implementação de programas de ação afirmativa destinados ao enfrentamento das desigualdades étnicas no tocante à educação, cultura, esporte e lazer, saúde, segurança, trabalho, moradia, meios de comunicação de massa, financiamentos públicos, acesso à terra, à Justiça e outros.

c) A Política Nacional de Saúde Integral da População Negra, organizada de acordo com as diretrizes especificadas na Lei n. 12.288/2010, é constituída de um conjunto de ações de saúde voltadas à população negra.

d) Para o acesso da população negra à terra e às atividades produtivas no campo, caberá ao poder público assegurar à população negra, dentre outras medidas, a assistência técnica rural, a simplificação do acesso ao crédito agrícola e o fortalecimento da infraestrutura de logística para a comercialização da produção.

e) Para garantia de acesso da população negra à moradia, constitui diretriz a ser observada pelos agentes financeiros, públicos ou privados, a promoção de ações para viabilizar seu acesso aos financiamentos habitacionais, observando-se a previsão legal expressa de criação de linha especial e diferenciada de crédito com juros inferiores aos praticados no mercado.

ANOTAÇÕES/COMENTÁRIOS

(a) Lei 12.288/19, art. 3º Além das normas constitucionais relativas aos princípios fundamentais, aos direitos e garantias fundamentais e aos direitos sociais, econômicos e culturais, o Estatuto da Igualdade Racial adota como diretriz político-jurídica a inclusão das vítimas de desigualdade étnico-racial, a valorização da igualdade étnica e o fortalecimento da identidade nacional brasileira.

(b) Lei 12.288/10 art. 4º "A participação da população negra, em condição de igualdade de oportunidade, na vida econômica, social, política e cultural do País será promovida, prioritariamente, por meio de: VII – implementação de programas de ação afirmativa destinados ao enfrentamento das desigualdades étnicas no tocante à educação, cultura, esporte e lazer, saúde, segurança, trabalho, moradia, meios de comunicação de massa, financiamentos públicos, acesso à terra, à Justiça, e outros".

(c) Lei 12.288/10, Art. 7º O conjunto de ações de saúde voltadas à população negra constitui a Política Nacional de Saúde Integral da População Negra.

(d) Lei 12.288/10, art. 29. Serão assegurados à população negra a assistência técnica rural, a simplificação do acesso ao crédito agrícola e o fortalecimento da infraestrutura de logística para a comercialização da produção.

(e) O artigo 37, da Lei 12.288/10 determina a promoção de ações para viabilizar o acesso da população negra aos financiamentos habitacionais, não há previsão legal expressa de criação de linha especial e diferenciada de crédito com juros inferiores aos praticados no mercado.

Gabarito: E

Para responder, tem que estudar: lei.

21. (MPE/SP/Promotor/2015/91_Concurso) No tocante ao Estatuto de Igualdade Racial, assinale a alternativa correta:

a) Na apreciação judicial das lesões e das ameaças de lesão aos interesses da população negra decorrentes de situações de desigualdade étnica, recorrer-se-á, entre outros instrumentos, à ação civil pública, disciplinada na Lei nº 7.347, de 24/07/1985.

b) Discriminação racial ou étnico-racial consubstancia-se em toda situação injustificada de diferenciação de acesso e fruição de bens, serviços e oportunidades, nas esferas pública e privada, em virtude de raça, cor, descendência ou origem nacional ou étnica.

c) População negra é o conjunto de pessoas que se autodeclaram pretas e pardas, conforme o quesito cor ou raça usado pela Fundação Instituto Brasileiro de Geografia e Estatística (IBGE), não compreendendo a adoção de outra definição análoga.

d) A participação da população negra, em condição de igualdade de oportunidade, na vida econômica, social, política e cultural do País será promovida exclusivamente por meio de cotas raciais.

e) O repasse de recursos federais referentes aos programas e atividades previstos no Estatuto aos Estados, Distrito Federal e Municípios será possível somente após a criação obrigatória de conselhos de promoção de igualdade étnica pelos entes federados.

ANOTAÇÕES/COMENTÁRIOS

(a) Lei 12.888/10. Art. 55. Para a apreciação judicial das lesões e das ameaças de lesão aos interesses da população negra decorrentes de situações de desigualdade étnica, recorrer-se-á, entre outros instrumentos, à ação civil pública, disciplinada na Lei nº 7.347, de 24 de julho de 1985

(b) Lei 12.888/10, Art. 1º, Parágrafo único. Para efeito deste Estatuto, considera-se: II – desigualdade racial: toda situação injustificada de diferenciação de acesso e fruição de bens, serviços e oportunidades, nas esferas pública e privada, em virtude de raça, cor, descendência ou origem nacional ou étnica pública ou privada;

(c) Lei 12.888/10, Art. 1º, Parágrafo único. Para efeito deste Estatuto, considera-se: IV – população negra: o conjunto de pessoas que se autodeclaram pretas e pardas, conforme o quesito cor ou raça usado pela Fundação Instituto Brasileiro de Geografia e Estatística (IBGE), ou que adotam autodefinição análoga.

(D) Lei 12.288/10 Art. 4º A participação da população negra, em condição de igualdade de oportunidade, na vida econômica, social, política e cultural do País será promovida, prioritariamente por meio das ações estabelecidas nos incisos I a VII.

(e) Lei 12.288/10, art. 50, parágrafo único: "O Poder Executivo priorizará o repasse dos recursos referentes aos programas e atividades previstos nesta Lei aos Estados, Distrito Federal e Municípios que tenham criado conselhos de promoção da igualdade étnica".

Gabarito: A

Para responder, tem que estudar: lei.

9. PESSOAS COM DEFICIÊNCIA

22. (MPE/SP/Promotor/2011/88_Concurso) Assinale a alternativa correta.

a) A Constituição Federal garante às pessoas com deficiência, independentemente de lei e da criação de programas estatais, a possibilidade de acesso a edifícios e logradouros públicos.

b) Os direitos das pessoas com deficiência foram definitivamente incluídos entre os direitos humanos incorporados ao texto constitucional por meio da ratificação pelo Brasil e aprovação pelo Congresso Nacional da Convenção sobre os Direitos das Pessoas com Deficiência e de seu Protocolo Facultativo.

c) Os direitos previstos no texto constitucional à pessoa com deficiência são: a não discriminação no tocante a salários e critérios de admissão e a reserva de percentual dos cargos e empregos públicos.

d) A obrigatoriedade constitucional de reserva de percentual dos cargos e empregos públicos a pessoas com deficiência não se submete à discricionariedade da Administração Pública, aplica-se a todos os Poderes da República e impõe a obrigatoriedade de concursos diferenciados para preenchimento do percentual reservado.

e) Não obstante a competência comum para a proteção e garantia das pessoas com deficiência, o Estado não pode legislar de forma supletiva para suprir a ausência de norma geral de atribuição da União.

ANOTAÇÕES/COMENTÁRIOS

(a) Conforme art. 227, § 2º da CF "A lei disporá sobre normas de construção dos logradouros e dos edifícios de uso público e de fabricação de veículos de transporte coletivo, a fim de garantir acesso adequado às pessoas portadoras de deficiência"

(b) O Decreto 6.949/09 da Presidência da República promulgou a Convenção Internacional sobre os Direitos das Pessoas com Deficiência e seu Protocolo Facultativo, a Convenção havia sido aprovada pelo Congresso Nacional por meio do Decreto Legislativo n. 186, de 9 de julho de 2008, conforme o procedimento do § 3º do art. 5º da Constituição.

(c) O texto constitucional estabelece outros direitos dentre eles, regime preferencial de recebimento de créditos precatórios de natureza alimentícia (art. 100, § 2º), direito de atendimento educacional preferencialmente na rede regular de ensino (art. 207 III); a garantia de um salário mínimo de benefício mensal à pessoa portadora de deficiência e ao idoso que comprovem não possuir meios de prover à própria manutenção ou de tê-la provida por sua família (art. 203, V)

(d) A Constituição Federal, ao assegurar a reserva de vagas para pessoas com deficiência (art. 37, VII), consagrou a cláusula de proteção viabilizadora de ações afirmativas, remetendo ao legislador ordinário a competência para estabelecer o percentual dos cargos e empregos públicos. A Lei 8.112/90, em seu art. 5º, § 2º, assegura a reserva de até 20% (vinte por cento). O Decreto 3.298/99, que regulamenta a Lei 7.853/89, fixa o percentual mínimo de 5% (cinco por cento). Cabe à Administração Pública, portanto, determinar, discricionariamente, o percentual a ser aplicado para a reserva das vagas desde que observados os limites máximo e mínimo estabelecidos nas referidas normas.

(e) Art. 24, §§ 1º ao 4º CF.

Gabarito: B

Para responder, tem que estudar: lei.

23. (MPE/SP/Promotor/2013/90_Concurso) Relativamente à Convenção sobre os Direitos das Pessoas com Deficiência, aprovada pelo Decreto Legislativo n. 186, de 2008, e objeto de promulgação conforme Decreto n. 6.949, de 2009, é incorreto afirmar:

a) É propósito da aludida Convenção o de promover, proteger e assegurar o desfrute pleno e equitativo de todos os direitos humanos e liberdades fundamentais por parte de todas as pessoas com deficiência e promover o respeito pela sua inerente dignidade.

b) Constitui, dentre outros, compromisso dos Estados Partes o de promover a capacitação de profissionais e de equipes que trabalham com pessoas com deficiência, em relação aos direitos reconhecidos na Convenção, para que possam prestar melhor assistência e serviços garantidos por esses direitos.

c) Dentre outras medidas a serem adotadas para conscientização de toda a sociedade, inclusive das famílias, sobre as condições das pessoas com deficiência e fomentar o respeito pelos direitos e pela dignidade das pessoas com deficiência, encontra-se expressamente previsto o fomento em todos os níveis do sistema educacional, incluindo neles todas as crianças desde tenra idade, de uma atitude de respeito para com os direitos das pessoas com deficiência.

d) Para realizar o direito das pessoas com deficiência à educação, constitui obrigação dos Estados Partes, dentre outras, a de assegurar que as pessoas com deficiência não sejam excluídas do ensino fundamental gratuito, que deve ser prestado preferencialmente em escolas concebidas e previamente aparelhadas para lidar com os diversos tipos de deficiência, especializadas no atendimento dessa parcela da população.

e) Constitui, dentre outros, compromisso dos Estados Partes o de realizar e promover a pesquisa e o desenvolvimento de produtos, serviços, equipamentos e instalações com desenho universal que exijam o mínimo possível de adaptação e cujo custo seja o mínimo possível, destinados a atender às necessidades específicas de pessoas com deficiência, a promover sua disponibilidade e seu uso e a promover o desenho universal quando da elaboração de normas e diretrizes.

ANOTAÇÕES/COMENTÁRIOS

(a) Art. 1º da Convenção "O propósito da presente Convenção é promover, proteger e assegurar o exercício pleno e equitativo de todos os direitos humanos e liberdades fundamentais por todas as pessoas com deficiência e promover o respeito pela sua dignidade inerente".

(b) Art. 4º, 1, "i" da Convenção "Promover a capacitação em relação aos direitos reconhecidos pela presente Convenção dos profissionais e equipes que trabalham com pessoas com deficiência, de forma a melhorar a prestação de assistência e serviços garantidos por esses direitos".

(c) Art. 8º, 1, "a" da Convenção "Conscientizar toda a sociedade, inclusive as famílias, sobre as condições das pessoas com deficiência e fomentar o respeito pelos direitos e pela dignidade das pessoas com deficiência".

(d) O artigo 24, 2, "a" da Convenção "As pessoas com deficiência não sejam excluídas do sistema educacional geral sob alegação de deficiência e que as crianças com deficiência não sejam excluídas do ensino primário gratuito e compulsório ou do ensino secundário, sob alegação de deficiência".

(e) Art. 4º, 1, "f" da Convenção "Realizar ou promover a pesquisa e o desenvolvimento de produtos, serviços, equipamentos e instalações com desenho universal, conforme definidos no Artigo 2 da presente Convenção, que exijam o mínimo possível de adaptação e cujo custo seja o mínimo possível, destinados a atender às necessidades específicas de pessoas com deficiência, a promover sua disponibilidade e seu uso e a promover o desenho universal quando da elaboração de normas e diretrizes".

Gabarito: D

Para responder, tem que estudar: lei.

DIREITO ADMINISTRATIVO

Autora: Aline de Melo Souza

VISÃO GERAL

PROVA DE DIREITO ADMINISTRATIVO

Foram comentadas as provas aplicadas pelo Ministério Público do Estado de São Paulo nos seguintes anos: 2011, 2012, 2013, 2015, 2017 e 2019.

Dentre os temas exigidos, destacam-se aqueles de maior incidência:

Poderes administrativos.

Agentes públicos.

Ato administrativo.

Processo administrativo.

Licitação e contratos administrativos (A Lei n.º 8.666/93 será revogada após decorridos 02 (dois) anos da publicação oficial da Nova Lei de Licitações – Lei n.º 14.133/2021 – desse modo as questões de licitações terá a Lei n.º 8.666/93 (ainda vigente) e apontamentos da lei nova, na prova fiquem atentos ao enunciado da questão qual lei o examinador está cobrando). Ajustes, parcerias, convênios e consórcios.

Serviços públicos. Concessão de serviço público.

Responsabilidade civil do Estado.

Improbidade Administrativa – A lei n.º 13.964/19, alterou o artigo 17 da Lei de Improbidade Administrativa.

Através de análise acurada das questões, no geral, verifica-se uma predominância da cobrança do texto legal. Em alguns pontos do edital, como Poderes administrativos; Agentes públicos, Ato administrativo, a doutrina também foi exigida. Com relação ao estudo da jurisprudência, recomenda-se a leitura de informativos e jurisprudências relativos ao Poderes administrativos; Agentes públicos; Licitação e contratos administrativos. Ajustes, parcerias, convênios e consórcios e Improbidade Administrativa.

Outro ponto de destaque é a cobrança de questões da atualidade, sejam inovações legislativas, doutrinárias ou jurisprudenciais.

Desejamos ótimos estudos!

TÓPICOS DO EDITAL	LEGISLAÇÃO	DOUTRINA	JURISPRUDÊNCIA
1. Administração Pública. Descentralização e desconcentração administrativa.	4-2015	1-2015	
2. Atividade administrativa: polícia administrativa, prestação de serviços públicos, intervenção do Estado na ordem econômica e fomento de atividades privadas de interesse público.			
3. Regime jurídico administrativo e princípios da Administração Pública.	1-2011		
4. Poderes administrativos.	1-2013 2-2015 1-2017	1-2012 1-2013 3-2015 8-2017	1-2013 1-2015 1-2017
5.Agentes públicos.	1-2011 5-2012 1-2013 3-2015 1-2017 1-2019	1-2013 1-2015	1-2011 3-2012 1-2015 4-2017 4-2019
6. Ato administrativo.	2-2013	1-2012 2-2013	
7. Processo administrativo.	1-2013 3-2017 2-2019	3-2017 1 -2019	4-2017 2-2019

TÓPICOS DO EDITAL	LEGISLAÇÃO	DOUTRINA	JURISPRUDÊNCIA
8. Licitação e contratos administrativos. Ajustes, parcerias, convênios e consórcios.	3-2011 1-2012 1-2013 4-2015 1-2017 12-2019	04-2017	2-2011 2-2015 3-2019
9. Serviços públicos. Concessão de serviço público.	1-2011 1-2013 1-2015 4-2017 5-2019		1-2017
10. Bens públicos.	1-2011 4-2019	1-2017 1-2019	
11. Intervenção do Estado na propriedade.	1-2011 4-2017 1-2019	1-2015 1-2017 1-2019	3-2019
12. Responsabilidade civil do Estado.	1-2011 1-2012 1-2013 2-2015	1-2015 1-2017	2-2015
13.Controle da Administração Pública.	10-2019		
14. Improbidade administrativa.	1-2011 5-2012 1-2015	1-2015	1-2012 3-2015
15. Responsabilidade fiscal.			

1. ADMINISTRAÇÃO PÚBLICA

1. **(MPE/SP/Promotor/2015/91_Concurso)** Sobre as fundações instituídas e mantidas pelo Poder Público, é correto afirmar que:

   a) estão sujeitas ao controle administrativo e financeiro pelos órgãos da Administração Direta, pelo que são alcançadas pelo instituto da tutela.

   b) podem ser extintas ou transformadas por meio de decreto.

c) possuem o respaldo da responsabilidade solidária do Estado em razão dos atos que pratica.
d) não se sujeitam ao controle do Tribunal de Contas e do Ministério Público.
e) por serem pessoas jurídicas de direito privado, não podem figurar como sujeito passivo de atos de improbidade administrativa.

ANOTAÇÕES/COMENTÁRIOS

(a) Como todas as entidades integrantes da Administração Indireta, as fundações públicas estão sujeitas ao controle do ente político criador, denominado tutela, controle finalístico ou supervisão ministerial.

(b) As fundações requerem lei para sua extinção, conforme ensinamentos de CARVALHO, FILHO, (2017, p. 354): A extinção das fundações públicas decorre também de lei, como ocorre com as demais pessoas administrativas. Mas, retornando à distinção, a lei autorizará a extinção de fundações de direito privado e ela mesma extinguirá as de direito público, nesta última hipótese tal como sucede com as autarquias.

(c) CARVALHO FILHO, (2017, p. 357) leciona que: a responsabilidade das fundações é primária, ou seja, elas é que devem, em princípio, responder pelos prejuízos que seus agentes causem a terceiros. A pessoa estatal instituidora, como já tivemos a oportunidade de assinalar quando tratamos das outras entidades administrativas privadas, tem responsabilidade subsidiária, vale dizer, só se torna responsável se e quando a fundação for incapaz de reparar integralmente os prejuízos.

(d) Sujeitam-se ao controle externo dos Tribunais de Contas (art. 70, parágrafo único, da CRFB).

(e) As fundações instituídas pelo Poder Público podem ser constituídas como pessoas de direito público ou privado. CARVALHO FILHO, (2017) assevera que: Em virtude da posição dicotômica, majoritária como já dissemos, não teremos outra forma de tratar das fundações, que não a de sempre distinguir as fundações públicas de direito privado, de um lado, e as de direito público, de outro, estas últimas consideradas como espécies das autarquias. Relembre-se, por oportuno, que, por serem uma espécie de autarquias, as fundações de direito público receberão o influxo das mesmas prerrogativas e especificidades atribuídas àquela categoria de pessoas administrativas. Demais disso, podem ser sujeitos passivos dos atos de improbidade, na forma do art. 70, caput, da Constituição.

Gabarito: A

Para responder, tem que estudar: lei e teoria/doutrina.

2. ATIVIDADE ADMINISTRATIVA

Tópico sem questões em provas recentes.

3. REGIME JURÍDICO ADMINISTRATIVO E PRINCÍPIOS DA ADMINISTRAÇÃO PÚBLICA

2. **(MPE/SP/Promotor/2011/88_Concurso)** O princípio da motivação que, entre outros, informa a Administração Pública
   a) é de observância obrigatória apenas para os atos administrativos vinculados.
   b) está previsto expressamente na Constituição Federal.
   c) incide obrigatoriamente somente na edição de atos administrativos discricionários.
   d) está previsto de maneira explícita na Constituição do Estado de São Paulo.
   e) é facultativo, na elaboração de atos administrativos complexos.

ANOTAÇÕES/COMENTÁRIOS

(a) A motivação constitui, segundo entendimento doutrinário e jurisprudencial dominantes, exigência obrigatória para todas as espécies de atos administrativos, vinculados ou discricionários. Na discricionariedade, inclusive, a motivação constitui importante elemento de controle dos aspectos vinculados do ato, viabilizando, ainda, a vinculação aos motivos expostos (teoria dos motivos determinantes).

(b) O princípio da motivação não consta entre os princípios constitucionais explícitos da Administração Pública. Não se pode ignorar, contudo, que a motivação é admitida como uma exigência constitucional decorrente de outros princípios explícitos, como publicidade e contraditório/ampla defesa. Veja-se, outrossim, que existe referência ao dever de motivação no art. 93, IX, no âmbito das decisões administrativas dos Tribunais.

(c) Vide comentário à alternativa A.

(d) Entre outros dispositivos, a Constituição Paulista menciona expressamente o princípio da motivação no art. 111. "Artigo 111 – A administração pública direta, indireta ou fundacional, de qualquer dos Poderes do Estado, obedecerá aos princípios de legalidade, impessoalidade, moralidade, publicidade, razoabilidade, finalidade, motivação e interesse público."

(e) Como já exposto, o dever de motivação constitui exigência que não se limita pela natureza ou classificação do ato administrativo. A necessidade motivação dos atos administrativos resulta do princípio democrático e da regra do devido processo legal, porque indispensável ao convencimento do cidadão e ao consenso em torno da atividade administrativa.

Gabarito: D

Para responder, tem que estudar: lei e teoria/doutrina.

4. PODERES ADMINISTRATIVOS

3. **(MPE/SP/Promotor/2012/89_Concurso)** São poderes da Administração inerentes ao exercício da atividade administrativa da União, Estados, Distrito

Federal e Municípios, em observância a suas competências constitucionais, e somente podendo ser exercidos nos limites da lei, os poderes

a) de fomento, regulamentar, intervenção e disciplinar.
b) de fomento, hierárquico, autoexecutoriedade e de polícia.
c) regulamentar, intervenção, disciplinar e de polícia.
d) de fomento, intervenção, autoexecutoriedade e hierárquico.
e) regulamentar, disciplinar, hierárquico e de polícia.

ANOTAÇÕES/COMENTÁRIOS

(a) A atividade de fomento não se encarta entre os "poderes" administrativos, mas entre as competências da administração. Já a expressão "intervenção", de semântica ampla, não designa um poder específico da administração.

(b) O fomento não figura no rol de poderes, e autoexecutoriedade é um atributo dos poderes, e não um poder específico.

(c) Não se pode falar em poder de intervenção.

(d) Vide comentários às alternativas anteriores.

(e) Os poderes regulamentar, disciplinar, hierárquico e de polícia são exercidos nos limites da lei. Segundo CARVALHO FILHO, (2017), o poder regulamentar é subjacente à lei e pressupõe a existência desta. (...) ao poder regulamentar não cabe contrariar a lei (contra legem), sob pena de sofrer invalidação. Seu exercício somente pode dar-se secundum legem, ou seja, em conforme com o conteúdo da lei e nos limites que esta impuser. O poder disciplinar, conforme ensinamentos de DI PIETRO (2017), é o que cabe a Administração Pública para apurar infrações e aplicar penalidades aos servidores e demais pessoas sujeitas à disciplina administrativa; (...) Nenhuma penalidade pode ser aplicada sem prévia apuração por meio de procedimento legal, em que sejam assegurados o contraditório e a ampla defesa, com meios e recursos a ela inerentes (art. 5º, LV, da Constituição). Quanto ao Poder hierárquico, a autora também assevera que: sob o segundo aspecto (agora jurídico), a hierarquia corresponde a um ordenamento hierárquico definido por lei e que implica diversidade de funções atribuídas a cada órgão (...) Vale dizer que o ordenamento hierárquico é fixado pela lei e que esse ordenamento resulta uma relação de coordenação e subordinação, que implica os já referidos poderes para a Administração. e. CARVALHO FILHO conceitua o poder de polícia como prerrogativa de direito público que, calcada na lei, autoriza a Administração Pública a restringir o uso e o gozo da liberdade e da propriedade em favor do interesse da coletividade.

Gabarito: E

Para responder, tem que estudar: teoria/doutrina.

4. (MPE/SP/Promotor/2013/90_Concurso) O poder de polícia não contém

a) os atributos de autoexecutoriedade e de coercibilidade.

b) a faculdade da Administração de restringir o direito constitucional de manifestação do pensamento, limitando o seu exercício.
c) a possibilidade de agentes administrativos fiscalizarem as medidas de prevenção à dengue, vistoriando residências.
d) a permissão aos Poderes de restringir o ingresso e a permanência de pessoas em suas sedes.
e) a possibilidade de ação repressiva quando, extravasados os limites do exercício da garantia constitucional de reunião, houver violência contra prédios ou pessoas.

ANOTAÇÕES/COMENTÁRIOS

(a) Autoexecutoriedade (capacidade de a Administração efetivar suas decisões independentemente de intervenção judicial) e coercibilidade (aplicação das decisões administrativas independentemente de adesão do destinatário) são típicos atributos do poder de polícia.

(b) Não se inclui no âmbito da polícia administrativa a restrição à manifestação do pensamento, garantida constitucionalmente (art. 5º, IV).

(c) A fiscalização está entre as competências típicas da polícia administrativa.

(d) A restrição do ingresso e permanência de pessoas em suas sedes se traduz no exercício do poder de polícia, conforme já decidiu o STF: Embora irrecusável o direito de acesso popular às dependências do Parlamento (que exerce as suas funções por delegação do Povo), cumpre assinalar que essa prerrogativa da cidadania sofre as limitações resultantes do exercício, pelas Mesas da Câmara dos Deputados e do Senado Federal, do poder de polícia, que é inerente à instituição legislativa, de tal modo que, atendidas as diretrizes impostas pelo postulado da proporcionalidade (que consagra a proibição de excesso), revelar-se-á lícito aos órgãos dirigentes das Casas legislativas disciplinar o ingresso e a permanência, em suas dependências, de qualquer pessoa. (HC 83401 MC, 2003)

(e) DI PIETRO, (2017) ensina que os meios que o Estado utiliza para exercer o poder de polícia são os atos normativos e os atos administrativos e operações materiais de aplicação da lei ao caso concreto, compreendendo medidas preventivas (fiscalização, vistoria, ordem, notificação, autorização, licença), com o objetivo de adequar o comportamento individual à lei, e medidas repressivas (dissolução de reunião, interdição de atividade, apreensão de mercadorias deterioradas, internação de pessoa com doença contagiosa), com a finalidade de coagir o infrator a cumprir a lei.

Gabarito: B

Para responder, tem que estudar: jurisprudência e teoria/doutrina.

5. (MPE/SP/Promotor/2015/91_Concurso) Assinale a alternativa correta sobre o poder de polícia:

a) Ele é passível de delegação a particulares.
b) Tem, como atributos exclusivos, a discricionariedade e a coercibilidade.
c) Inexiste vedação constitucional para que pessoas administrativas de direito privado possam exercê-lo na sua modalidade fiscalizatória.
d) Qualifica-se como atividade positiva da Administração.
e) Os atos a ele inerentes não se sujeitam ao princípio da anterioridade.

ANOTAÇÕES/COMENTÁRIOS

(a) Doutrina e jurisprudência majoritárias não admitem a delegação do poder de polícia a pessoas privadas, ainda que se trate de uma delegatária de serviço público. Nesse sentido foi o julgamento da ADI 1717/DF. O fundamento é que o exercício das atividades do poder de polícia tem fundamento no poder de império e que este não pode ser exercido por nenhuma pessoa jurídica de direito privado, ainda que integrante da administração pública indireta.

(b) Segundo doutrina majoritária, o poder de polícia tem por atributos; discricionariedade, autoexecutoriedade e coercibilidade.

(c) A partir das diversas atuações do poder de polícia, a doutrina catalogou o chamado "ciclo de polícia". Esse ciclo se desenvolve em quatro fases: a) a ordem de polícia; b) consentimento de polícia; c) a fiscalização de polícia; e d) a sanção de polícia. O Superior Tribunal de Justiça, no julgado do REsp 817.534/MG, admitiu que as fases de consentimento e da fiscalização de polícia podem ser delegados às pessoas jurídicas de direito privado, pertencentes à administração pública indireta. Lado outro, as fases de ordem e sanção só podem ser aplicados pelas pessoas jurídicas de direito público.

(d) Doutrina majoritária cataloga o poder de polícia como atividade negativa.

(e) O exercício regular do poder de polícia pode originar hipótese de incidência de taxa. Esta espécie de tributo deve observar o princípio da anterioridade, regra insculpida no art. 150, III, c, CF.

Gabarito: C

Para responder, tem que estudar: lei, jurisprudência e teoria/doutrina.

6. **(MPE/SP/Promotor/2015/91_Concurso)** Entre as alternativas abaixo apresentadas, aponte aquela que não representa um vício de desvio de poder na atividade administrativa:

a) A exoneração, de ofício, de ocupante de cargo comissionado ao qual se atribui a prática de falta grave.
b) A remoção de servidor fundada em justificativa genérica e subjetiva da presença de interesse público.
c) A remoção desmotivada de servidor concursado, pelo administrador público.

d) A concessão de alvará à casa de prostituição para funcionamento como discoteca ou danceteria.

e) A concessão de uso especial para fins de moradia a possuidor que é proprietário de outro imóvel urbano ou rural.

ANOTAÇÕES/COMENTÁRIOS

(a) A alternativa não configura desvio de poder. Na visão dos doutrinadores Marcelo Alexandrino e Vicente Paulo (p. 319): "Exoneração é um ato administrativo que não possui caráter punitivo, vale dizer, o motivo determinante de um ato de exoneração não é a prática de uma infração disciplinar. Ao servidor ocupante de cargo em comissão que cometa infração funcional aplica-se a penalidade administrativa de destituição, ato de caráter punitivo que deve, por essa razão, ser precedido de processo administrativo disciplinar em que sejam assegurados o contraditório e a ampla defesa. A exoneração de um servidor ocupante de cargo em comissão é um ato administrativo amplamente discricionário, que não precisa sequer ser motivado. Dada a ausência de caráter punitivo, não se cogita a instauração de processo administrativo, tampouco a observância de contraditório ou ampla defesa."

(b) A remoção de ofício pautada no interesse da administração deve ser devidamente fundamentada. Não se considera fundamentação justificativa genérica e subjetiva.

(c) A remoção, nos termos da Lei nº 8112/90, em seu art. 36, consiste no "deslocamento do servidor, a pedido ou de oficio, no âmbito do mesmo quadro, com ou sem mudança de sede." A remoção de ofício será sempre determinada no interesse da administração pública e, em tese, independe da vontade do servidor removido. Por isso, a autoridade responsável pelo ato deve motivá-lo, de forma que fique claro o interesse público na transferência.

(d) Segundo o doutrinador José dos Santos Carvalho Filho, "Alvará é o instrumento formal expedido pela Administração que, através dele, expressa aquiescência no sentido de ver desenvolvida certa atividade pelo particular. Seu conteúdo é o consentimento dado pelo Estado, e por isso se fala em alvará de autorização, alvará de licença etc." Nessa senda, há desvio de poder, porque a Administração estaria aquiescendo no exercício de atividade veda pelo ordenamento jurídico, art. 229, Código Penal.

(e) A alternativa contraria o disposto no art. 183, caput, CF: "Aquele que possuir como sua área urbana de até duzentos e cinquenta metros quadrados, por cinco anos, ininterruptamente e sem oposição, utilizando-a para sua moradia ou de sua família, adquirir-lhe-á o domínio desde que não seja proprietário de outro imóvel urbano ou rural."

Gabarito: A

Para responder, tem que estudar: lei e teoria/doutrina.

7. (MPE/SP/Promotor/2017/92_Concurso) Assinale a alternativa correta.

a) O poder de polícia tem como característica a discricionariedade, pelo que a Administração, ao expedir alvarás de autorização ou de licença, aprecia livremente a oportunidade e conveniência da medida.

b) A autoexecutoriedade, um dos atributos do poder de polícia, permite que a Administração ponha em execução as suas decisões sem precisar recorrer ao Poder Judiciário, independentemente de autorização legal.

c) O poder de polícia, atividade estatal que limita o exercício dos direitos individuais em benefício do interesse público, é exercido privativamente pelo Poder Executivo.

d) O poder de polícia, exercido pela polícia administrativa, não se confunde com o exercido pela polícia judiciária porque a primeira atua preventivamente e a segunda repressivamente.

e) poder de polícia é indelegável a pessoas jurídicas de direito privado por envolver prerrogativas próprias do poder público, insuscetíveis de serem exigidas por particular sobre o outro.

ANOTAÇÕES/COMENTÁRIOS

(a) Há hipóteses de atos vinculados decorrentes do poder de polícia

(b) A autoexecutoriedade, somente no caso de medida urgente, acarreta a desnecessidade de expressa disposição legal.

(c) O Poder Legislativo também tem atribuições decorrentes do poder de polícia ao criar por lei limitações administrativas.

(d) O que diferencia a atividade da polícia administrativa e da polícia judiciária é a ocorrência ou não de uma infração penal.

(e) Quanto à indelegabilidade do exercício do poder de polícia a pessoas jurídicas de direito privado, essa característica tem sido reconhecida pela jurisprudência, inclusive do Supremo Tribunal Federal, com base no argumento de que, em se tratando de atividade típica do Estado, só pode ser por este exercida. Com efeito, o poder de polícia envolve o exercício de prerrogativas próprias do poder público, especialmente a repressão, insuscetíveis de serem exercidas por um particular sobre outro. Os atributos, já apontados, da autoexecutoriedade e coercibilidade (inclusive com emprego de meios diretos de coação) só podem ser atribuídos a quem esteja legalmente investido em cargos públicos, cercados de garantias que protegem o exercício das funções públicas típicas do Estado. (Direito administrativo, Maria Sylvia Zanella Di Pietro)

– ATA DA TERCEIRA REUNIÃO DA COMISSÃO DO 92º CONCURSO DE INGRESSO NA CARREIRA DO MINISTÉRIO PÚBLICO DO ESTADO DE SÃO PAULO – 2017.

Gabarito: E

Para responder, tem que estudar: teoria/doutrina.

8. (MPE/SP/Promotor/2017/92_Concurso) Assinale a alternativa correta.

a) A autoridade competente sempre, em razão de seu poder hierárquico, a possibilidade de delegação e avocação.

b) Nos atos discricionários, o Poder Judiciário não pode, em hipótese alguma, apreciar o mérito do ato, assim considerada a análise da conveniência ou oportunidade.

c) O ato administrativo, praticado por autoridade incompetente, investido irregularmente no cargo, não produz qualquer efeito.

d) A revogação dos atos administrativos é sempre possível, não havendo limites para tanto, uma vez que cabe à Administração apreciar as razões de oportunidade e conveniência.

e) No caso de ato vinculado, praticado por autoridade incompetente, a convalidação é obrigatória pela autoridade competente se estiverem presentes os requisitos para a prática do ato.

ANOTAÇÕES/COMENTÁRIOS

(a) Nos termos do artigo 13 da Lei 9.749/99, a lei pode conferir competência exclusiva a determinado órgão e também pode restringir a possibilidade de avocação, conforme artigo 15 da Lei 9749/99.

(b) Em regra, os atos discricionários não são controlados pelo Poder Judiciário. No entanto, quando ele for motivado, caberá apreciação dos limites da discricionariedade. A justificativa da banca se fundamentou nos ensinamentos da Maria Sylvia Zanella Di Pietro, "As decisões judiciais que invalidam atos discricionários por vício de desvio de poder, por irrazoabilidade ou desproporcionalidade da decisão administrativa, por inexistência de motivos ou de motivação, por infringência a princípios como os da moralidade, segurança jurídica, boa-fé, não estão controlando o mérito, mas a legalidade do ato. Poder-se-ia afirmar que estão controlando o mérito, no sentido antigo da expressão, mas não no sentido atual. Somente se pode falar em mérito, no sentido próprio da expressão, quando se trate de hipóteses em que a lei deixa à Administração Pública a possibilidade de escolher entre duas ou mais opções igualmente válidas perante o Direito; nesse caso, a escolha feita validamente pela Administração tem que ser respeitada pelo Judiciário." (Di Pietro, 2016)

(c) Tratando-se de ato vinculado praticado por autoridade incompetente, a autoridade competente não poderá deixar de convalidá-lo, se estiverem presentes os requisitos para a prática do ato; a convalidação é obrigatória, para dar validade aos efeitos já produzidos; se os requisitos legais não estiverem presentes, ela deverá necessariamente anular o ato. Em se tratando de atos discricionários, a autoridade competente poderá convalidá-lo, conforme ensinamentos de Di Pietro (2016)

(d) A revogação e invalidação dos atos administrativos encontram limites no direito adquirido, nos termos da Súmula 473/STF: A administração pode anular seus próprios atos, quando eivados de vícios que os tornam ilegais, porque deles não se originam direitos; ou revogá-los, por motivo de conveniência ou oportunidade, respeitados os direitos adquiridos, e ressalvada, em todos os casos, a apreciação judicial.

(e) Conforme ensinamentos de Maria Sylvia, "Tratando-se de ato vinculado praticado por autoridade incompetente, a autoridade competente não poderá deixar de convalidá-lo, se estiverem presentes os requisitos para a prática do ato; a convalidação é obrigatória, para dar validade aos efeitos já produzidos; se os requisitos legais não estiverem presentes, ela deverá necessariamente anular o ato. Se o ato praticado por autoridade incompetente é discricionário e, portanto, admite apreciação subjetiva quanto aos aspectos de mérito, não pode a autoridade competente ser obrigada a convalidá-lo, porque não é obrigada a aceitar a mesma avaliação subjetiva feita pela autoridade incompetente; nesse caso, ela poderá convalidar ou não, dependendo de sua própria apreciação discricionária." (Di Pietro, 2016)

Gabarito: E

Para responder, tem que estudar: lei, súmula/OJ e teoria/doutrina.

5. AGENTES PÚBLICOS

9. **(MPE/SP/Promotor/2011/88_Concurso)** A elaboração do regulamento e das normas do concurso de ingresso para admissão do Agente Público da carreira do Ministério Público do Estado de São Paulo compete
   a) ao Procurador Geral de Justiça.
   b) ao Corregedor Geral do Ministério Público.
   c) ao Conselho Superior do Ministério Público.
   d) ao Procurador Geral de Justiça e ao Corregedor Geral do Ministério Público, conjuntamente.
   e) ao Colégio de Procuradores de Justiça.

ANOTAÇÕES/COMENTÁRIOS

(a, b, c, d) Vide comentários abaixo.

(e) Segundo artigo 22, XV, da Lei Orgânica do MP/SP, Lei Complementar Estadual nº 734/93, compete ao Colégio de Procuradores de Justiça: XV – elaborar o regulamento e as normas de concurso de ingresso à carreira do Ministério Público, bem como do quadro de estagiários;

Gabarito: E

Para responder, tem que estudar: lei.

10. **(MPE/SP/Promotor/2011/88_Concurso)** No processo administrativo disciplinar:
   a) a falta de defesa técnica por advogado é inconstitucional, de acordo com o verbete 5 da Súmula vinculante do Supremo Tribunal Federal.
   b) a presença de advogado é obrigatória, a partir da fase de instrução, segundo o verbete 343 da Súmula do Superior Tribunal de Justiça.

c) é obrigatória a presença de advogado para oferecimento de alegações finais, conforme o verbete 343 da Súmula do Superior Tribunal de Justiça.
d) a falta de defesa técnica por advogado não ofende a Constituição, nos termos do verbete 5 da Súmula vinculante do Supremo Tribunal Federal.
e) a presença de advogado é facultativa, de acordo com o verbete 343 da Súmula do Superior Tribunal de Justiça.

ANOTAÇÕES/COMENTÁRIOS

(a) O verbete da Súmula Vinculante 5/STF estatui: "A falta de defesa técnica por advogado no processo administrativo disciplinar não ofende a Constituição. Logo, a falta de defesa técnica por advogado não é inconstitucional.

(b, c, e) A Súmula 343/STJ, superada pela Súmula Vinculante 5/STF, prevê a obrigatoriedade de participação do advogado em todas as fases do processo disciplinar, e não apenas na fase de instrução.

(d) Redação literal do enunciado da Súmula Vinculante 5/STF. Importante destacar a Súmula 611/STJ: Desde que devidamente motivada e com amparo em investigação ou sindicância, é permitida a instauração de processo administrativo disciplinar com base em denúncia anônima, em face do poder-dever de autotutela imposto à Administração.

Gabarito: D

Para responder, tem que estudar: súmula/OJ.

11. (MPE/SP/Promotor/2012/89_Concurso) A Constituição Federal, excepcionalmente, admite a contratação temporária sem concurso público, desde que estejam presentes os seguintes requisitos:

a) Excepcional interesse público, contratação para o exercício de serviços típicos de carreira e hipóteses expressamente previstas em lei federal.
b) Relevância e urgência, contratação por 180 (cento e oitenta) dias improrrogáveis e hipóteses expressamente previstas em lei federal.
c) Excepcional interesse público, contratação por 180 (cento e oitenta) dias improrrogáveis e hipóteses expressamente previstas em lei editada pelo ente federativo que efetue a contratação.
d) Relevância e urgência, contratação para o exercício de serviços típicos de carreira e hipóteses expressamente previstas em lei editada pelo ente federativo que efetue a contratação.
e) Excepcional interesse público, temporariedade da contratação e hipóteses expressamente previstas em lei editada pelo ente federativo que efetue a contratação.

ANOTAÇÕES/COMENTÁRIOS

(a) Conforme disposto no artigo 37, IX da CF: a lei estabelecerá os casos de contratação por tempo determinado para atender a necessidade temporária de excepcional interesse público. À época da questão, havia decisão no sentido de que serviços permanentes poderiam ser objeto de contratação temporária. (ADI 3068). Contudo, o STF, em repercussão geral (RE 658.026, 2014, Tema 612), fixou a seguinte tese: (...) para que se considere válida a contratação temporária, é preciso que: a) os casos excepcionais estejam previstos em lei; b) o prazo de contratação seja predeterminado; c) a necessidade seja temporária; d) o interesse público seja excepcional; e) a necessidade de contratação seja indispensável, sendo vedada a contratação para os serviços ordinários permanentes do Estado, e que devam estar sob o espectro das contingências normais da Administração. O STF já decidiu que a lei referida no artigo 37, XI, deve ser específica (ADI, 3649) e não lei federal como consta na alternativa.

(b) O requisito da relevância e urgência não se aplica ao caso; inexiste previsão constitucional de prazo máximo para a contratação, que será regulado por lei de cada um dos entes políticos.

(c) Não há prazo pré-fixado, pois depende da situação concreta e da lei do ente federativo deve regular a necessidade temporária de excepcional interesse público.

(d) Conforme decidido pelo STF, serviços típicos (serviços ordinários permanentes) do Estado não devem ser objeto de contratação temporária. (Tema de Repercussão Geral 612).

(e) O artigo 37, IX da CF dispõe que a lei estabelecerá os casos de contratação por tempo determinado para atender a necessidade temporária de excepcional interesse público. No que tange à natureza da lei, o STF já decidiu que deve ser do ente federativo (ADI, 3649).

Gabarito: E

Para responder, tem que estudar: lei e jurisprudência.

12. (MPE/SP/Promotor/2012/89_Concurso) É vedada a acumulação remunerada de cargos públicos, exceto, quando houver compatibilidade de horários, observado, em qualquer caso, o teto remuneratório do funcionalismo público, nas hipóteses de acumulação de dois cargos de

a) professor; a de um cargo de professor com outro, técnico ou científico, e a de dois cargos ou empregos privativos de médicos.

b) professor; a de um cargo de professor com outro, técnico ou científico; a de dois cargos ou empregos privativos de profissionais de saúde, com profissões regulamentadas.

c) professor; a de um cargo de professor com outro, cargo ou emprego privativo de profissionais de saúde, com profissões regulamentadas; e a de dois cargos ou empregos privativos de médicos.

d) professor do ensino médio ou fundamental; a de um cargo de professor com outro, técnico ou científico; e a de dois cargos ou empregos privativos de profissionais de saúde, com profissões regulamentadas.

e) professor; a de dois cargos de professor com outro, técnico ou científico; e a de dois cargos ou empregos privativos de profissionais de saúde, com profissões regulamentadas.

ANOTAÇÕES/COMENTÁRIOS

(a, c, d, e) Vide comentários abaixo.

(b) Conforme art. 37, XVI, da Constituição. XVI – é vedada a acumulação remunerada de cargos públicos, exceto, quando houver compatibilidade de horários, observado em qualquer caso o disposto no inciso XI: a) a de dois cargos de professor; b) a de um cargo de professor com outro técnico ou científico; c) a de dois cargos ou empregos privativos de profissionais de saúde, com profissões regulamentadas. // ATENÇÃO 1: O STF, em abril de 2017, decidiu no sentido de que o teto deve ser aplicado em relação a cada cargo público isoladamente, ainda que o somatório das remunerações ultrapasse o teto, aprovando a seguinte tese de repercussão geral: "Nos casos autorizados, constitucionalmente, de acumulação de cargos, empregos e funções, a incidência do artigo 37, inciso XI, da Constituição Federal, pressupõe consideração de cada um dos vínculos formalizados, afastada a observância do teto remuneratório quanto ao somatório dos ganhos do agente público". // ATENÇÃO 2: Quanto à jornada de trabalho, a jurisprudência do STF é no sentido de que a acumulação de dois cargos privativos de profissionais de saúde, com profissões regulamentadas, nos termos do artigo 37, inciso XVI, alínea "c", da Constituição Federal, está condicionada apenas à existência de horários compatíveis entre os cargos exercidos. O Tribunal tem afastado o argumento de que a existência de norma infraconstitucional que estipule limitação de jornada semanal constitui óbice ao reconhecimento do direito à acumulação permitida pela Constituição Federal, assim decidiu "AGRAVO REGIMENTAL NO RECURSO ORDINÁRIO EM MANDADO DE SEGURANÇA. PARECER GQ 145/1998/AGU. LIMITE MÁXIMO DE 60 HORAS SEMANAIS EM CASOS DE ACUMULAÇÃO DE CARGOS OU EMPREGOS PÚBLICOS. IMPOSSIBILIDADE. PRECEDENTES. COMPATIBILIDADE DAS JORNADAS DE TRABALHO DA IMPETRANTE. COMPROVAÇÃO. AGRAVO A QUE SE NEGA PROVIMENTO, COM APLICAÇÃO DE MULTA. I – A existência de norma infraconstitucional que estipula limitação de jornada semanal não constitui óbice ao reconhecimento do direito à acumulação prevista no art. 37, XVI, c, da Constituição, desde que haja compatibilidade de horários para o exercício dos cargos a serem acumulados. (RMS 34257 AgR, 2018)

Gabarito: B

Para responder, tem que estudar: lei e teoria/doutrina.

13. (MPE/SP/Promotor/2012/89_Concurso) Em relação às normas regentes da Administração Pública, é correto afirmar:

a) A remuneração dos servidores públicos e o subsídio somente poderão ser fixados ou alterados por lei específica, observada a iniciativa privativa em cada caso, assegurada revisão geral anual, sempre na mesma data e sem distinção de índice.

b) A aquisição de estabilidade do servidor público depende de sua nomeação para cargo de provimento efetivo em virtude de concurso público; o efetivo exercício por dois anos e avaliação especial e obrigatória de desempenho por comissão instituída para essa finalidade.

c) A publicidade dos atos, programas, obras, serviços e campanhas dos órgãos públicos deverá ter caráter educativo, informativo ou de orientação social, dela não podendo constar, no prazo de seis meses anteriores à eleição, nomes, símbolos ou imagens que caracterizem promoção pessoal de autoridades ou servidores públicos.

d) A remuneração e o subsídio dos ocupantes de cargos, funções e empregos públicos da administração direta, autárquica e fundacional, dos membros de qualquer dos Poderes da União, dos Estados, do Distrito Federal e dos Municípios dos detentores de mandato eletivo e dos demais agentes políticos, percebidos cumulativamente ou não, incluídas as vantagens pessoais ou de qualquer outra natureza, não poderão exceder o subsídio mensal do Presidente da República.

e) A remuneração de pessoal do serviço público será vinculada ou equiparada quando houver exercício de funções semelhantes em carreiras diversas no âmbito dos Poderes Legislativo, Executivo e Judiciário.

ANOTAÇÕES/COMENTÁRIOS

(a) Conferir redação literal do art. 37, X, da Constituição.

(b) O alcance da estabilidade depende de três anos de efetivo exercício no cargo de provimento efetivo em virtude de concurso público, nos termos do art. 41, caput, da Constituição. O § 4º do art. 41 estabelece como condição para a aquisição da estabilidade, a obrigatoriedade da avaliação especial de desempenho por comissão instituída para essa finalidade.

(c) Através da leitura do art. 37, § 1º, da Constituição, verifica-se a inexistência de qualquer referência ao prazo de seis meses.

(d) Conforme art. 37, XI, da Constituição, não poderão exceder o subsídio mensal do Ministro do STF.// Obs: Repercussão Geral pertinente ao assunto, no RE n.º 663696, Tema 510 "A expressão "Procuradores", contida na parte final do inciso XI do art. 37 da Constituição da República, compreende os Procuradores Municipais, uma vez que estes se inserem nas funções essenciais à Justiça, estando, portanto, submetidos ao teto de noventa inteiros e vinte e cinco centésimos por cento do subsídio mensal, em espécie, dos Ministros do Supremo Tribunal Federal."

(e) O inciso XIII do art. 37 da CF estabelece que: é vedada a vinculação ou equiparação de quaisquer espécies remuneratórias para o efeito de remuneração de pessoal do serviço público.

Gabarito: A

Para responder, tem que estudar: lei.

14. (MPE/SP/Promotor/2012/89_Concurso) O servidor público, no exercício de mandato eletivo, investido

a) em mandato eletivo parlamentar federal, estadual, distrital ou municipal, ficará afastado de seu cargo, emprego ou função.

b) no mandato de Prefeito, será afastado do cargo, emprego ou função, sendo-lhe facultado optar pela sua remuneração.

c) no mandato de Prefeito, havendo compatibilidade de horários, perceberá as vantagens de seu cargo, emprego ou função, sem prejuízo da remuneração do cargo eletivo.

d) em mandato eletivo parlamentar estadual, distrital ou municipal, havendo compatibilidade de horários, perceberá as vantagens de seu cargo, emprego ou função, sem prejuízo da remuneração do cargo eletivo.

e) no mandato de Prefeito, será afastado do cargo, emprego ou função, recebendo a remuneração do cargo eletivo.

ANOTAÇÕES/COMENTÁRIOS

(a) O art. 38, I, da Constituição não faz menção ao mandato eletivo municipal.

(b) Conforme art. 38, II, da Constituição: Ao servidor público da administração direta, autárquica e fundacional, no exercício de mandato eletivo, aplicam-se as seguintes disposições: II – investido no mandato de Prefeito, será afastado do cargo, emprego ou função, sendo-lhe facultado optar pela sua remuneração;

(c) É facultado ao servidor público investido no mandato de prefeito optar pela sua remuneração, nos termos do art. 38, II da CF

(d) Em caso de compatibilidade de horários, o servidor público investido no mandato de vereador, perceberá vantagens de seu cargo, emprego ou função, sem prejuízo da remuneração do cargo efetivo, consoante disposto no art. 38, III. Art. 38, I, da Constituição.

(e) Art. 38, II, da Constituição.

Gabarito: B

Para responder, tem que estudar: lei.

15. (MPE/SP/Promotor/2013/90_Concurso) Em quais das formas de provimento (originário ou derivado) de cargo, emprego ou função públicos o agente público investido não terá estabilidade constitucional ou vitaliciedade?

a) por eleição e nomeação para cargo em comissão.

b) por reversão ou readaptação.

c) por promoção ou remoção.
d) por recondução ou aproveitamento.
e) por nomeação em caráter efetivo ou reintegração.

ANOTAÇÕES/COMENTÁRIOS

(a) OLIVEIRA (2016), ensina que o acesso aos cargos políticos ocorre por meio de eleição (ex.: chefes do executivo) ou de nomeação por agentes eleitos para ocuparem cargos em comissão (ex.: Ministros e Secretários estaduais e municipais); e que a função política possui caráter transitório, tendo em vista o princípio republicano, e será exercida por prazo determinado (mandato). CARVALHO FILHO, (2017), enfatiza que os cargos em comissão são de ocupação transitória. Seus titulares são nomeados em função da relação de confiança. A natureza desses cargos impede que os titulares adquiram estabilidade, por ausência de concurso público ou enquadramento na hipótese do art. 19, § 2º do ADCT.

(b) Reversão é o retorno à atividade de servidor aposentado, em razão de invalidez declarada por junta médica como insubsistente ou por interesse da administração, nos termos do artigo 25 da Lei 8.112/90. Já a readaptação encontra amparo legal no artigo 24 da referida lei, dispõe que Readaptação é a investidura do servidor em cargo de atribuições e responsabilidades compatíveis com a limitação que tenha sofrido em sua capacidade física ou mental verificada em inspeção médica. Assim, reversão e readaptação atingem ocupantes de cargos efetivos, passíveis, portanto, de obter estabilidade.

(c) A promoção é espécie de provimento derivado(relaciona-se ao servidor público que possui vínculo prévio com cargos públicos da mesa entidade) em que o servidor é deslocado de cargo inferior para outro cargo de classe superior dentro da mesma carreira (ex.: magistrado de primeira instancia é promovido para o cargo de desembargador), conforme explica OLIVEIRA, (2016, p. 670-671). A remoção está prevista no artigo 130 da Constituição de SP: Ao servidor será assegurado o direito de remoção para igual cargo ou função, no lugar de residência do cônjuge, se este também for servidor e houver vaga, nos termos da lei. Nas duas hipóteses o servidor mantém a estabilidade ou vitaliciedade, pois a promoção ou remoção não desnaturam os direitos decorrentes do ingresso ao cargo ou função públicas, adquiridos por meio de concurso público.

(d) CARVALHO FILHO (2017), afirma que com a EC 19/98, a recondução é um direito garantido aos servidores estáveis, que tenha ocupado o cargo antes da reintegração, o que significa que o servidor não estável pode ser exonerado pela Administração, sem que se lhe confira a possibilidade de recondução, aproveitamento ou disponibilidade. No que tange ao aproveitamento, CARVALHO FILHO, (2017, p. 663) ensina que significa o retorno do servidor a determinado cargo, tendo em vista que o cargo que ocupava foi extinto ou declarado desnecessário. Logo, nas duas hipóteses o servidor terá estabilidade ou vitaliciedade.

(e) Conforme art. 10 da Lei 8.112/90, a nomeação para cargo de carreira ou cargo isolado de provimento efetivo depende de prévia habilitação em concurso público de provas ou de provas e títulos, obedecidos a ordem de classificação e o prazo de sua validade. Já a reintegração, está prevista no artigo 41, § 2º da CF. CARVALHO FILHO, (2017) averba que reintegração ocorre quando o servidor retorna a seu cargo após ter sido reconhecida a ilegalidade de sua demissão, por sentença judicial, do ato que extingui a relação jurídica estatutária. Destaca-se a decisão do STJ no REsp 1.565.166/PR que determinou a reintegração ao cargo público, cujo afastamento foi motivado por perseguição política, por violação de direitos fundamentais, prisão e tortura perpetrados durante o regime militar. "O retorno ao serviço público, nessa perspectiva, corresponde a reparação intimamente ligada ao princípio da dignidade humana, porquanto o trabalho representa uma das expressões mais relevantes do ser humano, sem o qual o indivíduo é privado do exercício amplo dos demais direitos constitucionalmente garantidos. A imprescritibilidade da ação que visa reparar danos provocados pelos atos de exceção não implica no afastamento da prescrição quinquenal sobre as parcelas eventualmente devidas ao Autor. Não se deve confundir imprescritibilidade da ação de reintegração com imprescritibilidade dos efeitos patrimoniais e funcionais dela decorrentes, sob pena de prestigiar a inércia do Autor, o qual poderia ter buscado seu direito desde a publicação da Constituição da República".

Gabarito: A

Para responder, tem que estudar: lei e teoria/doutrina.

16. (MPE/SP/Promotor/2015/91_Concurso) Sobre a proibição da prática de nepotismo, é correto afirmar que:

a) a competência para a iniciativa de lei sobre o nepotismo é privativa do Chefe do Poder Executivo.

b) a vedação do nepotismo exige a edição de lei formal que coíba a sua prática.

c) é necessária a prova de vínculo de amizade ou troca de favores entre o nomeante e o nomeado para a caracterização do nepotismo.

d) a Súmula Vinculante n. 13 do Supremo Tribunal Federal, esgotou todas as possibilidades de configuração de nepotismo na Administração Pública.

e) ressalvada situação de fraude à lei, a nomeação de parentes para cargos públicos de natureza política não configura nepotismo na Administração Pública.

ANOTAÇÕES/COMENTÁRIOS

(a) O princípio da moralidade, previsto expressamente no art. 37, caput, do Texto Constitucional, impõe que o administrador público não deve dispensar os preceitos éticos que devem estar presentes em sua conduta. Em relação à sua aplicação no serviço público elucidadora é a explicação de José dos Santos Carvalho Filho (p. 21), para "preservar os padrões de moralidade no serviço público, é justo sublinhar (e também aplaudir) a disciplina aprovada pelo Conselho Nacional de Justiça, em resolução regulamentadora de dispositivo constitucional, pela qual ficou expressamente vedada a condenável prática do nepotismo..." O texto enuncia a Resolução 7, de 2005. Para tanto, vedou-se a nomeação para cargo em comissão ou funções gratificadas de cônjuge (ou companheiro) ou parente em linha direta ou por afinidade, até o terceiro grau inclusive, de membros de tribunais, juízes e servidores investidos de cargo de direção ou assessoramento, estendendo-se a vedação à ofensa por via obliqua, concretizada pelo favorecimento recíproco, ou por cruzamento. Outrossim, o CNMP em linhas semelhantes também publicou a Resolução nº 7/2006. No julgamento da ADC 12, a Suprema Corte declarou a constitucionalidade da Resolução do CNJ, ao argumento de que se encontra em perfeita sintonia com os princípios constitucionais, sobretudo os princípios da impessoalidade, eficiência e igualdade. Posteriormente, a Suprema Corte editou a Súmula Vinculante 1/STF3, a qual se estende à administração direta e indireta de todos os poderes da União, Estados, Distrito Federal e Municípios.

(b) Como explicitado na alternativa anterior, a regulamentação dispensa a lei em sentido formal. Para tanto, o primeiro instrumento a regulamentar a vedação ao nepotismo foi a Resolução n. 7/2005, do CNJ. O qual não usurpou atribuição do Poder Legislativo, apenas exerceu o poder regulamentar que lhe foi conferido pelo art. 103-B, II, CF.

(c) Para a configuração do nepotismo prescinde a comprovação de troca de favores ou amizade entre o nomeante e o nomeado. Por exemplo, considera-se nepotismo transverso ou cruzado, designações recíprocas, ou seja, quando a autoridade de um Poder nomeia determinada pessoa, porque em outro Poder, em troca do favor, um apadrinhado seu será nomeado.

(d) A Súmula Vinculante 13/STF, apenas exemplifica algumas hipóteses de nepotismo, sem, contudo, exauri-las.

(e) As nomeações de parentes para cargos políticos, como os de Secretários de Estados, foram excepcionadas à proibição, por terem natureza política, diversamente dos cargos de confiança, que, em regra, tem natureza administrativa.

Gabarito: E

Para responder, tem que estudar: lei, jurisprudência e teoria/doutrina.

17. (MPE/SP/Promotor/2017/92_Concurso) Assinale a alternativa correta.

a) O prazo de validade de concurso público é de dois anos, prorrogável até o preenchimento de todos os cargos pelos candidatos aprovados.

b) A sujeição do candidato a cargo público a exame psicotécnico fica a critério discricionário da Administração.

c) Em concurso público, é possível limitar a idade dos candidatos quando esta limitação se justifica pela natureza das atribuições do cargo a ser preenchido.

d) O vencimento dos servidores pode ser determinado por lei ou ser objeto de convenção coletiva.

e) É possível a vinculação do reajuste de vencimento de servidores estaduais e municipais a índices federais de correção monetária.

ANOTAÇÕES/COMENTÁRIOS

(a) Artigo 37, inciso III, da Constituição Federal – o prazo de validade do concurso público será de até dois anos, prorrogável uma vez, por igual período.

(b) Súmula Vinculante 44 – Só por lei se pode sujeitar a exame psicotécnico a habilitação de candidato a cargo público; e Súmula 686/STF – Só por lei se pode sujeitar a exame psicotécnico a habilitação de candidato a cargo público.

(c) Súmula 683/STF – O limite de idade para a inscrição em concurso público só se legitima em face do art. 7º, XXX, da Constituição, quando possa ser justificado pela natureza das atribuições do cargo a ser preenchido. // Sobre concurso público, importante destacar a recente decisão do STF, RE 1058333: "Concurso público e remarcação de teste de aptidão física – É constitucional a remarcação do teste de aptidão física de candidata que esteja grávida à época de sua realização, independentemente da previsão expressa em edital do concurso público". Tema 973, RE 630.733, 2018. O Supremo Tribunal Federal na ADI n.º 5329 julgou inconstitucional a fixação de idade mínima e máxima para ingresso na carreira da magistratura. Em razão do tratamento isonômico conferido pelos Tribunais Superiores entre as duas carreiras (Magistratura e Ministério Público – Instituições Homólogas) deve ser estendido o entendimento do referido julgado ao Ministério Público. ADI 5329 – Órgão julgador: Tribunal Pleno – - Relator(a): Min. MARCO AURÉLIO – Redator(a) do acórdão: Min. ALEXANDRE DE MORAES – Julgamento: 15/12/2020 – Publicação: 23/02/2021 – Ementa: DIREITO CONSTITUCIONAL. REGIME JURÍDICO DA MAGISTRATURA. LEI DE ORGANIZAÇÃO JUDICIÁRIA DO DISTRITO FEDERAL E DOS TERRITÓRIOS. INCONSTITUCIONALIDADES FORMAL E MATERIAL NA PREVISÃO DE REQUISITOS DE FAIXA ETÁRIA PARA O INGRESSO NA CARREIRA (ART. 52, V, DA LEI 11.697/2008). RESERVA DE LEI COMPLEMENTAR (CF, ART. 93, I). DESPROPORCIONALIDADE E QUEBRA DA ISONOMIA. 1. O SUPREMO TRIBUNAL FEDERAL possui jurisprudência firme no sentido de que, até o advento da lei complementar prevista no art. 93, caput, da Constituição Federal, o Estatuto da Magistratura é disciplinado pela LOMAN, recepcionada pela nova ordem constitucional. Precedentes. 2. O art. 52, V, da Lei 11.697/2008, ao estabelecer como requisito para ingresso na carreira da magistratura do Distrito Federal ou dos Territórios a idade mínima de 25 anos e máxima de 50, viola o disposto no art. 93, I, da Constituição Federal. 3. Em assuntos diretamente relacionados à magistratura nacional, como as condições para investidura no cargo, a disciplina da matéria deve ser versada pela Constituição Federal ou pela LOMAN, não podendo lei ordinária federal inovar e prever norma de caráter restritivo ao ingresso na magistratura que não encontra pertinência nos citados diplomas normativos. 4.A Constituição Federal não exige idade mínima para o ingresso na magistratura, mas sim a exigência de "três anos de atividade jurídica" ao bacharel em direito (CF, art. 93, I). 5. O limite de 50 anos de idade para ingresso em cargo de magistrado não guarda correlação com a natureza do cargo e destoa do critério a que a Constituição adotou para a composição dos Tribunais Superiores, Tribunais Regionais Federais e Tribunais Regionais do Trabalho. 6. Ação direta julgada procedente.

(d) Súmula 679/STF – A fixação de vencimento dos servidores públicos não pode ser objeto de convenção coletiva.

(e) Súmula Vinculante 42 – É inconstitucional a vinculação do reajuste de vencimentos de servidores estaduais ou municipais a índices federais de correção monetária.

Gabarito: C

Para responder, tem que estudar: lei e súmula/OJ.

18. (MPE/SP/Promotor/2019/93_Concurso) Em relação ao regime jurídico dos agentes públicos, assinale a alternativa INCORRETA.

(A) É inconstitucional toda modalidade de provimento que propicie ao servidor investir-se, sem prévia aprovação em concurso público destinado ao seu provimento, em cargo que não integra a carreira na qual fora anteriormente investido.

(B) A criação de cargos em comissão somente se justifica para o exercício de funções de direção, chefia e assessoramento, não se prestando ao desempenho de atividades burocráticas, técnicas ou operacionais. Tal criação deve pressupor a necessária relação de confiança entre a autoridade nomeante e o servidor nomeado.

(C) Para que se considere válida a contratação temporária, é preciso que os casos excepcionais estejam previstos em lei, que o prazo de contratação seja predeterminado, que a necessidade seja temporária, que o interesse público seja excepcional, e a necessidade de contratação seja indispensável, admitindo-se, nessas hipóteses, a contratação para a prestação dos serviços ordinários permanentes do Estado.

(D) A não observância do princípio do concurso público inscrito no art. 37, II, da Constituição Federal, implicará a nulidade do ato e a punição da autoridade responsável, nos termos da lei.

(E) É inconstitucional a vinculação dos subsídios devidos aos agentes políticos locais (Prefeito, Vice-Prefeito e Vereadores) à remuneração estabelecida em favor dos servidores públicos municipais.

ANOTAÇÕES/COMENTÁRIOS

(A) CORRETA – Súmula Vinculante 43 – É inconstitucional toda modalidade de provimento que propicie ao servidor investir-se, sem prévia aprovação em concurso público destinado ao seu provimento, em cargo que não integra a carreira na qual anteriormente investido.//Obs: Repercussão Geral pertinente ao assunto – Tema 697 – É inconstitucional o aproveitamento de servidor, aprovado em concurso público a exigir formação de nível médio, em cargo que pressuponha escolaridade superior – RE n.º 740008.

(B) CORRETA – Repercussão Geral no RE n.º 1041210 – Tema 1010 – Tese I – A criação de cargos em comissão somente se justifica para o exercício de funções de direção, chefia e assessoramento, não se prestando ao desempenho de atividades burocráticas, técnicas ou operacionais; II – Tal criação deve pressupor a necessária relação de confiança entre a autoridade nomeante e o servidor nomeado; III – O número de cargos comissionados criados deve guardar proporcionalidade com a necessidade que eles visam suprir e com o número de servidores ocupantes de cargos efetivos no ente federativo que os criar; IV – As atribuições dos cargos em comissão devem estar descritas, de forma clara e objetiva, na própria lei que os instituir.

(C) INCORRETA – Repercussão Geral no RE n.º 658026 – Tema 612 – Nos termos do art. 37, IX, da Constituição Federal, para que se considere válida a contratação temporária de servidores públicos, é preciso que: a) os casos excepcionais estejam previstos em lei; b) o prazo de contratação seja predeterminado; c) a necessidade seja temporária; d) o interesse público seja excepcional; e) a contratação seja indispensável, sendo vedada para os serviços ordinários permanentes do Estado que estejam sob o espectro das contingências normais da Administração.

(D) CORRETA – Literalidade do artigo 37, §2º da Constituição Federal – § 2º A não observância do disposto nos incisos II e III implicará a nulidade do ato e a punição da autoridade responsável, nos termos da lei.

(E) CORRETA – Jurisprudência pacífica do Supremo Tribunal Federal – RE 411156 AgR – Relator(a): Min. CELSO DE MELLO Julgamento: 29/11/2011 Publicação: 19/12/2011. Ementa -RECURSO EXTRAORDINÁRIO – VINCULAÇÃO DOS SUBSÍDIOS DOS AGENTES POLÍTICOS LOCAIS À REMUNERAÇÃO DOS SERVIDORES PÚBLICOS MUNICIPAIS – INADMISSIBILIDADE – EXPRESSA VEDAÇÃO CONSTITUCIONAL (CF, ART. 37, XIII) – RECURSO DE AGRAVO IMPROVIDO. – Revela-se inconstitucional a vinculação dos subsídios devidos aos agentes políticos locais (Prefeito, Vice-Prefeito e Vereadores) à remuneração estabelecida em favor dos servidores públicos municipais. O entendimento do STF – RE n.º 1099516/MG julgado em 08.08.2019 – se mantém no sentido da inconstitucionalidade de vinculação dos subsídios devidos aos agentes políticos locais (Prefeito, Vice-Prefeito e Vereadores) à remuneração estabelecida em favor dos servidores públicos municipais.

Gabarito: C

Para responder, tem que estudar: lei e jurisprudência.

6. ATO ADMINISTRATIVO

19. (MPE/SP/Promotor/2012/89_Concurso) São atributos do ato administrativo:

a) Legalidade, moralidade, impessoalidade e eficiência.

b) Autoexecutoriedade, tipicidade, impessoalidade e moralidade.

c) Eficiência, presunção de legitimidade e veracidade, autotutela e impessoalidade.

d) Presunção de legitimidade e veracidade, imperatividade, autoexecutoriedade e tipicidade.

e) Moralidade, autoexecutoriedade, imperatividade e eficiência.

ANOTAÇÕES/COMENTÁRIOS

(a) São princípios da administração, e não atributos do ato administrativo.

(b) Mescla princípios da administração (impessoalidade e moralidade) com atributos do ato (autoexecutoriedade e tipicidade).

(c) Eficiência e Impessoalidade são princípios da administração pública (art. 37, caput, CF.

(d) Na alternativa estão listados os atributos do ato administrativo: i) presunção de legitimidade e veracidade: todo ato administrativo presume-se legítimo, isto é, verdadeiro e conforme o direito; ii) imperatividade: qualidade pela qual os atos dispõem de força executória e se impõem aos particulares, independentemente de sua concordância; iii) autoexecutoriedade: atributo do ato administrativo pelo qual o Poder Público pode obrigar o administrado a cumpri-lo, independentemente de ordem judicial; iv) tipicidade: atributo pelo qual todo ato administrativo deve corresponder a figuras definidas previamente pela lei como aptas a produzir determinados resultados.

(e) Moralidade e Eficiência são princípios da administração pública (art. 37, caput, CF.

Gabarito: D

Para responder, tem que estudar: teoria/doutrina.

20. (MPE/SP/Promotor/2013/90_Concurso) Analise as seguintes assertivas a respeito do ato administrativo:

I. Sua formulação não precisa observar o conteúdo de súmulas vinculantes, as quais não obrigam a Administração Pública.

II. A imperatividade, como seu maior atributo, é a ele essencial e inerente, sem exceção.

III. Se apresentar defeito sanável, pode ser convalidado pela própria Administração, evidenciada a ausência de lesão ao interesse público ou de prejuízo a terceiros.

IV. Pode ser revogado, por motivo de conveniência ou oportunidade, respeitados os direitos adquiridos.

Está correto o contido apenas em

a) I e III.

b) III e IV.

c) I e II.

d) II e III.

e) II, III e IV.

ANOTAÇÕES/COMENTÁRIOS

(I) O conteúdo das súmulas vinculantes também se aplica à produção do ato administrativo (CF, art. 103-A).

(II) Apesar de constituir importante atributo do ato administrativo, a imperatividade não se revela em algumas hipóteses, como no exemplo do ato administrativo negocial, cuja incidência não se dá à revelia da vontade do administrado.

(III) A convalidação tem previsão no art. 55 da Lei 9.784/99: Em decisão na qual se evidencie não acarretarem lesão ao interesse público nem prejuízo a terceiros, os atos que apresentarem defeitos sanáveis poderão ser convalidados pela própria Administração.

(IV) A revogação é competência discricionária do administrador, baseada nos pressupostos de conveniência e oportunidade, conforme ensina Baltar Neto (2014).

Gabarito: B

Para responder, tem que estudar: lei e teoria/doutrina.

7. PROCESSO ADMINISTRATIVO

21. (MPE/SP/Promotor/2013/90_Concurso) Assinale a alternativa incorreta a respeito dos processos e recursos administrativos.

a) Considerado o princípio da impessoalidade, não podem ser alegados o impedimento ou a suspeição do servidor ou autoridade para atuar no processo administrativo, podendo ele próprio, se assim o entender, afastar-se de ofício.

b) A Administração tem o dever de resolver os processos administrativos de forma célere e motivada.

c) Havendo justo receio de prejuízo de difícil reparação, a autoridade recorrida ou a imediatamente superior poderá, de ofício ou a pedido, conceder efeito suspensivo ao recurso.

d) Salvo disposição legal em contrário, o recurso administrativo não tem efeito suspensivo.

e) São inadmissíveis no processo administrativo as provas obtidas por meios ilícitos e, quando a matéria envolver assunto de interesse geral, pode ser efetuada consulta pública com a manifestação de terceiros, se não houver prejuízo para a parte interessada.

ANOTAÇÕES/COMENTÁRIOS

(a) Os arts. 18 a 21 da Lei 9.784/99 disciplinam o impedimento e suspeição de servidor ou autoridade que I – tenha interesse direto ou indireto na matéria; II – tenha participado ou venha a participar como perito, testemunha ou representante, ou se tais situações ocorrem quanto ao cônjuge, companheiro ou parente e afins até o terceiro grau;

III – esteja litigando judicial ou administrativamente com o interessado ou respectivo cônjuge ou companheiro. Tanto a parte interessada pode argui-los (art. 20) ou a própria autoridade ou servidor devem comunicar o fato à autoridade competente, abstendo-se de atuar. A omissão do dever de comunicar o impedimento constitui falta grave, para efeitos disciplinares § único do art. 20).

(b) Art. 25 da Lei Estadual 10.177/98.

(c) Art. 61, parágrafo único, da Lei 9.784/99, em sua literalidade.

(d) Conforme art. 61, caput, da Lei 9.784/99.

(e) Lei 9.784/99, art. 30. São inadmissíveis no processo administrativo as provas obtidas por meios ilícitos e art. 31. Quando a matéria do processo envolver assunto de interesse geral, o órgão competente poderá, mediante despacho motivado, abrir período de consulta pública para manifestação de terceiros, antes da decisão do pedido, se não houver prejuízo para a parte interessada.

Gabarito: A

Para responder, tem que estudar: lei.

22. (MPE/SP/Promotor/2017/92_Concurso) Assinale a alternativa correta.

a) Cabe reclamação administrativa ao Supremo Tribunal Federal, independente do esgotamento da via administrativa, quando o ato administrativo contrariar enunciado de súmula vinculante, negar-lhe vigência ou aplicá-la indevidamente.

b) O direito de acesso ao processo administrativo, que decorre do princípio da publicidade, assegura o direito de vista ao processo a quem demonstre seu interesse individual, ou aponte o interesse coletivo que pretende defender.

c) No processo administrativo, para a garantia do princípio da ampla defesa e do contraditório, exige-se a obediência aos procedimentos, além da presença da defesa técnica.

d) A sindicância, meio sumário para a apuração de irregularidade praticada por funcionário público, pode acarretar aplicação de penalidade pelo princípio da verdade sabida.

e) No processo administrativo, em que o princípio da pluralidade das instâncias decorre do poder de autotutela, não é possível alegar em instância superior o que não foi arguido no início, reexaminar matéria e fato e produzir provas novas.

ANOTAÇÕES/COMENTÁRIOS

(a) Art. 7º Da decisão judicial ou do ato administrativo que contrariar enunciado de súmula vinculante, negar-lhe vigência ou aplicá-lo indevidamente caberá reclamação ao Supremo Tribunal Federal, sem prejuízo dos recursos ou outros meios admissíveis de impugnação. § 1º Contra omissão ou ato da administração pública, o uso da reclamação só será admitido após esgotamento das vias administrativas. Lei n. 11.417/06. // Questão anulada. Ata da terceira reunião da comissão do 92º concurso de ingresso na carreira do MPSP.

(b) Artigo 2º, parágrafo único, inciso V, da Lei 9.784/99 "Parágrafo único. Nos processos administrativos serão observados, entre outros, os critérios de: V – divulgação oficial dos atos administrativos, ressalvadas as hipóteses de sigilo previstas na Constituição".

(c) Súmula Vinculante 5/STF: A falta de defesa técnica por advogado no processo administrativo disciplinar não ofende a Constituição.

(d) Os fatos mesmo públicos e confessados não ensejam a aplicação de punição disciplinar sem a prévia oitiva do servidor e a garantia de pleno e perfeito contraditório. Ademais, lei federal não prevê a aplicação da pena pela verdade sabida.

(e) A Professora Maria Sylvia, destacada a aplicação do princípio da pluralidade de instâncias ao processo administrativo como decorrência do poder de autotutela da administração pública. Acrescenta que é possível que o administrado a alegue em instância superior o que não foi arguido no início do processo, reexaminar a matéria de fato e produzir provas. (Direito administrativo / Maria Sylvia Zanella Di Pietro)

Gabarito: X

Para responder, tem que estudar: lei, súmula/OJ e teoria/doutrina.

23. (MPE/SP/Promotor/2017/92_Concurso) Assinale a alternativa correta.

A) No recurso administrativo, com efeito suspensivo, é possível a exigência de depósito prévio para a admissibilidade do recurso.

B) O recurso hierárquico próprio, dirigido à autoridade imediatamente superior, dentro do mesmo órgão em que o ato foi praticado, decorre do princípio da hierarquia e independe de previsão legal.

C) O controle sobre as atividades exercidas pelos órgãos da Administração Direta e da Administração Indireta decorre do poder de autotutela, é ilimitado e permite a revisão dos próprios atos quando ilegais, inoportunos ou inconvenientes.

D) Cabendo recurso administrativo com efeito suspensivo, não se admite o ingresso em juízo para o pleito de revogação ou anulação de ato administrativo.

E) O recurso administrativo extemporâneo não será conhecido e a decisão só poderá ser modificada em caso de revisão.

ANOTAÇÕES/COMENTÁRIOS

(a) Súmula Vinculante 21 – É inconstitucional a exigência de depósito ou arrolamento prévios de dinheiro ou bens para admissibilidade de recurso administrativo.

(b) De acordo com os ensinamentos de Maria Sylvia, o recurso hierárquico próprio é dirigido à autoridade imediatamente superior, dentro do mesmo órgão em que o ato foi praticado. Ele é uma decorrência da hierarquia e, por isso mesmo, independe de previsão legal. (Direito administrativo / Maria Sylvia Zanella Di Pietro)

(c) Súmula 473/STF – A administração pode anular seus próprios atos, quando eivados de vícios que os tornam ilegais, porque deles não se originam direitos; ou revogá-los, por motivo de conveniência ou oportunidade, respeitados os direitos adquiridos, e ressalvada, em todos os casos, a apreciação judicial. Súmula 346/STF – A administração pública pode declarar a nulidade dos seus próprios atos.

(d) Súmula 429/STF – A existência de recurso administrativo com efeito suspensivo não impede o uso do mandado de segurança contra omissão da autoridade.

(e) O recurso administrativo interposto fora do prazo não será conhecido, fato que não impede a administração de proceder a revisão de ofício de ato ilegal, se ainda não ocorreu a preclusão administrativa. Artigo 63, inciso I e § 2º, da Lei n. 9.784/99. Art. 63. O recurso não será conhecido quando interposto: I – fora do prazo; § 2º O não conhecimento do recurso não impede a Administração de rever de ofício o ato ilegal, desde que não ocorrida preclusão administrativa.

Gabarito: B

Para responder, tem que estudar: lei, súmula/OJ e teoria/doutrina.

24. (MPE/SP/Promotor/2019/93_Concurso) Com relação ao processo administrativo, assinale a alternativa correta.

(A) Nos processos administrativos, a Administração Pública não poderá se ater a rigorismos formais ao considerar as manifestações do administrado. O princípio do informalismo em favor do administrado deve ser aplicado a todos os processos administrativos, inclusive nos da espécie ampliativo de direito de natureza concorrencial, como o concurso público e a licitação.

(B) A Lei nº 9.784/1999, especialmente no que diz respeito ao prazo decadencial para a revisão de atos administrativos no âmbito da Administração Pública federal, pode ser aplicada, de forma subsidiária, aos Estados e Municípios, se inexistente norma local e específica que regule a matéria.

(C) Considerando que aos litigantes em processo administrativo são assegurados o contraditório e ampla defesa, com os meios e recursos a ela inerentes, a falta de defesa técnica por advogado no processo administrativo disciplinar ofende a Constituição.

(D) A duração razoável dos processos, erigida como cláusula pétrea e direito fundamental (art. 5º, LXXVIII, CF), tem aplicação restrita aos processos judiciais em face do princípio da separação de poderes.

(E) Não raramente a Administração Pública altera a interpretação de determinadas normas legais. Todavia, a mudança de orientação, em caráter normativo, considerando os princípios da indisponibilidade e da supremacia do interesse público, podem afetar as situações já reconhecidas e consolidadas na vigência da orientação anterior.

ANOTAÇÕES/COMENTÁRIOS

(a) INCORRETA – O princípio do informalismo não se aplica aos processos administrativos de natureza concorrencial, como o concurso público e a licitação, nesses o formalismo é necessário para atender ao interesse público e proteger os direitos dos particulares. O princípio do informalismo está previsto no artigo 22, da Lei n.º Lei 9.784/99 – Art. 22. Os atos do processo administrativo não dependem de forma determinada senão quando a lei expressamente a exigir. DI PIETRO, (2020) assevera que o Princípio da obediência à forma e aos procedimentos; a sua aplicação é muito mais rígida no processo judicial do que no administrativo; por isso mesmo, em relação a este, costuma-se falar em princípio do informalismo. O Informalismo não significa, nesse caso, ausência de forma; o processo administrativo é formal no sentido de que deve ser reduzido a escrito e conter documentado tudo o que ocorre no seu desenvolvimento; é informal no sentido de que não está sujeito a formas rígidas. Às vezes, a lei impõe determinadas formalidades ou estabelece um procedimento mais rígido, prescrevendo a nulidade para o caso de sua inobservância. Isso ocorre como garantia para o particular de que as pretensões confiadas aos órgãos administrativos serão solucionadas nos termos da lei; além disso, constituem o instrumento adequado para permitir o controle administrativo pelos Poderes Legislativo e Judicial. A necessidade de maior formalismo existe nos processos que envolvem interesses dos particulares, como é o caso dos processos de licitação, disciplinar e tributário. Na realidade, o formalismo somente deve existir quando seja necessário para atender ao interesse público e proteger os direitos dos particulares.

(b) CORRETA Súmula 633 do STJ A Lei n. 9.784/1999, especialmente no que diz respeito ao prazo decadencial para a revisão de atos administrativos no âmbito da Administração Pública federal, pode ser aplicada, de forma subsidiária, aos estados e municípios, se inexistente norma local e específica que regule a matéria.

(c) INCORRETA – SÚMULA VINCULANTE N.º 5 – A falta de defesa técnica por advogado no processo administrativo disciplinar não ofende a Constituição.

(d) INCORRETA – É aplicável ao âmbito administrativo, conforme inciso LXXVIII, do artigo 5º, da Constituição Federal – LXXVIII – a todos, no âmbito judicial e administrativo, são assegurados a razoável duração do processo e os meios que garantam a celeridade de sua tramitação.

(e) INCORRETA – Não podem afetar as situações já reconhecidas e consolidadas na vigência da orientação anterior. Art. 2.º A Administração Pública obedecerá, dentre outros, aos princípios da legalidade, finalidade, motivação, razoabilidade, proporcionalidade, moralidade, ampla defesa, contraditório, segurança jurídica, interesse público e eficiência. Parágrafo único. Nos processos administrativos serão observados, entre outros, os critérios de: XIII – interpretação da norma administrativa da forma que melhor garanta o atendimento do fim público a que se dirige, vedada aplicação retroativa de nova interpretação. E na Lei de Introdução às normas do Direito Brasileiro, o artigo 24, dispõe que "A revisão, nas esferas administrativa, controladora ou judicial, quanto à validade de ato, contrato, ajuste, processo ou norma administrativa cuja produção já se houver completado levará em conta as orientações gerais da época, sendo vedado que, com base em mudança posterior de orientação geral, se declarem inválidas situações plenamente constituídas." (Incluído pela Lei nº 13.655, de 2018)

Gabarito: B

Para responder, tem que estudar: lei, teoria/doutrina e e súmula/OJ.

8. LICITAÇÃO E CONTRATOS ADMINISTRATIVOS

Atenção: a Lei n.º 8666/93 está vigente e 'será revogada após decorridos 02 (dois) anos da publicação oficial da lei n.º 14.133/2021, conforme artigo 193, inciso ii.

25. (MPE/SP/Promotor/2011/88_Concurso) Para a escolha de trabalho técnico, científico ou artístico, mediante a instituição de prêmios ou remuneração aos vencedores, condicionada à obtenção dos direitos patrimoniais sobre a obra:

a) é dispensável o processo licitatório.

b) deverá ser realizada a licitação, na modalidade convite.

c) é inexigível a licitação.

d) deverá ser realizado o processo licitatório, na modalidade concorrência.

e) é exigível a licitação, na modalidade concurso.

ANOTAÇÕES/COMENTÁRIOS

(a) As hipóteses de dispensa de licitação constam de rol taxativo no art. 24 da Lei nº 8.666/93. A escolha de trabalho técnico, científico ou artístico, mediante a instituição de prêmios ou remuneração aos vencedores não figura entre as alternativas legais. // Obs: As hipóteses de dispensa de licitação na nova Lei de Licitações (Lei n.º 14.133/2021) constam do artigo 75.

(b) A escolha da modalidade convite, nos termos da Lei nº 8.666/93, está condicionada estritamente ao valor do contrato, conforme art. 23, I, "a" e II, "a". // Obs: Com a nova Lei de Licitações (Lei n.º 14.133/2021) a Carta convite e a Tomada de Preço deixaram de existir, e surge a modalidade de licitação Diálogo Competitivo, conforme artigo 28, inciso V (Art. 28. São modalidades de licitação: V – diálogo competitivo.)

(c) A inexigibilidade está correlacionada à impossibilidade disputa ou competição, segundo art. 25, caput, da Lei 8.666/93. //Obs: As hipóteses de inexigibilidade de licitação na nova Lei de Licitações (Lei n.º 14.133/2021) consta do artigo 74.

(d) A escolha de trabalho técnico, científico ou artístico, mediante a instituição de prêmios ou remuneração aos vencedores, não está entre as hipóteses indicadas pela Lei 8.666/93 como de obrigatoriedade da modalidade concorrência.

(e) Conforme art. 22, § 4º, Lei nº 8.666/93. // Obs: O concurso é a modalidade de licitação, de acordo com o artigo 6º, inciso XXXIX, da Lei de Licitações (Lei n.º 14.133/2021). XXXIX – concurso: modalidade de licitação para escolha de trabalho técnico, científico ou artístico, cujo critério de julgamento será o de melhor técnica ou conteúdo artístico, e para concessão de prêmio ou remuneração ao vencedor;

Gabarito: E

Para responder, tem que estudar: lei.

26. (MPE/SP/Promotor/2011/88_Concurso) A pena de suspensão temporária de participação em licitação e impedimento de contratar com a Administração, por prazo não superior a 2 (dois) anos, pela inexecução total ou parcial do contrato:

a) é restrita ao órgão licitante, que impôs a penalidade.
b) estende-se à pessoa jurídica de direito público a que pertence o órgão licitante.
c) abrange toda a Administração, em qualquer unidade da Federação.
d) pode ser aumentada, para prazo superior a 2 (dois) anos, dependendo da extensão do dano causado pelo particular.
e) só pode ser aplicada em ação judicial, de rito ordinário.

ANOTAÇÕES/COMENTÁRIOS

(a, b) A banca adotou, na hipótese, posição mais abrangente acerca do alcance da suspensão temporária prevista no art. 87, III, da Lei nº 8.666/93, prestigiando o posicionamento do STJ (v., entre outros, REsp 174.247, 2004), que preceitua sua extensão para toda a Administração Pública.

(c) Segundo posição do STJ indicada na alternativa A. Vale lembrar, contudo, do posicionamento distinto do TCU, que prevê aplicação restritiva à suspensão, nos termos da aplicação literal do art. 87, III, da Lei nº 8.666/93. A propósito, ver Acórdão nº 2.218/2011 – Plenário e Acórdão n. 902/2012-Plenário.

(d) Situação não contemplada na Lei 8.666/93, art. 87: Pela inexecução total ou parcial do contrato a Administração poderá, garantida a prévia defesa, aplicar ao contratado as seguintes sanções: III – suspensão temporária de participação em licitação e impedimento de contratar com a Administração, por prazo não superior a 2 (dois) anos;

(e) A sanção em epígrafe será aplicada administrativamente, após regular processo administrativo, garantido o contraditório e a ampla defesa, nos termos do art. 87 da Lei 8.666/93.

//Obs: A nova Lei de Licitações (lei 14.133/2021) quanto as infrações e sanções administrativas – o prazo de impedimento para licitar ou contratar no âmbito da Administração Pública direta e indireta do ente federativo que tiver aplicado a sanção, dependerá da infração administrativa, tendo dois prazos, a primeira prevista no §4º, do artigo 156, da Lei n.º 14.133/2021, pelo prazo máximo de 3 (três) anos. E no caso de penalidade mais grave, conforme artigo 156, §5º, da Lei n.º 14.133/2021, o prazo de impedimento será de no mínimo de 3 (três) anos e máximo de 6 (seis) anos. O processo de responsabilização será conduzido por comissão composta por 02 (dois) ou mais servidores estáveis, conforme artigo 158, para a aplicação de sanções que acarretem impedimento de licitar e contratar e declaração de idoneidade para contratar.

Gabarito: C

Para responder, tem que estudar: lei e jurisprudência.

27. (MPE/SP/Promotor/2012/89_Concurso) Em relação ao regime legal das licitações, é correto afirmar que

a) é permitida a inclusão, no objeto da licitação, de fornecimento de materiais e serviços com estimativa de quantidades ou quantitativos próximos às previsões do projeto básico ou executivo.

b) é vedado aos editais de licitação para a contratação de bens, serviços e obras, exigir que o contratado promova, em favor de órgão ou entidade integrante da administração pública ou daqueles por ela indicados a partir de processo isonômico, medidas de compensação comercial, industrial, tecnológica ou acesso a condições vantajosas de financiamento, cumulativamente ou não, na forma estabelecida pelo Poder Executivo federal.

c) é permitido incluir no objeto da licitação a obtenção de recursos financeiros para sua execução, desde que seja apontada a sua origem, sendo vedado somente nos casos de empreendimentos executados e explorados sob o regime de concessão, nos termos da legislação específica.

d) somente poderão ser licitados as obras e os serviços quando houver projeto básico aprovado pela autoridade competente onde serão considerados, entre outros requisitos, a segurança, funcionalidade e adequação ao interesse público; economia na execução, conservação e operação; adoção das normas técnicas, de saúde e de segurança do trabalho adequadas e impacto ambiental.

e) é vedada a utilização de projetos padronizados por tipos, categorias ou classes, mesmo nas obras e serviços destinados aos mesmos fins, independentemente da análise do atendimento das condições peculiares do local ou às exigências específicas do empreendimento.

ANOTAÇÕES/COMENTÁRIOS

(a) Art. 7º, § 4º, da Lei 8.666/93: § 4º É vedada, ainda, a inclusão, no objeto da licitação, de fornecimento de materiais e serviços sem previsão de quantidades ou cujos quantitativos não correspondam às previsões reais do projeto básico ou executivo.

(b) Art. 3º, § 11, da Lei 8.666/93: § 11. Os editais de licitação para a contratação de bens, serviços e obras poderão, mediante prévia justificativa da autoridade competente, exigir que o contratado promova, em favor de órgão ou entidade integrante da administração pública ou daqueles por ela indicados a partir de processo isonômico, medidas de compensação comercial, industrial, tecnológica ou acesso a condições vantajosas de financiamento, cumulativamente ou não, na forma estabelecida pelo Poder Executivo federal.

(c) Art. 7º, § 3º, da Lei 8.666/93: § 3º É vedado incluir no objeto da licitação a obtenção de recursos financeiros para sua execução, qualquer que seja a sua origem, exceto nos casos de empreendimentos executados e explorados sob o regime de concessão, nos termos da legislação específica.

(d) Art. 7º c/c art. 12 da Lei 8.666/93.

(e) Art. 11 da Lei 8.666/93: As obras e serviços destinados aos mesmos fins terão projetos padronizados por tipos, categorias ou classes, exceto quando o projeto-padrão não atender às condições peculiares do local ou às exigências específicas do empreendimento.

Gabarito: D

Para responder, tem que estudar: lei.

28. (MPE/SP/Promotor/2013/90_Concurso) Em quais hipóteses não há dispensa e inexigibilidade de licitação:

a) Inviabilidade de competição para a contratação de serviços técnicos de natureza singular, desde que comprovada a notória especialização do contratado, e compra de materiais fornecidos exclusivamente por uma única empresa.
b) Contratação de empresa diversa da vencedora do certame original em consequência de rescisão contratual, atendida a ordem e condições aceitas da licitação anterior, e contratação de escritório de arquitetura reconhecido internacionalmente por sua excelência nos projetos de estádios de futebol.
c) Dação em pagamento de bem imóvel com prévia avaliação e autorização legislativa e contratação de professor universitário, ex-ministro da Suprema Corte, para elaboração de parecer jurídico na sua área específica do Direito.
d) Contratação de serviços de publicidade e concessão da coleta do lixo escolar.
e) Concessão de direito real de uso de imóvel para outro órgão da administração pública e contratação de profissional do setor artístico consagrado pela opinião pública.

ANOTAÇÕES/COMENTÁRIOS

(a) Art. 25, I e II, da Lei 8.666/93.

(b) Art. 24, X e art. 25, II, da Lei 8.666/93.

(c) Art. 17, I e art. 25, II, da Lei 8.666/93.

(d) Os serviços de publicidade não podem ser contratados diretamente, tampouco a concessão de serviços de coleta de lixo.

(e) Art. 17, I e art. 25, II, da Lei 8.666/93.

//Obs: As hipóteses de dispensa e inexigibilidade de licitação na nova Lei de Licitações (Lei n.º 14.133/2021) estão elencadas nos artigos 74 e 75.

Gabarito: D

Para responder, tem que estudar: lei.

29. (MPE/SP/Promotor/2015/91_Concurso) Aponte a alternativa correta:

a) É meramente exemplificativo o rol dos casos de dispensa ou inexigibilidade de licitação prevista na lei respectiva.

b) A alienação de bens imóveis depende de autorização legislativa para órgãos da Administração Direta e entidades autárquicas e fundacionais e, para todos, inclusive as entidades paraestatais, depende de avaliação prévia.

c) Em face da natureza singular do serviço, a contratação de escritório de advocacia para acompanhamento das causas trabalhistas do Município enquadra-se no conceito de notória especialização, o que torna inexigível a licitação.

d) O chamado fracionamento de despesas constitui prática legal e permite a dispensa da licitação, nos casos de comprovada necessidade da Administração Pública.

e) A Câmara Municipal pode contratar diretamente, sem a devida licitação, o fornecimento ou suprimento de serviços de telefonia com empresa especializada.

ANOTAÇÕES/COMENTÁRIOS

(a) Apesar de a licitação ser uma regra constitucional, há situações em que poderá não ocorrer, art. 37, XXI, CF. Essas exceções compreendem a inexigibilidade e a dispensa. Naquela a licitação é juridicamente impossível, não há possibilidade de competir. Na dispensa, a competição é possível, mas a lei dispensa ou permite que seja dispensada a licitação. A Lei n. 8.666/93 regulamenta no art. 25 as hipóteses de inexigibilidade de licitação. Trata-se de rol meramente exemplificativo. A rigor, em sendo inviável a competição, justifica-se a contratação indireta. A outro giro, as hipóteses de dispensa estão expressamente regulamentadas art. 24, da Lei de licitações. Trata-se de rol taxativo.

(b) A alternativa traz a literalidade do disposto no art. 17, I, da Lei de Licitações: "A alienação de bens da Administração Pública, subordinada à existência de interesse público devidamente justificado, será precedida de avaliação e obedecerá às seguintes normas: I – quando imóveis, dependerá de autorização legislativa para órgãos da administração direta e entidades autárquicas e fundacionais, e, para todos, inclusive as entidades paraestatais, dependerá de avaliação prévia (...)"

(c) A Suprema Corte, no julgado do Inq 3074-SC, concluiu que o escritório de advocacia pode ser contratado sem licitação, desde que, atendidos os seguintes parâmetros:

a) existência de procedimento administrativo formal; b) notória especialização profissional; c) natureza singular do serviço; d) demonstração da inadequação da prestação do serviço pelos integrantes do Poder Público; e) cobrança de preço compatível com o mercado. No caso em questão, a contratação não se refere à notória especialização, por se tratar de atividade hodierna do ente federativo. Ademais, não há congruência entre o descrito na assertiva e os parâmetros apontados pelo STF.// O STF na Ação Declaratória de Constitucionalidade n.º 45, está propondo tese jurídica sobre o assunto, mais ainda está pendente de julgamento, sendo a proposta a seguinte: "São constitucionais os arts. 13, V, e 25, II, da Lei nº 8.666/1993, desde de que interpretados no sentido de que a contratação direta de serviços advocatícios pela Administração Pública, por inexigibilidade de licitação, além dos critérios já previstos expressamente (necessidade de procedimento administrativo formal; notória especialização profissional; natureza singular do serviço), deve observar: (i) inadequação da prestação do serviço pelos integrantes do Poder Público; e (ii) cobrança de preço compatível com o praticado pelo mercado." A hipótese prevista no artigo 25, inciso II, da Lei n.º 8.666/93 (inexigibilidade) II – para a contratação de serviços técnicos enumerados no art. 13 desta Lei, de natureza singular, com profissionais ou empresas de notória especialização, vedada a inexigibilidade para serviços de publicidade e divulgação. Art. 13. Para os fins desta Lei, consideram-se serviços técnicos profissionais especializados os trabalhos relativos a: V – patrocínio ou defesa de causas judiciais ou administrativas. Com a nova Lei de Licitações há a mesma previsão legal, no artigo 74, inciso III, "e", da Lei n.º 14.133/2021 (Art. 74. É inexigível a licitação quando inviável a competição, em especial nos casos de: III – contratação dos seguintes serviços técnicos especializados de natureza predominantemente intelectual com profissionais ou empresas de notória especialização, vedada a inexigibilidade para serviços de publicidade e divulgação: e) patrocínio ou defesa de causas judiciais ou administrativas.) Percebam que há uma repetição entre os artigos retromencionados previstos na Lei n.º 8.666/93 e Lei n.º 14.133/2021.

(d) Nos termos do art. 24, II, Lei nº 8.666/93: "É dispensável a licitação: II – para outros serviços e compras de valor até 10% (dez por cento) do limite previsto na alínea a, do inciso II do artigo anterior, e para alienações, nos casos previstos nesta lei, desde que não se refiram a parcelas de um mesmo serviço, compra ou alienação de maior vulto que possa ser realizado de uma só vez."

(e) Inicialmente, para o serviço de telefonia era inexigível o processo licitatório, por ausência de competição. Após a privatização, a inexigibilidade foi gradativamente afastada pelas alterações fáticas que ocorreram. Passou-se a ter competitividade, a licitação se tornou obrigatória para a Administração Pública. Nesse viés, a Suprema Corte, no julgado MS 32891 MC, assentou entendimento pela obrigatoriedade do procedimento licitatório na contratação do serviço de telefonia.

//Obs: As hipóteses de dispensa e inexigibilidade de licitação na nova Lei de Licitações (Lei n.º 14.133/2021) estão elencadas nos artigos 74 e 75. E as alienações no artigo 76.

Gabarito: B

Para responder, tem que estudar: lei e jurisprudência.

30. (MPE/SP/Promotor/2015/91_Concurso) Sobre as sanções administrativas previstas na Lei n. 8.666/93, marque a assertiva correta:

a) Dependem de sentença judicial a aplicação das sanções previstas na Lei n. 8.666/93, pela Administração Pública, em caso de irregularidades do particular na execução do contrato.

b) A multa de mora por atraso injustificado na execução do contrato será descontada da garantia prestada pelo contratado, independentemente de processo administrativo.

c) A lei não permite a cumulação da multa de mora com a multa pela inexecução total ou parcial do contrato administrativo.

d) A declaração de inidoneidade para licitar ou contratar com a Administração Pública é de competência exclusiva do Ministro de Estado, do Secretário Estadual ou Municipal, conforme o caso, e cabe pedido de reconsideração no prazo de 10 dias úteis da intimação do ato.

e) A suspensão temporária de participação em licitação e o impedimento de contratar com a Administração competem exclusivamente ao Ministro de Estado, ao Secretário Estadual ou Municipal, conforme o caso, e cabe pedido de reconsideração no prazo de 10 dias úteis da intimação do ato.

ANOTAÇÕES/COMENTÁRIOS

(a) A Administração Pública pode aplicar as sanções administrativas estabelecidas na Lei de Licitações, nesse sentido dispõe o art. 87, caput, do referido instrumento normativo: "Pela inexecução total ou parcial do contrato a Administração poderá, garantia a prévia defesa, aplicar ao contratado as seguintes sanções: "

(b) O art. 86, § 2º, Lei n. 8.666/93, dispõe que: "O atraso injustificado na execução do contrato sujeitará o contratado à multa de mora, na forma prevista no instrumento convocatório ou no contrato. § 2º A multa, aplicada após regular processo administrativo, será descontada da garantia do respectivo contratado."

(c) A alternativa contraria o disposto no art. 86, § 1º, Lei n. 8.666/93: "O atraso injustificado na execução do contrato sujeitará o contratado à multa de mora, na forma prevista no instrumento convocatório ou no contrato. § 1º A multa a que alude este artigo não impede que a Administração rescinda unilateralmente o contrato e aplique as outras sanções previstas nesta Lei."

(d) A alternativa repete o disposto no art. 87, § 3º, Lei n. 8.666/93.

(e) Segundo o disposto no art. 88, § 3º, Lei n. 8.666/93: "A sanção estabelecida no inciso IV deste artigo é de competência exclusiva do Ministro de Estado, do Secretário Estadual ou Municipal, conforme o caso, facultada a defesa do interessado no respectivo processo, no prazo de 10 (dez) dias da abertura de vista, podendo a reabilitação ser requerida após 2 (dois) anos de sua aplicação."

//Obs: A nova Lei de Licitações (lei 14.133/2021) quanto sanções administrativas previsto nos artigo 155 a 163 – Art. 155. O licitante ou o contratado será responsabilizado administrativamente pelas seguintes infrações: I – dar causa à inexecução parcial do contrato; II – dar causa à inexecução parcial do contrato que cause grave dano à Administração, ao funcionamento dos serviços públicos ou ao interesse coletivo; III – dar causa à inexecução total do contrato; IV – deixar de entregar a documentação exigida para o certame; V – não manter a proposta, salvo em decorrência de fato superveniente devidamente justificado; VI – não celebrar o contrato ou não entregar a documentação exigida para a contratação, quando convocado dentro do prazo de validade de sua proposta; VII – ensejar o retardamento da execução ou da entrega do objeto da licitação sem motivo justificado; VIII – apresentar declaração ou documentação falsa exigida para o certame ou prestar declaração falsa durante a licitação ou a execução do contrato; IX – fraudar a licitação ou praticar ato fraudulento na execução do contrato; X – comportar-se de modo inidôneo ou cometer fraude de qualquer natureza; XI – praticar atos ilícitos com vistas a frustrar os objetivos da licitação; XII – praticar ato lesivo previsto no art. 5º da Lei nº 12.846, de 1º de agosto de 2013. Art. 156. Serão aplicadas ao responsável pelas infrações administrativas previstas nesta Lei as seguintes sanções: I – advertência; II – multa; III – impedimento de licitar e contratar; IV – declaração de inidoneidade para licitar ou contratar. //Obs: Artigo 156, §6º, incisos I e II, da Lei n.º 14.133/2021. § 6º A sanção estabelecida no inciso IV do caput deste artigo será precedida de análise jurídica e observará as seguintes regras: I – quando aplicada por órgão do Poder Executivo, será de competência exclusiva de ministro de Estado, de secretário estadual ou de secretário municipal e, quando aplicada por autarquia ou fundação, será de competência exclusiva da autoridade máxima da entidade; II – quando aplicada por órgãos dos Poderes Legislativo e Judiciário, pelo Ministério Público e pela Defensoria Pública no desempenho da função administrativa, será de competência exclusiva de autoridade de nível hierárquico equivalente às autoridades referidas no inciso I deste parágrafo, na forma de regulamento.

Gabarito: D

Para responder, tem que estudar: lei.

31. (MPE/SP/Promotor/2017/92_Concurso) Assinale a alternativa correta.

a) A lei prevê a possibilidade de revogação e anulação da licitação. A primeira se dá por interesse público, e a segunda, por ilegalidade, e necessariamente acarretam a obrigação de indenização.

b) É dispensável a licitação nas hipóteses de licitação deserta e licitação fracassada.

c) Os casos de dispensa de licitação, que não se confundem com os casos de inexigibilidade, são sempre facultativos e decorrem da competência discricionária da Administração.

d) O edital de licitação poderá conter exigência discriminatória desde que seja pertinente ou relevante para o específico objeto do contrato, aplicando-se o princípio da razoabilidade.

e) Em obediência ao princípio da adjudicação compulsória, concluído o procedimento da licitação, o vencedor tem reconhecido o direito à atribuição da licitação e ao contrato imediato.

ANOTAÇÕES/COMENTÁRIOS

(a) Conforme a Lei de Licitações, art. 49: A autoridade competente para a aprovação do procedimento somente poderá revogar a licitação por razões de interesse público decorrente de fato superveniente devidamente comprovado, pertinente e suficiente para justificar tal conduta, devendo anulá-la por ilegalidade, de ofício ou por provocação de terceiros, mediante parecer escrito e devidamente fundamentado. § 1º A anulação do procedimento licitatório por motivo de ilegalidade não gera obrigação de indenizar, ressalvado o disposto no parágrafo único do art. 59 desta Lei. Art. 59. Parágrafo único. A nulidade não exonera a Administração do dever de indenizar o contratado pelo que este houver executado até a data em que ela for declarada e por outros prejuízos regularmente comprovados, contanto que não lhe seja imputável, promovendo-se a responsabilidade de quem lhe deu causa.// Obs: Artigo 71, incisos II e III, e, 149 da Lei n.º 14.133/2021. Art. 71. Encerradas as fases de julgamento e habilitação, e exauridos os recursos administrativos, o processo licitatório será encaminhado à autoridade superior, que poderá: I – determinar o retorno dos autos para saneamento de irregularidades; II – revogar a licitação por motivo de conveniência e oportunidade; III – proceder à anulação da licitação, de ofício ou mediante provocação de terceiros, sempre que presente ilegalidade insanável; IV – adjudicar o objeto e homologar a licitação. § 1º Ao pronunciar a nulidade, a autoridade indicará expressamente os atos com vícios insanáveis, tornando sem efeito todos os subsequentes que deles dependam, e dará ensejo à apuração de responsabilidade de quem lhes tenha dado causa. § 2º O motivo determinante para a revogação do processo licitatório deverá ser resultante de fato superveniente devidamente comprovado. § 3º Nos casos de anulação e revogação, deverá ser assegurada a prévia manifestação dos interessados. § 4º O disposto neste artigo será aplicado, no que couber, à contratação direta e aos procedimentos auxiliares da licitação. Art. 149. A nulidade não exonerará a Administração do dever de indenizar o contratado pelo que houver executado até a data em que for declarada ou tornada eficaz, bem como por outros prejuízos regularmente comprovados, desde que não lhe seja imputável, e será promovida a responsabilização de quem lhe tenha dado causa.

(b) Segundo Zanella Di Pietro, a licitação deserta não se confunde com a licitação fracassada, em que aparecem interessados, mas nenhum é selecionado, em decorrência da inabilitação ou da desclassificação. Nesse caso, a dispensa de licitação não é possível, nos termos do artigo 48, § 3º da Lei de Licitações: "Quando todos os licitantes forem inabilitados ou todas as propostas forem desclassificadas, a administração poderá fixar aos licitantes o prazo de oito dias úteis para a apresentação de nova documentação ou de outras propostas escoimadas das causas referidas neste artigo, facultada, no caso de convite, a redução deste prazo para três dias úteis. Quando não acudirem interessados à licitação anteriores e esta, justificadamente, não puder ser repetida sem prejuízo para a

Administração, mantidas, neste caso, todas as condições preestabelecidas (inciso V, artigo 24); essa hipótese é denominada de licitação deserta; para que se aplique, são necessários três requisitos: a realização de licitação em que nenhum interessado tenha apresentado a documentação exigida na proposta; que a realização de novo procedimento seja prejudicial à Administração; que sejam mantidas, na contratação direta, todas as condições constantes do instrumento convocatório. (...) note-se que atendendo ao princípio da motivação, exige que seja justificada a impossibilidade de repetir a licitação sem prejuízo para a Administração.

(c) Maria Sylvia Zanella Di Pietro ensina que a diferença entre dispensa e a inexigibilidade está no fato de que, na dispensa há possibilidade de competição que justifique a licitação; de modo que a lei faculta a dispensa, que fica inserida na competência discricionária da Administração. Nos casos de inexigibilidade, não há possibilidade de competição, porque só um objeto ou pessoa que atenda às necessidades da Administração; a licitação é, portanto, inviável. Existem, contudo, casos de dispensa que escapam à discricionariedade administrativa, por já estarem determinadas por lei; é o que decorre do artigo 17, incisos I e II da Lei 8.666/93 (alienação de bens móveis e imóveis)

(d) Nos termos do artigo 37, XXI da CF: ressalvados os casos especificados na legislação, as obras, serviços, compras e alienações serão contratados mediante processo de licitação pública que assegure igualdade de condições a todos os concorrentes, com cláusulas que estabeleçam obrigações de pagamento, mantidas as condições efetivas da proposta, nos termos da lei, o qual somente permitirá as exigências de qualificação técnica e econômica indispensáveis à garantia do cumprimento das obrigações. Di Pietro também explica "no que diz respeito à razoabilidade das leis (que se confunde com o princípio do devido processo legal substantivo), o que se exige é que as discriminações previstas em lei sejam necessárias para alcançar determinados fins estabelecidos pelo ordenamento jurídico, especialmente, pela Constituição.

(e) Hely Lopes Meireles, citado por Maria Sylvia adverte que "A adjudicação ao vencedor é obrigatória, salvo se este desistir expressamente do contrato ou o não firmar no prazo prefixado, a menos que comprove justo motivo. A compulsoriedade veda também que abra nova licitação enquanto válida a adjudicação anterior" Averte ele, no entanto, que "o direito do vencedor limita-se à adjudicação, ou seja, à atribuição a ele do objeto da licitação, e não ao contrato imediato. E assim, é porque a Administração pode, licitamente, revogar ou anular o procedimento ou, ainda, adiar o contrato, quando ocorram motivos para essas condutas.

Gabarito: C

Para responder, tem que estudar: lei e teoria/doutrina.

32. (MPE/SP/Promotor/2019/93_Concurso) Assinale a alternativa INCORRETA.

(A) Qualquer cidadão é parte legítima para impugnar edital de licitação por irregularidade na aplicação da Lei nº 8.666/93, devendo protocolar o pedido até cinco dias úteis antes da data fixada para a abertura dos envelopes de habilitação, devendo a Administração julgar e responder à impugnação em até três dias úteis.

(B) A regra de que a Administração não pode descumprir as normas e condições do edital, ao qual se acha estritamente atrelada, sob pena de ofensa aos princípios da legalidade, moralidade e isonomia, consolida o princípio da vinculação ao instrumento convocatório.

(C) Qualquer licitante, contratado ou pessoa física ou jurídica, poderá representar ao Tribunal de Contas ou aos órgãos integrantes do sistema de controle interno contra irregularidades na aplicação da Lei nº 8.666/93.

(D) Após a fase inicial de habilitação preliminar, o licitante pode desistir de sua proposta sem a obrigatoriedade de declinar o motivo, não podendo a Comissão de licitação, nesta fase procedimental, recusá-la.

(E) O Superior Tribunal de Justiça tem externado que, em casos de fraude à licitação, o prejuízo ao erário que gera a lesividade apta a ensejar a nulidade e o ressarcimento ao erário é in re ipsa, na medida em que o Poder Público deixa de, por condutas de administradores, contratar a melhor proposta. Baseia-se na presunção de que a obediência aos ditames constitucionais garantirá a escolha da melhor proposta em ambiente de igualdade de condições.

ANOTAÇÕES/COMENTÁRIOS

(a) CORRETA – Literalidade do artigo 41, §1º, da Lei n.º 8666/93. "Art. 41. A Administração não pode descumprir as normas e condições do edital, ao qual se acha estritamente vinculada. § 1º Qualquer cidadão é parte legítima para impugnar edital de licitação por irregularidade na aplicação desta Lei, devendo protocolar o pedido até 5 (cinco) dias úteis antes da data fixada para a abertura dos envelopes de habilitação, devendo a Administração julgar e responder à impugnação em até 3 (três) dias úteis, sem prejuízo da faculdade prevista no § 1º do art. 113."// Obs: Artigo 164 e parágrafo único, da Lei n.º 14.133/2021 – Art. 164. Qualquer pessoa é parte legítima para impugnar edital de licitação por irregularidade na aplicação desta Lei ou para solicitar esclarecimento sobre os seus termos, devendo protocolar o pedido até 3 (três) dias úteis antes da data de abertura do certame. Parágrafo único. A resposta à impugnação ou ao pedido de esclarecimento será divulgada em sítio eletrônico oficial no prazo de até 3 (três) dias úteis, limitado ao último dia útil anterior à data da abertura do certame. Perceba que a nova lei de licitações unificou em 03 (três) dias úteis o prazo para a impugnação do edital de licitação e resposta a impugnação.

(b) CORRETA – Literalidade do artigo 3º e 41 da Lei n.º 8.666/93. "Art. 3º A licitação destina-se a garantir a observância do princípio constitucional da isonomia, a seleção da proposta mais vantajosa para a administração e a promoção do desenvolvimento nacional sustentável e será processada e julgada em estrita conformidade com os princípios básicos da legalidade, da impessoalidade, da moralidade, da igualdade, da publicidade, da probidade administrativa, da vinculação ao instrumento convocatório, do julgamento objetivo e dos que lhes são correlatos. Art. 41. A Administração não pode descumprir as normas e condições do edital, ao qual se acha estritamente vinculada. // Obs: Artigo 5º e da Lei n.º 14.133/2021. "Art. 5º Na aplicação desta Lei, serão observados os princípios da legalidade, da impessoalidade, da moralidade, da publicidade, da eficiência, do interesse público, da probidade administrativa, da igualdade, do planejamento, da transparência, da eficácia, da segregação de funções, da motivação, da vinculação ao edital, do julgamento objetivo, da segurança jurídica, da razoabilidade, da competitividade, da proporcionalidade, da celeridade, da economicidade e do desenvolvimento nacional sustentável, assim como as disposições do Decreto-Lei nº 4.657, de 4 de setembro de 1942 (Lei de Introdução às Normas do Direito Brasileiro).

(c) CORRETA – Literalidade do artigo 113, §1º da Lei n.º 8.666/93. "§ 1º Qualquer licitante, contratado ou pessoa física ou jurídica poderá representar ao Tribunal de Contas ou aos órgãos integrantes do sistema de controle interno contra irregularidades na aplicação desta Lei, para os fins do disposto neste artigo. // Obs: Artigo 170, §4º, da Lei n.º 14.133/2021 "§ 4º Qualquer licitante, contratado ou pessoa física ou jurídica poderá representar aos órgãos de controle interno ou ao tribunal de contas competente contra irregularidades na aplicação desta Lei."

(d) INCORRETA – Literalidade do artigo 43, §6º, da Lei n.º 8.666/93. § 6º Após a fase de habilitação, não cabe desistência de proposta, salvo por motivo justo decorrente de fato superveniente e aceito pela Comissão.

(e) CORRETA – O Superior Tribunal de Justiça tem entendimento consolidado de que o prejuízo decorrente de fraude a certame licitatório é presumido (dano in re ipsa), consubstanciado na impossibilidade da contratação pela Administração da melhor proposta. ADMINISTRATIVO. IMPROBIDADE ADMINISTRATIVA. ART. 10, VIII, DA LEI N. 8.429/1992. LICITAÇÃO. FRAUDE. DANO IN RE IPSA À ADMINISTRAÇÃO. CONDENAÇÃO. 1. [...] 2. Segundo entendimento consolidado no âmbito das Turmas que compõem a Primeira Seção, o prejuízo decorrente da fraude a certame licitatório é presumido (dano in re ipsa), consubstanciado na impossibilidade da contratação pela Administração da melhor proposta. 3. No caso, o Tribunal de origem, a despeito de reconhecer a conduta ímproba e o seu elemento subjetivo, afastou a condenação pelo art. 10 da Lei de Improbidade Administrativa, louvando-se no fato de que o serviço em comento foi efetivamente prestado, circunstância desinfluente para a aplicação das sanções previstas na LIA.4. Agravo interno desprovido. (AgInt no REsp 1737731/SC, Rel. Ministro GURGEL DE FARIA, PRIMEIRA TURMA, julgado em 20/10/2020, DJe 01/12/2020)

Gabarito: D

Para responder, tem que estudar: lei e jurisprudência

33 (MPE/SP/Promotor/2019/93_Concurso) No tocante ao processo licitatório, assinale a alternativa correta.

(A) Nas licitações regidas pela Lei nº 8.666/93, será assegurada, como critério de desempate, preferência de contratação para as microempresas e empresas de pequeno porte, entendendo-se por empate aquelas situações em que as propostas apresentadas pelas microempresas e empresas de pequeno porte sejam iguais ou até 10% superiores à proposta mais bem classificada. Nessa situação, a microempresa ou empresa de pequeno porte mais bem classificada será considerada vencedora do certame, situação em que será adjudicado em seu favor o objeto licitado.

(B) Norma que autoriza a concessão de vantagem ao licitante que suporta maior carga tributária no âmbito da Administração Pública que promove a licitação não pode ser reputada inconstitucional, pois atende ao princípio da isonomia na medida em que propicia a mesma oportunidade a todos os licitantes.

(C) Para o cabimento de ação popular, cujo pedido seja a declaração de nulidade da licitação, é imprescindível a demonstração do efetivo prejuízo material aos cofres públicos, ou seja, exige-se a prova do binômio lesividade patrimonial efetiva-ilegalidade.

(D) A documentação relativa à habilitação jurídica, à regularidade fiscal e trabalhista, à qualificação técnica e à qualificação econômico-financeira deve ser exigida para todas as modalidades de licitação.

(E) Na licitação, na modalidade pregão, na hipótese de o licitante vencedor, convocado dentro do prazo de validade da sua proposta, não celebrar o contrato, o pregoeiro examinará as ofertas subsequentes e a qualificação dos licitantes, na ordem de classificação, e assim sucessivamente, até a apuração de uma que atenda ao edital, sendo o respectivo licitante declarado vencedor, independentemente das condições propostas pelo primeiro classificado.

ANOTAÇÕES/COMENTÁRIOS

(a) INCORRETA – Literalidade do artigo 3º, §4º, Lei 8.666/93 c/c artigo 44 e 45, da Lei Complementar n.º 123/06. "§ 14. As preferências definidas neste artigo e nas demais normas de licitação e contratos devem privilegiar o tratamento diferenciado e favorecido às microempresas e empresas de pequeno porte na forma da lei. Art. 44. Nas licitações será assegurada, como critério de desempate, preferência de contratação para as microempresas e empresas de pequeno porte. § 1º Entende-se por empate aquelas situações em que as propostas apresentadas pelas microempresas e empresas de pequeno porte sejam iguais ou até 10% (dez por cento) superiores à proposta mais bem classificada. § 2º Na modalidade de pregão, o intervalo percentual estabelecido no § 1º deste artigo será de até 5% (cinco por cento) superior ao melhor preço. Art. 45. Para efeito do disposto no art. 44 desta Lei Complementar, ocorrendo o empate, proceder-se-á da seguinte forma: I – a microempresa ou empresa de pequeno porte mais bem classificada poderá apresentar proposta de preço inferior àquela considerada vencedora do certame, situação em que será adjudicado em seu favor o objeto licitado. // Obs: Artigos 4º e 60, §2º, da Lei n.º 14.133/2021. Art. 4º Aplicam-se às licitações e contratos disciplinados por esta Lei as disposições constantes dos arts. 42 a 49 da Lei Complementar nº 123, de 14 de dezembro de 2006. § 1º As disposições a que se refere o caput deste artigo não são aplicadas: I – no caso de licitação para aquisição de bens ou contratação de serviços em geral, ao item cujo valor estimado for superior à receita bruta máxima admitida para fins de enquadramento como empresa de pequeno porte; II – no caso de contratação de obras e serviços de engenharia, às licitações cujo valor estimado for superior à receita bruta máxima admitida para fins de enquadramento como empresa de pequeno porte. Art. 60. Em caso de empate entre duas ou mais propostas, serão utilizados os seguintes critérios de desempate, nesta ordem: § 2º As regras previstas no caput deste artigo não prejudicarão a aplicação do disposto no art. 44 da Lei Complementar nº 123, de 14 de dezembro de 2006.

(b) INCORRETA – É inconstitucional o preceito, segundo o qual, na análise de licitações, serão considerados, para averiguação da proposta mais vantajosa, entre outros itens os valores relativos aos impostos pagos à Fazenda Pública daquele Estado-membro. Afronta ao princípio da isonomia, igualdade entre todos quantos pretendam acesso às contratações da Administração, conforme restou declarado pelo Supremo Tribunal Federal na ADIN n.º 3.070/RN. AÇÃO DIRETA DE INCONSTITUCIONALIDADE. ARTIGO 11, § 4º, DA CONSTITUIÇÃO DO ESTADO DO RIO GRANDE DO NORTE. LICITAÇÃO. ANÁLISE DE PROPOSTA MAIS VANTAJOSA. CONSIDERAÇÃO DOS VALORES RELATIVOS AOS IMPOSTOS PAGOS À FAZENDA PÚBLICA DAQUELE ESTADO. DISCRIMINAÇÃO ARBITRÁRIA. LICITAÇÃO. ISONOMIA, PRINCÍPIO DA IGUALDADE. DISTINÇÃO ENTRE BRASILEIROS. AFRONTA AO DISPOSTO NOS ARTIGOS 5º, CAPUT; 19, INCISO III; 37, INCISO XXI, E 175, DA CONSTITUIÇÃO DO BRASIL. 1. É inconstitucional o preceito, segundo o qual, na análise de licitações, serão considerados, para averiguação da proposta mais vantajosa, entre outros itens os valores relativos aos impostos pagos à Fazenda Pública daquele Estado-membro. Afronta ao princípio da isonomia, igualdade entre todos quantos pretendam acesso às contratações da Administração. 2. A Constituição do Brasil proíbe a distinção entre brasileiros. A concessão de vantagem ao licitante que suporta maior carga tributária no âmbito estadual é incoerente com o preceito constitucional desse inciso III do artigo 19. 3. A licitação é um procedimento que visa à satisfação do interesse público, pautando-se pelo princípio da isonomia. Está voltada a um duplo objetivo: o de proporcionar à Administração a possibilidade de realizar o negócio mais vantajoso --- o melhor negócio --- e o de assegurar aos administrados a oportunidade de concorrerem, em igualdade de condições, à contratação pretendida pela Administração. Imposição do interesse público, seu pressuposto é a competição. Procedimento que visa à satisfação do interesse público, pautando-se pelo princípio da isonomia, a função da licitação é a de viabilizar, através da mais ampla disputa, envolvendo o maior número possível de agentes econômicos capacitados, a satisfação do interesse público. A competição visada pela licitação, a instrumentar a seleção da proposta mais vantajosa para a Administração, impõe-se seja desenrolada de modo que reste assegurada a igualdade (isonomia) de todos quantos pretendam acesso às contratações da Administração. 4. A lei pode, sem violação do princípio da igualdade, distinguir situações, a fim de conferir a uma tratamento diverso do que atribui a outra. Para que possa fazê-lo, contudo, sem que tal violação se manifeste, é necessário que a discriminação guarde compatibilidade com o conteúdo do princípio. 5. A Constituição do Brasil exclui quaisquer exigências de qualificação técnica e econômica que não sejam indispensáveis à garantia do cumprimento das obrigações. A discriminação, no julgamento da concorrência, que exceda essa limitação é inadmissível. 6. Ação direta julgada procedente para declarar inconstitucional o § 4º do artigo 111 da Constituição do Estado do Rio Grande do Norte.

(c) CORRETA – o Supremo Tribunal Federal na Repercussão Geral no RE n.º 824781 – Tema n.º 836 – "Não é condição para o cabimento da ação popular a demonstração de prejuízo material aos cofres públicos, dado que o art. 5º, inciso LXXIII, da Constituição Federal estabelece que qualquer cidadão é parte legítima para propor ação popular e impugnar, ainda que separadamente, ato lesivo ao patrimônio material, moral, cultural ou histórico do Estado ou de entidade de que ele participe.".

(d) INCORRETA – Literalidade do artigo 32, §7º, da Lei n.º 8.666/93. "Art. 32. Os documentos necessários à habilitação poderão ser apresentados em original, por qualquer processo de cópia autenticada por cartório competente ou por servidor da administração ou publicação em órgão da imprensa oficial. § 7º A documentação de que tratam os arts. 28 a 31 e este artigo poderá ser dispensada, nos termos de regulamento, no todo ou em parte, para a contratação de produto para pesquisa e desenvolvimento, desde que para pronta entrega ou até o valor previsto na alínea "a" do inciso II do caput do art. 23. Obs: Sem artigo correspondente na Lei n.º 14.133/2021

(e) CORRETA – Literalidade do artigo do artigo 4º, incisos XVI e XXIII da Lei n.º 10.250/02. "XVI – se a oferta não for aceitável ou se o licitante desatender às exigências habilitatórias, o pregoeiro examinará as ofertas subsequentes e a qualificação dos licitantes, na ordem de classificação, e assim sucessivamente, até a apuração de uma que atenda ao edital, sendo o respectivo licitante declarado vencedor. XXIII – se o licitante vencedor, convocado dentro do prazo de validade da sua proposta, não celebrar o contrato, aplicar-se-á o disposto no inciso XVI. Obs: Sem artigo correspondente na Lei n.º 14.133/2021.

Gabarito: E

Para responder, tem que estudar: lei e jurisprudência.

34. (MPE/SP/Promotor/2019/93_Concurso) A respeito do estatuto jurídico da empresa pública, da sociedade de economia mista e de suas subsidiárias, assinale a alternativa INCORRETA.

(A) O contratado é obrigado a reparar, corrigir, remover, reconstruir ou substituir, às suas expensas, no total ou em parte, o objeto do contrato em que se verificarem vícios, defeitos ou incorreções resultantes da execução ou de materiais empregados, e responderá por danos causados diretamente a terceiros ou a empresa pública ou sociedade de economia mista, independentemente da comprovação de sua culpa ou dolo na execução do contrato.

(B) Os contratos com terceiros destinados à prestação de serviços às empresas públicas e às sociedades de economia mista, inclusive de engenharia e de publicidade, à aquisição e à locação de bens, à alienação de bens e ativos integrantes do respectivo patrimônio ou à execução de obras a serem integradas a esse patrimônio, bem como à implementação de ônus real sobre tais bens, serão precedidos de licitação, ressalvadas as hipóteses de dispensa e de inexigibilidade previstas na Lei nº 13.303/2016.

(C) A homologação do resultado pela autoridade competente implica a constituição de direito relativo à celebração do contrato em favor do licitante vencedor com a empresa pública ou a sociedade de economia mista.

(D) O contratado deverá aceitar, nas mesmas condições contratuais, os acréscimos ou supressões que se fizerem nas obras, serviços ou compras, até 25% (vinte e cinco por cento) do valor inicial atualizado do contrato, e, no caso particular de reforma de edifício ou de equipamento, até o limite de 50% (cinquenta por cento) para os seus acréscimos.

(E) Pela inexecução total ou parcial do contrato a empresa pública ou a sociedade de economia mista poderá, garantida a prévia defesa, aplicar ao contratado as sanções de advertência, multa e suspensão temporária de participação em licitação e impedimento de contratar com a entidade sancionadora, por prazo não superior a dois anos.

ANOTAÇÕES/COMENTÁRIOS

(a) CORRETA – Literalidade do artigo 76, da Lei n.º 13.303/06. "Art. 76. O contratado é obrigado a reparar, corrigir, remover, reconstruir ou substituir, às suas expensas, no total ou em parte, o objeto do contrato em que se verificarem vícios, defeitos ou incorreções resultantes da execução ou de materiais empregados, e responderá por danos causados diretamente a terceiros ou à empresa pública ou sociedade de economia mista, independentemente da comprovação de sua culpa ou dolo na execução do contrato."

(b) CORRETA – Literalidade do artigo 28, da Lei n.º 13.303/06. "Art. 28. Os contratos com terceiros destinados à prestação de serviços às empresas públicas e às sociedades de economia mista, inclusive de engenharia e de publicidade, à aquisição e à locação de bens, à alienação de bens e ativos integrantes do respectivo patrimônio ou à execução de obras a serem integradas a esse patrimônio, bem como à implementação de ônus real sobre tais bens, serão precedidos de licitação nos termos desta Lei, ressalvadas as hipóteses previstas nos arts. 29 e 30."

(c) CORRETA – Literalidade do artigo 60, da Lei n.º 13.303/06. "Art. 60. A homologação do resultado implica a constituição de direito relativo à celebração do contrato em favor do licitante vencedor.".

(d) INCORRETA – Literalidade do artigo 81, §1º, da Lei n.º 13.303/06. Se atente para o detalhe, o examinador apenas trocou a palavra "poderá" pela palavra "deverá", alterando o sentido da assertiva, pois, conforme a lei trata-se de uma faculdade do contratado aceitar ou não as alterações contratuais de acréscimo ou supressão. Art. 81. § 1º O contratado poderá aceitar, nas mesmas condições contratuais, os acréscimos ou supressões que se fizerem nas obras, serviços ou compras, até 25% (vinte e cinco por cento) do valor inicial atualizado do contrato, e, no caso particular de reforma de edifício ou de equipamento, até o limite de 50% (cinquenta por cento) para os seus acréscimos.

(e) CORRETA – Literalidade do artigo do artigo 83, da Lei n.º 13.303/06. – Art. 83. Pela inexecução total ou parcial do contrato a empresa pública ou a sociedade de economia mista poderá, garantida a prévia defesa, aplicar ao contratado as seguintes sanções: I – advertência; II – multa, na forma prevista no instrumento convocatório ou no contrato; III – suspensão temporária de participação em licitação e impedimento de contratar com a entidade sancionadora, por prazo não superior a 2 (dois) anos.

//OBS: A nova Lei de Licitações (Lei n.º 14.133/2021) não se aplica as empresas públicas, as sociedades de economia mista e suas subsidiárias, conforme artigo 1º, §1º no âmbito de sua aplicação, excluiu expressamente as empresas públicas, as sociedades de economia mista e suas subsidiárias. Art. 1º Esta Lei estabelece normas gerais de licitação e contratação para as Administrações Públicas diretas, autárquicas e fundacionais da União, dos Estados, do Distrito Federal e dos Municípios, e abrange: § 1º Não são abrangidas por esta Lei as empresas públicas, as sociedades de economia mista e as suas subsidiárias, regidas pela Lei nº 13.303, de 30 de junho de 2016, ressalvado o disposto no art. 178 desta Lei. Art. 178. O Título XI da Parte Especial do Decreto-Lei nº 2.848, de 7 de dezembro de 1940 (Código Penal), passa a vigorar acrescido do seguinte Capítulo II-B: DOS CRIMES EM LICITAÇÕES E CONTRATOS ADMINISTRATIVOS.

Gabarito: E

Para responder, tem que estudar: lei.

9. SERVIÇOS PÚBLICOS. CONCESSÃO DE SERVIÇO PÚBLICO

35. (MPE/SP/Promotor/2011/88_Concurso) Os serviços notariais e de registro

a) são exercidos em caráter privado, por delegação do Poder Público.

b) são exercidos em caráter privado, sujeitos à fiscalização do Poder Legislativo.

c) são de natureza pública, sujeitos ao regime de concessão de serviço público.

d) são exercidos em caráter público, dependendo de concurso público de provas e títulos o ingresso em sua atividade.

e) são exercidos em caráter privado, sujeitos à fiscalização do Poder Executivo.

ANOTAÇÕES/COMENTÁRIOS

(a) CORRETA- Literalidade do art. 236, caput, da Constituição Federal." Art. 236. Os serviços notariais e de registro são exercidos em caráter privado, por delegação do Poder Público."

(b) A fiscalização pelo Poder Judiciário, nos termos do art. 236, § 1º, CF. "§ 1º Lei regulará as atividades, disciplinará a responsabilidade civil e criminal dos notários, dos oficiais de registro e de seus prepostos, e definirá a fiscalização de seus atos pelo Poder Judiciário."

(c) Os serviços notariais não estão sujeitos ao regime de concessão sendo acessíveis por meio de concurso público de provas e títulos (CF, art. 236, § 3º). "§ 3º O ingresso na atividade notarial e de registro depende de concurso público de provas e títulos, não se permitindo que qualquer serventia fique vaga, sem abertura de concurso de provimento ou de remoção, por mais de seis meses."

(d) São exercidos em caráter privado, conforme art. 236, caput, da CRFB.

(e) Vide comentário à alternativa B.

Gabarito: A

Para responder, tem que estudar: lei.

36. (MPE/SP/Promotor/2013/90_Concurso) Qual alternativa não está de acordo com a Lei Federal n. 8.987, de fevereiro de 1995, que dispõe sobre o regime de concessão e permissão de prestação de serviços públicos?

a) Serviço público adequado é o que satisfaz as condições de regularidade, continuidade, eficiência, segurança, atualidade, generalidade e cortesia na sua prestação.

b) Atualidade é um elemento da adequação do serviço público e compreende a modernidade das técnicas, do equipamento, das instalações e também a melhoria e a expansão do serviço.

c) Não descaracteriza o princípio da continuidade do serviço público a sua interrupção em situação de emergência nem, desde que com prévio aviso, nos casos de interrupção por razões de ordem técnica ou de segurança das instalações.

d) No atendimento às peculiaridades do serviço, poderá a Administração possibilitar outras fontes de receitas complementares ou acessórias, com vistas a favorecer a modicidade das tarifas.

e) As tarifas devem ser igualitárias mesmo em face de características técnicas diferenciadas e de custos específicos do atendimento aos distintos grupos de usuários.

ANOTAÇÕES/COMENTÁRIOS

(a) CORRETA – Literalidade do artigo 6º, § 1º, da Lei 8.987/95. "Art. 6º Toda concessão ou permissão pressupõe a prestação de serviço adequado ao pleno atendimento dos usuários, conforme estabelecido nesta Lei, nas normas pertinentes e no respectivo contrato. § 1º Serviço adequado é o que satisfaz as condições de regularidade, continuidade, eficiência, segurança, atualidade, generalidade, cortesia na sua prestação e modicidade das tarifas."

(b) CORRETA – Literalidade do artigo 6º, § 2º, da Lei 8.987/95. "§ 2º A atualidade compreende a modernidade das técnicas, do equipamento e das instalações e a sua conservação, bem como a melhoria e expansão do serviço."

(c) CORRETA – Literalidade do artigo 6º, § 3º, da Lei 8.987/95. "§ 3º Não se caracteriza como descontinuidade do serviço a sua interrupção em situação de emergência ou após prévio aviso, quando: I – motivada por razões de ordem técnica ou de segurança das instalações; e, II – por inadimplemento do usuário, considerado o interesse da coletividade. // Obs: § 4º A interrupção do serviço na hipótese prevista no inciso II do § 3º deste artigo não poderá iniciar-se na sexta-feira, no sábado ou no domingo, nem em feriado ou no dia anterior a feriado. (Incluído pela Lei nº 14.015, de 2020)

(d) Literalidade do artigo 11 da Lei 8.987/95. "Art. 11. No atendimento às peculiaridades de cada serviço público, poderá o poder concedente prever, em favor da concessionária, no edital de licitação, a possibilidade de outras fontes provenientes de receitas alternativas, complementares, acessórias ou de projetos associados, com ou sem exclusividade, com vistas a favorecer a modicidade das tarifas, observado o disposto no art. 17 desta Lei."

(e) Conforme art. 13 da Lei 8.987/95, as tarifas poderão ser diferenciadas em função das características técnicas e dos custos específicos provenientes do atendimento aos distintos segmentos de usuários.

Gabarito: E

Para responder, tem que estudar: lei.

37. (MPE/SP/Promotor/2015/91_Concurso) No tocante ao serviço público, correto é afirmar que:

a) o Estado detém titularidade exclusiva sobre os serviços de saúde, de educação, de previdência social e de assistência social.

b) os serviços de saúde, de educação, de previdência social e de assistência social deverão ser prestados exclusivamente por meio de concessão, permissão ou autorização.

c) os serviços de radiodifusão sonora ou de sons e imagens deverão ser prestados exclusivamente por meio de concessão, permissão ou autorização.

d) os serviços de telecomunicações não podem ser prestados por concessão, permissão ou autorização.

e) a União detém o monopólio sobre os serviços da Loteria Federal e da Loteria Esportiva.

ANOTAÇÕES/COMENTÁRIOS

(a) O Estado não detém a titularidade exclusiva sobre os serviços de saúde, art. 199, caput, CF: "A assistência à saúde é livre à iniciativa privada." Igualmente, os serviços de educação, art. 209, CF: "O ensino é livre à iniciativa privada, atendidas as seguintes condições: I – cumprimento das normas gerais da educação nacional; II – autorização e avaliação da qualidade pelo Poder Público." Quanto ao serviço de previdência social, o art. 202, caput, CF, estabelece que "O regime de previdência privada, de caráter complementar e organizado de forma autônoma em relação ao regime geral de previdência social, será facultativo, baseado na constituição de reservas que garantam o benefício contratado, e regulado por lei complementar." Por fim, a assistência social é regulada pelo art. 204, I, CF: "As ações governamentais na área da assistência social serão realizadas com recursos do orçamento da seguridade social, previstos no art. 195, além de outras fontes, e organizadas com base nas seguintes diretrizes: I – descentralização política-administrativa, cabendo a coordenação e as normas gerais às esferas estadual e municipal, bem como as entidades beneficentes e de assistência social."

(b) Vide comentário da alternativa A.

(c) Segundo o disposto no art. 21, XII, a, CF: "Compete à União: XI – explorar, diretamente ou mediante autorização, concessão ou permissão: a) os serviços de radiofusão sonora e de sons e imagens."

(d) Segundo o disposto no art. 21, XI, CF: "Compete à União: XI – explorar, diretamente ou mediante autorização, concessão ou permissão, os serviços de telecomunicações, nos termos da lei, que disporá sobre a organização dos serviços, a criança de um órgão regulador e outros aspectos institucionais."

(e) O artigo 22, XX, CF, estabelece que "Compete privativamente à União legislar sobre: XX – sistema de consórcios e sorteios". Devido à criação de legislação sobre bingos por alguns estados da federação, a Suprema Corte editou a Súmula Vinculante 2/STF: "É inconstitucional a lei ou ato normativo estadual que disponha sobre loterias e jogos de bingo."// Obs: Com o julgamento pelo Supremo Tribunal Federal da ADPF n.º 492, ADPF n.º 493 e ADI n.º 4986 – Órgão julgador: Tribunal Pleno – Relator(a): Min. GILMAR MENDES – Julgamento: 30/09/2020 Publicação: 15/12/2020. "Os estados-membros detêm competência administrativa para explorar loterias. A competência da União para legislar exclusivamente sobre sistemas de consórcios e sorteios, inclusive loterias, não obsta a competência material para a exploração dessas atividades pelos entes estaduais ou municipais." Nesses termos, os arts. 1º e 32, caput e § 1º, do Decreto-Lei (DL) 204/1967, ao estabelecerem a exclusividade da União sobre a prestação dos serviços de loteria, não foram recepcionados pela Constituição Federal de 1988 (CF/1988). Além disso, os dispositivos colidem frontalmente com o art. 25, § 1º, da CF, ao esvaziarem a competência constitucional subsidiária dos estados-membros para a prestação de serviços públicos não expressamente reservados pelo texto constitucional à exploração pela União. A exploração de loterias ostenta natureza jurídica de serviço público. Quando quis atribuir a prestação de determinado serviço público com exclusividade à União, o constituinte o fez de forma expressa. A CF não atribui à União a exclusividade sobre o serviço de loterias, tampouco proíbe expressa ou implicitamente o funcionamento de loterias estaduais. Esse cenário atrai a competência residual dos estados-membros, estabelecida em seu art. 25, § 1º, pedra de toque do constitucionalismo republicano brasileiro. A legislação federal não pode impor a qualquer ente federativo restrição à exploração de serviço público para além daquelas previstas constitucionalmente. Não se pode inferir do texto constitucional a possibilidade de a União, mediante legislação infraconstitucional, excluir outros entes federados da exploração de atividade autorizada pela própria CF. Isso se dá porque tal realidade cria um desequilíbrio em seu próprio benefício, não autorizado constitucionalmente [art. 19, III, além de a CF não lhe ter atribuído essa autoridade. Viola a autonomia dos estados-membros restringir a esfera de competência material residual, sem amparo na Constituição. Ademais, configura abuso da competência de legislar quando a União se vale do art. 22, XX, da CF (4) para excluir todos os demais entes federados da arrecadação que deles provém, ou para restringi-la de forma irrazoável e anti-isonômica. A situação anti-isonômica se torna ainda mais patente quando, compulsado o DL 204/1967 que a sustenta, verifica-se a possibilidade de exploração dos serviços lotéricos por alguns estados, ao passo que são de prestação proibida a outros. As distinções entre as unidades da federação são toleradas desde que previstas no texto constitucional, mas nunca em norma infraconstitucional. A competência privativa da União para legislar exclusivamente sobre sistemas de consórcios e sorteios (CF, art. 22, XX), inclusive loterias, não obsta a competência material, administrativa, para a exploração dessas atividades pelos entes estaduais ou municipais, nem a competência regulamentar dessa exploração. A competência legislativa acerca de determinado assunto não se confunde com a competência material, executiva, de exploração de serviço a ele correlato. Não se pode conferir interpretação estendida para também gerar competência material exclusiva da União, que não consta do rol taxativo previsto no art. 21 da CF. As legislações estaduais instituidoras de loterias, por meio de lei estadual ou decreto, em seus territórios, devem simplesmente viabilizar o exercício de sua competência material de instituição do serviço público. Somente a União pode definir modalidades de atividades lotéricas passíveis de exploração. Tais normas ofenderiam a CF se instituíssem disciplina ou modalidade de loteria não prevista pelo própria União para si mesma. Nesta hipótese, a legislação local afastar-se-ia de seu caráter materializador do serviço público de que é titular e seria incompatível com o art. 22, XX, da CF/1988. Consoante o Enunciado 2 da Súmula Vinculante (5) do Supremo Tribunal Federal (STF) e os precedentes que a fundamentaram, a disposição legal ou normativa vedada aos estados-membros e ao Distrito Federal é a que inova. O aludido verbete e o art. 22, XX, da CF não tratam da competência material de instituir loterias dentro das balizas federais, ainda que a materialização tenha expressão mediante decretos ou leis estaduais, distritais ou municipais. Não se pode extrair da Lei de Contravenções Penais interpretação que torne toda e qualquer norma sobre loterias uma legislação penal. Esse raciocínio equivaleria a interpretar de forma ampla a competência privativa da União para legislar sobre Direito Penal porque a exploração de loteria foi considerada contravenção. Estar-se-ia a interpretar a CF conforme a lei. Considerar o exercício de atividade pública uma contravenção penal significaria dizer que um serviço público constitui crime. Na espécie, trata-se de apreciação conjunta de Arguições de Descumprimento de Preceito Fundamental (ADPFs) e de Ação Direta de Inconstitucionalidade (ADI).

Gabarito: X

Para responder, tem que estudar: lei e juriprudência.

38. (MPE/SP/Promotor/2017/92_Concurso) Assinale a alternativa correta.

a) A responsabilidade por prejuízos causados a terceiros na execução do serviço público é objetiva e exclusiva do concessionário.

b) Nos contratos de concessão de serviço público, o poder concedente pode introduzir alterações unilaterais no contrato, mas tem que respeitar o seu objeto e assegurar o equilíbrio econômico-financeiro.

c) No contrato administrativo, a Administração comparece como Poder Público, o que lhe dá prerrogativas que garantem sua supremacia sobre o particular e a possibilidade de rescisão unilateral por motivo de interesse público sem obrigação de indenizar.

d) No contrato administrativo, o contratado não pode usar da "exceptio non adimplenti contractus", ou suspender a execução do contrato, em consequência dos princípios da continuidade do serviço público e da supremacia do interesse público sobre o particular.

e) A permissão, que tem a concorrência como modalidade de licitação obrigatória e só pode ser feita a pessoa jurídica, por ser ato precário, pode ser alterada ou revogada a qualquer momento pela Administração, por motivo de interesse público.

ANOTAÇÕES/COMENTÁRIOS

(a) Conforme preceitua o art. 37, § 6º, da Constituição Federal, é objetiva a responsabilidade das pessoas jurídicas de direito privado prestadoras de serviços públicos, pelos danos causados a terceiros, com base na teoria do risco administrativo. No que tange ao poder concedente, a jurisprudência do STJ é no sentido de que se trata de responsabilidade subsidiária. Confira-se: (...) 1. Conforme orientação deste Superior Tribunal de Justiça, há responsabilidade subsidiária do Poder Concedente, em situações em que o concessionário/permissionário não possuir meios de arcar com a indenização pelos prejuízos a que deu causa. (AgRg no AREsp 267.292, 2013)

(b) O equilíbrio econômico-financeiro, previsto na CF, artigo 37, XXI, que estabelece que as condições efetivas da proposta devem ser mantidas, assim como na lei de Licitações, artigos 57, § 1º, 58, § 2º, 65, II, d e § 6º, garante que mesmo sendo possível alterações contratuais unilaterais, o equilíbrio-econômico financeiro deve ser respeitado. Ressalta-se que ele pode ser invocado pelo particular contratado, e também pela Administração Pública.

(c) A Administração Pública possui prerrogativas contratuais que garantem a supremacia do interesse público, conforme artigo 58 da Lei de Licitações. Contudo, essas prerrogativas não conferem à Administração Pública o direito de enriquecer-se ilicitamente, garantindo ao contratado o direito de ser ressarcido dos prejuízos regularmente comprovados, desde que não haja culpa, nos termos do parágrafo 2º do artigo 79: § 2º Quando a rescisão ocorrer com base nos incisos XII a XVII do artigo anterior, sem que haja culpa do contratado, será este ressarcido dos prejuízos regularmente comprovados que houver sofrido, tendo ainda direito a: I – devolução de garantia; II – pagamentos devidos pela execução do contrato até a data da rescisão; III – pagamento do custo da desmobilização.

(d) Mesmo diante da imperiosidade na continuidade do serviços públicos, ninguém é obrigado a trabalhar de graça, por isso a lei de Licitações, em seu artigo 78, inciso XV prevê que: XV – o atraso superior a 90 (noventa) dias dos pagamentos devidos pela Administração decorrentes de obras, serviços ou fornecimento, ou parcelas destes, já recebidos ou executados, salvo em caso de calamidade pública, grave perturbação da ordem interna ou guerra, assegurado ao contratado o direito de optar pela suspensão do cumprimento de suas obrigações até que seja normalizada a situação; aplicando-se a regra da exceção do contrato não cumprido.

(e) A lei exige a concorrência como modalidade de licitação para a concessão e 79 em se tratando de permissão, a lei prevê que será necessária a licitação, mas não define a modalidade. Art. 2º da Lei 8987: II – concessão de serviço público: a delegação de sua prestação, feita pelo poder concedente, mediante licitação, na modalidade de concorrência (...) IV – permissão de serviço público: a delegação, a título precário, mediante licitação, da prestação de serviços públicos (...)

Gabarito: B

Para responder, tem que estudar: lei e jurisprudência.

39. (MPE/SP/Promotor/2019/93_Concurso) Com relação aos serviços públicos, assinale a alternativa INCORRETA.

(A) Quanto aos contratos regidos pela Lei nº 8.987/95, considera-se fato do príncipe a criação, alteração ou extinção de quaisquer tributos ou encargos legais, inclusive os impostos sobre a renda, após a apresentação da proposta, e, quando comprovado seu impacto, implicará a revisão da tarifa, para mais ou para menos, conforme o caso.

(B) A aplicação da Lei nº 13.460/2017, que estabelece normas básicas para participação, proteção e defesa dos direitos do usuário dos serviços públicos prestados direta ou indiretamente pela administração pública direta e indireta da União, dos Estados, do Distrito Federal e dos Municípios não afasta a necessidade de cumprimento do disposto na Lei nº 8.078, de 11 de setembro de 1990, quando caracterizada relação de consumo.

(C) São direitos básicos do usuário, entre outros, a obtenção de informações precisas e de fácil acesso nos locais de prestação do serviço, assim como sua disponibilização na internet; os serviços prestados pelo órgão ou entidade, sua localização exata e a indicação do setor responsável pelo atendimento ao público; acesso ao agente público ou ao órgão encarregado de receber manifestações; situação da tramitação dos processos administrativos em que figure como interessado; e valor das taxas e tarifas cobradas pela prestação dos serviços, contendo informações para a compreensão exata da extensão do serviço prestado.

(D) Os órgãos e entidades responsáveis pela prestação dos serviços públicos divulgarão Carta de Serviços ao Usuário, que tem por objetivo informar o usuário sobre os serviços prestados pelo órgão ou entidade, as formas de acesso a esses serviços e seus compromissos e padrões de qualidade de atendimento ao público.

(E) É vedado à União, aos Estados, ao Distrito Federal e aos Municípios executarem obras e serviços públicos por meio de concessão e permissão de serviço público, sem lei que lhes autorize e fixe os termos, dispensada a lei autorizativa nos casos de saneamento básico e limpeza urbana e nos já referidos na Constituição Federal, nas Constituições Estaduais e nas Leis Orgânicas do Distrito Federal e Municípios, observado, em qualquer caso, os termos da Lei nº 8.987/95.

ANOTAÇÕES/COMENTÁRIOS

(a) INCORRETA – O imposto sobre a renda está excluído. Literalidade do artigo 9º, §3º, da Lei n.º 8.987/95 – Art. 9º A tarifa do serviço público concedido será fixada pelo preço da proposta vencedora da licitação e preservada pelas regras de revisão previstas nesta Lei, no edital e no contrato. § 3º Ressalvados os impostos sobre a renda, a criação, alteração ou extinção de quaisquer tributos ou encargos legais, após a apresentação da proposta, quando comprovado seu impacto, implicará a revisão da tarifa, para mais ou para menos, conforme o caso.

(b) CORRETA – Literalidade do artigo 1º, §2º, inciso II, da Lei n.º 13.460/2017. Art. 1º Esta Lei estabelece normas básicas para participação, proteção e defesa dos direitos do usuário dos serviços públicos prestados direta ou indiretamente pela administração pública. § 2º A aplicação desta Lei não afasta a necessidade de cumprimento do disposto: II – na Lei nº 8.078, de 11 de setembro de 1990, quando caracterizada relação de consumo

(c) CORRETA – Literalidade do artigo 6º e seus incisos, da Lei n.º 13.460/2017. Art. 6º São direitos básicos do usuário: I – participação no acompanhamento da prestação e na avaliação dos serviços; II – obtenção e utilização dos serviços com liberdade de escolha entre os meios oferecidos e sem discriminação; III – acesso e obtenção de informações relativas à sua pessoa constantes de registros ou bancos de dados, observado o disposto no inciso X do caput do art. 5º da Constituição Federal e na Lei nº 12.527, de 18 de novembro de 2011 ;IV – proteção de suas informações pessoais, nos termos da Lei nº 12.527, de 18 de novembro de 2011 ; V – atuação integrada e sistêmica na expedição de atestados, certidões e documentos comprobatórios de regularidade; e VI – obtenção de informações precisas e de fácil acesso nos locais de prestação do serviço, assim como sua disponibilização na internet, especialmente sobre: a) horário de funcionamento das unidades administrativas; b) serviços prestados pelo órgão ou entidade, sua localização exata e a indicação do setor responsável pelo atendimento ao público; c) acesso ao agente público ou ao órgão encarregado de receber manifestações; d) situação da tramitação dos processos administrativos em que figure como interessado; e e) valor das taxas e tarifas cobradas pela prestação dos serviços, contendo informações para a compreensão exata da extensão do serviço prestado. VII – comunicação prévia da suspensão da prestação de serviço. (Incluído pela Lei nº 14.015, de 2020) Parágrafo único. É vedada a suspensão da prestação de serviço em virtude de inadimplemento por parte do usuário que se inicie na sexta-feira, no sábado ou no domingo, bem como em feriado ou no dia anterior a feriado. (Incluído pela Lei nº 14.015, de 2020) // Obs: A Lei n.º 14.129/2021 – Dispõe sobre princípios, regras e instrumentos para o Governo Digital e para o aumento da eficiência pública, alterou promoveu alterações na Lei n.º 13.460/2017.

(d) CORRETA – Literalidade §1º do artigo 7º, da Lei n.º 13.460/17. Art. 7º Os órgãos e entidades abrangidos por esta Lei divulgarão Carta de Serviços ao Usuário. (Vide Lei nº 14.129, de 2021)(Vigência) § 1º A Carta de Serviços ao Usuário tem por objetivo informar o usuário sobre os serviços prestados pelo órgão ou entidade, as formas de acesso a esses serviços e seus compromissos e padrões de qualidade de atendimento ao público.

(e) CORRETA – Literalidade do artigo do artigo 2º, da Lei n.º 9.704/05. Correta – Art. 2º É vedado à União, aos Estados, ao Distrito Federal e aos Municípios executarem obras e serviços públicos por meio de concessão e permissão de serviço público, sem lei que lhes autorize e fixe os termos, dispensada a lei autorizativa nos casos de saneamento básico e limpeza urbana e nos já referidos na Constituição Federal, nas Constituições Estaduais e nas Leis Orgânicas do Distrito Federal e Municípios, observado, em qualquer caso, os termos da Lei nº 8.987, de 1995.

Gabarito: A

Para responder, tem que estudar: lei.

10. BENS PÚBLICOS

40. (MPE/SP/Promotor/2011/88_Concurso) Os bens imóveis públicos, rurais ou urbanos,

a) sujeitam-se à prescrição aquisitiva, qualquer que seja sua área.
b) não podem ser adquiridos por usucapião.
c) estão sujeitos à usucapião pro labore.
d) atendida a função social da propriedade, podem ser usucapidos.
e) se urbanos, até 250 m2, e rurais, até 50 ha, atendidos os requisitos temporal, de posse ininterrupta e sem oposição, sujeitam-se à prescrição aquisitiva.

ANOTAÇÕES/COMENTÁRIOS

(a, c, d, e) Vide comentários abaixo.

(b) Os bens públicos não são passíveis de usucapião, conforme arts. 183 e 191 da Constituição Federal.

Gabarito: B

Para responder, tem que estudar: lei.

41. (MPE/SP/Promotor/2017/92_Concurso) Assinale a alternativa correta.

a) Os bens dominicais e os bens públicos de uso comum só podem ser outorgados a particulares por meio de autorização e concessão, institutos sujeitos ao regime de direito público.

b) A concessão, contrato administrativo pelo qual a Administração faculta ao particular a utilização privativa do bem público para que a exerça conforme sua destinação, depende de licitação e impõe a fixação de prazo.

c) A autorização, permissão e concessão de uso privativo de bens públicos são atos administrativos que apresentam como características comuns a unilateralidade, a discricionariedade e a precariedade.

d) A autorização, ato administrativo em que a Administração consente que o particular se utilize de bem público com exclusividade, depende de licitação e cria para o usuário um dever de utilização.

e) A permissão de uso, ato administrativo pelo qual a Administração faculta a utilização de bem público, para fins de interesse público, tem sempre a forma onerosa e tempo determinado.

ANOTAÇÕES/COMENTÁRIOS

(a) A permissão pode recair sobre bens públicos de qualquer espécie. (Direito administrativo / Maria Sylvia Zanella Di Pietro)

(b) A concessão exige licitação, nos termos do artigo 2º da Lei n. 8.666/93. A fixação de prazo, além de ser uma garantia para o concessionário, sem a qual ele não aceitaria a concessão, é exigência legal que decorre da Lei n. 8.666, de 21-6-93, cujo artigo 57, § 3º, veda contrato com prazo indeterminado. (Direito administrativo / Maria Sylvia Zanella Di Pietro)

(c) A autorização de a permissão são atos administrativos unilaterais, discricionário e precário. No entanto a Concessão de uso é contrato administrativo bilateral. A precariedade não é elemento próprio da concessão de uso, pois este instrumento contratual apresenta maior estabilidade.

(d) A autorização de uso dispensa licitação e autorização legislativa; bem como não cria para o autorizatário um dever de utilização, mas simples faculdade.

(e) O permissionário se obriga a utilizar o bem para o fim predeterminado, sob pena de, não o fazendo, ser-lhe retirada a permissão. A permissão de uso pode ser gratuita ou onerosa, por tempo determinado ou indeterminado. Com relação à ocupação indevida de bem público, o STJ editou a Súmula 619: A ocupação indevida de bem público configura mera detenção, de natureza precária, insuscetível de retenção ou indenização por acessões e benfeitorias.

Gabarito: B

Para responder, tem que estudar: súmula/OJ e teoria/doutrina.

42. (MPE/SP/Promotor/2019/93_Concurso) 16. A respeito do regime jurídico dos bens públicos, assinale a alternativa correta:

(A) Os bens públicos não estão sujeitos a usucapião, ressalvada a hipótese daquele que, não sendo proprietário rural nem urbano, possuir como sua, por 5 anos ininterruptos, sem oposição, área rural contínua, não excedente de 25 hectares, e a houver tornado produtiva com seu trabalho e nela tiver sua morada, que adquirir-lhe-á o domínio, independentemente de justo título e boa-fé.

(B) São públicos os bens pertencentes à Administração Pública direta e indireta de qualquer dos Poderes da União, dos Estados, do Distrito Federal e dos Municípios.

(C) O uso comum dos bens públicos pode ser gratuito ou retribuído, conforme for estabelecido legalmente pela entidade a cuja administração pertencerem.

(D) Os bens públicos de uso comum do povo e os de uso especial podem ser alienados, observadas as exigências da lei.

(E) O uso privativo do bem público consentido pela Administração Pública não investe o particular de direito subjetivo público oponível a terceiros nem perante a própria Administração contra atos ilegais.

ANOTAÇÕES/COMENTÁRIOS

(a) INCORRETA – Literalidade do artigo 191 e parágrafo único da Constituição Federal. Art. 191. Aquele que, não sendo proprietário de imóvel rural ou urbano, possua como seu, por cinco anos ininterruptos, sem oposição, área de terra, em zona rural, não superior a cinquenta hectares, tornando-a produtiva por seu trabalho ou de sua família, tendo nela sua moradia, adquirir-lhe-á a propriedade. Parágrafo único – Os imóveis públicos não serão adquiridos por usucapião. O artigo 102, do Código Civil repete a vedação. Art. 102. Os bens públicos não estão sujeitos a usucapião. Portanto, não há ressalva para usucapir bens públicos., c, d, e) Vide comentários abaixo.

(b) INCORRETA – Artigo 98, do Código Civil. "Art. 98. São públicos os bens do domínio nacional pertencentes às pessoas jurídicas de direito público interno; todos os outros são particulares, seja qual for a pessoa a que pertencerem."

(c) CORRETA – Artigo 103, do Código Civil. "Art. 103. O uso comum dos bens públicos pode ser gratuito ou retribuído, conforme for estabelecido legalmente pela entidade a cuja administração pertencerem."

(d) INCORRETA – Artigo 100, do Código Civil. "Art. 100. Os bens públicos de uso comum do povo e os de uso especial são inalienáveis, enquanto conservarem a sua qualificação, na forma que a lei determinar."

(e) INCORRETA – O uso privativo de bens públicos por particulares pode ocorrer através de autorização, permissão e concessão, sendo que o particular passa a ter um direito subjetivo público ao seu exercício, oponível a terceiros e à própria Administração.

Gabarito: C

Para responder, tem que estudar: lei.

11. INTERVENÇÃO DO ESTADO NA PROPRIEDADE

43. (MPE/SP/Promotor/2011/88_Concurso) A intervenção do Estado na propriedade particular que acarreta a perda do domínio sobre o bem, além da desapropriação, é

a) o tombamento.
b) a servidão administrativa.
c) a requisição administrativa.
d) a ocupação temporária.
e) a limitação administrativa.

ANOTAÇÕES/COMENTÁRIOS

(a) O tombamento constitui intervenção parcial sobre a propriedade, não impactando o domínio.

(b) A servidão administrativa limita faculdades inerentes ao proprietário, sem afetar a titularidade do bem.

(c) A requisição administrativa, fundamentada no art. 5º, XXV, da CF/88, sobretudo nas situações de bem infungível, pode resultar na perda do domínio, gerando ao Poder Público a obrigação de indenizar.

(d) A ocupação temporária (art. 36 do Decreto-lei nº 3.365/41) também constitui hipótese de limitação parcial da propriedade.

(e) A limitação administrativa, imposta por meio de ato geral do Poder Público, decorre imediatamente do poder de polícia e não tem o condão de suprimir a propriedade.

Gabarito: C

Para responder, tem que estudar: lei.

44. (MPE/SP/Promotor/2015/91_Concurso) Sobre a servidão administrativa, é correto afirmar que ela:

a) impõe uma obrigação de fazer.
b) representa uma obrigação pessoal.

c) alcança toda uma categoria abstrata de bens.

d) constitui direito real de uso sobre coisa alheia, em favor de entidade pública ou delegada, com finalidade pública.

e) retira a propriedade do particular.

ANOTAÇÕES/COMENTÁRIOS

(a) Normalmente a servidão administrativa impõe ao destinatário obrigação de suportar ou de não fazer.

(b) A servidão representa encargo real, conforme conceito descrito na alternativa D.

(c) A servidão alcança bens imóveis.

(d) DI PIETRO conceitua servidão administrativa como o direito real de gozo, de natureza pública, instituído sobre imóvel de propriedade alheia, com base na lei, por entidade pública ou seus delegados, em favor de um serviço público ou de um bem afetado a fim de utilidade pública.

(e) A servidão não tem o condão de suprimir a propriedade, característica que é típica ao instituto da desapropriação.

Gabarito: D

Para responder, tem que estudar: teoria/doutrina.

45. (MPE/SP/Promotor/2017/92_Concurso) Assinale a alternativa correta.

a) A servidão administrativa tem como característica a perpetuidade, pelo que é impossível sua extinção.

b) Para fins de cálculo de indenização, serão consideradas apenas as benfeitorias necessárias, desde que hajam sido autorizadas pelo expropriante.

c) A desapropriação por descumprimento da função social da propriedade é de competência privativa da União, aplica-se à propriedade rural e o pagamento da indenização é feito em títulos da dívida pública.

d) Para a imissão provisória na posse, é indispensável que o poder expropriante alegue urgência, efetue o depósito da quantia fixada em lei e a requeira no prazo de cento e vinte dias a contar da alegação de urgência.

e) A desapropriação indireta, por constituir forma de esbulho, só pode ser obstada por meio de ação possessória, não gerando para a Administração obrigação de indenizar.

ANOTAÇÕES/COMENTÁRIOS

(a) Segundo os ensinamentos de Maria Sylvia, existem causas extintivas da servidão administrativa, sendo as seguintes a perda da coisa gravada; a transformação da coisa por fato que a torne incompatível com seu destino; a desafetação da coisa dominante; e a incorporação do imóvel serviente ao patrimônio público. (Direito administrativo / Maria Sylvia Zanella Di Pietro)

(b) Art. 26. No valor da indenização, que será contemporâneo da avaliação, não se incluirão os direitos de terceiros contra o expropriado. § 1º Serão atendidas as benfeitorias necessárias feitas após a desapropriação; as úteis, quando feitas com autorização do expropriante, do Decreto-lei n. 3.365/41

(c) Art. 184. Compete à União desapropriar por interesse social, para fins de reforma agrária, o imóvel rural que não esteja cumprindo sua função social, mediante prévia e justa indenização em títulos da dívida agrária, com cláusula de preservação do valor real, resgatáveis no prazo de até vinte anos, a partir do segundo ano de sua emissão, e cuja utilização será definida em lei, da Constituição Federal.

(d) Art. 15. Se o expropriante alegar urgência e depositar quantia arbitrada de conformidade com o art. 685 do Código de Processo Civil, o juiz mandará imiti-lo provisoriamente na posse dos bens; § 2º A alegação de urgência, que não poderá ser renovada, obrigará o expropriante a requerer a imissão provisória dentro do prazo improrrogável de 120 (cento e vinte) dias, do Decreto-lei n. 3.365/41.

(e) Art. 35. Os bens expropriados, uma vez incorporados à Fazenda Pública, não podem ser objeto de reivindicação, ainda que fundada em nulidade do processo de desapropriação. Qualquer ação, julgada procedente, resolver-se-á em perdas e danos.

Gabarito: D

Para responder, tem que estudar: lei e teoria/doutrina.

46. (MPE/SP/Promotor/2019/93_Concurso) Assinale a alternativa INCORRETA

(A) Por se tratar de direito público de natureza real sobre um imóvel particular, para que este sirva ao uso geral como uma extensão ou dependência do domínio público, afetando, assim, o caráter de exclusividade da propriedade, o tombamento sempre será indenizável.

(B) Ao instituto do tombamento, porque possui disciplina própria, não se aplica o princípio da hierarquia verticalizada prevista no Decreto-Lei nº 3.365/41, que excepciona os bens da União do rol dos que podem ser desapropriados.

(C) O ato de tombamento, seja ele provisório ou definitivo, tem por finalidade preservar o bem identificado como de valor cultural, contrapondo-se aos interesses da propriedade privada, não só limitando o exercício dos direitos inerentes ao bem, mas também obrigando o proprietário às medidas necessárias à sua conservação.

(D) Na hipótese de restrições administrativas, será devida a indenização a fim de garantir aplicação à teoria da distribuição equânime dos encargos públicos, caso a limitação impeça de se dar ao bem a destinação que se considerava natural, reconhecendo-se o dano especial e anormal, no direito de propriedade.

(E) É competência comum da União, dos Estados, do Distrito Federal e dos Municípios proteger os documentos, as obras e outros bens de valor histórico, artístico e cultural, os monumentos, as paisagens naturais notáveis e os sítios arqueológicos, assim como impedir a evasão, a destruição e a descaracterização de obras de arte e de outros bens de valor histórico, artístico ou cultural.

ANOTAÇÕES/COMENTÁRIOS

(a) INCORRETA – O tombamento constitui intervenção parcial sobre a propriedade, não impactando o domínio. Conforme ensinamentos da Professora Maria Sylvia (2020 – fl. 364) O tombamento é sempre uma restrição parcial, não impedindo ao particular o exercício dos direitos inerentes ao domínio; por isso mesmo, não dá, em regra, direito a indenização; para fazer jus a uma compensação pecuniária, o proprietário deverá demonstrar que realmente sofreu algum prejuízo em decorrência do tombamento

(b) CORRETA – ACO 1208 Relator(a): Min. GILMAR MENDES – Julgamento: 03/05/2017 – Publicação: 09/05/2017 – Decisão ... pelos Estados, Distrito Federal e Municípios. O art. 11 do Decreto-Lei 25/1937, contido no Capítulo III – "Dos Efeitos do Tombamento", ao incluir a União entre os entes federados que podem ter bens objeto de tombamento, indubitavelmente manifesta a possibilidade de os bens da União serem tombados, a saber: "Art. 11. As coisas tombadas, que pertençam à União, aos Estados ou aos Municípios, inalienáveis por natureza, só poderão ser transferidas de uma à outra das referidas entidades". – grifei. Não cabe alegar que a interpretação sistemática desse dispositivo conduziria ao raciocínio de competir apenas à própria União tombar seus bens, tendo em vista que, no mesmo sentido acima analisado, o legislador não excepcionou os bens da União quando se referiu sobre a possibilidade de transferência de bens entre os entes federados (União, Estados ou Municípios), se for o caso, tampouco excepcionou da norma do caput do art. 5º. Na linha da inexistência de hierarquia verticalizada, o Superior Tribunal de Justiça manteve o tombamento de bem de ente federativo estadual realizado por município, cuja ementa segue: "ADMINISTRATIVO – TOMBAMENTO – COMPETÊNCIA MUNICIPAL. 1. A Constituição Federal de 88 outorga a todas as pessoas jurídicas de Direito Público a competência para o tombamento de bens de valor histórico e artístico nacional. 2. Tombar significa preservar, acautelar, preservar, sem que importe o ato em transferência da propriedade, como ocorre na desapropriação. 3. O Município, por competência constitucional comum art. 23, III, deve proteger os documentos, as obras e outros bens de valor histórico, artístico e cultural, os monumentos, as paisagens naturais notáveis e os sítios arqueológicos. 4. Como o tombamento não implica em transferência da propriedade, inexiste a limitação constante no art. 1º, § 2º, do DL 3.365/1941, que proíbe o Município de desapropriar bem do Estado. 5. Recurso improvido. (RMS 18.952/RJ, Rel. Ministra ELIANA CALMON, SEGUNDA TURMA, julgado em 26/04/2005, DJ 30/05/2005, p. 266)

(c) CORRETA – De acordo com o Recurso Especial n.º 753.534/MT, o Superior Tribunal de Justiça. PROCESSO CIVIL. ADMINISTRATIVO. AÇÃO CIVIL PÚBLICA. TOMBAMENTO PROVISÓRIO. EQUIPARAÇÃO AO DEFINITIVO.

EFICÁCIA. 1. O ato de tombamento, seja ele provisório ou definitivo, tem por finalidade preservar o bem identificado como de valor cultural, contrapondo-se, inclusive, aos interesses da propriedade privada, não só limitando o exercício dos direitos inerentes ao bem, mas também obrigando o proprietário às medidas necessárias à sua conservação. O tombamento provisório, portanto, possui caráter preventivo e assemelha-se ao definitivo quanto às limitações incidentes sobre a utilização do bem tutelado, nos termos do parágrafo único do art. 10 do Decreto-Lei nº 25/37. 2. O valor cultural pertencente ao bem é anterior ao próprio tombamento. A diferença é que, não existindo qualquer ato do Poder Público formalizando a necessidade de protegê-lo, descaberia responsabilizar o particular pela não conservação do patrimônio. O tombamento provisório, portanto, serve justamente como um reconhecimento público da valoração inerente ao bem. 3. As coisas tombadas não poderão, nos termos do art. 17 do Decreto-Lei nº 25/37, ser destruídas, demolidas ou mutiladas. O descumprimento do aludido preceito legal enseja, via de regra, o dever de restituir a coisa ao status quo ante. Excepcionalmente, sendo manifestamente inviável o restabelecimento do bem ao seu formato original, autoriza-se a conversão da obrigação em perdas e danos.

(d) CORRETA – O STJ possui entendimento pacífico de que é indevida a indenização em favor de proprietários de terrenos atingidos por atos administrativos que limitam a propriedade, salvo comprovação de que o mencionado ato acarretou limitação administrativa mais extensa do que aquelas já existentes à época da sua edição (REsp 1.168.632-SP, Rel. Min. Luiz Fux, DJe 1º-7-10).

(e) CORRETA – Artigo 23, incisos, III e IV, da Constituição Federal. "Art. 23. É competência comum da União, dos Estados, do Distrito Federal e dos Municípios: III – proteger os documentos, as obras e outros bens de valor histórico, artístico e cultural, os monumentos, as paisagens naturais notáveis e os sítios arqueológicos; IV – impedir a evasão, a destruição e a descaracterização de obras de arte e de outros bens de valor histórico, artístico ou cultural.

Gabarito: A

Para responder, tem que estudar: jurisprudência doutrina, lei.

12. RESPONSABILIDADE CIVIL DO ESTADO

47. (MPE/SP/Promotor/2011/88_Concurso) O motorista de uma ambulância de um hospital público, transportando um paciente em situação de emergência médica, envolve-se em acidente de trânsito, causando danos materiais e pessoais a terceiros.

Nesse caso, é correto afirmar que:

a) é indevida a indenização pela Administração Pública por haver o seu agente agido em estado de necessidade.

b) a Administração Pública responde objetivamente pelos danos que o seu agente, nessa qualidade, causar a terceiros.

c) a indenização pelos danos ocorridos será devida pela Administração Pública em caso de culpa de seu agente pelo sinistro.
d) havendo culpa concorrente, de ambos os motoristas, a indenização é devida integralmente pela Administração Pública.
e) a inexistência de culpa do condutor do veículo oficial pelo evento danoso exclui o dever de indenizar da Administração Pública.

ANOTAÇÕES/COMENTÁRIOS

(a) A responsabilidade do Estado é objetiva, conforme preceitua a teoria do risco administrativo, respaldada no art. 37, § 6º, da Constituição, bastando que o evento danoso tenha sido provocado por uma conduta atribuível à Administração.

(b) Conforme art. 37, § 6º, da Constituição.

(c) A culpa do agente é irrelevante para aferição da responsabilidade da Administração.

(d) Na hipótese de culpa concorrente persiste a responsabilidade do Estado, eventualmente atenuada pelo comportamento da vítima.

(e) A inexistência de culpa do condutor excluirá sua responsabilidade pessoal, mas não afastará eventual responsabilidade do Estado no caso.

Gabarito: B

Para responder, tem que estudar: lei.

48. (MPE/SP/Promotor/2012/89_Concurso) As pessoas jurídicas de direito público e as de direito privado prestadoras de serviços públicos responderão pelos danos que seus agentes, nessa qualidade, causarem a terceiros,

a) assegurado o direito de regresso contra o responsável nos casos de dolo.
b) salvo comprovação de ausência de dolo ou culpa do responsável.
c) assegurado o direito de regresso contra o responsável nos casos de dolo ou culpa.
d) salvo comprovação de ausência de dolo do responsável.
e) salvo comprovação de culpa da vítima.

ANOTAÇÕES/COMENTÁRIOS

(a, c, d, e) Vide comentários abaixo.

(c) Nos termos do art. 37, § 6º, da Constituição: § 6º As pessoas jurídicas de direito público e as de direito privado prestadoras de serviços públicos responderão pelos danos que seus agentes, nessa qualidade, causarem a terceiros, assegurado o direito de regresso contra o responsável nos casos de dolo ou culpa.

Gabarito: C

Para responder, tem que estudar: lei.

49. (MPE/SP/Promotor/2013/90_Concurso) O ingresso da Polícia Militar em um presídio, em face de motim de presos ali existente, faz com que os detentos se desarmem e a retornem para suas celas. A posterior subida de policiais até as celas onde os presos já se encontravam pacificados para executá-los por meio de rajadas aleatórias de metralhadora provoca a

a) responsabilização objetiva do Estado, desde que o abuso de cada agente público seja comprovado.

b) não responsabilização do Estado porque houve concorrência de culpa das vítimas e os atos dos agentes decorreram do denominado poder extroverso da Administração.

c) responsabilização objetiva do Estado em face da chamada teoria do risco.

d) responsabilização subjetiva do Estado com necessidade de comprovação da culpa do comando da Polícia Militar e responsabilidade subjetiva de cada policial envolvido.

e) responsabilização subjetiva do Estado, caso haja norma específica do Regimento Interno Padrão das Unidades Prisionais de São Paulo que tenha sido desrespeitada.

ANOTAÇÕES/COMENTÁRIOS

(a) A responsabilidade do estado é objetiva, nos termos do art. 37, § 6º, da Constituição, prescindindo do exame da dimensão subjetiva do comportamento do agente.

(b) Na hipótese não se pode falar em concorrência de culpa.

(c) Aplica-se na hipótese a teoria do risco administrativo, com fundamento no art. 37, § 6º, da Constituição.

(d) Vide comentário à alternativa A.

(e) A responsabilidade objetiva tem fundamento constitucional, não admitindo exceção em ato normativo estadual.

Gabarito: C

Para responder, tem que estudar: lei.

50. (MPE/SP/Promotor/2015/91_Concurso) Assinale a alternativa que contém afirmação incorreta:

a) A responsabilidade civil do Estado pela integridade física dos detentos tem natureza objetiva.

b) Tem cunho subjetivo a responsabilidade civil do Estado pela prestação de serviço médico-hospitalar na rede pública, quando a mesma é delegada a terceiro.

c) Não é obrigatória a denunciação à lide de empresa contratada pela Administração para prestar serviço de conservação de rodovias nas ações de indenização baseadas na responsabilidade civil objetiva do Estado.

d) É quinquenal o prazo de prescrição para a propositura de ação de indenização por ilícito extracontratual contra a Fazenda Pública.

e) O termo inicial do prazo prescricional para o ajuizamento de ação de indenização contra ato do Estado ocorre no momento em que constatada a lesão e os seus efeitos, conforme o princípio da actio nata.

ANOTAÇÕES/COMENTÁRIOS

(a) A responsabilidade do Estado em relação às pessoas que estão sob sua guarda ou tutela, assumindo a posição de garantidor.

(b) A responsabilidade do Estado ou do prestador de serviço público será objetiva, na forma do art. 37, § 6º, da Constituição.

(c) A denunciação à lide é facultativa, segundo entendimento do STF.

(d) O prazo para as ações de indenização contra a Fazenda Pública é de 05 anos, na forma do art. 1º do Decreto 20.910/32.

(e) Conforme entendimento do STJ: "RESPONSABILIDADE CIVIL DO ESTADO. INDENIZAÇÃO. PRAZO QUINQUENAL. PRINCÍPIO DA ACTIO NATA. PRESCRIÇÃO DO FUNDO DE DIREITO. 1. As ações que visam discutir a responsabilidade civil do Estado prescrevem em cinco anos, nos termos do Decreto 20.910/32. 2. O termo inicial do prazo prescricional dá-se no momento em que constatada a lesão e seus efeitos, conforme o princípio da actio nata". (AgRg no AREsp 218.708, 2013).

Gabarito: A

Para responder, tem que estudar: lei, jurisprudência e teoria/doutrina.

51. (MPE/SP/Promotor/2017/92_Concurso) Assinale a alternativa correta.

a) Nos atos comissivos, a responsabilidade do Estado pode incidir sobre os atos lícitos e ilícitos, desde que causem prejuízo a terceiros.

b) Nas hipóteses de força maior, assim entendidos como acontecimentos imprevisíveis e inevitáveis, fica excluída a responsabilidade do Estado pelos danos causados.

c) A responsabilidade civil do Estado pelos danos causados por seus agentes na prestação de serviços é objetiva e independe de prova de nexo de causalidade entre o serviço prestado e o dano causado.

d) O Estado não pode ser responsabilizado por danos decorrentes de leis e regulamentos porque são normais gerais e abstratas, dirigidas a toda a coletividade.

e) Em razão da responsabilidade objetiva do Estado, a culpa concorrente da vítima ou de terceiro é indiferente e não interfere na obrigação de indenizar e em seu montante.

ANOTAÇÕES/COMENTÁRIOS

(a) Segundo os ensinamentos de Maria Sylvia, a responsabilidade extracontratual do Estado corresponde à obrigação de reparar danos causados a terceiros em decorrência de comportamentos comissivos ou omissivos, materiais ou jurídicos, lícitos ou ilícitos, imputáveis aos agentes públicos.

(b) A força maior é causa excludente de responsabilidade, no entanto, mesmo ocorrendo motivo de força maior, a responsabilidade do Estado poderá ocorrer se, houver omissão do Estado na realização de um serviço. Sendo que a omissão na prestação do serviço tem levado à aplicação da teoria da culpa do serviço público ("faute du service").

(c) O artigo 37, § 6º, da Constituição Federal determina que "as pessoas jurídicas de direito público e as de direito privado prestadoras de serviços públicos responderão pelos danos que seus agentes, nessa qualidade, causarem a terceiros, assegurado o direito de regresso contra o responsável nos casos de dolo ou culpa. "No aludido dispositivo constitucional temos a reponsabilidade objetiva do Estado e a responsabilidade subjetiva do agente. A regra da responsabilidade objetiva exige, segundo o artigo 37, § 6º, da Constituição, que seja causado dano a terceiros, em decorrência da prestação de serviço público; aqui está o nexo de causa e efeito, pois, a existência do nexo de causalidade é o fundamento da responsabilidade civil do Estado.

(d) É aceita a responsabilidade do Estado por atos legislativos pelo menos nas hipóteses: de leis inconstitucionais; atos normativos do Poder Executivo e de entes administrativos com função normativa, com vícios de inconstitucionalidade ou ilegalidade; leis de efeitos concretos, constitucionais ou inconstitucionais; omissão no poder de legislar e regulamentar.

(e) A culpa concorrente da vítima é causa atenuante da responsabilidade, enquanto a culpa de terceiros é causa excludente de responsabilidade. Logo, a responsabilidade civil do Estado, poderá deixar de existir ou incidir de forma atenuada quando o serviço público não for a causa do dano ou quando estiver aliado a outras circunstâncias, ou seja, quando não for a causa única.

Gabarito: A

Para responder, tem que estudar: teoria/doutrina.

13. CONTROLE DA ADMINISTRAÇÃO PÚBLICA

52. (MPE/SP/Promotor/2019/93_Concurso) Com relação à participação popular no controle da administração pública, assinale a alternativa INCORRETA.

(A) Como uma das formas de participação popular no processo administrativo, a Lei Federal prevê que quem comparecer à consulta pública passará a figurar na condição de interessado no processo, podendo examinar os autos, participar de debates e oferecer alegações escritas.

(B) O acesso dos usuários a registros administrativos e a informações sobre atos de governo, observado o disposto no art. 5º, X e XXXIII, da Constituição Federal, traduz uma das formas de participação do usuário na administração pública direta e indireta.

(C) Qualquer cidadão, partido político, associação ou sindicato pode, na forma da lei, denunciar irregularidades ou ilegalidades perante o Tribunal de Contas.

(D) É forma de participação democrática nos assuntos estatais a propositura de ação popular por qualquer cidadão para anular ato lesivo ao patrimônio público ou de entidade de que o Estado participe, à moralidade administrativa, ao meio ambiente e ao patrimônio histórico e cultural, ficando o autor, salvo comprovada má-fé, isento de custas judiciais e do ônus da sucumbência.

(E) A política urbana tem como diretriz, a ser observada na consecução de seus objetivos, a gestão democrática por meio de participação da população e de associações representativas dos vários segmentos da comunidade na formulação, execução e acompanhamento de planos, programas e projetos de desenvolvimento urbano.

ANOTAÇÕES/COMENTÁRIOS

(a) INCORRETA – Literalidade do §2º do artigo 31 da Lei n.º 9.784/99 – § 2º O comparecimento à consulta pública não confere, por si, a condição de interessado do processo, mas confere o direito de obter da Administração resposta fundamentada, que poderá ser comum a todas as alegações substancialmente iguais2, 17, caput, da Lei 8.429/92, a ação será proposta pelo Ministério Público ou pela pessoa jurídica interessada.

(b) CORRETA – Literalidade do §3º, inciso II, do artigo 37, da Constituição Federal – II – o acesso dos usuários a registros administrativos e a informações sobre atos de governo, observado o disposto no art. 5º, X e XXXIII.

(c) CORRETA – Literalidade do §2º, do artigo 74, da Constituição Federal – § 2º Qualquer cidadão, partido político, associação ou sindicato é parte legítima para, na forma da lei, denunciar irregularidades ou ilegalidades perante o Tribunal de Contas da União.

(d) CORRETA – Literalidade do inciso LXXIII, do artigo 5º, da Constituição Federal – LXXIII – qualquer cidadão é parte legítima para propor ação popular que vise a anular ato lesivo ao patrimônio público ou de entidade de que o Estado participe, à moralidade administrativa, ao meio ambiente e ao patrimônio histórico e cultural, ficando o autor, salvo comprovada má-fé, isento de custas judiciais e do ônus da sucumbência;

(e) CORRETA – Literalidade do inciso II, do artigo 2º, da Lei 10.257/01 – Art. 2º A política urbana tem por objetivo ordenar o pleno desenvolvimento das funções sociais da cidade e da propriedade urbana, mediante as seguintes diretrizes gerais: II – gestão democrática por meio da participação da população e de associações representativas dos vários segmentos da comunidade na formulação, execução e acompanhamento de planos, programas e projetos de desenvolvimento urbano;

Gabarito: A

Para responder, tem que estudar: lei.

53. (MPE/SP/Promotor/2019/93_Concurso) Com relação ao regime instituído pela Lei Federal nº 12.846/2013, que dispõe sobre a responsabilização administrativa e civil de pessoas jurídicas pela prática de atos contra a administração pública, é INCORRETO afirmar que

(A) constitui ato lesivo à Administração Pública e que atenta contra o patrimônio público nacional, aquele praticado por sociedade empresária consistente em prometer, oferecer ou dar, direta ou indiretamente, vantagem indevida a agente público, ou a terceira pessoa a ele relacionada, e, no tocante a licitações e contratos, frustrar ou fraudar, mediante ajuste, combinação ou qualquer outro expediente, o caráter competitivo de procedimento licitatório público.

(B) a responsabilização da pessoa jurídica exclui a responsabilidade individual de seus dirigentes ou administradores, subsistindo a responsabilidade de qualquer pessoa natural, autora, coautora ou partícipe do ato ilícito.

(C) a responsabilização da pessoa jurídica não exclui a responsabilidade individual de seus dirigentes ou administradores ou de qualquer pessoa natural, autora, coautora ou partícipe do ato ilícito.

(D) as pessoas jurídicas serão responsabilizadas objetivamente, nos âmbitos administrativo e civil, pelos atos lesivos previstos na Lei, ainda que não sejam praticados em seu interesse exclusivo.

(E) a aplicação das sanções previstas na Lei nº 12.846/2013 não afeta os processos de responsabilização e aplicação de penalidades decorrentes de ato de improbidade administrativa, nos termos da Lei Federal nº 8.429/92, e de atos praticados em desacordo com a Lei Federal nº 8.666/93, sem prejuízo das responsabilidades civil e criminal que seu ato ensejar.

ANOTAÇÕES/COMENTÁRIOS

(a) CORRETA – Literalidade do artigo 5º, incisos I e IV, "a", da Lei n.º12.846/13. "Art. 5º Constituem atos lesivos à administração pública, nacional ou estrangeira, para os fins desta Lei, todos aqueles praticados pelas pessoas jurídicas mencionadas no parágrafo único do art. 1º , que atentem contra o patrimônio público nacional ou estrangeiro, contra princípios da administração pública ou contra os compromissos internacionais assumidos pelo Brasil, assim definidos:. I – prometer, oferecer ou dar, direta ou indiretamente, vantagem indevida a agente público, ou a terceira pessoa a ele relacionada; IV – no tocante a licitações e contratos: a) frustrar ou fraudar, mediante ajuste, combinação ou qualquer outro expediente, o caráter competitivo de procedimento licitatório público.

(b) INCORRETA – A responsabilidade da pessoa jurídica não exclui a responsabilidade individual, conforme artigo 3º, caput, da Lei n.º 12.846/13. "Art. 3º A responsabilização da pessoa jurídica não exclui a responsabilidade individual de seus dirigentes ou administradores ou de qualquer pessoa natural, autora, coautora ou partícipe do ato ilícito."

(c) CORRETA – Literalidade do artigo 3º, caput , da Lei n.º 12.846/13. Art. 3º A responsabilização da pessoa jurídica não exclui a responsabilidade individual de seus dirigentes ou administradores ou de qualquer pessoa natural, autora, coautora ou partícipe do ato ilícito."

(d) CORRETA – Literalidade do artigo 2º, da Lei n.º 12.846/13. "Art. 2º As pessoas jurídicas serão responsabilizadas objetivamente, nos âmbitos administrativo e civil, pelos atos lesivos previstos nesta Lei praticados em seu interesse ou benefício, exclusivo ou não.".

(e) CORRETA – Literalidade do artigo 30, da Lei n.º 12.846/13. ".Art. 30. A aplicação das sanções previstas nesta Lei não afeta os processos de responsabilização e aplicação de penalidades decorrentes de: I – ato de improbidade administrativa nos termos da Lei nº 8.429, de 2 de junho de 1992 ; e II – atos ilícitos alcançados pela Lei nº 8.666, de 21 de junho de 1993, ou outras normas de licitações e contratos da administração pública, inclusive no tocante ao Regime Diferenciado de Contratações Públicas – RDC instituído pela Lei nº 12.462, de 4 de agosto de 2011.

Gabarito: B

Para responder, tem que estudar: lei.

54. (MPE/SP/Promotor/2011/88_Concurso) A ação civil pública para a punição de atos de improbidade administrativa

a) será proposta pela pessoa jurídica interessada, exclusivamente.

b) prescreve em 10 (dez) anos, nos termos do art. 205 do Código Civil.

c) é imprescritível.

d) pode ser proposta até 5 (cinco) anos após o término do exercício de mandato, de cargo em comissão ou de função de confiança.

e) prescreve em 5 (cinco) anos, contados a partir da demissão do servidor, a bem do serviço público, nos casos de exercício de cargo efetivo ou emprego.

ANOTAÇÕES/COMENTÁRIOS

(a) Nos termos do art. 17, caput, da Lei 8.429/92, a ação será proposta pelo Ministério Público ou pela pessoa jurídica interessada.

(b) A prescrição da ação civil pública para a punição dos atos de improbidade é regida pelo art. 23 da Lei 8.429/92.

(c) O art. 23 da Lei 8.429, prevê os prazos para a propositura da ação para levar a efeito as sanções nela previstas: I – até cinco anos após o término do exercício de mandato, de cargo em comissão ou de função de confiança; II – dentro do prazo prescricional previsto em lei específica para faltas disciplinares puníveis com demissão a bem do serviço público, nos casos de exercício de cargo efetivo ou emprego. III – até cinco anos da data da apresentação à administração pública da prestação de contas final pelas entidades referidas no parágrafo único do art. 1º desta Lei. // Nesse ponto da (im)prescritibilidade, fique atento, pois o STF mitigou a regra da imprescritibilidade prevista no art. 37, § 5º da CF. Confira-se: EMENTA: CONSTITUCIONAL E ADMINISTRATIVO. REPERCUSSÃO GERAL. EXECUÇÃO FUNDADA EM ACÓRDÃO PROFERIDO PELO TRIBUNAL DE CONTAS DA UNIÃO. PRETENSÃO DE RESSARCIMENTO AO ERÁRIO. ART. 37, § 5º, DA CONSTITUIÇÃO FEDERAL. PRESCRITIBILIDADE. 1. A regra de prescritibilidade no Direito brasileiro é exigência dos princípios da segurança jurídica e do devido processo legal, o qual, em seu sentido material, deve garantir efetiva e real proteção contra o exercício do arbítrio, com a imposição de restrições substanciais ao poder do Estado em relação à liberdade e à propriedade individuais, entre as quais a impossibilidade de permanência infinita do poder persecutório do Estado. 2. Analisando detalhadamente o tema da "prescritibilidade de ações de ressarcimento", este SUPREMO TRIBUNAL FEDERAL concluiu que, somente são imprescritíveis as ações de ressarcimento ao erário fundadas na prática de ato de improbidade administrativa doloso tipificado na Lei de Improbidade Administrativa – Lei 8.429/1992 (TEMA 897). Em relação a todos os demais atos ilícitos, inclusive àqueles atentatórios à probidade da administração não dolosos e aos anteriores à edição da Lei 8.429/1992, aplica-se o TEMA 666, sendo prescritível a ação de reparação de danos à Fazenda Pública. 3. A excepcionalidade reconhecida pela maioria do SUPREMO TRIBUNAL FEDERAL no TEMA 897, portanto, não se encontra presente no caso em análise, uma vez que, no processo de tomada de contas, o TCU não julga pessoas, não perquirindo a existência de dolo decorrente de ato de improbidade administrativa, mas, especificamente, realiza o julgamento técnico das contas à partir da reunião dos elementos objeto da fiscalização e apurada a ocorrência de irregularidade de que resulte dano ao erário, proferindo o acórdão em que se imputa o débito ao responsável, para fins de se obter o respectivo ressarcimento. 4. A pretensão de ressarcimento ao erário em face de agentes públicos reconhecida em acórdão de Tribunal de Contas prescreve na forma da Lei 6.830/1980 (Lei de Execução Fiscal). 5. Recurso Extraordinário DESPROVIDO, mantendo-se a extinção do processo pelo reconhecimento da prescrição. Fixação da seguinte tese para o TEMA 899: "É prescritível a pretensão de ressarcimento ao erário fundada em decisão de Tribunal de Contas". (RE 636886, Relator(a): ALEXANDRE DE MORAES, Tribunal Pleno, julgado em 20/04/2020, PROCESSO ELETRÔNICO REPERCUSSÃO GERAL – MÉRITO DJe-157 DIVULG 23-06-2020 PUBLIC 24-06-2020) // Obs: Repercussões Gerais pertinentes ao assunto: Tema n.º 666 – É prescritível a ação de reparação de danos à Fazenda Pública decorrente de ilícito civil. – RE n.º 669.096. Tema n.º 897 – São imprescritíveis as ações de ressarcimento ao erário fundadas na prática de ato doloso tipificado na Lei de Improbidade Administrativa. RE n.º 852475

(d) De acordo com o art. 23, I, da Lei 8.429/92.

(e) Conforme Lei 8.429/92, art. 23. As ações destinadas a levar a efeitos as sanções previstas nesta lei podem ser propostas: II – dentro do prazo prescricional previsto em lei específica para faltas disciplinares puníveis com demissão a bem do serviço público, nos casos de exercício de cargo efetivo ou emprego.

Gabarito: D

Para responder, tem que estudar: lei e jurisprudência.

55. (MPE/SP/Promotor/2012/89_Concurso) Atos de improbidade administrativa são aqueles que devidamente tipificados em lei federal, ferem direta ou indiretamente os princípios constitucionais e legais da Administração pública, possuindo natureza

a) civil, independentemente de importarem enriquecimento ilícito ou de causarem prejuízo material ao erário público.

b) penal, independentemente de importarem enriquecimento ilícito ou de causarem prejuízo material ao erário público.

c) civil, desde que importem enriquecimento ilícito ou causem prejuízo material ao erário público.

d) penal, desde que importem enriquecimento ilícito e causem prejuízo material ao erário público.

e) civil, desde que importem enriquecimento ilícito e causem prejuízo material ao erário público.

ANOTAÇÕES/COMENTÁRIOS

(a) A responsabilização por improbidade administrativa tem natureza eminentemente civil, e independe da materialização de enriquecimento ilícito ou dano ao erário, tal como se observa nos atos tipificados no art. 11 da Lei 8.429/92.

(b) Não há natureza penal no ato de improbidade.

(c, e) São hipóteses de atos de improbidade administrativa, importem enriquecimento ilícito ou causem prejuízo material ao erário público, concessão, aplicação ou manutenção de benefício financeiro ou tributário contrário ao que dispõe a Lei do ISSQN, nº 116/03 (hipóteses introduzida pela LC 157/16) ou violação aos princípios, conforme artigos 9º, 10 e 11 da Lei 8.429/92.

(d) Não há natureza penal no ato de improbidade.

Gabarito: A

Para responder, tem que estudar: lei.

56. (MPE/SP/Promotor/2012/89_Concurso) Em relação à responsabilização por ato de improbidade administrativa, os agentes públicos

a) podem ser responsabilizados por improbidade administrativa diretamente com base no art. 37, § 4º, da Constituição Federal, em observância aos princípios da reserva legal e da anterioridade independentemente de específica previsão legal.

b) poderão, nos termos do art. 37, § 4º, da Constituição Federal, ser sancionados pela prática de atos de improbidade administrativa, tipificados em lei, com a perda dos direitos políticos e da função pública, indisponibilidade dos bens e ressarcimento ao erário, sem prejuízo da ação penal cabível.

c) somente estarão sujeitos às sanções previstas no art. 37, § 4º, do texto constitucional, pelo cometimento de atos de improbidade administrativa, tipificados em lei, quando comprovada sua responsabilidade subjetiva, não sendo possível a responsabilização objetiva.

d) que praticarem atos de improbidade administrativa, tipificados em lei, deverão ser processados e julgados no foro definido por prerrogativa de função, desde que a ação tenha por objeto ato funcional.

e) somente estarão sujeitos às sanções previstas no art. 37, § 4º, do texto constitucional, pelo cometimento de atos de improbidade administrativa posteriores a promulgação da Constituição Federal, sendo vedada a aplicação retroativa do referido dispositivo.

ANOTAÇÕES/COMENTÁRIOS

(a) A responsabilidade por improbidade depende de forma e gradação estabelecida em lei, segundo art. 37, § 4º da Constituição.

(b) Não se fala em perda dos direitos políticos, mas suspensão. A pena de suspensão dos direitos políticos por ato de improbidade administrativa alcança qualquer mandato eletivo que esteja sendo ocupado à época do trânsito em julgado da condenação (REsp 1813255/SP, DJe 04/09/2020).

(c) A responsabilidade por improbidade administrativa demanda comprovação de dolo, em todas as hipóteses legais, ou dolo e culpa, nos casos do art. 10 da Lei 8429/92.

(d) Inexiste prerrogativa de foro nas ações de improbidade. Conforme decidiu o STF, Petição 3240/DF 10.05.2018 – Informativo 901. O foro especial por prerrogativa de função previsto na Constituição Federal em relação às infrações penais comuns não é extensível às ações de improbidade administrativa. A CF não definiu o foro por prerrogativa no âmbito da improbidade, trata-se de uma ausência considerada como opção do constituinte. Também foi decidido nesse mesmo julgado que: "Os agentes políticos, com exceção do Presidente da República (art. 85, V, CF), encontram-se sujeitos a duplo regime sancionatório, de modo que se submetem tanto à responsabilização civil pelos atos de improbidade administrativa quanto à responsabilização político-administrativa por crimes de responsabilidade".// Obs: Jurisprudência em Tese n.º 40 – Improbidade Administrativa II, do Superior Tribunal de Justiça, Tese n.º 3 – A ação de improbidade administrativa deve ser processada e julgada nas instâncias ordinárias, ainda que proposta contra agente político que tenha foro privilegiado.

(e) Segundo STJ: "LEI DE IMPROBIDADE ADMINISTRATIVA. APLICAÇÃO RETROATIVA A FATOS POSTERIORES À EDIÇÃO DA CONSTITUIÇÃO FEDERAL DE 1988. IMPOSSIBILIDADE. 1. A Lei de Improbidade Administrativa não pode ser aplicada retroativamente para alcançar fatos anteriores a sua vigência, ainda que ocorridos após a edição da Constituição Federal de 1988. 2. A observância da garantia constitucional da irretroatividade da lei mais gravosa, esteio da segurança jurídica e das garantias do cidadão, não impede a reparação do dano ao erário, tendo em vista que, de há muito, o princípio da responsabilidade subjetiva se acha incrustado em nosso sistema jurídico. 3. Consoante iterativa jurisprudência desta Corte, a condenação do Parquet ao pagamento de honorários advocatícios no âmbito de ação civil pública está condicionada à demonstração de inequívoca má-fé, o que não ocorreu no caso". (REsp 1129121, 2013). // No mesmo sentido, MORAIS, em texto extraído do site do MPE/SP, defende que: A possibilidade de responsabilização dos agentes públicos por improbidade administrativa depende de prévia previsão legal que preveja as condutas ilícitas, sob pena de ferimento aos princípios da reserva legal e anterioridade. Dessa forma, os agentes públicos somente podem ser responsabilizados pelo cometimento de atos de improbidade posteriores à edição da Lei nº 8.429/92; sendo vedada a aplicação do referido diploma legal retroativamente. Importante lembrar que os atos de improbidade administrativa já eram sancionados genericamente pelo ordenamento jurídico brasileiro, conforme se verificado nos preceitos da Lei da Ação Popular (Lei 4.717/65) e no DL 201/67 (responsabilidade criminal e político-administrativa dos Prefeitos e Vereadores), além das infrações penais previstas no Código Penal, no capítulo dos crimes contra Administração Pública, entre outros dispositivos.

Gabarito: C

Para responder, tem que estudar: lei e jurisprudência.

57. (MPE/SP/Promotor/2015/91_Concurso) Aponte a alternativa correta:

a) No processo administrativo, o afastamento temporário do agente público ao qual se atribui a prática de ato de improbidade, pela autoridade competente, está subordinado à prévia audiência do imputado.

b) Para a decretação judicial da indisponibilidade de bens do agente público, suspeito de enriquecimento ilícito ou de ter causado danos ao patrimônio público, é imprescindível a individualização dos bens pelo Ministério Público.

c) A indisponibilidade de bens nas ações de improbidade administrativa é medida que exige a comprovação de efetiva dilapidação patrimonial de parte do demandado.

d) Nas ações por improbidade administrativa, a indisponibilidade de bens, requerida pelo Ministério Público, não alcança o bem de família do demandado.

e) Nas ações por improbidade administrativa, a indisponibilidade de bens, requerida pelo Ministério Público, não atinge os proventos de aposentadoria do demandado.

ANOTAÇÕES/COMENTÁRIOS

(a) Não há previsão de audiência prévia do imputado, nos termos do art. 20, parágrafo único, Lei 8.429/92: A autoridade judicial ou administrativa competente poderá determinar o afastamento do agente público do exercício do cargo, emprego ou função, sem prejuízo da remuneração, quando a medida se fizer necessária à instrução processual.

(b) Entendimento dominante do STJ (AgRg no REsp 1307137, 2012). A individualização somente é necessária para a concessão do "sequestro de bens", previsto no art. 16 da Lei n. 8.429/92.

(c) A medida de indisponibilidade dos bens requer apenas a comprovação de *fumus boni iuris*, constituindo tutela de evidência, em que o periculum in mora é presumido *pro societate*, logo, não se exige a comprovação de efetiva dilapidação patrimonial de parte do demandado

(d) A indisponibilidade alcança o bem de família, segundo entendimento do Superior Tribunal de Justiça (REsp 1204794, 2013).

(e) Entendimento do STJ (REsp 1461892), considerando a natureza salarial e alimentar da verba decorrente de proventos de aposentadoria, não se admite a sua indisponibilidade. // Obs: Recurso Repetitivo – STJ – Tema 701 – Tese Jurídica "É possível a decretação da 'indisponibilidade de bens do promovido em Ação Civil Pública por Ato de Improbidade Administrativa, quando ausente (ou não demonstrada) a prática de atos (ou a sua tentativa) que induzam a conclusão de risco de alienação, oneração ou dilapidação patrimonial de bens do acionado, dificultando ou impossibilitando o eventual ressarcimento futuro". Recurso Repetitivo – STJ – Tema 1055 – Tese Jurídica: ""É possível a inclusão do valor de eventual multa civil na medida de indisponibilidade de bens decretada na ação de improbidade administrativa, inclusive naquelas demandas ajuizadas com esteio na alegada prática de conduta prevista no art. 11 da Lei 8.429/1992, tipificador da ofensa aos princípios nucleares administrativos".

Gabarito: E

Para responder, tem que estudar: lei, jurisprudência e teoria/doutrina.

14. RESPONSABILIDADE FISCAL

Tópico sem questões em provas recentes.

DIREITO ELEITORAL

Autora: Aline de Melo Souza

VISÃO GERAL

PROVA DE DIREITO ELEITORAL

Foram comentadas as provas aplicadas pelo Ministério Público do Estado de São Paulo nos seguintes anos: 2011, 2012, 2013,2015, 2017 e 2019.

As provas foram baseadas na legislação (lei seca), poucas questões sobre doutrina e jurisprudência. Observa-se que é dada especial atenção para o Ministério Público Eleitoral, Inelegibilidade, Propaganda Eleitoral, Crimes Eleitorais, Processo Eleitoral e Financiamento de Campanha Eleitoral.

Recomenda-se a leitura das Leis Eleitorais sobre inelegibilidade (LC 64/90 e LC 135/2010, e a Constituição Federal em especial artigo 14), sobre o Ministério Público Eleitoral (LC 75/93, artigos 72/80, Lei n. 8.625/93, artigo 73), além do Código Eleitoral (Lei n. 4.737/65), Lei das Eleições (Lei n. 9.504/97), Lei dos Partidos Políticos (Lei n. 9.096/95) as Súmulas do TSE. No ano de 2019, a Lei n.º 9.504/97, Lei n.º 9.096/95 e o Código Eleitoral tiveram alterações importantes feitas pelas Lei n.º 13.877/2019, Lei n.º 13.878/2019 e Lei n.º 13.834/2019. Em razão da calamidade de saúde pública ocasionada pela pandemia do Covid-19, Em 2020 houve a edição da Emenda Constitucional n.º 107/2020 que alterou o calendário eleitoral das eleições municipais e os respectivos prazos. No ano de 2021, o Direito eleitoral passou por significativas mudanças decorrentes da EC 111/21, assim como da Lei n.º 14.192/2021 que alterou a Lei das Eleições, Lei dos Partidos Políticos e Código Eleitoral. Por fim, é importante, destacar que foi publicada a I Jornada de Direito Eleitoral, feita pela Escola Judiciária Eleitoral do Tribunal Superior

Eleitoral, os enunciados estão nas Portarias do TSE n.º 348/2021 e 360/2021 (Os enunciados são de caráter meramente doutrinário-científico, não se confundindo com a posição institucional ou jurisdicional da Justiça Eleitoral ou de seus membros no exercício das respectivas funções).

TÓPICOS DO EDITAL	LEGISLAÇÃO	DOUTRINA	JURISPRUDÊNCIA
1. Direitos Políticos. 1.1. Direitos fundamentais e direitos políticos; 1.2. Privação dos direitos políticos.	2-2015 5-2017		1-2017
2. Direito Eleitoral. 2.1. Conceito e fundamentos; 2.2. Fontes do Direito Eleitoral; 2.3. Princípios de Direito Eleitoral; 2.4. Hermenêutica eleitoral.			
3. Poder representativo. 3.1. Sufrágio; 3.1.1. Natureza; 3.1.2. Extensão do sufrágio; 3.1.3. Valor do sufrágio; 3.1.4. Modo de sufrágio; 3.1.5. Formas de sufrágio.	2-2015		
4. Organização eleitoral. 4.1. Distribuição territorial; 4.2. Sistemas eleitorais.			
5. Justiça Eleitoral. 5.1. Características institucionais; 5.2. Órgãos e composição; 5.3. Diversificação funcional das atividades da Justiça Eleitoral; 5.4. Competências; 5.5. Justiça Eleitoral e o controle da legalidade das eleições.	5-2012 2-2013 2-2015	1-2015	
6. Ministério Público Eleitoral. 6.1. Composição; 6.2. Atribuições; 6.3. Ministério Público Eleitoral e lisura do processo eleitoral.	5-2012 4-2013		
7. Capacidade eleitoral. 7.1. Requisitos; 7.2. Limitações decorrentes de descumprimento do dever eleitoral.			
8. Alistamento eleitoral. 8.1. Ato de alistamento; 8.2. Fases do alistamento; 8.3. Efeitos do alistamento; 8.4. Cancelamento e exclusão; 8.5. Revisão do eleitorado.			
9. Elegibilidade. 9.1. Registro de candidaturas; 9.2. Convenção Partidária; 9.3. Coligação Partidária; 9.4. Processo de Registro de Candidatura. 9.5. Impugnações ao Registro de Candidatura; 9.6. Inelegibilidades; 9.6.1. Inelegibilidades constitucionais; 9.6.2. Inelegibilidades infraconstitucionais ou legais; 9.6.3. Arguição judicial de inelegibilidade.	5-2011 6-2013 5-2017		1-2017

TÓPICOS DO EDITAL	LEGISLAÇÃO	DOUTRINA	JURISPRUDÊNCIA
10. Partidos políticos. 10.1. Sistemas partidários; 10.2. Criação, fusão e extinção dos partidos políticos; 10.3. Órgãos partidários; 10.4. Filiação partidária; 10.5. Fidelidade partidária; 10.6. Financiamento dos partidos políticos, controle de arrecadação e prestação de contas.			
11. Garantias eleitorais. 11.1. Liberdade de escolha; 11.2. Proteção jurisdicional contra a violência atentatória à liberdade de voto;11.3. Contenção ao poder econômico e ao desvio e abuso do poder político; 11.4. Transporte de eleitores das zonas rurais.	5-2011 5-2019		
12. Campanha eleitoral. 12.1. Financiamento de campanha eleitoral e prestação de contas; 12.2. Modelo brasileiro de financiamento de campanha eleitoral;	5-2019		02-2019
13. Propaganda eleitoral. 13.1. Conceito; 13.2. Pesquisas e testes pré-eleitorais; 13.3. Propaganda eleitoral em geral; 13.4. Propaganda eleitoral em outdoor; 13.5. Propaganda eleitoral na internet; 13.6. Propaganda eleitoral na imprensa; 13.7. Propaganda eleitoral gratuita no rádio e na televisão; 13.8. Direito de resposta; 13.9. Permissões e vedações no dia da eleição, 13.10. Condutas vedadas aos agentes públicos em campanhas eleitorais; 13.11. Captação irregular de sufrágio; 13.12. Procedimento Preparatório Eleitoral.	5-2011 5-2012 5-2019		
14. Atos preparatórios à votação.			
15. Processo de votação.			
16. Apuração eleitoral. 16.1. Diplomação; 16.2. Recurso contra expedição de diploma; 16.3. Candidato eleito com pedido de registro sub judice e realização de eleição suplementar.			
17. Ações judiciais eleitorais. 17.1. Ação de impugnação de registro de candidatura; 17.2. Representações por propaganda ilícita ou irregular; 17.3. Ação de Impugnação de registro ou divulgação de pesquisas eleitorais; 17.4. Ação de investigação judicial eleitoral por abuso de poder de autoridade, político e econômico; 17.5. Ação por captação ilícita de sufrágio; 17.6. Ação por conduta vedada a agentes públicos; 17.7. Ação por captação ou gasto ilícito de recursos para fins eleitorais; 17.8. Ação de impugnação de mandato eletivo. 17.9. Ação por doação acima dos limites legais.	1-2013 5-2017		

TÓPICOS DO EDITAL	LEGISLAÇÃO	DOUTRINA	JURISPRUDÊNCIA
18. Recursos eleitorais.			
19. Perda do mandato eletivo e eleições suplementares.			
20. Crimes eleitorais. 20.1. Princípios constitucionais aplicáveis aos crimes eleitorais; 20.2. Crimes eleitorais puros ou específicos; 20.3. Crimes eleitorais acidentais; 20.4. Crimes cometidos no alistamento eleitoral; 20.5. Crimes cometidos no alistamento partidário; 20.6. Crimes eleitorais em matéria de inelegibilidades; 20.7. Crimes eleitorais na propaganda eleitoral; 20.8. Corrupção eleitoral; 20.9. Coação eleitoral; 20.10. Crimes eleitorais na votação; 20.11. Crimes eleitorais na apuração; 20.12. Crimes eleitorais no funcionamento do serviço eleitoral; 20.13. Crimes eleitorais que podem ser cometidos em qualquer fase do processo eleitoral; 20.14. Crimes eleitorais e sanções penais.	1-2015	1-2015	1-2015
21. Processo penal eleitoral. 21.1. Prisão e período eleitoral; 21.2. Competência, conexão e continência em matéria eleitoral; 21.3. Medidas despenalizadoras; 21.4. Ação penal eleitoral; 21.5. Recursos.	4-2015		1-2015

1. DIREITOS POLÍTICOS

1. **(MPE/SP/Promotor/2013/90_Concurso)** Assinale a alternativa incorreta.

   a) A lei estabelece que a data da posse é a referência a ser adotada na verificação da idade mínima do candidato, como condição de elegibilidade para o cargo especificada na Constituição Federal.

   b) Ao especificar casos de inelegibilidades, a Constituição Federal dispõe que outros podem ser estabelecidos em lei complementar.

   c) Os Juízes Eleitorais são competentes para conhecer e decidir arguição de inelegibilidade quando se tratar de candidatos a Prefeito.

   d) A declaração de inelegibilidade de candidato a Prefeito não atinge o candidato a Vice-Prefeito.

   e) Constitui hipótese legal de inelegibilidade a condenação pelo crime de peculato culposo proferida por órgão judicial colegiado.

ANOTAÇÕES/COMENTÁRIOS

(a) Literalidade do artigo 11, § 2º, Lei 9.504/97, alterada pela Lei n. 13.165/15. § 2º A idade mínima constitucionalmente estabelecida como condição de elegibilidade é verificada tendo por referência a data da posse, salvo quando fixada em dezoito anos, hipótese em que será aferida na data-limite para o pedido de registro. (Redação da Lei 13.165/15)

(b) Literalidade do artigo 14, § 9º, CF; § 9º Lei complementar estabelecerá outros casos de inelegibilidade e os prazos de sua cessação, a fim de proteger a probidade administrativa, a moralidade para exercício de mandato considerada vida pregressa do candidato, e a normalidade e legitimidade das eleições contra a influência do poder econômico ou o abuso do exercício de função, cargo ou emprego na administração direta ou indireta.

(c) Literalidade do artigo 2º, parágrafo único, inciso III, Lei Complementar 64/90. Art. 2º Compete à Justiça Eleitoral conhecer e decidir as arguições de inelegibilidade. Parágrafo único. A arguição de inelegibilidade será feita perante: III – os Juízes Eleitorais, quando se tratar de candidato a Prefeito, Vice-Prefeito e Vereador.

(d) Literalidade do artigo 18, Lei Complementar 64/90. Art. 18. A declaração de inelegibilidade do candidato à Presidência da República, Governador de Estado e do Distrito Federal e Prefeito Municipal não atingirá o candidato a Vice-Presidente, Vice-Governador ou Vice-Prefeito, assim como a destes não atingirá aqueles.

(e) Literalidade do artigo 1º, § 4º, Lei Complementar 64/90. § 4º A inelegibilidade prevista na alínea e do inciso I deste artigo não se aplica aos crimes culposos e àqueles definidos em lei como de menor potencial ofensivo, nem aos crimes de ação penal privada.

Gabarito: E

Para responder, tem que estudar: lei.

---

2. (MPE/SP/Promotor/2017/92_Concurso) É consequência automática da condenação criminal transitada em julgado:

a) a perda do mandato eletivo do Senador da República.
b) a imediata suspenção de qualquer mandato eletivo.
c) a perda do mandato eletivo do Deputado Federal.
d) a perda de qualquer mandato eletivo.
e) a perda do mandato eletivo do Vereador.

ANOTAÇÕES/COMENTÁRIOS

(a, b, c, d) Vide comentários abaixo.

(e) O art. 15, inciso III, da Constituição Federal é autoaplicável. Assim sendo, constitui consequência automática a suspensão dos direitos políticos oriunda de trânsito em julgado de sentença penal condenatória causando a perda do mandato eletivo do Vereador. Efeito automático da condenação penal definitiva não se exigindo qualquer outro procedimento a sua aplicação. Impossibilidade de aplicação da norma do art. 55, § 2º, da CF, ao vereador, haja vista inexistir previsão constitucional que permita estender aos vereadores, por simetria, o tratamento diferenciado dado aos senadores e deputados federais. (STF, Suspensão de Liminar 864, 2015). A regra constitucional insculpida no art. 15, III, determina que "a cassação de direitos políticos, cuja perda ou suspensão só se dará, dentre outras possibilidades, pela condenação criminal transitada em julgado, enquanto durarem seus efeitos". A exceção a esta regra, todavia, é encontrada no art. 55, VI, § 2º: "Art. 55. Perderá o mandato o Deputado ou Senador: (...) VI – que sofrer condenação criminal em sentença transitada em julgado. § 2º Nos casos dos incisos I, II e VI, a perda do mandato será decidida pela Câmara dos Deputados ou pelo Senado Federal, por maioria absoluta, mediante provocação da respectiva Mesa ou de partido político representado no Congresso Nacional, assegurada ampla defesa."

OBS: Em 2019, o Supremo Tribunal Federal, julgou o Recurso Extraordinário n.º 601182/MG, Tema n.º 370, sob o rito da repercussão geral e fixou a seguinte tese jurídica sobre o artigo 15, inciso III, da Constituição Federal: "A suspensão de direitos políticos prevista no art. 15, inc. III, da Constituição Federal aplica-se no caso de substituição da pena privativa de liberdade pela restritiva de direitos."

Gabarito: E

Para responder, tem que estudar: lei e jurisprudência.

2. DIREITO ELEITORAL

Tópico sem questões em provas recentes.

3. PODER REPRESENTATIVO

Tópico sem questões em provas recentes.

4. ORGANIZAÇÃO ELEITORAL

Tópico sem questões em provas recentes.

5. JUSTIÇA ELEITORAL

3. **(MPE/SP/Promotor/2015/91_Concurso)** Assinale a alternativa correta:

    a) O voto apresenta, exclusivamente, as seguintes características: personalidade, liberdade e periodicidade.
    b) Não há previsão, no direito brasileiro, de voto indireto.
    c) A Justiça Eleitoral exerce funções administrativas, normativas, consultivas e jurisdicionais.

d) As decisões proferidas por Tribunais Regionais Eleitorais não são passiveis de recurso se envolverem denegação de ordem de "habeas corpus".

e) Todas as alternativas estão incorretas.

ANOTAÇÕES/COMENTÁRIOS

(a) A interpretação sistemática dos artigos 14 e 60, § 4º, II, CF. Art. 14. A soberania popular será exercida pelo sufrágio universal e pelo voto direto e secreto, com valor igual para todos, e, nos termos da lei, mediante. Art. 60, § 4º, II – o voto direto, secreto, universal e periódico.

(b) Há previsão no direito brasileiro de voto indireto, no Código Eleitoral em seu artigo 2º, e na Constituição Federal previsto no artigo 81, § 1º, CF. Art. 2º Todo poder emana do povo e será exercido, em seu nome, por mandatários escolhidos, direta e secretamente, dentre candidatos indicados por partidos políticos nacionais, ressalvada a eleição indireta nos casos previstos na Constituição e leis específicas. Art. 81. Vagando os cargos de Presidente e Vice-Presidente da República, far-se-á eleição noventa dias depois de aberta a última vaga. § 1º Ocorrendo a vacância nos últimos dois anos do período presidencial, a eleição para ambos os cargos será feita trinta dias depois da última vaga, pelo Congresso Nacional, na forma da lei.

(c) A Justiça Eleitoral desempenha outros papéis nos limites de sua atuação – afora as funções administrativa e jurisdicional – a saber, funções normativa e consultiva. Artigo 1º, parágrafo único, do Código Eleitoral (Lei n.4.737/65). Art. 1º Este código contém normas destinadas a assegurar a organização e o exercício de direitos políticos precipuamente os de votar e ser votado. Parágrafo único. O Tribunal Superior Eleitoral expedirá instruções para sua fiel execução. Art. 23. Compete, ainda, privativamente, ao Tribunal Superior: IX – expedir as instruções que julgar convenientes à execução deste Código; XII – responder, sobre matéria eleitoral, às consultas que lhe forem feitas em tese por autoridade com jurisdição federal ou órgão nacional de partido político; Art. 30. Compete, ainda, privativamente, aos Tribunais Regionais: VIII – responder, sobre matéria eleitoral, às consultas que lhe forem feitas, em tese, por autoridade pública ou partido político; Lei n. 9.096/95 Art. 61. O Tribunal Superior Eleitoral expedirá instruções para a fiel execução desta Lei. Lei n. 9.504/97, Art. 105. Até o dia 5 de março do ano da eleição, o Tribunal Superior Eleitoral, atendendo ao caráter regulamentar e sem restringir direitos ou estabelecer sanções distintas das previstas nesta Lei, poderá expedir todas as instruções necessárias para sua fiel execução, ouvidos, previamente, em audiência pública, os delegados ou representantes dos partidos políticos.

(d) As decisões proferidas por Tribunais Regionais Eleitorais são passiveis de recurso se envolverem denegação de ordem de "habeas corpus", cabe Recurso Ordinário conforme artigo 276, II, "b", Código Eleitoral e artigo 22, II, Código Eleitoral. Compete ao Tribunal Superior: II – julgar os recursos interpostos das decisões dos Tribunais Regionais nos termos do art. 276 inclusive os que versarem matéria administrativa. Art. 276. As decisões dos Tribunais Regionais são terminativas, salvo os casos seguintes em que cabe recurso para o Tribunal Superior: II – ordinário: b) quando denegarem "habeas corpus" ou mandado de segurança.

(E) Vide comentários acima.

Gabarito: C

Para responder, tem que estudar: lei.

4. **(MPE/SP/Promotor/2012/89_Concurso)** Nos termos da Constituição Federal de 1988, são órgãos da Justiça Eleitoral:

a) O Tribunal Superior Eleitoral, os Tribunais Regionais Eleitorais, os Juízes e Promotores Eleitorais e as Seções Eleitorais.

b) O Tribunal Superior Eleitoral, os Tribunais Regionais Eleitorais, os Juízes Eleitorais, os Cartórios Eleitorais e as Seções Eleitorais.

c) O Supremo Tribunal Federal, o Tribunal Superior Eleitoral, os Tribunais Regionais Eleitorais, as Zonas Eleitorais e as Juntas Eleitorais.

d) O Tribunal Superior Eleitoral, os Tribunais Regionais Eleitorais, as Zonas Eleitorais e as Juntas Eleitorais.

e) O Tribunal Superior Eleitoral, os Tribunais Regionais Eleitorais, os Juízes Eleitorais e as Juntas Eleitorais.

ANOTAÇÕES/COMENTÁRIOS

(a, b, c, d) Vide comentários abaixo.

(e) CF. Art. 118. São órgãos da Justiça Eleitoral: I – o Tribunal Superior Eleitoral; II – os Tribunais Regionais Eleitorais; III – os Juízes Eleitorais; IV – as Juntas Eleitorais.

Gabarito: E

Para responder, tem que estudar: lei.

6. MINISTÉRIO PÚBLICO ELEITORAL

5. **(MPE/SP/Promotor/2012/89_Concurso)** Em relação ao Ministério Público Eleitoral, é correto afirmar:

a) Se o órgão do Ministério Público, ao invés de apresentar a denúncia, requerer o arquivamento da investigação de infração penal eleitoral, o juiz, no caso de considerar improcedentes as razões invocadas, fará remessa do pedido ao Procurador-Geral de Justiça.

b) Ouvidas as testemunhas da acusação e da defesa e praticadas as diligências requeridas pelo Ministério Público, o Juiz Eleitoral encerrará a instrução e abrirá vista ao Promotor Eleitoral para que, no prazo de 48 (quarenta e oito) horas, apresente as alegações finais.

c) Verificada a infração penal eleitoral, o Ministério Público oferecerá a denúncia dentro de 10 (dez) dias.

d) As funções de Procurador-Geral Eleitoral, perante o Tribunal Superior Eleitoral, serão exercidas pelo Procurador Geral da República e, perante os

Tribunais Regionais Eleitorais dos Estados, pelos Procuradores-Gerais de Justiça.

e) O Promotor Eleitoral será o membro do Ministério Público Federal que oficie junto ao Juízo incumbido do serviço eleitoral de cada Zona.

ANOTAÇÕES/COMENTÁRIOS

(a) Caberá ao Procurador Regional. Artigo 357, § 1º, Código Eleitoral. § 1º Se o órgão do Ministério Público, ao invés de apresentar a denúncia, requerer o arquivamento da comunicação, o Juiz, no caso de considerar improcedentes as razões invocadas, fará remessa da comunicação ao Procurador Regional, e este oferecerá a denúncia, designará outro Promotor para oferecê-la, ou insistirá no pedido de arquivamento, ao qual só então estará o Juiz obrigado a atender.

(b) O prazo para alegações finais é de 05 (cinco) dias. Artigo 360, Código Eleitoral. Art. 360. Ouvidas as testemunhas de acusação e da defesa e praticadas as diligências requeridas pelo Ministério Público e deferidas ou ordenadas pelo Juiz, abrir-se-á o prazo de 5 (cinco) dias a cada uma das partes – acusação e defesa – para alegações finais.

(c) Literalidade do artigo 357, caput, Código Eleitoral. Art. 357. Verificada a infração penal, o Ministério Público oferecerá a denúncia dentro do prazo de 10 (dez) dias.

(d) As funções perante o Tribunal Regional Eleitoral será feita pelo Procurador da República do respectivo Estado e não pelos Procuradores Gerais de Justiça. Artigo 27, Código Eleitoral. Art. 27. Servirá como Procurador Regional junto a cada Tribunal Regional Eleitoral o Procurador da República no respectivo Estado, e, onde houver mais de um, aquele que for designado pelo Procurador-Geral da República.

(e) O Promotor Eleitoral será o membro do Ministério Público local. Artigo 73, § 1º, Lei 8.625/93, Lei Orgânica Nacional do Ministério Público. Art. 73. Para exercer as funções junto à Justiça Eleitoral, por solicitação do Procurador-Geral da República, os membros do Ministério Público do Estado serão designados, se for o caso, pelo respectivo Procurador-Geral de Justiça. § 1º Não ocorrendo designação, exclusivamente para os serviços eleitorais, na forma do caput deste artigo, o Promotor Eleitoral será o membro do Ministério Público local que oficie perante o Juízo incumbido daqueles serviços.

Gabarito: C

Para responder, tem que estudar: lei.

6. (MPE/SP/Promotor/2013/90_Concurso) Assinale a alternativa incorreta.

a) Compete ao Procurador-Geral da República exercer as funções de Procurador-Geral junto ao Tribunal Superior Eleitoral.

b) Nos Estados, compete ao Procurador-Geral de Justiça exercer as funções de Procurador Regional Eleitoral perante o Tribunal Regional Eleitoral.

c) Nos Estados, compete a Promotores de Justiça o exercício das funções do Ministério Público Eleitoral perante a Justiça Eleitoral de primeira instância.

d) A Presidência do Tribunal Regional Eleitoral é exercida por um Desembargador do Tribunal de Justiça.

e) Dois dos sete membros que compõem o Tribunal Regional Eleitoral são advogados nomeados pelo Presidente da República.

ANOTAÇÕES/COMENTÁRIOS

(a) Literalidade do artigo 18, Código Eleitoral. Art. 18. Exercerá as funções de Procurador-Geral, junto ao Tribunal Superior Eleitoral, o Procurador-Geral da República, funcionando, em suas faltas e impedimentos, seu substituto legal.

(b) As funções perante o Tribunal Regional Eleitoral será feita pelo Procurador da República do respectivo Estado, conforme artigo 27, Código Eleitoral. Art. 27. Servirá como Procurador Regional junto a cada Tribunal Regional Eleitoral o Procurador da República no respectivo Estado, e, onde houver mais de um, aquele que for designado pelo Procurador-Geral da República.

(c) O Promotor Eleitoral será o membro do Ministério Público local. Artigo 73, § 1º, Lei 8.625/93, Lei Orgânica Nacional do Ministério Público. Art. 73. Para exercer as funções junto à Justiça Eleitoral, por solicitação do Procurador-Geral da República, os membros do Ministério Público do Estado serão designados, se for o caso, pelo respectivo Procurador-Geral de Justiça. § 1º Não ocorrendo designação, exclusivamente para os serviços eleitorais, na forma do caput deste artigo, o Promotor Eleitoral será o membro do Ministério Público local que oficie perante o Juízo incumbido daqueles serviços.

(d) Interpretação sistêmica do artigo 120, § 2º, CF e artigo 26, Código Eleitoral. Art. 120. Haverá um Tribunal Regional Eleitoral na Capital de cada Estado e no Distrito Federal. § 2º O Tribunal Regional Eleitoral elegerá seu Presidente e o Vice-Presidente-dentre os desembargadores. Art. 26. O Presidente e o Vice-Presidente do Tribunal Regional serão eleitos por este dentre os três Desembargadores do Tribunal de Justiça; o terceiro Desembargador será o Corregedor Regional da Justiça Eleitoral.

(e) Literalidade do artigo 120, § 1º, III, Constituição Federal. Art. 120. Haverá um Tribunal Regional Eleitoral na Capital de cada Estado e no Distrito Federal. § 1º Os Tribunais Regionais Eleitorais compor-se-ão: III – por nomeação, pelo Presidente da República, de dois juízes dentre seis advogados de notável saber jurídico e idoneidade moral, indicados pelo Tribunal de Justiça.

Gabarito: B

Para responder, tem que estudar: lei.

7. CAPACIDADE ELEITORAL

Tópico sem questões em provas recentes.

8. ALISTAMENTO ELEITORAL

Tópico sem questões em provas recentes.

9. ELEGIBILIDADE

7. **(MPE/SP/Promotor/2011/88_Concurso)** Com relação à inelegibilidade, analise os seguintes itens:

I. os conscritos, durante o serviço militar obrigatório, são inelegíveis;

II. o membro do Ministério Público, que tenha pedido exoneração, é inelegível, para qualquer cargo, pelo prazo de 8 (oito) anos;

III. o condenado por assédio sexual, em decisão transitada em julgado, é inelegível, para qualquer cargo, até 8 (oito) anos após o cumprimento da pena;

IV. a declaração de inelegibilidade do candidato a Prefeito não atingirá o candidato a Vice-Prefeito;

V. o cônjuge do Vice-Prefeito é inelegível no território da circunscrição deste.

Está correto apenas o que se afirma em

a) I e II.

b) I e IV.

c) II e III.

d) III e V.

e) IV e V.

ANOTAÇÕES/COMENTÁRIOS

(I) Literalidade do artigo 14, § 2º, CF. § 2º Não podem alistar-se como eleitores os estrangeiros e, durante o período do serviço militar obrigatório, os conscritos.

(II) O pedido de exoneração do membro do Ministério Público que acarreta a sua inelegibilidade é aquela feita quando ainda pendente de processo administrativo disciplinar. Artigo 1º, I, "q", Lei Complementar n. 64/90. q) os magistrados e os membros do Ministério Público que forem aposentados compulsoriamente por decisão sancionatória, que tenham perdido o cargo por sentença ou que tenham pedido exoneração ou aposentadoria voluntária na pendência de processo administrativo disciplinar, pelo prazo de 8 (oito) anos;

III) O delito de assedio sexual está no Código Penal, no artigo 216-A, no Título dos Crimes contra a dignidade sexual, Capítulo I, dos crimes contra liberdade sexual, entretanto trata-se de crime de menor potencial ofensivo não aplicando o artigo 1º, I, "e", item 9, Lei Complementar n. 64/90.

(IV) Literalidade do artigo 18, Lei Complementar n. 64/90. Art. 18. A declaração de inelegibilidade do candidato à Presidência da República, Governador de Estado e do

Distrito Federal e Prefeito Municipal não atingirá o candidato a Vice-Presidente, Vice-Governador ou Vice-Prefeito, assim como a destes não atingirá aqueles.

(V) O Cônjuge do Vice-Prefeito será inelegível, atraindo aplicação do artigo 14, § 7º, da Constituição Federal, caso o vice tenha substituído o titular dentro dos seis meses antes do pleito. Artigo 14, § 7º, CF. § 7º São inelegíveis, no território de jurisdição do titular, o cônjuge e os parentes consanguíneos ou afins, até o segundo grau ou por adoção, do Presidente da República, de Governador de Estado ou Território, do Distrito Federal, de Prefeito ou de quem os haja substituído dentro dos seis meses anteriores ao pleito, salvo se já titular de mandato eletivo e candidato à reeleição.// Obs.: Súmula do TSE pertinente ao assunto – Súmula-TSE nº 6 – São inelegíveis para o cargo de Chefe do Executivo o cônjuge e os parentes, indicados no § 7º do art. 14 da Constituição Federal, do titular do mandato, salvo se este, reelegível, tenha falecido, renunciado ou se afastado definitivamente do cargo até seis meses antes do pleito. A inelegibilidade prevista no artigo 14, §7º da Constituição Federal é conhecida como inelegibilidade reflexa. Súmula – TSE n.º 12 – São inelegíveis, no município desmembrado, e ainda não instalado, o cônjuge e os parentes consangüíneos ou afins, até o segundo grau ou por adoção, do prefeito do município-mãe, ou de quem o tenha substituído, dentro dos seis meses anteriores ao pleito, salvo se já titular de mandato eletivo.

Gabarito: B

Para responder, tem que estudar: lei.

8. (MPE/SP/Promotor/2017/92_Concurso) O reconhecimento da prescrição da pretensão executória, pela Justiça Comum, do réu condenado definitivamente por tráfico de entorpecentes, implica, em relação a sua elegibilidade:

a) a cessação da inelegibilidade após o trânsito em julgado da decisão que reconheceu a extinção da pretensão executória estatal.

b) a imediata cessação da causa de inelegibilidade.

c) o fim da sua inelegibilidade após o decurso de oito anos contados da data em que ocorreu a extinção da pretensão executória estatal.

d) o fim da sua inelegibilidade oito anos após a data da decisão da Justiça Comum que extinguiu a pretensão executória estatal.

e) a cessação da inelegibilidade assim que a Justiça Eleitoral receber a comunicação da decisão proferida pela Justiça Comum.

ANOTAÇÕES/COMENTÁRIOS

(a, c, d, e) Vide comentários abaixo.

(c) Art. 1º São inelegíveis: I – para qualquer cargo: e) os que forem condenados, em decisão transitada em julgado ou proferida por órgão judicial colegiado, desde a condenação até o transcurso do prazo de 8 (oito) anos após o cumprimento da pena, pelos crimes: 7. de tráfico de entorpecentes e drogas afins, racismo, tortura, terrorismo e hediondos, da Lei Complementar n. 64/90. // Súmula 60/TSE: O prazo da causa de inelegibilidade prevista no art. 1º, I, e, da LC nº 64/90 deve ser contado a partir da data em que ocorrida a prescrição da pretensão executória e não do momento da sua declaração judicial. // Obs.: Súmulas do TSE pertinentes ao assunto: Súmula 58: Não compete à Justiça Eleitoral, em processo de registro de candidatura, verificar a prescrição da pretensão punitiva ou executória do candidato e declarar a extinção da pena imposta pela Justiça Comum. Súmula 59: O reconhecimento da prescrição da pretensão executória pela Justiça Comum não afasta a inelegibilidade prevista no art. 1º, I, e, da LC nº 64/90, porquanto não extingue os efeitos secundários da condenação. Súmula-TSE nº 60 -O prazo da causa de inelegibilidade prevista no art. 1º, I, e, da LC nº 64/90 deve ser contado a partir da data em que ocorrida a prescrição da pretensão executória e não do momento da sua declaração judicial. Súmula-TSE nº 61 – O prazo concernente à hipótese de inelegibilidade prevista no art. 1º, I, e, da LC nº 64/90 projeta-se por oito anos após o cumprimento da pena, seja ela privativa de liberdade, restritiva de direito ou multa.

Gabarito: C

Para responder, tem que estudar: súmula/OJ.

9. (MPE/SP/Promotor/2013/90_Concurso) Considere as seguintes proposições:

I. A arguição de Inelegibilidade de candidatos a Senador e Deputado Federal deve ser feita perante o Tribunal Regional Eleitoral.

II. A lei não prevê legitimidade ao Ministério Público para a propositura de ação de impugnação ao pedido de registro de candidatura.

III. A representação à Justiça Eleitoral, com pedido de abertura de investigação judicial para apurar abuso do poder econômico ou político, em benefício de candidato ou partido político (artigo 22 da Lei das Inelegibilidades), se julgada procedente após a eleição, pode conduzir à cassação do diploma do candidato eleito diretamente beneficiado.

Está correto o que se afirma em

a) II, apenas.

b) I e II, apenas.

c) II e III, apenas.

d) I e III, apenas.

e) I, II e III.

ANOTAÇÕES/COMENTÁRIOS

(I) Literalidade do artigo 2º, II, Lei Complementar n. 64/90. Art. 2º Compete à Justiça Eleitoral conhecer e decidir as arguições de inelegibilidade. Parágrafo único. A arguição de inelegibilidade será feita perante: II – os Tribunais Regionais Eleitorais, quando se tratar de candidato a Senador, Governador e Vice-Governador de Estado e do Distrito Federal, Deputado Federal, Deputado Estadual e Deputado Distrital;

(II) Na lei prevê a legitimidade do Ministério Público impugnar o registro de candidatura. Artigo 3º, Lei Complementar n. 64/90. Art. 3º Caberá a qualquer candidato, a partido político, coligação ou ao Ministério Público, no prazo de 5 (cinco) dias, contados da publicação do pedido de registro do candidato, impugná-lo em petição fundamentada.

(III) Literalidade do artigo 22, XIV, Lei Complementar n. 64/90. XIV – julgada procedente a representação, ainda que após a proclamação dos eleitos, o Tribunal declarará a inelegibilidade do representado e de quantos hajam contribuído para a prática do ato, cominando-lhes sanção de inelegibilidade para as eleições a se realizarem nos 8 (oito) anos subsequentes à eleição em que se verificou, além da cassação do registro ou diploma do candidato diretamente beneficiado pela interferência do poder econômico ou pelo desvio ou abuso do poder de autoridade ou dos meios de comunicação, determinando a remessa dos autos ao Ministério Público Eleitoral, para instauração de processo disciplinar, se for o caso, e de ação penal, ordenando quaisquer outras providências que a espécie comportar.//Obs: Súmula do TSE pertinente ao assunto, Súmula-TSE n.º 19 – O prazo de inelegibilidade decorrente da condenação por abuso do poder econômico ou político tem início no dia da eleição em que este se verificou e finda no dia de igual número no oitavo ano seguinte (art. 22, XIV, da LC nº 64/90).

Gabarito: D

Para responder, tem que estudar: lei.

10. PARTIDOS POLÍTICOS

Tópico sem questões em provas recentes.

11. GARANTIAS ELEITORAIS

10. (MPE/SP/Promotor/2019/93_Concurso) Com relação à imunidade formal no período eleitoral, é correto afirmar:

(A) Os eleitores não poderão ser presos desde 5 (cinco) dias antes e até 48 (quarenta e oito) horas depois do encerramento da eleição, salvo apenas em flagrante delito.

(B) Os membros da mesa receptora, durante o exercício de suas funções, não poderão ser presos, salvo em razão de sentença condenatória por crime inafiançável.

(C) Os candidatos não poderão ser presos desde 15 (quinze) dias antes e até 48 (quarenta e oito) horas depois do encerramento da eleição, salvo em flagrante delito.

(D) Os fiscais de partido não poderão ser presos durante o exercício de suas funções, salvo em razão de sentença condenatória por crime inafiançável.

(E) Os eleitores não poderão ser presos desde 5 (cinco) dias antes e até 48 (quarenta e oito) horas depois do encerramento da eleição, salvo apenas em razão de sentença condenatória por crime inafiançável.

ANOTAÇÕES/COMENTÁRIOS

QUESTÃO ANULADA – Os recursos buscam a invalidação da questão, eis que, em síntese, a alternativa apontada como correta no gabarito (os candidatos não poderão ser presos desde 15 (quinze) dias antes da eleição e até 48 (quarente e oito) horas depois do encerramento da eleição, salvo em flagrante delito) estaria incompleta, pois os candidatos podem ser presos não apenas em razão de flagrante delito, mas também por força de sentença criminal condenatória por crime inafiançável e violação de salvo conduto. É o relatório. Os recursos são conhecidos e, em razão da identidade de fundamentação, serão analisados em bloco. A alternativa apontada como correta no gabarito corresponde à redação do § 1º do art. 236 do Código Eleitoral (impedimento para prisão dos candidatos desde 15 dias antes da eleição, salvo prisão em flagrante). Ademais, como os candidatos também são eleitores, não poderão ser presos até 48 horas depois do encerramento das eleições (art. 236, "caput", Código Eleitoral). Porém, como consignado nos recursos, parte da doutrina entende que numa análise sistemática, além da prisão em flagrante os candidatos também poderão ser presos em razão de violação de salvo conduto ou em virtude de sentença penal condenatória por crime inafiançável, o que pode ter causado embaraço aos candidatos. Assim, defiro os recursos para anular a Questão 98.

Gabarito: QUESTÃO ANULADA

Para responder, tem que estudar: lei.

11. (MPE/SP/Promotor/2011/88_Concurso) Constituem garantias eleitorais:

I. a prioridade postal aos partidos políticos nos 60 (sessenta) dias anteriores à realização das eleições;

II. o exercício do sufrágio;

III. o salvo-conduto em favor do eleitor;

IV. a presença de força pública no edifício em que funcionar mesa receptora;

V. a proibição da prisão em flagrante de candidatos nos 15 (quinze) dias que antecedem a eleição.

Está correto apenas o que se afirma em

a) I, II e III.

b) I, IV e V.

c) II, III e IV.

d) II, IV e V.

e) III, IV e V.

ANOTAÇÕES/COMENTÁRIOS

(I) Literalidade do artigo 239, Código Eleitoral. Art. 239. Aos partidos políticos é assegurada a prioridade postal durante os 60 (sessenta) dias anteriores à realização das eleições, para remessa de material de propaganda de seus candidatos registrados.

(II) Literalidade do artigo 234, Código Eleitoral. Art. 234. Ninguém poderá impedir ou embaraçar o exercício do sufrágio.

(III) Literalidade do artigo 235, Código Eleitoral. Art. 235. O Juiz Eleitoral, ou o Presidente da Mesa Receptora, pode expedir salvo-conduto com a cominação de prisão por desobediência até 5 (cinco) dias, em favor do eleitor que sofrer violência, moral ou física, na sua liberdade de votar, ou pelo fato de haver votado.

(IV) A força armada deve se manter a 100 metros da Seção Eleitoral. Artigo 238, Código Eleitoral. Art. 238. É proibida, durante o ato eleitoral, a presença de força pública no edifício em que funcionar Mesa Receptora, ou nas imediações, observado o disposto no art. 141. Art. 141. A força armada conservar-se-á a cem metros da Seção Eleitoral e não poderá aproximar-se do lugar da votação, ou nele penetrar, sem ordem do Presidente da Mesa.

(V) Não ser preso flagrante delito é uma exceção. Artigo 236, Código Eleitoral. Art. 236. Nenhuma autoridade poderá, desde 5 (cinco) dias antes e até 48 (quarenta e oito) horas depois do encerramento da eleição, prender ou deter qualquer eleitor, salvo em flagrante delito ou em virtude de sentença criminal condenatória por crime inafiançável, ou, ainda, por desrespeito a salvo-conduto

Gabarito: A

Para responder, tem que estudar: lei.

12. CAMPANHA ELEITORAL

12. (MPE/SP/Promotor/2019/93_Concurso). É INCORRETO afirmar em relação ao financiamento de campanha eleitoral: QUESTÃO ATUALIZADA com a Lei n.º 13.878/2019

(A) A doação de pessoas físicas está limitada a 10% dos rendimentos brutos auferidos pelo doador no ano anterior à eleição.

(B) O autofinanciamento está limitado a 10% dos rendimentos brutos do candidato auferidos no ano anterior à eleição.

(C) A doação de empresário individual está limitada a 10% dos rendimentos brutos auferidos pelo doador no ano anterior à eleição.

(D) A doação de pessoas jurídicas está limitada a 10% do faturamento bruto auferido pelo doador no ano anterior à eleição.

(E) A doação de outro candidato está limitada a 10% dos rendimentos brutos auferidos pelo doador no ano anterior à eleição.

ANOTAÇÕES/COMENTÁRIOS

(A) CORRETA – Literalidade do artigo 23, §1º, da Lei n.º 9.504/97 – Art. 23. Pessoas físicas poderão fazer doações em dinheiro ou estimáveis em dinheiro para campanhas eleitorais, obedecido o disposto nesta Lei. § 1º As doações e contribuições de que trata este artigo ficam limitadas a 10% (dez por cento) dos rendimentos brutos auferidos pelo doador no ano anterior à eleição.

(B) CORRETA – Literalidade do artigo 23, §2-A, da Lei n.º 9.504/97 – § 2º-A. O candidato poderá usar recursos próprios em sua campanha até o total de 10% (dez por cento) dos limites previstos para gastos de campanha no cargo em que concorrer. (Incluído pela Lei nº 13.878, de 2019).

(C) CORRETA – Ac.-TSE, de 1º.4.2014, no REspe 33.379, rel. Henrique Neves da Silva: Quanto à doação por empresa individual observar os limites impostos às pessoas físicas (no mesmo sentido: Ac.-TSE, de 26.8.2014, no REspe nº 48.781). Na empresa individual ou firma individual, a própria pessoa física ou natural responde com os seus bens pelas obrigações que assumir. Dessa forma, como os patrimônios se confundem, o TSE entendeu aplicar-lhes os limites da pessoa física (10% dos rendimentos brutos auferidos no ano anterior à eleição) para as doações de campanha eleitoral realizadas por empresa ou firma individual. "Recurso especial. Doação para campanha. Limite legal. Art. 23, inciso i, da Lei nº 9.504/97. Pessoa física. Empresário individual. Rendimentos. Somatório. Possibilidade. Patrimônio comum. Provimento. Redução da multa. 1. O empresário individual é pessoa física que – a despeito de se equiparar à pessoa jurídica para efeito tributário – exerce pessoalmente atividade de empresário, assumindo responsabilidade ilimitada e respondendo com seus bens pessoais, em caso de falência, conforme ressaltado no julgamento do REspe nº 333-79/PR, Rel. Min. Henrique Neves da Silva, em sessão de 1º de abril de 2014. 2. Tais circunstâncias permitem considerar o somatório dos rendimentos percebidos como pessoa natural e empresário individual, para fins de aferição do limite de doação de recursos para campanha eleitoral, sujeitando-se, nesses casos, aos parâmetros estabelecidos no art. 23, § 1º, I, da Lei nº 9.504/97 às pessoas físicas. 3. Recurso especial provido para reduzir o valor da multa imposta."(Ac. de 26.8.2014 no REspe nº 48781, rel. Min. Luciana Lóssio e no mesmo sentido quanto ao item 1 o Ac de 1º.4.2014 no REspe nº 33379, rel. Min. Henrique Neves da Silva.)

(D) INCORRETA – O Supremo Tribunal Federal no julgamento da ADI 4650/DF, julgou inconstitucional a doação feita por pessoas jurídicas as campanhas eleitorais, trago alguns excertos do julgado sobre o tema. 9. A doação por pessoas jurídicas a campanhas eleitorais, antes de refletir eventuais preferências políticas, denota um agir estratégico destes grandes doadores, no afã de estreitar suas relações com o poder público, em pactos, muitas vezes, desprovidos de espírito republicano. 10. O telos subjacente ao art. 24, da Lei das Eleições, que elenca um rol de entidades da sociedade civil que estão proibidas de financiarem campanhas eleitorais, destina-se a bloquear a formação de relações e alianças promíscuas e não republicanas entre aludidas instituições e o Poder Público, de maneira que a não extensão desses mesmos critérios às demais pessoas jurídicas evidencia desequiparação desprovida de qualquer fundamento constitucional idôneo. 11.

Os critérios normativos vigentes relativos à doação a campanhas eleitorais feitas por pessoas naturais, bem como o uso próprio de recursos pelos próprios candidatos, não vulneram os princípios fundamentais democrático, republicano e da igualdade política. 19. Ação direta de inconstitucionalidade julgada parcialmente procedente para assentar apenas e tão somente a inconstitucionalidade parcial sem redução de texto do art. 31 da Lei nº 9.096/95, na parte em que autoriza, a contrario sensu, a realização de doações por pessoas jurídicas a partidos políticos, e pela declaração de inconstitucionalidade das expressões "ou pessoa jurídica", constante no art. 38, inciso III, e " e jurídicas", inserta no art. 39, caput e § 5º, todos os preceitos da Lei nº 9.096/95. A minirreforma eleitoral ocorrida através da Lei n.º 13.165/2015, revogou o artigo 81, da Lei n.º 9.504/97 que permitia a doação para campanhas eleitorais por pessoas jurídicas, assim, atualmente é proibida a doação.

(E) CORRETA – Art. 23. Pessoas físicas poderão fazer doações em dinheiro ou estimáveis em dinheiro para campanhas eleitorais, obedecido o disposto nesta Lei. § 1º As doações e contribuições de que trata este artigo ficam limitadas a 10% (dez por cento) dos rendimentos brutos auferidos pelo doador no ano anterior à eleição"

Após a edição da Lei n.º 13.878/2019 - Gabarito: D

Para responder, tem que estudar: lei e a jurisprudência

13. PROPAGANDA ELEITORAL

13. (MPE/SP/Promotor/2019/93_Concurso). Permite-se, no dia das eleições:

(A) o uso de alto-falantes e amplificadores de som ou a promoção de comício ou carreata.

(B) a divulgação de qualquer espécie de propaganda de partidos políticos ou de seus candidatos.

(C) a arregimentação de eleitor ou propaganda de boca de urna.

(D) a publicação de novos conteúdos ou o impulsionamento de conteúdos nas aplicações de internet.

(E) a manutenção em funcionamento nas aplicações de internet de conteúdos publicados anteriormente.

ANOTAÇÕES/COMENTÁRIOS

(A) INCORRETA – Não é permitido e constitui crime o uso de alto-falantes e amplificadores de som ou a promoção de comício ou carreata. Nesse sentido, o artigo 39, §5º, inciso I, da Lei n.º 9.504/97 – Constitui crime, no dia da eleição, puníveis com detenção, de seis meses a um ano, com a alternativa de prestação de serviços à comunidade pelo mesmo período, e multa no valor de cinco mil a quinze mil UFIR: I – o uso de alto-falantes e amplificadores de som ou a promoção de comício ou carreata.

(B) – INCORRETA – Não é permitida e constitui crime a divulgação de qualquer espécie de propaganda de partidos políticos ou de seus candidatos. Conforme artigo 39, §5º, inciso III, da Lei n.º 9.504/97 – Constitui crime, no dia da eleição, puníveis com detenção, de seis meses a um ano, com a alternativa de prestação de serviços à comunidade pelo mesmo período, e multa no valor de cinco mil a quinze mil UFIR III – a divulgação de qualquer espécie de propaganda de partidos políticos ou de seus candidatos.

(C) – INCORRETA – Não é permitida e constitui crime a arregimentação de eleitor ou propaganda de boca de urna. De acordo com o artigo 39, §5, inciso II, da Lei n.º 9.505/97 – Constitui crime, no dia da eleição, puníveis com detenção, de seis meses a um ano, com a alternativa de prestação de serviços à comunidade pelo mesmo período, e multa no valor de cinco mil a quinze mil UFIR: II – a arregimentação de eleitor ou a propaganda de boca de urna.

(D) – INCORRETA – Não é permitida e constitui crime a publicação de novos conteúdos ou o impulsionamento de conteúdos nas aplicações de internet. Nos termos do artigo 39, §5º, inciso IV, da Lei n.º 9.504/97 – Constitui crime, no dia da eleição, puníveis com detenção, de seis meses a um ano, com a alternativa de prestação de serviços à comunidade pelo mesmo período, e multa no valor de cinco mil a quinze mil UFIR: IV – a publicação de novos conteúdos ou o impulsionamento de conteúdos nas aplicações de internet de que trata o art. 57-B desta Lei, podendo ser mantidos em funcionamento as aplicações e os conteúdos publicados anteriormente.

(E) – CORRETA – É permitido no dia das eleições, manter em funcionamento nas aplicações de internet de conteúdos publicados anteriormente, O artigo 39, §5º inciso IV, da Lei n.º 9.504/97, traz a referida ressalvafuncionamento as aplicações e os conteúdos publicados anteriormente, a lei proíbe novos conteúdos. A propósito o Enunciado n.º 48, da I Jornada de Direito Eleitoral (Portaria TSE n.º 348/2021) é nesse sentido "Enunciado 48 A manutenção, no dia das eleições, de conteúdo criado em momento pretérito não constitui o crime eleitoral previsto no art. 39, §5º da Lei nº 9.504/1998, vedado impulsionamento que alcance aquela data ou a veiculação de novos conteúdos nesse mesmo dia."

Gabarito: E

Para responder, tem que estudar: lei.

14. (MPE/SP/Promotor/2012/89_Concurso) A legislação estabelece que é vedada a veiculação de propaganda eleitoral, de qualquer natureza, nos bens cujo uso dependa de cessão ou permissão do Poder Público, ou que a ele pertençam e nos de uso comum. Para fins eleitorais, são bens de uso comum:

a) Aqueles a que a população em geral tem acesso, excluindo-se a propriedade privada que é garantida pela Constituição Federal de 1988.

b) Os assim definidos no Código Civil e também aqueles a que a população em geral tem acesso, tais como cinemas, clubes, lojas, centros comerciais, templos, ginásios, estádios, ainda que de propriedade privada.

c) As árvores e os jardins localizados em áreas públicas, bem como os muros, cercas e tapumes divisórios de propriedades privadas.

d) Os de uso comum do povo e os de uso especial, tais como rios, mares, estradas, ruas, jardins, praças, escolas e demais logradouros previstos no Estatuto da Cidade (Lei Federal nº 10.257/2001).

e) Os assim definidos pela Lei Federal nº 10.406/2002.

ANOTAÇÕES/COMENTÁRIOS

(a, c, d, e) Vide comentários abaixo.

(b) Literalidade do artigo 37 § 4º, Lei n. 9.504/97. § 4º Bens de uso comum, para fins eleitorais, são os assim definidos pela Lei nº 10.406, de 10 de janeiro de 2002 – Código Civil e também aqueles a que a população em geral tem acesso, tais como cinemas, clubes, lojas, centros comerciais, templos, ginásios, estádios, ainda que de propriedade privada.

Gabarito: B

Para responder, tem que estudar: lei.

15. (MPE/SP/Promotor/2011/88_Concurso) Analise as seguintes assertivas com relação ao direito de resposta assegurado pela legislação eleitoral a candidato, partido ou coligação atingidos, ainda que de forma indireta, por conceito, imagem ou afirmação caluniosa, difamatória, injuriosa ou sabidamente inverídica, difundidos por qualquer veículo de comunicação social:

I. o direito de resposta é assegurado a partir do dia 5 de julho do ano eleitoral;

II. quando se tratar da programação normal das emissoras de rádio e televisão, o prazo para pedir o exercício do direito de resposta à Justiça Eleitoral é de 24 horas;

III. o candidato ofendido que usar o tempo concedido sem responder aos fatos veiculados na ofensa terá subtraído tempo idêntico do seu programa eleitoral;

IV. no caso de ofensa veiculada em órgão da imprensa escrita, a resposta deverá ser divulgada no mesmo dia da semana em que ocorreu a ofensa;

V. no horário eleitoral gratuito, o ofendido usará, para a resposta, tempo nunca inferior a um minuto.

Está correto apenas o que se afirma em

a) I e II.

b) I e IV.

c) II e V.

d) III e IV.

e) III e V.

ANOTAÇÕES/COMENTÁRIOS

(I) INCORRETA – A partir da convenção é assegurado o direito de resposta. Literalidade do artigo 58, Lei 9.504/97. Art. 58. A partir da escolha de candidatos em convenção, é assegurado o direito de resposta a candidato, partido ou coligação atingidos, ainda que de forma indireta, por conceito, imagem ou afirmação caluniosa, difamatória, injuriosa ou sabidamente inverídica, difundidos por qualquer veículo de comunicação social.

(II) INCORRETA – Quando se tratar de ofensa feita em programação normal das emissoras de rádio e televisão, o prazo para pedir o exercício do direito de resposta à Justiça Eleitoral é de 48 horas. Literalidade do artigo 58, § 1º, II, Lei 9.504/97 § 1º O ofendido, ou seu representante legal, poderá pedir o exercício do direito de resposta à Justiça Eleitoral nos seguintes prazos, contados a partir da veiculação da ofensa: II – quarenta e oito horas, quando se tratar da programação normal das emissoras de rádio e televisão;

(III) CORRETA – Literalidade do artigo 58, § 3º, III, "f", Lei n. 9.504/97. f) se o ofendido for candidato, partido ou coligação que tenha usado o tempo concedido sem responder aos fatos veiculados na ofensa, terá subtraído tempo idêntico do respectivo programa eleitoral; tratando-se de terceiros, ficarão sujeitos à suspensão de igual tempo em eventuais novos pedidos de resposta e à multa no valor de duas mil a cinco mil UFIR.

(IV) INCORRETA – No caso de ofensa veiculada em órgão da imprensa escrita, a resposta deverá ser divulgada em até quarenta e oito horas após a decisão ou, tratando-se de veículo com periodicidade de circulação maior que quarenta e oito horas, na primeira vez em que circular. Artigo 58, § 3º, I, "b", Lei n. 9.504/97. I – em órgão da imprensa escrita: b) deferido o pedido, a divulgação da resposta dar-se-á no mesmo veículo, espaço, local, página, tamanho, caracteres e outros elementos de realce usados na ofensa, em até quarenta e oito horas após a decisão ou, tratando-se de veículo com periodicidade de circulação maior que quarenta e oito horas, na primeira vez em que circular.

(V) CORRETA – Literalidade do artigo 58, § 3º, III, "a", Lei n. 9.504/97. III – no horário eleitoral gratuito: a) o ofendido usará, para a resposta, tempo igual ao da ofensa, nunca inferior, porém, a um minuto;

Gabarito: E

Para responder, tem que estudar: lei.

14. ATOS PREPARATÓRIOS À VOTAÇÃO

Tópico sem questões em provas recentes.

15. PROCESSO DE VOTAÇÃO

Tópico sem questões em provas recentes.

16. APURAÇÃO ELEITORAL

Tópico sem questões em provas recentes.

17. AÇÕES JUDICIAIS ELEITORAIS

16. (MPE/SP/Promotor/2017/92_Concurso) O mandato eletivo pode ser impugnado perante a Justiça Eleitoral:

(a) no prazo de trinta dias da eleição, verificada a ocorrência de abuso político ou econômico.

(b) a qualquer tempo, em razão da condenação transitada em julgado por crime hediondo ou equiparado.

(c) até a data da diplomação, sempre que ocorrer crime, abuso do poder econômico ou fraude.

(d) no prazo de quinze dias da diplomação, por abuso do poder econômico, corrupção ou fraude.

(e) no prazo de quinze dias da eleição, quando da ocorrência de fraude ou violação de urna.

ANOTAÇÕES/COMENTÁRIOS

(a, b, c, e) Vide comentários abaixo.

(d) A Ação de impugnação de mandato eletivo – AIME – é uma ação eleitoral prevista na Constituição Federal, em seu artigo 14, § 10. É o instrumento permite que o mandato do candidato eleito possa ser impugnado perante a Justiça Eleitoral em até 15 dias após a diplomação. O fim que se deseja atingir é barrar o político que obteve o cargo por meio de abuso de poder econômico, corrupção ou fraude. A AIME tramitará em segredo de justiça, embora o julgamento tenha de ser público. Se for julgada procedente, o Tribunal pode, de acordo com o caso concreto, declarar a inelegibilidade do representado e, ainda, cassar o registro ou o diploma do candidato. // Art. 14. A soberania popular será exercida pelo sufrágio universal e pelo voto direto e secreto, com valor igual para todos, e, nos termos da lei, mediante: (...). § 10 O mandato eletivo poderá ser impugnado ante a Justiça Eleitoral no prazo de quinze dias contados da diplomação, instruída a ação com provas de abuso do poder econômico, corrupção ou fraude. § 11 A ação de impugnação de mandato tramitará em segredo de justiça, respondendo o autor, na forma da lei, se temerária ou de manifesta má-fé.

Gabarito: D

Para responder, tem que estudar: lei.

18. RECURSOS ELEITORAIS

Tópico sem questões em provas recentes.

19. PERDA DO MANDATO ELETIVO E ELEIÇÕES SUPLEMENTARES

Tópico sem questões em provas recentes.

20. CRIMES ELEITORAIS

17. (MPE/SP/Promotor/2015/91_Concurso) Assinale a alternativa correta:

a) O não oferecimento da denúncia nos crimes eleitorais no prazo legal, sem justo motivo, constitui infração penal.

b) Não é admissível a transação nas infrações penais eleitorais de menor potencial ofensivo, por se tratar de Justiça Especializada.

c) No procedimento para a apuração dos crimes eleitorais, o interrogatório será facultativo.

d) A condenação transitada em julgado pela prática de contravenção penal não implica suspensão de direitos políticos, por se tratar de infração de menor potencial ofensivo.

e) No caso de condenação criminal transitada em julgado, a suspensão dos direitos políticos é, em qualquer hipótese, autoaplicável.

ANOTAÇÕES/COMENTÁRIOS

(a) Nos termos do artigo 342, do Código Eleitoral, constitui infração penal, deixar o Ministério Público sem justo motivo denúncia nos crimes eleitorais no prazo legal. Saliente-se que a alternativa não reproduziu o texto expresso da Lei Eleitoral e não tinha o objetivo de perquirir se o candidato o decorou (memorizou). A inserção da expressão – sem justo motivo – foi colocada justamente para que não pairassem dúvidas sobre a aplicação e, mais do que isso, sobre a compreensão do candidato quanto à extensão e amplitude da norma. Em outras palavras, se o órgão do Ministério Público tiver justo motivo para o atraso, não responderá penalmente, caso contrário, incidirá na prescrição do preceito primário do tipo. A asserção está, portanto, certa. Considerando haver duas alternativas igualmente corretas, que poderiam causar perplexidade no candidato, opta-se pela anulação da questão, dando-se provimento às impugnações. Fundamentos da anulação. A questão teve por supedâneo entendimento sumulado do Setor de Recursos Especiais e Extraordinários Criminais do Ministério Público do Estado de São Paulo. No entanto, houve erro material na formulação da alternativa E, pela não inserção da expressão "não", o que a invalida. Onde deveria constar não é, em qualquer hipótese, autoaplicável, constou é, em qualquer hipótese, autoaplicável. Em razão disso, duas proposições na mesma questão estão absolutamente corretas, o que a invalida.

(b) Res.-TSE nº 21294/2002, Ac.-STJ, de 9.4.2003, no CC nº 37.595, e Ac.-TSE nº 25137/2005: aplicabilidade das leis 9.099/1995 e 10.259/2001 (transação penal e suspensão condicional do processo) no processo penal eleitoral, salvo para crimes que contam com sistema punitivo especial. //Obs: Nesse sentido é o Enunciado n.º 47, da I Jornada de Direito Eleitoral, da Portaria do TSE n.º 348/2021, "Enunciado 47 Os institutos despenalizadores (transação penal, suspensão condicional do processo e acordo de não persecução penal) aplicam-se ao processo penal eleitoral, desde que preenchidos os requisitos legais. A pena privativa de liberdade deve ser considerada medida extrema que se aplica somente nos casos expressos em lei e quando não for cabível nenhuma das alternativas penais previstas no ordenamento jurídico pátrio. É importante, destacar sobre a possibilidade do Acordo de Não Persecução Penal aos crimes eleitorais, a propósito o Enunciado 52, da I Jornada de Direito Eleitoral "Enunciado 52 Não há óbice para a realização de acordo de não-persecução penal nos casos em que, praticado crime eleitoral, os requisitos do art. 28-A do Código de Processo Penal sejam concretamente examinados pelo Ministério Público Eleitoral e devidamente preenchidos, ressalvados os casos de aplicação da Lei nº 9.099/1995 pelo juiz eleitoral." Perceba que para os crimes de menor potencial ofensivo, não é possível a aplicação do ANPP, conforme artigo 28-A, §2º, inciso I, do Código de Processo Penal, quando for cabível a transação penal.

(c) Artigo 359, do Código Eleitoral – AP-QO 545 – Processo criminal eleitoral submetido à jurisdição do Supremo Tribunal Federal. Superveniência da Lei nº 10.732/2003 que alterou o artigo 359 do Código Eleitoral e da Lei nº 11.719/2008 que deslocou para após a oitiva de testemunha a realização do interrogatório do denunciado. Imprescindibilidade da realização da audiência de interrogatório, embora o procedimento penal tenha obedecido o rito previsto à época da vigência do artigo 359 do Código Eleitoral, na redação originária.//Obs: Nesse sentido é o Enunciado 49, da I Jornada de Direito Eleitoral, "Por ser mais benéfica ao réu, aplica-se aos acusados da prática de crime eleitoral a ordem da instrução probatória descrita no Código de Processo Penal em detrimento a ordem descrita no Código Eleitoral. (arts. 396 e 396-A do CPP e art. 359 e seguintes do CE)."

(d) Artigo 1º, § 4º, da Lei Complementar 64/90 – § 4º A inelegibilidade prevista na alínea e do inciso I deste artigo não se aplica aos crimes culposos e àqueles definidos em lei como de menor potencial ofensivo, nem aos crimes de ação penal privada.

(e) O Supremo Tribunal Federal, no julgamento do Recurso Extraordinário n.º 601182 / MG, Tema n.º 370, fixou tese jurídica quanto ao assunto. Tese "A suspensão de direitos políticos prevista no art. 15, inc. III, da Constituição Federal aplica-se no caso de substituição da pena privativa de liberdade pela restritiva de direitos". Julgamento: 08/05/2019 e Publicação: 02/10/2019. EMENTA: PENAL E PROCESSO PENAL. SUSPENSÃO DOS DIREITOS POLÍTICOS. AUTOAPLICAÇÃO. CONSEQUÊNCIA IMEDIATA DA SENTENÇA PENAL CONDENATÓRIA TRANSITADA EM JULGADO. NATUREZA DA PENA IMPOSTA QUE NÃO INTERFERE NA APLICAÇÃO DA SUSPENSÃO. OPÇÃO DO LEGISLADOR CONSTITUINTE. RECURSO CONHECIDO E PROVIDO. 1. A regra de suspensão dos direitos políticos prevista no art. 15, III, é autoaplicável, pois trata-se de consequência imediata da sentença penal condenatória transitada em julgado. 2. A autoaplicação independe da natureza da pena imposta. 3. A opção do legislador constituinte foi no sentido de que os condenados criminalmente, com trânsito em julgado, enquanto durar os efeitos da sentença condenatória, não exerçam os seus direitos políticos. 4. No caso concreto, recurso extraordinário conhecido e provido.

Após o julgamento pelo STF do RE n.º 601182/MG, Tema n.º 370 – Gabarito: E

Para responder, tem que estudar: lei e jurisprudência.

21. PROCESSO PENAL ELEITORAL

18. (MPE/SP/Promotor/2015/91_Concurso) Havendo concurso entre infração penal eleitoral e crime sujeito à competência da Justiça Federal, e lícito afirmar que:

a) a Justiça Eleitoral, por ser especial, será competente para o processo e julgamento das duas infrações.

b) a Justiça Federal exerce a "vis attractiva" e, portanto, será competente para o julgamento das duas infrações, desde que a pena cominada ao crime de sua competência seja mais grave.

c) ocorrerá a separação obrigatória dos processos.

d) a separação dos processos será facultativa, nos termos do artigo 80 do Código de Processo Penal.

e) poderão ser julgadas tanto pela Justiça Federal como pela Justiça Eleitoral, sujeitando-se apenas à prevenção.

ANOTAÇÕES/COMENTÁRIOS

(a) Com a decisão proferida pelo Supremo Tribunal Federal, no QUARTO AG .REG. NO INQUÉRITO 4.435/DF, Julgamento: 14/03/2019 e Publicação: 21/08/2019, a alternativa está CORRETA a partir desse julgamento. Ementa: COMPETÊNCIA – JUSTIÇA ELEITORAL – CRIMES CONEXOS. Compete à Justiça Eleitoral julgar os crimes eleitorais e os comuns que lhe forem conexos – inteligência dos artigos 109, inciso IV, e 121 da Constituição Federal, 35, inciso II, do Código Eleitoral e 78, inciso IV, do Código de Processo Penal. Em julgamentos posteriores vem reafirmando da jurisprudência pelo Pleno do Supremo Tribunal Federal no sentido da competência da Justiça Eleitoral para processar e julgar crimes comuns que sejam conexos com crimes eleitorais.

(b) A Justiça Federal não exerce vis attractiva. Artigo 108, I, "a", CF. Art. 108. Compete aos Tribunais Regionais Federais: I – processar e julgar, originariamente: a) os juízes federais da área de sua jurisdição, incluídos os da Justiça Militar e da Justiça do Trabalho, nos crimes comuns e de responsabilidade, e os membros do Ministério Público da União, ressalvada a competência da Justiça Eleitoral;

(c, d e e) Vide a assertiva "A".

Após a decisão do STF no Ag. Reg. Inq. N.° 4.435/DF – Gabarito: A

Para responder, tem que estudar: lei e jurisprudência.

REFERÊNCIAS

ALEXANDRINO. Marcelo, Paulo. Vicente. Direito administrativo descomplicado. 23. ed. Rio de Janeiro: Forense; São Paulo: Método, 2015.

AMADO, Frederico. Direito Ambiental Esquematizado. São Paulo: Método, 2015.

ASSIS NETO, Sebastião de, JESUS, Marcelo de, MELO, Maria Izabel de. Manual de direito civil. Salvador: Juspodivm, 2017.

BADARÓ, Gustavo Henrique. Processo Penal. São Paulo – Editora Revista dos Tribunais, 2015.

BALTAR NETO, Fernando Ferreira e TORRES, Ronny Charles Lopes de, Direito Administrativo – Coleção Sinopses para concursos. Salvador: Juspodivm, 2014.

BENJAMIN, Antônio Herman V.; MARQUES, Cláudia Lima; BESSA, Leonardo Roscoe. Manual de direito do consumidor. São Paulo: Revista dos Tribunais, 2007.

CARVALHO FILHO, José dos Santos. Manual de Direito Administrativo. 31. ed. São Paulo: Atlas, 2017.

COELHO, Fábio Ulhoa. Curso de direito comercial, vol. 1: direito de empresa. 16. ed. São Paulo: Saraiva, 2012.

CORREIA, Martina. Direito Penal em Tabelas: Parte Geral. Salvador: Juspodivm, 2017.

DI PIETRO, Maria Sylvia Zanella. Direito Administrativo. 31. ed. Rio de Janeiro: Forense, 2018.

DIAS, Maria Berenice. Manual de Direito das Sucessões. São Paulo: Revista dos Tribunais, 2010.

DIDIER JUNIOR, Fredie; CUNHA, Leonardo José Carneiro da. Curso de direito processual civil: volume 3: meios de impugnação às decisões judiciais e processo nos tribunais. 13. ed., Salvador: Juspodivm, 2016.

FACHIN, Luiz Edson; SCHULMAN, Gabriel. Contratos, ordem econômica e princípios: um diálogo entre o direito civil e a constituição 20 anos depois. Disponível na internet.

FARIA, Edimur Ferreira de. Curso de direito administrativo positivo. Belo Horizonte: Del Rey, 2007.

FARIAS, Cristiano Chaves de; NETTO, Felipe Peixoto Braga; ROSENVALD, Nelson. Novo Tratado de responsabilidade civil. São Paulo: Atlas, 2015.

FERNANDES, Bernardo Gonçalves. Curso de Direito Constitucional. Salvador: Juspodivm, 2016.

FIUZA, César; et al. Direito civil: atualidades. 11. ed. Belo Horizonte: Del Rey, 2003.

GOMES, José Jairo. Direito Eleitoral. 12 ed. São Paulo: Atlas, 2016.

GRECO, Rogério. Código Penal: comentado. 11. ed. Niterói, RJ: Impetus, 2017.

HABIB, Gabriel. Leis Penais Especiais. Salvador: Juspodivm, 2016.

HENTZ, Luiz Antonio Soares. A teoria da empresa no novo direito de empresa. Revista Em Tempo. v. 5, p. 111-132, ago. 2003.

JELINEK, Rochelle (2006 online). O Princípio da Função Social da Propriedade e sua Repercussão Sobre o Sistema do Código Civil. Disponível na internet.

JESUS, Damásio. Direito Penal: Parte Geral. 30. ed. São Paulo: Saraiva, 2009.

LENZA, Pedro. Direito Constitucional Esquematizado. 19. ed. São Paulo: Saraiva, 2015.

LIMA, Renato Brasileiro de. Manual de processo penal: volume único. 4. ed. Salvador: Juspodivm, 2016.

LÔBO, Paulo, Direito Civil: Famílias, Saraiva, 2009.

MAMEDE, Gladston. Manual de direito empresarial. São Paulo: Atlas, 2015.

MARQUES, Cláudia Lima. Contratos no Código de Defesa do Consumidor: o novo regime das relações contratuais. 4 ed. São Paulo: Editora Revista dos Tribunais, 2002.

MASSON, Cleber Rogério. Direito Penal Esquematizado: Parte Geral. 10. Ed. Rio de Janeiro: Forense; São Paulo: Método, 2016 e 2021.MASSON, Cleber. Código Penal Comentado. Rio de Janeiro: Forense; São Paulo: Método, 2021.

MASSON, Cleber; ANDRADE, Adriano; ANDRADE, Landolfo. Interesses Difusos e Coletivos Esquematizado. São Paulo: Método, 2015.

MAZZILLI, Hugo Nigro. A defesa dos interesses difusos em juízo. 22. ed. São Paulo: Saraiva, 2009.

MELLO, Celso Antonio Bandeira de. Curso de Direito Administrativo. São Paulo: Malheiros, 2015.

NEVES, Daniel Amorim Assumpção; OLIVEIRA, Rafael Carvalho Rezende. Manual de Improbidade Administrativa. São Paulo: Método, 2014.

NOVELINO, Marcelo. Curso de Direito Constitucional. 10. ed. Salvador: Juspodivm, 2015.

NUCCI, Guilherme de Souza. Código Penal Comentado. 19. ed. Rio de Janeiro: Forense, 2019.

OLIVEIRA, Eugênio Pacelli de. Curso de processo penal. 16. ed. São Paulo: Atlas, 2012.

OLIVEIRA, Rafael Carvalho Rezende, Curso de Direito Administrativo. 4. ed. Rio de Janeiro: Forense; São Paulo: Método, 2016.

QUEIROZ, Paulo. Curso de Direito Penal: Parte Geral. 10. ed. Salvador: Juspodivm, 2014.

RAMOS, André de Carvalho. Curso de direitos humanos. 4. ed. São Paulo: Saraiva, 2017

REALE JUNIOR, Miguel. Visão Geral do Novo Código Civil. In: BRASIL. Código Civil (2002). Código civil brasileiro e legislação correlata. Brasília: Senado Federal, Subsecretaria de Edições Técnicas, 2008. p. 541-548. Disponível na internet.

REALE, Miguel. Exposição de Motivos do Supervisor da Comissão revisora e elaboradora do Código Civil. In: BRASIL. Código Civil (2002). Código civil brasileiro e legislação correlata. Brasília: Senado Federal, Subsecretaria de Edições Técnicas, 2008. p. 107-140. Disponível na internet.

SALIM, Alexandre; AZEVEDO, Marcelo André de. Direito Penal. Coleção Sinopses para concursos. Vols. 1-3. Salvador: Juspodivm, 2021.

SANCHEZ, Rogério. Manual de Direito Penal: Parte Geral. Vol. 1. Salvador: Juspodivm, 2016.

SOUZA, Márcio Luís Dutra de. O princípio da boa-fé na administração pública e sua repercussão na invalidação administrativa. Disponível na internet.

TARTUCE, Flávio. Manual de direito civil: volume único. Rio de Janeiro: Forense; São Paulo: Método, 2017 e 2020

TARTUCE, Flávio; NEVES, Daniel Amorim Assumpção. Manual de direito do consumidor. São Paulo: Método, 2016.

TARTUCE, Flávio. Manual de direito civil: volume único. 6 ed. Rio de Janeiro: Forense; São Paulo: Método, 2016.

TOMAZETTE, Marlon. Curso de direito empresarial – Teoria geral e direito societário. Vol. 1. São Paulo: Atlas, 2014.

EDITORA *Jus*PODIVM
www.editorajuspodivm.com.br

Impressão e acabamento: BMF Gráfica e Editora